Otto Pflanze

Bismarck

Der Reichskanzler

OTTO PFLANZE

Bismarck
Der Reichskanzler

Aus dem Englischen
von Peter Hahlbrock

VERLAG C. H. BECK MÜNCHEN

Titel der amerikanischen Originalausgabe:
Bismarck and the Development of Germany (3 volumes)

Mit 79 Abbildungen und 1 Karte

Die Deutsche Bibliothek – CIP-Einheitsaufnahme

Pflanze, Otto:
Bismarck: der Reichskanzler / Otto Pflanze. Aus dem Engl. von Peter Hahlbrock. – München : Beck, 1998
Einheitssacht.: Bismarck and the development of Germany <dt.>
ISBN 3 406 42726 x

ISBN 3 406 42726 x

Für die deutsche Ausgabe:

Gesamtherstellung: Freiburger Graphische Betriebe
Gedruckt auf säurefreiem, alterungsbeständigem Papier
(hergestellt aus chlorfrei gebleichtem Zellstoff)
Printed in Germany

Inhalt

ERSTES BUCH
Beginn des Frontwechsels 1875–1878

ZWEITES BUCH
Vollendung des Frontwechsels 1879–1880

DRITTES BUCH
Die Zeit des Konservatismus 1880–1884

VIERTES BUCH
Die Jahre des Übergangs
1884–1887

FÜNFTES BUCH
Niedergang und Sturz
1888–1890

SECHSTES BUCH
Nach dem Sturz
1890–1898

ANHANG

ERSTES BUCH

Beginn des Frontwechsels
1875–1878

Er war zu der Auffassung gelangt,
daß auch im Reich die deutschen Fürsten
Partikularisten bleiben würden, und hatte deshalb
zur Einführung des allgemeinen Wahlrechts bei den Reichstagswahlen
geraten, da er meinte, daß die die Reichseinheit wünschende Masse
des Volkes als Gegengewicht wirken würde.
Die Erfahrung lehrte dann jedoch, daß, während die Fürsten
sich loyal der neuen Ordnung fügten, die Waffe,
die er sich geschaffen hatte,
um deren erwarteten Widerstand zu neutralisieren,
ständig gegen ihn selbst gerichtet war.

Sir Edward Malet,
Bericht über ein Gespräch mit Bismarck im Jahre 1885

I

Ökonomische Katastrophe und soziale Unruhe

Während der späten siebziger Jahre änderte Bismarck die deutsche Außen- und Innenpolitik so grundlegend, daß einige Historiker diesen Wandel als eine Neugründung des Deutschen Reichs bewertet haben, als eine «Reorganisation, die einer Neufundierung des Reiches gleichkam».[1] Obwohl eine solche Einschätzung den Wandel gewiß übermäßig dramatisiert, ist nicht zu leugnen, daß der Kanzler während dieser Jahre sowohl innenpolitisch als auch außenpolitisch die Richtung wechselte. Eine Liste der von ihm ergriffenen Maßnahmen gibt die Größenordnung und Komplexität seiner Kursänderung zu erkennen. Er versuchte, das Reich finanziell von den Bundesstaaten unabhängig zu machen und zugleich die Macht des Reichstags zu beschränken. Er bemühte sich, die «Kräftediagonale» im Parlament wiederherzustellen und zu diesem Zweck die konservative Partei wieder aufzurichten, die Nationalliberale Partei zu spalten, im Kulturkampf einen Waffenstillstand auszuhandeln und die Sozialdemokratische Partei zu zerschlagen. Er strukturierte die Reichsexekutive und deren Verhältnis zu Preußen um. Von der freihändlerischen Politik wechselte er zur protektionistischen und suchte Agrarier und Industrielle zu einem neuen sozialen und politischen Einvernehmen zu bewegen. Und schließlich revidierte er die auswärtigen Beziehungen Deutschlands durch den Abschluß des Zweibunds mit Österreich.

Bismarcks Verständnis der Staatskunst macht es wenig wahrscheinlich, daß er bei diesem breiten Frontwechsel einen vorgefaßten Plan verfolgte. Tatsächlich traf er seine Entscheidungen, eine nach der anderen, im Verlauf mehrerer Jahre. Dennoch verrät ihre unverkennbare Kohärenz, daß sie, jede für sich und alle miteinander, einer gewandelten Einstellung zu dem ihn schon seit langem beschäftigenden Grundproblem entsprachen – dem Problem der sozialen und politischen Konsolidierung des Deutschen Reichs, das es zu lösen galt. Zu Beginn der siebziger Jahre sah er die größte Gefahr für diese Konsolidierung im Partikularismus der Gliedstaaten und Regionen sowie in der Möglichkeit von Bündnissen zwischen partikularistischen Bewegungen und auswärtigen Mächten. Aus der Furcht vor solchen Bündnissen erklärt sich seine übertrieben heftige Reaktion gegen den politischen Katholizismus. Im Laufe der Jahre wurde dann das Reich durch das Wachstum der deutschen Wirtschaft, eine für alle Untertanen verbindliche Gesetzgebung, die Konstituierung der Reichsregierung und die Ausbildung von deren Behörden immer fester zusammengefügt. Es wurde offenbar, daß die Dynastien und Regierungen der Bundesstaaten sich mit ihrem neuen Status im Reichsverband abzufinden bereit waren, und der erfolgreiche Wiederaufbau der traditionellen Allianz Berlins mit den Großmächten des Ostens nahm Bismarck die Furcht vor einer neuen «Kaunitz-Koalition». Zwar war er damit die Sorgen, die der Partikularismus und der Ultramontanismus ihm machten, durchaus noch nicht los, doch nun schienen ihm andere Gefahren am innen- und außenpolitischen Horizont aufzuziehen, die seine Aufmerksamkeit noch dringender verlangten – die Bedrohung durch den demokratischen Liberalismus und den proletarischen Sozialismus. So verfolgte Bismarck von nun an vorrangig das Ziel, die soziale und politische Ordnung Preußen-Deutschlands und seiner auswärtigen Verbündeten gegen Umsturzversuche aus dem Inneren zu befestigen.

Bismarcks gewandelte Einstellung zum Problem der Konsolidierung war, wenn nicht allein bestimmt, so doch zweifellos geprägt durch die Wirtschaftskrise, in die Deutschland und Europa nach 1873 gerieten. Deutschlands Einigung hatte während einer Periode allgemein wachsenden Wohlstands stattgefunden. Die Konsolidierung des Reichs mußte nun während einer Zeit wirtschaftlicher Depression und sozialer Not vorangetrieben werden. Die politischen Ereignisse der späten siebziger Jahre auf außenpolitischem wie auf innenpolitischem Gebiet werden nur dann ganz verständlich, wenn man die Wirtschaftskrise dieser Jahre berücksichtigt.

Die Depression der Jahre 1873–1879

Als Arthur von Brauer während seiner Studienzeit im Sommer 1866 Berlin zum ersten Mal besuchte, hatte die preußische Residenz keinen besonderen Eindruck auf ihn gemacht. Der Aufbau der Stadt erschien ihm «im großen und ganzen langweilig, einförmig und stillos», schreibt er in seinen Erinnerungen. «Wenige Ausnahmen wie die schönen Museen und das ragende Schloß bestätigen die Regel.» Das Berliner Straßenpflaster war noch holpriger als das seiner bescheidenen Vaterstadt Karlsruhe. «Die tiefen offenen Rinnsteine, die beim Mangel einer modernen Kanalisation allen Haus- und Straßenschmutz aufnahmen und in denen ein «ekler, zäher Schlamm träge dahinfloß», verletzten seinen Geschmacks- und Geruchssinn. Die Gasthöfe waren schlechter als die Süddeutschlands und der Schweiz. «Die Beschränktheit der Mittel, die bescheidene Lebenshaltung der Berliner» waren auffällig. Das hatte sich gründlich geändert, als er Berlin 1872, auf der Höhe der Gründerjahre, wiedersah. «Jetzt schwamm alles in Gold und Genuß», berichtet Brauer. «Der Gold- und Profithunger hatte die neue Reichshauptstadt ergriffen, und selbst ein großer Teil des bisher so soliden preußischen Beamten- und Offizierstandes beteiligte sich ohne Gewissenregung am Tanz ums goldene Kalb. Schwindler erwarben große Vermögen in wenigen Tagen. Alles spielte an der Börse, vom Fürsten bis zum Handwerker. Überall herrschte aufdringliche, unvornehme Üppigkeit.» Als Brauer dann Anfang 1874 zum dritten Mal nach Berlin kam, hatte sich das Bild abermals gewandelt. «Die berüchtigten ‚Gründermillionäre‘ waren zu Bettlern geworden, nicht wenige im Gefängnis, Beamte und

Bürger vielfach um ihr kleines Vermögen gebracht, die Arbeiter brotlos oder Hungerlöhnen sich mürrisch beugend ... Die ganze Stadt gedrückt und unfroh.»[2]

Die Depression der Jahre 1873–1879 hat in der deutschen Gesellschaft tiefere Spuren hinterlassen als jede andere Wirtschaftskrise vor der Inflation der Jahre 1919–1923 und dem Börsenkrach von 1929. Obwohl die Depression die gesamte kapitalistische Welt erfaßte, traf sie Deutschland wegen der Exzesse der Gründerjahre besonders heftig. In sechs Jahren sanken die Großhandelspreise durchschnittlich um ein Drittel, diejenigen der Schwerindustrie sogar um mehr als die Hälfte.[3] Die Depressionen der Jahre 1857 und 1866 waren im Vergleich dazu nur kurze Unterbrechungen einer allgemein steigenden Tendenz gewesen. Nun schien die deutsche Wirtschaft zu stagnieren. «Zum Neujahr 1876!» schrieb in den *Blättern für Genossenschaftswesen* Hermann Schulze-Delitzsch: «Jahr um Jahr vergeht, und noch immer will sich das Vertrauen, die Seele alles gesunden Verkehrs, nicht wieder einstellen, noch immer der Bann nicht lösen, der wie ein Alp auf unsern wirtschaftlichen Zuständen lastet. Dem Bruch schwindelhafter Unternehmungen folgen andere nach, die von ihnen in ihre Verluste verwickelt wurden; selbst solchen, die sich unter gewöhnlichen Verhältnissen von den erlittenen Schädigungen hätten erholen können, fängt der Atem an auszugehen, da die Geschäftsbewegung selbst hinter den mäßigsten Ansprüchen zurückbleibt.»[4] Die Geschäftswelt schien wie gelähmt von der andauernden Krise und Panikstimmung.

In den späten siebziger Jahren kündigten sich auch für die deutsche Landwirtschaft neue Schwierigkeiten an. Im Laufe der vergangenen zwei Jahrzehnte hatten amerikanische und ukrainische Produzenten sich einen stets wachsenden Anteil am europäischen Getreidemarkt sichern können. Schließlich begannen auch Argentinien und Indien Getreide nach Europa zu exportieren. Billiges Land, jungfräulicher Boden und überlegene Landwirtschaftsmaschinen gestatteten den Getreidefarmen des Mittleren Westens der Vereinigten Staaten sehr kostengünstig zu produzieren. Neue Eisenbahn- und Dampfschiffahrtsstrecken verringerten die Transportkosten. Russisches Getreide, das früher über die Schwarzmeerhäfen nach Europa ausgeführt worden war, konnte nun mit der Eisenbahn wesentlich preiswerter an die deutsche Grenze und in die Ostseehäfen befördert werden. Während der siebziger Jahre wurden auch Maschinen entwickelt, mit denen der aus Rußland und Amerika eingeführte Hartweizen ohne Schwierigkeit gemahlen werden konnte. Unter diesen Umständen sahen die deutschen Getreideproduzenten ihre Absatzmöglichkeiten im Ausland geschmälert, namentlich in Großbritannien, wo die ostelbischen Gutsbesitzer seit Jahrzehnten die beste ausländische Kundschaft gehabt hatten. Doch obwohl sie ihre Vorherrschaft auf dem inländischen Markt ebenso bedrohte, bot die vermehrte Einfuhr russischen Getreides den ostdeutschen Gutsbesitzern auch Vorteile. Ehe er den Bäckern Deutschlands und Westeuropas verkauft werden konnte, mußte der russische Hartweizen mit dem weicheren, der in Deutschland angebaut wurde, gemischt werden. So behielten die preußischen Gutsbesitzer ein Interesse am Exporthandel auch unter den veränderten Bedingungen. Infolgedessen hatten sie, wie noch zu zeigen sein wird, durchaus keine Eile, sich von der Freihandelsdoktrin zu verabschieden.[5]

Die starke Zunahme der Einfuhr aus Amerika drückte während der siebziger Jahre die Getreidepreise in ganz Europa. Auf dem britischen Markt fielen sie in den Jahren 1874–1875 und stiegen auch während der folgenden Jahre nicht wieder auf die frühere Höhe. In Deutschland minderte eine Reihe schlechter Ernten während der Jahre 1875–1881 mit Ausnahme des Jahres 1878 diesen Druck, und so blieben dort die Getreidepreise annähernd gleich. Die Importe, zuerst aus Rußland (1876–1877), dann aus Amerika, glichen während dieser Jahre nur die Knappheit des inländischen Angebots aus. Doch am Ende des Jahrzehnts brachten die steigenden Importe aus Amerika auch die deutschen Gutsbesitzer in Bedrängnis. Ihre Exportmärkte schwanden dahin, und die ausländische Konkurrenz wurde ihnen selbst auf dem inländischen Markt bedrohlich.[6] Auch Gutsbesitzer, die, wie Bismarck, in großem Maß in Holz investiert hatten, kamen in Schwierigkeiten. Während der Jahre, in denen Bismarck Varzin und Friedrichsruh erwarb, befand sich der Holzhandel in einer Wachstumsphase. Zwischen 1863 und 1872 wuchs mit der privaten Bauwirtschaft auch der Handel mit Holz und Holzprodukten jährlich um 3 bis 5 Prozent. Der Zusammenbruch des Jahres 1873 hatte einen starken Rückgang der Bautätigkeit zur Folge, und so fiel bis 1879 die Zuwachsrate des Holzhandels auf 0,1 Prozent, um dann bis 1883 bei Werten unter einem Prozent zu verharren.[7] Während der Jahre 1850–1865 waren die Holzpreise ständig gestiegen, von 7 auf 11 Mark pro Kubikmeter. In den sieben Jahren danach schwankten sie zwischen 9 und 10 Mark. Zwischen 1873 und 1875 stieg der Preis für Bauholz auf über 13 Mark an, fiel dann aber auf etwa 10 Mark in den Jahren 1877 und 1878. Die Preise für Brennholz bewegten sich in vergleichbaren Kurven.[8]

Das Preisniveau war für die deutschen Getreideproduzenten nicht beunruhigend, weil es fiel, sondern weil es während der siebziger Jahre nicht hinreichend anstieg, um die schlechten Ernten und steigenden Kosten auszugleichen. Während der seit 1830 andauernden Periode der Prosperität war der Wert des Landbesitzes erheblich gestiegen – bis zu 400 Prozent. Es waren dies «die Zeiten, in denen die Landwirte im Schlaf reich wurden».[9] Doch stiegen gleichzeitig auch die Verschuldung und die Zinssätze. Hypotheken in Höhe von 80 bis 90 Prozent des Kaufpreises des Guts und 100 Prozent des Realwerts (an den Erträgen gemessen) waren nicht ungewöhnlich. Auch die Löhne der Landarbeiter stiegen, seitdem die Landbesitzer mit den Fabrikbesitzern um Arbeitskräfte konkurrieren mußten. Während der Gründerjahre kletterten die Kosten für Geld, Arbeitskraft und landwirtschaftliches Gerät steil nach oben, während die Einkünfte der Landwirte annähernd gleich blieben. Der Krach der Jahre 1873–1874 brachte zunächst eine gewisse Erleichterung, obwohl die Lohnkosten etwas langsamer sanken als die Gerätepreise. Dann kamen die Jahre schlechter Ernten, die zugleich die Einkünfte der deutschen Landwirte verringerten und ausländische Importe begünstigten. Sogar die gute Ernte des Jahres 1878 hatte ihre schlechte Seite, denn sie drückte 1878–1879 die Preise. So hatte man 1879 ausreichend Anlaß, über die bedrückte Lage der Landwirtschaft zu klagen.[10]

Die ökonomische Krise der siebziger Jahre hatte einschneidende soziale, politische und psychologische Konsequenzen. Aus der Sicht der Liberalen, die an die Selbstregulierung des Markts glaubten, waren periodische Depressionen nur ein natürlicher Prozeß, durch den der Markt untüchtige und marginale Konkurrenten ausschied. Die Konservativen dagegen sahen in der Wirtschaftskrise den Beweis dafür, daß die Bismarck-Delbrücksche Wirtschaftspolitik mit der Aufhebung der Beschränkungen für Aktiengesellschaften, mit der Gewährung der Gewerbefreiheit und der Abschaffung jeder Kontrolle seitens des Staates oder der Zünfte von Anfang an verfehlt gewesen sei. Mit Ausnahme derjenigen, die vom Export- und Importhandel abhängig waren, machten die Kapitalisten die Freihandelspolitik, die sie ausländischer Konkurrenz aussetzte, für ihre Schwierigkeiten verantwortlich. Viele Arbeiter, deren Löhne sanken, als die Unternehmer sich genötigt sahen, die Produktionskosten zu senken, ließen sich von dem Argument überzeugen, daß die Ursache ihres Elends im Privateigentum der Produktionsmittel zu suchen sei, im Privatbesitz von Grund und Boden oder Fabriken. Die in ihrer Existenz bedrohten kleinen Kaufleute liehen konservativen Publizisten ihr Ohr, die nicht nur allgemeine kapitalistische Gier und Korruption als Ursache für die gegenwärtige Depression ausmachten, sondern eine regelrechte Verschwörung jüdischer Bankiers und Unternehmer. Während der siebziger Jahre rollte so eine erste Welle antisemitischer Ressentiments durch das neue Deutsche Reich. Ihre Ausläufer drangen auch Jahre später noch in das öffentliche Bewußtsein und zerfraßen die Werte des Humanismus, als die Depression überwunden und neuer Wohlstand erlangt worden war.[11]

Kathedersozialismus

In dem seinerzeit vielgelesenen Roman *Sturmflut* stellte Friedrich Spielhagen typische Erscheinungen der Gründerjahre vor: einen verschwenderischen und nahezu bankrotten Adeligen, der seine Pächter bedrückt und seine Rettung von einer vermögenden Partie erhofft; einen neureichen, auf großem Fuß lebenden Geschäftsmann und einen korrupten Beamten, welche den Aristokraten für ihren Plan einspannen, sich für eine neue Eisenbahngesellschaft ein Regierungsprivilegium zu verschaffen, um dann Anteile daran dem spekulationshungrigen Publikum weit über Wert verkaufen zu können; einen General, den sie zu bestechen versuchen, damit er sich für den Bau eines Marinestützpunkts an einem Ort einsetzt, dessen einziger Vorzug darin besteht, daß er an der genehmigten Eisenbahnlinie liegt; einen kleinen Fabrikanten und Anhänger der Fortschrittspartei, der 1848 für die Republik auf die Barrikaden gegangen ist und die damalige Niederlage noch immer nicht verschmerzt hat; und die unzufriedenen Arbeiter, die er entlassen hat, weil sie es gewagt haben, sich der sozialistischen Bewegung anzuschließen. Im Hintergrund ist bereits das Grollen der unzufriedenen Massen des städtischen Proletariats vernehmlich, das auf der Höhe der Gründerzeit streikt und die Fabrikherren mit Gewalt bedroht.[12]

Obwohl ihre Realeinkommen in den Jahren 1869–1873 (von einer kurzen Unterbrechung während des Kriegs gegen Frankreich abgesehen) steil anstiegen, hatten doch die Arbeiter in Deutschland das Gefühl, daß sie am allgemeinen Wohlstand nicht gerecht beteiligt wurden. Auf dem Allgemeinen Deutschen Arbeitertag der Lassalleschen Sozialisten wurden 1872 zwar die großen Leistungen Bismarcks anerkannt, doch zugleich bittere Klagen laut. Für «das arbeitende Volk» habe er «nichts gethan, er hat uns das Leben nicht leichter gemacht, sondern die Wirkung der mit seiner Hilfe gegebenen wirtschaftlichen Gesetze macht es uns von Jahr zu Jahr saurer».[13] Während der Jahre 1869–1873 wurde in Deutschland häufiger gestreikt als je zuvor. Die Arbeiter versuchten die Folgen der Inflation abzuwehren und ihre Arbeitskraft möglichst teuer zu verkaufen. Sie forderten hauptsächlich höhere Löhne und kürzere Arbeitszeiten, das Recht auf Gewerkschaftszugehörigkeit, die Entlassung brutaler Vorarbeiter und Aufseher und die Einstellung der gerichtlichen Verfolgung streikender Arbeiter und Arbeiterführer. Die meisten Streiks waren spontane und örtlich begrenzte Aktionen der Belegschaften einzelner Betriebe. Viele waren erfolgreich, aber die größten Arbeitsniederlegungen – der Maschinisten in Berlin und der Bergleute an der Ruhr und in Oberschlesien 1872 – scheiterten. Obwohl die Streiks meist von kurzer Dauer waren, wurde dabei den Arbeitern doch die Notwendigkeit bewußt, sich zu organisieren und Streikfonds anzulegen.[14] Als Zeichen der Zeit konnten auch die Unruhen gelten, zu denen es am Stadtrand von Berlin kam. Das schnelle Wachstum der Bevölkerung Berlins (während der sechziger Jahre kamen jährlich zwischen zwanzig- und dreißigtausend Zuwanderer, 1871 sogar fünfzigtausend) hatte bald eine schwere Wohnungsnot zur Folge. Die Mieten stiegen ins Unermeßliche, und die Menschen drängten sich in überfüllten Quartieren. Während Luxuswohnungen und Villen für die Reichen gebaut wurden, vernachlässigte man den Bau von Wohnungen für die Arbeiterschaft. So hausten Tausende von Arbeitern in Hütten und Baracken, die sie am Stadtrand selbst errichtet hatten. Die Räumung dieser wilden Ansiedlungen durch die Polizei erregte Aufruhr; bei einem Zusammenstoß wurden 102 Polizisten verletzt, und 159 Arbeiter trugen Säbelwunden davon. Die steigenden Lebenshaltungskosten führten auch in den Straßen Mannheims, Frankfurts am Main, Münchens, Stuttgarts und anderer Orte zu Unruhen.[15] Die Erfahrungen der Jahre 1869–1873 weckten jedoch auch in den höheren Gesellschaftsschichten Unbehagen am Laissez-faire und einem zügellosen Kapitalismus. «Die Herren Bourgeois», schrieb Theodor Lohmann am 15. Juni 1873, «haben über die Folgen ihrer eigenen Gesetzgebung den Katzenjammer bekommen.»[16]

Die Laissez-faire-Doktrin war die einzige Naturrechtslehre, die im Laufe des 19. Jahrhunderts in Deutschland fast uneingeschränkte Anerkennung gewann. Die Schriften Adam Smith', David Ricardos und John Stuart Mills hatten deutsche Ökonomen davon überzeugt, daß die Ökonomie wie eine Naturwissenschaft zu betrachten sei, die auf den Gesetzen von Angebot und Nachfrage und dem natürlichen Mechanismus des Marktes beruhe. Von den Universitäten verbreitete sich der Manchesterismus in die Bürokratie, die Geschäftswelt, die liberale Presse und triumphierte über alle konkurrierenden Lehren wie die Nationalökonomie Friedrich Lists, die korporativen Vorstellungen Victor Aimé Hubers und Hermann Wageners oder die von Ferdinand Lassalle entwickelten Pläne zu einem egalitären Staatssozialismus. Die erstaunliche Expansion des Industriekapitalismus und der von ihm geschaffene Wohlstand schienen in den mittleren Jahrzehnten des Jahrhunderts die Gültigkeit der liberalen ökonomischen Prinzipien zu bestätigen.

Doch schon vor dem Zusammenbruch von 1873 begannen die wachsenden Gegensätze zwischen Arm und Reich, Kapital und Arbeit und die daraus resultierenden Gefahren für die soziale Stabilität eine Reihe von Beobachtern zu beunruhigen, die eben den gesellschaftlichen Gruppen angehörten, in denen die Laissez-faire-Doktrin den stärksten Anhang gefunden hatte (Akademiker, Regierungsbeamte und Geschäftsleute). Diese Beunruhigung führte schon Ende der sechziger Jahre zur Suche nach einer neuen Sozialpolitik, mit deren Hilfe die Entfremdung der Arbeiterschaft von der bürgerlichen Gesellschaft verhindert oder überwunden werden sollte. (Selbst Kronprinz Friedrich Wilhelm bemerkte in seinem Tagebuch, daß nun, nach der politischen Einheit, die soziale Einheit das nächste Ziel sein müsse.)[17] Die vorgeschlagenen Reformen waren sehr zahlreich und unterschiedlich. Während die einen das System des freien Unternehmertums nur modifizieren wollten, planten andere kühn ein staatssozialistisches System. Ernst Engel, Direktor des Preußischen Statistischen Büros, das während der sechziger Jahre zu einer wichtigen Bildungsstätte für angehende Volkswirte wurde, setzte sich für die Einführung eines industriellen Partnerschaftssystems ein, in dem die Angestellten allmählich am Besitz und an der Leitung der Unternehmen, bei welchen sie tätig waren, beteiligt werden sollten. Einer seiner Schüler, Lujo Brentano, begann, fasziniert von den britischen «trade unions», in den späten sechziger Jahren seine lebenslange Agitation für eine starke Gewerkschaftsbewegung. In der Fähigkeit der Gewerkschaften, für ganze Industriezweige gültige Tarifverträge auszuhandeln, sah er die beste Garantie für eine gerechtere Beteiligung der Arbeiter an den Gewinnen der Industrie. Gustav Schmoller andererseits setzte seine Hoffnungen in die Ausbildung einer ihrer sozialen Verantwortung bewußten Beamtenschaft, die, über den Klassenkampf erhaben und beraten von Experten – nämlich von Professoren wie ihm selbst –, soziale Reformen einleiten würde. Auch Adolph Wagner setzte seine Hoffnungen in eine «soziale Monarchie», die auf objektiver Basis den Arbeitern soziale Gerechtigkeit widerfahren lassen würde. Schmoller und Wagner waren Vertreter der «jüngeren historischen Schule» deutscher Volkswirte, welche die deutsche Volkswirtschaft von den englischen und französischen Traditionen emanzipierte und eine «deutsche Schule» begründete, deren Ursprünge auf die deutsche Romantik und die Philosophie Hegels zurückgingen.[18]

Diesen jungen Professoren war ihr gemeinsames Interesse an sozialen Reformen noch kaum bewußt geworden, als sie von den Verteidigern des Manchestertums auch schon heftig angegriffen wurden. Den Reigen eröffnete Heinrich B. Oppenheim am 7. Dezember 1871 mit einem Artikel in der *Berliner Nationalzeitung*, in dem er die ganze Richtung auf den schnell berühmt gewordenen Namen «Kathedersozialismus» taufte. «Jeder», sagte er, «der zur Lösung der sozialen Frage ein System der Staatshilfe wolle, sei Sozialist.» Ein anderer liberaler Kritiker schlug in dieselbe Kerbe: «Zum Bebel und zum Liebknecht fehlt ihnen nur der Muth.» Als «Kathedersozialisten» gebrandmarkt zu werden, war für die Betroffenen eine peinliche Angelegenheit, denn ein erklärter Sozialist besaß im Deutschen Reich keinerlei Aussicht auf eine akademische Karriere. Die derart attackierten Gelehrten waren trotz der großen Unterschiede zwischen ihren sozialen Programmen genötigt, gegen die Protagonisten des Manchestertums zusammenzustehen. Diese gehörten in der Mehrzahl dem linken Flügel der Nationalliberalen Partei an (so namentlich Oppenheim und Bamberger) und waren durchweg Leute mit Verbindungen zum Banken- und Finanzwesen, die fürchteten, daß die Schriften der «Kathedersozialisten» einer antiliberalen Koalition von Arbeitern, Grundbesitzern und Staatsbeamten die ideologische Grundlage liefern mochten.[19]

Als politischen Aktivisten kann man keinen der «Kathedersozialisten» bezeichnen. Sie waren in erster Linie Universitätsprofessoren und Wirtschaftshistoriker, die glaubten, mit ihren Forschungen und Überlegungen zu einer Neuorientierung der deutschen Wirtschafts- und Sozialpolitik beitragen zu können. Sie wollten die spezifisch preußische Tradition neu beleben und bestärken, welche dem Staat eine Stellung jenseits der widerstreitenden Interessen der bürgerlichen Gesellschaft und damit eine besondere Verantwortung für das Gemeinwohl zuwies. Durch mehr soziale Gerechtigkeit hofften sie so den Abgrund zu überbrücken, der die sozialen Klassen voneinander schied, und eine homogenere Gesellschaft zu schaffen. Die öffentliche Aufmerksamkeit, die ihnen und ihren Ideen zuteil wurde, verdankten sie größtenteils der Heftigkeit, mit der die Manchesteristen sie angriffen.

Im Juli 1872 traf sich eine kleine Gruppe von «Kathedersozialisten» in Halle, um eine gemeinsam Front gegen die liberalen Widersacher zu bilden. Diesem Treffen folgte im Oktober ein größeres in Eisenach, zu welchem jeder eingeladen wurde, der Kritik an der Laissez-faire-Doktrin und soziale Reformen für erforderlich hielt. Es kamen dann dort 150 Personen zusammen (hauptsächlich Professoren, Beamte und einige Fabrikanten), deren Anschauungen jedoch so unterschiedlich waren, daß Schmoller, der bei dem Treffen den Vorsitz führte, darauf bestehen mußte, daß von Grundsatzdebatten abgesehen und statt dessen spezifische Reformmaßnahmen erarbeitet wurden.[20] Diskutiert wurden eine wirksamere Anwendung der Fabrikgesetzgebung durch mit dieser Aufgabe zu betrauende Regierungsbehörden, das Verbot der Kinderarbeit, Schulpflicht für die unteren Klassen, Beschränkung der Arbeitszeiten für verheiratete Frauen, die bedingungslose Anerkennung des Rechts der Arbeiterschaft, sich zu organisieren, gesetzliche

Anerkennung der Gewerkschaften und gesetzlicher Schutz für deren Kassen sowie die Schaffung von Schiedsgerichten.[21] Ein konkretes Ergebnis des Eisenacher Treffens war die Gründung des *Vereins für Socialpolitik* im Mai 1873, der als Forum der «Kathedersozialisten» bis zum Ende des Kaiserreichs bestehen blieb.

Der Einfluß dieses Vereins auf die deutsche Gesetzgebung erwies sich dann allerdings wegen der unterschiedlichen Auffassungen seiner Mitglieder und der apolitischen Haltung, die nach 1870 in deutschen akademischen Kreisen immer häufiger wurde, als vernachlässigbar. Dennoch kann man wohl sagen, daß der Verein, indem er ernstzunehmender Kritik an der Laissez-faire-Doktrin ein Forum bot, die Öffentlichkeit auf die sozialen Reformen der achtziger Jahre vorbereiten half. Die Polemik zwischen Brentano und dessen Gesinnungsgenossen auf der einen und Oppenheimer und Bamberger sowie schließlich Heinrich von Treitschke auf der anderen Seite ließ den Abgrund, der die «Kathedersozialisten» von den Verfechtern der Freihandelslehre trennte, tiefer erscheinen, als er tatsächlich war. In der Mitte der siebziger Jahre suchten denn auch Eduard Lasker, Gustav Schmoller und Rudolf Gneist eine Verständigung zwischen dem *Verein für Socialpolitik* und dem *Congreß deutscher Volkswirthe* herbeizuführen. Am Ende des Jahrzehnts machten die beiden Organisationen gemeinsam Front gegen die Schutzzölle und den Rechtsruck in der Bismarckschen Innenpolitik.[22] Doch wenn sie sich in diesem Fall auch auf die Seite der Liberalen schlugen, haben doch die «Kathedersozialisten», denen es nicht gelang, die liberale Bewegung insgesamt für soziale Reformen zu gewinnen, diese letztlich weiter gespalten und geschwächt. Sie nahmen der Laissez-faire-Doktrin den Status einer über jeden Zweifel erhabenen Lehre der deutschen Wissenschaft. Wenn sie für die schwächste soziale Gruppe im Wettbewerb der kapitalistischen Wirtschaft staatlichen Schutz forderten, dann war die Schlußfolgerung naheliegend, daß auch schwächere Industrien vor der brutalen Konkurrenz ausländischer Erzeuger geschützt werden mußten.

Das Anwachsen des proletarischen Sozialismus

Die Gewährung des allgemeinen, direkten, gleichen und geheimen Wahlrechts (für Männer) bei den Reichstagswahlen 1867 und die Aufhebung der Antikoalitionsgesetze 1869 eröffneten der Arbeiterschaft neue Wege zur Erreichung ihrer Ziele. Die Depression der siebziger Jahre drängte sie, von diesen Möglichkeiten Gebrauch zu machen, denn 1878 waren beispielsweise in der Eisenindustrie die Löhne unter das Niveau von 1869 gefallen. Die Phoenix-Eisenwerke in Duisburg senkten den Tageslohn von 3,30 auf 2,10 Mark, die Heinrichshütte im Siegerland von 2,50 auf 2,43 Mark. Louis Baare, der Generaldirektor des *Bochumer Vereins*, berichtet, daß die Arbeiter willens waren, für 1,50 Mark am Tag zu arbeiten, «nur um die Stelle zu behalten», obwohl sie mit diesem Lohn «nicht bestehen» könnten. Der jährliche Durchschnittslohn des *Bochumer Vereins* sank von 1190 Mark 1874 auf 875 Mark 1880. Krupp kündigte im Dezember 1874 in einem Zirkular eine drastische «Ermäßigung der Löhne» an: «Jeder Ausdruck von Unzufriedenheit ist als Kündigung anzusehen.» Bis 1879 hatte Krupp die Lohnsumme seiner Arbeiter halbiert, und bei anderen Unternehmern mußten sich die Berg-, Eisen- und Stahlarbeiter ähnliche Lohnkürzungen gefallen lassen. Das durchschnittliche Jahreseinkommen von Industriearbeitern und Handwerkern sank von 620 Mark im Jahr 1873 auf 558 Mark im Jahr 1879.

Es kam zu Massenentlassungen. In den Jahren 1873–1879 fiel die Anzahl der im Bergbau Beschäftigten von 289 000 auf 275 000. Während der gleichen Zeit ging die Zechenarbeiterzahl im Oberbergamtsgebiet Dortmund von 84 000 auf 77 000 zurück. Einzelne Unternehmen entließen sogar noch einen größeren Teil ihrer Arbeiter. Der *Hoerder Verein* verminderte von 1873 bis 1879 seine Belegschaft von 4709 auf 2604, der *Bochumer Verein* von 4077 auf 2507 Arbeiter. Die *Dortmunder Union* halbierte von 1873 bis 1877 die Beschäftigtenzahl von 12 102 auf 6322. Nach den Listen der Berliner Invalidenkasse waren 1875 von 30 000 registrierten Metallarbeitern nur 18 300 beschäftigt. Der Lagebericht des Berliner Polizeipräsidenten vom Dezember 1879 ging daher von der «sehr bedenklichen» Wahrnehmung aus, «daß die noch immer andauernden Erwerbsstörungen und die in einer ganzen Reihe von Ländern herrschenden ausgesprochenen Notstände die Zweifel an der Richtigkeit der heutigen Wirtschafts- und Gesellschaftsordnung und die Unzufriedenheit mit dem Bestehenden in immer weitere, sonst sehr ruhige und gemäßigte Kreise der Bevölkerung tragen».[23]

Die Wirkungen dieser Katastrophe waren bald an den Wahlergebnissen abzulesen. Bei der Reichstagswahl des Jahres 1871 hatten Sozialisten der Lassalleschen und der Eisenacher Fraktion zusammen 124 000 Stimmen (3,2 Prozent der Stimmberechtigten) erhalten und zwei Sitze im Reichstag gewonnen. 1874 erhielten sie 352 000 Stimmen (6,8 Prozent der Stimmberechtigten) und konnten neun Abgeordnete in den Reichstag entsenden, sechs Eisenacher und drei Lassalleaner.[24] In London triumphierte Friedrich Engels: «Die Wahlen in Deutschland stellen das deutsche Proletariat an die Spitze der europäischen Arbeiterbewegung. Zum ersten Mal wählen die Arbeiter en masse ihre eignen Leute, stellen sich als eigne Partei hin, und zwar über ganz Deutschland.»[25] Dieser Erfolg war ein neuer Anreiz für Einigungsbestrebungen innerhalb der sozialistischen Bewegung. Die Widerstände dagegen erübrigten sich in gewissem Maße ja bereits, seitdem die Lassalleaner die Hoffnung auf eine Zusammenarbeit mit Bismarcks Regierung aufgegeben und die Eisenacher ihrerseits eingesehen hatten, daß ihre Agitation für eine großdeutsche Bundesrepublik gescheitert war. Die Schikanen und Verfolgungen, denen beide Parteien seitens der deutschen Regierung ausgesetzt waren, überzeugten zudem deren Führer und die mit ihnen verbundenen Gewerkschaften von der Notwendigkeit einer vereinigten Front. So schlossen sich 1875 in Gotha beide Parteien zu einer Sozialistischen Arbeiterpartei zusammen, unter gemeinsamer Führung und mit einem Programm, das einen Kompromiß zwischen Lassalleschem Staatssozialismus und Marxschem revolutionärem Sozialismus darstellte.[26]

In der so vereinigten sozialdemokratischen Bewegung übernahmen die beiden ehemaligen Führer der Eisenacher Fraktion, August Bebel und Wilhelm Liebknecht, die Führung (Lassalles Nachfolger, Johann Baptist von Schweitzer, war nach 1871 aus der Politik gedrängt worden und starb 1875). Profunde Kenner der Marxschen Theorie waren die sozialdemokratischen Führer beide nicht, wenn auch Bebel während der Verbüßung verschiedener Haftstrafen nach 1869 Gelegenheit bekam, *Das Kapital* zu studieren. Keiner von beiden befürwortete Gewaltanwendung. Zum Ärger von Marx waren die im Gothaer Programm von 1875 umrissenen Ziele – Befreiung der Arbeiterklasse «im Rahmen des heutigen nationalen Staats» und Errichtung des «freien» Staats und der «sozialistischen» Gesellschaft «mit allen gesetzlichen Mitteln» – zwar demokratisch, aber nicht revolutionär und nicht internationalistisch. Doch stand außer Frage, daß die nun vereinigte Bewegung republikanisch, egalitär und sozialistisch gesinnt war und mithin der in Deutschland bestehenden aristokratisch-monarchischen Ordnung wie auch dem kapitalistischen System den Kampf ansagte.[27]

Die Gründung der Sozialdemokratischen Partei beendete die Spaltungen der deutschen Arbeiterbewegung nicht, wie die Geschichte der deutschen Gewerkschaften zeigt. In Deutschland sind, anders als im angelsächsischen Raum, die Gewerkschaften von Anfang an mit politischem Anspruch aufgetreten.[28] Die Lassalleaner und die Eisenacher gründeten rivalisierende Gewerkschaften, die nach der Vereinigung der Parteien gleichfalls miteinander verschmolzen wurden. Unter dem Einfluß Wilhelm Emmanuel von Kettelers, des Bischofs von Mainz, wurden mehrere katholische Gewerkschaften gegründet (die auch einige evangelische Mitglieder hatten), die nach 1890 zusammengeführt und der Zentrumspartei angeschlossen wurden. Max Hirsch und Franz Duncker organisierten eine Kette von Gewerkschaften unter dem Einfluß der Fortschrittspartei. Keine der existierenden politischen Parteien konnte mit Recht behaupten, die deutsche Arbeiterklasse in ihrer Gesamtheit zu vertreten, dennoch waren zwei der drei existierenden Gewerkschaftsorganisationen, nämlich die Hirsch-Duncker-Gewerkschaften (linksliberal) und die «freien» Gewerkschaften (sozialistisch) mit politischen Parteien verbunden, die der bestehenden politischen Ordnung sehr kritisch oder sogar in unversöhnlicher Feindschaft gegenüberstanden. Die katholische Zentrumspartei und die Sozialdemokratische Partei befriedigten anscheinend das Bedürfnis ihrer proletarischen Mitglieder nach menschlicher Gemeinschaft und seelischer Orientierung, die ihnen bei der Versetzung aus der ländlichen in die großstädtische Umgebung verlorengegangen waren. In den Werksgemeinschaften, die Unternehmer wie Karl Stumm und Alfred Krupp aufzubauen suchten, fanden manche Arbeiter patriarchalische Verhältnisse vor, die annähernd jenen glichen, die sie auf den Gütern des Ostens gekannt hatten. Sowohl das Zentrum als auch die Sozialdemokratische Partei schufen schließlich Subkulturen, in denen die Arbeiter heimisch werden konnten. Jede bot auf ihre Weise eine Ideologie, die dem Anspruch gerecht wurde, die gesamte Lebenserfahrung ihrer Anhänger zu erklären, eine Parteipresse, die im Lichte dieser Ideologie die aktuellen

Ereignisse und Fragen erörterte, und ein Programm von Aktivitäten (Jugendgruppen, Ausflüge, Versammlungen und Treffen), das die Freizeit der Arbeiter «von der Wiege bis zur Bahre» gestaltete.

Dennoch gab es natürlich bedeutsame Unterschiede zwischen den Parteien. Das Zentrum überbrückte die Trennung von Kapital und Arbeit, zwischen den älteren und den neueren sozialen Klassen, und seine Führung war im wesentlichen konservativ. Die Sozialdemokraten andererseits waren dezidiert proletarisch, antikapitalistisch und demokratisch. Ihr Aufstieg zu einer bedeutenden politischen Kraft, die 1877 über 9 Prozent der Wählerstimmen für sich zu gewinnen imstande war, beweist, daß die Sozialdemokratische Partei den Aspirationen einer wachsenden Zahl großstädtischer Arbeiter Ausdruck verlieh. Er erklärt sich andererseits auch aus der Depression dieser Jahre, die den Lohnarbeitern zunehmend bewußt machte, daß ihre Interessen weder von der preußisch-deutschen Obrigkeit noch von den liberalen und konservativen Parteien im Reichstag wahrgenommen wurden.

Wie der katholische Klerus erkannten auch einzelne protestantische Geistliche die Gefahren, die das Versäumnis, soziale Reformen in Angriff zu nehmen, heraufbeschwor. Als Adolf Stoecker, der vordem Divisionspfarrer in Metz gewesen war, 1874 als Hof- und Domprediger nach Berlin berufen wurde, erkannte er mit Schrecken, wie weit sich die mittleren und die unteren Gesellschaftsschichten der Kirche schon entfremdet hatten. Während der Jahre 1874–1878 wurden 80 Prozent aller Ehen in Berlin ohne kirchlichen Segen geschlossen und 45 Prozent der Neugeborenen nicht getauft[29]. Stoecker wurde nicht nur Vorsitzender der Berliner Stadtmission, er gründete auch, um der Bedrohung, die von der erklärt atheistischen und antiklerikalen Sozialdemokratischen Partei ausging, zu begegnen, eine neue Christlich-Soziale (Arbeiter-)Partei, «die auf dem Boden des christlichen Glaubens und der Liebe zu König und Vaterland stand». Das Parteiprogramm sah die Schaffung von «Fachgenossenschaften» vor, die obligatorisch sein sollten, staatlich beaufsichtigte Unterstützungskassen sowie die Einsetzung von Schiedsgerichten, die bei Auseinandersetzungen zwischen Kapital und Arbeit tätig werden sollten. Darüber hinaus wollte die Christlich-Soziale Arbeiterpartei sich für das gesetzliche Verbot von Sonntagsarbeit, Kinderarbeit, der Beschäftigung verheirateter Frauen und anderer Mißbräuche einsetzen. Die Kluft zwischen Reich und Arm sollte durch progressive Einkommens- und Erbschaftssteuern, Luxussteuern, Besteuerung des Börsengeschäfts und Gesetze gegen Wucher vermindert werden.[30]

Doch bei seinem ersten Versuch, die Berliner Arbeiterschaft für seine Ziele zu gewinnen, scheiterte Stoecker kläglich. In der Absicht, «mit Hilfe von Arbeitern auf die Arbeiter zu wirken», vertraute er diese Mission einem gewissen Emil Grünberg an, einem Schneider und einstigen sozialdemokratischen Agitator, der es nützlich gefunden hatte, sich zum Christentum zu bekehren. Am Abend des 3. Januar 1878 rief Grünberg im Berliner «Eiskeller» die dort versammelten etwa tausend Arbeiter – in der Mehrheit überzeugte Sozialdemokraten – auf, der neuen Partei beizutreten, und wurde ausgelacht. Stoecker, der sich anfänglich im Hintergrund gehalten hatte, eilte ihm zu Hilfe – es war dies der erste politische Auftritt des Hofpredigers –, doch seine pastorale Beredsamkeit reizte die Hörer ebenfalls zum Lachen und zu ironischem Applaus. Zwar ließ man ihn ausreden, doch dann betrat Johann Most das Rednerpodium, ein sozialdemokratischer Reichstagsabgeordneter mit messerscharfer Zunge, und wies Stoeckers Argumente eines nach dem anderen zurück. Die Versammlung beschloß, «daß angesichts der Tatsache, daß das Christentum fast 1900 Jahre lang nicht imstande war, Not und Elend zu lindern und selbst bei Erfüllung des christlich-sozialen Programms alles beim alten bleiben würde, nur von der Sozialdemokratie die gründliche Beseitigung aller heute bestehenden wirtschaftlichen und politischen Unfreiheiten zu erwarten sei. Wirtschaftliche Errungenschaften ohne politische Freiheiten seien wertlos.»[31]

In Berlin konnte die Sozialdemokratische Partei ihre Stellung gegen Stoeckers Christlich-Soziale Partei sogar bei den antisozialistischen Wahlen von 1878 halten. Seit 1874 war es den Sozialisten gelungen, der Fortschrittspartei, welche die Berliner Politik beherrschte, und den Hirsch-Duncker-Gewerkschaften, die mit dieser verbunden waren, viel Terrain abzugewinnen. Als eine in Berlin schon gewaltige Bewegung zeigte sich die Partei bei der Beerdigung des Setzers August Heinsch, eines sozialdemokratischen Funktionärs, am 10. März 1878. Tausende folgten dem Leichenzug. Ende April brachten noch mehr sozialdemokratische Arbeiter ihre Empörung über die bestehende Ordnung und ihre Solidarität mit der Partei zum Ausdruck, indem sie (angeblich 12 000) dem Leichenzug des sozialdemokratischen Zeitungsredakteurs Paul Dentler folgten, der, obwohl an akuter Tuberkulose leidend, eine Haftstrafe hatte antreten müssen und im Gefängnis gestorben war. Die liberale *Magdeburger Zeitung* schrieb über die Beerdigung: «Diese unabsehbaren Menschenmassen, welche sich wie ein mächtiger Strom durch die überdicht bevölkerten Arbeiterquartiere unserer Stadt ergossen, gemahnten den Beobachter an die Macht eines Elementarereignisses. Nichts Erschütterndes, nichts Feierliches bezeichnete diesen Leichenzug, nein, etwas Fürchterliches, etwas Erschreckliches sprach sich in dieser Leichenparade aus, zu welcher die Heerführer der Sozialdemokratie ihre Mannschaften entboten hatten ... Wer spricht noch vom Arbeiterbataillon Berlins angesichts dieses Leichenaufgebots? Das sind Regimenter, Divisionen, Brigaden; ja mehr, das sind ganze Armeekorps, ohne Übertreibung gesagt, das sind ganze Armeekorps, welche ihrem sicherlich um die Sache hochverdienten Toten die letzte Ehre erwiesen.»[32] Die Konzentration so vieler disziplinierter Anhänger einer erklärtermaßen atheistischen, republikanischen und antikapitalistischen Bewegung in der Reichshauptstadt, dem Nervenzentrum der Regierung, der Militärorganisation und des Verkehrswesens, beunruhigte die Reichen und die Mächtigen – unter diesen auch Bismarck. Ende der siebziger Jahre begann die Furcht vor dem Sozialismus, der bei der andauernden wirtschaftlichen Depression immer mehr Anhang gewann, die Furcht vor dem politischen Katholizismus in den Schatten zu stellen.

Repression

Wie vielen Zeitgenossen machte auch Bismarck der Aufstand der Pariser Kommune während der Monate April und Mai 1871 das Ausmaß der Unzufriedenheit der Arbeiterklasse bestürzend bewußt. Obwohl sie keine gemeinsame Philosophie und kein gemeinsames Programm hatten, waren sich die Kommunarden doch darin einig, daß sie die Rückkehr der Reichen, der Generäle, der Monarchisten und des Klerus an die Macht verhindern wollten. Die Exekution von Hunderten von Geiseln (unter diesen der Erzbischof von Paris) durch die Kommune erschreckte überall die Regierungen und Besitzenden. Die Entrüstung darüber war weit größer als die Bestürzung über den «weißen Terror», der auf den Sieg der Truppen der französischen Nationalversammlung über die aufständischen Kommunarden folgte. In Berlin erregte August Bebel im Reichstag «Heiterkeit» mit der Behauptung, «daß der Kampf in Paris nur ein kleines Vorpostengefecht» sei und «daß, ehe wenige Jahrzehnte vergehen, der Schlachtruf des Pariser Proletariats: ‚Krieg den Palästen, Friede den Hütten, Tod der Not und dem Müßiggange!' der Schlachtruf des gesammten europäischen Proletariats werden» solle.[33] Im Namen des Generalrats der Internationalen Arbeiter-Assoziation erklärte Karl Marx in London kühn, daß die Kommune der erste proletarische Aufstand der europäischen Geschichte und ein Vorbote kommender proletarischer Rebellionen gegen ihre kapitalistischen Unterdrücker gewesen sei.[34]

Die 1864 gegründete Internationale Arbeiter-Assoziation war damals bereits eines der wichtigsten Organe des radikalen Sozialismus in Europa. Gewerkschaften und sozialistische Vereine, die mit ihr verbunden waren, gab es in allen europäischen Ländern. Auf dem jährlichen Kongreß der Assoziation 1869 hatten sich deren Angehörige bereits, trotz fortbestehender Meinungsverschiedenheiten in anderen Fragen, über ein Programm geeinigt, das die Abschaffung des Privateigentums verlangte. Marx' offene Billigung der Pariser Kommune und seine Rechtfertigung der von ihr verübten Greuel waren nicht im Sinne des größten Teils der Angehörigen der Assoziation. Diesbezügliche Meinungsverschiedenheiten vertieften die innerhalb der Internationalen bestehenden Spaltungen und hatten einige Jahre später deren Auflösung zur Folge. Doch Marx' verwegenes Eintreten für die Kommune verschaffte dem «roten terroristischen Doktor» in London neue Aufmerksamkeit seitens der europäischen Presse und lenkte zum ersten Mal die Aufmerksamkeit der Regierungen und der führenden Gesellschaftsschichten Europas auf die Internationale als mögliche Brutstätte subversiver Gewalt. Andererseits wurde man sich nun allerdings auch der Tatsache bewußt, daß die Internationale Arbeiter-Assoziation und die ihr angeschlossenen Verbände überall ihre Kraft aus einer von sozialer Ungerechtigkeit angestachelten, in der Unterschicht weit verbreiteten Unzufriedenheit zogen.

Noch ehe das Drama der Pariser Kommune begann, bemühte sich Bismarck (schon am 12. September 1870) um eine gemeinsame Front mit den Regierungen

Österreichs und Rußlands gegen subversive Bewegungen in Europa, womit er erneut sein Talent unter Beweis stellte, zwei Fliegen mit einer Klappe zu schlagen. Denn obwohl ihm die sozialistische Agitation einerseits tatsächlich Sorgen machte, war sie ihm andererseits doch nicht ganz unwillkommen, insofern sie ihm einen Vorwand bot, das Rapprochement einzuleiten, das schließlich zum Dreikaiserbund führen sollte. Nach dem Ende des Kriegs gegen Frankreich schlug er vor, daß die europäischen Regierungen zukünftig einander über die von ihnen beobachteten revolutionären Umtriebe informieren und solche nicht länger als politische, sondern vielmehr als verbrecherische Aktivitäten einstufen sollten, was ihnen ermöglichen würde, revolutionäre Straftäter auszuliefern. Doch die letztere Anregung wurde von England abgelehnt, das sich auch weigerte, an einer von Spanien vorgeschlagenen europäischen Konferenz teilzunehmen, auf der über gegen die Internationale zu ergreifende Maßnahmen beraten werden sollte. Auch Bismarck ging allerdings auf den spanischen Vorschlag nicht ein, da er, wie er erklärte, alle Hände voll zu tun hätte, sich der ultramontanen Feinde des Staates zu erwehren.[35] Im August 1871 verständigten sich Bismarck und Beust über eine gemeinsame Politik, doch nicht über gemeinsame Maßnahmen in der sozialen Frage. Sie beschlossen, die gerechtfertigten Wünsche der Arbeiter durch Eingriffe in die «Produktions-, Verkehrs- und Preisverhältnisse» zu befriedigen, soweit solche staatlichen Maßnahmen mit den «allgemeinen Staatsinteressen» in Einklang zu bringen seien, und andererseits staatsgefährdende Agitation durch strenge Strafgesetze zu beschränken, soweit das ohne Schaden für ein gesundes öffentliches Leben möglich sei.[36] Damit war die Doppelstrategie, die Bismarck in der sozialen Frage während der folgenden zwanzig Jahre verfolgen sollte, formuliert: einerseits Reformen, andererseits Repression.

Fürs erste stand die Repression im Vordergrund und war von Reformen noch wenig zu sehen. Während des Krieges gegen Frankreich bekamen sowohl die demokratischen als auch die sozialistischen Radikalen die harte Hand der Polizei empfindlich zu spüren. Anfänglich unterstützten die Lassalleaner und viele Eisenacher (mit Ausnahme allerdings ihrer Führer August Bebel und Wilhelm Liebknecht) den «Verteidigungskrieg» gegen Napoleon III., wie dies anfänglich auch Marx und die Internationale taten. Das sollte sich freilich bald ändern, als Anfang September 1870 Napoleon stürzte, die Französische Republik ausgerufen wurde und die Deutschen ihre Forderung nach Elsaß-Lothringen erhoben. In Hannover gab das Zentralkomitee der Eisenacher ein «Braunschweiger Manifest» heraus, in welchem die Französische Republik gepriesen und der deutsche Annexionsanspruch verworfen wurde. Die fünf Angehörigen des Zentralkomitees wurden alsbald vom Generalgouverneur der deutschen Küstenlande, General Vogel von Falckenstein, verhaftet und in Ketten nach Lötzen in Ostpreußen ins Gefängnis gebracht. Weitere Verhaftungen folgten, unter anderen die von zwei Demokraten, des Hamburger Kaufmanns Herbig und des Königsberger Arztes Johann Jacoby, der seit 1848 für radikal liberale Anliegen aktiv war.[37] Obwohl Bismarck und der Kaiser die Verhaftung der Braunschweiger billigten, fand doch

Bismarck die Einkerkerung Herbigs und Jacobys politisch unklug und kritisierte Falckensteins Verbot der sozialistischen Presse und Versammlungen als unnötige Verfassungsverletzungen.[38]

Die politischen Verhaftungen, die während jener Kriegsjahre 1870–1871 das größte Aufsehen erregten, waren jedoch unstreitig die von der sächsischen Regierung angeordneten der Reichstagsabgeordneten Bebel und Liebknecht. Die beiden Führer der Eisenacher Sozialisten hatten sich im Reichstag bei der ersten Abstimmung über die Kriegskredite der Stimme enthalten. Im November 1870 schlossen sich fünf Lassallesche Abgeordnete ihrer Verurteilung der Annexion Elsaß-Lothringens an und stimmten auch, womit sie tumultartige Szenen im Reichstag veranlaßten, mit den Eisenachern gegen weitere Kriegsanleihen.[39] Nach der Vertagung des Reichstags wurden Bebel, Liebknecht und Adolf Hepner, der Herausgeber des sozialdemokratischen *Volksstaats,* in Leipzig am 17. Dezember 1870 in Haft genommen. Doch konnte ihnen die sächsische Polizei keine subversiven Aktivitäten überzeugend nachweisen. So wurden sie im April 1871 entlassen, dann jedoch nichtsdestoweniger im März 1872 der Anstiftung zum Hochverrat angeklagt – möglicherweise auf Drängen Bismarcks. Bebel und Liebknecht wurden zu zweijähriger Festungshaft verurteilt, Hepner wurde freigesprochen. Bebel erhielt wegen Majestätsbeleidigung eine zusätzliche Strafe von neun Monaten Haft und ging seines Reichstagsmandats verlustig. Während des Prozesses gelang es den Sozialisten in gewissem Maße, den Gerichtssaal in ein Forum umzufunktionieren, auf dem sie ihre Anschauungen einer breiteren Öffentlichkeit vortragen konnten. Das Märtyrertum der Verurteilten förderte höchstwahrscheinlich die Beliebtheit der sozialistischen Bewegung bei den Arbeitern.[40] Sicherlich galt das auch von den Schikanen und Verhaftungen, mit denen in den folgenden Jahren der Leipziger Polizeidirektor, der, wie Bebel meinte, offenbar den Ehrgeiz hatte, «seine Kollegen im übrigen Deutschland in den Schatten zu stellen», anderen sozialistischen Parteifunktionären und Zeitungsherausgebern zusetzte.[41]

Schon zu Beginn der siebziger Jahre lag auf der Hand, daß Bismarcks Sozialpolitik an einem Grundwiderspruch krankte. Er hatte der Arbeiterschaft zwei scharfe Waffen in die Hand gegeben, das Wahlrecht und das Streikrecht, aber keine Maßnahmen getroffen, um zu verhindern, daß diese zum Schaden der preußisch-deutschen Gesellschaftsordnung eingesetzt werden würden. Keine der halbherzigen Diskussionen, keiner der Versuche, die soziale Frage zu lösen oder wenigstens die Lage der Arbeiterschaft zu verbessern, die während der sechziger Jahre veranstaltet worden waren, hatte zu irgendeinem greifbaren Ergebnis geführt. Nun hatte er es in den frühen Jahren des Reichs mit einer beunruhigenden Kombination sozialer und politischer Widrigkeiten zu tun: Da gelang es der Zentrumspartei, Unterstützung bei der Arbeiterschaft zu finden; unter den unzufriedenen Proletariern nahm die Agitation der Sozialisten zu; und es gab Hinweise (denen mindestens Bismarck selbst Glauben schenkte) auf eine unheilige «schwarz-rote Allianz» zwischen sozialistischen Radikalen und dem katholischen

Klerus.[42] Sodann waren besorgniserregend auch die Anzahl und das Ausmaß der Streiks in der deutschen Industrie während der Gründerjahre, die fortgesetzte Auswanderung von Landarbeitern aus Deutschland sowie schließlich das Phänomen, daß streikende Industriearbeiter sich zunehmend mit Landarbeitern zum gemeinsamen Kampf gegen die besitzenden Klassen verbündeten.[43]

Anfänglich suchte Bismarcks Regierung dem Problem der Streiks und subversiven Umtriebe mit den bereits geltenden Gesetzen zu begegnen. So verpflichtete ein Runderlaß des preußischen Innenministers Eulenburg die Polizei zur regelmäßigen Berichterstattung über «Bewegungen unter den Arbeitern». Als sich dann die Berichte der Polizeispitzel (von denen viele frei erfunden waren) häuften, begann der Minister die preußischen und die Reichsgesetze auf eine Weise zu interpretieren, die ihm gestattete, Versammlungen, Demonstrationen und Organisationen der Arbeiter zu verbieten oder aufzulösen.[44] Im September wies er die Provinzregierungen an, streng auf Beachtung jener Verfügung des Gewerbegesetzes zu dringen, die Arbeitern, die an einem Streik nicht teilnehmen wollten, das Recht zu arbeiten garantierte.[45] Doch Bismarck war mit den Ergebnissen nicht zufrieden. Er gelangte zu der Auffassung, daß die Freiheiten, die den Arbeitern und ihren sozialistischen Fürsprechern unter den bestehenden Gesetzen gewährt worden waren, zu weit gefaßt seien.[46] Im September 1872 erlangte er die Zustimmung des preußischen Staatsministeriums zu Versuchen, durch eine neue Reichsgesetzgebung die Presse und das Vereinswesen strenger zu kontrollieren. Die Regierung, erklärte er, könne es sich nicht leisten, passiv zu bleiben, wenn die sozialdemokratische Presse die Arbeiter ständig gegen sie und die besitzenden Klassen aufhetze.[47] Sechs Monate später wurden andere Vorlagen ausgearbeitet, die eine Bestrafung von Fabrik-, Land- und Waldarbeitern wegen Kontraktbrüchigkeit vorsahen und das Recht auf Freizügigkeit beschränkten, kraft dessen sich die betroffenen Arbeiter der Verurteilung durch die Zivilgerichte entzogen, indem sie auf das Gebiet eines anderen Staates auswanderten.[48]

Fürs erste war jedoch das einzige repressive Gesetz, dessen Annahme die Regierung erwirken konnte, das Reichspressegesetz von 1874, das die Beschlagnahme von Druckerzeugnissen ohne vorherige gerichtliche Billigung ermöglichte. Dieses gegen die ultramontane katholische und gegen die sozialistische Presse gerichtete Gesetz gab der Polizei freie Hand, Zeitungen, Bücher, Flugschriften und Plakate, deren Text gegen das Gesetz zu verstoßen schien, nach Gutdünken zu beschlagnahmen. Die verantwortlichen Redakteure, Verleger, Drucker und Verteiler konnten mit Geldstrafen bis zu tausend Mark und mit Haft bis zu einem Jahr bestraft werden. Obwohl Lasker die Vorlage als einen Angriff auf die Pressefreiheit anprangerte, wurde sie im April 1874, als die von den Sozialisten erzielten Wahlergebnisse auch den Liberalen Angst zu machen begannen, dennoch angenommen. Immerhin schwächten die Liberalen die Vorlage etwas ab. So durften auch nach Annahme des neuen Pressegesetzes nicht, wie es die Regierung gewünscht hatte, alle an solchen Publikationen Beteiligten ohne Nachweis ihrer Komplizenschaft verurteilt werden; belangt sollte nur werden, wer sich nachweislich wissentlich strafbar gemacht hatte. Überdies erlangten die Liberalen bei den Verhandlungen über das neue Pressegesetz auch die Abschaffung der Stempelsteuer auf Zeitungen und der Bestimmung, nach der Zeitungsverlage Kaution zu stellen hatten.[49]

Doch schon vor Annahme des neuen Pressegesetzes gaben die geltenden preußischen und Reichsgesetze dem konservativen Innenminister Gelegenheit, im Verein mit eifrigen Polizisten, phantasievollen Staatsanwälten und feindseligen Richtern der sozialistischen Bewegung ernsthafte Schwierigkeiten zu bereiten. Ein preußisches Gesetz vom 11. März 1850, das durch eine Entscheidung des königlichen Obertribunals 1875 bestätigt worden war, ermächtigte die Polizei, Vereinigungen, bei denen öffentliche Angelegenheiten und politische Gegenstände diskutiert wurden, weitgehend nach Gutdünken zu behandeln.[50] Paragraph 130 des Reichsstrafgesetzbuchs sah Geldstrafen bis zu 600 Mark und Haft bis zu zwei Jahren für jeden vor, der sich der «Aufreizung verschiedener Klassen zu Gewalttätigkeiten» schuldig machte. Nützlich waren überdies die Paragraphen, welche die Bestrafung von Majestätsbeleidigung, von Verleumdung des Staates und Anstiftung zum Hochverrat vorsahen.[51] Gegenstand besonderer Sorge waren während der frühen siebziger Jahre in Berlin die Erfolge der Lassalleaner (bei der Reichstagswahl im Januar 1874 wurden dort etwas über siebentausend Stimmen für die Sozialisten abgegeben, 27,4 Prozent der Gesamtheit der abgegebenen Stimmen).[52] Um dieser Herausforderung zu begegnen, wurde Hermann Tessendorf, der sich schon in Magdeburg durch sein rigoroses Vorgehen gegen die dortigen Sozialdemokraten einen Namen gemacht hatte, zum Ersten Staatsanwalt am Stadtgericht Berlin befördert. Am 1. Januar 1874, einen Tag, nachdem er dieses Amt angetreten hatte, richtete er einen offenen Brief an Berlins Polizeipräsidenten Guido von Madai, in welchem er die Überzeugung aussprach, daß Exzesse aller Art bei den unteren Bevölkerungsschichten inzwischen so weit verbreitet seien, daß sie die öffentliche Sicherheit und Moral gefährdeten und die strengsten Maßnahmen gegen die Verantwortlichen rechtfertigten. Als solche nannte Tessendorf neben Verbrechern und Aufrührern ausdrücklich sozialdemokratische «Terroristen».[53] Während der folgenden Monate wurden Dutzende von Sozialisten von Madai verhaftet und von Tessendorf angeklagt, und mit der Anklage sympathisierende Richter schickten viele von ihnen ins Gefängnis. August Bebel berichtet, daß 87 Lassalleaner zu insgesamt mehr als 211 Monaten Haft verurteilt wurden. Im Juni erwirkte Tessendorf die gerichtliche Schließung des Hauptquartiers des *Allgemeinen Deutschen Arbeitervereins,* obwohl sich die Assoziation bereits aufgelöst hatte. Wilhelm Hasenclever, der nach Schweitzer deren Vorsitz übernommen hatte, wurde zu zwei Monaten Gefängnis verurteilt. Polizeibeamte, Staatsanwälte und Richter in anderen Städten folgten dem Beispiel ihrer Berliner Kollegen, und infolgedessen wurde auch die Mehrzahl der Zweigstellen der Lassalleschen Organisation geschlossen. Nach der Vereinigung der Lassalleaner mit den Eisenachern in Gotha wurde auf Anordnung des Stadtgerichts die vereinigte Partei in Berlin verboten. Die Sozialdemokraten waren jedoch weitsichtig genug gewesen, ihr Hauptquartier in Hamburg aufzuschlagen, jenseits der Reichweite der sächsischen und preußischen Polizei.[54]

Die Erfahrung sollte dann lehren, daß weder mit der Inhaftierung der Führer noch mit der Schließung der politischen Büros das Wachstum der sozialistischen Bewegung einzudämmen war. Daß dieses vielmehr anhielt und zunahm, war nicht nur an den Wahlergebnissen abzulesen, sondern auch am wachsenden Umfang der sozialdemokratischen Presse. 1875 erschienen 11 Blätter der Partei, 1877 waren bereits 42 auf dem Markt.[55] Den sozialistischen Gewerkschaften konnte Tessendorf allerdings einigen Schaden zufügen. Er bediente sich des wiederbelebten preußischen Gesetzes vom 11. März 1850 zur Verfolgung des Vereins der Berliner Zimmerleute, der mit den Lassalleanern verbunden war und den er deshalb beschuldigte, versäumt zu haben, sich als politische Organisation bei der Polizei anzumelden. Mit solchen Anklagen zwang Tessendorf während der Jahre 1874–1875 auch die übrigen Berliner Gewerkvereine mit Verbindungen zu den Lassalleanern (außer demjenigen der Zimmerleute die der Maurer, Schuhmacher und Stukkateure), ihre Pforten zu schließen. Ihr Dachverband, *Der allgemeine deutsche Arbeiterunterstützungsverband,* löste sich auf. Obwohl die Führer der Gewerkschaften versuchten, der Strafverfolgung durch Reorganisation und Verlegung ihrer Hauptquartiere in eine weniger feindselige Umgebung (meist nach Hamburg) zu entgehen, wurde die sozialistische Gewerkschaftsbewegung durch diese Verfolgung vorerst stark beeinträchtigt. Vor Gericht gab Tessendorf offen zu, daß er weniger die Bestrafung einzelner Führer bezweckte als vielmehr die Auflösung der Vereine selbst.[56] Auch in dieser Hinsicht folgte man anderswo seinem Beispiel, zumal in Sachsen und Bayern.[57] So waren die sozialistischen Gewerkvereine gerade während der schlimmsten Jahre der Depression, in denen die Arbeiter ihrer Wirksamkeit dringend bedurften, um den Verfall ihrer Löhne zu bekämpfen, weitgehend gelähmt. Das hatte unter anderem zur Konsequenz, daß die Sozialisten, an der Wahrnehmung rein ökonomischer Interessen gehindert, ihre Energien auf die politische Agitation konzentrierten.[58]

Indem er durch seine Verfolgungen die Lassalleaner nachgerade nötigte, sich 1875 mit den Eisenachern zu vereinigen, nahm Tessendorf der Regierung hinfort die Möglichkeit, die eine sozialistische Fraktion gegen die andere auszuspielen.[59] Daraufhin schienen dann zur Abwendung der sozialistischen Bedrohung noch drastischere Schritte angezeigt. In der Sitzungsperiode 1875–1876 des Reichstags legte Bismarcks Regierung eine Strafgesetznovelle vor, mit der politische Straftaten gemeinen Verbrechen gleichgestellt werden sollten. Ein Paragraph dieser Novelle sah Gefängnisstrafen für die Aufreizung zum Klassenkampf vor.[60] Wie wir im nächsten Kapitel sehen werden, schlugen sich die Liberalen bei dieser Gelegenheit im Reichstag auf die Seite des Zentrums und der Sozialisten, um die Annahme des «Sozialistenparagraphen» zu verhindern, den sie als «Ausnahmegesetz» kritisierten – und solche Gesetze waren ihnen noch immer mißliebig, auch wenn sie erst kürzlich ähnlichen Maßnahmen gegen die Katholiken zugestimmt hatten.

Das Scheitern des «Sozialistenparagraphen» entmutigte Bismarck nicht, es mit einer anderen drakonischen Vorkehrung zu versuchen, die zugleich die Sozialisten und die Katholiken treffen sollte. Durch den Bundesrat und die preußischen Gesandten bei den kleineren Staaten bemühte er sich während der siebziger Jahre ständig um ein koordiniertes Vorgehen gegen radikale Organisationen im Rahmen der bestehenden Gesetze.[61] Doch die einschlägigen Gesetze der größeren Staaten waren uneinheitlich, während sich bei den kleineren die entsprechenden Gesetze, sofern es sie überhaupt gab, als unwirksam erwiesen. In der Legislaturperiode 1874–1875 erwirkte Bismarck deshalb die Zustimmung des Staatsministeriums und des Kaisers zu einem Reichsgesetz, das staatsgefährdende Organisationen verbot.[62] Die Hauptverantwortung für den Entwurf eines solchen Gesetzes fiel dem Innenminister Eulenburg zu, der jedoch, von der Wirksamkeit der repressiven Maßnahmen überzeugt, zu welchen ihn die während der reaktionären fünfziger Jahre erlassenen Gesetze Preußens und der anderen Bundesstaaten ermächtigten, die Sache nicht eben eifrig in Angriff nahm. Ende 1876 scheiterte Bismarck bei dem Bemühen, den Hamburger Senat davon zu überzeugen, daß die Gesetze der Freien und Hansestadt nur gewissenhaft angewendet zu werden brauchten, um die behördliche Schließung des Hauptquartiers der Sozialdemokratischen Partei vollauf zu rechtfertigen.[63] Abermals drängte er Eulenburg, den Entwurf eines Reichsgesetzes fertigzustellen. Doch der Minister lieferte ihm nur Entschuldigungen und Versprechungen.[64]

Im Mai 1877 mahnte Bismarck, nun schon sehr ungeduldig und verärgert, abermals zur Eile. Um seinem Begehren Nachdruck zu verleihen, schickte er Eulenburg ein alarmierendes Memorandum, das er von dem hamburgischen Gesandten in Berlin, Daniel Krüger, erhalten hatte. Die Reichstagswahl von 1877 habe in ganz Deutschland die Wirksamkeit sozialistischer Agitation bewiesen. Binnen dreier Jahre habe sich die Anzahl der sozialistischen Wähler verdoppelt, obwohl während der fraglichen Jahre die Fähigkeit der Arbeiter, die Partei finanziell zu unterstützen, abgenommen habe. Da sie in der Mehrzahl der deutschen Städte auch einen großen Teil des Kleinbürgertums für sich gewonnen hätten, seien die Sozialisten inzwischen so stark geworden, daß die Zerstörung der bürgerlichen Demokratie und die Alleinherrschaft des Sozialismus über die unteren Klassen der Bevölkerung nicht mehr lange auf sich warten lassen würden, schrieb Krüger. Die sozialistische Infektion beginne sich bereits auch in ländlichen Gegenden zu verbreiten. Er wies darauf hin, daß bei dem Zusammenschluß von 1875 der radikale Sozialismus über den gemäßigten der Lassalleaner den Sieg davongetragen habe, so daß nun die Bewegung nicht mehr nur nach wirtschaftlichen Gewinnen strebe, sondern nach politischer Revolution. Die Unterdrückung einer vereinigten sozialistischen Bewegung sei aber nur durch ein einheitliches, von allen Staaten in gleicher Weise anzuwendendes Reichsgesetz möglich.[65]

Eulenburg jedoch kränkelte und blieb untätig. Im Sommer 1877 verschob Bismarck deshalb anscheinend seine gesetzgeberischen Pläne, während er mit den Nationalliberalen über Eulenburgs Ablösung verhandelte. Endlich erhielt er im folgenden Jahr, 1878, die Gelegenheit, aktiv zu werden. Zwei Mordanschläge auf den Kaiser schufen Umstände, unter denen er jeden Widerstand gegen das «Sozialistengesetz», auf das er seit 1872 mit zunehmender Dringlichkeit hingearbeitet hatte, aus dem Felde schlagen konnte.

Reform

Soziale Unruhe, schrieb Bismarck im April 1872 an den Kaiser, sei eine die ganze zivilisierte Welt plagende Krankheit. «Diese Krankheit hat ihre Ursache darin, daß die besitzlosen Klassen in dem Maaße als ihr Selbstgefühl und ihre Ansprüche an Lebensgenuß allmählich steigen, sich auf Kosten der besitzenden Klassen die Mittel zur Befriedigung dieser Ansprüche zu verschaffen streben.» Deshalb gelte es zwar durchaus, die Gesetze gegen Streikende, Gewerkschaften und sozialistische Agitation zu verschärfen, doch dürfe man nicht hoffen, die Krankheit allein dadurch zu kurieren. Repression werde die Heilung nicht bringen. «Dieselbe kann nur das sehr langsame Werk theils der fortschreitenden Bildung und Erfahrung, theils einer Reihe die verschiedensten Gebiete des staatlichen und wirtschaftlichen Lebens berührender legislativer und administrativer Maaßregeln sein, welche darauf gerichtet sind, die Hindernisse thunlichst zu beseitigen, die der Erwerbsfähigkeit der besitzlosen Klassen im Wege stehen.»[66] Aber was waren das für «Hindernisse», und wie waren sie zu beseitigen? Zu Beginn der siebziger Jahre hatte Bismarck von der erforderlichen Repression einen deutlicheren Begriff als von den in Angriff zu nehmenden Reformen. Da er diesbezüglich ungenügend informiert war und keine eigenen Ideen hatte, wandte er sich an die Experten.

Nicht lange nach seiner Unterredung mit Beust in Bad Gastein drängte Bismarck im Oktober 1871 den Handelsminister Itzenplitz, einen Ausschuß zur Untersuchung der Arbeitsbedingungen in den Städten einzusetzen; dessen Erkenntnisse sollten der Vorbereitung einer deutsch-österreichischen Konferenz über dasselbe Thema dienen. Die Experten, deren Konsultation er empfahl, waren Beamte mit Kenntnis der sozialen Verhältnisse, Landbesitzer, die ihre Güter selbst verwalteten, Fabrikanten, karitativ tätige Personen und Autoren, die mit den Hauptströmungen des Denkens über die soziale Frage vertraut waren. Auch die Vernehmung intelligenter Arbeiter sollte Berücksichtigung finden. Itzenplitz befürchtete jedoch, daß eine amtliche Untersuchung nur die Zweifel der Arbeiterschaft an der Angemessenheit der gegenwärtig geltenden Wohlfahrtsgesetze verstärken würde.[67] Tatsächlich besaß Preußen bereits eine Reihe verschiedener, vom Staat verwalteter Wohlfahrtseinrichtungen, so den Gildenfonds für Gesellen und Lehrlinge, Staatsfonds für Witwen und Waisen von Beamten und Knappschaftskassen sowie Unterstützungskassen, die den in Not geratenen Familien von Bergleuten, Eisenbahnern und Fabrikarbeitern Hilfe gewährten. An weiteren Institutionen, die der Arbeiterschaft zugute kamen, sind Sparkassen, Kreditvereine und Konsumgenossenschaften zu nennen sowie Unfallversicherungsgesellschaften (die letzteren hatte ein 1871 verabschiedetes Reichsgesetz erforderlich gemacht, das die Haftpflicht von Eisenbahn-, Bergbau- und Fabrikgesellschaften für Arbeitsunfälle begründete).[68] Zudem hatten verschiedene Fabrikgesetze die Kinderarbeit eingeschränkt (1835, 1845, 1853), örtliche Räte zur Regulierung der Arbeitszeiten eingesetzt (1849), auf beschränkter Basis Fabrikinspektionen vorgeschrieben (1853) und die Abschaffung des Naturallohnsystems (1849) sowie das Verbot von Lohnabzügen und Lohneinbehaltungen (1869) versucht. Andere Fortschritte (unter diesen Bestimmungen über die Schlichtung von Streitigkeiten zwischen Arbeit und Kapital) hatte das norddeutsche Gewerbegesetzbuch von 1869 gebracht, das 1871 Reichsgesetz geworden war.[69]

Das Argument des Handelsministers, daß die Erörterung der Mängel dieses Systems nur unnötig die sozialistische Agitation bestärken würde, beeindruckte Bismarck nicht. Die sozialistischen Theorien und Forderungen seien längst schon auf so breiter Front und so tief in die Massen eingedrungen, daß der Versuch, die Gefahr nicht zur Kenntnis zu nehmen oder totzuschweigen, notwendig zum Scheitern verurteilt wäre, meinte er. Im Gegenteil sollte die Angelegenheit so laut und so öffentlich wie möglich diskutiert werden, damit die Massen nicht länger von Agitatoren in die Irre geführt werden könnten, sondern begreifen lernten, welche von ihren Forderungen berechtigt seien und welche nicht. Selbstverständlich sei es auch nicht opportun, die brennendsten Fragen – die der Arbeitszeit, des Lohns und der Wohnungsnot – von der Diskussion auszuschließen. Von den beiden rivalisierenden sozialistischen Bewegungen sei nur die von Bebel und Liebknecht mit der Sozialistischen Internationalen verbunden. Mit den Lassalleanern sei eine Verständigung noch möglich. Noch sei Zeit, die Mehrzahl der Arbeiter mit der bestehenden Staatsordnung zu versöhnen und die Interessen von Arbeitern und Arbeitgebern in Einklang zu bringen.[70] Obwohl sich Itzenplitz nun Bismarcks Druck fügte, war der Ausschuß, den er dann einsetzte, kaum ein Gremium, von dem erwartet werden durfte, daß es zu drastischen Maßnahmen riete. Der Ausschuß tagte nur ein einziges Mal (am 26. November 1871) und empfahl mehr von dem, was bereits vorhanden war: Selbsthilfe durch freiwillige, vom Staat zu fördernde Vereinigungen.[71] Obwohl die hohen Beamten des Handelsministeriums diesbezüglich geteilter Meinung waren, neigten doch die meisten von ihnen zur Laissez-faire-Doktrin. Sie waren zwar willens, korporative Selbsthilfe zu ermutigen (besonders im Sinne Victor Aimé Hubers), hielten aber nichts von staatlichen Eingriffen in das Wirtschaftsleben.[72]

Bismarck war jedoch nicht auf die Ideen des Handelsministers Itzenplitz und seiner Kollegen zur Frage der sozialen Reform angewiesen. Viel näher stand ihm ja Hermann Wagener, damals Beamter im preußischen Staatsministerium, der seinerseits enge Beziehungen zu zwei konservativen Publizisten mit entschiedenen Meinungen zur sozialen Frage unterhielt: Rudolph Meyer und Karl Rodbertus. Schon seit 1869 drängten Wagener und Moritz von Blanckenburg den Kanzler, die Führung bei einem Neuaufbau der konservativen Partei zu übernehmen, die die Interessen der Agrarier mit denen der Handwerker und Arbeiter verbinden und so die Regierung aus ihrer Abhängigkeit von den Nationalliberalen befreien würde.[73] Im Januar 1872 richtete Wagener eine Denkschrift an Bismarck, in welcher er darauf hinwies, daß es seines Erachtens «ein überaus gefährliches Unternehmen» sei, «gleichzeitig den Kampf mit der ultramontanen und der sozialistischen Partei aufnehmen zu wollen und dadurch die Socialen noch mehr und unwiderruflich in das klerikale Lager zu treiben. ... Den materiellen Tendenzen der Gegenwart gegenüber ist der Social-Kaiser stärker als selbst der Social-Papst.» Es möge zwar berechtigt und notwendig sein, die bestehenden Gesetze nach allen Seiten energisch zur Anwendung zu bringen «und dadurch insbesondere die auswärtigen, sowie diejenigen Elemente von der socialen Bewegung fern zu halten, welche antinationale Zwecke verfolgen», schrieb er, doch halte er es für möglich, dieselbe für den Staat zu gewinnen, wenn die Monarchie «etwas Namhaftes zur Befriedigung der berechtigten Bestrebungen ihrer Anhänger» tun wolle. Das aber sei zur Verhinderung der abermaligen «Zersetzung und Auflösung des Deutschen Reiches und der deutschen Einheit» dringend erforderlich, denn: «Wohin die Massen sich wenden, wird aber nicht allein politisch und parlamentarisch, sondern auch für den Charakter der Armee schließlich von entscheidender Bedeutung sein. Ganz und dauernd zuverlässig wird diese nur dann sein, wenn die Arbeiter, welche das Haupt-Contingent liefern, durch die Leistungen des Reiches für die Reichsidee gewonnen und an diese gekettet werden.»[74]

Im Oktober 1872 schickte Bismarck Wagener als Beobachter zum Eisenacher Kongreß der «Kathedersozialisten» und befahl eine ausführliche Berichterstattung in der regierungsamtlichen Presse. Im November desselben Jahres präsidierte der preußische Geheimrat bei den dreizehn Sitzungen einer deutsch-österreichischen Expertenkonferenz über die soziale Frage und die sozialistische Agitation, die bei Bismarcks Unterredung mit Beust in Bad Gastein verabredet worden war. Die Österreicher hatten Anweisung, nur die Sozialistische Internationale zu erörtern, es gelang Wagener aber dennoch, das umfassendere Problem sozialer Reformen anzusprechen. Obwohl sich die Teilnehmer an der Konferenz auf eine Reihe von gemäßigten Reformvorschlägen einigten, waren doch die Absichten der beiden Regierungen so unterschiedlich, daß hinsichtlich einer österreichisch-deutschen Zusammenarbeit kein praktisches Ergebnis erzielt wurde.[75] Im folgenden Jahr mußte Wagener auf Grund der Enthüllungen Eduard Laskers, die auch seine Verwicklung in einen «Gründerskandal» offenbarten, aus dem Staatsdienst ausscheiden. Konservative wie Rudolph Meyer meinten, «Preußen habe nach Wageners Abgang keinen Staatsmann mehr, der die soziale Frage gründlich kenne und verstehe».[76] Bismarck klagte, man habe ihm «die tüchtigste Arbeitskraft» genommen. Doch hatte Wageners Nützlichkeit ihre Grenzen. Erhielt der Geheimrat den Auftrag, ein Gesetz zu entwerfen, mußte Bismarck damit rechnen, einen Zeitungsartikel von ihm zu erhalten.[77] Wagener besaß nicht die Fähigkeit, Ideen in Taten umzusetzen.

Sein Ausscheiden aus dem Staatsdienst führte indessen nicht unmittelbar zum Abbruch der Beziehungen zwischen ihm und dem Reichskanzler. Sie hielten vielmehr persönlich und brieflich Kontakt, bis 1877 Bismarck Wagener verdächtigte, bei den von der *Deutschen Eisenbahn-Zeitung* veröffentlichten Angriffen gegen seine Politik die Hand im Spiel gehabt zu haben. Bis zu dieser Zeit benützte der Kanzler den alten Freund zu verschiedenen Missionen, unterstützte ihn finanziell und erbat weiterhin Denkschriften zur sozialen Frage von ihm.[78] Seine Randbemerkungen zu einem solchen Dokument vom Januar 1874 zeigen, daß Bismarck an Wageners Ideen zwar interessiert, doch hinsichtlich der Möglichkeit ihrer praktischen Umsetzung recht skeptisch war. So empfahl dort Wagener «die Beseitigung des jetzt herrschenden Wirthschafts-Systems (Bismarck: «Wie?») und speciell die Wiedereinführung der Wucher-Gesetze» (Bismarck: «reicht nicht»). Weiter riet Wagener: «Der Wiedereinführung der Wuchergesetze muß dann als Correlat die Einführung des Normal-Arbeitstages gegenübertreten, welcher indeß nicht – wie die Socialisten verlangen – allein nach der Zeit, sondern nur nach einem bestimmten Arbeits-Quantum bemessen werden darf» (Bismarck: «schwer zu bezeichnen»). Wagener plädierte auch für eine Agrarreform, die der Massenauswanderung der Landarbeiter Einhalt gebot: «Das beste Mittel hierfür ist die Umwandlung der besitzlosen ländlichen Arbeiter in kleine Grundbesitzer.» Insbesondere seien Soldaten mit Landbesitz auszustatten, «bei staatlichen Colonisationen in erster Linie Militärpersonen zu berücksichtigen». Da auch nach Wageners Dafürhalten «die Einführung von Gewerk-Vereinen für ländliche Arbeiter mit einer Revolutionierung unserer ländlichen Verhältnisse identisch sein würde», sprach er sich für die Beteiligung der Landarbeiter an der Gemeindeverwaltung aus. Für die Industriearbeiter gelte es, «nach Verfall der Innungen eine neue corporative Gestaltung zu gewinnen». Diese neuen Korporationen dürften jedoch «nicht als Partei-Anhängsel», sondern müßten als «staatliche Institute» organisiert und behandelt werden. Im übrigen empfahl Wagener obligatorische Kranken-, Invaliden- und Altersversorgungskassen, die Einrichtung von Schiedsgerichten zwischen Arbeitgebern und Arbeitnehmern unter paritätischer Besetzung sowie die «Errichtung von sogenannten Einigungsämtern, welche die Lohnsätze, Arbeitsbedingungen und die Arbeitszeit, überhaupt die unter den Klassen der Gewerbetreibenden streitigen Interessen zu regeln, auszugleichen und allen dieserhalb entstehenden Streitigkeiten möglichst vorzubeugen haben».[79] Im Oktober 1874 entsandte Bismarck Wagener in Begleitung von Rudolph Meyer noch einmal als Beobachter zum jährlichen Kongreß der «Kathedersozialisten». Seinen Bericht hat Bismarck mit zahlreichen Anmerkungen versehen, die sein andauerndes Interesse ebenso wie seine unveränderte Skepsis bezeugen. «Für mich ist die Hauptsache und der letzte Zweck die Wiederzusammenfassung der *disiecta membra* der Masse des Volkes und deren correcte Einfügung in den Organismus des Staates», schrieb Wagener. (Bismarck: *„ubi, quomodo, quando, quibus auxiliis?"*)[80]

Bismarcks Intervention in sozialpolitische Belange und seine Ernennung Wageners zum Vorsitzenden der deutsch-österreichischen Konferenz im November 1872 muß Itzenplitz verärgert haben. Doch nötigte ihn Bismarcks Kompetenzüberschreitung auch zu eigener Tätigkeit. Anfang November verfaßte er eine Anweisung an die preußischen Beamten, die zu der Konferenz entsandt wurden. Im Gegensatz zu seiner früher gegenüber Bismarck geäußerten Meinung, daß eine öffentliche Diskussion der Lage der Arbeiterschaft sich nur als schädlich erweisen könne, forderte er jetzt eine ausführliche Berichterstattung in der Regierungspresse zur Klärung der Interessen von Arbeitern und Arbeitgebern. Und obwohl er voraussetzte, daß dabei die Grundlagen des Staates und der bürgerlichen Gesellschaft nicht verlassen werden sollten, forderte er doch die kritische Erörterung strittiger Fragen wie der Sonntagsarbeit, Beschäftigung von Frauen in Fabriken, Wohnungsnot, Berufsschulausbildung, Sozialversicherung und des öffentlichen Personennahverkehrs.[81] Im März 1873 unterbreitete er seinen Ministerkollegen konkrete Vorschläge zu Reichsgesetzen, die gegen eine Reihe von Mißständen Abhilfe schaffen sollten. Verboten werden sollte die Fabrikarbeit für Kinder unter zwölf Jahren, ältere Kinder (im Alter von zwölf bis vierzehn Jahren) sollten höchstens halbtags beschäftigt werden dürfen. Die Fabrikgesetzgebung über Kinderarbeit sollte für jedwede Beschäftigung von Kindern außerhalb des Elternhauses gelten. Die Befugnisse des Staates, die Arbeitgeber zu zwingen, Gewähr für Leben und Gesundheit ihrer Arbeiter zu leisten, sollten erweitert werden. Die Ernennung von Fabrikinspektoren sollte überall obligatorisch und deren Autorität, die Einhaltung der Fabrikgesetzgebung zu überwachen, gestärkt werden. Zudem sollte eine amtliche Untersuchung der Bedingungen, unter denen Frauen arbeiteten, zur Vorbereitung neuer Gesetze durchgeführt werden.[82] So hatte Itzenplitz zwar die Richtung geändert, nach Bismarcks Geschmack allerdings reichlich spät. Im Juni 1873 wurde er durch seinen einstigen Untergebenen Heinrich Achenbach ersetzt, der Reformplänen von vornherein aufgeschlossener gegenüberstand.

Während der Jahre 1873–1874 wurde auf Grund zunehmender Besorgnis in der Regierung, im Parlament und in der Öffentlichkeit eine Reihe von bemerkenswerten Analysen der Arbeitsbedingungen und des Verhältnisses zwischen Arbeitgebern und Arbeitnehmern veranlaßt. Durch Petitionen dazu aufgefordert, ersuchte der Reichstag am 30. April 1873 den Kanzler, feststellen zu lassen, ob nicht kindliche und weibliche Fabrikarbeiter weitergehenden gesetzlichen Schutzes bedürften.[83] Der Bundesrat schloß sich dem Ersuchen des Reichstags an, und so wurde während der Jahre 1875–1876 die angeregte Untersuchung auf breiter Basis durchgeführt.[84] Andere Petitionen beklagten, daß das Gewerbegesetzbuch von 1869 ein gespanntes Verhältnis zwischen Handwerksmeistern und Gesellen provoziere und viele Probleme der Industriearbeit (einschließlich derjenigen von Auseinandersetzungen zwischen Arbeitern und Arbeitgebern) sowie die Frage der Sozialversicherung ungeregelt lasse. Das Resultat war eine weitere, von Bismarck angeordnete Untersuchung in den Jahren 1875–1876, die dem Verhältnis zwischen Arbeitgebern (Handwerksmeistern und Fabrikbesitzern) und Arbeitnehmern (Gesellen und Fabrikarbeitern) nachging.[85]

Doch auch der Lage der Landarbeiter wandte Bismarcks Regierung in den siebziger Jahren ihre Aufmerksamkeit zu. Die Landflucht der Bauern in die

Städte – oder nach Übersee –, der daraus resultierende Arbeitskräftemangel auf dem Lande, die häufigen Vertragsbrüche von Landarbeitern, das Vordringen der sozialistischen Agitation auf dem Dorf, die Wirksamkeit dieser Agitation zumal in Gebieten, in denen der Großgrundbesitz vorherrschte, all das ließ dem preußischen Staatsministerium eine umfassende Untersuchung der Arbeitsbedingungen in der Landwirtschaft wünschenswert erscheinen. Tatsächlich kam es dann allerdings nur zu einer Reihe von Konferenzen, die das Landwirtschaftsministerium veranstaltete. Alle Teilnehmer daran waren Beamte, mit Ausnahme zweier «praktischer Experten» (der Gutsbesitzer Moritz von Blanckenburg und Friedrich von Wedell-Malchow), die auf Bismarcks ausdrücklichen Wunsch hinzugezogen wurden.[86] Man erörterte, wie sich die Abwanderung der Landarbeiter durch die Vorschrift schriftlicher, rechtlich bindender Arbeitsverträge, durch die Vermehrung der Zahl landbesitzender Bauern auf dem Wege der inneren Kolonisation und durch die Anwendung der Haftpflicht für Leben und Gesundheit der Arbeiter, wie sie 1870 den Fabrikbesitzern auferlegt worden war, auch auf den Gutsbesitzer eindämmen ließ. Es wurden Gesetze entworfen, doch eine Gesetzgebung erfolgte nicht.[87] Einer Petition des *Congresses deutscher Landwirte* stattgebend, versuchte Bismarck, in den Jahren 1875–1876 eine neue und gründlichere Untersuchung der Reallöhne von Landarbeitern in Gang zu bringen, doch die anderen Minister zweifelten am Wert einer solchen Studie, und so unterblieb sie.[88] Einige Konservative sahen in diesem Versäumnis einen weiteren Beweis für das geringe Interesse der Bismarck-Regierung an den Problemen der Landwirtschaft.[89] Doch die eigentliche Erklärung ist wohl eher in der Tatsache zu suchen, daß im Laufe der siebziger Jahre der Arbeitskräftemangel auf dem Lande wieder zurückging, womit sich das Problem, das die Diskussion ausgelöst hatte, erledigte.[90]

Die Untersuchungen der Arbeitsbedingungen in Fabriken waren ergiebiger. Die unter Aufsicht des Reichskanzleramts von den Bundesstaaten durchgeführten Erhebungen der Jahre 1875–1876 lieferten Informationen, die zwei bedeutenden Reformen zugrundegelegt wurden, den beiden Reichssozialversicherungsgesetzen vom 7.–8. April 1876 und der Gewerbegesetznovelle vom 17. Juli 1878. Das Gewerbegesetzbuch von 1869 hatte, ganz im Sinne der Laissez-faire-Doktrin, Wohlfahrtskassen von amtlicher Kontrolle befreit und die Mitgliedschaft freigestellt, wenn die Arbeiter bereits anderswo freiwillig versichert waren. Die Wirkung war chaotisch. Die beiden Arbeiterversicherungsgesetze vom April 1876 führten die staatliche Regulierung durch die regionalen Behörden wieder ein und beschränkten die Hilfskassen auf zwei Typen: freiwillige Fonds unter staatlicher Aufsicht und obligatorische Fonds unter staatlicher Leitung.[91] Dennoch blieben die meisten Arbeiter ohne Versicherungsschutz, denn die bestehenden Kassen erstreckten sich nur auf die Beschäftigten in einigen Schwerindustriezweigen. So mußten in der Not die Unversicherten bei der Armenfürsorge Zuflucht suchen.[92]

Wenn Bismarck sich nicht dagegen gesperrt hätte, wäre wohl auch das zweite bedeutende Reformgesetz der siebziger Jahre, die Gewerbegesetznovelle, schon 1876 in den Reichstag gelangt. Aus Varzin zog Bismarck brieflich die Notwendigkeit einer neuen Gesetzgebung zur Beschränkung der Kinder- und Frauenarbeit in Zweifel. Die Untersuchung sei während der Hochkonjunktur durchgeführt worden, als die Industrie die Arbeiter besonders hart antrieb. «Heute ist die Sachlage wesentlich verändert. Das Angebot überwiegt die Nachfrage.» Viele Fabrikbesitzer verzichteten auf Gewinne und nähmen sogar Verluste hin, nur um sich ihre Belegschaft für die erwarteten besseren Zeiten zu erhalten. Wenn man sie unter diesen Umständen mit neuen staatlichen Beschränkungen beschwere, würden sie Arbeiter entlassen, zumal Frauen und junge Leute. Bismarck war auch gegen die Einführung allgemeiner Beschränkungen ohne Rücksicht auf die unterschiedlichen Bedingungen in den verschiedenen Industrien und Regionen. Ein Gesetz, das den Arbeitstag von Frauen und Jugendlichen verkürze – und so ihren Lohn mindere –, würde nur deren Fähigkeit, sich zu ernähren, beschränken und Unterernährung zur Folge haben. Bismarcks Einwände zwangen das Staatsministerium, die Sache fürs erste ruhen zu lassen.[93] Doch im März 1877 interpellierten die Freikonservativen im Reichstag wegen des Stands der Gesetzgebung. Entschließungen aus vielen Lagern – der Freikonservativen, der Nationalliberalen, der Fortschrittler und der Sozialisten – forderten den Reichstag auf, so bald wie möglich eine neue Fabrikgesetzgebung anzumahnen.[94]

Unter diesem Druck setzte sich die Maschinerie von neuem in Bewegung. Mit Hilfe Achenbachs entwarf Karl von Hofmann, der Nachfolger Delbrücks als Chef des Reichskanzleramts, drei miteinander verbundene Reformgesetze, von denen eines das Fabrikgesetz war.[95] Doch ehe er die Entwürfe dem Bundesrat vorlegen konnte, erhielt er ein Telegramm aus Varzin, das ihn anwies, davon Abstand zu nehmen.[96] Bismarck hatte von den Gesetzentwürfen «zufällig» gehört. Sie seien ohne sein Wissen, ohne vorherige Erörterung im preußischen Staatsministerium und im Widerspruch zu seinem ausdrücklichen Votum vom September des vergangenen Jahres konzipiert worden.[97] Der erzürnte «Eremit von Varzin» bedachte Hofmann und Achenbach gleichermaßen mit scharfem Tadel. Insbesondere erboste ihn das Fabrikgesetz. In ihrem Eifer für die leibliche Sicherheit der Arbeiter, in ihrem Streben, Jugendliche zu schonen, bei der Arbeit die Geschlechter zu trennen und die Heiligkeit des Tags des Herrn zu wahren, seien die Minister im Begriff, befand der Reichskanzler, sich auf unangemessene Weise in den Betrieb von Privatunternehmen einzumischen. Wenn man sie zwingen wolle, ihre Arbeiter vor jeder Gefahr zu schützen, würden manche Industrien (Fabriken, wo etwa Schießpulver, Dynamit, Glas, giftige Chemikalien hergestellt wurden) ihre Tätigkeit einstellen müssen. Andere würden nur unter den ungewöhnlichsten Umständen bestehenbleiben können. Wenn staatliche Inspektoren bevollmächtigt werden sollten, in Fabriken einzudringen – warum ließ man sie nicht gleich auch Privatwohnungen nach geladenen Waffen, Sprengstoffen, Säuren und Giften durchsuchen? Zur Lösung der sozialen Frage würde, schrieb er, die Verstärkung des Gesetzes über die Haftpflicht der Arbeitgeber für Arbeitsunfälle und dessen Erweiterung zum Schutz der Arbeiter auch im Falle ihrer Arbeitsunfähigkeit infolge von Krankheit und Entkräftung viel mehr beitragen.[98]

Hofmann hatte sich eines Verfahrensfehlers schuldig gemacht, war jedoch auch Opfer widriger Umstände. Seit seiner Ernennung im Jahre 1873 hatte Achenbach sich bemüht, das Gewerbegesetzbuch von 1869 überall zur Geltung zu bringen, und deshalb Fabrikinspektoren selbst für ländliche Gebiete wie Pommern ernannt. Am 12. Juli 1877 wurden Bismarcks Papierfabriken in Varzin zum ersten Mal inspiziert. Inspektor Hertel hatte dort vieles zu beanstanden. Da gab es Sägen und Bohrer mit Riemenantrieb ohne Schutzgehäuse, die man, wenn niemand daran arbeitete, unbewacht laufen ließ; die Papiermaschinen waren nicht mit Schutzschilden versehen; erhöhte Verbindungsstege und Treppen waren ohne Geländer; eine Maschine mit Gasantrieb befand sich mit offenem Feuer im selben Raum; überdies drohte der technisch defekte Gasgenerator zu explodieren. Der Inspektor wies die Gebrüder Behrend, die die Fabrik leiteten, an, die festgestellten Mängel bis zum 15. August zu beheben.

Bismarck reagierte mit einer Inspektion des Inspektors. Er entdeckte, daß Hertel nur den Anweisungen folgte, die er aus Achenbachs Ministerium erhalten hatte.[99] Gegenüber Achenbach bestritt Bismarck dann den Beamten das Recht zu Anordnungen, wie sie den Brüdern Behrend gegeben worden waren. Fabrikbesitzer, die solchen Inspektionen unterworfen würden, gäben bei der nächsten Wahl mit Sicherheit den Kandidaten der Opposition ihre Stimme. Kurzum, Bismarck verweigerte nicht nur Gesetzen, welche die Freiheit der Fabrikbesitzer weiter einschränken und die Produktion behindern würden, entschieden seine Zustimmung, er tadelte die verantwortlichen Minister sogar dafür, bei der Auslegung der geltenden Arbeiterschutzgesetze angeblich zu weit gegangen zu sein.[100]

Als Hofmann am 20. Oktober 1877 eine revidierte Fassung des Fabrikgesetzes vorlegte, fand Bismarck auch diese noch zu streng (obwohl die Paragraphen, die ihm besonders mißfallen hatten, daraus getilgt worden waren). Die Regierungsbeamten sollten, insistierte er, nach eigenem Ermessen Fabrikanten in Ausnahmefällen von den gesetzlichen Beschränkungen der Beschäftigung von Jugendlichen im Alter zwischen vierzehn und sechzehn Jahren entbinden können.[101] In der Form, in der das Fabrikgesetz schließlich am 17. Juli 1878 angenommen wurde, verbot es die Beschäftigung von Kindern unter zwölf Jahren in Fabriken, Bergwerken und auf Baustellen und gestattete die Beschäftigung von Jugendlichen zwischen zwölf und vierzehn Jahren für sechs Stunden täglich (Ausnahmegenehmigungen bedurften der Bestätigung durch den Bundesrat). Der Bundesrat wurde bevollmächtigt, die Beschäftigung von Frauen und Jugendlichen an gefährlichen Arbeitsplätzen zu beschränken. Jugendliche unter sechzehn Jahren wurden zu dreistündigem Schulbesuch täglich verpflichtet. Nach der Elementarschule mußten Jugendliche bis zum vollendeten achtzehnten Lebensjahr Fortbildungsschulen besuchen. Arbeiter unter einundzwanzig Jahren mußten ein Arbeitsbuch bei sich tragen, in dem Ort und Art ihrer bisherigen Tätigkeiten verzeichnet, jedoch keine Angaben über ihre Leistungen vermerkt werden sollten. Das Verbot des Trucksystems (mit Naturallohn) wurde erweitert und verschärft.

Viele Bestimmungen der Regierungsvorlage wurden durch Zusätze des Reichstags erheblich verschärft. Der wichtigste Zusatz (der ohne bemerkenswerten Widerspruch angenommen wurde) sah die Wiederaufnahme der auf Bismarcks Veto aus dem Entwurf entfernten Bestimmung vor, die regelmäßige Fabrikinspektionen obligatorisch machte. Die Anstrengungen westfälischer Industrieller, die Vorlage noch in letzter Minute aufzuhalten oder abzuschwächen, scheiterten. Während desselben Sommers, mit dem die liberale Ära endete, kurz bevor er nach Ablehnung des ersten «Sozialistengesetzes» aufgelöst wurde, verabschiedete der Reichstag ein Gesetz, das die Macht des Staates zum Schutz der Industriearbeiterschaft erheblich vermehrte.[102]

Als das preußische Staatsministerium die Änderungsanträge annahm, mußte Bismarck sich überlegen, ob er den König zu einem Veto bewegen, das Scheitern der Vorlage im Bundesrat veranlassen und den Prozeß der Gesetzgebung von neuem in Angriff nehmen sollte. Er wandte sich um Rat an Albert Maybach, der inzwischen Achenbach als Handelsminister abgelöst hatte. Maybach rief Bismarck in Erinnerung, daß trotz der Opposition der Vertreter des Bundesrats in jedem Stadium der Diskussion die große Mehrheit des Reichstags (und selbst die Industriellen Karl Stumm und Wilhelm Büchner) für die Änderungsanträge gestimmt hatten. Von einer Wiedereröffnung der Diskussion sei nichts zu gewinnen. Gleichviel was man von ihnen hielte, müsse man sich doch der Einsicht öffnen, daß die Fabrikinspektoren nun eine stehende Einrichtung seien, die nicht mehr abgeschafft werden könne. Übrigens könne man die Fabrikinspektoren ja auch anweisen, die radikale Agitation bei der Arbeiterschaft zu beobachten. Wenn man sie nur richtig instruiere, sei auch zu vermeiden, daß sie unnötige Irritationen bei der Geschäftswelt verursachten. Man müsse ihnen nur klar machen, daß sie sich nicht aufführen dürften wie Polizisten, sondern als taktvolle Berater und Vermittler tätig werden sollten.[103] Daraufhin gab Bismarck nach.[104]

Die sozialen Krisen der frühen siebziger Jahre hatten Bismarcks altes Interesse an den Problemen der Sozialreform wiedererweckt. Er begriff genausogut wie Wagener und andere, daß man sich der Loyalität der unteren Klassen nur vergewissern konnte, wenn man konkrete Maßnahmen zu deren Vorteil ergriff. Ihre Loyalität war aber für die Konsolidierung des neuen Deutschen Reichs von eminenter Bedeutung. Weshalb hat also Bismarck in diesem kritischen Augenblick nicht mehr getan?

Gewöhnlich wird auf die Frage erwidert, daß Bismarcks Zusammenarbeit mit Liberalen, die der Laissez-faire-Doktrin anhingen, sowie die Vorherrschaft der Doktrin in den Kreisen der preußischen und der Reichsregierung jeden dramatischen Richtungswechsel in der Sozialpolitik verbot. Doch gibt es noch andere Erklärungen. Bismarcks Sympathie mit den Arbeitgebern, die durch seine eigenen Erfahrungen verstärkt wurde, setzte seiner Bereitschaft zu Reformen der Arbeiterschutzgesetzgebung deutlich Grenzen. Auf dem Gebiet der Sicherheitsvorkehrungen und der Beschränkung der Frauen- und Kinderarbeit war sogar Itzenplitz fortschrittlicher als Bismarck. Die Beamten, die die Gesetze von 1876 und 1878 entwarfen, und die Reichstagsmehrheit, die die Änderungsanträge zu demjenigen von 1878 annahm, haben weit größere Verdienste um das mit diesen Gesetzen sozialpolitisch Erreichte als der Kanzler. Doch erhebt sich damit die weitere Frage, weshalb Bismarck während der siebziger Jahre auch auf dem Gebiet, das er schon damals für reformbedürftig hielt – nämlich der unternehmerischen Haftpflicht und der Sozialversicherung –, nicht größere Tätigkeit entfaltete.

Dazu ist zweierlei zu sagen. Zum einen war Bismarck während eines großen Teils dieses Jahrzehnts in einer schlechten Verfassung, zumal während der kritischen Jahre 1872–1876. Seine Leiden erschöpften seine Nerven und minderten seine Energie. Zum anderen verschwendete er das, was ihm an Energie verblieb, an ein unfruchtbares und von vornherein zum Scheitern verurteiltes Unternehmen, den Kulturkampf. Er verkannte seine vorrangige innenpolitische Aufgabe. Als er dann in den achtziger Jahren neue Prioritäten setzte, hatte er die Chance, die Entfremdung der Arbeiterschaft vom Staat zu verhindern, sei es durch repressive Maßnahmen, sei es durch Reformen, bereits verpaßt.

Hinwendung zum Protektionismus

Bis in die späten siebziger Jahre waren in der Frage Freihandel oder Protektionismus die Meinungen der mächtigen Finanzmänner geteilt.[105] Fabrikanten von Fertigprodukten, die ihre Erzeugnisse ausführten oder von Rohstoffimporten abhängig waren, Kaufleute (insbesondere solche in den Küstenstädten von Bremen bis Memel), Schiffbauer und Reeder, überhaupt alle am Seehandel Beteiligten, waren selbstverständlich Protagonisten des Freihandels. Staatsbeamte und Volkswirte, die der Laissez-faire-Doktrin anhingen, gaben ihnen jede Unterstützung, die in ihren Kräften stand. Diese Gruppen beherrschten den 1859 gegründeten *Congreß deutscher Volkswirthe,* der während der Blütezeit des Freihandels in den sechziger Jahren die Regierungspolitik unterstützte. Bis in die siebziger Jahre hatte diese Politik auch bei den ostdeutschen Gutsbesitzern einen starken Rückhalt, die ihre Ernte exportierten, insbesondere nach Großbritannien, und die Preise für ausländisches landwirtschaftliches Gerät niedrig halten wollten. Sie schufen sich mit dem 1868 gegründeten *Congreß deutscher Landwirte* und dem 1872 gegründeten *Deutschen Landwirtschaftsrat* Organisationen zur Beförderung agrarischer Interessen. Diese Kombination von Interessengruppen, Regierungsbeamten und Wirtschaftstheoretikern ließ die Laissez-faire-Doktrin als Richtschnur der Zollpolitik lange Zeit hindurch unangreifbar erscheinen.

Doch hatte stets auch der Protektionismus seine Anhänger. Seit den vierziger Jahren hatten die Baumwollspinner Sachsens, Bayerns und Württembergs und die Roheisenproduzenten Rheinland-Westfalens – Industrien, die unter ausländischem Wettbewerb auf dem heimischen Markt litten – gegen den Strom rudern müssen. Während die Freihändler ihre heilige Schrift in Adam Smith' *Wealth of Nations* sowie in den Abhandlungen von dessen deutschen Jüngern, besonders denjenigen des nach Deutschland eingewanderten John Prince-Smith, hatten, zogen die Protektionisten geistige Nahrung aus Johann Gottlieb Fichtes Schrift über den *Geschloßenen Handelsstaat* (1800) und Friedrich Lists *Nationalem System der politischen Ökonomie* (1841). Doch Fichte schrieb vor Deutschlands Industriezeitalter und List zu dessen Beginn. Überdies behauptete List, daß Zollschranken nur zum Schutz junger Industrien in den frühen Phasen der Industrialisierung erforderlich seien und reduziert werden könnten, sobald die einheimischen Erzeuger imstande seien, ausländischer Konkurrenz zu begegnen. Daß Deutschland dieses Stadium inzwischen erreicht hatte, war jedenfalls ein vertretbarer Standpunkt. Doch List lehnte auch Zölle auf eingeführte Rohstoffe und landwirtschaftliche Produkte ab. So fanden die Protektionisten gegen Ende der sechziger Jahre einen neuen Anwalt ihrer Überzeugungen in dem amerikanischen Nationalökonomen Henry C. Carey. Eine deutsche Übersetzung von Careys *Manual of Social Science* erschien 1863, und gegen Ende des Jahrzehnts waren seine Anschauungen in Deutschland weithin bekannt und vielfach zitiert. Carey lehrte, daß nur eine protektionistische Handelspolitik die Koordination der Interessen von Industrie, Landwirtschaft und Handel gestatten würde. Die gegen Konkurrenz aus dem Ausland abgeschirmte Industrie würde sich ungehindert entfalten können und zugleich Märkte für landwirtschaftliche Produkte schaffen, welche die Landwirte aus der Abhängigkeit vom Ausfuhrhandel befreien würden.[106]

Die natürliche Arena für die Kämpfe zwischen den Anhängern des Freihandels und des Protektionismus waren die halboffiziellen Handelskammern, deren Mitglieder von den Geschäftsleuten der Städte, in welchen sie überall in Deutschland bestanden, gewählt wurden. Seit 1860 hielt der *Preußische* (später *Deutsche) Handelstag* jährlich Zusammenkünfte ab, bei denen die Delegierten über die nationale Wirtschaftspolitik berieten. 1868 forderte die Majorität der Delegierten eine Senkung der Eisenzölle, doch nur auf Gegenseitigkeit mit Frankreich, Belgien und Österreich. Die mit diesem Kompromiß unzufriedenen radikalen Freihändler, angeführt von den Abgesandten der Hafenstädte, hielten 1868 und in den beiden folgenden Jahren Konferenzen in Berlin ab, auf denen sie die Abschaffung der Zölle auf Roheisen und die Senkung derjenigen auf Walzeisen und Schmiedeeisen forderten. Die bedrohten Interessengruppen unterbreiteten dem Kanzler und dem Zollparlament durch ihre Handelskammern und Industrieverbände (vor allem der Eisen-, Baumwollgarn-, Papier- und chemischen Industrie) Petitionen.[107] In der ersten Kammer dem Zollparlaments waren die Regierungen in der Zollfrage geteilter Meinung. Die Küstenstaaten waren freihändlerisch eingestellt, die Staaten Süddeutschlands forderten eine protektionistische Politik, und Preußen sowie die übrigen mitteldeutschen Staaten nahmen eine vermittelnde Stellung ein. In der zweiten Kammer, in welcher gewählte Abgeordnete saßen, spaltete die Frage die Fraktionen und hatte die Bildung neuer parteiübergreifender Gruppierungen zur Folge. Das Zollgesetz vom Mai 1870 kam den Freihändlern immerhin die Hälfte der von diesen geforderten Strecke entgegen: der Zoll auf Roheisen wurde von 5 auf 2,50 Groschen pro Tonne gesenkt. Der dem Staatseinkommen daraus erwachsende Verlust sollte durch eine Erhöhung des Zolls auf Kaffee wettgemacht werden.[108]

Während der folgenden Jahre der Hochkonjunktur fiel es den Protektionisten nicht leicht, die Behauptung aufrechtzuerhalten, daß die Erhebung von Einfuhrzöllen auf Eisen auch weiterhin für ihre Prosperität und für die Reichsfinanzen unumgänglich sei. Die von den konservativen Agrariern angeführte Freihandelsfraktion im Reichstag agitierte für deren Abschaffung, doch für die Beibehaltung der noch verbleibenden Zölle auf landwirtschaftliche Erzeugnisse wie etwa Stärke. Die Reichsregierung legte daraufhin im Juni 1873 ein Gesetz vor, mit dem zum 1. Oktober 1873 Einfuhrzölle auf Roheisen, landwirtschaftliche Maschinen und Stärke abgeschafft und diejenigen auf andere Eisen- und Stahlerzeugnisse sowie auf Soda und gewisse Textilien ermäßigt werden sollten; auch der Ausfuhrzoll auf Lumpen (die für die Papierindustrie benötigt wurden) sollte abgeschafft werden. Die Vorlage gab der freihändlerischen Gesinnung Rudolf Delbrücks Ausdruck, hatte aber die Billigung Bismarcks und Wilhelms, im Bundesrat opponierte nur Bayern dagegen. Sie entsprach nicht nur der herrschenden Lehre, sondern auch den praktischen Bedürfnissen. Auf dem Höhepunkt der Gründerjahre konnte die deutsche Industrie ihren wachsenden Bedarf an Eisen, Stahl und Maschinen aus eigener Kraft nicht mehr decken und war deshalb auf Importe angewiesen.[109]

Doch während der Reichstag noch über die Vorlage beriet, begannen deren Voraussetzungen sich zu verflüchtigen. Der Zusammenbruch der Wiener Börse im Mai, gefolgt von Bankrotten und Selbstmorden, kündigte der Berliner Börse einen Sommer der Ungewißheit an. Das Kanzleramt und der Bundesrat wurden von Petitionen und Briefen der betroffenen Wirtschaftskreise überschwemmt, vor allem aus Lothringen, Westfalen, dem Rheinland und Oberschlesien. (Einen Brief, der von der Zollgesetzvorlage abriet, erhielt Bismarck auch von seinem eigenen Finanzberater, Gerson Bleichröder.)[110] Während der Hochkonjunktur hatten Fabrikanten, die nicht soviel Roheisen erhalten hatten, wie ihre Maschinen verarbeiten konnten, in Eingaben an die Regierung die Freigabe des Handels gefordert.[111] Nun aber, da Produzenten und Verbraucher von Eisen aus der Schwerindustrie gleichermaßen bedroht waren, schlossen sich die Reihen zugunsten einer Fortsetzung der protektionistischen Politik. So blieb es den Gutsbesitzern und Kaufleuten überlassen, sich weiterhin für die Zollvorlage einzusetzen.

Doch das reichte, den Freihändlern im Parlament fürs erste den Sieg zu sichern. Die Sprecher der Eisen- und Stahlindustrie im Reichstag (die Abgeordneten Stumm, Kardorff, Varnbüler, Hammacher, Miquel und Löwe) konnten nur einen Kompromiß durchsetzen, der die Abschaffung der Zölle auf Stärke und einige Eisenerzeugnisse bis zum 1. Januar 1877 verschob. Der Rest der Vorlage blieb unangetastet, einschließlich der Abschaffung des Zolls auf Roheisen.[112] Wenn mit einem nachfolgenden Gesetz auch die Zölle auf Textilien abgeschafft wurden, was im Bereich des Möglichen zu liegen schien, stand zu erwarten, daß in dreieinhalb Jahren Deutschland ganz dem Freihandel geöffnet sein würde.

Während dieser Jahre vertiefte und verlängerte sich jedoch die Depression und brachte einen Umschwung in der öffentlichen Meinung mit sich. Man begann, dem Freihandel zu mißtrauen, und versprach sich mehr von einer protektionistischen Handelspolitik. Obwohl die Preise für Industrieprodukte erheblich fielen, produzierten Bergwerke, Hochöfen und Maschinen unvermindert weiter, denn die Schwerindustrie zögerte, ihren Ausstoß zu verringern. Es schien besser, zu geringerem Gewinn oder sogar Verlust zu verkaufen, als den Betrieb zu drosseln. Um Kosten zu senken, kürzten die Unternehmer Löhne, fusionierten und errichteten Kartelle. Sie hofften, ihre überschüssige Produktion auf auswärtigen Märkten abzusetzen, was ihnen in gewissem Umfang auch gelang. Die Textilindustrie hatte von der Hochkonjunktur nicht im gleichen Maße wie andere Branchen profitiert und litt deshalb auch weniger unter dem Konjunkturrückgang. Zwar sank der Preis des Baumwollgarns, doch der Preis der Rohbaumwolle fiel ebenfalls. Ein Zuwachs des Exportgeschäfts glich den Rückgang der Nachfrage auf dem heimischem Markt aus. Doch gegen 1877 mußten auch die Textilfabrikanten Einbußen und Verluste hinnehmen, die Produktion einschränken und Arbeiter entlassen.[113]

Deutschland war von dieser Wirtschaftskrise natürlich nicht allein betroffen. Kriege, diplomatische Krisen und der Rückgang des Steueraufkommens brachten viele Länder in Finanznot. Höhere Zölle waren die einfachste Antwort, und sobald diese dann zur Sanierung der Staatsfinanzen eingeführt waren, wurden sie in protektionistischer Absicht weiter angehoben. Die Bürgerkriegsschulden veranlaßten die Vereinigten Staaten, 1866–1867 die Zölle heraufzusetzen, und in den folgenden Jahrzehnten wurden diese weiter erhöht, bis sie eine protektionistische Barriere gegen Importe bildeten. Die Kosten der Kriege von 1859 und 1866, zu denen noch die Auswirkungen der Depression kamen, zwangen Österreich zu Zollreformen 1874–1875, 1878, 1882 und 1887; Italien folgte in den Jahren 1878, 1887 und 1891. Angesichts des bevorstehenden Krieges mit der Türkei forderte vom 1. Januar 1877 an die russische Regierung die Begleichung aller Zölle in Gold, was die Kosten für Importeure um 33 Prozent steigerte. Während der Friedensverhandlungen 1870 wies Thiers warnend darauf hin, daß Frankreich seine Zölle werde erhöhen müssen, um die Entschädigungszahlungen leisten zu können. Zu diesem Zweck erwirkte er eine Meistbegünstigungsklausel im Frankfurter Vertrag, die gegenüber dem früheren Freihandelsvertrag mit dem Zollverein einen Rückschritt darstellte. Exportsubsidien (*titres d'acquit à caution*) gaben französischen Eisenexporteuren einen Wettbewerbsvorteil in Deutschland. Während der Sitzungsperiode 1877–1878 wurde in der französischen Nationalversammlung über Schutzzölle verhandelt. Gesetze schufen 1881, 1885, 1887 und 1892 auch für Frankreich eine schützende Zollbarriere. Nur Großbritannien allein blieb dem Prinzip des Freihandels treu.[114]

Unter diesen Umständen war es nur natürlich, daß auch in Deutschland dem Protektionismus neue Fürsprecher erwuchsen. Die Frage, ob die letzten Eisenzölle zum vorgesehenen Termin (1. Januar 1877) tatsächlich abgeschafft werden würden, wurde als Test für die Stärke der freihändlerischen Partei angesehen. Schon wenige Wochen nach der Verabschiedung des Zollgesetzes von 1873 begann die betroffene Industrie, den Schutz ihrer Interessen zu organisieren. Bereits im November und Dezember 1873 wurden erste Schritte zur Gründung eines *Vereins deutscher Eisen- und Stahlindustrieller* unternommen. 1876 bestand der Verein bereits im ganzen Reich und vertrat 214 Firmen, die in sechs regionale Gruppen eingeteilt waren. Die nordwestdeutsche Gruppe in Rheinland-Westfalen, der zweiundsiebzig Firmen angehörten, hatte von diesen das größte Gewicht. Die treibende Kraft in der Organisation war Louis Baare vom *Bochumer Verein.* Schon 1875 begann der Vorstand des Vereins unter Leitung des Generalsekretärs August Rentzsch Verbindungen zu anderen interessierten Gruppen in der Geschäftswelt anzuknüpfen (örtlichen Handelskammern, Maschinenbaufabriken, Eisenbahngesellschaften), ja sogar das Gespräch mit Gutsbesitzern zu suchen, deren Beschwerden gegen die Bodensteuer die Industriellen als ein quid pro quo zu unterstützen versprachen. Die Agrarier blieben aber auf Distanz, und die Industriellen rächten sich für diese Zurückweisung, indem sie die Aufhebung der noch verbliebenen Zölle auf landwirtschaftliche Produkte forderten.

Man suchte auch Freihandelsorganisationen zu infiltrieren. Im September 1875 verbündete sich der Verein mit demjenigen der süddeutschen Baumwollindustriellen zu dem Zweck, den *Congreß deutscher Volkswirthe* mit zweiundsechzig zu achtundfünfzig Stimmen zu einer protektionistischen Entschließung zu veranlassen. Allerdings gelang es dann im folgenden Jahr den Freihändlern, diese Entscheidung umzukehren. Auch der 1875 unternommene Versuch, den *Verein für Socialpolitik* für das protektionistische Lager zu gewinnen, scheiterte. Doch ihr erfolgreiches Zusammenwirken mit den süddeutschen Textilfabrikanten bestärkte die Ruhrindustriellen in der Absicht, eine gesamtdeutsche Organisation zu gründen, die alle wirtschaftlichen Interessengruppen, die den Protektionismus wollten, vertreten würde. Im November 1875 ergriff Wilhelm von Kardorff – ein schlesischer Industrieller, Führer der Freikonservativen Partei und Verfasser der sehr wirkungsvollen Streitschrift *Gegen den Strom,* die einen extremen Protektionismus forderte – die Initiative, indem er eine Gruppe von Unternehmern zu Beratungen über eine derartige Organisation nach Berlin einlud. Am 15. Februar 1876 wurde daraufhin der *Centralverband deutscher Industrieller* gegründet. Obwohl in diesem Verband die Eisenindustrie am stärksten vertreten war, gehörten ihm viele andere industrielle Interessengruppen an (Baumwoll-, Woll- und Leinentextilien, Leder, Soda, Papier, Porzellan und Streichhölzer). Allerdings nötigten die divergierenden Interessen der Mitglieder den Verband, sein Gründungsprogramm sehr unbestimmt zu formulieren.[115]

Angesichts der bevorstehenden gesetzlichen Abschaffung der Eisenzölle überschwemmten der *Verein deutscher Eisen- und Stahlindustrieller* und mit diesem verbundene Körperschaften den Reichstag, den Bundesrat, die Regierungen der Gliedstaaten, den Kaiser und den Kanzler mit Petitionen, Statistiken und Delegationen. Man bedrängte sympathisierende Reichstagsabgeordnete und mobilisierte die Presse. Arbeiter in den betroffenen Industrien und die von diesen abhängigen Gemeinden sammelten Tausende von Unterschriften. In der Zollfrage wich der Klassenkampf der Solidarität von Interessengruppen. Die Breite und Kraft der während der Jahre 1874–1876 ständig anwachsenden protektionistischen Bewegung überraschte die Freihändler. Sie scharten sich zum Gegenangriff um den *Congreß deutscher Volkswirthe, Congreß deutscher Landwirte,* den *Deutschen Landwirtschaftsrat,* den *Verein für Socialpolitik* und verschiedene örtliche Körperschaften und Vereinigungen. Die Freihändler der von Landwirtschaft und Handel abhängigen Regionen (hauptsächlich der Hafenstädte und ihres Hinterlands sowie der ostdeutschen Agrargebiete) überschwemmten auch ihrerseits Parlamente und Regierungen mit Petitionen und Appellen. Die Aktenbündel in den Archiven des Kanzleramts legen schon allein durch ihren Umfang stummes Zeugnis ab vom gewaltigen Interesse der Öffentlichkeit an der Zollfrage.[116] Nie zuvor in der neueren deutschen Geschichte, nicht einmal in der Ära der Einigung, hatten so viele Deutsche ihre Anteilnahme an einer Frage der Politik so lebhaft bekundet. Im Ringen um die Zölle organisierten sich die Interessengruppen, die freilich nie ganz aus der preußischen und deutschen Politik abwesend gewesen waren, zu wirksamerem Handeln und griffen nach den Hebeln der Macht. Es begann ein Kampf der wirtschaftlichen Interessen, der bald die traditionellen Fronten in der deutschen Politik überschatten sollte.

Später werden wir sehen, daß aus dem ersten Gefecht 1876 die Freihändler siegreich hervorgingen. Die noch verbliebenen Eisenzölle wurden wie vorgesehen zum 1. Januar 1877 abgeschafft. Doch daß es sich dabei nicht um einen dauerhaften Sieg handelte, sollte bald offenbar werden. Die anhaltende Depression schuf immer mehr Befürworter von protektionistischen Maßnahmen und brachte die Freihandelslehre täglich tiefer in Mißkredit. Der Strom der Petitionen floß weiter und forderte nun die Wiedereinführung der abgeschafften Zölle.[117] Der *Centralverband deutscher Industrieller* erweiterte sein protektionistisches Programm zum Schutz der gesamten deutschen Industrie. Es gelang den Protektionisten überdies, den *Deutschen Handelstag* für die Einführung von Schutzzöllen zu gewinnen, obwohl viele von dessen Mitgliedern gegen diesen neuen Kurs scharf Einspruch erhoben.

Der Streit über die Zollpolitik hatte wie die Auseinandersetzung über den «Kathedersozialismus» Konsequenzen, die weit über den ursprünglichen Anlaß hinausgingen. Die deutschen Liberalen hatten wirtschaftliche Freiheit (Gewerbefreiheit, die Freiheit zur Gründung von Gesellschaften, Freiheit von staatlicher Bevormundung und Paternalismus, internationale Handelsfreiheit) mit politischer Freiheit in Zusammenhang bringen wollen (Konstitutionalismus, Bürgerrechte, Rechtsstaat, ministerielle Verantwortlichkeit, Kontrolle der Volksvertretung über den gesetzgeberischen Prozeß). Fünfundzwanzig Jahre lang galten ihnen wirtschaftliche und politische Freiheit als siamesische Zwillinge mit einem gemeinsamen Herzen. Jeder Angriff auf den Freihandel wurde deshalb als Angriff auf die politische Freiheit wahrgenommen.[118] Deutschlands unternehmerische

Elite, Tausende von kaufmännischen Angestellten und die Eigentümer von Aktien, deren gemeinsames Wohl von der Gesundheit des kapitalistischen Systems abhing, schien plötzlich vor der Notwendigkeit zu stehen, zwischen einem unlösbar mit dem Freihandel verknüpften politischen Liberalismus und der Rückkehr zu der alten Politik staatlicher Wirtschaftslenkung, die ihrerseits untrennbar mit dem preußischen Obrigkeitsstaat verbunden zu sein schien, wählen zu müssen. Die erste Alternative schien in den finanziellen Ruin zu führen, die zweite wirtschaftliche Genesung zu verheißen. Bismarck wurde sich dieser Optionen bald bewußt und stellte sie zur Wahl.

Die „Ära der Verleumdungen"

Im Dezember 1874 begann *Die Gartenlaube*, ein Monatsheft mit einer Auflage von etwa vierhunderttausend Exemplaren und einer Leserschaft von ungefähr zwei Millionen, mit der Veröffentlichung einer Artikelserie, die den «Börsen- und Gründungs-Schwindel in Berlin» aufzudecken versprach. Der Verfasser dieser Artikel, Otto Glagau, wiederholte und erweiterte die darin erhobenen Beschuldigungen in zwei 1876 und 1877 veröffentlichten sensationellen Büchern, die überall und auch im Reichstag Gegenstand erregter Debatten waren.[119] Er beschränkte sich dabei nicht auf die Enthüllung schwindelhafter Transaktionen im Aktiengeschäft. Indem er die persönlichen Beziehungen zwischen den Eigentümern und Leitern gesellschaftlicher Unternehmen einerseits und liberalen Zeitungen, Journalisten und Abgeordneten (namentlich solchen der Nationalliberalen Partei) andererseits aufdeckte, suchte er nachzuweisen, daß Presse und Parlament von den Interessen der großen Firmen beherrscht würden. Er erhob auch Anklage gegen das Bürgertum, das freie Unternehmertum, die Aktiengesellschaft, die Börse und das gesamte liberale Wirtschaftssystem, das seines Erachtens die Schuld nicht nur an den jüngsten Exzessen trug, sondern auch die Depression herbeigeführt und alle sozialen und moralischen Übel der Zeit hervorgerufen hatte. «Die Geschichte der Gründungen und Emissionen von 1870 bis 1873 ist die Geschichte eines unerhört großen und frechen, raffinirten und intensiven Schwindels, wie er sonst noch nicht dagewesen», schrieb er. Den von den Anlegern erlittenen Gesamtverlust schätzte er auf gut 1500 Millionen Taler, eine Summe, welche die von Frankreich geleistete riesige Kriegsentschädigung weit übertraf: «Was bedeuten diese Coursverluste gegenüber den Wunden, welche der Schwindel dem allgemeinen Wohlstand geschlagen; gegenüber der Krisis in Handel und Industrie, die seit Jahren Deutschland verheert, und deren Ende noch gar nicht abzusehen ist, gegenüber dem Nothstand, der auf dem Volke lastet, dasselbe mit Unzufriedenheit und Erbitterung erfüllt, immer größere Schaaren der Socialdemokratie in die Arme treibt, und an verschiedenen Orten bereits Krawalle und Revolten hervorgerufen hat! Wie viel hat das Deutsche Volk an seinem Rufe und Ansehen eingebüßt; wie schnell ist der Ruhm, den es eben errungen, wieder verblaßt und verblichen! Wie viel hat es verloren an Ehrlichkeit und Moralität, an Tugend und Religion, an Arbeitslust und Sparsamkeit, an Zucht und Sitte! Die schwersten und unnatürlichsten Verbrechen sind an der Tagesordnung, Mord und Raub, Einbruch und Diebstahl machen Stadt und Land unsicher, Betrug und Unterschlagung grassiren wie Seuchen, der Selbstmord ist epidemisch geworden. Bettler und Vagabunden streifen in Schaaren umher, die Gefängnisse und Strafanstalten sind überfüllt, die Zahl der Civil- und Criminalprozesse, der Concurse, Subhastationen und Executionen ist Legion. Alles das sind die unmittelbaren Folgen des Börsen- und Gründungsschwindels, und dieser ist wieder in der Hauptsache das Werk der Juden und Semiten.»[120]

Die Tatsache, daß ein liberaler jüdischer Abgeordneter den Gründerschwindel als erster angeprangert hatte, beeindruckte Glagau nicht. Lasker hatte «Dilettanten, wie Geheimrath Wagener, Fürst Putbus, Prinz Biron etc.» bezichtigt. «Warum suchst Du die Gründer unter den Conservativen? Weißt Du denn nicht, daß die großen professionellen Gründer vorwiegend Deinem Volke, den Kindern Israels, und Deiner eigenen Partei, den Nationalliberalen, angehören?» fragte Glagau. Neunzig Prozent der Gründer und Börsianer seien Juden, behauptete er. Viele einflußreiche Zeitungen seien in jüdischem Besitz, und selbst christliche Zeitungsverleger beschäftigten vorzugsweise jüdische Journalisten, so daß die Hälfte aller Journalisten Juden seien. «Ich will die Juden nicht umbringen oder abschlachten, sie auch nicht aus dem Lande vertreiben; ich will ihnen nichts nehmen von dem, was sie einmal besitzen, aber ich will sie revidiren, und zwar funditus revidiren. Nicht länger dürfen falsche Toleranz und Sentimentalität, leidige Schwäche und Furcht uns Christen abhalten, gegen die Auswüchse, Ausschreitungen und Anmaßungen der Judenschaft vorzugehen.» Glagau beklagte die «gefährliche Übermacht» und den «höchst unheilvollen Einfluß» der Juden. «Die ganze Weltgeschichte kennt kein zweites Beispiel, daß ein heimatloses Volk, eine physisch wie psychisch entschieden degenerirte Race, blos durch List und Schlauheit, durch Wucher und Schacher, über den Erdkreis gebietet.»[121] In einem letzten Buch forderte Glagau einen «neuen Culturkampf» gegen die Juden.[122]

Glagau hielt sich viel darauf zugute, den Gründerschwindel in die Presse gebracht zu haben, da, wie er meinte, nach Laskers ersten Enthüllungen das Thema größtenteils ignoriert oder unterdrückt worden sei. Doch hatte er tatsächlich einen Vorgänger. Die von Joachim Gehlsen herausgegebene *Deutsche Eisenbahn-Zeitung*, ein unbedeutendes Berliner Blatt, versuchte schon 1874 zu beweisen, daß die Hauptschuldigen an dem Schwindel nicht Wagener und gewisse konservative Junker seien, nicht die Leute, auf welche Lasker mit dem anklagenden Finger gezeigt hatte, sondern jüdische Kapitalisten und deren liberale Verbündete in den preußischen Ministerien und den preußischen und deutschen Parlamenten. Gehlsens Kampagne erregte rasche Aufmerksamkeit, und es wurden ihm Beiträge von Persönlichkeiten angeboten, die nicht genannt sein wollten, doch angeblich den höchsten Kreisen der Gesellschaft angehörten. Unter diesen waren jedenfalls der konservative Journalist Rudolph Meyer und vielleicht auch Hermann Wagener. Die bald darauf in *Deutsche Reichsglocke* umbenannte Zeitung veröffentlichte dann Enthüllungen über die angebliche Ausplünderung verschiedener preußischer Staatsfonds durch Bleichröder und die *Disconto-Gesellschaft* in Absprache mit dem preußischen Finanzminister Camphausen. Schließlich wagte Gehlsen anzudeuten, daß von dem Schwindel sogar Bismarck selbst profitiert habe. Wiederholt wegen Verleumdung verklagt, floh Gehlsen schließlich in die Schweiz. Zwei seiner Nachfolger in der Chefredaktion wurden verhaftet, und Ende 1876 mußte das Blatt sein Erscheinen einstellen.[123]

Obwohl auch einige andere Zeitungen sich der Kampagne der *Gartenlaube* und der *Reichsglocke* anschlossen (so die *Deutsche Landes-Zeitung* und die *Staatsbürgerzeitung*), hatte doch das meiste Gewicht die Beteiligung der *Kreuzzeitung*, die seit 1848 das Sprachrohr des preußischen Konservatismus war. Während der Monate Juni und Juli 1875 erschien in dieser eine Reihe von Artikeln, in denen Franz Fürchtegott Perrot von der «Ära Bleichröder-Delbrück-Camphausen und der neuen deutschen Wirtschaftspolitik» handelte. Perrot, ein Rheinländer französischer Abstammung, hatte während des Krieges 1870–1871 als Artillerieoffizier gedient und fungierte nun, nachdem er zeitweilig die Geschäfte einer rheinischen Eisenbahngesellschaft geleitet hatte, als Generalsekretär der mecklenburgischen Handelsvereinigung. Er hatte früher bereits eine Reihe von Artikeln veröffentlicht, in denen er das Privileg der Notenbanken heftig attackierte, weil mit der Ausgabe von Banknoten die Öffentlichkeit zu privatem Gewinn ausgebeutet werde. Diese Kampagne führte er aus einem tiefen Mißtrauen gegen den Kapitalismus überhaupt. So schrieb er im Oktober 1871: «Wir besitzen eine Reihe von Staatseinrichtungen, welche systematisch darauf hinarbeiten, das mobile Großkapital in unnatürlicher Weise zu bevorzugen, in unwirtschaftlicher Weise zu kumulieren, in staatsgefährlicher Weise zu privilegieren und ihm eine Stellung und Tendenz im Staate zu verleihen, welche den Sozialismus, als eine Art von Notwehr, ganz selbstredend hervorruft … *Die Aktiengesellschaften sind legalisierte Einrichtungen zur Ausbeutung aller durch einige wenige.*»[124]

Perrot wäre vielleicht unbeachtet geblieben, hätte ihn nicht Philipp von Nathusius-Ludom, der seit 1872 die *Kreuzzeitung* herausgab, mit der Abfassung der «Ära-Artikel» beauftragt. Diese von Nathusius persönlich redigierten Artikel stellten die Behauptung auf, daß Deutschland von einem Konsortium Delbrück-Camphausen-Bleichröder, dem dabei jüdische Abgeordnete und Journalisten zur Hand gingen, hauptsächlich mit Rücksicht auf die Interessen des Bankgeschäfts regiert werde (das zu fünf Sechstel von Juden kontrolliert sei). «Wenn die Finanz- und Wirtschaftspolitik des neuen Deutschen Reiches und bzw. auch schon des norddeutschen Bundes auf unbefangene Beurteiler den Eindruck reiner Bankier-Politik, d. h. einer Politik von und für Bankiers machte, so konnte dies nach den Verhältnissen der in diesen Dingen leitenden Persönlichkeiten durchaus nicht Wunder nehmen, denn Herr G. v. Bleichröder ist selbst Bankier, Herr Delbrück ist Verwandter eines Bankhauses … und Herr Camphausen ist der Bruder eines Bankhauses … Wenn zugleich die Geld- und Wirtschaftspolitik des Deutschen

Reiches immer den Eindruck von Judenpolitik, d.h. von und für Juden betriebener Politik und Gesetzgebung machte, so ist dies ebenfalls sehr erklärlich, da der intellektuelle Urheber dieser Politik, Herr G. v. Bleichröder, selbst Jude ist ... Die Herren Lasker, Bamberger und der beiden engbefreundete, freilich erst neuerdings in den Reichstag gelangte Herr H. B. Oppenheim, sind ja Juden und sind die eigentlichen Führer der sog. ‹nationalliberalen› Majorität des Reichstages und der preußischen zweiten Kammer. ... Wir werden ja z.Z. von den Juden eigentlich regiert», und zwar mit einer Politik, «welche fast ausschließlich auf den Vorteil unserer Mitbürger mosaischen Glaubens und jüdischer Nationalität angelegt ist». Perrot und Nathusius behaupteten darüber hinaus, daß die wichtigste Gesetzgebung der letzten Jahre (die Einführung einheitlicher Gewichte und Maße, eine einheitliche Währung, das Gesellschaftsrecht) und auch die Eisenbahnpolitik der Regierung, wie ferner der Gebrauch, den diese von der französischen Kriegsentschädigungszahlung gemacht habe, fast ausschließlich die Interessen der jüdischen Banken und der Börse befördert hätten. Zuletzt lenkte der zitierte Artikel die Aufmerksamkeit der Leser noch auf die enge Verbindung zwischen Bismarck und Bleichröder und deutete an, daß die korrumpierende Macht des Kapitals ihre Wirkung nicht einmal auf den Kanzler selbst verfehlt habe.[125]

Glagau war nur der eifrigste einer ganze Reihe von Pamphletisten, die es sich angelegen sein ließen, die Skandale der Gründerjahre an die große Glocke zu hängen und liberale Minister und Abgeordnete als Agenten einer großen jüdisch-kapitalistischen Verschwörung zu diskreditieren. Besonders kühn war Rudolph Meyer, Sohn eines pommerschen Gutsbesitzers, Schüler Hermann Wageners und Herausgeber der konservativen *Berliner Revue.* Meyer, der bereits Artikel zu der Kampagne der *Reichsglocke* beigetragen hatte, veröffentlichte im Frühjahr 1877 zwei Streitschriften – *Politische Gründer* und *Corruption in Deutschland* –, in denen er wie Glagau den Reichskanzler als Erfüllungsgehilfen des deutschen Kapitalismus porträtierte. Da er unnötigerweise die «traditionelle preußische Politik» preisgegeben und den «cäsaristischen Sozialismus» Napoleons nachgeahmt habe, sei Bismarck, ohne es zu merken, zum Schöpfer einer politischen und finanziellen Macht der Banken und der Großindustrie geworden, die er jetzt nicht länger kontrollieren könne. Obwohl aus Meyers Sicht alle Finanzleute lichtscheuen Machenschaften nachgingen (ausgenommen die Besitzer einiger alter Privatbanken, die ihre Ehrbarkeit auch während der Gründerjahre bewahrt hätten), waren doch in seiner Geschichte die größten Verbrecher unter ihnen Gerson Bleichröder und Adolph Hansemann (von der *Disconto-Gesellschaft).* Jeder mit zahlreichen anderen Kapitalisten im Bunde, hätten diese beiden Giganten des Bankwesens nicht nur die Anleger und die Öffentlichkeit, sondern auch den Staatsschatz um die Wette ausgeplündert. Mit lukrativen Vorkaufsrechten und Direktorenposten hätten sie hohe preußische Beamte (Scheele, Wilckens, Wehrmann, Schumann) sowie führende Abgeordnete der Freikonservativen Partei (Kardorff, Münster) und der Nationalliberalen Partei (Miquel, Bennigsen, Bamberger, Rönne und andere) bestochen. Die meist von Juden beherrschten großen Bankhäuser aber seien überhaupt nur Instrumente der Spekulation und des Wuchers und betrieben ihre Geschäfte als «legalisierten» Betrug.

Eines ihrer größten Schwindelunternehmen war, wenn man Meyer glauben durfte, die *Preußische Central-Boden-Credit-Aktiengesellschaft,* die vorgeblich zum Nutzen preußischer Gutsbesitzer, tatsächlich aber zu deren Ausbeutung gegründet worden war. Sich aus der allgemeinen Korruption herauszuhalten, sei nur den Altkonservativen und den Zentrumsleuten gelungen. Das war um so lobwürdiger, als die gesetzlichen Bollwerke gegen die Korruption seit 1867 durch liberale Gesetzgebung geschleift worden waren. Für diese Gesetzgebung waren Bismarck, dessen Minister und Beamte (Delbrück, Camphausen, Achenbach, Michaelis) und die Liberalen im Parlament allein verantwortlich. In erster Linie natürlich Bismarck selbst, denn der Mann des Jahrhunderts hatte sich seiner ungeheuren Macht nicht bedient, um den Verwüstungen, die jener «Rattenkönig», der deutsche Kapitalismus, im Vaterlande anrichtete, wirksam Einhalt zu gebieten. «Solange der Fürst Bismarck das allein mächtige Ideal bleibt, wird die deutsche Nation dem Reich, das Reich dem Kanzler geopfert werden, und der Kanzler gehört den Juden und Gründern. Daher giebt es für unsere Politik nur eine gebundene Marschroute: Beseitigung des jetzigen Systems und seines Trägers.»[126]

Seit Beginn des Jahrhunderts hatten beamtete Reformatoren die Entwicklung des deutschen Kapitalismus durch zunehmende wirtschaftliche Freiheit gefördert. Nach 1867 sicherte Bismarcks Zusammenwirken mit den Liberalen der Laissez-faire-Doktrin den endgültigen Triumph. Nun, im Augenblick ihres scheinbar vollständigen Sieges in der wirtschaftlichen Sphäre, der ihnen, wie viele hofften, das Tor zu weiteren politischen und verfassungsrechtlichen Eroberungen hätte aufstoßen sollen, mußten die Liberalen plötzlich erleben, daß sie selbst zur Zielscheibe der allgemeinen Unzufriedenheit wurden. In den *Preußischen Jahrbüchern* beschrieb Wilhelm Wehrenpfennig nicht ohne Spott die Lage: «Wer sein Vermögen in schlechten Aktien zugesetzt hat, klagt nicht seine Unvorsicht, sondern das Aktiengesetz an. Wer in unsoliden Papieren verloren hat, sieht die Schuld nicht in dem Wechsel alles Irdischen, der seit Pharaos Zeiten auf fette Jahre magere folgen ließ, sondern in unserer falschen Wirtschaftspolitik. Der Industrielle beschwert sich über den Zolltarif, der Landmann über die Freizügigkeit, beide zusammen über die Frachtsätze der Eisenbahnen, deren Aktienbesitzer den Rückgang ihrer Werte aus den falschen Maßregeln der Staatsverwaltung erklären, Einrichtungen, die bei anderen Kulturvölkern seit Jahrhunderten bestehen, werden, wie z. B. die Grundsätze unserer Gewerbeordnung, als schädliche Neuerungen angegriffen. Selbst an so dringliche und glücklich durchgeführte Reformen wie die unseres Münz- und Bankwesens knüpft sich das wunderlichste Gemisch von Vorwürfen und Anklagen ... Die Agrarier, die Schutzzöllner, die conservativen und demokratischen Socialisten haben sämmtlich Recepte, wodurch der Welt geholfen werden kann. Die Wirkung der Recepte hebt sich gegenseitig auf; wollte man ein einzelnes auswählen, so würde die Mehrheit der Nation dagegen aufschreien. Keine von all diesen Gruppen der Unzufriedenen hat politisch oder wirthschaftlich ein durchführbares Programm, aber alle tadeln sie die bisherige Gesetzgebung und die Faktoren, die daran mitgewirkt haben.»[127]

Eine Vertrauenskrise von fast katastrophalen Ausmaßen erschütterte den Liberalismus in ganz Mitteleuropa, nicht nur als Wirtschaftslehre, sondern auch als individualistisch ausgerichtete Sozialethik. Was hier ausbrach, war nicht nur ein Streit um politische Richtungen, was hier gesucht wurde, war nicht nur ein Sündenbock für aktuelle Übel. Vielmehr muß man wohl die Angriffe gegen Liberale und Juden als ein Symptom des tiefen Unbehagens verstehen, das viele Deutsche angesichts der wirtschaftlichen und sozialen Revolution ihrer Zeit empfanden. Sie lebten in einer Zeit ständig beschleunigten Wandels, in der eine vertraute und in alten Traditionen bewährte Umwelt zerstört und durch eine neue, von unbekannten Risiken erfüllte ersetzt wurde. Bürgertum und Adel gleichermaßen begannen zu fürchten, daß die liberale Ära mit dem Industriekapitalismus ein Ungeheuer gezeugt habe, das die eigenen Kinder zu verschlingen drohte. Der Börsenkrach und die jahrelange Depression brachten viele latente Ängste zum Vorschein – Judenhaß, Haß vor allem auf jüdische Politiker und Geschäftsleute, die Angst des Mittelstands vor sozialem Abstieg, vor Verarmung und Proletarisierung, die Angst vor sozialistischem Umsturz der bestehenden wirtschaftlichen und gesellschaftlichen Ordnung, das Mißtrauen der kleinen Leute gegen die großen und ihre Absicht, sich auf Kosten der sozial und politisch Schwachen zu bereichern – Ängste von der Art, wie sie zu einer späteren Zeit im Nationalsozialismus kulminieren sollten.

II

Wandel der Innenpolitik 1875–1876

Am 4. Juni 1875 verließ Bismarck, nachdem sein Rücktrittsgesuch abschlägig beschieden worden war, die Hauptstadt zu einem langen Urlaub, der bis zum 20. November dauerte. In früheren Jahren hatte er zu Beginn solcher Erholungsurlaube oft bei einer Badekur in Bad Kissingen Linderung seiner Leiden gesucht, doch 1875 scheute er sich, an die Stätte des Kullmannschen Mordanschlags zurückzukehren, und verbrachte den Sommer und Herbst in Varzin. Dort versuchte er es gleichfalls mit einer Badekur, doch nach sechs Wochen regelmäßiger Bäder in Salzwasser fühlte er sich so geschwächt, daß er kaum gehen, geschweige denn reiten konnte. So probierte er es mit einer neuen Kur von Malz- und Solbädern. «Ich fand Fürst Bismarck ziemlich wohl», notierte Hohenlohe Anfang September. «Er beklagt sich aber über seine Gesundheit und ist weniger gesund als im vorigen Jahr.» Lucius, der Ende Oktober nach Varzin beordert wurde, schrieb, daß der Fürst recht gut aussehe, doch über Rheumatismus in Schultern und Brust sowie über scharfes Sodbrennen klage. Struck meldete, daß sein Patient auch an einer Venenentzündung leide, die ihm das Stehen verbiete.[1] Delbrück und andere schulterten die Last der in Berlin zu erledigenden Geschäfte, doch ganz konnte auch der Kanzler sich von den Sorgen seines Amts nicht lösen. Im Juni störten Perrots Attacken in der *Kreuzzeitung* seinen Frieden, im August und September begannen Aufstände gegen die türkische Herrschaft in Bosnien und Herzegowina die Kanzleien Europas zu beunruhigen, und auch die Tätigkeit der Kommission zur Ausarbeitung von Reichsgesetzbüchern gab Anlaß zu Besorgnis.[2] Dennoch konnte er sich verhältnismäßig viel Ruhe gönnen. In der Einsamkeit Vorpommerns hatte Bismarck Zeit zum Nachdenken.

Wie früher berichtet, kann Bismarcks Rücktrittsgesuch vom Mai 1875 nicht als Finte und bloßes politisches Manöver abgetan werden. Dennoch darf bezweifelt werden, ob Bismarck, falls der Kaiser dem Gesuch stattgegeben hätte, die selbstgewollte Untätigkeit lange ertragen hätte. Selbst in seinem damaligen geschwächten Zustand trieb ihn noch dieselbe rastlose Energie, dasselbe unstillbare Bedürfnis, zu beherrschen und zu kontrollieren, das ihn von jeher ausgezeichnet hatte. Während er unter den Eichen und Buchen von Varzin saß, gingen ihm Ideen durch den Kopf wie Moleküle in einer Lösung. Seine Gedanken kreisten um zwei Probleme: Wie war die Konsolidierung der Reichsregierung fortzusetzen, doch nun nicht länger in liberaler, sondern in konservativer Richtung, mithin auf Kosten nicht länger der Bundesstaaten, sondern des Reichstags, und wie war es möglich, seine eigene Autorität über die Exekutiven Preußens und des

Reichs so zu stärken, daß davon zugleich deren Koordination profitieren würde? Die Mehrzahl der innenpolitischen Maßnahmen, die er während der folgenden vier Jahre traf, ging wohl auf Überlegungen und erste Entscheidungen zurück, zu denen er während seines Erholungsaufenthalts in Pommern 1875 gelangte.

Zwei Grundentscheidungen

An einem Abend im Winter 1875/1876 gab Bismarck einer Gruppe von ihm wohlgesonnenen Abgeordneten Auskunft über seine Stimmung und Absichten: «Ich langweile mich; die großen Dinge sind gethan. Das Deutsche Reich ist aufgerichtet. Es ist anerkannt und geachtet bei allen Staaten und Nationen. Etwaigen Koalitionen, welche sich gegen einen Staat, wenn er große Erfolge errungen, wohl zu bilden pflegen, wird man zuvorzukommen wissen. Wenn auch Frankreich Revanchegedanken hegen sollte, so wird es gegen uns keinen Alliierten finden, und ohne einen solchen wird es nichts wagen. Was bleibt mir da unter solchen Umständen übrig?» Er habe keine Lust mehr, «auf eine schlechte Hasenjagd zu gehen. Dazu bin ich zu müde. Ja, wenn es gälte, einen großen und mächtigen Eber – meinetwegen einen erymantischen – zu erlegen ... Dem Deutschen Reich eine mächtige, unerschütterliche finanzielle Grundlage zu geben, welche demselben eine dominierende Stellung verleiht und es in organische Verbindung bringt mit allen öffentlichen Interessen in Staat, Provinz, Kreis und Gemeinde, das wäre eine große und würdige Aufgabe, die mich reizen könnte, den letzten Hauch meiner sinkenden Kraft daran zu setzen. Allein die Aufgabe ist schwierig. Ich bin nicht eigentlich Techniker auf diesen Gebieten, und meine jetzigen Ratgeber, so tüchtig sie auch sein mögen für die laufenden Geschäfte, haben keine schöpferischen Ideen. Sie bewegen sich in ausgefahrenen Gleisen. Ich bin darauf angewiesen, selbst die Reformgedanken zu denken und mir die Werkzeuge zu ihrer Ausführung zu nehmen, wo ich sie finde.»[3]

Die Konsequenzen von Bismarcks «Reformgedanken» waren weitreichend. Wenn er «dem Deutschen Reich eine mächtige, unerschütterliche finanzielle Grundlage» gab, würde er damit auf Kosten des föderativen das unitarische Prinzip stärken. Das hätte von den Liberalen begrüßt und von den Konservativen beklagt werden sollen. Doch ging es dabei um weit mehr als nur um eine Verstärkung des Zentralismus auf Kosten des Föderalismus. Neue Einkommensquellen für das Reich würden die Ermäßigung und vielleicht Abschaffung der Matrikularbeiträge gestatten, die während der späten sechziger Jahre und abermals später gegen Ende der siebziger die Finanzen der Bundesstaaten in Unordnung brachten. Deren Abschaffung aber würde die Macht des Reichstags empfindlich beschränken, denn in der Festsetzung der Matrikularbeiträge hatten ja die Abgeordneten Ersatz für die ihnen weitgehend vorenthaltene Kontrolle der Staatsausgaben gefunden. Da Reichssteuern, einmal bewilligt, auf Dauer erhoben werden konnten und da Steuergesetze nur mit Einwilligung des Bundesrats, des Kaisers (der unterzeichnete) und des Kanzlers (der gegenzeichnete) geändert werden konnten, hatte der Reichstag keine wirksame Kontrolle über das Einkommen des Reichs außer der Befugnis, über die Höhe der Matrikularbeiträge für den jährlichen Haushalt zu entscheiden. Dieselben Matrikularbeiträge entschädigten auch den preußischen Landtag für dessen unzureichende Kompetenzen, Haushaltsmittel zu bewilligen oder zu verweigern. Denn kraft der Befugnis des Reichstags, den preußischen Matrikularbeitrag festzusetzen, hatten die Liberalen Einfluß auf die preußische Regierung gewonnen. In gewissem Maße konnten sie das Schlupfloch in der preußischen Verfassung stopfen, das Bismarcks Regierung die Möglichkeit gegeben hatte, vier Jahre lang ohne gesetzlich festgestellten Haushalt Staatseinnahmen zu verbrauchen. 1875 kehrte Bismarck zu dem Versuch einer Reform der Staatsfinanzen zurück, mit dem er 1868–1869 gescheitert war.[4]

Im Oktober 1875 verbrachte Bismarcks alter Freund Moritz Blanckenburg, einer der Führer der konservativen Partei, einige Tage in Varzin und glaubte, wie er bei seiner Rückkehr Roon wissen ließ, nach den erhaltenen Eindrücken einen «Zusammensturz der liberalen Minister- und Parlamentsherrschaft» sowie der damals noch herrschenden Wirtschaftspolitik prophezeien zu können; freilich fügte er hinzu: «mit welchen Mitteln dies Ziel aber erreicht werden soll, ist mir, und ich fürchte auch B., ein völliges Räthsel». Nachdem er dann Bismarck in Berlin wiedergesehen hatte, fand Blanckenburg im Dezember seine Varziner Eindrücke bestätigt: «Politisch liegen die Dinge ... sehr verwirrt. B. will ehrlich los von den Geistern, die er rief –, indeß ich sehe immer noch nicht das Loch, aus dem die Geister entweichen werden. Ja, wenn es sich nur um das alte Preußen handelte –, dann wäre es nicht allzu schwer, an eine gesunde Reaktion zu glauben ... aber Deutschland –, da stoßen sich die Partheien so gewaltig und so mannigfaltig, daß ich nicht weiß, wie B. von der jetzigen Majorität loskommen will.»[5]

Um eine Majorität loszuwerden, mußte er eine neue schaffen. Trotz häufigen Grollens hatten die Konservativen im Reichstag, die «neuen Konservativen» im Landtag und die Freikonservativen in beiden Parlamenten Bismarck ihre Unterstützung nie verweigert, selbst während des Kulturkampfes nicht. Es galt nun, die verlorene Stärke dieser Fraktion wiederherzustellen, und zwar einerseits durch die Versöhnung der Altkonservativen, andererseits durch die Rückführung der Wähler, die bei den Wahlen 1873–1874 irrtümlich angenommen hatten, sie würden Bismarck im Kulturkampf unterstützen, wenn sie statt der konservativen liberale Kandidaten wählten. Nichtsdestoweniger lag auf der Hand, daß die konservativen Parteien und Fraktionen allein Bismarck die benötigte Majorität nicht verschaffen konnten. Alle Versuche, die konservative Partei so auszuweiten, daß sie in ganz Deutschland Anhang bei breiteren Bevölkerungsschichten finden könnte, waren bislang gescheitert; sie war im wesentlichen noch immer die Partei der ostelbischen Gutsbesitzer. Es wurden deshalb für die neue Mehrheit außer loyalen Konservativen auch liberale Partner benötigt. Im Dezember 1875 vertraute Bismarck Lucius seine Ziele an: «Trennung der Nationalliberalen, Verstärkung des rechten Flügels und Schwächung der Fortschrittspartei.»[6] Wenn es ihm gelang, Laskers Flügel aus der Nationalliberalen Partei herauszutreiben, konnte Bismarck deren Verbindung mit der Fortschrittspartei vielleicht unterbrechen und den verbleibenden mehr nationalen als liberalen Rest für die Partnerschaft mit den Konservativen gewinnen. Und selbst wenn bei dieser Kombination keine Mehrheit herauskam, würde sie ihm voraussichtlich doch eine solide Basis für den Aufbau befristeter Bündnisse mit anderen Parteien oder Fraktionen verschaffen.

Zur Ausführung dieser Pläne bedurfte der Kanzler konkreter Sachfragen, anstehender Probleme, die Gelegenheit boten, eine Umgestaltung der Parteistrukturen und konstitutionellen Beziehungen in Angriff zu nehmen. Während der folgenden vier Jahre prüfte Bismarck in vielen Situationen, ob er Kräfte freisetzen konnte, die er benötigte, um zugleich das Reich finanziell zu konsolidieren, die Macht des Reichstags zu dämpfen und eine neue Mehrheit zu schaffen. Die Kräfte, deren er sich früher bedient hatte, waren sowohl idealistische und ideologische als auch materielle und soziale gewesen; diesmal mußte er vorzüglich von solchen der letzteren Kategorie Gebrauch machen. Denn aus den Schleusen, die Bismarck in den späten siebziger Jahren öffnete, strömte ein Gemisch wirtschaftlicher und sozialer Bestrebungen, das in Deutschland noch lange, nachdem er von der politischen Bühne abgetreten war, den Gang der Dinge bestimmen sollte. Man muß jedoch unterscheiden zwischen seiner ursprünglichen Auffassung des Problems, den Mitteln, die er im Lauf der Zeit zu dessen Lösung fand, und den unbeabsichtigten Wirkungen, die er mit deren Anwendung hervorrief. Das Problem, das er sich im Herbst 1875 vornahm, betraf die Verteilung der Macht zwischen dem Reich und dessen Bundesstaaten sowie zwischen der Reichsexekutive und dem Reichstag. Für seine Lösung benötigte er eine Änderung der Reichstagsmehrheit. Um eine neue Mehrheit für seine Politik zu bekommen, änderte er die Beziehungen zwischen den führenden Interessengruppen innerhalb der deutschen Gesellschaft. Doch das ursprüngliche Problem blieb ungelöst, denn es gelang ihm nicht, eine dauerhafte neue Mehrheit zu gewinnen, und er scheiterte bei dem Versuch, dem Reich eine unabhängige finanzielle Struktur zu verschaffen.

Daß Bismarck in der zweiten Hälfte des Jahres 1875 hauptsächlich mit Machtfragen beschäftigt war, verrät auch seine Behandlung eines anderen Anliegens – das der Neuregelung seines Verhältnisses als Kanzler zu den Exekutivorganen des Reichs und Preußens. Nun, da er beschlossen hatte, auf dem Kutschbock zu bleiben, wollte er die Zügel fester in die Hand nehmen. Im Laufe des Jahres nahmen seine Klagen über die Trägheit, Eigenwilligkeit, ja sogar Obstruktion seiner Kollegen im Ministerium zu. Falk, Achenbach, Camphausen und Eulenburg boten ihm am häufigsten Anlaß zur Unzufriedenheit; nur Friedenthal, der Landwirtschaftsminister, schien seine Pflicht zu Bismarcks Wohlgefallen zu tun, was dieser dem Umstand zuschrieb, daß Friedenthal, ein reicher Gutsbesitzer wie er selbst, ein Mann der praktischen Geschäfte sei. Das war ein altes Lied, das er neuerdings häufiger anstimmte.[7] Die bemerkenswerteste Entwicklung des Jahres 1875 jedoch war die wachsende Unzufriedenheit des Kanzlers mit Rudolf Delbrück. Schon im

Frühjahr schüttete er dem sächsischen Gesandten in Berlin, Freiherrn von Friesen, sein Herz mit bitteren Klagen darüber aus, «daß Delbrück seine Stellung ganz falsch auffasse. Er sei weiter nichts, als sein, Bismarcks, Untergebener und habe als solcher nur Bismarcks Anordnungen und Ideen, nicht aber seine eigenen Ideen und Entschließungen auszuführen. Dies verkenne er aber gänzlich; sein Auftreten nach außen hin sei immer von der Art, als ob er selbst eine maßgebende und entscheidende Persönlichkeit sei, und dadurch habe er es auch erreicht, daß er wirklich von anderen und in der Presse als eine solche angesehen werde. Das könne aber er, der Reichskanzler, sich nicht gefallen lassen, das schade seinem Ansehen und erschwere ihm seine Stellung. Er hätte daher längst schon gern mit ihm gebrochen, aber er könne dies noch nicht, denn Delbrück sei ihm zurzeit noch unentbehrlich, er habe jetzt niemand, den er an dessen Stelle setzen könne.»[8] Delbrück warf einen eigenen Schatten, und Bismarck fand das unerträglich.

Im August hatte sich Bismarck bereits zu der Einsicht durchgerungen, daß Delbrück ihm nicht wirklich unentbehrlich sei. Bei einem Besuch in Varzin erfuhr Hermann Mittnacht, der Leiter der württembergischen Delegation im Bundesrat und Hauptvertreter seiner Regierung in Berlin, daß Delbrück aus dem Staatsdienst auszuscheiden wünsche – aus Gesundheitsgründen! Mittnacht war bestürzt und sagte, im Bundesrat werde man Delbrücks Abschied als großen Verlust empfinden. Doch Bismarck war anderer Ansicht. «Der Fürst sagte, im Reichskanzleramt, nicht im Reichskanzler, der der alleinige verantwortliche oberste Leiter bleiben müsse, sei zu viel vereinigt, die Maschine sei ihm zu mächtig geworden, es müßten Abteilungen mit großer Selbständigkeit gebildet werden, namentlich die Justizabteilung könnte selbständig sein; die Persönlichkeit des Reichskanzleramtspräsidenten präge sich im ganzen Geschäftsgang zu sehr aus; seine kontrollierende Tätigkeit sollte mehr in den Bundesratsausschüssen liegen. Selbständige Abteilungen ohne Beschneidung der Kompetenzen des Bundesrats, dann brauchte man keine Reichsministerien. Auch in Preußen sollte es mehr Ministerien geben; das Finanzministerium und das Handelsministerium könnten geteilt werden, und neben einem Justizminister für die Gesetzgebung wäre ein zweiter für die Verwaltung am Platze.»[9] Bismarck hatte beschlossen, seine Kontrolle über den Exekutivapparat des Reichs und Preußens durch Anwendung des klassischen Prinzips der Realpolitik zu stärken: *divide et impera.*

Das Programm wird in Angriff genommen

Bismarck kehrte nicht schon, wie vorgesehen, Ende Oktober 1875 nach Berlin zurück. Er bat um eine Verlängerung seines Urlaubs (da ihm jedes Jahr die kühle Jahreszeit am besten bekommen sei). Als sich der Reichstag am 27. Oktober versammelte, bezweifelten nicht wenige Abgeordnete, daß Bismarck überhaupt noch fähig sei, seinen Pflichten nachzukommen. Eugen Richter erklärte, der Kanzler sei für die Abgeordneten «mehr und mehr eine mythische Person geworden», während des größten Teils des Jahres sähe man nur seine Untergebenen. Sei es wirklich weise, den ordentlichen Gang der Regierungsgeschäfte «von den mehr oder minder starken Nerven eines einzelnen Menschen» abhängig zu machen?[10] Am 20. November traf Bismarck in der Wilhelmstraße ein, und am folgenden Tag zeigte er sich zum ersten Mal im Reichstag. Er sah erschöpft und müde aus, sprach mit leiser Stimme, machte grammatische Fehler, suchte noch länger als gewöhnlich das richtige Wort. Der Vesuv der deutschen Politik schien sich restlos verausgabt zu haben. «Der tut uns keinen Schaden mehr!» frohlockte ein liberaler Abgeordneter.[11]

Bismarck, von Richters Klagen offenbar nicht wenig gereizt, begann mit einer selbstgerechten Bemerkung über das Pflichtgefühl, das ihn nun schon ein Vierteljahrhundert habe im Amt ausharren lassen, trotz seines schlechten Gesundheitszustands, zu welchem Richter und seinesgleichen das Ihrige beigetragen hätten. Dann folgte eine anscheinend improvisierte Rede über Steuern. Zur Debatte standen Gesetzesvorlagen der Regierung für eine neue Stempelsteuer auf Börsentransaktionen und Aktien sowie für eine Erhöhung der Brausteuer, die benötigt wurden, um das zu erwartende Defizit im Reichsbudget für das Jahr 1876 zu decken. Das Reich, erklärte Bismarck, sei noch jung, es bedürfe der weiteren Konsolidierung durch neue Institutionen und müsse finanziell unabhängig gemacht und in die Lage versetzt werden, den Partikularismus (insbesondere Preußens) zu überwinden und künftigen Stürmen standzuhalten. Es gebe, sagte er, einen Weg, auf dem zugleich die finanzielle Unabhängigkeit des Reichs und eine Steuerreform (nämlich durch den Übergang von der direkten zur indirekten Besteuerung) zu erzielen seien. Die Erhöhung der indirekten Steuern, die dem Reich zugute kämen, würde die Ermäßigung und schließlich sogar die Abschaffung der Matrikularbeiträge ermöglichen, was wiederum die Reduzierung der von den Bundesstaaten erhobenen direkten Steuern gestatten würde. Was immer man von einem theoretischen Standpunkt aus über indirekte Steuern sagen möge, «faktisch ist, daß man sie weniger fühlt. Es ist schwer zu berechnen, wie viel der Einzelne bezahlt, wie viel auf andere Mitbürger abgebürdet wird.» Sein Mißmut würde deshalb sicherlich geringer sein als bei direkten Steuern, deren Höhe er genau kenne.

Überdies könne der arme Mann, der jetzt seine Steuern in der geforderten Höhe zahlen müsse, indirekt erhobene Steuern selbst ermäßigen, indem er weniger Tabak verbrauche, weniger Bier trinke oder abends seine Lampe weniger hell brennen lasse. Indirekte Steuern und Zölle sollten auf zehn bis fünfzehn Artikel des Massenkonsums beschränkt werden, die jedoch nicht lebensnotwendig seien, die «Luxusgegenstände der großen Masse» wie Tabak, Kaffee, Zucker, Petroleum, Bier und Branntwein. Die Luxusartikel der Reichen sollten hoch besteuert werden, wenn auch freilich von diesen Steuern nur wenig Ertrag zu erwarten sei. Einkommenssteuern sollten nur den reichsten Bürgern abverlangt werden, mehr als Prestigesteuer denn als Finanzsteuer. Grundsteuern seien im Grunde ungerecht, nämlich konfiskatorisch. Wenn nur von Stadtregierungen direkte Steuern erhoben würden, würde wohl auch die Landflucht schließlich aufhören.

Die Abgeordneten, fuhr Bismarck fort, sollten die Matrikularbeiträge nicht als eine parlamentarische Machtfrage betrachten. «Die Macht des Reichstags beruht auf Recht, Gesetz und Verfassung.» Sein Recht, Steuern zu bewilligen oder zu verweigern, sei unangefochten. Wenn aber die Abgeordneten mehr Macht wünschten, sollten sie versuchen, sich diese in den Bundesstaaten zu verschaffen, nicht im Reich, das noch nicht stark genug sei, solche «Kraftproben» zu bestehen. Das von Richter geforderte Kollegialministerium sei für die Reichsregierung durchaus ungeeignet, denn Gruppenverantwortlichkeit sei überhaupt keine. Verantwortlich könne nur ein Minister, der Kanzler, sein. Andererseits seien Reichsministerien eines anderen Typs durchaus denkbar, nämlich als eine Reihe von Regierungsbehörden unter der unmittelbaren Autorität des Kanzlers, «die der eines englischen Premierministers entspricht». Einige derartige Ministerien seien ja bereits vorhanden, das des Auswärtigen, das Marine-, das Eisenbahn-, das Post- und Telegraphenministerium; andere seien wünschenswert, so das für Elsaß-Lothringen.[12]

Richter schien diese Rede nicht mehr zu sein «als eine wenig ernsthafte, zwanglose Plauderei».[13] Die körperliche Verfassung des Redners schien bedeutsamer zu sein als seine Worte. Es war nicht leicht zu glauben, daß ein Mann von so offensichtlich geschwächter Verfassung hier einen bedeutenden politischen Richtungswechsel ankündigte, dessen Durchführung vielleicht mehrere Jahre benötigen würde. Doch tatsächlich hatte Bismarck mit dieser Rede seinen ersten Pfeil ins Ziel geschossen. Auf einer parlamentarischen Soiree am 11. Dezember ließ er diesem einen zweiten folgen. Er bekannte sich gegenüber seinen erstaunten Gästen «als Anhänger und eifriger Förderer des Gedankens, sämtliche deutsche Eisenbahnen wenn auch nur nach und nach für das Deutsche Reich anzukaufen, wobei er die interessante Thatsache mitteilte, daß der Kaiser für diesen Plan ein großes Interesse an den Tag lege und daß im preußischen Ministerium, in welchem derselbe ‚akademisch' besprochen worden sei, keine Stimme sich prinzipiell dagegen erhoben ... habe.»[14] Ein einheitliches Eisenbahnsystem sei ebenso notwendig wie eine einheitliche Reichspost. Es würde von einem der neuen Reichsministerien verwaltet werden, deren Notwendigkeit er im Reichstag begründet habe. Die Einrichtung von Reichsministerien für Handel, Zollwesen und Finanzen sowie für Justiz und Elsaß-Lothringen sei wünschenswert; freilich müsse der Reichskanzler das Recht behalten, in deren Geschäfte «durch selbständige Verfügung einzugreifen». Bei dieser Gelegenheit unterschied Bismarck jedoch die Stellung, die er sich selbst zudachte, von der des englischen Premierministers: «Dieses Recht, die Entscheidung einer Sache in jedem Stadium an sich zu ziehen, hielt Fürst Bismarck als Ersatz des dem englischen Premier indirekt zustehenden Entlassungsrechts für notwendig, da sich dieses auf unsre Verhältnisse zur Zeit nun einmal nicht übertragen lasse.» Da er mithin nicht das Recht haben würde, seine Minister nach Belieben zu entlassen, sollten die Leiter der Reichsministerien bei Lichte besehen überhaupt keine Minister sein. «Der Reichskanzler», berichtet ein anderer Ohrenzeuge dieses Tischgesprächs, «sprach sich bei dieser Gelegenheit abermals für die verantwortliche Stellung des obersten Leiters der Reichsgeschäfte aus und betrachtet die andern Minister als Verwaltungsbeamte erster Klasse, die nach den Anweisungen des Premiers zu verfahren hätten.» Allen Hörern war offenbar, daß die Ausführung des von Bismarck hingeworfenen Plans «eine Zerstückelung des Reichskanzleramts involvierte», und der Reichskanzler wies sie auch ausdrücklich auf eine Konsequenz hin: «Das alles werde natürlich nicht abgehen ohne eine Verkleinerung Delbrücks.»[15]

Der Widerhall dieser Äußerungen in der Presse war stark. Es fehlte nicht an Spekulationen. Delbrücks Tage im Amt schienen gezählt zu sein, nicht allein weil er seine vorgesehene «Verkleinerung» schwerlich hinnehmen würde, sondern auch weil er aus prinzipiellen Gründen ein so staatssozialistisches Projekt wie die beabsichtigte Verstaatlichung der Eisenbahnen nicht mittragen konnte.[16] Wie aber würden sich unter diesen Umständen die weiteren Beziehungen der Regierung zu den liberalen Parteien gestalten? Auf diese Frage gab es keine klare Antwort. Bei Delbrücks Rücktritt würden die Liberalen den Mann verlieren, der sich seit zwanzig Jahren mehr als irgend jemand sonst für liberale Anliegen auf Regierungsebene eingesetzt hatte – niedrige Zölle und Freihandel, Aufhebung der Beschränkungen des Industriekapitalismus, Stärkung der Reichsregierung auf Kosten der Bundesstaaten. Doch seit 1867 forderten liberale Abgeordnete auch die Errichtung von Reichsministerien und eines Reichsministeriums. Jetzt bediente sich der Kanzler mindestens ihrer Vokabeln, und obwohl er das in einem anderen als dem von ihnen gemeinten Sinne tat, konnte man doch in der von ihm angekündigten Reorganisation der Reichsverwaltung immerhin einen Schritt auf das Ziel ihrer Wünsche hin sehen. Was die Verstaatlichung der Eisenbahnen anging, so würde diese Maßnahme zwar gegen die Laissez-faire-Doktrin verstoßen und manche Kapitalisten gewiß beunruhigen, doch diente auch sie offensichtlich der Herstellung jenes Einheitsstaates, den viele Liberale und extreme Nationalisten, wie zum Beispiel Treitschke, ersehnten.[17] Schließlich mochten der Regierung daraus weitere, nicht der parlamentarischen Kontrolle unterliegende Einnahmen erwachsen, die ihr gestatten würden, die Matrikularbeiträge zu senken, deren Festsetzung den Liberalen bisher eine gewisse Kontrolle über die Staatsfinanzen gestattet hatte. Wie das Beispiel zeigt, verfügte Bismarck, gleichviel ob krank oder gesund, stets über ein Talent, die Themen aufzuspüren, durch die er zugleich seine Politik vorantreiben, deren Richtung verschleiern und bei den von ihr Betroffenen Verwirrung und Zwietracht säen konnte.

Fürs erste mußte Bismarck seine Absichten verbergen. Eine verfrühte Auseinandersetzung oder eine über das falsche Thema drohte die Nationalliberale Partei zu konsolidieren und deren Bündnis mit der Fortschrittspartei zu befestigen. Erst nach den für den Winter 1876/1877 angesetzten Wahlen war eine veränderte Zusammensetzung der Kammer zu erwarten, weshalb Bismarck sich monatelang bemühte, den hartnäckigen Gerüchten zu begegnen, die wissen wollten, «daß die Beziehungen zwischen Bismarck und seinen Freunden von den Majoritätsparteien nicht mehr so warm seien als in früheren Zeiten».[18] Ende November berichtete Bennigsen, daß Bismarck keineswegs mit den Liberalen einen Konflikt anfangen wolle, «wie konservative und ultramontane Blätter im eigenen Interesse in Aussicht stellten».[19] Auf der parlamentarischen Soiree am 18. Dezember 1875 erklärte der Kanzler, «es liege keineswegs in seiner Absicht, sich von der nationalliberalen Partei abzuwenden, einen stillen Krieg mit derselben bis zu den Wahlen zu führen und eine neue Parteibildung anzustreben ... Zwar würde es ihm ganz recht sein, wenn bei den Wahlen der so viel genannte ‚rechte Flügel' der nationalliberalen Partei oder auch die Freikonservativen eine Verstärkung erlangten; aber er versicherte gleich darauf, daß ihm überhaupt an den Parteiunterscheidungen nicht viel gelegen sei. Ihm sollte es recht sein, wenn ganz dieselben Personen wiederkehrten ... Er hege große und weittragende Pläne für die künftige innere Reichspolitik und würde bei Ausführung derselben die Unterstützung der bisherigen loyalen Reichstags-Mehrheit nicht entbehren können.»[20] Einige Tage später bat er den Abgeordneten Wilhelm Wehrenpfennig zu sich, um erneut seinen Standpunkt zu wiederholen. «Alles, was man von seiner Lust mit den Nationalliberalen zu brechen gesagt, sei eitel Bosheit und Unsinn. Er sei mehr als je entschlossen, sich auf diese allein zu stützen, sie sei die einzige mögliche politische Partei usw.»[21]

Diese Beschwichtigungen wurden freilich nicht von allen Liberalen ohne Mißtrauen vernommen, namentlich auf dem linken Flügel der Partei. «Der Gedanke einer Reorganisation der liberalen Partei in unserem Sinne liegt so in der Luft», schrieb Heinrich Oppenheim an Lasker am 10. November 1875, «daß er immer wieder mit allerlei Zeitungsenten über die betreffenden Personen auftaucht. Miquel hat ganz spontan mit mir davon angefangen und sich auf das Allerentschiedenste dafür ausgesprochen, sich von Bismarck zu emanzipieren!»[22] Während des größten Teils des Jahres 1875 laborierte Lasker an einer Typhuserkrankung, von der er sich nach Meinung einiger nie wieder ganz erholt hat. Ende Oktober erschien er jedoch zur Eröffnung des Reichstags,[23] getrieben von der Ahnung, daß die Zeit für Männer seiner Überzeugungen zu Ende gehe.[24] Am 27. Dezember beriet er mit drei vertrauten Weggefährten (Ludwig Bamberger, Max von Forckenbeck und Franz von Stauffenberg) künftige Schritte zur Entwicklung der Verfassung. «Lasker will mit Gewalt die Sache zu einem Antrag im Hause zuspitzen, der zu einem Zusammenstoß mit Bismarck führen muß, und stellte die Frage: ob man soweit mit ihm gehen wolle», schrieb Bamberger in sein Tagebuch. Davor scheuten sie alle drei zurück. Bamberger glaubte in Laskers Vorhaben persönliche Motive zu entdecken. Die Animosität zwischen Bismarck und Lasker erinnerte ihn an das gespannte Verhältnis, in dem Twesten zu Bismarck gestanden hatte. «Sie hassen sich *franchement.* Lasker meint, Bismarck wäre jetzt sehr entbehrlich.»[25]

Laskers Ahnung, daß die Liberalen am Ende ihres gemeinsamen Weges mit Bismarck angelangt waren, erwies sich als richtig. Die andauernde Wirtschaftskrise brachte den Liberalismus als ökonomische Theorie in Mißkredit und nahm ihm auch seine Anziehungskraft als politische Ideologie. Nun kam die Zeit, da die

Vertreter eines entschiedenen Liberalismus in die Verteidigung gedrängt und darauf beschränkt werden sollten, auf Bismarcks Initiativen zu reagieren; von nun an hatten sie sich der Manöver zu erwehren, mit denen er die Zusammensetzung des Parlaments so zu ändern versuchte, wie er es für seine autoritären Zwecke brauchte. Einflußreiche Angehörige der nationalliberalen Linken, die als das Zünglein an der Waage der Reichstagsmajorität galt, hatten sich an Verhandlungen mit Bismarck im Laufe der Jahre gewöhnt und wußten auch, daß es dabei periodische Krisen zu überwinden galt. Unter diesen war Forckenbeck, der auf Grund seines allgemeinen Prestiges als Reichstagspräsident und als Oberbürgermeister von Breslau (später von Berlin) als der geeignetste liberale Kandidat für das Amt des Reichskanzlers angesehen wurde und dessen Mitwirkung daher zu den unverzichtbaren Voraussetzungen für den Erfolg einer liberalen Erhebung gegen Bismarck gehörte.[26]

Doch unter dem Einfluß von Bismarcks Charisma waren Forckenbeck und seine Gefährten geneigt, die verbreitete Meinung von dessen Unentbehrlichkeit zu teilen. Seit 1866 waren sie einen langen, oft gewundenen Weg mit ihm gegangen, von Kompromiß zu Kompromiß, auf dem sie viele Opfer hatten bringen müssen, aber auch nicht wenige ihrer wirtschaftlichen und nationalen Ziele erreicht hatten. Vor allem aber dachten sie offenbar, daß zwar Strohhalme im Wind flogen, doch kein Sturm zu gewärtigen sei. Denn selbst wenn Bismarck nun einen neuen Kurs einschlug, war doch noch keineswegs ausgemacht, daß er damit der liberalen Sache schaden würde und daß die Liberalen nicht, wie schon so oft in der Vergangenheit, auch diesmal Gelegenheit erhalten sollten, die neue Politik ein wenig nach ihren Wünschen umzugestalten. Sie waren bereit, Bismarcks Versicherungen Glauben zu schenken, daß er bei der Ausführung seiner neuen Pläne die Unterstützung der bisherigen loyalen Reichstagsmehrheit keineswegs entbehren könne, daß er nicht die Absicht habe, sich auf einen Handel mit dem Zentrum einzulassen oder auch nur den Kulturkampf abzublasen, und daß er auch mit den Konservativen nichts bewerkstelligen könne. «Ihr Avènement wäre sein Sturz bei Hof.»[27]

Delbrücks Sturz

Tatsächlich gab es konkrete Beweise für die Richtigkeit dieser Annahme. Nicht nur Bismarcks Worte, auch seine Taten während der Legislaturperiode 1875–1876 lassen erkennen, daß ihm viel daran gelegen war, die Liberalen im preußischen Landtag und im Reichstag nicht zu verprellen. Das zeigte sich bei den Debatten über drei aktuelle Fragen: den Reichshaushalt für 1876, das Reichsstrafgesetzbuch und die Verstaatlichung der Eisenbahnen.

Während der Budgetdebatten im Reichstag betonten im November 1875 sowohl Camphausen als auch Bismarck den Wunsch der Regierung nach harmonischen Beziehungen zum Parlament. Die Vorlagen, die eine Erhöhung der Brausteuer und die Einführung einer neuen Stempelsteuer für Wertpapiere vorsahen, seien nicht, versicherten beide, als «Cabinetsfragen» anzusehen, die die Möglichkeit einer Auflösung des Reichstags mit sich brächten. Camphausen behauptete sogar, bei Meinungsverschiedenheiten zwischen Regierung und Parlament müßten «die Männer, welche die Regierung führen, weichen, dann müssen andere an ihre Stelle treten, und es muß so die Harmonie herbeigeführt werden».[28] Camphausens Verfassungstheorie war zweifellos überraschend, doch selbst Bismarck verlockte die Abgeordneten mit Verheißungen künftiger Macht. Wenn der Reichstag von seinem unbestrittenen Recht Gebrauch machte, neue Steuern abzulehnen, erklärte er, würde die Regierung einfach neue Vorlagen beibringen müssen, bis entweder die Minister oder die Abgeordneten ihre Meinung änderten «oder andere Personen ans Ruder treten».[29] Im Haushaltsausschuß schnitzte Eugen Richter, der tüchtigste Finanzexperte des Parlaments, an der Vorlage herum, bis diese eine neue Gestalt gewann, die von den Abgeordneten eifrig begrüßt wurde. Richter lehnte neue Steuern ab und befürwortete die Beibehaltung der Matrikularbeiträge in der bisherigen Höhe. Den Ausgleich des Budgets sollte das Ende gewisser fiskalischer Praktiken bringen, die es der Regierung in den vergangenen Jahren gestattet hatten, durch Unterschätzung der Einkünfte des Reichs dem Staatsschatz Überschüsse zuzuführen. Die Reichstagsmehrheit verweigerte jedoch auch der Landwehr eine Reihe von Stabsoffiziersstellen, die den Haushalt über den eisernen Etat hinaus belastet hätten. Dann warteten die Abgeordneten auf die Reaktion der Regierung. Zur allgemeinen Überraschung verkündete Delbrück am 16. Dezember 1875, daß die Änderungen von der Regierung angenommen werden würden, der Reichstag jedoch für etwaige unerwünschte Auswirkungen auf den Haushalt für 1877 die Verantwortung zu tragen habe.[30]

Von November 1875 bis Februar 1876 beschäftigte den Reichstag und die Presse allerdings mehr noch die Strafgesetznovelle, mit welcher das Strafgesetzbuch von 1870, eine der großen legislativen Leistungen des Norddeutschen Bundes, umfassend geändert werden sollte. Einige der von der Regierung beabsichtigten Änderungen waren politischen Charakters und stellten eine ernste Bedrohung der bürgerlichen Freiheiten dar. In einer zweieinhalbstündigen Rede wandte sich Lasker am 3. Dezember 1875 gegen die «Kautschuk-Paragraphen», die so dehnbar seien, daß damit außer ultramontanen und sozialistischen Gegnern der Regierung auch deren liberale Kritiker strafrechtlich verfolgt werden könnten. Paragraphen, welche die Rede-, Versammlungs- und Pressefreiheit gefährdeten, wurden durch eine Koalition von Nationalliberalen, Fortschrittlern, Zentrumsleuten und Sozialisten sowie einiger anderer Splittergruppen aus der Novelle entfernt. Unter den gestrichenen Abschnitten war ein sogenannter «Sozialistenparagraph», der die Organisatoren und Angehörigen geheimer Gesellschaften und jeden, der den öffentlichen Frieden durch Aufreizung zum Klassenkampf oder durch Angriffe gegen die Institutionen der Ehe, der Familie und des Besitzes gefährdete, mit Geld- und Gefängnisstrafen bedrohte.[31]

In der Debatte am 3. Dezember unterstellte ein Redner der Fortschrittspartei, Albert Hänel, mit unverhüllten Worten, was viele vermuteten – daß die fragliche Vorlage in der Absicht eingebracht worden war, die beiden Flügel der Nationalliberalen Partei auseinanderzudividieren. Eine scharfe Reaktion der Regierung auf die liberalen Änderungswünsche schien absehbar zu sein.[32] Doch zur allgemeinen Überraschung ging Bismarck erneut jedem Streit aus dem Weg. Seine Pflicht sei es, Gesetze vorzulegen, erklärte er, ohne Rücksicht auf die Wahrscheinlichkeit ihrer Annahme durch das Parlament. Er wolle einen Dialog mit dem Parlament eröffnen, ein Gespräch zwischen den Parteien im Parlament und zwischen den Abgeordneten und den Wählern. Die Mehrheit habe zwar das Recht, Regierungsvorlagen abzuändern, sie dürfe aber nicht glauben, damit die Probleme aus der Welt zu schaffen. Man werde sich nur zukünftig mit der Frage von neuem beschäftigen müssen. «Es ist das vielleicht einer von den Würmern, die nicht sterben».[33] Immerhin, an einigen beanstandeten Paragraphen hielt er fest, und er erreichte schließlich deren Annahme durch das Parlament, als nach stürmischen Fraktionssitzungen die Nationalliberalen aus der Opposition desertierten und mit den Konservativen und Freikonservativen stimmten. So wurden angenommen der «Kanzelparagraph», der die Bestrafung ultramontaner Geistlicher vorsah, die den öffentlichen Frieden durch politische Äußerungen gefährdeten; der «Duchesneparagraph», der die Bestrafung von Agitatoren vorsah, die andere zu ungesetzlichem Handeln aufriefen; und der «Arnimparagraph», der Diplomaten mit Haftstrafen bedrohte, die amtliche Informationen an nicht zu deren Empfang berechtigte Personen weitergaben oder ihre Vorgesetzten mit falschen oder verfälschten Informationen irreführten. Obwohl sie über den «Kanzelparagraphen» geteilter Meinung war, blieb die Einheit der Nationalliberalen Partei erhalten. Wenn die Partei kompromißbereit gewesen war, so galt das auch für Bismarck. Zur Kabinettsfrage hatte er nur die Annahme des «Arnimparagraphen» gemacht, dem sie keine große Wichtigkeit beimaßen.[34]

Die Entscheidung für die Verstaatlichung der Eisenbahnen hatte Bismarck nicht ohne Vorbedacht getroffen. Da er viel mit der Eisenbahn reiste und das Getreide und Holz seiner Güter auf ihr verfrachtete, kannte er die Mängel der bestehenden privaten Eisenbahnverwaltungen aus eigener Erfahrung. Während der Gründerjahre drängte er seine Kollegen und besonders den Handelsminister Itzenplitz, den Mißbrauch von Regierungsanleihen zu beenden und die Konkurrenz der Gesellschaften durch die Verhinderung monopolistischer Fusionen und die Konzessionierung von Parallelstrecken zu stärken.[35] Schon zu Beginn des Jahres 1873 war er zu dem Schluß gelangt, daß die Macht der großen Eisenbahngesellschaften nur unter Kontrolle gebracht werden könne, wenn die preußische Regierung konkurrierende Eisenbahnen baue und die von Berlin, der Hauptschlagader des deutschen Eisenbahnsystems, ausstrahlenden Strecken in ihren Besitz bringe.[36] Seit Jahren bedauerte er überdies, daß es bisher nicht gelungen war, jenen Klauseln in der Reichsverfassung Geltung zu verschaffen, die dem Reich die Befugnis gaben, die Eisenbahnen auf seinem Territorium zu regulieren.

Er wünschte eine Reichsbehörde mit weitgehenden Befugnissen, doch dem widersetzten sich die Regierungen der Mittelstaaten. Da die Annahme seiner Pläne durch den Bundesrat damit zweifelhaft wurde, wandte er sich an den Reichstag. Anscheinend mit stillschweigender Einwilligung des Kanzlers brachten die Liberalen eine Gesetzesvorlage ein, mit welcher ein Reichseisenbahnamt geschaffen werden sollte, und im Juni 1873 gelang es Bismarck, diese durch den Bundesrat zu lotsen.[37] Doch damit diese Behörde auch Dienstleistungen und Tarife festsetzen konnte, bedurfte es weiterer Gesetze, bei deren Verabschiedung Bismarck großen Schwierigkeiten begegnete. Zwei Präsidenten der Behörde, Friedrich Scheele und Albert Maybach, traten nacheinander zurück, nachdem die entsprechenden Gesetzesvorlagen im Bundesrat gescheitert waren. Hinter den bestehenden Mißbräuchen standen zu viele Interessen – nicht nur privater Eisenbahnen, sondern auch der bestehenden Staatsbahnen.

Seit 1866 war Bismarck der Überzeugung, daß eine aktive Eisenbahnpolitik sich für die Konsolidierung des Reichs auszahlen würde. Im Januar 1870, als die nationale Einheitsbewegung zu stocken schien, schrieb er, daß der Gebrauch der regulierenden Befugnis des Norddeutschen Bundes geeignet sei, «die nationalen Sympathien für die Bundesinstitutionen zu kräftigen. Jede Befriedigung berechtigter Wünsche des Publikums, jede Abstellung allgemein empfundener Übelstände im Betriebe einzelner oder mehrerer Bahnen, jede Erleichterung des Verkehrs, welche dem Bunde beizumessen ist, wird gerade im Gebiete des Eisenbahnverkehrs von der Gesamtheit der Bevölkerung täglich und unmittelbar empfunden und dem Bunde gedankt werden.»[38] Nach sechsjährigen Enttäuschungen bei seinen Bemühungen, die regulierende Befugnis geltend zu machen, war er nun zu der Überzeugung gelangt, daß dem nationalen Gedanken mit einer Überführung der Eisenbahnen in Reichsbesitz wohl am besten gedient wäre. Stählerne Sehnen würden die Nation zusammenbinden.[39] Eisenbahnprofite und Eisenbahnaktien hatten sich vom Krach des Jahres 1873 und der darauffolgenden Depression noch nicht erholt. Ob die Aktionäre die Verstaatlichung begrüßen würden oder nicht, war eine strittige Frage. Offenkundig aber war bereits, daß die Großgrundbesitzer und Großindustriellen, die am meisten auf Eisenbahntransporte angewiesen waren, die Verstaatlichung des Eisenbahnnetzes befürworteten. Wie Bismarck beklagten sie die verwirrende Vielzahl der Frachttarife (nicht weniger als 1357 im Jahre 1875), deren häufige Änderungen und die «Differentialtarife», mit denen ausländische Frachtkunden begünstigt wurden. Ein staatliches Eisenbahnsystem mochte sich auch als neue Einkommensquelle für das Reich erweisen und so dessen Abhängigkeit von den Matrikularbeiträgen mindern.[40] Bismarck versprach sich von seinem Experiment mit dem Staatssozialismus sowohl wirtschaftliche als auch politische Gewinne. Doch er sollte enttäuscht werden.

Im Januar 1876 billigte das preußische Staatsministerium trotz der Vorbehalte Camphausens den Verkauf der preußischen Staatsbahnen an das Reich.[41] Im Mai wurde die Vorlage im preußischen Abgeordnetenhaus angenommen, gegen die

Opposition des Zentrums, das den Föderalismus bedroht sah, und der Fortschrittspartei, die darin eine staatliche Knebelung des freien Unternehmertums erblickte. Richter fürchtete die Konzentration wirtschaftlicher Macht, die eine solche «Bismarck-Eisenbahn» mit sich bringen würde, und die möglichen Folgen für die parlamentarische Kontrolle über das Budget.[42] Im Herrenhaus widersetzten sich die Ultrakonservativen, die in der Veräußerung der preußischen Staatsbahnen ein Opfer an preußischer Autonomie beklagten, der Vorlage vergeblich. Schon Wochen, ehe das Gesetz verabschiedet wurde, war allerdings offenbar, daß die Mittelstaaten Preußen auf diesem Opfergang nicht zu folgen gedachten. Obwohl die preußischen Nationalliberalen (und Lasker an deren Spitze) die Überführung der Eisenbahnen in Reichsbesitz befürworteten, waren deren Parteigenossen in den Mittelstaaten zumeist erbitterte Gegner des Planes, ebenso wie viele Freikonservative aus denselben Regionen.[43] Auch deren Regierungen lehnten den Plan ab. Sachsen, Bayern, Württemberg und Baden waren nicht gewillt, die Kontrolle über ihre staatlichen und privaten Eisenbahnen an das Reich abzugeben und diesem die Konzentration wirtschaftlicher und sozialer Macht anzuvertrauen, die ihm aus der Kontrolle über das gesamte Eisenbahnsystem erwachsen würde.[44]

Obwohl die Aussichten für eine umfassende Nationalisierung schlecht waren, wollte Bismarck wenigstens die Entscheidung des preußischen Staatsministeriums und des preußischen Landtags vollstrecken, die preußischen Staatsbahnen in Reichsbesitz zu überführen. Doch selbst das sollte ihm nicht gelingen, denn die preußischen Ministerien für Handel und Finanzen konnten sich nicht über die entsprechende Vorlage beim Bundesrat und beim Reichstag einigen. So verging über ergebnislosen Verhandlungen zwischen den Ministern Camphausen und Achenbach ein Monat nach dem anderen, zum heftigen Verdruß des Reichskanzlers, der nicht einmal genau in Erfahrung bringen konnte, wie weit die Diskussion gediehen war.[45] Im März 1878 schilderte er dem Abgeordnetenhaus die Lage: «Ich hatte die Bewilligung der Sache im Princip von meinen Collegen, ich hatte die Bewilligung der Sache im Princip vom ganzen Landtage und obschon Ministerpräsident, habe ich mich absolut unfähig finden müssen, die Sache auch nur einen Schritt weiter zu bringen. Die Bewilligung half mir gar Nichts, wenn im concreten Fall der passive Widerstand – von welcher Seite, ist in dieser verwickelten Maschine kaum zu ermitteln – mit solchem Erfolg geleistet wird, daß ich nach zwei oder drei Jahren kaum imstande gewesen bin, auch nur die Frage, ob, in welcher Form wir das Reich fragen wollen und uns vom Reich den wahrscheinlichen Korb in der Sache holen wollen, noch gar nicht zur Erörterung im Staatsministerium und zwischen dem Finanzministerium über die Schätzungen der Gegenstände, über die Summe, die man etwa vom Reich verlangen könnte, und über die Form, in der die Sache zu behandeln wäre, innerhalb des preußischen Staatsministeriums zu Stande zu bringen.»[46] Privat war Bismarck der Überzeugung, daß die Obstruktion von Camphausen ausging. «Die Bankiers, mit denen er befreundet war, hätten ihm das nie verziehen.»[47]

Trotz aller Enttäuschungen, die er bei seinem Nationalisierungsversuch erleben mußte, hatte er doch einen unbestreitbaren Gewinn davon. Am 25. April 1876, einen Tag vor der entscheidenden Debatte über das Projekt im Abgeordnetenhaus, wurde bekannt, daß Rudolf Delbrück um seine Entlassung gebeten hatte – aus gesundheitlichen Gründen. Nur Bismarck hatte in den ersten Jahren des Reichs eine noch größere öffentliche Rolle gespielt. Die langen Abwesenheiten des Kanzlers hatten Delbrücks Bedeutung noch gesteigert. In der Presse, im Reichstag und im Bundesrat wurde sein Rücktritt als großer Verlust für die ordnungsgemäße Führung der Regierungsgeschäfte beklagt. Selbstverständlich fehlte es nicht an Spekulationen über die Hintergründe seiner Demission. Hatte er sich dem Plan einer deutschen Reichsbahn widersetzt? Wandte Bismarck sich von der freihändlerischen Politik ab, für die Delbrück stand? War dies der Anfang einer umfassenden Aktion, mit welcher Liberale aus hohen Staatsämtern entfernt werden sollten? Bismarck beeilte sich, solchen Unterstellungen energisch entgegenzutreten. Seit fast einem Jahr hatte er auf Delbrücks Sturz hingearbeitet, jetzt aber trug er dem Reichstag eine ergreifende Eloge auf den in Ungnade Gefallenen vor. Ja, er rief diesen selbst zum Zeugen dafür an, «daß zwischen ihm und Sr. Majestät dem Kaiser, zwischen ihm und mir auch nicht ein Schatten von einer Meinungsverschiedenheit über irgend eine der schwebenden Fragen zu Tage getreten ist».[48]

Angriffe der Ultrakonservativen

Während der Jahre 1876–1877 ließ Bismarck seine Figuren auf dem Schachbrett der deutschen Politik stetig vorrücken, und wenn er seine Springer oder Türme aus einer exponierten Position zurücknahm, dann nur, um sie in andere Richtungen marschieren zu lassen. Die Nationalliberalen konnten trotz gewisser beunruhigender Anzeichen konstatieren, daß wiederholte Krisen überwunden worden waren, ohne daß es zwischen der Regierung und ihnen zum Bruch gekommen wäre. Abermals war es ihnen gelungen, die Reichsgesetzgebung zu beeinflussen. Zwar verbreiteten sich Gerüchte, wonach die Ultramontanen mit Bismarck ins Gespräch zu kommen suchten, doch des Kanzlers Entschlossenheit, den Kulturkampf fortzusetzen, schien nicht nachzulassen. Auch war zwar Delbrück zurückgetreten, aber die liberalen Minister Falk und Camphausen blieben im Amt. Die Depression dauerte an, und die Agitation für eine protektionistische Zollpolitik nahm zu. Aber die Position der Regierung zum Freihandel war einstweilen noch unverändert. Beruhigend war aus liberaler Sicht auch die Beobachtung, daß Bismarcks persönliche Beziehungen zu den Ultrakonservativen sich nicht verbesserten, wie man das während der Beratungen über die Maigesetze hätte erwarten können, sondern sich eher zu verschlechtern schienen.

Bismarcks Verhältnis zu den Ultrakonservativen hatte schon seit langem gelitten. Das Indemnitätsgesetz von 1866, die Gesetze über den hannoverschen Provinzialfonds 1868, die Schulinspektion und die Kreisordnungsreform 1872, schließlich auch die Ernennung neuer Mitglieder des Herrenhauses 1872 hatten die Kluft, die Bismarck von der Partei seiner Standesgenossen trennte, immer tiefer werden lassen und eine Spaltung der konservativen Partei in eine regierungsfeindliche und eine Bismarck treu ergebene Fraktion zur Folge gehabt.[49] Im September 1872 gewannen die Ultras die Kontrolle über das wichtigste Sprachrohr der konservativen Partei, die *Kreuzzeitung*. Diese von Hermann Wagener begründete und lange herausgegebene Tageszeitung, zu der anfänglich Bismarck selbst manchen Artikel beigetragen und die ihn dann während des Verfassungskonflikts stets loyal unterstützt hatte, war nun in der Hand von Nathusius-Ludom, der Bismarck entschieden feindlich gesinnt war. Von den «Ära-Artikeln» erhoffte sich Nathusius eine «Sensation», die es ihm ermöglichen würde, «sehr viele Agrarier» und andere, die im Kulturkampf zur Regierung gehalten hatten, auf die Seite der Ultras zu ziehen. Doch gemäßigte Konservative wie Moritz von Blanckenburg, Männer, die sich eine Einigung der konservativen Fraktionen auf ein agrarisches Programm erhofften, mußten nun erstaunt feststellen, daß das konservative Blatt nicht einmal mehr vor Verleumdungen zurückscheute.[50] Bismarck wollte zunächst klagen, bei näherer Betrachtung zeigte sich jedoch, daß die Gesetze gegen Verleumdung bei der Redaktion der Artikel offenbar stets im Auge behalten worden waren. Weder er noch Heinrich von Friedberg, der Leiter des Reichsjustizamts, konnten einen zureichenden Klagegrund finden.[51] So mußte sich der Kanzler während der Debatte über die Strafgesetznovelle am 9. Februar 1876 mit allgemeinen Klagen über die «Reptilienpresse» begnügen. «Jeder, der es hält und bezahlt, betheiligt sich indirect an der Lüge und Verleumdung, die darin gemacht wird, – an Verleumdungen, wie die ‹Kreuzzeitung› sie im vorigen Sommer gegen die höchsten Beamten des Reichs enthalten hat, ohne die leiseste Andeutung eines Beweises.»[52]

Doch Bismarcks Versuch, dem feindlichen Blatt die Abonnenten zu vergraulen, schlug fehl. Ab dem 26. Februar unterzeichneten Hunderte von konservativen Lesern der *Kreuzzeitung* eine Ehrenerklärung für deren Redaktion und erneuerten demonstrativ ihre Abonnements. Unter diesen waren etliche von Bismarcks ältesten Bekannten und ehemaligen politischen Weggefährten, so auch Adolf von Thadden, der Gutsherr von Trieglaff, wo Bismarck Marie von Thadden und Moritz von Blanckenburg kennengelernt hatte. Die Sympathien, die er bei vielen über den Ton der «Ära-Artikel» bestürzten Konservativen gewonnen hatte, verscherzte sich der Kanzler wieder mit dem Versuch, die Zeitung zu ruinieren. Selbst Blanckenburg, der die Erklärung nicht unterzeichnet hatte, fühlte offenbar, daß sich in dieser Situation Bismarcks und seine Wege trennten. Eines Abends zog er ein Bündel Briefe aus seinem Pult, die er im Laufe der vergangenen vierzig Jahre von Bismarck erhalten hatte, und warf sie, nachdem er Roon Passagen daraus vorgelesen hatte, einen nach dem anderen ins Kaminfeuer.[53]

Wie bereits erwähnt, war Perrots Artikelserie nur einer von mehreren Versuchen konservativer (und anderer) Enthüllungsjournalisten, die liberalen Minister zu diskreditieren und womöglich dem Kanzler selbst eine Verwicklung in die

Skandale der Gründerzeit nachzuweisen.[54] Während Bismarck in Varzin über den Richtungswechsel in der Innenpolitik nachdachte, waren zwei seiner pommerschen Nachbarn, Ludwig von Wedemeyer und Otto von Diest-Daber, damit beschäftigt, einen gefährlichen Anschlag gegen ihn auszuhecken. Auf Anregung Diest-Dabers schrieb Wedemeyer ein Pamphlet, in dem er andeutete, daß Bismarck «Trinkgelder» (nämlich den Profit aus der Spekulation mit den *Boden-Credit-Aktien,* auf welche er eine Option bekommen hatte) erhalten habe, weil er der Gesellschaft behilflich gewesen sei, spezielle Privilegien zu erlangen. Die beiden beabsichtigten, 15 000 Exemplare der Schrift an Gutsbesitzer zu verteilen, doch am 25. November 1875 beging Wedemeyer Selbstmord, und erst im September 1876 erschien die Broschüre in einer von Diest-Daber gekürzten Fassung. Am 6. Oktober berichtete die *Kreuzzeitung,* daß die erste Auflage bereits vergriffen und die zweite in Vorbereitung sei.[55] Die Anschuldigungen Wedemeyers und Diest-Dabers waren wie diejenigen Perrots und Nathusius' so geschickt formuliert, daß der Staatsanwalt keine Handhabe zu einer Verleumdungsklage darin fand. Doch die Herausgeber der *Deutschen Reichsglocke,* eines Wochenblatts, mit dem Harry von Arnim in Verbindung stand, sowie Rudolph Meyer, der Herausgeber des Wochenblatts *Sozialpolitische Korrespondenz,* taten dann dem Staatsanwalt den Gefallen, die Anschuldigungen aufzugreifen und so zu formulieren, daß Verleumdungsklagen nicht nur gegen sie, sondern letztlich auch gegen Diest-Daber möglich wurden.[56] Wie bereits berichtet, führten diese Klagen zu einer Reihe von Prozessen im Januar und Februar 1877, bei denen Bismarck zwar von den gegen ihn erhobenen Vorwürfen entlastet, jedoch auch die Tiefe des Abgrunds offenbar wurde, der sich zwischen ihm und den Ultrakonservativen und deren journalistischen Verbündeten aufgetan hatte. Was als üble Nachrede vor Gericht zurückgewiesen wurde, war seit langem in den adeligen Klubs der Hauptstadt die gängige Meinung.[57]

Bismarck sollte die Verletzungen, die ihm in der Mitte der siebziger Jahre von seinen preußischen Standesgenossen zugefügt wurden, niemals ganz verwinden. Als er in den neunziger Jahren seine Erinnerungen diktierte, versuchte er noch einmal, seine aristokratischen Gegner zu klassifizieren und deren Motive zu bestimmen. «Ich begreife, daß meiner Politik die mit dem vulgären Namen ‚Kreuzzeitung' bezeichnete konservative Richtung feindlich war, in manchen Mitgliedern aus achtbaren prinzipiellen Gründen, die in dem einzelnen eine stärkere Triebkraft ausübten, als ihr mehr preußisches wie deutsches Nationalgefühl», sagte er da. Andere aber, fuhr er fort, suchten in der Opposition gegen ihn ihren persönlichen Ehrgeiz zu befriedigen, wie etwa Harry von Arnim. Und schließlich seien da noch seine Standesgenossen im Landadel gewesen, die ihm übel nahmen, daß er aus der «traditionellen Landadelsgleichheit herausgewachsen» sei. «Daß ich vom Landjunker zum Minister wurde, hätte man mir verziehn, aber die Dotationen und vielleicht auch den nur sehr gegen meinen Willen verliehenen Fürstentitel verzieh man mir nicht: die ‹Exzellenz› lag innerhalb des gewohnheitsmäßig Erreichbaren und Geschätzten, die ‹Durchlaucht› reizte die Kritik.» Weiter stellte er fest, daß die Menschen bei religiösen und politischen Streitigkeiten dazu neigen, den Überzeugungen anderer jeden Wert zu bestreiten und das Gemeinwohl mit dem eigenen Anliegen gleichzusetzen: «meine Politischen Überzeugungen sind richtig und die deinigen falsch, mein Glaube ist Gott wohlgefällig, dein Unglaube führt zur Verdammnis.» Aus dieser Selbstgerechtigkeit folge dann auch, daß die Menschen im religiösen und politischen Kampf zu Mitteln griffen, die sie im Privatleben verabscheuen und tadeln würden.

»Zwischen mir und allen Deklaranten, von denen viele bis dahin zu meinen Bekannten, sogar zu meinen Freunden gehört hatten, war, nachdem sie sich die ehrenrührigen Beschimpfungen aus der Feder Perrots angeeignet hatten, die Möglichkeit eines persönlichen Verkehrs vollständig abgeschnitten. Für die Nerven eines Mannes in reifen Jahren ist es eine harte Probe, plötzlich mit allen oder fast allen Freunden und Bekannten den bisherigen Umgang abzubrechen. Meine Gesundheit war damals längst geschwächt, nicht durch die Arbeiten, welche mir oblagen, aber durch das ununterbrochene Bewußtsein der Verantwortlichkeit für große Ereignisse, bei denen die Zukunft des Vaterlandes auf dem Spiel stand.» Denn, fuhr er fort, der Staatsmann könne ja nie mit Sicherheit wissen, daß der eingeschlagene Weg der richtige sei. Dennoch müsse man Entscheidungen treffen und diesen Entscheidungen entsprechend handeln, «nicht selten im Kampf gegen alle Einflüsse, denen Gewicht beizulegen man gewöhnt ist». Deshalb sei das Aufreibende nicht die Arbeit, die Zweifel und Sorgen seien es angesichts der Notwendigkeit, in kritischen Zeiten Entscheidungen treffen zu müssen, ohne sich dabei an etwas anderes als die eigene Überzeugung und den eigenen Willen halten zu können. «Der Verkehr mit andern, die man für gleichgestellt hält, erleichtert die Überwindung solcher Krisen, und wenn er plötzlich aufhört und aus Motiven, die mehr persönlich als sachlich, mehr mißgünstig als ehrlich, und soweit sie ehrlich, ganz banausischer Natur sind, der beteiligte Minister plötzlich von allen bisherigen Freunden boykottiert, als Feind behandelt, also mit sich und seinen Erwägungen vereinsamt wird, so muß das den Eingriff seiner amtlichen Sorgen in seine Nerven und seine Gesundheit verschärfen.» Man hätte glauben sollen, fuhr Bismarck fort, daß die Nationalliberale Partei, durch deren Begünstigung er sich das Übelwollen seiner früheren konservativen Parteigenossen zugezogen hatte, ihm in der Abwehr irgendwie beigestanden oder doch irgendwie zu erkennen gegeben hätte, daß sie die Angriffe nicht billige. Doch tatsächlich schien das nationalliberale Lager eher daran interessiert zu sein, «den Bruch zu erweitern und bei mir den Stachel tiefer einzudrücken. Liberale und Konservative waren darüber einig, je nach dem Fraktionsinteresse mich zu verbrauchen, fallen zu lassen und anzugreifen.»[58]

So fühlte sich gegen Ende der siebziger Jahre Bismarck – der Einiger Deutschlands, Ministerpräsident von Preußen und deutsche Reichskanzler, die beherrschende Gestalt der deutschen und europäischen Politik –, von Freund und Feind gleichermaßen verlassen, verleumdet und angegriffen. Er fühlte sich isoliert und von allen (mit Ausnahme seiner unmittelbaren Familie) mißverstanden und mißachtet, weil er mit unwandelbarer Entschlossenheit stets die objektiven Interessen des preußischen und deutschen Staates befördert habe.

Die Gründung der Deutschkonservativen Partei

Im Februar und März 1876 schien es angesichts des Bekenntnisses der «Kreuzzeitungsdeklaranten», als wachse der Anhang der Ultrakonservativen beim preußischen Adel. Denn obgleich manche Perrots persönliche Angriffe bedauerten, bewies doch die lange Liste der Deklaranten, daß der Adel im großen ganzen wie die *Kreuzzeitung* die Wirtschaftspolitik der Regierung und deren Begünstigung der Interessen des Industriekapitalismus ablehnte. Dennoch beschleunigte die Affäre letztlich nur die Erneuerung der konservativen Bewegung und deren entschiedene Abkehr von ultrakonservativen Standpunkten. Tatsächlich hatte diese Erneuerung bereits vor der Deklarantenaffäre begonnen. In den Wahlen des Winters 1873/1874 hatten alle konservativen Fraktionen, die Ultras ebenso wie die Gemäßigten, miserabel schlecht abgeschnitten. Offensichtlich hatten der Streit mit Bismarck und die Flügelkämpfe innerhalb der Partei den Konservativen schwer geschadet; es wurde nun aber auch deutlich, daß ihr preußischer, partikularistischer, reaktionärer Ruf die Partei nur einem sehr beschränkten Kreis von Wählern empfahl. Um unter den Bedingungen des allgemeinen Wahlrechts Erfolg zu haben, mußte die konservative Partei ihre geographische und soziale Reichweite ausdehnen und eine nationale Partei werden, die nationale Interessen repräsentierte. Selbst ein Teil der Ultras war jetzt gewillt, dieser taktischen Notwendigkeit Rechnung zu tragen. 1876 machten die herannahenden Wahlen eiliges Handeln erforderlich.

Nach monatelanger Korrespondenz und zwei vorbereitenden Treffen prominenter Konservativer in Berlin und Frankfurt am Main wurden im Juli die Deutschkonservative Partei gegründet und ein Wahlaufruf veröffentlicht, welcher der Partei dann bis 1892 als Programm diente. Das von Otto von Helldorff-Bedra, einem Führer der «Stahlfraktion» im preußischen Herrenhaus, herausgegebene Manifest trug die Unterschriften von siebenundzwanzig prominenten Konservativen – von dreizehn Preußen, fünf Bayern und je drei Sachsen, Badenern und Hessen. Nicht wenige Historiker haben diesem neuen Programm und dieser Neugründung eine Neuorientierung der konservativen Bewegung zugeschrieben, die damit von einer preußisch-partikularistischen auf eine deutsch-nationale, von einer ideologischen auf eine agrarische Grundlage gewechselt und aus der Opposition an die Seite der Regierung gelangt sei.[59] Tatsächlich war die 1876 vollzogene Wandlung der Konservativen etwas weniger radikal. Die neue Partei und das neue Programm entsprachen nicht einer plötzlichen Bekehrung der konservativen Bewegung, sondern waren vielmehr nur das letzte Stadium einer von den gemäßigten Konservativen auf Kosten der Ultras ins Werk gesetzten Reorganisation des konservativen Lagers. Dieser Reorganisationsprozeß, der 1867 mit der

Gründung der Freikonservativen Partei begonnen hatte und 1872 mit der Gründung der Monarchisch-nationalen Partei im Reichstag sowie der Neuen Konservativen Partei in der preußischen Abgeordnetenkammer fortgesetzt worden war, gelangte 1876 mit der Gründung der Deutschkonservativen Partei zum Abschluß. Daß die deutschen Konservativen sich dann auf Bismarcks Seite schlugen, verdankte dieser der eigenen Wendung nach rechts nicht weniger als der Linkswendung der reorganisierten Partei.

Im ersten Absatz des Manifests erklärten Helldorff und dessen Mitunterzeichner die Absicht, im Sinne «des nationalen Gedankens» tätig zu werden und auf der Basis der Reichsverfassung die deutsche Einheit zu stärken. Diese Absicht war den gemäßigten Konservativen schon früher nicht fremd gewesen. 1872 hatten die Konservativen im Reichstag in ihrem Programm schon einen «nationalen» Charakter für ihre Partei in Anspruch genommen und ihren Wunsch betont, bei der Förderung deutscher Interessen mit der Regierung Hand in Hand zu arbeiten. Selbst die Neue Konservative Partei in der preußischen Abgeordnetenkammer hatte ihre Grundhaltung als national bezeichnet (dabei natürlich auch als monarchisch und konservativ) und gelobt, «die Politik, durch welche Deutschland zu Einigkeit, Macht und Freiheit gelangt ist, mit vollster Hingebung zu unterstützen». Dennoch bestanden preußisch-partikularistische Bestrebungen bei den Konservativen auch nach 1876 noch fort. Sie äußerten sich in der entschiedenen Parteinahme der Konservativen für den Föderalismus. Wie schon 1872 und 1873 erklärten die Konservativen auch 1876 ihre Gegnerschaft gegen alle Tendenzen zur Errichtung eines zentralistischen Einheitsstaates und sprachen sich für die Erhaltung der «berechtigten Selbständigkeit und Eigenart der einzelnen Staaten, Provinzen und Stämme» aus.[60]

Dem Versuch der Deutschkonservativen Partei, ihre geographische Basis zu erweitern, war nicht viel Erfolg beschieden. Wie ihre Vorgängerinnen wurde auch diese Partei von den Wählern als Sachwalterin der Interessen Preußens und der preußischen Oberschicht angesehen, und daran sollte sich bis zu ihrem Ende 1918 nichts ändern. Obwohl in dem Programm von 1876 der Kulturkampf als Unglück für Reich und Volk bezeichnet wurde, gelang es der Partei nicht, katholische Konservative dem Zentrum abspenstig zu machen. Hannoversche Welfen, obwohl in sozialer und politischer Hinsicht konservativ, stimmten entweder für die Kandidaten des Zentrums oder für Abgeordnete, die sich im Reichstag der hannoversch-deutschen Fraktion anschlossen. Die Freikonservativen bewahrten sich ihre Freiheit und die Unterstützung ihrer schlesischen Wähler. Konservative im westlichen und südlichen Deutschland unterstützten, soweit sie nicht Kandidaten des Zentrums wählten, den rechten Flügel der Nationalliberalen Partei. So gewann die Deutschkonservative Partei außerhalb Preußens Unterstützung nur seitens kleiner Gruppen von Wählern in Sachsen und Mecklenburg. Sie blieb wesentlich eine ostelbische, lutherische und agrarische Partei. Obwohl sie sich äußerlich einer positiven Haltung zum Reich befleißigte, blieben doch in ihren Anschauungen und in ihrer Loyalität die Wähler dieser Partei im wesentlichen patriotische Preußen. Zwischen der Hälfte und zwei Drittel ihrer Abgeordneten im Reichstag gehörten dem Adel an. Unter ihren Mitgliedern waren viele Großgrundbesitzer, ehemalige Heeresoffiziere und preußische Beamte.[61]

Unzutreffend ist auch die Behauptung, daß der Richtungswechsel von einem ideologischen zu einem agrarischen Programm auf die neue Partei und das Programm von 1876 zurückzuführen sei. Nach 1876 legte die Partei, wie vordem, stets das entscheidende Gewicht auf die monarchischen Grundlagen des Staates und eine starke autoritäre Macht. Das Manifest von 1876 sprach zwar von der Notwendigkeit, den Bedürfnissen der Gegenwart gerecht zu werden, stellte aber fest, daß neue Gesetze auf realen und historisch gegebenen Grundlagen ruhen und derart die Kontinuität der gesamten politischen, sozialen und geistigen Entwicklung sichern müßten. Gefordert wurden «ein volles gesetzlich gesichertes Maß bürgerlicher Freiheit für alle und eine wirksame Beteiligung der Nation an der Gesetzgebung», doch hatten die Unterzeichner vermieden, sich für das allgemeine Wahlrecht auszusprechen. Sie befürworteten die Selbstverwaltung der Provinzen, Kreise und Gemeinden nicht auf der Basis des allgemeinen Wahlrechts, sondern der «natürlichen Gruppen und organischen Gliederungen des Volkes». Ebenso wurde zwar das Recht des Staates anerkannt, die Beziehungen zwischen Staat und Kirche zu regeln, jedoch die innere Autonomie der katholischen wie der evangelischen Kirche verteidigt. Die konfessionelle christliche Volksschule galt den Unterzeichnern als die bedeutendste Schranke «gegen die zunehmende Verwilderung der Massen und die fortschreitende Auflösung aller gesellschaftlichen Bande».[62] So blieben die Ideologie von Thron und Altar und die organische Gesellschaftsvorstellung richtungsweisend für das Denken und die Politik des preußischen Konservatismus. Dennoch, das neue Programm rückte ab von dem offenkundig nicht mehr zeitgemäßen feudalen Korporatismus von Ultras wie Ludwig von Gerlach und Graf Lippe.

Die Vertretung agrarischer Interessen war von jeher ein Anliegen konservativer Politik. Seit ihren Anfängen hatte die preußische konservative Partei stets die agrarischen Interessen verteidigt, wo immer diese in Konflikt mit dem Kapitalismus und Industrialismus gerieten. Allerdings war die Sorge der konservativen Führer über die Exzesse des Kapitalismus und das zunehmende Übergewicht der Industrie über die Landwirtschaft in Deutschland Mitte der siebziger Jahre tatsächlich zu einem ihrer dringendsten Anliegen geworden. Diese Sorge war es hauptsächlich, die sie bestimmte, eine neue Partei zu gründen und ein neues Programm zu entwerfen. «Hier ist mit einem konservativen Programm und einer konservativen Agitation gar nichts zu machen, ... sondern nur mit einem Vorgehen im Sinne der Agrarier», schrieb Anfang Juli 1876 Julius von Mirbach-Sorquitten an Kleist-Retzow.[63] Natürlich verloren nach dem Krach von 1873 auch die Gutsbesitzer die Illusionen, die sie hinsichtlich der liberalen Wirtschaftslehre und des freien Unternehmertums vordem gehabt haben mochten. Das Manifest von 1876 forderte eine «geordnete wirtschaftliche Freiheit» im Gegensatz zu der «schrankenlosen Freiheit nach liberaler Theorie». Es verlangte auch Schritt für

Schritt die Abschaffung der Privilegien des Großkapitals und die Behebung der schweren Schäden, welche durch die übermäßige wirtschaftliche Konzentration und wegen des Fehlens fester Regelungen für Landwirtschaft und Kleingewerbe eingetreten seien. Insbesondere forderte das Programm eine Revision der Gewerbeordnung und des Gesetzes über den Unterstützungswohnsitz. Unbeschränkter Individualismus könne nicht zu einer gesunden wirtschaftlichen Entwicklung führen; «die redliche Ewerbsarbeit» sei «gegen das Überwuchern der Spekulation und des Aktienunwesens zu schützen».[64]

Für Hermann Wagener war das Manifest von 1876 eine Enttäuschung. Während der frühen siebziger Jahre hatte er mit Rudolph Meyer, dem Herausgeber der konservativen *Berliner Revue*, und Johann Karl von Rodbertus, einem pommerschen Gutsbesitzer und Publizisten, für eine sozialkonservative Partei agitiert, die imstande sein sollte, ein Bündnis zwischen Proletariern und Agrariern zu schmieden. 1872 hatte Wagener beim Entwurf des Programms der Monarchisch-nationalen Partei mitgewirkt, welches die Neuen Konservativen 1873 unterstützten.[65] Sein Einfluß zeigt sich darin, daß das Programm eine Berücksichtigung der Interessen nicht speziell der Handwerker, sondern der Lohnarbeiter forderte, daß es die Auffassung vertrat, daß eine gesunde Entwicklung des Deutschen Reichs den Bedürfnissen und berechtigten Forderungen der Massen Rechnung tragen müsse, sowie in der entschieden vorgetragenen Position, daß die Lösung der sozialen Frage nur dem starken Arm einer mit hinreichender Autorität ausgestatteten Regierung gelingen könne. Der Staat müsse, Institutionen und Korporationen unterstützen, «welche geeignet sind, die materielle und geistige Lage des Arbeiterstandes zu sichern und zu fördern», und Schiedsinstanzen für Auseinandersetzungen zwischen Arbeitgebern und Arbeitnehmern schaffen.[66] Wagener scheiterte allerdings bei dem Versuch, das Wort «sozial» schon im Parteinamen zu veranken. Nach dem Skandal von 1873 hatte er 1876 keine Möglichkeit mehr, Einfluß auf das Programm der Deutschkonservativen Partei zu nehmen, in dem sich nur ein schwaches Echo seiner Forderungen findet. Denn die Deutschkonservative Partei verabschiede sich zwar von der traditionellen Parteinahme für die Handwerker und die Wiedereinführung der Zünfte, doch sie machte andererseits auch keine Anstalten, ihren politischen Einfluß durch ein Eintreten für die Belange der Fabrikarbeiter zu erweitern. Überdies beharrten Wagener und andere konservative Sozialtheoretiker bei der Einschätzung der Lohnarbeiter nicht als einer Klasse, sondern als eines Standes, dessen Probleme sie durch einen erneuerten Korporatismus am besten lösen zu können glaubten.

Der Versuch, die konservative Bewegung zu vereinigen und eine geschlossene Partei wiederherzustellen, mußte Bismarck selbstverständlich lebhaft interessieren. Aus einem Brief Blanckenburgs an Kleist-Retzow vom August 1872 wissen wir, daß er das Programm von 1872 Satz für Satz redigierte und es im Detail mit Wagener erörterte.[67] Doch am Entwurf des Programms von 1876 beteiligte er sich nicht. Die Tatsache, daß den einleitenden Diskussionen auch prominente Ultras wie Kleist-Retzow fernblieben,[68] ließ ihn hoffen, daß es gelingen würde, eine vereinigte, handlungsfähige und regierungstreue Partei zustande zu bringen. Doch als Mitte Juli eine vollständige Liste der Mitglieder der neu gegründeten Partei publiziert wurde, erwies diese Hoffnung sich als Illusion, denn da las er nicht nur den Namen seines besonderen Feindes Nathusius-Ludom, sondern auch diejenigen so vieler Deklaranten, daß ihm die neue Partei nur die alte feudale Kreuzzeitungspartei in anderem Gewand zu sein schien.[69] Am 18. Juli 1876 bat er seinen Bruder Bernhard, der Vorsitzender der Neukonservativen Partei war, eine Fusion derselben mit der Deutschkonservativen Partei zu verhüten. Es sei nicht zu erwarten, daß die Deklaranten ihre Ansichten geändert hätten, schrieb er. Wenn die neue Partei von den Kreuzzeitungskonservativen beherrscht sei, würde die Regierung sich, wie schon einmal 1872, genötigt sehen, auf der linken Seite des Parlaments Unterstützung gegen die rechte zu suchen. Wenn es also kein «zwingendes Bedürfnis» für ihn sei, solle Bernhard der neuen Partei nicht beitreten, schrieb er, und auch seine Parteigenossen davon abhalten, «ein Staatsschiff unter der Flagge Nathusius-Ludoms und seiner politischen Freunde vom Stapel zu lassen».[70]

Viele Monate lang hielt dann Bismarck Abstand von der Deutschkonservativen Partei. Ende Juli erklärte die regierungsamtliche *Provinzial-Correspondenz*, daß die Regierung mit der neuen Partei nichts gemein habe, und der nationalliberale Abgeordnete Georg Jung, der den Kanzler in Bad Kissingen besuchte, konnte berichten, er habe ihn sagen hören, daß er mit den Deutschkonservativen gewiß nicht auskommen werde, da sie von Leuten geführt würden, deren Haltung im Kulturkampf ihn die Dienste Falks kosten würde.[71] Anfang August begannen die *Norddeutsche Allgemeine Zeitung* und einige andere Blätter, die als regierungsnah galten, eine lebhafte Werbekampagne für die neue Partei, was aber vielleicht nicht auf Bismarcks Veranlassung geschah. Seit der Krieg-in-Sicht-Krise von 1875 hatte er seine Kontakte zur *Norddeutschen Allgemeinen* gelockert und seine Bemühungen, die Presse zu beeinflussen, ein wenig eingeschränkt – jedenfalls behauptete er selbst das.[72] Bei den Novemberwahlen stellten die Neukonservativen eigene Kandidaten auf, anscheinend entsprechend dem Rat, den der Reichskanzler seinem Bruder Bernhard gegeben hatte. Im Februar 1877 machte die andauernde Spannung zwischen dem Reichskanzler und der Deutschkonservativen Partei sich Luft in der heftigen Reaktion Bismarcks auf eine Interpellation der Fraktion dieser Partei im preußischen Herrenhaus, bei der es um den Welfenfonds ging. Bismarck beriet sich mit seinen Ministerkollegen über die Formulierung seiner Erwiderung, die, ohne direkt beleidigend zu sein, doch so grob wie möglich gehalten sein sollte. Zwei Tage später war er noch immer darauf bedacht, den Konservativen energisch die Meinung zu sagen. «Er will, wenn er nur einigermaßen geschlafen habe, morgen ins Herrenhaus kommen; denn die Grobheiten, die er sich ausgedacht, beschwerten ihm den Magen; er müsse sie loswerden», notierte Tiedemann am 4. Februar. Doch vertraute der Fürst die Aufgabe dann diesem an, sehr zur Enttäuschung von Katholiken und Nationalliberalen, die sich auf den Galerien in der Hoffnung drängten, Zeuge weiterer Friktionen zwischen der Regierung und den Konservativen zu werden.[73]

Im September 1877 wollte Bismarck noch immer als Preis einer engeren Beziehung zu den Deutschkonservativen mindestens den Ausschluß der Deklaranten aus der neuen Partei fordern.[74] Inzwischen wurde allerdings sein Haß auf diejenigen, die ihn seines Erachtens verraten hatten und ihm heimtückisch in den Rücken gefallen waren, bereits aufgewogen durch das dringende Bedürfnis nach Unterstützung. So wurden Bismarck und die Deutschkonservativen während der Sitzungsperiode 1876–1877 nicht aus Liebe handelseinig, sondern weil das Bündnis für beide Seiten nötig war. Ihre Zusammenarbeit während der folgenden zehn Jahre blieb stets von gemeinsamen Interessen bestimmt: für eine neue parlamentarische Mehrheit, für die Stärkung der Reichsregierung, für die Beschränkung der Macht des Parlaments, für eine agrarfreundliche Wirtschaftspolitik. Dennoch fanden sich erst in der Periode 1879–1881 die Deklaranten einigermaßen mit dem Kanzler ab – in einem stets gefährdeten Waffenstillstand, der am Ende des Jahrzehnts zerbrach.[75]

Die Trennung der Fortschrittler und der Nationalliberalen

Trotz der Trennung, zu der es zwischen ihnen bereits 1867 gekommen war, betrachteten sich die Fortschrittler und die Nationalliberalen noch immer als zwei Fraktionen einer gemeinsamen und durch dieselbe allgemeine Weltanschauung verbundenen Partei. Die beiden Fraktionen hatten zwar in entscheidenden Fragen – wie in denen des eisernen Etats und der bürgerlichen Freiheiten – schon oft auf verschiedenen Seiten gestanden, doch auf anderen bedeutenden Gebieten der Gesetzgebung, wo es um die Einheit des Reichs, die Freiheit der Wirtschaft und den Kulturkampf ging, stets zusammengewirkt. Auf lokaler Ebene blieb auch in den Ausschüssen und Vereinen, die liberale Kandidaten für das Parlament aufstellten, eine gemeinsame liberale Partei bestehen. Nur in den größeren Städten stellten Fortschrittler und Nationalliberale zu den Wahlen verschiedene Kandidaten auf.[76]

Im Laufe des Jahres 1876 beobachteten die Liberalen erste Versuche der Bismarck-Regierung, namentlich Eulenburgs, sich von ihnen zu lösen. Die konservative Presse, die *Provinzial-Correspondenz* und die *Norddeutsche Allgemeine Zeitung*, die, ungeachtet der Bismarckschen Dementis, noch immer als halboffizielles Sprachrohr der Regierung galt, agitierte nun offen für eine Zerstörung der liberalen Majoritäten bei den nächsten Landtags- und Reichstagswahlen. Im Juni versandte ein Untergebener Eulenburgs, der Landrat Hermann von Knobloch, ein Rundschreiben, in welchem er seine Kollegen aufrief, die Wahlagitation «zeitig genug in die Hand zu nehmen und mit allen Kräften dahin zu wirken, eine möglichst conservative Mehrheit zusammenzubringen ... ohne übrigens zu entscheidendes Gewicht auf die conservative Gesinnung des Wahlcandidaten zu legen. Sollte auch ein Abgeordneter mit liberalen Neigungen gewählt werden, so ist das, wenn er sich nur verpflichtet, der ‚Partei Bismarcks' – sit venia verbo –

beizutreten, wie ich glaube, an und für sich gerade nicht bedenklich und zumal dann nicht wenn der Wahlcandidat etwa Grundbesitzer ist.» Offener noch drückte es Eulenburg selbst in einer Rede vor dem Abgeordnetenhaus aus: «Wir bekämpfen die Fortschrittspartei, und wenn es möglich wäre, dieselbe zurückzudrängen und die nationalliberale Partei auf die Füße zu stellen, dann wären wir zufrieden.»[77]

Im Juni 1876 hielten die beiden Fraktionen noch zusammen und bewirkten die Ablehnung von Eulenburgs Stadtverwaltungsvorlage in der reaktionären Form, die dieser das Herrenhaus gegeben hatte. Im August erklärte die *Nationalzeitung*, daß die Nationalliberalen (deren Meinungen das Blatt gewöhnlich vertrat) niemals einer konservativ-liberalen Regierungsmajorität beitreten würden, solange Minister ohne Rücksicht auf die Anschauungen der parlamentarischen Majorität ernannt würden und «so lange der leitende Staatsmann nur aus Gründen der höheren Politik zum freiheitlichen Ausbau der Staatseinrichtungen die Hand biete und die Hoffnungen der Nation sich stets sofort aufs Neue belebten, wenn durch das entschiedene Eintreten der Mehrheit des Abgeordnetenhauses für die liberalen Grundsätze eine Spannung zwischen derselben und der Regierung erzeugt werde».[78] Zu Beginn der Wahlkampagne im September behauptete Eugen Richter, daß der Versuch der Regierung, die Nationalliberale Partei zu spalten und die Fortschrittspartei zu zerstören, die beiden Fraktionen nur in eine engere Gemeinschaft geführt habe. Daß Bismarck das Ziel verfolgt hatte, die Konservativen zu stärken und die Liberalen zu schwächen und so ein seiner Kontrolle unterliegendes parlamentarisches Gleichgewicht zu schaffen, war Richter klar. Erneut war deshalb davon die Rede, daß es an der Zeit sei, die beiden Fraktionen wieder zu vereinigen und so eine feste, regierungsfähige liberale Partei zu schaffen. Richter kam jedoch zu dem Schluß, daß es besser sei, in zwei Kolonnen zu marschieren.[79]

Obwohl die liberalen Parteien während des preußischen Wahlkampfs bis zu dessen Ende am 27. Oktober 1876 ihre traditionell vereinigte Front aufrechterhielten, verloren sie beide je fünf Mandate, was die Stärke der Fortschrittspartei von 68 auf 63 reduzierte, die der Nationalliberalen von 174 auf 169. Die Konservativen gewannen elf Mandate (und kamen von 30 auf 41 Sitze), während die Freikonservativen die Stärke ihrer Fraktion, 35 Mandate, bewahren konnten. Die preußischen Wähler schienen ihren politischen Vorlieben ziemlich treu bleiben zu wollen, trotz des wachsenden Drucks seitens der Regierung, der Konservativen und wirtschaftlicher Interessengruppen.[80] So kam der erste Schlag, der die Spaltung der liberalen Bewegung eröffnen sollte, weder von der Regierung noch von den Wählern, sondern aus der Mitte der liberalen Reichstagsfraktionen. Denn angesichts der andauernden Wirtschaftskrise und der zunehmenden Verwundbarkeit ihrer Wirtschaftspolitik zerstritten sich Fortschrittler und Nationalliberale abermals über der Alternative, die praktisch von Beginn an die liberale Bewegung belastet hatte – der Alternative von Freiheit und Einheit.

Als Anfang November 1876 der Reichstag zusammentrat, kam es zwischen den beiden liberalen Parteien zu einem häßlichen Disput über die Wahl der Präsidenten der Kammer.[81] Das war jedoch nur ein Vorspiel zu dem Konflikt, den Mitte Dezember die Änderungsanträge zu den Gesetzen, die das Zivil- und das Strafrecht im ganzen Reich vereinheitlichen sollten, zum Ausbruch brachten. Bismarck war seit langem der Überzeugung, daß die Vereinheitlichung des Rechts und der Justiz zur Konsolidierung des Reichs viel beitragen würde,[82] und die meisten Liberalen teilten diese Überzeugung. Seit 1869 hatten Lasker und Miquel, die ein einheitliches Recht und Rechtswesen für eine unabdingbare Voraussetzung der Stabilität des Reichs hielten, deren Bedeutung für die Ausbildung des Nationalgefühls nur noch von der gemeinsamen Muttersprache übertroffen werde, im Reichstag wiederholt Gesetzesvorlagen unterstützt, welche die legislative Kompetenz des Reichs auf das bürgerliche und das Strafrecht ausdehnen sollten.[83] 1873 gelang es ihnen endlich, dieses Anliegen durchzusetzen, als gegen die Opposition des Zentrums und der Partikularisten im Reichstag sowie der Vertreter Sachsens, Württembergs und Bayerns im Bundesrat eine Verfassungsänderung angenommen wurde. Obwohl das Bürgerliche Gesetzbuch erst 1897 vollendet wurde, lagen die Gesetze über die Gerichtsverfassung sowie über die Zivil- und die Strafprozeßordnung dem Reichstag bereits im November 1876 vor. Diese Vorlagen waren damals bereits zwei Jahre lang Gegenstand von heftigen Debatten innerhalb des Staatsministeriums, im Bundesrat und in der Reichsjustizkommission, einem Sonderausschuß des Reichstags, gewesen.[84]

Von den Fragen, um die es dabei ging, waren viele rein technischer Natur, doch etliche auch von erheblicher politischer Bedeutung. In der Kommission und im Reichstag standen Fortschrittler und Nationalliberale fest zusammen und verlangten Änderungen, wonach: 1.) Fälle, welche die Presse betrafen, vor Schöffengerichten verhandelt werden sollten; 2.) die Vorschrift, die Journalisten und Verleger nötigte, die Quellen ihrer Information preiszugeben, entfiele; 3.) das Recht der Regierung, das Postgeheimnis zu brechen, eng beschränkt werde; 4.) Beamte, die gegen die Gesetze verstoßen und die Rechte von Bürgern verletzt hatten, nicht vor Verwaltungsgerichte, sondern vor gewöhnliche Gerichte gestellt werden sollten; und 5.) bei Kompetenzstreitigkeiten zwischen Verwaltungs- und regulären Gerichten das Reichsgericht die Entscheidungsgewalt haben sollte.[85] Angesichts seiner Schwierigkeiten mit der katholischen, der konservativen und der Sensationspresse war Bismarck schon bei den ersten beiden Punkten empfindlich, doch die letzten drei bedrohten Prärogativen des preußischen Polizeistaates, die der Manteuffel-Regierung in den fünfziger Jahren und Bismarck von 1862 bis 1866 ein autoritäres Regiment ermöglicht hatten. Die Regierungsvorlage andererseits drohte bürgerliche Freiheiten abzuschaffen, die in den süddeutschen Staaten bereits geltendes Recht waren. Im Juli 1875 instruierte Bismarck Delbrück, daß bei den Beratungen der Reichsjustizkommission von Regierungsseite keinerlei Zugeständnisse gemacht oder Verpflichtungen eingegangen werden dürften. Ende 1876, bei der Rückkehr aus Varzin, war er darauf gefaßt, die Justizreform fürs erste eher scheitern zu sehen als den Forderungen der Liberalen nachzugeben.[86]

Nichts in der früheren Geschichte der Nationalliberalen Partei rechtfertigte jedoch die Annahme, daß sie Gesetze, die ihr für die Vollendung der deutschen Einheit erforderlich zu sein schienen, an ihren liberalen Prinzipien scheitern lassen würde. Vor der Abreise aus Varzin hatte Bismarck von Tiedemann eine Einschätzung der Lage erhalten, die sich als sehr zutreffend erweisen sollte. Die liberale Mehrheit würde bei der zweiten Lesung des Gesetzes noch fest zusammenstehen, prophezeite Tiedemann, selbst der rechte Flügel der Nationalliberalen würde es nicht wagen, in einer solchen Frage so kurz vor der für den 10. Januar 1877 angesetzten Reichstagswahl nachzugeben, jedenfalls noch nicht bei der zweiten Lesung. «Als ebenso vorsichtige wie tapfere Männer werden dieselben Nationalliberalen bei der dritten Lesung ihre früheren Beschlüsse wieder umwerfen und sich den Wünschen der Regierung fügen, vorausgesetzt, daß letztere sich fest zeigt. Die Taktik der Herren ist durchsichtig genug. Sie wollen ihren Wählern sagen können, wir haben bis zum letzten Augenblick für die liberalen Glaubenssätze wie die Löwen gekämpft; erst als wir sahen, daß ohne unsere Nachgiebigkeit dank der verbissenen Hartnäckigkeit der Regierung die ganze Justizorganisation scheitern würde, haben wir, um wenigstens etwas zustande zu bringen, mit blutenden Herzen einige liberale Postulate geopfert, aber nur die Zwangslage ist schuld daran gewesen.»[87]

Die Ereignisse bestätigten Tiedemanns Prognose. Am 2. Dezember endete die zweite Lesung, ohne daß dabei die strittigen Änderungsanträge ins Wanken gebracht worden wären.[88] Am 12. Dezember nahm Bismarck zum ersten Mal seit Jahren das Vorrecht, dem Bundesrat zu präsidieren, in Anspruch, der bei dieser Gelegenheit achtzehn Änderungsanträge, einschließlich der «politischen», verwarf. Die Regierung habe in hundert Fragen nachgegeben, erklärte Bismarck dem liberalen Führer Rudolf von Bennigsen, jetzt sei der Reichstag an der Reihe, auch seinerseits einmal einzulenken. Drei Tage später handelten die «Väter des Kompromisses» – Miquel, Bennigsen und Lasker – mit Bismarck und dem preußischen Justizminister Leonhardt eine Vereinbarung aus, bei der die Regierung geringe, der Reichstag erhebliche Zugeständnisse machte.[89] Bei der dritten Lesung vom 18. bis zum 21. Dezember sicherten die Nationalliberalen gemeinsam mit den Konservativen und den Freikonservativen einer neuen Fassung des Gesetzes die Annahme gegen die erbitterte Opposition der Fortschrittler, des Zentrums und der Sozialdemokraten. August Bebel bezeichnete das Gesetz als Preisgabe der Rechte des Volkes, während Kurt von Saucken-Tarputschen, ein Sprecher der Fortschrittler, erklärte, daß die Nationalliberalen sich mit diesem Schritt ihrer Unabhängigkeit begeben hätten und ins Regierungslager übergegangen seien.[90] Wie schon 1866 und 1871 beruhigten die Nationalliberalen auch diesmal ihr schlechtes Gewissen mit dem Argument, daß etwas immer besser sei als nichts, daß die Herstellung der nationalen Einheit auf einem so wichtigen Gebiet wie dem Justizwesen den abermaligen Verzicht auf Freiheiten rechtfertige, um deren Erlangung preußische Liberale sich schließlich schon fast seit dem Beginn des Jahrhunderts vergeblich bemüht hatten.

Wegen seiner strategischen Stellung im Parlament wäre Lasker als einziger imstande gewesen, eine Majorität zur Ablehnung des Gesetzes zustande zu bringen. Seit 1867 hatte Lasker, ein preußischer Richter, sich unermüdlich für die Herstellung eines einheitlichen Rechts- und Justizwesens für ganz Deutschland eingesetzt. Jetzt pries er das Erreichte als großen Gewinn im nationalen Sinne nicht nur für die Einheit, sondern auch für die Freiheit. In durchaus Bismarckschen Begriffen bezeichnete er sich als Realisten, der wie schon 1867 und 1871 auch 1876 gewillt gewesen sei, das erreichbare Bessere anzunehmen, anstatt auf dem unerreichbaren Besten zu beharren. Es lag ja der Verdacht in der Luft, daß die liberale Ära nicht mehr lange dauern würde, und auch deshalb schien es geboten, die vielleicht letzte Gelegenheit zur Mitwirkung an einer Gesetzgebung von herausragender Bedeutung nicht ungenützt vorübergehen zu lassen. Übrigens waren auch Lasker und Miquel der Meinung, daß die breite Öffentlichkeit an den Prinzipienfragen, um die es bei den politischen Änderungsanträgen ging, nicht sonderlich interessiert sei.[91] «Mehr und mehr überzeugte ich mich davon», schrieb Miquel, «daß wir in der Bevölkerung durch übermäßige Prinzipienreiterei jeden Boden verlieren können.»[92]

Aus der Sicht der Fortschrittler hingegen stellte sich der Kompromiß als eine weitere feige Kapitulation von Politikern dar, die kein Vertrauen in ihre Wähler hatten, deren Freiheiten sie ohne Not verschacherten. Den Angriff der Fortschrittler auf den Kompromiß führten Eugen Richter und Albert Hänel. Beide waren der Meinung, daß die Nationalliberale Partei durch ständige Konzessionsbereitschaft die Fähigkeit eingebüßt habe, liberale Forderungen bei der Regierung durchzusetzen.[93] Der Tod Hoverbecks im Jahr 1875 und der Übertritt Wilhelm Löwes 1874 hatten den gemäßigten Flügel der Fortschrittspartei geschwächt, in der jetzt aggressivere Leute wie Hänel und Richter den Ton angaben, die nicht bereit waren, den weiteren «Verrat» liberaler Prinzipien zu tolerieren. Bei der am 10. Januar 1877 endenden Wahlkampagne arbeiteten die Fortschrittler und die Nationalliberalen zum ersten Mal seit 1867 nicht zusammen. Tatsächlich bekämpften sie einander nicht weniger erbittert, als sie die Konservativen, das Zentrum und die Sozialdemokraten angriffen. Die Nationalliberalen beriefen sich auf das während der Ära ihrer Zusammenarbeit mit Bismarck Erreichte, leugneten aber, eine «Regierungspartei» geworden zu sein. Die Fortschrittler andererseits setzten ihren Stolz darin, die einzige prinzipientreu gebliebene liberale Partei zu vertreten. Die wiederholten Kompromisse, erklärten sie, hätten das Prestige des Reichstags schwer geschädigt und die Regierung dazu geführt, mit dessen Schwäche zu rechnen. Zum ersten Mal forderten die Fortschrittler unmißverständlich eine parlamentarische Regierung: «Das Reich bedarf des vollen Nachdruckes einer selbständigen Executive, der Beschränkung der in die Verwaltung übergreifenden Befugnisse des Bundesrathes, und hand in hand hiermit eines dem Reichstage politisch und rechtlich für den Gang der Gesetzgebung und Verwaltung verantwortlichen Reichsministeriums.»[94]

Am 10. Januar erlitten beide liberalen Parteien Einbußen. Die Nationalliberalen verloren 27 Mandate (von 155 auf 128), und die Fortschrittspartei mußte 14 abgeben (von 49 auf 35), während die neue Deutschkonservative Partei ihren ersten Triumph errang und 18 neue Mandate gewann (von 22 auf 40). Andere Parteien hatten minimale Zugewinne. Das Zentrum gewann 2 Mandate (von 91 auf 93), die Freikonservativen 5 (von 33 auf 38), die Sozialdemokraten 3 (von 9 auf 12). Die beiden liberalen Fraktionen hatten nun zusammen 163 von 397 Mandaten inne und hätten damit die Majorität, auch wenn sie noch zur Zusammenarbeit bereit gewesen wären, nicht mehr kontrollieren können.[95] Der Laskersche Flügel der Nationalliberalen Partei hatte die Stellung im Angelpunkt des parlamentarischen Gleichgewichts, die er früher vermeintlich innegehabt hatte (obwohl Lasker diese Stellung niemals ausbeuten konnte oder wollte), verloren und sollte sie nie zurückgewinnen. So begann die liberale Phalanx sich aufzulösen, noch ehe Bismarck seinen ersten Schlag führte.

Wie schon so oft in früheren Zeiten war auch jetzt die Lage der deutschen Liberalen nicht beneidenswert. Die Notwendigkeit, unter einem halbautoritären Regierungssystem zu wirken, an dessen Spitze ein äußerst tüchtiger, autokratischer Staatsmann stand und das von einer leistungsfähigen Bürokratie unterstützt wurde, stellte ihnen nur zwei Möglichkeiten zur Wahl. Sie konnten entweder als politische Realisten mit der Regierung zusammenarbeiten und dabei, um der Gewinne an nationaler Einheit und Zentralisierung willen, riskieren, als Opportunisten und Verräter der liberalen Ideologie zu erscheinen, oder um jeden Preis streng auf ihren Prinzipien beharren und dabei Gefahr laufen, sich in doktrinäre Engstirnigkeit zu verrennen und jede politische Wirkungsmöglichkeit einzubüßen. Anziehend war keine der beiden Alternativen. Die Fortschrittler hätten diesem Dilemma entkommen können, wenn es ihnen gelungen wäre, einen so starken Rückhalt bei den Wählern aufzubauen, daß sie schließlich durch die Macht ihrer großen Zahl und durch ausdauernde Hartnäckigkeit in die Lage versetzt worden wären, eine Demokratisierung des Systems zu erzwingen. Doch die Wahl des Jahres 1877 bestätigte abermals, daß zur Erreichung dieses Ziels sowohl die soziale Basis als auch die politische Ideologie der Fortschrittspartei unzureichend waren. Die Linksliberalen hatten keine Aussicht, die liberale Bewegung insgesamt auf den von ihnen gesteuerten Kurs zu bringen, und es fehlte ihnen (trotz Schulze-Delitzsch) an dem sozialen Verständnis und der politischen Phantasie, die sie gebraucht hätten, um ihre Wählerbasis zu erweitern und die neuen Legionen der Fabrikarbeiter, die sich in den Industriestädten Sachsens, Schlesiens und des Ruhrgebiets drängten, ins liberale Lager zu führen.

Fortgang des Seitenwechsels

Im Januar 1877 hatte Bismarck bei der Ausführung der 1875 in Varzin geschmiedeten Pläne schon gewisse Fortschritte gemacht. Delbrück war er los, und dessen Nachfolger als Chef des Reichskanzleramts, Karl von Hofmann, hatte bereits damit begonnen, die Reichsexekutive Bismarcks Wünschen entsprechend umzugestalten. Am 1. Januar 1877 wurden zwei bisherige Abteilungen des Kanzleramts selbständige Ämter unter der Leitung von Staatssekretären, die unmittelbar dem Kanzler unterstanden: das Reichsjustizamt und die Sonderverwaltung für Elsaß-Lothringen. Als unabhängige Behörden operierten diese Ämter nun parallel zu anderen Behörden mit ähnlichem Status, die schon früher eingerichtet worden waren: das Auswärtige Amt, das Reichseisenbahnamt, die Admiralität und das Reichskanzleramt selber. Das letztere fungierte jetzt als eine Art «Reichsministerium für Finanzen und Handel», so erzählte es Bismarck dem Reichstag, wobei er einräumte: «Daß in Zukunft noch eine Trennung möglich ist, gebe ich Ihnen zu.»[96] Die Abschaffung der Stellung, die Delbrück innegehabt und in welcher dieser praktisch als Vizekanzler agiert hatte, vermehrte Bismarcks Machtvollkommenheit, denn nun waren ihm die Leiter (Staatssekretäre) der verschiedenen Reichsämter direkt unterstellt.

Bismarck verstärkte auch seinen Einfluß innerhalb des preußischen Staatsministeriums, indem er die Ernennung von Hofmann und Bernhard von Bülow (Staatssekretär im Auswärtigen Amt) zu stimmberechtigten Mitgliedern ohne Portefeuille durchsetzte. Die Ernennung zweier Nichtpreußen (Hofmann war Hesse, Bülow Mecklenburger) zu preußischen Ministern war eine sensationelle Neuerung. Aber noch bedeutender war, daß beide als Reichsbeamte direkt Bismarck verantwortlich waren, was selbstverständlich einen gewissen Einfluß auf ihr Verhalten im Staatsministerium haben mußte. Zwar war auch Delbrück preußischer Minister ohne Portefeuille gewesen, jedoch ohne Stimmberechtigung; überdies hatte er als preußischer Berufsbeamter gar nicht daran gedacht, die ihm zugewiesenen Kompetenzen zu überschreiten. Die preußischen Minister, namentlich Camphausen, nahmen denn auch Anstoß an der von Bismarck eingeführten Neuerung.[97] Ihre Unfähigkeit, sie zu verhindern, gibt zu erkennen, daß ihre Macht (und diejenige des Staatsministeriums) sich mit derjenigen Bismarcks schon nicht mehr messen konnte. Die Minister wären noch bestürzter gewesen, wenn sie gewußt hätten, daß der Kanzler noch weitergehende Schritte im Sinn hatte. Als Lucius ihn Ende September 1876 in Varzin besuchte, spielte er nämlich mit der Idee, den «Reichsministerien» (wie er die verschiedenen parallelen Ämter des Reichs neuerdings nannte) durch die Ernennung einiger ihrer Staatssekretäre zu preußischen Ministern *mit* Portefeuille mehr Substanz zu geben; nur das preußische Finanzministerium sollte davon ausgenommen, seine Funktion freilich zukünftig auf die fiskalische Verwaltung beschränkt werden.[98]

Bei der von Bismarck ins Auge gefaßten Personalunion von preußischen und Reichsministern wäre es zu einer vollständigen Unterordnung des preußischen Staatsministeriums unter den Kanzler gekommen, und die preußische Kollegialverfassung des Kabinetts wäre de facto aufgehoben worden. Damit wäre der preußische Widerstand gegen Bismarck beendet und das problematische Verhältnis der Reichsregierung zur preußischen ein für alle Mal bereinigt worden. Zugleich aber wäre auch im deutschen Verfassungsgleichgewicht auf Kosten des föderativen das unitarische Prinzip erheblich verstärkt worden. Das mag der Grund dafür gewesen sein, daß Bismarck seinen Plan vorerst nicht weiterverfolgte. Statt dessen suchte er den Bundesrat zu selbständigerem Handeln anzuregen und ermahnte die außerpreußischen Regierungen, sich an der Reichspolitik aktiver zu beteiligen. Anstatt also zu versuchen, sich größere direkte Autorität zu verschaffen, spannte er einmal mehr antagonistische Kräfte für sich ein, um das zu überwinden, was er gern als den «preußischen Particularismus» bezeichnete.[99]

Auch die deutsche Innenpolitik entwickelte sich während des Jahres 1876 in der Richtung, die Bismarck für sie vorgesehen hatte. Aus Bemerkungen, die er im Juli 1876 in Bad Kissingen im Gespräch mit dem nationalliberalen Abgeordneten Robert von Benda machte, geht hervor, daß er die Nationalliberale Partei verführen und so deren Scheidung von der Fortschrittspartei in die Wege leiten wollte. Bismarck bestritt, daß der Rücktritt Delbrücks einen Wechsel zu einer konservativeren Politik ankündige. Delbrück selbst habe Hofmann als seinen Nachfolger empfohlen, behauptete er. Wirklich sei dieser auch von allen Kandidaten für das Amt der liberalste gewesen. Wie bisher, versicherte Bismarck, wolle er auch in Zukunft die Unterstützung der Nationalliberalen Partei in Anspruch nehmen; die Gerüchte, wonach er die Partei spalten wolle, seien falsch. Seine Feinde seien das Zentrum, die Ultrakonservativen und die Fortschrittspartei. Deshalb sei seine größte Sorge, daß sich die Nationalliberalen von den Fortschrittlern ins Schlepptau nehmen ließen. Konfrontiert mit einer feindseligen Majorität unter Führung der Fortschrittler würde er keine andere Wahl haben, als eine Mehrheit für die Regierung rechts der Mitte zu suchen, eine Mehrheit, der dann das Zentrum und die Agrarier angehören würden, deren Klagen über wirtschaftliche Ungerechtigkeiten so ganz unbegründet ja wirklich nicht seien.[100]

Bismarck mag im Juli 1876 die Absicht, mit der Nationalliberalen Partei zu brechen, noch in gutem Glauben geleugnet haben. Denn im Dezember des Jahres sprach er sich auch gegenüber Lucius für die «weitere Kooperation mit den Nationalliberalen aus, welches doch die vernünftigste Partei sei».[101] Ihr Verhalten bei den Verhandlungen über den Kompromiß in der Justizgesetzgebung bestätigte das Urteil des Kanzlers, von dem aus den letzten Monaten des Jahres 1876 sogar freundliche Bemerkungen über Lasker überliefert sind. Eines Abends Ende November beim Tee überraschte er seine Gehilfen, als er in das Gelächter über einen Witz, dessen Zielscheibe Lasker war, nicht einstimmte und dann ernsthaft sagte: «Ich hätte Lasker ganz gerne im Ministerium zur Seite; er ist bloß zu vielseitig; Wahl macht Qual; ich weiß nicht, ob man Justiz, Finanzen, Inneres oder Handel ihm anvertrauen soll.»[102] Offensichtlich beliebte der Fürst, trotz seiner ernsten Miene, bei solchen Gelegenheiten zu scherzen. Doch gab ihm während jenes Winters Lasker keinen Anlaß zu Klagen, und es wird den Kanzler wohl gefreut haben, von Lucius zu hören, daß während der Wahlkampagne im Januar die Fortschrittler Lasker nicht weniger heftig angriffen als die Kandidaten vom rechten Flügel der Nationalliberalen Partei.[103]

Nach der Wahl sagte die offizielle *Provinzial-Correspondenz* voraus, daß im neuen Reichstag eine aus den drei Parteien auf der rechten Seite der Kammer gebildete Majorität dominieren würde. Der einzige Wandel, den die Wahl zur Folge gehabt habe, sei innerhalb der regierungsfreundlichen Parteien (also bei den Konservativen, Freikonservativen und Nationalliberalen) zu verzeichnen, nicht im Verhältnis zwischen diesen und den regierungsfeindichen Parteien (Fortschrittlern, Zentrum, Polen, Partikularisten und Sozialdemokraten). Wie zuvor habe die Regierung «für die wesentlichsten Reichsinteressen voraussichtlich auch ferner eine zuverlässige Mehrheit von vierzig bis fünfzig Stimmen».[104] Als der Reichstag zusammentrat, schienen die Umrisse einer neuen Regierungskoalition sichtbar zu werden. In den vergangenen Jahren war die Wahl des Präsidenten und seiner Stellvertreter stets eine Demonstration der andauernden Solidarität der liberalen Front gewesen. Gewöhnlich wurden die Ämter des Präsidenten und ersten Vizepräsidenten mit Nationalliberalen besetzt (Forckenbeck und Stauffenberg), das des zweiten Vizepräsidenten mit einem Fortschrittsmann (Hänel). Im Februar 1877 aber stimmten die Nationalliberalen nicht für Hänel, sondern für einen Freikonservativen (Hohenlohe-Langenburg), der auch gewählt wurde. Der Reichstag schien eine neue Majorität zu haben, die sich aus den Parteien konstituierte, die 1874 den Kompromiß über den eisernen Etat und 1876 denjenigen über die Justizgesetze durchgesetzt hatten.[105]

Während des Winters 1876/1877 gingen ohne Zweifel bedeutende Veränderungen innerhalb der Nationalliberalen Partei vonstatten. Die von Wahl zu Wahl anwachsende Stärke der sozialistischen Bewegung offenbarte ein beunruhigendes Maß an sozialer Entfremdung und Unzufriedenheit. Die Nationalliberalen, beengt durch ihre Klassen- und Gruppeninteressen und auf Grund ihrer liberalen Ideologie auch in ihren Vorstellungen über eine mögliche soziale Reformpolitik beschränkt, waren geneigt, sich nach rechts zu wenden und beim preußisch-deutschen Establishment Schutz vor den Gefahren proletarischer Unruhen zu suchen. Die wichtigsten vereinheitlichenden Gesetze waren überdies inzwischen ebenso verabschiedet wie die Kulturkampfgesetze. Daher war Bismarck auf die Fortschrittspartei nicht länger angewiesen. Die gegen Benda geäußerte Drohung, daß er nötigenfalls auch auf die Unterstützung beider liberaler Parteien verzichten könne (ein weiteres klassisches Exempel seiner Taktik der alternativen Optionen), war durchaus ernst zu nehmen. Wenn die Nationalliberalen in Fühlung mit der Regierung bleiben und sich so die Möglichkeit bewahren wollten, Bismarcks Politik wenigstens in gewissem Maße zu beeinflussen, dann mußten sie ihre Verbindungen zum demokratischen Liberalismus kappen. Doch ihnen war durchaus bewußt, daß ihnen aus einer Verbindung mit Bismarck, in welcher sie unvermeidlich der schwächere Partner sein würden, nicht zu unterschätzende Gefahren drohten. Wenn sie sich erst von den Linksliberalen abgewandt hatten, mochte es bald dazu kommen, daß sie reaktionäre und protektionistische Maßnahmen unterstützen mußten, wobei sie dann den letzten Rest ihrer liberalen Glaubwürdigkeit verlieren würden.

Forckenbeck, der ein feines Gespür für die politische Witterung besaß, glaubte als Ausweg aus diesem Dilemma Neutralität empfehlen zu können. Die Zeit sei gekommen, erklärte er in einer Versammlung in Breslau, innezuhalten und das Erreichte festzuhalten. «Wenn sonst die Gesetzgebung dem Drängen des Volkes zu sehr nachhinke, so ist sie jetzt vielleicht demselben zu sehr vorausgeeilt... Halten wir still vor allem deshalb, um dem Volke Zeit zu gönnen, sich in die neuen Verhältnisse einzuleben.» Im übrigen warnte er seine Parteigenossen, die «alten Gegner» der Nationalliberalen zur Tafel zu laden: «Sie setzen sich mit uns zu Tische, um desto eher das Tischtuch zwischen uns zerschneiden zu können.» «Darum, meine Herren», rief er, «keine Thorheiten, keine Unüberlegtheiten! Zurück auf die Schanzen zu mannhafter Vertheidigung des bisher Errungenen! Alles Übrige wird von selbst nachfolgen.»[106]

III

Die „Kanzlerkrise“ von 1877

Die politischen Vorgänge während der Jahre 1875–1876 verbesserten weder Bismarcks Gesundheitszustand noch seine Stimmung. Im Sommer 1876 verbrachte er sechs Wochen in Bad Kissingen und dann fast vier Monate in Varzin. Ende August klagte er, seine Nerven seien so schlecht, daß er nicht einmal drei Personen gleichzeitig in seiner Nähe ertragen könne und wegen seiner Rücksichtslosigkeit gegen seine Familie ein schlechtes Gewissen habe.[1] Die Sommer seien nicht ausreichend, schrieb er im September, die Kräfte wiederherzustellen, die er während des Winters verausgabe.[2] Er kehrte am 21. November nach Berlin zurück, wollte der Hauptstadt aber gleich wieder entfliehen, um den ganzen Winter auf dem Lande zu verbringen. «... das ist das einzige, was mir gut tut», vertraute er dem französischen Botschafter an. «Hier habe ich andauernd eine so gewaltige Arbeitslast, daß ich fast zusammenbreche. Ich bin erst vier Tage in Berlin, aber ich fühle, daß ich es nicht aushalten kann.»[3] Während der folgenden Monate klagte er häufig über seinen schlechten Gesundheitszustand. Fortgesetzt plagte ihn eine Gesichtsneuralgie, und wieder lag er fast allnächtlich schlaflos, wobei dann «alles Unangenehme», alles, was ihm «seit 30 Jahren Widerwärtiges passirt», in seiner Erinnerung auftauchte. Er «räsonierte» auch «weiter über Kreuzzeitung und Deklaranten», wie Lucius beobachtete, dem er auch «mehr verstimmt als wie krank» zu sein schien.[4] Was ihm jedoch während jenes Winters am meisten zu schaffen gemacht zu haben scheint, war die Furcht, seinen Einfluß auf den Kaiser zu verlieren.

Kampf um Einfluß auf den Kaiser

Ein Jahr nach der Kaiserproklamation in Versailles begann Wilhelm zu kränkeln, und im Sommer 1873 erlitt er einen Schlaganfall. Er erholte sich davon nur sehr langsam, und die Konzentrationsfähigkeit des Herrschers ließ merklich nach, wie Bismarck sich rückblickend erinnerte. Oft verlor der Monarch den Faden eines Gesprächs, und zwar nicht nur, wenn er zuhörte, sondern auch, wenn er selbst sprach.[5] Die Aufklärung der Mißverständnisse, zu denen es bei seiner täglichen Lektüre von Akten und Depeschen kam, kostete den Kanzler Zeit und Mühe. «Es wäre nützlicher, wenn er Patience legte», befand Bismarck gegenüber Lucius. Wenn er im Gespräch mit dem alten Herrn eine scharfe Entgegnung vorbringe, «so werde Se. Majestät weich und tue Äußerungen wie: ‚Er wisse ja, daß er

Kaiserin Augusta

altersschwach werde, und könne doch nichts dafür, daß er so lange lebe.' Das tue ihm selbst dann weh.»[6]

In dieser Verfassung wurde der Kaiser empfänglicher für den Einfluß der Kaiserin Augusta, von Hofbeamten sowie von adeligen Herren und ausländischen Diplomaten (vor allem des französischen Gesandten Vicomte Gontaut-Biron), die bei Hof verkehrten. In seinen Erinnerungen vertiefte sich Bismarck in die argwöhnischen Mutmaßungen, die ihn während jener Jahre beunruhigten, in einem faszinierenden Kapitel, dem er den Titel «Intrigen» gegeben hat. Die Kaiserin Augusta, schreibt er dort, habe von Jugend auf eine Vorliebe für Franzosen und

Kaiser Wilhelm I.

Katholiken gehabt. In jener Zeit ohne Eisenbahnen waren in der kleinstädtischen Langeweile der protestantischen deutschen Fürstenhöfe englische und französische Herren, nach deren «Stellung in der Heimat nicht ängstlich gefragt wurde», gerngesehene Gäste. Auch katholische Edelleute und Kleriker wurden damals an protestantischen deutschen Höfen als exotische und interessante Erscheinungen betrachtet. Inzwischen hatten sich durch die Erleichterung des Verkehrs diese Verhältnisse und Stimmungen geändert, nur, so Bismarck, die Kaiserin Augusta sei «von ihren Jugendeindrücken nicht frei geworden. Ein katholischer Geistlicher erschien ihr vornehmer als ein evangelischer von gleichem Range und von gleicher Bedeutung. Die Aufgabe, einen Franzosen oder Engländer zu gewinnen, hatte für sie mehr Anziehung als dieselbe Aufgabe einem Landsmann gegenüber, und der Beifall der Katholiken wirkte befriedigender als der der Glaubensgenossen.» Es sei auf diese Weise für Gontaut-Biron ein leichtes gewesen, «sich in den Hofkreisen eine Stellung zu schaffen, deren Verbindungen auf mehr als einem Wege an die Person des Kaisers heran reichten». Die Kaiserin, die französischsprechende Diener bevorzugte, habe vielleicht auf seine Empfehlung hin als ihren Vorleser jenen Auguste Gérard in ihren Dienst genommen, den Bismarck verdächtigte, ein französischer Spion zu sein.[7]

Augusta hatte die «Neue Ära»-Regierung als «ihr Ministerium» betrachtet und den Sturz dieser Regierung nach Bismarcks Überzeugung nie verwunden. Ganz gleich, welche Richtung später eingeschlagen wurde – sei sie liberal oder konservativ, antiösterreichisch oder proösterreichisch –, sie steuerte mit Sicherheit in die entgegengesetzte Richtung. Hierin wurde sie, wie Bismarck zu wissen glaubte, von Alexander von Schleinitz bestärkt, dem einstigen Außenminister, dann Minister des königlichen Hauses. Dieser fungiere schon seit Jahren bei Hof als «Gegenminister» und versorge die Kaiserin mit politischen Berichten aus zweifelhaften Quellen, die ihr nützlich sein sollten, den Kaiser im Sinne dieses «Gegenministeriums» seiner Gattin zu beeinflussen. Auf diesem Wege waren auch, nach Meinung des Kanzlers, zahlreiche Exemplare der *Reichsglocke* und anderer verleumderischer Publikationen zur Kenntnis des Kaisers und an «mehrere verwandte Höfe» gelangt. Wann immer der geschwächte Monarch sich Bismarcks Rat widersetzte, verdächtigte dieser die Kaiserin, Wilhelm am Frühstückstisch mit Bitten und Vorstellungen gegen ihn eingenommen zu haben. Schließlich beschwerte sich Bismarck deshalb eines Tages beim Kaiser, obwohl ihm nicht entgangen war, daß im Nebenzimmer die Kaiserin lauschte. Am Abend desselben Tages, auf einer Gesellschaft im Palais, bat er die Kaiserin, «die schon bedenkliche Gesundheit ihres Gemahls zu schonen und ihn nicht zwiespältigen politischen Einwirkungen auszusetzen». Er habe, schreibt er, die Kaiserin Augusta in dem letzten Jahrzehnt ihres Lebens nie so schön gesehen wie in diesem Augenblick; «ihre Haltung richtete sich auf, ihr Auge belebte sich zu einem Feuer, wie ich es weder vorher noch nachher erlebt habe. Sie brach ab, ließ mich stehn und hat, wie ich von einem befreundeten Hofmann erfuhr, gesagt: ‚Unser allergnädigster Reichskanzler ist heut sehr ungnädig.'»[8]

Bismarck glaubte, daß Augusta den «Krystallisationspunkt» für die Übereinstimmung der nur «in ihrem gemeinsamen Hasse» gegen ihn verbundenen Gegner seiner Politik bildete. «Alle Gegner, die ich mir in den verschiedensten Regionen im Laufe meiner politischen Kämpfe nothwendig und im Interesse des Dienstes zugezogen hatte, fanden in ihrem gemeinsamen Hasse gegen mich ein Band, welches einstweilen stärker war als ihre gegenseitigen Abneigungen gegen einander. Sie vertagten ihre Feindschaft, um einstweilen der stärkeren gegen mich zu dienen.»[9] In einem Gespräch mit Gontaut-Biron im Dezember 1876 zögerte Bismarck nicht, selbst diesen um Beistand in seinem fortwährenden «Kampf gegen Personen beiderlei Geschlechts bei Hofe» zu bitten.[10] Einen Monat später beklagte der Kanzler sich bei Lucius in nachgerade beleidigender Weise sogar über den Kaiser. «Er ist steinhart und kalt. Hat gar kein Dankgefühl, er hegt keine Dankbarkeit für mich, sondern er behält mich nur, weil er glaubt, ich könne ihm noch etwas leisten.» Daß er die Natur habe, «Dank und Vertrauen zu bedürfen», nannte Bismarck seinen «wundesten Punkt».[11]

Bismarcks Gefühl der Isolation hatte ein neues Stadium erreicht. Er fühlte sich mißbraucht, verraten von seinen Standesgenossen und von dem Manne, dem er zu Macht und Herrlichkeit verholfen hatte, nicht hinreichend geschätzt. Auch seine Verärgerung über seine Ministerkollegen und deren Untergebene war noch nie so heftig gewesen wie jetzt. Am 10. März 1877 erschien er zum ersten Mal in der neuen Sitzungsperiode im Reichstag und überraschte dort, nachdem er einem Angriff Richters auf die Regierung wegen einer säumigen Vorlage des Haushaltsgesetzes gelauscht hatte, die Abgeordneten damit, daß er den Vorwürfen seines Vorredners zustimmte. Daß Beamte und Behörden bei der Vorbereitung des Etatgesetzes miteinander stritten, sei nur natürlich, erklärte er, doch dann setzten sich die Friktionen fort und der Frieden sei nicht leicht wiederherzustellen. Beamte schrieben lieber Memoranden, als den Kanzler direkt um eine schleunige Entscheidung zu bitten. Preußische Ministerien neigten besonders zu dem typisch deutschen bürokratischen Partikularismus. «Ich kann sagen, die Reichsfluth ist rückläufig: wir gehen einer Ebbe darin entgegen.» Er allein unter den preußischen Ministern setze sich für die Interessen des Reichs ein. Nicht weil Kapazitäten fehlten, kämen die nötigen Reformen nicht voran, «im Gegentheil, die Menschen sind zu viel, mir fehlt die Zustimmung der Menschen, die da sind, und ohne deren Zustimmung ich Nichts machen kann ... Wenn wir nicht vorwärts kommen in Reformfragen, so ist das nicht, weil uns die Arbeitskräfte fehlen; – nein, es fehlt die Übereinstimmung! Die Reibung hinter den Coulissen, ehe ich ein Wort zu Ihnen sprechen kann, ist drei Viertel meiner Arbeit.»[12]

Abermals trübten Zorn und Selbstmitleid Bismarcks politisches Urteil. Die meisten Vorwürfe, die er bei dieser Gelegenheit im Reichstag äußerte, waren allgemein gehalten, doch nicht alle. Ende 1875 habe er monatelang darum gekämpft, die Reichsadmiralität zu einer Ermäßigung ihrer Ansprüche an den Etat für 1876 zu bewegen, ehe es ihm endlich gelungen sei, sich durchzusetzen; dann aber habe zu seiner Überraschung die Admiralität einer von Richter im Reichstag beantragten weiteren Kürzung ihres Etats ohne weiteres zugestimmt. Er hatte nicht erwartet, befand er sarkastisch, den Einfluß Richters innerhalb der Regierung größer als seinen eigenen zu finden.[13] Der Angriff zielte hauptsächlich auf General Albrecht von Stosch, den Chef der Admiralität und preußischen Minister ohne Portefeuille. Doch Stosch war nur der Mann an der Spitze einer ganzen feindlichen Kompanie, die der Kanzler vernichten wollte. Hinter dem General standen nach Bismarcks Überzeugung die Kaiserin Augusta, die Kronprinzessin Victoria und alle übrigen Angehörigen der Hofpartei, die seines Erachtens beim Kaiser gegen ihn intrigierten.

Seit Stosch 1872 Chef der deutschen Admiralität geworden war, hatten sich Bismarcks Beziehungen zu ihm ständig verschlechtert. Der General war willensstark, ehrgeizig und unabhängig – hatte also Eigenschaften, die Bismarck bei anderen nicht eben schätzte. Doch Stoschs Schwierigkeiten mit dem Kanzler ergaben sich auch aus seiner ambivalenten Stellung. In seiner Funktion als Befehlshaber der Marine war er dem Kaiser verantwortlich, als Leiter der Marineverwaltung hingegen dem Reichskanzler. Die Funktionen waren nicht immer leicht zu unterscheiden, doch Stosch nahm mitunter auf die Prärogativen des Kanzlers auch wenig Rücksicht. Er seinerseits beschwerte sich über Einmischungen Bismarcks in Angelegenheiten, die seiner Kommandogewalt unterlagen, und klagte über die Anforderungen der Bismarckschen Außenpolitik an die unzureichend ausgestattete Flotte. Zudem war Stosch ein intimer Freund des Kronprinzen Friedrich Wilhelm, in dessen Stab er während zweier Kriege gedient hatte und dem er über die Sitzungen des preußischen Staatsministeriums regelmäßig Bericht erstattete. Außerdem stand er in enger Verbindung zu Karl von Normann, dem Sekretär der Kronprinzessin Victoria, und zu Franz von Roggenbach, dem politischen Berater der Kaiserin Augusta.[14] Privat bezeichnete Bismarck den General als Intriganten und Spion. «Weil Stosch alles, was in den Sitzungen vorkommt, dem Kaiser oder dem Kronprinzen petzt, ist der Kriegsminister in seiner Gegenwart immer zurückhaltend.»[15] Er verdächtigte den General auch des Ehrgeizes, in ein Gladstone-Kabinett aus liberalen Beamten und Abgeordneten einzutreten, wenn die Zeit dafür reif sei.

Wenn Stosch einen solchen Ehrgeiz tatsächlich hegte, so wäre das nur natürlich gewesen angesichts des schlechten Gesundheitszustands des Reichskanzlers, des hohen Alters und der schwindenden Kräfte des Kaisers und der Wahrscheinlichkeit, daß diesem bald Friedrich Wilhelm auf den Thron folgen würde. Doch Bismarck, auch wenn er selbst ständig von seinem Rücktritt sprach, betrachtete jede Art von Spekulation darüber als Beweis mangelnder Loyalität und Unverschämtheit. Seine Memoiren sind gespickt mit paranoiden Ausfällen gegen Intriganten und Verschwörer, die, den zeitgenössischen Zeugnissen nach zu urteilen, seine Stimmung während der beiden letzten Jahrzehnte an der Macht durchaus treffend wiedergeben.[16] Auch ohne Beweise scheint Bismarck nämlich stets angenommen zu haben, daß Männer, deren persönliche Beziehungen ihm bedrohlich zu sein schienen, gegen ihn verschworen sein mußten. Er schrieb ihnen das gleiche brennende Verlangen zu, über «das Ganze» zu bestimmen, das ihn während der langen Jahre vor seiner Ernennung zum Ministerpräsidenten des Königs von Preußen selbst verzehrt hatte.

Bismarck hatte schon oft versucht, Stosch zum Rücktritt zu zwingen. 1876 versuchte er sogar, ihn zu Fall zu bringen wie den verhaßten Arnim, indem er ihn des Verrats beschuldigte. Doch der Chef des Reichsjustizamts, Heinrich von Friedberg, gab dem Fürsten zu verstehen, daß eine solche Anklage nicht begründet werden könne.[17] Offensichtlich hoffte Bismarck, mit seinen im Reichstag ausgesprochenen Unterstellungen den General nun wenigstens unmöglich machen zu können. Tatsächlich wurde dann in der Presse und im Reichstag Stosch von vielen als «sterbender Mann» angesehen.[18] Doch der Kaiser hatte eine hohe Meinung von Stosch und war überdies auch imstande, Bismarcks Vorwürfe teilweise zu entkräften. Mit einem Scharfblick, der Bismarcks Annahme, sein Herr sei damals schon reichlich senil gewesen, Lügen straft, wies der Kaiser darauf hin, daß Stosch und Bismarck in der fraglichen Angelegenheit beide nicht korrekt verfahren waren. Stosch, indem er Richters Forderung ohne Einwilligung des Kanzlers nachgegeben hatte, und Bismarck, indem er fünfzehn Monate hatte verstreichen lassen, ohne die Aufmerksamkeit des Kaisers auf die Angelegenheit zu lenken. Am 24. März 1877 bat Wilhelm den General, im Amt zu bleiben, wo er, zu Bismarcks Leidwesen, bis 1883 verblieb.[19]

Kaum hatte jedoch Wilhelm Stoschs Rücktrittsgesuch abgelehnt, als ihm schon ein weiteres vorlag: Bismarcks. Dies war das berühmte vom 27. März 1877, das Wilhelm am 7. April zurückwies – angeblich mit der Randbemerkung: «Niemals!»[20] Doch im Gegensatz zu dem von 1875 war dieses Abschiedsgesuch offenbar unaufrichtig. Zwar lag der Gedanke, seinen Abschied zu nehmen, Bismarck in diesen Jahren niemals fern. Welch eine Erleichterung würde es sein, so pflegte er wohl zu träumen, die häßlichen Aussichten und Gerüche der Hauptstadt, wo sich mehr und mehr die Industrie ausbreitete, für immer gegen den bukolischen Frieden Varzins und Friedrichsruhs einzutauschen! Wie befriedigend würde es sein, mit seinen tadelsüchtigen Kritikern die Rollen zu tauschen, ihnen die Sorgen und Verantwortung des Amts zu überlassen, um dann seinerseits im Reichstag zu sitzen und seiner Feindseligkeit Luft zu verschaffen. Sollte die Nation endlich sehen, wie unfähig und unehrlich diese Schurken waren! Dann würde er vielleicht ausgeruht und bei wiederhergestellter Gesundheit im Triumph zurückkehren, gerufen von dem dankbaren, gegen Boudoir- und Hofintrigen endlich taub gewordenen Monarchen, unterstützt von einer massiven Koalition gelehriger Abgeordneter, die ihre Mandate verständigen Bürgern verdankten (unter diesen auch die zur Vernunft gekommenen Junker, die endlich begriffen, wo ihre einzige Rettung zu haben war), und auch des augenblicklichen Gehorsams serviler Minister und in Ehrfurcht erstarrender Beamter gewiß, die nun kein anderes Ziel mehr verfolgten, als dem Kanzler seine Wünsche von den Augen abzulesen und diese prompt in die Tat umzusetzen.[21]

Freilich verwechselte der Meister der Realpolitik Tagträume nicht mit der Wirklichkeit. Doch mag er gehofft haben, schon mit der bloßen Androhung seines Rücktritts die gleiche Wirkung zu erzielen. Anders als das Abschiedsgesuch von 1875 wurde dasjenige von 1877 alsbald von der Presse bekannt gemacht und rief allgemeine Bestürzung hervor. «Die Consternation ist eine allgemeine, und tausend Gerüchte und Combinationen, wie derselbe zu ersetzen sein möchte, durchschwirren alsbald die Luft.»[22] Privat sprach Bismarck mehr von einem ausgedehnten Urlaub als von Rücktritt, und am 29. März berief er das preußische Staatsministerium (mit Ausnahme Stoschs) zu einer Besprechung über die Führung der Regierungsgeschäfte in seiner Abwesenheit ein.[23] Daß Wilhelm sich mit seiner

Antwort auf Bismarcks Abschiedsgesuch mehrere Tage Zeit ließ, bestärkte die Öffentlichkeit in der Erwartung, daß ein Regierungswechsel unmittelbar bevorstünde. Doch lag Lasker mit seiner Vermutung, daß wegen der Verzögerung der kaiserlichen Antwort der Kanzler «einige Tage in schwerer Sorge zugebracht, daß der Kaiser ... aus der Entlassung Ernst machen möchte», wahrscheinlich falsch.[24]

Bismarck wußte sehr genau, wie Wilhelm reagieren würde, denn er hatte deswegen schon früher bei ihm angefragt. Wenigstens erzählte er das am 8. Dezember 1876 Gontaut-Biron: «Ich möchte fort von Berlin und meine ganze gegenwärtige Tätigkeit dort zurücklassen. Soeben komme ich vom König und habe ihm das alles gesagt. Aber er will mich nicht ziehen lassen; er wurde böse, bekam einen roten Kopf und sagte: ‚Sehen Sie mich an, ich bin achtzehn Jahre älter als Sie und halte auch noch aus.' ‚Das wundert mich nicht, Majestät', habe ich erwidert. ‚Das Pferd wird immer schneller müde als der Reiter.'»[25] Im April 1877 reagierte Wilhelm nicht anders: «Soll ich mich in meinen alten Tagen blamiren? Es ist eine Untreue, wenn Sie mich verlassen.» Von Johanna hörte die Baronin Spitzemberg am 14. April, daß der Kaiser «weinte wie ein Kind und von seiner Abdikation sprach».[26]

Bismarcks Abschiedsgesuch 1877 war, anders als diejenigen, die er 1872 und 1875 an den Kaiser gerichtet hatte, mehr durch politische als durch körperliche Beschwerden veranlaßt. Den überlieferten Berichten zufolge war sein Gesundheitszustand während der Monate März und April 1877 jedenfalls besser als während des voraufgegangenen Winters.[27] Als Moritz Busch jedoch am 11. April bemerkte, daß er gegenwärtig recht gesund aussehe, wollte Bismarck davon nichts wissen. «Ja – erwiderte er –, das geht andern auch so. Die Leute beurteilen mich in drei Beziehungen falsch: sie halten mich für gesünder, wohlhabender und einflußreicher, als ich in Wirklichkeit bin – besonders für einflußreicher.»[28] Eine Anzahl politischer Rückschläge während der letzten Monate hatte ihn offensichtlich in üble Laune versetzt. Zum ersten Mal hatten gegen Bismarcks ausdrücklichen Wunsch die kleineren Staaten Preußen im Bundesrat überstimmt und das neue Reichsgericht nicht in Berlin, sondern in Leipzig angesiedelt. Der Reichstag hatte diese Entscheidung mit großer Mehrheit gebilligt, obwohl seitens der Regierung Friedberg dagegen protestiert hatte. Zu Bismarcks Ärger hatte Lasker die Gelegenheit wahrgenommen, sich über die Abwesenheit des Reichskanzlers bei der Debatte zu beschweren. Auch die Haushaltsdebatte hatte bei Bismarck einen bitteren Nachgeschmack hinterlassen. «Richter und Hänel hätten wie ungezogene Jungen die Regierung heruntergemacht, wie man faule Dienstboten ausschelte», hörte Lucius ihn sagen. Verletzend war für ihn auch Wilhelms Weigerung, Stosch zu entlassen,[29] und Bismarck selbst hatte die Wunde mit einer Bemerkung bei einer parlamentarischen Soiree am 17. März noch verschlimmert. Er dächte nicht daran, ließ er wissen, die gegen Stoschs Verhalten im Jahre 1875 im Parlament erhobene Beschuldigung zurückzunehmen – trotz der Belege, die Stosch zu seiner Entlastung beigebracht hatte.[30] Diese von der Presse verbreitete Äußerung hatte die Öffentlichkeit in der Meinung bestätigt, daß Stoschs Tage gezählt seien. Als der General dann wider Erwarten im Amt blieb, konnte alle Welt sehen, daß selbst Bismarcks Macht Grenzen hatte.

Deshalb mußte Wilhelm wieder einmal in Erinnerung gerufen werden, in welchem Maße er auf die Dienste seines brandenburgischen Vasallen angewiesen war. Die Tatsache, daß soeben eine außenpolitische Krise heraufzog – Rußlands Angriff auf das Osmanische Reich –, ließ die Gelegenheit besonders günstig erscheinen. Es galt, den Ministern, Beamten, Abgeordneten, Hofintriganten, auswärtigen Regierungen und der Öffentlichkeit zu zeigen, daß Bismarcks Stellung unerschüttert war und es bleiben würde, jedenfalls solange Wilhelm lebte. Bismarck suchte sich größere Kontrolle über den Regierungsapparat zu verschaffen, um dann abermals die Lösung der miteinander verbundenen Probleme der finanziellen Abhängigkeit des Reichs von den Bundesstaaten, des preußischen Partikularismus, der Eisenbahnpolitik und der fiskalischen Macht des Parlaments in Angriff zu nehmen. Im Januar 1877 hörte Lucius ihn sagen: «Nur der Wunsch, die verfahrenen wirtschaftlichen Verhältnisse wieder in die Reihe zu bringen, halte ihn im Amt fest.»[31] Auf der Höhe der «Kanzlerkrise» Anfang April behauptete die freikonservative *Post* zu wissen, daß der Fürst im Amt bleiben würde, wenn er bei seinen beabsichtigten Reformen von seinen preußischen Ministerkollegen angemessene Unterstützung erhalte oder von einer Reichstagsmehrheit, die stark genug wäre, die Minister von ihren Skrupeln zu befreien. Die *Kölnische Zeitung* zitierte den Fürsten: «... wenn ein Jäger matt und müde geworden sei durch Herumstreifen auf Kartoffelfeldern und nach Hause zu gehen verlange, so werde man ihn dadurch nicht zurückhalten, daß man ihm etwa sage, in der Nähe wären Rebhühner zu schießen, wohl aber, wenn man ihm mittheile, in der nächsten Waldbucht lagerten Sauen. Für eine Sauhatz würde er wieder Muth und Kräfte haben.»[32] Vor dieser Sauhatz wollte Bismarck jedoch noch ein paar Monate ausruhen. In der Wärme und Sicherheit seines Familienkreises hoffte er, sich nervlich wieder ausreichend für einen neuen Angriff auf diejenigen zu erholen, die sich seinem Willen noch immer widersetzten.

Bismarcks Abschiedsgesuch von 1877, die Weigerung des Kaisers, es anzunehmen, und die Gewährung eines weiteren langen Urlaubs wurden durch die Presse der Öffentlichkeit umgehend zur Kenntnis gebracht. Bismarck selbst sorgte dafür. Ehe er Berlin verließ, rief er Busch zu sich und gab ihm Material für eine Reihe von sieben Artikeln, die vom 7. April bis zum 27. Juni im *Grenzboten* erschienen. Die sogenannten «Friktions-Artikel» appellierten unmittelbar an die öffentliche Meinung, dem Kanzler bei der Beseitigung von Personen und Einflüssen zu helfen, deren Intrigen und Inkompetenz ihn dazu getrieben hatten, seinen Rücktritt zu erbitten. Der Journalist referierte in einiger Ausführlichkeit Bismarcks Beschuldigungen gewisser ungenannter, doch leicht identifizierbarer Personen im Staatsministerium, bei Hof und im Parlament – insbesondere jener hochgeborenen Dame, die mit den Katholiken sympathisierte und die Stellung der Regierung im Kulturkampf unterminierte, sowie der auf das Manchestertum eingeschworenen preußischen Minister, die sich nicht zum Entwurf der notwendigen Eisenbahn- und Steuergesetzgebung aufschwingen konnten; schließlich wurde auch der unheilvolle Einfluß des königlichen Hausministers Schleinitz, der bei seinen politischen Aktivitäten die Kompetenzen eines Verwalters des königlichen Besitzes bedenkenlos überschritt, gebührend angeprangert. Wenn personelle oder sachliche Konsequenzen unterblieben, warnte ein Artikel, werde Bismarck nicht ins Amt zurückkehren. Sein ausgedehnter Urlaub würde dann wohl auf einen endgültigen Abschied hinauslaufen.[33]

Ein weiterer „ausgedehnter Urlaub"

Bismarck verließ Berlin am 16. April 1877 und trat offiziell seinen Dienst erst zehn Monate später wieder an. Während seiner Abwesenheit wurden zwei alte Probleme – das der Struktur der Reichsexekutive und das der Delegation von Kompetenzen – von neuem akut. Wie schon berichtet, war nach der Entlassung Delbrücks die Macht des Reichskanzleramts durch die Umwandlung einer Reihe von dessen Abteilungen in selbständige Ämter vermindert worden. Unter Hofmanns Leitung hatte das Amt nur mehr Autorität über die finanziellen und kommerziellen Angelegenheiten des Reichs. Diese Dezentralisation machte die Stellung des Reichskanzlers nur um so wichtiger, denn er war der einzige «verantwortliche» Beamte, dem alle Reichsbehörden untergeordnet waren. Wenn Bismarck während seines Urlaubs tatsächlich von der Verantwortung für die laufenden Geschäfte seines Amts entbunden werden sollte, mußte ein Stellvertreter zu deren Besorgung eingesetzt werden. Der Fürst schlug vor, daß Camphausen, der nicht nur Finanzminister, sondern auch Vizepräsident des preußischen Staatsministeriums war, ermächtigt werden sollte, ihn als Kanzler zu vertreten und amtliche Dokumente, die sich auf innenpolitische Angelegenheiten bezogen, gegenzuzeichnen. Doch Wilhelm hatte Zweifel an der Verfassungsmäßigkeit einer solchen Übertragung der Befugnis des Kanzlers zur Gegenzeichnung, mißtraute dem Liberalismus Camphausens und war besorgt, jeden Schritt zu vermeiden, der dem Fürsten die Übernahme der Geschäfte nach seinem Urlaub erschweren könnte. Der Kaiser ernannte deshalb Hofmann zu Bismarcks Stellvertreter in innenpolitischen Fragen, während Bernhard von Bülow, Staatssekretär im Auswärtigen Amt, mit dessen Stellvertretung in außenpolitischen Angelegenheiten betraut wurde. Die Befugnis, Dokumente gegenzuzeichnen, wurde keinem der beiden erteilt. Sie sollten sich darauf beschränken, die laufenden Geschäfte zu führen, aber keine Politik machen.[34]

Diese Vorkehrungen entlasteten Bismarck während seines zehnmonatigen Urlaubs nicht gänzlich von den Pflichten seines Amtes. Das verrät schon sein Terminkalender: 16. April – 20. Mai 1877 Aufenthalt in Friedrichsruh (Konferenz mit dem russischen Botschafter); 20.–24. Mai in Berlin (Audienzen beim Kaiser und beim Kronprinzen); 25. Mai – 30. Juni in Bad Kissingen (Besprechung mit dem bayerischen Minister von Pfretzschner, mit Hofmann und dem Geheimrat Huber sowie mit fünf württembergischen Pastoren); 1. Juli in Berlin (Audienz beim Kronprinzen); 2.–3. Juli Schönhausen; 4.–5. Juli Friedrichsruh; 6. Juli in Berlin (Gespräch mit dem britischen Botschafter); 7. Juli – 20. August Varzin (Gespräche mit Bennigsen und dem Geheimrat von Radowitz); 21.–23. August Berlin (Audienz beim Kaiser, Besprechungen mit dem Gesandten der USA in Frankreich, mit dem russischen Botschafter und mit Camphausen); 25. August – 18. September Bad Gastein (Konferenz mit den deutschen Botschaftern in Rom und Wien sowie mit dem italienischen Innenminister Francesco Crispi); 18.–20. September in Salzburg (Gespräche mit Graf Andrássy); 22.–24. September in Berlin (Besprechungen mit preußischen Ministern, dem bayerischen Minister von Rudhardt und Crispi); 24. September – 5. Oktober Friedrichsruh; 6.–7. Oktober in Berlin (Sitzung des Staatsministeriums); 8. Oktober 1877–14. Februar 1878 in Varzin (Konferenzen mit Friedenthal, Lucius, Friedberg, Lehndorff, Bennigsen).[35]

Auch die Tagebücher Tiedemanns und Lucius' zeigen, daß er während seiner Urlaubszeit mit Regierungsgeschäften befaßt war. Tiedemann und Bismarcks Söhne Herbert und Bill waren sogar in Kissingen und Gastein mit Diktaten und Entwürfen beschäftigt. Während des Herbstes in Varzin stand ihnen dabei noch Friedrich von Holstein, Vortragender Rat im Auswärtigen Amt, zur Seite. Der auf dem Balkan sich anbahnende Krieg, Schwierigkeiten mit Nicaragua und Verhandlungen über kommerzielle Angelegenheiten mit Österreich nahmen Bismarcks Aufmerksamkeit in Anspruch. Doch es gab auch innenpolitische Belange, die er nicht außer acht lassen konnte oder wollte. Einen großen Teil seiner Zeit und Energie verwandte er auf die Vorbereitung der nächsten Schritte zur Umsetzung des 1875 entworfenen Plans. Als der Winter kam, nahm er noch von Varzin aus die Ausführung seiner Entscheidungen in Angriff. Der Umfang seiner Geschäfte wird dort kaum geringer gewesen sein, als wenn er in Berlin gewesen wäre.

Während seiner Reisen sah die Öffentlichkeit den Reichskanzler nur selten. Seine Anwesenheit in großen Städten und Badeorten wurde natürlich bekannt und rief viel Aufregung und Neugier hervor. Doch erlaubte es ihm bei vielen Gelegenheiten der private Salonwagen, den ihm mehrere Eisenbahngesellschaften zusammen geschenkt hatten, sich die von ihm verabscheuten Menschenmengen vom Leibe zu halten. In Bad Kissingen bewohnte er ein Appartement an der Oberen Saline in einiger Entfernung vom Badehaus und den Hotels. Morgens ging er den langen, gewundenen und streng von der Polizei bewachten Pfad zum Kurhaus hinunter. Später nahmen Hunderte von Urlaubern in Reih und Glied wie ein Regiment Soldaten vor dem Kurhaus Aufstellung, wo eine königlich bayerische Hofequipage den Kanzler erwartete. Doch die Hoffnungen, den großen Mann zu sehen, zerstoben, wenn auf ein Signal hin der Kutscher in scharfem Tempo zu einem anderen Eingang des Kurhauses fuhr, um seinen Fahrgast dort abzuholen.[36]

Bad Kissingen liegt in einem weiten Tal, umgeben von Feldern und bewaldeten Hügeln. Seine stark salz- und eisenhaltigen Brunnen galten sowohl bei äußerer als auch bei innerer Anwendung als heilsam bei verschiedenen Leiden. Bad Gastein andererseits liegt in den österreichischen Alpen an einem steilen Nord-

„Der beurlaubte Bismarck.
Welch ein Verlust für die Witzblätter,
wenn sich der gekränkte Mann
am Ende gar die berühmten drei
Haare ausreißt."
(*Berg's Kikeriki,* Wien, 12. April 1877)

„Auf der Durchreise". Bismarck:
„Warten Sie einen Augenblick hier,
lieber Doctor; ich will nur schnell
die inneren Reichsangelegenheiten ordnen.
Ich bin sofort wieder bei Ihnen."
(Wilhelm Scholz, *Kladderadatsch,* 1877)

hang, 1012 Meter über dem Meeresspiegel. Die am Fuße des Graukogels entspringenden, radioaktiven heißen Quellen werden zu Trink- und Badekuren für nervöse Störungen, allgemeine Schwächezustände, Hautleiden sowie Gicht und Rheumatismus gebraucht.[37] Bismarck hatte eine Abneigung gegen das Gebirge und mochte Gastein mit seinen donnernden Wasserfällen nicht. Aber Gastein war Wilhelms Lieblingsbad, und bei früheren Gelegenheiten hatte Bismarck seinem königlichen Herrn dorthin folgen müssen. Im Herbst 1877 empfahlen ihm seine Ärzte, aus medizinischen Gründen Gastein aufzusuchen. Ihm graute vor der Reise, und er suchte sich der Notwendigkeit, sie anzutreten, unter allerlei Vorwänden zu entziehen. (Einmal erklärte er sogar, sie seinem alten Hund Sultan nicht zumuten zu können, der keinesfalls zurückgelassen werden dürfe.) Schließlich setzten sich aber seine Familie und seine Ärzte gegen ihn durch.[38]

Das Tagebuch und die Briefe Tiedemanns enthalten vergnügliche Berichte über diesen Kur- und Ferienaufenthalt in den Alpen. So über einen Tagesausflug, auf dem zu Wagen, zu Pferde und zu Fuß die Familie Bismarck durch ein nebliges Tal auf die Höhe der Tauern gelangte, von wo aus verschneite Gipfel und Gletscher sichtbar waren; über Nachmittagsspaziergänge an den Hängen des Gasteiner Tals, bei denen sie der Fürst auf Sehenswürdigkeiten aufmerksam machte, wie auf die Bank, auf welcher er den König über die Gasteiner Konvention von

1865 unterrichtet hatte; über den huldreichen Empfang, den Bismarck dem Grafen Beust gewährte, dem alten Feind, den er so gründlich geschlagen hatte; über die Abendmahlzeiten allein mit den Bismarcks und der Fürstin Odescalchi, «einer jungen Ungarin von nicht unangenehmer Außenseite», die fest an «Geisterklopfen und Tischrücken» glaubte und einen verstorbenen Diplomaten zur Enthüllung der «unglaublichsten politischen Geheimnisse» zu nötigen verstand, «die der Fürst, der sich krank lachen wollte, zu Protokoll nahm». Bismarck unter diesen zwanglosen Umständen zu erleben, entspannt und heiter im Kreise seiner Familie, war für Tiedemann, einen übrigens keineswegs unkritischen Beobachter, geradezu eine Offenbarung: «Daß er einer der größten Männer gewesen, den die alte und neue Welt hervorgebracht, das wird für unsere Nachkommen außer allem Zweifel stehen. Aber nur wenige werden bezeugen können, daß er auch der liebenswürdigste gewesen, weil er in seiner stolzen, zurückweisenden Abgeschlossenheit sich nur wenigen, wie er wirklich war, gezeigt hat. Daß ich zu diesen wenigen gehöre, wird der Stolz meines Lebens bleiben.»[39]

Bismarcks langer Urlaub von 1877 war jedoch kein uneingeschränkter Erfolg. Tiedemann zufolge war der Fürst bei seiner Rückkehr aus Friedrichsruh am 20. Mai «frisch und wohl, sehr gebräunt». Nach dem Aufenthalt in Bad Kissingen sah er «magerer» aus, «recht wohl».[40] Im Juli wurde seine Abreise nach Bad Gastein schließlich auch durch eine Erkältung verzögert. Doch bei dem Gedanken an die Probleme, mit denen er es bei seiner Rückkehr in den Dienst zu tun haben würde, machten ihm wieder Ärger und nervöse Störungen zu schaffen. Am 11. August schrieb er an den Kaiser, daß er sich jetzt schwächer fühle als vor Antritt der Kur in Kissingen. Die geringste Tätigkeit wirke sich so schädlich auf seine Nerven aus, daß er nicht schlafen könne. Die Ursache waren innenpolitische, nicht außenpolitische Angelegenheiten. Während seiner Abwesenheit aus Berlin entwarfen dort die Minister schlecht durchdachte Gesetze. Hofmann, Eulenburg, Camphausen und Achenbach waren die Ziele seines Zorns. Allein Friedenthal besaß sein Vertrauen.[41]

In Gastein schlug das Pendel zurück, und im Oktober traf er in Varzin ein, «verhältnismäßig arbeits- und organisationslustig».[42] Tiedemann hatte ihn nie in besserer Stimmung gesehen. «Er fühlte sich augenscheinlich ungewöhnlich wohl und behaglich allein mit Herbert, Holstein und mir, ließ sich vollständig gehen, war von morgens bis abends aufgeräumt und für jeden Scherz zugänglich. Es wurde viel gearbeitet, täglich saßen wir aber mehrere Stunden zu Pferde, und nach dem Mittagessen entwickelten sich die interessantesten und gemütlichsten Plaudereien.» Die Stimmung während dieser Tage war freilich zu glücklich, um von langer Dauer sein zu können. «Merkwürdigerweise waren Holstein und ich von denselben trüben Ahnungen erfüllt, als ob etwas Unerwartetes bevorstände und die schönen Tage von Varzin zu Ende seien», schrieb Tiedemann. Er sollte recht behalten.

Am Abend des 25. Oktober wurden die beiden Räte, die noch oben auf ihren Zimmern arbeiteten, einer Aufregung unten im Hause gewahr. Der einige Stunden zuvor entlaufene Sultan war nach Hause gekommen und zur Strafe schwer von Bismarck gezüchtigt worden. «Unten bot sich uns ein wirklich erschütternder Anblick. Auf dem Fußboden saß der Fürst, den Kopf des sterbenden Hundes in seinem Schoß haltend. Er flüsterte ihm liebkosende Worte zu und suchte seine Tränen vor uns zu verbergen. Bald darauf starb der Hund, der Fürst erhob sich und ging auf sein Zimmer, kam an diesem Abend auch nur auf kurze Zeit wieder, um Gutenacht zu sagen. Holstein, der vor dem Schlafengehen noch bei mir war, faßte die Situation richtig in die Worte zusammen: ‚Der Fürst hat einen Freund verloren und fühlt sich vereinsamt.'» Nach einer schlaflosen Nacht ritt Bismarck, begleitet von seinen Getreuen, in den Regen hinaus. Er war einsilbig, «suchte die Wege auf, wo sein lieber alter Hund ihn zuletzt begleitet». Als Tiedemann einmal neben ihm ritt, sagte er, «es sei sündlich, so wie er getan, sein Herz an ein Tier zu hängen, er habe aber nichts Lieberes auf der Welt gehabt». Bismarcks Trauer um den Hund dauerte tagelang an, und er machte sich bittere Vorwürfe, daß er ihn noch kurz vor seinem Tod geschlagen hatte. «Er klagt sich an als jähzornig, brutal, der jedem Schmerzen bereite, der in Berührung mit ihm komme. Und dann wieder macht er sich Vorwürfe, daß er über den Tod eines Tiers so lange und so tief trauere.»[43]

Ein Unglück folgte dem anderen. Nicht lange nach Sultans Beerdigung beging einer von Bismarcks Gutsverwaltern Selbstmord, als entdeckt wurde, daß er 30 000 Mark veruntreut hatte. Bismarcks Tochter Marie erkältete sich schwer, und Johanna stolperte bei der Pflege der kranken Tochter im verdunkelten Krankenzimmer und zog sich eine böse Schnittwunde unter dem Auge zu. Im Laufe des Monats November kam ein Strom nicht durchweg willkommener Besucher, störte den Frieden des Fürsten und machte ihn mißmutig.[44] Friedenthal, den Bismarck noch im August dem Kaiser so hoch gerühmt hatte, kam zu Gesprächen über die Reorganisation der Regierung und erzürnte den Fürsten mit Ansprüchen auf weitergehende Befugnisse für sich selbst. «Bismarck sei danach sehr entmutigt und verstimmt gewesen und habe wieder von Abgehen oder Nichtwiedereintritt gesprochen», erfuhr Lucius. Seine Gattin, Tochter und Ärzte bestärkten ihn darin.[45] Tiedemann glaubte, daß Deutschland vor der größten innenpolitischen Krise des Jahrzehnts stehe. Am 10. Dezember schrieb er: «Der Fürst macht seinen Wiedereintritt in die Geschäfte von Bedingungen abhängig, die sich zum Teil auf einen Personenwechsel in den höchsten Beamtenstellen, zum Teil auf eine Neuorganisation der Reichsbehörden beziehen. Werden seine Forderungen nicht bewilligt, so ist er entschlossen, abzudanken ... Auf Abschlagszahlungen will er sich dieses Mal nicht einlassen. Sind der Reichstag oder eine andere noch wichtigere Stelle nicht geneigt, seine Vorschläge anzunehmen, so mögen sie ohne ihn fertig werden.»[46]

Die Änderungen, auf denen Bismarck bestand, sollten insgesamt den Zielen dienen, die er sich während seines Urlaubs 1875 zu eigen gemacht hatte. Diese waren zahlreich und komplex und sind uns nicht in einer einzelnen Quelle überliefert, können aber aus seinen Handlungen, Briefen, amtlichen Dokumenten und überlieferten Gesprächen erschlossen werden. Im wesentlichen verfolgte er dabei das Ziel, sich mehr Macht zu verschaffen, um die bürokratische und politische Maschine in die Richtung lenken zu können, in der seines Erachtens die Konsolidierung des Reichs zu suchen war. Hinsichtlich der Exekutive hoffte er dabei zugleich, die eigene Belastung durch die laufenden Geschäfte zu verringern und seine persönliche Autorität über das preußische Staatsministerium zu vermehren. Indem er durch Dezentralisierung die herausgehobene Stellung der Reichsregierung verschleierte und die Beteiligung der preußischen Minister an den Reichsgeschäften erhöhte, hoffte er, sich die Mitarbeit und Unterordnung der letzteren sichern zu können. Früher hatte das Eigeninteresse der preußischen Bürokratie gegenüber der Reichsregierung Widerstand und Obstruktion verlangt. Unter dem neuen System sollte sie erkennen, daß ihre eigenen Interessen Partizipation und Kooperation mit der Reichsregierung verlangten. Als Reichsstaatssekretäre würden die preußischen Minister unmittelbar dem Reichskanzler untergeben sein und sich dessen Kontrolle nicht länger entziehen können. Widerspenstige Minister stünden dann nur mehr vor der Wahl, zurückzutreten oder nachzugeben.

Die Projekte, welche die Minister zu einer solchen Wahl nötigen mochten, waren hauptsächlich solche, mit denen Bismarck das Reich auf eine sichere fiskalische Grundlage zu stellen hoffte, wie die Fortsetzung der Verstaatlichung der deutschen Eisenbahngesellschaften und die Einführung neuer indirekter Reichssteuern, insbesondere auch eine Erhöhung der Tabaksteuer, die schließlich zu einem Staatsmonopol führen würde. Höhere Einnahmen für das Reich würden die Senkung der jährlich von den Gliedstaaten zu erbringenden Matrikularbeiträge zur Folge haben. Ihre gänzliche Abschaffung würde dem Reichstag eine finanzielle und politische Waffe entwinden. Bismarck hoffte überdies, diese Ziele mit Hilfe der Nationalliberalen zu erreichen (mit deren rechtem Flügel jedenfalls), für die er nun allerdings Aufgaben innerhalb der preußischen und der Reichsexekutive sah. Ihrem Führer, Rudolf von Bennigsen, dachte er sogar ein Regierungsamt zu und hoffte, auf diese Weise die gemäßigte Mehrheit der Partei an die Regierung zu binden. Ein dauerhaftes Bündnis zwischen Neukonservativen, Freikonservativen und Nationalliberalen würde seiner Regierung im Reichstag und in der preußischen Abgeordnetenkammer die gewünschte sichere Basis verschaffen. Wenn es ihm aber gelang, all das zu erreichen und durchzusetzen, würde Bismarcks Einfluß überall vorherrschen, mit einer Ausnahme – am kaiserlichen Hof. Das, mußte Bismarck einräumen, lag außerhalb seiner Möglichkeiten.[47]

Eine weitere Kanzlerkrise

Bismarcks «Abschiedsgesuch» und «langer Urlaub» weckten neue Zweifel an der Stabilität des Regierungssystems, das er für Deutschland entworfen hatte. Unverkennbar befand man sich ja zu eben dieser Zeit in einer sich ständig vertiefenden innen- und außenpolitischen Krise. Die wirtschaftlichen Schwierigkeiten, die mit dem Börsenkrach von 1873 begonnen hatten, bedrückten noch immer in der ganzen Welt das kapitalistische System. Der sehnlich erwartete Aufschwung des Konjunkturzyklus ließ von Jahr zu Jahr auf sich warten, viel länger, als Unternehmer, Arbeiter und Regierungen geglaubt hatten. Auf dem Balkan entwickelten sich aus Meinungsverschiedenheiten über die Zukunft eines unabhängigen Bulgarien neue Spannungen zwischen Österreich und Rußland, die bald die Eintracht des Dreikaiserbunds trüben sollten. Bismarcks eingestandene Arbeitsunfähigkeit und lange Abwesenheit aus Berlin gaben vielen an der Leitung der öffentlichen Angelegenheiten Beteiligten Anlaß zu der bangen Frage, ob der Fürst und das von ihm abhängige Regierungssystem sich den Problemen, die das Reich zu bewältigen hatte, als gewachsen erweisen würden. Die Zeit schien nun, nur fünf oder sechs Jahre nach der Gründung des Reichs, für eine weitreichende Verfassungsänderung reif zu sein. «Der Rücktritt Bismarcks ist natürlich unser Hauptinteresse», schrieb Eugen Richter. «Das wird kolossale Veränderungen in den Parteiverhältnissen nach sich ziehen, die sich noch gar nicht übersehen lassen. Die Schutzzöllner, welche besonders gefährlich geworden waren, haben am meisten Ursache zu trauern. Wird er ein Jahr lang wirklich von allen Geschäften fern bleiben, so kommt dies dem völligen Rücktritt gleich.»[48]

Während der Haushaltsdebatte im Reichstag in den Monaten März und April 1877 überhäuften die Liberalen Hofmann mit Vorwürfen, weil er das Budget so spät vorgelegt und versäumt habe, einen umfassenden Steuerreformplan vorzulegen. Sie erneuerten die schon früher erhobene, aber inzwischen fast in Vergessenheit geratene Forderung nach der Errichtung eines Reichsministeriums. Lasker ging sogar noch weiter und behauptete, sekundiert von Richter und Hänel, daß die Isolation und fehlende Koordination zwischen Parlament und Regierung nur durch die Einführung des parlamentarischen Regierungssystems beendet werden könne. Andernfalls würden die beiden Institutionen auch weiterhin unergründliche Mysterien füreinander bleiben. Reichstag und Regierung müßten die gleiche Haltung einnehmen – das aber sei unmöglich, wenn das Kabinett nicht auf Empfehlung der Reichstagsmajorität ernannt würde. Im April beschwerte sich Hänel über die bescheidene Rolle, die dem Parlament in der Kanzlerkrise zugedacht wurde. Ganz Europa sei erregt von der Nachricht, daß der Kanzler um seinen Abschied gebeten habe, doch der Reichstag müsse erst um das Recht kämpfen, die Angelegenheit überhaupt erörtern zu dürfen. Selbst Bennigsen ließ wissen, daß die Nationalliberalen bei Bismarcks Rückkehr das Problem der Kabinettsregierung auf die Tagesordnung setzen wollten, um in Übereinstimmung mit dem Kanzler die Mängel der gegenwärtigen Verfassung zu beheben.

Bismarck hingegen belehrte die Abgeordneten über die Übel der Ungeduld und wie gefährlich es sei, den Baum des Reichs schütteln zu wollen, ehe dieser noch recht Wurzeln gefaßt habe. Die Reichsbehörden hätten doch bereits den Charakter von Ministerien, erklärte er, und der Kanzler spiele doch schon jetzt praktisch die Rolle eines «Reichspremierministers». Die Gliederung der Exekutive in Ministerien sei nicht an sich zu beanstanden, sondern nur die Kollegialverfassung. Das preußische Beispiel zeige, daß ein Kollegium, da es mit Mehrheitsentscheidungen regieren müsse, stets mehr zum Negativen als zum Positiven geneigt sei. Im übrigen, so Bismarck, würden Reichsministerien immer in der Luft schweben, weil ihnen die Macht und Funktion der direkten Verwaltung fehle. Die wahre Macht würde deshalb immer bei den Ministerien der Bundesstaaten verbleiben, den preußischen zumal, welche über die bürokratischen Strukturen verfügten, mit welchen Deutschland tatsächlich regiert werde. Ein Reichsministerium nach preußischem Muster würde nur die Regierungen des Reichs und Preußens auseinandertreiben.

Er leugnete jedoch nicht, daß Änderungen angebracht seien, und fuhr dann, scheinbar improvisierend, fort mit Hinweisen auf solche, die er selbst für wünschenswert hielt. Die Einschränkung der Befugnisse des Reichskanzleramts könne etwa dadurch vollendet werden, daß man zwei weitere Behörden, eine für Handel, die andere für Finanzen, von diesem abtrenne. Preußische Ministerien (er nannte diejenigen für Finanzen, Handel und Justiz) sollten geteilt und deren administrative Funktionen von den legislativen getrennt werden. Die so geschaffenen legislativen Ministerien sollten in Beziehung zu den ihnen entsprechenden Reichsbehörden gebracht werden, und zwar anscheinend mittels einer Personalunion, indem nämlich jeweils ein und dieselbe Person zur Leitung beider bestellt werden sollte.[49]

Obwohl Bismarck diese Vorstellungen als «Träume» beschrieb, bestärkten ihn seine Erfahrungen während seines langen Urlaubs in der Überzeugung, daß bedeutende Veränderungen in der Regierungsorganisation in der Tat erforderlich seien. In dem bereits oben erwähnten Brief vom 11. August 1877 an den Kaiser machte er für seine zerrütteten Nerven und seine Schlaflosigkeit nicht zuletzt in seiner Abwesenheit entstandene «Gesetzentwürfe, die ich der Industrie schädlich oder unpractisch halte», verantwortlich. Wollte er sich – im Interesse seiner Genesung – der Beteiligung an dem Kampf darum ganz enthalten, schrieb er, «so würde ich mit einigen meiner Kollegen auf dem Gebiete innerer Gesetzgebung in unheilbaren Zwiespalt gerathen». Noch bedauerlicher fand er die Tatsache, daß die Minister ihn bei der Vorbereitung notwendiger Reformen im Zoll- und Steuerbereich sowie im Eisenbahnwesen nicht unterstützten. Als Gutsbesitzer seien nur er selbst und Friedenthal zugleich der Regierende und Regierte, und deshalb spürten sie, wo der Schuh drücke. Minister, Beamte und die Mehrzahl der Gesetzgeber seien «gelehrte Leute» ohne Besitz und ohne Beteiligung an Industrie und Handel. Ihre Gesetzentwürfe seien deshalb unpraktische «Juristenarbeit», die mehr Schaden als Nutzen brächte. Unglücklicherweise sei auch den wenigen Geschäftsleuten im Parlament mehr am «politisieren» gelegen als an der Vertretung ihrer materiellen Interessen.[50]

Im Oktober 1877 stimmte das preußische Staatsministerium mit sechs Stimmen gegen diejenigen Hofmanns, Bülows und Friedenthals für die Errichtung eines neuen Oberlandesgerichts in der preußischen Stadt Celle (Hannover) statt in der Freien Hansestadt Bremen – gegen Bismarcks ausdrücklichen Wunsch. Seit fast zwei Jahren wies der Reichskanzler damals bereits darauf hin, daß die Regierung, dem neuen Gerichtsverfassungsgesetz entsprechend, die Interessen des Reichs bei solchen Entscheidungen über diejenigen Preußens stellen müsse. Der Ausgang der referierten Abstimmung schien einmal mehr zu beweisen, daß selbst erklärte Liberale, sobald sie preußische Minister wurden (wie Camphausen, Falk und Leonhardt), vom preußischen Partikularismus infiziert wurden. Bismarck ließ seinen Kollegen durch Bülow mitteilen, daß er als Kanzler diese Entscheidung nicht als bindend ansehe und sich um eine Reichsgesetzgebung bemühen werde, die den Interessen des Reichs entspreche.[51]

Bülow war inzwischen Bismarcks vertrautester Gehilfe selbst bei inneren Angelegenheiten, denn Hofmann stand beim Reichskanzler nicht mehr hoch im Kurs. Immer häufiger klagte der Fürst über Hofmanns Schwäche, Hilflosigkeit und Taktlosigkeit. «Große Redegabe macht mich immer zweifelhaft über Urteil und Verstand des Betreffenden. Die meisten Leute sind belastet mit einer großen Hypothek von Eitelkeit, der volle Kapitalwert eines jeden ist nur das, was nach Abzug jener Hypothek übrig bleibt».[52] Wenn Hofmann einmal die Initiative ergriff, beschuldigte Bismarck ihn, seine Kompetenzen zu überschreiten, ohne Rücksprache zu handeln, und, wie Delbrück vor ihm, in seinen Geschäften mit dem Bundesrat und den Regierungen der Bundesstaaten die Bedeutung des Reichskanzleramts zu übertreiben.[53] «Hofmann hat mir in den letzten Monaten mehr Verdruß gemacht, wie alle übrigen Minister zusammen», sagte Bismarck Anfang Dezember 1877. «Der schlimmste Gegner des Reichs ist der preußische Partikularismus. Die einflußreichen Reichsämter müßten mit preußischen Ministerien verbunden sein. Der Vizekanzler muß preußischer Vizepräsident sein. Das Reichskanzleramt in seiner jetzigen Stellung muß eingehen. Wohin mit Hofmann, ist schwierig.»[54]

Im Herbst 1877 hatte Bismarck sich entschlossen, bei seinem Kampf um die Kontrolle des Regierungsapparats eine neue Taktik anzuwenden. Während der Ära Delbrück ließ er die Reichsexekutive auf Kosten derjenigen Preußens und der übrigen Landesregierungen wachsen. Jetzt wollte er den Reichsämtern eine bescheidenere Gestalt geben und Preußen in Reichsangelegenheiten eine wichtigere Rolle spielen lassen. Im September 1877 erließ er eine Reihe von Direktiven, in denen die Reichsbeamten angewiesen wurden, in ihrer amtlichen Korrespondenz den Ausdruck «Reichsregierung» zu vermeiden, jedenfalls von seiner Anwendung auf die kaiserlichen Exekutivbehörden abzusehen, die eingeführte Praxis einzustellen, Präsidialvorlagen für Bundesrat und Reichstag zu entwerfen, sowie (durch Haushaltsplanung) eine Trennung der Finanzabteilung vom Reichskanzleramt vorzubereiten. Gleichzeitig versuchte er erneut seine preußischen Ministerkollegen zur Vorlage von Gesetzen zu nötigen, die es dem Staat gestatten würden, neue Steuern zu erheben und das Reichseisenbahnamt mit wirksam regulierenden Befugnissen auszustatten. Im Januar 1878 wies er den preußischen Minister Camphausen statt des Reichsbeamten Hofmann (sehr zu des letzteren Verdruß) an, ihn bei der Eröffnung des Reichstags zu vertreten.[55]

Hofmann stand zwar an der Spitze von Bismarcks «schwarzer Liste», doch Camphausen folgte ihm ziemlich dicht auf den Fersen. «Bringen Sie mir Augusta, Camphausen und Lasker nebst Anhang um, so kann ich das Amt weiterführen», erklärte er im April 1877 der Baronin Spitzemberg.[56] Nach Bismarcks Dafürhalten war es vorzüglich die Pflicht von Camphausen als preußischem Finanzminister und Vizepräsidenten des Staatsministeriums, die Initiative zu der dringend notwendigen neuen Steuer- und Zollgesetzgebung zu ergreifen.[57] Doch Camphausen verübelte Bismarck dessen herrscherliches Gebaren und war stolz darauf, als einziger Minister «nicht auf der Flucht» vor ihm zu sein.[58] Als überzeugter Manchester-Liberaler verspürte er zudem verständlicherweise wenig Lust, die Verantwortung für eine «Reform» zu übernehmen, zu der Schutzzölle, ein staatliches Tabakmonopol, Verstaatlichung der Eisenbahnen und die Minderung der Kontrolle des Reichstags über das Budget gehören mochten.[59] Also schob Camphausen alles auf die lange Bank. Das einzige Steuergesetz, das Bismarck während seines Aufenthalts in Varzin zur Begutachtung zugesandt wurde, kam von Hofmann. Es betraf eine Erhöhung der Tabaksteuer, entsprach aber nicht annähernd Bismarcks Erwartungen. «Bismarck», vermutete Lucius Anfang Dezember, «will sich augenscheinlich in diesen Fragen ganz zurückhalten und die anderen gewähren, eventuell Schiffbruch leiden lassen, um erst wieder einzutreten, wenn es ihm gelungen ist, ein homogenes Ministerium und womöglich eine konservative Reichstagsmajorität zu bilden.»[60]

Mitte Dezember 1877 bereitete Bismarck seine preußischen Kollegen auf seine Rückkehr in den Dienst mit einem Ultimatum vor. Er wies Bülow an, Camphausen und Achenbach davon in Kenntnis zu setzen, daß Voraussetzung für die Wiederaufnahme seiner Pflichten neue Einrichtungen seien, welche die energische und freiwillige Mitarbeit preußischer Minister und Beamter bei Reichsangelegenheiten gewährleisteten. Der «idealere Versuch einer selbständigen Reichsentwicklung» müsse als gescheitert gelten. Zukünftig würde er versuchen, das System der Personalunion auszuweiten, und preußische Minister mit Reichsämtern betrauen. Die Vizepräsidentschaft des preußischen Staatsministeriums müsse mit der des Reichs in inneren Angelegenheiten so verbunden werden, daß «die Vertretung des Reichskanzlers abzüglich der auswärtigen Geschäfte jederzeit mit der Vertretung des Ministerpräsidenten identisch» sei («Hofmann ist dazu leider... nicht gewichtig genug und wir sollten suchen, eine andere annehmbare Stellung für ihn zu finden.»). Um die verfassungsmäßigen Befugnisse des Reichs in Eisenbahnangelegenheiten geltend zu machen, müßten der preußische Eisenbahnminister[61] oder dessen Stellvertreter zum Chef des Reichseisenbahnamts ernannt werden. «Neben der Steuerreform und der Fertigstellung der im militärischen Interesse erforderlichen Eisenbahnen der Westgrenze gehört die Verwirklichung der Reichsverfassung bezüglich des Eisenbahnwesens zu denjenigen, von deren Lösung ich meinen dauernden Wiedereintritt in die Geschäfte abhängig machen muß. Wenn die Ausführung des auf diesen Gebieten für notwendig Erkannten nicht durch ausreichende und *spontane* Mitwirkung aller in Preußen dazu kompetenten Organe sichergestellt werden kann, so werde ich zwar, wenn meine Gesundheit es irgend gestattet, zum nächsten Reichstage erscheinen, aber nur um die Gründe meines definitiven Rücktritts öffentlich darlegen zu können.» Bülow gegenüber leugnete er, daß er damit eigentlich den Rücktritt Camphausens erzwingen wolle. Lieber wolle er die erwünschten Reformen von seinen gegenwärtigen Kollegen in Angriff genommen sehen. Wenn das nicht erreichbar sei, wolle er gehen.[62]

Die Idee der Personalunion war zwar alt, doch die Form, die ihr Bismarck Ende 1877 gab, war neu. 1876 wollte er Reichsstaatssekretäre zugleich mit preußischen Ministerien betrauen. «Ich möchte den Reichsministerien Inhalt geben dadurch, daß die Minister Träger preußischer Ministerien wären.»[63] Doch dieser Plan wurde nie ausgeführt. Hofmann und Bülow waren nur Minister ohne Portefeuille. Jetzt wollte sich der Kanzler der Lösung des Problems auf einem anderen Wege nähern, von der entgegengesetzten Seite her, indem er das System der Personalunion durch die Ernennung preußischer Minister zu Reichsämtern erweiterte. Auf diese Weise hoffte er seine preußischen Kollegen an Reichsangelegenheiten zu interessieren und deren Partikularismus «auszuräuchern».[64] «Preußen», so Bismarck, «bedürfe mehr der Germanisierung, als Deutschland der Borussifizierung.»[65] Der sächsische Gesandte in Berlin, Oswald von Nostitz-Wallwitz, erkannte ein weiteres Ziel: «Dabei würde Bismarck wohl auch für sich dem Preußischen Staatsministerium gegenüber eine bevorzugte und ausschlaggebende Stellung zu erreichen suchen, wie er als Kanzler im Reiche einnimmt.»[66]

Bismarck beschloß auch, auf zwei damit verbundenen Maßnahmen zu bestehen: der endgültigen Auflösung des Reichskanzleramts als einer Voraussetzung der Personalunion und der Einführung eines ständigen Systems der Stellvertretung. Im Januar 1878 setzte er ein langes Memorandum an den Kaiser auf, in dem er den ersten dieser Schritte förmlich vorschlug. Taktvoll räumte er ein, daß während der Amtszeit Delbrücks das Reichskanzleramt eine nützliche und unentbehrliche Ausbildungsstätte für Reichsbeamte gewesen sei. Das Wachstum des Amts habe aber die Staatsregierungen bedroht, deren Minister in die Defensive gedrängt und praktisch ihren Rückzug aus den Geschäften des Bundesrats zur Folge gehabt, mit dem Ergebnis, daß das Reich «gestrandet» sei. Um es wieder flott zu machen, schlug Bismarck vor, das Reichskanzleramt in ein Reichsschatzamt und ein Verwaltungsamt aufzuteilen, von dem zu einem späteren Zeitpunkt noch ein Handelsamt abgespalten werden könne. Eine derart in Abteilungen zerlegte Reichsexekutive werde weniger imposant und für die korrespondierenden Ministerien der Staaten zugänglicher erscheinen; davon werde die Zusammenarbeit profitieren. Insbesondere hoffte er, daß sich zwischen dem Reichsschatzamt und dem preußischen Finanzministerium eine harmonische Beziehung entwickeln würde, ohne welche an die grundlegende Reform des Zoll- und Steuersystems, das dringendste Anliegen des Reiches, ja nicht zu denken sei. Roon sei in dieser Hinsicht vorbildlich gewesen. Obwohl er stets darauf bedacht gewesen sei, die Prärogativen des preußischen Kriegsministers zu wahren, habe doch der General wirksam die Interessen des Reichs gefördert.[67]

Die Notwendigkeit eines ständigen Systems der Stellvertretung war offenbar geworden, als im April 1877 die Fortschrittler, vor allem Hänel, die von Hofmann und Bülow wahrgenommene Stellvertretung als verfassungswidrig attackiert hatten. Obwohl Bismarck diese Interpretation der Verfassung nicht akzeptierte, hielt er es doch schließlich ebenfalls für besser, Klarheit zu schaffen. Damit wollte er nicht nur Vorkehrungen für künftige Abwesenheiten oder Erkrankungen treffen. Die Erweiterung der administrativen Funktionen und die Aufteilung des Reichskanzleramts in selbständige Behörden hatten jede Kontrolle der laufenden Geschäfte durch eine einzelne Person – die noch dazu häufig krank war – unmöglich gemacht. Unter diesen Umständen wurde die dem Kanzler unter Artikel 17 der Verfassung zugeschriebene Verantwortlichkeit eine Fiktion. In Zusammenhang mit der geplanten Abschaffung des Reichskanzleramts wollte deshalb Bismarck ein ständiges System schaffen, einen Dienstweg, auf dem das Recht des Kanzlers zur Gegenzeichnung notfalls entweder auf den Vizekanzler oder einzelne Staatssekretäre übertragen werden konnte. Eine derartige Einrichtung würde ihm gestatten, einige der Bürden seines Amts auf seine Untergebenen abzuwälzen, ohne etwas von seiner eigenen Autorität opfern zu müssen. Sie würde aber wohl auch jene Liberale einigermaßen besänftigen, die meinten, daß an dem Fehlen eines Reichsministeriums die Staatsgeschäfte Schaden nähmen. Zur Stellvertretung eingesetzt, würden Reichsstaatssekretäre zwar einige Attribute von Ministern haben, nicht jedoch jene Unabhängigkeit, derer sich die Angehörigen des preußischen Kollegiums erfreuten.[68]

Die Bennigsen-Kandidatur

Am 6. April 1877, auf der Höhe der Kanzlerkrise, hielt Tiedemann in seinem Tagebuch eine erstaunliche Bemerkung Bismarcks fest: «Der Kaiser sei in allen Personalfragen schwierig. Einen Minister zu stürzen sei schon schwer, aber einen anderen für diesen durchzusetzen fast unmöglich. Als er dem Kaiser vor kurzem den Vorschlag gemacht habe, Bennigsen zum Minister des Innern zu machen, habe der Kaiser ihn angesehen, als ob er mit einem Übergeschnappten spräche.»[69] Mit dieser Empfehlung schlug Bismarck im Geiste der Realpolitik einen jener taktischen Haken, denen der geradlinige Sinn des Kaisers nicht zu folgen vermochte. Eine konservative Wende war für Wilhelm nicht denkbar ohne gleichzeitige Auflösung der Allianz mit den Liberalen. Aber Bismarck war nie der Meinung, daß Menschen nicht unter Umständen dazu veranlaßt werden konnten, gegen ihre eigenen Interessen zu handeln oder doch wenigstens ein kleineres Interesse einem größeren vorzuziehen. Hatte er nicht Österreich als Bundesgenossen gegen Dänemark gewonnen – für Ziele, die entschieden mehr preußisch als österreichisch waren? Er ließ es auf den Versuch ankommen, ob nicht auch Liberale dazu verführt werden konnten, im Dienste konservativer Interessen mit der Regierung zusammenzuarbeiten.

Ende April weihte er Lucius in seine Absichten ein: «Er könne Eulenburg nicht mehr weiter durchschleppen und Camphausen vielleicht auch nicht ... Bennigsen würde wenigstens die Garantie bieten, die Unterstützung der liberalen Partei nicht zu verlieren, welche man noch sehr brauche ... Es sei ganz gut, wenn jetzt einige nicht überstarke Regenten folgten und die bedeutenderen Persönlichkeiten aus dem Reichstag ausschieden und in die Regierung einträten. So werde sich die Konsolidierung des Reichs am leichtesten vollziehen. Eine Schwächung der Kleinstaaten und des Bundesrats werde er nicht zulassen.»[70] Demnach wollte er also Bennigsen an der Regierung beteiligen, um sich bei seinem Vorhaben, die Befugnisse des Reichstags zu beschneiden, der Mitwirkung der Liberalen zu vergewissern.

Wilhelms negative Reaktion hielt Bismarck nicht davon ab, um Bennigsen zu werben. In der Vergangenheit war es ihm ja noch jedesmal gelungen, im entscheidenden Augenblick den Monarchen zu seinen Anschauungen zu bekehren. Mitte Juli 1877 lud er Bennigsen nach Varzin ein, und während des mehrtägigen Aufenthalts des liberalen Führers wurde eine Reihe von Themen zwischen ihnen erörtert. Als Bismarck sich auf der Reise von Gastein nach Friedrichsruh im September einige Tage in Berlin aufhielt, fand diese Diskussion vielleicht eine Fortsetzung. Im November fungierte Friedenthal als Emissär. Am Tag nach Weihnachten kam Bennigsen abermals nach Varzin zu einem dreitägigen Besuch, über den die Presse ausgiebig berichtete. Als Bennigsen sich verabschiedete, wurde eine Fortsetzung der Gespräche nach der Rückkehr des Reichskanzlers nach Berlin verabredet. Was bei diesen Gesprächen im einzelnen verhandelt wurde, wissen wir nicht genau. Es scheint aber von Bismarcks Plänen zur Reorganisation der Regierung, von der Notwendigkeit neuer Steuern zur Minderung des Defizits im Reichshaushalt sowie von den Bedingungen, unter denen Bennigsen ins Staatsministerium eintreten würde, die Rede gewesen zu sein.[71]

Anscheinend hat Bismarck Bennigsen das preußische Innenministerium angeboten, dessen Leiter, Eulenburg, ohnedies aus gesundheitlichen Gründen seinen Abschied nehmen wollte, und dazu das Amt des stellvertretenden Reichskanzlers, das Hofmann genommen werden sollte. Bennigsen merkte, daß ihm eine Falle gestellt wurde. Als Innenminister hätte er einer konservativen Bürokratie mit Berufsbeamten vorgestanden, die seine Bewegungsfreiheit erheblich beschränkt hätten. Lieber war ihm das Finanzministerium, wo er, angesichts der bevorstehenden Budgetkrise, eine Schlüsselposition innerhalb der Regierung besetzt hätte. Doch ihm war klar, daß selbst in dieser Stellung sein Einfluß minimal sein würde, wenn er nicht auf die Unterstützung noch mindestens eines weiteren nationalliberalen Ministers zählen konnte. Er empfahl deshalb für das Innenministerium den Präsidenten des Reichstags, Max von Forckenbeck, der als vertrauter Gefährte Laskers auch die Einheit der Nationalliberalen Partei garantieren konnte. Nach Beratungen mit anderen Führern seiner Partei nannte er dem Reichskanzler noch einen dritten Kandidaten, den Freiherrn Franz von Stauffenberg, und zwar für das Amt des Leiters des geplanten Reichsschatzamts. Im übrigen war Bennigsen natürlich nicht gewillt, Bismarck bei der Beschneidung der Befugnisse des Reichstags behilflich zu sein. Er billigte zwar die Einführung indirekter Steuern, deren Ertrag die Erhebung von Matrikularbeiträgen von den Staatsregierungen schließlich erübrigen würde, doch bestand er darauf, daß zukünftig Steuern jedes Jahr von neuem vom Reichstag bewilligt werden müßten. So würde die Macht über das Budget, die dem Reichstag nach 1867 unverhofft aus der Befugnis, die Matrikularbeiträge zu bewilligen, zugewachsen war, in neuer Gestalt fortbestehen.[72] Dennoch ging aus den Verhandlungen des Jahres 1877 eine bedeutsame Veränderung des Steuerprogramms der Nationalliberalen Partei hervor. Die Partei bestand fortan nicht mehr auf einer direkten, quotisierten Einkommenssteuer für das Reich. Diese Forderung überließ sie nun der Fortschrittspartei.[73]

Seit der im März 1877 erfahrenen Zurückweisung hatte Bismarck mit Bennigsen verhandelt, ohne den Kaiser darüber zu unterrichten. Ende Dezember war die deutsche Presse jedoch bereits voller Gerüchte über den Gang dieser Verhandlungen. Am 29. Dezember berichtete die *Norddeutsche Allgemeine Zeitung*, daß mit bedeutenden Veränderungen im preußischen Staatsministerium zu rechnen sei. Um möglichen Verdächtigungen zuvorzukommen, wies Bismarck den Grafen Lehndorff an, den Kaiser über «Sondirungen» zu informieren, die er bei Bennigsen vorgenommen habe. In einem vom 30. Dezember datierten Brief an den Kaiser ließ er irreführend durchblicken, daß zwischen ihm und Bennigsen allein von steuerpolitischen Fragen die Rede gewesen sei. Auf Grund seiner diesbezüglichen Gespräche mit Bennigsen erhoffe er sich für die geplante Steuerreform, die mit neuen indirekten Steuern auf Tabak, Bier usw. große Summen einbringen würde, die Einwilligung des Reichstags.[74]

Dieser Brief kreuzte sich mit einem, den am gleichen Tag der Kaiser an ihn gerichtet hatte. Darin tadelte Wilhelm in scharfem Ton, daß der Reichskanzler es nicht für nötig gehalten zu haben scheine, ihn von dem bevorstehenden Umsturz im königlichen Ministerium zu unterrichten, von dem die Presse anscheinend bereits so viel wisse. Eulenburg habe sich erkundigt, ob es wirklich wahr sei, daß man seinen Posten schon Bennigsen offeriert habe. «Ich muß Sie also ersuchen, mir Mittheilung zu machen, was denn eigentlich vorgehet? Was Bennigsen betrifft, so würde ich seinen Eintritt in das Ministerium nicht mit Vertrauen begrüßen können, denn so fähig er ist, so würde er den ruhigen und conservativen Gang meiner Regierung, den Sie selbst zu gehen, sich ganz entschieden gegen mich aussprachen, nicht gehen können.» Der letzten Behauptung widersprach Bismarck mit einer lakonischen Randbemerkung: «doch».[75]

Im Dezember war Bismarck bei recht guter Gesundheit gewesen. Als Bennigsen bei ihm war, hatte er sich jedoch eine Grippe zugezogen, deren Wirkung nun durch Ärger noch verschlimmert wurde. Der Brief des Kaisers, der zu Silvester eintraf, bescherte ihm eine schlaflose Neujahrsnacht, während welcher ihn Gallenbeschwerden plagten. Struck mußte aus Berlin herbeigerufen werden. In einem Brief an Hohenlohe beschwerte sich Bismarck über die Rücksichtslosigkeit des Kaisers.

«Bei meinen angegriffenen Nerven und der geringen Schonung, mit der man mich in geschäftlicher Hinsicht behandelt, kann ich mich von den Folgen einer an sich unbedeutenden Erkältung noch nicht erholen.»[76] Seine Verfassung besserte sich auch nicht, als er einen versöhnlichen Brief des Kaisers erhielt, in dem er las, daß dieser, nun da er Lehndorffs Bericht gehört und Bismarcks Brief vom 30. Dezember gelesen, verstanden habe, daß Bennigsen tatsächlich nicht als Kandidat in Betracht gezogen werde.[77] Drei Wochen lang blieb Bismarck an sein Zimmer und sein Bett gefesselt, von schmerzhaftem und erschöpfendem Husten geplagt und unfähig, ohne Einnahme von Opium Schlaf zu finden. So lag er da, und seine «hochgradig krankhafte Verstimmung»[78] dauerte bei dem Gedanken an, daß der Kaiser ihm einen tadelnden Brief schreiben hatte können – obwohl er sich ja der Irreführung, die Wilhelm ihm vorwarf, tatsächlich schuldig gemacht hatte!

Nach dem Kollaps der «Bennigsen-Kandidatur» haben liberale Journalisten und Politiker – sowie in deren Gefolge auch Historiker – lange über die Frage gestritten, ob das Angebot des Kanzlers wirklich ernst gemeint gewesen sei oder ob seine Verhandlungen mit Bennigsen nicht vielmehr von Anfang an den einzigen Zweck gehabt hätten, die Liberalen zu verunsichern und in die Irre zu führen, und ob, wenn das Angebot doch ehrlich gemeint gewesen sei, Bennigsen nicht einen schweren Fehler begangen habe, die ihm gebotene Möglichkeit auszuschließen, sich an der Regierung zu beteiligen und so die Chance zu erhalten, die ausklingende liberale Ära noch einmal zu verlängern.[79] Doch es gibt keinen vernünftigen Grund zu der Annahme, daß Bismarcks Ouvertüren unaufrichtig waren. Wilhelms ablehnende Haltung brauchte nicht engültig zu sein, zumal zu einer Zeit, da eine schwere außenpolitische Krise den Frieden in Europa bedrohte. Oft schon hatte Bismarck in kritischen Augenblicken den Widerstand des Herrschers durch die Androhung seines Rücktritts überwunden. Um Bennigsens Einwilligung zu erhalten, war der Fürst bereit, Zugeständnisse zu machen. Er hätte ihm das Finanzministerium überlassen, und darin, daß dieses eng mit dem geplanten Reichsschatzamt verbunden werden sollte, waren sie sich ja einig. Wahrscheinlich stellte er Bennigsen das Stellvertretungsgesetz als ein Zugeständnis an die liberale Forderung nach der Einführung verantwortlicher Reichsministerien dar. Es ist sogar möglich, daß er seine Bereitschaft bekundete, dem Reichstag als Ersatz für die Fortsetzung der Matrikularbeiträge das Recht zur jährlichen Bewilligung von Steuern zu gewähren.[80] Nicht eingehen auf den Wunsch konnte er hingegen, außer Bennigsen auch Forckenbeck und Stauffenberg ins Staatsministerium zu berufen, denn den «Systemwechsel», den diese Ernennungen mit sich gebracht hätten, wollte er selbstverständlich nicht. Er wollte ein ministerielles Parlament, kein parlamentarisches Ministerium.

Bei manchen Nationalliberalen weckte die Nachricht von den Verhandlungen Bennigsens mit Bismarck euphorische Erwartungen. Angesichts des fortgeschrittenen Alters des Kaisers und der angeschlagenen Gesundheit des Reichskanzlers mochten sie glauben, daß ihre Stunde gekommen sei. Endlich schien Bismarck sie dringender zu brauchen als sie ihn. Was sie seit dreißig Jahren vergeblich von außen, ohne Beteiligung an der Regierung, herbeizuführen versuchten, mochte nun von innen durchzusetzen sein. Bei einer parlamentarischen Soiree am 27. Januar 1878 vertraute Bennigsen Lucius seine Meinung über die Stärke der liberalen Position an. Seines Erachtens besaßen die Liberalen zwei Trümpfe: «1. der steigende Finanzbedarf, welcher ohne ihr Mitwirken nicht zu befriedigen sei; 2. das in zwei Jahren eintretende Ende des Militärseptennats. Man fühle Bismarck an, wie unangenehm ihm die Verhandlungen mit dem Parlament als Machtfaktor seien. Er verstehe Steuer und innere Fragen doch nur oberflächlich und überschätze seinen Einfluß auf die Volksvertretung in diesen Dingen. Es könne ihm passieren, daß er in der Bresche liegen bleibe, wenn er sich mit dem Parlament nicht verständige ... Wenn jetzt seine Verständigung mit der Regierung erfolge, so sei eine stetige Entwicklung für die nächsten zwanzig Jahre gesichert, wenn nicht – könnten unberechenbare Komplikationen eintreten.»[81]

Zu welchen Höhen sich die Hoffnungen der Nationalliberalen während dieser Wochen aufschwangen, ist den Berichten Bennigsens und Bambergers an die nationalliberale Reichstagsfraktion vom 18. Februar 1878 zu entnehmen. Dem süddeutschen, linksliberalen Abgeordneten Julius Hölder zufolge, dessen Tagebuch uns den einzigen erhaltenen Bericht von dieser Fraktionssitzung überliefert, bezeichneten die beiden Führer die Unordnung innerhalb der preußischen und der Reichsexekutive als unerträglich und eine gründliche Steuerreform als unab-

Franz August Freiherr Schenk von Stauffenberg, 1871

Rudolf von Bennigsen, 1872

Max von Forckenbeck um 1878

dingbar. «Daher notwendig wirklich verantwortliche Regierung, die aber auch mit der Reichstagsmehrheit engste Fühlung haben müsse. Bismarck sehe dies ein, habe in dieser Richtung mit Bennigsen gesprochen, Reichsministerien könne man wegen der Schwierigkeiten nicht erlangen, daraus sei die Stellvertretungsvorlage entstanden. Irgend etwas werde in dieser Richtung zu erreichen sein. Die Bewilligung neuer Steuern müsse man als Pressionsmittel in der Hand behalten, sowohl dem Bundesrat gegenüber als (wie mir schien, jedenfalls dem Sinne nach) auch dem Kaiser und Bismarck gegenüber, um (kurzgesagt) eine parlamentarische Reichsverwaltung zu erzwingen.»[82]

Der im Februar 1878 eröffnete Reichstag wurde beherrscht von einer Koalition aus Nationalliberalen, Freikonservativen und Konservativen, deren Führer (Bennigsen, Lucius und Seydewitz) sich vorab auf eine gemeinsame Position zu den wichtigsten Fragen geeinigt hatten.[83] Doch dem linken Flügel der Nationalliberalen Partei war diese Koalition nicht eben behaglich. Deshalb unternahmen es Forckenbeck, Lasker und deren Anhang, ihre Beziehungen zu Hänel und dem rechten Flügel der Fortschrittspartei wieder auszubauen, im Interesse einer Partnerschaft der liberalen Parteien, die Forckenbeck in diesem Augenblick um der fortgesetzten Entwicklung der Freiheit willen für geboten hielt. Forckenbeck hoffte im stillen auf das Scheitern der Verhandlungen zwischen Bennigsen und Bismarck, von denen er glaubte, daß sie eine Falle für die Liberalen seiner Überzeugung seien, was ja auch zutraf.[84] Einmal im Ministerium, hätten Bennigsen und dessen Anhang vor der Alternative gestanden, ihre Überzeugungen preisgeben zu müssen oder auf denselben zu beharren. Im ersten Fall hätten sie kapituliert, im zweiten zurücktreten müssen. Bismarcks mehr als zehnjährige Erfahrung mit den Liberalen ermutigte ihn, auf deren Kapitulation zu setzen.

In seinen Memoiren schrieb Bismarck, daß bei den Gesprächen in Varzin im Dezember 1877 Bennigsens Beharren auf der Berufung von Forckenbeck und Stauffenberg bei ihm den «Eindruck» hinterlassen habe, daß die Verhandlungen gescheitert seien und daß sich nach der scharf ablehnenden Reaktion Wilhelms eine weitere Erörterung der Angelegenheit erübrigt habe.[85] Doch während eines Besuchs in Berlin teilte Bismarcks Sohn Bill Tiedemann am 11. Januar 1878 mit, daß man die Verhandlungen mit Bennigsen keineswegs als gescheitert ansehe.[86] Während der Monate Januar und Februar 1878 spielte Bismarck ein doppeltes Spiel, nicht gewillt, sich einer Option zu begeben, aus der er noch immer hoffen konnte, einigen Nutzen zu ziehen. Denn solange die Bennigsen-Kandidatur als Möglichkeit bestehen blieb, konnte Camphausen veranlaßt werden, aus Sorge über seine eigene Zukunft die Steuergesetze vorzulegen, die der Kanzler von ihm verlangte. Zudem war auch noch immer nicht ausgeschlossen, daß die Nationalliberalen ihre Bedingungen fallenließen, um nur überhaupt mit ins Schiff springen und beim Steuern helfen zu dürfen.[87] Selbst wenn sie das nicht taten, ließen sich ihre Hoffnungen und Erwartungen auf Beteiligung an der Macht noch ausnützen, um sie zur Mitwirkung bei gesetzgeberischen Initiativen der Regierung zu veranlassen.

Bennigsen war bei der Abreise aus Varzin der Meinung, daß die Verhandlungen in Berlin fortgesetzt werden sollten, sobald Bismarck in die Hauptstadt zurückkehren würde.[88] Aber Bismarck verzögerte seine Rückkehr, was er mit der erneuten Verschlechterung seines Befindens entschuldigte. Durch Herbert ließ er Bennigsen wissen, daß die von der Presse aufgebauschten Gerüchte und Eulenburgs Intrigen bei Hof den Kaiser verstimmt und ihm seine Aufgabe erschwert hätten.[89] Am 18. Januar jedoch fand er seine gute Laune und Arbeitsfähigkeit wiederhergestellt; dennoch verweilte er in Varzin. Unterdessen kamen weder die Geschäfte des Reichstags noch die des Bundesrats in Gang, «der durch das fortgesetzte Fernbleiben des Reichskanzlers verursachte Zustand von Zerfahrenheit war», wie Tiedemann an Lucius schrieb, «einfach unerträglich». Erst am 14. Februar reiste Bismarck nach Berlin, sich zu seinem großen Ärger der Notwendigkeit beugend, auf eine Interpellation im Reichstag wegen der Balkankrise persönlich zu antworten.[90] Wenn es nach ihm gegangen wäre, hätte er jede Entscheidung noch länger hinausgezögert.

Das Stellvertretungsgesetz

Das wesentliche Ergebnis der Verhandlungen mit Bennigsen war das im März 1878 verabschiedete Stellvertretungsgesetz. Die Regierungsvorlage sah vor, daß der Kaiser auf Vorschlag des Kanzlers dessen Pflichten und Funktionen einem oder mehreren Beamten vertretungsweise übertragen konnte. Dieser mit der Stellvertretung des Kanzlers beauftragte Beamte hatte zwar das Recht der Gegenzeichnung, handelte dabei jedoch unter der verfassungsmäßigen Verantwortlichkeit des Kanzlers, der das Recht behielt, in jedem Augenblick in die Geschäfte einzugreifen und seine Entscheidungsgewalt geltend zu machen. In den Debatten über das Stellvertretungsgesetz nahmen die Fortschrittler die Gelegenheit wahr, ihre Angriffe gegen das Bismarcksche System zu erneuern. Die exekutiven Funktionen des Kanzlers hätten sich in einem Maße vervielfältigt, erklärten sie, daß es ganz sinnlos sei, noch von seiner Verantwortlichkeit dafür sprechen zu wollen. Unter «dem mächtigsten Staatsmann, den Deutschland jemals gesehen hat», sei der Kontakt zwischen Regierung und Parlament «nur zufällig, nur stoßweise, von Fall zu Fall». Die für eine angemessene Regierungspraxis erforderliche Übereinstimmung zwischen Exekutive und Parlamentsmajorität sei nur in einem parlamentarischen System gewährleistet, erklärte Hänel. Wenn aber über die Frage, wer den Kanzler vertreten solle, der Kaiser und der Kanzler allein zu entscheiden haben sollten, sei das «eine Art Diktatur».

In seiner Antwort behauptete Bismarck, daß die Befugnis, einen Stellvertreter des Kanzlers einzusetzen, der Kaiser nach der Verfassung bereits habe und stets wahrnehmen könne, auch wenn das Stellvertretungsgesetz, das nur der Klärung des Verfahrens dienen solle, nicht angenommen werden würde. Abermals bestritt er die Zweckmäßigkeit einer Kabinettsregierung für das Reich und behauptete, daß die neue Struktur der Reichsexekutive, bei der eine Vielzahl von Behörden einem einzigen verantwortlichen Kanzler untergeordnet sein solle, im wesentlichen dem englischen Regierungssystem gleiche. Abermals gab er den Abgeordneten zu bedenken, daß sich das neue System, wenn sie nur geduldig seien, sehr wohl in die Richtung ihrer Wünsche entwickeln könne. Im Bundesrat und im Reichstag bestätigten Delegierte der Bundesregierungen seine Ausführungen mit der Erklärung, daß die Einrichtung von Reichsministerien mit dem föderativen Prinzip des Reichs unverträglich sei. Mit Unterstützung Laskers wies auch Bennigsen Hänels Forderung nach revolutionären Veränderungen des Regierungssystems zurück. Noch befangen in der Illusion, bald seinerseits in die Regierung einzutreten, sah er das Stellvertretungsgesetz als einen wichtigen Schritt in die richtige Richtung an und überzeugte davon seine ganze Partei. So wurde das Gesetz mit den Stimmen der Nationalliberalen, Konservativen und Freikonservativen gegen die des Zentrums, der Fortschrittspartei und der Sozialisten angenommen.[91] Bismarcks Verhandlungen mit Bennigsen hatten ihm dabei geholfen, ein wichtiges Vorhaben seines gesetzgeberischen Programms im Reichstag durchzusetzen.

Ein weiterer Erfolg war der Personalwechsel, den er seit Monaten anstrebte. Wie sich auch bei der Stosch-Affäre wieder gezeigt hatte, war Wilhelm nicht leicht dazu zu überreden, auf die Dienste eines Ministers oder Beamten zu verzichten, an den er gewöhnt war; und nicht minder schwierig war es, wie seine scharfe Reaktion auf die Bennigsen-Kandidatur zeigte, ihm einen neuen Minister vorzuschlagen, der akzeptabel war. Daher drängte Bismarck statt auf die Entlassung von Ministern mehr auf die Durchsetzung politischer Maßnahmen.[92] Nach dem Ultimatum, das er im Dezember durch Bülow hatte überbringen lassen, forderte er von Camphausen und Achenbach unaufhörlich, jene Gesetze über Finanz- und Eisenbahnangelegenheiten vorzulegen, die er als Bedingung seines Verbleibens im Amt genannt hatte. Camphausen, der in den voraufgegangenen Monaten über die Sicherheit seiner eigenen Stellung einigermaßen besorgt gewesen war, schmeichelte sich mit dem Gedanken, daß Bismarcks neue Politik, die preußischen Ministerien mit Reichsangelegenheiten zu befassen, letztlich auch seine eigene Bedeutung vermehren würde. Beunruhigend für ihn war jedoch die Beobachtung, daß Bismarck eine Finanzreform anstrebte, die auf eine Minderung der Macht des Reichstags hinauslaufen würde, was seinen liberalen Überzeugungen widersprach und ihm gleichzeitig seine liberalen Verbündeten im Parlament zu entfremden drohte.[93] Ihm war auch klar, daß eine der von Bismarck am entschiedensten geforderten fiskalischen Maßnahmen, die Einführung eines Staatsmonopols auf Tabak, für ihn persönlich politisches Dynamit war, weil es die meisten Liberalen ablehnten. Gleichwohl mußten neue Einkommensquellen erschlossen werden, wenn das ständige Wachstum der Ausgaben des Reichs (die seit 1872 um 25 Prozent gestiegen waren) nicht durch eine Erhöhung der Matrikularbeiträge ausgeglichen werden sollte. Die Überschüsse, die dem Reich erlaubt hatten, die Budgets für 1875 und 1876 auszugleichen, waren verbraucht. Camphausen suchte diesem Dilemma zu entrinnen, indem er statt des Staatsmonopols auf

Tabak eine starke Erhöhung der Tabaksteuer sowie eine neue Stempelsteuer auf Wertpapiere, Lombardanleihen, Geschäftsverträge und Lotterielose vorschlug. Er suchte mithin den gleichen Mittelweg einzuschlagen wie sein Vorgänger von der Heydt im Jahr 1869. Auch ihn sollte dieser Kurs geradewegs ins Unglück führen.[94]

Seit von der Heydts Scheitern war die «Börsensteuer» (wie die Stempelsteuer meist genannt wurde) schon wiederholt in Betracht gezogen und verworfen worden. Die Agrarier im Herrenhaus begrüßten das Projekt, da es einer gleichmäßigen Verteilung der Steuerlast zu dienen schien, während die Geschäftswelt es natürlich ablehnte. Wie schon 1869 forderten in der Reichstagsdebatte am 22. Februar 1878 unter Führung von Lasker und Stauffenberg die Nationalliberalen vom linken Flügel der Partei, daß die Bewilligung neuer Reichssteuern nur im Zusammenhang einer allgemeinen Steuerreform in Frage kommen solle und die Garantie der Befugnis des Parlaments, in Haushaltsfragen auch zukünftig mitzuentscheiden, zur Voraussetzung haben müsse. Camphausen suchte seinen Kritikern mit einer Schilderung der Schwierigkeiten, welche bei der Einführung des Tabakmonopols zu gewärtigen seien, den Wind aus den Segeln zu nehmen. Doch Bismarck desavouierte ihn und sagte, er seinerseits strebe dieses Monopol an und wolle die Erhöhung der Tabaksteuer nur als ein Übergangsstadium auf dem Weg zu diesem Ziel gelten lassen. Bismarcks Brüskierung seines Ministers wurde von der Kammer mit Bestürzung zur Kenntnis genommen. Lasker fand, daß diese Parlamentssitzung die dramatischste und spannendste gewesen sei, an der er jemals teilgenommen hatte.[95]

Camphausen hätte noch am gleichen Abend zurücktreten sollen, doch er brachte es nicht übers Herz, den Ministerposten, den er inzwischen schon seit fast einem Jahrzehnt innehatte, kampflos preiszugeben. Am folgenden Tag, dem 23. Februar 1878, versuchte er den Eindruck, daß zwischen ihm und dem Kanzler ernste Meinungsverschiedenheiten bestünden, zu verwischen, indem er aus einem im Februar 1877 verfaßten Memorandum zitierte, in welchem er sich prinzipiell für die Einführung des Monopols ausgesprochen hatte. Das verschaffte ihm immerhin die Befriedigung, seine professionelle Tüchtigkeit, Charakterfestigkeit und Entschiedenheit von Bismarck gepriesen zu hören. Er hoffe, sagte Bismarck, «daß unsere Wege vielleicht noch weiter zusammenführen können, als ich vor Jahren habe voraussehen können». Die beiden Männer schüttelten einander die Hand, wobei Camphausen die Tränen in den Augen standen, wie die ganze staunende Kammer sehen konnte.[96] Da er sich an sein Portefeuille klammerte «wie ein Ertrinkender an den Strohhalm», verscherzte sich Camphausen die Gunst der Liberalen (selbst Bennigsen war ein entschiedener Gegner des Tabakmonopols), ohne deren Unterstützung er nicht im Amt bleiben könne, wie er noch jüngst erklärt hatte. Nachdem dann der Reichstag (mit Ausnahme einer unbedeutenden Steuer auf Spielkarten) alle seine Gesetzesvorlagen abgelehnt hatte, ergab sich Camphausen ins Unvermeidliche und trat zurück.[97]

So demonstrierte Bismarck am 22. und 23. Februar 1878, wie man sich eines Kollegen entledigt, ohne sich selbst dabei die Hände schmutzig zu machen. Er begnügte sich damit, den Mann ans Messer zu liefern, die blutige Arbeit nahmen ihm die Liberalen ab. Camphausen war nicht das einzige Opfer dieser Flurbereinigung. Da er nicht bereit war, das Tabakmonopol zu befürworten, verzichtete Bennigsen auf die Kandidatur für das Staatsministerium[98] (Bismarck brauchte ihm nie zu sagen, daß er dafür ohnehin schon nicht mehr in Betracht gezogen wurde). Achenbach, dessen «passiven Widerstand» gegen die Eisenbahnreform Bismarck am 23. März in der Abgeordnetenkammer öffentlich beklagte, trat ebenfalls zurück.[99] Der Zufall wollte es, daß noch ein weiteres Ministerium vakant wurde. Eulenburg, der schon seit langem mit Bismarck im Hader und bei schlechter Gesundheit war, trat nach Ende eines sechsmonatigen Urlaubs im März zurück. Da der Landtag Bismarcks Antrag stattgegeben hatte, die bisher mit dem Finanzministerium verbundene Vizepräsidentschaft des Staatsministeriums in eine eigenständige, bezahlte Stellung umzuwandeln, war der Fürst nun in der glücklichen Lage, in seinem Bemühen um ein «homogenes Ministerium» vier Stellen neu besetzen zu können.[100] Bei der parlamentarischen Soiree am 23. März bemerkte er: «In einem so großen Staate, wie Preußen und Deutschland, kommt es nicht darauf an, ob ein Ministerium mehr nach rechts oder nach links in verschiedenen Fragen hinneigt, das wird durch die Volksvertretung wieder ausgeglichen, sondern es sei weit wichtiger, daß in einer Richtung regiert würde; wenn 6 Pferde vor einen Wagen gespannt sind, müßten sie auch einem Willen folgen, sonst kommen sie nicht vorwärts.»[101]

Bismarck hatte also jetzt Gelegenheit, sich für das Regierungsgespann vier neue Pferde aussuchen zu können. Seine erste Wahl fiel auf Otto Graf zu Stolberg-Wernigerode, der sich in Hannover nach dessen Annexion als Verwalter bewährt hatte und mit dem Botschafterposten in Wien dafür belohnt worden war. Als Vizepräsident des preußischen Staatsministeriums und Vizekanzler des Reichs wurde Stolberg Bismarcks wichtigster Stellvertreter in inneren Angelegenheiten. Zum Innenminister wurde Botho Graf zu Eulenburg ernannt, ein preußischer Karrierebeamter, Vetter seines aus dem Amt geschiedenen Vorgängers (Friedrich Graf zu Eulenburg). Albert Maybach, der frühere Leiter des Reichseisenbahnamts, ein entschiedener Befürworter der Verstaatlichung oder staatlichen Regulierung der Eisenbahnen, übernahm das Handelsministerium. Doch der kritische Posten war das Finanzministerium, und die Nachfolge Camphausens schien keine geeignete Person antreten zu wollen. Nach neun oder mehr Ablehnungen (darunter diejenigen Bennigsens und möglicherweise sogar Delbrücks!) schlug Tiedemann aus Verzweiflung einen Kandidaten vor, an den bisher niemand gedacht hatte, weil er so wenig für den Posten qualifiziert zu sein schien – Arthur Hobrecht, den nationalliberalen Oberbürgermeister von Berlin.[102]

Während die «Bennigsen-Kandidatur» noch zur Debatte stand, schrieb Heinrich von Treitschke an Gustav Freytag: «Bismarck kann selbständige Naturen nicht neben sich ertragen, und ich rate keinem Freunde, seinen Kopf in die Schlinge zu stecken.»[103] In der preußischen Abgeordnetenkammer befand Rudolf Virchow: «Der Herr Ministerpräsident gilt ja … als der eigentlich eiserne Mann, der Alles durchsetzen kann, und wenn er hier ins Parlament tritt, so stellt er sich so an, als wäre er der allerschwächste Mann, als wäre er ganz außer Stande, auch den kleinsten seiner Collegen zu dem zu bestimmen, was nach der Lage des Staates und der Politik notwendig ist.» Das jedoch sei bloßes Theater. Die Wirklichkeit sehe anders aus. «Es ist eine Abwirthschaftung der Persönlichkeiten. Das ganze System culminirt darin, daß man die Persönlichkeiten ruiniert ... Einer nach dem Andern wird niedergeworfen, wird nicht bloß hinausgesetzt, sondern auch noch nachträglich mit Spott und Hohn überschüttet ... Die Zahl der Persönlichkeiten, welche sich als mögliche Minister darbieten, wird immer kleiner; scheinbar stehen wir einem vollständigen Bankerott der Persönlichkeiten im Deutschen Reich gegenüber.»[104]

Was Treitschke, der Nationalliberale, und Virchow, der Fortschrittler, aus einiger Entfernung beobachteten, sah Lucius, der Freikonservative, aus nächster Nähe: «Die Neigung, aus jeder Kleinigkeit einen Konfliktfall zu machen, ist fast krankhaft und führt zu ewigen Friktionen. Er kann sich bei dieser Nervosität dem Reich und Staat nur erhalten, wenn er auf einen großen Teil seiner Tätigkeit verzichtet und selbständigen Kräften neben sich einen gewissen Spielraum gewährt. In ruhigen Momenten sieht er das ein und ist dann auch entschlossen.»[105] Doch Bismarcks ruhige Momente waren selten, und schon Mitte Juni mußte Lucius schockiert feststellen, daß dem Fürsten auch von seinen neuen Kollegen (mit Ausnahme Maybachs) keiner mehr recht war. «Hobrecht sei ein Leisetreter, welcher immer mit den Nationalliberalen Fühlung suche. Eulenburg sei ein Staatsanwalt, welcher immer sechs Gesetze dafür anführe, daß etwas nicht gehe. Stolberg klage über Mangel an Beschäftigung und doch könne er sich alles vorlegen lassen.» Im Oktober notierte Lucius: «Über seine Ministerkollegen ist er wieder sehr ungehalten und tut ihnen wohl etwas unrecht; wenigstens Graf Stolberg und Eulenburg, die nur äußerst widerstrebend in das Ministerium eintraten, verdienen seinen Unwillen nicht.»[106]

Mit der «Bennigsen-Kandidatur» begann eine kritische Phase der Beziehungen zwischen Bismarck und den Nationalliberalen. Die Zeit des Werbens war vorbei, und nun fanden beide Partner, daß sie eine schlechte Partie gemacht hätten. Der Fürst entdeckte zu seinem Verdruß, daß Bennigsen kein Staatsmann, sondern bloß ein «konstitutioneller Prinzipienreiter» sei, dem es an der Unabhängigkeit fehle, allein in die Regierung einzutreten, überdies stehe er zu stark unter Laskers Einfluß.[107] Bennigsen hingegen war im nachhinein froh, der Versuchung nicht nachgegeben zu haben. «Ich kann mir und meinen Freunden gratulieren, aus der ganzen Geschichte heil heraus zu sein, so nervös wie Bismarck jetzt ist, und bei der ganz unsinnigen Art, wie er die Geschäfte neuerdings betreibt und die Parteien behandelt, wäre nicht ein halbes Jahr mit ihm auszukommen gewesen.»[108] Seine Freunde waren ebenfalls erleichtert. «Wir alle sagten: Gott sei Dank!» berichtet Eduard Stephani.[109] Nachdem sie nun Bismarcks Liebkosungen zurückgewiesen hatten, machten die Liberalen sich auf die Konsequenzen gefaßt. Sie begannen, sich auf die Auflösung des Reichstags vorzubereiten.

Dennoch entschieden sie sich gegen eine «systematische Opposition» und beschlossen, jede Vorlage einzeln zu prüfen.[110] Sie nahmen deshalb das Stellvertretungsgesetz an, lehnten aber standhaft das Steuerprogramm der Regierung sowie den Plan zur Reorganisation der preußischen Ministerien ab. Am 2. März 1878 versuchte Bismarck, Bennigsen und Forckenbeck für das Tabakmonopol zu gewinnen, anfänglich mit Versprechungen (bot er Bennigsen noch einmal ein Ministerium an?), endlich mit Drohungen (er werde den Reichstag auflösen und, falls nötig, ohne ihn regieren; die Militärkonventionen zwischen Preußen und den anderen Staaten wären hinreichend, die Macht des Reichs zu sichern).[111] Ende des Monats erklärte Bismarck Kardorff, daß die Auflösung des Reichstags «unausbleiblich» sei, «denn mit einem Parlamente, das mir nicht die Einnahmen für das Reich gibt, die das Reich braucht, und das unter Einfluß von Leuten steht, die – gewiß mit redlicher Absicht – mit ihrer unparteiischen Ideologie alle meine Pläne kreuzen, kommen wir nicht weiter».[112] Doch dann scheint er wieder auf seine frühere Meinung zurückgekommen zu sein, daß es nichts nützen würde, den Reichstag wegen der Steuerfrage aufzulösen. «Man müsse jetzt ein wirtschaftliches Programm aufstellen und dasselbe in das Bewußtsein der Wähler einzuführen suchen, dann – nach anderthalb Jahren – könne man wirtschaftlich, nicht politisch wählen lassen.»[113] Julius Hölder sah die Sache ganz richtig, «es war Feuer im Dach».[114]

Reorganisation der Reichsexekutive

Die Annahme des Stellvertretungsgesetzes im März 1878 beschleunigte die endgültige Auflösung des Reichskanzleramts. Im Mai wurde die Reichskanzlei errichtet, das persönliche Sekretariat des Kanzlers, dessen erster Chef Tiedemann war. Im folgenden Jahr wurden die beiden noch verbliebenen Abteilungen des Reichskanzleramts umbenannt in Reichsschatzamt und Reichsamt des Innern. Das Problem der ferneren Verwendung Hofmanns löste sich, als dieser einwilligte, die Leitung des letzteren Amts im Verein mit dem preußischen Handelsministerium zu übernehmen. Es gab nun acht selbständige Reichsbehörden: Auswärtiges Amt, Admiralität, Reichspostamt, Sonderverwaltung für Elsaß-Lothringen, Reichseisenbahnamt, Reichsjustizamt, Reichsschatzamt und Reichsamt des Innern. Die Reichskanzlei, der nur drei, später vier Beamte angehörten, vermittelte Bismarcks Verkehr mit den Häuptern der sieben mit inneren Angelegenheiten befaßten Behörden. Der Staatssekretär des Auswärtigen Amts berichtete dem Kanzler direkt. Bismarcks lange Abwesenheiten aus Berlin verschafften auch der Reichskanzlei erhebliche Bedeutung, doch diejenige des alten Reichskanzleramts erlangte sie niemals, und ihr Chef verfügte nie über die Machtfülle, die Delbrück in seiner Hand vereinigt hatte.[115]

Bismarcks Pläne zur Neuordnung der preußischen Ministerien begegneten im Landtag der Opposition des Zentrums, der Fortschrittspartei und der Nationalliberalen. Was ihnen mißfiel, war die Form des Gesetzes (ein Nachtrag zum Budget), die Eile, mit welcher die Annahme der Vorlage von der Kammer erwartet wurde, und die Abwesenheit des Finanzministers, der die Vorlage hätte vertreten müssen. Im Dezember 1878 wechselten die nach ihren jüngsten Erfahrungen verstörten Nationalliberalen die Seiten und nahmen das Gesetz nach einigen Änderungen an.[116] Doch die kleineren Staaten hatten Vorbehalte gegen die «Personalunion», für welche diese Maßnahmen die Voraussetzungen schaffen sollten. Sie fürchteten «Interessenkonflikte» und die «offene preußische Vorherrschaft», die daraus resultieren würden, wenn preußische Minister mit Portefeuille gleichzeitig Leiter von Reichsbehörden, preußische Delegierte beim Bundesrat und zur Kontrasignatur berechtigte Stellvertreter des Kanzlers sein würden.[117]

Während der Jahre 1876–1879 kam Bismarck dem Ziel der unbestrittenen und uneingeschränkten Kontrolle der Exekutive der deutschen und preußischen Regierungen einen großen Schritt näher. Aus diesem Grund verlor er etwas das Interesse an strukturellen Veränderungen, die aus der schwerfälligen Regierungsmaschinerie, die er während der Jahre 1866–1867 konstruiert hatte, ein effizienteres Instrument hätten werden lassen können. Während der folgenden Jahre machte er dazu zwar wiederholt Anstalten, doch ohne jemals eine klare und dauerhafte Lösung des Problems der Koordinierung Preußens mit dem Reich zustande zu bringen, das noch seine Erben beschäftigen sollte. Anfang 1879 wollte Bismarck eine Einrichtung schaffen, «welche nach Analogie der in Einzelstaaten herkömmlichen Konferenzen der Gesamtministerien» die Mittel bieten sollte, «Angelegenheiten des Reichs aus den verschiedenen Ressorts in gemeinsamen Beratungen der Chefs der obersten Reichsbehörden unter dem Vorsitz des Reichskanzlers zu diskutieren und zur Beschlußfassung reif zu machen». Doch wurden dann nur zwei derartige Konferenzen abgehalten. Bei der zweiten, am 9. April 1879, gab er die Absicht bekannt, eine schärfere Trennung zwischen den exekutiven Körperschaften Preußens und des Reichs einzuführen, und befahl zu diesem Zweck, daß künftig präsidiale Gesetzesvorlagen (nämlich solche der Reichsbehörden) ohne vorherige Billigung durch die Minister der entsprechenden preußischen Ressorts an den Bundesrat gesandt werden sollten. Gleichzeitig beharrte er aber auf seinem Recht, als preußischer Außenminister das Votum der preußischen Vertreter im Bundesrat vorzugeben und alle Kommunikationen zwischen der preußischen und anderen deutschen Regierungen zu überwachen.[118] Die neue Aufwertung der Reichsexekutive auf Kosten des preußischen Staatsministeriums geht auch aus seiner Ernennung Hofmanns zum preußischen Handelsminister im März 1879 hervor. Maybach, der nun das Ministerium für öffentliche Arbeiten (Bismarcks neues Eisenbahnministerium) übernahm, wurde nicht zugleich mit der Leitung des Reichseisenbahnamts bedacht. Auch Friedberg mußte die Leitung des Reichsjustizamts abgeben, als er zum preußischen Justizminister ernannt wurde, weil anders eine «Mediatisierung des Reichs» stattgefunden hätte.[119] Offensichtlich hielt inzwischen Bismarck die Ämterhäufung in Personalunion für eine Gefährdung nicht nur des föderativen Prinzips, sondern auch seiner eigenen persönlichen Machtstellung im Angelpunkt des Verfassungsgleichgewichts.

Beim Versuch, die Beziehungen auf Regierungsebene zu ordnen, griff Bismarck in rastlosem Wechsel zu einem Notbehelf nach dem anderen, unfähig, eine zufriedenstellende und dauerhafte Struktur zu finden. Seine Versuche, rechtliche und verfassungsmäßige Beziehungen zu erklären und plausibel zu machen, waren oft widersprüchlich. Konsequent war nur sein Streben nach Vermehrung der eigenen Machtfülle in seinem ständigen Hin- und Herschieben von Personen, Ämtern, Ministerien, Parteien und Regierungen. Dazu trieben ihn sein narzißtischer Machthunger, die Sorge um die Stabilität der sozialen und politischen Ordnung und die stete Suche nach Wegen, auf denen die Konsolidierung vorangetrieben werden konnte. An der Realität der Gefahren, die er drohen sah, ist nicht zu zweifeln. Daß sie sich dann tatsächlich einstellten, lag jedoch nicht nur an ihrem eigenen Entwicklungspotential, sondern war auch eine Folge der beschränkten Voraussicht Bismarcks. Er hinterließ Deutschland eine Regierungsmaschinerie, deren Räderwerk wenig präzise ineinandergriff und deren Funktionsweise nicht einmal ihm selbst je ganz klar wurde – da er in ihr vor allem ein Instrument zur Befriedigung seines eigenen Machtwillens sah.

IV

Das Sozialistengesetz

Einer der über vierhundert Gäste einer parlamentarischen Soiree im März 1878 hat die Erscheinung des fast dreiundsechzigjährigen Fürsten Bismarck für die Nachwelt festgehalten: «Das Haar des Fürsten ist fast weiß, seine Gesichtsfarbe rötlich, vor allem aber ist Bismarck sehr korpulent, ja ich behaupte, daß er der umfangreichste Mann in der Gesellschaft war, obgleich es an einigen *embonpoints* nicht fehlte. Man kann es beobachten, wie in dem Fürsten oft eine nervöse Hitze aufsteigt, wenn er sich unterhält; auch scheint der Fürst oft an asthmatischen Beschwerden zu leiden, wenigstens unterbricht er zeitweise seine Rede, um tief Atem zu holen. Gesund ist leider unser Kanzler nicht, nur mit seiner großen Willenskraft setzt er es durch, sich über sein Leiden zu erheben und die schweren Aufgaben seines hohen Berufes zu erfüllen.»[1] An jenem Abend saß Bismarck zwischen zwei Pastoren im Wintergarten, und während «nach echt studentischer Weise dem ausgezeichneten Münchener Bier» in vollen Zügen «zugesprochen» wurde, brachte er die Frage ins Gespräch, «auf welche Weise er, der Reichskanzler, sein Podagra loswerden und seine von Tag zu Tag zunehmende Körperfülle aufs richtige Maß zurückführen könne; er werde jetzt so korpulent, daß er sich alljährlich neue Uniformen und Garderobe anschaffen müsse.»[2] Von 1874 bis 1879 nahm Bismarcks Gewicht von 103 auf 123 Kilogramm zu, vermehrte sich mithin um 20 Kilogramm.[3]

Gesundheitlich hatte Bismarck jedoch wenig bleibenden Gewinn von dem zehnmonatigen Urlaub 1877–1878. Im Februar und März 1878 nötigten ihn Schwächezustände, seine längeren Reden im Parlament sitzend zu halten, und einmal konnte er nicht zu Ende sprechen.[4] Die außenpolitische Rede am 19. Februar, in welcher er sich selbst Europa als «ehrlichen Makler, welcher das Geschäft zustande bringen will», anbot, war rhetorisch eine seiner besten Leistungen, obwohl er sie extemporierte. Später klagte er über «die Empfindung großer Mattigkeit, welche er während seiner Rede gehabt habe. Die Köpfe seien ihm wie schwarze Punkte erschienen ... Danach habe er keinen Bissen essen können und nicht geschlafen.» Doch als am folgenden Tag Lucius zum Essen zu ihm kam, hatte er seinen Appetit wiedergefunden. «Er verzehrte, selbst mit dem Messer tranchierend, eine halbe Pute und trank dazu eine Viertel bis eine halbe Flasche Kognak mit zwei bis drei Flaschen Apollinaris gemischt. Bei Tage könne er nichts genießen, weder Bier noch Champagner, dagegen bekomme ihm Kognak mit Wasser am besten. Er nötigte mich mitzutrinken, damit er nicht sähe, wie viel er konsumiere. – Man hat dabei die Besorgnis, daß solche Diätfehler plötzlich einen Schlaganfall herbeiführen könnten.»[5]

Am 27. März gestand er der Abgeordnetenkammer, daß er täglich nur wenige

Stunden arbeiten könne und seine Kontakte mit den anderen Ministern sehr beschränken müsse. Er beschwerte sich darüber, daß ihn andere gleichwohl als einen kerngesunden Menschen behandelten, «von dem Alles verlangt wird, was ein tüchtiger und gesunder Mensch bei Tag und Nacht hätte leisten können». Es sei, sagte er, «kein dankbares Gewerbe, sich bis zu diesem Grade mit seiner Person einzusetzen».[6]

Zwei Besucher trafen um diese Zeit den Reichskanzler in erbitterter und zynischer Laune an. Mit seinen Kräften und mit seiner Gesundheit habe er das für Deutschland Erreichte bezahlt, beklagte er sich bei Moritz Busch. «Wofür ihm das deutsche Volk dankbar sein sollte, statt sich im Reichstage von Leuten vertreten zu lassen, die in ihrer Eitelkeit und Eigenwilligkeit einander an Undankbarkeit zu überbieten bemüht sind.»[7] Von Neid und Mißgunst sprach er am Abend des 20. Februar 1878 auch gegenüber Lucius, dem er die Fabel von dem Mann erzählte, dem die Erfüllung jedes Wunsches unter der Bedingung versprochen wurde, daß sein ärgster Feind das gleiche in doppeltem Maße erhalten sollte, worauf der Mann sich wünschte, auf einem Auge zu erblinden. «Es ist ein merkwürdiger Charakterzug Bismarcks», bemerkte Lucius, «wie intensiv er Gedanken der Rache oder Wiedervergeltung für selbst erlittenes oder vermeintliches Unrecht pflegt. In seiner krankhaften Reizbarkeit empfindet er dabei manches als Unrecht, was als solches vielleicht von dem anderen gar nicht beabsichtigt war.» Lucius verstand, weshalb ein tüchtiger Mann wie Stolberg zögerte, in die von Bismarck geleitete Regierung einzutreten. «Das Sprungweise und Violente in der Entwicklung der Dinge» habe allerdings «für ruhige besonnene Leute etwas vom aktivem Eintritt Abschreckendes.»[8]

Im April 1878 plante Bismarck, zwei Wochen in Friedrichsruh zu verbringen, doch durch einen Rheumatismusanfall wurde seine Abreise aus Berlin bis zum 17. des Monats verzögert. Drei Tage nach der Ankunft im Sachsenwald erkrankte er an Gürtelrose, und Dr. Struck mußte aus Berlin herbeigerufen werden.[9] Am 6. Mai fand ihn der Baumschulexperte John Booth hinreichend kräftig, sich etliche neue Pflanzungen von ihm zeigen zu lassen, doch kostete die Besichtigung Bismarck offenkundig viel Mühe, und er hielt es nicht lange auf den Beinen aus. Beim Abendessen an diesem Tag war der Fürst ungewöhnlich still und sprach fast nur mit seinem Arzt über seine Gesundheit und was gegen die Neuralgie getan werden könne, die ihn nun wieder jede Nacht plagte.[10] Seine Genesung war noch wenig fortgeschritten, als aus Berlin eine bestürzende Nachricht eintraf, die sofortiges Handeln verlangte. Plötzlich schien die neue Ära in der deutschen Politik, nach der er seit 1875 Ausschau hielt, zum Greifen nahe.

Hödel und Nobiling

Am Nachmittag des 11. Mai 1878 gab Unter den Linden ein Arbeiter namens Max Hödel drei Revolverschüsse auf den Kaiser ab, als dieser in einem offenen Wagen mit seiner Tochter, der Großherzogin von Baden, vorüberfuhr. Die Schüsse verfehlten ihr Ziel, ohne sonst jemanden zu verletzen, und Hödel wurde bei dem Versuch, vom Tatort zu fliehen, verhaftet. Drei Wochen später, am 2. Juni, wurden aus einem Fenster im zweiten Stock des Hauses Nr. 18 in derselben Straße zwei Schrotschüsse auf ihn abgefeuert. Der Täter, Dr. Karl Nobiling, schoß sich bei seiner Verhaftung selbst in den Kopf. Wilhelm wurde, aus Verletzungen in der Wange, Kehle, Schulter und Hand stark blutend, ins Schloß zurückgebracht. «Ich begreife nicht, warum immer auf mich geschossen wird», äußerte er dort.[11] Die Verletzungen waren zwar schmerzhaft, lebensgefährlich aber nur wegen des hohen Alters des Einundachtzigjährigen. Hödel wurde vor Gericht gestellt, verurteilt und am 19. August hingerichtet, während Nobiling am 10. September der selbst zugefügten Verletzung erlag.

Hödel und Nobiling waren Psychopathen, die Aufmerksamkeit und Ruhm suchten. Beide litten vielleicht an Syphilis. Hödel, ein einundzwanzigjähriger Klempnergeselle aus Dresden, hatte zahlreiche Vorstrafen wegen kleinerer Delikte. Es ist nicht gewiß, ob er Wilhelm töten wollte (seine Aussagen waren widersprüchlich), und vielleicht war seine Tat rein demonstrativ, ein Theatercoup, der ihn selbst – oder wie er behauptete, das Los der Armen – in Szene setzen sollte. Nobiling hatte an den Universitäten in Halle und Leipzig Landwirtschaft und Nationalökonomie studiert. Zur Zeit des Attentats war er dreißig Jahre alt und beruflich erfolglos. Sein Vater, ein Domänenpächter, hatte Selbstmord begangen, einer seiner Brüder war vorbestraft. Von beiden Angeklagten waren Aussagen nur schwer zu erhalten, von Hödel wegen seiner geringen Intelligenz, von Nobiling, weil er wegen seiner Kopfverletzung nur selten vernehmungsfähig war. Es gibt keinen Hinweis darauf, daß die beiden Attentäter einander kannten oder Mitverschworene hatten.

Die beiden Verbrechen erregten ungeheures Aufsehen und allgemeine Empörung. Viele sahen in ihnen einen Beweis für eine weit verzweigte Konspiration gegen die Monarchie und die bestehende Gesellschaftsordnung. Andere glaubten, daß die Attentäter mindestens von der vergifteten Atmosphäre inspiriert gewesen seien, welche die sozialistische Agitation im Lande verbreitet habe. Daß die deutsche sozialistische Bewegung, genauso wie Karl Marx, individuelle Gewalttaten als kontraproduktiv für die Ziele des Sozialismus betrachtete, wurde entweder abgetan oder nicht geglaubt. Die Verschwörungstheorie wurde von dem beide Anklagen vertretenden Staatsanwalt, dem Sozialistenfresser Hermann Tessendorff, vorsätzlich unterstützt, denn bei seiner Untersuchung unterdrückte er alles, was nicht zu der Annahme sozialistischer Verbindungen der Täter paßte. Hödel hatte in der Tat einst in Leipzig der Sozialdemokratischen Partei angehört und Abonnenten für Parteizeitschriften geworben sowie sozialistische Schriften verteilt. Er war jedoch wegen Unterschlagung aus der Partei ausgestoßen worden. Später war er der Anarchistischen Liga und der neuen Christlich-Sozialen Arbeiterpartei des Hofpredigers Adolf Stoecker beigetreten, Vereinigungen, die in entschiedener Gegnerschaft zu den Sozialdemokraten standen. Nobiling hatte zwar in jungen Jahren zu sozialistischen Anschauungen geneigt, doch zuletzt war er als

Nationalliberaler aufgetreten und hatte sozialistische Veranstaltungen nur besucht, um die Redner durch Zwischenrufe zu stören. In einem seiner wenigen lichten Momente erklärte er: «Ich habe den sich meiner Ansicht nach zum Schaden des Volkes leiten lassenden Kaiser erschießen wollen, weil ich glaubte, der Kronprinz würde selbständiger und unbeeinflußter regieren.»[12] Aber die Bereitwilligkeit der Öffentlichkeit zu glauben, daß die Taten zweier geistesgestörter Einzelgänger ein Beweis für eine sozialistische Verschwörung seien, zeugt von dem hohen Maß an sozialen Spannungen und Ängsten, das sich im Gefolge der nun schon seit fünf Jahren andauernden Wirtschaftskrise, der zunehmenden sozialistischen Agitation und der jüngsten Wahlerfolge der Sozialdemokratischen Partei in Deutschland aufgestaut hatte. Der Bericht eines Sozialisten über die Vorgänge in Halle beim Eintreffen der Nachricht von Hödels Attentat am Abend des 11. Mai ist vielsagend. «In der Stadt strömten ungeheure Menschenmassen auf den Straßen auf und ab, und der Marktplatz glich einem wildsummenden, brodelnden Kessel voll erregter Menschen. Die einen beteten, die anderen sangen: ‚Nun danket alle Gott.‘ Andere wußten den Verlauf des Attentats noch nicht genau und fragten ständig: ‚Ist er tot, ist er tot?‘ Von allen Kirchen läuteten die Glocken und in förmlicher Verzückung liefen viele mit entblößtem Kopfe herum und schlugen in blinder Wut anderen die Kopfbedeckung herunter.» Gäste, die aus einem Restaurant kamen, das als Treffpunkt der Sozialisten bekannt war, wurden von einer aufgeregten Menschenmenge verfolgt. «Diese Tobsuchtstimmung hielt mehrere Tage an.»[13]

In Friedrichsruh traf die Nachricht von den Schüssen Hödels innerhalb einer Stunde nach dem Ereignis ein. Am Abend des Tages erhielt Tiedemann in Berlin, wo er eben damit beschäftigt war, auf Grund der Auskünfte eines unzuverlässigen Spitzels[14] einen Bericht über eine sozialistische Verschwörung zu verfassen, ein Telegramm aus Friedrichsruh, das anfragte: «Sollte man nicht von dem Attentat Anlaß zu sofortiger Vorlage gegen Sozialisten und deren Presse nehmen?» Als zwei Tage später die Angelegenheit im preußischen Staatsministerium erörtert wurde, brachte Bismarcks Sohn Herbert eine weitere Botschaft aus Friedrichsruh: «Wir sind es dem Land und unserer Pflicht schuldig, wenigstens den Versuch zu machen, hier durch die Gesetzgebung Remedur zu schaffen. Wenn die Landesvertretung uns darin hemmt, so sind wir außer Schuld, – das sind wir aber nicht, wenn wir die Sachen gehen lassen ohne auf Abhilfe zu sinnen und sie beim Reichstage praktisch zu beantragen. Lehnt es der Reichstag ab, der Regierung die Niederhaltung der Sozialdemokratie zu erleichtern, so muß man in der nächsten Session wieder darauf zurückkommen. Für die nächsten Wahlen kann es jedenfalls nur nützlich sein, wenn man den Reichstag jetzt nötigt, angesichts des Attentates, Stellung zu nehmen zu einer Vorlage gegen die sozialistischen Umtriebe.»[15] Seit dem Zusammenbruch der Bennigsen-Kandidatur erwog Bismarck die Auflösung des Reichstags. Jetzt hatte ihm Hödel für den folgenden Wahlkampf ein hervorragend geeignetes Thema beschert.

Das Thema war nicht neu, obwohl Hödels Initiative dem Kanzler die Möglichkeit gab, es in neuem dramatischen Lichte zu präsentieren. Während des Winters 1875/1876 hatte die Regierung sich vergeblich um die Annahme eines Zusatzes zum Strafgesetzbuch bemüht, der die Bestrafung von Personen, die durch Anreizung zum Klassenkampf oder Angriffe auf die Institutionen der Ehe, der Familie und des Besitzes den öffentlichen Frieden störten, mit Geld- und Haftstrafen vorsah. Auch bei dieser Gelegenheit hatte Bismarck den Reichstag zwingen wollen, zum Problem der Subversion Stellung zu nehmen. 1878 jedoch stieß Bismarck auf Widerstand nicht erst im Reichstag, sondern schon im Staatsministerium. Friedenthal und Leonhardt wandten sich ausdrücklich gegen seinen Vorschlag. Doch auch Hobrecht, Falk und Eulenburg zweifelten an der Klugheit, ein Ausnahmegesetz gegen Sozialisten vorzulegen. Sie sahen die Ablehnung einer solchen Vorlage durch den Reichstag voraus und glaubten, daß man bei intensiverer Anwendung der bestehenden Gesetze die Subversion wirksamer bekämpfen könne. Friedenthal wurde in diesem Sinn in Friedrichsruh vorstellig, zog aber bei der Debatte mit dem Fürsten wie gewöhnlich den kürzeren. «Der Fürst … beharrte auf seiner Ansicht, daß man die Sozialdemokratie nur wirksam ins Herz treffen könne, wenn man berechtigt sei, über die Barrieren hinwegzusetzen, die die Verfassung in übergroßer doktrinärer Fürsorge zum Schutze des Einzelnen und der Parteien in den sogenannten Grundrechten errichtet habe. Der Sozialdemokratie gegenüber befinde sich der Staat im Zustande der Notwehr. In der Notwehr aber dürfe man nicht zimperlich in der Anwendung der Mittel sein – *à corsaire corsaire et demi!*»[16]

Am 16. Mai kehrte Botho von Eulenburg von einem Besuch in Friedrichsruh mit dem Entwurf eines Ausnahmegesetzes zurück, dessen Vorlage der Kanzler für die «unausweichliche Pflicht» der Regierung erklärte. Das Gesetz sollte den Bundesrat ermächtigen, vorbehaltlich einer späteren Billigung der Maßnahme durch den Reichstag, Publikationen und Organisationen, welche die Ziele der Sozialdemokratie verfolgten, zu unterdrücken. Ebenso sollten die örtlichen Polizeibehörden befugt werden, sozialistische Versammlungen aufzulösen, die Verteilung sozialistischer Propagandaschriften in der Öffentlichkeit zu verbieten sowie Teilnehmer an verbotenen Treffen und Versammlungen zu inhaftieren. Angesichts des Ultimatums aus Friedrichsruh blieb nur Hobrecht bei seinen Bedenken.[17] Ohne formelle Abstimmung wurde die Vorlage an den Bundesrat weitergeleitet, der sie am 17. Mai gegen die Stimmen allein Bremens und Hamburgs annahm.[18] Bei der Fraktionssitzung der Nationalliberalen am 21. Mai wurden entgegengesetzte Meinungen zu der Vorlage laut. Wieder einmal bewies Bennigsen sein Geschick, Kompromisse herbeizuführen. Man beschloß, die Vorlage abzulehnen, aber die Möglichkeit weiterer Gesetzgebung in der Sache offenzulassen.[19]

In der Kammer übernahm es Bennigsen, die Stellungnahme seiner Partei zu erläutern. Wie die Regierung, erklärte er, sei man sich der «Gefahr der anwachsenden sozialdemokratischen Bewegung» bewußt und entsprechend «der Notwendigkeit, den Übergriffen und Ausschreitungen dieser Bewegung entgegenzutreten». Nicht billigen aber könne man das Bestreben der Regierung, dabei auf

Grund von Ausnahmegesetzen zu verfahren. Viele der den Sozialdemokraten in der Vorlage unterstellten und mit dem Verbot bedrohten Ziele seien ja solche, «von denen, ich möchte sagen, jeder Menschenfreund, jede wohlmeinende Regierung einen Teil auch unter ihre Aufgaben aufnimmt». Schließlich seien doch wohl «die Verbesserung der arbeitenden Bevölkerung in ihrer wirtschaftlichen Stellung ... die Verfolgung von Maßregeln, welche der Massenverarmung entgegentreten», Anliegen jedes humanen Gesetzgebers. Ausnahmegesetze wie die Karlsbader Beschlüsse hätten wenig getan, die Ausbreitung subversiver Ideen zu verhindern, sondern nur die Beziehungen zwischen der Regierung und dem Volk vergiftet. Die von der Regierung beanspruchte diktatorische Gewalt würde nur Mitleid mit deren Opfern wecken. Zudem sei «noch niemals seit dem Bestehen des Norddeutschen Bundes und seit dem Bestehen der preußischen Verfassung im Deutschen Reiche und im preußischen Staat» die Regierung zur Ausübung einer derartigen diktatorischen Gewalt so wenig tauglich gewesen wie gegenwärtig, so Bennigsen weiter. «Der bedeutende Mann, welcher als Ministerpräsident in Preußen an der Spitze der verantwortlichen Regierung steht und als Kanzler allein verantwortlich die Geschäfte des Deutschen Reichs zu leiten hat, ist seit mehr als Jahr und Tag schwer leidend, so daß er trotz aller Anstrengung und aufopfernden Hingebung doch nur einen Teil der Geschäfte führen kann, welche ihm durch Verfassung und Gesetz anvertraut sind ... Wenden wir unsern Blick nach Preußen, es tut mir leid, das aussprechen zu müssen, ich kann es aber nicht unterlassen: in Preußen ist die Ministerkrisis in Permanenz.» Am 24. Mai stimmten nur die beiden konservativen Parteien für die Vorlage, die mit 251 zu 57 Stimmen abgelehnt wurde.[20]

Tiedemann, der unterdessen nach Friedrichsruh gerufen worden war, bemerkte erstaunt, daß die Nachricht von dieser Niederlage den Fürsten einigermaßen kalt zu lassen schien. «Während er sonst, wenn die Reichstagsmajorität seine Zirkel störte, mit kaustischen Redewendungen nicht zu sparen pflegte, um seinem Unmute Luft zu machen, beschränkte er sich diesmal auf einige humoristische Bemerkungen über die unglücklichen Minister, die die verfehlte Vorlage hatten verteidigen müssen. Ob er so gleichmütig geblieben wäre, wenn er während des Kampfes selbst in der Bresche gestanden hätte, will ich dahin gestellt sein lassen. Offenbar glaubte er, daß die Frucht noch nicht reif genug sei, um gewaltsam vom Baume geschüttelt zu werden und daß man der öffentlichen Meinung Zeit lassen müsse, sich auf weitere durchgreifendere Maßregeln vorzubereiten. Von einer Auflösung des Reichstags als Antwort auf die schroffe Ablehnung der Vorlage war jedenfalls mit keiner Silbe die Rede.» Tiedemann hielt es für möglich, daß die ihm am 21. Mai überbrachte Einwilligung des Zaren in die Einberufung eines Kongresses zur friedlichen Beilegung der Balkankrise nach Berlin «kalmierend auf seine Stimmung» wirkte. «So wenig auch der Fürst Bismarck (um seinen eigenen Ausdruck zu gebrauchen) mit der Hypothek der Eitelkeit belastet war, so sehr mußte es ihn doch mit Genugtuung erfüllen, daß ihm jetzt eine Aussicht eröffnet war, gewissermaßen als Schiedsrichter Europas in Tätigkeit zu treten.»[21]

Als am 2. Juni die telegrafische Meldung des von Nobiling verübten Mordanschlags in Friedrichsruh einging, war Bismarck, dessen Genesung nun täglich fortschritt, eben mit seinen beiden neu erworbenen Hunden Tyras und Rebekka auf einem Spaziergang im Wald. Tiedemann ging ihm auf seinem Rückweg entgegen und sah ihn langsamen Schritts im Sonnenschein über ein freies Feld daherkommen. Der Fürst war in heiterster Laune und sprach von der wohltuenden Wirkung, die die lange Bewegung in der Waldluft auf seine Nerven gehabt habe. Nach einer kleinen Pause sagte dann Tiedemann, es seien einige wichtige Telegramme eingetroffen. «Es ist wieder auf den Kaiser geschossen worden, und diesmal haben die Schüsse getroffen.» Bismarck blieb mit einem Ruck stehen. «Er stieß in heftiger Bewegung seinen Eichenstock vor sich in die Erde und sagte tief aufatmend, wie wenn ein Geistesblitz ihn durchzuckte: ‚Dann lösen wir den Reichstag auf!'» Erst dann erkundigte er sich nach den Einzelheiten. Eilig kehrten die beiden Männer ins Haus zurück, wo Bismarck sofort Vorbereitungen für die Rückkehr nach Berlin am folgenden Morgen treffen ließ. Während der Fahrt nach Berlin am 3. Juni konnten die Reisenden überall die ungeheure Erregung beobachten, die Nobilings Attentat in ganz Deutschland hervorgerufen hatte. «Die wildesten und unglaublichsten Gerüchte durchschwirrten die Luft und wurden kritiklos weiterverbreitet.» So hieß es, daß auch auf den Kronprinzen geschossen worden sei, daß Prinz Friedrich Karl verletzt sei; daß man unter dem königlichen Schloß Minen entdeckt habe. Bei der Ankunft in Berlin war Bismarck derart beunruhigt, daß er sofort Tiedemann zu Kameke, dem Kriegsminister, schickte und anfragen ließ, ob Schritte unternommen worden seien, die Berliner Garnison gegen einen eventuellen Aufstand zu verstärken. Am Abend seiner Ankunft besuchte Bismarck auf einige Minuten den Kaiser, der guten Mutes war, wenn auch empört darüber, daß man mit Schrot auf ihn geschossen habe. «Wenn es nur eine ehrliche Kugel gewesen wäre», sagte er. «Der Fürst teilte diese Empfindung. Den beiden waidgerechten Jägern schien das Attentat noch deshalb so besonders nichtswürdig, weil man auf den edlen Monarchen wie auf ein Stück niederen Wildes geschossen hatte».[22]

Auflösung des Reichstags

Im Sommer 1878 erfuhr Bismarcks Ruf, der größte Diplomat Europas zu sein, eine neue, glänzende Bestätigung. Während eines ganzen Monats – vom 13. Juni bis zum 13. Juli – war Berlin die Hauptstadt Europas, während dort die Staatsmänner der Großmächte, denen er als «ehrlicher Makler» diente, versuchten, ihre Differenzen auf dem Balkan friedlich beizulegen. In auswärtigen Angelegenheiten schien sein Talent für Deutschland, ja für Europa unentbehrlich. Doch zur gleichen Zeit waren Zweifel an seiner Fähigkeit, die inneren Angelegenheiten Deutschlands wirksam zu ordnen, verbreiteter denn je. Verständigen Beobachtern der unterschiedlichsten politischen Überzeugungen schien die Maschinerie des Staates zusammenzubrechen. Die schon jahrelang andauernde Depression hatte die soziale Not in gefährlichem Maße verbreitet und verschärft. Die Arbeiter waren aufsässig und die Bürger verängstigt. Die öffentlichen Finanzen standen vor einer Krise. Der Mann, dessen Hauptaufgabe die Lösung dieser Probleme war, war ständig krank, gewöhnlich abwesend aus der Hauptstadt und konnte sich nur bestenfalls einige Stunden täglich den Staatsgeschäften widmen. Er stand zudem nicht in gutem Einvernehmen mit seinen Kollegen im preußischen Staatsministerium. Seine Angriffe gegen diese in der Presse und im Parlament hatten eine anscheinend permanente Ministerkrise herbeigeführt. Geeigneten Ersatz für die aus der Regierung scheidenden Minister zu finden wurde immer schwieriger. Der Kanzler schien außerstande zu sein, die komplizierte Maschinerie des preußisch-deutschen Staates den von ihr erwarteten Dienst wirksam verrichten zu lassen, was um so mehr Anlaß zur Besorgnis gab, als diese Maschinerie von keinem anderen als von ihm konstruiert worden war. Seine bevorzugte Lösung für das Problem war autoritär – seine eigene Macht auf Kosten seiner Kollegen und des Parlaments zu vermehren.

Unter diesen Umständen begannen sich sogar Liberale des rechten Parteiflügels zu fragen, ob das Regierungssystem nicht umgebaut werden solle, ob nicht die Einführung einer parlamentarischen Demokratie der Regierung neues Blut zuführen und durch Schließung der Lücke zwischen Reichstag und Reichsexekutive den Bewegungen des Staatsapparats mehr Schwung und größere Wirksamkeit verleihen könne. Freilich schien der über achtzigjährige Hohenzoller, der auf den Thronen sowohl Preußens als auch des Reichs saß, von der inneren Krise seines Regimes nichts zu ahnen und mehr denn je an dem Mann festzuhalten, der ihn durch die Untiefen und Riffe der sechziger Jahre in seine jetzige hohe Stellung in Deutschland und Europa gelotst hatte. Doch die Wilhelm verbleibende Zeit schien kurz bemessen zu sein und, in Anbetracht seines Gesundheitszustands, die Bismarcks vielleicht auch. Überdies schienen die wachsende fiskalische Krise und die Notwendigkeit neuer Steuern den Liberalen Druckmittel an die Hand zu geben, mit denen die Forderung nach einer Verfassungsreform durchgesetzt werden konnte. Dies war die Lage, als die Schüsse Hödels und Nobilings fielen. Tagelang konnten die fassungslosen Oppositionspolitiker nur murmelnd einräumen: «Dieser Bismarck hat wirklich ein Schweineglück.»[23]

Tiedemanns Bericht über Bismarcks erste Reaktion auf das Attentat ist schon häufig Gegenstand von Betrachtungen über die daraus erhellenden Charakterzüge und Absichten des Kanzlers gewesen. Kaum hatte er gehört, daß der Kaiser durch einen Attentäter verwundet worden sei, beschloß er, den Reichstag aufzulösen. Zu diesem Zeitpunkt wußte er nichts über die Identität des Attentäters oder dessen politischen Hintergrund, ja nicht einmal das Ausmaß der vom Kaiser erlittenen Verletzungen war ihm bekannt. Daß er an die politischen Konsequenzen des Attentats zuerst dachte, noch ehe er sich nach dem Befinden des Opfers erkundigte, ist sicherlich bezeichnend für ihn, jedoch nicht an sich schon ein Beweis für Herzlosigkeit und Mangel an Mitgefühl.[24] Am 3. Juni stattete er seinem «Lehnsherrn» einen kurzen Besuch ab, und nachdem er das Krankenzimmer verlassen hatte, wo der würdige alte Herr in Binden gewickelt lag, unfähig zu sprechen oder seinen Namen zu schreiben, blieb der eiserne Kanzler draußen auf dem Gang eine Zeitlang weinend in einer Fensternische stehen. Am folgenden Tag fand ihn die Baronin Spitzemberg noch immer sichtlich erschüttert.[25] Es besteht auch kein Grund zu Zweifeln an der tiefen Sorge des Kanzlers über das doppelte Problem der sozialen Not und Subversion. Die Quellen verraten, daß er seit seinen Gesprächen mit Wagener und Lassalle während der Jahre 1862–1863 die soziale Frage nie ganz aus den Augen verloren hatte und daß seine diesbezügliche Besorgnis nach 1871 zunahm. Dabei hielt er auch stets an der Strategie fest, zugleich auf soziale Reformen und auf polizeiliche Repression zu setzen.[26] Aber dennoch bleibt unbestreitbar, daß sein erster Gedanke bei der Nachricht von dem Attentat der Frage galt, wie er die sich bietende Gelegenheit ausnutzen konnte, um die Linksliberalen in die Enge zu treiben. Seit Wochen rang er ja mit dem Problem, eine Reichstagsmajorität für die von ihm geplanten neuen Steuern zu finden. Plötzlich schien die Lösung in Sicht. «Jetzt habe ich die Kerle!» soll er ausgerufen haben. «Durchlaucht meinen die Sozialdemokraten?» fragte jemand. Und er erhielt die Antwort: «Nein, die Nationalliberalen!»[27]

Bezeichnenderweise eröffnete Bismarck die Ministersitzung am 4. Juni, die erste seit Nobilings Attentat, mit Bemerkungen über die eigene Gesundheit. Seine Verfassung sei noch zu schlecht, sagte er, als daß er seine Pflichten schon in vollem Umfang wieder aufnehmen könne. Das Mißtrauensvotum der Reichstagsmajorität während der Debatte über das Sozialistengesetz im Mai habe ihn abermals daran denken lassen, seinen Abschied zu nehmen. Angesichts von Nobilings Attentat sei daran freilich nicht mehr zu denken. Erforderlich sei nun ein neues und ausgreifenderes Ausnahmegesetz, das auch den Schutz von Eigentum, Ehe und Familie gewährleiste (ähnlich dem schon früher vorgelegten «Kautschukparagraphen»), und dem Staat die Möglichkeit gebe, Sozialisten das Auftreten an bestimmten Orten und in bestimmten Bezirken zu verbieten, sie im Bedarfsfall zu internieren sowie ihnen den Besitz und das Tragen von Waffen ohne besondere polizeiliche Erlaubnis zu verbieten. Schließlich befürwortete er die sofortige Auflösung des Reichstags, weil die allgemeine Empörung über Nobilings Attentat das schon jetzt ohne weiteres verständlich erscheinen lassen werde und die Nationalliberale Partei der Regierung des Vertrauen entzogen habe. Er werde sich jedoch, sagte er, dem Willen der Kabinettsmehrheit beugen, wenn die Minister versuchen wollten, die erforderlichen Gesetze in dem bestehenden Parlament durchzusetzen. Als dann aber offenbar wurde, daß die Mehrheit seiner Kollegen eben dazu neigte, vertagte Bismarck die Sitzung, vorgeblich um die Ankunft des Grafen Stolberg, des neuen Vizepräsidenten des Staatsministeriums, abzuwarten und sich mit dem Kaiser oder dem Kronprinzen zu beraten. Am folgenden Tag erhoben nur noch Friedenthal, Eulenburg und Hobrecht Einwendungen gegen die sofortige Auflösung des Reichstags. Das Kollegialverfahren gestattete Bismarck jedoch, dem Kronprinzen den Willen zur Auflösung des Reichstags als Wunsch

Kronprinz Friedrich Wilhelm um 1875

Kaiser Wilhelm I. im Sommer 1878, während der Erholung von Nobilings Anschlag in Bad Ems. In seiner Begleitung Bismarcks späterer Leibarzt Schweninger

des gesamten Staatsministeriums darzustellen.[28] Er habe die Hödel-Vorlage seinen Kollegen «nur abgerungen», erklärte er später Lucius.[29]

Die Minister, die gegen die Auflösung des Reichstags waren, behaupteten, die Maßnahme sei unnötig, weil jetzt auch der bestehende Reichstag unter dem Schock von Nobilings Attentat dem Sozialistengesetz bei dessen Wiedervorlage zustimmen würde. Kronprinz Friedrich Wilhelm, bei dem die letzte Entscheidung lag, sah dies ähnlich. Friedrich Wilhelm war auf die Nachricht von Nobilings Attentat eilends aus England nach Berlin zurückgekehrt, möglicherweise in der Erwartung, während der Regierungsunfähigkeit des verwundeten Vaters die Regentschaft übernehmen zu müssen. Doch Wilhelms Verletzungen waren nicht schwer genug, die Einsetzung eines Regenten erforderlich zu machen, und so befahl der Kaiser, mutmaßlich auf Bismarcks Anraten, seinen Sohn als seinen Stellvertreter einzusetzen, eine Stellung, die Wilhelm während der Regierungsunfähigkeit seines Bruders Friedrich Wilhelm IV. selbst einmal innegehabt hatte. Friedrich Wilhelm gab sich damit zwar zufrieden, doch er nahm es Bismarck sehr übel, daß dieser ihn nicht über die Audienz am 4. Juni, während welcher die Entscheidung getroffen wurde, informiert hatte. Es kam zu einer unerfreulichen Begegnung, bei welcher, einem Zeugen zufolge, «der Kronprinz Bismarck aufforderte, nicht zu vergessen, mit wem er rede». Doch bei einer Kronratssitzung am 5. Juni billigte Friedrich Wilhelm die Auflösung des Reichstags. Obwohl er für die Abschaffung der Todesstrafe war, unterzeichnete er auch das über Hödel gefällte Todesurteil.[30] Nachdem er einmal die Würde seiner Stellung mit Nachdruck geltend gemacht hatte, fügte sich Friedrich Wilhelm, wie sein Vater vor ihm schon so häufig, Bismarcks Willen. Seit seinem Aufbegehren im Jahr 1863 war viel geschehen. Offensichtlich war er nicht mehr fähig, wenigstens unter den gegebenen Umständen nicht, einen offenen Bruch mit «diesem Mann» herbeizuführen.

Nach der Verfassung war der Bundesrat befugt, auf Antrag des Kaisers oder seines Stellvertreters den Reichstag aufzulösen. Wie die meisten preußischen Minister bezweifelten auch die Minister anderer deutscher Regierungen (so diejenigen Bayerns und Badens) die Notwendigkeit dieser Maßnahme. Bismarck erhob die Angelegenheit zu einer Vertrauensfrage. «Wenn die einzelnen Regierungen ihn in dieser ersten Entscheidung im Stich ließen, so könne er, als nicht mehr im Besitz des ihm bisher geschenkten Vertrauens, sein Amt nicht weiter führen und nur noch als letzte Amtshandlung im Interesse der Sicherheit Deutschlands Seiner Majestät dem Kaiser wie gesagt vorschlagen, in einer jetzt noch nicht zu bemessenden Ausdehnung den Kriegszustand zu verhängen. Von gewisser Seite endlich ist die Frage angeregt, was die Landtage der Einzelstaaten zur Auflösung des Reichstages sagen würden. Der Herr Reichskanzler ist überzeugt, daß keine der verbündeten Regierungen sich von einer solchen Rücksicht in einer, das Reich und dessen Institutionen betreffenden Entscheidung leiten lassen werde. Wäre dies aber doch der Fall und Preußen bliebe einer solchen Auffassung gegenüber mit seinen Anträgen in der Minorität, so wäre das eben nur ein Beweis, daß die

Reichsverfassung fehlgegriffen habe und der Revision bedürftig sei» – eine Revision mit offenkundigen Konsequenzen für das förderative System. Die Folgen eines Scheiterns des Antrags auf Auflösung des Reichstags im Bundesrat, so deutete er der Regierung von Baden dunkel an, würden einzelne Staaten schwerer treffen als das Reich und dessen Einrichtungen. Zögernd fügten sich angesichts solcher Drohungen die unwilligen Regierungen. Der Bundesrat beschloß einstimmig die Auflösung.[31] Dennoch bekam Bismarck nicht alles, was er wollte. «Bismarck wollte erst den Belagerungszustand, dann statt desselben sechs Regimenter hierher verlegen, die tüchtig patrouillieren und schon durch ihre Anwesenheit dem Mob imponieren», notierte am 13. Juni die Baronin Spitzemberg in ihrem Tagebuch, «das war beim Kriegsminister nicht durchzusetzen». Ebensowenig durchzusetzen waren andere Maßnahmen, die er forderte, so «daß jeder, der hierher ziehe, eine Paßkarte haben müsse, für deren Vorhandensein der Hausvermieter einstehe», und die Verstärkung der Schutzpolizei in Berlin um 1000 Mann. Bismarck beklagte sich lebhaft über die «Feigheit», die «beschränkte Gesetzlichkeit» und die «Zauderei» seiner Kollegen: «Wenn ich nicht staatsstreichere, setze ich nichts durch.»[32]

In seinen Memoiren berichtet Bismarck von den bösen Ahnungen, die ihn befielen, als seine Kollegen im Staatsministerium gegen die Auflösung des Reichstags stimmten. Sie schienen über die Bereitschaft der Nationalliberalen, unter den geänderten Umständen den Widerstand gegen das Sozialistengesetz aufzugeben, so gut informiert zu sein, daß er dadurch seinen Verdacht bestätigt fand, «daß man sich über die Teilung seiner Erbschaft bereits verständigt habe. Wie in der Nacht beim Gewitter jeder Blitz die Gegend deutlich zeigt, so gestatteten auch nur einzelne Schachzüge meiner Gegner die Gesamtheit der Situation zu überblicken.» Seine Gegner schienen ihm ein «Cabinet Gladstone» zu wollen mit Stosch, Eulenburg, Friedenthal, Camphausen und vielleicht sogar Windthorst. Die Frage, ob ein solches Kabinett, einmal zustande gebracht, in sich haltbar gewesen wäre, schienen sich die Verschwörer gar nicht vorgelegt zu haben. «Der Hauptzweck war der negative, mich zu beseitigen, und über den waren einstweilen die Inhaber der Antheilscheine auf die Zukunft einig. Jeder konnte nachher wieder hoffen, den Andern hinauszudrängen, wie das bei uns im System aller der heterogenen Coalitionen liegt, die nur in der Abneigung gegen das Bestehende einig sind. Die ganze Combination hatte damals keinen Erfolg, weil weder der König noch der Kronprinz für dieselbe zu gewinnen waren.»[33]

Mit diesen Bemerkungen wollte Bismarck, als er sie in den neunziger Jahren niederschrieb, offenkundig Wilhelm II. in ein schlechtes Licht setzen im Vergleich zu seinem Vater und Großvater – Loyalität ihm selbst gegenüber war für Bismarck ein unfehlbares Kriterium politischer Weisheit. Doch darf man wohl annehmen, daß sie zugleich richtig wiedergeben, was er im Sommer 1878 dachte. Wieder einmal fühlte er sich damals isoliert und einem fast paranoiden Mißtrauen ausgeliefert, in welchem er eine höchst unwahrscheinliche Koalition politischer Feinde zu seinem Untergang verschworen glaubte.[34] Bei einem Diner, das er während des Berliner Kongresses am 24. Juni 1878 den auswärtigen Diplomaten gab, erzählte Bismarck seinen Gästen in kurzen Zügen die preußische Geschichte und hob hervor, «wie jeder Souverän» (sic!) seit dem Großen Kurfürsten anfangs freudig begrüßt und am Ende seiner Laufbahn gehaßt worden sei. So gehe es ihm auch selbst. Er erzählte dann seine politische Laufbahn und erklärte, jetzt froh zu sein, «wieder unpopulär zu werden».[35]

Die Wahl des Jahres 1878

Frühere Wahlen hatten die deutschen Liberalen die Vorzüge des allgemeinen Wahlrechts schätzen gelehrt; mit der Wahl von 1878 lernten sie dessen Gefahren kennen. Nationaler Patriotismus, wie er von 1867 bis 1874 den Wählern die Nationalliberalen empfohlen hatte, wurde nun plötzlich die Stärke der Regierung und der konservativen Gegner der Liberalen. Am 27. Juni erschien in der offiziellen *Provinzial-Correspondenz* ein Artikel über die Absichten und Wünsche der Regierung angesichts der Wahlen, den man als das Wahlprogramm des Reichskanzlers betrachten darf. Der zunächst von einem Pressesekretär aufgesetzte Text wurde zweimal von Bismarck persönlich durchgesehen und revidiert.[36] Die endgültige Fassung erklärte rundheraus, daß die Regierung sich eine zuverlässige Mehrheit im Reichstag auf Kosten der Nationalliberalen Partei verschaffen wolle. Da diese Partei Mehrheiten mit der rechten wie der linken Seite der Kammer ebenso wie mit deren Mitte bilden könne, nehme sie eine beherrschende Stellung ein, die nur so lange toleriert werden dürfe, wie die Nationalliberalen den Wünschen «der Regierungen» entgegenkämen.[37] Daran aber müsse seit dem Frühjahr 1878 gezweifelt werden. Anstatt mit der Regierung zusammenzuarbeiten, beanspruchten die Liberalen nun das Recht, Regierungsvorlagen zu revidieren und zu billigen, ehe diese auch nur in die Kammer gelangten. Keine Regierung würde aber eine derartige Bevormundung durch eine Partei hinnehmen, die nicht einmal die Mehrheit im Parlament besitze.

Schließlich nahm das Manifest ein noch kleineres Ziel ins Visier. Innerhalb der Nationalliberalen Partei habe deren linker Flügel die Führung übernommen, wurde da behauptet, mit dem Ergebnis, daß die Partei nun gewöhnlich mit der Fortschrittspartei gemeinsame Sache mache. Diese Koalition habe schon seit Jahren die Bemühungen der Regierung behindert, der radikalen Agitation einen Riegel vorzuschieben, zuletzt mit der Ablehnung des Sozialistengesetzes im Mai. Es sei «unbestreitbar», daß seit 1862 die Fortschrittspartei dem Sozialismus mit der systematischen Untergrabung aller Pfeiler des monarchischen Staates den Weg gebahnt habe. Zusammen mit den ultramontanen Gegnern der Autorität des Staates hätten die Fortschrittler die Voraussetzungen für den sozialistischen Ansturm auf Recht, Ordnung und Moral geschaffen. Menschen, die in dieser Atmosphäre und von solcher «Nahrung» lebten, verlören jeden Wertbegriff und sogar den Respekt vor dem hochverehrten und geliebten Kaiser. Erst nach der

Verwundung des Herrschers hätte die Nationalliberale Partei sich unter dem Druck der öffentlichen Meinung zu der Einsicht bequemt, daß neue Gesetze notwendig seien. Ob die Regierungen nun ihre Beziehungen zu den Gemäßigten innerhalb der Partei fortsetzten oder nicht, werde davon abhängen, ob diese bereit seien, ihre Beziehungen zu den Fortschrittlern abzubrechen und die Vorherrschaft Laskers, Bambergers und ihrer Anhänger abzuwerfen, die ja in Wirklichkeit nur als Nationalliberale maskierte Fortschrittler seien. Von den gemäßigten Nationalliberalen müsse erwartet werden, daß sie während der Wahlkampagne deutlich machten, daß sie die Landesregierungen zu unterstützen bereit seien – und das nicht nur aus opportunistischen Beweggründen des Augenblicks, sondern im Interesse der dauerhaften Sicherheit des Staates.

Um den «Zusammenbruch unserer monarchischen und politischen Ordnung» zu verhüten, war Bismarck gewillt, so las man, sich einer Reihe von schwierigen Kämpfen zu stellen. Der Reichstag würde so oft aufgelöst werden, bis die Wähler die Versuche linksliberaler Abgeordneter, die Macht zu ergreifen, desavouierten. Das mangelnde Verständnis der Abgeordneten für das Programm der Regierung, welches eine Senkung der direkten Steuern, ein Tabakmonopol und die Liquidierung der Matrikularbeiträge vorsah, beweise deren geringe praktische Erfahrung. Juristen, Beamte und Akademiker seien unfähig, die Sorgen und Nöte der Industrie und des Handels nachzuempfinden oder zu verstehen. Sie waren Männer philosophischer, humanistischer Orientierung ohne produktive Beschäftigung, ohne Erfahrung in praktischen Geschäften und zur Rhetorik, zum Doktrinarismus, zur Parteipolitik geneigt. Nach Meinung des Orakels der *Provinzial-Correspondenz* hatten diese Männer weder ein Interesse noch Verständnis für die wirtschaftlichen Bedürfnisse ihrer produktiven Wähler.

Bismarcks Wahlprogramm aus dem Juni 1878, in dem vom Sozialismus kaum die Rede war, erklärte dem linken Flügel der Nationalliberalen Partei offen den Krieg. Tatsächlich wurde damit ja die Verstoßung der linken Minderheit aus der Partei gefordert, die Unterwerfung der gemäßigten Mehrheit unter die Regierung und die Ablehnung aller demokratischen Liberalen seitens der Wähler. Was Bismarck ein Jahr zuvor (als er Bennigsen einen Ministerposten anbot) mit Zuckerbrot nicht geschafft hatte, versuchte er nun mit der Peitsche zuwege zu bringen. Er glaubte, daß die schon seit fünf Jahren andauernde Wirtschaftskrise, die Ängste vor dem sich ausbreitenden Sozialismus und der allgemeine Abscheu vor den Taten Hödels und Nobilings eine Stimmung im Lande erzeugt hätten, die es ihm gestatten würde, mit einem Schlag die liberale Ära zu liquidieren, die ihre Nützlichkeit überlebt hatte und zur politischen Altlast zu werden drohte, die Koalition der Feinde zu zerbrechen, die, wie er glaubte, in der Regierung und im Parlament auf seinen Sturz hinarbeiteten, und sich im Reichstag eine fügsame Mehrheit zu verschaffen, die es ihm erlauben würde, den gesamten Regierungsapparat mit sicherem Griff zu lenken. Bismarcks Programm diente jedoch auch dazu, die Wahl von 1878 in ein Plebiszit zu verwandeln. Die Wähler wurden aufgerufen, zu wählen zwischen Bismarck, dem Einiger Deutschlands und Meister der europäi-

„Der Pfeil ist auf die Socialdemokraten gerichtet; wie aber, wenn er über das Ziel hinausfliegt?" (Wilhelm Scholz, *Kladderadatsch,* 1878)

schen Diplomatie, und den «Verschwörern», die sich an seine Stelle setzen wollten. Die Minister, Abgeordneten und Höflinge, deren Obstruktionismus und Verzögerungstaktik seine Nerven gepeinigt und seine Gesundheit geschädigt hatten, sollten mit einer überzeugenden Demonstration seiner politischen Schlagkraft gedemütigt werden. Doch zu diesem Zweck bediente sich der Meister der Realpolitik nicht allein seines persönlichen Charismas. Im Gegenteil appellierte er an bestimmte Interessengruppen – die bedrängten Gutsbesitzer und Bauern, Bankiers, Industriellen und Kaufleute – mit der Andeutung seiner Absicht, die liberale Wirtschaftspolitik zugunsten des Interventionsstaates zu verabschieden.

Bismarcks Manifest gab den Ton der Wahlkampagne an. Aus allen regierungsamtlichen und konservativen Blättern ergoß sich ein Strom von Schmähungen über Bennigsen, Stauffenberg, Lasker und andere prominente Liberale. «Der Sozialismus ... eine der schlimmsten, aber doch nichts weiter als eine der vielen Mißgeburten des Liberalismus», fand die *Kreuzzeitung.* Die Zeitungen des Zentrums nahmen die Gelegenheit zur Rache an den liberalen Verbündeten des Kanzlers bei dessen Kulturkampf mit Freuden wahr, indem sie darauf hinwiesen, daß die Angriffe der Liberalen auf die Autorität der Kirche den Widerstand gegen subversive Lehren geschwächt hätten.[38] Tatsächlich waren die Liberalen in eine peinliche Lage geraten. Sechs Jahre lang hatten sie begeistert für Ausnahmegesetze gegen Katholiken gestimmt, 1872 im Reichstag sogar für die Vertreibung der Jesuiten aus Deutschland. Nun, da sie gegen die *Lex Hödel* stimmten, setzten sie sich aber für die bürgerlichen Rechte von Sozialisten und anderen Aufrührern ein.[39] Bei der Verteidigung der liberalen Position vor dem Reichstag am 23. Mai versuchte Bennigsen den offenkundigen Widerspruch mit dem Hinweis zu rechtfertigen, daß das Gesetz gegen die Jesuiten nur Hunderte betroffen habe, die *Lex Hödel* aber in das Leben von Hunderttausenden eingreifen würde.[40] Nach Nobilings Schüssen aber wurde der Widerspruch auch für die Nationalliberalen selbst unerträglich, und sie hätten sich gern korrigiert. Bismarck gab ihnen dazu jedoch keine Gelegenheit, sondern löste statt dessen den Reichstag auf. Ihr politisches Schwanken hatte die Nationalliberalen in die ungemütliche Lage gebracht, daß ihnen von rechts vorgeworfen werden konnte, sie sympathisierten mit den Radikalen, während sie von links als prinzipienlose Opportunisten attackiert wurden.

Indem er die bevorstehende Wahl als einen Kampf zwischen der Regierung und den Liberalen interpretierte, hatte Bismarck die Nöte der Nationalliberalen um einiges verschlimmert. Wenn die Gemäßigten innerhalb der Partei die Oppositionsrolle annahmen, die ihnen von Bismarck und der konservativen Presse zugemutet wurde, würden sie damit Bismarcks Unterstellung bestätigen, daß sie die Führung der Partei an Lasker und dessen Leute abgegeben hätten. Wenn sie sich indessen weigerten, diese Rolle zu spielen, dann konnte ihnen nachgesagt werden, daß sie wieder einmal vor Bismarck kapitulierten und nunmehr den letzten Rest ihres Liberalismus preisgegeben hätten. Was sie auch taten, es würde jedenfalls die Einheit der Partei bedrohen. Die Gemäßigten wollten sich nicht in die Opposition drängen lassen, Lasker und der linke Flügel der Partei dagegen waren nicht gewillt, vor Bismarck zu kapitulieren oder auch nur den Anschein zu erwecken, das getan zu haben.

Dennoch gelang es für diesmal den Nationalliberalen noch, Bismarcks Spaltungsversuch zu vereiteln und die Einheit der Partei zu bewahren. Auf Bennigsens Drängen mäßigte die Parteipresse den polemischen Ton, mit dem sie auf die Anwürfe der Regierung und der konservativen Presse reagierte. Einigermaßen bestürzt über die Folgen, die sein kurzes Liebäugeln mit der Möglichkeit einer Verfassungsreform gehabt hatte, suchte nun Bennigsen die Partei auf gemäßigte Wege zu führen, ohne sich damit den linken Flügel zu entfremden. Im Interesse der Einheit der Partei willigte Lasker auf Drängen Stauffenbergs und Stephanis in eine Überarbeitung des von ihm aufgesetzten Wahlprogramms der Partei ein, die dessen «oppositionelle Tendenz» tilgte. Die Nationalliberalen müßten den Eindruck vermeiden, schrieb Stephani an Bennigsen, daß der Wahlkampf personalisiert werde: «Lasker kontra Bismarck». Andernfalls wäre mit einem Fiasko zu rechnen, «da haben wir die Nation nicht hinter uns». Durch den Erfolg des Berliner Kongresses habe «Bismarcks Autorität und Popularität» für den Augenblick jedenfalls, so Stephani, «mächtig gewonnen, und wenn wir gerade in diesem Augenblicke dem Wahlkampf einen so prononciert persönlichen Charakter gegen Bismarck geben wollen, so antwortet uns ein Hohngelächter der Nation, wir unterliegen schmählich und bewirken damit, daß auf unbestimmte Zeit hinaus die gemäßigten Mittelparteien die Führung in Deutschland verlieren und unbekannte Größen in ewigem Schwanken und Wechsel sich ablösen werden». Nach Überwindung der anfänglichen Panik und Verwirrung führten die Nationalliberalen ihren Wahlkampf nicht gegen Bismarck, sondern gegen die Sozialisten, als einen Kampf zwischen staatserhaltenden und staatsfeindlichen Parteien.[41]

Am 30. Juli 1878 versetzten die Wähler den liberalen Parteien eine weitere schwere, wenngleich nicht katastrophale Niederlage. Im Laufe dreier Wahlen (1874, 1877 und 1878) waren die Nationalliberalen von 155 über 128 bis auf 99 Mandate gefallen, die Fortschrittler von 49 auf 35, dann auf 26. Im Gegensatz zu den liberalen Parteien hatten die Konservativen ihre Stellung von 22 auf 40 und dann 59 Mandate verstärken können, die Freikonservativen von 33 auf 38, dann 57, das Zentrum hatte sich von 91 auf 93 und schließlich 94 Mandate verbessert. Unerfreulich für Bismarck wie für die Nationalliberalen war der überraschende Machtzuwachs der Welfenpartei, die von 4 auf 10 Mandate kam und in über der Hälfte der 19 Wahlkreise der Provinz Hannover den Sieg davontrug. Besonderes Interesse erregte natürlich das von den Sozialdemokraten erzielte Wahlergebnis. In Anbetracht der Umstände konnten die Sozialdemokraten damit recht zufrieden sein, es waren ihnen weniger Wähler davongelaufen, als man hätte erwarten können. Statt der 493 288, die ihnen 1877 ihre Stimmen gegeben hatten, waren es 1878 immerhin noch 437 158. Allerdings hatten sie verhältnismäßig mehr Wahlkreise verloren (1877 gewannen sie 12, 1878 nur mehr 9). Auch diesmal brachte die Kooperation zwischen den «bürgerlichen Parteien» bei Stichwahlen die Sozialdemokraten um eine ihrem Anteil von 7,6 Prozent der abgegebenen Stimmen entsprechende Vertretung in der Kammer, wo sie nur 2,3 Prozent der Sitze besetzen konnten.[42]

Von gleichem Interesse war das Schicksal des linken Flügels der Nationalliberalen Partei. Der von Bismarck heftig attackierte Lasker diente der gesamten offiziösen und konservativen Presse als Prügelknabe. Carl Braun hat die wenig beneidenswerte Lage des Mannes geschildert: «Wenn irgendwo ein Mißstand zutagetrat, wenn jemand sein Geld verspekuliert hatte, wenn sein Geschäft schlecht ging, wenn er Hühneraugen hatte, oder wenn er an einem schlecht gebauten Stiefel litt, dann sagte man ihm: ‚Der Lasker ist schuld dran, der hat die schlechten Gesetze gemacht, worunter wir leiden.'»[43] Bei dem Versuch, Lasker um seinen Sitz zu bringen, wählten die Freikonservativen als ihren Gegenkandidaten keinen Geringeren als Herbert von Bismarck, der sich auf dieses Turnier mit dem Segen seines Vaters einließ. Laskers Wahlkreis lag jedoch im Herzogtum Sachsen-Meiningen, dem direkten Zugriff der preußischen Bürokratie entzogen. Lasker siegte überlegen.[44] Auch Stauffenberg war ein bevorzugtes Angriffsziel und verlor seinen alten Wahlkreis in München. Bei der Stichwahl gab Bennigsen ihm einen sicheren Wahlkreis in Braunschweig. Die anderen Prominenten des linken Flügels – Forckenbeck, Bamberger, Rickert – konnten sich behaupten. Dennoch erlitt der linke Flügel verhältnismäßig größere Verluste als der rechte. 1878 vollzog sich innerhalb der Nationalliberalen Partei der gleiche Rechtsruck, der auch im Wahlverhalten der Wählerschaft zum Ausdruck kam.[45]

Obwohl ihre Verluste bei der Wahl von 1878 nicht so schwer waren, wie manche befürchtet hatten, war doch nichtsdestoweniger das Ergebnis für die Nationalliberalen ein schwerer Schlag. Zum ersten Mal seit 1866 hatten die gemäßigten preußischen Liberalen die ganze Wucht der Feindschaft Bismarcks zu spüren bekommen und deren Wirkung auf die Wähler erlebt. Die Nicht-Preußen unter ihnen machten überhaupt zum ersten Mal diese Erfahrung. In der Tradition des Idealismus gebildet, war es ihnen keineswegs behaglich, plötzlich als Feinde des «Staates» dazustehen, als Gegner der bestehenden Ordnung, die von Bismarck und dem Kaiser symbolisiert wurde. Manche von ihnen wurden auch von ehrlichen Zweifeln geplagt, ob die bestehenden Gesetze wirklich zur Verteidigung des Rechtsstaates gegen radikale Subversion ausreichten. Bismarck hatte seinen Preis genannt. Wenn sie sich Laskers und seines Anhangs entledigten, konnten die Nationalliberalen in jene bevorzugte und ersprießliche Beziehung zur Regierung zurückkehren, die sie während eines ganzen Jahrzehnts genossen hatten. Viele fanden Bismarcks Preis nicht zu hoch.[46]

Die *Lex Nobiling*

Als der von den jüngsten Anfällen seines Rheumatismus und seiner Gürtelrose kaum genesene Bismarck in die Hauptstadt zurückkehrte, erwarteten ihn dort zunächst die Strapazen des einen ganzen Monat währenden Berliner Kongresses. Zu Anfang glaubte der Mann, von dessen Geschick mehr als von dem irgendeines anderen der Frieden in Europa abhing, daß sein Gesundheitszustand ihm die Teilnahme an höchstens zwei oder drei Sitzungen gestatten würde. Amtsgeschäfte aller Art, klagte er, brachten ihn um den Schlaf.[47] Später, durch den Erfolg seiner Vermittlungsbemühungen auf dem Kongreß wenigstens seelisch einigermaßen gestärkt, verbrachte er einen Monat in Bad Kissingen, gefolgt von einem weiteren in Bad Gastein. In Bad Kissingen erwiderte er einen Höflichkeitsbesuch des Marquess of Lorne, der uns den Eindruck hinterlassen hat, den sein Besucher ihm machte: «Er ist dicker geworden, aber hält sich noch so aufrecht wie immer. Er war vom Treppensteigen außer Atem, seine Augen tränten sehr und mehr denn je ausgeprägt war die Ähnlichkeit mit einer das Sopha ausfüllenden tapferen großen Dogge.» Bismarcks Augen schienen Lorne «gelbbraun» zu sein, obwohl sie tatsächlich blau waren.[48]

Der Fürst war mit dem Erfolg seines Kuraufenthalts in Kissingen zufrieden. Einer seiner Besucher fand ihn «körperlich gekräftigt». Falk jedoch, der ihn später in Bad Gastein sah, fand ihn «ungewöhnlich nervös und aufgeregt», voller Klagen über eine weitangelegte Verschwörung der Nationalliberalen gegen ihn (für die er «eine ganze Reihe von angeblichen Daten und Beweismitteln» aufführte), über seinen früheren Bruch mit den Konservativen, durch den er «im Alter ein einsamer Mann» geworden sei, und über den «Undank der Welt», den die meisten Staatsmänner erlebten; er sei «müde und verbittert, ihm wäre am besten, wenn ihn die Kugel eines Meuchlers töte».[49]

Bei der Rückkehr nach Berlin am 16. September stürzte sich Bismarck alsbald in die Reichstagsdebatte über das neue Sozialistengesetz und erkrankte umgehend wieder. Die Ärzte diagnostizierten Urtikaria (Nesselsucht), eine Hautentzündung, die durch Infektion oder falsche Ernährung ausgelöst werden kann.[50] Bismarck bevorzugte eine andere Erklärung: «Die Stenographen nahmen bei der letzten Rede Partei gegen mich. Als ich noch populär war, da war es nicht so. Jetzt verunstalteten sie das, was ich gesagt hatte, daß gar kein Sinn drin war. Wo links oder im Zentrum gemurrt wurde, ließen sie das ‚links' weg, und wo Beifall erfolgte, vergaßen sie es. Das ganze Büreau ist so. Ich habe mich aber beim Präsidenten beschwert. Davon wurde ich krank. Es war wie die Tabakskrankheit, Eingenommenheit des Kopfes, Taumel, Neigung zum Erbrechen u. s. w.»[51] Obwohl er nach zweitägiger Bettruhe wieder auf den Beinen war, erschöpfte ihn die Wiederaufnahme der Geschäfte bald. Trotz einer Woche in Varzin (23. bis 29. September) und zwei weiteren (22. Oktober bis 3. November) in Friedrichsruh fühlte er sich bei der Rückkehr nach Berlin nicht hinreichend erholt und genötigt, um einen weiteren langen Urlaub zu bitten. Am 9. November schrieb er dem Kaiser: «Meine Gesundheit läßt zu wünschen übrig; ich bedarf einer absoluten Ruhe für einige Zeit, die mir seit Jahr und Tag gefehlt hat.»[52] Seit dem 14. Mai 1875 hatte der deutsche Kanzler von 1275 Tagen 772 teils an einem Kurort, teils auf einem seiner Güter verbracht. Natürlich war er während seiner langen Abwesenheiten aus der Hauptstadt nicht immer müßig gewesen. Aber der Gang der Regierungsgeschäfte hatte unter diesen Abwesenheiten gleichwohl gelitten, und seine Kritiker waren allerdings berechtigt zu fragen, ob er zur Fortsetzung der Regierung überhaupt noch fähig sei oder sich nicht doch besser ins Privatleben zurückziehen solle.

Wie Bismarck erwartet hatte, nahm das Ergebnis der Wahl von 1878 den beiden liberalen Parteien jede Aussicht auf die Möglichkeit, gemeinsam den Reichstag zu beherrschen. Das Parlament bestand nun aus drei Blöcken, die etwa gleich stark waren: Liberalen, Konservativen, Zentrum. Demnach schien Bismarck die Wahl zwischen zwei Mehrheiten zu haben. Die konservativen Parteien konnten entweder mit dem Zentrum oder mit der Nationalliberalen Partei koalieren.[53] Voraussetzung für ein Zustandekommen des Bündnisses zwischen Konservativen und Zentrum war freilich die Beendigung oder doch mindestens Einschränkung des Kulturkampfes.

Dem Meister der Realpolitik war schon seit langem klar, daß der Angriff auf die Zentrumspartei und die katholische Kirche nicht im früheren Umfang fortgesetzt werden konnte, wenn neue Fronten gegen die Sozialisten und Linksliberalen aufgebaut werden mußten. Deshalb war es gewiß kein Zufall, daß die ersten einlenkenden Gesten, die Bismarcks Bereitschaft ankündigten, den Kulturkampf zu beenden, Ende des Jahres 1875 zu beobachten waren, nachdem er in Varzin seine neue innenpolitische Strategie konzipiert hatte.[54] Doch er war entschlossen, nicht «nach Canossa» zu gehen. Er wollte Versöhnung, ohne kapitulieren zu müssen. Als am 8. Februar 1878 die Nachricht vom Tod Pius' IX. in Varzin eintraf, meinte er vergnügt: «Darauf müssen wir einen Nordhäuser trinken.»[55] Am 20. Februar meldete ein weiteres Telegramm in Berlin die Wahl des Kardinals Pecci (Papst Leo XIII.). Pecci galt als versöhnlich, aber Bismarck war skeptisch: «Wenn Löwen sich zum Lamm verwandeln, werden die Wellen rückwärts schreiten.»[56] Im März unterrichtete Leo XIII. Wilhelm von seiner Wahl in einer freundlich gehaltenen Botschaft, die Wilhelm im gleichen Ton erwiderte. Mitte April war man im deutschen diplomatischen Korps und in Kirchenkreisen bereits recht optimistisch der Meinung, daß eine Beilegung des Konflikts schon in naher Zukunft möglich sei. Nur Bismarck hatte seine Zweifel. Eine zweite Botschaft aus dem Vatikan am 17. April schien seinen Verdacht zu bestätigen, daß der neue Papst für die Versöhnung einen zu hohen Preis fordern würde, nämlich die Aufhebung der Maigesetze und die Wiederherstellung der Artikel 15, 16 und 18 der preußischen Verfassung. Doch während der Monate Mai und Juni gab der Papst seinen Wunsch, Frieden zu schließen, durch so viele Signale zu erkennen, daß an seiner Verhandlungsbereitschaft nicht mehr zu zweifeln war.[57]

Während seines Kuraufenthalts in Bad Kissingen konferierte Bismarck wiederholt (vom 30. Juli bis zum 16. August) mit dem päpstlichen Nuntius, Kardinal Aloisi Masella. Obwohl man in herzlichem Ton miteinander sprach, wurde doch beiden Männern klar, daß die gegenseitigen Standpunkte keine Annäherung erlaubten. Der Nuntius verlangte eine Wiederherstellung des Verhältnisses zwischen Kirche und Staat, wie es vor 1870 bestanden hatte; der Kanzler dagegen wollte den Status der Jahre vor 1840 restaurieren. Statt eines allgemeinen Friedensvertrages versuchte man einen Waffenstillstand auszuhandeln. Bismarck erbot sich, «ein wenig nach Canossa» zu gehen und die Anwendung der Maigesetze zu mäßigen, wenn der Vatikan seinerseits vorteilhaft auf das Zentrum, die Polen und die ultramontane Presse einwirken würde.[58] Tatsächlich glaubte der Fürst, daß auch dieser Modus vivendi nur «sehr allmählich, tropfenweise» zu erzielen sein würde. Er meinte deshalb, daß dem Vatikan der Eindruck vermittelt werden müsse, daß man in Berlin mit dem Status quo durchaus zufrieden und keineswegs auf Änderung angewiesen sei.[59]

Seine Erfahrungen während des Kulturkampfes hatten Bismarck einige seiner Illusionen hinsichtlich der Autorität des Papstes über Katholiken in anderen als religiösen Angelegenheiten genommen. «Die Zentrumspartei ist eine Truppe, die er wohl zum Angriff gegen uns brauchen kann, aber nicht zu unserer Unterstützung, selbst wenn er letztere ehrlich und dauernd beabsichtigen könnte», meinte er. Wenn sich aber die Zentrumspartei auflöste, vermutete er, würden sich deren Splittergruppen überwiegend den Welfen, süddeutschen Partikularisten, Fortschrittlern, proösterreichischen Großdeutschen, profranzösischen Elsässern und anderen unzufriedenen Parteiungen anschließen. Ihre Feindseligkeit gegen Preußen und das Deutsche Reich hatte ja neben ihrer Zugehörigkeit zur römischen Kirche noch andere Gründe. «Der Papst habe nicht den mindesten Einfluß

„Modus vivendi". Leo XIII.: „Nun, bitte, geniren Sie sich nicht!"
Bismarck: „Bitte gleichfalls!" Durch den Vorhang späht ängstlich Windthorst.
(Wilhelm Scholz, *Kladderadatsch*, 1878)

auf die Zentrumspartei», versicherte er Falk Ende August. Der Kulturkampf würde deshalb noch eine Weile weitergehen. Im Laufe der nächsten zehn oder fünfzehn Jahre würden vielleicht die deutschen Schulen durch ihre nationale Erziehungsarbeit eine bessere Grundlage für seine Beendigung schaffen können. Einstweilen jedoch wäre es unklug, meinte er, die Öffentlichkeit wissen zu lassen, daß mit einer Beilegung des Streits in nächster Zukunft noch nicht zu rechnen sei. «Gerade die Ungewißheit muß meines Erachtens solange als möglich erhalten werden. Für die Haltung der Kurie, des Zentrums und der liberalen Parteien ist der Glaube an eine bevorstehende Aussöhnung des Staats mit der Kurie unbedingt nützlich.»[60]

Daß Bismarck sich in Kissingen mit Masella getroffen hatte, wurde von der Presse aufmerksam wahrgenommen, und die *Kreuzzeitung* zog daraus den Schluß, daß der Kanzler endgültig mit den Nationalliberalen gebrochen habe.[61] Das war jedoch durchaus nicht der Fall. Seine Gespräche mit Masella in Kissingen hatten dem Kanzler im Gegenteil nur bestätigt, daß er, jedenfalls einstweilen, für die Durchsetzung seines legislativen Programms noch auf die Nationalliberalen angewiesen war. Mitte August fand er eine Gelegenheit, über Robert von Benda, einen nationalliberalen Abgeordneten vom rechten Flügel der Partei, der zugleich mit ihm in Kissingen weilte, Bennigsen und dessen Kollegen von seinen Bedingungen in Kenntnis zu setzen. Im Widerspruch zu den Falk gegebenen Instruktionen (rechnete er vielleicht damit, daß Bennigsen ihm nicht glauben würde?) eröffnete er Benda, daß «die Elemente des Zentrums für ihn unbrauchbar» seien und daß seine Gespräche mit Masella, obschon «sehr ernstlich gemeint», doch bestenfalls zu einem Modus vivendi führen könnten. Zufriedenheit äußerte er jedoch über das Wahlergebnis: «Jetzt habe sich gezeigt, daß man im Lande doch wesentlich anders denke wie im alten Reichstage.» Er hoffe, daß sich in Zukunft ein enger Zusammenhalt zwischen den drei regierungsfreundlichen Parteien ergeben und daß die Nationalliberale Partei sich von den etwa zwei Dutzend Abgeordneten trennen werde, die bei der Fortschrittspartei besser aufgehoben wären. «Immer das alte Lied», kommentierte Benda. Bismarck gegenüber gab er zu bedenken, daß der Verlust so vieler Mitglieder die Mehrheit gefährden würde. Doch der Kanzler bestand darauf. Endlich wiederholte er dreimal ein anderes «altes Lied»: «Im übrigen ... sei ihm das Fraktionswesen, konservativ oder liberal, völlig gleichgültig, heute mehr als je; er gehe seinen Weg; wer mit ihm gehe, sei sein Freund, wer wider ihn gehe, sein Feind – bis zur Vernichtung. Komme man jetzt nicht zum Ziele, so könne man ja noch einmal und zum drittenmal auflösen; er wünsche das nicht, aber man könne dazu kommen.»[62]

Was Bismarck von der Nationalliberalen Partei verlangte, war nichts anderes, als was er von seinen Kollegen im preußischen Staatsministerium forderte: bedingungslose Unterwerfung. Seine Haltung und seine Worte ließen die gleiche innere Einstellung erkennen, aus welcher er in dem Jahrzehnt, bevor er 1862 an die Macht kam, eine Neuorientierung der preußischen Außenpolitik betrieben hatte; die Entschlossenheit, ohne jede Rücksicht auf politische Ideale das eigene Interesse zu verfolgen und dabei so zu taktieren, daß ihm jederzeit die Wahl zwischen Alternativen bliebe. Doch inzwischen hatte er durch die Torheit des Kulturkampfes seine Optionen stark eingeschränkt. Die Vorurteile und fast Verfolgungswahn verratenden Ängste, die seinen Angriff auf die katholische Kirche motiviert hatten, hatten ihn damit zur Mißachtung seiner eigenen Prinzipien des politischen Realismus verleitet. Während der fünfziger Jahre hatte er die Meinung vertreten, daß Preußen es sich nicht leisten könne, seine Bewegungsfreiheit auf dem Schachbrett der europäischen Politik in irgendeiner Richtung preiszugeben. Doch mit dem Kulturkampf hatte er fast ein Drittel des Reichstags aus seinem Spielfeld verbannt. Zwar mochte er wohl behaupten, daß ihm die Wahl seiner Verbündeten theoretisch gänzlich gleichgültig sei, unbestreitbar war er aber für die Durchsetzung seiner Politik praktisch auf die Nationalliberalen angewiesen. Deshalb mußte er versuchen, die Partei seinen Bedürfnissen entsprechend zurechtzustauchen.

Als der Reichstag am 9. September 1878 zusammentrat, waren die von ihren jüngsten Erfahrungen ernüchterten Nationalliberalen im Prinzip gewillt, für das Sozialistengesetz zu stimmen.[63] Inwieweit würde aber die Mehrheit der Partei Lasker und dessen Anhängern auf dem linken Flügel bei dem Versuch folgen, die mit dem Gesetz einhergehende Beschränkung der bürgerlichen Rechte zu lockern? Selbst Lasker befürwortete eine Verschärfung des Strafgesetzes gegen subversive Tätigkeit, doch lehnte er ein Ausnahmegesetz gegen Sozialisten ebenso prinzipiell ab, wie er 1872 dasjenige gegen die Jesuiten abgelehnt hatte. Obwohl innerhalb der Partei die Feindseligkeit gegen ihn zunahm, war doch Lasker noch immer zu bedeutend, als daß man es hätte wagen können, ihn nicht in den einundzwanzigköpfigen Ausschuß zu delegieren, in welchem sieben Vertreter der Nationalliberalen Partei unter dem Vorsitz Bennigsens an den Beratungen über die Regierungsvorlage teilnahmen. Während der Sitzungen der Kommission, die am 19. September begannen, brachte er eine Reihe von Änderungsanträgen ein, welche die drakonischen Züge des Gesetzes möglichst mildern sollten. Das brachte ihm einen (zweifellos von Bismarck inspirierten) scharfen Angriff der *Norddeutschen Allgemeinen Zeitung* ein, in welchem er «als der Vater alles Unheils» angeprangert und mit einer nochmaligen Auflösung des Reichstags gedroht wurde, was seine Parteigenossen einigermaßen erschreckte. In eiligen Verhandlungen mit dem Reichskanzler und der nationalliberalen Fraktion gelang es Bennigsen schließlich, einen jener Kompromisse auszuhandeln, die seit 1866 charakteristisch für die nationalliberale Politik waren. Die Nationalliberalen erklärten sich bereit, dem Kanzler, von dem, was er verlangte, das meiste, wenn auch nicht alles, zuzugestehen. Bei der entscheidenden Fraktionssitzung am 9. Oktober beschwerte sich Lasker, zu den Beratungen mit dem Kanzler nicht hinzugezogen, ja nicht einmal darüber unterrichtet worden zu sein. Doch Bennigsen hatte ihn so ausmanövriert, daß sich nur zwei weitere Abgeordnete (Stauffenberg und Bamberger) auf Laskers Seite schlugen.[64]

Das Sozialistengesetz vom 21. Oktober 1878 verbot «sozialdemokratische, sozialistische und kommunistische» Vereinigungen, die den Umsturz der bestehenden politischen und sozialen Ordnung anstrebten oder deren Aktivitäten den öffentlichen Frieden störten, «insbesondere die Harmonie zwischen den sozialen Klassen». Veröffentlichungen und Versammlungen, bei denen derartige Tendenzen zutage traten, konnten verboten und aufgelöst werden. Amtsträger verbotener Organisationen und Hauswirte, die derartigen Vereinigungen Lokale zur Verfügung stellten, konnten mit Gefängnis bis zu einem Jahr bestraft werden, Mitglieder mit bis zu drei Monaten Gefängnis und Geldstrafen in Höhe von 500 Mark. Verurteilten Agitatoren konnte der Aufenthalt in bestimmten Bezirken und an bestimmten Orten verboten werden, auch durfte ihnen an Orten, wo sie sich seit weniger als sechs Monaten aufhielten, das Wohnrecht verweigert werden. Besitzer von Gasthöfen, Wirtshäusern, Schenken, von Verlagen, Buchhandlungen, Leihbüchereien und Lesezimmern konnten, wenn sie gegen das Gesetz verstießen, mit Geld- und Haftstrafen bestraft werden und zur Aufgabe ihrer Unternehmen gezwungen werden. Mit Billigung des Bundesrats konnte in gefährdeten Bezirken ein begrenztes Kriegsrecht verhängt werden, was der Polizei gestattete, öffentliche Versammlungen zu verbieten, die Verteilung von Drucksachen zu verhindern und Agitatoren auszuweisen. Laskers einziger Erfolg war die Annahme eines Änderungsantrages, der die Geltungsdauer des Gesetzes bis zum 31. März 1881 befristete. Dieses Zugeständnis machte Bismarck Bennigsen, der bemüht war, die Einheit der Partei aufrechtzuerhalten. Bei der Endabstimmung am 19. Oktober schlossen sich die Liberalen – schweren Herzens auch Lasker – dem Votum der Konservativen und Freikonservativen an, so daß die 149 Stimmen der Opposition aus Zentrum, Fortschrittspartei und Sozialdemokraten nicht ausreichten, die Annahme des Gesetzes (gegen die 221 Stimmen dieser Koalition) zu vereiteln.[65]

Das Gesetz ging in der Form, in der es angenommen wurde, Lasker zwar noch immer entschieden zu weit, Bismarck aber nicht weit genug. Er kritisierte dessen Vertretung durch Botho von Eulenburg im Bundesrat scharf und tadelte eine Reihe von Abmilderungen, die es erfahren hatte, noch ehe es dem Reichstag vorgelegt wurde. Er hätte es zum Beispiel gern gesehen, wenn sozialistischen Staatsbeamten die Entlassung aus dem Dienst ohne Pensionsanspruch angedroht worden wäre. «Die Mehrzahl der schlecht bezahlten Subalternbeamten in Berlin, und dann der Bahnwärter, Weichensteller und ähnlicher Kategorien sind Sozialisten, eine Tatsache, deren Gefährlichkeit bei Aufständen und Truppentransporten einleuchtet. Ich halte ferner, wenn das Gesetz wirken soll, für die Dauer nicht möglich, den gesetzlich als Sozialisten erweislichen Staatsbürgern das Wahlrecht und die Wählbarkeit und den Genuß der Privilegien der Reichstagsmitglieder zu lassen.»[66] Im Oktober 1878 bekannte Bismarck sich im Reichstag noch öffentlich zum allgemeinen Wahlrecht[67], insgeheim begann er jedoch bereits, dessen Abschaffung zu erwägen. «Er betrachtete das Gesetz nur als einen ersten Schritt», vertraute er Lucius an, «welchem weitere doch folgen müßten.»[68]

V

Die Balkankrise und der Berliner Kongreß

Während seines langen Urlaubs in Varzin im Sommer und Herbst 1875 hatte Bismarck Gelegenheit, nicht nur eine Revision seiner Innenpolitik ins Auge zu fassen, sondern auch die Lehren aus der Krieg-in-Sicht-Krise zu ziehen. Sein Versuch, Frankreich zu isolieren und zum Verzicht auf den Wiederaufbau seiner Armee zu zwingen, war ebenso gescheitert wie seine Bemühungen um auswärtige Unterstützung des preußischen Kulturkampfs. Mit all seinen diesbezüglichen Anstrengungen hatte er nur den Außenministern Frankreichs und Rußlands ermöglicht, ihm zu demonstrieren, daß Deutschland mit einer aggressiven, drohenden Außenpolitik nur in der Isolation enden konnte und die europäischen Großmächte zusammenstehen würden, um jede weitere deutsche Störung des europäischen Machtgleichgewichts zu verhindern. Obwohl ihn die diplomatische Niederlage, die er im Mai 1875 erlitten hatte (und die Weise, in der sie ihm zugefügt worden war), kränkte, erkannte er realistisch, daß er zwar nicht seine große Strategie, doch seine Taktik ändern mußte.

Sein wesentliches Ziel blieb unverändert die Isolierung Frankreichs, so daß Deutschland in einem labilen Gleichgewicht von fünf Großmächten immer zwei Bündnispartner zur Verfügung stünden, vorzugsweise Rußland und Österreich. Er blieb bei der Einschätzung der Franzosen als eines launischen und rachsüchtigen Volks, dessen Freundschaft nicht zu gewinnen sei. Dennoch kam viel darauf an, wer Frankreich regierte und unter welcher Regierungsform. Eine Republik, zumal eine, die sich nur auf eine schmale Mehrheit stützen konnte, war für Deutschland bestenfalls von Vorteil, wenn sie auch von Republikanern regiert würde. Solange die monarchistische und klerikale Partei unter MacMahon an der Macht war, betrachtete er Frankreich als eine unmittelbare Gefahr für Deutschland.[1] Doch die neue Politik der Störungen und Diversionen, die er nach 1875 Frankreich gegenüber anwandte, hatte den Vorzug, daß sie gegen eine konservative ebenso wie gegen eine radikal republikanische Regierung verfolgt werden konnte. Die größte Gefahr für die Bismarcksche Strategie ging in den Jahren 1875–1880 jedoch nicht von dem wiedererstarkenden Frankreich aus, sondern von den sich zuspitzenden Konflikten, die Rußland in einen Krieg gegen Österreich oder England oder beide zu führen drohten.

Die Entstehung der orientalischen Krise

Die Verwicklungen, aus denen diese Gefahr hervorging, waren wieder einmal diejenigen der «orientalischen Frage», welche in Europa von 1815 bis 1914 die hartnäckigste Ursache internationaler Spannungen war. Nach zwanzig Jahren relativer Ruhe wurde das Problem erneut akut, als im Juli 1875 mit einer Erhebung gegen die türkische Verwaltung der Provinzen Bosnien und Herzegowina eine Reihe von Aufständen der Völker des Balkans gegen das Osmanische Reich begann.[2] Die Rebellen hatten verschiedene Motive: religiöse (Christen erhoben sich gegen muslimische Herren), nationale (Südslawen wollten das türkische Joch abschütteln), politische (Korruption, ungerechte Besteuerung und eine unfähige Justiz) und wirtschaftliche (arme Bauern setzten sich gegen muslimische Grundherren zur Wehr). Ohne Unterstützung und Ermutigung von außen hätten die Aufstände kaum viel Zukunft gehabt, doch die deutsche und italienische Einigung hatten überall nationale Bestrebungen geweckt. Serbien trachtete danach, die Südslawen in einem Einheitsstaat zusammenzufassen. Schon seit zwei Jahrzehnten regte sich in Rußland und bei den slawischen Völkern in der Nachbarschaft eine panslawistische Bewegung, deren Ziel die Vereinigung aller Slawen Europas unter russischer Führung war, ein Ziel, das nur bei Auflösung des habsburgischen und des Osmanischen Reichs zu erreichen war. Innerhalb der habsburgischen Monarchie gab es Gruppen, die eine österreichische Annexion Bosniens und Herzegowinas befürworteten – Militärs, die hinter der exponierten österreichischen Adriaküste eine leichter zu verteidigende Grenze wünschten, und Kroaten, die von einer südslawischen Union träumten, welche schließlich zu einer Umwandlung der Doppelmonarchie in eine Tripelmonarchie führen würde. Wie die Mehrzahl seiner ungarischen Landsleute war auch Andrássy gegen die Einverleibung weiterer slawischer Provinzen in das Habsburgerreich. Er sah im Osmanischen Reich eine für Österreich unverzichtbare Schutzwehr gegen die Ausbreitung nationaler Bewegungen auf dem Balkan, denn er war davon überzeugt, daß der Erfolg dieser Kräfte die Doppelmonarchie ruinieren und zum «kranken Mann» Europas machen würde.[3] Die liberalen Deutschösterreicher glaubten überdies, daß das Osmanische Reich auch um der österreichischen Wirtschaftsinteressen willen erhalten werden müsse, die sich auf eine Entwicklung der unteren Donau und die Kontrolle der Eisenbahnstrecke nach Saloniki richteten. Überdies fürchtete man, daß der Zerfall des Osmanischen Reichs den Russen auf dem Balkan wirtschaftlich und politisch Tür und Tor öffnen würde. Mit starker Unterstützung der Deutschen und der Magyaren, denen die Aufnahme weiterer slawischer Bevölkerung in das Habsburgerreich gleichermaßen unwillkommen gewesen wäre, suchte Andrássy die Revolte einzudämmen, indem er sich bei der Pforte um Konzessionen für die Rebellen bemühte. Auf seine Initiative hin instruierten die europäischen Mächte ihre Konsuln im August 1875, sich für die Beilegung des Konflikts einzusetzen, und als diese Vermittlungsbemühungen scheiterten, gewann Andrássy die Unterstützung für ein Reformprogramm, das der Regierung in Konstantinopel aufgenötigt werden sollte. Doch die am 30. Dezember 1875 in der «Andrássy-Note» geforderten Reformen kamen nicht zustande, denn der Pforte gingen sie zu weit, den Insurgenten aber nicht weit genug. Während des Frühjahrs 1876 richtete die türkische Armee gegen die Aufständischen wenig aus, und die Revolte begann sich auszubreiten.[4]

Die widersprüchlichen Absichten und Interessen, die für das Reich der Habsburger charakteristisch waren, stritten auch in Rußland und England miteinander um Einfluß auf die Politik. Seit dem Debakel auf der Krim hatte Rußland seinen imperialistischen Hunger im Osten befriedigt und seine Grenzen an der schwächeren asiatischen Front ausgedehnt, während es im Westen in der Defensive geblieben war. Zar Alexander II. und seine engsten Berater waren der Meinung, daß diese Politik fortgesetzt werden müsse, bis Rußland die mit den sozialen und politischen Reformen der sechziger Jahre in Angriff genommene innere Konsolidierung vollendet haben würde. Nach ihrer Einschätzung war Rußland weder fiskalisch noch militärisch mächtig genug, um mit den Großmächten des mittleren und westlichen Europa um den beherrschenden Einfluß auf dem Balkan zu konkurrieren. Gleichwohl übte die panslawistische Agitation, die bereits die unterschiedlichsten Gruppen in den mittleren und höheren Schichten der russischen Gesellschaften gewonnen hatte, einen Druck aus, den die Regierung nicht ignorieren konnte. Obwohl Alexander die wichtigsten außenpolitischen Entscheidungen selbst traf, war er doch auf den Rat und die praktische Hilfe seines Kanzlers Gortschakow angewiesen, der mit Ende siebzig keine Neigung zu riskanten Abenteuern mehr verspürte. Gortschakow war unterschiedlichem Druck und Einfluß seiner Untergebenen ausgesetzt, so auch dem zweier Diplomaten, die er verdächtigte, an seine Stelle treten zu wollen, des Botschafters in Großbritannien, Graf Peter Schuwalow, und des Botschafters bei der Pforte, General Nikolaus Ignatjew. Der erstere war ein konservativer Befürworter der Mitgliedschaft Rußlands im Dreikaiserbund, der letztere ein überzeugter Panslawist.[5]

Die sich entwickelnde orientalische Krise gab Disraelis Überzeugung, als er im Februar 1874 das Amt des Premierministers übernahm, daß England in der kontinentaleuropäischen Politik eine aktivere Rolle spielen müsse, Gelegenheit zur praktischen Erprobung. Seit der Eröffnung des Suezkanals im Jahre 1869 sah England seine auswärtigen Interessen am empfindlichsten im östlichen Mittelmeer tangiert. Daß Suez der Schlüssel zu Indien sei, war inzwischen unbestrittenes Dogma britischen strategischen Denkens. Im November 1875 bot der Khedive Ismail seinen Anteil (46 Prozent) an der Suezkanalgesellschaft zum Kauf an, und während die französischen Finanzleute noch feilschten, handelte Disraeli. Obwohl die Kontrollmehrheit der Anteile bei der von Ferdinand de Lesseps begründeten Gesellschaft verblieb, konnte doch der Premierminister mit Genugtuung darauf hinweisen, daß Frankreich nun nicht länger imstande wäre, bei irgendeiner zukünftigen Krise den Kanal zu schließen und England den kürzesten Weg nach Indien zu verlegen. Aus demselben Grund mußte aber nach seiner Meinung auch das Osmanische Reich, vor allem Konstantinopel und die Meerengen, vor einem Vordringen Rußlands bewahrt werden. Das Osmanische Reich sollte als Pufferstaat zum Schutz des östlichen Mittelmeers vor russischer Expansion erhalten bleiben. Doch hatte Disraeli für seine Zwecke mit der Ernennung Lord Derbys zum Außenminister eine unglückliche Wahl getroffen, denn Derby, ein mißtrauischer und scheuer Mann, neigte dazu, sich jeder Handlungsweise zu widersetzen, die Kriegsgefahr heraufbeschwören konnte.[6]

Anfänglich war Bismarck der Aufstand auf dem Balkan nicht unwillkommen, denn er lenkte die Aufmerksamkeit der Regierungen und der Öffentlichkeit von der «deutsch-französischen Frage» und der Niederlage, die er kürzlich bei der Krieg-in-Sicht-Krise erlitten hatte, ab.[7] Grundsätzlich war er der Auffassung, daß Deutschland kein direktes Interesse am Balkan habe. Die Probleme des Osmanischen Reichs gingen Deutschland nur insofern an, als sie auf die Beziehungen zwischen den anderen Großmächten einwirkten. Wenn es wegen der orientalischen Frage zwischen Österreich und Rußland zum Krieg kam, würde Deutschland vielleicht genötigt sein, zwischen den Kontrahenten zu wählen, und die zurückgewiesene Macht würde dann voraussichtlich Unterstützung in Frankreich suchen. Wieder und wieder betonte er, daß Deutschland keinem Vorschlag Österreichs oder Rußlands bezüglich des Balkans zustimmen würde, solange diese Mächte sich darüber nicht untereinander geeinigt hätten. Ein Krieg über die türkische Hinterlassenschaft zwischen Großbritannien und Rußland wäre zwar weniger gefährlich für Deutschland als einer zwischen Österreich und Rußland, doch nur relativ, denn wie schon während des Krimkriegs könnte dabei Österreich in Versuchung kommen, sich in den Konflikt einzumischen.[8] Um einer solchen Kettenreaktion vorzubeugen, unterstützte Bismarck natürlich die Friedensinitiative Andrássys bei der Pforte. Da auch Alexander und Gortschakow dabei mitwirkten, schien der Dreikaiserbund ein neues gemeinsames Anliegen gefunden zu haben. Tatsächlich unterstützten alle Signatarmächte des Pariser Abkommens von 1856 (einschließlich Frankreichs, Italiens und Großbritanniens, wenn auch das letztere nur widerstrebend) Andrássys Vorstoß. Auf den ersten Blick mochte es so scheinen, als sei das alte europäische Konzert erneuert. Doch es wurde allgemein daran gezweifelt, daß der Niedergang und die Auflösung des Osmanischen Reichs noch zu verhindern seien. Damit stellte sich die Frage, was an dessen Stelle treten sollte.[9]

Ende November 1875 kehrte Bismarck mit einer Teilantwort nach Berlin zurück, durch welche die zentrale Stellung in dem während der Jahre 1864–1873 von ihm so mühevoll zustande gebrachten Gleichgewicht der Mächte in Europa von neuem Berlin zufallen würde. Sein Ziel war offenbar das später im Kissinger Diktat beschriebene «einer politischen Gesamtsituation, in welcher alle Mächte außer Frankreich unser bedürfen, und von Koalitionen gegen uns durch ihre Beziehungen zueinander nach Möglichkeit abgehalten werden».[10] Sein erster Schritt war der Versuch, ein Rapprochement mit England herbeizuführen. Im

November beglückwünschte er die britische Regierung zum Erwerb der Suezkanalaktien, und am 2. Januar 1876 gestand er Botschafter Odo Russell seinen Wunsch, zu einem offenen und herzlichen Einverständnis über das Balkanproblem mit Disraelis Regierung zu gelangen. Deutschland, erklärte er, könne es sich weder leisten, Österreich und Rußland «hinter seinem Rücken zu intim miteinander werden zu lassen», noch dürfe es, im Interesse der eigenen Sicherheit, die beiden miteinander streiten lassen. Der Friede hänge von der Zusammenarbeit dieser Mächte ab, doch bestehe die Gefahr, daß Andrássy in Wien von den Annexionisten, die darauf drängten, auf dem Balkan zu intervenieren, mattgesetzt werde. Drei Tage später regte er bei dem russischen Botschafter Paul d'Oubril an, daß man Andrássys Position am besten stärken könne, wenn man für Österreich ein «Arrondissement» in Bosnien arrangiere im Austausch gegen «Vorteile» für Rußland in Bessarabien. Er glaubte, daß Großbritannien solche «Bagatellen» hinnehmen würde, um die eigenen Ziele in Suez zu erreichen. «Ich bitte nur um eines – den Auftrag, das britische Kabinett vorzubereiten und seine Zustimmung zu dieser Kombination herbeizuführen.»[11]

Am 19. Februar gab Bismarck den Briten zu verstehen, daß Krieg auf dem Balkan nur auf zwei Arten vermieden werden könne: durch freundschaftliches Zusammenwirken der Mächte im Bemühen, den territorialen Status quo zu erhalten, und, falls dies mißlang, eine einvernehmliche Verständigung der Mächte über das, «was mit der Türkei zu tun sei». Deutschland habe, da territorial saturiert, an der Sache kein anderes Interesse als das, den Frieden in Europa zu erhalten. Doch die britische Erwiderung auf diese Anregung war kühl und ausweichend, und Gortschakow lehnte es ab, Bismarck eine so glänzende Rolle zuzugestehen. Der russische Kanzler schrieb an Oubril, daß Bismarck ihn wie seinerzeit Napoleon III. an *«le grand tentateur sur la montagne»* erinnere.[12]

Das Scheitern der Initiative Andrássys, die Ausweitung des balkanischen Aufstands auf Bulgarien und die Ermordung der Konsuln Deutschlands und Frankreichs in Saloniki verschärften während der Monate April und Mai 1876 die Krise. Vom 11. bis zum 14. Mai erörterten die Außenminister des Dreikaiserbunds in Berlin die weiteren Schritte gegen die Türkei. Von der zunehmenden panslawistischen Agitation daheim gedrängt, schlug Gortschakow seinen Kollegen in Berlin vor, eine europäische Konferenz abzuhalten, durch welche die Türkei genötigt werden sollte, in den aufständischen Gebieten Reformen durchzuführen – und zwar unter Aufsicht einer internationalen Kommission, der die militärische Besetzung des Gebiets den Rücken stärken sollte. In einem privaten Gespräch vor dem Dreiertreffen wiederholte Bismarck gegenüber Andrássy seinen Vorschlag einer Grenzveränderung für Österreich in Bosnien und für Rußland in Bessarabien. Doch Andrássy lehnte so drastische Schritte ab, und die drei Mächte akzeptierten sein Programm (das «Berliner Memorandum»), das eine europäische Initiative für einen zweimonatigen Waffenstillstand, während dessen Reformen durchgeführt werden könnten, sowie eine Flottendemonstration der sechs Signatarmächte des Pariser Vertrages von 1856 vor Konstantinopel forderte.

Als ältester der drei Kanzler trug am 13. Mai Gortschakow deren gemeinsamen Vorschlag den Botschaftern der drei anderen Mächte – Großbritanniens, Frankreichs und Italiens – in seinem geschliffenen, oratorischen Französisch vor (Bismarck kritzelte: «Pompon, pompo, pomp, po!»). Er hätte eine Zusage gern noch vor seiner und Andrássys Abreise aus Berlin am 15. Mai, erklärte Gortschakow. Frankreich und Italien entsprachen diesem Wunsch, aber Disraeli und seine Kollegen waren verstimmt über die untergeordnete Rolle, die London in diesem Plan zugedacht war, wie auch über Gortschakows Drängen (zwischen dem 13. und dem 15. Mai lag ein Wochenende, kaum ein geeigneter Zeitpunkt, um von einem britischen Kabinett Entscheidungen zu erwarten). Die Briten weigerten sich denn auch, «der Türkei das Messer an die Kehle zu setzen», einem Staat, dessen Fortbestand nach wie vor ein Axiom britischer Außenpolitik war. Gortschakow kehrte wütend über die britische Haltung nach Rußland zurück, und diese Stimmung sollte auch noch während der kommenden Monate sein Verhalten beeinflussen. Bismarck hingegen soll angesichts der Demütigung des russischen Kanzlers «in lautes Gelächter» ausgebrochen sein.[13]

Eine unzeitige Frage

Wie schon so oft in der Vergangenheit nötigten auch diesmal die Ereignisse auf dem Balkan die europäischen Großmächte zu Handlungen, die ihren ursprünglichen Absichten ganz entgegengesetzt waren. Die scheinbare Ohnmacht des Osmanischen Sultans ermutigte weitere Völker auf dem Balkan, sich der Rebellion anzuschließen. Im späten Frühjahr 1876 erhoben sich die Bulgaren, und Ende Juni wagten Serbien und Montenegro, der Türkei den Krieg zu erklären, mit dem Ziel, die Südslawen unter einer einzigen Krone zu vereinigen. Die Zukunft des Osmanischen Reichs war nicht länger ein hypothetisches Problem. Nun waren die europäischen Mächte gezwungen, sich mit dem auseinanderzusetzen, was sie offenbar nicht mehr verhindern konnten. In Anbetracht der Möglichkeiten, die sich auf dem Balken eröffneten, verspürte man in den Hauptstädten Europas Furcht und Habgier zugleich. Es wurde nun schwieriger, den Frieden unter den Großmächten zu wahren. Das aber war noch immer Bismarcks Hauptanliegen. Im Oktober faßte er das Problem knapp zusammen: «Die Frage, ob wir über die orientalischen Wirren mit England, mehr noch mit Österreich, am meisten aber mit Rußland in dauernde Verstimmung geraten, ist für Deutschlands Zukunft unendlich viel wichtiger, als alle Verhältnisse der Türkei zu ihren Untertanen und zu den europäischen Mächten.»[14]

Die serbisch-montenegrische Kriegserklärung gegen die Türkei entfachte die panslawistische Begeisterung in Rußland zu hellem Brand. Russische Freiwillige, russisches Geld, russische Hilfsgüter trafen in Belgrad ein. Trotz des wachsenden Drucks der Öffentlichkeit hielten Alexander und Gortschakow an einer Politik der Nichtintervention fest. Insgeheim bemühten sie sich jedoch um eine Verständigung mit Österreich über den Schutz der beiderseitigen Interessen, egal wer Sieger bleiben würde, Türken oder Slawen. Andrássy hielt es nun selbst für wahrscheinlich, daß seine Politik, Reformen von der türkischen Verwaltung zu fordern, gescheitert war; Österreich mußte jetzt angesichts des zu erwartenden Siegs der Serben darauf bedacht sein, sich den ihm gebührenden Anteil von Bosnien-Herzegowina zu sichern. Am 8. Juli 1876 trafen sich Franz-Joseph und Alexander in Reichstadt in Böhmen, wo ihre Außenminister ein geheimes Abkommen ausarbeiteten – oder dies doch wenigstens zu tun glaubten (es gab keinen gemeinsamen Text) –, das vorsah, was im Fall eines türkischen Siegs für den Schutz der Völker des Balkans zu tun sei und wie bei einem Sieg der Slawen der Balkan aufgeteilt werden sollte. Später stritten sich die Vertragspartner über die Bedingungen, die sie bei ihrem Treffen in Reichstadt erzielt oder eingeräumt zu haben glaubten. Was ihnen im Juli so selbstverständlich gewesen zu sein schien, daß es nicht einmal der schriftlichen Fixierung bedurfte, wurde binnen weniger Wochen durch den überraschenden Sieg der Türken und die Erweiterung der Ziele der Vertragspartner äußerst unklar und strittig.[15]

Die Bereitschaft der beiden Mächte, zu einem Arrangement zu gelangen, war in Reichstadt um so größer gewesen, als die Versuche beider, sich mit Großbritannien zu verständigen, gescheitert waren. Nachdem sie im Mai 1876 das Berliner Memorandum abgelehnt hatte, hatte die britische Regierung eine Einheit der britischen Kriegsmarine in die Besika-Bucht am Ausgang der Dardanellen beordert. Abgesehen davon aber zögerte das Londoner Kabinett: Derby, weil ihm Mut und Entschlußkraft fehlten, Disraeli, weil er zu alt und hinfällig war, das Außenministerium, mit dessen Leitung er immer unzufriedener wurde, persönlich zu übernehmen. Doch im Laufe des Sommers wurde es unter dem Druck der öffentlichen Meinung Großbritanniens für die britische Regierung immer schwieriger, an der traditionellen Doktrin festzuhalten, wonach es im britischen Interesse lag, die Integrität des Osmanischen Reichs zu erhalten.

Im Oktober 1875 hatten die Aufstände auf dem Balkan das prekäre Gleichgewicht der türkischen Finanzen so durcheinandergebracht, daß die Pforte gezwungen war, die Rückzahlung von großen Krediten, die sie jahrzehntelang gegen hohe Zinsen bei britischen und französischen Banken aufgenommen hatte, fürs erste einzustellen. Während das den Finanzleuten zu schaffen machte, erregten Gerüchte über die Grausamkeit, mit welcher türkische irreguläre Truppen den bulgarischen Aufstand rasch niederschlugen, die Öffentlichkeit. Im Juni, Juli und August 1876 brachten die Zeitungen sensationelle Berichte über von Türken gegen Bulgaren verübte Greuel, und im Juli beantworteten Disraeli und Derby diesbezügliche parlamentarische Interpellationen mit Erklärungen, in welchen die fraglichen Presseberichte als übertrieben bezeichnet wurden. Am 6. September 1876 erschien Gladstones berühmte Streitschrift über *The Bulgarian Horrors and the Questions of the East,* von der binnen kurzem 40 000 Exemplare abgesetzt wurden. Tatsächlich hatten sich auf dem Balkan beide Seiten Greueltaten zuschulden kommen lassen, doch das britische Publikum wollte nur von denen der Türken wissen. Eine antitürkische Stimmung breitete sich aus, und wie in Petersburg und Wien begann man auch in London, sich Gedanken über den Gewinn zu machen, den Großbritannien aus der anscheinend unvermeidlichen Zerstückelung des Osmanischen Reichs ziehen könne.[16]

Im Juli und August 1876 trug die türkische Armee eine Reihe von Siegen über die Serben davon. Die Niederlage der Serben, trotz der Unterstützung durch russische Freiwillige (darunter ein russischer General, der das Oberkommando übernommen hatte), ließ den Ruf der Panslawisten und imperialistischen Militärs nach einer bewaffneten russischen Intervention noch lauter werden, wenn nicht zugunsten der Serben (deren militärische Leistungen eher enttäuschend gewesen waren), so doch zugunsten der Bulgaren, deren Schicksal das Mitleid ganz Europas erregte. Der öffentliche Abscheu in England über die türkischen Greueltaten weckte in Petersburg die Hoffnung, daß man dort gegen eine russische Intervention auf dem Balkan nichts einzuwenden haben werde, zumal wenn diese mit der Notwendigkeit begründet werden konnte, christliche Völker vor moslemischer Barbarei zu retten.[17] Bismarck verfolgte aus dem bukolischen Varzin diese Entwicklung mit Gelassenheit. Er hielt einen Krieg Rußlands gegen die Türkei für eine nicht nur unvermeidliche, sondern auch wünschenswerte Konsequenz der Krise – wünschenswert jedenfalls, solange Rußland bei der Festsetzung seiner Kriegsziele im Einverständnis mit Österreich handelte. Am 13. September unterrichtete ihn Andrássy über die Einzelheiten des «Abkommens» von Reichstadt, wie die Österreicher es verstanden.[18] Demnach schien es, daß die Mächte sich zu dem Verfahren entschlossen hatten, das von Bismarck schon wiederholt empfohlen worden war: gegenseitige Kompensationen durch teilweise Zerstückelung des Osmanischen Reichs.

Und doch betrachtete Bismarck in jenem Herbst die Beziehungen Deutschlands zu Rußland mit einigem Unbehagen. Ende August begann er zu fürchten, daß der in russischen Blättern häufig erhobene Vorwurf gegen Deutschland, es lasse keinerlei Wohlwollen für die panslawistischen Bestrebungen erkennen, im Verein mit anderen unfreundlichen Einflüssen am russischen Hof (hier dachte Bismarck vor allem an Gortschakow) nicht ohne Wirkung auf den Zaren bleiben werde. Er lief zudem Gefahr, Gortschakow zu beleidigen, wenn er dessen Vorschlag, Deutschland solle zu Verhandlungen über die Balkanfrage einen europäischen Kongreß einberufen, ablehnte, um die deutsche Außenpolitik nicht für rein russische Ziele zu engagieren. Grund zur Besorgnis gab auch der gegenwärtige Vertreter des Deutschen Reichs am Hof des Zaren. Botschafter Lothar von Schweinitz war auf Urlaub aus Petersburg abwesend auf der Jagd in den österreichischen Alpen. Zu Oubril aber, einem Katholiken, den er des Papismus und intriganter Pläne verdächtigte, hatte Bismarck kein Vertrauen. Deshalb riet er seinem Monarchen, den Feldmarschall Edwin von Manteuffel zum Zaren zu entsenden, der eben zu einem Manöverbesuch in Warschau weilte. Manteuffel überbrachte dem Zaren ein persönliches Schreiben des Kaisers vom 2. September, in welchem Wilhelm seinem Neffen versicherte: «Die Erinnerung an Ihre Haltung zu mir und meinem Lande von 1864 bis 1870–1871 wird meine Politik gegenüber Rußland leiten, was auch geschehen möge.»[19] Am 8. September kehrte Manteuffel aus Warschau zurück und berichtete, daß zwar Bismarcks Weigerung, eine internationale Konferenz nach Deutschland einzuberufen, den Zaren und dessen Kanzler sichtlich verärgert habe, Alexander jedoch über Wilhelms Versicherung wohlwollender Neutralität im Falle eines Krieges gegen die Türkei sichtlich gerührt gewesen sei. «Gern zähle ich auf Sie, wie Sie stets auf mich zählen können», schrieb Alexander an den Onkel. (Bismarck: «Die einzige Frage ist, wie weit?»)[20]

Manteuffel berichtete weiter: «Ich glaube, daß Kaiser Alexander vor allem eine Erklärung in irgendwelcher Form wünscht, woraus hervorginge, daß Rußland in der orientalischen Frage die Sympathien Deutschlands habe». Bismarck scheute eine derartige Erklärung, die ohnedies nur hätte wiederholen können, was Wilhelm seinem Neffen bereits geschrieben hatte. Doch am 14. September kam Oubril zu Staatssekretär Bernhard von Bülow, der im Auswärtigen Amt Bismarcks rechte Hand war, und berichtete, daß der Zar Antworten auf zwei Fragen erwartete, die er Manteuffel in Warschau gestellt zu haben behauptete: Welche Haltung würde Deutschland einnehmen, wenn die «Würde» Rußlands unabhängiges russisches Vorgehen erforderlich mache? Welche diplomatischen Maßnahmen Bismarck vorschlüge, da er nicht bereit sei, den russischen Vorschlag einer Sechsmächtekonferenz anzunehmen?[21] Bismarck fand, daß solche mündlich und fast nebenher überbrachten Anfragen gegen die diplomatische Form verstießen. Gortschakow würde Oubril nicht damit beauftragt haben, meinte er, wenn er damit nicht einen bestimmten Zweck verfolge. Jedenfalls sei die erste Frage bereits durch den Brief des Deutschen Kaisers vom 2. September beantwortet, während er die zweite für eine «Impertinenz» hielt. Er befahl, Oubril keine ausführliche Antwort zu geben, zumal er ihn nicht für vertrauenswürdig hielt.[22]

Zwei Wochen später zeigte sich jedoch, daß der inzwischen in Livadia auf der Krim weilende Zar allmählich ungeduldig wurde. Am 1. Oktober 1876 telegraphierte der deutsche Militärbevollmächtigte in Petersburg, Generalleutnant von Werder, aus Livadia an das Auswärtige Amt, daß der Zar umgehend eine Antwort auf eine andere Frage erwarte, die er angeblich mündlich mit Manteuffel erörtert hatte (Bismarck: «*Nicht* richtig!»), ob nämlich, «wenn es zum Kriege mit Österreich kommen sollte, Seine Majestät der Kaiser geradeso handeln würde, wie er es 1870 getan?»[23] Auf diese höchst seltsame und ungewöhnliche Weise wurde Bismarck plötzlich die kritische Frage gestellt, die er stets zu vermeiden versucht hatte. Er wurde unverblümt aufgefordert, sich zwischen Deutschlands beiden Bündnispartnern im Dreikaiserbund zu entscheiden.

Bismarck konnte nicht wissen, wie sich Alexanders Gedanken binnen dreier Wochen von der Sorge über Deutschlands Haltung gegenüber Rußland im Falle eines Krieges gegen die Türkei der Frage nach dessen Haltung im Falle eines Krieges zwischen Rußland und Österreich zugewandt hatten. In Livadia war der Zar umgeben von Generälen, Panslawisten und Imperialisten, die ihn drängten, auf dem Balkan einzugreifen. Am 21. September verfügte er eine Teilmobilmachung in den südwestlichen Militärbezirken Rußlands. Gleichzeitig entsandte er einen Sonderbotschafter, den Grafen Felix Sumarokow-Elston, nach Wien, um über das Abkommen von Reichstadt neu zu verhandeln (21. September bis 4. Oktober). In Wien, wie auch in London (nicht jedoch in Berlin), schlugen die Russen vor, daß Österreich Bosnien besetzen solle, Rußland Bulgarien, und daß die Großmächte Flotten zum Bosporus entsenden sollten, um die Türken einzuschüchtern. Franz Joseph und Andrássy waren mit dem ersten dieser Vorschläge einverstanden, nicht aber mit dem zweiten. Die Briten lehnten sowohl den zweiten als auch den dritten Punkt des russischen Programms ab. Indem sie Sumarokow-Elston mit leeren Händen zurückschickten, gaben die Österreicher zu verstehen, daß sie sich an einem Vorgehen Rußlands gegen die Türkei nicht beteiligen würden, doch sie ließen auch keinen Zweifel an ihrer Absicht, wohlwollende Neutralität zu wahren. Die Tür zu weiteren Verhandlungen mit Rußland blieb offen. In dem überhitzten politischen Klima in Livadia aber gelangten Alexander und seine Berater zu der Überzeugung, daß Österreich, da es an dem bevorstehenden Krieg nicht als Verbündeter Rußlands teilnehmen wollte, die Absicht haben müsse, dessen Gegner zu werden.[24] Unter dieser Voraussetzung beschlossen sie, die Loyalität des deutschen Bündnispartners auf die Probe zu stellen.

Den Tag, an welchem Deutschland sich der nun von Alexander aufgeworfenen Frage würde stellen müssen, hatte Bismarck schon lange kommen sehen und möglichst weit hinauszuschieben versucht.[25] Dennoch überraschte ihn nun nicht nur der Zeitpunkt, sondern auch die undiplomatische Taktlosigkeit der Übermittlung – durch einen General ohne diplomatische Erfahrung. Auch war in der diplomatischen Korrespondenz bisher nie auch nur angedeutet worden, daß Rußland die Möglichkeit eines Krieges mit Österreich in Betracht zog. Bismarck argwöhnte, daß Gortschakow ihm eine Falle stellen wollte. «Antworten wir ‹nein›, so hetzt er bei Kaiser Alexander, antworten wir ‹ja›, so benutzt er es in Wien.»[26]

Er hielt es für das Beste, ausweichend oder überhaupt nicht zu antworten, aber Wilhelm fürchtete, seinen Neffen zu beleidigen.[27] Bismarck rief Schweinitz aus dem Urlaub zurück und schickte ihn am 23. Oktober mit der deutschen Antwort nach Livadia. Im Falle eines russisch-türkischen Krieges würde Deutschland Österreich drängen, mit Rußland Frieden zu halten. Wenn es aber zwischen Rußland und Österreich zu einem Bruch käme, würde Deutschland darin keinen Grund sehen, seine Neutralität aufzugeben. Sollten Italien und Frankreich in den Krieg eintreten, könnte sich Deutschland in die Notwendigkeit versetzt sehen, die eigenen Interessen wahrzunehmen. Wenn sich ganz Europa gegen Rußland verbünden sollte, würde es nicht in Deutschlands Interesse liegen, daß Rußlands Stellung als europäische Macht ernsthaft und auf die Dauer Schaden nehme. Ebenso würde es jedoch auch die deutschen Interessen verletzen, wenn die Integrität des Habsburgerreichs oder dessen Stellung als Faktor im europäischen Machtgleichgewicht bedroht werden sollten.[28] In seinen Memoiren formuliert

Bismarck den Sachverhalt noch prägnanter: «Der Sinn meiner Antwort war, unser erstes Bedürfnis sei, die Freundschaft zwischen den großen Monarchien zu erhalten, welche der Revolution gegenüber mehr zu verlieren, als im Kampfe unter einander zu gewinnen hätten. Wenn dies zu unsrem Schmerze zwischen Rußland und Oesterreich nicht möglich sei, so könnten wir zwar ertragen, daß unsre Freunde gegen einander Schlachten verlören oder gewönnen, aber nicht, daß einer von beiden so schwer verwundet und geschädigt werde, daß seine Stellung als unabhängige und in Europa mitredende Großmacht gefährdet würde.»[29]

Bismarcks berühmte Antwort auf Rußlands «unzeitige» Frage ist ein klassisches Beispiel der Diplomatie des europäischen Gleichgewichts. Besser als vielleicht jedes andere illustriert dieses Dokument die für Bismarcks Politik charakteristische Taktik, seine Ausnutzung widerstreitender Interessen (innerhalb eines fast geschlossenen Systems) zur Schaffung gegeneinander ausgewogener Optionen, die ihm selbst (und den Interessen, denen er diente) die Freiheit der Wahl ließen, während sie diese den anderen Beteiligten nahmen.[30] Mit dieser Antwort demonstrierte er den Russen – wie dann auch den Österreichern, als deren Abgesandter in Varzin vorsprach – zugleich die Grenzen und den Wert der politischen Freundschaft Deutschlands.[31] Die Rückkehr Großbritanniens zur aktiven Beteiligung an der europäischen Politik erlaubte ihm, andere Kombinationen ernsthaft in Betracht zu ziehen, die bei dem fortgesetzten Bemühen, Deutschlands Stellung als «einer von dreien auf dem europäischen Schachbrett» zu bewahren, notwendig werden mochten. Die Optionen, die er zu dieser Zeit als Alternativen zum Dreikaiserbund in Erwägung zog, waren, je nach den Umständen, Großbritannien-Deutschland-Rußland und Großbritannien-Deutschland-Österreich.[32] Rußlands Reaktion auf seine Botschaft vom 23. Oktober kann seine Bereitschaft, die zweite dieser Möglichkeiten ins Auge zu fassen, nur vermehrt haben.

«Fürst Gortschakow war durchaus unbefriedigt von dem, was ich ihm mitzuteilen hatte», schrieb Schweinitz über den Erfolg seiner Mission an Bülow. «‹Wir erwarten große Dinge von Ihnen›, sagte er, ‹und Sie bringen nichts, was wir nicht schon längst wüßten.›» Gortschakow verlangte von Bismarck, er solle «laut erklären, daß Rußland ein Recht hat, als Mandatar Europas unerträglichen Zuständen ein Ende zu machen».[33] Er wollte in dem kommenden Krieg mit deutscher Hilfe Rußland als Retter der Christenheit und der abendländischen Kultur überhaupt herausstellen. An den Rand der Botschaften des Zaren und Gortschakows kritzelte Bismarck seine Reaktionen in drei Sprachen: *«Who is Europe?»*, *«Qui parle Europe a tort – notion geographique»*, «Redensarten».[34]

An den Kaiser schrieb er: «Ich habe das Wort ‹Europa› immer im Munde derjenigen Politiker gefunden, die von anderen Mächten etwas verlangten, was sie im eigenen Namen nicht zu fordern wagten.»[35] Zwar sei er weit entfernt von der Behauptung, «daß wir als Christen nicht ein Interesse für leidende Menschen überhaupt, und namentlich für leidende Christen auch in fernen Ländern haben sollten ..., aber wir müssen uns dagegen verwahren, daß diese Sympathie uns verpflichte, überall da, wo wir sie hegen, Deutschlands Macht, seinen Frieden und seine europäischen Beziehungen einzusetzen, und zwar nicht nach eigenem Ermessen, sondern nach dem auswärtiger, uns zwar befreundeter, aber in der Sache wesentlich interessierter Mächte, wie England und Rußland.» England, Österreich und Rußland sollten sich besser ihre Kastanien selbst aus dem Feuer holen. Deutschland solle sich nicht die Sorgen anderer Mächte aufbürden, es habe genügend eigene.[36] Er versicherte die Russen des Verständnisses und der Sympathie für ihre Anliegen auf dem Balkan, drängte sie, mit dem Einmarsch in die Türkei zu beginnen, und versprach, bei der «Lokalisierung» des Krieges behilflich zu sein, indem er Engländer und Österreicher dazu bringen würde, ihre Neutralität beizubehalten.[37] Er empfahl Rußland, die österreichische Besetzung Bosniens und die englische Ägyptens zu billigen. Doch er beschloß, Deutschland nicht in eine Erörterung der «schwierigen Frage» zu verwickeln, wo die russische Armee beim Vormarsch auf Konstantinopel innehalten sollte.[38]

Rußlands Weg in den Krieg

Gegen Ende des Jahres 1876 standen Bismarck und Deutschland im Mittelpunkt der Aufmerksamkeit der Regierungen Europas. Gortschakows unbequeme Frage und sein Versuch, von Bismarck die moralische Rechtfertigung eines russischen Angriffs auf die Türkei zu erhalten, waren nur zwei von vielen Hinweisen auf die Tatsache, daß Deutschland, das noch im Mai 1875 isoliert erschien, jetzt diejenige Macht war, deren Unterstützung von allen an der orientalischen Krise beteiligten Mächte am eifrigsten gesucht wurde. Wie schon berichtet, mußte Bismarck gefährliche Anerbietungen sowohl Rußlands als auch Österreichs zurückweisen, die beide von Deutschland Unterstützung gegeneinander erhofften. Doch wies er auch Andrássys Angebot einer deutsch-österreichischen Allianz zur Mäßigung der italienischen Ansprüche mit der Begründung zurück, daß man eine solche Kombination in Petersburg für antirussisch halten werde.[39] In London sondierte Disraeli, der gegenüber den russischen Absichten mißtrauisch geworden war und von der antitürkischen Agitation der *«atrocitarians»* (Greuelpropagandisten) bedrängt wurde, die Möglichkeit eines englisch-deutschen Abkommens zur Erhaltung des Status quo auf dem Balkan – und in Elsaß-Lothringen![40]

Disraelis Demarche regte Bismarck an, vor dem Kaiser und dem Auswärtigen Amt sein «Phantasiebild» der künftigen Raumordnung im Vorderen Orient zu entrollen. Österreich sollte Bosnien erhalten; Rußland Bessarabien; England Suez und ganz Ägypten; Frankreich Syrien; Konstantinopel, dessen Umgebung und die Meerengen sollten beim Osmanischen Reich verbleiben. «Die ganze Türkei mit Einrechnung der verschiedenen Stämme ihrer Bewohner ist als politische Institution nicht so viel wert, daß sich die zivilisierten europäischen Völker um ihretwillen in großen Kriegen gegenseitig zugrunde richten sollten.» Er war aber nichtsdestoweniger entschlossen, weder die Initiative zu einer Aufteilung der

Türkei zu ergreifen, noch in dieser Absicht durch diplomatischen Druck auf eine andere europäische Macht einzuwirken. Denn selbst wenn dieser in den freundschaftlichsten Formen ausgeübt werde, konnte er den auswärtigen Beziehungen Deutschlands doch nur schaden. Er konnte sich keinen Vorschlag vorstellen, der den Beifall aller betroffenen Mächte fände und keine vor den Kopf stoßen würde.[41] Im Einklang mit dieser Einschätzung gab er der britischen Regierung nur einen verschwommenen Abriß seines «Phantasiebildes», bedauerte, daß sie auf frühere Vorschläge, im Verein mit Österreich und Deutschland Rußlands Ansprüche zu mäßigen, nicht eingegangen sei, und ließ sie wissen, daß ihre Weigerung ihn gezwungen habe, Gortschakows Plan einer gemeinsamen diplomatischen Aktion der europäischen Mächte gegen die Türken zu unterstützen.[42] Disraeli und Derby mußten auf die Kosten ihrer Zurückweisung der Avancen Bismarcks unmißverständlich hingewiesen werden.

Am 31. Oktober 1876 stellte Rußland der Pforte, deren siegreiches Heer auf Belgrad marschierte, ein Ultimatum von achtundvierzig Stunden, um einen sechswöchigen Waffenstillstand im Krieg mit Serbien anzunehmen. Die Pforte gab nach, und auf Vorschlag Großbritanniens entsandten die Großmächte Bevollmächtigte zu einer Konferenz in Konstantinopel, vorgeblich zu dem Zweck, den Krieg auf dem Balkan durch einen Verhandlungsfrieden zu beenden. Ehe noch am 23. Dezember die erste Plenarsitzung stattfand, handelten Lord Salisbury und Ignatjew, die Bevollmächtigten Großbritanniens und Rußlands, ein Abkommen miteinander aus, demzufolge Serbien bestehenbleiben, Montenegro in den Genuß seiner Eroberungen kommen, Bosnien und Herzegowina zu einer Provinz vereinigt und Bulgarien lateral in zwei Provinzen aufgeteilt werden sollten. Die drei Provinzen sollten autonom sein, mit gewählten gesetzgebenden Körperschaften und von der Pforte zwar ernannten, jedoch der Bestätigung durch die europäischen Mächte bedürfenden Gouverneuren.[43] Große Illusionen, dieses Programm durchsetzen zu können, machten sich weder England noch Rußland. Salisbury soll damit eine Spaltung des Dreikaiserbunds beabsichtigt und gehofft haben, Bismarck aus seiner zentralen Stellung in der europäischen Politik zu verdrängen, während Ignatjew auf diesem Weg Zeit für die schleppende finanzielle Mobilmachung Rußlands und ein europäisches Mandat zur Kriegführung gegen die Türkei gewinnen wollte. Die Pforte hatte der Konferenz nur unter Zwang zugestimmt. Als am 23. Dezember die erste Plenarsitzung begann, proklamierten unter Führung des Großwesirs Midhat Pascha türkische Liberale mit donnernden Kanonen eine liberale Verfassung für das ganze Reich. Die neue Regierungsordnung, erklärten die Türken, werde die für die neuen Balkanprovinzen geplanten Reformen überflüssig machen. Mit dieser Begründung lehnte am 18. Januar 1877 in Konstantinopel eine Versammlung von türkischen Notabeln das Salisbury-Ignatjew-Programm ab. Der Gang der Dinge auf dem Balkan hatte nicht nur ein Aufwallen des Panslawismus in Rußland zur Folge gehabt, sondern ebenso ein Wiedererwachen des türkischen Nationalismus. Kompromissen war man deshalb auf beiden Seiten abgeneigt.[44]

Seltsamerweise machte man Bismarck, der die in Konstantinopel am wenigsten engagierte Macht repräsentierte, zum Sündenbock für das Scheitern der Konferenz. Alexander II. beklagte sich bitter über Deutschlands «platonische» Unterstützung in Konstantinopel, und der Panslawist Ignatjew, der Salisbury am Verhandlungstisch an Geschick überlegen war, deutete an, daß Bismarck, dessen Vorschläge zur Aufteilung des Osmanischen Reichs allgemein geläufig waren, für die Verhärtung des türkischen Widerstands verantwortlich zu machen sei.[45] Wenn Ignatjew diesen Vorwurf ins Spiel gebracht hatte, so machte Decazes sich um dessen Verbreitung verdient. Der französische Bevollmächtigte in Konstantinopel ließ keine Gelegenheit ungenützt, das Einverständnis Frankreichs mit dem Salisbury-Ignatjew-Plan zu bekunden. In Paris gab Decazes dem britischen Botschafter Lord Lyons zu verstehen, daß der deutsche Kanzler einen Angriff auf Frankreich plane, um eine im Werden begriffene britisch-französisch-russische Entente zu durchkreuzen. Erneut witterte Gortschakow eine günstige Gelegenheit, Bismarck zum Prügelknaben der öffentlichen Meinung Europas zu machen. Bald wußten überall in Europa die Zeitungen zu berichten, daß der deutsche Kanzler die gerechten Ansprüche Rußlands auf dem Balkan nicht zur Geltung kommen lassen wolle.[46]

Bei einer Analyse der europäischen Lage, die er am 20. Oktober 1876 zur Unterrichtung seiner Untergebenen im Auswärtigen Amt formulierte, meinte Bismarck noch, daß eine Annäherung Englands und Frankreichs «für unsere Interessen und für das europäische Gleichgewicht nicht nachteilig» sei – «im Gegenteil».[47] Doch schon einige Monate später machten ihn die Anzeichen wachsender Intimität zwischen diesen Mächten und Rußland besorgt. Er verdächtigte Gortschakow, in Wien auf den Sturz Andrássys und eine antideutsche Koalition hinzuarbeiten.[48] Diese Sorgen wurden durch Berichte über fortdauernde russische und französische Truppenkonzentrationen an den deutschen Grenzen nicht eben zerstreut. Im Januar und Februar 1877 arbeitete der preußische Generalstab an Plänen für einen Zweifrontenkrieg gegen beide Staaten. Frankreich benötigte nur fünf Tage, um 500 000 Mann mobil zu machen, so glaubte man, während Deutschland dazu zehn Tage brauchte. Moltke rechnete mit einer Entscheidungsschlacht in Lothringen und einem darauf folgenden Verhandlungsfrieden mit Frankreich, nach dem dann die deutschen Streitkräfte gegen Rußland eingesetzt werden könnten.[49] Trotz Bismarcks Warnungen, die von Moltke und Kameke bekräftigt wurden, nahm Wilhelm die Gefahr eines drohenden französisch-russischen Angriffs nicht sonderlich ernst und willigte nur zögernd in die Verstärkung der Garnisonen von Metz und Straßburg ein.[50] Wie während der Krieg-in-Sicht-Krise 1875 überboten die deutsche und die französische Presse einander in gegenseitigen Beschuldigungen. Erneut wurde bei deutschen Militärs die Meinung laut, daß ein Präventivschlag gegen Frankreich ratsam sei. Doch abermals weigerte Bismarck sich, «Gott zu spielen» und die Zukunft vorauszusagen. «Jeder Krieg, selbst ein siegreicher, (ist) ein Unglück ... Es wäre ein zu gefährliches Spiel, den Teufel durch den Beelzebub austreiben zu wollen».[51]

Angesichts dieser Ungewißheiten wandte sich Bismarck wieder nach England und erkundete, was er im Falle eines Kriegs zwischen Deutschland und Frankreich von der Regierung Disraelis zu erwarten habe. Ob er damit rechnen dürfe, daß London vermitteln werde? Wenn Deutschland die britischen Ansprüche im Osten unterstützte, würde Großbritannien Deutschland im Westen unterstützen?[52] Weder Derby noch Disraeli hielten einen französischen Angriff auf Deutschland für wahrscheinlich, und so glaubten beide, daß der deutsche Kanzler wieder nur, wie schon 1875, Kriegsfurcht verbreiten wollte. Oder sah er etwa in der Bindung Rußlands auf dem Balkan eine günstige Gelegenheit, die Franzosen zu zerschmettern? Dieser Verdacht war 1877 nicht besser begründet als 1875. Obwohl die Quellen zu dieser Episode ziemlich spärlich fließen, spricht doch der Anschein dafür, daß auch diesmal Bismarck ernsthaft befürchtete, die Franzosen könnten versucht sein, Deutschlands scheinbare Isolation auszunutzen und einen Rachekrieg zu führen. Der Sturz der Regierung MacMahons am 16. Mai 1877 beruhigte ihn nicht. Doch den Wahlsieg Gambettas und der Republikaner im Dezember begrüßte er. Mit Gambetta begann in den deutsch-französischen Beziehungen eine neue Ära der Versöhnung und sogar Zusammenarbeit.[53] Unter den ersten Gewinnen, die Bismarck aus dem Regierungswechsel in Paris zog, waren der Rücktritt Decazes' vom Amt des Außenministers und die Abberufung des französischen Botschafters Gontaut-Biron aus Berlin, eines Favoriten der Kaiserin Augusta, dem er wahrscheinlich zu Unrecht finstere Intrigen unterstellte.

Die Konsequenzen ihres Scheiterns hatten die Russen schon ins Auge gefaßt, noch ehe die Konferenz von Konstantinopel begann. Bismarcks Weigerung, Rußland gegen Österreich zu unterstützen, hatte die Regierung in St. Petersburg genötigt, jeden Gedanken an einen gleichzeitigen Krieg gegen die Türkei und Österreich aus ihren Planungen auszuscheiden. Die Russen schienen zwei Optionen zu haben: entweder sich über die Früchte eines russischen Krieges gegen die Türkei mit Österreich zu einigen oder einen solchen Krieg gar nicht erst anzufangen. Doch im Januar 1877 hatten die Wogen der öffentlichen Meinung und der panslawistischen Agitation innerhalb und außerhalb der Regierung die zweite Option praktisch unmöglich gemacht. Am 15. Januar 1877 unterzeichneten in Budapest Vertreter Rußlands und Österreichs eine Militärkonvention und am 18. März eine politische Konvention, in denen Andrássy den österreichischen Preis für wohlwollende Neutralität in dem bevorstehenden Krieg erhob. Der ersten Konvention zufolge durfte Österreich Bosnien und Herzegowina besetzen, doch seine militärischen Operationen nicht auf Rumänien, Serbien, Bulgarien und Montenegro ausdehnen. Das zweite Abkommen hatte die politische Neuordnung zum Gegenstand, die auf einen russischen Sieg und die Auflösung des Osmanischen Reichs folgen sollte. Demnach sollte Österreich das Recht haben, zu einem frei zu wählenden Zeitpunkt Bosnien und Herzegowina zu annektieren (nicht jedoch den Sandschak Nowi-Bazar, über den durch ein zukünftiges Abkommen verfügt werden sollte), während Rußland Bessarabien und die 1856 verlorene Grenze zurückerhalten sollte. Die Vertragspartner einigten sich darauf, daß auf dem Balkan kein großer, kompakter slawischer oder sonstiger Staat entstehen sollte. Bulgarien, Albanien und das übrige Rumänien mochten als unabhängige Staaten konstituiert werden. Griechenland sollte es freigestellt werden, Thessalien, Kreta und einen Teil des Epirus zu annektieren, Konstantinopel jedoch womöglich freie Stadt werden.[54]

Der Doppelmonarchie wurde damit, ohne daß sie deswegen hätte in den Krieg ziehen oder auch nur mobilmachen müssen, ein territorialer Gewinn zugesichert, der dem panslawistischen Ehrgeiz, die Südslawen zu einem Staat zu vereinigen, von vornherein jede Aussicht auf Befriedigung raubte. Wenn Österreich-Ungarn später auch den Regierungsbezirk Nowi-Bazar in Verwaltung nahm, konnte die Doppelmonarchie einerseits Serbien und Montenegro getrennt halten und sich andererseits ein günstig gelegenes Einfallstor zum Balkan bewahren. Insofern das Abkommen die Schaffung eines großbulgarischen Staates ausschloß, garantierte es den Österreichern freie Bahn, seine Handelsinteressen bis nach Saloniki auszudehnen. Die Gewinne Rußlands aus einem Krieg würden daneben vergleichsweise beschränkt sein, egal wie groß der Sieg und die dafür gebrachten Opfer sein mochten.

Im März 1877 bereiste Ignatjew im Auftrag Zar Alexanders und Gortschakows die europäischen Hauptstädte, um in einem letzten Versuch die europäischen Mächte dafür zu gewinnen, entweder die Pforte ohne Waffengewalt zum Nachgeben zu zwingen oder Rußland das Mandat für einen Kreuzzug im Namen des Christentums und der Humanität zu erteilen – vergeblich.[55] Bismarck riet den Russen zum Krieg, in deren eigenem Interesse. Ihm war klar, daß Zorn und Enttäuschung der russischen Imperialisten und Panslawisten ein Ventil brauchten. Doch er wollte Rußland auch Deutschlands Bündnistreue beweisen und erwartete, daß ein russischer Einfall auf dem östlichen Balkan eine Aufteilung türkischen Staatsgebiets zur Folge haben würde – was ihm der einzige Ausweg aus der Krise zu sein schien, bei dem sich ein europäischer Krieg erübrigen würde. Weder der Zar noch sein Kanzler waren begierig darauf, einen Krieg anzufangen. Nun aber hatten sie sich von den Panslawisten auf einen Kurs drängen lassen, auf dem Krieg fast unvermeidlich geworden war, wenn die Türken sich weigerten, diplomatischem Druck nachzugeben. Die Russen, höhnte Bismarck, wären in der Lage eines gesättigten Mannes, welcher ein einmal bezahltes Beefsteak noch aufesse – weil es bezahlt sei.[56] Am 24. April 1877 erklärte der Zar der Türkei den Krieg.

Europas Weg nach Berlin

Bismarck konnte den russischen Einmarsch auf dem Balkan einigermaßen gleichmütig zur Kenntnis nehmen. Er hatte Petersburg wiederholt der wohlwollenden Neutralität Deutschlands versichert und sogar den guten Willen bekundet zu tun, was in seiner Macht stehe, um eine antirussische Koalition zu verhindern.[57] Daß es Österreich gelungen war, den Russen die österreichische Neutralität zu so guten Bedingungen zu verkaufen, bewies, daß der Dreikaiserbund so fest gefügt war, wie das bei dem stets schwankenden Gleichgewicht der Mächte bestenfalls erwartet werden konnte. Das militärische Engagement des Zaren auf dem Balkan verminderte die Möglichkeit eines russischen Zusammenwirkens mit Frankreich gegen Deutschland. Akute Gefahr würde Deutschland nur drohen, falls England Rußland den Krieg erklärte, um Konstantinopel und die Meerengen zu sichern. Um diese Eventualität nach Möglichkeit auszuschließen, fuhr Bismarck während der ersten Wochen des Kriegs fort, auf eine begrenzte Aufteilung des Osmanischen Reichs zu drängen. Er schloß sich Schuwalows Empfehlung an die eigene Regierung an, die russischen Kriegsziele auf die Annexion Bessarabiens, die Autonomie Bulgariens und die Gebietserweiterung Montenegros zu beschränken. Österreich riet er zur Annexion Bosniens, Herzegowinas und vielleicht noch anderer Gebiete. Frankreich, meinte er, sei in Algerien bereits entschädigt worden, könne aber auch Tunis nehmen, wenn es endlich den Anspruch auf Elsaß-Lothringen fallenlassen wolle. Italien könne einen Teil von Tripolitanien erhalten.[58] Durch Münster und Russell schlug er Großbritannien vor, Ägypten und vielleicht sogar Syrien, Kreta und Zypern anzunehmen. Zur Eindämmung der russischen Expansion empfahl er den Engländern die Besetzung der Dardanellen. Abermals versicherte er Derby seines Wunsches nach einem «engen und dauerhaften Bündnis» mit Großbritannien, sprach nun aber auch von einem herzlichen und intimen Einvernehmen zwischen England und Rußland, dem sich Deutschland anschließen würde.[59] Diese Anregungen erregten jedoch bei Disraeli und dessen Kabinettskollegen nur Mißtrauen. Sie verdächtigten Bismarck, Großbritannien in einen Krieg mit Rußland verwickeln zu wollen, um Deutschland freie Hand zu einem Angriff auf Frankreich und vielleicht der Annexion der Niederlande zu verschaffen.[60] «Nein, das muß einmal ein Ende haben. Ich finde ihn überall auf meinem Weg», entfuhr es Disraeli. «... Der Mann ist eine europäische Plage, ich habe es viel weniger mit Rußland als mit Bismarck zu tun, und ich bin entschlossen, ihm entgegenzutreten.»[61]

Während der verbleibenden Monate des Jahres 1877 enthielt sich Bismarck weiterer Versuche, die orientalische Krise zu steuern, fast gänzlich. Diese relative Untätigkeit war nicht nur der diplomatischen Situation angemessen, sondern auch seinem labilen Gesundheitszustand. Wie wir bereits sahen, verließ er nach einem weiteren seiner berühmten «Rücktritte» (diesmal eine bloße Komödie) Berlin am 16. April zu einem weiteren langen Urlaub, der dann zehn Monate dauern sollte. In Friedrichsruh, auf kurzen Besuchen in der Hauptstadt und auf Reisen nach Kissingen, Gastein und Salzburg konferierte er mit auswärtigen Diplomaten über das Drama auf dem Balkan, unternahm jedoch keine ernstliche Anstrengung, dessen Gang zu beeinflussen. Im Juni entwarf er jenes berühmte Gutachten über die Lage Deutschlands in Europa, das als Kissinger Diktat bekannt ist. Darin beschrieb er jenen *cauchemar des coalitions*, der seinen Schlaf beunruhigte und dessen «gefährlichster» eine russisch-österreichisch-französische Koalition war. «Eine große Intimität zwischen zweien der 3 letztgenannten

Mächte würde der dritten unter ihnen jederzeit das Mittel zu einem sehr empfindlichen Druck auf uns bieten», stellte er fest. «In der Sorge vor diesen Eventualitäten, nicht sofort, aber im Lauf der Jahre, würde ich als wünschenswerte Ergebnisse der orientalischen Krisis für uns ansehn: 1. Gravitierung der russischen und der österreichischen Interessen und gegenseitigen Rivalitäten nach Osten hin, 2. der Anlaß für Rußland, eine starke Defensivstellung im Orient und an seinen Küsten zu nehmen, und unseres Bündnisses zu bedürfen, 3. für England und Rußland ein befriedigender status quo, der ihnen dasselbe Interesse an Erhaltung des Bestehenden gibt, welches wir haben, 4. Loslösung Englands von dem uns feindlich bleibenden Frankreich wegen Ägyptens und des Mittelmeers, 5. Beziehungen zwischen Rußland und Österreich, welche es beiden schwierig machen, die antideutsche Konspiration gegen uns gemeinsam herzustellen, zu welcher zentralistische oder klerikale Elemente in Österreich etwa geneigt sein möchten.» In der Zwischenzeit hoffte Bismarck, daß sich aus dem Gemenge von unterschiedlichen Motiven und widerstreitenden Interessen eine «politische Gesamtsituation» ergeben möchte, «in welcher alle Mächte außer Frankreich unser bedürfen und von Koalitionen gegen uns durch ihre Beziehungen zueinander nach Möglichkeit abgehalten werden».[62] Hier findet man Nah- und Fernziele in einem klaren und doch flexiblen Plan miteinander verschmolzen, der die deutschen Interessen aus Bismarcks Sicht umriß.

Während des Frühjahrs und Frühsommers 1877 marschierten russische Truppen durch Rumänien und standen eher als erwartet auf dem Gebiet des Osmanischen Reichs. In London verfolgte man den russischen Vormarsch mit wachsender Besorgnis, die kaum beschwichtigt wurde durch Gortschakows Versicherungen, daß Rußland keine Absichten auf Ägypten oder Suez habe, ja nicht einmal (etwas unbestimmter) auf Konstantinopel und die Meerengen. Auch ein Meinungsaustausch zwischen der britischen und der österreichischen Regierung darüber, was die beiden Mächte von einer durch russische Waffen erkämpften Neuordnung auf dem Balkan erwarteten, führte zu keinem für die Briten befriedigende Ergebnis; sie begannen nun, die Existenz eines österreichisch-russischen Einvernehmens über den Kriegsausgang zu vermuten. Am 21. Juli 1877 beschloß Disraelis Kabinett, Rußland den Krieg zu erklären, wenn die russischen Armeen die britischen Warnungen ignorierten und Konstantinopel länger als nur vorübergehend besetzen sollten. Die Entsendung der britischen Flotte nach Konstantinopel wurde vorbereitet.[63]

Doch dann versteifte sich zur allgemeinen Überraschung der türkische Widerstand. In der Festung Plewna hielten Osman Pascha und seine Truppen den russischen Vormarsch vom 20. Juli bis zum 10. Dezember auf. Die lange Verzögerung brachte die Russen in Verlegenheit und erleichterte die Österreicher und Briten. Als die Belagerung an ihr Ende kam, wandte sich die Pforte an die neutralen Mächte und bat diese um Vermittlung. Bismarck erwiderte, daß Deutschland dazu nur dann bereit sei, wenn es von Rußland darum gebeten werde: «Unsere Verhältnisse zu Rußland wären uns bei den weiten Grenzbeziehungen zu diesem Reiche viel wichtiger, als die ganze Türkei, und wir wären fest entschlossen, darin nicht eine ganz unnötige Trübung durch Übernahme einer Vermittlung eintreten zu lassen».[64] Obwohl die österreichische Regierung zunehmend besorgt über die russischen Absichten war, zögerte sie, sich an britischen Maßnahmen zu beteiligen, solange nicht feststand, daß Rußland sich nicht an das geheime Wiener Abkommen halten würde.[65] Am 27. Januar 1878 nahm die Pforte die russischen Friedensbedingungen an, und vier Tage später wurde ein Waffenstillstandsvertrag unterzeichnet, der die Kämpfe beendete, nicht jedoch den russischen Vormarsch auf Konstantinopel.

Innerhalb der britischen Regierung bestand keine Einigkeit darüber, wie auf den russischen Vormarsch auf die Meerengen reagiert werden sollte – sehr zum Kummer der Königin Victoria, welche die britische Untätigkeit angesichts der russischen Bedrohung in fieberhafte Ungeduld versetzte. In einem Kabinett mit zwölf Ministern, erklärte ihr Disraeli, gebe es sieben Parteien oder Anschauungen über die zu verfolgende Politik.[66] Disraeli hätte gern eine Flottendemonstration an den Meerengen angeordnet, um den Vormarsch der Russen auf Konstantinopel zu stoppen. Doch der lethargische Derby war entschieden gegen jede kriegsähnliche Aktion – so sehr, daß er sogar heimlich mit dem russischen Botschafter, Graf Peter Schuwalow, zusammenarbeitete, um der in London und St. Petersburg starken Neigung zum Krieg entgegenzuwirken. Daß Lady Derby bekanntermaßen die Entscheidungen (und Unentschiedenheiten) des Kabinetts binnen Stunden Schuwalow hinterbrachte, verstärkte noch die Konfusion. Der Premierminister sah sich schließlich gezwungen, seinen Außenminister zu übergehen und die Petersburger Regierung im August heimlich zu warnen, daß Großbritannien bei einer Fortsetzung des russischen Vormarschs auf Konstantinopel in den Krieg eintreten werde. Da dem Zaren und Gortschakow die Uneinigkeit der britischen Regierung bekannt war, sahen die beiden darin jedoch keinen Grund, nach dem Fall von Plewna innezuhalten. Nachdem er sich einmal zum Krieg entschlossen hatte, zog Alexander die Weisheit dieses Vorgehens nicht länger in Zweifel; er gefiel sich statt dessen in der Vorstellung, daß die Monarchie nun einmütig mit dem russischen Volk für eine heilige, nationale Sache kämpfe. Am 23. Januar 1878 erteilte das Kabinett der britischen Kriegsflotte auf Drängen Disraelis den Befehl, durch die Dardanellen zu fahren. Doch das machte der Konfusion in London noch kein Ende. Zweimal wurde die Flotte aus der Besika-Bucht zurückbeordert, ehe sie am 15. Februar endlich Konstantinopel erreichte. Derbys Rücktrittsgesuch wurde angenommen, die Annahme aber dann widerrufen. Die Verlegenheit, die ihr dieses Schwanken und die heftigen Reaktionen der nationalistisch entflammten Öffentlichkeit verursachten, zwang die Disraeli-Regierung, eine immer kriegerischere Haltung anzunehmen. Einige Wochen lang stand Europa am Rande eines großen Krieges.[67]

Schließlich wurde aus dem Konflikt auf dem Balkan dann doch kein europäischer Krieg, weil diesen keine der Großmächte wollte und alle sich bemühten, ihn zu verhindern. In San Stefano gelang es Ignatjew, der Pforte einen Siegfrieden zu diktieren, der Rußlands Panslawisten begeisterte, doch aus der Sicht politischer Realisten wie Schuwalow das rechte Maß vermissen ließ. Großbritannien und Österreich sahen in den Bedingungen des Vertrages eine unerträgliche Brüskierung ihrer eigenen politischen Interessen. Für die Österreicher verletzte er zudem geheime Abmachungen und oft wiederholte Versprechungen. Beide Regierungen waren entschlossen, es auf einen Krieg ankommen zu lassen, um die russische Vorherrschaft auf dem Balkan und über die Meerengen zu verhindern. Da weder die russische Armee noch die russischen Finanzen für einen solchen Krieg hinreichend gerüstet waren, blieb den Russen nichts anderes übrig, als einer europäischen Konferenz zur Revision des Vertrages von San Stefano zuzustimmen. Am 6. März schlug Andrássy den Mächten ein Treffen in Berlin vor. Nach einigem Feilschen willigten sie ein, in Berlin zu verhandeln, und der Kongreß wurde für den Monat Juni angesetzt.[68]

Daß als Tagungsort für den internationalen Kongreß zur Beilegung der Balkankrise Berlin gewählt wurde, wirft ein bezeichnendes Licht auf den Status, den die preußische Hauptstadt auf Grund der Bismarckschen Diplomatie binnen einer Frist von nur fünfzehn Jahren gewonnen hatte. Der letzte europäische Kongreß war 1856 zur Beendigung des Krimkriegs nach Paris einberufen worden. Damals war die Wahl von Paris als eine Anerkennung des neuen Prestiges, das die Regierung Napoleons III. Frankreich verschafft hatte, gewertet worden. Wenn man nun nach Berlin ging – was der französischen Regierung gewiß nicht leicht fiel –, erkannte man den Wandel des europäischen Gleichgewichts an, den die deutschen Siege über Österreich und Frankreich herbeigeführt hatten. Es bewies auch, daß die Krieg-in-Sicht-Krise von 1875 nur eine vorübergehende Episode der europäischen Politik gewesen war. Der neutrale Kurs, den Bismarck seit dem Herbst dieses Jahres in der orientalischen Frage verfolgt hatte, beglaubigte ihn nun als den einzigen Staatsmann, dem, ungeachtet britischen Mißtrauens und russischer Unzufriedenheit, die Autorität und relative Unparteilichkeit zugetraut wurden, deren es bedurfte, um bei einem Kongreß zur Lösung der Balkankrise und Bewahrung des Friedens in Europa den Vorsitz zu führen.[69]

Der ehrliche Makler

Die Aufgabe, einem europäischen Kongreß zu präsidieren, hätte Bismarck kaum zu einer ungünstigeren Zeit zufallen können. Während er an der diplomatischen Front relativ untätig geblieben war, hatten ihn im vergangenen Jahr große innenpolitische Unternehmungen beschäftigt. In den zurückliegenden Monaten hatte er versucht, die preußisch-deutsche Regierung zu reorganisieren, vergeblich wegen des Eintritts Bennigsens in die Regierung verhandelt und seine Bemühungen um eine «Steuerreform» fortgesetzt, aus denen schließlich die Schutzzölle hervorgingen. Unmittelbar vor Kongreßbeginn fanden die beiden Mordanschläge auf den Kaiser statt, deren letzter die Auflösung des Reichstags und den Beginn einer

Wahlkampagne zur Folge hatte. Wie schon bemerkt, hatte Bismarcks langer Urlaub vom April 1877 bis zum Februar 1878 seine Gesundheit keineswegs wiederhergestellt. Bei seiner Rückkehr nach Berlin fühlte er sich zu schwach, es lange auf den Beinen oder bei der Arbeit auszuhalten, und litt an Schlaflosigkeit, Rheumatismus, Neuralgien und Gürtelrose. Er übernahm die ihm übertragene Aufgabe durchaus nicht mit Freuden, sondern hauptsächlich, weil Zar Alexander darauf bestand. Er sah voraus, daß wer immer mit dem Ergebnis des Kongresses unzufrieden sein würde, ihm die Schuld daran geben würde.[70] Am 19. Februar beschrieb er im Reichstag die Rolle, die er bei dem Kongreß zu spielen gedachte, mit oft zitierten Worten. Er wolle nicht die Rolle eines Schiedsrichters spielen, sondern «mehr die eines ehrlichen Maklers, der das Geschäft wirklich zu Stande bringen will».[71]

Das Geschäft, das es zustande zu bringen galt, war eine Revision des Vertrages von San Stefano, die englische und österreichische Interessen berücksichtigen würde. Da Rußland zur Verteidigung des Vertrages nicht gegen Österreich und England Krieg führen wollte, blieb ihm nichts anderes übrig, als eine derartige Revision zuzulassen und zugleich zu versuchen, so viel wie möglich von dem in San Stefano Erreichten zu bewahren. Schon die Notwendigkeit, sich auf Verhandlungen einlassen zu müssen, war für die Russen demütigend. Wenn sie in Berlin zu viel von dem, was die russischen Soldaten auf dem Schlachtfeld errungen hatten, preisgeben müßten, würde das Regime des Zaren einen katastrophalen Prestigeverlust erleiden. Schon im Vorfeld des Kongresses versuchten die Russen ihre Gegner auseinanderzubringen, indem sie Ignatjew nach Wien entsandten, um dort die österreichischen Bedingungen zu erkunden. Franz Joseph und Andrássy weigerten sich rundheraus, von ihrer Interpretation der Abkommen von Reichstadt und Budapest abzurücken. Der Vertrag von San Stefano hatte einen einzigen bulgarischen Staat geschaffen, der sich ungefähr entlang der damaligen ethnischen Grenzlinien, im Süden bis an die Ägäis und im Westen über Makedonien bis nach Albanien, erstreckte. Nach Andrássys Auffassung verstieß die Gründung eines solchen «großbulgarischen» Staates gegen eine Bestimmung der Budapester Konvention, die die Gründung eines großen, zusammenhängenden slawischen oder anderen Staates ausdrücklich untersagte. Eine auf zwei Jahre angesetzte russische Besetzung schien überdies dafür sorgen zu sollen, daß das neue Bulgarien ein russischer Klientelstaat würde. Darüber hinaus sollten nach dem Vertrag von San Stefano auch Montenegro ein Stück der dalmatinischen Küste und Serbien ein Stück des Sandschaks Nowi-Bazar zugeschlagen werden. Andrássy widersetzte sich hartnäckig diesen Regelungen. Österreich müsse das Recht zugestanden werden, nicht nur Bosnien und Herzegowina zu besetzen und zu annektieren, sondern auch den gesamten Sandschak Nowi-Bazar einschließlich der Stadt Mitrowitza. Österreich habe die Absicht, erklärte er freimütig, eine Eisenbahnlinie nach Saloniki zu bauen und sich damit auf dem westlichen Balkan die wirtschaftliche und politische Vorherrschaft zu sichern. Aus demselben Grund müsse dem geschwächten Osmanischen Reich der Besitz

Makedoniens belassen werden. Angesichts der kriegerischen Haltung Großbritanniens gegenüber Rußland glaubte Andrássy, den Russen die österreichische Freundschaft sehr teuer verkaufen zu können. Tatsächlich brachte er die Russen nur dazu, sich mit Großbritannien zu verständigen.[72]

Nach Monaten der Gegensätze und Unentschiedenheit im britischen Kabinett nahm Disraeli die Leitung der britischen Außenpolitik fester in die Hand. Obwohl sein alter Freund Derby sich noch immer an den Posten des Außenministers klammerte, übernahm praktisch nun der Premierminister die Führung der äußeren Angelegenheiten. Es wurden Maßnahmen zur Verstärkung der Armee und zur Verlegung von Truppen aus Großbritannien und Indien in den Mittelmeerraum getroffen. Im Kabinett wurde der Erwerb neuer Stützpunkte in der Ägäis, im östlichen Mittelmeer und sogar im Persischen Golf erwogen. All das war Derby zuviel, der dem Alkoholismus und einem Nervenzusammenbruch nahe zu sein schien. Am 28. März trat er zurück, sein Amt wurde von Salisbury übernommen. Bei den Verhandlungen mit Rußland forderten die Briten nun, daß auf dem kommenden Kongreß der gesamte Vertrag von San Stefano zur Diskussion gestellt werden müsse und frühere Verträge in Kraft bleiben sollten, bis die Signatarmächte deren Änderung ausdrücklich zugestimmt hätten.[73] In einem Zirkular, das er am 1. April an die Großmächte richtete, sprach Salisbury deutlich die britischen Vorbehalte gegen eine Reihe von Bestimmungen des Vertrages von San Stefano aus. Großbritannien mißbilligte (1.) die Errichtung eines großbulgarischen Staates unter russischer Kontrolle mit einer großen griechischen Bevölkerungsminderheit und im Besitz der ägäischen Küste; (2.) territoriale Neuordnungen, die Rußland eine wirksame Kontrolle des Schwarzen Meers gestatteten; (3.) die hohe und ruinöse Kriegskostenentschädigung, welche die Türkei russischen Zwangsmaßnahmen auslieferte; und (4.) die Gesamtheit der Vertragsbestimmungen, die das Osmanische Reich seiner Unabhängigkeit berauben, das Gleichgewicht der Seemächte in der Region stören, den Zugang zu den Meerengen gefährden und dadurch insgesamt den britischen Interessen im Mittelmeer schweren Schaden zufügen würden.[74]

Obwohl sie sich weigerten, ihre Truppen von Konstantinopel abzuziehen (was den Briten gestattet hätte, ihre Flotte in die Besika-Bucht zurückzubeordern), einigten sich die Russen schließlich mit Disraeli und Salisbury in Verhandlungen, die auf russischer Seite von Schuwalow geführt wurden, der zwischen London und St. Petersburg hin und her reiste, wobei er in Berlin Station machte, um sich mit Bismarck zu beraten. In einem Abkommen, das am 31. Mai 1878 vereinbart wurde, verständigten sich Großbritannien und Rußland darauf, die südlichen und westlichen Grenzen Bulgariens zurückzuverlegen und das Land in zwei Hälften entlang dem Kamm des Balkangebirges zu teilen, wobei die südliche Hälfte unter türkischer Oberhoheit verbleiben sollte, jedoch ohne türkische Truppen. Im Gegenzug akzeptierte Großbritannien die Erweiterung von Serbien und Montenegro sowie die russische Annexion von Bessarabien, Kars und Ardahan; Batum wurde zum Freihafen erklärt (unterdessen hatte Großbritannien sich in

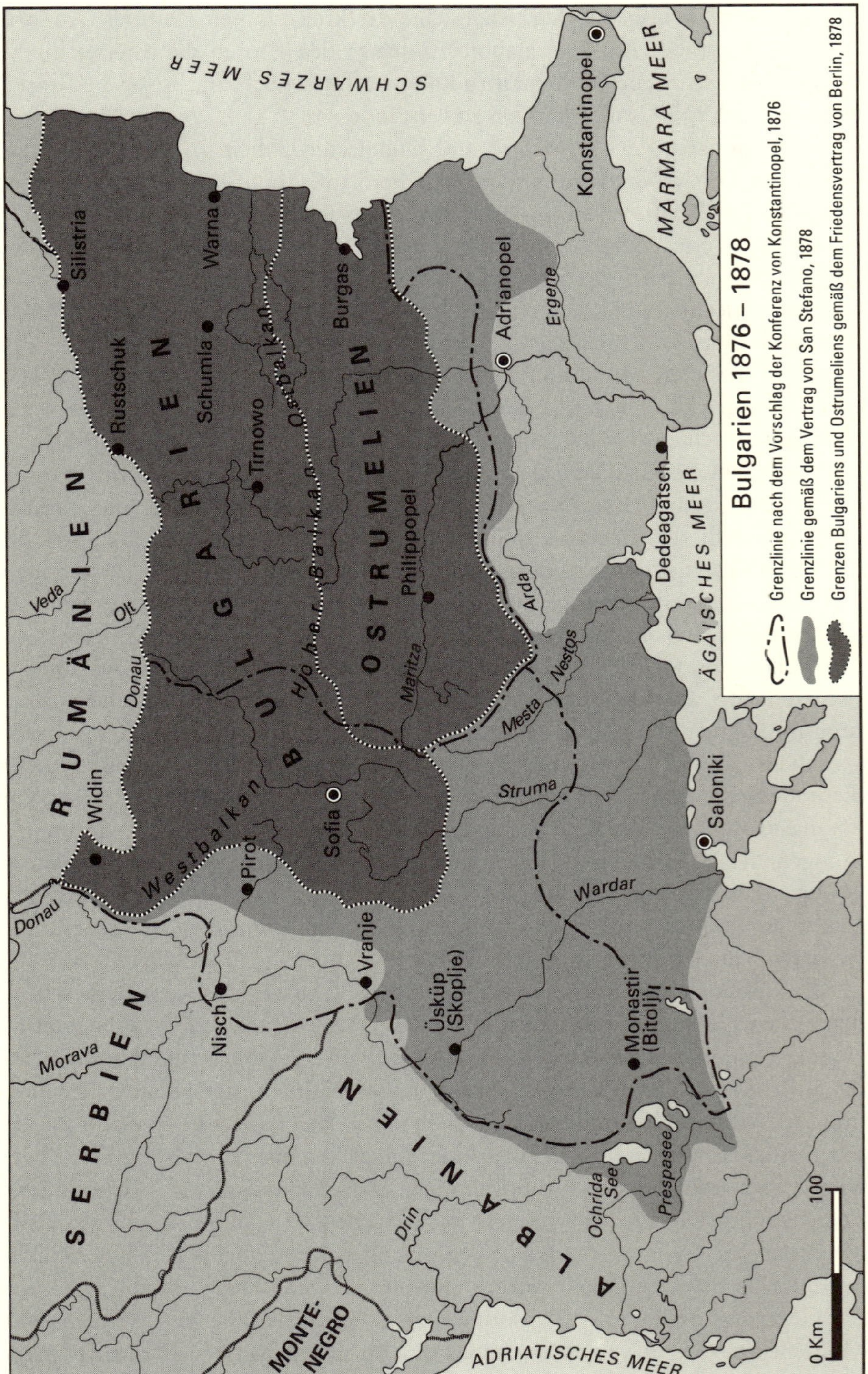
Bulgarien 1876 – 1878
Grenzlinie nach dem Vorschlag der Konferenz von Konstantinopel, 1876
Grenzlinie gemäß dem Vertrag von San Stefano, 1878
Grenzen Bulgariens und Ostrumeliens gemäß dem Friedensvertrag von Berlin, 1878
0 Km
100
SCHWARZES MEER
MARMARA MEER
ÄGÄISCHES MEER
ADRIATISCHES MEER
RUMÄNIEN
BULGARIEN
OSTRUMELIEN
SERBIEN
ALBANIEN
MONTE-NEGRO
Konstantinopel
Adrianopel
Dedeagatsch
Saloniki
Monastir (Bitolj)
Üsküp (Skoplje)
Vranje
Nisch
Pirot
Sofia
Widin
Rustschuk
Silistria
Warna
Schumla
Tirnowo
Burgas
Philippopel
Westbalkan
Hoher Balkan
Ostbalkan
Donau
Veda
Olt
Morava
Drin
Maritza
Arda
Ergene
Mesta
Nestos
Struma
Wardar
Ochrida See
Prespasee

einem Geheimabkommen mit der Türkei Zypern gesichert). Die russischen Besatzungstruppen in Bulgarien wurden auf die Stärke von zwanzigtausend Mann begrenzt, ihr Abzug mußte sechs Monate nach Friedensschluß erfolgen. Als Andrássy von Bismarck über die Verhandlungen zwischen den Engländern und den Russen unterrichtet wurde, begriff er, daß die Russen ihn ausmanövriert hatten, und er beeilte sich (am 6. Juni), den britischen Plan für Bulgarien gegen die Zusicherung britischer Unterstützung der österreichischen Ansprüche auf Bosnien anzunehmen (ohne allerdings eine britische Zusage hinsichtlich der zukünftigen Grenzen Serbiens und Montenegros zu erlangen).[75]

Diese vorab getroffenen Vereinbarungen erleichterten Bismarck die Rolle des Maklers auf dem Kongreß, doch auf Grund ihrer Unbestimmtheit blieben noch viele Probleme ungelöst. Als Vorsitzender setzte Bismarck die Tagesordnung fest und leitete den Gang der Verhandlungen. Ehe der Kongreß zusammentrat, willigte Rußland ein, den gesamten Vertrag von San Stefano zur Diskussion zu stellen, während Großbritannien und die anderen Mächte sich damit einverstanden erklärten, daß alle Entscheidungen des Kongresses einstimmig getroffen werden sollten, wodurch Rußland ein Vetorecht erhielt. Bismarck ließ jeweils nur ein Problem erörtern, zuerst das schwierigste, Bulgarien. Er bat die Delegierten, dazu Stellung zu nehmen; dann kamen die gegnerischen Parteien zu privaten Verhandlungen zusammen, um sich über die strittigen Punkte zu verständigen. War Einigung erzielt (manchmal mit Bismarcks Hilfe), wurde das Resultat zur Ratifizierung dem Plenum des Kongresses vorgelegt. Obwohl Bulgarien – seine Größe, Gestalt und Teilung – das wichtigste Problem war, das zur Verhandlung kam, gab es daneben noch eine Reihe anderer, die gleichfalls nicht leicht zu lösen waren. Solche Streitfragen betrafen die militärischen und politischen Rechte des Sultans in Südbulgarien (Ostrumelien), das nominell unter der Oberhoheit der Pforte verblieb; das österreichische Recht, Bosnien, Herzegowina und Nowi-Bazar zu besetzen und zu verwalten; die Grenzen Serbiens, Montenegros, Griechenlands und Rumäniens; Rußlands neue Grenzen in Kleinasien und namentlich den Status des Hafens Batum unter russischer Herrschaft; Großbritanniens geheime Erwerbung Zyperns vor Beginn des Kongresses; und, hinter den Kulissen, Kompensationen (Tunis) für Frankreich.[76]

Daß der Berliner Kongreß zu einem Vertrag führte, der den Balkankonflikt für lange Zeit beilegte, ist zum großen Teil dem Geschick und Engagement Bismarcks zu danken. Die Aufgabe war nicht einfach. «Ganz abgesehen von der Wichtigkeit der Verhandlungen ist es äußerst angreifend, in einer fremden Sprache, wenn man dieselbe auch noch so fließend spricht, sich so korrekt auszudrücken, daß es ohne weiteres ins Protokoll aufgenommen werden kann», erzählte er später. «Ich schlief selten vor sechs, oft auch erst um acht Uhr morgens einige Stunden, war dann bis zwölf Uhr für niemanden zu sprechen, und in welcher Verfassung ich dann für die Sitzungen war, können Sie sich denken. Mein Gehirn war wie eine gallertartige, unzusammenhängende Masse. Ehe ich in den Kongreß ging, trank ich zwei bis drei ... Biergläser allerstärksten Portweines, um das Blut ordentlich in Wallung zu bringen – ich wäre sonst ganz unfähig gewesen zu präsidieren.»[77] Wie bei anderen Gelegenheiten wußte Bismarck auch bei dieser, aus einem Hindernis noch Kapital zu schlagen. Seine Gesundheit, erklärte er den Delegierten wiederholt, würde eine lange Dauer des Kongresses nicht gestatten. Disraeli hat den Vorsitzenden in einem dieser Momente beschrieben: «Bismarck, die eine Hand voller Kirschen, die andere voller Krabben, von denen er abwechselnd aß, klagt, daß er nicht schlafen kann und nach Kissingen muß.»[78]

Seine begrenzte Belastbarkeit erlaubte es Bismarck, die Aufmerksamkeit und die Debatte auf die wirklich kritischen Streitpunkte zu konzentrieren, solche Fragen, die über Frieden oder Krieg entschieden. Auf die Diskussion von Details reagierte er sichtlich ungeduldig und schroff bis zur Unhöflichkeit. Gerieten die Verhandlungen in eine Sackgasse, hielt er mögliche Kompromisse bereit; wenn nötig, konnte er auch drohen (einmal empfing er die türkische Delegation in voller Uniform mit Pickelhaube). Das Tempo, das er vorlegte, brachte Schuwalow und andere an den Rand der Erschöpfung. Klagen parierte er kurzangebunden: «An Arbeit ist noch niemand gestorben.» Bismarck beherrschte den Kongreß – arrogant, doch geschmeidig, in drei Sprachen beredt argumentierend, zur Eile drängend, doch ohne je aus der Rolle des ehrlichen Maklers zu fallen. Daß der Kongreß in nur zwanzig Sitzungen zum Schluß gelangte, die genau einen Monat (vom 13. Juni bis zum 13. Juli) dauerten, ist seiner Führung zu verdanken. Doch die Eile hatte ihren Preis, wie Hohenlohe bemerkte: ein Gebirge von ungeklärten Einzelfragen, das später von multinationalen Ausschüssen abgetragen werden mußte und noch erhebliche Verbitterung verursachen sollte.[79]

Im Gegensatz zu Bismarck wirkte Gortschakow schwach und etwas senil, zwar imstande, die Arbeit seines fähigen Untergebenen Peter Schuwalow zu behindern, nicht aber sie zu fördern. Sein Hauptanliegen war es, sich die in San Stefano erzielten Bedingungen zum eigenen Ruhm gereichen zu lassen, Schuwalow aber die Schuld an deren unvermeidlicher Revision aufzubürden. Andrássy war durch die starke Opposition gegen seine Ziele in Österreich in seiner Bewegungsfreiheit erheblich eingeschränkt. Infolgedessen unterstützte er Großbritannien gegen Rußland und verließ sich auf britische Hilfe zur Erlangung des Rechts, Bosnien und Herzegowina zu besetzen. «Ich habe wohl schon von Leuten gehört, die sich weigern, ihre Taube zu essen, wenn sie nicht für sie geschossen und gebraten wird», meinte Bismarck abschätzig, «aber noch nie habe ich von jemandem gehört, der sich weigert, sie zu essen, wenn man ihm nicht den Mund aufreißt und sie ihm in den Hals stopft».[80] Nichtsdestoweniger erreichte Andrássy seine wichtigsten Ziele einschließlich des Rechts, eine Garnison nach Nowi-Bazar zu legen. Zu Bismarcks Erleichterung bemühten sich auch die französischen Vertreter auf dem Kongreß – William Henry Waddington, ein Protestant und gemäßigter Republikaner, und der Graf von St. Vallier, der Gontaut als Botschafter in Berlin abgelöst hatte – um eine friedliche Beilegung der Konflikte. Die Prügelknaben des Kongresses waren natürlich die Türken, angeführt von Alexander Karatheodori und Sadullah Bey. Bismarck behandelte sie oft verächtlich

Das 1878 bezogene Reichskanzlerpalais, das frühere Palais Radziwill.
Hier fand der Berliner Kongreß statt.

Die Abschlußsitzung des Berliner Kongresses. Im Vordergrund von links: Károlyi, Gortschakow (sitzend), Disraeli, Andrássy, Bismarck, Schuwalow (vgl. dazu S. 731, Anm. 21). Gemälde von Anton von Werner, 1881

und wies ihre Einwände und Vorbehalte in rüden Formen als unnötige Behinderung der verhandelten Angelegenheiten zurück. Wenn der Kongreß statt mit Frieden mit Krieg endete, warnte er sie, würde die Türkei die Kosten zu tragen haben, egal wer in diesem Krieg Sieger bleibe.[81]

Nach Bismarck erwies sich Disraeli als die eindrucksvollste Gestalt des Kongresses (Bismarck: «Der alte Jude, das ist der Mann»). Obwohl er nicht auf Französisch verhandeln konnte, vertrat er die britischen Interessen mit erheblicher Kraft und Geschicklichkeit, wobei er in Detailfragen von Salisbury kompetent unterstützt wurde. Unter ihrer Führung erzielten die Briten von allen an dem Kongreß beteiligten Mächten die größten Gewinne: Zypern, eine Verkleinerung Bulgariens um drei Fünftel, die Bewahrung der türkischen Oberhoheit über Makedonien und die ägäische Küste. Mit Stützpunkten in Suez und auf Zypern beherrschte die britische Seemacht nun das östliche Mittelmeer, und der Seeweg nach Indien war gesichert. Rußland erhielt Bessarabien, Kars, Ardahan und Batum (als Freihafen).[82] Doch die Befreiung Bulgariens und die Serbien, Montenegro und Rumänien zugestandene Gebietserweiterung und Souveränität waren nicht genug, um die russischen Imperialisten und panslawistischen Agitatoren zu befriedigen. Sie empfanden es als Beleidigung, daß Schuwalow so viel von dem, was Ignatjew den Türken in San Stefano entrissen hatte, nun wieder preisgab und die Meerengen russischen Kriegsschiffen verschlossen blieben. Erbittert waren die Russen aber vor allem darüber, daß Deutschland und Österreich nichts getan hatten, sie vor dieser Demütigung zu bewahren. Weder war es ihnen gelungen, ein Mandat des christlichen Europa zu einem Kreuzzug gegen die Türken zu erlangen, noch auch nur, sich der tatkräftigen Unterstützung durch ihre Verbündeten zu versichern. Statt dessen war Bismarck streng neutral geblieben, Andrássy in Berlin den Briten gefolgt und Rußland isoliert worden. Der Dreikaiserbund schien zerfallen zu sein – und zwar unwiderruflich.[83]

In anderer Hinsicht glichen der Ausgang der Balkankrise und des Berliner Kongresses jedoch auf recht erfreuliche Weise jener Zukunft, die Bismarck 1877 in seinem Kissinger Diktat ins Auge gefaßt hatte. Daß Deutschlands Partner im Dreikaiserbund intimer zueinander würden, als Deutschland lieb sein konnte, brauchte er jetzt nicht mehr zu befürchten. Nach Andrássys gescheitertem Versuch eines Zusammenspiels mit Rußland auf dem Balkan war von nun an mit ständigen Reibungen zwischen diesen beiden Mächten zu rechnen – und infolgedessen mit der Abhängigkeit mindestens einer von ihnen, wenn nicht beider, von deutscher Unterstützung und Vermittlung. Die kooperative Haltung der französischen Diplomaten beim Kongreß hatte Bismarcks Erwartung bestätigt, daß eine republikanische und antiklerikale Regierung in Paris die Spannungen zwischen Frankreich und Deutschland vermindern würde. Schließlich war es Bismarck während des Kongresses auch gelungen, den Verdacht der britischen Regierung zu zerstreuen, daß von dem neuen Deutschen Reich und dessen Kanzler eine ständige Bedrohung des Friedens und der Stabilität Europas ausgehe. Eine Zeitlang wurde die deutsche «Halb-Hegemonie» über das europäische Gleichgewicht in London, Paris und Wien mit weniger Sorge betrachtet. Die neue Frage war, ob das Mißtrauen und sogar die Feindschaft Rußlands zur kritischen Schwachstelle in den deutschen auswärtigen Beziehungen werden würden.

ZWEITES BUCH

Vollendung des Frontwechsels
1879–1880

Es pfeift hier alles auf demselben Loch:
alles hängt ganz allein von Bismarck ab;
nie gab es eine so vollständige Alleinherrschaft,
nicht etwa bloß auf Furcht, sondern auf Bewunderung
und freiwillige Unterordnung der Geister begründet.

Lothar von Schweinitz, im Jahre 1879

Nirgends sonst in der Welt
hat selbst die schrankenloseste Bewunderung
der Persönlichkeit eines Politikers eine stolze Nation veranlaßt, ihre eigenen
sachlichen Überzeugungen ihm so restlos zu opfern.
Und andererseits hat sachliche Gegnerschaft
gegen einen Staatsmann von so ungeheuren Dimensionen
sehr selten sonst ein solches Maß von Haß ausgelöst,
wie er seinerzeit gegen Bismarck auf der äußersten Linken
und in der Zentrumspartei Deutschlands entstanden war.
Woher kam das?

Max Weber, im Jahre 1918

I

Die Erneuerung des Interventionsstaates

Die Mordanschläge Hödels und Nobilings im Jahr 1878 kamen, wenn schon nicht dem Kaiser selbst, so doch Bismarck sehr gelegen, denn sie gestatteten ihm, in einer kritischen Phase seiner Kanzlerschaft einen Wahlkampf mit dem Appell an Loyalität, Patriotismus und Verehrung für den Monarchen so erfolgreich zu bestreiten, daß dessen Ausgang seine Kontrolle der Regierungsmaschinerie abermals um einige Grade vermehrte. Bismarcks Reaktion auf die Attentate legte von neuem Zeugnis ab von seiner Fähigkeit, Nutzen aus dem Unerwarteten zu ziehen. Doch der Kanzler war nicht der Mann, sich auf Glücksfälle zu verlassen. Schon vorher hatte er in der wirtschaftlichen und fiskalischen Krise der späten siebziger Jahre die Gelegenheit zu einer einschneidenden innenpolitischen Maßnahme wahrgenommen, mit welcher er die Ziele zu erreichen hoffte, die er seit 1875 anstrebte. Schon einige Monate vor den Mordanschlägen auf den Kaiser hatte er gefunden, was er für den gemeinsamen Nenner der vielen fiskalischen, sozialen und politischen Brüche seines Problems hielt. Die Lösung hieß Zollprotektionismus.

Fiskalische Krise und soziale Gärung

Wie schon berichtet, entschied sich Bismarck 1875, «eine große und würdige Aufgabe» in Angriff zu nehmen: «Dem Deutschen Reich eine mächtige, unerschütterliche finanzielle Grundlage zu geben, welche demselben eine dominierende Stellung verleiht und es in organische Verbindung bringt mit allen öffentlichen Interessen in Staat, Provinz, Kreis und Gemeinde.»[1] Während der folgenden drei Jahre entwickelte sich im Reich und in Preußen eine fiskalische Krise, die dieses Ziel in weite Ferne zu entrücken schien. Die schrumpfenden Einnahmen und wachsenden Ausgaben vermehrten die Abhängigkeit des Reichs von den Matrikularbeiträgen und von Krediten zum Ausgleich des Haushalts. Doch auch in diesem Fall wußte Bismarck unter widrigen Bedingungen seine Pläne voranzutreiben, die inzwischen nicht nur eine politische, sondern auch eine soziale Dimension angenommen hatten.

Unter der Verfassung flossen dem Reich die unabhängigen Einkünfte aus Zöllen und anderen indirekten Steuern zu, hauptsächlich solchen auf Zucker, Branntwein, Salz, Bier und Tabak (in dieser Reihenfolge). Zusätzliche Einnahmequellen waren die Gewinne aus der Reichspost und dem Telegraphenwesen, den Staatsbahnen Elsaß-Lothringens, der Reichsbank und verschiedenen anderen staatlichen Anstalten (Münze, Reichsdruckerei, Patentamt). Militärische Erfolge sorgten zeitweilig für erhebliche Einkünfte. Die französische Kriegsentschädigung deckte nicht nur die Kosten des Krieges von 1870–1871, sondern auch die Schulden des Norddeutschen Bundes und die Sonderausgaben des Reichs während der Jahre 1871–1873. Es blieb noch genug übrig zur Einrichtung verschiedener Sonderfonds: einer Kriegsrücklage, eines Kriegsinvalidenfonds, eines Festungsfonds und eines Reichstagsbaufonds.[2]

Nach 1874 jedoch begann die Depression auch die Reichsfinanzen zu bedrücken. Die Zolleinnahmen fielen von dem 1873 erreichten Gipfel in Höhe von 122 610 000 Mark auf 100 020 100 Mark im Jahr 1877. Über die Hälfte dieses Verlusts (etwa 12 000 000 Mark) ging auf die Ermäßigung und Aufhebung der Eisenzölle im Oktober 1873 und Januar 1877 zurück. Die Einnahmen aus Verbrauchssteuern (Tabak, Zucker, Salz, Branntwein, Bier) blieben während dieser Zeit relativ konstant auf der Höhe von 130 000 000 Mark, ebenso diejenigen in Höhe von 5 000 000 bis 6 000 000 Mark aus kleineren Quellen wie der Stempelsteuer auf Wertpapiere und ausländische Prämienanleihen. Den sinkenden Einnahmen standen steigende Ausgaben für neue Reichsbehörden, für das staatliche Telegraphennetz und, angesichts der sich verschärfenden internationalen Krise, für Heer und Marine gegenüber. Zur Deckung des Defizits wurden 1873 von den Bundesstaaten Matrikularbeiträge in Höhe von 73 943 600 Mark erhoben, eine Summe, die zwar im Jahr 1874 auf 67 144 300 sank, doch in den Jahren 1877–1878 auf 81 108 500 Mark und 1878–1879 weiter auf 87 345 500 Mark anstieg. 1877 begann das Reich Kredite aufzunehmen, und 1879 betrug die Staatsschuld bereits 138 860 700 Mark.[3]

Die von den Bundesstaaten für das Reich aufzubringenden Matrikularbeiträge brachten deren Landeshaushalte in Schwierigkeiten. Unter der Verfassung berechnete sich der Beitrag nach der Bevölkerung, nicht nach der Zahlungsfähigkeit der Bundesstaaten, was bedeutete, daß kleine Staaten mit hauptsächlich auf der Landwirtschaft basierenden Einkommen eine größere Bürde zu tragen hatten als ihre industrialisierten Nachbarn. Doch den Druck der Matrikularbeiträge verspürten auch größere Staaten. Preußen, das 1873 einen Überschuß von 73 886 000 Mark erzielt hatte, konnte um die Mitte des Jahrzehnts sein Budget nur noch mit Mühe ausgleichen. Im Haushaltsjahr 1878–1879 kam es im preußischen Staatsschatz zu einem Defizit in Höhe von 30 310 000 Mark, das 1879–1880 auf 73 240 000 Mark anstieg. Steigende Zahlungen an das Reich (33 383 400 Mark 1873, 41 615 100 Mark 1878) waren nicht die einzige Ursache des Problems. Während der Jahre der Depression sanken nämlich auch die Einnahmen aus den Wäldern, Bergwerken und Eisenbahnen in Staatsbesitz. Noch ungünstiger wirkte sich aus, daß in Preußen der Staat einen großen Teil seines Einkommens aus direkten Steuern (zum Beispiel Klassensteuern und klassifizierten Einkommenssteuern) bezog, deren Aufkommen unter dem Druck der Depression viel merklicher zurückging als das der indirekten oder Verbrauchssteuern des Reichs. Die

Bundesstaaten hatten in guten Jahren keine Rücklagen gemacht. Überschüsse waren vielmehr zur Begleichung von Schulden, Ermäßigung und Abschaffung von Steuern sowie zum Ausbau der Bürokratie verwendet worden.[4] Auch die Stadtverwaltungen waren in fiskalischen Schwierigkeiten. Im November 1877 überbrachte der damalige Oberbürgermeister von Berlin, Arthur Hobrecht, Bismarck einen von 880 Gemeinden unterzeichneten Hilferuf. Die schon 1874 zum ersten Mal ergebnislos vorgelegte Petition wies darauf hin, daß auf vielen Gebieten, namentlich dem des höheren Schulwesens, die preußische Gesetzgebung die Bürden der Kommunen stark vermehrt habe, ohne für ein entsprechendes Anwachsen des Einkommens zu sorgen. Vielmehr hatte im Laufe der Jahre der preußische Staat den Städten viele Einkommensquellen genommen und 1873 schließlich sogar die Mahl- und Schlachtsteuer abgeschafft. Die Petition ersuchte nun um die nach fünfzehn Jahren wirtschaftlichen Wachstums überfällige Revision der Gebäudesteuer und um die Übertragung der Hälfte des Ertrags derselben an die städtischen und ländlichen Gemeinden. Nur mit einer derartigen Vermehrung ihres Einkommens sei der finanzielle Ruin der Städte abzuwenden, versicherten die unterzeichnenden Bittsteller.[5]

Um ihre Lasten tragen zu können, waren die städtischen und dörflichen Gemeindeverwaltungen (obwohl man aus den Dörfern weniger hörte, lagen die Probleme dort ähnlich wie in den Städten) zu einer höchst unbeliebten und ungerechten Maßnahme genötigt, nämlich Zusatzsteuern auf die Klassen- und klassifizierten Einkommenssteuern sowie auf Boden- und Gebäudesteuern zu erheben. Die Höhe dieser Zusatzsteuern variierte gebietsweise, je nach den Bedürfnissen der betroffenen Regierungsstellen und den Unterschieden in der Steuerbasis, der entsprechend sie prozentual festgesetzt wurden. Im ländlichen Osten betrug die von den Gutsbesitzern erhobene Zusatzsteuer zwischen 10 und 20 Prozent der direkten Steuer, während im Rheinland, wo gemeinhin niedrig veranlagt wurde, die Zusatzsteuer bis auf 500 Prozent der direkten Steuer ansteigen konnte. Die ostelbischen Gutsbesitzer, die sich größtenteils noch nicht einmal mit der Grundsteuer überhaupt abgefunden hatten, zahlten die Zusatzsteuer zu dieser und zur Gebäudesteuer nur zähneknirschend. In ländlichen Gebieten, wo es wenig Industrie gab, mußten die Gutsbesitzer einen verhältnismäßig größeren Teil der Kosten öffentlicher Dienstleistungen tragen als die Bankiers und Industriellen in den Städten.[6]

Aus der Sicht der Gutsbesitzer war die Landwirtschaft das Opfer des Versagens des preußischen Staates, seine Steuerpolitik dem Wandel von einer vorwiegend landwirtschaftlichen zu einer vorwiegend industriellen Volkswirtschaft anzupassen. Wilhelm von Rauchhaupt, ein preußischer Landjunker und Landrat, sprach aus, was das für die Gutsbesitzer bedeutete. «Unser ganzes Produktionssystem hat sich seit etwa 30 Jahren so wesentlich nach der kapitalistischen Seite hin verschoben, daß die frühere Grundlage unseres Steuersystems, wonach man den Grundbesitz als den Stock betrachtete, auf welchem man unser ganzes Steuersystem aufbaute, doch wesentlich verschoben ist. Gegenwärtig ist die Macht des Kapitals eine so bedeutende geworden und hat die des Grundbesitzes so erheblich überflügelt, der Grundbesitz ist sogar in eine so wesentliche Abhängigkeit vom Kapital gerathen, daß es in der Tat eine völlige Verkennung der Leistungsfähigkeit der einzelnen Bevölkerungsklassen im Lande wäre, wenn man ferner dabei das jetzige System, wonach alles eben auf dem Grundbesitz im Endresultate basiert, beibehalten wollte.»[7] Gutsbesitzer wie Rauchhaupt empfanden als sehr ungerecht, was ihnen wie eine dreifache Besteuerung von Einkommen aus Landwirtschaft erschien, nämlich die Boden- und Gebäudesteuer, die klassifizierte Einkommenssteuer und die Zusatzsteuern zu beiden. Im Gegensatz dazu wurden Einkommen aus Industrieunternehmen nur doppelt besteuert (mit der von den Unternehmen zu entrichtenden Industriesteuer und der von den Gesellschaftern und Direktoren der Firmen zu zahlenden klassifizierten Einkommenssteuer). Die Agrarier forderten deshalb eine Einkommenssteuer auf Gesellschaftseinkommen, eine Börsensteuer auf Wertpapiergeschäfte und eine Kapitalrentensteuer auf Einkommen aus Kapitalzinsen.

Nach dem Maßstab der Zahlungsfähigkeit waren jedoch die Gutsbesitzer ebensowenig wie die Industriellen die Hauptleidtragenden des antiquierten preußischen Steuersystems. Trotz einer grundlegenden Reform der preußischen Klassen- und klassifizierten Einkommenssteuer im Jahre 1873 wurden die unteren Schichten der preußischen Gesellschaft von der Steuerlast unverhältnismäßig bedrückt. Obwohl ein Jahreseinkommen von 1200 Mark als Existenzminimum für einen Haushalt galt, lebten doch der Statistik der Steuerbehörde zufolge 1879 nicht weniger als 6 242 853 Personen in Haushalten mit Einkommen von weniger als 420 Mark jährlich. Die Klassensteuer betrug in der untersten Klasse 3 Mark (und wurde erhoben von 2 697 365 Personen, die in Haushalten lebten, deren jährliches Einkommen auf zwischen 420 und 660 Mark veranschlagt wurde), in der obersten vierten Klasse dagegen (zu entrichten von 290 065 Personen in Haushalten mit geschätzten Jahreseinkommen von zwischen 1050 und 12 000 Mark) belief sie sich auf 12 Mark. Wie alle anderen Steuerzahler waren überdies auch die Armen gezwungen, die von den Gemeindeverwaltungen erhobenen Zusatzsteuern zu zahlen.[8]

Die geschätzten Einkommen waren gewöhnlich geringer als die tatsächlichen Einkommen, und aus diesem Grund kann die Klassensteuerstatistik nicht als wahres Maß der Einkünfte der Unterschicht dienen. Daß jedoch die Arbeiter die Klassensteuer belastend fanden, scheint nichtsdestoweniger in Anbetracht der Zahl der bei säumigen Steuerschuldnern durchgeführten Pfändungen offensichtlich zu sein. Während der Jahre 1878–1881 kamen in ganz Preußen jährlich auf je 100 in der betreffenden Stufe veranlagte Personen an Pfändungen: in der ersten Klasse 24,6, in der zweiten 25,8, in der dritten 18,6 und in der vierten 10,2. Über die Hälfte der Pfändungen in den unteren Stufen 1 und 2 war fruchtlos. Noch schlimmer war es in den Städten. Die Zahlen lauten für Berlin 70; 65,6; 41,9; 14,3; dabei fielen von ca. 190 000 Pfändungen 178 000 fruchtlos aus.[9] Kaum weniger drückend als die Steuerbürde selbst war für die Arbeiter das Wissen, daß der Steuersatz (höchstens 3 Prozent), den die Reichsten im Land zu zahlen hatten, kaum höher war als ihr eigener (die Steuerlisten wiesen für das Jahr 1879 fünf Personen mit Einkommen zwischen 1 080 000 und 2 400 000 Mark aus).[10]

Bismarck war die wachsende fiskalische Krise der Reichs- und Staatsregierungen nicht unwillkommen. Sie schuf einen finanziellen Bedarf, dessen Befriedigung zugleich mit den unmittelbar fiskalischen Belangen auch politische und soziale Ziele begünstigen mochte.[11] 1877–1878 hatte die von ihm beabsichtigte Reform in seiner Vorstellung schon deutlichere Gestalt angenommen. Hauptsächlich bezweckte er noch immer die «finanzielle Konsolidierung» des Reichs, nämlich die Erschließung neuer Einnahmequellen (entweder durch Staatsunternehmen oder neue indirekte Steuern), die ihm gestatten würden, die Matrikularbeiträge abzuschaffen. Nun aber hoffte er nicht mehr nur, das Reich unabhängig von den Bundesstaaten zu machen, sondern auch umgekehrt die Bundesstaaten abhängig vom Reich. Er suchte neue Einnahmequellen für das Reich, die so reichlich fließen würden, daß Reichseinkommen in Millionenhöhe mit den Regierungen der Bundesstaaten geteilt werden könnten. Mit diesen Millionen könnte dann die preußische Regierung beginnen, die Klassen- und klassifizierte Einkommenssteuer, die Boden- und die Gebäudesteuer sowie die auf diese erhobenen Zusatzsteuern zwar nicht als Gemeinde-, doch als Staatssteuer abzuschaffen. Durch die Abschaffung der Matrikularbeiträge würde er dem Reichstag die Budgetwaffe entwinden, die er ihm 1867 unbedacht überlassen hatte. Wenn er das preußische System der direkten Steuern als staatlicher Steuern abschaffte, würde er die Steuergewalt des preußischen Landtags mindern. Die Abschaffung der gesamten Klassensteuer und der unteren Stufen der klassifizierten Einkommenssteuer würde die Steuerlast der preußischen Arbeiterschaft und des Mittelstands erleichtern, die beide in besonderem Maße unter der herrschenden Depression litten. Indem er den Rest der klassifizierten Einkommenssteuer und die Bodensowie Gebäudesteuern den örtlichen Verwaltungen übertrug, konnte er die fiskalische Krise der Städte beenden und den ostelbischen Gutsbesitzern, welche die Kreis- und Gemeindeverwaltungen kontrollierten, die Möglichkeit geben, sich die verhaßten Zusatzsteuern vom Halse zu schaffen sowie vielleicht auch die Steuern auf ihrem Besitz und Einkommen zu ermäßigen.[12]

Der kritische Faktor in dieser komplizierten Gleichung war natürlich die Einnahmequelle, die alles weitere ermöglichen sollte. Bismarcks Lösung war flexibel: Verstaatlichung eines wichtigen Industriezweigs, der als Staatsmonopol genügend Gewinn erzielen konnte, um die Hauptlast der Reformen zu finanzieren, indirekte Besteuerung von Massenverbrauchsartikeln oder eine Kombination von beidem. Ursprünglich setzte er die größte Hoffnung in ein Reichsmonopol auf die Herstellung und den Verkauf von Tabak, dessen jährliches Einkommen auf 130 bis 163 Millionen Mark geschätzt wurde. Doch seine Verhandlungen mit Bennigsen während der Legislaturperiode 1877–1878 hatten ihm gezeigt, daß ein staatliches Tabakmonopol einstweilen politisch nicht durchzusetzen war. Obwohl er für die Verstaatlichung des Eisenbahnwesens in erster Linie eintrat, weil er es für reformbedürftig hielt, hat er zweifellos auch erwartet, daß ein Eisenbahnmonopol sich als fiskalisch lukrativ erweisen würde. Doch wie wir noch sehen werden, scheiterten seine Pläne für eine deutsche Reichsbahn (nicht für eine preußische Staatsbahn) an der Opposition der Landesregierungen. Die Wiedereinführung des Eisenzolls hätte diesen ursprünglich nur zu einer von mehreren neuen indirekten Steuern machen sollen, die er erheben wollte. Doch als dann die protektionistische Bewegung an Umfang und Stärke gewann, entdeckte Bismarck in Schutzzöllen (für Agrar- und Industrieprodukte) die Hauptquelle für jene Millionen, die er brauchte, um seine allgemeine Steuerreform durchzuführen.

Die Schutzzölle dienten Bismarck, wie noch zu zeigen sein wird, zu einer Vielzahl von Zwecken – wirtschaftlichen, fiskalischen, sozialen und politischen. In der jüngeren Geschichtsschreibung hat man unter Vernachlässigung aller anderen vor allem einen dieser Zwecke hervorgehoben, nämlich seine sogenannte «Sammlungspolitik» (er selbst hat den Ausdruck niemals verwendet), mit deren Hilfe er Großgrundbesitzer und Großindustrielle in einer Koalition gesammelt habe, deren einziger gemeinsamer Nenner zwar die Habgier gewesen sei, die jedoch für die Legitimierung und Konsolidierung eines von den Kräften der «Modernisierung» bedrohten traditionellen Regimes großen politischen Nutzen gebracht habe. Doch Bismarcks soziale und politische Ziele während des letzten Jahrzehnts seiner Kanzlerschaft sind auf den Umriß dieses Modells nicht zu reduzieren. Seine Überlegungen – vor allem seine Fähigkeit, Optionen und Kombinationen zu kalkulieren – waren viel zu komplex, als daß man sie auf eine einzige Formel zurückführen könnte.

Wenn Bismarcks Pläne zur Verstaatlichung großer Unternehmen und ganzer Industriezweige (Tabak, Alkohol, Eisenbahnen, Versicherungen und Kohlenbergbau) realisiert worden wären, hätte das auf Kosten des privaten den öffentlichen Sektor der deutschen Wirtschaft erheblich erweitert. Sein Zugriff auf das kapitalistische System wäre nicht nur einzelne Glieder des Systems, sondern auch dessen Nervenzentrum, die Börse, teuer zu stehen gekommen. Wie andere Grundbesitzer meinte Bismarck, daß die deutschen Kapitalisten keinen gerechten Anteil an der fiskalischen Bürde des Staates trugen. Sowohl aus Gründen sozialer Gerechtigkeit als auch im fiskalischen Interesse des Staates wollte er deshalb eine Börsensteuer und eine Kapitalrentensteuer einführen. «Es entspricht der Billigkeit, daß solche Quellen des Einkommens, welche ohne einen Arbeitsaufwand ihrer Eigenthümer flüssig sind und bleiben, in stärkerem Maße zu den öffentlichen Lasten herangezogen werden, als das Einkommen, welches nur eine Entschädigung für die zu seiner Gewinnung geleistete Arbeit bildet. Der Nutznießer der ersteren Art von Einkommen ist nicht nur in gleichem, sondern in erhöhtem Maße in der Lage, sich die zweite Gattung des Einkommens gleichzeitig zu verschaffen, ohne daß die erstere aufhört, flüssig zu sein. Das Einkommen aus dem Kapital verträgt eine höhere Besteuerung, wie das aus der Arbeit. Soweit das Kapital in dem Besitze von Grund und Boden besteht, ist diesem Prinzip durch die Grundsteuer Rechnung getragen, nicht aber, soweit es in zinstragenden Papieren besteht.» Die Steuer müsse gelten für «*alle* Zinsen oder Dividenden gebenden Verschreibungen mit Ausnahme der Hypothekenforderungen, da der Werth der letzteren in der Grundsteuer, die auf dem Unterpfande ruht, bereits getroffen wird».[13] Während Bismarck also 1878–1879 einerseits die Einführung von Schutzzöllen ins Auge faßte, plante er andererseits Steuern, die der Geschäftswelt, zu deren Schutz die Zölle erhoben werden sollten, sehr unwillkommen sein mußten.

Wir werden sehen, daß Bismarck seine geplante «Steuerreform» nicht im ganzen, sondern nur teilweise durchführen konnte. Er scheiterte am Widerstand der von seinen Plänen betroffenen Interessengruppen, an den Konflikten, die diese Pläne zwischen den Interessengruppen verursachten, und insbesondere an der Entschlossenheit des Reichstags und der preußischen Abgeordnetenkammer, sich nichts von ihrer fiskalischen Macht entreißen zu lassen. Die Verquickung politischer mit fiskalischen und sozialen Zielen hatte wiederholt zur Folge, daß die letzteren zu kurz kamen, und das galt auch für Bismarcks Pläne, der bedrängten Arbeiterklasse und dem Mittelstand die Lasten der Klassensteuer und der klassifizierten Einkommenssteuer abzunehmen.[14]

Der Widerstand, dem Bismarck im Reichstag begegnen sollte, ist am Schicksal der Steuervorlagen abzulesen, die Bismarck in den Jahren 1877–1878 seinem Ministerkollegen Camphausen abnötigte. Nur eine einzige dieser Vorlagen wurde ratifiziert, eine Umsatzsteuer auf Spielkarten von unbedeutendem Ertrag.[15] Obwohl die Nationalliberalen die Nachteile und sogar das Irrationale eines auf Matrikularbeiträgen beruhenden Systems der Staatsfinanzierung sehr wohl erkannten,[16] zögerten sie ebensosehr, die ihnen unverhofft in die Hände gefallene Waffe herzugeben, wie Bismarck darauf brannte, sie ihnen zu entwinden. Bennigsens Verhandlungen mit Bismarck lassen erkennen, daß den Nationalliberalen die Dringlichkeit neuer Steuern durchaus bewußt war. Doch sie forderten Ersatz für die parlamentarische Macht, auf die sie verzichten sollten. Um seine Zwecke zu erreichen, mußte Bismarck zwingende Motive bieten, Motive, die – wegen ihres Appells an den Patriotismus oder an spezifische Interessengruppen – die Kraft haben würden, den Widerstand zu überwinden, an dem die Liberalen im März 1878 Camphausens Steuerprogramm hatten scheitern lassen. Ein derartiges Motiv lieferte ihm der Anschlag auf das Leben des Kaisers, ein weiteres die protektionistische Bewegung.

Auf dem Weg zum Protektionismus

Dicke Mappen, gefüllt mit Hunderten von Briefen, Petitionen und anderen Dokumenten, zeugen in den Potsdamer Archiven noch heute von der Intensität und der allgemeinen Anteilnahme, mit welcher in den siebziger Jahren die Debatte über Protektionismus *versus* Freihandel geführt wurde. Natürlich äußern sich in den meisten dieser Zeugnisse Interessengruppen, die Grund zur Unzufriedenheit mit bestehenden Gesetzen hatten, vor allem mit dem am 7. Juli 1873 in Kraft getretenen, das die Abschaffung des noch bestehenden Einfuhrzolls auf Eisen zum 1. Januar 1877 vorsah. Doch die agrarischen und kommerziellen Interessen, die im Verein mit Befürwortern des Freihandels innerhalb und außerhalb der Regierung für die Verabschiedung dieses Gesetzes gesorgt hatten, ließen sich jetzt auch dessen Verteidigung angelegen sein. Obwohl in manchen dieser Zeugnisse auf beiden Seiten der Kontroverse einzelne Personen und kleine Gruppen ihre Meinungen äußern (unter diesen die Magnaten der Industrie, des Bankwesens, des Handels und der Landwirtschaft), ist an der Masse doch die ständige Zunahme organisierter Agitation abzulesen, so daß man schließlich aus verschiedenen Ortschaften identische Petitionen mit Tausenden von Unterschriften findet. Die Petitionen, die um protektionistische Maßnahmen bitten, sind von Tausenden von Arbeitern und Handwerkern unterzeichnet, die anscheinend ebenso wie ihre Arbeitgeber davon überzeugt waren, daß ihre Arbeitsplätze und ihr Einkommen nur erhalten werden konnten, wenn der Staat die Erzeugnisse ihrer Arbeit vor ausländischer Konkurrenz schütze. Bei der Durchsicht dieser voluminösen Akten gewinnt man den Eindruck eines mit zunehmender Erbitterung geführten Kampfes hauptsächlich zwischen den westlichen und den östlichen Provinzen, zwischen Eisenherstellern einerseits und Eisenhändlern und Eisenverbrauchern andererseits. Man kann sich des Eindrucks kaum erwehren, daß seit der Revolution von 1848 keine Frage – nicht einmal die deutsche Einigung – so viele Menschen – Individuen, Gruppen, Organisationen und Interessenverbände – in dem Bemühen mobilisiert hatte, Einfluß auf die Politik der Regierung zu nehmen.[17]

Innerhalb der Regierung war der erste, der die Weisheit der Freihandelslehre ernsthaft in Frage stellte, offensichtlich der Kaiser. Angesichts der Flut von Petitionen, mit denen entgegengesetzte Maßnahmen erbeten wurden, schlug er vor, die Ausführung des Gesetzes von 1873 um zwei Jahre zu verschieben, um Zeit für eine Untersuchung der Bedingungen in der Eisenindustrie zu gewinnen. Aber Delbrück und das preußische Staatsministerium versicherten ihm, daß die Beschwerden der Protektionisten ungerechtfertigt seien.[18] Wilhelm grübelte über den rätselhaften Widerspruch zwischen den Behauptungen von Industriellen und Bankiers (wie namentlich Abraham Oppenheim), denen zufolge die Wirtschaft stagnierte, und den Auskünften seiner Minister, wonach dieselbe prosperierte. Die Regierung, schloß er, spreche von der Vergangenheit, Oppenheim jedoch von der nahenden Zukunft.[19] Im Herbst 1876 weilte Wilhelm in seinem alten Schloß in Koblenz, wo er sich mit Vertretern der Ruhrindustrie beraten zu haben scheint. Bei seiner Rückkehr nach Berlin war er überzeugt, daß die Eisenindustrie vor dem Ruin stünde, wenn die Eisenzölle, wie vorgesehen, aufgehoben würden. Zur Erörterung des Problems berief er am 24. Oktober 1876 einen Kronrat ein. Obwohl er bestritt, ein Protektionist zu sein, setzte er sich erneut für eine Verschiebung der Ausführung des Gesetzes ein. Auch diesmal widersetzten sich dem Kaiser seine Minister. Die Abschaffung der Eisenzölle sei in das Gesetz von 1873 aufgenommen worden, erklärte Camphausen, um den ostelbischen Gutsbesitzern den Kauf billiger landwirtschaftlicher Maschinen zu ermöglichen, welche die Arbeitskräfte ersetzen sollten, die während der Hochkonjunktur in die Städte abgewandert waren. Die Industriellen hätten sich ihre gegenwärtigen Schwierigkeiten durch die unvorsichtige Expansion ihrer Produktionskapazität während der Boomjahre selbst eingehandelt. Eine Verlängerung der Frist bis zur Abschaffung der Eisenzölle würde den notwendigen Abbau der Überkapazitäten lediglich unnötig hinauszögern. Die Regierung, so Achenbach, würde nur die Unzufriedenheit der Verbraucher herausfordern und einen Kampf zwischen Interessengruppen provozieren, wenn sie sich jetzt gegen die Position wandte, die sie mit dem Gesetz von 1873 bezogen und 1875 mit Unterstützung der überwältigenden Mehrheit des Reichstags verteidigt hatte. Entgegen ihren eigenen Erwartungen würden selbst die sich beschwerenden Interessengruppen aus der Fortdauer der strittigen Zölle keinen Gewinn ziehen. Wilhelm war offensichtlich höchst unerfreut, unter seinen eigenen Ministern derart isoliert zu sein. Am Rande des offiziellen Protokolls der Sitzung hielt er seine abweichende Meinung noch einmal ausdrücklich fest.[20] Während der zehn Jahre, die er noch auf dem Thron verbleiben sollte, wurde keine einzige Sitzung des Kronrats mehr anberaumt.

Bismarck war bei keiner dieser beiden Diskussionen anwesend. Zweifel an der Wirtschaftspolitik Delbrücks und Camphausens begann auch er schon während seines Aufenthalts in Varzin 1875 zu äußern.[21] Er hatte die Laissez-faire-Doktrin ja niemals prinzipiell vertreten, sondern stets nur pragmatisch gesehen. Die Unzufriedenheit mit der liberalen Volkswirtschaftslehre war sicher einer der Gründe, wenn auch wohl nicht der ausschlaggebende, die ihn um diese Zeit bewogen, Delbrück fallenzulassen.[22] Doch seine Aufmerksamkeit galt zu jener Zeit noch mehr den außenpolitischen und fiskalischen Aspekten des Zollproblems als den protektionistischen.[23] Seit Oktober 1875 bediente er sich des Arguments, daß die Würde Deutschlands es verlange, daß Staaten, die von der deutschen Freihandelspolitik profitierten, auch ihrerseits eine solche Politik betrieben. Er forderte Vergeltungsmaßnahmen gegen auswärtige Regierungen, die deutsche Hersteller mit Zöllen und Exportprämien diskriminierten. Im übrigen waren zu dieser Zeit seine zollpolitischen Erwägungen dem größeren Problem einer durchgehenden Steuerreform untergeordnet, die einen Übergang von der direkten zur indirekten Besteuerung ermöglichen sollte (auch auf dem Gebiet der Zölle). Der Entwurf eines entsprechenden Plans sei jedoch Aufgabe Camphausens und seiner Finanzexperten, nicht des Kanzlers.[24]

Anfang 1877 begann im preußischen Staatsministerium ein Kampf zwischen Camphausen, der die Freihandelsdoktrin vertrat, und Achenbach, der dem Protektionismus zuzuneigen begann. Beide Minister waren freilich mit Bismarck einig in der Meinung, daß Vergeltungszölle angebracht seien. Eine entsprechende Regierungsvorlage wurde im Dezember 1876 vom Bundesrat angenommen, doch dann im Reichstag abgelehnt.[25] Im April 1877 übernahm das preußische Staatsministerium einen von Protektionisten im Reichstag (Kardorff und Löwe) eingebrachten Entwurf eines Gesetzes zur Wiederherstellung der Eisenzölle und legte denselben, unter Hinzufügung der «Strafmaßnahmen» der früheren Regierungsvorlage, dem Bundesrat vor, wo er mit energischer Unterstützung Bayerns und Württembergs angenommen wurde. Doch auch diese Vorlage scheiterte dann am Widerstand der Freihandelsmehrheit im Reichstag.[26]

Während Bismarcks Aufenthalt in Varzin 1877 nahm die protektionistische Agitation an Heftigkeit zu. Im Oktober wurden die seit April andauernden Verhandlungen zur Erneuerung des Handelsvertrages von 1868 zwischen Deutschland und Österreich-Ungarn abgebrochen. Bismarck war entschlossen, keiner Erneuerung zuzustimmen, die den österreichischen Industriellen Schutz vor deutscher Konkurrenz gewährte. Seine Anweisungen an die deutschen Unterhändler verfolgten vielleicht den Zweck, die Verhandlungen scheitern zu lassen und so einer protektionistischen Gesetzgebung in Deutschland den Weg zu ebnen. Während die Ungarn Freihändler waren, wollten Bismarck und die Österreicher sich nicht durch Verträge die Hände binden, die sie gehindert hätten, die Zolltarife zu erhöhen. Wenig später bewegte sich Bismarck auf den Protektionismus zu, als er Achenbachs Vorschlag einer allgemeinen Untersuchung der Wirtschaftslage unterstützte, auf Grund welcher dann eine einseitige Revision der deutschen Zölle vorgenommen werden sollte.[27] Im Februar 1878 gelangte ein preußischer Vorschlag zu einer Untersuchung der Verhältnisse in der Eisenindustrie in den Bundesrat, und im Sommer des Jahres wurde dann tatsächlich nicht nur eine Untersuchungskommission für die Eisenindustrie, sondern auch eine für die Baumwoll- und Leinen-Textil-Industrie bestellt.[28] Unterdessen hatte sich Bismarck freilich schon offen zum Protektionismus bekannt.

Nachdem er Bennigsens Kandidatur fallengelassen und Camphausen aus dem Amt gedrängt hatte, begann Bismarck bereits im März 1878 mit der Neuorientierung der Wirtschaftspolitik der Regierung. Am 31. März, zwei Monate vor dem Attentat auf den Kaiser, lud er Kardorff zu einem Gespräch, bei dem er seine Absicht offenbarte, wegen der Zollfrage notfalls den Reichstag aufzulösen. «Ich war früher selbst Freihändler, so als Gutsbesitzer, aber ich bin nunmehr gründlich bekehrt und will es wieder gutmachen», erklärte er Kardorff. «Ich bin jetzt ganz Ihrer Meinung: mäßige Schutzzölle und Finanzzölle für das Reich.» «Ich will Zölle haben auf Tabak, Spiritus, möglicherweise vielleicht auf Zucker, sicher Petroleum, vielleicht auch Kaffee, und ich schrecke auch vor Getreidezöllen nicht zurück, die uns Rußland gegenüber recht nützlich sein könnten, auch Österreich gegenüber.» Er war sichtlich aufgeschlossen für Kardorffs Bitte, «noch einmal die Eisenzollvorlage» einzubringen, welche «die einfache Aufhebung des Gesetzes von 1873« zum Gegenstand haben sollte. Kardorff wies den Besitzer des Sachsenwalds im Zusammenhang mit seiner Bitte darauf hin, daß der geringe Holzbedarf im Kohlenbergbau und bei der Eisenverhüttung als die Hauptursache des Preisverfalls auf dem Holzmarkt angesehen werden müsse.[29] Fünf Tage später bat der Kanzler das preußische Staatsministerium, eine Wiedereinführung der Eisenzölle als ersten Schritt zu einem umfassenden wirtschaftlichen Reformprogramm zu erwägen.[30] Wenig später sprach sich die halbamtliche *Provinzial-Correspondenz* zur Freude der Schwerindustriellen an der Ruhr für Maßnahmen «zum Schutze der heimischen Industrie» aus. Der Freihandel ignoriere die «wirklichen Bedürfnisse des Volkes», erklärte der Leitartikler des Blattes. «Ohne Gegenseitigkeit schädigt der Freihandel denjenigen, der sich ‹edel› dem Prinzip zu opfern bereit ist.»[31]

Frachttarife und die Getreide- und Holzpreise

Weshalb Bismarck sich 1878–1879 vom Freihändler zum Protektionisten wandelte, ist noch immer Gegenstand heftiger Kontroversen. Ältere deutsche Historiker neigten dazu, diese Wandlung als ein brillantes taktisches Manöver zu interpretieren, das Bismarcks Übergang vom Liberalismus zum Konservatismus oder vom Manchestertum zum staatlichen Interventionismus markierte. Diese Sicht war zumal bei denjenigen verbreitet, die den Staat für die treibende Kraft der Geschichte hielten und in Bismarck den größten Praktiker der Staatsräson seit Friedrich dem Großen bewunderten.[32] Historiker mit materialistischer oder soziologischer Orientierung sehen im Schutzzoll meist ein Instrument zur Manipulation der gesellschaftlichen Kräfte. Nach dieser Deutung bezweckte Bismarck damit die Stiftung eines neuen Bündnisses von mächtigen Interessenverbänden, von Großgrundbesitzern und Großindustriellen, das hinfort dem Reich als neue soziale Grundlage dienen sollte.[33] Andere Historiker glauben, daß Bismarck in erster Linie die fiskalische Krise überwinden wollte, und zwar auf eine Weise, die das Reich auf Kosten der Bundesstaaten und des Reichstags konsolidieren würde.[34] Jede dieser Deutungen hat ihre Vorzüge, doch als alleinige Erklärung ist keine ausreichend. Sie alle vernachlässigen auch, daß Bismarcks Auffassung des Problems in hohem Maße durch seine persönliche Erfahrung als Gutsbesitzer und die Enttäuschungen, die er bei seiner Eisenbahnpolitik erlebt hatte, bestimmt war.

Von dem «verhältnismäßig geringen Ertrag» seiner Güter war der Fürst in den späten siebziger Jahren zutiefst enttäuscht. «Varzin brächte ihm, von den Mühlen abgesehen, gar nichts ein», klagte er im Oktober 1877 Busch sein Leid. «Das Getreide ließe sich kaum verwerten, da die Eisenbahnen für fremdes Korn zu billige Tarife hätten. Ebenso stünde das Holz der Konkurrenz wegen niedrig im Preise, und selbst die Nähe Hamburgs beim Sachsenwalde nutze ihm gegenwärtig nichts.»[35] Ein Jahr später notierte Busch die Reaktion Bismarcks auf ein Gerücht, wonach er einen Besitz in Bayern erwerben wolle: «Bayrisches Gut? Ich denke gar nicht daran, eins zu kaufen. Ich habe Schaden genug von denen, die ich in Lauenburg gekauft habe; da frißt der Kaufpreis die Einnahmen des ganzen Besitzes auf. Wie kann ein Gut etwas tragen, wo der Scheffel so wenig gilt wie jetzt. ... Ich habe ihnen das schon lange gesagt und versucht, hier Abhilfe zu schaffen. Unsre ganze Landwirtschaft geht dabei zu Grunde.» Busch bemerkte, daß auch die Bauern bei Wurzen und weiter oben im Muldethale «über die unerträgliche Konkurrenz des polnischen und ungarischen Getreides bei den hohen Löhnen der Dienstleute» klagten «und daß man von ihm Hilfe erwarte». Worauf der Fürst erwiderte: «Ja … es wird nicht eher anders als Tariferhöhung bei den Eisenbahnen – oder Kornzölle.»[36]

Es wäre freilich ungerecht, Bismarck zu unterstellen, daß er mit der Wirtschaftspolitik des Staates bewußt seine Privatinteressen begünstigte. Er verallgemeinerte nur sein persönliches Interesse. Er nahm an, daß die Schere von Kosten und Preisen, die seinen Gewinn beschnitt, die Landwirtschaft insgesamt beeinträchtigte – für ihn der wichtigste Zweig der deutschen Wirtschaft und die wirtschaftliche Basis der gesellschaftlichen und politischen Ordnung des Landes. Die Erfahrung bestärkte ihn in der Überzeugung, daß er als Gutsbesitzer besser imstande sei, die praktischen Auswirkungen der Wirtschaftspolitik der Regierung zu beurteilen als die Anwälte, Richter und Journalisten, die im Parlament den Ton angaben, oder die höheren Beamten der Staatsverwaltung. *Er* wußte, «wo der Schuh drückte».[37] Was immer auch die Erfahrungen anderer ostelbischer Gutsbesitzer gewesen sein mögen[38], Bismarck selbst bekam den Druck der fallenden Holz- und Getreidepreise in den späten siebziger Jahren zu spüren, und er war geneigt, diesen Druck der ausländischen Konkurrenz anzulasten. Anfänglich machte er dafür allerdings nicht so sehr die niedrigen Einfuhrzölle als vielmehr die günstigeren Frachttarife der deutschen Eisenbahngesellschaften verantwortlich.

Während der Jahre 1877–1879 beklagte sich Bismarck häufig über die unterschiedlichen Frachttarife der Eisenbahngesellschaften, insbesondere für Holz. Im März 1878 verlas er in der Abgeordnetenkammer einen offiziellen Bericht, der den Rückgang der Einnahmen bei Holzverkäufen aus preußischen Staatswäldern um 8 Millionen Mark im Jahr 1877 auf die Langstreckentarife der Eisenbahnen zurückführte, die ungarische Holzhändler begünstigten.[39] Die Differentialtarife wirkten seines Erachtens als Exportprämien, die man ausländischen Erzeugern für den Absatz ihrer Produkte auf dem deutschen Markt zahlte.[40] «Wenn wir nicht die ganz unsinnigen Eisenbahntarife regulieren und in die Hand bekommen, so werden wir schließlich zugrunde gehen», erklärte er dem Forstexperten John Booth.[41] «Die ackerbautreibende Bevölkerung Deutschlands ist ihrem Ruin nahe», erfuhr Ende Januar 1879 der österreichisch-ungarische Botschafter Széchényi von ihm.[42] Es war eine «Frage von Leben und Tod». «Auch er habe Klage zu führen», bemerkte er auf einer parlamentarischen Soiree im Februar. «Zwar könne er sich auf sein Gehalt zurückziehen, aber der Landwirtschaft müsse geholfen werden.»[43] Im März intervenierte er beim Kriegsministerium mit dem Vorschlag, daß bei militärischen Bauvorhaben ausschließlich deutsches Bauholz verwendet werden solle. Die Haltbarkeit des importierten amerikanischen Holzes sei fraglich. Überdies gebe die Regierung mit dem Ankauf ausländischen Holzes dem Land ein schlechtes Beispiel.[44]

Seit 1873 hatte der Kanzler sich vergeblich um wirksame regulative Befugnisse für das Reichseisenbahnamt bemüht, und der Entschluß von 1875, die Verstaatlichung der deutschen Eisenbahnen anzustreben, war eine der prinzipiellen Entscheidungen bei seinem innenpolitischen Frontwechsel gewesen. Er verfolgte dabei mehrere Ziele. Er wollte finanzielle Mißstände abstellen und Tarife und Dienstleistungen der Eisenbahngesellschaften auf dem Boden des Deutschen Reichs vereinheitlichen, den Einfluß der Eisenbahnbesitzer auf die deutsche Volkswirtschaft beschränken und dem deutschen Volk eine zusätzliche materielle Grundlage seiner Einheit verschaffen. Wie bereits dargelegt, wurden diese Bestrebungen jedoch durch den Widerstand der betroffenen Interessengruppen und die Befürworter des Freihandels vereitelt. Als seine entschiedensten Gegner erwiesen sich dabei die deutschen Mittelstaaten, welche die Kontrolle über ihre eigenen Eisenbahnen behalten wollten und, zu Bismarcks Ärger, die preußischen Ministerien für Finanzen und Handel, die fast zwei Jahre lang ergebnislos über die Bedingungen einer Abtretung der preußischen Staatsbahnen an das Reich verhandelten. Seine Unzufriedenheit über diese Fehlschläge war eine der Ursachen für seine Rücktrittsdrohung im März 1877. Seine Entschlossenheit, den «passiven Widerstand» Achenbachs und Camphausens zu brechen, veranlaßte ihn zu den Plänen für ein selbständiges «Eisenbahnministerium» und zu dem Ultimatum vom Dezember 1877, in dem er Taten auf dem Gebiet der Eisenbahnpolitik zur Bedingung für seine Rückkehr ins Amt machte.[45] «Die Privatbahnen müssen von ihrer Position herunter», erklärte er Hermann Mittnacht.[46]

Der von Bismarck bedrängte Achenbach legte schließlich einen Gesetzentwurf vor, der das Reichseisenbahnamt mit regulativer Autorität ausstatten sollte. Doch das preußische Staatsministerium hatte in der Sache noch nichts unternommen, als der Minister im März 1878 zurücktrat.[47] Sein Nachfolger, Albert Maybach, war ein energischer Beamter, der von 1874 bis 1876 das Amt des Präsidenten des Reichseisenbahnamts innegehabt hatte und damals sowohl für die Verstaatlichung der Bahnen als auch für ein Gesetz mit starken regulativen Befugnissen eingetreten war. Da er keines dieser Ziele durchsetzen konnte, war er aus dem Amt geschieden und hatte eine untergeordnete Stellung im preußischen Handelsministerium angenommen. Nun wurde er Achenbachs Nachfolger, zunächst als Minister für Handel, Industrie und öffentliche Arbeiten (wie der volle Titel des Handelsministeriums lautete), sodann, nach der Teilung dieses Ministeriums 1879, als Minister für öffentliche Arbeiten (Bismarcks Eisenbahnministerium), in welcher Stellung er bis 1891 verblieb.[48] Während der wiederholten Kabinettskrisen des Jahres 1878 bewahrte sich Maybach als einziger seiner Kollegen das Vertrauen Bismarcks. Obwohl beide die Schaffung einer einheitlichen Reichsbahn für die beste verkehrspolitische Lösung hielten, gelangten sie schließlich zu der Einsicht, daß der Widerstand der Mittelstaaten nicht zu überwinden sein würde. Irgendwann gegen Ende des Jahres 1878 ließen sie ab von dem vergeblichen Versuch, die preußischen Staatsbahnen dem Reich zu verkaufen, und konzentrierten ihre Anstrengungen auf eine Alternative, die sie bereits 1876 erörtert hatten: den Ankauf aller noch bestehenden Privatbahnen in Preußen durch den preußischen

Staat.[49] Ein derartiges Monopol versprach, vor allem in Verbindung mit einem (durch ein neues Gesetz über wirksame regulative Befugnisse gebietenden) Reichseisenbahnamt, ähnlich durchgreifende Reformmöglichkeiten wie die ursprünglich geplante Reichsbahn.

Während jenes Zeitraums von 1878–1879, in dem Bismarck sich von der Freihandelsdoktrin in der Zollpolitik abkehrte, drängte er mit gleicher Energie darauf, das Eisenbahnwesen dem freien Unternehmertum zu entziehen. Beide Maßnahmen zeugten zwar von ein und derselben ideologischen Neuorientierung – Abwendung von der Laissez-faire-Doktrin und Wiederbelebung des staatlichen Interventionismus –, in der Wirkung waren sie jedoch sehr verschieden. Denn während der Zollprotektionismus die Interessen des Schwerindustriekapitalismus begünstigte, schädigten die Regulierung und die Verstaatlichung der Eisenbahnen diejenigen des Eisenbahnkapitalismus. Der erstere schädigte, die letzteren förderten die Interessen des Handelskapitalismus. Beide Maßnahmen jedoch dienten den Interessen landwirtschaftlicher Großunternehmen, so wie Bismarck diese verstand.

Anfang Januar 1879 erneuerte Bismarck seine Anstrengungen im preußischen Staatsministerium und bei den übrigen deutschen Regierungen, die Festsetzung der Eisenbahntarife durch ein Reichsgesetz zu veranlassen. «Der Umstand, daß so große öffentliche Interessen, wie das Eisenbahntransportwesen, Privatgesellschaften und einzelnen Verwaltungen ohne gesetzliche Kontrolle zur Ausbeutung für Privatinteressen überlassen sind, findet in der Geschichte des wirtschaftlichen Lebens der modernen Staaten seine Analogie wohl nur in den früheren Generalpächtern finanzieller Abgaben. Wenn nach denselben Modalitäten, wie die Eisenbahnen ein Verkehrsregal ausüben, man die Erhebung der Klassen- und Einkommensteuer einer Provinz oder die Erhebung der Grenzzölle auf bestimmten Abschnitten unserer Grenze Privat-Aktiengesellschaften zur Ausbeutung überlassen würde, so wären dieselben doch immer durch die Schranken gesetzlich feststehender Abgabensätze gebunden, während heute bei uns für die Eisenbahntarife die Bürgschaft gesetzlicher Regelung unserem Verkehrsleben fehlt.»[50]

Am 7. Februar 1879 legte er dem Bundesrat einen «Präsidialantrag auf reichsgesetzliche Festsetzung der Tarifsätze nach gleichmäßigen Grundsätzen» vor. Trotz gewisser Reformversuche seit 1876 sei, so heißt es in der begleitenden Denkschrift, die bestehende Frachttarifstruktur der deutschen Eisenbahnen mit 583 verschiedenen Standardsätzen und 1370 Ausnahmesätzen nicht geeignet, das Bedürfnis der deutschen Wirtschaft nach einem gerechten, umfassenden und nachvollziehbaren System der Frachtberechnung für die Eisenbahngüter zu befriedigen. Unzureichend sei das bestehende System vor allem für kleinere Unternehmen. Ein Fabrikant in Köln zum Beispiel, dessen Produkte in alle Himmelsrichtungen zu verfrachten waren, mußte damit rechnen, bis zu sechsundzwanzig verschiedene Frachtsätze berücksichtigen zu müssen. «Die Eisenbahnen sind vom Staate monopolisierte, öffentliche Verkehrswege und können nur von einem Unternehmer befahren werden. Durch die ihnen konzessionsmäßig verliehenen

Rechte der Expropriation, der Ausübung polizeilicher Funktionen, der Aufnahme öffentlicher Anleihen u.s.w. hat der Staat den Eisenbahnen einen Theil der staatlichen Hoheitsrechte eingeräumt. Die Verleihung dieser Hoheitsrechte ist nicht im Interesse des Bahneigenthümers, sondern in demjenigen des Gemeinwohls erfolgt; hieraus folgt aber, daß die Ausübung des Bahnbetriebes nicht der Willkühr der Bahnverwaltungen überlassen werden darf, sondern daß derselbe nach den Bedürfnissen des Gemeinwohls und des öffentlichen Verkehrs geregelt werden muß ... Die Thatsachen liegen jedenfalls vor, daß durch besondere, hierauf berechnete Tarife einzelnen Geschäftszweigen direkt ein höherer Aufschwung gegeben, eine lokale Produktion unmittelbar gefördert, selbst eine neue Industrie bewußt ins Leben gerufen worden ist, gleichwie dadurch unbestreitbar die Preise bestimmter Waaren in bestimmten Lokalitäten herabgedrückt werden können. Es kann den einzelnen Bahnverwaltungen das Recht aber nicht zustehen, gegenüber den hundertfach verwickelten Faktoren und Bedingungen der Produktion und Konsumtion einer Volksgemeinschaft des 19. Jahrhunderts eine nach allen Seiten regelnde und beherrschende Thätigkeit gewissermaßen gleich einer eingreifenden Vorsehung sich vindiziren zu wollen. Es darf nicht von ihnen abhängen, an irgend einem Punkte des Vaterlandes durch künstliche Bildungen, wie die Ausnahmetarife, Industrien großzuziehen und gleichzeitig an anderen Orten die von der Natur gegebenen Erwerbszweige zu bedrücken oder selbst zu unterdrücken.» Die «ungesunde Zusammenziehung des Verkehrs und der Industrien in einzelne große Orte», die von billigen Differentialsätzen begünstigt werde, sei «wirthschaftlich und politisch großen Bedenken unterworfen».[51]

Während der ersten Hälfte des Jahres 1879 stand die Frage der Schutzzölle im Mittelpunkt des öffentlichen Interesses, in der Presse wie im Parlament. Doch in einem Schreiben an bayerische Landwirte, die ihn gebeten hatten, sich für eine Verbesserung des Zolltarifentwurfs einzusetzen, schrieb Bismarck Mitte April: «Ein noch größeres Gewicht indessen, als auf den Zoll, lege ich auf die Eisenbahntarife, durch welche Einfuhrprämien gegeben werden, welche nicht selten das Vier- und Fünffache des 50-Pfennig-Zolls erreichen. Wenn es gelingt, diese Ungerechtigkeit zu beseitigen, so verspreche ich mir davon eine größere Wirkung, als von der Verdoppelung oder selbst Vervierfachung der jetzt beantragten Zölle; doch in dieser Beziehung habe ich bisher kaum Hoffnung, die Eisenbahnminister der größeren Bundesstaaten für den Zweck zu gewinnen und zu übereinstimmenden Verfahren zu bewegen.»[52] Sein Pessimismus war berechtigt. Obwohl Bismarck, was durchaus ungewöhnlich war, persönlich der eröffnenden Beratung des Bundesrates über die gesetzliche Feststellung von Einheitssätzen für den Gütertarif auf den deutschen Eisenbahnen präsidierte, war die Opposition aller Mittelstaaten und einiger kleinerer so stark, daß er am 27. Juni 1879 die Vorlage scheitern ließ, um das föderative Prinzip nicht durch eine Nötigung der oppositionellen Minderheit zu beschädigen.[53]

Unterdessen gaben Bismarck und Maybach Volldampf bei ihrem Bemühen, Preußen zur vorherrschenden Eisenbahnmacht in Deutschland zu machen.[54] Im

November 1879 legte Maybach dem preußischen Abgeordnetenhaus einen Regierungsentwurf vor, der den Ankauf von vier großen Privatbahnen vorsah. Bei der Verteidigung des Entwurfs räumte er freimütig ein, daß die Überführung der Bahnen in Staatsbesitz dem Börsengeschäft schaden und die Zahl der gehandelten Aktien erheblich vermindern werde. «Ich rechne es mir gerade als Verdienst an, in dieser Beziehung die Täthigkeit der Börse zu beschränken. Ich glaube, daß die Börse hier als Giftbaum wirkt, der auf das Leben der Nation seinen verderblichen Schatten wirft, und dem die Wurzeln zu beschneiden und seine Äste zu nehmen, halte ich für ein Verdienst der Regierung.» Maybachs Metapher vom «Giftbaum» brachte ihm natürlich keine Sympathien in der Finanzwelt ein, doch von Bismarck kam keine Zurechtweisung.[55] Tatsächlich drohte der Kanzler mit Rücktritt (sein Euphemismus für eine Auflösung der Kammer), falls das Gesetz verzögert oder abgelehnt werde.[56] Großgrundbesitzer und Großindustrielle, die sich von einem billigeren und effizienteren Gütertransport höhere Profite versprachen, unterstützten den Antrag nach Kräften. Unter den Rednern, die sich für die Verstaatlichung der Bahnen einsetzten, waren als Sprecher der Ruhrindustriellen (des *Vereins für gemeinschaftliche Interessen von Rheinland und Westfalen*) Friedrich Hammacher und Louis Baare. Am 12. Dezember 1879 wurde die Regierungsvorlage mit den Stimmen der Konservativen, Freikonservativen und Nationalliberalen angenommen – gegen die Stimmen der Fortschrittler, die den staatlichen Eingriff in die Sphäre des freien Unternehmertums mißbilligten, und des Zentrums, der Polen und der Welfen, die gegen den größeren Zentralismus und die «Allmacht des Staates» opponierten. Der nationalliberale Eisenbahnmagnat Viktor von Unruh war gegen das Gesetz, ebenso einige andere Ruhrindustrielle. Doch keineswegs alle Eisenbahnunternehmer und Aktionäre von Eisenbahngesellschaften waren dem Verkauf ihres Besitzes an den Staat abgeneigt, denn die Depression hatte die Gewinne der Eisenbahngesellschaften sehr zurückgehen lassen, und nicht wenige begrüßten die Aussicht, vom Staat für die Abtretung dahinsiechender Eisenbahnaktien großzügig entschädigt zu werden.[57]

Der Erwerb der Privatbahnen 1879, dem im Februar 1880 drei weitere Ankäufe folgten, beendete die Kontroverse über ein staatliches Eisenbahnmonopol in Preußen. 1878 gab es in Preußen 4800 Kilometer Staatsbahnen, 1888 22420. Während dieses Jahrzehnts erwirtschafteten die preußischen Staatsbahnen einen Überschuß in Höhe von 666 Millionen Mark, über dessen Verwendung der preußische Landtag nur in beschränktem Maße befinden konnte.[58] Gleichzeitig regte sich von neuem das Interesse am Bau von Binnenschiffahrtskanälen, das von Bismarck gefördert und von Maybach in konkrete Maßnahmen umgesetzt wurde.[59] Die herausragende Großtat auf diesem Gebiet war der Bau des Nordostseekanals quer durch Holstein, der durch die Eroberung von 1864 möglich geworden war und 1895 vollendet wurde.[60] Maybach war einer der wenigen Beamten, dessen Talente und Energien Bismarck anerkannte.[61] Gleichwohl legte er Wert auf die Feststellung, daß Maybach bei den ihm zugeschriebenen Leistungen nicht «eigentlich der Macher» gewesen sei. «Äußerlich trat er als solcher hervor; tatsächlich war er nur die Klinge in meiner Hand.»[62]

Der Föderalismus ließ Bismarcks Plan einer deutschen Reichsbahn scheitern (die einzige Reichsbahn war die mit französischer Kriegsentschädigung erworbene von Elsaß-Lothringen), ja gestattete nicht einmal die Errichtung eines Reichseisenbahnamts mit effektiven regulativen Kompetenzen. Doch die «Eisenbahnmacht» des preußischen Staates gestattete ihm gleichwohl die Verwirklichung der meisten seiner Ziele. Der Umfang des preußischen Eisenbahnnetzes verlieh den preußischen Staatsbahnen eine Vorherrschaft über die öffentlichen und privaten Eisenbahnen der kleineren Staaten Norddeutschlands sowie erheblichen Einfluß auf die Eisenbahnpolitik der süddeutschen Staaten. Der preußische Eisenbahnsozialismus vermehrte nicht nur merklich die wirtschaftliche und soziale Macht der Regierung Bismarcks[63], auch das private Unternehmertum und das öffentliche Wohl profitierten vom Staatsbesitz der Eisenbahnen. Die Staatsbahnen gaben nicht länger bevorzugten Kunden versteckte Sonderkonditionen und ermöglichten die Ausbildung einer vernünftigeren, dauerhafteren und gerechteren Tarifstruktur. Zwar bestanden gewisse Sonder- und Differentialtarife fort, diese dienten aber nun «merkantilistischen» Absichten, so dem Schutz einheimischer Produzenten – vor allem der Landwirtschaft – gegen ausländische Konkurrenz. In dieser Funktion unterstützten die Differentialtarife die Wirkung der Schutzzölle. Ein Hauptziel der Bismarckschen Eisenbahnpolitik allerdings wurde nicht erreicht. Es war nicht möglich, die Frachttarife so zu differenzieren, daß sie das Wachstum der Großstädte hätten verlangsamen können. Die Kosten der Instrumentierung des Eisenbahnnetzes im Dienste einer antiurbanen Sozialpolitik wären selbst für ein Staatsunternehmen nicht tragbar gewesen.[64]

Bismarcks Motive bei der Hinwendung zum Protektionismus

Auch diesmal bewährte sich Bismarcks Einsicht in die eigene Wesensart: «Einförmigkeit im Handeln war nicht meine Sache.»[65] In einer umfassenden Steuerreform, bestehend aus Schutzzöllen, neuen Finanzzöllen und neuen Umsatzsteuern, hatte er eine gemeinsame Lösung für viele Probleme gefunden. Die Reform gab ihm die Möglichkeit: 1.) die unmittelbare fiskalische Krise auf drei Ebenen zu überwinden – Reich, Bundesstaaten und Gemeinden; 2.) die Matrikularbeiträge abzuschaffen und das Reich finanziell so zu konsolidieren, daß es weder auf die Bundesstaaten noch auf das Parlament im bisherigen Umfang angewiesen war; 3.) die Differentialtarife, die ausländische Erzeuger auf dem deutschen Markt begünstigten, zu berichtigen; 4.) schrittweise die direkten Steuern auf Immobilienbesitz und persönliches Einkommen durch indirekte Steuern auf Verbrauchsgüter zu ersetzen; 5.) Gruppen mit geringem Einkommen von der Last der Klassen- und der klassifizierten Einkommenssteuer zu befreien; 6.) die Depression und die Ausbreitung des Sozialismus durch einen Prosperitätsschub für die deutschen

Unternehmen zu bekämpfen, die infolgedessen mehr Arbeitsplätze und höhere Löhne anbieten konnten; 7.) eine engere Verbindung zwischen Großagrariern und Großindustriellen, zwischen dem alten und dem neuen Reichtum zu schaffen; 8.) einen weiteren Keil in die Nationalliberale Partei zu treiben und durch deren Spaltung eine dauerhafte regierungsfreundliche Koalition zwischen gemäßigten Liberalen, gemäßigten Konservativen und Ultrakonservativen zu ermöglichen; 9.) Deutschland von einer ideologisch dominierten Politik zu einer Politik der materiellen Interessen zu führen, denn letztere hielt er für eine gesündere Grundlage des politischen Lebens als Ideologien; und 10.) ein weiteres nationales Anliegen vorzugeben, das die moralische Integration der gespaltenen Nation beschleunigen konnte.

Diese zahlreichen Ziele hatten freilich nicht alle das gleiche Gewicht. «Wir müssen den Schutzzöllnern einen Schnaps geben; sie sind unsere sichersten Verbündeten bei der Steuerreform», vertraute Bismarck im April 1878 Tiedemann an.[66] Sein Hauptziel war mit anderen Worten nicht der Protektionismus, sondern die Realisierung des fiskalisch-politischen Programms, das er im November 1875 im Reichstag zuerst umrissen hatte. Die Ernennung von vier neuen Ministern im Frühjahr 1878 (insbesondere die Ablösung Camphausens durch Hobrecht und Achenbachs durch Maybach) verschaffte Bismarck die stärkere Kontrolle des preußischen Staatsministeriums, die er bei einem neuen Anlauf zur Lösung seines Grundproblems benötigte. Als das neue Ministerium am 5. April zusammentrat, war die veränderte Stellung des Ministerpräsidenten gegenüber seinen Kollegen auf den ersten Blick offensichtlich. Der Kanzler erklärte seine Absichten und gab Befehle; soweit das Protokoll erkennen läßt, gab es keine Diskussion. Bismarck unterrichtete seine Kollegen darüber, daß die Wirtschaftspolitik der Regierung schon seit einigen Jahren nicht ganz im Einklang mit seinen Anschauungen geführt worden sei. Eine schlechte Gesundheit und andere Rücksichten hätten ihn daran gehindert, dies zu ändern. Nun beauftragte er Hofmann, Maybach und Hobrecht mit der Vorbereitung eines wirtschaftlichen Reformprogramms, das dem Staat genügend neue Einnahmen aus indirekten Steuern und Zöllen verschaffen und der Regierung erlauben würde, die direkten Steuern entweder zu ermäßigen oder den Kommunalverwaltungen zu übertragen. Ob diese Reform durch die Wiedereinführung der Eisenzölle «vorbereitet» werden solle, blieb einer späteren Entscheidung vorbehalten.[67]

In einem Schreiben an Hobrecht erläuterte Bismarck dem neuen Finanzminister detailliert die erste Etappe seines Gesamtplans, «von dem Irrwege der direkten Steuern auf die glatte Bahn der indirekten überzugehen». Es galt, dem Reich Steuereinnahmen in Höhe von 86 Millionen Mark zu beschaffen, um die Matrikularbeiträge (in Höhe von 70 Millionen Mark) abschaffen und noch 16 Millionen Mark an die Bundesstaaten verteilen zu können. Befreit von der Notwendigkeit, einen Matrikularbeitrag in Höhe von 42 Millionen Mark aufzubringen, würde Preußen die Klassensteuer abschaffen können. Mit seinem Anteil an dem verbleibenden Überschuß (10 Millionen Mark) würde es die fünf unteren Klassen der klassifizierten Einkommenssteuer abschaffen können. Erst Einkommen ab 6000 Mark jährlich sollten zukünftig noch besteuert werden. Zugute kommen würde diese Reform den unteren und den «weniger wohlhabenden Mittelklassen». Nach Bismarcks Beobachtungen war ein Angehöriger der letzteren Klassen «bei Zahlungsunfähigkeit schwereren Konsequenzen ausgesetzt» als die einfachen Arbeiter, die «durch Steuerexekutionen ... in keine andere Erwerbsklasse zurückgedrängt werden können». In einem späteren Stadium würden zusätzliche Subsidien des Reichs dem Staat gestatten, der Finanznot der größeren Städte entweder durch Steuerüberweisungen oder sogar durch direkte Staatszuschüsse abzuhelfen; so sollte den großen Gemeinden nicht nur der ganze Ertrag der Grund- und Gebäudesteuer überwiesen werden, sondern vielleicht auch die Einnahmen aus den verbleibenden Klassen der Einkommenssteuer.

Ein so weitreichender Plan war natürlich nicht über Nacht auszuführen, und seine Verwirklichung bedurfte großer taktischer Flexibilität. Die Möglichkeit, im Reichstag damit Schiffbruch zu erleiden, schreckte Bismarck nicht ab. «Die Politik ist langlebig und beansprucht Pläne auf Menschenalter hinaus», schrieb er. Als Minister würde er jede Gelegenheit wahrnehmen, die notwendigen Maßnahmen zu befürworten, und darauf hoffen, daß die Vernunft über Parteipolitik und Rhetorik triumphiere. «Die Gelehrten ohne Gewerbe, ohne Besitz, ohne Handel, ohne Industrie, die vom Gehalt, Honoraren und Coupons leben, werden sich im Laufe der Jahre den wirtschaftlichen Forderungen des produzierenden Volkes unterwerfen oder ihre parlamentarischen Plätze räumen müssen ... Große prinzipielle Reformen haben eine werbende Natur, nicht bloß für diejenigen, welche dabei Erleichterung von augenblicklichem Druck hoffen, sondern für alle mit konstruktiven Gedanken am Staat teilnehmenden Politiker. Aber auch die Zahl der egoistisch Interessierten wird um so größer, je weiter wir das Ziel greifen, und je mehr wir, von den politischen Schulfuchsereien unserer Parlamentsdebatten abstrahierend, der wählenden Bevölkerung gesunde wirtschaftliche Interessen unterbreiten.» Die «bisherigen parlamentarischen Klopffechtereien» mochten zwar die «Abwirtschaftung» des parlamentarischen Systems heraufbeschwören, doch gäbe es nichts, das man an seine Stelle setzen könne, ohne in «Experimente» zu verfallen, welche die Geschichte ad absurdum geführt habe. «Was ich mit meinen schwachen Kräften noch tun kann, um zu hindern, daß unsere neuen Einrichtungen an unpraktischem Idealismus politischer Kinder und doctrinärer Gelehrter und schließlich an dem persönlichen Ehrgeiz der fractionsführenden Redner zugrunde gehen, unter Verfall von Freiheit und Nationalität, unter Rückfall in Partikularismus und in Schwankungen zwischen Anarchie und dummer Gewalt – *das* will ich wenigstens versuchen, solange ich lebe, und wenn ich keinen Beistand dabei finde, so kann ich den Untergang unserer neuen Herrlichkeit doch mit kühlerem Herzen ansehen als diejenigen, welche ihn herbeizuführen beschäftigt sind.»[68]

Während der Monate April bis Juni 1878 entwarfen Hofmann, Hobrecht und Maybach ein neues Steuergesetz, das höhere Reichssteuern und Abgaben auf Tabak (der als bei weitem beste Quelle für neue Staatseinnahmen angesehen wurde), aber auch auf Rübenzucker, Alkohol, Kaffee, Tee, Petroleum, Leuchtgas, Wein und Südfrüchte vorsah.[69] Bei derselben Sitzung am 6. Juni, bei der er das Staatsministerium über die Ernennung des Kronprinzen zum Stellvertreter des Kaisers und die bevorstehende Auflösung des Reichstags unterrichtete, drängte Bismarck die Minister, mit ihren Beratungen über das Gesetz zum Schluß zu kommen und es binnen «einer Woche» dem Bundesrat vorzulegen. Er beabsichtigte nun, dem preußischen Staatsschatz 120 Millionen Mark neuer Einkünfte zu verschaffen, die es dem Staat gestatten würden, auf eine direkte Besteuerung fast gänzlich zu verzichten.[70] Doch die Minister handelten nicht mit der gewünschten Eile, und erst Anfang Juli berief Hofmann ein Treffen der Finanzminister der deutschen Staaten ein, bei dem der preußische Gesetzentwurf erörtert werden sollte, ehe er dem Bundesrat vorgelegt werde.[71] Bei diesem Treffen, das vom 5. bis zum 8. August in Heidelberg stattfand, zeigte sich bald, daß die fiskalischen Probleme Preußens den anderen deutschen Staaten aus eigener Erfahrung nur allzu vertraut waren. Die von Hofmann angeführte preußische Delegation erlangte allgemeine Zustimmung zu dem geplanten Steuergesetz. Sein erklärter Zweck war die Abschaffung der Matrikularbeiträge, die Entlastung der Staats- und Kommunalbudgets und die Vermeidung höherer direkter Besteuerung.[72] Das Zollproblem und die Notwendigkeit, den Eisenzoll wieder einzuführen, kamen weder in dem preußischen Gesetzentwurf noch (den Berichten zufolge) in den Erörterungen der versammelten Ministerrunde zur Sprache.

In ihrem Gesetzentwurf und bei den Diskussionen in Heidelberg mieden Hofmann und dessen Mitarbeiter die Frage nach der Wiedereinführung des Eisenzolls aus Gründen, von denen die Historiker bislang nichts ahnten. Eine vom Statistischen Reichsamt erstellte Statistik bewies nämlich, daß dieser Zoll unnötig war! Am 9. Juni war Hofmann gezwungen, Bismarck zu berichten, daß laut Statistik «die Aufhebung des Roheisenzolls von (Oktober) 1873 ... eine Vermehrung der Einfuhr nicht zur Folge gehabt» habe. Die Statistik zeigte vielmehr im Gegenteil einen Rückgang der Importe von 14 882 411 Zentnern im Jahre 1873 auf 11 009 333 Zentner im folgenden Jahr. 1875 stiegen die Importe zwar wieder auf 12 512 898 Zentner, doch 1877 sanken sie wieder, diesmal auf 11 677 155 Zentner. Die deutschen Roheisenexporte hatten hingegen ständig zugenommen, von 3 087 366 Zentnern im Jahr 1873 auf 7 278 678 Zentner im Jahr 1877. Im übrigen war keine Auswirkung der Aufhebung des Eisenzolls auf den inländischen Verbrauch nachzuweisen. Der 1873 erreichte Spitzenwert von 65 Kilogramm pro Kopf war in den folgenden Jahren kontinuierlich auf 36 Kilogramm pro Kopf 1877 zurückgegangen, «ungeachtet der Preise». «Nichts desto weniger hat die einheimische Produktion an Versorgung des deutschen Marktes mit Eisen und Eisenfabrikaten einen stetigen voranschreitenden Anteil gewonnen». Trotz der Aufhebung der Zölle war ihre Produktion, gemessen am inländischen Gesamtverbrauch, von 76 Prozent 1873 auf 114 Prozent 1877 gestiegen. «Aus dem Vorstehenden dürfte sich ergeben, daß das bis jetzt gesammelte Material, auch abgesehen von der Unvollständigkeit der Produktionsstatistik für 1877, nicht hinreichen würde, um die Wiedereinführung von Eisenzöllen zu begründen ... Falls Eure Durchlaucht hiermit einverstanden sind, möchte eine Berathung dieser Angelegenheit im Staatsministerium zur Zeit kaum erforderlich sein.» Es sei besser, das Ergebnis der vom Bundesrat beauftragten Untersuchung abzuwarten. Bismarck kritzelte an den Rand des Berichts ein lakonisches «Ja».[73]

Tiedemann zufolge war Bismarck während dieser Monate in ernsthafte Studien wirtschaftlicher und fiskalischer Probleme vertieft. Seine Lehrbücher waren jedoch nicht Werke von Professoren der Volkswirtschaft, sondern die Berichte der rheinisch-westfälischen Handelskammer, Einfuhr- und Ausfuhrstatistiken und die Flugschriften des *Centralverbands deutscher Industrieller.*[74] Darüber hinaus erbat er von verschiedenen Personen ausführliche Auskünfte: von Wilhelm von Kardorff, dem Führer der Freikonservativen; von dem vortragenden Rat Georg von Mayr, dessen umfangreiche Denkschrift vom 2. April über Steuern und Zölle und die Aufteilung des Staatseinkommens zwischen Reich, Bundesstaaten und Gemeinden Bismarck die Basis des Programms geliefert zu haben scheint, das er bei der Sitzung des preußischen Staatsministeriums am 5. April vortrug; von dem Freiherrn von Varnbüler, dem württembergischen Delegierten im Bundesrat, der ihm am 18. April ein detailliertes Memorandum über Steuer- und Zollpolitik zukommen ließ[75]; von Guido Graf Henckel von Donnersmarck, dem schlesischen Großgrundbesitzer und Großindustriellen, von dem er zwei Denkschriften erhielt und mit dem er sich im April und Juni 1878 auch persönlich beraten zu haben scheint[76]; sowie auch von Tiedemann selbst, einem eifrigen Befürworter des Protektionismus, der Bismarck bereits im August 1876 zwei Denkschriften über die Notwendigkeit der Eisenzölle vorgelegt hatte und der nun als Chef der Reichskanzlei in ständigem Kontakt mit dem Kanzler war, wo immer sich dieser aufhielt.[77]

Bismarck fand diese Quellen ergiebiger als die ihm am 9. Juni von Hofmann zugesandte Statistik. «Immer mehr vertiefte er sich in die Details der einzelnen Erwerbszweige und immer deutlicher wurde ihm der allgemeine Nothstand. Seine Gedanken umkreisten unausgesetzt den einen Punkt, wo der Hebel zur Abhilfe anzusetzen sei. Und schon nach wenigen Wochen war dieser Punkt gefunden. Das neue System unserer Handelspolitik stand in großen Umrissen klar vor seinen Augen. Die Formel, an der es aufgebaut wurde, war im Grunde sehr einfach und doch im hohen Grade überraschend. Sie lautete: Schutz der gesammten produktiven Arbeit. Bisher hatten die eifrigsten Vorkämpfer für eine Zollreform nur den Schutz der Industrie verlangt, an die Landwirthschaft hatte Niemand gedacht. Der Fürst aber erkannte mit klarem Blick die Interessengemeinschaft beider», erinnerte sich Jahre später Tiedemann.[78] Was aber Bismarck tatsächlich erkannte, war nicht eine wirtschaftliche Realität, die ja von seiner eigenen Statistik geleugnet wurde, sondern eine politische Chance. Die Einbeziehung protektionistischer Maßnahmen nicht nur für die Industrie, sondern auch für die Landwirtschaft in seine «Steuerreform» bot ihm die Möglichkeit, die beiden mächtigsten wirtschaftlichen und sozialen Interessengruppen Deutschlands für deren Verabschiedung zu mobilisieren. Schutzzölle waren überdies aus Bismarcks Sicht Finanzzölle. Er erblickte in ihnen eine neue Einnahmequelle für das Reich, die das geplante Tabakmonopol (dessen Bewilligung durch den Reichstag zu diesem Zeitpunkt kaum zu erwarten war) bei der Ausführung einer umfassenden Steuerreform in Preußen ersetzen konnte.

Als im Herbst der neugewählte Reichstag zusammentrat, wurde offensichtlich mehr als nur die Verabschiedung des Sozialistengesetzes von ihm erwartet. Am 17. Oktober 1878 gab eine Koalition von 204 Abgeordneten – eine Mehrheit – eine Erklärung ab, in der Protektionismus für Industrie und Landwirtschaft befürwortet wurde. Die Koalition bezeichnete sich als freie volkswirtschaftliche Vereinigung des Reichstags, ihren Vorsitz übernahm Friedrich Freiherr von Varnbüler, ein württembergischer Staatsmann, der schon seit langem für Schutzzölle plädierte. Der Vereinigung gehörten 87 Zentrumsabgeordnete, 36 Konservative, 39 Freikonservative und 27 Liberale an – eine bemerkenswerte Zusammensetzung.[79] Bismarck war nun bereit zum Handeln. Am 25. Oktober unterrichtete er Varnbüler von seiner Absicht, das gesamte Zollsystem zu revidieren.[80] Drei Tage später sandte er einen ersten Abriß seines Programms mit einer Begründung an die deutschen Regierungen.[81] Am 12. November schlug er dem Bundesrat die Einrichtung einer Tarifkommission zur Vorbereitung der neuen Gesetzgebung vor.[82] Am 15. Dezember umriß er dieser Kommission seine Vorstellungen vom Umfang der projektierten Revision. Als es am 25. Dezember veröffentlicht wurde, machte dieses «Weihnachtsgeschenk» Sensation. Zum ersten Mal erfuhren die Öffentlichkeit und die betroffenen Interessengruppen, wie umfassend die von der Regierung beabsichtigte Zollreform war.[83]

Die Ausführungen vom 15. Dezember zeigen, daß für Bismarck das fiskalisch-politische Motiv noch immer im Vordergrund stand: «In erster Linie steht für mich das Interesse der finanziellen Reform: Verminderung der direkten Steuerlast durch Vermehrung der auf indirekten Abgaben beruhenden Einnahmen des Reichs.»[84] Die wesentlichen Gründe, die er für diese Reform geltend machte, waren die schon früher angeführten, doch mit zusätzlichen Nuancen und veränderter Gewichtung. Indirekte Steuern seien weniger drückend als direkte, welche den unteren Mittelstand (mit Einkommen bis zu 6000 Mark jährlich) gefährlich belasteten. Bezweckt wurde keine absolute Vermehrung der Staatseinnahmen, sondern eine Verschiebung der Steuerlasten, welche diese weniger spürbar machen würde. Deutschland stand einstweilen noch hinter anderen europäischen Staaten bei der Deckung seiner Ausgaben durch Zölle und indirekte Steuern zurück. Der Schutz einzelner Industrien sei nicht empfehlenswert, da er nach Privilegien rieche und die Mißgunst der nicht protegierten Wirtschaftszweige erzeuge. Deshalb schlug Bismarck die Protektion der deutschen Erzeugnisse in ihrer Gesamtheit vor. Den deutschen Erzeugnissen auf dem deutschen Markt günstigere Bedingungen als ausländischen zu bieten, hielt der Kanzler für einen legitimen Akt des «nationalen Egoismus».[85]

Die Last der neuen Zölle würden nicht die deutschen Verbraucher tragen, versicherte Bismarck, sondern die ausländischen Erzeuger, die sie eher hinnehmen als sich aus dem deutschen Markt zurückziehen würden. Von der geplanten Reform würde nur eine kleine Minderheit der deutschen Bevölkerung keine Vorteile haben – jene, die verbrauchten, aber nicht produzierten, nämlich Personen mit festem Einkommen aus Renten, Gehältern und Honoraren, eine Gruppe allerdings, zu der die meisten Gesetzgeber und Staatsbeamten gehörten. Doch auch sie würden letztlich von dem größeren Wohlstand der produktiven Klassen der Bevölkerung profitieren. Bismarck bezweifelte die Behauptung, daß höhere Zölle nur höhere Preise zur Folge haben würden, und verwies darauf, daß die Abschaffung der städtischen Mahl- und Schlachtsteuern 1873 keine Verbilligung von Brot und Fleisch zur Folge gehabt hätte. Die Wirkung anderer Faktoren auf die Verbraucherpreise sei jedenfalls weit größer als die von Zöllen; so wirkten etwa die Differentialtarife der Eisenbahnen praktisch wie Einfuhrprämien für ausländische Produzenten. «Ich bin deshalb auch der Überzeugung, daß mit der Revision der Grenzzölle eine Revision der Eisenbahntarife nothwendig Hand in Hand gehen muß. Es kann auf die Dauer den einzelnen Staats- und Privat-Eisenbahnverwaltungen nicht die Berechtigung verbleiben, der wirthschaftlichen Gesetzgebung des Reichs nach eigenem Ermessen Konkurrenz zu machen, die Handelspolitik der verbündeten Regierungen und des Reichstags nach Willkür zu neutralisieren und das wirthschaftliche Leben der Nation den Schwankungen auszusetzen, welche im Gefolge hoher und wechselnder Einfuhrprämien für einzelne Gegenstände nothwendig eintreten.»[86]

II

Triumph des Protektionismus

Entwurf der Zollvorlage

Am 6. November 1878 gab Bismarck seine einzige Tochter Marie dem Grafen Kuno zu Rantzau, Legationssekretär im Auswärtigen Amt, zur Frau. Die Zeremonie fand im Salon der Reichskanzlei statt. Der Kaiser nahm die Gelegenheit wahr, Bismarck mit dem Großkreuz des roten Adlerordens auszuzeichnen. Der Orden war geschmückt mit Krone, Zepter und Schwert, den Symbolen der Macht Preußens, und wurde Bismarck in Anerkennung seiner Leistungen beim Berliner Kongreß und bei der Durchsetzung des Sozialistengesetzes verliehen.[1] Sechs Tage später verließ der Kanzler abermals Berlin zu einem Erholungsurlaub in Friedrichsruh. Er hoffte, am 5. Dezember zurück zu sein, um dem triumphalen Einzug des Kaisers in Berlin, mit welchem die Genesung des Monarchen und seine Rückkehr an die Macht gefeiert werden sollten, beiwohnen zu können. Doch am 3. Dezember mußte er um vier bis sechs Wochen weiteren Aufenthalt in arbeitsfreier Isolation und Waldluft bitten, um Kräfte für die bevorstehende Schlacht im Reichstag über die Steuerreform zu sammeln. Seine Verfassung, erklärte er, sei jetzt schlechter als im September nach der Rückkehr von seinem Kuraufenthalt in Bad Gastein – wozu die Streitereien mit Ministerkollegen mehr beigetragen hätten als die Schwierigkeiten mit dem Parlament und die Mühen des Berliner Kongresses. «Wenn ich nicht endlich mindestens einige Wochen absolute Ruhe haben kann, so muß ich meine Stellung aufgeben, ganz unabhängig davon, ob ich es gern oder ungern tue.»[2]

Bismarck verblieb dann in Friedrichsruh noch bis zum 5. Februar 1879, doch war seine Ruhe dort kaum «absolut» zu nennen. Nach der Zahl der Schriftstücke, die er diktierte, und der Besucher, die er empfing, zu urteilen, hatte er alle Hände voll zu tun. Im Januar fand Lucius ihn «leidlich wohl» und tief im Studium der Zoll- und Tariffragen. «Es ist wunderbar, mit welcher Energie er sich in diese, ihm fast fremden Materien einarbeitet. Es ist ihm sehr Ernst mit seinen Projekten, und er unterschätzt vielleicht die entgegenstehenden Schwierigkeiten, führt manches auf Mangel an gutem Willen bei seinen Mitarbeitern zurück, was in der Schwierigkeit der Sache liegt. Er droht mit Rücktritt oder nochmaliger Auflösung.»[3] Tiedemann, der zwischen Friedrichsruh und Berlin als Sendbote der Drohungen und Anweisungen seines Herrn hin und her eilte, sah das ähnlich: «Der Fürst in sehr kriegerischer Stimmung, glaubt, daß im Laufe des Jahres viel mit Sprengpulver gearbeitet werden müsse. Auflösung des Reichstags, eventuell auch

Auflösung des Ministeriums. Wenn seine Ideen über Steuer- und Zollpolitik auf wirklichen Widerstand bei den preußischen Ministern stoßen, will er nach Berlin kommen, eine Sitzung des Staatsministeriums berufen und die Kabinettsfrage stellen. Gehen die Herren nicht mit ihm, so wird er sie bitten, sich nach anderen Posten umzusehen und wird dann ein neues Ministerium bilden, sollte er auch die neuen Ressortchefs aus den Kreisen der Assessoren wählen müssen. Der Kaiser einverstanden mit ihm.»[4]

Während der ersten Hälfte des Jahres 1879 hatte Bismarck trotz starker politischer Aktivitäten offenbar keinen Grund zu Klagen über seine Gesundheit.[5] Nichts scheint seine gute Verfassung beeinträchtigt zu haben, weder die Verstauchung eines Arms und Daumens, die er sich zwei Tage nach seiner Rückkehr in die Hauptstadt bei einem Treppensturz zuzog, noch die strenge Kälte, die ihn Ende Februar daran hinderte, an der Beerdigung seines alten Freundes und Verbündeten Roon teilzunehmen.[6] An politischen Friktionen von der Art, wie sie nicht selten Bismarcks Gesundheitszustand beeinträchtigten, fehlte es unterdessen nicht. Da gab es Schwierigkeiten mit Varnbüler wegen des Tarifgesetzes, es gab den Widerstand des Reichstags gegen das die parlamentarische Redefreiheit einschränkende «Maulkorbgesetz» und die Weigerung aller im Reichstag vertretenen Parteien, der Inhaftierung zweier sozialdemokratischer Abgeordneter (Friedrich Fritzsche und Wilhelm Hasselmann) während der Sitzungsperiode zuzustimmen. Doch keines dieser Ärgernisse scheint sein Nervensystem übermäßig in Anspruch genommen zu haben. Bei einem parlamentarischen Diner am 15. Februar erschien der Kanzler «auffallend frisch». Es fehlte jede Spur seiner schon «sprichwörtlich gewordenen Nervosität».[7] Bennigsen fand ihn Anfang Mai «sehr wohl und heiter, voller Unternehmungsgeist».[8] Nach dreijähriger Suche hatte Bismarck endlich die Waffe gefunden, mit der er seine Feinde in die Knie zwingen wollte. Wie 1870 versetzte ihn auch jetzt die Vorfreude auf den Sieg in Hochstimmung. Daß er durch die Mobilisierung wirtschaftlicher Interessengruppen für seine Ziele das preußische Staatsministerium, den Bundesrat, den Reichstag und die politischen Parteien manipulieren konnte, dämpfte seine Hypochondrie und beflügelte seine Energien. Endlich hatte er die Fäden fest genug in der Hand, um die Puppen nach seinem Wunsch tanzen zu lassen.

Das preußische Staatsministerium hatte das in Heidelberg gebilligte Steuer- und Zollprogramm bewilligt, war jedoch hinsichtlich des Protektionismus geteilter Meinung. Hobrecht war als Liberaler eher ablehnend. Doch es fehlte dem Finanzminister nicht nur an Festigkeit, sondern auch – nach seinem eigenen Eingeständnis – an der notwendigen Vertrautheit mit der technischen Seite der öffentlichen Finanzen. Schwerwiegender war die Opposition des Landwirtschaftsministers Friedenthal, des schlesischen Gutsbesitzers, den Bismarck noch jüngst als den einzigen seiner Kollegen gepriesen hatte, der wie er über Erfahrungen im praktischen Wirtschaftsleben verfüge. Auch die Regierungen der Bundesstaaten waren unterschiedlicher Meinung. Sachsen und Braunschweig waren dafür, Baden, Oldenburg und die Hansestädte dagegen. Andere Regierungen schwankten. In Bayern und Württemberg zum Beispiel waren sich die Minister in der Frage uneins, und es war zweifelhaft, welche Seite sich durchsetzen würde.[9]

Die allgemeine Verwirrung zeugte von den gemischten Gefühlen, die Bismarcks universales Zollschutzprogramm bei den betroffenen Interessengruppen auslöste. Kaufleute, die wie in den Hansestädten von Export und Import oder wie in Königsberg, Danzig, Stettin vom Transithandel lebten, waren natürlich unerschütterliche Anhänger des Freihandels. Industrielle (Produzenten von Eisen, Stahl, Maschinen), die seit langem dem Staat in den Ohren lagen, Schutz gegen ausländische Konkurrenz zu gewähren, erfuhren nun bestürzt, daß ihre eigenen Argumente auch zugunsten von Bauern und Gutsbesitzern geltend gemacht werden konnten. Ihr Ziel waren höhere Preise, nicht höhere Kosten. Wenn der Arbeiter nun für einen Laib Brot mehr bezahlen mußte, würde letztlich auch sein Einkommen steigen müssen. So mochte, was durch die Vordertür hereinkam, durch die Hintertür wieder verschwinden. Die Agrarier andererseits waren nicht erfreut über die Aussicht, daß in Kürze die Preise für Industrieerzeugnisse steigen würden. Gutsbesitzer, die noch der Freihandelsdoktrin anhingen, mußten davon überzeugt werden, daß ihnen mit den massiven Importen aus den USA und anderswoher eine echte Gefahr drohte und daß ihre Zukunft auf dem inländischen Markt lag. Fabrikanten, die auf importierte Rohstoffe angewiesen waren – etwa bayerische Brauer, die österreichische Gerste verarbeiteten –, mußten mit höheren Kosten rechnen. Jeder Erzeuger, ob Agrarier oder Industrieller, der Märkte im Ausland hatte, mußte befürchten, daß ausländische Regierungen sich für die Wiedereinführung der Schutzzölle revanchieren würden. Bismarcks Argument, daß die ausländischen Produzenten die Last der Schutzzölle zu tragen haben würden, war zwar verführerisch, aber nicht restlos überzeugend.[10]

Bismarcks Taktik war die bekannte Mischung von Verführung, Spaltung seiner Gegner, öffentlichem Druck und Androhung anderer Optionen. Sein Tarifprogramm, erklärte er, sei wie ein Gabentisch beladen mit Geschenken für alle, auf dem selbst die Kinderrasseln nicht fehlten.[11] Er antwortete vielen der Bürger und Organisationen, die sich schriftlich über den Zustand der Wirtschaft bei ihm beklagten, persönlich mit Darlegungen über die Ungerechtigkeit der direkten Besteuerung, die Notwendigkeit, auch der Landwirtschaft wie der Industrie staatlichen Schutz zu gewähren, sowie über den Vorteil, den jedermann davon haben würde, wenn den ausländischen Produzenten die «Einfuhrprämien» der Differentialtarife entzogen würden, die bisher der deutsche Steuerzahler getragen hatte. Diese sogenannten «Bauernbriefe» wurden zur Veröffentlichung freigegeben und fanden weithin Beachtung.[12] Bei seinen Verhandlungen mit preußischen Ministern und den Regierungen der Bundesstaaten beharrte Bismarck entschieden auf der Unteilbarkeit seines Programms. Schutz für die Industrie, beschied er Varnbüler, sei nur zu haben, wenn auch der Landwirtschaft Schutz gewährt werde. «Er beauftragt mich, Varnbüler ausdrücklich zu sagen, daß er in der schutzzöllnerischen Strömung nur so lange mitschwimme, als der Landwirtschaft auch ein Schutz gewährt werde. Geschehe dies nicht, so werde er es wieder mit den Freihändlern versuchen».[13] Gleichermaßen fest trat Bismarck denen entgegen, die, wie Hobrecht, die Finanzzölle, über deren Notwendigkeit Einigkeit bestand, von den Schutzzöllen trennen wollten, über die man geteilter Meinung war. Um die Gesetzgebung darüber unter seiner persönlichen Kontrolle zu halten, präsentierte er den Entwurf als «Präsidial-Antrag»; er bediente sich also des von Delbrück erfundenen Kunstgriffs, den er selber früher getadelt hatte.[14]

Das Gesetz wurde von der Tarifkommission entworfen, und so war es Bismarcks erste Aufgabe, die Erwägungen dieser Runde auf das von ihm gewünschte Resultat hinzulenken. Von den fünfzehn Mitgliedern der Kommission wurden drei vom Kanzler ernannt, drei von Preußen, zwei von Bayern und je eines von Württemberg, Sachsen, Mecklenburg, Hessen, Baden, Weimar und gemeinsam von den Hansestädten. Als Delegierte des Reichs entsandte Bismarck in diese Kommission außer seinem persönlichen Mitarbeiter Tiedemann den Chef des Reichsschatzamts, Emil von Burchard, und (wie die Ereignisse zeigen sollten, eine sehr kluge Wahl) Varnbüler, den prominentesten Fürsprecher des Industrieprotektionismus im Reichstag. Während der Sitzungen der Kommission war Bismarck häufig in Kontakt mit Tiedemann und Varnbüler.[15] Um in der Kommission den Ton anzugeben, brauchten Bismarcks Leute neben denjenigen des Reichs und Preußens zwei weitere Stimmen. Da die Mehrheit Schutzzölle für die Industrie befürwortete, ließ Bismarck zu Beginn der Sitzungen die Beratung über Agrarzölle erzwingen. Die Botschaft war deutlich. Die Bundesstaaten würden diese schlucken müssen, um jene zu bekommen. Der Kanzler befürwortete einen Zoll von 10 Mark auf jede Tonne eingeführten Getreides, doch Varnbüler bestand für Roggen und Mais auf der Hälfte, und Bismarck mußte nachgeben, um die Stimme Württembergs nicht zu verlieren. Als das agrarische Mecklenburg aus den Reihen der Freihändler desertierte, hatte man für den 5-Mark-Tarif eine Majorität von 8 Stimmen. Der vorgeschlagene Tarif für Roheisen betrug 10 Mark pro Tonne; das war der von dem *Verein deutscher Eisen- und Stahlindustrieller* gewünschte Betrag, der um 4 Mark höher lag als die Empfehlung des *Centralverbands deutscher Industrieller.* Bayern, Sachsen, Hessen und Baden wollten den Tarif auf 6 Mark pro Tonne festsetzen, doch Weimar und abermals Württemberg schlossen sich der Bismarckschen Fraktion an und verhalfen dieser zu der notwendigen Mehrheit. Das waren die kritischen Fragen; andere Zölle wurden mit geringeren Schwierigkeiten beschlossen.[16]

Auch Geschwindigkeit gehörte zu Bismarcks Taktik. Die protektionistische Bewegung hatte ihm die erforderliche Schwungkraft geliefert. Jetzt galt es zu handeln, ehe sich die Freihändler organisieren und mit denen verbünden konnten, die einige Produkte geschützt sehen wollten, andere aber nicht. Die Tarifkommission, die sich am 3. Januar versammelt hatte, arbeitete unter Hochdruck und vollendete die Präsidialvorlage am 26. März. Bismarck hatte unterdessen schon seit Wochen den Kessel der Dampfwalze geheizt, die allen Widerstand im Bundesrat überrollen sollte. Er wies die Regierungen der Bundesstaaten warnend auf die Gefahren des Sozialismus hin, auf das Gebot monarchischer Solidarität und auf die Notwendigkeit, den Radikalismus unverzüglich durch Maßnahmen gegen die Depression zu bekämpfen.[17] Als das Gesetz dem Bundesrat vorgelegt wurde, gab es, wie der Hamburger Delegierte mißmutig bemerkte, nichts weiter zu tun als darüber abzustimmen. Bei den entscheidenden Sitzungen übernahm der Kanzler persönlich den Vorsitz, und als nach Abschluß der Debatten am 4. April abgestimmt wurde, votierten nur Oldenburg und die Hansestädte gegen die Vorlage. Die einzige bedeutende Ergänzung wurde auf Antrag Bismarcks vorgenommen – der sogenannte «Repressalienparagraph», der den Bundesrat ermächtigte, die Zölle für alle auswärtigen Staaten, die deutsche Erzeugnisse diskriminierten, zu verdoppeln. Unter den Maßnahmen, die dem Bundesrat an jenem Tage abgenötigt wurden, war auch ein Beschluß, das Gesetz so bald wie möglich dem Reichstag vorzulegen. Doch in der gleichen Stunde, in der die Vorlage vom Bundesrat angenommen wurde, beschlossen die Reichstagsabgeordneten, wohlwissend, daß das Tarifgesetz auf sie zukam, sich für einen Monat zu vertagen.[18] So kam die Dampfwalze zum Stehen.

Die Reaktion der Liberalen

Die Protektion der Landwirtschaft war Bismarcks persönliches Anliegen. Allerdings hatte im Laufe der letzten Jahre die protektionistische Bewegung auch bei den deutschen Gutbesitzern Anhänger gewonnen. Die *Vereinigung der Steuer- und Wirtschaftsreformer*, der Wirtschaftsverband der neuen Deutschkonservativen Partei, hatte bei seiner Gründung 1876 noch ein freihändlerisches Programm, sprach sich aber 1877 für niedrigere Finanzzölle und 1878–1879 für protektionistische Maßnahmen aus. Die Vereinigung bestand aus etwa 700 Gutsbesitzern, von denen viele zu den 250 Besitzern größerer Güter gehörten, die den *Congreß deutscher Landwirte* bildeten, der sich am 24. Februar 1879 ebenfalls für den Protektionismus erklärte.[19] Beide einstmals entschieden antiindustriell eingestellte Organisationen traten zur Unterstützung von Bismarcks Programm zögernd in Verbindung mit dem *Centralverband deutscher Industrieller.* Die Einigung zwischen den neuen Bündnispartnern war mehr prinzipieller Natur, im einzelnen hatte jede der beiden Seiten ein Interesse daran, die von der anderen geforderten Zölle niedrig zu halten. 1878–1879 war das Bündnis zwischen Großagrariern und Großindustrie noch keineswegs fest. Ohne Bismarcks Bemühungen wäre es vielleicht bald wieder zerfallen.

Zudem waren sich auch die deutschen Landwirte untereinander keineswegs einig. Ende Januar 1879 votierte der 1877 von Regionalverbänden in ganz Deutschland gewählte *Deutsche Landwirtschaftsrat* für fiskalische und gegen Schutzzölle.[20] Unter den ostelbischen Gutsbesitzern gab es noch immer viele überzeugte Anhänger der Freihandelsdoktrin, denn viele zogen nach wie vor Profit aus ihren Exporten. In den Transithäfen an der Ostsee mußte der auf den Ebenen Rußlands gewachsene Hartweizen mit deutschem, weicheren Weizen gemischt werden, ehe er weiter an die Mühlen des westlichen und südlichen Europa verfrachtet werden konnte. In den siebziger Jahren zogen überdies schon manche Landwirte des deutschen Ostens Vieh für die Schlachthäuser Berlins und anderer Großstädte auf und benötigten deshalb billiges Futtergetreide. Im Frühjahr 1879 wandten sich die Provinziallandtage Ost- und Westpreußens gegen den Protektionismus, ebenso die Bauernverbände Brandenburgs, Königsbergs und Schlesiens. In Nordwestdeutschland gab es mehr Weide- als Ackerland, mithin waren die Viehzüchter und Molkereibetreiber jener Region an Exporten und billigem Futtergetreide interessiert. Daher verwarfen auch die Parlamente der Bundesstaaten Lippe und Oldenburg den Protektionismus. Nur in den Industriegebieten Oberschlesiens, Sachsens und Rheinland-Westfalens, wo ländlicher und städtischer Wohlstand eng miteinander verbunden waren, gab es zuverlässige Unterstützung für protektionistische Maßnahmen zugunsten der Landwirtschaft und der Industrie. In Baden und Württemberg, wo die Industrialisierung noch nicht so weit fortgeschritten war und es viele Kleinbauern gab, waren die Meinungen widersprüchlich und schwankend. Gleiches galt für Bayern, wo die landwirtschaftlichen Betriebe in Größe und Produktion sehr unterschiedlich waren.[21]

Im Parlament würde die Reaktion der Nationalliberalen von entscheidender Bedeutung sein. «Was sagst Du von dem neuesten Bismarck?» fragte Ende Dezember 1878 Miquel bei Bennigsen an. «Es ist ein Schachzug, der die Landwirte und die Industrie unter einen Hut bringen soll und wohl auch wird. Die Situation ist für uns eine äußerst schwierige und ich bin sehr ungewiß, ob das in sich uneinige liberale Bürgertum ihr gewachsen ist.»[22] Sechs Wochen später berichtete Miquel, der als Bürgermeister von Osnabrück einen guten Überblick über die Lage im Westen hatte, daß dort das Bündnis schon vollendete Tatsache sei: «Hier haben die Industriellen und die Agrarier jetzt total die Oberhand. So im ganzen Westen, wie ich von allen Seiten höre.»[23] Die Schockwellen der Bismarckschen Offensive wurden auch auf dem linken Flügel der Partei verspürt. «Das System Bismarck», schrieb Forckenbeck an Stauffenberg, «entwickelt sich mit furchtbarer Schnelligkeit so, wie ich es immer fürchtete. Allgemeine Wehrpflicht, ungemessene und überreichliche Steuern, ein disziplinierter und herabgewürdigter Reichstag und eine durch den Kampf aller Interessen verdorbene und daher ohnmächtige öffentliche Meinung, das ist allerdings die Politik der Machtlosigkeit der Völker, der Untergang jeder konstitutionell freiheitlichen Entwicklung, gleichzeitig aber eine furchtbare Gefahr für das ganze Reich und das junge Kaisertum. Ist nun die nationalliberale Partei mit ihrer jetzigen Politik, mit ihrem jetzigen Programm und ihrer jetzigen Zusammensetzung ein geeignetes Instrument, um solchen Gefahren entgegen zu treten? Werden wir nicht noch von Etappe zu Etappe tiefer in den Sumpf geführt? Wird nicht reine Opposition zur Pflicht?»[24]

Als Mitte Februar 1879 der Reichstag zusammentrat, lehnten die Nationalliberalen Avancen der beiden konservativen Parteien brüsk ab, und es gelang ihnen, die Wahl Forckenbecks zum Präsidenten und diejenige Stauffenbergs zum ersten Vizepräsidenten durchzusetzen.[25] Sie stimmten zudem mit dem Zentrum und der

Fortschrittspartei gegen einen Regierungsantrag, der die Verhaftung der beiden sozialdemokratischen Abgeordneten Fritzsche und Hasselmann gestattet hätte, die es gewagt hatten, trotz einer Verordnung, die sozialistischen Agitatoren den Aufenthalt in Berlin verbot, ihre Sitze im Parlament einzunehmen. Anfang März versetzte dieselbe Koalition der Regierung eine weitere schmerzliche Niederlage, indem sie eine Präsidialvorlage ablehnte, deren Annahme den Reichstag ermächtigt hätte, radikale Abgeordnete, welche die Rednertribüne «mißbrauchten», zu disziplinieren. Unter diesem schon erwähnten «Maulkorbgesetz» hätte die Kammer widerspenstige Abgeordnete ausstoßen, Reden aus dem stenographischen Protokoll streichen lassen und deren Veröffentlichung in der Presse verbieten können.[26] Bismarck fand so viel Respekt für bürgerliche und parlamentarische Freiheiten irritierend, und seine abfälligen Bemerkungen über Richter, denen am Schutz der Verbrecher mehr gelegen sei als am Schutz der Gesellschaft, provozierten einen häßlichen Wortwechsel mit Lasker (der Richter war), den selbst Lucius für den Gang der parlamentarischen Geschäfte wenig hilfreich fand.[27]

Daß die Nationalliberale Partei in ihrer damaligen Zusammensetzung (wenn überhaupt jemals zuvor) kein geeignetes Instrument systematischer Opposition war, wurde schnell offenbar, als die Zollfrage auf die Tagesordnung kam. Ende März zerfiel, Julius Hölder zufolge, die nationalliberale Fraktion in drei Gruppen: 33 protektionistisch gesinnten Abgeordneten standen 42 überzeugte Freihändler gegenüber, und zwischen beiden Flügeln hofften etwa 28 Abgeordnete auf einen Kompromiß. «Es ist ein wahres Schachspiel, die Frage ist, wer den anderen hinausdrängt. Bennigsen wird sich bald entscheiden müssen», bemerkte Hölder in seinem Tagebuch.[28] Anfang Mai schätzte Bennigsen, daß die Gruppe in der Mitte auf 52 Männer angewachsen war, während 28 noch an rein protektionistischen und 22 noch an rein freihändlerischen Überzeugungen festhielten. Bennigsen war nicht der Mann, Eintracht in der Partei durch den Ausschluß einer dieser Gruppen herbeizuführen. Wie gewöhnlich versuchte er dem politischen Selbstmord der Partei vorzubeugen, indem er sich um eine Basis für die Verständigung mit Bismarck bemühte, die die Mehrheit der Partei zumindest akzeptieren konnte. Der Kompromiß, den er ausarbeitete, sah einen moderaten allgemeinen Schutzzoll vor, Finanzzölle in ausreichender Höhe, um die Staatshaushalte auszugleichen, eine Erhöhung der Tabaksteuer, die spätere Erwägung einer Biersteuer sowie Vereinbarungen, welche die Befugnis des Reichstags, in Haushaltsangelegenheiten mitzureden, über die Abschaffung der Matrikularbeiträge hinaus sicherstellen sollten. Durch solche Vereinbarungen hoffte er die Zahl der Dissidenten auf etwa 25 und vielleicht noch weniger beschränken zu können. Ihm war klar, daß bei einer größeren Zahl die Nationalliberalen als Partei am Verhandlungstisch zu schwach sein würden. Anstatt also den Ausschluß der Freihändler zu erzwingen, kam er ihnen auf Kosten – und zum Ärger – Hölders und der Protektionisten entgegen.[29]

Indem er den Reichstag zu ungewöhnlich langen Osterferien vertagte (vom 3. bis zum 28. April 1879), hoffte Forckenbeck Zeit für einen freihändlerischen Gegenangriff zu gewinnen, den er mit Benda, Rickert, Bamberger und Lasker am letzten Tag des alten Jahres verabredet hatte.[30] Forckenbeck, der von Adel war (in der dritten Generation), Präsident des Reichstags, ehemaliger Oberbürgermeister von Breslau, nun Oberbürgermeister von Berlin, galt seit langem als der aussichtsreichste Kandidat für die Führungsrolle bei dem Versuch, die liberale Bewegung zu einigen. In der Vergangenheit war er parlamentarischen Zweikämpfen mit den Regierungsvertretern von der Art, wie sie Lasker berühmt und berüchtigt gemacht hatten, stets aus dem Weg gegangen und hatte gute Beziehungen zum Kaiser und zum Kronprinzen gepflegt. Doch als Ende 1875 Lasker und andere die Emanzipation von Bismarck anstrebten und die Verfassung fortentwickeln wollten[31], war er nicht auf ihrer Seite. Nun, drei Jahre später und unter wesentlich ungünstigeren Umständen, beschloß er endlich, die Initiative zu ergreifen. «Ich werde unter keinen Umständen mit einem reaktionären Strom schwimmen, lieber untergehen», schrieb er an Stauffenberg.[32]

Im Januar hatte Forckenbeck seine Stellung als Oberbürgermeister von Berlin noch als Hindernis für seine Handlungsfreiheit betrachtet, nun aber nutzte er sie entschlossen. Auf seine Empfehlung bat am 6. April der Berliner Stadtrat den Reichstag, Zölle auf Lebensmittel abzulehnen, die den Lebensstandard der städtischen Bevölkerung sinken lassen würden; 23 Küstenstädte schlossen sich der Petition an. 72 Städte folgten seinem Aufruf zu einer allgemeinen Konferenz der deutschen Städte. Doch als sich die 117 Delegierten am 17. Mai in Berlin versammelten, war ihre Sache schon verloren. Aus den west- und süddeutschen Städten, wo die Protektionisten stark waren, kamen nur wenige Delegierte, und selbst Breslau folgte der Einladung seines ehemaligen Bürgermeisters nicht. Nichtsdestoweniger vernahmen bei einem Festbankett am 17. Mai im Zoologischen Garten 150 erstaunte Gäste (darunter zahlreiche linksliberale Abgeordnete) eine kämpferische Rede Forckenbecks. Er rief «das deutsche Bürgerthum auf die Schanzen zum Widerstand gegen die ihm feindlichen Bestrebungen. Es sei Zeit, daß es eine große liberale Partei bilde, die aber nicht blos die Städte, sondern ... alle Stände und namentlich auch das flache Land mit ihren Interessen umfassen werde.» Doch die «Anti-Korngesetz-Liga», die Forckenbeck, Löwe, Richter und andere in der alkoholisierten Hochstimmung jenes Banketts ins Auge faßten, ist nie zustande gekommen. Und zwar aus einem guten Grund nicht. Das große «thatkräftige deutsche Bürgerthum», dem am Ende seiner Rede Forckenbecks Toast galt, jener einmütig auf die klassischen Ideale wirtschaftlicher und ökonomischer Freiheit eingeschworene Mittelstand, der nur darauf wartete, zu energischem Handeln aufgerufen zu werden, existierte einfach nicht. Wie der kollektive Wille der Nation und das echte deutsche Nationalgefühl, auf welche sich Forckenbeck ebenfalls berief, war das «thatkräftige deutsche Bürgerthum» ein Mythos, von dem liberale Politiker, Pamphletisten und Professoren seit Jahrzehnten zehrten. Drei Tage später legte Forckenbeck, kompromittiert und ernüchtert, das Präsidium des Reichstags nieder. Stauffenberg folgte seinem Beispiel und trat seinerseits vom Amt des Vizepräsidenten zurück.[33] Der Schutzzoll hatte die ersten Opfer gefordert.

Die Reaktion des Zentrums

Daß Bismarck nicht der gesamten Nationalliberalen Partei bedurfte, um sich der Annahme seines protektionistischen Programms zu versichern, war schon unübersehbar, seit im Oktober 1878 87 Zentrumsabgeordnete die protektionistische Erklärung der freien wirtschaftlichen Vereinigung des Reichstags unterzeichnet hatten. Die Programme des Zentrums hatten die Partei nie auf wirtschaftlichen Liberalismus festgelegt, und die Abgeordneten des Zentrums vertraten Gebiete im Süden und Westen des Landes, wo bei Landwirten und Geschäftsleuten die Neigung zum Protektionismus gleichermaßen verbreitet war. Aber natürlich wollte das Zentrum sich seine Unterstützung des Zollprogramms der Regierung gut bezahlen lassen. Der päpstlichen Verurteilung der Tat Hödels ungeachtet, hatte die Partei in einigen Wahlkreisen (so in Mainz und Essen) bei der Wahl im Juli mit den Sozialdemokraten zusammengearbeitet.[34] 1878 hatte sie gegen das Sozialistengesetz gestimmt. Während der Wintersession des preußischen Landtags versuchte Ludwig Windthorst, obgleich ihm klar war, daß ihm dabei kein Erfolg beschieden sein würde, die von den Maigesetzen angeordnete Auflösung der noch bestehenden katholischen Lehrorden zu verhindern und die Wiedereinsetzung der Artikel 15, 16 und 18 der preußischen Verfassung durchzusetzen. Im Januar 1879 erhielt das Zentrum einige Unterstützung von den Ultrakonservativen, als es die Regierung bezichtigte, mit der von Falk angeordneten Säkularisierung des Schulwesens zum moralischen Verfall der Gesellschaft beigetragen zu haben.[35] In seiner Erwiderung auf diese Angriffe wich Falk von der Position der Regierung im Kulturkampf nicht einen Zollbreit zurück, was ihm von Bismarck und dem Kaiser warm gedankt wurde.[36] Solange Falk im Amt blieb und der Kulturkampf anzudauern schien, konnten die Liberalen davon ausgehen, daß sie Bismarck weiterhin unentbehrlich seien, wenigstens an dieser Front, trotz aller Anzeichen seiner Abwendung von ihnen zu anderen. Offensichtlich war das auch der Grund für Bennigsens Überzeugung, Bismarck noch immer gewisse Bedingungen stellen zu können.

Falk jedoch war seiner Stellung keineswegs mehr sicher. Während des Jahres 1878 hatte es wegen seiner Behandlung evangelischer Kirchenangelegenheiten monatelang Unstimmigkeiten zwischen ihm und Wilhelm gegeben. Den Kaiser beunruhigte die Übermacht, die im evangelischen Kirchenregiment liberale Geistliche (die er für Verfälscher der christlichen Lehre hielt) gewonnen hatten. Im Mai bat der Minister um seine Entlassung, um nicht der vom König gewünschten Ernennung zweier reaktionärer Hofprediger zu Mitgliedern des Oberkirchenrats zustimmen zu müssen. Während der Regierungsunfähigkeit Wilhelms nach dem von ihm erlittenen Attentat blieb die Sache in der Schwebe. Als sie im Dezember entschieden werden mußte, überredete Bismarck schließlich seinen Kollegen, dem alten Monarchen in dieser Angelegenheit gefällig zu sein, bei der es letztlich doch, im Vergleich zu den Anliegen des Kulturkampfes, nur um eine Frage von zweitrangiger Bedeutung gehe.[37] Während des ganzen Jahres 1878 bemühte sich Bismarck, Falk seiner eigenen unveränderten Standhaftigkeit im Kulturkampf zu versichern. Nach den Gesprächen mit Masella im August bestellte er den Minister nach Bad Kissingen, um ihm zu berichten, daß keine Einigung und schon gar keine Kapitulation seinerseits zu erwarten sei. Desgleichen unterrichtete er Falk während der folgenden Monate über seine Erwiderungen auf die fortgesetzten Anerbietungen Leos XIII. und des neuen vatikanischen Staatssekretärs Kardinal Nina.[38] Diese Nachrichten wurden auf vielerlei Wegen vorgetragen und blieben, zur Beunruhigung Falks wie Bismarcks, bei Hof nicht ohne Wirkung. Der Papst war bemüht, die zwischen den Kirchen und den Regierungen überall in Europa bestehenden Spannungen abzubauen, und da über diese Bestrebungen ausführlich in der Presse berichtet wurde, fürchteten der Kaiser und der Kronprinz, daß sich Preußen, wenn es auf die Friedensangebote des Vatikans nicht antworte, den Ruf unvernünftiger Intransigenz einhandeln werde.[39]

Bismarck reagierte auf diese Avancen des Vatikans zurückhaltend und zögerte seine Erwiderungen möglichst hinaus.[40] Er glaubte nicht, daß der Vatikan ihm für die Zugeständnisse, die er zu erhalten suchte, seinerseits viel zu bieten hatte, und war nicht mehr so überzeugt wie einst, daß der Papst das Verhalten des Zentrums kontrollieren könne.[41] Zugleich rechnete er jedoch damit, daß der fortgesetzte Notenwechsel zwischen Rom und Berlin und die Zeitungsberichte über eine Verbesserung der Beziehungen zwischen den Regierungen Deutschlands und der katholischen Kirche das Zentrum und die Liberalen verunsichern und umgänglicher machen würden. Beide mußten ja mit der Möglichkeit rechnen, daß ein Abkommen zwischen Berlin und dem Vatikan die Stellung erschütterte, die sie im Kulturkampf errungen hatten.[42] Obwohl sein Mißtrauen anhielt, hatte Bismarck sich inzwischen damit abgefunden, daß das Zentrum eine andauernde und vielleicht notwendige Kraft im politischen Leben bleiben würde. Seine Auflösung würde zur Stärkung der Regierung wenig beitragen, schrieb er im Februar 1879 an König Ludwig von Bayern, da die meisten seiner Bestandteile sich bloß mit anderen oppositionellen Gruppen zusammenschließen würden.[43] Bismarck hatte sich entschlossen, um es mit einem schon früher gebrauchten Bild zu sagen, sich für die Eröffnungszüge der bevorstehenden innenpolitischen Partie das gesamte Schachbrett offenzuhalten.

Zwei Tage nach seiner Rückkehr in die Hauptstadt, am 5. Februar 1879, war Bismarck «angenehm überrascht», als ihm Lucius eine Botschaft Windthorsts überbrachte, die ihn wissen ließ, daß der Führer des Zentrums politische Rücksichten vor religiöse stellen und seine Entscheidung zur Zollfrage frei von den Geboten der Welfentreue treffen wolle.[44] Wenig später gewährte Bismarck Georg Freiherr von und zu Franckenstein, einem prominenten bayerischen Abgeordneten des Zentrums, eine Unterredung. Er begann diese «mit der Erklärung, kein Kulturkämpfer von Passion zu sein». Zum Kulturkampf sei es nur auf Grund des konfessionellen Charakters der Zentrumspartei gekommen und weil er «gezwungen gewesen» sei, in Posen und Oberschlesien die deutsche Sprache zu erhalten und deutsche Gesinnung zu verbreiten. Er bestritt auch, Zentralist zu sein. «Nach seiner Meinung sei Preußen zu groß und mächtig in Deutschland, er würde es vorziehen, wenn noch mehrere große andere Bundesländer in Deutschland bestehen würden», notierte Franckenstein. «Deutschland und Österreich vereinigt wären die beste Friedensbürgschaft für Europa, so habe er immer gedacht ... Selbst ein Verfassungsverhältnis zwischen Österreich und Deutschland sei denkbar, wohl aber nicht gemeinschaftliche Zölle». Andererseits sei es unmöglich, dem Vatikan «die Aufhebung der Mai-Gesetze und die Wiederherstellung der aufgehobenen Verfassungsparagraphen zuzusagen»; er selbst sei allerdings «kein Freund der Zivilehe» und habe das betreffende Gesetz nur unterschrieben, weil Roon, Camphausen und Falk mit ihrem Rücktritt gedroht hätten.[45]

Am 31. März 1879 beschleunigte Bismarck im Laufe eines langen Gesprächs mit Windthorst die Verständigung mit dem Zentrum, indem er der verwitweten Königin Marie von Hannover eine jährliche Pension gewährte. Bei der Erörterung der Möglichkeiten für eine Beilegung des Kulturkampfes erbot sich Bismarck, die diplomatischen Beziehungen zum Vatikan wieder aufzunehmen, wenn der Papst die Anzeigepflicht (die Pflicht der Kirche, den Staat von Nominierungen und Ernennungen zu kirchlichen Ämtern in Kenntnis zu setzen) und ein entsprechendes Vetorecht des Staates anerkennen würde. Windthorst mußte (wahrscheinlich einigermaßen verbittert) erwidern, daß er über den Stand der Gespräche zwischen Rom und Berlin nicht unterrichtet sei. Er bezweifelte jedoch, daß der Papst dem Staat das Vetorecht jemals zugestehen würde. Ob der Kanzler die Frage der Tarifgesetze zur Sprache brachte, ist zweifelhaft.[46] Er hatte es ja nicht nötig, die Stimmen des Zentrums mit größeren Zugeständnissen im Kulturkampf zu bezahlen, da es sich ja ohnehin schon für den Protektionismus erklärt hatte. Am Vorabend der Zolldebatte, am 2. Mai, bekräftigte die Zentrumsfraktion im Reichstag ihren Entschluß, für Schutzzölle zu votieren, gab jedoch auch die Absicht bekannt, sich hinsichtlich der Finanztarife und Tabaksteuern «freie Hand» zu bewahren. Das Zentrum wollte die Matrikularbeiträge als Bollwerk des Föderalismus erhalten sehen.[47] Am folgenden Abend sorgte Windthorst für eine Sensation, als er zum ersten Mal seit 1869 auf einer von Bismarcks parlamentarischen Soireen erschien. Der halbblinde, kleine Mann in Abendkleidung, einen Orden auf der Frackbrust, wurde von seinem Gastgeber herzlich willkommen geheißen und zu einem Platz geführt, wo die beiden sich eingehend besprachen, während die anwesenden Abgeordneten das Ereignis bestaunten. Als Bismarck ihn versehentlich mit Bier übergoß und die bestürzte Johanna mit einer Serviette zu Hilfe eilte, verzog der Abgeordnete aus Meppen keine Miene. Später wehrte er alle Fragen nach dem Gegenstand dss Zwiegesprächs lächelnd mit der Bemerkung ab: *«Extra centrum nulla salus.»*[48]

Als die große Tarifdebatte begann, zeichneten sich Bismarcks Erfolgsaussichten und die Optionen, die sich ihm boten, bereits ab. Schutzzölle für die Industrie würden zweifellos bewilligt werden, weniger gewiß war die Annahme der

Johanna von Bismarck begrüßt Windthorst auf der parlamentarischen Soiree vom 3. Mai 1879. Zeitgenössischer Holzschnitt

Schutzzölle für die Landwirtschaft, zumal in der gewünschten Höhe. Da er jedoch den industriellen an den agrarischen Protektionismus gekoppelt hatte, war der Widerstand gegen beide erschwert. Etwas anderes waren die Finanzzölle und die neuen Steuern. Hier stand er noch immer einem Hindernis gegenüber, an dem 1868 von der Heydt gescheitert war – dem zwar unterschiedlich motivierten, aber einmütigen Widerwillen eines guten Teils der Reichstagsabgeordneten, sich der Macht zu entäußern, die ihnen aus der Bewilligung der jährlichen Matrikularbeiträge unverhofft zugewachsen war. Doch jetzt hatte Bismarck wenigstens

Optionen. Er konnte sich entweder mit den Nationalliberalen einigen, indem er neue Garantien für die Haushaltsbefugnisse des Reichstags zusagte, oder sich durch die Beibehaltung der Matrikularbeiträge die Unterstützung des Zentrums sichern. Im ersten Fall würde neues Recht geschaffen werden, im zweiten altes erhalten bleiben.

Verabschiedung des Tarifgesetzes

Die Beratungen über die Tarifgesetze im Reichstag dauerten vom 2. Mai bis zum 15. Juli 1879, länger als zwei Monate. Es kam dabei zu langen, oft stürmischen Debatten und erregten Diskussionen in der Tarifkommission. Die betroffenen Interessengruppen versuchten in einem bisher nie dagewesenen Umfang Einfluß auf die Entscheidung der Parlamentarier zu nehmen. Der Kuhhandel zwischen Abgeordneten blühte, in den Fraktionssitzungen ging es hart auf hart, und Bismarck führte viele persönliche Verhandlungen mit Parteiführern, vor allem mit Bennigsen und Windthorst. Die Presse verfolgte das Geschehen mit gespannter Aufmerksamkeit und leidenschaftlicher Anteilnahme. Es gab zahlreiche Massenversammlungen, und aus allen Himmelsrichtungen wurden Petitionen an die Regierung gerichtet. Der Kanzler, während der vergangenen Jahre so oft am Rande des physischen Zusammenbruchs und kurz vor dem erzwungenen Rücktritt, war jetzt das Auge des Hurrikans, das Zentrum, um das die Wirbelwinde der Sonderinteressen und der Schutt zerstörter Ideale und bedrohter Karrieren sich im Kreise drehten. Niemals, nicht einmal während der Jahre 1866–1867 und 1870–1871, hatte Bismarck die deutsche öffentliche Meinung geschickter und energischer manipuliert als jetzt. Wieder einmal bewies er, daß er, mit den Worten eines Liberalen, «einer der größten Massenbeherrscher» seiner Zeit war.[49]

Am 2. Mai eröffnete Bismarck die erste Lesung des Tarifgesetzes mit einer Zusammenfassung der Argumente, die er während der vergangenen Monate wiederholt in der Öffentlichkeit und privat vorgetragen hatte. Wieder war sein wichtigster Punkt fiskalischer Natur – die Notwendigkeit, das Reich durch die Etablierung seiner finanziellen Unabhängigkeit zu konsolidieren, die Finanzkrise durch die Beschaffung neuer Einnahmen zu lösen und die auf Grundbesitz und Einkommen lastende Steuerbürde zu reduzieren. Zur Frage der Schutzzölle betonte er, daß Deutschland ein Absatzgebiet für die überschüssige Produktion anderer Länder (Frankreichs, Rußlands, der Vereinigten Staaten von Amerika) geworden sei, die ihrerseits Zollmauern gegen deutsche Erzeugnisse errichteten. Die Erzeugnisse, von denen er sprach, waren die seinem Herzen und seiner Geldbörse teuersten: Getreide und Holz. In seinem Plädoyer gegen direkte Steuern beschrieb er höchst eloquent das Schicksal der Landwirte. Kein anderes Gewerbe im ganzen Lande sei «so hoch besteuert wie die Landwirtschaft». Er wolle sich auf den Streit zwischen Schutzzoll und Freihandel überhaupt nicht einlassen, aber «einen mäßigen Schutz der einheimischen Arbeit verlangen wir», zumal Deutschlands Nachbarn sich offensichtlich auf dessen Kosten bereicherten. «Wir sehen namentlich Rußland prosperieren, hauptsächlich, glaube ich, von deutschem Gelde.» Schließlich bat er, «alle Fragen der Fraktionstaktik von dieser allgemein deutschen reinen Interessenfrage fern zu halten».[50] Selbst Bennigsen räumte ein: «Die Rede war im übrigen ein demagogisches Meisterstück namentlich in der Richtung, die Grundbesitzer politisch einzufangen.»[51]

In den Debatten und im Schrifttum der Zeit begründeten die Protektionisten ihr Anliegen nicht nur mit materialistischen, sondern auch mit nationalistischen Argumenten. So sprach zu Ostern die halboffizielle *Norddeutsche Allgemeine Zeitung* von der Notwendigkeit wirtschaftlicher Aufrüstung. «Haben wir in gewaltigen Kämpfen mit dem Einsatz des teuersten Blutes Deutschland vom Auslande für die Deutschen zurückgefordert und zurückgewonnen, so soll das neue deutsche Staatswesen fortan, so wenig wie politisch, auch wirtschaftlich nicht länger der Fremdherrschaft preisgegeben bleiben, unter deren Einfluß das Deutsche Reich in Handel, Landwirtschaft und Industrie von Jahr zu Jahr mehr verarmt und Gefahr läuft, die theuer erkaufte politische Unabhängigkeit auf anderem Wege zu verlieren.»[52] Für das deutsche Volk, dem die erst kürzlich erlangte nationale Einheit noch keineswegs ein selbstverständlicher Besitz sei, das seine Sozialordnung durch wirtschaftlichen Niedergang und sozialistische Subversion bedroht sehe und das in den letzten Jahren eine ganze Reihe von drohenden internationalen Krisen miterlebt habe, sei es nicht schwer, sich die Invasion ausländischer Waren so gefährlich vorzustellen wie eine Invasion ausländischer Heere. «Schutz der nationalen Arbeit» hieß nun der bevorzugte Schlachtruf der Protektionisten und Bismarcks, der nun deren Oberbefehlshaber war.[53] Der Protektionismus nahm mehr den Charakter einer patriotischen Sache als den einer Begünstigung von Sonderinteressen an.

Bei den Reichstagsdebatten wurden Bismarcks Argumente von einer langen Reihe protektionistischer Redner unterstützt, nicht nur von Regierungsangehörigen (wie Hofmann, Tiedemann und Burchard), sondern auch von Vertretern der betroffenen Interessengruppen, darunter Wilhelm von Kardorff, ein schlesischer Rittergutsbesitzer und Industrieller, beteiligt an einer Vielzahl unterschiedlicher Unternehmen (Eisen, Banken, Eisenbahnen), Mitbegründer der Freikonservativen Partei und des *Centralverbands deutscher Industrieller;* der Eisen- und Kohlemagnat Karl Stumm (der «König Stumm» des Saargebiets), der ebenfalls in lokalen und nationalen Industriellenverbänden aktiv war; Freiherr von Varnbüler, einst Industrieller in Wien, ehemaliger Ministerpräsident von Württemberg, schwäbischer Großgrundbesitzer; August Rentzsch, Generalsekretär des *Vereins deutscher Eisen- und Stahlindustrieller;* Wilhelm Löwe, ehemaliger Angehöriger der Fortschrittspartei, Arzt und Schwager Louis Baares, des Generaldirektors des *Bochumer Vereins,* eines der größten Eisen- und Kohlekartelle an der Ruhr; der Horchheimer Fabrikbesitzer Louis Berger; Friedrich Hammacher, der Bergwerke an der Ruhr besaß und an Banken und Eisenbahnen beteiligt war, Gründer und Vorsitzender des *Bergbaulichen Vereins;* Robert von

Ludwig, Julius Freiherr von Mirbach-Sorquitten, Wilhelm Freiherr von Minnegerode, Udo Graf zu Stolberg-Wernigerode, eine Reihe von schlesischen und ostpreußischen Rittergutsbesitzern und schließlich, einigermaßen überraschend, Alexander Mosle, ein bremischer Kaufmann, der für den «deutschen Nationalstolz» und gegen den «semitischen Geist» des Laissez-faire und des Internationalismus votierte.[54]

Die Verteidigung des Freihandels wurde größtenteils von Berufsbeamten (Rudolf Delbrück, Eduard Lasker), Journalisten und Verlegern (Eugen Richter, Heinrich Rickert, Leopold Sonnemann) übernommen. Der berühmte Arzt, Naturwissenschaftler und Hochschullehrer Rudolf Virchow, der Oberbürgermeister von Berlin, Max von Forckenbeck, und der Jurist und Publizist Karl Braun standen ebenso auf ihrer Seite wie Ludwig Bamberger, ein nach 1848 emigrierter Radikaler, der bis zu seiner Rückkehr 1866 in Rotterdam und Paris im Bankgeschäft tätig gewesen war und jetzt als Journalist und Kommentator zu Wirtschaftsfragen international tätig war, Wilhelm Oechelhäuser, Direktor der *Deutschen Continental-Gas-Gesellschaft* in Dessau, Frank Freiherr Schenk von Stauffenberg, ein fränkischer Gutsbesitzer und promovierter Jurist, Kurt von Saucken-Tarputschen, ostpreußischer Rittergutsbesitzer, einer der Junker, die den ursprünglichen Kern der Fortschrittspartei gebildet hatten, in welcher ihr Stand inzwischen längst von Bürgerlichen majorisiert war. Diese Männer vertraten einerseits die Liberalen, deren Überzeugung, daß der Freihandel und überhaupt die Freiheit der Wirtschaft unabdingbares Komplement zur politischen Freiheit sei, durch die Wirtschaftskrise der siebziger Jahre nicht erschüttert worden war, andererseits aber auch die Interessen der Exportindustrie, der Handelsstädte (namentlich der Seehäfen) und jener großen Städte, deren Wohlstand mehr auf dem Warenaustausch als auf der Warenerzeugung beruhte, weshalb man dort bemüht sein mußte, die Lebensmittelpreise für die arbeitende Bevölkerung möglichst niedrig zu halten.[55]

Zwischen diesen Extremen der überzeugten Schutzzöllner und Freihändler standen die mittleren Gruppen der Konservativen und Nationalliberalen. Die ersteren waren nicht gänzlich von der Nützlichkeit der Schutzzölle für die Landwirtschaft überzeugt und fürchteten deren Auswirkung auf den Transitmarkt für Getreide in Ostpreußen. Die letzteren befürworteten Schutzzölle für die Schwerindustrie, aber nicht für die Landwirtschaft, fürchteten die Konsequenzen der neuen Staatseinnahmen für die Budgetbefugnisse des Parlaments und hofften verzweifelt, daß Bennigsens Manöver in der Reichskanzlei und im Parlament ihnen einen Weg aus dem Sumpf bahnen würden, auf dem die Kompetenzen des Parlaments gerettet sowie die Einheit – zumindest der Mehrheit – der Partei bewahrt wäre und zugleich deren Einvernehmen mit der Regierung erhalten werden konnte.

Schon zu Beginn der Reichstagsdebatten war den Befürwortern des Freihandels klar, daß die protektionistische Flut nicht aufzuhalten war.[56] Die Schutzzöllner, die sich auf eine starke Basis im Zentrum, bei den Konservativen und den Freikonservativen stützen konnten, hatten offensichtlich die Übermacht in der Kammer.

Am 9. Mai übertrumpften sie die Freihändler, als sie das Tarifgesetz an eine von Protektionisten dominierte Kommission überwiesen.[57] Zu einer weiteren entscheidenden Kraftprobe kam es am 16. Mai, als während der zweiten Lesung des Gesetzes die Kammer mit 192 gegen 125 Stimmen einen Antrag, den Eisenzoll zu mindern, abwies und mit überwältigender Mehrheit (218 gegen 88 Stimmen) denselben in der vom Regierungsentwurf vorgesehenen Höhe billigte. Der überstimmten Minderheit gehörten die Fortschrittler, einige Konservative, etwa die Hälfte der Nationalliberalen, die Sozialdemokraten, die Welfen und die Polen an.[58]

Die Gewißheit der Niederlage hinderte die Manchesteristen nicht, ausführliche Plädoyers gegen die Übel des Protektionismus zu halten, und sei es nur mit Blick auf die nächsten Wahlen. Der erste Redner war Delbrück, der sich zu Bismarcks Verachtung darauf beschränkte, die technischen Mängel des von seinem früheren Kollegen entworfenen Gesetzes zu bekritteln. Andere erörterten die großen Fragen, wobei neben taktischen Argumenten auch der Ausdruck echter Besorgnis wegen der sozialen und politischen Folgen hoher Zölle stand. Eine kurze Zusammenfassung ihrer Anschauungen mag genügen. Da das Zollprogramm offensichtlich interventionistisch sei, sei es auch sozialistisch; Deutschland, das Land in der Mitte Europas, könne niemals der «geschlossene Handelsstaat», den Fichte sich vorgestellt hatte, werden. Die finanziellen Schwierigkeiten, an denen sie gegenwärtig litten, hätten Industrie und Landwirtschaft sich selbst zugezogen. Die Vorstellung, daß von Zöllen zum Schutz jener «unnatürlichen Allianz» der Großindustriellen und der Großagrarier die Gesellschaft insgesamt Gewinn haben sollte, sei vollkommen illusorisch. Die Ablösung der direkten durch die indirekte Besteuerung laufe auf eine Verschiebung der Steuerlast von den Schultern der höheren Stände auf den Rücken der niederen hinaus und reize deshalb zum Klassenhaß und zu sozialistischer Agitation. Die Städter im allgemeinen, insbesondere aber solche mit niedrigem Einkommen, würden unter steigenden Lebensmittelkosten und der Verteuerung aller Bedarfsartikel leiden. Die Verteuerung eingeführter Rohstoffe und Halbfabrikate würde das Handwerk und die Heimindustrie schädigen. Getreidezölle würden den Kleinbauern, die Kartoffeln und Gemüse anbauten oder Molkereiprodukte erzeugten, nichts nützen, wie auch Förster und Holzfäller von Holzzöllen keinen Vorteil haben würden. Die Agrarzölle seien ein in das Abgeordnetenhaus und das Land geworfener «Zankapfel». Die Forderung nach Schutzzöllen sei zuerst von den Industriellen erhoben worden, die sich damit an Bismarck gewandt hätten, der sie dann seinerseits den Agrariern schmackhaft gemacht habe. Daß Gutsbesitzer und Bauern nicht ihrerseits spontan nach Schutzzöllen gerufen hatten, beweise, daß sie ihren wahren Interessen ganz fremd seien.[59] In Richters Augen war Bismarck ein «Zauberer», der alles Erdenkliche aus dem Hut zog (nicht zuletzt das Versprechen, die Gehälter von Staatsbeamten zu erhöhen). Dem Kanzler, erklärte er, gehe es in Wahrheit gar nicht um Zölle, sondern um Macht. «Denn Geld ist Macht, und mit dem Geld wird die Machtfrage entschieden.» Ohne wirtschaftliche Freiheit könne politische Freiheit nicht bestehen – und umgekehrt.[60]

Auch diesmal kam es im Laufe der Diskussion zu einem unerquicklichen Wortwechsel zwischen Lasker und Bismarck. In seiner Rede gegen die von der Regierung vorgeschlagenen Kornzölle bestritt Lasker die Behauptung des Fürsten, daß Gutsbesitzer höher besteuert würden als die übrige Bevölkerung, und warf ihm Unkenntnis der einschlägigen preußischen Gesetze vor. Den Plan zur Abschaffung der direkten Steuern geißelte er als «Finanzpolitik des Besitzes». Selbst Laskers Freunde bedauerten seinen Ton, aber Bismarck war nur allzu gern bereit, Gleiches mit Gleichem zu vergelten. Da er während der Rede seines Opponenten nicht im Saal gewesen war, erwiderte er auf Grund von Notizen, die ein Mitarbeiter für ihn gemacht hatte. «Ja, ich kann dem Herrn Abgeordneten Lasker ebensogut sagen, er treibt die Finanzpolitik eines Besitzlosen; er gehört zu denjenigen Herren, die ja bei der Herstellung unserer Gesetze die Majorität bilden, von denen die Schrift sagt: sie säen nicht, sie ernten nicht, sie weben nicht, sie spinnen nicht – und doch sind sie gekleidet – ich will nicht sagen wie, aber jedenfalls sind sie gekleidet.» Er verteidigte sich gegen die Unterstellung, unzuverlässig zu sein, die Lasker so tatsächlich gar nicht gemacht hatte. Als Forckenbeck, der den Vorsitz führte, mit einem leichten Klingeln seiner Glocke zu unterbrechen suchte, kochte der Kanzler vor Zorn. Er bestritt dem Vorsitzenden das Recht, ihn zur Ordnung zu rufen.[61] Lucius fürchtete, daß Bismarck durch seine «Reizbarkeit und Heftigkeit» das sensible politische Gewebe, das er gesponnen hatte, zerstören würde. Es war, als wolle er absichtlich eine weitere Auflösung des Reichstags und abermalige Neuwahlen herbeiführen, um dann seinen Widersachern eine noch größere Niederlage beizubringen, als sie in der Frage des Sozialistengesetzes 1878 erlitten hatten.[62]

Die Freihändler scheiterten bei dem Versuch, die agrarisch-industrielle Front zu spalten, obwohl viele Gutsbesitzer wegen der auf Grund des Eisenzolls zu erwartenden Steigerung der Kosten landwirtschaftlicher Maschinen und Werkzeuge nicht ohne Sorge waren und viele Fabrikbesitzer von der Einführung der Getreidezölle eine Erhöhung der Lohnkosten befürchteten. Doch anstatt miteinander zu streiten, standen die Protektionisten angesichts der drohenden Gefahren nur desto enger zusammen. «Der Appetit kommt beim Essen», sagt das Sprichwort. Die Hersteller gußeiserner Erzeugnisse wurden für ihre Billigung des Zolls auf Roheisen (10 Mark) mit noch höheren Zöllen auf ihre eigenen Waren entschädigt: Dazu gehörten auch landwirtschaftliche Geräte, doch die Agrarier akzeptierten das. Dafür wurde ihnen zugebilligt, den vorgesehenen Zoll auf Roggen von 5 Mark auf 10 Mark zu verdoppeln. Daß dieser höhere Betrag Bismarcks Wünschen entsprach, war seit Mitte April allgemein bekannt, denn in einem veröffentlichten Brief an den bayerischen Gutsbesitzer von Thüngen hatte er seine Unzufriedenheit mit dem vom Bundesrat vorgeschlagenen niedrigen Zoll für Getreide bekundet. Am 11. Juni wurde ein einheitlicher Zoll von 10 Mark pro Tonne auf Weizen, Roggen, Hafer und Hülsenfrüchte mit 186 gegen 160 Stimmen beschlossen.[63]

Nachdem er so den Freihandel niedergestreckt hatte, pirschte sich Bismarck an den wilden Eber der Finanzen heran. Was sollte mit dem neuen Geld geschehen, welches das Tarifgesetz, die im Juli[64] bewilligte Tabaksteuer und die vorgesehene Biersteuer einbringen würden? Diese Frage brachte von neuem, wie schon 1868–1869, das heikle Thema nach der Budgetbefugnis des Parlaments und der finanziellen Unabhängigkeit des Reichs von den Bundesstaaten zur Sprache. Am 6. Mai 1879 hatte Bennigsen die Möglichkeiten für einen Kompromiß skizziert, für den er sowohl Bismarck als auch die Linksliberalen zu gewinnen hoffte. Es gab verschiedene Wege, erklärte er, auf denen die Befugnisse des Parlaments erhalten und sogar vermehrt werden könnten. «Man kann eine Anzahl von Steuern und Zöllen aussondern und in dem Etat einer jährlichen Bewilligung unterwerfen, man kann eine Anzahl von Steuern und Zöllen aussondern und sie vorweg den einzelnen Ländern überweisen, während die Matrikularbeiträge bestehen bleiben, man kann diese beiden Wege in angemessener Weise kombinieren.»[65] Drei Tage später umriß Windthorst den Gegenvorschlag des Zentrums: Festsetzung einer bestimmten Summe (später nach einem Änderungsantrag eines anderen Zentrumsführers, des Freiherrn von Franckenstein, auf 105 Millionen Mark festgesetzt) für den Bedarf des Reichs und Verteilung des Überschusses an die Bundesstaaten nach Maßgabe ihrer Bevölkerungszahl. Finanzielle Sonderbedürfnisse des Reichs sollten auch weiterhin durch vom Reichstag zu bewilligende Matrikularbeiträge bewilligt werden.[66]

Bismarck konnte zwischen zwei Möglichkeiten entscheiden, die jedoch beide nicht alles boten, was er begehrte. Bennigsens Bedingungen schienen ihm immerhin zu garantieren, was er so oft als sein Hauptanliegen bezeichnet hatte: die finanzielle Unabhängigkeit und Konsolidierung des Reichs. Von der Frage der Matrikularbeiträge abgesehen, hatten ihn die Liberalen bei der Konsolidierung des Reichs seit 1867 im Gegensatz zum Zentrum unterstützt, das im Gewand des Föderalismus den Partikularismus verteidigt hatte. In der Frage der Kornzölle zeigte überdies der rechte Flügel der Nationalliberalen Partei ein gewisses Entgegenkommen. Zwar verfolgte Bismarck nach wie vor das Ziel, den rechten Flügel «von den Semiten» auf dem linken abzuspalten, doch er wollte andererseits die Gemäßigten «nicht in eine Ecke drängen».[67] Tat er das, dann schwächte er seine Strategie der Alternativen, weil er die Nationalliberalen zu ständiger Opposition nötigen und mithin allein auf die «Ultramontanen» angewiesen sein würde, mit denen, wie er nach wie vor glaubte, «überhaupt kein ewiger Bund zu flechten» war.[68] Wessen Angebot sollte er annehmen?

Im Gegensatz zur Nationalliberalen Partei bildete das Zentrum eine geschlossene Phalanx, und deren Führer, Windthorst und Franckenstein, unternahmen beträchtliche Anstrengungen, sich mit dem Kanzler und den beiden konservativen Parteien zu verständigen. Auf Bismarcks Forderung wurde die Franckensteinsche Klausel (wie sie dann genannt wurde) so geändert, daß dem Reich jährlich 130 Millionen Mark zufließen würden. Darüber hinaus ließ das Zentrum seinen Widerstand gegen hohe Steuern auf Kaffee und Petroleum fallen und stimmte dem Gesetz zu, mit dem die Tabaksteuer erhöht wurde.[69] Am 22. Mai hatte Bismarck eine Vorentscheidung für das Angebot des Zentrums getroffen, in welcher er bestärkt wurde, als Bennigsen einen Monat später einräumen mußte, daß er nicht über genug Stimmen verfügte, um dem Gesetz eine Majorität zu sichern; dreißig bis vierzig Angehörige seiner Fraktion würden gegen das gesamte Gesetz stimmen.[70]

Nach mehr als einem Jahrzehnt der gedanklichen Vorbereitung und fünf Jahren konkreter Planung und Manöver gab Bismarck den Versuch auf, das Reich von den Regierungen der Bundesstaaten finanziell unabhängig zu machen. Nicht nur das, er ließ sich auf einen Handel mit der Partei ein, die er einst der «Mobilisierung gegen den Staat» bezichtigt hatte, und schloß eine zukünftige Zusammenarbeit auch auf anderen Gebieten nicht mehr aus. «Das Beste», pflegte er zu sagen, «ist der Feind des Besseren». Unter den Optionen, die ihm offenstanden, hielt er die Franckensteinsche Klausel für unbedenklicher als die Budgetgarantien, die von den Nationalliberalen gefordert wurden. Wenn er jetzt den Nationalliberalen eine Lektion erteilte, würde das zudem die Säuberung der Partei von liberalen Ideologen beschleunigen und die verbleibende Rumpfpartei seinen Wünschen gefügiger machen. Wenn er sie in der Zollfrage in die Enge drängte, kalkulierte Bismarck, würde er sich damit doch nicht jene auf Dauer entfremden, für die Opposition in der Regel eine unbehagliche Verlegenheit war. Der Fürst konnte sich «nach Belieben einer von beiden oder beider Krücken bedienen».[71]

Am 9. Juli gab der Kanzler dem Reichstag und der Nation seine Version der Verschlechterung seiner Beziehungen zur Nationalliberalen Partei. Seine Entscheidung für die Franckensteinsche Klausel sei gefallen, erklärte er, als ihm klar geworden sei, daß die Nationalliberalen sich auf einen Weg begeben hätten, auf dem er ihnen nicht folgen könne – weil dieser Weg ebenso zerstörerisch für das Reich sei wie die sozialistische Subversion. Seit über einem Jahr sei ihm bewußt, daß er nicht mehr mit dem guten Willen der Nationalliberalen rechnen könne. Sie stellten Ansprüche, die er nicht befriedigen könne. Sie wollten regieren und verlangten, daß «der Tropfen demokratischen Öls», mit dem der Kaiser gesalbt wurde, «gerade ein Eimer werden soll». Für die Zukunft empfahl er ihnen «eine größere Bescheidenheit». Einfluß auf die Regierung durften sie nur erhoffen, wenn sie diese unterstützten. Statt dessen hätten sie ihn im Stich gelassen und in einer Weise angegriffen, die ihn «vollständig degoutiert» habe. Wie früher im Fall der Konservativen sei er auch jetzt wieder genötigt, sein Ziel auf «anderen Wegen» zu erreichen. Die Regierung könne «den einzelnen Fractionen nicht nachlaufen», sondern sie müsse «ihre eigenen Wege gehen, die sie für richtig erkennt; in diesen Wegen wird sie berichtigt werden durch die Beschlüsse des Reichstages, sie wird der Unterstützung der Fractionen bedürfen, aber der Herrschaft einer Fraction wird sie sich niemals unterwerfen können!» Niemals hatte Bismarck die Bedingungen, zu denen er bereit war, mit den Parteien des Reichstags Geschäfte zu machen, mit so brutaler Deutlichkeit genannt.[72]

Die Nationalliberalen waren «ganz niedergeschmettert» angesichts der unerwarteten Einigung Bismarcks mit dem Zentrum.[73] Drei Rücktritte aus dem preußischen Staatsministerium erhöhten den Effekt. Am 27. Juni war Finanzminister Hobrecht zurückgetreten. Er war ein Gegner des Protektionismus, wollte sich nicht weiter mit seinen liberalen Kollegen kompromittieren und war sich im übrigen auch seiner geringen persönlichen Eignung zur Bekleidung eines hohen Staatsamts schmerzlich bewußt. Am 30. Juni waren Landwirtschaftsminister Friedenthal und Kultusminister Falk seinem Beispiel gefolgt.[74] Offensichtlich war die «liberale Ära» beendet. Bennigsen und seine Genossen mußten sich nun überlegen, ob sie sich den Fortschrittlern anschließen und nicht nur die Franckensteinsche Klausel, sondern auch – trotz seiner gesicherten Annahme – das gesamte Tarifgesetz bekämpfen sollten. Am 9. Juli stimmten 211 Abgeordnete (Konservative, Freikonservative, Zentrumsabgeordnete) für und 122 Abgeordnete (Nationalliberale, Fortschrittler, Polen, Welfen und Sozialdemokraten) gegen Franckensteins Änderungsantrag. Bei der Endabstimmung über das gesamte Gesetz am 12. Juli stimmten 217 dafür und 117 dagegen.[75] Zwanzig nationalliberale Abgeordnete stimmten an diesem Tag mit der Mehrheit, fünfzehn davon verließen die Fraktion.[76] Der Schritt «in die Stellung einer geschlossenen Oppositionspartei» sei, befand Heinrich von Treitschke, ein verhängnisvoller politischer Fehler.[77]

Der Zolltarif von 1879 hinterließ in der deutschen parlamentarischen Geschichte eine bleibende Spur. Er spaltete zwar die Nationalliberale Partei, ohne jedoch Bismarck (wie wir noch sehen werden) die gewünschte parlamentarische Situation zu verschaffen – eine flexiblere Parteienstruktur mit alternativen Mehrheiten für das Programm der Regierung. Das Gesetz schuf jedoch eine neue Koalition von Interessengruppen (Schwerindustrie, Großbanken, Großagrarier), auf die das preußisch-deutsche Establishment (Hohenzollerndynastie, preußisch-deutsche Bürokratie, preußisches Offizierskorps, protestantische Kirche, ostelbische Junker sowie die gekrönten Häupter und der Hochadel der kleineren deutschen Staaten) sich hinfort stützen konnte. Das Zustandekommen dieses Bündnisses von Interessengruppen kann als ein weiterer der großen Schritte bewertet werden, mit denen sich diese Führungsschicht seit 1866 wirtschaftlichen und sozialen Veränderungen anpaßte, die wir heute als «Prozeß der Modernisierung» bezeichnen. Während der Ära Bismarcks war dieser Schritt wohl kaum weniger bedeutend als die Erneuerung des Deutschen Zollvereins 1865 und die Mobilisierung der nationalen Idee in den Jahren 1866–1871.

Doch die Kosten waren erheblich, denn in dem allgemeinen Ringen der Interessengruppen, das Bismarcks protektionistische Initiative ausgelöst hatte, schwand der letzte Rest der Illusion, daß Politik eine Angelegenheit von Idealen sei, von hohen Zielen, die auf universalen Prinzipien beruhten, welche in der Natur des Menschen, der Gesellschaft und der Geschichte angelegt seien. Wie Richter vorhersagte[78], nahm das alte preußische Beamtenideal Schaden, das vom Staatsdiener Tüchtigkeit, Selbstlosigkeit und Aufopferung für das Allgemeinwohl verlangte. Eine im Geist und in der Tradition des deutschen Idealismus erzogene Generation mußte erneut eine Lektion lernen, die schon Hegel gelehrt hatte, durch dessen Metaphysik jedoch verschleiert worden war: daß die Menschen von ihren Leidenschaften und Interessen angetrieben werden. Zugleich mußte diese Generation jedoch auch Hegels Irrtum erkennen, daß Regierungen über den widerstreitenden Interessen der bürgerlichen Gesellschaft stünden. Es wurde jetzt vielmehr offenbar, daß die deutsche Regierung den wirtschaftlichen und sozialen Eliten, die in dieser Gesellschaft die Oberhand hatten, eng verbunden war. Noch heute, mehr als ein Jahrhundert später, beklagen die Historiker den Verlust der Unschuld, den Deutschland 1879 erlitt.

III

Die Aushandlung des Zweibunds

Die Kontrolle von Ministern und Beamten war nicht das einzige Problem, das sich Bismarck Ende 1879 stellte. Seine schwierigste Auseinandersetzung hatte er nicht mit Kollegen und Untergebenen, sondern mit dem Kaiser, und zwar über eine Schlüsselfrage der Außenpolitik. Trotz seines hohen Alters hatte der Kaiser sich im Laufe eines Jahres von den Verletzungen, die ihm Nobilings Schrotschuß beigebracht hatte, vollkommen erholt. Wilhelms Arzt war, wie Moritz Busch von Bismarck hörte, sogar der Meinung, daß Nobilings «Aderlaß» den Kaiser letztlich physisch und geistig gestärkt habe.[1] Jedenfalls war der zweiundachtzigjährige Monarch hinreichend wiederhergestellt, um seinem Kanzler die härteste und schwierigste Kraftprobe ihrer siebzehnjährigen Beziehung zu bereiten. Sechs Wochen lang wehrte sich der Kaiser mit Händen und Füßen, um die Aushandlung und Unterzeichnung einer Allianz zu verhindern, die unter dem Namen «Zweibund» in die Geschichte eingegangen ist, die erste permanente Allianz der europäischen internationalen Politik. Daß Bismarck sich am Ende gegen den Kaiser durchsetzte, verdankte er dem Glauben an seine Unentbehrlichkeit in der Außenpolitik, den der Kaiser mit ihm und seinen Mitarbeitern teilte. Dennoch war die Auseinandersetzung selbst für Bismarck nicht ohne unerfreuliche Konsequenzen, denn sie brachte ihn, nach einer Periode relativ stabiler Gesundheit, an den Rand des psychischen und physischen Zusammenbruchs.

Hinwendung zu Österreich

Die Suche der Historiker nach dem Anfang der schicksalhaften Entfremdung zwischen Deutschland und Rußland, die letztlich den französisch-russischen Zweibund von 1894 herbeiführte, scheint kein Ende zu nehmen. Das Problem ist in der Tat nicht leicht zu lösen, ebensowenig wie das der späteren Entfremdung zwischen Deutschland und Großbritannien, die dann London veranlaßte, sich 1907 in einer Tripel-Entente, einem Dreibund, Paris und Petersburg anzuschließen.[2] Bei der Suche nach diesen Anfängen muß man die Entwicklung der rivalisierenden Bündnissysteme rekapitulieren, die einander dann im Ersten Weltkrieg mit so schicksalhaften Folgen für die Zukunft Deutschlands, Europas und der Welt auf den Schlachtfeldern gegenüberstanden. Die Antwort scheint zu lauten, daß Deutschland und Rußland sich im Laufe von Jahrzehnten in einer Reihe von keineswegs notwendig aufeinanderfolgenden Stadien voneinander entfernten. Die Ereignisse der Jahre 1875–1879, von der Krieg-in-Sicht-Krise über den Balkankrieg und den Berliner Kongreß bis zur Unterzeichnung des deutsch-österreichischen Bündnisses 1879, bilden zweifellos die frühesten Stadien dieses Entfremdungsprozesses.

Wie schon früher bemerkt, hätte die Krieg-in-Sicht-Krise keine dauerhaften Folgen zu haben brauchen.[3] Bismarcks Animositäten gegenüber Gortschakow waren rein persönlicher Natur; die zwischen den beiden Staatsmännern bestehende Abneigung wurde weder von ihren Monarchen geteilt, noch entsprang sie einem Interessenkonflikt zwischen beiden Ländern. Gortschakows Alter und Bismarcks schlechter Gesundheitszustand ließen erwarten, daß sie bald von jüngeren Männern mit anderen Anschauungen und Zielen abgelöst werden würden. Daß die Krieg-in-Sicht-Krise für das Problem der Entfremdung zwischen den beiden Ländern überhaupt relevant zu sein scheint, ist einzig dem historischen Zufall geschuldet, daß die orientalische Krise so bald auf sie folgte. «Ich habe zwei mächtige Wappentiere an ihren Halsbändern», schrieb Bismarck in der ersten Woche der Krise über Österreich und Rußland. «Ich halte sie auseinander, erstens damit sie sich nicht zerfleischen, zweitens damit sie sich nicht auf unsre Kosten verständigen können. Ich glaube damit nicht nur jedem der beiden, sondern auch Deutschland und Europa einen Dienst zu erweisen.»[4] Als dann die Krise ihren Lauf nahm, fürchtete er für Deutschland das Schicksal der meisten Friedensstifter, nämlich von einem der Hunde oder beiden gebissen zu werden. Wenn er nicht beide bändigen konnte, schien es ihm das klügste zu sein, den am ehesten kontrollierbaren fester an die Leine zu nehmen. Solange Andrássy in Wien regierte, war das offensichtlich Österreich.

Im Mai 1875 hatte sich Andrássy von der britisch-russischen Démarche in Berlin weise ferngehalten. Als ihm von Gortschakows Absicht berichtet wurde, Bismarck zu verwarnen, «überließ sich Andrássy einem grenzenlosen Ausbruch von Entzücken. Er sprang von seinem Stuhle auf, schwang sich auf den Schreibtisch und warf dreimal hintereinander ... die Beine in die Luft und rief frohlockend: ‹Das wird ihm Bismarck nie verzeihen!›»[5] Im Herbst 1876 hatte Österreich ebenso wie Rußland die «indiskrete» Frage gestellt, die Bismarck zur vorzeitigen Formulierung seiner Optionen zwang. Die russische Anfrage, nicht die österreichische, verärgerte ihn, weil sie zuerst einging, keinen offenbaren Grund hatte und ihm auf höchst undiplomatische Weise übermittelt wurde.[6] Es gab dafür jedoch noch tieferliegende Gründe – Bismarck hatte schon begonnen, in Österreich den wertvolleren Bündnispartner zu sehen. In der Erläuterung seiner Erwiderung auf die russische Anfrage für den Kaiser und das Auswärtige Amt schrieb er, daß Deutschland Rußland beistehen sollte, wann immer dies im Einklang mit den deutschen Interessen stehe, nicht aber auf Kosten einer «tiefgehenden und dauernden Trübung» des deutschen Verhältnisses «zu dem bisher nützlichsten und in Zukunft vielleicht wichtigsten und seinen inneren Verhältnissen nach relativ zuverlässigsten unserer Bundesgenossen».[7] Als im Februar 1878 eine militärische Auseinandersetzung zwischen Österreich und Rußland drohte, ließ Bismarck

Wien abermals wissen, daß Deutschland im Falle eines Krieges neutral bleiben würde. Károlyi vertraute er an, daß Deutschland zwar eine russische Besetzung Mährens nicht hinnehmen, einer ähnlichen österreichischen Eroberung in Rußland aber nicht in gleichem Maße ablehnend gegenüberstehen würde. In der späteren Phase eines Krieges zwischen Rußland und Österreich mochten sich deshalb die österreichisch-deutschen Beziehungen «zum Besseren wenden».[8] Als sich am 28. Februar 1878, auf der Höhe der Krise mit Rußland, Andrássy mit dem Vorschlag an Bismarck wandte, ein Defensivbündnis zwischen Österreich und Deutschland zu schließen (dem sich dann auch England anschließen könnte), lehnte Bismarck das Angebot ab, aber nicht, weil er ein anderes Bündnis vorgezogen hätte, sondern weil ihm die Zeit dafür noch nicht reif zu sein schien.[9]

In den Jahren 1876–1878 begann Bismarck, die deutsche Außenpolitik vorsichtig in Richtung Österreich zu lenken. Unter den vielen Faktoren, die auf diese Entscheidung einwirkten – Österreichs strategische geopolitische Lage in der Mitte Europas, die noch bestehenden kulturellen Bande und die einstige politische Verbindung der beiden Reiche, die österreichfreundliche und rußlandfeindliche Haltung der deutschen Öffentlichkeit sowie der unterschiedliche innenpolitische Druck auf die Außenpolitik in beiden Ländern –, scheint vor allem der letztgenannte Bismarck zu dieser Zeit stark beschäftigt zu haben. Während dieser Jahre waren die Staatsmänner beider Länder durch innere Interessen genötigt, außenpolitische Positionen zu beziehen, die sie lieber vermieden hätten. Die panslawistische Agitation in Rußland hatte Gortschakow und Zar Alexander zu aggressiven Maßnahmen gegen die Türkei gezwungen, während andererseits der Widerstand der Deutschösterreicher und der Ungarn gegen die Aufnahme weiterer Slawen ins Reich Andrássy einstweilen davon abgehalten hatte, Bosnien und Herzegowina zu annektieren. Es schien leichter zu sein, einem Österreicher eine gebratene Taube in den Rachen zu stopfen, als einen Russen zu zwingen, eine auszuspeien, die er schon verschlungen hatte.

Schon als er Wien die ersten zarten Hinweise zukommen ließ, daß ihm an Österreichs Macht und Ansehen in Europa mehr gelegen sei als an Rußlands, machte er Andeutungen über die mögliche Gestaltung der zukünftigen deutsch-österreichischen Beziehungen. Dem Bericht des Freiherrn von Münch an Andrássy zufolge hatte Bismarck bei einem Gespräch in Varzin im Oktober 1876 eine zukünftige «organische» Allianz, sanktioniert durch die Stimmen der Volksvertretungen» beider Länder, in Aussicht gestellt.[10] Einige Monate später äußerte er sich ähnlich gegenüber dem württembergischen Minister Mittnacht: «Die friedlichen Mächte in Mitteleuropa seien aufeinander angewiesen gegen Friedensstörungen von Westen wie von Osten, Deutschland könne vielleicht zu einer organischen Verbindung mit Österreich gelangen, wenn auch nicht in der Form des früher oft genannten Siebzigmillionenreichs.»[11] Irgendwann während des Jahres 1877 führte Bismarck diese Andeutungen in einer bemerkenswerten Konversation aus, deren Inhalt uns sein Gesprächspartner Karl Braun überliefert hat. Brauns Aufzeichnungen verdienen es, ausführlich zitiert zu werden, denn sie bieten die vollständigste Darstellung der Gedanken, die den Fürsten zu dieser Zeit bewegten. «Österreich-Ungarn ist ein eigentümliches Mosaik verschiedener Rassen, Religionen und Völker; deutsche, magyarische, slawische und romanische Stämme wimmeln dort bunt durcheinander. Ist dieses Mosaikbild ganz allein sich selbst überlassen und beginnen dessen einzelne Stifte einander zu stoßen oder zu schieben, so befindet es sich in Gefahr, auseinander zu fallen. Ist es aber an einer dauerhaften Wand angebracht oder auf einem unverrückbaren Boden befestigt, so kann selbst eine Veränderung der musivischen Zusammenstellung ohne Gefahr sich vollziehen. In dem ersteren Falle führt jede Differenz im Innern auch zu einer Krisis nach außen. Im letzteren dagegen mögen die inneren Fragen in Ruhe und Frieden ihre Verständigung suchen, ohne nach außen zu explodieren.»

Man müsse vor allem sagen, erklärte er Braun, einem nassauischen Rechtsanwalt, Journalisten und nationalliberalen Reichstagsabgeordneten, was man nicht wolle. «Wir wollen nicht die Wiederherstellung des deutschen Bundestages ... Wir wollen ferner auch nicht wieder, wie zur Zeit des seligen Herrn von Bruck, dem Phantom der Zolleinigung nachjagen ... Auch eine Zolleinigung ist unmöglich zwischen zwei Staaten, in welchen Geldumlaufs-, Produktions- und Konsumtions-Verhältnisse so verschieden sind, wie zwischen dem Deutschen Reich und der österreich-ungarischen Monarchie ... Wir wollen endlich nicht eine nur vorübergehende Vereinigung *ad hoc*, etwa zum Zwecke einer Eroberung, wie zur Zeit der schleswig-holsteinischen Krisis. Eine solche Vereinigung ist ohne bleibendes Interesse und kann, wie wir gesehen haben, jeden Tag in ihr Gegenteil umschlagen. Was beiden Teilen nützlich sein würde, das wäre eine dauernde organische Verbindung, welche weder eine Injektion noch eine Kommixtion, weder eine Fusion noch eine Konfusion, weder eine wirtschaftliche und finanzielle Gemeinschaft noch eine wechselseitige Einmischung in innere Fragen und territoriale oder partikulare Differenzen anstrebt, sondern alles das auf das bestimmteste und strikteste ausschlösse, welche aber den beiderseitigen gegenwärtigen Besitzstand garantierte und sich zur Aufrechterhaltung des mitteleuropäischen Friedens, zu Schutz und Trutz, mittelst bleibenden Institutionen verpflichtete. Damit wäre nicht ausgeschlossen, sondern vielmehr mit inbegriffen eine Reihe von Vereinbarungen zu gleichheitlichen Einrichtungen auf den Gebieten der Rechtspflege, der Gesetzgebung, der Verwaltung sowie der wirtschaftlichen und sozialpolitischen Dinge, eine Zusammenwirkung, welche ohne Zweifel sehr segensreich sein könnte zwischen zwei Gemeinwesen, welche so sehr berufen sind, einander zu ergänzen».[12]

Schon Monate vor dem Berliner Kongreß und drei Jahre, bevor er das Bündnis mit Österreich aktiv betrieb, hatte Bismarck eine allgemeine Vorstellung von der Natur dieser Allianz. In Österreichs inneren Schwierigkeiten sah er nicht nur potentielle Gefahren für den Frieden Europas, sondern auch mögliche Vorteile für die deutsche Außenpolitik. Die innere Schwäche des Habsburgerreichs würde es von Deutschland abhängig machen und dazu nötigen, sich außenpolitisch der Führung Berlins anzuvertrauen. Zur Zeit seiner Gespräche mit Münch, Mittnacht und Braun suchte Bismarck noch nach einer neuen Wirtschaftspolitik, vorwiegend aus innenpolitischen Gründen, ohne bislang zum Protektionismus entschlossen zu sein. Daß Deutschland noch freihändlerisch ausgerichtet war und Österreich protektionistisch, schien ihm für die «organische Verbindung», die ihm vorschwebte, kein unüberwindliches Hindernis zu sein. Seine Konversion zum Protektionismus nötigte ihn 1878–1879 auch nicht, seine Vorstellung von dem zukünftigen politischen Verhältnis zwischen den beiden Ländern zu ändern, obwohl auf Grund der neuen Zölle ein Rückgang nicht nur der russischen und amerikanischen, sondern auch der österreichischen Importe nach Deutschland abzusehen war.[13] Bei wichtigen Entscheidungen wurden wirtschaftliche und politische Interessen von Bismarck getrennt und nicht immer gleichzeitig berücksichtigt. Ihre Übereinstimmung war zwar ein «ideales Ziel» für ihn, in der Realität aber nicht unbedingt notwendig.[14] Wo wirtschaftliche und politische Interessen nicht zusammenfielen, hatten die letzteren Vorrang.

Der «Zweikanzlerkrieg»

Obwohl die Allianz mit Österreich vor seinem geistigen Auge bereits Gestalt annahm, verging doch nach dem Berliner Kongreß noch mehr als ein Jahr, ehe er Anstalten zu Verhandlungen mit Wien machte. Verschiedene Erwägungen scheinen ihn zu diesem Zögern bestimmt zu haben. Er war noch nicht ganz entschlossen; es fehlte noch an einer Provokation, die ihm ermöglichte, den unvermeidlichen Widerstand des Kaisers gegen einen Bruch mit Rußland zu überwinden; und er brauchte Zeit, um seine gewöhnliche Taktik anzuwenden, Zeit, in der er zunächst eine Verständigung mit Rußland anstreben konnte, und sei es auch nur, um sich und anderen zu beweisen, daß diese unmöglich war.

Die Kriegsfurcht 1875 und die Balkankrise 1875–1878 hatte Schwächen in den Beziehungen ans Licht gebracht, die Deutschland 1872–1873 mit Rußland und Österreich geknüpft hatte. Die langanhaltende und sich vertiefende Krise der kapitalistischen Weltwirtschaft trug zu dieser Entfremdung der Bündnispartner vermutlich durch das von ihr erzeugte Klima der Angst und Sorge bei, dessen politische Auswirkungen oft konstatiert werden, aber nicht leicht nachzuweisen sind. Im Januar 1877 schrieb der angesichts russischer Truppenkonzentrationen in Galizien besorgte Moltke an Bismarck, er fürchte, daß bei einer Verschlimmerung der Wirtschaftskrise die führenden Kreise in Rußland nur um so geneigter werden würden, «einen gewaltsamen Ausweg aus der Kalamität zu suchen».[15] In welchem Maße diese Stimmung die panslawistische Bewegung anheizte und die Regierung bewog, auf deren Druck zu reagieren, ist nur schwer auszumachen.[16] Doch zweifellos hatte die dauerhafte wirtschaftliche Krise eine allgemeine Verschlechterung der internationalen Beziehungen in Europa zur Folge, denn sie erst mobilisierte die protektionistischen Bewegungen mit ihren xenophoben Tendenzen.

Obwohl alle größeren europäischen Staaten, mit Ausnahme Großbritanniens, bald diesem Druck wichen, ergriff die ersten einschneidenden protektionistischen Maßnahmen Rußland, dessen Finanzminister Michael Reutern Mühe hatte, Geld für den bevorstehenden Krieg gegen die Türkei aufzubringen, und deshalb verfügte, daß Einfuhrzölle statt mit Banknoten gleichen Werts in Goldwährung zu bezahlen seien. Diese Verfügung war gleichbedeutend mit einer Erhöhung der russischen Einfuhrzölle um 30 bis 50 Prozent, und man mag es als eine Ironie der Geschichte ansehen, daß sie am 1. Januar 1877 in Kraft trat, dem gleichen Tag, an dem in Deutschland die letzten Schutzzölle abgeschafft wurden. Diese Koinzidenz war natürlich doppelt erbitternd für die deutschen Fabrikanten, die gehofft hatten, daß Rußland mit einer Senkung der Zollbarrieren Reziprozität für deutsche Importe gewähren würde. Obwohl die Goldverfügung in erster Linie fiskalische Zwecke verfolgte, entging Reutern natürlich nicht, daß der erhöhte Finanzzoll zugleich die Funktion eines Schutzzolls für russische Produkte hatte.[17] Während der russische «Goldzoll» in Deutschland die Forderung nach «Repressalienzöllen» und die protektionistische Bewegung insgesamt verstärkte, hat man bislang nicht nachweisen können, daß er einen nennenswerten Einfluß auf Bismarcks Neuorientierung der deutschen Außenpolitik in den Jahren 1877–1879 hatte.[18]

Zweifellos trugen die durch die Wirtschaftskrise ausgelösten ökonomischen, sozialen und nationalen Spannungen zur Entfremdung zwischen den Partnern des Dreikaiserbunds bei. Aber solche Spannungen bestanden damals zwischen *allen* europäischen Mächten. Überdies lag die Entscheidung darüber, ob dem innenpolitischen Druck nachzugeben sei und worin das wahre «Staatsinteresse» bestehe, bei den Individuen, die in den Palästen und Kanzleien die Macht innehatten. Das war niemandem bewußter als Bismarck. Wir haben gesehen, wie angelegen es ihm während der Balkankrise war, daß am Ballhausplatz der deutschfreundliche Andrássy an der Macht blieb. Seine Sorge darüber, welche Kräfte in Wien zum Zuge kommen mochten, falls Andrássy stürzen sollte, war ja einer der Gründe dafür, daß Bismarck eine «organische Allianz» mit Österreich ins Auge faßte, die so bindend wäre, daß sie Bestand haben würde, gleichviel wer dem Ungarn im Kanzleramt folgte. Aus dem gleichen Grund bedeutete das Verbleiben des senilen Gortschakow im Außenministerium in Petersburg für ihn, daß die russische Außenpolitik ruderlos den wechselnden Winden und Strömungen ausgesetzt war, die sich nur schwer berechnen ließen und wahrscheinlich den deutschen Interessen ungünstig sein würden. Eben deshalb versuchte er während der auf den Berliner Kongreß folgenden Monate den Sturz des «kindischen und senilen»[19] Kanzlers herbeizuführen und den Grafen Peter Schuwalow in den Sattel zu heben. Schuwalow hatte sich in der russischen Regierung die Sporen als Chef der 3. Sektion, der Geheimpolizei, verdient. Als Botschafter in Großbritannien hatte er sich stets für Rußlands Verbleiben im Dreikaiserbund eingesetzt. Bismarck hoffte, daß er, ins Kanzleramt berufen, Rußlands Beziehungen zu Österreich und Deutschland konsolidieren und die soziale und politische Unruhe in Rußland unter Kontrolle bringen würde.[20]

Während des Berliner Kongresses achtete Gortschakow darauf, zu den von Schuwalow geführten Verhandlungen Distanz zu wahren, um bei der Rückkehr nach St. Petersburg jede Verantwortung für einen unpopulären Frieden ablehnen zu können. Nach der Schlußsitzung trat er eilig die Heimreise an, während Schuwalow in Berlin verweilte, um die Annehmlichkeiten der deutschen Hauptstadt zu genießen. Als der Botschafter dann in St. Petersburg eintraf, mußte er feststellen, daß der «elende alte Schurke» ihn im kaiserlichen Palast «infam und bösartig verleumdet» hatte. Alexander, der 1877 nur zögernd der Agitation der Panslawisten nachgegeben hatte, fürchtete nun deren Zorn. Er hatte sich aber inzwischen auch deren unvernünftige Erwartungen zu eigen gemacht und war besorgt um die Autorität der Regierung, falls diese enttäuscht würden. Wütend beklagte er, daß der Kongreß «eine europäische Koalition gegen Rußland unter der Leitung des Fürsten Bismarcks» zum Vorteil Österreichs gewesen sei. Und doch war diese oft zitierte Äußerung nur Ausdruck einer vorübergehenden Verärgerung. Der Zar war nicht konsequent in seinen Urteilen und gewöhnlich den Meinungen solcher Vertrauten zugänglich, die einander oft widersprachen.[21] Im August 1878 verließ Gortschakow Rußland zu einem Erholungsurlaub in Westeuropa, der viele Monate dauern sollte. Während seiner Abwesenheit schien Schuwalows Stern zu steigen.

Nach der Unterzeichnung des Berliner Vertrages war das Hauptanliegen der europäischen Diplomatie dessen Erfüllung. Die problematischsten Entscheidungen waren in so kurzer Zeit getroffen worden, daß die Ausarbeitung der Einzelheiten Sonderkommissionen überlassen werden mußte. Diese Einzelheiten waren keineswegs unbedeutend, und manche von ihnen enthielten genügend Sprengstoff, um ernste Konflikte zwischen den Großmächten auszulösen. Bismarck verfuhr so, daß er die Neigung Österreichs und Rußlands in den Kommissionen unterstützte, gegen das Bestreben der Pforte oder ihrer ehemaligen Untertanen, die Exekution des Vertrages zu verhindern, gemeinsame Sache zu machen. Wenn die Wünsche Österreichs unklar oder unbekannt waren, unterstützten die deutschen Delegierten in den Kommissionen anfänglich die russischen Interessen. Für ein paar Wochen erlebte Europa etwas, das einer Wiederbelebung des Dreikaiserbunds glich.[22] Schuwalows Politik schien zu triumphieren, und aus London berichtete Münster nach Berlin, der Botschafter handle, als sei er bereits russischer Außenminister.[23]

Als die Balkanstreitigkeiten jedoch Mitte Oktober 1878 in eine kritische Phase einzutreten schienen, wurde Bismarck mißtrauisch. Er fürchtete, daß die Zusammenarbeit zwischen Deutschlands beiden Partnern zu eng werden und die Briten irritieren könnte, deren Vertrauen er ja erst kürzlich gewonnen hatte. Er wies deshalb die deutschen Delegierten an, sich bei den Beratungen der Kommissionen zurückzuhalten. Sie sollten Rußland und Österreich da unterstützen, wo diese sich in Übereinstimmung befanden, ohne sich jedoch damit in Gegensatz zu England zu begeben. Russische Bitten um deutsche Unterstützung mußten geheim zur Prüfung nach Berlin weitergeleitet werden. Die Vertreter Deutschlands hatten jede Vermittlertätigkeit zu vermeiden, damit Deutschland nicht zum Sündenbock der mit dem Ergebnis der Verhandlungen Unzufriedenen wurde. Deutschland dürfe wegen Streitfragen, die seine eigenen Interessen gar nicht berührten, nicht seine guten Beziehungen zu anderen Mächten gefährden.[24] Als Kronprinz Friedrich Wilhelm darauf drängte, daß sich Deutschland aktiver an der Unterdrückung eines neuen bulgarischen Aufstands beteiligte, schickte ihm Bismarck Abschriften seiner «während der letzten 2 Jahre erlassenen Diktate» (darunter das Kissinger Diktat) und stellte dazu abermals fest, daß «es nicht im deutschen Interesse liege, einen dauerhaften Frieden im Orient herbeizuführen, weil bei unsrer geographischen Lage die großen Nachbarmächte, welche uns alle haßten, sehr wahrscheinlich einen Vereinigungspunkt mit der Spitze gegen Deutschland suchen und finden würden, sobald sie alle die Hände ganz frei hätten». Österreich könnte «einen Regierungs- und Systemwechsel in überraschend kurzer Zeit» durchmachen, der «dort die deutschfeindlichen ultramontanen Elemente ans Ruder brächte: Die Annäherung an Frankreich würde dann ... zweifellos bis zu einer Allianz dieses Landes mit Österreich führen.»[25]

Bismarcks Schaukelpolitik mit dem Ziel, Rußland gegen England auszubalancieren, und sein Wunsch, den Balkankonflikt in Gang zu halten, waren einer Erneuerung des Dreikaiserbunds nicht eben dienlich. Sie trugen allerdings auch nicht dazu bei, Schuwalow zur russischen Kanzlerschaft zu verhelfen. Unmittelbar nach dem Ende des Berliner Kongresses gab Bismarck dem Korrespondenten der Londoner *Times*, Henry Blowitz, ein Interview, bei dem er neben anderen scherzhaften Bemerkungen auch eine auf Kosten Gortschakows gemacht haben soll: «Hätte es die Affäre von 1875 nicht gegeben, wäre er jetzt nicht, wo er ist, und er hätte nicht die politische Niederlage erlitten, die er gerade erlitten hat.» Auch in der deutschen Presse verbreitete Bismarck die Information, daß der halb senile russische Kanzler auf dem Berliner Kongreß eine «Kalamität für Rußland und dessen Freunde gewesen sei»; selbst die besten Absichten der letzteren würden nicht ausreichen, um die Konsequenzen seiner Torheiten auszugleichen. Nach der Veröffentlichung seiner Bemerkungen gegenüber Blowitz am 7. September wurde Bismarck vorsichtiger. Öffentlich dementierte er die Äußerungen, privat räumte er ein, sie gemacht zu haben. Während der folgenden Woche wies er das Pressebüro des Auswärtigen Amts an, in der nicht regierungsamtlichen Presse Artikel zum Ruhme der staatsmännischen Fähigkeiten Schuwalows zu lancieren; am 22. September brachte die offiziöse *Norddeutsche Allgemeine Zeitung* einen solchen Artikel, der von Bismarck höchstpersönlich verfaßt worden war.[26] Während der folgenden Monate setzte er diese Kampagne sowohl in der Presse als auch in Erlassen an Schweinitz fort, deren Inhalt – Klagen über Gortschakows Flirten mit Frankreich, Lob für Schuwalows Unterstützung des Dreikaiserbunds – darauf berechnet war, Eindruck im russischen Außenministerium zu machen. Im März entschloß er sich zu dem außergewöhnlichen Schritt, den deutschen Militärattaché in St. Petersburg, General Bernhard von Werder, mit der Warnung an den Zaren zu entsenden, daß eine Verbesserung der deutsch-russischen Beziehungen nicht zu erwarten sei, solange Gortschakow die russische Außenpolitik leite.[27]

Bismarcks Taktik gegenüber Gortschakow ähnelte der, die ihm noch jüngst dazu gedient hatte, sich mißliebiger preußischer Minister und Reichsbeamter zu entledigen. Mit ähnlichen Mitteln hatte er 1874–1875 Harry von Arnim, 1876 Delbrück, 1878 Camphausen und Achenbach zur Strecke gebracht. Doch gegen Friedrich Eulenburg und General von Stosch hatte die gleiche Taktik versagt (auch seine Pressefeldzüge gegen Kaiserin Augusta und Beamte des kaiserlichen Hofes blieben ohne Resultat). Bei innenpolitischen Angelegenheiten hatte Bismarck den Vorteil, daß Wilhelm, von dessen Willen die Karrieren von Ministern und Beamten abhingen, ihn für unersetzlich hielt. Das galt indessen kaum für einen ausländischen Monarchen wie Alexander II., dem ein plumper Versuch, ihm einen Kanzler nach Bismarcks Geschmack aufzunötigen, als unerträgliche Anmaßung erschienen sein muß.

Im Dezember 1879 wurde klar, daß man Gortschakow zu Unrecht schon geschlagen geglaubt hatte. Als er auf der Rückreise nach St. Petersburg in Berlin Station machte, schien er gut erholt und jedenfalls hinreichend gestärkt für einen Gegenangriff zu sein. Bei einem diplomatischen Empfang kritisierte er in Gegenwart Károlyis offen die österreichische Politik und beklagte, daß keine europäische Macht, auch Deutschland nicht, ihren Verpflichtungen gegenüber Rußland nachgekommen sei. In einer Audienz beim Kaiser nahm er abermals für sich das Verdienst in Anspruch, 1875 den Frieden bewahrt zu haben.[28] Zurück in der russischen Hauptstadt zeigte er keinerlei Neigung, aus dem Amt zu scheiden, das er seit 1855 bekleidete, und Alexander dachte nicht daran, ihn zu entlassen, obwohl der Kanzler seinen Pflichten offenkundig nicht mehr nachkommen konnte. Nach Abschluß des Berliner Kongresses hatte die russische Presse vor allem Österreich und England für den aus russischer Sicht katastrophalen Frieden verantwortlich gemacht. Nach Gortschakows Heimkehr änderte sich das, und die bevorzugten Ziele der journalistischen Angriffe wurden nun Bismarck und Deutschland – mit entsprechenden Erwiderungen aus Deutschland. Darüber hinaus rief es in Rußland auch Irritationen hervor, daß Deutschland die Einführung landwirtschaftlicher Schutzzölle vorbereitete.[29]

Nach Gortschakows Auffassung war Rußland von seinen beiden Verbündeten schmählich verraten worden, und da Frankreich republikanisch geworden war, blieb Rußland seines Erachtens in Zukunft nichts anderes übrig, als sich ganz auf die eigenen Kräfte zu verlassen.[30] Am 4. Februar 1879 wurde bekannt, daß Österreich und Deutschland den Artikel 5 des Prager Vertrages von 1866, der eine Volksbefragung im nördlichen Schleswig vorsah, im beiderseitigen Einvernehmen außer Kraft gesetzt hatten. Den Russen bewies dieser *odieux escamotage*, daß der Makler in Berlin nicht so ehrlich gewesen war, wie er hatte glauben machen wollen; insgeheim hatte er sich die Demütigung Rußlands bezahlen lassen.[31] Fast gleichzeitig reagierte die deutsche Regierung auf Berichte über eine Pestepidemie an der unteren Wolga mit der Schließung der russisch-deutschen Grenze, was selbst Schweinitz nicht als Gebot hygienischer Vorsorge gelten ließ und als politische «Schikane» bewertete.[32] Während in Rußland der Unmut über Deutschland wuchs, verblaßte Schuwalows Stern. Schon im Dezember 1878 dachte er daran zurückzutreten, und im Mai 1879 ließ er sich auf unbestimmte Zeit beurlauben. Er sollte seinen Dienst nie wieder antreten. Der Gnadenstoß, den Bismarck Gortschakow zugedacht hatte, streckte statt jenem Schuwalow nieder.

Was veranlaßte Bismarck zu einer solchen anscheinend erheblichen Fehlkalkulation? Wer hinter seinen Manövern gegen Gortschakow hauptsächlich persönliche Antipathien vermutet, verkennt Bismarcks Modus operandi.[33] Wie schon wiederholt gezeigt, riet ihm sein taktischer Instinkt, sich niemals zu einem größeren Kurswechsel in der Politik zu entschließen, ohne vorher die Tragfähigkeit der Alternativen erkundet zu haben. Deshalb hatte er beispielsweise noch jüngst versucht, die Nationalliberale Partei an die Regierung zu binden, bevor er ihr die Schläge versetzte, die sie bei den Wahlen schwächten und letztlich spalteten. Ehe er nun daran ging, sich um eine «organische Allianz» mit Österreich zu bemühen, mußte er prüfen, ob nicht doch die Lebensdauer des Dreikaiserbundes durch die Ernennung eines ihren Fortbestand befürwortenden Politikers zum russischen Reichskanzler verlängert werden konnte. Erst wenn das ausgeschlossen werden konnte, mußte ein drastischerer Kurs eingeschlagen werden: eine engere Verbindung Deutschlands mit Österreich, die Deutschland vor einer Isolierung in Europa schützen und hoffentlich zur Folge haben würde, daß Rußland, um seinerseits der Isolierung zu entgehen, sich mit Berlin und Wien verständigen würde – wer auch immer in St. Petersburg als Kanzler amtierte.

Alexanders Irrtum, Bismarcks Gelegenheit

Im Februar 1879 kehrte Bismarck, wie schon berichtet, in guter körperlicher und seelischer Verfassung nach Berlin zurück; sicher trugen zu seinem Wohlbefinden das gute Fortschreiten seiner innenpolitischen Pläne und die Aussicht, das Tarifgesetz demnächst durch den Bundesrat und durch den Reichstag bringen zu können, bei. So ist es nicht überraschend, daß er den Plan eines Bündnisses mit Österreich, den er zuerst Ende 1876 erwogen, dann aber länger als zwei Jahre hatte ruhen lassen, nun wieder ins Auge faßte. Schon während er seine Aktionen gegen Gortschakow durchführte, begann er sich auf die alternative Option vorzubereiten. Da auf Rußland nicht länger Verlaß sei, erklärte er Schweinitz im April 1879, müsse Deutschland sich davor hüten, in Gegensatz zu den anderen Mächten zu geraten; das gelte insbesondere für England und Österreich. «Mit letzterem müsse vielmehr ein engeres Verhältnis angestrebt werden, welches zu einem organischen, ohne Zustimmung der parlamentarischen Körperschaften nicht lösbaren zu entwickeln sei.» Als Gründe für diesen Wechsel seiner Strategie zählte Bismarck auf: Gortschakows fortgesetztes Kokettieren mit Frankreich; den «endlosen» militärischen Expansionismus des Kriegsministers Graf Dimitri Miljutin;

die Stationierung von Avantgarde-Kavallerieeinheiten an der deutschen Grenze und die zügellose Rhetorik der Moskauer und Petersburger Blätter.[34] Doch sein wichtigster Beweggrund war wohl nicht die Gefahr eines russischen Angriffs, die er zweifellos übertrieb, sondern die Dynamik der europäischen Machtpolitik. Nach der faktischen Auflösung des Dreikaiserbunds war nicht nur Rußland, sondern auch Österreich frei, sich andere Bündnispartner zu suchen. Daß schließlich auch Österreich dem deutschen Gravitationsfeld entweichen mochte, war eine Möglichkeit, die in Betracht gezogen werden mußte. Wenn Deutschland eine von dreien in einem unstabilen System von fünf großen Mächten sein sollte, brauchte es mindestens einen festen Verbündeten; auf Grund der geographischen Nachbarschaft und historischen Verbundenheit empfahl sich als solcher zunächst Österreich. Das Bündnis würde vielleicht mächtig genug sein, eine gewissermaßen magnetische Anziehungskraft auszuüben, und so noch einen, vielleicht auch zwei zusätzliche Partner anziehen. Die Identität britischer und österreichischer Interessen, die beim Zusammenspiel der beiden Mächte auf dem Berliner Kongreß sichtbar geworden war, legte als dritten Partner England nahe.

Doch ein derartiger Dreibund ließ die Möglichkeit offen, daß die beiden davon ausgeschlossenen Mächte Rußland und Frankreich zusammenrückten – eine Kombination, die Bismarck schon seit den fünfziger Jahren fürchtete. Freilich hatte der Rußland während der Balkankrise von Frankreich geleistete Beistand den Erwartungen Gortschakows nicht entsprochen, und die republikanische Machtübernahme in Frankreich (Mai 1877 bis Januar 1879) hatte den Graben zwischen Petersburg und Paris ohne Zweifel vertieft.[35] Doch wenn sie von einem britisch-österreichisch-deutschen Bündnis ausgeschlossen würden, war nichtsdestoweniger damit zu rechnen, daß die beiden Mächte versuchen würden, zu einer Verständigung miteinander zu gelangen. Bismarck war aber ebensowenig wie in den Tagen des Dreikaiserbunds gewillt, die vierte Macht der Umarmung durch die fünfte zu überlassen. Einer von dreien zu sein war gut, doch besser war es, einer von vieren zu sein. So kultivierte Bismarck nach der Niederlage der monarchistischen Parteien in Frankreich bessere Beziehungen zu den nun amtierenden republikanischen Regierungen.[36]

Bismarck hätte wohl schon im Frühjahr 1879 die ersten Schritte zu einer neuen Beziehung mit Österreich unternommen, wäre da nicht der Widerstand des Kaisers gewesen. Die zunehmende Entfremdung Rußlands war für Wilhelm sehr schmerzlich. Er war nicht bereit, sie durch ein weitreichendes Abkommen mit Österreich voranzutreiben. Während seines ganzen langen Lebens war die Beziehung zu Rußland, bestärkt durch die Familienbande zwischen den Romanows und den Hohenzollern, der sicherste und dauerhafteste Rückhalt preußischer und deutscher Außenpolitik gewesen. In Anbetracht der Wertschätzung, die Wilhelm für dieses «heilige Erbe» empfand, ließ Bismarck seinen Plan ruhen, bis im August 1879 die Russen selbst Bewegung in die Sache brachten. Sie beschwerten sich beim Auswärtigen Amt in Berlin darüber, daß die deutschen Delegierten in den Kommissionen, welche die Einzelheiten des Berliner Vertrages festlegen sollten, stets mit Österreich gegen Rußland stimmten. Aus Kissingen wies Bismarck seine Untergebenen an zu erwidern, daß sich die Unterstützung Rußlands für Deutschland als undankbare Aufgabe erwiesen habe; in Berlin müsse man deshalb jetzt daran denken, die Beziehungen zu anderen Mächten zu pflegen.[37] Es folgte eines jener erbitterten Scharmützel in den Zeitungen beider Länder, an die man inzwischen allzusehr gewöhnt war.[38]

Doch Alexander beging jetzt einen Fehler, den sich Bismarck sofort zunutze machte. Seit dem Balkankrieg war der Zar zunehmend verärgert über das, was er für Deutschlands Versäumnis hielt, Rußlands wohlwollende Neutralität während der Kriege von 1866 und 1870–1871 zu erwidern. Am 6. und 7. August 1879 erklärte er Schweinitz unumwunden, daß Deutschland sein Verhalten ändern müsse, wenn es seine langjährige Beziehung zu Rußland fortsetzen wolle. Andernfalls werde «die Sache ein ernstes Ende nehmen».[39] Kurz darauf schrieb der Zar dem Kaiser, seinem Onkel, einen persönlichen Brief, in dem er Bismarcks feindselige Politik gegenüber Rußland scharf tadelte und die Befürchtung äußerte, daß die persönlichen Animositäten Bismarcks gegen Gortschakow verhängnisvolle Folgen für beide Länder haben könnten. Bismarck schrieb Alexanders drohende Haltung dem Einfluß Miljutins zu (Gortschakow war in Urlaub), den er beschuldigte, alle Deutschen zu hassen, aber auch dem offenkundigen Wunsch des Zaren, seine Stellung im Inneren durch kriegerisches Verhalten nach außen zu stabilisieren. Er riet zu einer festen, unnachgiebigen Erwiderung, aber Wilhelm bestand auf einer verbindlichen und sogar beschwichtigenden Antwort.[40]

Der Bericht des Botschafters Schweinitz über die Äußerungen des Zaren traf in Berlin nur kurz vor der Nachricht ein, daß der Rücktritt Andrássys vom Amt des Auswärtigen Ministers unmittelbar bevorstehe. Obwohl Andrássy nicht bei bester Gesundheit war, vermutete Bismarck, daß seine Entlassung von den Gegnern (darunter Erzherzog Albrecht) seiner antirussischen und prodeutschen Außenpolitik betrieben wurde. Nicht weniger beunruhigend war die Ernennung des Grafen Eduard Taaffe, der für eine entgegenkommende Politik gegenüber den Tschechen und anderen slawischen Minderheiten eintrat, zum österreichischen Ministerpräsidenten; die Fortsetzung dieser Politik in den auswärtigen Beziehungen mußte logischerweise auf ein Rapprochement mit Rußland hinauslaufen.[41] Am 13. August bat Bismarck Andrássy um ein Treffen, an dessen raschem Zustandekommen ihm noch mehr gelegen war, als einige Tage später der Brief des Zaren an den Kaiser in Berlin eintraf. Wieder beunruhigte den Kanzler das Gespenst einer auferstehenden «Kaunitz-Koalition», jener Kombination von Großmächten, die Friedrich den Großen fast geschlagen hätte.[42] Oder täuschte er diesen Alptraum nur vor, um den Kurs zu rechtfertigen, zu dem er ohnehin längst entschlossen war? Jedenfalls trafen sich die beiden Minister am 27. und 28. August in Bad Gastein. Bei ihrer Unterredung erklärte sich Andrássy, der schon seit langem eine Koalition mit Deutschland befürwortete, bereit, lange genug im Amt zu bleiben, um ein Defensivbündnis zur Abwehr «jedes Angriffs, den Rußland allein oder im Bunde mit anderen Mächten gegen eine der beiden deutschen Mächte richten könnte», abzuschließen. Kaiser

Franz Joseph ging auf diesen Plan bereitwillig ein, denn er war sich in dieser Frage mit Andrássy einig. Aber Kaiser Wilhelm war schockiert. «Solche Allianzen wie vorgeschlagen», sagte er, seien «gegen seine Grundsätze».[43]

Am 31. August sandte Bismarck aus Gastein die erste einer Reihe von Denkschriften ab, in denen er dem Kaiser zu erläutern versuchte, warum ein Bündnis mit Österreich im Lichte der europäischen Lage und der Beziehungen unter den Großmächten gerechtfertigt sei. Er verurteilte zunächst das ständige Kokettieren Gortschakows mit den Feinden Deutschlands. Alexanders kürzlich ausgesprochene Drohungen zeigten, daß Deutschland nun auch seinen letzten Freund in der russischen Hauptstadt verloren habe. Im autokratischen Rußland könne der Zar ein an der Weichsel liegendes Heer auf seinen bloßen Befehl hin plötzlich in Deutschland einfallen lassen. Nun, da Deutschland sich auf das Wohlwollen des Zaren nicht mehr verlassen könne, müsse es sich gegen eine derartige Eventualität versichern, was nur durch ein Defensivbündnis mit Österreich geschehen könne, wie er es seit 1866 stets angestrebt habe. Rußland könne im übrigen gegen die Wiederbelebung einer solchen alten Defensivallianz, zu der es nach dem Wiener Kongreß selbst enge Beziehungen unterhalten und die ein halbes Jahrhundert lang als Bollwerk des Friedens in Europa gedient habe, schwerlich etwas einwenden. Im Gegenteil würde es versucht sein, sich der Koalition als dritter Partner anzuschließen. Ohne die Gewißheit deutscher Unterstützung gegen das unberechenbare Rußland würde Österreich vielleicht Rückhalt in Paris suchen. Wenn es hingegen mit Deutschland verbündet wäre, würde Österreich auch in Großbritannien Unterstützung finden. Ein Dreibund zwischen Deutschland, Österreich und England wäre stark genug, um Rußland von einem Überfall auf eine der beiden mitteleuropäischen Großmächte abzuschrecken und ein Bündnis zwischen Frankreich und Rußland zu verhindern.[44]

Als Bismarcks Plädoyer am 2. September in Berlin eintraf, hatte Alexander bereits seinen Fehler erkannt und erste Schritte zu dessen Berichtigung getan. Er lud Wilhelm telegraphisch ein, ihn in Alexandrowo in Russisch-Polen zu besuchen, wo er Manöver der russischen Armee beobachtete. Aus Gastein riet Bismarck seinem Monarchen vergeblich davon ab, diese Einladung anzunehmen. Der Kaiser war entschlossen, sich selbst davon zu überzeugen, ob die Dinge mit dem Zaren wirklich «so weit» gekommen waren, wie es den Anschein hatte.[45] In Alexandrowo, wo Wilhelm am 3./4. September mit Alexander zusammentraf, leugnete der Zar, daß sein Brief vom 15. August (den er allein geschrieben hatte) als Drohung gemeint gewesen sei. Er habe vielmehr nur warnend auf die schädlichen Auswirkungen der antirussischen Voten der deutschen Delegierten in den Balkankommissionen und der darauf folgenden Pressescharmützel hinweisen wollen. Wilhelm, der seinen Neffen gern hatte, wollte beruhigt werden und ließ sich beruhigen. Ehe er Alexandrowo verließ, verlieh er sogar dem für seine deutschfeindlichen Anschauungen bekannten Miljutin eine hohe deutsche Auszeichnung. Sich mit Österreich gegen Rußland zu verbinden, schrieb er an Bismarck, wäre ein unehrenhaftes Verhalten, dessen er sich nie schuldig machen würde; statt dessen würde er es vorziehen abzudanken. Er verbot Bismarck, Andrássy in Wien zu besuchen. Nachdem er dessen Darlegung erhalten hatte, lenkte er jedoch ein und bestand nur noch darauf, daß im Text des Vertrages Rußland nicht als potentieller Feind genannt werden dürfe.[46] Aber nicht einmal in diesem Punkt sollte er sich durchsetzen.

In seinen Memoiren erinnerte Bismarck mit Zufriedenheit daran, daß 1879 in Deutschland ein österreichisch-deutsches Bündnis fast allen Parteien – den Konservativen und den Nationalliberalen wie den Katholiken – hochwillkommen war. Während der Eisenbahnreise von Gastein über Salzburg und Linz nach Wien jubelten ihm überall Tausende zu. «In Linz war die Masse so groß und ihre Stimmung so erregt, daß ich aus Besorgnis, in Wiener Kreisen Mißverständnisse zu erregen, die Vorhänge meines Wagens vorzog, auf keine der wohlwollenden Kundgebungen reagierte und abfuhr, ohne mich gezeigt zu haben. In Wien fand ich eine ähnliche Stimmung in den Straßen, die Begrüßungen der dichtgedrängten Menge waren so zusammenhängend, daß ich, da ich in Zivil war, in die unbequeme Notwendigkeit geriet, die Fahrt zum Gasthof so gut wie mit bloßem Kopfe zurückzulegen.» Heutzutage, sinnierte er, sei es «für eine große Regierung kaum möglich, die Kraft ihres Landes für ein andres befreundetes voll einzusetzen, wenn die Überzeugung des Volks es mißbilligt». Allerdings konstatierte er auch: «Mir erschienen die Gründe, die in der politischen Situation uns auf ein östreichisches Bündnis hinwiesen, so zwingender Natur, daß ich nach einem solchen auch gegen den Widerstand unserer öffentlichen Meinung gestrebt haben würde.»[47]

Bei den Verhandlungen am 23. und 24. September in Wien war Bismarck genötigt, fast alle Bedingungen Andrássys anzunehmen. Der österreichische Minister wies den weitreichenden Plan einer, durch die Parlamente beider Länder ratifizierten «organischen Union» Österreichs mit Deutschland zurück. An deren Stelle setzte er einen auf fünf Jahre befristeten Geheimvertrag. Er bestand aber auch auf der ausdrücklichen Erklärung, daß bei einem Angriff Rußlands auf einen der beiden Bündnispartner der andere diesem mit allen Kräften zu Hilfe eilen würde. Sollte einer der beiden Partner von einer anderen Macht angegriffen werden, dann würde der jeweils andere wohlwollende Neutralität wahren, es sei denn, Rußland unterstützte den Angreifer; auch in diesem Fall sollte der *casus foederis* gelten. Österreich war, mit anderen Worten, nicht verpflichtet, zur Verteidigung Elsaß-Lothringens an Deutschlands Seite gegen Frankreich zu kämpfen, wenn nicht Rußland auf seiten Frankreichs in den Krieg eintrat. Als er bemerkte, daß Andrássy in diesem Punkt nicht nachgeben würde, täuschte Bismarck ein Ultimatum vor. Er erhob sich plötzlich von seinem Stuhl, beugte sich zu dem Ungarn herüber und sagte in drohendem Ton: «Nehmen Sie meinen Vorschlag an. Ich rate ihnen gut, denn sonst ...» Andrássy verharrte in Schweigen, und Bismarck beendete seinen Satz mit einem Lachen: «Sonst muß ich den Ihrigen annehmen.»[48]

Über die Auseinandersetzung zwischen dem Kanzler und dem Kaiser sind wir gut unterrichtet, denn sie wurde aus der Entfernung schriftlich ausgetragen. Während Bismarck sich in Gastein und Wien aufhielt, weilte der Kaiser in Berlin,

Graf Julius Andrássy, 1878

in Alexandrowo und Ostpreußen. Als der Kanzler schließlich in Berlin eintraf, war der Kaiser in Baden-Baden. Die räumliche Trennung komplizierte die Erörterung, gestattete es Bismarck aber, seine Argumente in langen Diktaten vorzutragen, welche der Kaiser, da er ja nicht unterbrechen konnte, wohl oder übel bis zu Ende lesen mußte.[49] «Als Muster politischer Schriftstellerei und Beispiele wohldurchdachter und zwingender Gedankenführung haben diese Berichte und Denkschriften in der Literatur der modernen Diplomatie nicht ihresgleichen», meint William L. Langer.[50] Sie beweisen auch Bismarcks Talent zu überzeugen, seine Fähigkeit, seine Darlegung – ohne dabei offensichtlich die Tatsachen zu verdrehen – so einzurichten, daß sie den Gedanken, Vorurteilen und Vorlieben des Angesprochenen entgegenkam. Wilhelms Einwände waren ebenfalls raumgreifend, auch er argumentierte geschickt, zumal für einen Mann seines Alters. Der Vertrag, sagte er, ziele auf Rußland, und das sei zugleich unnötig und ein «perfider» Verrat einer langjährigen Freundschaft. Während dem Vertrag zufolge Deutschland verpflichtet sein solle, Österreich gegen Rußland beizustehen, sei andererseits Österreich nicht verpflichtet, Deutschland gegen Frankreich zu Hilfe zu kommen. Die Verpflichtungen seien also ungleich. Deutschlands wahrer Feind sei aber Frankreich, nicht Rußland, das vielmehr eingeladen werden sollte, sich in einem wiederbelebten Dreikaiserbund zu Deutschland und Österreich zu gesellen.[51]

Bismarck konnte Wilhelms Vertrauen in die Zuverlässigkeit der russischen Außenpolitik und die Identität der deutschen und russischen Interessen nicht er-

Kaiser Franz Joseph von Österreich um 1880

schüttern. So sicherte er sich die Unterstützung des Kronprinzen Friedrich Wilhelm, Moltkes, des Fürsten Hohenlohe (damals deutscher Botschafter in Frankreich) sowie den Beistand von Ministern der kleineren Staaten und – im entscheidenden Moment – des gesamten preußischen Staatsministeriums. Die Androhung seines Rücktritts war es, die schließlich alle diese Kräfte bewog, für seine Sache einzutreten. Wenn man ihn nötige, eine wider sein bestes Wissen und Gewissen verstoßende Außenpolitik zu treiben, werde er die Verantwortung dafür ablehnen und seinen Abschied nehmen – zugleich mit dem gesamten Staatsministerium.[52] Spätestens seit dem Berliner Kongreß zog niemand mehr ernsthaft Bismarcks außenpolitische Meisterschaft in Zweifel; auch der Kaiser letztlich nicht, der sich am 4. Oktober dem Ultimatum des Fürsten beugte. «Bismarck», seufzte er, «ist notwendiger als ich.» Zwei Tage später wurde in Wien der Vertrag unterzeichnet, und am 17. Oktober wurden die Ratifizierungsurkunden ausgetauscht.[53]

Eine Option für Österreich?

Hat Bismarck 1879 für Österreich, gegen Rußland optiert? Die Frage nach seinen Absichten ist wichtig, denn in der Sicht vieler Historiker war der in diesem Jahr abgeschlossene Zweibund der Grundstein jenes fatalen Systems widerstreitender Allianzen, aus deren Rivalität der Erste Weltkrieg hervorging.[54] Unzweifelhaft machte er Österreich zu einem engen Verbündeten, zu dem Partner, mit dem Deutschland zukünftig am festesten verbunden sein sollte. Doch Bismarcks System verlangte zwei Verbündete, nicht einen. Die kritische Frage ist also die nach dem dritten Partner. Während seiner Kontroverse mit Wilhelm im Laufe der Monate August und September behauptete er, daß ein Defensivbündnis mit Österreich, sogar ein spezifisch gegen Rußland gerichtetes, gute Beziehungen zum Zarenreich keineswegs von vornherein ausschließe. Wilhelm argwöhnte und Bismarck leugnete, daß der Zweck des Zweibunds eigentlich darin lag, durch eine Koalition zwischen Deutschland, Österreich, England und sogar Frankreich Rußland außenpolitisch zu isolieren.

Beide Auffassungen waren berechtigt. In Bismarcks Kalkül hing allerdings alles von der Dynamik der russischen Politik ab. Sollte Rußland fortfahren, von Deutschland Handlungen zu fordern, die nicht den deutschen Interessen entsprachen, würde Bismarck die Verbindung zu Österreich als Brücke nach Großbritannien benützen. Die drei Mächte wären sich in dem Anliegen einig, russische Aggressionen abzuweisen. Die konziliante Haltung der Regierung Waddington gegenüber Deutschland ließ die Möglichkeit offen, daß selbst Frankreich in diese Kombination einbezogen werden könnte. Wenn andererseits die Furcht vor Isolierung und Revolution eine Mäßigung der russischen Politik gegenüber Deutschland und Österreich zur Folge haben sollte, war Bismarck einer Wiederherstellung des Dreikaiserbunds nicht abgeneigt, allerdings nur als Ergänzung, nicht als Ersatz für den Zweibund.[55]

Diese Berechnungen erklären bestimmte Schritte Bismarcks im Herbst 1879, über deren Sinn die Historiker viel gerätselt haben. Am 14. September, zehn Tage nach Wilhelms Besuch in Alexandrowo und sieben vor Bismarcks Reise nach Wien, sandte der Kanzler dem deutschen Botschafter in London, dem Grafen Münster, Kopien der kritischen Dokumente, aus denen die «direkten Drohungen und weitgehenden Forderungen» des Zaren (ohne Erwähnung der späteren Dementis) hervorgingen, und wies ihn an, «nach Möglichkeit von Lord Beaconsfield zu ermitteln, welches die Politik Englands sein würde, wenn wir fortfahren, uns den russischen Zumutungen zu versagen und darüber mit Rußland in Zerwürfnis geraten sollten. Ein eigenes deutsches Interesse würde nicht verletzt, wenn wir den russischen Wünschen nachgeben. Nur Rücksicht auf unsere Freundschaft zu Österreich und England hält uns davon ab; deshalb müssen wir wissen, was England tun würde, wenn wir darüber in Händel gerieten.»[36] Um seinen Instruktionen zu entsprechen, mußte sich Münster, der gerade seinen Urlaub in Deutschland verbrachte, nach London zurückbegeben, wo er jedoch keinen Minister antraf. Als er schließlich am 26. September in Hughenden Disraeli sprechen konnte, verwickelte sich der anglophile deutsche Gesandte in eine ausgedehnte und viele Themen streifende Diskussion, bei der er möglicherweise seine Instruktionen überschritt. Nach Disraelis Darstellung erklärte Münster, daß Rußland einen Angriff auf Österreich vorbereite und daß Deutschland, um den Frieden zu erhalten, eine «Allianz zwischen Deutschland, Österreich und Großbritannien» wünsche.

Münsters Bericht nach Berlin gibt eine ganz andere Version der Unterredung. Nachdem Disraeli dem deutschen Botschafter Gelegenheit gegeben habe, in ein paar Worten den Zweck seines Kommens zu erläutern, habe der Premierminister selbst die Führung des Gesprächs übernommen und erklärt, daß auch er über die politische Lage in Europa viel nachgedacht habe. Er habe «mit einer gewissen Befriedigung» bemerkt, daß Rußland, verblendet vom «unsinnigen Slawophilismus», sich seine alten Verbündeten entfremdet habe und den Dreikaiserbund aufzugeben scheine. Großbritannien brauche Verbündete und müsse mit der alten, von Cobden und seinen Anhängern begründeten Tradition der Nicht-Intervention brechen. «Die natürlichsten Alliierten für England seien Deutschland und Österreich. Er würde mit Freuden auf eine Allianz mit Deutschland eingehen.» Das Hauptproblem seien Frankreich und die Möglichkeit einer russisch-französischen Allianz. Wenn Bismarck England (und Österreich) «im Oriente helfen» wolle und dabei in Konflikt mit Rußland geriete, «so stehen wir, falls diese Politik Deutschland mit Rußland in Händel verwickeln würde, dafür, daß Frankreich sich nicht rühren darf. *We will in that case keep France quiet* (Bismarck: «sonst nichts?»), *you may depend upon us.*»[37]

Münster diskutierte in Hughenden einerseits mehr, andererseits weniger, als seine Instruktionen verlangten. Das schlimmste aber war, daß er Disraeli keine unmißverständliche Antwort auf die spezifische Frage Bismarcks abverlangt hatte. Nichtsdestoweniger wies Bismarck am 8. Oktober den Botschafter an, die

Sache nicht weiter zu verfolgen. Weshalb traf der Kanzler diese auch im Lichte seiner früheren Annäherungsversuche an Großbritannien überraschende Entscheidung? Salisburys späteren Bemerkungen gegenüber Münster kann man entnehmen, daß die britische Regierung, wenn ihr die richtige Frage gestellt worden wäre, diese entgegenkommend beantwortet hätte.[58] Doch die Frage wurde nicht wiederholt, denn als Münsters Bericht in Berlin einging, hatte Alexander II., der von den deutsch-österreichischen Verhandlungen Kenntnis hatte und die Isolierung Rußlands fürchtete, schon seine Haltung geändert. Am 26. September traf der neu ernannte russische Botschafter bei der Pforte, Peter Saburow, in Berlin mit freundlichen Worten aus St. Petersburg ein. Bismarck und Saburow hatten bereits im Juli und August in Kissingen bei freimütigen Gesprächen ihre politischen Ansichten ausgetauscht, und es war dem Botschafter gelungen, den Zaren und andere in der russischen Hauptstadt von der Notwendigkeit besserer Beziehungen zu Deutschland zu überzeugen. Nun hörte er von Bismarck, daß der Zweck der deutschen Verständigung mit Österreich wesentlich darin liege, ein Bündnis Österreichs mit England und Frankreich gegen Rußland zu verhindern. Nun, da zwischen Österreich und den Westmächten ein Graben ausgehoben sei, könne man daran denken, den Dreikaiserbund wiederherzustellen! In Rußland, versicherte ihm Saburow, «sei jetzt ganz die Friedenspartei obenauf, man wünsche aufrichtige Verständigung». Zufrieden bemerkte später Bismarck: «Da habe ich die beste Quittung für meine Wiener Politik. Ich wußte es, der Russe würde uns kommen, wenn wir erst den Österreicher festgelegt haben.»[59]

In den Wochen und Monaten, die auf die Unterzeichnung des Zweibundes folgten, hatte Bismarck keine Mühe gescheut, die anderen Großmächte von der Harmlosigkeit des neuen Bündnisses zu überzeugen – wahrlich, er hatte die ihm bei dem Debakel von 1875 erteilte Lektion gelernt! Nach allen Richtungen beeilte er sich, das Abkommen mit Österreich (dessen genauer Inhalt auf Andrássys Wunsch geheim blieb) als nicht bedrohlich, der europäischen Stabilität dienend und mit den Interessen der anderen Mächte korrespondierend darzustellen.[60] Langer hat mit Recht Bismarcks Vergehen in dieser Zeit als eines der elegantesten Beispiele der diplomatischen Kunst gewürdigt. «Hier war einer jener seltenen Staatsmänner, die eine gegebene Situation aus allen erdenklichen Blickwinkeln betrachten und die eigenen Handlungen so einrichten können, daß dabei eine große Vielfalt von Möglichkeiten berücksichtigt wird.» Andrássy gegenüber betonte er eine Seite des Problems; den Kaiser verwies er auf eine andere. Zu den Russen sagte er, sein Ziel sei die Wiederherstellung des Dreikaiserbunds, einer «dreieckigen Festung», die sowohl den Frieden als auch die konservativen Prinzipien wahren würde. In London und Paris betonte er die Notwendigkeit, der Ausbreitung des Panslawismus und des Nihilismus vorzubeugen, und sprach vom Wert einer englisch-französischen Entente, die ihre Partner vor gefährlichen Abenteuern bewahren würde. «Man trifft den Kern der Sache nicht, wenn man irgendeine von Bismarcks Behauptungen als die wahre Exposition seiner Politik begreift. Was er beabsichtigte, war vielmehr ein System von Hemmnissen und

Gegengewichten *(checks and balances).*» Sein Interesse galt hauptsächlich dem Kontinent und dessen Angelegenheiten. «Doch stets trachtete er den Westen und den Osten in der Waage zu halten und die beherrschende Stellung Deutschlands zu wahren, indem er den einen gegen den anderen ausspielte.»[61]

IV

Das Ende der liberalen Ära

Die Ministerkrise von 1879

In seiner letzten Rede zur Verteidigung der Zollvorlage vor dem Reichstag am 9. Juli 1879 erklärte Bismarck: «Ich habe, seit ich Minister bin, nie einer Fraction angehört, auch nicht angehören können, ich bin successive von allen gehaßt, von einigen geliebt worden. Es ist *à tour de rôle* herumgegangen.» Niemals habe er für den Haß und die Böswilligkeit, die ihm begegneten, sich zu rächen gesucht. Sein einziges Ziel sei stets die Einigung Deutschlands, die Stärkung seiner Einheit und die Verpflichtung aller zur Mitwirkung an deren Fortbestand gewillten Kräften gewesen. Doch sei er in seinen Erwartungen, solche Mitwirkung betreffend, leider immer wieder enttäuscht worden. Statt dessen sei er in der Presse und im Parlament in widerwärtiger und abstoßender Weise angegriffen worden.[1] In diesem Augenblick offenbaren Triumphs spielte Bismarck die Rolle des verbitterten, immer wieder von seinen Jüngern verlassenen und verratenen Messias.

Er hielt diese Rede etwa vierzehn Tage nach den Rücktritten der Minister Hobrecht, Falk und Friedenthal. Als er am 27. Juni von Hobrechts Fahnenflucht erfuhr, sah man ihn mit zornverzerrtem Gesicht rastlos auf- und abgehen. Als zwei Tage später Falk und Friedenthal Hobrechts Beispiel folgten, witterte er eine Verschwörung. Das fast gleichzeitige Ausscheiden der drei «liberalen Minister» aus dem Staatsministerium war seines Erachtens nur die Spitze einer weitverzweigten Intrige, deren Gespinst von der parlamentarischen Opposition (Forckenbeck) bis ins preußische Staatsministerium und in Hofkreise reichte (insbesondere die Kronprinzessin). Indem sie während der letzten Debatte über das Tarifgesetz einen «Ministerstreik» inszenierten, planten die Verschwörer offenbar, ihn in «tödliche Verlegenheit» zu versetzen. Um zu zeigen, daß er dadurch keineswegs aus dem Gleichgewicht gebracht wurde, besetzte Bismarck die vakant gewordenen Posten mit ungewöhnlicher Geschwindigkeit neu.[2] Als Landwirtschaftsminister wählte er Robert Lucius von Ballhausen, einen Rittergutsbesitzer und Führer der Freikonservativen. Kultusminister wurde der pommersche Junker, konservative Abgeordnete und Oberpräsident der Provinz Schlesien, Robert von Puttkamer. Das Finanzministerium wurde dem Unterstaatssekretär im Innenministerium, Karl Bitter, anvertraut.

Gleichzeitig vollendete Bismarck die 1875 geplante Reorganisation der Reichsregierung. Seit der Entlassung Delbrücks hatte er Macht und Funktionen des

Reichskanzleramts so weitgehend umverteilt, daß zuletzt das Amt ganz abgeschafft werden konnte. Anstatt eines einzigen Exekutivorgans besaß nun das Reich acht Behörden, die von direkt dem Reichskanzler unterstellten Staatssekretären geleitet wurden: das Auswärtige Amt, die Admiralität (das spätere Reichsmarineamt), das Reichseisenbahnamt, das Reichspostamt, das Reichsjustizamt, das Reichsschatzamt und das Reichsamt des Innern.[3] Als persönliches Sekretariat diente dem Kanzler die Reichskanzlei, deren erster Chef Tiedemann war; der «bis zum Übermaß gefügige Hofmann» ließ sich aus dem Amt eines Präsidenten des Reichskanzleramts in das bescheidenere eines Staatssekretärs des Reichsamts des Innern komplimentieren. Zum Trost wurde er außerdem zum preußischen Handelsminister ernannt, da das Amt durch die Ernennung Maybachs zum Minister für öffentliche Arbeiten vakant geworden war.[4]

So hatte Bismarck die einst versprochenen Reichsministerien, nicht jedoch ein dem preußischen Staatsministerium vergleichbares «Reichsministerium» geschaffen. Die Staatssekretäre waren nicht Angehörige eines Ministerkollegiums, sondern die Untergebenen und, entsprechend dem Stellvertretungsgesetz von 1878, die Stellvertreter des Kanzlers, welcher der alleinige verantwortliche Reichsminister blieb. Während des Jahres 1879 berief Bismarck diese Beamten zu drei Konferenzen ein (der für Ministerberatungen gebräuchliche Terminus «Sitzungen» wurde anscheinend bewußt vermieden). Bei der ersten dieser Konferenzen betonte er, daß die Reichsressorts von den entsprechenden preußischen scharf getrennt bleiben müßten. Die Geschäfte zwischen Preußen und dem Reich könnten der Verfassung gemäß einzig vom preußischen Außenminister geführt werden, denn er allein sei befugt, das preußische Votum im Bundesrat vorzugeben und mit anderen deutschen Regierungen zu kommunizieren. Aus diesem Grunde hatte diese Stellung der Reichskanzler inne. Präsidialvorlagen, die Reichsangelegenheiten einschließlich des Haushalts betrafen, sollten nur von Reichsressorts entworfen und den preußischen Ministern nur zur Kenntnisnahme vorgelegt werden.[5] Bei dieser Gelegenheit kam seine frühere Absicht, preußische Minister an die Spitze der ihrem Ministerium entsprechenden Reichsressorts zu stellen, nicht mehr zur Sprache, und binnen eines Jahres gelangte er zu der Überzeugung, daß die Leitung des Reichsamts des Innern und des preußischen Handelsministeriums in «Personalunion» durch Hofmann sich nicht bewährt habe.[6]

Obwohl er also von dem anfänglich eingeschlagenen Weg schon abgewichen war, war doch das Ziel, das er zu erreichen suchte, dasselbe geblieben: persönliche Kontrolle der Reichsregierung und Vormacht im preußischen Staatsministerium. Das Maß des Erfolgs seiner diesbezüglichen Bemühungen ist am gewandelten Charakter der Sitzungen des preußischen Staatsministeriums, denen er beiwohnte, abzulesen. Nach 1879 steht am Anfang der Protokolle dieser Sitzungen gewöhnlich eine ausführliche Erklärung des Ministerpräsidenten, in welcher er seine Kollegen über zu entwerfende Gesetze, zu treffende politische Maßnahmen und zu verfolgende politische Ziele unterrichtet. Den Protokollen nach zu urteilen, dienten die anschließenden Diskussionen mehr der Klärung der Absichten des Ministerpräsidenten als einem kollegialen Entscheidungsprozeß. Man hat den Eindruck eines Lehrers, der Schüler unterrichtet.[7] Bismarck hatte nach langem und langwierigem Aufstieg, bei dem er oft hatte innehalten und die Richtung wechseln müssen, den Gipfel seiner Exekutivgewalt erklommen.

Die 1879 eingeführten Änderungen liquidierten auch die letzten Spuren der «liberalen Ära». Selbst die Titel der Stellung, die einst Delbrück innegehabt, und der Behörde, die er geschaffen hatte, wurden getilgt. Die Reichsregierung wurde überdies von dem letzten wichtigen Vertreter der Laissez-faire-Ökonomie, der ihr noch angehörte, gesäubert. Otto Michaelis, der nach 1867 Delbrück bei der Formulierung der Reichswirtschaftspolitik beigestanden hatte, wurde seines Amts als Direktor der Finanzabteilung des Kanzleramts enthoben und auf die harmlose Stelle eines Hauptverwalters des Reichsinvalidenfonds versetzt. Die Leitung des Reichsschatzamts vertraute Bismarck Adolf Scholz an, einem Karrierebeamten, der einst als konservativer Abgeordneter dem preußischen Landtag angehört hatte. Emil von Burchard, ein preußischer Delegierter im Bundesrat, der kürzlich geschickt dabei mitgewirkt hatte, das Schutzzollgesetz durch den Reichstag zu bringen, wurde als Direktor auf die zweitwichtigste Stelle des Amts gesetzt. Bei seinen Empfehlungen zur Ernennung wies Bismarck den Kaiser ausdrücklich auf die politische Eignung der Kandidaten für die ihnen zugedachten Ämter hin. Das war etwas Neues in der Geschichte der preußisch-deutschen Bürokratie. «Hier wird der Übergang des Ressortchefs vom büromäßigen Fachmann zum politischen Exponenten in Anfängen sichtbar.»[8]

Die Ministerkrise von 1879 zeigt einmal mehr die Schwierigkeit des Staatsdienstes unter Bismarck. Über ein Jahr lang hatte Hobrecht seine Überzeugungen verleugnet. Der einstige Oberbürgermeister von Breslau und Berlin zog sich nun ins Privatleben zurück und gestand, für den Staatsdienst ungeeignet zu sein. Nach Monaten des Zögerns nahm schließlich Falk seinen Abschied primär aus Protest gegen die konservative Haltung, die ihm der Kaiser in seiner Politik gegenüber der evangelischen Kirche abverlangte. Bismarck schätzte Falk als tapferen Streiter gegen den Papismus nach wie vor, konnte ihn aber nicht dazu bewegen, im Amt zu bleiben. Friedenthal, der noch im vergangenen Jahr von Bismarck als Vorbild für seine Kollegen hingestellt worden war, stand nun in Ungnade. Der Fürst schwärzte ihn beim Kaiser an, der Mann wolle Kanzler werden, und seine Frau sei noch ehrgeiziger als er. Dieser «schlaue Jude», den Bismarck auf einer Soiree sogar einen «semitischen Hosensch...» genannt haben soll, war für ihn der gerissenste unter den fünf oder sechs «zukünftigen» Ministern, die darauf warteten, in die erste vom Kronprinzen zu bildende Regierung einzutreten. Zu diesem Zweck hatte, Bismarcks Beobachtungen zufolge, Friedenthal selbst Liberale, die so weit links standen wie Lasker, hofiert, während seine katholische Frau ihre Religion benutzte, um beim Zentrum Sympathien zu sammeln.[9]

Bismarck mußte seinem Souverän notgedrungen irgendwie erklären, warum so viele Minister kamen und gingen. Früher oder später entdeckten sie, behauptete er, daß es bequemer sei, dem Parlament nachzugeben, als mit Entschlossenheit den Standpunkt der Regierung zu vertreten. Selbst der konservative Friedrich zu Eulenburg habe sich dieser Schwäche schuldig gemacht. Als der einzige verantwortliche Beamte der ganzen Regierung müsse der Kanzler ständig eingreifen, um die Heraufkunft einer rein parlamentarischen Regierung zu verhindern. Die Tatsache, daß nur reiche Männer es sich leisten könnten, Staatsämter anzunehmen (Wilhelm: «??»), mache die Aufgabe, Minister zu finden, noch schwieriger. Die Anstrengung, geeignete Kandidaten zu finden, erklärte Bismarck, habe ihm die Krankheit zugezogen, die ihn Anfang 1878 in Friedrichsruh ereilt habe.[10] Bismarck hielt sich selbst für das einzige wirksame Bollwerk gegen eine konstitutionelle Veränderung des von ihm für Deutschland erdachten Regierungssystems. Er verlangte von seinen Ministern und Beamten, daß sie ihm dienten wie bloße Extensionen seines Ichs, fähig, seine Absichten zu begreifen und seinen Willen auszuführen, doch zu jeder selbständigen Tätigkeit und jedem höheren Ehrgeiz unfähig.

Der «Schlaganfall» von 1880

Bismarcks Auseinandersetzung mit dem Kaiser wegen des Zweibunds nahm beider Nerven und Gesundheit schwer in Anspruch, aber der Kaiser litt stumm, und Bismarck beklagte sich für zwei. Vor der Abreise aus Kissingen am 19. August schrieb er an seine Tochter, die einmonatige Kur sei zwar erfolgreich gewesen, schwere Arbeitsüberlastungen hätten ihm aber «einen nervösen Rückschlag» gebracht, den er nun in Gastein zu überwinden hoffe.[11] An seinem österreichischen Kurort hatte er mehr zu tun als selbst während schwieriger Perioden in Berlin. Da er wegen seiner verletzten Hand nur wenige Zeilen in einem Zug schreiben konnte, diktierte er Herbert bis zu vierzig Seiten täglich.[12] Schlimmer als die Arbeitsüberlastung war indessen die psychische Belastung durch den Widerstand des Kaisers. «Am meisten ist mir das Verbot nach Wien zu gehen auf die Nerven gefallen», schrieb er am 31. August privat an Bülow, «... wenn der Kaiser mich in diesem Maße an der Leine halten will, so kann den Dienst auch ein jüngerer und kräftigerer Mann an meiner Stelle besorgen.» Er sei mithin «durch die Wirkung und Friktion von Kur und Geschäften» gegenwärtig recht verbittert.[13] An Radowitz schrieb er: «Ich habe die Folgen ähnlicher Friktionen, welche in Nikolsburg und Versailles stattfanden, noch heute in meiner Gesundheit nicht überwunden; heute aber sind meine Kräfte so geschwunden, daß ich an den Versuch, die Geschäfte unter ähnlichen Bedingungen weiterzuführen, gar nicht denken kann.» Fast siebzehn Jahre lang habe er seine Pflicht getan, nun werde der Kaiser sich nach einem jüngeren Kanzler umsehen müssen. «Mein amtliches Abschiedsgesuch ... werde ich, wenn die Situation bis dahin unverändert bleibt, erst in acht bis zehn Tagen einzureichen haben.»[14] Abermals verlangte er, daß man aufhöre, ihn durch Opposition krank zu machen. Schon seit langem war der Zustand seiner Nerven für ihn ein Flegel, mit dem er auf seine Gegner einzudreschen wußte.

Nervöse Erschöpfung und Neuralgie zwangen Bismarck, noch ein paar Tage länger in Gastein zu verweilen, auch als Wilhelm ihm die Reise nach Wien endlich gestattete. Nach seinen Unterredungen mit Andrássy kehrte er am 25. September nach Berlin zu einer letzten Auseinandersetzung mit dem Kaiser zurück – nach Wilhelms Meinung der schlimmsten, die sie je gehabt hatten. Aus Berlin sandte er dem Kaiser eine Reihe von Botschaften, meist Telegramme, deren Ton immer schärfer wurde und kaum noch im Einklang mit der von ihm gern kultivierten Rolle des «Vasallen» stand. Als er aus Baden-Baden erfuhr, daß eines seiner Telegramme dem Kaiser eine schlaflose Nacht verursacht habe, telegraphierte er sarkastisch zurück, daß er und sein Gehilfe Bülow schon seit Wochen schlaflose Nächte hätten. Als der Kaiser am 8. Oktober endlich nachgab, bat der Kanzler sofort wieder um einen langen Urlaub auf dem Lande.[15] Am folgenden Tag reiste er nach Varzin, wo er prompt krank wurde – erschöpft, wie er sagte, von sechs Wochen ununterbrochener täglicher Kämpfe mit dem Kaiser. «Zwei Monate schon wechsele ich zwischen Bett und Sopha, ohne die verbrauchten Kräfte ersetzen zu können, verbraucht, um mir die Möglichkeit zu erkämpfen, das im Dienste meines Herrn und meines Landes Nothwendige thun zu können», schrieb er an Andrássy. «Mein Magen, der getreue aber viel mißbrauchte Knecht», erfuhr der Schwiegersohn, «versagt endlich den Dienst, weil ich ihm die Galle, auf die er ein Recht hat, anderweit verbrauche.»[16] Der Scherz war treffend. Als Lucius am 13. Dezember in Varzin eintraf, fand er den Fürsten von einer heftigen Gallenkolik angegriffen. «Er hat unter heftigen Schmerzen (vielleicht Gallensteine) starke Gallenentleerung gehabt. War sehr herunter und hatte so schwachen Herzton, daß Dr. Struck sehr ängstlich gewesen ist. Die inzwischen erfolgte Annahme der Eisenbahnvorlage hat ihn halb gesund gemacht. Ich fand ihn im Schlafrock bei einer riesigen Schüssel Bouillon, Reis und Tauben darin, beschäftigt und mit gutem Appetit essend.» Am folgenden Tag mutmaßte Lucius jedoch, daß vielleicht ein Leberleiden den Fürsten plage und angesichts seiner gesundheitlichen Verfassung ein plötzlicher Zusammenbruch durchaus möglich sei.[17] Von Herbert hörte Tiedemann, daß den Kanzler Neuralgien und Pommerns schneereiches Rheumatismusklima plagten. Ob eine vorgetragene Angelegenheit Zorn oder Langeweile bei ihm auslösen werde, sei unmöglich vorauszusehen, gewöhnlich allerdings einen Wutausbruch.[18]

Während einer Zeit von mehr als drei Monaten war der deutsche Kanzler über den Winter 1879/1880 nur zu minimalen Anstrengungen fähig. Erst am 27. Januar 1880 war er imstande, die Rückreise nach Berlin anzutreten. Zwei Wochen später berichtete Lucius, der Fürst sei zurück, «arbeitslustig, in alle Ressorts eingreifend, reizbar, und nicht leicht zu behandeln».[19] Sein Bestreben, die Gutsbesitzer zu schützen, drohte die Annahme eines Landwirtschaftsgesetzes zu verhindern, an dem Lucius monatelang gearbeitet hatte. Im März klagte der Kanzler in Gesprächen mit Busch und der Baronin Spitzemberg, daß er leicht ermüde und nicht lange gehen oder stehen könne, ohne einen Anfall von Neuralgie zu erleiden. Ein anderer Besucher, Booth, bemerkte vier Gläser voller Pillen auf dem Tisch des Fürsten, fand dessen Aussehen jedoch gesund, obwohl Bismarck selbst wie üblich widersprach. Wer wie er achtzehn Jahre lang als Violinsaite gedient habe, sei nicht mehr zu gebrauchen, sagte er, eines Tages werde er verschwinden wie eine Wolke.[19] Daß diese Befürchtung nicht nur dahingesagt war, zeigte sich am 30. März 1880, an dem Bismarck – nach seiner eigenen Diagnose – einen Schlaganfall erlitt.

Beim Diner an diesem Abend verzehrte er «sechs harte Eier mit Butter», genoß «unendliche Massen von Waldmeister-Bowlen-Eis» und eine Flasche Portwein, wonach er mit gerötetem Gesicht über Übelkeit klagte. Er verließ den Raum, offenbar um sich zu übergeben, und kehrte blaß und lallend «wie ein Betrunkener zurück». Seine Wangenmuskeln und sein Hinterkopf fühlten sich an wie gelähmt. Nach einer schlaflosen Nacht mit häufigem Erbrechen war die Sprechfähigkeit des Fürsten noch immer gestört. Struck diagnostizierte das Leiden als Mageninfluenza, die zeitweilig die Gesichtsmuskeln in Mitleidenschaft ziehe. Doch Bismarck, «widerborstiger wie je», verhöhnte den Arzt, schlug seinen Rat in den Wind, verzehrte eine schwere Mahlzeit von Hühnersuppe, Fleisch und Gemüse und ging danach im Regen spazieren. Johanna ließ Ernst von Leyden kommen, einen prominenten Internisten und Hochschullehrer seines Fachs, der Strucks Diagnose bestätigte. Bismarck ließ sich jedoch von der Überzeugung, einen Schlaganfall erlitten zu haben, nicht abbringen und gab die Schuld daran den Beschwernissen des Staatsdienstes. Erst nachdem ein dritter Arzt, Oskar Schanzenbach, der fester und kategorischer mit ihm sprach als die beiden anderen, deren Diagnose bestätigt hatte, nahm der Patient sie an. «Ob ich jetzt oder in fünf Jahren sterbe, ist eigentlich ganz gleich», stammelte er, als er den Anfall erlitt. «Für Sie ja», erwiderte einer seiner Gäste, «aber nicht für uns und das Vaterland.» Darauf Bismarck: «Wer weiß, vielleicht wäre es besser.»[20]

Legislative Siege, 1879–1880

Bismarck langwährende Krankheiten, seine Abwesenheit aus Berlin während des Winters und die Arbeitsunfähigkeit während des Frühjahrs hinderten ihn an der Mitwirkung bei wichtigen politischen und legislativen Angelegenheiten. Während der Monate August und September 1879 fand die Kampagne für die Wahlen zum preußischen Abgeordnetenhaus am 7. Oktober statt. Die legislative Sitzungsperiode des Landtags begann am 28. Oktober 1879 und endete am 3. Juli 1880, nach einer Unterbrechung durch die vom 12. Februar bis zum 15. Juni 1880 dauernde Session des Reichstags. Der Bundesrat trat am 15. September 1879 zusammen und vertagte sich am 30. Juni 1880 nach einer ungewöhnlichen langen, zeitweilig stürmischen Sitzungsperiode. Obwohl in allen drei Körperschaften wichtige Gesetze zur Debatte standen, erschien der deutsche Reichskanzler und preußische Ministerpräsident nur ein einziges Mal im Reichstag (am 8. Mai 1880), zweimal im Bundesrat (am 8. und 14. Juni) und im Landtag überhaupt nicht.

Die preußische Landtagswahl am 7. Oktober 1879 war die erste Probe auf die politischen Konsequenzen der Schutzzölle. Auf Bismarcks Anweisung begann im August die Regierungspresse «die Wahl von Leuten der Farbe Forckenbecks, Stauffenbergs, Laskers und Richters» als gleichbedeutend mit «Freihandel, wirtschaftlichem Elend und hohen direkten Steuern» abzustempeln.[21] Richter und seine Genossen forderten «Fort mit Bismarck» und konzentrierten ihre Kritik auf die verkehrte Wirtschaftspolitik der Regierung – mit katastrophalem Ergebnis.[22] Auch diesmal gaben die Wähler dem Kanzler, was er zu wünschen schien. Die Koalition, die die Franckensteinsche Klausel angenommen hatte, erzielte einen überwältigenden Wahlsieg, die Konservativen konnten die Zahl ihrer Mandate von 34 auf 104 vermehren, die Freikonservativen von 34 auf 54, das Zentrum von 88 auf 96, die Polen von 15 auf 19, während die Nationalliberalen von 175 auf 101 Mandate abfielen, die Fortschrittler von 67 auf 35.[23] In der neugewählten Kammer fehlten viele prominente Linksliberale, unter diesen sogar Lasker, für den bei der Stichwahl kein Sitz gefunden werden konnte. Richter wurde in seinem Wahlkreis Hagen ebenfalls geschlagen, gewann dann aber bei der Stichwahl einen Sitz in Berlin. Besonders schwere Verluste erlitten die Liberalen auf dem Lande. Die Fortschrittler verloren in Ostpreußen, wo sie lange besonders stark gewesen waren, 13 der 23 Mandate, die sie dort zuletzt gehabt hatten. Richter erwartete zuversichtlich, daß seine Partei diese Verluste bei den nächsten Wahlen wettmachen und die frühere Stärke zurückgewinnen würde.[24] Doch die preußischen Liberalen sollten sich von der Niederlage des Jahres 1879 nie wieder erholen. Das Dreiklassenwahlrecht in Verbindung mit der unveränderten Einteilung der Wahlbezirke sorgte dafür, daß sie auch in der zweiten Kammer des preußischen Landtags in der Minderheit blieben, die nun, wie das Herrenhaus, von konservativen Agrariern beherrscht wurde.

Ehe der Landtag zusammentrat, hatten sich die seit 1872 getrennten Fraktionen der Altkonservativen und Neukonservativen wieder vereinigt, was der Partei ermöglichte, entweder mit dem Zentrum und dessen polnischen Verbündeten oder mit den Freikonservativen und den Nationalliberalen eine Mehrheit zu bilden.[25] Bismarck fand die Fusion beunruhigend. «In jeder Flügelpartei», schrieb er, «verfällt die Führung immer den extremsten Elementen.» Die Ultrakonservativen seien keine «brauchbaren Bundesgenossen» oder würden keine bleiben, während der andauernde Verbleib der «Laskerei» in der Nationalliberalen Partei den «nihilistischen Fraktionen» und «Republikanern» (das heißt den Polen, Progressiven und den als Nationalliberalen maskierten Fortschrittlern) die Chance gebe, in entscheidenden Fragen die Kammer zu majorisieren. So gefährlich wie diese Extremisten war nach Bismarcks Anschauung die Zentrumspartei, deren Loyalität zur Regierung nicht durch Zugeständnisse im Kulturkampf erkauft werden könne. «Mit einer Majorität, deren Fortbestand von dem freien Willen des Zentrums abhängt, wird die Regierung nicht lange wirtschaften können.»[26] Aus Varzin intrigierte Bismarck, um sich eine andere, gefügigere Mehrheit zu sichern. Die Freikonservativen, schrieb er an Lucius, könnten in der Kammer als Kern einer Koalition gemäßigter Angehöriger der Konservativen und der Nationalliberalen das ausschlaggebende Elemente werden. Zu diesem Zweck überredete er Bennigsen, seine Entscheidung, sich aus der Politik zurückzuziehen, rückgängig zu machen, und setzte sich sogar für die Kandidatur Bennigsens für das Amt des Präsidenten des Abgeordnetenhauses ein. Doch die Konservative Partei koalierte mit dem Zentrum, um die Wahl Bennigsens zu verhindern und ihre eigenen Kandidaten durchzusetzen. So schien die Koalition, die Bismarck mit der Annahme der Franckensteinschen Klausel selbst ermutigt hatte, nun das preußische Abgeordnetenhaus zu beherrschen – sehr zu seinem Mißfallen.[27]

Der Fürst wies seine Leute an, Stellungnahmen für irgendeine Kombination von Parteien zu vermeiden, weil die Regierung andernfalls von der begünstigten Koalition abhängig sein würde, deren Führer, egal ob liberal oder konservativ, selbst zu regieren versuchen würden.[28] Erzielen wollte er aber genau das Gegenteil, nämlich die Abhängigkeit der größten Parteien von der Regierung. Sein Ziel war es, diese stets auf mehr Einfluß hoffen zu lassen, ohne sie jemals ganz zu entmutigen, so daß sie bei bestimmten Fragen bereitwillig in der Minderheit blieben, um es bei anderen nicht sein zu müssen. Während der kommenden Legislaturperiode war er auf die Unterstützung der Nationalliberalen für eine Anzahl wichtiger Gesetzesvorlagen angewiesen, die das Zentrum mit Sicherheit ablehnen würde. Er mußte sich aber auch die Option offenhalten, den Kulturkampf fortzusetzen, um die katholische Kirche dazu zu bringen, zu seinen Bedingungen Frieden zu schließen. Bismarcks Eintreten für Bennigsen und seine Ermunterung der gemäßigten Liberalen und der Konservativen zur Zusammenarbeit entlockten den ersteren Seufzer der Erleichterung. «Diese Kombination», schrieb Ludwig von Cuny an Johannes Miquel, «wäre der stärkste Damm gegen eine Reaktion in Schule und Kirche, also gegen die Reaktion, die wir wirklich fürchten.»[29] Diese Stimmung verhalf der Regierung im preußischen Abgeordnetenhaus zu der Mehrheit, die im Dezember 1879 Maybachs Gesetz zur Verstaatlichung von vier großen Eisenbahnstrecken[30], im Juni 1880 vier Gesetze zur Verwaltungsreform[31] und im Juli 1880 das erste Verwendungsgesetz verabschiedete.

Auch im Reichstag verhalfen die Nationalliberalen im Verein mit den Konservativen zwei wichtigen Regierungsvorlagen zur Annahme: den Erneuerungen des eisernen Etats von 1874 und des Sozialistengesetzes von 1878. Das Militärgesetz der Regierung wurde dem Reichstag im Februar 1880 schon lange vor Ablauf der Geltungsdauer des Septennats von 1874 (am 31. Dezember 1881) zur Erneuerung vorgelegt. Der Entwurf verlangte die Verstärkung der Streitkräfte entsprechend dem Bevölkerungswachstum, die Teilnahme der ersten Klasse der Reserve an Manövern in Friedenszeiten und eine Erhöhung des Militäretats um etwa 25 Prozent. Die jüngsten internationalen Krisen, die anscheinende Entfremdung Rußlands, die Möglichkeit eines Zweifrontenkriegs und die Verstärkung der Armeen Frankreichs und Rußlands schufen eine günstige Stimmung für die Annahme der

Vorlage, die Bismarck durch lancierte Meldungen in der Presse gezielt anheizte.[32] Für die Fortschrittler wie für Lasker und dessen Verbündete war indessen der springende Punkt der Vorlage, daß vom Parlament verlangt wurde, abermals für sieben Jahre auf das Recht zu verzichten, den Militäretat alljährlich zu prüfen. Die Manipulationen, mit deren Hilfe Bismarck 1874 eine Mehrheit für das Septennat zusammengebracht hatte, waren ihnen noch in schlechter Erinnerung. Doch die Liberalen von 1880 waren kaum in der Lage, das 1874 auf der Höhe ihrer parlamentarischen Kraft verlorene Terrain zurückzugewinnen. Bennigsen enthielt sich im Namen der «überwältigenden Mehrheit» seiner politischen Freunde jedes Urteils über militärische und außenpolitische Fragen. «Meine Freunde und ich lehnen die Verantwortlichkeit von uns ab, diese Verhältnisse besser beurtheilen zu wollen, als die Leitung unserer auswärtigen Politik und die vorzügliche Armeeverwaltung, die wir in Deutschland haben» – als Bismarck, Moltke und Kameke. Er pries Bismarcks Herbeiführung des Bündnisses mit Österreich-Ungarn gegen «starken Widerstand großer Kreise». Da Bennigsen und seine Freunde dafür stimmten, konnte die Militärvorlage nur zu Fall gebracht werden, wenn sich eine größere Zahl von «Laskeristen» der bunt zusammengewürfelten Opposition von Zentrumsabgeordneten, Fortschrittlern, Sozialdemokraten, Polen, Welfen und Elsaß-Lothringern anschloß. Doch nur vier Nationalliberale entschlossen sich zur Fahnenflucht – Lasker, Stauffenberg, Bamberger und Forckenbeck[33] –, und das Gesetz wurde mit 186 gegen 128 Stimmen angenommen. Die «Laskeristen» waren Generäle ohne Truppen.

Auch die Regierungsvorlage zur Verlängerung der Geltungsdauer des Sozialistengesetzes bis 1884 lag schon lange vor dessen Auslaufen am 31. März 1881 vor. Wie das erneuerte Septennat ging es im Februar 1880 glatt durch den Bundesrat. Im Reichstag hofften die beiden konservativen Parteien und die Mehrheit der Nationalliberalen, daß die Annahme des Gesetzes ohne lange Debatten erfolgen würde. Nur Lasker, der 1878 mit großen Bedenken für die Vorlage gestimmt hatte, tadelte dieses «Ausnahmegesetz» und den Mißbrauch, den die Regierung schon bisher damit getrieben habe. Doch Abgeordnete der Fortschrittspartei (vor allem Hänel) verlängerten die Debatte mit der erneuten Anklage, daß das Gesetz die bürgerlichen Freiheiten verletze, das Vertrauen der Öffentlichkeit in die Rechtsstaatlichkeit des Reichs erschüttere und überdies ungeeignet sei, um die Ausbreitung des Sozialismus zu verhindern. Natürlich ergriffen die durch ihre jüngsten Erfolge bei Nachwahlen ermutigten Sozialdemokraten die Gelegenheit, um ihre Meinung über soziale Reformen, die sie in Zeitungen und auf öffentlichen Versammlungen nicht mehr verbreiten durften, zu propagieren. Das Zentrum, das 1878 geschlossen gegen das Gesetz gestimmt hatte, spaltete sich diesmal. Ein konservativer Flügel unter Führung des bayerischen Grafen Georg von Hertling votierte für die Regierungsvorlage, während die Mehrheit hinter Windthorst in der Opposition verblieb. Der konservative Flügel freute sich der neu eröffneten Aussicht auf ein harmonisches Verhältnis zu Bismarck und hatte keine Angst mehr vor der Anwendung des Ausnahmegesetzes gegen subversive Aktivitäten auf die eigene Partei. Windthorst hingegen warf der Regierung vor, bei der Verfolgung sozialistischer Agitation den gesetzlichen Rahmen von 1878 willkürlich überschritten zu haben. Seine Anhänger betonten, daß sie nicht aus prinzipiellen Gründen gegen das Gesetz seien, sondern weil sie dessen praktische Anwendung nicht für möglich hielten. Am 4. Mai 1880 wurde die Regierungsvorlage mit überwältigender Mehrheit, 191 gegen 94 Stimmen, angenommen; vierzehn Zentrumsabgeordnete stimmten mit der Mehrheit.[34]

Legislative Niederlagen 1880

Diese nicht unbedeutenden Siege wurden allerdings überschattet von den Niederlagen, die Bismarck im Reichstag und im Landtag hinnehmen mußte. Abermals wurde der Zugriff der Regierung auf die Budgetbefugnis des Reichstags zurückgewiesen. Bismarck empfand inzwischen die Notwendigkeit, jährliche Budgets zu planen und zu verteidigen, als untragbar, das sei «eine Aufreibung der Kräfte aller Betheiligten, eine Abnutzung des Parlamentarismus durch diese unausgesetzte ruhelose Thätigkeit».[35] Er schlug eine Verfassungsänderung vor, derzufolge der Haushalt nicht mehr jährlich, sondern für zwei Jahre beschlossen und der Reichstag, anstatt wie bisher alle drei Jahre, erst nach vier Jahren neu gewählt werden sollte. Diese Fristverlängerung hätte es ermöglicht, die Sitzungsperioden des Reichstags und des Landtags in abwechselnden Jahren anzuberaumen. Richter vermutete, daß die Regierung den Antrag nur stellte, um den Nationalliberalen Gelegenheit zu geben, sich mit der Ablehnung einer Regierungsvorlage über ihre Annahme des Septennats zu trösten.[36] Gleichwohl ist die Regierungsvorlage durchaus ernstzunehmen – als ein weiterer Beweis für die wachsende Entschlossenheit des Kanzlers, die Wichtigkeit beider Parlamente zu schmälern. Er bestand ja schon seit Jahren darauf, daß die Regierung Gesetze, die sie für notwendig hielt, ganz ungeachtet der Wahrscheinlichkeit ihrer Annahme oder Ablehnung durch das Parlament, vorlegen müsse. Daß der Reichstag das Gesetz einfach ruhen ließ, überraschte ihn nicht. Dagegen war die Ablehnung des «Samoa-Gesetzes» eine unerwartete und verletzende Niederlage für ihn.

Im Laufe der vergangenen Jahrzehnte hatten deutsche Firmen, allen voran das Hamburger Handelshaus *Godeffroy und Sohn,* sich ein Monopol auf den Handel mit den Inseln Polynesiens gesichert, wobei sie von einer Niederlassung auf Samoa aus operierten. Nach der Eröffnung des Panamakanals versprach dieser Handel für die deutschen Exporte noch an Bedeutung zu gewinnen. Doch obwohl er schon damals gewinnbringend war, wurde *Godeffroy* nach unklugen Investitionen in deutsche Bergbauunternehmen 1879 zahlungsunfähig. Ein englischer Gläubiger, das Bankhaus *Baring,* wäre gern zur Zwangsvollstreckung geschritten, um sich die Konkursmasse anzueignen. Von Bismarck ermutigt, gründete daraufhin ein Konsortium deutscher Bankiers unter Führung Bleichröders und Adolph Hansemanns, an dem sich auch die preußische *Seehandlung* beteiligte, eine Gesellschaft zur Übernahme des Hauses *Godeffroy,* der allerdings das Reich Dividenden in Höhe von mindestens 4,5 Prozent für die Investoren garantieren sollte. Ein derartiges Arrangement war nichts Ungewöhnliches, vergleichbare Garantien waren von Preußen und anderen Staaten schon zur Förderung des Eisenbahnbaus gegeben worden. Bismarck war der Meinung, daß Erhaltung und Ausbau des deutschen Südseehandels von «nationalem Interesse» seien, eine Ansicht, die Bleichröder und Bernhard von Bülow ihm entschieden nahebrachten und die bald weithin von der regierungsamtlichen Presse verbreitet wurde.[37] Die Freihändler allerdings – mit Bamberger an der Seite – widersprachen diesem «Schwindel» im Reichstag und in der liberalen Presse und bestritten entschieden, daß die Rettung des Hauses *Godeffroy* zu den patriotischen Pflichten des deutschen Steuerzahlers gehöre. Ende April 1880 wurde die Regierungsvorlage mit 128 gegen 112 Stimmen abgelehnt, wobei das Zentrum mit den Fortschrittlern und 21 nationalliberalen Abgeordneten die Mehrheit bildete.[38]

Noch demütigender war für Bismarck das Schicksal des Steuerreformprogramms, das seit 1875 sein wichtigstes innenpolitisches Anliegen geworden war. Der in das Tarifgesetz von 1879 aufgenommenen Franckensteinschen Klausel zufolge sollte Preußen aus den Zoll- und Tabaksteuereinnahmen des Reichs alljährlich Millionensummen erhalten. Doch diese Gelder waren gleichwohl nicht ausreichend, um die Steuerlast für die Bevölkerungsgruppen mit geringem Einkommen und für Gutsbesitzer so merklich zu erleichtern, wie es sich Bismarck vorgestellt hatte, als er es 1878 unternahm, Deutschland «von dem Irrwege der direkten Steuern auf die glatte Bahn der indirekten» zu lenken.[39] Neue und höhere Reichssteuern waren erforderlich, wenn die Staaten vom Reich die Zuwendungen erhalten sollten, die für die beabsichtigte Steuerentlastung notwendig waren. Um den Reichstag zur Bewilligung dieser Steuern zu bewegen, erboten sich Bismarck und seine Mitarbeiter, im voraus zu demonstrieren, wie diese Einnahmen vom preußischen Landtag verwendet werden würden. Die Freude an der Senkung alter Steuern sollte den Schmerz über die Erhebung neuer mildern. Im Juli 1880 nahm der Landtag ein von der Regierung vorgelegtes Verwendungsgesetz an, das die Aufhebung der vier unteren Stufen der Klassensteuer, die Verschmelzung der oberen Stufen mit der Einkommenssteuer und die Übertragung der Hälfte des Grundsteueraufkommens an die Kommunalverbände verfügte.[40]

Selbst abgesehen von dem preußischen Wunsch nach Reichsmitteln zur Finanzierung dieser Steuerreform hätte der deutsche Reichstag während der Sitzungsperiode 1880–1881 ein schweres fiskalisches Problem zu lösen gehabt. Die steigenden Ausgaben des Reichs, insbesondere für die Armee, ergaben trotz der nach dem Tarifgesetz von 1879 zu erwartenden höheren Zolleinnahmen ein voraussichtliches Defizit von 44 900 000 Mark. Wenn keine neuen indirekten Steuern erhoben werden sollten, mußte die Reichsregierung entweder Geld leihen oder die Matrikularbeiträge der Bundesstaaten erhöhen. Die Regierung legte drei Steuergesetze vor, die eine Erhöhung der Brausteuer (die das Parlament 1879 verweigert hatte), der Stempelsteuer (in einem Maß, das mit der Steuerpflichtigkeit von Quittungen und Bankschecks über die 1878 gescheiterte Vorlage hinausging) sowie die Einführung einer neuen Wehrsteuer, die von den nicht zum Militärdienst eingezogenen Bürgern gezahlt werden sollte, vorsahen.[41] Der Reichstag verabschiedete die Haushaltsvorlage für 1880–1881, ohne Schwierigkeiten zu machen, wurde aber bei den ihm vorgeschlagenen Gesetzesänderungen der Brau- und Stempelsteuern nicht tätig. Die Wehrsteuer scheiterte im Bundesrat. Nachdem sie nun noch einmal das Septennat geschluckt hatten, waren die Abgeordneten nicht bereit, noch mehr von den Budgetbefugnissen des Parlaments zu opfern. Natürlich stärkten ihnen beim Widerstand gegen die neuen Steuern die betroffenen Brauer, Bankiers und Geschäftsleute den Rücken.[42] Gerüchte von einer neuerlichen Regierungsvorlage zur Errichtung eines staatlichen Tabakmonopols brachten eine Koalition von Fortschrittlern, Nationalliberalen und Zentrumsabgeordneten zusammen, die am 28. April erklärte, daß nach ihrer Auffassung die Regierung den Anspruch auf ein solches Monopol bei den Verhandlungen über das Tarifgesetz 1879 endgültig aufgegeben habe.[43]

Durch das Scheitern von Bismarcks Steuerprogramm für das Reich büßte das preußische Verwendungsgesetz seine materiellen Voraussetzungen ein. Ohne Unterstützung aus Reichsmitteln konnte Preußen, dessen Einnahmen aus direkten Steuern wegen der Depression ständig sanken, den niedrigen Einkommensgruppen und Kommunalverbänden keinen Steuernachlaß gewähren.[44] Das Verhalten des Zentrums, das sich im Reichstag mit den Linksliberalen verbündete, um das Steuerprogramm der Regierung zum Scheitern zu bringen, bestätigte Bismarcks Prognose aus dem vergangenen Herbst. Es war ihm mit seinen Manipulationen nicht gelungen, sich die ergebene Reichstagsmehrheit aus gemäßigten Abgeordneten zu schaffen, die ihm vorschwebte, und seine Strategie alternierender Mehrheiten, bei der das Zentrum und die Nationalliberalen gegeneinander ausgespielt werden konnten, hatte sich als nur bedingt erfolgreich erwiesen. Mißlungen war ihm überdies der Versuch, das Verlangen des preußischen Landtags nach finanzieller Unterstützung auszunutzen, um dem Reichstag Zugeständnisse zu entreißen.

Disziplinierung des Bundesrats

Das aufsehenerregendste Ereignis der Legislaturperiode 1879–1880 war aber nicht die Revolte des Reichstags und des preußischen Abgeordnetenhauses, sondern die der kleineren Staaten im Bundesrat. Seit 1867 hatten sich die deutschen Dynastien und Regierungen mehr oder weniger willig der preußischen Führung gefügt. Wie von Bismarck geplant, erwies sich der Reichstag als wirksames Gegengewicht gegen das Oberhaus der Reichsregierung. Die Bundesstaaten hatten Ursache, um ihre Existenz zu fürchten, solange der Kanzler der unitarischen Seite des konstitutionellen Gleichgewichts größeres Gewicht einräumte als der föderalistischen und mit den Nationalliberalen gegen den «Partikularismus» gemeinsame Sache machte. Sie suchten Sicherheit im Zusammenwirken mit Bismarck, denn durch Opposition fürchteten sie ihn nur weiter in die Arme der Parteien zu treiben, die für die Zentralisierung des Reichs waren, und Bismarck wußte natürlich aus dieser Befürchtung Gewinn zu ziehen. Doch nun wehte ein anderer Wind. Bismarcks Bruch mit den Liberalen ermutigte die Bundesstaaten, ihre partikularistischen Interessen entschiedener gegen die Ansprüche des Reichskanzlers zu vertreten. Wie schon berichtet, scheiterte an dieser Opposition der Plan des Kanzlers, die Eisenbahnen auf dem gesamten Gebiet des Deutschen Reichs zu verstaatlichen, ja sogar der bescheidenere, ein Reichseisenbahnamt zu schaffen, das Befugnis hätte, die Frachttarife zu regulieren.

Bismarck nahm das zwar hin, doch diese Erfahrung mag Anfang 1880 seine Entscheidung, den Bundesrat und die Bundesstaaten einer strengeren Kontrolle zu unterwerfen, beeinflußt haben. Zu diesem Zweck griff er aus zwei Richtungen an. Einerseits setzte er seinen Untergebenen zu, andererseits den Ministern der Bundesstaaten. Im März wurde Hofmann in scharfem Ton daran erinnert, daß nach der Verfassung nur der preußische Minister des Auswärtigen (nämlich Bismarck) berechtigt war, die preußischen Delegierten im Bundesrat zu instruieren; ohne dessen vorherige Kenntnis und Billigung durfte dieser Kammer kein Gesetzentwurf Preußens vorgelegt werden; Hofmann sei als Stellvertreter des Kanzlers nicht berechtigt, anders als in voller Übereinstimmung mit dessen politischen Absichten zu handeln.[45] Bei einem Diner für Bundesratsdelegierte erklärte der Fürst, daß der Bundesrat als ein «Aeropag der deutschen Nation» gedacht sei, wo sich die führenden Staatsmänner Deutschlands zur Beratung versammeln sollten. Leider blieben die Staatsminister fern und ließen sich von untergeordneten Beamten vertreten. Infolgedessen «litten die Beratungen unter dem Einfluß und den bürokratischen Gewohnheiten der Geheimräte». Als Abhilfe dagegen empfahl er jährliche Konferenzen von zwei- bis dreiwöchiger Dauer, bei denen die Minister ihre Sitze im Bundesrat einnehmen und über die wichtigsten Gesetzesvorlagen beraten sollten, um dann die Debatten über die weniger wichtigen ihren Stellvertretern in späteren Sitzungen zu überlassen. «Sein Zweck sei dabei, das föderative Element zu stärken, das Ansehen des Bundesrates nach außen und dem Reichstag gegenüber zu erhöhen und den unitarischen Bestrebungen entgegen zu wirken.»[46]

Kaum zwei Wochen nach dieser Erklärung kam es zu einer Auseinandersetzung im Bundesrat, bei der sich unmißverständlich zeigte, wie Bismarck dessen Wert als beratende Körperschaft tatsächlich einschätzte. Am 3. April, wenige Tage nach dem «Schlaganfall» des Fürsten, erschien Paul Fischer, ein hoher Beamter des Reichspostamts, im Bundesrat, um einen Antrag Württembergs, die von der Post ausgestellten Quittungen von der vorgeschlagenen Stempelsteuer auszunehmen, zu unterstützen. Da Hofmann und Bitter die Steuer, auf welche der Kanzler selbst so großen Wert legte, bereits verteidigt hatten, erlebten die Delegierten bei dieser Gelegenheit einen der seltenen Fälle, wo Meinungsverschiedenheiten innerhalb der Regierung im Bundesrat offen ausgetragen wurden. Es gab spöttisches Lächeln, manche wollten sogar Gelächter gehört haben, und die Kammer nahm mit knapper Mehrheit den württembergischen Änderungsantrag an.[47] Als

«Der müde Kanzler». Bismarck: «Meine Herren, ich sage Ihnen, ich bin todesmüde –»
Kikeriki: «So? Na, da möcht' ich den Herrn erst seg'n, wann er ausg'rast't is!»
(*Berg's Kikeriki,* Wien, Mai 1880)

Bismarck von dieser Szene berichtet wurde, «schäumte» er. Da Heinrich Stephan, der Generalpostmeister des Deutschen Reichs, nicht erreichbar war, ließ er gebieterisch den nächsten Mann in der Rangordnung zu sich befehlen, einen ahnungslosen Beamten, der stolz und glücklich zu seiner ersten Begegnung mit dem deutschen Reichskanzler eilte. «Nach wenigen Minuten stürzte er, tödlich erschrocken, aus dem Arbeitszimmer des Fürsten wieder heraus, um Fischer zu holen. Fischer erscheint.» Zu diesem, berichtet Tiedemann, sagte Bismarck einige «angenehme Dinge», etwa: «Ich habe mich über Ihre Jugend gewundert, als ich neulich Ihr Patent unterzeichnete; Sie sind aber viel jünger noch als Ihre Jahre». Das Stammeln war inzwischen offenbar überwunden.

Am nächsten Morgen fand Tiedemann den Fürsten nach einer schlaflosen Nacht mit dem *Gotha* in der Hand bei Berechnungen, die darauf hinausliefen, daß die dreißig Delegierten, die im Bundesrat bei der Frage der Postquittungen die Mehrheit gebildet hatten, 7500000 Bürger repräsentierten, die Minderheit von achtundzwanzig Delegierten aber 33000000. «Eine Überstimmung Preußens durch eine solche Majorität sei dem Geiste der Reichsverfassung schnurstracks zuwiderlaufend», zürnte er. Er könne Entscheidungen des Bundesrats, die er mißbillige, nicht anschließend im Reichstag verteidigen.[48] Unverzüglich diktierte er ein Abschiedsgesuch an den Kaiser. Wie vorgesehen erwiderte Wilhelm das Gesuch mit dem Vorschlag, der Kanzler möge Änderungen der Verfahrensweise des Bundesrats empfehlen, durch welche die Wiederholung solcher Situationen vermieden werden könne.[49] In Zeitungsartikeln, die Tiedemann und Busch verfaßt hatten, wurden preußische Beamte öffentlich wegen des Mangels an Disziplin getadelt, der sich während der Abwesenheiten des Kanzlers aus Berlin bei ihnen eingeschlichen habe. Es wurde auch empfohlen, Befugnisse der Kommissionen des Bundesrats auf dessen Plenum zu übertragen.[50]

Bei Bismarcks Umgang mit den Legislativen war das Wort «Rücktritt» längst ein Euphemismus für «Ultimatum» geworden. Der Reichstag hatte darunter zu verstehen, daß er entweder kapitulieren müsse oder aufgelöst werden würde, um sich dann Neuwahlen zu stellen, der Bundesrat, daß die Staaten nachgeben oder die Auflösung und Neugründung des Reiches in Kauf nehmen müßten. Wenn der «Geist» der Verträge von 1867 und 1871 verletzt würde, dann würde sich Preußen aus dem Bund zurückziehen, weil der Mechanismus seiner Regierung nicht mehr funktioniere. Die nationale Einheit müsse in diesem Fall entweder auf Kosten des Repräsentationsprinzips (des Reichstags) oder des föderalistischen Prinzips (des Bundesrats) wiederhergestellt werden. Was Bismarck mit solchen Andeutungen androhte, war ein Staatsstreich – und während des kommenden Jahrzehnts sollte man Gelegenheit erhalten, sich an dergleichen Drohungen nur allzu sehr zu gewöhnen. Diesmal verbreitete Bismarck seine Botschaft nur in verhüllter Form in der offiziellen Presse, deutlicher wurde er in privaten Schreiben an die Staatsregierungen.[51] Die Warnung zeitigte die gewünschte Wirkung. Die Minister der kleineren Staaten begaben sich eilends nach Berlin, um ihre Sitze im Bundesrat einzunehmen, stießen die frühere Entscheidung zur Stempelsteuer um und stimmten der neuen Geschäftsordnung zu, die ihnen für die Zukunft die Anwesenheit bei den Debatten über die wichtigsten Gesetzesentwürfe und bei deren Verabschiedung vorschrieb. Zur Belohnung wurde ihnen ein «Friedensdiner» in der Reichskanzlei serviert, bei dem sie ihren Gastgeber in bester Stimmung fanden.[52]

Schon früher war Preußen im Bundesrat gelegentlich überstimmt worden, doch so heftig wie diesmal hatte der Kanzler darauf bisher nie reagiert.[53] Indem er den Delegierten demonstrierte, wie weit er zu gehen gewillt war, um ein ihm unwillkommenes Abstimmungsergebnis rückgängig zu machen, verschaffte er sich praktisch ein Vetorecht gegen die Entscheidungen der Kammer.[54] Dennoch versicherte er gleichzeitig den Bundesstaaten, daß er ein Verteidiger ihrer Interessen und des Föderalismus im allgemeinen sei. Die Bundesstaaten seien, erklärte er, in seinen Augen viel größere Barrieren «gegen das republikanische Andrängen, das sich im Reichstag wie in ganz Europa bemerkbar macht, als in dem Einheitsstaate zu Gebote stehen würde, wo nur eine einzige Regierung, nicht eine Mehrheit von Regierungen, dem Reichstage gegenüber stehen würde».[55] Obwohl er wahrscheinlich wirklich dieser Meinung war, hatte Bismarcks Versuch, den Bundesrat fester in den Griff zu bekommen, die gleichen Folgen wie seine früheren Versuche, seinen Einfluß auf den Reichstag und das preußische Abgeordnetenhaus zu verstärken. Er vermehrte seine eigene Macht auf Kosten des Systems institutioneller *checks and balances,* das er mit der Reichsverfassung geschaffen hatte. Die Auswirkungen seiner narzißtischen Zwangshandlungen auf den deutschen Föderalismus beleuchtet eine Stelle in Lucius' Tagebuch, an welcher der Minister eine Unterhaltung resümiert, die er am 20. April 1880 mit dem soeben von einem Besuch beim Reichskanzler kommenden König Johann von Sachsen hatte: «Bismarck sei stets liebenswürdig gegen ihn gewesen, aber er habe ihn doch gealtert und sehr reizbar gefunden. Als er eine differierende Meinung geäußert habe, hätte sich Bismarcks Gesichtsausdruck verändert, und er habe sofort eingelenkt. Es sei ein Unglück, daß er gar keine abweichende Meinung hören könne und gleich schlimme Absichten vermute. So bei der Abstimmung über den Entwurf einer Stempelsteuer, wo niemand gewußt habe, daß ihm an der Sache etwas gelegen sei. Jeder tue ihm ja den Willen, der Kaiser an der Spitze.»[56]

Die Nötigung Bremens und Hamburgs

Die gleiche autoritäre Tendenz zeigt sich bei Bismarcks 1880 unternommener Kampagne, Bremen und Hamburg zum Eintritt in den Zollverein zu nötigen. Der Artikel 34 der Reichsverfassung sah vor, daß die beiden Hafenstädte an den Mündungen der Weser und der Elbe «mit einem dem Zweck entsprechenden Bezirke ihres oder des umliegenden Gebietes ... als Freihäfen außerhalb der gemeinschaftlichen Zollgrenze (bleiben), bis sie ihren Einschluß in dieselbe beantragen». Einiges von diesem umliegenden Gebiet war dem Zollverein zwar bereits einverleibt worden, aber Bremerhaven und Cuxhaven sowie das preußische Altona vor Hamburg blieben abseits.[57] Während seiner Bemühungen um die Einführung von Schutzzöllen im Mai 1879 drängte Bismarck die Hansestädte, erste Schritte zum Eintritt in den Zollverein zu unternehmen. Weder Bremen noch Hamburg taten ihm den Gefallen. Statt dessen erhöhten sie die Kopfsteuer, die sie anstelle von Zöllen jährlich an das Reich abführten, von drei auf fünf Mark pro Kopf.[58] Am 19. April 1880 wurde dem Bundesrat, ohne daß Hamburg zuvor unterrichtet worden wäre, von Preußen ein Gesetz vorgelegt, das die Aufnahme Altonas und eines Teils des angrenzenden St. Pauli in den Zollverein bestimmte. Da die beiden Orte geographisch und wirtschaftlich praktisch untrennbar mit Hamburg verbunden waren, lief diese Maßnahme auf den Versuch hinaus, Hamburg – und früher oder später auch Bremen – zu zwingen, ebenfalls dem Zollverein beizutreten.[59]

Am 28. April focht Hamburg die Verfassungsmäßigkeit der Eingliederung St. Paulis, das längst zu einer Vorstadt Hamburgs geworden war, in den Zollverein an. Doch die preußischen Delegierten im Bundesrat stellten sich auf den Standpunkt, daß es sich um einen rein wirtschaftlichen und die Verfassung nicht tangierenden Fall handele. Der bayerische Delegierte, Gideon von Rudhart, versuchte mit der Erklärung Zeit zu gewinnen, er müsse erst die Instruktion seiner Regierung abwarten, äußerte aber die Meinung, daß das Schicksal von St. Pauli durchaus konstitutionelle Fragen aufwerfe. Als er sich am nächsten Abend mit seiner Gattin zu Bismarcks parlamentarischer Soiree einfand, griff der Gastgeber ihn vor allen Gästen mit scharfen Worten an. Der Gesandte, der als integrer, jovialer und nicht sonderlich tatkräftiger Mann bekannt war, wurde bezichtigt, sich den wohlbekannten Intentionen des Kanzlers widersetzt und einer Verschwörung «mit Römlingen, den Hamburger Juden und Fortschrittlern» angeschlossen zu haben. Rudhart ließ seinen Wagen kommen, verließ die Gesellschaft, zeigte sich nie wieder im Bundesrat und wurde von seiner Regierung bald auf einen anderen Posten versetzt.[60]

Am 5. Mai übernahm Bismarck, was selten vorkam, den Vorsitz bei den Beratungen der Tarifkommission des Bundesrats persönlich. Er würde niemals zugeben, sagte er, daß die hamburgische Angelegenheit eine Verfassungsfrage aufwerfe. Die Ausgrenzung der beiden Hansestädte aus dem Zollverein sei stets nur als vorübergehender Zustand angesehen worden. Die Freihäfen der beiden Städte könnten leicht auf die Kaianlagen und die Speicher am Wasser begrenzt werden. «Er fasse die Sache so auf, daß daraus für Preußen eine Lage entstehen könne wie diejenige, in der es sich im Juni 1866 im Bundestag befand.» Nichtsdestoweniger willigte er ein, die Verfassungsfrage durch die Einsetzung eines Ausschusses von Experten zu umgehen, der den Auftrag erhielt, einen praktikablen Verlauf der neuen Zollgrenze festzusetzen. Mit Ausnahme der Hansestadt Hamburg selbst sprachen sich die Bundesregierungen gern für die von Bismarck vorgeschlagene Lösung aus. Die Experten lösten dann das Problem, indem sie ganz St. Pauli innerhalb der hamburgischen Freihandelszone beließen.[61]

Für Bismarck standen offensichtlich größere Einsätze auf dem Spiel als nur das Schicksal Altonas und St. Paulis. Obwohl der Gesetzentwurf vom 19. April behauptete, daß Altona unter der Verbindung mit Hamburg gelitten habe, waren die Kaufleute und der Magistrat der Stadt anderer Ansicht.[62] Am Ende erwies es sich als undurchführbar, auch nur Altona von Hamburg durch eine Zollgrenze zu trennen. Die Bundesratsverordnung vom 22. Mai 1880, die die Aufnahme Altonas autorisierte, wurde niemals exekutiert.[63] Tatsächlich hatte der Angriff auf Bremen und Hamburg mehr politische und nationalistische als wirtschaftliche und fiskalische Zwecke. Bismarck wollte diesen «Brückenkopf des Auslands auf deutschem Boden» beseitigen.[64] Daß die beiden Städte außerhalb der von ihm rund um die Festung Deutschland errichteten Zollmauer lagen, war für ihn ebenso schwer erträglich wie die Anwesenheit nichtgermanisierter (in seinem Sinne des Begriffs) Polen, Dänen und Franzosen innerhalb der Grenzen des Deutschen Reichs. Doch der Kanzler wollte durch eine Schocktherapie, wie er sie Rudhart verabreicht hatte, auch in den mittleren und kleineren Bundestaaten seinen Willen durchsetzen. Am 6. Mai erklärte er in einem Zirkular an die preußischen Gesandten an deutschen Höfen, das er veröffentlichen ließ, um dessen Ernst hervorzuheben, daß er als Kanzler sowohl den partikularistischen Sympathien der deutschen Bundesstaaten als auch den zentralistischen Tendenzen des Reichstags zu begegnen habe. Jeder Versuch der Staaten, Preußen in einer Verfassungsfrage im Bundesrat zu überstimmen, werde wieder jene Zustände herbeiführen, die man zwischen 1848 und 1866 im Bundestag schon einmal gehabt habe.[65] Die Botschaft war deutlich: Wenn Preußen in einer wichtigen Angelegenheit überstimmt werde, würde es sich aus den 1866 und 1870 unterzeichneten Bündnisverträgen zurückziehen, und damit wäre der Fortbestand der deutschen Einheit in Gefahr.

Der Streit im Bundesrat hallte im Reichstag wider. Bei der Erwiderung auf eine Interpellation am 1. Mai leugnete Adolf Scholz, Staatssekretär im Reichsschatzamt, im Namen Bismarcks rundheraus, daß der Reichstag in dieser Angelegenheit überhaupt etwas zu sagen habe. Doch Richter, Lasker und Windthorst wiesen diese Behauptung einmütig zurück; Richter beschuldigte die Regierung, die Verfassung verletzt zu haben.[66] Aus einem an die Öffentlichkeit gelangten Brief Bismarcks an Bitter hatten die Abgeordneten Kenntnis von der Absicht des Kanzlers, noch eine andere Waffe gegen die Hansestädte in Anschlag zu bringen – einen Bundesratsbeschluß, der die Einbeziehung der gesamten Elbmündung in das Reichszollgebiet verfügen sollte. Danach sollten die Zölle in Cuxhaven oder Glückstadt, wo die Schiffe in die Elbmündung einliefen, erhoben werden statt in Hamburg oder in den kleineren Häfen an der Elbe, wo sie ihre Ladung löschten. Dieser Plan stellte eine noch größere Bedrohung für den Zwischenhandel des größten deutschen Seehafens dar.[67] Normalerweise bedurften Bundesratsbeschlüsse keiner Bestätigung durch den Reichstag. Doch Rudolf Delbrück, der nun als Abgeordneter im Reichstag saß, fand einen Weg. Im Entwurf eines österreichisch-deutschen Elbschiffahrtsvertrages entdeckte er eine Klausel, die den Weg für eine Aufnahme der Elbmündung unter internationales Recht offenhalten sollte. Da der fragliche Vertragsentwurf den Handel betraf, konnte er im Reichstag debattiert werden, und die Abgeordneten der Opposition ergriffen die Chance, die Frage der Eingliederung Hamburgs und Bremens zur Diskussion zu stellen.[68]

Die Debatte war Anlaß für Bismarcks einzigen persönlichen Auftritt im Reichstag während der gesamten Session. Der Kanzler beschuldigte die Abgeordneten der Einmischung in Angelegenheiten, die außerhalb ihres verfassungsmäßigen Zuständigkeitsbereichs lagen. Die Liberalen hätten offenbar die Begeisterung für die deutsche Einheit verloren und machten nun mit dem Partikularismus gemeinsame Sache. Die Leute, die einst glühende Anhänger der nationalen Idee gewesen seien, sogar sein «thätigster und bedeutendster Mitarbeiter bei der Herstellung der Reichsverfassung», gingen «heut zu Tage Arm in Arm mit dem Centrum» und mit den Parteien, die damals gegen die Reichsverfassung waren. Die feindselige Haltung des Zentrums während der vergangenen sechs Monate, erklärte er, habe sein Vertrauen in Verhandlungen mit der Kurie zerstört. Dessen Verhalten sei stets ein Barometer der Absichten Roms. Hätten aber diejenigen, fragte er, die sich in die Opposition des Zentrums gegen die Regierung einreihten, die Folgen ihrer Handlungsweise für die Verfassung bedacht? Die kleineren Bundesstaaten zu ermutigen, Preußen im Bundesrat zu überstimmen, sei jedenfalls ein gefährliches Spiel. Dreißig Jahre lang habe er für die deutsche Einheit gekämpft und während achtzehn davon Haß auf sich gezogen wie jeder Minister, der lange an der Macht ist. Nun hielte ihn nur «der Wille des Kaisers» noch auf seinem Posten fest. Wenn er genötigt werde, seinen Abschied zu nehmen, werde er dem Kaiser raten, seinen Nachfolger unter Kandidaten auszuwählen, die für das Zentrum und die Konservativen annehmbar seien. Ihm sei es ziemlich einerlei, ob sein Nachfolger nach Canossa gehe.[69]

Bismarck hatte keinen zwingenden Grund, sich bei der Debatte der Elbschifffahrtsakte, die ohne die Zustimmung des Parlaments rechtskräftig wurde, an den Reichstag zu wenden. Ebensowenig war das bei der Erörterung der Einbeziehung der Elbmündung in das Reichszollgebiet erforderlich, denn der Bundesrat hatte die Befugnis, seinen Beschluß wirksam zu machen, und tat das am 22. Mai 1880. Er bedurfte auch nicht der Unterstützung des Reichstags, um Hamburg und Bremen zu zwingen, dem Zollverein beizutreten. Hamburg kapitulierte unter ständigem Druck aus der Reichskanzlei im folgenden Jahr, Bremen drei Jahre später 1884.[70] Bismarcks Rede am 8. Mai war Ausdruck seines Hohns und seiner Verachtung. Drohungen und Vorwürfe flogen wie zornige Funken von einem Schleifstein. Den deutschen Patrioten drohte er den Verlust der nationalen Einheit an, den Partikularisten die Schwächung des Föderalismus, den Ultramontanen eine Erneuerung des Kulturkampfs, den Liberalen dessen Einstellung durch eine reaktionäre Regierung. Nur die Konservativen, die seine Gesetzgebung im Reichstag und Landtag unterstützt hatten, blieben von seinem Zorn verschont. Abermals schilderte er sich selbst als einen Gegenstand universalen Undanks, als einen isolierten und mißverstandenen Staatsmann, der statt Parteiinteressen das Allgemeinwohl im Auge habe und seine schwere Bürde trotz Krankheit und Erschöpfung weiter trage. «Ich bin müde», sagte er, «todmüde.»[71]

«Milderungsgesetz» und Sezession

Während der zweiten Hälfte des Jahres 1879 wurden ernsthafte Anstrengungen zur Beendigung des Kulturkampfes unternommen. Leo XIII. berief Kirchenmänner in die Kurie, die eine Verständigung wünschten, während der neue Kultusminister in Berlin, Puttkamer, ein solider lutherischer Konservativer, sich seinerseits bemühte, den von Falk eingeschlagenen Kurs so zu korrigieren, daß eine Verständigung mit der römischen Kirche möglich wurde. Während der Monate Oktober und November verhandelten Delegationen, geleitet von dem päpstlichen Nuntius Kardinal Jacobini und dem deutschen Botschafter Prinz Heinrich VII. Reuss, in Wien. Bismarck blieb skeptisch, denn er glaubte nicht, daß die von beiden Seiten gestellten Forderungen miteinander vereinbar waren, und zweifelte auch an der Möglichkeit, die Zentrumspartei – welche Zugeständnisse ihr auch auf religiösem Gebiet gemacht würden – jemals vor den Wagen der Regierung zu spannen. Als sich das Zentrum im Dezember 1879 dem Eisenbahnerwerbsgesetz und anderen Regierungsmaßnahmen widersetzte, wies Bismarck Puttkamer und Reuss an, die Verhandlungen ohne Erklärung «einschlafen» zu lassen. Für ihn hatten sie immerhin den Zweck erfüllt, die Wünsche und Forderungen des Papstes ans Licht zu bringen.[72]

Ende Februar 1880 versuchte Leo, die Verhandlungen wieder in Gang zu bringen, indem er in der Frage der Anzeigepflicht ein gewisses Entgegenkommen in Aussicht stellte. Den Widerstand gegen die Anerkennung der Anzeigepflicht hatte Bismarck als das Haupthindernis für eine Aufhebung der Maigesetze bezeichnet.[73] Durch Jacobini ließ der Papst mitteilen, daß noch weitere Zugeständnisse gemacht werden könnten, wenn der Kirche in anderen strittigen Angelegenheiten, vor allem der Wiedereinsetzung der vom Staat vertriebenen Bischöfe, Genugtuung geschehen wäre.[74] Bei einer Ministerialsitzung setzte sich Puttkamer, unterstützt von Friedberg, entschieden für eine positive Antwort ein. Doch Bismarck maß dem päpstlichen Anerbieten nur «theoretischen Wert» bei. Das Zugeständnis räume nur für die niedere Geistlichkeit eine Anzeigepflicht ein, gestehe dem Staat ein Vetorecht gegen ihm mißliebige Kandidaten nicht ausdrücklich zu und könne zudem leicht widerrufen werden. Anstatt irgendeines der Maigesetze aufzuheben, meinte Bismarck, solle sich die Regierung vielmehr vom Landtag ein «Milderungsgesetz» verschaffen das sie autorisiere, die betreffenden Gesetze nach Gutdünken anzuwenden. «Man müßte Vollmacht haben ein Auge zuzudrücken, solange andererseits Friede gehalten werde.»[75] Am 12. April erklärte er öffentlich die Absicht der Regierung, sich die Ermächtigung dazu zu verschaffen. Gleichzeitig empfahl er die Wiederaufnahme der diplomatischen Beziehungen zum Heiligen Stuhl.[76] Er wollte den Papst im Spiel der Kundgebungen guten Willens übertreffen, indem er die Verlegung des Verhandlungsorts nach Rom vorschlug, und sich zugleich durch das «Milderungsgesetz» genügend Handlungsfreiheit verschaffen, um die Beziehungen der Regierung zu den Katholiken nach

Belieben verbessern zu können, wenn die Zentrumspartei gutes Betragen an den Tag legte; die Option, den Kulturkampf fortzusetzen, wenn er das für notwendig hielt, sollte jedoch ungeschmälert erhalten bleiben.[77]

Diese aufeinanderfolgenden Entwicklungen verursachten vielerorts Bestürzung. Als er erfuhr, daß der Papst bei der Anzeigepflicht Nachgiebigkeit signalisiert habe, rief Windthorst: «Erschossen! Vor der Front erschossen. Vom Rücken her erschossen!»[78] Die angekündigte Absicht der Regierung, sich ein «Milderungsgesetz» zu verschaffen, brachte das Zentrum ebenfalls in Verlegenheit, dem schon jetzt die Meinungsverschiedenheiten innerhalb der Partei zwischen den Befürwortern und den Gegnern des Sozialistengesetzes schwer zu schaffen machten. Daß die Öffentlichkeit über den Inhalt der fraglichen Gesetze einen ganzen Monat lang im unklaren gelassen wurde, trug zu der herrschenden Verwirrung noch bei. In Botschaften nach Rom, lancierten Zeitungsartikeln sowie in einer am 8. Mai 1880 im Reichstag gehaltenen Rede zog Bismarck Nutzen aus dieser Situation, indem er die päpstliche Friedenspolitik dem Obstruktionismus des Zentrums gegenüberstellte, dessen Angehörige mit Fortschrittlern, Freihändlern, Sozialisten, Polen und anderen «Reichsfeinden» zusammengingen.[79] In Mitteilungen an Windthorst und andere Zentrumsabgeordnete (Paul Majunke und Franz Moufang) wies der Vatikan das Zentrum an, weiter für die Aufhebung der Maigesetze zu agitieren, sich in rein politischen Angelegenheiten freie Hand zu bewahren und sich bezüglich des «Milderungsgesetzes» jedes Urteils zu enthalten, bis dessen Bestimmungen im einzelnen bekannt wären. Leo ließ jedoch auch keinen Zweifel, daß die Partei bei den Verhandlungen über eine Beendigung des Kulturkampfes keine Rolle spielen werde; die Verhandlungen blieben den souveränen Staatsoberhäuptern vorbehalten.[80]

Das Zentrum war nicht die einzige Partei, der das «Milderungsgesetz» unheimlich war. Selbst Liberale vom rechten Flügel waren empört, daß die Regierung auf unbestimmte Zeit dazu bevollmächtigt werden wollte, Pfarrern die Seelsorge in benachbarten vakanten Pfarrstellen zu gestatten, Regierungsadministratoren aus vakanten Diözesen abzuberufen, die finanzielle Unterstützung wieder aufzunehmen und staatliche Administratoren durch von Domkapiteln gewählte Vikare zu ersetzen. Bennigsen erklärte, daß solche Pläne nur der Kurie zur Freude gereichen könnten.[81] Doch der Papst verwarf das Gesetz als unzureichend.[82] Im Abgeordnetenhaus kam es zu einem Streit zwischen den Zentrumsabgeordneten, die das Gesetz in eine vollständige Aufhebung der Maigesetze umwandeln wollten, und den Liberalen, die sich bemühten, den Ermessensspielraum der Regierung möglichst zu beschränken. Obwohl er sich in Gesprächen unter vier Augen bemühte, Bennigsen zu beeinflussen, weigerte sich Bismarck zu erklären, welche Änderungsanträge er akzeptieren würde, was natürlich die Suche nach einem Kompromiß erschwerte. Schließlich brachte Bennigsen, der wieder einmal deprimiert daran dachte, sich aus der Politik zurückzuziehen, eine Koalition von Konservativen, Freikonservativen und rechten Nationalliberalen zusammen, die am 28. Juni 1880 dem Gesetz mit einer knappen Mehrheit von vier Stim-

«Am Steuer». Die liberale Speiche zu den anderen beiden: «Überhebt euch nur nicht! Sobald der Wind sich dreht, bin ich wieder oben.»
(Wilhelm Scholz, *Kladderadatsch*, 1879)

men zur Annahme verhalf – allerdings erst, nachdem wichtige Paragraphen, darunter jener, der es der Regierung erlaubt hätte, aus eigenem Ermessen Bischöfe wieder einzusetzen, getilgt worden waren.[83] Bismarck ließ den verstümmelten Entwurf gleichwohl als Gesetz verabschieden. «Die Session schloß», schrieb Lucius, «in allgemeiner Mißstimmung.»[84]

Daß Bismarck sich die Klagen Bennigsens bei anscheinend guter Laune anhörte, mag seine Ursache in der Überzeugung des Parteiführers gehabt haben, daß das «Milderungsgesetz» sich als der Keil erweisen würde, der die Spaltung der Nationalliberalen Partei vollenden werde – ein Ziel, das Bismarck schon seit 1875 verfolgte.[85] Der Bruch zwischen Gemäßigten und Demokraten war jedoch nicht Bismarcks Werk; auch für die endgültige Spaltung der Partei war er nicht direkt verantwortlich. Das Zerwürfnis der beiden Flügel war so alt wie die liberale Bewegung selbst und hatte 1866 schon einmal zur Spaltung geführt. Die Spaltung von 1880 war die Folge der unterschiedlichen Reaktionen der Parteiflügel auf die Herausforderungen, mit denen sie Bismarcks Frontwechsel in der Innenpolitik seit 1875 konfrontierte. Diese Reaktionen aber waren ihrerseits bedingt durch die Entwicklung der deutschen Wirtschaft, die Ausbreitung des oberen Mittelstands und die Gegensätze zwischen den Interessengruppen, aus denen sich dieser zusammensetzte.[86]

Nur Bennigsens Talent, Kompromisse zu erzielen, hatte überhaupt die Spaltung bis 1880 hinausgezögert. Während sukzessiver Krisen hatte er die Partei zusammenhalten und einen dauernden Bruch mit Bismarcks Regierung verhindern können. Seine Kompromisse waren allerdings immer weniger entlang der wahren «Kräftediagonale» erzielt und immer mehr rationalisierte Unterwerfungen unter den Willen Bismarcks geworden. Bei Männern wie Lasker, Forckenbeck, Bamberger und Stauffenberg führten diese Kompromisse wiederholt zu Gewissenskonflikten, die schließlich unerträglich wurden. Wieder und wieder gaben sie nach in der Erwartung – die bald zur bloßen Hoffnung herunterkam –, das Preisgegebene morgen zurückgewinnen zu können, wenn nicht unter Wilhelm und Bismarck, so doch sicherlich unter deren Nachfolgern. Aber Wilhelm überlebte Nobilings Schrotkugeln, und trotz schlechter Gesundheit und langer Abwesenheiten blieb Bismarck politisch gefährlich.

Die heftigen Debatten über das Tarifgesetz im Jahre 1879 hatten in der nationalliberalen Fraktion tiefere Gegensätze als je zuvor ans Licht gebracht. Daß sie mit der Sezession einer Gruppe vom rechten Flügel der Partei endeten und nicht mit dem Auszug der von Lasker angeführten Linksliberalen, hatte seine Ursache in Bismarcks Handel mit dem Zentrum. Die Annahme der Franckensteinschen Klausel nötigte die Gemäßigten und die Demokraten, gegen das ganze Gesetz gemeinsame Sache zu machen. Nach der schweren Niederlage an den Wahlurnen im Oktober hielt die nationalliberale Fraktion im preußischen Abgeordnetenhaus während der Session des Winters 1879–1880 ihre Einheit einstweilen noch aufrecht. Heinrich Rickert, ein noch relativ unerfahrener Parlamentarier, der nach Lasker nun den linken Flügel der Partei führte, hütete sich, Flügelkämpfe zu provozieren.[87] Als jedoch Ende Februar 1880 die Reichstagsfraktion erneut zusammentrat, begegnete Bennigsen dort wieder Lasker, Bamberger, Stauffenberg und Forckenbeck, von denen keiner mehr im preußischen Abgeordnetenhaus saß. Sein Zusammenstoß mit Forckenbeck wegen der Haltung der Partei zur Militärvorlage der Regierung war besonders bitter. Die Kluft war so tief geworden, daß die vier linksliberalen Führer in Zukunft allen Fraktionssitzungen fernblieben.[88]

Doch selbst unter diesen Umständen waren die Nationalliberalen noch keineswegs gelähmt. Im preußischen Abgeordnetenhaus arbeitete Bennigsen weiterhin Kompromisse aus und erreichte die Annahme eines Änderungsantrages zum Eisenbahnerwerbsgesetz, mit dem eine gewisse Kontrolle der Legislative über die Überschüsse, die ein verstaatlichtes Eisenbahnsystem abwerfen mochte, gesichert werden sollte, sowie die Aufnahme liberaler Elemente in Regierungsvorlagen zur Reform der preußischen Verwaltung. Im Reichstag schlossen sich viele Nationalliberale der Opposition gegen die Regierungsvorlagen zu Samoa, Hamburg, der Elbe, dem Tabakmonopol, der Stempelsteuer und anderen Fragen an, die das legislative Programm der Regierung für das Jahr 1880 weitestgehend zum Scheitern brachte. Für die «Laskeristen» waren die wichtigsten Streitpunkte die Erneuerungen des Septennats und des Sozialistengesetzes, zweier Kompromisse, bei denen die Nationalliberalen nach ihrer Überzeugung schmerzliche Opfer an parlamentarischer Macht und bürgerlicher Freiheit gebracht hatten. Für Bennigsen und die Gemäßigten jedoch waren diese Gesetze Bollwerke gegen Überfälle aus dem Ausland und Aufstände im Innern und deshalb notwendiger denn je. Im Ausland erhob sich mit der Entfremdung Rußlands von Deutschland im Gefolge der orientalischen Krise und des Berliner Kongresses das Gespenst eines drohenden Zweifrontenkrieges, während daheim die Erfolge der sozialistischen Bewegung, die sich bei den Nachwahlen zum Reichstag fortgesetzt hatten, auch viele Liberale davon überzeugten, daß der Staat nicht nur gesetzliche Instrumente zur Unterdrückung der Subversion benötigte, sondern auch die militärische Macht zur Niederwerfung revolutionärer Unruhen.

Politiker beider Parteiflügel spürten, daß sich bei der Bevölkerung in zunehmendem Maße konservative Tendenzen bemerkbar machten. In Bayern konstatierte Stauffenberg allgemeine politische Apathie. Niemand schien eine Meinung über das zu haben, was nicht unmittelbar seine persönlichen Interessen berührte. Diese Verhältnisse machten es den gemäßigten Liberalen leichter, die Möglichkeit eines Bündnisses mit den konservativen Parteien zur Unterstützung der Regierung in kritischen Fragen in Erwägung zu ziehen. Ein weiteres Motiv lag in der Dynamik der parlamentarischen Politik. Wenn sich die Liberalen nicht mit den Konservativen verbündeten, blieb den Konservativen die Möglichkeit eines Bündnisses mit dem Zentrum. Eine derartige Koalition aber konnte leicht «jene Reaktion in Schule und Kirche» zur Folge haben, die Johannes Miquel, dem bedeutendsten Führer der Gemäßigten nach Bennigsen, mehr Sorgen machte als die politische Reaktion. Deshalb war ein Bündnis mit den Konservativen unter den gegebenen Umständen aus Miquels Sicht «Realpolitik». Lasker jedoch sah vor solchem «politischen Realismus» den letzten Schimmer des liberalen Idealismus verblassen.[89]

Mitte März erwogen die vier Führer des linken Flügels – Forckenbeck, Bamberger, Stauffenberg und Lasker – ernsthaft den Rückzug aus der Partei. Vorerst jedoch entschloß sich nur Lasker am 15. März 1880 angesichts der Unmöglichkeit, die Politik der Kompromisse mit seinem Gewissen zu vereinbaren, zu diesem Schritt. Was Schutzzölle, Septennat und Sozialistengesetze begonnen hatten, wurde nun durch das «Milderungsgesetz» vollendet. Bennigsen und Miquel war durchaus bewußt, welche Konsequenzen es für die Einheit der Partei haben würde, wenn die Gemäßigten in ihrer Sorge um Einvernehmen mit Bismarck dem Kanzler die Macht an die Hand gaben, eben jene Vorherrschaft des Staates über die katholische Kirche abzubauen, auf deren Errichtung die Liberalen so viel Mühe verwendet hatten. Die Kompromißfassung des Gesetzes, die Bennigsen schließlich aushandelte, verlangte der Regierung zwar das Opfer des sogenannten «Bischofsparagraphen» ab (der für Puttkamer der Kern der Vorlage war), ermöglichte aber die Ernennung von Kapitularvikaren zur Administration vakanter Diözesen, indem sie die Regierung ermächtigte, auf den Treueeid auf die Maigesetze zu verzichten. Doch dieses Zugeständnis ging der Hälfte von Bennigsens Fraktionskollegen schon zu weit. Dreiundvierzig nationalliberale Abgeordnete stimmten für das Gesetz in dieser Kompromißfassung, fünfundvierzig dagegen.[90]

Im Juli 1880 entschlossen sich Forckenbeck, Stauffenberg, Bamberger und Rickert, Laskers Exodus zu folgen. Sie wollten den neuen Kern jener großen liberalen Partei bilden, nach der Forckenbeck auf dem Städtetag 1879 vergeblich gerufen hatte. Lasker und Rickert wollten auf neuen Fundamenten eine Organisation aus bescheidenen und festen Elementen errichten, die ihre Anliegen den Wählern nahebringen würde. Doch die Unterzeichner der am 30. August veröffentlichten Erklärung – einer Erklärung, die auf der Untrennbarkeit von wirtschaftlicher und politischer Freiheit beharrte sowie die Bewahrung der von der Verfassung garantierten bürgerlichen Freiheiten, Steuergerechtigkeit für die unteren Klassen und die staatliche Kontrolle von Schule und Kirche hervorhob – waren ausnahmslos Parlamentsabgeordnete (sechzehn gehörten dem Reichstag an, zehn dem preußischen Landtag). Der Name, den sie für die neue Partei wählten – «Die Liberale Vereinigung» –, sprach ihre Hoffnungen aus, doch die Öffentlichkeit nannte die Neugründung kurz «Die Sezession». Mit diesem Namen waren ihre Perspektiven besser gekennzeichnet.[91]

DRITTES BUCH

Die Zeit des Konservatismus
1880–1884

Man hat mir oft den Vorwurf gemacht,
daß ich nichts täte, um das Reich zu befestigen,
daß, wenn ich in meinem Amte einen Nachfolger haben muß,
es auch unabhängig von dessen Persönlichkeit
auf eigenen Füßen stehen könnte. Der Vorwurf ist sehr ungerecht.
Ich arbeite Tag und Nacht daran, und es ist die einzige Sorge,
die ich noch habe auf dieser Welt ...
Eine Festigung des Reiches suche ich
in einem starken Kriegsheere, in guten Finanzen
und in der Zufriedenheit aller Reichsangehörigen
in den verschiedenen organischen Gebilden ...
Ihrer aller Zufriedenheit herbeizuführen,
ist meines Erachtens eine der Vorbedingungen
für die Festigkeit des Reiches, wenn schwere Krisen
eintreten sollten.

Bismarck im Reichstag am 26. März 1886

I

Das Reich von Roggen, Eisen und Tinte

In den späten siebziger Jahren errang Bismarck einige seiner größten Triumphe. Er zwang die liberale Opposition in die Knie, schuf sich neue Optionen der Mehrheitsbildung im Reichstag, gestaltete die Reichsexekutive um, konsolidierte seine Macht über das preußische Staatsministerium und verlagerte die Ziele der deutschen Politik weg von der Ideologie und hin zum Materialismus. Er verschmolz die deutschen Eliten zu einem festeren Fundament für das preußisch-deutsche Establishment, unternahm entschiedene Anstrengungen zur Unterdrückung subversiver Bewegungen, fand nationale Anliegen, die das zerspaltene Land enger zusammenführten, errichtete Zollschranken, in deren Schutz er Industrie und Landwirtschaft gedeihen zu sehen hoffte, und er handelte den Abschluß des Zweibunds mit Österreich aus. Diese Erfolge waren mehr als geeignet, das Scheitern seines Versuchs, die Zentrumspartei im Kulturkampf zu zerstören, in den Hintergrund zu drängen. Mit erneuertem Vertrauen in seine Beherrschung der wichtigsten Kräfte auf innenpolitischem wie auf außenpolitischem Gebiet konnte er 1880 in das neue Jahrzehnt eintreten. Doch die Erfahrungen dieser Dekade sollten dann seine Erwartungen enttäuschen.

Freilich gab es in der ersten Hälfte der achtziger Jahre auf außenpolitischem Gebiet noch weitere Triumphe. Es gelang Bismarck, die von ihm bevorzugte Kombination östlicher Großmächte wiederherzustellen. Das gestattete ihm, das europäische Gleichgewicht zu stabilisieren und in Mittel- und Osteuropa die aristokratisch-monarchische Ordnung zu befestigen. Seine persönliche Hegemonie in der europäischen Diplomatie erleichterte ihm zudem einen Schritt in eine neue Richtung – die Erwerbung eines Kolonialreichs, von dem er hoffte, daß es zu Deutschlands wirtschaftlicher Prosperität beitragen würde.

Doch auf innenpolitischem Gebiet sah die Bilanz seiner Bemühungen während der gleichen Jahre weniger erfreulich aus. Obwohl die tiefe Depression der siebziger Jahre überwunden war, fand die deutsche und die Weltwirtschaft nicht zu der Prosperität und dem steten Wachstum der Jahre 1850–1873 zurück. Die Stimmung unter den Geschäftsleuten und Staatsmännern blieb pessimistisch. Die Schutzzölle brachten nicht die erwartete Erleichterung, und die erhofften Gewinne aus den neu erworbenen überseeischen Kolonien waren einstweilen Zukunftsmusik. Für Bismarck war die schwerste Enttäuschung dieser Jahre, daß es ihm entgegen seinen Hoffnungen nicht gelang, den Reichstag (anders als den Landtag) zu einem willfährigen Organ seiner Entscheidungen zu machen. Die Schwierigkeiten, denen Bismarck während der Jahre 1881–1886 im Parlament begegnete, ähnelten jenen, die er während der Jahre 1862–1866 gehabt hatte. Weder gelang es ihm, die Sozialdemokratische Partei durch eine antisozialistische Gesetzgebung zu zerschlagen, noch konnte er deren Basis, die Arbeiterschaft, durch die Sozialversicherungsgesetzgebung für die Regierung gewinnen. Interessengruppenpolitik zeitigte die erwünschten Ergebnisse zwar beim Unternehmertum, versagte aber bei den Proletariern. Die Spaltung der deutschen Gesellschaft und ihres politischen Lebens blieb bestehen, obgleich die zentrifugalen Kräfte des Partikularismus nachließen.

Im Jahre 1887 kreuzten sich abermals die innenpolitischen mit den außenpolitischen Entwicklungslinien. Der endgültige Zusammenbruch des Dreikaiserbunds infolge neuer Krisensituationen auf dem Balkan stellte Bismarcks außenpolitisches System auf seine schwerste Probe, die dessen Architekt nur um einen hohen Preis meistern konnte. Doch eben diese Krise – in Verbindung mit der Boulanger-Episode in Frankreich – gab dem Kanzler Gelegenheit zu seinem letzten großen innenpolitischen Coup. Denn 1887 gelang es ihm – wie schon 1866–1867, 1871 und 1878 – noch einmal, die Kriegsfurcht und die patriotischen Gefühle der Deutschen vor seinen Wagen zu spannen, so daß ein überwältigender Sieg bei den Reichstagswahlen ihm für eine gewisse Zeit die gefügige Majorität bescherte, deren er zur Erreichung seiner innenpolitischen Ziele bedurfte. Nicht einmal dieser Triumph aber sollte von langer Dauer sein. 1890, fünfundsiebzig Jahre alt, stand er sowohl in innenpolitischer als auch in außenpolitischer Hinsicht gewaltigen Problemen gegenüber, deren Lösung selbst die Kräfte eines jüngeren und gesünderen Mannes hätte überfordern können.

Industrielle Expansion

Der Wiener Börsenkrach von 1873 leitete für die deutsche wie überhaupt für die kapitalistische Weltwirtschaft eine Epoche ein, die man als die «Große Depression» bezeichnet hat. Aus der Beobachtung, daß über zwei Jahrzehnte die durchschnittlichen Preise für die Erzeugnisse der Schwerindustrie ständig fielen, haben Nikolai Kondratieff, Josef Schumpeter und andere den Schluß gezogen, daß es sich bei dieser Depression um eine absteigende «lange Welle» zwischen zwei aufsteigenden «langen Wellen» handelte – ein scheinbarer Beweis für den zyklischen Verlauf der kapitalistischen Wirtschaftsentwicklung. Indessen haben in jüngster Zeit andere Wirtschaftshistoriker auf Faktoren verwiesen, die, seit Ende der siebziger Jahre wirksam, an der Richtigkeit dieser Anschauung zweifeln lassen: die Expansion des Produktionsvolumens der Schwerindustrie, ein beträchtliches Wachstum der produktiven Bevölkerung, der Löhne und der Arbeitsproduktivität und ein steigendes Nettosozialprodukt.[1]

Und dennoch ist nicht zu leugnen, daß für die Jahre 1873–1894 Konjunkturzyklen von kurzer Dauer charakteristisch waren, deren psychologische, soziale und politische Konsequenzen diese Periode von früheren und späteren Phasen der Industrialisierung merklich unterscheiden. Nach sechs Jahren in der Talsohle begann die deutsche Wirtschaft sich während des Winters 1879–1880 langsam wieder zu erholen. Einen Anstoß dazu gab die Wiederaufnahme des Eisenbahnbaus in den Vereinigten Staaten von Amerika. Binnen zweier Jahre wurden 25 000 Meilen Schienen verlegt und so eine Nachfrage nach Schienen und Blockeisen geschaffen, die nur durch Importe aus England und Deutschland gedeckt werden konnte. Im Vergleich zu früheren Erholungen der deutschen Wirtschaft war allerdings diejenige der Jahre 1880–1882 kurzfristig und schwach. Sie endete abrupt mit dem Zusammenbruch der amerikanischen Hochkonjunktur und einer von Skandalen umwitterten Krise an der Pariser Börse. Fünf Jahre vergingen, ehe 1887 eine allgemeine Erholung begann, die zu einer Hochkonjunktur im Jahre 1889 führte, welche jedoch im folgenden Jahr schon wieder zusammenbrach. So gab es insgesamt zwei Aufwärtstrends (1879–1882 und 1888–1890) und drei Abwärtstrends (1873–1879, 1883–1887 und 1890–1894).[2] Die kurzen Phasen des Aufschwungs und die lange Dauer der Rezessionen, die mit einer Verschärfung der Konkurrenz und unsicheren Gewinnspannen einhergingen, verbreiteten in der gesamten Geschäftswelt eine ängstliche und pessimistische Stimmung. Sie blieb keineswegs auf Deutschland beschränkt, denn in anderen Ländern machte man ähnliche Erfahrungen. Der Industriekapitalismus hatte eine Weltwirtschaft hervorgebracht, die durch den Austausch von Waren und Kapital so eng verzahnt war, daß kein Teil dem Schicksal des gesamten Systems lange entrinnen konnte.[3]

Das niedrige Preisniveau für die Erzeugnisse der Schwerindustrie spiegelte diese kurzen Zyklen. Der Preis von Roheisen fiel von 145,50 Mark pro Tonne 1873 auf 56,20 Mark pro Tonne 1879 und stieg während des kurzen Aufschwungs, der 1882 endete, auf 60,40 Mark. Danach kam es zu einem anhaltenden Preisverfall, bis auf 45,70 Mark pro Tonne 1887, gefolgt von einem kurzen Preisanstieg auf 64 Mark pro Tonne im Jahr 1890, ein Preis, der erst 1892 wieder erreicht wurde. Die Roheisenproduktion entsprach diesen Preisschwankungen nur zu Anfang. 1873 wurden 2 240 575 Tonnen produziert, 1876 nur noch 1 846 345. Doch danach stieg die Produktion in stetem Crescendo auf 8 521 000 Tonnen im Jahre 1900 an. Nur zweimal während dieser langen Periode, nämlich 1886 und 1891, wurde die Vorjahrsproduktion nicht übertroffen, und selbst in jenen beiden Jahren war die Differenz gering.

Um diese ständig zunehmende Produktion von Eisen, Stahl, Kohle und anderen Waren abzusetzen, mußten die deutschen Hersteller einen immer größeren Anteil am inländischen Markt erobern und zugleich ihre Stellung auf dem Exportmarkt verbessern.[4] Die Fürsprecher des Protektionismus schrieben natürlich sich selbst das Verdienst daran zu, doch die Preisentwicklung läßt erkennen, daß noch andere Faktoren am Werke waren. Die Preise fielen wegen der scharfen Konkurrenz und weil aufgrund verbesserter Technologie und dem Ausbau der Massenproduktion die Herstellungskosten gesenkt werden konnten. Verbesserungen gab es bei Hochöfen, Walzwerken, Gießereien und auf anderen Gebieten.

Doch die wichtigste technologische Innovation dieser Jahre war die nach 1879 einsetzende schnelle Einführung des Gilchrist-Thomas-Verfahrens zur Ausscheidung der Phosphoranteile aus dem Eisenerz. Dies ermöglichte die Ausbeutung der umfangreichen Lager phosphorhaltigen Eisenerzes in Lothringen und Luxemburg, ein Gewinn, der zur Zeit der Annexion Lothringens noch nicht absehbar gewesen war.

«Die Großindustrie zeigt einen früher nicht gekannten Doppelcharakter», schrieb 1883 der Nationalökonom Franz Huber, «nämlich auf der einen Seite rege Tätigkeit, belebten Geschäftsgang, reichliche Aufträge, erhöhte Produktion und Vermehrung der Arbeiterzahl, auf der anderen Seite aber einen bedenklichen Rückgang der Preise, eine Massenproduktion, die vielfach zur Überproduktion wird, und einen gesteigerten Mitbewerb, der nicht selten zur Schleuderkonkurrenz ausartet und neue Arbeit durch immer weitere Preiskonzessionen an sich zu ziehen sucht. ‹Belebterer Umsatz, aber geringer Nutzen›, das ist für die Großindustrie seit 1880 die Signatur, und zwar ist der Umsatz in vielen Branchen bloß deshalb belebter, weil der Verdienst geringer ist und das Gesetz des Massenumsatzes immer weitere Erwerbszweige sich untertan macht.» Für den Schwerindustriellen der achtziger Jahre war Produktionssteigerung kein Indiz für die Gesundheit der Wirtschaft. Im Gegenteil mochte er sich dabei in einem Teufelskreis gefangen fühlen. Die extreme Konkurrenz zwang ihn, Preise und Renditen zu senken, um das Kapital für technische Verbesserungen aufzutreiben, welche die Kosten reduzieren und die Produktion steigern würden, was erneut auf die Preise drückte, wenn die Lager sich füllten und die Bestände verschleudert werden mußten,[5] – *volvitur Ixion et se sequiturque fugitque* («Kreisend am Rad verfolgt und flieht sich selber Ixion»).[6]

Für Max Wirth, einen anderen zeitgenössischen Nationalökonomen und Verfasser einer *Geschichte der Handelskrisen,* waren die fünf Jahre des Niedergangs von 1883 bis 1887 sowohl für die amerikanische als auch für die europäische Wirtschaft schlimmer als die auf den Börsenkrach von 1873 folgende Depression. «Die Preise vieler Waren setzten ihre rückgängige Bewegung fort bis zu einem Tiefpunkt, welcher der lebenden Generation unbekannt war. Der Zinsfuß sank auf einen Satz herab, der in der ganzen Finanzgeschichte unerhört ist, und verharrte so lange in dieser Flauheit, daß Manche schon die von Proudhon gemachte Verheißung in Sicht glaubten, den zinslosen Zustand, welcher zugleich den Untergang des Capitals und als nothwendige Folge den Untergang der Cultur herbeiführen würde. Das Capital staute sich, dieser Bewegung entsprechend, in solcher Fülle an, daß die drei großen Banken sehr häufig wie zu keiner früheren Periode mehr baares Geld in ihrem Schatz als umlaufende Noten hatten. Nur die Arbeiter wußten, vermöge festen Zusammenhaltens, ihre in der Periode des Aufschwunges gesteigerten Löhne trotz des Niederganges der Geschäfte zum großen Theil aufrecht zu erhalten ... Die räthselhafte Erscheinung, daß aller Unternehmungsgeist ausgerottet schien zu einer Zeit, wo der Zinssatz am Mittelpunkt des Geldmarktes, in London, Jahre lang zwischen 2 und 3 % sich bewegte und wo die

Preise der Roh- und Hülfsstoffe den Tiefpunkt des Jahrhunderts erreicht hatten, beschäftigte längere Zeit sowohl die Theoretiker, als die Praktiker, die Staatsmänner wie die Führer der wirthschaftlichen Parteien.»[7]

Die Folgen dieser Bedingungen waren eine Verringerung der Zahl der Konkurrenten durch Fusionen, Liquidationen und Konkurse; die Gründung vertikaler Kartelle, die die aufeinanderfolgenden Phasen der Produktion kontrollierten; und die Gründung von Syndikaten (lateralen Kartellen), welche die Preise kontrollierten und Märkte zuteilten. Schon die Depression der siebziger Jahre hatte unter den kleinen Banken und Industrieunternehmen zahlreiche Opfer gefordert. Von 40 während der Jahre 1870–1873 in Berlin neu gegründeten Banken wurden zwischen 1873 und 1881 30 liquidiert. In Dresden blieb von 14 Banken nur eine bestehen. In Hamburg mußten von 15 Banken neun geschlossen werden, in Frankfurt acht von 13, in Breslau sieben von zehn. Während so die kleineren Banken vom Markt verschwanden, expandierten die großen. Die *Deutsche Bank* begriff als erste, daß die Liquidation von Banken gewinnbringend sein konnte; die *Dresdner Bank* und andere folgten bald ihrem Beispiel. Infolgedessen kam es im deutschen Bankwesen nun zu einer neuen Phase der Expansion und Konzentration.

Bei der Schwerindustrie war eine vergleichbare Entwicklung zu beobachten. Von 244 Eisenhüttenwerken, die im Jahre 1873 bestanden, waren 1879 nur mehr 127 übrig. Während der wirtschaftlichen Erholung der Jahre 1879–1881 wuchs deren Zahl wieder auf 139, von denen 1887 noch 110, 1890 noch 108 existierten. Die Zahl der in diesen Werken betriebenen Schmelzöfen nahm von 210 1879 auf 222 1890 nur geringfügig zu, doch während der gleichen Zeit steigerte sich deren Produktion um 156 Prozent. Zu einer ähnlichen Konsolidierung kam es auf dem Gebiet der Stahlproduktion. Die Zahl der Stahlgießereien ging von 351 im Jahre 1879 auf 255 im Jahre 1890 zurück, während die Gesamtproduktion um 6 Prozent zunahm. Mit Bessemerbirnen waren 1879 erst 57 Stahlwerke ausgestattet, 1882 schon 75, 1887 waren es dann 94 und 1890, nur drei Jahre später, 115, was einem Zuwachs von 107 Prozent in der Zahl der Betriebe und einer Produktionssteigerung um 433 Prozent entspricht. Viele dieser Werke waren das Eigentum oder standen doch unter der Kontrolle riesiger Unternehmen (vertikaler Kartelle), die die sukzessiven Phasen der Produktion – Kohlen- und Eisenbergwerke, Eisen- und Stahlgießereien, Walzwerke und Fabrikationsstätten – unter einer zentralen Leitung kontrollierten. *Krupp, Phönix, Haniel, Thyssen, Stumm, Klöckner* und *Aachener* gehörten zu den großen Namen der Schwerindustrie jener Jahre.[8]

Die Notwendigkeit der Geheimhaltung solcher Partnerschaften erschwert die Erforschung der Geschichte von Absatzkartellen. Obwohl die frühesten Versuche, eine vereinigte Front durch Preisabsprachen zu bilden, schon in den vierziger Jahren unternommen wurden, lag die Blütezeit solcher Syndikate doch in den Jahren zwischen 1880 und 1890. Vor 1886 waren diese Kartelle regional organisiert und hatten selten lange Bestand. In diesem Jahr wurde aber in Düsseldorf der *Rheinisch-Westfälische Roheisenverband* gegründet. Dieser Verband umfaßte siebzehn der einundzwanzig Eisen- und Stahlproduzenten im rheinisch-westfälischen Gebiet und wurde zum Vorbild für ähnliche Verbände benachbarter Industrien. Kohlengruben, Walzwerke, Hersteller von Eisenbahnschienen, Draht und Röhren taten sich auf diese Weise zusammen. Diese Absatzkartelle wuchsen bald zu nationalen Organisationen an, die Herrschaft über den inländischen Markt und Wettbewerbsvorteile auf dem Weltmarkt suchten. Anders als in den Vereinigten Staaten, wo Antitrustgesetze verabschiedet wurden, anders auch als in Großbritannien, Frankreich, Österreich-Ungarn und in kleineren europäischen Staaten, die gleichfalls Gesetze zur Beschränkung von Kartellbildungen erließen, ermunterte die deutsche Regierung die monopolistische Entwicklung als einen Beitrag zur Rationalisierung der Produktion und zur Ordnung auf dem Markt. Dennoch war auch in Deutschland die Gründung von Absatzkartellen nicht immer leicht zu bewerkstelligen. Ihre Geschichte ist reich an gebrochenen Vereinbarungen, Auflösungen und preisbrechenden Außenseitern wie Krupp. Hinzu kam der demoralisierende Einbruch des kurzen Aufschwungs von 1888–1890.

«Kinder der Not» in den 1880er Jahren, wurden die Kartelle und Syndikate in der sich anschließenden Zeit der Prosperität als «Kinder der Bequemlichkeit» wiedergeboren. Monopole boten eine Zuflucht vor den Risiken und Sorgen zweier Jahrzehnte. Ursprünglich auf formlose Absprachen gegründet, nahmen mit der Zeit viele von ihnen festere Formen an, bis sie schließlich Korporationen nach dem Muster der frühen amerikanischen Trusts bildeten. Die Schutzzölle brachten die Kartelle nicht hervor; beide waren Produkte der wirtschaftlichen Depression, deren Hauptopfer der wirtschaftliche Liberalismus war – das freie Unternehmertum ebenso wie der Freihandel.[9]

Diese Entwicklungen beschleunigten die Nationalisierung der deutschen Wirtschaft während des letzten Jahrzehnts der Kanzlerschaft Bismarcks. Die spezifisch deutsche Konzentration des Bank- und Industriekapitals in miteinander verzahnten Großunternehmen wirkte in einem viel höheren Maße, als selbst Bismarck ahnte, den zentrifugalen Tendenzen des deutschen Partikularismus und des Reichsföderalismus entgegen. Darüber hinaus verminderte die Nationalisierung der deutschen Wirtschaft Deutschlands Abhängigkeit von ausländischem Kapital und ausländischer Beratung. In den achtziger Jahren war Deutschland bereits nicht mehr auf die technische Hilfe britischer Mechaniker, Ingenieure und Manager (wie William Mulvany) und das Kapital französischer, britischer, belgischer und holländischer Investoren angewiesen. Statt dessen war Deutschland selbst ein wichtiger Exporteur von Kapital, Technologie und Industrieprodukten geworden.[10]

Während der Jahre des raschen Wirtschaftswachstums von 1850 bis 1873 hatte sich die deutsche Wirtschaftsentwicklung von den Autarkiebestrebungen des Merkantilismus auf Laissez-faire und Internationalismus (Zollverein, niedrige Zölle, freies Unternehmertum) verlagert. Im April 1866 erklärte Georg Siemens, der bald die *Deutsche Bank* gründen sollte, seinem Vater brieflich die Bedeutung dieser Entwicklung: «Seit wir nämlich durch Abschließung des französischen Handelsvertrages unsere ganze Handelspolitik verändert haben und aus dem Schutzzollsystem in den Freihandel übergegangen sind, seit diesem Augenblick sind wir in das westeuropäische System übergegangen und bilden nur ein Land mit Frankreich, England und Belgien.»[11] Für Liberale wie Siemens war Deutschlands wirtschaftliche Vereinigung mit Westeuropa wenigstens ein Ersatz für die politischen Institutionen, zu denen es, anders als seine atlantischen Nachbarn, sein Vaterland einstweilen noch nicht gebracht hatte. Jetzt war auch dieser Ersatz verloren. Die Wendung zum Protektionismus im Jahre 1879 signalisierte eine Rückkehr zur Autarkie, doch mit einem bedeutenden Unterschied. Diesmal bremste nicht der als Unternehmer und paternalistische Autorität agierende Staat den Elan des freien Unternehmertums. Die deutschen Unternehmer selbst bildeten die Monopolgesellschaften, die gigantischen Banken und Industrien, die Kartelle und Syndikate, die schließlich die deutsche Wirtschaft beherrschen sollten. Das Streben nach Ordnung und Sicherheit wurde zur Nemesis der wirtschaftlichen Freiheit, wie es schon früher die Nemesis der politischen Freiheit gewesen war.

Stagnation auf dem Agrarsektor

Wie sich zeigen sollte, hatten die deutschen Agrarier während der achtziger Jahre noch mehr Anlaß zur Sorge als die Geschäftsleute und Industriellen. Denn während die letzteren nur das Wellental eines Konjunkturzyklus zu durchschiffen hatten, mußten die Landwirte sich auf einen Strukturwandel ihrer Märkte einstellen. Die schlechten Ernten der späten siebziger Jahre hielten zwar den Getreidepreis auf seinem früheren Niveau, hatten aber natürlich Einkommensverluste für die deutschen Landwirte zur Folge, deren sinkende Erträge Importe aus Rußland und Amerika begünstigten.[12] Nach 1881 wurde offenbar, daß die Einfuhr von Weizen aus Steppen und Prärien kein vorübergehendes Phänomen war. Ohne massive Importe konnte Deutschland seine rasch wachsende Bevölkerung nicht ernähren. So stiegen von 1881 bis 1885 trotz besserer Inlandsernten die Weizenimporte von 362 000 auf 572 400 Tonnen jährlich, von denen über die Hälfte aus Rußland und ungefähr ein Viertel aus Nordamerika geliefert wurde. Während der gleichen Zeit ging die deutsche Getreideausfuhr von 53 000 Tonnen auf 14 000 Tonnen zurück.[13]

Die Überschwemmung der Getreidemärkte mit billigem Weizen drückte in ganz Europa auf die Preise. Im freihändlerischen Großbritannien zum Beispiel kostete Weizen 1894 nur noch ein Drittel des Preises, der in den Jahren 1867–1868 dafür hatte gezahlt werden müssen.[14] In Deutschland hatte der verhältnismäßig bescheidene Zoll seit 1879 eine Bremswirkung, die das Sinken des Preises zwar verlangsamte, jedoch nicht aufhalten konnte. An Getreide wurde in Deutschland hauptsächlich Roggen angebaut, und Roggen wurde wie auch Hafer und Gerste in viel geringerem Umfang eingeführt als Weizen. Doch die Preise aller Getreidearten fielen entsprechend den Weizenpreisen. Zwischen 1881 und 1886 sackte der Preis des Weizens von 213,70 Mark auf 148,50 Mark pro Tonne ab, der des Roggens von 196,40 Mark auf 107,10 Mark pro Tonne. Die Folge war natürlich eine erneute Agitation für Schutzzölle. So wurden 1885 die Zölle auf Weizen und Roggen von 10 Mark auf 30 Mark pro Tonne erhöht, zwei Jahre später noch einmal auf 50 Mark pro Tonne. In den späten achtziger Jahren stiegen die Getreidepreise wieder an, 1891 kostete die Tonne Weizen 184 Mark, die Tonne Roggen 173,10 Mark. Doch die Erleichterung wirkte nur vorübergehend. 1894 fiel der Preis des Weizens auf 100,70 Mark, der des Roggens auf 88,20 Mark pro Tonne. Danach stiegen die Preise allmählich wieder an, doch wurde das Niveau von 1891 vor Ausbruch des Ersten Weltkrieges nicht wieder erreicht.[15]

Anders als die Schwerindustriellen konnten die deutschen Agrarier in den achtziger Jahren nicht ohne weiteres ihre Produktion steigern, um den schwindenden Abstand zwischen Preisen und Kosten wettzumachen. Schon seit 1865 wurde in Deutschland der größte Teil des anbaufähigen Landes bestellt. Erst nach 1890 gelang es, im Getreideanbau durch den Gebrauch von Düngemitteln, bessere Anbaumethoden und modernere landwirtschaftliche Maschinen höhere Erträge zu erzielen.[16] In der Zwischenzeit mußten die ostelbischen Agrarier einer stagnierenden Produktion und fallenden Preisen begegnen. Nach einem gründlichen Studium der nordamerikanischen Verhältnisse mahnte der Nationalökonom Max Sering, daß die deutsche Landwirtschaft sich ebenso mit dem «Kampf der Intelligenzen» wie mit dem Klima und den Beschaffenheiten des Bodens beschäftige. Deutsche Landwirte und Gutsarbeiter sollten ihre Tugenden, die «Ritterlichkeit der Gesinnung,... die Liebe zur heimischen Scholle... gewiß nicht vertauschen mit einer Anschauung, welche den Gelderwerb als Selbstzweck und Endziel des Daseins betrachtete». Allerdings müsse, so Sering, jeder, der die amerikanischen Verhältnisse beobachtet hätte, anerkennen, daß die «zweifellos bestehende wirtschaftliche Superiorität des amerikanischen gegenüber dem west- und mitteleuropäischen Bauern vor allem auf der geachteten Stellung des ersteren beruht». Um mit ihnen konkurrieren zu können, müßten die deutschen Gutsbesitzer seines Erachtens die Notwendigkeit von harter Arbeit erkennen, die nicht mit einem «allzu behaglichen oder verschwenderischen Genußleben» vereinbar sei. Er empfahl ihnen außerdem die Konzentration auf Feldfrüchte und andere Produkte, die weniger der ausländischen Konkurrenz ausgesetzt waren als Weizen, und riet ihnen, von der amerikanischen kooperativen Bewegung die Vorteile gegenseitiger Hilfe zu lernen: Wenn Großagrarier und kleine Landwirte zusammen arbeiteten, werde dies die Produktivität der deutschen Landwirtschaft erhöhen.[17]

Viele deutsche Großgrundbesitzer waren auf die Probleme, die sich ihnen jetzt stellten, nur schlecht vorbereitet. Sie waren meist ehemalige Offiziere oder Staatsbeamte, die wenig von Landwirtschaft verstanden und ihre Güter von Verwaltern bewirtschaften ließen. Befehlsgewohnt, wie sie waren, griffen sie manchmal mit unglücklichen Folgen ein, was bei ihren Untergebenen Unzufriedenheit oder sogar Gleichgültigkeit hervorrief. Viele vernachlässigten ihre eigenen Angelegenheiten, weil sie in der örtlichen Verwaltung oder im Parlament engagiert waren. Ihre soziale Stellung verlangte zudem eine kostspielige Lebensführung von ihnen, die nicht selten ihre Mittel überforderte. 1896 waren einer Schätzung zufolge 42,9 Prozent der großen Güter mit Hypotheken in Höhe von mehr als 60 Prozent ihres Werts belastet.[18] Max Weber stellte warnend fest, daß der durchschnittliche adelige Gutsbesitz von 400 bis 500 Morgen eine herrschaftliche aristokratische Existenz nicht mehr unterhalten könne. «Wie kann der altpreußische Landjunker», fragte Friedrich Engels, «jahraus, jahrein sage 20000 Mark einnehmen und sage 30000 Mark ausgeben, und doch keine Schulden machen?»[19] Trotzdem schafften es die meisten Gutsbesitzer zu überleben. Zwischen 1883 und 1900 mußten in Preußen 5650 Güter mit einem Gesamtbesitz von etwa 548000 Morgen Bankrott anmelden. Doch das waren nicht mehr als 0,2 Prozent aller derartigen Güter und 0,7 Prozent des bestellten Landes in Preußen.[20]

Sowohl in der Landwirtschaft wie in der Industrie war die Furcht vor dem drohenden Ruin größer als die reale Gefahr, doch die grassierenden Ängste hielten jene Koalition von «Roggen und Eisen» zusammen, die zuerst durch das Tarifgesetz von 1879 begründet und dann durch das von 1885 gestärkt worden war. Bei diesem sogenannten Solidaritätsblock handelte es sich, wie Alexander Gerschenkron richtig beobachtet hat, nicht um eine Allianz zwischen Landwirten und Industriellen als solchen, sondern vielmehr um ein Bündnis der mächtigsten Interessengruppen beider, den seit 1893 im *Bund der Landwirte* organisierten ostelbischen Großgrundbesitzern und den seit 1876 durch den *Centralverband deutscher Industrieller* vertretenen Großindustriellen Rheinland-Westfalens, des Saargebiets, Lothringens und Oberschlesiens. Tatsächlich war der Solidaritätsblock auch nicht so fest gefügt, wie sein Name glauben machen will. Seine Partner hatten sich vielmehr in einem ungeliebten Kompromiß zusammengefunden, bei dem jeder etwas preisgab, um etwas zu bekommen. Nachdem sie die Getreidepreise gestützt hatten, mußten die Industriellen die Löhne erhöhen, um ihren Arbeitern ein Auskommen zu ermöglichen und weiterhin die Zuwanderung neuer Arbeitskräfte vom Lande zu sichern. Nachdem er seinerseits die Preise und Löhne der Industrie gestützt hatte, mußte der Großgrundbesitzer für landwirtschaftliche Geräte und Maschinen höhere Preise zahlen und die Löhne seiner Arbeiter erhöhen, um sie auf dem Land zu halten. Beide Seiten waren überdies zur Versorgung benachbarter Wirtschaftsbereiche gezwungen; so mußte etwa der Großindustrielle mit dem Maschinenfabrikanten handelseinig werden, der billigen Stahl benötigte, der Großgrundbesitzer mit dem Kleinbauern, der an billigem Viehfutter interessiert war. Im übrigen war auch klar, daß man auf dem Weltmarkt mit protektionistischen Maßnahmen auf die Dauer nur verlieren konnte, denn beim Auslaufen der Handelsverträge schickten sich nun auch andere Länder an, als Vergeltungsmaßnahme ihrerseits die Einfuhrzölle zu erhöhen, um die deutschen Industriellen mit dem drohenden Verlust der Absatzmärkte für ihre überschüssige Produktion einzuschüchtern.[21]

Innerhalb des Solidaritätsblocks nahm das Gewicht der Großindustriellen auf Kosten der Großagrarier unaufhaltsam zu. Nach den besten verfügbaren Schätzungen ergab sich während der Jahre 1850–1854 das Nettoinlandsprodukt in Deutschland zu 45,2 Prozent aus Land- und Forstwirtschaft sowie der Fischerei, während Industrie und Handwerk dazu nur 20,4 Prozent beitrugen. 1870–1874 war das Verhältnis bereits 37,9 zu 29,7, 1900–1904 stand es bei 29 zu 36,6 Prozent. Im Laufe dieses halben Jahrhunderts sank die Zahl der bei Land- und Forstwirtschaft sowie beim Fischfang beschäftigten Arbeiter von 54,6 auf 38,0 Prozent, während im Verhältnis dazu diejenige der in Industrie und Handwerk Beschäftigten von 24,3 auf 34,4 Prozent anwuchs. Im gleichen Zeitabschnitt soll der Anteil der Landwirtschaft an Kapitalinvestitionen von 51,2 Prozent auf 30,1 Prozent gefallen sein, während derjenige der Industrie und Eisenbahnen von 29,3 auf 45,3 Prozent stieg.[22] Die adeligen Gutsbesitzer, die Bismarck für das Rückgrat des preußisch-deutschen Staates hielt, waren gegen Ende seines Lebens nicht mehr das Rückgrat der deutschen Wirtschaft. Wie lange mochten sich die sozialen Konventionen und politischen Institutionen aus der Zeit, in welcher der Roggen König gewesen war, noch in einer von Eisen und Stahl beherrschten Wirtschaft halten?

Soziale Konsolidierung

Die Allianz zwischen Großunternehmen und Großgrundbesitz, die Bismarck mit den Schutzzöllen von 1879 zustande brachte, war nicht das Ergebnis eines kurzen Brautwerbens, bestärkt durch einen günstigen Ehevertrag. Eine Annäherung hatte sich bereits seit geraumer Zeit angebahnt. Schon im frühen 19. Jahrhundert hatten Bürgertum und Adel im Staatsdienst auf nahezu gleichem Fuß miteinander verkehrt. Der Bruch, der die Solidarität und Absonderung des Beamtenstands in den mittleren Jahrzehnten des Jahrhunderts zerstörte, folgte weniger Standesgrenzen als vielmehr Generationslinien und entsprach den wirtschaftlichen und sozialen Gegensätzen innerhalb der gesamten Gesellschaft.[23] Bismarcks Leistungen in den sechziger Jahren, seine Überlegenheit und Vorherrschaft über den bürokratischen Apparat, der unablässige Druck, den Bismarck, Eulenburg, Puttkamer und andere Minister auf bürokratische Opponenten ausübten, schloß dann den politischen Riß innerhalb des Beamtentums und isolierte dieses von neuem gegenüber ideologischen Strömungen. Danach saßen Beamte im Parlament stets auf der Regierungsseite, nicht als Angehörige einer liberalen oder konservativen Opposition. Wegen der Schwierigkeiten, mit denen die Landwirtschaft zu kämpfen hatte, gingen während der zweiten Hälfte des Jahrhunderts mehr Söhne des Adels in den Staatsdienst. Für hohe Stellungen wurden auch weiterhin Anwärter adeliger Abstammung bevorzugt, obwohl der Anteil derjenigen, die solche besetzten (etwas über 50 Prozent im Jahre 1914), mit der Vergrößerung des Beamtenapparats abnahm. Ihre Präsenz im Staatsdienst verstärkte zweifellos den Einfluß agrarischer Interessen auf die Regierungspolitik, sie läßt aber auch eine Kontinuität aristokratischer Wertvorstellungen erkennen, die Angehörige des Adels für hohe Staatsämter geeigneter erscheinen ließ als ihre bürgerlichen Kollegen.[24]

Bürgerliche Familien, deren Angehörige seit mehr als einer Generation im Staatsdienst standen, bildeten weiterhin ein Reservoir für den Beamtenstand. Ihre Söhne und Töchter (wie Wilhelmine Mencken) heirateten oft in adelige Familien ein, doch in wachsender Zahl strebten sie auch Karrieren im Geschäftsleben, an den Universitäten und im Offizierskorps an. Durch die Begünstigung von Kandidaten mit ererbtem Reichtum gelang es der Bürokratie, den inneren Klassenkonflikt der mittleren Jahrzehnte einzudämmen. Das half natürlich den Söhnen der neuen industriellen Elite, die als Beamte, Offiziere oder Reserveoffiziere eine gesellschaftliche Stellung suchten. Reichtum wurde ein Kriterium persönlicher Befähigung und gesellschaftlicher Akzeptanz in einem Maße, das die akademisch ausgerichtete Bürokratie früherer Zeiten überrascht hätte. «Es entstand eine neue Führungsschicht, in welcher sich die früher getrennten Elemente des industriellen und agrarischen Reichtums mit den beruflichen Eliten über alle provinziellen Grenzen hinweg verbanden.»[25]

Trotz ihrer unterschiedlichen Herkunft zeigten die preußischen Beamten des späten 19. Jahrhunderts ein hohes Maß an Homogenität, das auf Reichtum, Elitedenken und einer grundsätzlichen Zustimmung zu einer autoritären Regierung basierte. In anderen europäischen Ländern (das beste Beispiel gibt England) führten die Einführung hoher akademischer Anforderungen und die Professionalisierung des Staatsdienstes zur Ablösung der Bürokratie von der traditionell herrschenden Oberschicht, beförderten deren Demokratisierung, öffneten sie neuen sozialen und politischen Anliegen und garantierten andererseits deren Neutralität im politischen Kampf. Doch in Preußen spiegelte der Staatsdienst die Fusion der alten agrarischen mit den neuen industriellen Eliten. Das alte Establishment erweiterte sich, um die neue Elite von «Bildung und Besitz» zu integrieren, und sicherte sich so seinen Fortbestand.[26] Rudolph Gneist, wahrlich kein Radikaler, hatte den für ein solches System charakteristischen Konformitätsdruck bereits früher mit bitteren Worten beschrieben: „Um zu lernen, wie man ein Leben hindurch einem System dienen kann gegen seine Überzeugung und gegen sein Gewissen, muß man preußischer Beamter sein. Um zu wissen, wie man die Schmach einer verleugneten Überzeugung mit einem Ordensband oder einem Titel deckt, muß man die Geheimnisse des hohen Beamtenthums kennen."[27]

Die großen ostelbischen Güter schufen eine weitere Verbindung zwischen Adel und Bürgertum. Die Aufhebung der gesetzlichen Beschränkungen für den Kauf adeliger Güter im Jahre 1807 – auf die eine Periode der landwirtschaftlichen Krise folgte – löste einen Strom von Handelskapital in die Agrarwirtschaft aus. Die Söhne und Enkel erfolgreicher Kaufleute und Bankiers aus den Großstädten des Westens stiegen durch den Erwerb ostelbischer Güter aus dem städtischen Patriziertum in den Landadel auf. Wie Bismarck bemerkte, eigneten diese Emporkömmlinge sich die sozialen und politischen Anschauungen der Junker an, deren Status sie für sich selbst zu erlangen hofften. Andererseits verwandelte die agrarische Revolution den Charakter des Adels. Die Umwandlung des Landes in eine Ware, die schrittweise Auflösung aller gutsherrlichen Rechte und Pflichten, der Übergang von der Subsistenz- zur kapitalistischen Landwirtschaft sowie auch der Besitz ländlicher Industrieunternehmen hatten die herrschende Aristokratie längst in eine landbesitzende Interessengruppe verwandelt, welche die Attribute jenes Feudaladels eingebüßt hatte, der ihrem Selbstverständnis noch immer entsprach. Der preußische Adel war früher nicht nur in konservativen, sondern auch in liberalen politischen Parteien führend gewesen. Doch die allmähliche Verschmelzung und Angleichung zwischen adeligen und bürgerlichen Gutsbesitzern führte schließlich zur Ausbildung einer homogenen Klasse von Landjunkern, die von einem allen gemeinsamen Korpsgeist beseelt wurde. Die «originellen Persönlichkeiten und geistigen Eliteelemente», die früher «unter den konservativen und liberalen Vertretern des Gutsadels und den bürgerlichen Junkern noch relativ häufig gewesen» waren, verschwanden. «An ihre Stelle traten in Schablonen denkende, in standardisierten Standeskonventionen erstarrende, ihren robusten Materialismus idealistisch und ‹national› drapierende, stur auf ihre bevorzugte Stellung pochende Typenmenschen: ‹eine anmaßliche Überhebung und eine innere Hohlheit bei geschliffenen Formen, das schlechte Junkertum statt der echten Ritterlichkeit›.»[28]

Die «Pseudodemokratisierung» des Adels ging einher mit einer «Pseudofeudalisierung» des oberen Mittelstands. Ungeachtet der steten Unterstützung seitens Bismarcks und der Regierung wurde der Adel an Wohlstand bald von anderen Interessengruppen aus Industrie, Finanzwesen und Handel übertroffen. Dennoch bewahrte er sich das Prestige des ersten Standes in der deutschen Gesellschaft, das er seinem feudalen Ursprung verdankte. Kraft ihrer Geburt hatten Adelige bei Hof den Vortritt vor den Kapitänen der Industrie und des Finanzwesens und wurden beim Wettbewerb um hohe Stellungen im Staatsdienst bürgerlichen Beamten und Offizieren vorgezogen. Obwohl ihre tatsächliche Funktion in der deutschen Gesellschaft sich schnell änderte, spielten preußische Adelige weiterhin die Rolle von Feudalherren und wurden von der standesbewußten Gesellschaft in dieser Rolle auch akzeptiert.

Die Errungenschaften der Hohenzollernmonarchie unter Bismarcks Führung in den Jahren 1866 und 1871 und die Furcht vor sozialer Unruhe, welche die Depression der Jahre 1873–1879 und das Aufkommen des proletarischen Sozialismus hervorgerufen hatten, veränderten die Einstellung der deutschen Unternehmer und Geschäftsleute zum Adel. Obwohl sie mitunter noch immer über die soziale und politische Privilegierung des Adels murrten, richtete sich das Bestreben der reichen Aufsteiger des deutschen Kapitalismus doch im wesentlichen nicht auf eine Zerstörung der alten Elite, sondern sie versuchten auf dem Wege über Studentenverbindungen, das Reserveoffizierskorps, durch Einheirat oder die Nobilitierung in sie aufgenommen zu werden. Hermann Baumgarten hat diesen Ehrgeiz schon 1866 beobachtet: «Kaufleute, die über Nacht reich geworden waren, hatten die Befriedigung, Beamte und Adelige finanziell und bald, in einzelnen Fällen, auch sozial hinter sich zu lassen. Sie stellten ihren Wohlstand zur Schau, indem sie wie Barone in kostbaren Equipagen vorfuhren; sie gaben Diners, bei denen Diplomaten und Minister gern zu Gast waren; sie erhielten Orden und Titel. Ja, wenn sie Glück hatten, wurden sie sogar in den Adelsstand erhoben.»[29]

Die Annäherung zwischen Adel und oberem Mittelstand nach 1871 wurde beschleunigt durch «*commercium* und *connubium*, nämlich durch ihr gemeinsames Profitieren von der Hochkonjunktur, die auf den französisch-preußischen Krieg folgte, sowie durch Eheschließungen, welche den Adel aus seinen finanziellen Nöten retteten und den sozialen Ehrgeiz des reich gewordenen Bürgerlichen stillten».[30] Anders als die englische Aristokratie, die von jeher ihre jüngeren Söhne in die Geschäftswelt schickte, hatten sich die Junker bisher von dieser Sphäre meist ferngehalten. Obwohl sie in ihrer Haltung zum Landbesitz und zu dessen Nutzung bereits kapitalistisch eingestellt waren, hielten sie die unternehmerische Tätigkeit nach wie vor für unvereinbar mit dem Stand und der Ehre eines Edelmanns. Von ihren mit schweren Hypotheken beladenen Gütern aus beobachteten sie mit einer Mischung aus Verachtung und Neid, wie in Berlin und an der Ruhr bürgerliche Geschäftsleute große Vermögen anhäuften. Die Pflichten verblieben ihnen, doch ihre Privilegien schwanden dahin und gleichermaßen ihr relativer Wohlstand. Sie nahmen freilich auch zur Kenntnis, daß Geburt und Abstammung die Angehörigen des schlesischen Hochadels nicht vor der Versuchung bewahrten, als Industrieunternehmer Profit zu machen. Als in den frühen siebziger Jahren der «deutsche Aufschwung» seinen Höhepunkt erreichte, wurde die standesgemäße Verachtung der geldscheffelnden Kapitalisten von Geldgier verdrängt. Während der Gründerjahre schlossen sich hohe Adelsherren, Landedelmänner und Staatsbeamte den Bankiers, Industriellen, Journalisten, Krämern, Dienstleuten und Droschkenkutschern an, die an der Börse ihr Glück zu machen suchten, und trieben die Kurse ohne Rücksicht auf deren gegenwärtigen Ertrag oder Zukunftsaussichten in die Höhe. Gründer von Aktiengesellschaften, denen es weniger darauf ankam, Gewinn aus deren Aktivitäten zu ziehen, als vielmehr die Preise der Aktien in die Höhe zu treiben, versuchten das Vertrauen der Öffentlichkeit zu gewinnen, indem sie Herren mit Adelstiteln in ihre Aufsichtsräte holten.

Der Adel profitierte von der Hochkonjunktur der Gründerjahre, wurde dann aber auch in den nachfolgenden Krach mit hineingezogen. Schon 1869–1870 brachte der Zusammenbruch von Bethel Henry Strousbergs rumänischem Eisenbahnprojekt verschiedene Angehörige des preußischen Hochadels an den Rand des Bankrotts, unter diesen den Fürsten zu Putbus, den Herzog von Ujest und den Herzog von Ratibor. Mit der ihm eigenen Ironie hat Bismarck deren Not und Errettung dem französischen Botschafter geschildert. «Unsre größten Herren und unsere Schuhputzer haben geglaubt, daß Strousberg ihnen eine Goldgrube präsentieren würde, und sehr viele haben den besten Teil ihres Besitzes riskiert im Glauben an die Versprechungen dieses Abenteurers. All das ist nun im rumänischen Schlamm begraben, und eines schönen Tages fanden sich zwei Herzöge, ein General, der königlicher Adjutant ist, ein halbes Dutzend Hofdamen, doppelt soviel Kammerherren, einhundert Kaffeehausbesitzer und alle Droschkenkutscher

Berlins vollkommen ruiniert. Der Kaiser erbarmte sich der Herzöge, des Adjutanten, der Hofdamen und der Kammerherren und befahl mir, ihnen aus der Verlegenheit zu helfen. Ich bat Bleichröder um Hilfe, der unter der Bedingung einen Adelstitel zu erhalten, auf den er als Jude Wert legte, einwilligte, den Herzog von Ratibor, den Herzog von Ujest und den Grafen Lehndorf zu retten; zwei Herzöge und ein königlicher Adjutant gerettet – das ist freilich das dem guten Bleichröder verliehene ‹von› wohl wert. Aber die Hofdamen, die Droschkenkutscher und die anderen ließ man ertrinken.»[31] Strousberg selbst schmachtete in einem russischen Gefängnis, obwohl Bismarck sich um seine Freilassung bemühte. Doch der preußische Adel ließ sich seinen Zusammenbruch nicht als Warnung dienen. Drei Jahre später wurde Bleichröder abermals zu Hilfe gerufen, diesmal, um für zwei von Bismarcks Untergebenen, den Grafen Paul von Hatzfeldt und Hermann Wagener, zu bürgen. 1873 krönte Gerson von Bleichröder – «der erste preußische Jude, dem diese Ehre zuteil wurde, ohne daß er sich zuvor zum Christentum bekehrt hätte» – seinen Aufstieg in den Adelsstand, indem er das in der Nähe von Potsdam gelegene Gut des Feldmarschalls Roon für sich erwarb.[32]

Was Bleichröder erreicht hatte, erstrebten viele: einen gesellschaftlichen Status für sich und ihre Nachkommen, der dem von ihnen angehäuften Reichtum entsprach. Die verschiedenen Wege zu diesem Ziel waren während der Herrschaft Wilhelms I. deutlich markiert. Außer auf dem von Bleichröder eingeschlagenen Weg fanden preußische Geschäftsleute Aufnahme in den adeligen Stand auch durch die Kultivierung persönlicher Beziehungen zur königlichen Familie, indem sie großzügig für vom Königshaus begünstigte wohltätige Stiftungen spendeten, ostelbische Erbgüter oder Herrschaften kauften und Töchter des Adels heirateten, diejenigen verarmter Adelsfamilien zumal, die Errettung aus bedrängten oder sehr bescheidenen finanziellen Verhältnissen suchten.[33] Zwei von Werner Sombart zitierte Beispiele mögen zeigen, wie schnell der Prozeß der Verschmelzung zwischen dem jungen Geldadel und dem alten Grundadel vor sich ging: «Den Kölner Bankier Simon Oppenheim, preußischer Geheimer Kommerzienrat, baronisierte Österreich 1867, und Preußen erkannte die Erhöhung ein Jahr später an. Dieses ersten Freiherrn von Oppenheim Enkelinnen – Töchter seiner beiden ältesten Söhne – haben sämtlich in altadelige Familien geheiratet; sie heißen Baronin Plancy, Gräfin Bredow, Frau von Frankenberg, Freifrau von Hammerstein, Gräfin Arco, Gräfin Matuschka, Gräfin Pocci, und von ihren Brüdern ist der eine mit einer russischen Gräfin, der andere mit einer Freiin aus altem bayerischen Rittergeschlechte vermählt. In Bayern verlieh König Max Josef I. seinem Hofbankier Aaron Elias Seligmann den freiherrlichen Namen ‹von Eichtal›. Dessen Nachkommen – von einem nach Paris gelangten Zweige abgesehen – sind vollständig im alteingesessenen Adel Bayerns aufgegangen. Sie sind Kammerherren, Gutsbesitzer, Offiziere und den Grafen Kuehn, Otting, Armansperg, Bossi, den Freiherren von Rummel, Podewils, Seckendorff, Godin, Moreau, Imhof, Gumppenberg durch Heiraten eng verbunden.»[34]

Nicht jeder Industrielle erlag der Verlockung einer Nobilitierung. Im April

1888 notierte Lucius: «Krupp hat auf eine Anfrage lebhaft abgelehnt. Er schädige sein Geschäftsrenommee, das amüsierte und imponierte dem Fürsten.»[35] Eine neuere Untersuchung zeigt überdies, daß Wilhelm I., Friedrich III. und selbst Wilhelm II., der Beziehungen zu reichen Kapitalisten, wie etwa dem großen Reeder Albert Ballin, kultivierte, Adelsprädikate und Titel weniger in der Absicht verliehen, mit der Nobilitierung erfolgreicher Geschäftsleute das Blut des Adels aufzufrischen, als vielmehr um hochrangige Offiziere bürgerlicher Abkunft zu legitimieren (dies besonders war ein Anliegen Wilhelms I.) und um «marginalisierten Angehörigen der alten Adelsklasse aristokratische Zuflucht zu besorgen». Die Mehrzahl der verliehenen Adelsprädikate ging an die Ehegatten oder Verlobten adeliger Damen, deren Söhne oder Enkel, an nahe Verwandte adeliger Familien, an die Besitzer ausländischer Adelspatente oder nicht anerkannter Ansprüche auf alte Titel sowie an die illegitimen Söhne von Adeligen und Söhne von nur persönlich geadelten verdienstvollen Männern. «So waren die von Wilhelm I. und seinen Nachfolgern geadelten Bürgerlichen eine fest umrissene Gruppe mit starken Bindungen materieller, familiärer oder beruflicher Art an die ältere Aristokratie.»[36] So war nicht so sehr *commercium* als vielmehr *connubium* der sicherste Weg, um die gesellschaftliche Leiter hinaufzusteigen.

Die Nobilitierung war indessen nicht der einzige und nicht einmal der wichtigste Weg zur «Feudalisierung» des Bürgertums. Nur Großkapitalisten, Generäle und hohe Beamte durften hoffen, in diesen mit Brief und Siegel aufgenommen zu werden. Die Söhne des Mittelstands, deren Familien über hinreichende Mittel verfügten, sie auf die Universität zu schicken, eigneten sich adeliges Ehrgefühl und «Satisfaktionsfähigkeit» durch die Mitgliedschaft in schlagenden Verbindungen und im Reserveoffizierskorps an. Wilhelm und Roon, die der Loyalität bürgerlicher Offiziere nicht trauten, hatten die Rolle der Landwehr in der preußischen Armee eingeschränkt, weshalb die Militärreform der frühen sechziger Jahre zweifellos eine Niederlage des preußischen Mittelstands und seiner Werte war. In den späten achtziger Jahren konnten die adeligen Familien den gestiegenen Bedarf der stark vergrößerten deutschen Armee an Offizieren nicht mehr decken. Doch konnte man in den Reserveregimentern den Anteil der Bürgerlichen am Offizierskorps nicht vergrößern, ohne von neuem die Gefahr heraufzubeschwören, die Wilhelm und Roon in der alten Landwehr gesehen hatten. Die Siege von 1864, 1866 und 1870–1871 hatten der preußischen Armee und ihrer Führung einen Glanz verliehen, der die Philister beeindruckte. Die Proletarisierung der Arbeiterschaft und die Ausbreitung des Sozialismus ließen die Armee als Garanten der Ruhe und Ordnung erscheinen. Das Reserveoffizierspatent wurde zu einem begehrten Statussymbol. Anstatt also die Armee zivilistisch zu durchsetzen, neigte jetzt der typische bürgerliche Reserveoffizier eher dazu, die Gesellschaft zu militarisieren. Er äffte die sozialen Ansprüche und Meinungen, die Arroganz und Angeberei der adeligen Linienoffiziere nach. So fand der Bürger von bescheidenen Mitteln im Offizierspatent einen Ersatz für den Adelstitel, der außerhalb seiner Reichweite lag.[37]

Nach dem Urteil Max Webers unterschied sich der preußische Adel 1914 kaum noch vom Großbürgertum. «Wer die viel (und oft zu Unrecht) geschmähten und ebensoviel (und ebenso zu Unrecht) verhimmelten ‹Junker› des Ostens kennt, wird gewiß rein persönlich eine Freude an ihnen haben müssen: auf der Jagd, beim guten Trunk, bei der Karte, in der Gastlichkeit des Gutshofs: da ist alles echt. Unecht wird alles erst, wenn man diese schon rein ökonomisch auf landwirtschaftliche Unternehmerarbeit und auf den Interessenkampf – einen so rücksichtslosen sozialen und ökonomischen Interessenkampf wie nur irgendein Fabrikant – angewiesene, also dem Wesen nach ‹bürgerliche› Unternehmerschicht als ‹Aristokratie› stilisiert. Zehn Minuten im Kreise von ihresgleichen genügen, um zu sehen: daß sie Plebejer sind, gerade und vor allem in ihren Tugenden, die durchaus massiv plebejischen Charakters sind.» Das treffe nicht nur auf die Schicht der Landjunker zu, meinte Weber. «Denn das Fehlen von Formen weltmännischer Erziehung bei uns ist natürlich keineswegs nur durch die Physiognomie gerade der Junker, sondern durch den penetrant bürgerlichen Charakter aller derjenigen Schichten gegeben, welche die spezifischen Träger des preußischen Staatswesens in den Zeiten seines ärmlichen, aber glorreichen Aufstiegs gewesen sind. Die alten Offiziersfamilien, welche in ihren oft überaus dürftigen Verhältnissen hochehrenwert die Tradition des altpreußischen Heeres pflegen, die gleichartigen Beamtenfamilien sind – einerlei, ob adlig oder nicht – ökonomisch und sozial ebenso wie nach ihrem Horizont ein bürgerlicher Mittelstand.» Der Versuch, aus nobilitierten Bürgern Aristokraten zu machen, schloß Weber, war zum Scheitern verurteilt. Wenn die Söhne bürgerlicher Aufsteiger als Korpsstudenten und Reserveoffiziere die Traditionen der alten Aristokratie nachahmten und als Wähler und Beamte deren Politik, so konnte dabei nur eine Karikatur des ursprünglichen Vorbilds herauskommen, das durch die Prozesse wirtschaftlichen und sozialen Wandels liquidiert worden war.[38]

Das deutsche Bürgertum brachte es nie zu einem voll entwickelten Klassenbewußtsein. Seine Kapitalisten spielten nicht die Rolle, die ihnen Marx in der Dialektik des Klassenkampfs zugewiesen hatte. Anstatt die Aristokratie zu stürzen, trachteten sie in diese aufzusteigen und sich deren Werte anzueignen. Vom Indemnitätsgesetz des Jahres 1866 bis zum Zolltarifgesetz von 1879 war die Verschmelzung von Adel und Großbürgertum ein Hauptziel Bismarckscher Innenpolitik. Im Gegensatz zu vielen seiner Standesgenossen begriff er, daß in diesem dynamischen Jahrhundert der Adel allein nicht imstande sein würde, der Hohenzollernmonarchie und dem preußischen bürokratischen Staat eine tragfähige soziale Grundlage zu schaffen. Doch sein Erfolg bei der Erweiterung ihrer Basis führte zu einer neuen Spaltung, die deren grundlegende Schwäche werden sollte. In den achtziger Jahren wurde die Entfremdung eines großen Teils der Arbeiterschaft zu einer weit gefährlicheren Bedrohung der Stabilität des preußisch-deutschen Establishments, als es die Unzufriedenheit des Bürgertums jemals – selbst im Revolutionsjahr 1848 – gewesen war.

Die Suche nach einem Konsens

Wenngleich er die Fusion der finanziellen und sozialen Eliten des Reichs betrieb, sah Bismarck darin nicht das letzte Ziel des Prozesses gesellschaftlicher Konsolidierung. Seine Handlungen verraten, daß er einen breiteren Konsens sozialer Kräfte anstrebte, in dem alle produktiven Klassen und Interessengruppen durch Kultivierung ihrer materiellen Interessen für den Staat und die bestehende Ordnung gewonnen werden sollten. Es scheint keinen plausiblen Grund zu geben, an der Aufrichtigkeit seiner Überzeugung zu zweifeln, daß die Zölle von 1879 und 1885 jedem nützen und niemandem schaden würden. Daß die Preise für Industrieerzeugnisse und Agrarprodukte weiterhin fielen, bewies zu seiner Zufriedenheit, daß wirklich, wie er vorausgesetzt hatte, die Bürde der geforderten Zölle von den ausländischen Herstellern selbst und nicht von den deutschen Verbrauchern getragen wurde. Andererseits hielt er jedoch weiterhin auch an der damit eigentlich nicht verträglichen Überzeugung fest, daß die Schutzzölle den einheimischen Markt wirksam vor ausländischer Konkurrenz abschirmen würden, um so deutschen Arbeitgebern größere Gewinne und deutschen Arbeitnehmern höhere Löhne zu verschaffen. Alle Mitwirkenden am Produktionsprozeß, seien sie nun Unternehmer oder Lohnarbeiter, galten ihm als die Arbeitsbienen der deutschen Gesellschaft, die im Gegensatz zu den wenigen nutzlosen Drohnen vom Staat gepflegt und geschützt werden mußten. Unter die Drohnen rechnete Bismarck nicht nur Großgrundbesitzer, die ihre Güter von anderen verwalten ließen, und «Couponschneider», die von investiertem Kapital lebten, sondern auch akademisch gebildete Zeitungsherausgeber, Journalisten, Beamte und Politiker, die durch ihre lebensfremden Anschauungen und Streitereien den Fortschritt der Nation behinderten.[39] Sein Ziel sei, so erklärte er, der «Schutz der nationalen Arbeit, Schutz des nationalen Gesamtvermögens des Armen so gut wie des Reichen».[40]

Zu diesem Zweck machte Bismarck, der für das Flehen deutscher Kolonialenthusiasten lange taub gewesen war, in den Jahren 1883–1885 eine Kehrtwende und erwarb Kolonien in Afrika und in der Südsee. Wie schon bei den Schutzzöllen wollte er für Deutschland in der Ära des «neuen Imperialismus» einen Absatzmarkt für seine Produkte sicherstellen. Er wollte die Interessen der im Überseehandel tätigen Kaufleute sowie der Fabrikanten und der Arbeiter, welche die von diesen angebotenen Waren herstellten, schützen. Dabei verhielt er sich keineswegs unkritisch gegenüber dem deutschen Kapitalismus, und wenn er es für nötig hielt, zögerte er auch nicht, die Interessen deutscher Geschäftsleute zu durchkreuzen. Im Gegenteil bemühte er sich um die Verstaatlichung der deutschen Eisenbahnen, kämpfte für Staatsmonopole auf Tabak und Alkohol, wie er auch Feuer- und Hagelversicherungen und den Kohlenbergbau verstaatlichen wollte. Zum Nutzen der deutschen Arbeiterschaft in der Industrie und in der Landwirtschaft gründete er ein revolutionäres Sozialversicherungssystem, das den Wünschen eines großen Teils der Geschäftswelt keineswegs entsprach. Dennoch stießen seine Zugeständnisse gegenüber der Arbeiterschaft auf dem Gebiet der Schutzgesetzgebung dort an eine Grenze, wo er die vitalen Interessen der Arbeitgeber gefährdet sah. Es gelang ihm nicht, die Arbeiterschaft in den nationalen Konsens einzubinden.

Es scheint Bismarcks aufrichtige Überzeugung geworden zu sein, daß die Monarchie die verschiedenen Interessen aussöhnen müsse, «deren Widerstreit unsere wirthschaftliche und politische Entwicklung hemmt». «Ich hoffe, daß sich in immer weiteren Kreisen unserer Bevölkerung die Erkenntniß Bahn brechen wird, daß auch die von den Regirungen in Angriff genommene Socialreform, welche den Arbeiter gegen Wechselfälle des Schicksals zu sichern sucht, von diesem Geiste der Versöhnung und Ausgleichung der Klasseninteressen geleitet wird. So weit meine Kräfte reichen, werde ich nicht ablassen, an der Durchführung dieser Reform mitzuarbeiten.»[41] Daß er dies nicht zu ereichen vermochte, lag zum Teil auch an seiner eigenen beschränkten Erfahrung. Obwohl er sich viel darauf zugute hielt, ein Mann der Praxis, der Realitäten zu sein, blieben ihm doch die neuen Industriegebiete an der Ruhr und in Schlesien wie auch die Industrien, die zu seiner Zeit Berlin aus einer Residenzstadt in eine große Industriestadt verwandelten, weitgehend fremd. Die Industrien, die er aus persönlicher Erfahrung kannte, waren die kleinen Destillerien und die Papiermühle in Varzin sowie die Sägemühle, Schnapsbrennerei und Schießpulverfabrik in Friedrichsruh. Nur zweimal anscheinend hat er ein größeres Industrieunternehmen zu Gesicht bekommen, «die größte Maschinenfabrik der Welt» in Manchester 1842 und die Krupp-Werke in Essen 1864. Wenn die vielen Arbeiter, die dort die Hochöfen und riesigen Eisenhammer bedienten, ihn irgendwie beeindruckten, fehlt uns doch jedes Zeugnis davon (1864 war er wohl auch mehr an Krupps Erzeugnissen als an dessen Arbeiterschaft interessiert). Soweit wir wissen, ist er nie unter Tage gewesen, um Bergarbeitern mit kohlenstaubgeschwärzten, schweißüberströmten Gesichtern beim Kohlenabbau zuzusehen, oder in einer Textilfabrik, wo abgehetzte Frauen und Kinder die wirbelnden Spindeln und fliegenden Weberschiffchen bedienten.[42]

Und doch war Bismarck fest davon überzeugt, daß er engeren Kontakt zur arbeitenden Bevölkerung hatte und deren Wünsche und Bedürfnisse besser kannte als die Mehrzahl seiner Zeitgenossen. Im Reichstag tat er selbstgerecht kund: «Nun, meine Herren, ich sehe gewöhnlich, in jedem Jahre glaube ich, mehr Arbeiter und spreche mehr Worte mit Arbeitern als mit anderen Menschen, wenn ich den Reichstag vielleicht ausnehme. Wenn ich auf dem Lande bin, wo ich lange lebe, so gibt es keine Arbeiterwohnung, die mit unbekannt wäre; die meisten Arbeiter kenne ich persönlich und spreche mit ihnen persönlich, und ich scheue die Berührung mit ihnen gar nicht. Es gibt keinen Arbeiter, der, wenn ich komme, nicht auf die Schwelle tritt, mir vertraulich die Hand gibt, mich bittet hereinzukommen, einen Stuhl abwischt und wünscht, daß ich mich setzen möchte. Ich kenne deshalb die Stimmung der Arbeiter ziemlich genau.»[43] Dieses naive Bekenntnis zeigt, daß Bismarck die Arbeiter nur aus der Sicht des Grandseigneurs kannte, der mit den Leuten auf seinen Gütern hin und wieder von der Ernte, von Holz, Wetter und Buttermilch sprach.

Der Landwirtschaft galt stets Bismarcks besondere Zuneigung. Dafür gab es zweifellos subjektive Gründe: seine Herkunft, seine Investitionen in Felder und Wälder, die persönliche Beteiligung an der Verwaltung seiner Güter. Er war aber auch davon überzeugt, daß die Gutsbesitzer die Garanten der bestehenden sozialen und politischen Ordnung seien, die Klasse, deren Zerstörung für Monarchie, Bürokratie und Armee ein nicht wiedergutzumachender Verlust wäre. Trotz der feudalen Begriffe, deren er sich gern bediente, zumal wenn er sich an den Kaiser wandte, waren Bismarcks Anschauungen jedoch nicht romantisch. Seine Kompromisse mit dem Industriekapitalismus, die Pläne für das preußische Herrenhaus und die Absichten bei der Reform der Kreisordnung 1872 beweisen, daß er kein gewöhnlicher agrarischer Reaktionär war. Ihm war bewußt, daß der Charakter der Gutsbesitzer als Klasse im Wandel begriffen war, und er glaubte, daß die Standesunterschiede in Preußen auf dem Lande bereits an Bedeutung verlören.

Gegen Ende der achtziger Jahre behauptete er, daß der Begriff des «Großgrundbesitzers» bereits seinen ursprünglichen sozialen Beiklang einbüße. Viele Bauern, deren Grundbesitz nicht selten umfangreicher war als der mancher Rittergutsbesitzer, schätzten sich selbst als Gutsbesitzer ein und saßen in den Kreistagen. In zunehmendem Maße gelangten adelige und bäuerliche oder bürgerliche Landwirte zu der Ansicht, einem gemeinsamen Stand anzugehören. Zu ihrem Mißfallen mußten viele Leute, die den Klassenkonflikt intensivieren wollten, konstatieren, «daß diese Verschmelzung allmählich und unaufhaltsam vor sich geht. Es sind das die heilsamen Folgen der Gesetzgebung, die im Anfange von vielen der Bevorrechtigten peinlich empfunden wurde: die Abschaffung aller rechtlichen und principiellen Prärogative des größeren Grundbesitzes und namentlich der früheren Ritterschaft. Wir größeren Grundbesitzer sind heut zu Tage in unserem Gewerbe nichts weiter als die größten Bauern, und der Bauer ist nichts weiter als der kleinere Gutsbesitzer», erklärte Bismarck im Februar 1885 im Reichstag. Im Prinzip war er für eine Aufteilung der Güter, um die Zahl der Gutsbesitzer zu vermehren. Doch er hatte nichts gegen Großgrundbesitz einzuwenden, solange dessen Besitzer sich persönlich um ihre Güter kümmerten und die Landwirtschaft selbst und direkt betrieben. Großgrundbesitzer mit schweißüberströmten Gesichtern und sonnengegerbter Haut, die selbst die Feldarbeit überwachten und «aus Passion für dieses Gewerbe Land ankaufen, die halte ich für ein Glück unseres Landes». Wenn diese «Race» jemals unterginge, «so würden Sie das in der Lähmung unseres ganzen wirthschaftlichen und politischen Lebens, nicht bloß auf dem Lande merken».[44]

So sehr er dabei auch auf materielle Faktoren baute, so wenig ließ doch Bismarck bei seinem Bemühen um Konsolidierung durch nationalen Konsens psychologische Gesichtspunkte außer Betracht. Dies zeigt sich bei seinem beständigen Streben nach «Germanisierung» der ethnischen Minderheiten und seinen

Bismarck am 3. Juli 1871

Kaiser Wilhelm I. um 1880

Appellen an den deutschen Patriotismus zur Überwindung des regionalen Partikularismus und des Parteienstreits. Mit seinen Angriffen gegen den Ultramontanismus (jedoch nicht gegen den Katholizismus[45]) und gegen den internationalen Sozialismus (jedoch nicht gegen die Proletarier) versuchte er gemäß seiner Diagnose die Auswüchse zu entfernen, die er für Krebsgeschwüre im sonst gesunden Körper der Nation hielt. Sein Fehler lag in der Annahme, daß diese Operationen so wirksam durchgeführt werden könnten wie 1864 diejenige gegen Dänemark und 1866 die gegen Österreich. Mit der Schutzzollgesetzgebung und dem Erwerb von Kolonien hoffte er auch das Nationalgefühl zu stärken. Doch die größten Erfolge bei dem Bemühen, die Nation zusammenzuschmieden, verdankte er zu diesem Zweck ausgebeuteten außenpolitischen Spannungen und Gefahren. Während des letzten Jahrzehnts seiner Kanzlerschaft gaben ihm vorübergehend Großbritannien (1884–1885) und dann Frankreich und Rußland (1886–1888) Gelegenheit dazu.

Obwohl sein Ziel offenkundig der nationale Konsens war, erwies sich die Taktik, mit der er dasselbe verfolgte, häufig als kontraproduktiv. Bei seinen Angriffen gegen Ultramontane und Sozialisten überschätzte er einerseits die Kraft dynastischer Loyalität und des deutschen Patriotismus, wie er andererseits den Grad der Entfremdung, den die von ihm Attackierten empfanden, ebenso unterschätzte wie die moralische Kraft ihrer religiösen und sozialen Ideale. Auch den Effekt der Verfolgung (von der eingeschränkten Art, derer sich auch konstitutionelle Regierungen bedienen), den Widerstandswillen der Verfolgten zu stärken, schätzte er falsch ein. Er gefährdete den moralischen und materiellen Konsens, den er herzustellen suchte, auch durch die scharfen Worte, mit denen er alle angriff, die sich seinen Befehlen nicht unterwarfen. Widerstand gegen seinen Willen und Zweifel an seiner Unentbehrlichkeit erfüllten ihn mit narzißtischer Wut, die sich dann in seine Parlamentsreden und die von ihm lancierten Zeitungsartikel ergoß. Wer sich ihm, aus welchen Gründen auch immer, im Parlament oder bei Hof, zu widersetzen wagte, wurde alsbald als «Reichsfeind» abgestempelt. Unterstützung wurde mit Patriotismus, Opposition mit Verrat gleichgesetzt.

Bismarck konnte nicht hinnehmen, daß die Zusammensetzung des Parlaments die Anschauungen und Gefühle der Mehrheit des deutschen Volkes widerspiegelte. Statt dessen glaubte er, daß sie nur die Fähigkeit von Journalisten und Agitatoren beweise, die Nation in die Irre zu führen. Deshalb appellierte er ständig über die Köpfe der vor ihm versammelten Abgeordneten hinweg an die Nation. Er wollte damit die Wähler erziehen, so daß bei den nächsten Wahlen Ultrakonservative, Linksliberale, Zentrumsleute, Sozialdemokraten und dergleichen vergeblich um deren Gunst buhlen und die wahren Meinungen der Nation laut werden würden. Die Arbeitsbienen wurden aufgerufen, die Drohnen aus dem Stock zu treiben. Während der achtziger Jahre kam er immer wieder auf die Vorstellung zurück, daß vielleicht die Ersetzung des allgemeinen Wahlrechts durch korporative Vertretung die einzige Methode sei, dieses Ergebnis herbeizuführen.

Während des letzten Jahrzehnts seiner Kanzlerschaft sprach Bismarck häufig von den langfristigen Auswirkungen der öffentlichen Schulbildung und der Militärdienstpflicht als dem vielleicht einzigen wirksamen Mittel, um den von ihm angestrebten nationalen Konsens zu erzielen. «Ich theile vollständig Eurer Majestät Glauben an die Zukunft unserer militärischen Bildung und sehe in ihr ein Gegengewicht so mancher üblen Folgen unsrer civilistischen Erziehung», schrieb er 1881 an den Kaiser.[46] Durch die Vergrößerung der Vorteile, die Lehrer an staatlichen Schulen gegenüber solchen an Gemeindeschulen genossen, beabsichtigte er, die «Kommunalanstalten» mit der Zeit in Staatshände zu überführen. «Er setzte dabei voraus, der Unterstützung aller seiner Collegen gewiß zu sein, wenn er den Kampf der Monarchie des Königs gegen die Kommunalen Republiken fortsetzte. Wer die Schule habe, beherrsche die Zukunft», erklärte er einmal im Staatsministerium.[47]

Nach einem zwei Jahrzehnte währenden Kampf gegen politische Opposition aus verschiedenen Richtungen entschied Bismarck, sich für die Zukunft weniger auf moralischen, politischen oder sogar physischen Zwang zu verlassen als vielmehr zu hoffen, daß der Einfluß patriotischer Lehrer und Professoren und die Gewöhnung an Disziplin und Gehorsam während des Militärdienstes die Deutschen zu dem nationalen Konsens bestimmen würden, der, durch materielle Bande verstärkt, die bestehende Ordnung konsolidieren und vor den Verwüstungen von Zeit und Wandel bewahren würde. «Mit den kleinen Mitteln der Diplomatie und der Bearbeitung römischer Prälaten kann man vielleicht zu Konkordaten kommen, die für Preußen annehmbar sind, aber nicht zur Heilung des alten Schadens, daß ein beträchtlicher Teil der deutschen Bevölkerung auch der politischen Führung seiner Priester mehr Glauben schenkt wie der des Königs, und daß diese Priester von einem ausländischen absoluten Monarchen, der aber wieder von den Jesuiten und ihrem Geld abhängt, darin liegt eine Krankheit, die nur die Zeit und vor allen Dingen die *Schule* heilen kann, wenn auch vielleicht niemals vollständig.»[48]

Gefährlich konnte seines Erachtens jedoch auch zu viel Schulbildung werden. Zwar müsse der Analphabetismus möglichst verringert werden, erklärte er Goßler 1885, doch müsse andererseits der Staat im Interesse der sozialen Stabilität auch die für die Volksbildung aufgewandten Mittel beschränken. Es sollte den Schulverwaltungen nicht gestattet werden, das Maß von «Wissen und Können, welches für den obligatorischen Volksunterricht als das normale hingestellt wird», noch weiter zu erhöhen. «Ich halte schon das jetzige für zu hoch gegriffen und glaube, daß die dadurch bedingte Steigerung der Kosten unserer Schulverwaltung eine durch das staatliche Bedürfnis und die bestehenden Gesetze nicht gerechtfertigte Überbelastung der Gemeinden bildet. ... Ew. Exz. ist es bekannt, welch' hohe Bedeutung ich gerade im politischen Interesse auf die Volksschule lege. ... Weiter bin ich überzeugt, daß Ew. Exz. die Bedenken teilen, welche ich wiederholt bezüglich einer Übertreibung des Elementarunterrichts geäußert habe. Der russische Nihilismus ist eine nach dieser Richtung hin lehrreiche Erscheinung, weil er die die pathologischen Folgen illustriert, welche eine über das Maß des Bedürfnisses hinausgehende Schulbildung mit sich bringt. ... Ich sehe in den heutigen Verhältnissen eine Gefahr für unsere politische Zukunft.»[49] Auch im Reichstag wies er auf die Gefahren zu weitgehender Schulbildung hin. «Die Nihilisten bestehen aus dem Abiturientenproletariat, aus halbgebildeten Leuten, aus dem Überschuß», sagte er dort, «welchen die gelehrte Bildung der Gymnasien dem bürgerlichen Leben zuführt, ohne daß dieses die Verdauungskraft für diesen Überschuß hätte.»[50]

Doch obwohl er Gefahren erkannte, setzte Bismarck auch in späteren Jahren seine Hoffnungen für die Zukunft weiterhin in die deutschen Studenten und deren Professoren. Er habe «zu der deutschen Nation und namentlich zur Jugend, zu der jetzt studierenden Jugend, zu der Jugend, die unter den Eindrücken der großen Zeit studiert hat, die unser Kaiser an der Spitze eines Heeres inaugurierte, das Vertrauen: die wird mit (kritischen) Augen auf die heutige Politik, auf den Particularismus der zehn oder zwölf Fraktionen, die hier miteinander kämpfen, zurückblicken. Das ist die Hoffnung, in der ich ruhig sterben werde. Ich werde es nicht mehr erleben, daß es so weit kommt; aber ich habe diese Hoffnung, wenn in trüben Momenten mir der Popanz vorschwebt, daß wir zum alten Bundesrat zurückkehren könnten.»[51] Als ihm der Sozialdarwinist und Zoologieprofessor Ernst Haeckel zu seinem Entschluß gratulierte, Kolonien für Deutschland zu erwerben, antwortete Bismarck in charakteristischer Weise: «Ew. Hochwohlgeboren danke ich verbindlichst für Ihr wohlwollendes Schreiben vom 16. v. M., welches von Neuem beweist, daß der nationale Gedanke vor allem bei den Lehrern der deutschen Hochschulen unausgesetzt die treue Pflege findet, der wir in der Gegenwart die Bewahrung unsrer nationalen Traditionen in schweren Zeiten der Vergangenheit vorzugsweise zu danken haben. Die Liebe zu Kaiser und Reich in unsrer akademischen Jugend bildet ein ehrendes Zeugnis für die Wirksamkeit ihrer Lehrer.»[52] Der Meister der Realpolitik setzte zuletzt sein Vertrauen in die Verwirklichung seiner Vision nicht so sehr in Minister, Bürokraten und Heeresoffiziere als vielmehr in die patriotischen Professoren und deren Studenten. Und dieses Vertrauen war nicht ungerechtfertigt.

Die Eroberung der Akademiker

Bei seinem Streben nach einem nationalen Konsens war Bismarcks beachtlichste Errungenschaft die Eroberung der deutschen Akademiker und Hochschullehrer – eben jenes Teils der Gesellschaft, von dem er vorzugsweise mit Verachtung sprach und den er am wenigsten umwarb. Obwohl er Ehrendoktortitel und Lobreden, die ihm seitens der Universitäten und Professoren zugingen, mit kurzen, huldvollen Briefen dankend in Empfang zu nehmen pflegte, hatte er für deren wissenschaftliche Projekte und humanistische Unternehmungen kaum Interesse, von den Werken einiger Historiker abgesehen, in denen er nicht ungern herumstöberte. Seine geistigen Kontakte zur akademischen Welt beschränkten sich auf wenige Gespräche (besonders mit Rudolf Ihering und Erich Marcks) und einige Konsultationen (mit Adolph Wagner und Albert Schäffle über Fragen der Sozialversicherung), bei denen er sich Fakten und Ideen anzueignen suchte, die ihm bei seinen legislativen Bemühungen nützlich sein würden. Im allgemeinen betrachtete er Gelehrte als unpraktische Leute, die wenig mit den Verhältnissen des wirklichen Lebens zu tun hätten – jenen, hieß das, die ihm selbst als Gutsbesitzer, Kapitalist und Staatsmann wohlvertraut waren. Doch nun wurden die Universitätsprofessoren und deren Studenten seine begeistertsten und treuesten Anhänger. Das ist um so bemerkenswerter, als sich zur selben Zeit in Rußland das Zarenregime die «Intelligenzija» entfremdete, mit bekanntlich katastrophalen Folgen. Denn die Subversion in Rußland begann ja nicht bei den proletarischen Massen und unterdrückten Bauern, sondern bei den akademisch gebildeten Angehörigen der Mittelschicht, deren Distanzierung von der bestehenden Regierung und Gesellschaft den Revolutionen von 1905 und 1917 den Weg ebnete.

Die deutschen Schulen und Universitäten leisteten im großen ganzen, was Bismarck von ihnen erwartete. Sie integrierten die akademische Gemeinschaft – Professoren, Studenten und Graduierte – fest in den von Bismarck angestrebten Konsens und verschafften ihm eine moralische und geistige Legitimierung, die länger als ein halbes Jahrhundert lang Bestand haben sollte. Dies war nicht immer so gewesen. Anzeichen für eine Entfremdung auch der deutschen Intelligenzija hatte es schon nach 1815 in der Politik der Burschenschaften sowie im philosophischen Radikalismus des Jungen Deutschland und der Linkshegelianer gegeben, dann, nach 1840, in der Wiederbelebung des Naturrechts und der Ausbreitung des Konstitutionalismus. Doch das Scheitern der Revolution von 1848 erledigte zugleich den radikalen Liberalismus und schuf ein politisches Vakuum, das erst später der Sozialismus füllen sollte. Während der fünfziger Jahre stellten die gemäßigt liberal und deutschnational gesinnten Akademiker das Rückgrat der parlamentarischen Opposition gegen Bismarcks Regime. Ihre Konversion nach 1866 war fast vollkommen. Da er für den Konstitutionalismus optierte, die nationale Einheit herbeiführte und die Laissez-faire-Doktrin praktizierte, die das freie Unternehmertum förderte, gewann Bismarck, ohne dem besondere Aufmerksamkeit zu schenken, die deutschen Akademiker für sich. Unter den ersten, die sich zu ihm bekehrten, waren die Historiker, die um die Mitte des Jahrhunderts die Philosophen als die am meisten geachteten Intellektuellen abgelöst hatten. Während der Bismarck-Ära drängten sich die Studenten in die Vorlesungen der Historiker, deren Werke sich beim gebildeten Publikum großer Beliebtheit erfreuten. Die Geschichte hatte die Philosophie als «Königin der Wissenschaften» ersetzt.[53]

Die Eroberung war so vollständig, daß die zu Bismarck übergelaufenen Truppen ihm auch weiter folgten, als er die Laissez-faire-Doktrin außer Kraft setzte und einer interventionistischen Politik den Vorzug gab. Kaiser, Kanzler und Reich konstituierten die neue Dreifaltigkeit des deutschen akademischen Glaubens. Politische und ideologische Häretiker – Katholiken, Sozialisten und Demokraten – hatten wenig Aussicht, zur akademischen Laufbahn zugelassen zu

Theodor Mommsen um 1902

Rudolf Virchow, 1887

werden, denn sie waren weder den Ministerien willkommen, die akademische Ämter offiziell vergaben, noch den Professoren, die sich entsprechend dem Prinzip der «akademischen Freiheit» das Recht vorbehielten, vorgeschlagene Kandidaten abzulehnen. Die akademische Elite schloß Neulinge aus ihren Reihen aus, die sie verdächtigte, Wissenschaft unter politischen oder religiösen Vorzeichen zu betreiben. Unter den wenigen Außenseitern des akademischen Establishments waren Rudolf Virchow, ein berühmter Pathologe und eine führende Persönlichkeit der Fortschrittspartei, und Theodor Mommsen, nach Ranke der bedeutendste deutsche Historiker des 19. Jahrhunderts. Wie die Mehrzahl seiner Zunftgenossen war auch Mommsen ein deutscher Nationalist, der 1871 zu einem begeisterten Anhänger der Bismarckschen Außenpolitik wurde. Wie Virchow stand er auch im Kulturkampf auf seiten Bismarcks. Doch der Althistoriker und überzeugte Humanist gab niemals seinen festen Glauben an die republikanischen Ideale und an die Beteiligung des Volkes an der Regierung auf. Bismarcks protektionistische Politik verletzte seine Überzeugung, daß Politik auf ethischer Überzeugung und nicht auf materiellen Nützlichkeitserwägungen basieren müsse. Als Reichstagsabgeordneter (für die Nationalliberale Partei, später für die Sezession) nahm er gegen das Bismarcksche Regime Stellung, griff aber auch das «rückgratlose» und «servile» Bürgertum an, welches sich weigerte, die ihm von Kant zugedachte Rolle im öffentlichen Leben zu spielen. Doch Mommsen war eine Ausnahme, und der Preis, den er für seine Abtrünnigkeit zu zahlen hatte, waren politische Isolierung und mit ironischer Herablassung vorgetragene Angriffe des mächtigen Kanzlers.[54]

Freilich war die Eroberung der deutschen akademischen Welt nicht ganz allein Bismarcks Errungenschaft. Die Tradition der deutschen idealistischen Philosophie hatte ihm den Weg dazu bereitet. Obwohl der Hauptstrom des deutschen Geisteslebens sich schon bald nach dem Tode des Philosophen von der Hegelschen Metaphysik abkehrte, beruhten doch die Vorstellungen von Staat, Politik und Geschichte in Deutschland auch weiterhin auf den grundsätzlichen Voraussetzungen des deutschen Idealismus, denen Hegel den wirksamsten Ausdruck verliehen hatte. Als ein Beispiel dafür kann Rankes Überzeugung von der Existenz «geistiger Kräfte» oder «leitender Ideen» in der Geschichte und seine Ehrfurcht vor den Staaten als «geistigen Wesenheiten» oder «Gedanken Gottes» angesehen werden. Ranke war ein universeller Geist (eine Weltgeschichte war sein letztes Projekt), aber er hinterließ wenige Schüler, meist Verehrer.[55] In der deutschen Geschichtsschreibung wurde die «preußische Schule» führend. Johann Gustav Droysen, Heinrich von Treitschke und Heinrich von Sybel, um nur deren bedeutendste Vertreter zu nennen, betrachteten einmütig Bismarcks Leistung als die Erfüllung der Sendung Preußens, in Deutschland die Führung zu übernehmen. Sybel, der während des Verfassungskonflikts in entschiedener Opposition zur Regierung gestanden hatte, wurde der offizielle Historiker der Periode der deutschen Einigung und Autor der ausführlichsten Darstellung der Triumphe Bismarcks. Bezeichnend für die deutsche Geschichtswissenschaft war deren vorzügliches Interesse am «Machtstaat» sowohl in innen- als auch in außenpolitischer Hinsicht. In der zu Beginn des Jahrhunderts von Friedrich Karl von Savigny begründeten «historischen Schule» der Jurisprudenz und der in den siebziger Jahren von Gustav Schmoller und den Kathedersozialisten ausgebildeten «historischen Schule» der deutschen Volkswirtschaftslehre war der Staat der Protagonist der Geschichte. Ob nun der einzelne Gegenstand der Untersuchung das Rechtswesen, die Politik, Volkswirtschaft, Gesellschaft, Philosophie oder das Geistesleben im allgemeinen war, stets beherrschten der Staat und dessen Werke die Bühne.[56]

Bismarck hatte diese Entwicklung nicht in Gang gesetzt, doch seine Leistungen bestätigten die allgemeine Überzeugung, daß Deutschlands Denker und Gelehrte auf dem richtigen Wege seien. Abstrakte Begriffe von Recht und Unrecht, wie schon der deutsche Idealismus sie diskreditiert hatte, schienen bei historischen Urteilen erst recht nicht am Platze zu sein. Wahrheit und Recht waren Produkte der Geschichte, die stets das Zeugnis der staatlichen Errungenschaften war. Was sie auch immer von Hegel und dessen System halten mochten, gebildete Deutsche in der Verwaltung, an den Universitäten und in den freien Berufen neigten zu der Überzeugung, daß alle Werte historisch entstehen und wahr seien, wenn sie sich durchgesetzt hätten. Verlierer waren dazu bestimmt, auf dem Abfallhaufen der Geschichte zu landen. Durch Bismarck, der bezweifelte, daß Männer Geschichte machen könnten, erreichte die deutsche Nationalidee ihr großes Ziel, die Schöpfung eines Nationalstaates. Dieser trat jetzt an die Stelle des Weltbürgertums.[57]

Bismarcks Errungenschaften schienen darüber hinaus die nun als «Primat der Außenpolitik» bezeichnete Auffassung zu bestätigen, daß der Außenpolitik gegenüber innenpolitischen Belangen ein Vorrang gebühre, und zwar aus dem von Ranke genannten Grund: «Das Maß der Unabhängigkeit gibt einem Staate seine Stellung in der Welt; es legt ihm zugleich die Notwendigkeit auf, alle inneren Verhältnisse zu dem Zwecke einzurichten, sich zu behaupten. Dies ist sein oberstes Gesetz.»[58] Bismarcks diplomatische Leistungen und diejenigen der preußischen Armee auf dem Schlachtfeld schienen die Annahme, daß Deutschland auf Grund seiner geopolitischen Lage in der Mitte Europas nur mit einem Verfassungssystem der gemischten Gewalten Bestand haben könne, zu bestätigen. Die entscheidenden Befugnisse der Exekutive – diplomatische, militärische, administrative und finanzielle – mußten demnach in den Händen des Monarchen und seiner Minister zusammengefaßt werden. Weil der Monarch im Verfassungskonflikt dem Parlament nicht nachgegeben hatte und mit der Reorganisation und Verstärkung des preußischen Heeres seinen eigenen Weg gegangen war, wie er auch gegen den Willen des Parlaments einen unbeliebten Minister von großen Fähigkeiten berufen und im Amt belassen hatte, war es Preußen letztlich gelungen, Deutschland zu einigen und zur führenden Macht auf dem Kontinent zu machen. Infolge dieser Errungenschaften schien das monarchisch-konstitutionelle Regierungssystem, das anderswo in Europa nur als Übergangsform in der Entwicklung des rein parlamentarischen Regierungssystems galt, für Deutschland das einzig mögliche zu sein. 1911 beschrieb Otto Hintze es als das «eigenartige preußisch-deutsche System» des Konstitutionalismus.[59]

II

Höhepunkt und Peripetie der «Diktatur» Bismarcks

Ende der siebziger Jahre erreichte Bismarcks Autorität in Deutschland einen neuen Gipfel. Sein Prestige in auswärtigen Angelegenheiten war niemals größer. Beim Berliner Kongreß erschien er als der *arbiter Europae.* Der Zweibund, der darauf folgte, wurde von den Deutschen überall mit Zustimmung aufgenommen, denn er stellte die durch den Krieg von 1866 zerschnittene historische Verbindung zwischen dem deutschen und dem habsburgischen Reich wieder her. Auf innenpolitischem Gebiet hatte sich der Kanzler die maßgebliche Kontrolle über die Exekutiven sowohl des Reichs als auch Preußens verschafft. Seine Suprematie über den Bundesrat und die Regierungen der Bundesstaaten bestätigte sich in der Fischeraffäre und bei der Einverleibung Bremens und Hamburgs in das Reichszollgebiet. Ein zwei Jahre anhaltender Aufschwung der Konjunktur, der 1879 begann, schien seine Abkehr von der liberalen Wirtschaftspolitik zu rechtfertigen. Er glaubte, die sozialistische Agitation durch das Sozialistengesetz eindämmen zu können, und durch soziale Reformen hoffte er die städtische Arbeiterschaft für sich zu gewinnen. Die Aufhebung einiger Kulturkampfgesetze sollte die Katholiken versöhnen und seine Abhängigkeit von den Liberalen beenden. Es war ihm schließlich auch gelungen, den linken Flügel von der Nationalliberalen Partei abzuspalten. Im Landtag und im Reichstag hatte er die Option, die Konservativen und Freikonservativen entweder mit den Nationalliberalen oder mit dem Zentrum zu kombinieren, je nach Thema und Bedarf.

Und doch war Bismarck mit der parlamentarischen Situation nicht zufrieden. Dem System wechselnder Mehrheiten verdankte er seit 1879 eine Reihe beachtlicher legislativer Erfolge, doch die Mißerfolge waren nicht weniger bemerkenswert. Mehr als sonst irgend etwas wollte der Kanzler eine zuverlässige Parlamentsmehrheit, die seine Politik mit unerschütterlicher Loyalität unterstützen würde. Das Zentrum würde nie und nimmer zur Regierungspartei taugen, meinte er, und die Fortschrittspartei ebensowenig. Vielmehr bestand sogar die Gefahr, daß diese beiden Parteien sich eines Tages in ihrer gemeinsamen Feindschaft gegen die Regierung verbündeten. Andererseits war nicht zu leugnen, daß auf dem rechten Flügel der Konservativen Partei die Bereitschaft zur Zusammenarbeit mit dem Zentrum größer war als die zur Kooperation mit den Nationalliberalen. Bismarck selbst wäre eine aus gemäßigten Konservativen, Freikonservativen und Nationalliberalen gebildete Mehrheit am liebsten gewesen, doch Rudolf von Bennigsen und dessen Gefährten widerstanden sowohl seinen Verlockungen (dem Versprechen, keine Gesetze vorzulegen, über die in der Koalition Uneinigkeit bestand) als auch seinen

Drohungen («Findet eine derartige Einigung nicht statt», warnte Bismarck, «so treiben wir dem Absolutismus direkt entgegen»).[1] Sie strebten nach der Rolle einer Partei der Mitte, die je nach Gutdünken mit der Regierung gehen oder ihr Widerstand leisten konnte, insbesondere wo die Macht des Parlaments zur Debatte stand.[2] Eine Folge davon war, daß die von Bismarck seit 1875 angestrebte Steuerreform unvollständig blieb. Das Zolltarifgesetz von 1879 war unter dem Druck des Protektionismus erreicht worden. Der allgemeine Übergang von der direkten Besteuerung durch die Bundesstaaten zur indirekten Besteuerung durch das Reich war jedoch nicht bewerkstelligt worden. Bismarck hatte das Reich weder durch eine solide finanzielle Basis noch durch die Schwächung seiner parlamentarischen Institutionen «befestigen» können.

Das Scheitern seiner Steuergesetzgebung während der Reichstagssession des Frühjahrs 1880 (Februar bis Mai) vermehrte Bismarcks Zweifel an der Effektivität des parlamentarischen Verfahrens überhaupt.[3] Er war der ständigen Friktionen müde, die im politischen Geschäft gang und gäbe sind, zumal in einem Vielparteiensystem von der Art, das er selbst durch seine Handlungen mit geschaffen hatte. Ihm schien die Parteienpolitik nur eine neue Form des Partikularismus zu sein, eine neue Manifestation der Zersplitterung, die sich schon seit Jahrhunderten in der deutschen Geschichte geltend machte. Wieder und wieder nahm er für sich selbst einen über den Parteienstreit erhabenen Standpunkt in Anspruch, allein befaßt mit dem Gemeinwohl und insbesondere der Konsolidierung des Reichs.[4] Wer nicht seine Meinung teilte, dem wollte er weder Klugheit noch Aufrichtigkeit zugestehen. Bei Hofe und im Parlament witterte er überall Verschwörungen – alte Feinde, die noch immer durch Intrigen seinen Sturz herbeizuführen hofften, jüngere Männer, die es nicht erwarten konnten, ihn den Verwüstungen des Alters und der Krankheit weichen zu sehen. Seit mehr als einem Jahrzehnt warteten manche ungeduldig auf Anzeichen dafür, daß selbst Wilhelm sterblich sei. Doch der alte Kaiser überlebte Nobilings Schrotkugeln nicht nur, er schien nach dem Attentat sogar neue Vitalität gewonnen zu haben. Wilhelm feierte am 22. März 1880 seinen 83. Geburtstag, Bismarck am 1. April des Jahres seinen 65. Die Beziehung zwischen den beiden schien so unverbrüchlich zu sein wie eh und je. Im Februar 1881 warnte Bismarck das Abgeordnetenhaus, nicht mit seinem Rücktritt zu rechnen: «Ein braves Pferd stirbt in den Sielen ... *J'y suis, j'y reste!*»[5]

Hegemonie über das preußische Staatsministerium

Tatsächlich besserte sich Bismarcks Gesundheitszustand in der zweiten Hälfte des Jahres 1880. Im Mai hatte er sich beim Kaiser darüber beklagt, daß die Opposition der Landesregierungen noch zusätzlich zu seinen Kämpfen mit den politischen Parteien und der von «dynastischen und Hofeinflüssen» begünstigten Presse seine Kraft untergraben habe. Seine Ärzte verschrieben ihm eine lange Periode der Ruhe und Isolierung, frei von allen Staatsgeschäften.[6] Im Sommer dieses Jahres verbrachte er (vom 29. Juni bis zum 24. Juli) einen Monat in Friedrichsruh und (vom 26. Juli bis zum 27. August) einen weiteren in Bad Kissingen, wonach er über Berlin für vier weitere Monate (vom 31. August bis zum 8. Januar 1881) nach Friedrichsruh zurückkehrte. Im Juni fand ihn die Baronin Spitzemberg in verhältnismäßig guter Verfassung, nicht sonderlich betroffen vom Schicksal des «Milderungsgesetzes». Mitte Juli fand ihn Lucius in Friedrichsruh «in ausgezeichneter Stimmung, gar nicht gereizt, frisch, herzlich, Widerspruch ertragend und eingehend in seiner Konversation».[7] Die Kur in Kissingen (25 Bäder) wurde als erfolgreich eingeschätzt, obwohl der Patient über Gesichtsschmerzen und Neuralgien klagte. Er redete noch immer von seiner Schlaflosigkeit, von Nächten, die er im Halbschlaf bei erbitterten Debatten mit seinen Gegnern verbrachte, doch wußte er jetzt besser damit umzugehen. Er erhob sich, brachte das Bettzeug in Ordnung, glättete die Laken, schüttelte die Kopfkissen auf, bis er auf andere Gedanken kam und wieder einschlief. Inzwischen hatte Tabak einiges von seinem Reiz für ihn verloren, doch sein Appetit bei Tisch blieb unverändert. Tiedemann, der Friedrichsruh im Oktober besuchte, zählte beim Diner sechs schwere Gänge plus Dessert. «Gegessen wird hier nach wie vor, daß die Wände krachen.»[8]

Von September 1880 bis zu seinem Tod im Jahre 1884 war der Hamburger Arzt Dr. Eduard Cohen regelmäßig in Friedrichsruh, während der Hausarzt des Fürsten, Dr. Heinrich Struck, in Berlin blieb. Es gelang Cohen anscheinend, Bismarck für einige Zeit zu einer Änderung seines Tagesablaufs zu bewegen: Nachtruhe um elf Uhr abends, Aufstehen um neun, eine Diät, die das Sodbrennen beendete, den Patienten aber zu dem Klagegesang veranlaßte «Mich fliehen alle Freuden.» Bismarck konnte wieder lange Waldspaziergänge machen und sogar zu Pferd steigen. Reiten, scherzte er, gebe ihm das Gefühl, «aus der zweiten Klasse der anständigen, menschlichen Gesellschaft wieder in die erste versetzt» zu sein. Anfang Dezember trat sein Pferd auf einem dunklen Waldweg in ein Loch, warf ihn ab und stürzte auf ihn. Bismarck klagte über Schmerzen in allen Gliedern, verheimlichte aber seiner Frau deren Ursache. Die Baronin Spitzemberg, die am 4. Dezember in Friedrichsruh eintraf, fand ihn «förmlich rosig und gar nicht so aufgedunsen». Am 13. Dezember schrieb Cohen in sein Tagebuch: «Bismarck ganz außerordentlich vergnügt, fast lustig, wie er heute große körperliche Anstrengungen mit voller Leichtigkeit überwunden. Er fühle sich wieder so elastisch und kräftig wie vor Jahren und könnte sich auf das Trapez vorbereiten.»[9]

Störend brach in diesen Urlaub nur am 17. Juli eine Meldung aus Berlin ein, die ihn zu einem Zornesausbruch gegen Karl von Hofmann hinriß. Noch acht Tage später behauptete er, daß sein Mund noch bitter sei von der Galle, die er bei der Gelegenheit «gespien» habe. Hofmann hatte zwar bei der Auflösung des Reichskanzleramts 1879 an Status eingebüßt, der Hesse war jedoch als Staatssekretär des neuen Reichsamts des Innern, preußischer Handelsminister und Bismarcks Hauptstellvertreter im Bundesrat noch immer nach dem Reichskanzler der wichtigste Reichsbeamte. Die Bismarck so heftig empörende Verfehlung hatte er sich im Bundesrat zuschulden kommen lassen, wo er die Annahme eines Gesetzes veranlaßt hatte, das Arbeitgeber verpflichten sollte, Arbeitsunfälle zu melden, und als erster Schritt zur Erweiterung ihrer Haftbarkeit zu verstehen war. Bismarck wies den Minister sofort an, das Gesetz zurückzuziehen. Als preußischer Minister des Äußeren sei er kraft seiner Weisungsbefugnis gegenüber den preußischen Delegierten allein berechtigt, dem Bundesrat preußische Gesetzentwürfe vorzulegen; als preußischer Ministerpräsident und Reichskanzler könne er Gesetze, die er nicht billige, weder verteidigen noch gegenzeichnen.[10] Als er am 25. Juli 1880 auf der Reise von Friedrichsruh nach Bad Kissingen in Berlin Station machte, erklärte er Lucius: «Hofmann müsse fort, er könne einen Stellvertreter nicht brauchen, welcher aus Mangel an Urteil oder aus bösem Willen ihm Schwierigkeiten mache und seine Stellung mißbrauche. Hofmann sei sein Geschöpf, ganz einfältig, wisse von praktischen Dingen gar nichts. Er sei wie ein Pferd was von jedem gesattelt, bestiegen und irgendwohin geritten werden könne.» Im August wurde Hofmann auf den Posten eines Staatssekretärs in der Verwaltung des Reichslands degradiert und nach Straßburg versetzt.[11]

Hofmann forderte Bismarcks Zorn nicht nur durch einen Verfahrensfehler heraus. Der Zorn des Fürsten entzündete sich auch am Gegenstand des Gesetzes, hinter dem sich eine grundsätzliche sozialpolitische Meinungsverschiedenheit zwischen ihm und jenen Beamten im Handelsministerium auftat, von denen Hofmann, der selten eigene Ideen hatte, beraten wurde. Bismarck hatte die Entscheidung getroffen, ein revolutionäres neues Staatssozialversicherungssystem zu schaffen, wobei er mit einem Unfallversicherungsgesetz den Anfang machen wollte, von dem er glaubte, daß es den Bedürfnissen beider Seiten, Kapital und Arbeit, besser entspreche als die «unpraktischen» Maßnahmen, die Hofmann und seine Untergebenen ergreifen wollten. Bei der Vorbereitung dieser Aufgabe versuchte er zunächst, seinen Griff auf die Klinke der Gesetzgebung zu verstärken. Im Amt des Reichsstaatssekretärs ersetzte er Hofmann durch Karl von Boetticher (der Oberpräsident von Schleswig gewesen war), von dem er mit Recht hoffte, daß er ein besseres Werkzeug für seine Absichten sein würde als sein Vorgänger. Wie Hofmann wurde auch Boetticher ins preußische Staatsministerium aufgenommen, jedoch nicht als Handelsminister, sondern als Minister ohne Portefeuille. Das Handelsministerium übernahm Bismarck zusätzlich zu seinen anderen Pflichten selbst. Als «dauernde Einrichtung», schrieb Bismarck an den Kaiser, würde ihn die Ernennung befähigen, dieses Ministerium für das Reich zu erobern und seine Autorität über die Beamten geltend zu machen, die Hofmann so schlecht beraten hatten.[12] Aus dem Handelsministerium und anderen Ministerien rekrutierte er eine Anzahl Beamter mit den erforderlichen Fähigkeiten für eine neue Abteilung innerhalb des Reichsamts des Innern, wo sie unter Boettichers Leitung Sozialversicherungsgesetze konzipieren sollten. Da diese Beamten weiterhin vom preußischen Staat besoldet wurden und beim Reichstag nicht um Genehmigung nachgesucht wurde, war Bismarcks Vorgehensweise wahrscheinlich verfassungswidrig. Im Oktober 1880 ernannte Bismarck Boetticher überdies zu seinem Stellvertreter, um ihm die Verwaltung dessen zu übertragen, was vom preußischen Handelsministerium übriggeblieben war.[13]

Dies war eine weitere jener Improvisationen, die Bismarcks Politik bei der Gestaltung der Exekutive seit 1867 kennzeichneten. Indem er noch ein drittes Ministeramt übernahm und die Ernennung Boettichers, eines Reichsbeamten, zum Minister ohne Portefeuille und zu seinem persönlichen Stellvertreter im Handelsministerium durchsetzte, vollendete er die Eroberung des preußischen Staatsministeriums und der Ministerien, aus denen dieses bestand. Das Handelsministerium vermehrte seine Arbeitslast nicht, behauptete er, im Gegenteil erleichtere es ihm die Arbeit. «Er müßte sich das bureaukratische Pack vom Hals halten. Jetzt habe er das Land in Besitz genommen und könne seine Pläne ausführen.» Er wolle dafür sorgen, daß das Reichsgesicht der janusköpfigen preußischen Beamten deutlicher hervortrete und ihre preußischen Züge verblaßten. Es gäbe ja strenggenommen gar keinen «preußischen Handel», nur solchen des Reichs.[14] Die strenge Hand des neuen Ministers bekamen nicht nur die ihm untergebenen Ministerialbeamten zu spüren. Auch die örtlichen Handelskammern, die gesetzlich einen halboffiziellen Status genossen, wurden erobert. So waren sie es gewohnt, in Jahresberichten an das Ministerium auf die Fehler der neuen Wirtschaftspolitik der Regierung hinzuweisen: für den Freihandel und gegen den Protektionismus, für das freie Unternehmertum und gegen Zunftordnung, für «Selbsthilfe» und gegen Staatssozialismus. Im November 1881 ordnete Bismarck an, daß zukünftig diese Berichte zur «Berichtigung» vor ihrer Veröffentlichung dem Ministerium vorzulegen seien. Diese Verordnung rief eine Flut von Protesten hervor, die erst verebbte, als Bismarck den protestierenden Handelskammern ihre Abschaffung androhte. Während der folgenden Jahre versuchte Bismarck, diese Körperschaften durch eine Erweiterung ihrer Basis zu Vertretungen nicht nur des Handels, sondern auch der Industrie, des Handwerks und der Landwirtschaft umzugestalten. Als «Gewerbekammern» sollten sie die Grundlage für eine neue korporative Organisation aller «produktiven Kräfte» bilden.[15]

Bismarcks zunehmende Macht über das preußische Staatsministerium nötigte bald noch andere Minister, ihren Abschied zu nehmen. Im Februar 1881 wurde der Minister des Inneren, Botho zu Eulenburg, anscheinend das Opfer einer «Komödie der Irrungen», die sich aus der Vielzahl der Rollen, die Bismarck zu spielen beliebte, ergab. Als Handelsminister billigte der Fürst Änderungsanträge zu einem Gesetz zur Verwaltungsreform, für dessen Annahme sich Eulenburg im Landtag einsetzte; ein paar Tage später aber sprach sich Bismarck in seiner Eigenschaft als Ministerpräsident gegen die Änderungen aus. Obwohl Bismarck dieser Widerspruch noch rechtzeitig auffiel, scheiterte sein Versuch, ihn auszuräumen. Da er nicht genügend bei Kräften war, um sich persönlich ins Herrenhaus zu begeben, wo über das Gesetz debattiert wurde, beschloß er, einen Untergebenen, den Vortragenden Rat im Handelsministerium, Rommel, zu schicken, der jedoch nicht gleich zu finden war. Als Rommel eine Stunde später von einem Spaziergang zurückkehrte, donnerte Bismarck ihn an, «daß die Fen-

«Die drei Gewaltigen». Bismarck, unterstützt von Innenminister Puttkamer und Finanzminister Bitter, hält die Portefeuilles des preußischen Staatsministeriums in der Balance. «Eigentlich brauchten sie weiter Keinen.» (Wilhelm Scholz, *Kladderadatsch*, 1881)

ster klirrten», und schickte ihn «völlig konsterniert und mit rotem Kopf» in das Herrenhaus. Dort benahm er sich dann, weil er die Absicht seines Vorgesetzten nicht genau verstanden hatte, so ungeschickt, daß sein Auftritt nicht etwa der Bereinigung der Angelegenheit diente, sondern den Eindruck erweckte, «daß Fürst

Bismarck vor versammeltem Hause dem Grafen Eulenburg den Krieg erklären wollte». Daraufhin vertagte sich das Haus «unter allgemeiner Erregung und Konsternation». Eulenburg bat den Kaiser unmittelbar nach dieser Sitzung um seine Entlassung und blieb auch dabei, nachdem Bismarck persönlich im Herrenhaus erschienen war und jede Meinungsverschiedenheit mit Eulenburg bezüglich der Vorlage in Abrede gestellt hatte. Seinen Posten übernahm Robert von Puttkamer, dessen Nachfolge im Kultusministerium Gustav von Goßler antrat, ein Unterstaatssekretär, von dessen Fähigkeiten andere Angehörige des Staatsministeriums keine hohe Meinung hatten. Offensichtlich hatte Eulenburg den Zwischenfall als willkommene Gelegenheit für eine Demission genutzt. Lucius erfuhr aus guter Quelle, daß zwischen dem Fürsten und Eulenburg schon seit längerer Zeit «starke Verstimmungen» geherrscht hätten. Noch kürzlich habe der Kanzler den Minister beschuldigt, «regieren zu wollen».[16]

Im März 1881 nahm auch Otto Graf zu Stolberg-Wernigerode, seit drei Jahren Stellvertreter des Reichskanzlers und Vizepräsident des preußischen Staatsministeriums, seinen Abschied. Stolberg hatte Bismarck als Oberpräsident von Hannover während der schwierigen Periode der Integration sowie später als deutscher Botschafter in Wien sehr zu dessen Zufriedenheit gedient. Bei seiner Berufung in die neuen Ämter hatte er sich nur ungern von seinem Botschafterposten verabschiedet. Seine Befürchtung, daß er als «Vize-Bismarck» kaum Autorität und wenig Gelegenheit zur Ausübung seiner Talente haben werde, erwies sich als nur allzu gerechtfertigt. Nun ersetzte ihn niemand in seiner Doppelrolle, obwohl Puttkamer zusätzlich zum Amt des Innenministers das des Vizepräsidenten des Staatsministeriums übernahm. Bismarck nahm das Ausscheiden Stolbergs leicht, doch Lucius glaubte, daß es dem Ansehen der Regierung schaden und den Verdacht nähren werde, daß Bismarck eine unabhängige Persönlichkeit als Kollegen nicht ertragen könne.[17] Daß auch andere dieser Meinung waren, zeigen die Schwierigkeiten, die Bismarck hatte, den sehr fähigen Bernhard Ernst von Bülow zu ersetzen, der von 1873 bis 1876 Staatssekretär im Reichsamt des Auswärtigen und danach preußischer Minister ohne Portefeuille gewesen war. Als Bülow 1879 unerwartet verstarb, fiel Bismarcks erste Wahl auf den Fürsten Chlodwig zu Hohenlohe-Schillingsfürst, der damals deutscher Botschafter in Paris war und die Stellung nur vorübergehend annehmen wollte. Auch dessen Nachfolger, Paul Graf von Hatzfeldt, erklärte sich sehr zu Bismarcks Ärger erst nach langem Zögern bereit, die Position auf Dauer zu übernehmen. Bismarck war dann auch nicht mit ihm zufrieden. 1885 wurde er durch Bismarcks Sohn Herbert ersetzt, der die Ämter bis 1890 innehaben sollte.[18]

Selbst nachgiebigere Minister als Botho zu Eulenburg hatten Mühe, es der narzißtischen Persönlichkeit in der Wilhelmstraße 76 recht zu machen. Man betrachte etwa das Dilemma Karl Bitters, der als Finanzminister des Kanzlers idiosynkratisches Steuerprogramm auszuführen hatte. «Bitters Situation wird immer schwieriger», beobachtete Lucius im Februar 1881. «Er ist konfus und greisenhaft, ändert in wichtigen Finanzprinzipienfragen über Nacht seine Ansicht und folgt jedem Druck des Fürsten, um sich im Amt zu halten.»[19] Doch Bitter versuchte, in den ihm wichtigsten Fragen seinen Standpunkt gegen den Fürsten zu behaupten. Durchdrungen von der preußischen Tradition konservativer Finanzpolitik, verabscheute er unausgeglichene Budgets. Bismarck hingegen wußte preußische Defizite als politischeWaffe zur Durchsetzung neuer Reichssteuern durchaus zu schätzen. Im Januar 1882 stand Bitter mit seiner Auffassung im Staatsministerium auf verlorenem Posten.[20] Im Juni 1882 bat er aus Protest gegen Reichserlasse in Steuerangelegenheiten, die ohne sein Wissen entworfen worden waren, um seine Entlassung. Bismarck hielt ihn für ungeeignet und war froh, ihn los zu sein.[21]

Mit Bitters Nachfolger, dem bisherigen Chef des Reichsschatzamts, Adolf Scholz, fand dann endlich Bismarck einen Finanzminister nach seinem Geschmack, einen Gehilfen, dem ein Zeitgenosse nachsagte, daß er «selbst unter Verzicht auf die eigene richtige Ansicht und auf die Gefahr einer Schädigung seines Rufes als Finanzmann und Gesetzgeber sich mit der Rolle des treuen, jederzeit zuverlässigen Gehilfen des großen Staatsmannes beschieden» habe.[22] Bismarck sah das natürlich anders. Scholz sei, schrieb er im August 1884, der einzige Finanzminister in 22 Jahren, mit dem ihm eine Zusammenarbeit «in gegenseitigem Verständnis» vergönnt gewesen sei.[23]

Nach dem Abgang Botho zu Eulenburgs, Stolbergs und Bitters blieben nur noch zwei lästige Kollegen im Staatsministerium zurück: Georg von Kameke und Albrecht von Stosch. Als preußischer Kriegsminister und Delegierter im Bundesrat hatte Kameke die Pflicht, im Reichstag die Militärvorlagen zu verteidigen. Bismarck fand, er sei zu eifrig darauf bedacht, gute Beziehungen zum Parlament zu unterhalten, und deshalb bereit, den Parteien die Einflußnahme auf Militärangelegenheiten zu gestatten. «Ein parlamentarischer General in aktivem Dienst ist stets eine unerfreuliche Erscheinung», meinte er, «als Kriegsminister aber eine gefährliche.»[24] Kameke hatte aber außer Bismarck noch andere, nicht weniger mächtige Feinde in Emil von Albedyll, der seit 1871 Chef des Militärkabinetts war, und Alfred Graf von Waldersee, dem frisch ernannten Generalquartiermeister und Stellvertreter Moltkes im Generalstab. Beide Generäle waren bestrebt, die Behörden, denen sie dienten, vom preußischen Kriegsministerium unabhängig zu machen, das sie als einziges Band an Verfassung und Parlament fesselte. Von Militärkritikern aus den Reihen des Zentrums und der Liberalen im Reichstag schwer bedrängt, riet Kameke im Februar 1883 dem Kaiser, diesen einige ihrer Forderungen zu bewilligen, so auch die Aufhebung der Steuerfreiheit für privates Einkommen, die die Offiziere genossen. Bismarck empörte nicht nur Kamekes Gewilltheit, der Opposition Zugeständnisse zu machen, sondern auch dessen Abweichen vom Dienstweg. Er behauptete, daß er selbst, als Kanzler, der einzige Reichsminister und deshalb wie für alle anderen auch für die Militärangelegenheiten des Reichs zuständig sei.[25]

Albedyll und Waldersee leisteten ihren Beitrag, indem sie den Kaiser davon überzeugten, daß Kamekes Handlungsweise den Parlamentarismus begünstige. Im Glauben, das Vertrauen des Kaisers verloren zu haben, bat Kameke um seine Entlassung. Er wurde durch Paul Bronsart von Schellendorf ersetzt, der dem Parlament entschiedener entgegenzutreten versprach und schon kurz nach Amtsantritt die Herauslösung des Militärkabinetts und des Generalstabs aus dem Kriegsministerium genehmigte. Diese Beschränkung des Zuständigkeitsbereichs des Kriegsministeriums vermehrte Bismarcks Einfluß, zerstörte jedoch andererseits die administrative Einheit der Armee. Das Kriegsministerium, das Militärkabinett und der Generalstab waren voneinander unabhängige Behörden geworden, doch es war nahezu unmöglich, ihre Kompetenzen gegeneinander abzugrenzen. So kam es zwischen 1883 und 1914 häufig zu bitteren Auseinandersetzungen zwischen ihnen, die der Effizienz der Armee schadeten.[26]

Kamekes Abschied bestätigte den Kanzler in seiner Stellung als «Reichskriegsminister», schaffte diesem jedoch zugleich noch einen alten Widersacher vom Hals, Albrecht von Stosch, der Kamekes Empfehlungen unterstützt hatte. Seit dem Scheitern seines Versuchs in den Jahren 1876–1877, Stoschs Absetzung vom Posten des Chefs der Reichsadmiralität zu erwirken, hatte Bismarck diesen dulden müssen.[27] Stosch überlebte sogar den Skandal von 1878, als im englischen Kanal der Schlachtkreuzer *Der Große Kurfürst* nach einer Kollision mit einem Schwesterschiff am hellen Tage sank. Als verantwortlicher Beamter wurde damals Stosch heftig im Parlament und in der Presse angegriffen, auch in einigen besonders bösartigen Artikeln, die auf Bismarcks Veranlassung geschrieben worden waren. Doch bewahrte er sich das Vertrauen des Kaisers, der auch seinen wiederholten Bitten um Entlassung nicht stattgeben wollte. Selbst der Reichstag wies einen Versuch des Kanzlers zurück, Stoschs Autorität durch die Ernennung eines Generalinspekteurs der Marine zu beschränken. Im März 1883 jedoch beschloß der vom langjährigen Verteidigungskampf ausgezehrte Stosch, gemeinsam mit Kameke aus dem Amt zu scheiden, und diesmal ließ der Kaiser ihn gehen.[28]

«Er müsse sagen», vertraute Bismarck im April 1883 Mittnacht an, «daß der Kaiser doch immer zu ihm gehalten habe, und seit man im preußischen Staatsministerium wisse, daß aller Wahrscheinlichkeit nach auf des Fürsten Anrat jeder Minister werde entlassen werden, herrsche im Staatsministerium eine Disciplin, wie sie vorher niemals bestanden habe.»[29] 1883 war der Kollegialcharakter des preußischen Staatsministeriums durch die überlegene Stellung, die der Kanzler und Ministerpräsident einnahm, de facto längst aufgehoben. «An die Stelle der hart mahlenden Steine, über welche der Fürst einst so beweglich klagte, sind weiche getreten», schrieb ein zeitgenössischer Beobachter. «Nachgerade unterscheiden sich die Dinge in Preußen von denen im Reiche nur scheinbar. Die Staatssekretäre der Reichsämter fungieren, wenn auch mit eigener Verantwortlichkeit nur als Stellvertreter des Reichskanzlers; die preußischen Ressortminister sind formell gleichberechtigte Kollegen des Ministerpräsidenten, thatsächlich üben sie ihre Funktionen in der Voraussetzung der Übereinstimmung mit dem Ministerpräsidenten aus.»[30]

Durch die Minister versuchte Bismarck sich die Staatsbeamtenschaft insgesamt gefügig zu machen und mit deren Hilfe die Wähler. Wir werden sehen, daß die preußische Bürokratie sich bei den Reichstagswahlen von 1881 so schamlos für die regierungsfreundlichen Kandidaten einsetzte wie in den reaktionären fünfziger und sechziger Jahren. Auch nach der Wahl jedoch ließen Bismarck und Puttkamer nicht locker. Am 4. Januar 1882 erließ der König eine von Bismarck entworfene Verordnung, die keinen Zweifel an dem ließ, was von den Beamten erwartet wurde. «Es ist die Aufgabe Meiner Minister, Meine verfassungsmäßigen Rechte durch Verwahrungen gegen Zweifel und Verdunkelung zu vertreten; das Gleiche erwarte ich von allen Beamten, die Mir den Amtseid geleistet haben. Mir liegt es fern, die Freiheit der Wahlen zu beeinträchtigen, aber für diejenigen Beamten, welche mit der Ausführung Meiner Regierungsacte betraut sind und deshalb ihres Dienstes nach dem Disziplinargesetz enthoben werden können, erstreckt sich die durch den Diensteid beschworene Pflicht auf Vertretung der Politik Meiner Regierung auch bei den Wahlen. Die treue Erfüllung dieser Pflicht werde ich mit Danke erkennen.»[31]

Politische Zuverlässigkeit wurde das Hauptkriterium bei der Ernennung und Beförderung von Beamten im Dienste Preußens und des Reichs. Auf Bismarcks Anordnung wurden Personalakten durchgesehen, um «schädliche und wertlose Elemente» rechtzeitig ausscheiden zu können. Doch politische Konformität allein war noch nicht ausreichend. Auch überzeugte Freihändler, ganz zu schweigen von jenen, die sich der neuen Wirtschaftspolitik der Regierung aktiv widersetzten, wurden zur Säuberung oder Bestrafung ausgesondert. Ein begabter Beamter, an dessen Förderung Lucius persönliches Interesse nahm, wurde bei der Beförderung übergangen, weil er die Verwegenheit besessen hatte, für den Sezessionisten Heinrich Rickert zu stimmen. Selbst der Bundesrat wurde «purifiziert», als der mecklenburgische Delegierte Karl Oldenburg wegen seiner freihändlerischen Ansichten durch ein Votum der preußischen Delegation aus der Handels- und Zollkommission abberufen wurde. Die Tage, da preußische Beamte als Landtags- oder Reichstagsabgeordnete noch gewagt hatten, gegen die Regierung Opposition zu machen, gehörten nun der Vergangenheit an. Die Bürokratie verabschiedete sich von dem Anspruch, einen besonderen Stand innerhalb der deutschen Gesellschaft zu bilden. «Jeder, der nicht mit uns ist», erklärte Bismarck, «ist wider uns.»[32]

Der preußische (deutsche) Volkswirtschaftsrat

Dennoch war der Zugriff auf die Gesetzgebung auch mit der Vorherrschaft über die beiden Exekutivorgane nicht vollständig gewährleistet. Schließlich blieben noch der Landtag und der Reichstag. Zugleich mit seiner endgültigen Unterwerfung des preußischen Staatsministeriums unternahm Bismarck die Gründung einer Körperschaft, die als «Preußischer Volkswirtschaftsrath» bezeichnet wurde. Die Notwendigkeit einer solchen Einrichtung sei schon, wie Bismarck behauptete, vom *Deutschen Handelstag*, dem *Centralverband deutscher Industrieller* und dem *Deutschen Landwirtschaftsrath* ausgesprochen worden. Der Wirtschaftsrat sollte «in der Gesetzgebung wie in der Handels- und Zollpolitik den Wünschen der produktiven Volksklassen Geltung ... verschaffen». Im Gegensatz zu den Ministerien, deren Beamten es oft an praktischer Erfahrung mangelte, und zum Reichstag, wo politische Gesichtspunkte vorherrschten, sollte der Wirtschaftsrat sachverständig beratend an der Vorbereitung von Steuer-, Sozialversicherungs- und anderen Wirtschaftsgesetzen mitwirken.[33]

Der preußische Volkswirtschaftsrat wurde am 17. November 1880 gegründet – unter Umgehung des gesetzgeberischen Verfahrens, dem er assistierend zur Seite stehen sollte. Bismarck proponierte, das preußische Staatsministerium disponierte, und der König von Preußen dekretierte.[34] Das Gremium bestand aus fünfundsiebzig Vertretern der Volkswirtschaft, von denen fünfundvierzig (je fünfzehn für Handel, Industrie und Landwirtschaft) von den Ministern für Handel, öffentliche Arbeiten und Landwirtschaft aus einer von den örtlichen Handelskammern, kaufmännischen Korporationen und landwirtschaftlichen Lokal- und Provinzialvereinen zusammengestellten Liste von neunzig Kandidaten ausgewählt wurden. Die übrigen dreißig (unter denen mindestens fünfzehn Handwerker und Arbeiter zu sein hatten) wurden von den Ministern direkt ernannt. Ein ständiger Ausschuß, bestehend aus zehn von der Regierung ausgewählten Mitgliedern und aus fünf weiteren, die von jeder der drei Unterabteilungen des Rats (Handel, Industrie und Landwirtschaft) zu bestimmen waren, konnte zu längeren Sessionen als das Plenum einberufen werden.

In den Dokumenten zur Vorgeschichte des Rates und in seinen Ausführungen gegenüber dessen Delegierten ließ Bismarck keinen Zweifel daran, daß der preußische Volkswirtschaftsrat für ihn nur eine Vorstufe und der «schnellste Weg» zur Schaffung eines gesamtdeutschen sein sollte, die mit der Zuwahl von fünfzig weiteren Delegierten aus den anderen deutschen Staaten leicht zu bewerkstelligen sein würde.[35] Obwohl Bismarck selbst diese Absicht leugnete, war der Verdacht weitverbreitet, daß er mit dem Volkswirtschaftsrat ein Gegengewicht zum Reichstag schaffen, ja vielleicht sogar diesen ersetzen wolle. Daß die Angehörigen des Wirtschaftsrats Diäten bekamen, während dem Reichstag das Recht auf solche wiederholt verweigert worden war, wirkte befremdlich. Abgeordnete des Zentrums und Liberale sahen in der Errichtung des Volkswirtschaftsrats auch einen weiteren Versuch des Kanzlers, das parlamentarische Leben von politischen, ideellen und rechtlichen Erwägungen ganz auf materielle Interessen abzulenken. Im Juni und Dezember 1881 lehnte der Reichstag zweimal durch die Verweigerung der erforderlichen Mittel die Gründung eines deutschen Volkswirtschaftsrats ab. Bismarck erklärte, daß der Bundesrat befugt sei, die Körperschaft auch ohne die Einwilligung des Reichstags per Verordnung ins Leben zu rufen.[36] Doch er ließ es darauf nicht ankommen, denn der preußische Volkswirtschaftsrat hielt nicht, was er sich von ihm versprach.

Im Januar und Februar 1881 beriet und billigte der Rat zwei Vorlagen, welche die Unfallversicherung für Arbeiter und eine Stärkung der Handwerkszünfte zum

Gegenstand hatten. Während die zweite dieser Vorlagen Gesetzeskraft erlangte, scheiterte die erste an im Reichstag gestellten Änderungsanträgen. Im März 1882 wurde der Rat zur Beratung von Gesetzesvorlagen über Unfall- und Krankenversicherung sowie über die Verstaatlichung der Tabakindustrie einberufen. Der Rat befürwortete die Versicherungsvorlagen, lehnte jedoch zu Bismarcks Überraschung und Verdruß das Tabakmonopol ab, das seit langem ein Herzstück seines fiskalischen Reformprogramms war. Die Ablehnung des Monopols durch den Volkswirtschaftsrat trug später zu seiner massiven Ablehnung im Reichstag nicht wenig bei.[37]

Die Abgeordneten der Opposition gingen nicht fehl in der Annahme, daß der geplante deutsche Volkswirtschaftsrat ein Ersatzreichstag werden sollte. Wie schon 1867–1870 im Falle des Zollparlaments setzte Bismarck offensichtlich voraus, daß der Rat sich organisch entwickeln würde. Mit der Zeit würde er der Öffentlichkeit und den Interessengruppen vertraut werden und so als allgemein geachtete Einrichtung bereitstehen, wenn eines Tages ein unauflöslicher Konflikt zwischen Krone und Reichstag die Abschaffung des letzteren erforderlichen machen sollte.[38] Doch nachdem der preußische Volkswirtschaftsrat ihm mit seinem Urteil über das Tabakmonopol so schnöde in den Rücken gefallen war, verlor Bismarck das Interesse an seiner Schöpfung.[39] 1883 tilgte das preußische Abgeordnetenhaus die Diäten und Reisespesen der Delegierten des Rats aus dem Budget, und anstatt ihn in Zukunft aus dem Welfenfonds zu finanzieren, ließ Bismarck ihn nach einem letzten Treffen im Januar 1884 dahinscheiden.[40] Er bedauerte diesen Verlust nicht, denn inzwischen war ihm eine sehr viel subtilere Idee gekommen: korporative Assoziationen, die zunächst als Verwaltungsorgane für Sozialversicherungsfonds gegründet wurden, aber letztlich die Basis für eine nationale Volksvertretung abgeben sollten. Bis ans Ende seines Lebens gab Bismarck die Hoffnung nicht auf, daß eine korporative Legislatur den Widrigkeiten der Parteipolitik ein Ende setzen und die Möglichkeit bieten werde, das Geschenk des allgemeinen (männlichen) Wahlrechts zu widerrufen.[41]

Die Politik von Brot und Steuern

Die gute Ernte des Jahres 1878 hatte den Getreidepreis gedrückt und die deutschen Landwirte zum Protektionismus bekehrt, aber sie war ein Segen für die Städter, die sich der niedrigsten Preise für Weizen und Roggen seit 1865 erfreuen konnten. Während der folgenden beiden Jahre allerdings sollte sich das Glücksrad wieder um 180 Grad drehen. Schlechte Ernten in den Jahren 1879 und 1880 trieben in ganz Europa die Lebensmittelpreise in die Höhe. In Berlin stieg der Großhandelspreis für Roggen, das in Deutschland wichtigste Brotgetreide, von Jahr zu Jahr. 1879 kostete die Tonne 132,80 Mark, 1880 187,90 Mark, 1881 bereits 195,20 Mark. Nicht einmal während der Hochkonjunktur der Gründerjahre waren die Lebensmittelpreise auf das Niveau gestiegen, das sie in den Jahren

1880–1881 erreichten.[42] Die düsteren Prophezeiungen der Freihändler über die nachteiligen Auswirkungen der Getreidezölle auf das Wohl der städtischen Bevölkerung schienen nun durch die Tatsachen bestätigt zu werden. Die Not vergrößerte noch, daß die Senkung der direkten Steuern, die Bismarck als Teil einer umfassenden Steuerreform verheißen hatte, ausblieb. Die Einkünfte, die Preußen aus den 1879 beschlossenen neuen Zöllen zuflossen, wurden gebraucht, um den Staatshaushalt auszugleichen.[43]

Die politischen Konsequenzen dieser Doppelbelastung für Wähler geringen Einkommens zeigten sich bei den Nachwahlen zum Reichstag im Jahre 1880 (bei denen durch Tod oder Rücktritt freigewordene Sitze neu zu besetzen waren). Die Fortschrittler behielten ohne Mühe zwei Sitze in Berlin und einen weiteren im Wahlkreis Potsdam-Havelland; in Hamburg verloren die Nationalliberalen ein Mandat an die Sozialisten, denen die Fortschrittler dicht auf den Fersen waren; in Kassel und Lübeck bemächtigten sich die Fortschrittler zweier Sitze, die bisher als sicherer Besitz der Nationalliberalen gegolten hatten; und in Sachsen-Altenburg entrissen die Fortschrittler auch den Freikonservativen ein Mandat. Von diesem Wahlergebnis ermutigt, beschloß der Führer der Partei, Eugen Richter, mit der Kampagne für die 1881 fällige Reichstagswahl sofort zu beginnen. Schon im Juni 1880 trat die Fortschrittspartei mit einem selbstbewußten Manifest vor die Wähler. «Die Anzeichen eines in weiten Kreisen des Volkes sich vollziehenden Umschwungs der Ansichten mehren sich. Die Regierung beschleunigt denselben, indem sie Fehler auf Fehler häuft, bald diese, bald jene Kreise des Volkes gegen sich aufregt. Die neuesten Vorgänge lassen selbst manche der taktischen Eigenschaften vermissen, welche früher dem Kanzler zu seinen großen Erfolgen verhalfen. Schon verzweifelt er selbst nach seinen neuesten Kundgebungen für seine innere Politik an dem Verständnis der Massen des Volkes, derselben Massen, an deren Unterstützung gerade er noch im vorigen Jahre in jeder Weise zu appellieren suchte.» Während der folgenden Monate unternahmen Richter und seine Parteigenossen heftige Anstrengungen, boten Redner auf, veranstalteten öffentliche Versammlungen, korrespondierten, schrieben Zeitungsartikel und gründeten neue Ortsgruppen, um die, wie sie richtig spürten, beste Gelegenheit seit 1861 wahrzunehmen, die Wähler auf die linksliberale Seite zu ziehen.[44]

Tatsächlich bewies Bismarcks Reaktion auf die Lebensmittelkrise von 1880–1881, in welchem Maße ihm die finanziellen Interessen der Gutsbesitzer am Herzen lagen und wie fehlerhaft sein Verständnis der Wirtschafts- und Steuerfragen war, für die er nun die politische Hauptverantwortung übernommen hatte. Im August 1880 schrieb er an Lucius, daß die Land- und Forstwirte, ohnehin gestraft durch das schlechte Wetter, durch niedrige Einfuhrzölle noch mehr geschädigt werden würden, weil diese Importe ermutigten und damit die Preise drückten. «Auf das fortschrittliche Geschrei dürfen wir nichts geben, wenn wir uns nicht die Wahlaussichten bei der ländlichen Bevölkerung ruinieren wollen. Letztere erwartet von *ihrem* Minister mehr wie von jedem anderen, Schutz der landwirtschaftlichen Interessen, und hat darauf auch wohl ein zweifelloses Recht.» Berichte über eine Erntekatastrophe tat er ab, und staatliche Nothilfe hielt er nicht für erforderlich, abgesehen von den Maßnahmen zur Beschleunigung des Eisenbahntransports von Lebensmitteln in die betroffenen Städte. Die Regierung müsse sich die Wohlfahrt nicht der Konsumenten, sondern der Produzenten angelegen sein lassen. Er hoffte allerdings, daß sich «die Agitation gegen die Kornzölle» in eine «Agitation gegen die ungleiche Besteuerung der *inländischen* Landwirtschaft umdrehen lassen werde».[45]

Unter ungleicher Besteuerung verstand Bismarck die «Doppelbesteuerung, welcher das Einkommen aus der Landwirtschaft vermöge der Kumulirung der Grundsteuer mit der Einkommenssteuer unterliegt, und die weitere Doppelbesteuerung, welche darin liegt, daß die hypothekirten Werthe des Grundbesitzes sowohl von der Einkommenssteuer des Hypothekengläubigers, wie von der Grund- und Häusersteuer betroffen werden». Er bedauerte, daß die Bemühungen der Regierung, ein gerechteres Steuersystem durch den Landtag und den Reichstag zur Annahme zu bringen, von den Wählern nicht verstanden worden seien; bei den letzteren werde «als residium nur Unzufriedenheit mit der Regierung und Neigung zu oppositioneller Wahl zurückbleiben». Die Wähler, prophezeite er, würden zu den Extremen abwandern, den Ultrakonservativen einerseits, den Fortschrittlern andererseits. Man müsse auf einen Versuch der Fortschrittler gefaßt sein, im Bündnis mit dem Zentrum eine parlamentarische Mehrheit auf die Beine zu stellen – und eine entsprechende Regierung. Geschickte Redner würden schon eine «Verdummung» der Öffentlichkeit herbeizuführen wissen.[46]

Dennoch schritt Bismarck auf dem eingeschlagenen Weg in der Hoffnung voran, die Wähler vom Brotpreis abzulenken. Er wollte dabei den Umstand nutzen, daß die Session des Landtags (die am 28. Oktober 1880 eröffnet wurde) derjenigen des Reichstags (die am 15. Februar 1881 begann) vorausging. Wie im vergangenen Jahr wollte er im Landtag die «Lichtseite» seiner Steuerreform herausstellen (die Ermäßigung der direkten Steuern), um deren «Schattenseite» (die Erhebung neuer indirekter Steuern) für den Reichstag annehmbarer zu machen. Wenn die Oppositionsparteien im Reichstag auf ihrer Ablehnung der neuen Steuern beharrten, die zur Senkung der Steuerlast in Preußen benötigt wurden, dann würden sie, so hoffte er, bei den nächsten gesamtdeutschen Wahlen den Zorn der Wähler auf sich ziehen.[47]

Die «Lichtseite» wurde dem Landtag mit zwei Gesetzesvorlagen präsentiert. Der erste dieser Entwürfe sah die Verwendung eines preußischen Haushaltsüberschusses von 14 Millionen Mark (mit dem nach der Franckensteinschen Klausel gerechnet wurde) zum Erlaß «von drei Monatsraten der Klassen- und der fünf untersten Stufen der Einkommenssteuer» vor.[48] Drastischer war die zweite Vorlage, ein neues Verwendungsgesetz, das von vornherein festsetzen sollte, wofür Preußen seinen Anteil (in Höhe von etwa 65 Millionen Mark) an der Summe von 110 Millionen Mark auszugeben hatte, welche die neuen – allerdings nicht verabschiedeten – Reichssteuern einbringen sollten. Das «Verschwendungsgesetz», wie es seine Kritiker tauften, sah die Suspendierung der vier untersten Stufen der Klassensteuer vor (auf Einkommen bis zu 1200 Mark jährlich) und teilte den örtlichen Kommunalverwaltungen (städtischen und ländlichen) den Ertrag der verbleibenden acht Stufen sowie die Hälfte des Ertrags aus der Grund- und Gebäudesteuer zu. In den vier untersten Stufen der Klassensteuer waren 4378000 Personen veranlagt, 86 Prozent der Klassensteuerzahler. Es handelte sich dabei um Industriearbeiter, Handwerker, Krämer, Schullehrer, subalterne Regierungsbeamte und kleine Landbesitzer. Im übrigen sollten von der neuen Regelung auch die Kommunalverwaltungen und die Grundeigentümer (durch die Abschaffung von Zusatzsteuern), insbesondere die Gutsbesitzer, profitieren.[49]

Während der Beratungen über das erste Gesetz wurde offenbar, daß die gestiegenen Militärausgaben unter dem neuen Septennat zusätzliche Matrikularbeiträge erforderlich machen würden, an denen sich Preußen mit mehr als 15 Millionen Mark zu beteiligen hatte. Diese Summe war nur aufzubringen, wenn auf die vorgesehene Steuerermäßigung verzichtet wurde. Nichtsdestoweniger sah Eugen Richter, sonst in fiskalischen Dingen eher konservativ, nun eine Chance, die Regierung zu übertrumpfen, und beantragte die dauerhafte Festschreibung der Steuersenkung.[50] Die Aussicht auf ein Defizit von 14 Millionen Mark im preußischen Haushalt beunruhigte Bismarck nicht sonderlich. Es alarmierte ihn auch nicht, daß die «Staatsministerii» mit Ausnahme von Finanzminister Bitter schockiert über seine Absicht waren, den Haushalt des Reiches aus dem Lot zu bringen. «Man dürfe sich von der Opposition in dieser Beziehung nicht überbieten lassen», erklärte er mit wachsender Ungeduld, «und müsse den Willen für Steuererleichterungen durch die Tat dokumentieren. Er sei von Haus aus gegen einen einmaligen Erlaß gewesen, wohl aber für einen dauernden.» Vor den Parlamentswahlen 1881 müßten die Wähler durch eine Steuersenkung umworben werden. «Wir müssen uns einen Ausweg aus diesem circulus vitiosus durch einen entschlossenen Verzicht auf bestehende Einnahmen verschaffen, ohne uns durch den Zweifel über den nothwendigen Erfolg beirren zu lassen. Die Staatskasse eines Landes mit geordneten Finanzen unterliegt absolut dem Gesetze des horror vacui und die Lücke, welche abgeschaffte drückende Steuern lassen, wird sich ohne bedenklichen Verzug wieder ausfüllen, gleichviel wie.»[51] Die erste Vorlage wurde mit Richters Änderungen von einer seltsamen Mehrheit angenommen, in welcher Konservative, Zentrumsabgeordnete und Fortschrittler gegen eine nationalliberale Opposition zusammenstanden. Anschließend stimmten Fortschrittler, Nationalliberale und Zentrumsleute gemeinsam, um die zweite Vorlage zu Fall zu bringen. Die Annahme des zweiten Verwendungsgesetzes hätte die Liberalen moralisch dazu verpflichtet, im Reichstag eine Steuergesetzgebung zu unterstützen, die sie schon Anfang 1880 abgelehnt hatten – einschließlich, wie sie richtig voraussahen, eines staatlichen Tabakmonopols.[52]

Bismarcks Verteidigung seines Steuerprogramms von 1881 wiederholt zwar die bekannten Argumente, gestattet jedoch auch neue Einsichten in seine Vorstellungen von Steuergerechtigkeit. Seine Steuerreform, erklärte er dem preußischen Abgeordnetenhaus am 4. Februar 1881, sei ein Akt der Gerechtigkeit gegenüber den städtischen und ländlichen Gutsbesitzern, den letzteren vor allem, denen man einen unverhältnismäßig großen Teil der Steuerlasten aufgebürdet habe. Da sie nur persönlich einkommenssteuerpflichtig waren, zahlten «Couponschneider» nur drei Prozent ihres Nettoeinkommens in direkten Steuern, und selbst dieser Betrag konnte durch die Verheimlichung von Vermögenswerten noch gemindert werden. Er selbst dagegen zahle als Gutsbesitzer noch zusätzlich 6 bis 7,5 Prozent in Grundsteuern auf Vermögenswerte, die nicht verborgen werden konnten. «Die Erträge der Landwirte liegen von Gottes Sonne klar beleuchtet offen da; daß da das Bestreben vorwalten möge, sie möglichst herabzudrücken, daß auch eine gewisse Gevatterschaft und Nachbarschaft bei der Commission möglich sein mag, gebe ich zu», sagte er, aber an der unverhältnismäßigen Belastung des Landwirts ändere das leider nichts. Er leugnete zwar jede Absicht, die von der «Neue-Ära»-Regierung eingeführten Grund- und Gebäudesteuern abschaffen zu wollen, hielt aber fest daran, daß die Gesetzgebung von 1861 eine «große Ungerechtigkeit» sei. Die Praxis, den Kommunalverwaltungen die Erhebung von Zusatzsteuern zu gestatten, die die Steuerlast noch um 10 bis 20 Prozent vermehrten, habe diesen Mißstand noch vergrößert. Da seine eigenen Güter fast frei von Hypotheken seien, schätzte Bismarck, daß sein Netto-Einkommen mit insgesamt etwa 10 Prozent direkten Steuern belastet werde. Die Besitzer von Gütern mit hohen Hypotheken kämen jedoch leicht auf 20 Prozent. Bismarck bestritt ein persönliches Interesse an der Steuerreform – «Ich bin durch die Gnade des Königs so reich geworden, daß ich kleine Steuervortheile nicht nöthig habe.»[53]

Das Scheitern des zweiten Verwendungsgesetzes im preußischen Abgeordnetenhaus kündigte eine Reichstagssession (vom 15. Februar bis zum 15. Juni 1881) an, die sich für Bismarcks Pläne als nahezu katastrophal erwies. Abermals legte die Regierung Vorschläge für Verfassungsänderungen vor, die zweijährige Budgets und Reichstagssessionen vorsahen und die Periode zwischen den Wahlen zum Reichstag von drei auf vier Jahre verlängern sollten. Nur der letztere Änderungsantrag wurde angenommen.[54] Drei schon im Vorjahr eingebrachte Steuergesetzentwürfe (Erhöhung der Brausteuer, neue Stempelsteuern und eine abgestufte Einkommenssteuer für vom Militärdienst befreite Bürger) wurden abermals vorgelegt, alle mit Bestimmungen versehen über die Aufteilung der Erträge im Stil der Franckensteinschen Klausel. Wieder vertrat Bismarck die Auffassung, daß die direkten Steuern auf Einkommen und Grundbesitz unverhältnismäßig hoch und indirekte Steuern auf Massenverbrauchsgüter gerechter und für den Steuerzahler erträglicher seien, auch für den Steuerzahler mit geringem Einkommen. Laskers Behauptung, die Regierung beabsichtigte letztlich nur Steuererleichterungen für Rittergutsbesitzer, ließ Bismarck unbeeindruckt. Warum löse die Regierung ihre finanziellen Probleme nicht, fragte Lasker, durch die Einführung einer Erbschaftssteuer nach dem Muster Englands und Frankreichs? Warum erleichtere man die Steuerlast der Armen nicht durch eine Reform der Klassen- und Einkommenssteuern, bei der die Bürde von den Schultern der niedrigsten Einkommensklassen auf die der höchsten geladen werde? Auf den Einwand, daß Verbrauchssteuern regressiv seien, belastender für die Armen als für die Reichen, erwiderte Bismarck, daß dies die rein theoretische Vorstellung weltfremder Professoren, Journalisten und Berufspolitiker ohne Kenntnis der wirtschaftlichen Realitäten sei. Doch die Abgeordneten ließen sich nicht überzeugen. Von kleinen Konzessionen abgesehen, die wenig einbrachten (Stempelsteuer auf Noten, Sicherheiten und private Lotterien sowie eine Erhöhung der Zölle auf Mehl und Trauben) wurde das Steuerprogramm der Regierung entschieden abgelehnt.[55]

Die Reichstagsabgeordneten brachten dem Kanzler überdies noch zwei weitere schmerzliche Niederlagen bei. Sie vereitelten seinen Versuch, einen deutschen Volkswirtschaftsrat zu gründen, und änderten Boettichers Unfallversicherungsvorlage so drastisch, daß sie für den Kanzler nicht mehr akzeptabel war.[56] Das bemerkenswerteste Gesetz, das angenommen wurde, war die sogenannte Lex Tiedemann, die aus Bismarcks anhaltendem Streit mit der von der Fortschrittspartei beherrschten Berliner Stadtverwaltung hervorging. Der deutsche Reichskanzler, der «durch die Gnade des Königs so reich» geworden zu sein behauptete, daß er kleine Steuervorteile nicht nötig habe, wollte durch ein Reichsgesetz die gestaffelte städtische Mietsteuer auf den mietfreien Dienstwohnungen für Reichsbeamte senken. Nach seinen Vorstellungen sollte der Mietwert auf 10 Prozent des Gehalts der Bewohner statt auf die Höhe von Vergleichsmieten festgesetzt werden, was eine Steuerersparnis von ganzen 1200 Mark eingebracht hätte. Hauptnutznießer der neuen Regelung waren vor allem dem Kanzler selbst (Mietsteuerermäßigung von 746 auf 120 Mark) und dessen Mitarbeiter Christoph von Tiedemann (von 252 auf 30 Mark). Dieser in jeder Hinsicht kleinliche, bereits 1880 vorgelegte, damals aber ignorierte Gesetzentwurf beschäftigte nun tagelang das Parlament des Deutschen Reichs. Die Abgeordneten, die für ihre parlamentarische Tätigkeit keinerlei Entschädigung erhielten, lauschten den Beschwerden des reichen und mächtigen Reichskanzlers selbst über die 3,50 Mark, die ihm für Pferdeboxen in seinem Stall an Steuern abverlangt wurden. In seinem Zorn gegen die Fortschrittler, die ihn angeblich diskriminierten, drohte Bismarck, die preußische und die Reichsregierung aus Berlin abzuziehen. Mit Hilfe des Zentrums, das seinerseits auf Entgegenkommen bei der Kirchengesetzgebung rechnete, korrigierten die Konservativen den Prozentsatz des Gehalts von 10 auf 15 Prozent nach oben und nahmen gegen die Opposition der liberalen Parteien, darunter zwei von Bismarcks ehemaligen Kollegen, Falk und Delbrück, das Gesetz an.[57]

Rebellion des kleinen Mannes

Bei den legislativen Debatten von 1880–1881 hatte man schon die bevorstehenden Reichstagswahlen im Auge. Bismarck warb vor allem um die Gunst der städtischen und ländlichen Grundbesitzer, aber auch um die der städtischen Unterschicht. Durch Steuererlasse, das Bemühen um eine gesetzliche Unfallversicherung, die Ankündigung seiner Absicht, die Sozialversicherung auf andere Bereiche zu erweitern, stellte er sich als «Fürsprecher des kleinen Mannes» dar, ein Image, das auch von der offiziellen Presse verbreitet wurde.[58] Im Parlament wetterte er gegen Parteipolitik und Berufspolitiker, predigte die Vorzüge einer «Interessenpolitik» und rührte die Trommel des deutschnationalen Patriotismus. Er bestritt, daß seine Steuervorlagen, seine Anträge auf Verfassungsänderungen und die Volkswirtschaftsräte dem Zweck dienen sollten, die Macht der Parlamente zu beschränken. Doch die Bedrohung, die sie tatsächlich darstellten, war groß genug, die Nationalliberale Partei davon abzuhalten, sich gefügig der regierungsfreundlichen Koalition einzuordnen, die Bismarck vorschwebte. Wie sehr sie auch darauf bedacht waren, ein gutes Verhältnis zur Regierung zu bewahren, mochten Bennigsen und seine Anhänger doch nicht an der Entmachtung der Volksvertretung mitwirken. Deshalb stimmten sie mit Fortschritt, Zentrum und Sozialdemokratie gegen das legislative Programm des Kanzlers.[59]

Die Wahlkampagne wurde dann kompliziert durch ein Aufwallen antisemitischer Agitation, zu deren Protagonisten auch der Hofprediger und Gründer der Christlich-Sozialen Arbeiterpartei, Adolf Stoecker, gehörte.[60] Da es ihm 1878 nicht gelungen war, die Berliner Arbeiter den Sozialdemokraten abspenstig zu machen, tilgte Stoecker das Wort «Arbeit» aus dem Namen seiner Partei und wandte sich nun bevorzugt an die Wähler der Fortschrittspartei (kleine Beamte, Einzelhändler, kleine Geschäftsleute), indem er hauptsächlich an den Antisemitismus appellierte. Auf diese Weise hoffte er auch einen wirksamen Gegenangriff gegen die liberalen Verleger, Journalisten und Politiker zu führen, die seiner Bewegung von Anfang an feindselig begegnet waren, denn unter diesen waren viele Juden. Diese veränderte Strategie gewann Stoecker Freunde unter den Konservativen, denen sein früherer Populismus und seine Angriffe gegen die Besitzenden wenig zugesagt hatten.[61]

Der Antisemitismus war in Deutschland, wo man begann, sich von der Masse der polnischen und jüdischen Einwanderer aus dem Osten bedroht zu fühlen, inzwischen zunehmend populär geworden. In den *Preußischen Jahrbüchern* geißelte Heinrich von Treitschke – Professor an der Berliner Universität, berühmter Historiker, dynamischer Redner und Reichstagsabgeordneter – die Anmaßung, die Habgier und die Unassimilierbarkeit der Juden. Ungeachtet der Proteste Theodor Mommsens und einiger anderer Kollegen machte Treitschkes Angriff den Antisemitismus gesellschaftsfähig.[62] Im Herbst 1880 brachten die Antisemiten eine Petition in Umlauf, mit der Bismarck ersucht wurde, die Initiative zu einer Gesetzgebung zu ergreifen, die der jüdischen Einwanderung Einhalt gebieten, Juden von Stellungen in der Verwaltung und im Schuldienst ausschließen und den jüdischen Zensus wiederherstellen sollte. Als diese Petition Bismarck im April 1881 vorgelegt wurde, trug sie 250 000 Unterschriften. Die Urheber hatten zwar mit einer Million gerechnet, doch das Ergebnis war eindrucksvoll genug.[63]

Antisemitische Agitation in diesem Umfang war im deutschen öffentlichen Leben etwas Neues. Wie sollte die Regierung darauf reagieren? Im Juni 1880 griff Stoecker bei einer öffentlichen Veranstaltung den Bankier Gerson Bleichröder und seinen Reichtum heftig an. Als Bleichröder den Kaiser um seinen «patriarchalischen Schutz» bat, steigerte der Hofprediger seinen rhetorischen Aufwand und beschuldigte den Bankier rundheraus, sein Vermögen mit dem Betrug von Christen zusammengerafft zu haben.[64] 1875–1877 waren antisemitische Attacken gegen Bleichröder gleichzeitig auch gegen Bismarck, das Laissez-faire und die prokapitalistische Politik seiner Regierung gerichtet. Doch des Kanzlers Frontwechsel in der Wirtschaftspolitik während der Jahre 1878–1879 hatte ihn und seine Regierung aus der Schußlinie genommen.[65] In einem Schreiben an Puttkamer, der mit der Tätigkeit des Hofpredigers von Amts wegen befaßt war, kritisierte Bismarck zwar Stoeckers Angriffe gegen das «Geldjudentum», dessen Interessen «mit der Erhaltung unserer Staatseinrichtungen verknüpft» seien, nicht aber dessen Antisemitismus als solchen. Er äußerte vielmehr den Wunsch, daß Stoecker seine Aufmerksamkeit auf das «politische Reformjudentum», jenes «besitzlose Judentum in Presse und Parlament, welches wenig zu verlieren, viel zu gewinnen hat und sich jeder Opposition anschließt», lenken solle. Was ihn am meisten aufbrachte, war Stoeckers Eintreten für die «Normalarbeitszeit», die «den Ruin unserer Industrie» herbeiführen werde, und «die ökonomische Sicherstellung des Arbeiters in Fällen der Arbeitslosigkeit», die «faktisch unerreichbar» sei.[66] Er wollte die christlichen Sozialisten nicht wegen ihrer Verleumdungen der Juden anklagen lassen, sondern weil ihre Propaganda zum Klassenkampf aufrief.

Im November 1880 forderten die Fortschrittler im Reichstag eine Stellungnahme der Regierung zu der antisemitischen Petition. Die Interpellation hatte eine zweitägige Debatte zur Folge, bei der kraß zum Vorschein kam, wie stark die antisemitische Agitation in den höchsten Kreisen der deutschen Gesellschaft ihre Wirkung getan hatte. Konservative, Freikonservative, Zentrumsangehörige und selbst einige Nationalliberale schlossen sich dem Angriff gegen die Juden mehr oder weniger eifrig an, und selbst die Fortschrittler neigten dazu, die bürgerlichen Freiheiten der Juden nur ziemlich halbherzig zu verteidigen.[67] Den Reichskanzler brachte die Anfrage in ein Dilemma, denn er konnte sie weder unterstützen noch angreifen. Aus Friedrichsruh instruierte er seine Ministerkollegen ärgerlich, die Interpellation zu ignorieren und, wenn das nicht möglich sein sollte, zumindest den Eindruck einer Unterstützung Stoeckers zu vermeiden. Es erwies sich dann allerdings als unmöglich, Stoecker mit Hilfe des Sozialistengesetzes zu belangen, denn damit wäre der Anschein erweckt worden, als hätte die Regierung sich auf die Seite der Fortschrittspartei geschlagen. Er empfahl deshalb wie Puttkamer dem Monarchen nur, seinen Hofprediger wegen seiner «Exzesse» zu tadeln. Daß Stoecker sich dazu hatte hinreißen lassen, reiche Männer anzugreifen, die Politik der Regierung zu kritisieren und unerfüllbare soziale Erwartungen bei den Arbeitern zu wecken, rief den Unwillen des Reichskanzlers hervor. Bismarck hatte gegen Antisemitismus nichts, solange er sich gegen seine Feinde richtete.[68]

Während des Wahljahres würdigte Bismarck die ihm zugesandten Verlautbarungen antisemitischer Gruppen und Versammlungen höflicher Antworten. Gedrängt dazu, Farbe zu bekennen, erklärte er dem Reichstag, er habe nicht die Zeit, den Charakter der Gruppen von Bürgern zu erforschen, die die Wilhelmstraße mit Telegrammen und Petitionen zu politischen Fragen überschwemmten. Er sprach sich allerdings gegen Agitatoren aus, die zum Klassenhaß aufhetzten (von ideologischem oder religiösem Haß sprach er nicht), und bemerkte sehr allgemein, daß er sich stets, wie es ihm seine amtliche Stellung gebiete, «von allen diesen Bewegungen, die mir nicht erwünscht sind, ferngehalten» habe.[69] Da weder der Kanzler noch ein preußischer Minister die antisemitische Hetze ausdrücklich tadelten, konnte die Öffentlichkeit annehmen, daß die Regierung diese nicht eigentlich mißbilligte. Im *Grenzboten* waren heftige Angriffe gegen die Juden aus der Feder von Bismarcks journalistischer rechter Hand, Moritz Busch, zu lesen. Die Regierung ergriff keine Disziplinarmaßnahmen gegen Lehrer und Pastoren, die sich in der antisemitischen Bewegung betätigten. Man glaubte sogar, daß die antisemitischen Zeitungen, die plötzlich überall aus dem Boden schossen, aus dem Welfenfonds finanziert würden.[70] Die Atmosphäre lud zu Ausschreitungen ein, es kam zu lärmenden Demonstrationen und Versuchen, Versammlungen von Sozialisten und Fortschrittlern zu sprengen. In den Straßen Berlins wurden antisemitische Flugblätter mit der Aufschrift «Juden raus!» verteilt. In den Städten Thorn, Neustettin und Stolp brannten Synagogen und die Häuser jüdischer Bürger. In Stolp mußte zur Wiederherstellung der Ordnung die Armee eingreifen, wobei es sechzehn Verwundete gab und dreißig Unruhestifter verhaftet wurden. Erst danach verbot die Regierung in den Provinzen Pommern und Westpreußen jede antisemitische Agitation.[71] Doch im Mai 1881 befahl auf Bismarcks Anregung das preußische Staatsministerium jene verschärften Paßkontrollen, welche die Ausweisung ausländischer Juden aus Berlin und den östlichen Provinzen ankündigten.[72] Ein Jahr nachdem er erwogen hatte, gegen Stoeckers Umtriebe gerichtlich einzuschreiten, empfahl Bismarck seinem Sohn Wilhelm, die Reichstagskandidatur des Predigers zu unterstützen, allerdings ohne die Regierung zu involvieren. «Stoeckers Wahl ist dringend zu wünschen; einmal als Nichtwahl des Gegners, dann weil er ein außerordentlicher, streitbarer, nützlicher Kampfgenosse ist».[73]

Mit Puttkamers Ernennung zum Minister des Inneren im Juni 1881 übernahm ein Beamter die Kontrolle der preußischen Verwaltung, von den Oberpräsidenten der Provinzen bis zu den Landräten und dem Polizeiapparat, der sich nicht scheute, hart durchzugreifen. Das «Puttkamer-System», das mit strenger Disziplin widerspruchslosen Gehorsam und unverbrüchliche Regierungstreue erzwang, machte sich bereits bei den Reichstagswahlen desselben Jahres geltend. Auf Befehl des Ministers setzten sich Staatsbeamte, besonders die Landräte, aktiv für die Wahl der von der Regierung favorisierten Kandidaten ein, gleich ob es sich um Konservative oder um Nationalliberale handelte. Mit Hilfe Maybachs und Bitters dehnte Bismarck dieses System auf Finanz- und Eisenbahnbeamte aus. Aus dem Welfenfonds floß ein steter Strom von Zahlungen an konservative Zeitungen und Journalisten. Aus der Presseabteilung des Auswärtigen Amts und des preußischen Staatsministeriums gelangte eine Flut von Artikeln in die Presse, die entweder vom Kanzler persönlich oder nach seinen Anweisungen verfaßt waren.[74] Als sich nach den Wahlen im Reichstag Proteste gegen diese Manipulationen erhoben, berief sich die Regierung auf das Recht und die Pflicht, dafür Sorge zu tragen, daß die Wahlen von der richtigen Seite gewonnen würden. Mit Bismarcks Billigung erklärte Puttkamer den aufgebrachten Abgeordneten: «Die Regierung wünscht, daß innerhalb der Schranken des Gesetzes ihre Beamten sie bei der Wahl nachdrücklich unterstützen, und ich kann hinzufügen, daß diejenigen Beamten, welche das in treuer Hingabe bei den letzten Wahlen gethan haben, des Dankes und der Anerkennung der Regierung sicher sind, und, meine Herren, was mehr werth ist, daß sie auch des Dankes ihres Kaiserlichen Herren sicher sind ... Meiner Ansicht nach gehört es zum Wesen einer monarchischen Staatsordnung, daß das Beamtenthum einen einheitlichen Gesammtorganismus bildet auch in politischen Dingen.» Nie zuvor, bemerkte Lasker, sei das System der Regierung so unumwunden beschrieben worden.[75]

Sowohl die Fortschrittler als auch die Regierung betrachteten die Wahlen von 1881 als ein Plebiszit für oder gegen Bismarck. Bismarck schärfte seinen Presseagenten ein, den Wählern ja klar zu machen, daß er fortschrittliche «Schweinekerls» als Ministerkollegen niemals dulden würde. Wenn die Fortschrittler seinen Sturz herbeiführten, werde Deutschland die sichere Stellung in Europa einbüßen, die er allein erobert habe. «Für Regierung und für Bismarck wählen hieße für den Frieden wählen; etc.»[76] Als der Termin der Wahlen näher rückte, versuchten Rickert und Lasker, entsprechend dem ursprünglichen Anliegen der Sezession, die drei liberalen Bataillone unter einer Flagge in den Kampf zu führen. Doch die Extreme der liberalen Bewegung erwiesen sich als unvereinbar. Bennigsen wollte sich nicht darauf festlegen, niemals mehr mit Bismarck zusammenzuarbeiten, und Richter hielt an seiner unbedingten Überzeugung fest, daß Bismarck gehen müsse. Manche Führer der Nationalliberalen spürten, daß es zu einem Desaster für die Partei werden könnte, wenn sie sich an Bismarcks Rockschöße hängte. Schon im August 1880 schrieb Miquel, der inzwischen Bürgermeister von Frankfurt am Main geworden war, an Bennigsen: «Die Tausend von Bismarck fortwährend erzeugten Mißstimmungen sind ein Strom geworden, selbst viele nationale Kreise fortreißend.» Stephani fürchtete: «Treibt (Bismarck) seine stürmisch unruhige launenhaftige Agitation im Innern so weiter wie seit etwa anderthalb Jahren, so ist bis zu den nächsten Wahlen drei Viertel von Deutschland in entschiedener Opposition und die Mittelparteien sind beseitigt». Doch Bennigsen, der die Schlappe der Liberalen bei den Wahlen von 1878–1879 noch nicht vergessen hatte, glaubte weiterhin an Bismarcks Fähigkeit, sich die «stillen Unterströmungen nutzbar zu machen, die schon seit Jahren in Deutschland vor sich gegangen sind. Darin liegt die phänomenale und historische Bedeutung Bismarcks, daß er ein großes Feingefühl und einen schnellen Blick für die wechselnden Bewegungen der Volksseele gehabt hat.»[77]

Seit 1866 schienen die preußischen und deutschen Wähler es Bismarck recht machen zu wollen. Während der vergangenen fünfzehn Jahre hatten sie stets den Parteien ihre Stimme gegeben, deren Sieg der Architekt der deutschen Einheit zu wünschen schien, wenn auch nicht immer ganz klar war, was er wollte. Sie hatten ihm Mehrheiten gegeben, mit denen er das nationale Einigungswerk vollenden, das Wachstum des Industriekapitalismus fördern, den Kulturkampf ausfechten, Wilhelms Wunden rächen, Deutschland vor dem Sozialismus retten und die deutsche nationale Arbeit gegen fremdländisches Eisen, Brotgetreide und Holz verteidigen konnte. Doch am 27. Oktober 1881 ließ ihn die Wählerschaft im Stich. Die Mittelparteien, in die er seine Hoffnung gesetzt hatte, wurden dezimiert, die Freikonservativen verloren 29 ihrer 57 Sitze, die Sitze der Nationalliberalen fielen von 99 auf 47. Was die Nationalliberalen verloren, gewannen die Sezessionisten (46 Mandate), und die Fortschrittspartei konnte ihre Mandate von 26 auf 60 mehr als verdoppeln. (Bismarcks Anweisung an die Konservativen, bei den Stichwahlen gegen die Fortschrittler für die Sozialisten zu stimmen, änderte nichts an diesem Ergebnis.)[78] Das Zentrum machte ebenfalls Gewinne und kam von 94 auf 100 Mandate, während dessen polnische Verbündete zu den bisherigen 14 Sitzen vier neue hinzugewannen. Die Welfen konnten ihre zehn Mandate halten, die Elsässer ihre 15. Auf der äußersten Rechten fielen die Konservativen von 59 Sitzen auf 50, auf der äußersten Linken gewannen die Sozialdemokraten die drei 1878 verlorenen Mandate zurück und hatten nun wieder 12 Sitze.[79] In Berlin erhielt die antisemitische Bewegung kein Mandat, obwohl sie die Sozialdemokratische Partei als zweitstärkste Partei in der Hauptstadt ablöste.[80]

Obwohl dieser Erfolg ihre kühnsten Erwartungen übertraf, kontrollierten die Sezessionisten, Fortschrittler und die demokratische, süddeutsche Volkspartei (9 Mandate) doch von den 397 Sitzen der Kammer nur insgesamt 125. Selbst wenn es ihnen gelänge, mit den Nationalliberalen eine große liberale Koalition zu bilden (172 Sitze), was unwahrscheinlich war, besaßen sie noch keine Mehrheit. Für Bismarck andererseits war das alte System alternierender Mehrheiten nicht länger möglich. Die beiden konservativen Parteien brachten es zusammen mit den Nationalliberalen nur auf 125 Sitze. Ebensowenig kamen sie mit dem Zentrum zu einer Mehrheit (zusammen 178 Sitze), es sei denn, dieser Koalition schlossen sich die Polen, Elsässer, Welfen und etliche Nationalliberale an. Die bloße Möglichkeit einer solchen Kombination zeigt, daß der größte Nutznießer der Wahlen des Jahres 1881 die Zentrumspartei war. Durch die Gewährung oder Verweigerung ihrer Unterstützung konnten das Zentrum und seine politischen Verbündeten das Programm des Kanzlers durchsetzen oder blockieren. Bismarck stand jetzt einem Reichstag gegenüber, der von oppositionellen Kräften beherrscht wurde, die zwar sonst in nichts übereinstimmten, sich in ihrer Ablehnung seines Regimes jedoch einig waren. Diejenigen, die der Fürst als «Reichsfeinde» brandmarkte – die Linksliberalen, Zentrumsleute, Sozialdemokraten, Polen, Elsässer, Dänen und Welfen –, hatten zusammen nicht weniger als 272 Sitze im Parlament!

Wie kam es zu diesem Ergebnis? Unglücklicherweise gibt es keine gründliche historische Untersuchung dieser bedeutsamen Wahl. Eine zeitgenössische Analyse gelangte zu dem Schluß, daß die Sezessionisten und die Fortschrittspartei ihre Gewinne hauptsächlich städtischen «kleinen Leuten» verdankten, Arbeitern der niedrigsten Schicht und dem Kleinbürgertum der unteren Mittelschicht.[81] Aber was bewegte diese Menschen dazu, ihre Stimme diesen Parteien zu geben? Das unkontrollierte Steigen der Preise für Brot und andere Grundnahrungsmittel? Das Versäumnis der Regierung, ihr Versprechen, Steuern zu senken und zu erlassen, tatsächlich zu erfüllen? Der drohende Anstieg des Tabakpreises auf Grund des von der Regierung geplanten Monopols? Bismarcks offensichtliche Begünstigung der landwirtschaftlichen Interessen, vor allem der Rittergutsbesitzer? Die von Forckenbeck und Richter angeprangerte Allianz von Großindustrie, Großbanken und Großagrariern? Wirtschaftliche Belange, die jeder in der eigenen Tasche spürte, waren wahrscheinlich die wichtigsten Faktoren für das linksliberale Votum. Prominente Schutzzöllner wurden vernichtend geschlagen, und prominente Freihändler verbuchten überwältigende Siege. Doch politisch denkende Wähler mag auch die Kritik der Fortschrittler überzeugt haben, die Bismarck schwere Fehler in der Innenpolitik vorwarf; wiederholte Kabinettskrisen, die zunehmende «Diktatur» des Kanzlers über den Verwaltungsapparat zweier Regierungen, seine Versuche, die Macht des Reichstags und des Abgeordnetenhauses zu beschneiden, seine Drohung, das allgemeine und gleiche Wahlrecht abzuschaffen – all dies wird eine Rolle gespielt haben. Aus welchen Gründen auch immer, 1881 sorgten die Wähler für die größte Kräfteverschiebung in der deutschen Politik seit 1866. Obwohl die Liberalen insgesamt nicht auf mehr Stimmen kamen als bei der vorangegangenen Wahl, waren doch Richter und seine Gefährten euphorisch angesichts der Möglichkeit, daß sich mit diesem Wahlergebnis eine Trendwende in der deutschen Politik ankündigte.[82]

Familienkrise und politisches Unglück

Als Bismarck im Januar 1881 nach Berlin zurückkehrte, war er bei weit besserer Gesundheit als in den vorangegangenen Jahren. Doch dieser Zustand sollte nicht lange andauern. Während der folgenden Monate erschütterte eine familiäre Krise den einzigen sicheren Stützpunkt, auf den er sich aus seinem anhaltenden Krieg mit der politischen Welt stets hatte zurückziehen können. Der Wunsch seines ältesten Sohnes, bei der Wahl seiner Gattin der Stimme des Herzens zu folgen, löste eine schwere Verstimmung zwischen Vater und Sohn aus. Herbert war seit Jahren leidenschaftlich in die Fürstin Elisabeth von Carolath verliebt. Die schöne Elisabeth, Tochter des Fürsten Hatzfeldt-Trachenberg, eines reichen schlesischen Magnaten, führte in Berlin ein großes Haus, bis sie sich im April 1881 von ihrem Gatten, dem Fürsten von Carolath-Beuthen, scheiden ließ und in Venedig Wohnung nahm, wo sie nun ihren Geliebten erwartete.

Herbert von Bismarck, 1885

Doch Herbert kam nicht, denn sein Vater leistete unerbittlichen Widerstand gegen diese Verbindung. Bismarck nahm nicht nur an der Tatsache Anstoß, daß Herbert einer geschiedenen Frau die Hand zum Ehebund reichen wollte, sondern auch an Elisabeths Familie. Sie war nämlich mit den Loës verwandt, von denen einer ein Parteigänger Harry von Arnims und, von einer Gefängnisstrafe bedroht, dem abtrünnigen Diplomaten ins Exil gefolgt war. Überdies war sie die Stiefschwester Mimi von Schleinitz', der Gattin des Ministers des königlichen Hauses Alexander von Schleinitz, der Bismarck schon seit langen Jahren verhaßt war. Schleinitz war einer jener «unverantwortlichen» Leute am Hof, die der Kanzler verdächtigte, gegen ihn und seine Politik zu intrigieren. Die Vorstellung, daß eine Frau mit solchen familiären Verbindungen seine Schwiegertochter und ein Mitglied seines eigenen Familienkreises werden sollte, war mehr, als der Fürst ertragen konnte.

Bei den leidenschaftlichen Auseinandersetzungen zwischen Vater und Sohn ließ sich Bismarck, nach dem Zeugnis Herberts, zu Tränen und Selbstmorddrohungen hinreißen. Er habe alle seine Hoffnungen und Pläne in Herberts Zukunft gesetzt. Wenn Herbert den Zug nach Venedig nehme, werde er mitfahren, «an dem Sohn und an der Verhinderung seiner Heirat liege ihm mehr als an dem ganzen Deutschen Reich». Johanna schloß sich seinem Lamento an und sagte dem Sohn voraus, daß diese Ehe ihr Tod sein werde. Doch Bismarck brachte seinen Sohn auch in eine unmögliche finanzielle Situation, indem er den Kaiser zu einer Änderung des Erstgeburtsrechts überredete, wonach Söhne, die geschiedene Frauen heirateten, von der Erbfolge bei Erbgütern ausgeschlossen werden sollten. Der enterbte Herbert und seine Frau hätten von den Unterhaltszahlungen leben müssen, die deren geschiedener Gatte ihr auch nach der Wiederverheiratung hätte leisten müssen, freilich nur noch in halber Höhe. Herbert fügte sich dem Druck des Vaters und ließ die Geliebte sitzen, obwohl auch sie mit Selbstmord drohte. Neben seinem Liebeskummer hatte er nun das soziale Stigma zu tragen, sie kompromittiert zu haben. Ob diese schmerzliche Erfahrung ihn zu dem Alkoholismus und der Misanthropie seiner späteren Jahre disponierte, wird niemand mit Sicherheit zu sagen wissen.[83]

Ziemlich gewiß ist jedoch, daß die Carolath-Affäre höchst schädliche Auswirkungen auf Bismarcks eigene seelische und körperliche Gesundheit hatte. Sein heftiger Widerstand gegen Elisabeth von Carolath wurzelte in der Überzeugung, daß die von seinem Sohn beabsichtigte Verbindung den Frieden des «heimatlichen Herds» bedrohte, den er «gegen alles Böse und Fremde» abschirmen wollte.[84] Im März 1881 litt er unter einer Grippe, und im Mai machte ihm wieder seine alte Beinverletzung zu schaffen, so daß er wochenlang mit einem Krückstock gehen und während Konferenzen auf dem Sofa liegen mußte. Im Februar und abermals im Juni litt er unter nervösen Gesichtsschmerzen, die das Vorspiel zu einem neuen ernsthaften Leiden waren (trigeminale Neuralgie). Lucius fand seine Erscheinung «alt und zittrig». Mit gebrochener Stimme habe der Fürst geklagt, «er müsse die Flinte ins Korn werfen und könne nicht mehr. Nichts was er einmal angriffe, könne er wieder loswerden.» Im Juni plagten ihn schwere Magenkrämpfe, auf welche Blutungen folgten, «was er alles dem gehabten vielen Ärger zuschrieb, während das wohl auf das Vorhandensein von Magengeschwüren deutet. Dabei beschäftigten ihn die Gedanken über künftige Ministerkombinationen lebhaft», wie Lucius notierte, dem er seine Mutmaßungen über die Verschwörungen Stoschs, der Sezessionisten und der Fortschrittler zu seinem Sturze anvertraute. «Wieviel davon Wirklichkeit und Phantasie ist, kann man kaum ergründen», meinte der Eingeweihte dazu. Selbst Kleinigkeiten erregten Bismarcks Zorn. «Er hat namentlich großen Anstoß genommen an einem Bericht der Veterinärdeputation, worin konstatiert wird, daß die Tollwut nicht spontan bei uns entstünde, sondern daß sie stets über die östliche Grenze eingeschleppt und durch Biß übertragen werde.» Noch beim Abschied von Lucius äußerte er «seine Freude über das kühlere Wetter, was der Verbreitung der Tollwut der Hunde steuern werde».[85]

Im Juni begannen ihn Hämorrhoiden zu quälen, die monatelang Schmerzen verursachen sollten, «wie höllisches Feuer brannte es». Busch fand ihn am 26. Juni «ziemlich elend aussehend mit Säckelchen unter den Augen». Er klagte über «Schwäche und Beklemmung und Schmerzen überall, im Leibe, in der Brust, im Gesicht», dazu über Zahnschmerzen. «Bis zum sechsundzwanzigsten Jahre hatte ich gute Zähne, aber jetzt thun sie alle weh, es zieht und reißt oben und unten und ringsherum.»[86] Ende Juni schrieb er an den Kaiser, daß jede Beschäftigung mit Staatsgeschäften, gleichviel wie unbedeutend, schmerzhafte und entkräftende

Rückfälle für ihn zur Folge habe.[87] Ein weiterer Anlaß zur Besorgnis war Johannas Herzleiden, gegen das Struck die Bäder in Kreuth empfahl. Das hätte eine wochenlange Trennung von Otto bedeutet, gegen die sie sich ebenso sträubte wie ihr Gemahl. Der Fürst bereitete dem Arzt daraufhin einen so außerordentlich unhöflichen Empfang, daß Struck ihm einen Brief schrieb, in dem er um Entbindung von seinem Dienst bat, «da seine Gesundheit zu schwach sei, um die Erschütterungen zu ertragen, mit welchen die Praxis im Bismarckschen Haus verbunden sei».[88]

Am 15. Juni fühlte sich der Fürst genötigt, den Kaiser um einen weiteren langen Urlaub zu bitten. Er fühlte sich so schwach, daß er erst am 1. Juli Berlin verlassen konnte. Er reiste nach Bad Kissingen, ohne Johanna, die sich nach Bad Kreuth begab.[89] In Kissingen linderten tägliche Bäder und auf Flaschen gezogenes Rakoczy-Wasser die Schmerzen des Fürsten, ohne ihn ganz von diesen zu befreien. Am 14. August war er wieder in Berlin, und nach einem Tag in Schönhausen reiste er am 18. August nach Varzin ab. Dort wurde sein Erholungsaufenthalt unterbrochen, da er vom 8. bis 10. Dezember in Danzig einem Treffen der Kaiser Wilhelm und Alexander beiwohnen mußte. Der Preis für diese Unterbrechung war hoch. Heftige Schmerzen zwangen ihn, das Bett zu hüten, und machten ihm jede Arbeit unmöglich. Eine Woche später verursachte ein harscher Brief des Kaisers, das Resultat eines Mißverständnisses (oder einer neuerlichen Palastintrige?), einen Rückfall, der seiner Familie Anlaß zu ernster Besorgnis gab.[90] Die Gesundheit des Vaters sei niemals so schlecht gewesen, berichtete Herbert. Ein anderer Arzt mußte aus Berlin herbeigerufen werden, und im Oktober ging es dem Patienten erstmals wieder besser.[91]

Trotz seiner erheblichen Bemühungen, deren Ausgang zu beeinflussen, behauptete Bismarck nun, daß es ihm gleichgültig sei, wer bei den Wahlen im Oktober am besten abschneiden werde; er rechnete mit Gewinnen der Konservativen und der Fortschrittler auf Kosten der gemäßigten Parteien.[92] Unmittelbar nach den Wahlen gab er bekannt, er sei «weder überrascht, noch entmutigt, chronische Krankheiten fordern Zeit und Geduld».[93] Doch am 8. November erklärte die freikonservative *Post*, die der Kanzler oft als Sprachrohr benutzte, daß Bismarck – «müde, das Stichblatt für alle Bosheit, Niederträchtigkeit, Verleumdung und neidische Verdächtigung zu sein, welche eine Bevölkerung von Millionen ablagere» – daran dächte, die Verantwortung für die Mehrheitsbildung mit dem Zentrum, die nach der Fahnenflucht der Nationalliberalen notwendig geworden sei, einem anderen zu überlassen. Anderen Berichten zufolge beabsichtigte er, sich in Zukunft auf die Außenpolitik zu beschränken und sich bei inneren Angelegenheiten von parlamentarischen Führern wie Franckenstein, Bennigsen oder Forckenbeck vertreten zu lassen. Er wolle am Konstitutionalismus festhalten; der Absolutismus sei zwar nicht an und für sich ein Übel, könne jedoch die falsche Person an die Macht bringen.[94]

Lothar Bucher klagte bei Busch über den «Unsinn», der aus dem «hinterwäldlerischen» Varzin komme und den er nicht dem Reichskanzler, sondern Herbert zuschrieb. Doch Bismarck sprach nach seiner Rückkehr in die Hauptstadt am 12. November 1881 in dem gleichen beleidigten, halb scherzhaften Ton mit seinen Ministerkollegen und Angehörigen des Bundesrats. Am unverblümtesten äußerte er sich zu Busch: «Sie hassen und verleumden mich, weil ich ein Junker bin und kein Professor, und weil ich seit zwanzig Jahren Minister bin ... Sie benutzen meine Anhänglichkeit an den Kaiser und thun, als ob ich an meiner Stellung hinge, an der Macht, als ob mir das Regieren ans Herz gewachsen wäre. Es kann aber anders kommen, es kann heißen: Hier habt ihr, nun regiert!»[95] Wenn diese Phantasien keinem anderen Zweck dienten, erfüllten sie doch jedenfalls den Kaiser mit Besorgnis. Bei einer Audienz im Schloß beschwichtigte Bismarck die Furcht des Vierundachtzigjährigen, im Stich gelassen zu werden. Danach fand Lucius den Kanzler zuversichtlich, daß er, was den Kaiser anginge, ganz Herr der Lage sei und die «parlamentarischen Schwierigkeiten» leicht nehmen könne. Am 17. November erschien Bismarck in voller Uniform, begleitet vom Kronprinzen und anderen königlichen Prinzen, und verlas die Thronrede des Kaisers zur Eröffnung der ersten Sitzung des neuen Reichstags. «Bismarck schiebt jetzt die Person Sr. Majestät sehr in den Vordergrund und macht ihn in persönlicher Weise zum Träger seiner sozialen und Finanzreformpläne», bemerkte Lucius.[96]

Bismarcks Stimmung im Herbst 1881 war derjenigen des Jahres 1862 nicht unähnlich. Er berief im November den Reichstag ein, fest entschlossen, auf seinem legislativen Programm trotz der Gewißheit zu beharren, daß es dafür keine Mehrheit gab. Seit August hatte er Scholz, den Chef des Reichsschatzamts, und das preußische Staatsministerium zu seiner Überzeugung zu bekehren versucht, daß nur ein Reichsmonopol auf die Produktion und den Vertrieb von Tabak die Mittel zur Finanzierung eines Sozialversicherungssystems und zur Erleichterung der Bürde direkter Besteuerung in Preußen beschaffen können werde.[97] Während der Wahlkampagne schilderte der Kathedersozialist Adolph Wagner auf Verlangen Bismarcks das Konzept. Das Tabakmonopol werde sich nach seiner Einführung als «Patrimonium der Enterbten» darstellen, so Wagner, und das ohne den Preis des Tabaks zu verteuern. «Fürst Bismarck sagt ganz richtig: Der ganze Gewinn, der jetzt auf dem Wege vom Fabricanten durch den Zwischenhandel bis zum Consumenten verloren geht, soll auf den Staat übertragen werden.» Natürlich würden Entschädigungen für Fabrikanten und Händler gezahlt werden müssen, doch sei dennoch von dem Monopol ein Nettoertrag von 130 bis 150 Millionen Mark jährlich zu erwarten. «Wir haben also durch Bewilligung dieser Steuern die beste Aussicht, die Arbeiter-Versicherung ins Leben zu rufen», versicherte Wagner.[98]

In seiner endgültigen Fassung sah indessen der Regierungsentwurf zu dem Gesetz über die Errichtung des Tabakmonopols keine unmittelbare Verwendung der dadurch erzielten Erträge zur Finanzierung der Sozialversicherung vor. Der gesamte (nun auf 163 600 000 Mark geschätzte) Ertrag sollte an die Regierungen der Bundesstaaten verteilt, das Sozialversicherungsprogramm hingegen durch Matrikularbeiträge und neue Reichssteuern finanziert werden.[99] Zum dritten Mal versuchte Bismarck, den Debatten im Reichstag über sein Steuerprogramm vorzugreifen, indem er dem preußischen Landtag ein Verwendungsgesetz für den preußischen Anteil am Ertrag des geplanten Tabakmonopols abzuringen versuchte. Preußens Anteil an dem Monopol und an den neuen Reichseinkünften in Höhe von insgesamt 188 Millionen Mark sollte für dieselben Zwecke verwendet werden, welche schon die vorausgegangene Vorlage vorgesehen hatte, die hier jedoch noch auf verführerische Weise vermehrt waren: bis zu 25 Millionen Mark für Gehaltserhöhungen im Staatsdienst, eine das Erziehungswesen betreffende Steuersenkung (nämlich der Zusatzsteuer auf Immobilien und Grundbesitz) und die Abschaffung des Schulgelds, das lokal von Familien, deren Kinder öffentliche Schulen besuchten, gezahlt werden mußte.[100]

Einmal mehr weigerte sich das preußische Abgeordnetenhaus jedoch, Bismarcks Willen zu erfüllen, obwohl seine Zusammensetzung für die Regierung wesentlich günstiger war als die des Reichstags. Die Gesetzgeber weigerten sich, über Mittel zu verfügen, die in der Hauptsache aus einer fiskalischen Quelle fließen würden, die höchst unpopulär war – wie das Geschrei der betroffenen Kaufleute und Fabrikanten sowie die Proteste der Regierungen und Parlamente jener Bundesstaaten, in denen die Tabakindustrie konzentriert war, deutlich genug bewiesen. Die Abgeordneten bezweifelten auch, daß eine verstaatlichte Tabakindustrie die verheißenen enormen Summen ohne Preissteigerungen einbringen könnte, die Millionen von rauchenden Wählern verärgern würden. Fortschrittler und Nationalliberale äußerten einmütig die Überzeugung, daß vom Steuerprogramm der Regierung nur die Reichen auf Kosten der Armen profitieren würden; jede Steuersenkung zugunsten der Unterschichten werde durch die Erhebung neuer Steuern sogleich wieder aufgehoben.[101] Als es bei dieser ersten Kraftprobe unterlag (am 6. Mai 1882), zog das preußische Staatsministerium die Vorlage zurück – sehr zu Bismarcks Leidwesen, der von seinem Krankenbett in Friedrichsruh aus verzweifelte Anstrengungen machte, die Minister auf seinem Kurs zu halten.[102]

Daß es schlecht um das Tabakmonopol stand, hatte schon das Urteil des preußischen Volkswirtschaftsrats gezeigt. Diese «Sachverständigen-Körperschaft», der nur ein einziger Vertreter der Tabakindustrie angehörte, lehnte die geplante Monopolisierung am 21. März 1882 mit 33 gegen 31 Stimmen ab.[103] Im April, während Bismarck krank in Friedrichsruh lag, gab es auch im Bundesrat Anzeichen einer bevorstehenden Revolte. Mit Ausnahme Württembergs stimmten alle Mittelstaaten und viele der kleineren Staaten, wo die Tabakindustrie ein wichtiger Wirtschaftsfaktor war, gegen die geplante Verstaatlichung. Mit 36 gegen 22 Stimmen wurde die Vorlage dennoch angenommen.[104] Obwohl die Vorlage offensichtlich zum Scheitern verurteilt war, bestand Bismarck hartnäckig darauf, daß im Mai und Juni im Reichstag darüber beraten wurde, und sei es auch nur, um das Pro und Contra deutlich zu machen.[105] Das Tabakmonopol müsse kommen, erklärte Bismarck seinem Arzt Cohen. Selbst seine Gegner würden eines Tages genötigt sein, von ihm Gebrauch zu machen, um die unerträgliche Last der direkten Steuern zu reduzieren.[106]

«Der Klügere». Bismarck vor dem Kölner Dom: «Diese Mauer ist von Stein, meine Stirn nicht von Eisen; warum soll ich mit dem Kopf durch die Wand?» (Wilhelm Scholz, *Kladderadatsch,* 1881)

Wenn 1882 irgendein Grund zu der Hoffnung bestand, daß es ihm trotz allem gelingen könnte, das Tabakmonopol durchzusetzen, dann war er bei der Zentrumspartei zu finden, die ihrerseits einigen Anlaß hatte, mit der neuen Regierungspolitik zufrieden zu sein. Preußische Beamte hatten das im Juni 1880 verabschiedete «Milderungsgesetz» genutzt, um die der katholischen Kirche in der heißesten Phase des Kulturkampfs auferlegten Beschränkungen zu lockern. Nur 133 der etwa 1000 während des Konflikts verwaisten Pfarrstellen waren noch unbesetzt; von zwölf Bischofssitzen waren nur noch drei vakant. Allein während des Jahres 1881 gestattete Kultusminister Goßler 1700 Priestern, den Religionsunterricht an den Schulen wieder aufzunehmen (außer in Posen).[107] Im Juni 1881 schickte Bismarck seinen Kollegen aus Petersburger Tagen, Kurd von Schlözer, nach Rom, wo dieser die Wiederaufnahme diplomatischer Beziehungen zwischen Berlin und dem Vatikan aushandelte, die am 24. April 1882 beschlossen wurde. Doch Papst Leo XIII. beharrte weiterhin darauf, daß die Maigesetze aufgehoben werden müßten, ehe sich die Kirche in der Frage der Anzeigepflicht zu Zugeständnissen bereiterklären könne.[108]

Im Frühjahr 1882 legte Goßler dem preußischen Abgeordnetenhaus ein zweites «Milderungsgesetz» vor, welches das ausgelaufene von 1880 ersetzen sollte. Auf Bismarcks Anweisung gestattete der Minister einer Koalition von Konservativen und Zentrumsabgeordneten eine Abänderung der Vorlage, durch die der Anspruch des Staates auf größere Vollmachten, die Ernennung zu kirchlichen Ämtern zu verhindern, zurückgewiesen und das sogenannte «Kulturexamen» (bei dem Priesteramtskandidaten nachweisen mußten, daß sie an einem deutschen Gymnasium die Reifeprüfung bestanden und auf Universitätsniveau Philosophie, Geschichte und Germanistik «mit Fleiß» studiert hätten) praktisch abgeschafft wurde. Obwohl der Kanzler zum rechten Flügel der Zentrumspartei Beziehungen pflegte, war er doch davon überzeugt, daß kein Zugeständnis die Unterstützung Windthorsts und der Partei insgesamt erkaufen könne. «Auf Versprechungen von Zentrumsstimmen für die Konservativen gebe ich keinen Pfifferling, solange Windthorst die Führung des Zentrums hat. Die Regierung kann sich auf niemand als auf sich selbst verlassen», schrieb er an Goßler.[109] Und in der Tat schloß sich das Zentrum am 15. Juni 1882 den liberalen Parteien an, wodurch die Tabakmonopolvorlage mit der überwältigenden Mehrheit von 277 gegen 43 Stimmen abgelehnt wurde. Durch ihre Einflußnahme bei den letzten Wahlen habe die Regierung ja gezeigt, bemerkte Windthorst süffisant, welchen Gebrauch sie von 30000 in Staatsbesitz befindlichen Tabakgeschäften und deren Angestellten machen könnte.[110]

Zwei Parlamente außer Kontrolle

Bei den Wahlen zum preußischen Abgeordnetenhaus im Oktober 1882 enthielt sich die Regierung der massiven Interventionen, die bei den Reichstagswahlen für Mißstimmung gesorgt hatten. Bismarck setzte voraus, daß die Konservative Partei, seine zuverlässigste parlamentarische Stütze, von seinen unermüdlichen Bemühungen um eine Senkung der direkten Steuern profitieren würde. Die Sprecher beider konservativen Parteien hielten es jedoch für das klügste, die Unabhängigkeit ihrer Anschauungen von denen der Regierung hervorzuheben. Es gab sogar freikonservative Publizisten, welche die «Phantasien» des Bismarckschen Steuerprogramms kritisierten.[111] Die Wahlkampagne der Fortschrittspartei wurde beeinträchtigt durch einen offenen Streit zwischen Albert Hänel, der mit der Sezession und der Nationalliberalen Partei zusammenarbeiten wollte, und Eugen Richter, der sich jeder Kooperation hartnäckig widersetzte und sein Bestes tat, nationalliberalen Abgeordneten die Mandate zu entreißen.[112] Bei den Wahlen im Oktober verstärkten die Konservativen ihre Präsenz im Abgeordnetenhaus von 110 auf 122 Sitze, die Freikonservativen von 51 auf 57 und das Zentrum von 97 auf 99 Sitze. Die Fortschrittspartei behielt 39 Sitze, verlor aber, hauptsächlich an Konservative, zehn weitere ihrer traditionellen Wahlkreise in Ostpreußen. Für die Sezessionisten war dies die erste Beteiligung an preußischen Wahlen; sie konnten sich 19 Mandate sichern, offensichtlich auf Kosten der Nationalliberalen, deren Sitze von 85 auf 66 zurückgingen. Das Zentrum hatte sich in diesem Parlament mit 433 Abgeordneten die Schlüsselstellung bewahrt. Es konnte sowohl mit den konservativen als auch mit den liberalen Parteien Mehrheiten bilden. Eine Mehrheit konnten mit Hilfe eines Teils der Nationalliberalen Partei auch die beiden konservativen Parteien herbeiführen. Doch die drei liberalen Parteien allein konnten das Parlament nicht majorisieren.[113]

In der Vergangenheit hatten das Dreiklassenwahlrecht, die mündliche Stimmabgabe und das System der indirekten Wahl nicht ausgereicht, um der Konservativen Partei den Platz der stärksten Fraktion im preußischen Abgeordnetenhaus zuverlässig zu sichern. Die zunehmende Differenzierung der politischen Zusammensetzung des Reichstags einerseits, des preußischen Abgeordnetenhauses andererseits, welche die Wahlen von 1879, 1881 und 1882 zur Folge hatten, mag jedoch anderen Ursachen geschuldet sein: zunehmenden Unterschieden zwischen den Bevölkerungen der 1849 eingeteilten und die ländlichen Gebiete begünstigenden Wahlkreise sowohl hinsichtlich ihres Besitzes als auch hinsichtlich ihrer Zahl; der zunehmenden Beeinflussung des Wahlverhaltens durch die Regierung; und der Partnerschaft zwischen Gutsbesitzern und Bauern, die durch den Protektionismus und den Wechsel von ideologischer zu Interessenpolitik gestiftet worden war. Auf den ersten Blick hätte ein bedeutender Unterschied in der politischen Zusammensetzung der beiden Legislaturen Bismarck eine Alternative geben können: die Möglichkeit, das eine Parlament gegen das andere auszuspielen, oder mit Hilfe des einen Parlaments durchzusetzen, was das andere nicht bewilligen wollte. Doch was bei den Maigesetzen und der Verstaatlichung der Eisenbahnen funktioniert hatte, schlug fehl, als es um Bismarcks Steuerprogramm ging. Trotz anhaltenden Drängens der offiziellen Presse waren letztlich nicht einmal die Konservativen bereit, Bismarcks Wünsche zu erfüllen.

1881 hatte sich das 1879 gewählte preußische Abgeordnetenhaus geweigert, Bismarck das Verwendungsgesetz zu bewilligen, das vielleicht geholfen hätte, entweder die Einführung neuer indirekter Steuern oder eines Reichstabakmonopols durchzusetzen. Bei der Abänderung der dritten Verwendungsgesetzvorlage im Jahre 1882 weigerte sich das Abgeordnetenhaus, den Rat der *Provinzial-*

Correspondenz anzunehmen und sich «der Weisheit des Königs (und) der Einsicht (seiner) Ratgeber» zu fügen.[114] Der von Finanzminister Scholz vorgelegte Entwurf sah den Erlaß der vier niedrigsten Stufen der Klassensteuer vor (Einkommen unter 1200 Mark jährlich). Die dem Staat dadurch entgehenden Einnahmen sollten provisorisch durch die Besteuerung des Verkaufs von alkoholischen Getränken und Tabakerzeugnissen in Preußen wettgemacht werden, bis der Anteil Preußens an den Steuereinnahmen des Reichs auf die erforderliche Höhe gestiegen wäre.[115] Die Konservativen erbitterten Bismarck, indem sie mit dem Zentrum und den Liberalen gegen die Lizenzsteuer stimmten und Bennigsen halfen, das Gesetz umzuschreiben. Bismarck zürnte diesen «Dummköpfen», die sich für klüger als die Regierung hielten: «Was nutzt ihr Konservativismus, wenn sie uns nicht unterstützen?»[116]

In der schließlich am 3. März 1883 angenommenen Form hob das Gesetz die Steuerpflicht nur für die beiden untersten Stufen der Klassensteuer (Einkommen bis zu 900 Mark jährlich) auf. Obwohl das Gesetz damit weniger gewährte, als die Regierung beantragt hatte, bot es doch Steuererleichterungen für 75 Prozent aller Klassensteuerpflichtigen, darunter die Mehrzahl der Berg- und Fabrikarbeiter sowie 85 Prozent der mehr als eine Million Personen, die jährlich wegen Steuervergehen belangt wurden. Nicht wirksam wurde der Steuererlaß für Kleinbauern, Gewerbetreibende, Regierungsbeamte und Lehrer, die in der dritten und vierten Stufe veranlagt waren, obwohl deren Verhältnisse, wie die Regierung geltend machte, oft bedrängter waren als die der Arbeiter. Die allgemeine Ermäßigung der Klassensteuer um 25 Prozent, die das Gesetz vom 10. März 1881 verfügt hatte, blieb für die übrigen zehn Stufen in Kraft. Um den Verlust dieser Einkünfte zu kompensieren, reduzierte das neue Gesetz die Steuerermäßigung von 1881 für die ersten beiden Stufen der klassifizierten Einkommenssteuer (3000 bis 4200 Mark jährlich) und hob die dort für die Stufen drei bis fünf (4200 bis 6000 Mark) verfügte Steuerermäßigung auf. Wilhelm Freiherr von Hammerstein, konservativer Abgeordneter und Herausgeber der *Kreuzzeitung*, warf dem Gesetz vor, daß es zwar dem Arbeiterstand Vorteile und den Schichten mit mittleren Einkommen Nachteile bringe, die wirklich wohlhabenden und reichen Klassen der Bevölkerung aber sorgfältig verschone. Wieder einmal hätten die Inhaber der politischen Macht sich dieser bedient, um die fiskalischen Bürden jenen aufzuladen, die diese Macht nicht hatten.[117]

Nach fünfjährigem Bemühen hatte Bismarck also sein innenpolitisches Hauptziel, die Abschaffung der direkten Besteuerung, nur teilweise erreicht. Das war nicht die einzige Enttäuschung, die der Reichstag und das preußische Abgeordnetenhaus der «Bismarck-Diktatur» während der Jahre 1882–1883 bereiteten. Im Frühjahr 1882 berief Bismarck den Reichstag zum 27. April ein, obwohl die Session des Landtags, wo das Verwendungsgesetz debattiert wurde, noch bis zum 11. Mai andauern sollte. Da so viele Abgeordnete in beiden Parlamenten saßen, war es schwierig, während der Periode paralleler Sitzungen in beiden Häusern das Quorum zu gewährleisten. Im folgenden Winter war die Situation noch viel schlimmer, denn der Reichstag trat vom 30. November 1882 bis zum 12. Juni 1883 zusammen, der Landtag vom 14. November 1882 bis zum 2. Juli 1883. Indem er so absichtlich ein Chaos herstellte, wollte Bismarck die Notwendigkeit eines zweijährigen Budgets für das Reich demonstrieren.[118] Nachdem ihm das 1881 auf dem Wege über eine Verfassungsänderung nicht gelungen war, versuchte er es nun auf andere Weise. Im Dezember 1882 legte die Regierung dem Reichstag einen einzigen Budgetentwurf für zwei fiskalische Jahre vor (1883–1884 und 1884–185). Doch mit Ausnahme der Konservativen weigerten sich die Parteien, die beiden Budgets zusammen zu verhandeln.[119]

Im April 1883 wurde durch eine kaiserliche Botschaft, die ein Budget für 1884–1885 gesondert vorlegte, die Frage von neuem aufgeworfen. Mit geringer Mehrheit (105 gegen 97 Stimmen) entledigte sich der Reichstag des Problems zunächst, indem er die Vorlage an die Ausschüsse verwies.[120] In einem Gespräch mit Bennigsen am 5. Juni machte Bismarck kein Hehl aus seiner Erbitterung über das wiederholte Versagen des Rests der Nationalliberalen Partei, der Regierung die erforderlichen Mehrheiten zu beschaffen. Bennigsen, der selbst unter den unbehaglichsten Umständen stets bemüht gewesen war, mit dem Kanzler im Gespräch zu bleiben, zog sich daraufhin aus der Politik zurück und legte sowohl im Reichstag als auch im Landtag seine Mandate nieder.[121] Dennoch setzte Bismarck seinen Willen zunächst scheinbar noch durch. Unter dem Druck einer drohenden Auflösung nahm der Reichstag schließlich, kurz bevor er sich im Juni 1883 vertagte, das Budget für 1884–1885 an. Doch die Abgeordneten hatten die Titel so drastisch gekürzt, daß die Regierung während des Haushaltsjahrs genötigt sein würde, um zusätzliche Mittel nachzusuchen.[122] So war dieser Erfolg für den Kanzler nur ein Pyrrhussieg.

Und das war nicht die einzige Demütigung, die er während des parlamentarischen Jahrs 1882–1883 hinnehmen mußte. Durch einen neuen Zoll auf importierte Weintrauben und Erhöhungen der Zölle auf Mehl und Wollwaren hatte die Regierung mit der Voraussetzung gebrochen, daß die Festlegungen des Zolltarifgesetzes von 1879 endgültig seien. Zudem nahm nun, da auch andere Länder protektionistische Maßregeln ergriffen, der Druck auf die deutschen Erzeuger zu. Petitionen überschwemmten den Reichstag, keine Sitzung fand mehr statt, ohne daß neue oder erhöhte Zölle vorgeschlagen wurden. Regierungsvorlagen und Resolutionen der Parteien wechselten einander ab. «Kaum eine Vorlage wurde abgelehnt, manche zwar wurden abgeändert, aber in der Marschrichtung waren sich Schutzzollmehrheit und Regierung einig: Abkehr vom Freihandel und Übergang zum allseitigen Schutz der nationalen Arbeit.» Die Liste der geschützten Produkte wurde ständig länger: Wachs, Honig, lebende Bienen, Pflastersteine, Dachschiefer, geschliffene Granit- und Marmorplatten, Eisen-, Asbest- und Seilerwaren, mineralische Stoffe, Fette, Lichte usw.[123]

Doch als der Besitzer des Sachsenwalds und der Forsten von Varzin einen Entwurf vorlegte, der die Verdreifachung des Zolltarifs für Holz vorsah – um den deutschen Verbraucher vor minderwertigerem Holz aus Rußland, Skandinavien und Österreich-Ungarn zu schützen, wie er erläuterte –, sperrte sich der Reichstag.[124] Die Mehrheit war mit Statistiken, die zeigten, daß die Verkaufszahlen für Brennholz aus den preußischen Staatsforsten rückläufig waren, nicht zu beeindrucken. Selbst die Regierung mußte zugeben, daß die Nachfrage des deutschen Markts aus der einheimischen Produktion nicht ganz gedeckt werden konnte, und die Abgeordneten ließen sich diesmal von Bismarcks altem Argument nicht überzeugen, daß die höheren Zölle auf die benötigten Importe von den ausländischen Produzenten getragen und nicht durch erhöhte Preise an die inländischen Verbraucher weitergegeben werden würden. Aus der Sicht der Liberalen nahm sich die Vorlage wie ein Versuch aus, die Interessen von Großgrundbesitzern auf Kosten von Tausenden von Bauunternehmern und Hunderttausenden von Bauarbeitern zu begünstigen. Obwohl die konservativen Parteien und ein Teil des Zentrums dafür stimmten, wurde die Vorlage mit 178 gegen 150 Stimmen abgelehnt.[125]

Scholz' Steuerreform

Abgeordnete aller Parteien räumten ein, daß der 1883, fünf Jahre nach Annahme des Sozialistengesetzes, gewährte Steuernachlaß nicht ausreichend war, um die bestehenden Ungerechtigkeiten der Einkommenssteuerstruktur zu beheben. Während der Debatten über das dritte Verwendungsgesetz beschloß das Abgeordnetenhaus mit großer Mehrheit eine Resolution, mit der die Regierung ersucht wurde, eine organische Reform des Klassen- und Einkommenssteuersystems zu entwerfen, durch die alle Einkommen unter 6000 Mark jährlich steuerlich entlastet und Einkommen aus investiertem Kapital besteuert werden sollten.[126]

Während der folgenden Monate entwarfen Scholz und dessen Untergebene im Finanzministerium ein diesem Antrag entsprechendes Gesetz, das sich von allen anderen Regierungsvorlagen der Bismarckzeit gravierend unterschied. Das Gesetz hätte alle Einkommen unter 1200 Mark von der Klassensteuer befreit, Einkommen über 1200 Mark sollten progressiv besteuert werden, die niedrigsten mit 0,5 Prozent, die höchsten (über 10 000 Mark) zu dem alten Satz von 3 Prozent. Allen Einkommen unter 9000 Mark sollten im Falle widriger wirtschaftlicher Umstände Steuernachlässe gewährt werden (bislang galt das nur für Einkommen unter 6000 Mark, auch sollten diese Nachlässe jetzt großzügiger bemessen werden). Die Kosten dieser Vergünstigungen sollten durch die erstmals vorgesehene Besteuerung von Gesellschaftseinkommen sowie durch eine neue mäßige Steuer auf Einkommen aus Kapitalanlagen über 600 Mark (ausschließlich von Bruttoeinkommen unter 1200 Mark sowie von Witwen, Waisen und behinderten Personen, die unter 3000 Mark verdienten) aufgefangen werden. Weitere fiskalische Vorteile ließen sich von der Verbesserung des Steuerveranlagungssystems einschließlich der Selbstveranlagung im Falle der Steuer auf Einkommen aus Kapitalanlagen versprechen.[127]

Der 1883 von Scholz entworfene Steuerreformplan wollte in die preußische Steuerpolitik bedeutende Neuerungen einführen: Steuernachlässe für Arbeiterschaft und Kleinbürgertum, Einführung des Prinzips der progressiven Besteuerung, Besteuerung von Gesellschaftseinkommen, zusätzliche Besteuerung von Kapitalzinsen und Einführung des Prinzips der Selbstveranlagung. Während der Monate, in denen dieser Entwurf ausgearbeitet wurde, befand sich Bismarck in Friedrichsruh. Obwohl die Vorlage Züge enthielt (wie zum Beispiel die progressive Einkommenssteuer), gegen die er sich sechs Jahre später aussprechen sollte, weist doch nichts darauf hin, daß er sie 1883 mißbilligt hätte. Als er Ende November 1883 den Entwurf zum ersten Mal sah, legte er vor allem Wert darauf, daß die vorgesehene Kapitalzinssteuer nicht auf Zinsen aus Hypotheken auf Land erhoben werden sollte (weil dies die Hypothekenzinsen in die Höhe getrieben hätte). Er empfahl Scholz aus taktischen Gründen auch, diese Steuer zum Gegenstand eines besonderen Gesetzes zu machen, um sie leichter als Parallele zur Grund- und Gebäudesteuer verteidigen zu können. Den Kapitalisten sollte verständlich gemacht werden, daß diese Sondersteuer auf Einkommen aus Wertpapieren eine Maßnahme ausgleichender Gerechtigkeit sei, dazu bestimmt, sie die schon so lange von den Gutsbesitzern allein getragene Bürde in gleichem Maße mittragen zu lassen.[128]

Ende November drang die Nachricht vom neuen Steuerplan des Finanzministers an die Presse. Scholz war davon überzeugt, daß Gerson Bleichröder hinter den Angriffen steckte, die binnen kurzem eine Reihe von Zeitungen gegen seine Pläne richtete, denn der Bankier unterhielt zu den Journalisten der *Nationalzeitung*, die den Anfang machte, enge Beziehungen.[129] Als die Vorlagen im preußischen Abgeordnetenhaus zur Debatte gestellt wurden, war bereits ein offener Kampf zwischen Großkapital und Großgrundbesitz entbrannt. Drei Tage lang (vom 15. bis 17. Januar 1884) trugen während der ersten Lesung des Gesetzes im preußischen Abgeordnetenhaus die Interessengruppen ihre gegensätzlichen Auffassungen vor. Der Junker und Landrat Wilhelm von Rauchhaupt definierte den Konflikt: «Unser ganzes Produktionssystem hat sich seit etwa 30 Jahren so wesentlich nach der kapitalistischen Seite hin verschoben, daß die frühere Grundlage unseres Steuersystems, wonach man den Grundbesitz als den Stock betrachtete, auf welchem man unser ganzes Steuersystem aufbaute, doch wesentlich verschoben ist. Gegenwärtig ist die Macht des Kapitals eine so bedeutende geworden und hat die des Grundbesitzes so erheblich überflügelt, der Grundbesitz ist sogar in eine so wesentliche Abhängigkeit vom Kapital gerathen, daß es in der That eine völlige Verkennung der Leistungsfähigkeit der einzelnen Bevölkerungsklassen im Lande wäre, wenn man ferner dabei das jetzige System, wonach alles eben auf dem Grundbesitz im Endresultate basirt, beibehalten wollte.» Rauchhaupt war hocherfreut darüber, daß die Regierung endlich den Mut gefunden habe, gegen die «Macht des Kapitals» die Initiative zu ergreifen, während der frühere Finanzminister Hobrecht und der Sezessionistenführer Heinrich Rickert das «unbegründete Vorurteil gegen das Kapital» bedauerten. Adolph

Wagner argumentierte, daß das Gesetz ein wesentlicher Teil der neuen Sozialpolitik der Regierung sei, so wichtig wie die Sozialversicherung, weil es die «kleinen Leute» auf Kosten der «wohlhabenden Klassen» entlaste. Das Gesetz wurde an einen Ausschuß überwiesen und dort nach vierzig Sitzungen begraben.[130]

Henry Axel Bueck, der vermutlich wichtigste Sprecher der Industrie- und Finanzinteressen, erklärte den Vorgang mit brutaler Offenheit. Trotz der Resolution des Abgeordnetenhauses sei die Vorlage gescheitert, da die Interessenkonflikte nicht vollständig bereinigt hätten werden können. Die eine Seite habe den Reformversuch einer besonderen Steuer auf Kapitalanlagen bekämpft, die andere habe versucht, einflußreichen und wohlhabenden Kreisen um jeden Preis eine privilegierte Stellung zu verschaffen, soweit es die Besteuerung von Eigentum und Einkommen betreffe. Ein weiteres Problem sei der Versuch gewesen, die Steuerreform zur Stärkung der Macht des Parlaments zu nutzen. Vor allem hätten die Schwierigkeiten aber gezeigt, daß die widerstreitenden Interessen der östlichen und westlichen Provinzen der preußischen Monarchie noch nicht in Einklang zu bringen seien.[131]

Den Agrariern wurde nichtsdestoweniger die Befriedigung zuteil, eines ihrer Steuerziele verwirklicht zu sehen, eine neue Reichssteuer auf Börsentransaktionen. Der vom preußischen Finanzministerium ausgearbeitete Gesetzentwurf wurde im Mai 1881 dem Bundesrat vorgelegt, und zwar als Abänderung der 1881 eingeführten Stempelsteuer auf Aktien und Wertpapiere. «Von Seite des Handelsstandes stößt derselbe sofort auf heftigen und fast allgemeinen Widerstand.»[132] Während die betroffenen Interessengruppen versuchten, die Regierung mit einer Flut von Petitionen an Reichstag und Bundesrat zu beeinflussen, bediente sich Bleichröder zu demselben Zweck seines privaten Zugangs zum Zentrum der Macht. In einem langen Brief an Bismarck ließ er diesen wissen, daß die Vorlage schon jetzt die Börsenkurse um 2 bis 10 Prozent gedrückt habe. Der vorgeschlagene Steuersatz und die Forderung, daß Geschäftsleute zukünftig Steuereinnehmern ihre Bücher öffnen sollten, würden das «verängstigte Kapital» ins Ausland treiben, prophezeite der Bankier. «Ohne Zustimmung des Reichskanzlers kann die Vorlage unmöglich erfolgt sein», und dennoch hätten Beobachter anfänglich den Eindruck gehabt, daß Bismarck «die Verantwortlichkeit dafür seinerseits möglichst abzulehnen» suche.[133]

Das Börsengesetz war dem Bundesrat offensichtlich eine allzu heikle Angelegenheit. Die Vorlage wurde einer Kommission überwiesen, bei der sie bis auf weiteres verblieb. Während der Session von 1884–1885 wurde sie von konservativen Reichstagsabgeordneten reaktiviert, die sie als eigenen Antrag dem Reichstag vorlegten. Nationalliberale Abgeordnete legten dagegen einen Gesetzentwurf vor, der stärker die Interessen der Finanzwelt begünstigte.[134] Doch die Konservativen konnten in einer Reihe von kritischen Punkten ihren Willen durchsetzen. In der endgültigen Fassung sah der Entwurf die Besteuerung von Börsengeschäften mit beweglichem Besitz entsprechend ihres Werts vor (ein Zehntel pro 1000 Mark auf Wertpapiere und zwei Zehntel pro 1000 Mark auf Waren), anstatt, wie die 1881 eingeführte Stempelsteuer, nur einen Standardsatz pro Transaktion zu fordern. Bismarck griff nur ein, um Bestimmungen zu verlangen, die Produzenten und Arbitragehändler vor den Auswirkungen der Steuer schützen sollten. Die Mehrzahl der Nationalliberalen stimmte mit den Konservativen und Freikonservativen für die Vorlage, die mit großer Mehrheit (214 gegen 41 Stimmen) angenommen wurde. Abgeordnete der Sozialdemokratischen und der Freisinnigen Partei bildeten die Minderheit. (Obwohl sie die Besteuerung des Kapitals durchaus befürworteten, waren die Sozialdemokraten prinzipiell dagegen, der Bismarck-Regierung neue Steuern zu bewilligen.)[135]

Die 1885 eingeführte Börsensteuer war ein begrenzter Sieg der Agrarier in ihrem Kampf mit dem Industriekapitalismus um größere Steuergerechtigkeit. Nichtsdestoweniger war an dem Konflikt dieser Interessen die weiterreichende Reform gescheitert, die Scholz 1884–1885 versucht hatte, eine Reform, deren Notwendigkeit beide Interessengruppen eingestanden hatten. Die Erleichterung der Steuerlast, die erforderlich gewesen wäre, um Zwangsvollstreckungen gegen Steuerschuldner überflüssig zu machen, fand nicht statt, und die Gutsbesitzer mußten weiterhin die Zusatzsteuern auf Einkommen und Vermögen zahlen, über die sie – unter ihnen Bismarck – sich schon so oft beschwert hatten.

III

Innenpolitisches Scheitern und außenpolitischer Erfolg

1880–1883 schien in Deutschland das politische Leben fast zum Stillstand gekommen zu sein. Während die persönliche Autorität des Kanzlers über die Exekutiven Preußens und des Reichs größer war denn je, schien er seinen Einfluß auf das Parlament fast gänzlich verloren zu haben. Trotz ihrer unterschiedlichen Zusammensetzung widersetzten sich Reichstag und preußisches Abgeordnetenhaus gleichermaßen dem Steuerprogramm, das seit 1876 Hauptziel der Bismarckschen Innenpolitik war, einem Steuerprogramm, das die Konsolidierung des Reichs durch dessen finanzielle Unabhängigkeit vorantreiben und die Budgetkompetenz des Reichstags einschränken sowie den Arbeitern, dem unteren Mittelstand und den Grundbesitzern Steuererleichterungen gewähren sollte. Bismarcks häufige Ausfälle gegen den Faktionalismus im politischen Leben und den Partikularismus der Parteipolitik waren ebenso wie seine Appelle an die nationale Einheit und den Patriotismus von Abgeordneten und Wählern zurückgewiesen worden. Sein Versuch, zweijährige Reichsbudgets einzuführen, war wiederholt gescheitert, und sein Experiment mit einem Volkswirtschaftsrat als einer Körperschaft, die vielleicht einmal die Funktionen des Reichstags übernehmen könnte, enttäuschend verlaufen. Trotz des Sozialistengesetzes gewannen die Sozialdemokraten 1881 nicht weniger Reichstagsmandate als 1877 (nämlich zwölf). Die Sozialversicherungsgesetze, mit denen Bismarck die Proletarier für die Regierung gewinnen wollte, ließen auf sich warten. Trotz zweier «Milderungsgesetze» (1880 und 1882) waren die Fortschritte auf dem Weg zu einer Verständigung mit der katholischen Kirche und der Zentrumspartei minimal. Im Bundesrat wagten gelegentlich die Mittelstaaten, dem Kanzler Widerstand zu leisten, wenn sie ihre Interessen bedroht sahen. Lucius war der Meinung, daß diese parlamentarischen Rückschläge, für die teilweise auch Bismarcks Taktieren verantwortlich war, dem Prestige der Regierung schadeten und das des Parlaments steigerten.[1]

Mitten in diesen Turbulenzen endete der kurze wirtschaftliche Aufschwung, der 1880 begonnen hatte. Der Zusammenbruch des Finanzimperiums von Eugene Bontoux hatte während der Monate Februar und März 1882 schwere Erschütterungen auf dem europäischen Geldmarkt zur Folge. Seine *Union Generale* war ein verhältnismäßig neues Bankunternehmen, das an der Gründung einer Vielzahl von Eisenbahn-, Bank- und Industrieunternehmen in Frankreich, in Österreich-Ungarn und auf dem Balkan beteiligt war. Die Manipulationen Bontoux' hatten den Preis seiner Aktien weit über deren tatsächlichen Wert hinaus in die Höhe getrieben und ein Spekulationsstrohfeuer entfacht, das, als es in sich zusammenfiel, viele Firmen in den Bankrott riß und Tausende von Anlegern ruinierte.[2] Tiefer noch wurde die kapitalistische Wirtschaft im allgemeinen durch das Abflauen des Eisenbahnbaubooms in den Vereinigten Staaten getroffen. Der Export von Eisenbahnschienen aus Deutschland über den Atlantik, dessen Umfang 1881 45 531 000 Tonnen (im Wert von 5 550 000 Mark) erreicht hatte, ging bis 1883 auf bloße 6 335 000 Tonnen (im Wert von 700 000 Mark) zurück, während der Roheisenexport im selben Zeitraum um 50 Prozent schrumpfte. Nirgendwo an der innenpolitischen Front, weder auf politischem noch auf wirtschaftlichem Gebiet, waren mithin Anzeichen eines Fortschritts zu erkennen.[3]

Entzugserscheinungen

Nach den Reichstagswahlen am 27. Oktober 1881 ließ Bismarck in einem Gespräch mit Moritz Busch seiner narzißtischen Wut freien Lauf. «Die Wahlen haben bewiesen, daß der deutsche Philister noch lebt, der sich mit Phrasen und Lügen bange machen läßt und irreführen. Er will nichts vom Schutze der Arbeit gegen das Ausland wissen, nichts von der Unfallversicherung und Alters, er will keine Erleichterung der Steuerlast der Gemeinden in Schul- und Armenwesen, er will wieder Zuschläge zur direkten Steuer. Nun gut, sie können das haben, aber nicht von mir als Kanzler ... Überall Unverstand und Undank. Alle Parteien und alle Fraktionen schießen auf mich, betrachten mich als Kugelfang, spucken mir in die Suppe, wollen, daß ich Prügeljunge bin. Wenn ich aber verdufte, werden sie nicht wissen, was sie machen sollen; denn keine hat die Majorität, und keine hat positive Gedanken und Ziele. Sie verstehen bloß zu kritisieren, zu tadeln und nichts als Negation.»[4]

Bei der Verteidigung seiner Politik vor dem Reichstag am 28. und 29. November 1881 sowie am 11. und 24. Januar und am 12. und 14. Juni 1882 machte er seinen persönlichen Empfindungen und verletzten Gefühlen auch in der Öffentlichkeit Luft. Wieder stellte er sich als großen deutschen Patrioten dar, der sein ganzes Leben an die Einheit und das Wohlergehen der Nation gewandt habe, was ihm mit Unverstand, Beschimpfungen und Verleumdungen gelohnt worden sei. Die vor ihm versammelten Parteien verächtlich musternd, attackierte er ihren Faktionalismus und ihre mangelnde praktische Erfahrung in der wirklichen Welt der Äcker und Werkhallen, ihre ganz ungerechtfertigte Einbildung, daß sie, nicht er, die Massen repräsentierten. «Ich bin ein Anhänger der Majorität, aber die Majorität im Deutschen Reich besteht aus Landwirthen, Ackerbauern.» Dennoch geißelte er auch die «byzantinische» Servilität der Abgeordneten gegenüber der öffentlichen Meinung, ihr ängstliches Zögern, für das, was er zum Besten des Vaterlands vorschlug, Unpopularität in Kauf zu nehmen. Während all dieser Reden sprach er im Tonfall persönlicher Beschuldigungen – wegen der ihm selbst bewiesenen Untreue und der Machtgelüste seiner Gegner. «Meine Person reizt Sie, meine Art zu sprechen reizt Sie, ich bleibe Ihnen zu lange an dieser Stelle.»[5] An den Innenminister Puttkamer schrieb er im Mai 1882, daß nicht mehr viel Zeit zu verlieren sei, da «die Opposition von Saison zu Saison auf einen Thronwechsel und auf Beseitigung der jetzigen Regierung rechnet, um dann ihrerseits sich das Verdienst der Durchführung unserer Reformen zu erwerben und *ihre Stellung dabei zu befestigen*».[6]

Die Unfähigkeit, das Parlament in den wichtigsten innenpolitischen Angelegenheiten seinem Willen zu unterwerfen (zu einer Zeit, da sein Einfluß auf dem Gebiet der Außenpolitik so groß war wie nie zuvor), ließ bei Bismarck Entzugserscheinungen hervortreten. «Bismarck seit drei Wochen unwohl, sieht niemand, läßt die Dinge treiben und gibt keine Direktiven, weder in der Kirchen- noch in der Steuerpolitik», notierte Lucius am 5. März.[7] Am 25. März, vier Tage nach dem Votum des preußischen Volkswirtschaftsrats gegen das Tabakmonopol, verließ Bismarck Berlin, um sich nach Friedrichsruh zu begeben, wo er dann zwei Monate verweilte und sich über Ischias und Lahmheit beklagte, so beeinträchtigt, daß er nicht zurückkehren konnte, um an den Debatten über das zweite Verwendungsgesetz teilzunehmen. Die Entscheidung des Staatsministeriums, die Vorlage nach der ersten ungünstigen Abstimmung zurückzuziehen, versetzte ihn in eine finstere Stimmung.[8] «Bismarck habe jetzt einen förmlichen Dégout vor Menschen, fühle sich nur wohl in der Waldeinsamkeit, wo ihm selbst sein Kutscher zu viel sei», beobachtete sein Arzt Eduard Cohen.[9]

Am 5. Juni 1882 kehrte er nach Berlin zurück, noch immer leidend, aber entschlossen, sich an den Debatten über das Tabakmonopol zu beteiligen. Wieder dachte er daran, sich aus der Innenpolitik zurückzuziehen und auf die äußeren Angelegenheiten zu beschränken, da «die Maschine nicht mehr recht» wolle.[10] Dennoch nahm er für die Reichstagsdebatte alle Kräfte zusammen und hielt am 12. und am 14. Juni mehrstündige Reden, in denen er einmal mehr die Grundlagen seiner Politik und seine Leistungen Revue passieren ließ und auf Angriffe Richters und Bambergers einging. Lucius fand ihn «von einer erstaunlichen Frische», aber die Strapazen erschöpften Bismarck. Fünf Tage später schrieb er an den Kaiser, er sei «durch Anstrengungen der letzten Tage» in einen Zustand geraten, daß ihm die Sprache versage und er die Konzepte selbst schreiben müsse, weil er nicht diktieren könne.[11] Er beschloß, sich diesmal die Kur in Bad Kissingen, die ihm im vergangenen Jahr nicht viel genützt hatte, zu sparen. Am 20. Juni reiste er nach Varzin ab, wo er länger als fünf Monate blieb, oft «*in tormentis*», von Schmerzen verschiedener Art geplagt.[12]

Die Unfähigkeit zu sprechen, von der Bismarck dem Kaiser berichtete, war die Auswirkung eines neuen Leidens, das, zuerst erwähnt im August 1880 und abermals im Februar und Juni 1881, nach dem Debakel der regierungsfreundlichen Parteien bei den Wahlen im Oktober 1881 zu einem ernsten Problem für den Reichskanzler wurde. Denn während der beiden folgenden Jahre, gelegentlich auch in späteren Jahren, überfiel ihn ein Gesichtsschmerz, «wie wenn ihm bald von rechts, bald von links ein Degen durchs Gesicht gestoßen werde». In den Morgenstunden vor dem Mittagessen waren diese Anfälle am schlimmsten. Er suchte Erleichterung, indem er beide Hände auf die Wangen drückte. In kaltem Schweiß ging er dann auf und ab, bis der Schmerz nachließ. Er fürchtete sich davor, im Parlament zu sprechen, weil ein solcher Anfall ihn nötigen könnte, seine Rede abzubrechen.[13] Am 2. Dezember 1882 schrieb Johanna an Philipp zu Eulenburg: «Ach, und möchte er (Gott) endlich und endlich meinem lieben Mann helfen, der ja das ganze Jahr hindurch immer krank gewesen und in den letzten Monaten so entsetzlich an Gesichtsschmerzen gelitten hat, daß ich schon ganz in Verzweiflung darüber bin, weil nichts ihm helfen will und er in seinen armen Nerven so herunter gekommen ist, wie noch nie. Wie es nun in Berlin werden soll, weiß Gott, mir ist schrecklich bange davor.» Man vermutete die Ursache der Gesichtsschmerzen bei den Zähnen, doch der Zahnarzt klopfte auf einen nach dem anderen und fand sie alle gesund, was für Bismarck ein niederschmetterndes Ergebnis war, denn es bedeutete, daß er die Schmerzen vielleicht nie wieder loswerden würde. Das Rasieren wurde ihm zur Qual, und als er am 3. Dezember 1882 nach Berlin zurückkehrte («wie ein Zuchthäusler, der in seine Zelle zurück muß»), war ihm ein langer, weißer Bart gewachsen.[14] Was ihn plagte, war trigeminale Neuralgie (tic douloureux), ein Leiden, das seinen Opfern oft schwere Depressionen verursacht und Selbstmordgedanken hervorrufen kann. Kaum war er wieder in Berlin, wünschte er schon, «aus dem verwirrenden Einerlei herauszukommen». «Ich möchte wohl gern ein volles Jahr keinen Menschen weiter sehen, als meine Frau, meine Kinder und meine Enkel ... Die Sehnsucht nach Ruhe tritt bei mir wie eine förmliche Krankheit auf, und ich kann diese Krankheit bei meinen übrigen Leiden gar nicht los werden.»[15]

In dieser Verfassung machte er Fehler von der Art, die bei ihm Wutanfälle auslöste, wenn andere sie begingen. Im September 1880 vergaß er, ein höchst bedeutendes Zugeständnis, das während der Diskussionen, die zur Wiederherstellung des Dreikaiserbunds führten, Heinrich Freiherr von Haymerle, Andrássys Nachfolger im Amt des österreichisch-ungarischen Außenministers, gemacht hatte, festzuhalten und dem russischen Botschafter Peter Saburow mitzuteilen. Drei Wochen später mußte er sich mit offenbarer Zerknirschung für dieses schwerwiegende Versehen entschuldigen. «Ich war sehr elend damals», klagte er.[16] Während des Winters hatte eine Reihe von Irrtümern (weil er ein von ihm unterzeichnetes Dokument entweder nicht aufmerksam gelesen oder schnell vergessen, bei einer Ministerialsitzung nicht aufgepaßt, einen Untergebenen nicht richtig instruiert hatte) die Eulenburg-Krise im Februar 1881 zur Folge. «Es ist», schrieb er, «ein Symptom des Rückgangs meiner Geschäftsfähigkeit.»[17] Im Sommer 1882 beklagte er sich bei Moritz Busch, daß er «kaum ein paar Stunden» arbeiten könne, ohne die Konzentration zu verlieren. Im Dezember 1882 fand Friedrich von Holstein ihn «gealtert und sehr nervös». Bismarck fand «seine psychische Organisation ... der von Friedrich Wilhelm IV. ähnlich. Der Gedanke an Gehirnerweichung hat ihn schon seit langer Zeit verfolgt.»[18]

Bismarck führte seine Leiden auf die üblichen Ursachen zurück – die «Intrigen» der Kaiserin Augusta und der Konservativen. «Das Niederschlagende sind

Bismarck am 30. Januar 1883

die Feinde im eigenen Lager, der Neid, die Mißgunst, der Unverstand der Freunde», klagte er. «Weil sie nichts können, sollen es auch andere nicht. Der Kampf gegen die politischen Freunde ist das Aufreibende – wie damals (1872) beim Schulaufsichtsgesetz.» Doch grollte er auch anderen Parteien wegen ihres Obstruktionismus in beiden Parlamenten. «Jetzt herrschen die sozialen und wirtschaftlichen Fragen vor, und demgemäß sind besondere politische Fraktionsbildungen nicht berechtigt. Die größte Festigung des Reiches wären gemeinsame Finanzen, gemeinsame Einnahmequellen und Revenüen, aus welchen selbst die Einzelstaaten noch schöpfen könnten. Daß dafür so wenig Verständnis sich findet, ist das größte Übel. Ich schäme mich, dafür so wenig Sinn zu finden und verliere den Mut.»[19]

Er habe nicht die Absicht, in den Reichstag zu gehen, erklärte Bismarck im Januar 1883 einem Abgeordneten. «Es geht auch ohne mich.» Während der langen Reichstagssession, die am 30. November 1882 begann und am 12. Juni 1883 endete, hielt er nur eine einzige kurze Rede. Im Landtag erschien er während der Sessionen vom 14. November 1882 bis zum 2. Juli 1883 und vom 20. November 1883 bis zum 19. Mai 1884 überhaupt nicht. Von Busch nach seinem «Ärger über die Herren Parlamentarier» gefragt, entgegnete er: «Ich lese deren Reden und Zänkereien gar nicht mehr ... Die Reichsmaschine arbeitet vorzüglich, und ich freue mich, daß wir konfliktfreie Luft atmen. Wenn das noch wäre, daß man sich ärgern müßte, das hielte ich jetzt gar nicht mehr aus, ich würde mich geradezu aufreiben.»[20] Krankheit, Zorn und Misanthropie reduzierten auch seine Kontakte mit Ministerkollegen und Untergebenen. «Er lebt nach wie vor äußerst zurückgezogen», berichtete Lucius im Februar 1883, «empfängt fast niemand und gibt meist durch Rottenburg Bescheid und Direktive.» Holstein hatte den Eindruck, «daß durch die Einsamkeit und das Schweigen die geistige Elastizität beeinträchtigt wird, sein Geist ist eine Quelle, die unablässig quillt, wenn kein Abfluß ist, kommt naturgemäß die Stagnation». Am 31. Mai präsidierte Bismarck zum ersten Mal seit fast einem Jahr wieder einer Sitzung des preußischen Staatsministeriums. «Er ist recht gealtert», notierte Lucius, «Gesicht weiß und eingefallen, Leib aufgeschwemmt.»[21] Am 2. Juli 1883 verließ Bismarck von neuem Berlin zu einem langen Urlaub, von dem er erst am 12. März 1884 zurückkehren sollte.

Gedanken an einen Staatsstreich

Angesichts vielfacher politischer Enttäuschungen und nachlassender körperlicher und seelischer Reserven dachte Bismarck nicht etwa daran, von seinen Zielen abzulassen, sondern sann auf andere Wege, sie zu erreichen. Es mußte irgendein Weg gefunden werden, bedeutende Interessengruppen auf seine Seite zu ziehen, so daß diese Druck auf ihre Vertreter ausüben würden, die Regierung zu unterstützen. Ein Ansatzpunkt war die Popularität des Kaisers, der seit 1866 für Millionen Deutsche zur «Vaterfigur» geworden war. In dieser Absicht schrieb Bismarck die Geschichte kurzerhand um. Am 24. Januar 1882 schilderte er dem Reichstag, wie der König während des Verfassungskonflikts «an seiner eigenen Politik», an dem, «was die Traditionen der preußischen Dynastie, ... was sein deutsches Herz, sein deutsches Gefühl ihm als Ideal vorzeichnen», festgehalten habe. Als er selber, Bismarck, damals in der holsteinischen Sache «nicht rasch genug im deutschen, im nationalen Sinne vorgehen wollte», habe Wilhelm ihn in einiger Erregung gefragt: «Sind Sie denn nicht auch ein Deutscher?» So verdanke das deutsche Vaterland «die politische Conception» seiner Einheit nicht irgendeinem Minister oder Ministerium, sondern «einzig Sr. Majestät dem Könige».[22]

Während der Jahre 1881–1883 erwirkte der Kanzler beim Monarchen die Unterzeichnung von nicht weniger als drei kaiserlichen und königlichen Botschaften und Erlassen, eine Form, in die gewöhnlich nur Dokumente von höchster Wichtigkeit gefaßt wurden. Die erste kaiserliche Botschaft wurde bei der Eröffnungssitzung des neugewählten Reichstags am Donnerstag, den 17. November 1881, verlesen. Sie begann mit der traditionellen, an das Zeitalter des Absolutismus gemahnenden Formel: «Wir, Wilhelm, von Gottes Gnaden Deutscher Kaiser, König von Preußen etc., thun kund und fügen hiermit zu wissen ...» Dann folgte bei jeder kaiserlichen Botschaft eine entschiedene Erklärung der politischen Absichten der Regierung, die jedoch als persönliche Willensbekundung des Monarchen präsentiert wurde. Als die Verfassungsmäßigkeit dieses Verfahrens bezweifelt wurde, reagierte die offiziöse Presse mit einer Belehrung über das «monarchische Princip» in Preußen und Deutschland und den «Segen, welcher aus der Macht und Lebenskraft der Krone für Deutschland hervorgegangen ist». In Preußen «herrscht und regiert» der König. «Daß der König nur herrscht, aber nicht regiert, ist eine auf fremdem Boden erwachsene Anschauung.»[23]

Gleichzeitig begann Bismarck die drastischste Maßnahme von allen ins Auge zu fassen: Staatsstreich. Kurz vor der Reichstagswahl im Oktober 1881 sagte er zu Hohenlohe: «Die Deutschen wüßten mit dem Nürnberger Spielzeug, das er ihnen gegeben, nicht umzugehen, sie verdürben es. Wenn es noch so fortgehe, würden die verbündeten Regierungen wieder zum alten Bundestage zurückkehren, nur das militärische und das Zollbündnis behalten, den Reichstag aber aufgeben.»[24] Daß es sich dabei nicht um einen vereinzelten Gedanken handelte, beweisen in die gleiche Richtung zielende Bemerkungen, die Busch kurz nach den Wahlen aus seinem Munde hörte: «Die Schwäche unsrer Einrichtungen ist bewiesen durch die Leichtgläubigkeit der Wähler. Es kann aber dahin kommen, daß es einmal heißt, von der deutschen Verfassung, nachdem alle Versuche, mit ihr zu regieren und zu reformieren, fehlgeschlagen sind – daß es da heißt, wie Schwarzenberg sagte, in Olmütz: Diese Einrichtung hat sich nicht bewährt – das darf aber jetzt nicht gedruckt werden; es ist nur für Sie.»[25] Doch ein paar Tage später vertraute er seine Überlegung auch dem württembergischen Gesandten Mittnacht an: «Möglicherweise könne einmal der Moment kommen, wo die deutschen Fürsten erwägen müssen, ob der jetzige Parlamentarismus mit dem Wohl des Reichs noch vereinbar sei.»[26]

Was Bismarck zu dieser Zeit nur im privaten Gespräch bekannte, sollte er schon bald öffentlich bekanntgeben. Am Ende einer langen Rede zur Verteidigung des Tabakmonopols im Reichstag erklärte er am 12. Juni 1882, daß ihn nur noch das Pflichtgefühl, der dem Kaiser geleistete Eid und die Sorge um die Zukunft im Amt hielten. «Ich kann mich mitunter in schlaflosen Nächten des Gedankens nicht erwehren, daß vielleicht unsere Söhne nochmals wieder um den mir wohlbekannten runden Tisch des Frankfurter Bundestags sitzen könnten. Die Art, wie die Geschäfte gehen, schließt die Möglichkeit nicht aus, wenn die Achtung und das Ansehen, dessen wir uns heut zu Tage im Auslande erfreuen, erst Mal einen Stoß erlitten haben sollte. Wir haben eine große Autorität gewonnen, sie ist aber leicht zu erschüttern.» Früher habe man geglaubt, die Gefahr für den «nationalen Gedanken» liege in den Dynastien, und der Reichstag sei «der Anker der Rettung und der Kitt für unsere Einheit». Deshalb habe er versucht, den Reichstag «möglichst stark» zu machen. Nun aber revidiere er sich. «Die deutschen Dynastien sind heut zu Tage national gesinnt, sie haben das Bedürfnis, Rücken an Rücken zusammenzustehen gegenüber allen auswärtigen Gefahren, aber auch ihre monarchischen Rechte, so weit wie sie verfassungsmäßig bestehen, nicht untergraben zu lassen.»[27]

So drohte Bismarck dem Reichstag mit dem Staatsstreich, nur zwei Jahre nachdem er mit der gleichen Drohung die Bundesstaaten einzuschüchtern versucht hatte.[28] Nun behauptete er, daß die Bundesstaaten, da sie den Norddeutschen Bund und das Deutsche Reich geschaffen hatten, die Einheit auch wieder aufheben oder jedenfalls doch modifizieren könnten. Indem sie der Verfassung ihre Billigung entzögen, könnten sie den Reichstag liquidieren und durch eine Versammlung anderer Art, wahrscheinlich korporativen Charakters, ersetzen, welche die für Bismarcks legislatives Programm erforderlichen Mehrheiten bereithalten würde. Eine derartige Auslegung würde einen starrsinnigen Rechtsgelehrten zwar schwerlich überzeugen und wohl auch die Gerichte nicht. Nachgiebigere Rechtsgelehrte (Rudolf Ihering?) würden ihre Legitimität aber bestätigen. Wichtiger noch, eine loyale Armee, die ihren Diensteid auf den Kaiser abgelegt hatte, würde sie legitimieren – notfalls mit Gewalt. Überdies schienen während der frühen achtziger Jahre die auswärtigen Beziehungen Deutschlands ideale Voraussetzungen für einen Umbau der Verfassung zu bieten. «Wir haben feste Verbindung mit den außerhalb des Deutschen Reichs gelegenen großen Monarchien, welche gleiche Interessen mit uns vertreten, erhaltende, friedliebende. Ich glaube auch, daß diese Verbindungen dauernde sein werden ... und daß in der Mitte von Europa eine große, feste, erhaltende Gewalt sein wird».[29]

Der neue Dreikaiserbund

Um die Vorbehalte des Kaisers gegen den Zweibund mit Österreich zu entkräften, hatte Bismarck im August und September 1879 wiederholt behauptet, daß er Rußland keineswegs Deutschland entfremden wolle, sondern im Gegenteil nur die

Wiederherstellung der alten Beziehung zwischen den Mächten auf einer festeren Basis anstrebe. Einer der Zwecke des Zweibundes war aus Bismarcks Sicht, die Russen von der Notwendigkeit zu überzeugen, sich mit den mitteleuropäischen Mächten wieder zu verständigen.[30] Aus den Erfahrungen des Balkankrieges und des Berliner Kongresses hatte Gortschakow den Schluß gezogen, daß Rußland ganz auf sich selbst gestellt sei.[31] Doch Bismarck setzte voraus, daß sich in St. Petersburg kühlere Köpfe durchsetzen würden, sobald offenbar wurde, daß Deutschland den Zweibund zu einer Tripel-Allianz erweitern und sich mit England verständigen oder sogar das republikanische Frankreich dafür gewinnen könnte. Um der Isolation zu entgehen, würde den Russen nichts anderes übrig bleiben, als von neuem in Verhandlungen mit Österreich und Deutschland einzutreten.

Nachdem im Sommer 1879 Peter Schuwalows Stern gesunken war, fand Bismarck in Peter Saburow einen neuen Mann, der bereit war, dieser Politik bei der russischen Regierung Gehör zu verschaffen. Saburow, ein Karrierediplomat, der als Rat in London und als Gesandter in Athen gedient hatte, war soeben zum Botschafter in Konstantinopel ernannt worden. Im Juli 1879 weilten Saburow und Bismarck gleichzeitig zur Kur in Kissingen. Natürlich nahm Bismarck die Gelegenheit wahr, die Klagen der vergangenen Monate über die feindselige Haltung der russischen Regierung und Presse zu wiederholen und zu bedauern, daß die Russen vor drei Jahren sein Bündnisangebot ignoriert hätten. 1876 sei er gewillt gewesen, den Russen mit der deutschen Armee zu Diensten zu sein und ihnen «durch dick und dünn» zu folgen, wenn Rußland nur Deutschland den Besitz von Elsaß-Lothringen hätte garantieren wollen. Aber Gortschakow hätte diesem Vorschlag «ein taubes Ohr» zugewandt, und jetzt scheine Rußland die Beziehungen zu Berlin und Wien, die jahrzehntelang so ersprießlich für alle drei Mächte gewesen seien, gänzlich abbrechen zu wollen.[32] Saburows Bericht über dieses Gespräch und seine Denkschrift, mit welcher er für eine Fortsetzung des Dreikaiserbunds eintrat, erreichten Zar Alexander in Alexandrowo im September 1879, als er eben bestürzt die Konsequenzen seiner unvorsichtigen Bemerkungen zu Schweinitz und seines persönlichen Briefes an Wilhelm im August zur Kenntnis nahm. Da er wußte, daß Bismarck in Gastein und Wien mit Andrássy verhandelt hatte, ohne jedoch den Gegenstand dieser Verhandlungen und deren Ergebnis zu kennen, entsandte Alexander Saburow zur Erkundung des Terrains nach Berlin.

Zu Saburows Überraschung wurde ihm sofort ein dreistündiges Treffen am 27. September mit dem deutschen Reichskanzler gewährt. Obwohl er sich auf Andrássys Wunsch zur Geheimhaltung der Bestimmungen des Zweibunds verpflichtet hatte, ließ Bismarck doch den russischen Diplomaten über den Inhalt der Rußland betreffenden Vereinbarungen nicht in Zweifel. Er sprach von der Notwendigkeit, Österreich zu beruhigen, und von einer Garantie des territorialen Status quo, zu der Deutschland gegenüber Österreich verpflichtet sein könnte. In anderem Zusammenhang erklärte er, daß er den «ersten Akt» seines politischen Systems erfolgreich aufgeführt habe: eine Barriere zwischen Österreich und die Westmächte zu legen. Trotz der – seiner Meinung nach vorübergehenden –

Wolken des vergangenen Sommers habe er die Hoffnung auf eine Fortsetzung durch den zweiten Akt nicht aufgegeben: die Wiederherstellung des Dreikaiserbundes, der allein ein Höchstmaß an Sicherheit für den Frieden Europas garantieren könne. Anschließend arbeiteten die beiden Männer die Grundsätze eines Abkommens aus, nach dem jedes der beiden Länder das andere seiner Neutralität unter gewissen Bedingungen versicherte, Deutschland im Falle eines Krieges zwischen Rußland und England, Rußland im Falle eines Krieges zwischen Deutschland und Frankreich. In beiden Fällen sollte die jeweils neutrale Macht, «notfalls auch mit Gewalt», verhindern, daß eine vierte Macht in den Konflikt eintrete. Rußland würde die territoriale Integrität Österreichs respektieren, doch Österreich müsse die ihm durch den Berliner Vertrag auferlegten Verpflichtungen erfüllen.[33]

In Anbetracht der Eile, mit der Bismark in den Monaten August und September den Abschluß des Zweibunds betrieben hatte, mutet seine Behandlung des russischen Angebots allerdings dilatorisch an. Wilhelm hatte verlangt, daß Alexander über die Bestimmungen des Zweibunds unterrichtet werden sollte, doch Bismarck wies ihn darauf hin, daß Andrássy das entschieden ablehnte und davon abgesehen dem deutschen Interesse damit auch nicht gedient sei, weil Rußland in dem Abkommen als potentieller Kriegsgegner genannt sei. So mußte Wilhelm sich damit begnügen, seinem Neffen in einem persönlichen Brief die österreichisch-deutsche Entente ohne nähere Einzelheiten als Wiederherstellung der jahrhundertealten Beziehung darzustellen, die bei der Auflösung des Deutschen Bundes 1866 vorübergehend unterbrochen worden sei. Wenn die Nihilisten im Verein mit den Panslawisten die russische Regierung zu aggressiven Maßnahmen im Ausland veranlassen sollten, würden freilich derartige Aktionen bei Österreich und Deutschland auf eine «Solidarität des Widerstands» stoßen. Als Anhang zu diesem Brief erhielt der russische Kaiser ein von Andrássy und Bismarck unterzeichnetes harmloses Memorandum, in dem beide Mächte feindselige Absichten gegenüber Rußland in Abrede stellten.[34] In der europäischen Presse und im diplomatischen Korps kursierten natürlich Spekulationen über die tatsächlichen Bestimmungen des Vertrages. Zu Bismarcks Verärgerung bestärkte Salisbury den Verdacht, daß der Vertrag sich vorzüglich gegen Rußland richte, indem er öffentlich von «Freudenbotschaften» aus Berlin und Wien sprach. Trotz dieser Provokationen war die Antwort des russischen Kaisers an seinen Onkel konziliant. Am 14. November schrieb er Wilhelm aus Livadia, daß er «die Wiederkehr jenes vollkommenen Einvernehmens der drei Kaiser begrüße», das Europa schon so große Dienste geleistet habe.[35] Um eine Vereinbarung zu erleichtern, ernannte er Saburow zum russischen Botschafter in Berlin, wo dieser Oubril ablöste, dem Bismarck mißtraute.

Bismarck hatte keine Eile, sich mit Rußland zu einigen, weil er die Optionen zu schätzen wußte, die der Zweibund Deutschland im europäischen Gleichgewicht der Mächte eröffnet hatte. Wieder einmal besetzte Deutschland den Angelpunkt, wo es durch die Bewegung nach dieser oder jener Seite das Gleichgewicht kontrollieren konnte. Der Zweibund hatte den Spielraum der deutschen Politik zwischen Ost und West nicht beeinträchtigt, sondern wiederhergestellt. Die Waffe, die Bismarck manchmal bei sich trug oder auf seinem Schreibtisch liegen hatte, diente ihm zu einem Gleichnis, mit dem er den Zweck des Zweibunds sowohl dem russischen als auch dem britischen Botschafter erläuterte. «Ich betrachtete Sie», erzählte er Saburow, «als einen lieben Freund, mit dem ich einen einsamen Spaziergang machte und der plötzlich verrückt wurde. Ich rannte weg, um mich mit einer Taschenpistole zu versehen, und nun bin ich wieder da, um meinen Spaziergang mit Ihnen in der gleichen freundschaftlichen Weise fortzusetzen, doch in behaglicherer Gemütsverfassung hinsichtlich meiner Sicherheit.»[36]

Indem er Rußland während der Jahre 1879–1880 immer stärker isolierte, steigerte Bismarck dessen Wunsch nach einer Verständigung mit Berlin und Wien, um dieser Isolierung zu entrinnen. Zu diesem Zweck kultivierte er bessere Beziehungen zu Frankreich und ermutigte die Kooperation zwischen England und Frankreich im Mittelmeerraum. Eine Entente zwischen diesen Mächten, pflegte er zu sagen, sei die beste Gewähr für Frieden in Europa. Als Haymerle Besorgnis äußerte, daß die Entente vielleicht «zu intim» werden könnte, versuchte Bismarck ihn mit der Erklärung zu beruhigen, daß das Rapprochement beide Seiten von gefährlichen Unternehmungen abhalten werde. Großbritannien werde einen französischen Versuch, Elsaß-Lothringen zurückzuerobern, kaum unterstützen, Frankreich hingegen sich wegen der britischen Interessen auf dem Balkan gewiß nicht in einen Krieg mit Rußland verwickeln lassen. Überdies werde das Zusammenwirken mit England Frankreich davon abhalten, mit Rußland zu kokettieren. Obwohl Bismarck sich die Möglichkeit einer Allianz zwischen Deutschland, Österreich und England stets offenzuhalten trachtete – für die Eventualität einer kriegerischen Auseinandersetzung mit Rußland –, versuchte er doch sicherzustellen, daß eine solche Kombination nicht ausschließlich britischen Interessen dienen würde. «Unsere Sympathie für die englische Politik», instruierte er seine Mitarbeiter, «wird natürlich in dem Maße wachsen, in welchem sich letztere als friedliebend, die russische aber als gefährlich für den Frieden Europas erweiset». Als Haymerle anregte, Englands «Mißtrauen» gegenüber dem Zweibund durch die Unterstützung der britischen Balkanpolitik zu zerstreuen, widersprach Bismarck: «für was? unser Verhältnis mit Österreich ist ein defensives, und wir dürfen uns für aggressive englische Zwecke nicht vorspannen lassen».[37]

Bismarck hielt auf dem Balkan noch immer getrennte Einflußsphären für wünschenswert, deren Existenz die Konflikte der Großmächte zwar regulieren und entschärfen, aber nicht aus der Welt schaffen würde. Aus diesem Grunde glaubte er, daß der Zweibund den Russen bei ihrem Bestreben, die beiden bulgarischen Staaten zu vereinigen und als Klientelstaat in ihre Obhut zu nehmen, keine Hindernisse in den Weg legen sollte. Dessen ungeachtet wollte er den Grundsatz für richtig und nützlich halten, «ein sicherer und gefälliger Freund für seine Freunde, aber auch ein tätiger Gegner für den Widersacher zu sein».

Angesichts der Ungewißheit, ob Rußland letztlich ein Freund oder Feind sein würde, dosierte er sorgfältig die deutsche Unterstützung für dessen Anstalten, die Pforte zur Ausführung der Bestimmungen des Berliner Vertrages zu nötigen. Jeden Versuch, eine Intervention des Zweibunds gegen Rußlands Pläne zur Vereinigung Bulgariens und dessen Verwandlung in einen Klientelstaat herbeizuführen, wies er jedoch zurück.[38] Gleichzeitig bemühte er sich darum, den Mächten des Zweibunds einen vorherrschenden Einfluß in Rumänien und Serbien zu verschaffen.

Die Verbindung zu Rumänien war für Bismarck schon seit über einem Jahrzehnt eine Quelle von Verdruß. Nachdem der Hohenzollernprinz Karl in Bukarest den Thron bestiegen hatte, hatten viele ahnungslose und gutgläubige deutsche Anleger (besonders aus dem Hochadel) in die Eisenbahnbaupläne Bethel Henry Strousbergs investiert. Zu ihrer Rettung nahm Bismarck, wie schon berichtet, die Dienste Gerson Bleichröders und Adolph Hansemanns in Anspruch, die später für die geleistete Hilfe geadelt wurden. 1879 wollten die beiden Bankiers sich des kostspieligen Unternehmens durch den Verkauf der Eisenbahnen an die rumänische Regierung entledigen, deren Korruption und Unfähigkeit zu ihren Problemen beigetragen und Bismarcks Zorn und Verachtung erregt hatten. Um das Bleichröder-Hansemann-Konsortium davor zu bewahren, mit großem Verlust verkaufen zu müssen, machte sich Bismarck einen wunden Punkt der rumänischen Verhältnisse zunutze, das Versäumnis der Regierung in Bukarest, den Juden die bürgerlichen Freiheiten zu gewähren, die ihnen im Berliner Vertrag garantiert worden waren. Indem er die deutsche Anerkennung der Unabhängigkeit Rumäniens verweigerte, solange diese Bestimmung nicht umgesetzt sei, beschwichtigte Bismarck einerseits Bleichröder, der bei dem Protest gegen den in Rumänien herrschenden Antisemitismus zum Wortführer des europäischen Judentums geworden war, und sicherte sich andererseits die moralische Unterstützung der französischen und britischen Regierungen.

Hinter den Kulissen gab Bismarck jedoch der rumänischen Regierung zu verstehen, daß er in der Frage der bürgerlichen Freiheiten zu Kompromissen bereit sei, wenn sie ihm bei dem Eisenbahngeschäft entgegenkommen würde. Er verschacherte, mit anderen Worten, die Rechte der rumänischen Juden, um preußische Bankiers und adelige Spekulanten freizukaufen. Das war die Grundlage für das abschließende Übereinkommen im Februar 1880, ein Übereinkommen, das in Wien, wo man Rumänien als in der österreichischen Einflußsphäre liegendes Gebiet ansah, freudig begrüßt wurde.[39] Die rumänische Eisenbahnepisode ist ein schlagendes Beispiel für die Bereitschaft des Reichskanzlers, die deutsche Außenpolitik zum Wohle einflußreicher privater Finanzinteressen – nicht ethischer oder moralischer Interessen – einzusetzen, wenn das ohne Schaden für die wichtigsten politischen Anliegen des Landes geschehen konnte.

Unterdessen hielt er sich zumindest die Möglichkeit offen, das Arrangement mit Rußland zu erneuern, das er als grundlegend für die deutschen auswärtigen Beziehungen ansah. Als Saburow am 8. Oktober 1879 Berlin verließ, versprach er, im Dezember wiederzukommen, um den begonnenen Meinungsaustausch in Varzin fortzusetzen. Seine Ernennung zum russischen Botschafter in Berlin verzögerte seine Rückkehr bis zum Januar, versetzte ihn dafür jedoch in eine viel bessere Lage zum Abschluß der Verhandlungen.[40] Bismarck schien es mit diesem Abschluß allerdings keineswegs mehr eilig zu haben. Mehrere Entwicklungen hatten dazu beigetragen. Die wiederholten Aufmärsche russischer Truppen, vor allem von Kavallerieregimentern an den österreichischen und deutschen Grenzen, beunruhigten sowohl Moltke als auch Bismarck. Wie im Jahre 1875 die französische versuchte jetzt Bismarck die russische Regierung einzuschüchtern – auch diesmal vergeblich – und zum Abzug ihrer Truppen aus dem Grenzgebiet zu veranlassen, indem er ein Jahr vor dessen Ablauf das Militärbudget zur Erneuerung vorlegte und eine Pressekampagne gegen die russische Bedrohung entfachte. Außerdem versuchte er durch diplomatische Kanäle den Zaren zu einer Desavouierung seines Kriegsministers Dimitri Miljutin zu bewegen, dem er die Verantwortung für die militärischen Drohgebärden Rußlands gab.[41]

Irritierend war zudem ein Bericht über den Stabschef der russischen Armee, General Nikolai Obrutschew, der während eines Besuchs in Paris im vergangenen August bei Premierminister Waddington und französischen Generälen die Möglichkeit einer russisch-französischen Allianz sondiert hatte. Anscheinend hatte Obrutschew keinen Auftrag, in solche Erörterungen einzutreten, doch wenn er sich zu diesem Schritt aus eigenem Ermessen entschlossen hatte, war dies nur ein weiterer Beweis für die Uneinigkeit und den Richtungsstreit in der russischen Regierung.[42] Auch Gortschakows Rückkehr in das Amt des russischen Außenministers war aus deutscher Sicht nicht beruhigend. Zur Zeit der ersten freimütigen Gespräche Bismarcks mit Saburow im September 1879 hatte sich Gortschakow auf einem langen Urlaub in westeuropäischen Kurorten befunden. Monatelang hatte der russische Kanzler bei der Führung der Außenpolitik kaum noch die Hand im Spiel gehabt, und die Annahme, daß sein Rücktritt kurz bevorstehe, war weit verbreitet. Doch im Dezember war er wieder auf seinem Posten in St. Petersburg und imstande, jede ernsthafte Verhandlung mit Berlin scheitern zu lassen – solange die Unterhändler sich der normalen diplomatischen Kanäle bedienten.[43]

Als Bismarck und Saburow ihre Gespräche fortsetzten (vom 31. Januar bis zum 5. Februar 1880), mußte der Botschafter überrascht feststellen, daß Bismarck anfänglich nicht gewillt war, die Diskussion in denselben Bahnen wie im September fortzusetzen. Dies war die Gelegenheit, bei welcher der Fürst den Gesandten über die Regeln des europäischen Gleichgewichts belehrte. Alle Politik könne auf die Formel gebracht werden, daß man versuchen müsse, einer von dreien zu sein, solange fünf Großmächte in schwankendem Gleichgewicht die Welt regierten. Auch der Zweibund sei in der Absicht geschlossen worden, «anschließend zu dem Dreibund mit Ihnen zurückzukehren, wenn dieses Bündnis von Ihnen ernsthaft gewünscht wird». Haymerle allerdings sei ein «bodenscheues Pferd», bei jedem Vorschlag, «den man ihm mache, frage er sich, wo darin die

Falle versteckt sei». Saburow verstand: In Wien ein «bodenscheuer Minister», in Petersburg ein «seniler Kanzler». Die beiden Männer vereinbarten, nicht in offizielle Verhandlungen einzutreten, sondern vorerst in formlosen Gesprächen die möglichen Grundlagen eines Dreibundes zu erkunden, über welche Saburow einzig dem Zaren Bericht erstatten werde, während Bismarck sie dem Deutschen Kaiser verschweigen wollte (dieser habe zwar früher Geheimnisse hüten können, doch nun, mit dreiundachtzig Jahren, sei das nicht mehr der Fall).[44]

Sobald diese Verabredung getroffen war, fand Saburow Bismarck wieder gesprächsbereit. Der von dem russischen Botschafter in Übereinstimmung mit seinem Souverän und dem stellvertretenden Außenminister, Nikolai Giers, verfolgte Zweck war die Durchbrechung der Isolation, in welche einerseits der Zweibund, andererseits die französisch-englische Entente Rußland geführt hatten. Dazu wollten sie ein Abkommen mit Deutschland aushandeln, das gleichzeitig den Zweibund schwächen würde, indem es das österreichische Monopol auf Deutschlands Unterstützung beendete, und die Entente, indem es Frankreich unter Druck setzte, im Mittelmeerraum nicht mit England zu kooperieren. In Anbetracht der anhaltenden Spannungen mit Großbritannien und der Türkei über die Ausführung des Berliner Vertrages suchten die Russen zudem Unterstützung bei ihrem Bestreben, die Pforte zu nötigen, die Meerengen für fremde, insbesondere britische Kriegsschiffe gesperrt zu halten.[45] Mit Deutschland als Verbündetem, erklärte Bismarck Saburow, könne Rußland «moralisch gewiß» sein, daß Frankreich sich keiner gegen sein Land gerichteten Allianz anschließen werde. Doch «mathematische Gewißheit» sei nur zu erlangen, wenn es gelänge, Österreich in dieses System einzubeziehen. Überdies sei Österreich die einzige Macht, die Rußlands Wunsch, die Briten aus dem Schwarzen Meer herauszuhalten, unterstützen könne, indem es Druck auf die Türkei ausübe, ihnen die Durchfahrt durch die Dardanellen zu verwehren. Wieder weigerte sich Bismarck, in Balkanfragen zwischen Rußland und Österreich zu vermitteln, und empfahl den Russen, direkt mit Wien zu verhandeln.[46]

Bei der Rückkehr nach St. Petersburg Anfang Februar 1880 fand Saburow in Giers und Miljutin Gleichgesinnte, die wie er eine defensive Haltung an allen Fronten befürworteten, die Rußland eine Periode des Friedens verschaffen würde, in der das Land finanziell und militärisch neue Kräfte sammeln konnte. Die benötigte Stabilität und Sicherheit aber konnten nach ihrer Auffassung nur Deutschland und Österreich bieten.[47] Hinter Gortschakows Rücken berieten sie sich eingehend mit dem Zaren, der den Botschafter mit der Vollmacht nach Berlin zurückschickte, in der von Bismarck angedeuteten Richtung zu verhandeln.[48] Doch Bismarck zögerte erneut, hauptsächlich weil Österreich noch keineswegs zu einer Einigung mit Rußland bereit war. Im Gegenteil ließ Haymerle den Reichskanzler Anfang Februar 1880 durch einen Abgesandten wissen, daß sein Hauptziel sei, Rußland auf dem Balkan dauerhaft zu blockieren, eine Politik, zu der er britischer und italienischer Unterstützung bedurfte. Aus diesem Grund war der österreichische Außenminister wenig aufgeschlossen für Bismarcks Empfehlung, mit aller Härte gegen die zunehmende irredentistische Agitation in Italien vorzugehen, die eine Kompensation für die österreichische Besetzung von Bosnien und Herzegowina durch die Abtretung von Trient und Triest an Italien forderte.[49]

Bismarcks unverhohlene Verachtung Italiens ging auf den einigermaßen plumpen Versuch der italienischen Regierung zurück, für dieses Ziel die Unterstützung Deutschlands zu gewinnen, sowie auf Italiens Flirt mit Rußland im kritischen Monat August 1879, der anscheinend dem gleichen Zweck dienen sollte. Die Italiener seien wie Schakale, sagte er einmal, «instinktmäßig angezogen vom Leichengeruch und Unheil; immer bereit, jemand von rücklings anzufallen und ein Stück Beute davonzutragen». Wie im Fall Frankreichs suchte er auch die Eroberungsgelüste Italiens auf Nordafrika zu lenken (oder auch auf Albanien). Um Italien in Schach zu halten, war allerdings die Mitwirkung der britischen Marine erforderlich, ein weiterer Grund für Berlin, die Blicke nicht nur nach Osten, sondern auch nach Westen zu richten.[50] Im Februar 1886 hatte Bismarck dem Grafen Waldersee sogar angedeutet, daß er als dritten Partner einer Tripel-Allianz England eigentlich lieber sähe als Rußland.[51]

Mitte April 1880 kam es am westlichen Ende von Bismarcks diplomatischer Schaukel zu einer Kräfteveränderung, die seine Pläne zur Wiederherstellung einer deutsch-russisch-österreichischen Entente empfindlich störte, als bei den britischen Parlamentswahlen die Konservativen den Liberalen unterlagen. Der Sturz Disraelis und die Rückkehr Gladstones in die Downing Street führten in die Gleichung der europäischen Politik einen neuen Faktor ein. In Reden, die er im November 1879 in seinem schottischen Wahlkreis sowie während des Wahlkampfs im März und April 1880 gehalten hatte, hatte Gladstone einen neuen Kurs in der europäischen Politik angekündigt. Er rief zur Wiederbelebung des europäischen Konzerts auf, zur Rückkehr der Großmächte zu einer Politik der Kooperation, welche «die selbstsüchtigen Bestrebungen einer jeden neutralisieren, binden und in Fesseln legen» würde. Er hoffte, auf diese Weise nicht nur Spannungen zu mindern und den Frieden zu befördern, sondern durch die Unterstützung des Strebens nach nationaler Selbstbestimmung bei den Völkern der europäischen Vielvölkerstaaten auch der Sache der Freiheit in Europa zu dienen. Praktisch disponierte das die englische Politik zur Feindseligkeit gegen das habsburgische und das Osmanische Reich und zu einer Entente mit Rußland zur Unterstützung der sich herausbildenden Staaten auf dem Balkan – eine Kehrtwende um 180 Grad gegenüber der Politik Disraelis und Salisburys in der orientalischen Frage. Österreich wurde von Gladstone als der «unnachgiebige Feind der Freiheit in jedem Lande Europas» angegriffen: «Es gibt keinen Fall – es gibt auf der ganzen Landkarte keinen Fleck, auf den man den Finger legen kann und sagen könnte: ‹Da hat Österreich Gutes getan.›.»[52]

Gladstones «idealistische» Vision eines konföderierten Europas, das den Frieden durch ein Netz gemeinsamer Interessen bewahren würde, eines Europas, in dem die Interessen des Ganzen stärker als die partikularistischen wären, stand in einem diametralen Gegensatz zu Bismarcks «realistischer» Einschätzung des europäischen Gleichgewichts der Mächte als eines Systems miteinander konkurrierender Staaten, deren natürliche Neigung, das eigene Interesse zu verfolgen, Spannungen unvermeidlich machte. In der geschickten Ausnützung solcher Spannungen lag für Bismarck der Schlüssel zur Sicherheit Deutschlands und gleichsam nebenher zur Bewahrung des Friedens. Unter Disraeli hatte es ausgesehen, als wäre der Interessenkonflikt zwischen Rußland und England unlösbar, ja sogar strukturbedingt. Unter Gladstone fanden nun die beiden Mächte ein gemeinsames Interesse in der Unterstützung nationaler Selbstbestimmung auf Kosten des Osmanischen und womöglich auch des Habsburgerreichs. «Gladstone sei ein verrückter Professor», hörte Bismarcks Arzt, Dr. Eduard Cohen, den Kanzler sagen; er sei ein «Dilettant», «seit dem amerikanischen Unabhängigkeitskriege sei die Leitung der englischen Politik niemals in so unfähigen Händen gewesen». Gortschakow, Gladstone, Garibaldi, Gambetta seien ein «revolutionäres Quartett auf der G-Saite».[53]

Bismarcks Wut auf Gladstone entsprang nicht nur seinem vollkommen entgegengesetzten Verständnis der Natur internationaler Politik, sondern auch der Bedrohung, die vom Richtungswechsel der britischen Außenpolitik für seine eigene politische Strategie ausging. Sie hatte darüber hinaus eine taktische Komponente. In Wien und Petersburg schürte er die Furcht vor einer «roten Gefahr». Gladstone, warnte er, erwecke die antimonarchistische Politik Palmerstons zu neuem Leben, doch mit viel besserer Aussicht auf Erfolg angesichts der wachsenden revolutionären Bewegungen in Rußland und Osteuropa. Doch das englische Angebot einer Entente reizte die Russen, weil es ihren Interessen entgegenzukommen versprach, und infolgedessen hatten sie es jetzt nicht mehr eilig, einem erneuerten Dreikaiserbund beizutreten. Überdies beeilte sich der neue englische Außenminister, Lord Granville, den durch Gladstones Wahlkampf angerichteten Schaden zu begrenzen, indem er der Wiener Regierung versicherte, daß Großbritannien gegen Österreich keinerlei feindliche Absichten hege.[54] In Berlin berichtete Lord Odo Russell Bismarck, daß die Gladstone-Regierung den Zweibund billige und eine gute Zusammenarbeit mit Deutschland und Österreich anstrebe. Bismarck erwiderte zuvorkommend, daß er zwar versuchen würde, das Dreikaiserbündnis wiederherzustellen, wenn in Petersburg die Friedenspartei triumphieren sollte, Deutschland aber England als Bundesgenossen den Vorzug geben würde![55]

Bismarck blieb nichts anderes übrig, als die Verhandlungen mit Österreich und Rußland ruhen zu lassen und zuzusehen, wie Gladstone in der europäischen Politik die Initiative ergriff. Im Mai 1880 rief der englische Premierminister das europäische Konzert auf, der Heiligkeit der Verträge Achtung zu verschaffen und die Türkei zu zwingen, die ihr unter dem Berliner Vertrag auferlegten Verpflichtungen vollständig zu erfüllen und die Montenegro sowie Griechenland zugesagten Territorien abzutreten. Bei einem Treffen in Berlin am 16. Juni beschlossen die Großmächte, Montenegro zu beschwichtigen, indem sie vorschlugen, daß es statt des versprochenen Gebiets (das von albanischen Stämmen verteidigt wurde, die die Unterstützung der Türkei genossen) ein Stück der dalmatinischen Küste, einschließlich der Stadt Dulcigno, erhalten sollte. Als die Türken diesem Tausch ihre Zustimmung verweigerten, veranstalteten die Großmächte eine Flottendemonstration vor Dulcigno, die jedoch keine Wirkung zeitigte. Rußland und Großbritannien plädierten dafür, die türkische Intransigenz mit militärischer Macht zu brechen, und in London war davon die Rede, Smyrna zu besetzen und die englische Flotte in die Dardanellen zu entsenden. Doch an einem solchen Unternehmen wollten sich Österreich, Deutschland und Frankreich weder beteiligen, noch waren sie bereit, Rußland und England ein entsprechendes Mandat im Namen des europäischen Konzerts zu erteilen.

Obwohl die Krise ernst werden könne, sei das keineswegs unvermeidlich, instruierte Bismarck seine Mitarbeiter im Auswärtigen Amt: «Daß Europa nicht nachgeben kann, ist ein Satz, den ich nicht akzeptiere, da ich den Solidaritätsbegriff ‹Europa› nicht zulasse.» Offensichtlich bereitete ihm der Zusammenbruch der Illusion des «verrückten Professors», daß das allgemeine Interesse die Eigeninteressen in der Außenpolitik ersetzen könne, ein maliziöses Vergnügen. Gladstones Bitte um Rat begegnete er mit Geringschätzung («Ich bin froh, wenn ich mir selber raten kann»). Mit französischer Unterstützung empfahl er jedoch den Türken nachzugeben, was sie auch taten. Im November 1880 brachen türkische Truppen den Widerstand der Albaner, und Montenegro erhielt Dulcigno und die angrenzende Küste.[56] Die Frage der Grenzen Griechenlands blieb jedoch als ernste Bedrohung des Friedens in Europa bestehen.

Der britische Kurswechsel unter Gladstone scheint Bismarck von der Notwendigkeit überzeugt zu haben, den Dreikaiserbund sobald wie möglich wiederherzustellen. Zuvor hatte er angesichts der instabilen Verhältnisse im Zentrum des autokratisch regierten russischen Reichs, wo gegensätzliche Interessen um die Kontrolle über die Außenpolitik kämpften, auf dem Abschluß des Zweibunds mit Österreich bestanden. Jetzt gewann er angesichts der Unzuverlässigkeit der Außenpolitik der britischen konstitutionellen Monarchie, wo zwei politische Parteien mit unterschiedlichen außenpolitischen Konzepten einander an der Macht abwechselten, die Überzeugung, daß die Sicherheit Deutschlands eine enge Verbindung mit Rußland und Österreich erfordere. Obwohl die widerstreitenden Interessen und wechselnden Kombinationen der europäischen Politik noch immer Gelegenheiten für jeden, der sie zu nützen verstand, bereithielten, gelangte Bismarck in den Jahren 1879–1880 zu der Einsicht, daß die dabei möglichen Gewinne das Risiko nicht mehr lohnten. Ein Krieg mit Rußland war «gefährlich» und bot keine sinnvollen Kriegsziele; im Falle eines Krieges zwischen Rußland und Österreich konnte Deutschland keiner der beiden Mächte gestatten, die andere zu zerschmettern. Mithin war die Zeit gekommen, die Lage zu beruhigen und durch feste Abmachungen zu stabilisieren, die Österreich und Rußland vom Eintritt in ein gegen Deutschland gerichtetes Bündnis abhalten und die zwischen beiden bestehende Rivalität wenn schon nicht überwinden, so doch reduzieren würden.[57] Deutschlands Aufgabe in der orientalischen Frage sei deshalb, stellte Bismarck fest, die «Erhaltung des Friedens womöglich unter allen (Großmächten), – im besonderen die Verhinderung des Konflikts zwischen Österreich und Rußland und ebenso nach Möglichkeit die Verhinderung der Chance eines kriegerischen Vorgehens von England und Rußland allein gegen die Türkei».[58]

Während seines Aufenthalts in Kissingen im August 1880 reagierte Bismarck auf erneute Fühlungnahmen des Zaren mit einer Weisung an das Auswärtige Amt, die seit Februar ruhenden Verhandlungen über den Abschluß eines Dreibunds mit Rußland und Österreich wieder aufzunehmen. Fast gleichzeitig alarmierte Gladstones Balkanpolitik den österreichischen Außenminister so sehr, daß dieser Anfang September Bismarck in Friedrichsruh aufsuchte, um ihm ein Abkommen mit Rußland vorzuschlagen. Während der folgenden neun Monate vermittelten Bismarck und seine Diplomaten zwischen Wien und Petersburg in schwierigen Verhandlungen, die wiederholt zu scheitern drohten.[59] Nachdem er sich einmal von der Notwendigkeit des Abkommens überzeugt hatte, bemühte sich Bismarck nun unablässig, es herbeizuführen. Er verhandelte zuerst mit Rußland, denn es war offenkundig, daß die größten Schwierigkeiten und Widerstände in Österreich zu überwinden sein würden. Haymerle zögerte natürlich, Österreichs neue Beziehung zu Deutschland durch die Aufnahme Rußlands in den Bund zu lockern. Schließlich war Österreichs Anliegen beim Abschluß des Zweibunds in erster Linie der Wunsch gewesen, sich der deutschen Unterstützung der von Rußland bedrohten österreichischen Interessen auf dem Balkan zu versichern. Haymerle fehlte allerdings auch die Entschlossenheit Andrássys. Er sei so zaghaft, spottete Bismarck, daß er morgens beim Erwachen immer dreimal ‹Nein› sage, aus Furcht, sich im Schlaf zu irgend etwas verpflichtet zu haben.[60]

Ende November 1880 arbeiteten Bismarck und Saburow in Friedrichsruh einen Vertragsentwurf aus, den Alexander nach geringen Veränderungen billigte und dem Wilhelm, den die Erinnerung an die antirussische Haltung, die ihm im August 1879 aufgezwungen worden war, noch immer peinlich berührte, erleichtert zustimmte. Im Januar 1881 nahm Bismarck die heikle Aufgabe in Angriff, Österreichs Zustimmung zu dem Entwurf zu erlangen. Die besten Erfolgsaussichten glaubte er zu haben, wenn er sich direkt an Franz Joseph wandte, da zu befürchten stand, daß Haymerle bei seinem Vortrag über das Abkommen den Kaiser dagegen einnehmen würde. Der Großherzog von Sachsen-Weimar, den er bat, als sein Mittelsmann zu fungieren, hielt es für unter der Würde eines «regierenden Fürsten», sich als Diplomat gebrauchen zu lassen. Schließlich entschloß man sich, den Kaiser und seinen Kanzler gleichzeitig anzusprechen. Ein Brief Wilhelms an Franz-Joseph traf in Wien am selben Tage ein, an dem Haymerle von dem Plan offiziell Mitteilung gemacht wurde.[61] Der österreichische Kaiser reagierte aufgeschlossen, aber Haymerle scheute erneut zurück. Tatsächlich gingen die ihm nun von Bismarck vorgelegten Bedingungen über das hinaus, was bei seinem Besuch in Friedrichsruh im September 1880 zur Debatte gestanden hatte. Der österreichische Kanzler hatte den Eindruck, daß Österreich bei jedem Dreierabkommen mit Deutschland und Rußland im Nachteil sein würde. Bismarck schien ihm zuzumuten, die Vorteile preiszugeben, die Andrássy Österreich beim

Abschluß des Zweibunds gesichert hatte.[62] Während Haymerle Zeit zu gewinnen versuchte, erreichten die Grenzstreitigkeiten zwischen Griechenland und der Türkei den Siedepunkt, und Bismarck ergriff die günstige Gelegenheit, um einmal mehr zu demonstrieren, daß sich der Mittelpunkt der europäischen Diplomatie in Berlin befand.

Gladstone entdeckte, daß es leichter war, die Außenpolitik der Disraeli-Regierung zu verdammen, als eine bessere an ihre Stelle zu setzen. Sein Versuch, die europäischen Mächte zu einer gemeinsamen Aktion zu bewegen, mit der die Türkei zur Ausführung des Berliner Vertrages, so wie dieser auf der Berliner Konferenz im Juni 1880 modifiziert worden war, gezwungen werden sollte, hatte nur von neuem bewiesen, daß auf das europäische Konzert kein Verlaß war. Auf britische, französische und russische Anregungen, bei der Suche nach einer Lösung des Problems die Führung zu übernehmen, erwiderte Bismarck vorsichtig, wie so oft in der Vergangenheit, daß Deutschland in einer Angelegenheit, die deutsche Interessen nicht unmittelbar tangiere, keine Initiative ergreifen, jedoch bei jeder von den betroffenen Mächten gemeinsam vereinbarten Maßnahme mitwirken würde.[63] Dennoch war er sich einer Gefahr bewußt – der Möglichkeit, daß ausländische Kanzleien, wenn sie in Berlin ständig abgewiesen würden, ihn beschuldigen könnten, absichtlich Unfrieden zu stiften. Um diesen Eindruck zu vermeiden, ging er im Februar 1881 schließlich auf ein britisches Ersuchen ein und schlug vor, daß die Botschafter der fünf Großmächte und Italiens in Konstantinopel ermächtigt werden sollten, eine neue Grenze auszuhandeln, die, sobald ihr Griechenland zugestimmt habe, der Türkei aufgezwungen werden sollte. Doch die anderen Mächte folgten in Konstantinopel nicht dem von Bismarck angeratenen Verfahren mit dem Ergebnis, daß die von ihm befürchtete Reaktion – Schuldzuweisungen der enttäuschten Mächte bei einem Scheitern der Verhandlungen – unmittelbar bevorzustehen schien. Deshalb verließ er die gemeinsame Front mit Großbritannien und instruierte den deutschen Botschafter bei der Pforte, Paul Graf von Hatzfeldt, sich jeder gemeinsamen Aktion anzuschließen, die von vier Mächten beschlossen würde, solange Österreich und Rußland unter diesen seien, wenn notwendig sogar mit diesen beiden Mächten allein vorzugehen und sich im übrigen zurückzuhalten.[64]

Die griechische Affäre, die schließlich im Mai 1881 damit endete, daß Türken und Griechen die von den Großmächten gezogene Grenze akzeptierten, war für Bismarck nur ein Mittel unter vielen, um die Bande zwischen den drei Reichen fester zu knüpfen. Die Verhandlungen über die Wiederherstellung des Dreikaiserbundes waren unterdessen in Wien ins Stocken geraten, woraufhin Bismarck Anfang März 1881 begann, Haymerle brutal unter Druck zu setzen. Schritt für Schritt wich der Österreicher nun zurück.[65] Als im Juni die Verhandlungen abermals stockten, erklärte Bismarck, dessen Gesundheitszustand und nervliche Verfassung sich rapide verschlechterten, daß er sich zurückziehen und seine Vermittlung zwischen den beiden Mächten einstellen wolle. Österreich und Rußland einigten sich schnell über die verbleibenden Streitpunkte.[66]

Der «zweite Dreikaiserbund», der am 18. Juni 1881 geschlossen wurde, war weit umfassender als der erste, denn es handelte sich dabei nicht nur um ein Übereinkommen von Monarchen, einander in Krisenzeiten zu konsultieren, sondern um ein formelles Bündnis zwischen Regierungen. Das Bündnis, dessen Bedingungen im einzelnen bis 1919 geheim blieben, sah vor, daß bei einem Krieg einer der drei Mächte gegen eine vierte die Verbündeten wohlwollende Neutralität wahren und den Konflikt zu begrenzen versuchen würden. Diese Bedingung sollte im Falle eines Krieges mit der Türkei nur gelten, wenn sich die drei Mächte zuvor über dessen Ergebnisse verständigt hätten. Rußland versprach, die «neue Position» zu respektieren, die Österreich-Ungarn im Berliner Vertrag zugesichert worden war, und alle drei Regierungen garantierten gemeinsam, daß die türkischen Meerengen Kriegsschiffen verschlossen bleiben sollten. Sie kamen überein, die gegenseitigen Interessen auf dem Balkan zu berücksichtigen und alle neuen Veränderungen des territorialen Status quo der europäischen Türkei im Einvernehmen zu beschließen. Um dieses Einvernehmen zu erleichtern, verständigten sich die drei Mächte über eine Reihe spezifischer Vereinbarungen: Österreich dürfe Bosnien und Herzegowina annektieren, wann immer es ihm «opportun» erschien; im Einklang mit früheren Abmachungen könne es eine Garnison in den Sandschak Nowi-Bazar legen, das Gebiet aber nicht unter seine Verwaltung stellen oder annektieren; die drei Mächte würden gemeinsam bestrebt sein, eine Invasion Ostrumeliens durch die Türkei zu verhindern; einer Vereinigung Bulgariens mit Ostrumelien würden sie keinen Widerstand entgegensetzen, wenn die «Macht der Umstände» diese notwendig machen sollte; die drei Mächte würden jedoch Bulgarien von Angriffen gegen Makedonien oder andere türkische Besitzungen abschrecken.[67]

So hatte Bismarck endlich den Schaden behoben, den sein System auswärtiger Beziehungen in den Jahren 1877–1878 erlitten hatte. Wieder war Deutschland eine unter dreien in einem instabilen System von fünf Großmächten. Endlich hatte er eine formelle Garantie, daß Deutschland im Falle eines Konflikts mit Frankreich keinen Zweifrontenkrieg würde führen müssen. Obwohl der Vertrag auf Wunsch Österreichs auf drei Jahre befristet war, zweifelte Bismarck doch nicht daran, daß Haymerle die Vorteile, die er Österreich bot, mit der Zeit erkennen und ihn 1884 erneuern würde.[68] Rußland bot das Abkommen eine Gelegenheit, der Isolierung zu entgehen, den verbleibenden Rest seiner Eroberungen aus dem letzten Krieg gegen die Türkei zu konsolidieren, britische Kriegsschiffe aus den Meerengen fernzuhalten und Zeit für die Ordnung seiner Finanzen zu gewinnen. Österreich bot die Vereinbarung die Chance, seine auf dem Berliner Kongreß erzielten Gewinne zu festigen, die Zusicherung, bei allen zukünftigen Entscheidungen auf dem Balkan eine Stimme zu haben, und die Freiheit, die wirtschaftliche Durchdringung des westlichen Balkans von Makedonien bis nach Saloniki fortzusetzen. Solange sie die politische Vorherrschaft Rußlands in Bulgarien nicht anfochten, konnten die Österreicher ihre ökonomische und finanzielle Position dort sogar verstärken. Damit reduzierte der Vertrag das bestehende Konfliktpotential und die Wahrscheinlichkeit einer militärischen Auseinandersetzung, durch die Deutschland hätte gezwungen werden können, für die Interessen anderer Mächte zu kämpfen. Und dennoch gab sich Bismarck keineswegs der Illusion hin, daß die neue Harmonie zwischen den drei Reichen den Kampf um Macht und Einfluß auf dem Balkan beenden werde. Im Gegenteil wußte er, daß ein solches Resultat weder in seiner Macht stand, noch in Deutschlands Interesse lag, denn die fortgesetzte Beschäftigung der Großmächte mit den Problemen jener Region trug dazu bei, ihr Interesse von Angelegenheiten abzulenken, die näher an den deutschen Grenzen lagen.[69]

Der Dreibund

Als die Verhandlungen über den Dreikaiserbund kurz vor dem Abschluß standen, wurde Alexander II., auf den schon wiederholt Mordanschläge verübt worden waren, in einer Petersburger Straße das Opfer einer Bombenexplosion. Da Saburows Verhandlungen allein durch den Wunsch des Zaren nach einer Wiederherstellung der Beziehungen zu Berlin und Wien autorisiert waren, hing nun alles von der Haltung seines Nachfolgers ab. Alexander III. brachte loyal zum Abschluß, was sein Vater begonnen hatte, und im September 1881 traf er sich, begleitet von Giers, in Danzig mit Kaiser Wilhelm und Bismarck, wo man das neue Bündnis mit Bekundungen des guten Willens hochleben ließ.[70] Dennoch gab die Wahl seiner Berater, die der neue Kaiser von Rußland getroffen hatte, Anlaß zur Sorge. «Bei seiner geringen Menschen- und Sachkenntnis», schrieb Schweinitz, «kann der Kaiser einmal in einem kritischen Moment zu Handlungen veranlaßt werden, deren Konsequenzen er nicht vorhersieht, vielleicht dann bedauert, aber nicht mehr abwenden kann.»[71] Obwohl er Miljutin schon bald aus dem Amt des Kriegsministers entließ, wählte Alexander III. als Innenminister keinen anderen als Nikolai Ignatjew und als Generalprokurator des Heiligen Synods Konstantin Pobedonostsew, die beide überzeugte Slawophile und Panslawisten waren und Österreich haßten. Giers, Gortschakows Stellvertreter im Außenministerium, teilte diesen Fanatismus nicht und hatte Saburows Bemühung unterstützt, die Dreikaiserallianz wieder aufleben zu lassen, doch es fehlte ihm an Ausstrahlung und Einfluß. Zudem war nach wie vor Gortschakow offiziell russischer Außenminister, und es war keineswegs sicher, daß ihm Giers im Amt nachfolgen würde. Ignatjew begehrte den Posten, und während er seine Ernennung erwartete, machte er Gebrauch von seiner Macht über die Presse, um panslawistische Agitation gegen Österreich und Deutschland zu betreiben.[72]

Während der gleichen Monate des Jahres 1881 beschwor ein Regierungswechsel in Paris erneut die Möglichkeit herauf, daß in Frankreich eine revanchistische Politik zum Zuge kommen würde. Seit dem Sieg der gemäßigten Republikaner im Jahre 1877 war die französische Außenpolitik mehr auf Nordafrika als auf Elsaß-Lothringen ausgerichtet gewesen. Im April 1881 entsandte – von Bismarck ermuntert – das Kabinett Jules Ferrys Truppen nach Tunis, um dort gemäß dem Geheimabkommen, das die Großmächte auf dem Berliner Kongreß vereinbart hatten, ein Protektorat zu errichten.[73] Als jedoch im November Ferry von Léon Gambetta abgelöst wurde, erhob sich die Frage, ob Frankreich nicht wieder zur Befriedigung seiner nationalen Interessen nach Osten blicken würde. Für viele Franzosen verkörperte Gambetta den Geist der Revanche. Das naheliegendste Mittel für eine solche Korrektur der französischen Außenpolitik war ein Rapprochement mit Rußland.

Die Zeichen einer solchen Annäherung ließen nicht lange auf sich warten. Ungeachtet der erheblichen ideologischen Differenzen begannen die radikalen Republikaner unter Gambetta und die autokratischen Konservativen unter Alexander III., die Vorteile einer Kooperation zu erwägen. So besuchte während der Monate Januar und Februar 1882 General Michail Skobelew Paris. Der General, in Rußland wegen seiner Siege über die Türken 1877–1878 und über die zentralasiatischen Teke im Januar 1881 ein gefeierter Kriegsheld, war leidenschaftlicher Panslawist und erging sich gerne in pathetischen Reden über die Unvermeidlichkeit eines blutigen Kampfes zwischen Slawen und Teutonen – dies zu einer Zeit, da Österreich bemüht war, Aufstände in Bosnien und Herzegowina niederzuwerfen. Obwohl Skobelew nicht in amtlicher Mission in Frankreich weilte, sprach er doch privat mit Gambetta und nahm Kontakt mit prorussischen Kreisen beim Militär und in der Presse auf.[74]

Abermals mußte Bismarck befürchten, daß solche antideutschen und antiösterreichischen Kreise in Rußland und Frankreich die Oberhand gewinnen würden und alle seine Bemühungen, eben das zu verhindern, vergeblich gewesen wären. Bei einem Besuch in Varzin Ende Oktober 1881 sprach Schweinitz mit Bismarck über die Wahrscheinlichkeit, daß Ignatjew in Petersburg das Auswärtige Amt übernehmen würde, und die dann nicht auszuschließende Möglichkeit eines Krieges mit Frankreich und Rußland. Moltke, berichtete Bismarck, sei für eine Offensive im Osten, denn er halte die Festungen Straßburg, Metz, Mainz und Koblenz für stark genug, einen französischen Angriff abzuwehren. Bismarck selbst favorisierte die entgegengesetzte Strategie, da es in Rußland keine Ziele gebe, deren Eroberung den Krieg beenden würde.[75] Trotz dieser Anzeichen nahenden Unheils aus Osten und Westen blieb Bismarck jedoch gelassen. Er ging von der zutreffenden Annahme aus, daß Gambetta, den er persönlich interessant fand und – ebenso heimlich wie vergebens – zu einem Besuch in Varzin eingeladen hatte, zwischen Worten und Taten einen Unterschied machen würde.[76] Am 26. Januar 1882 stürzte Gambettas Regierung und wurde durch eine gemäßigt republikanische ersetzt. Bismarck sorgte auch für offizielle Zurückhaltung angesichts der Provokation Skobelews und überzeugte den empörten Kaiser davon, daß nichts damit gewonnen wäre, wenn man von der russischen Regierung verlangte, den «weißen General» zu desavouieren und für sein Verhalten zu rügen.[77] Im April konnte Schweinitz berichten, daß nicht Ignatjew, sondern Giers der Nachfolger Gortschakows im Auswärtigen Amt geworden war, und im Juni wurde Ignatjew überdies auch aus dem Amt des Innenministers entlassen. Abgesehen von einem anhaltenden Pressekrieg glätteten sich die Wogen der Feindseligkeit und Furcht wieder.[78]

Die Unruhen hatten jedoch eine nicht unerhebliche Folge – die Unterzeichnung eines Bündnisses zwischen Deutschland, Österreich und Italien. Die von Benedetto Cairoli geführte italienische Regierung war hin- und hergerissen zwischen zwei unvereinbaren Zielen – der Hoffnung, für Österreichs Expansion auf dem Balkan mit Trient und Triest entschädigt zu werden, und dem kommerziell und strategisch motivierten Wunsch, sich Tunis anzueignen. Das erste Ziel war nur bei guten Beziehungen zu Frankreich und möglichst auch zu Rußland zu verwirklichen, das zweite nur bei guten Beziehungen zu Deutschland und Österreich. Beide sich gegenseitig ausschließenden Ambitionen hatten ihre Anhänger in der italienischen Regierung, Presse und Öffentlichkeit. Cairoli, ein feuriger Patriot mit bescheidenem politischen Urteilsvermögen, wollte keines der beiden Ziele aufgeben, und das Resultat war Frustration und Isolierung. Die französische Besetzung von Tunis im April und Mai 1881 und die Unterzeichnung des Dreikaiserbunds im Juni 1881 offenbarten den Bankrott der italienischen Politik und hatten den Sturz der Regierung Cairolis zur Folge. Der neue Premierminister Agostino Depretis entschloß sich unter dem Einfluß der irredentistischen Agitation zu einem profranzösischen, antiösterreichischen Kurs in der Außenpolitik, um bald darauf von der nationalen Empörung über das Vorgehen der Franzosen in Tunis überwältigt zu werden.[79] In der zweiten Jahreshälfte wurde die Lage in Italien noch zusätzlich kompliziert durch Aufruhr und Ausschreitungen radikaler Antiklerikaler gegen die katholische Kirche in Rom. Bismarck nahm die Gelegenheit wahr, bei den deutschen Katholiken Sympathien zu gewinnen, indem er im Reichstag die republikanischen Tendenzen der italienischen Regierung beklagte und in der Presse die Mutmaßung lancierte, daß der Papst möglicherweise im Ausland werde Zuflucht suchen müssen und die europäischen Mächte zum Eingreifen genötigt sein könnten, um mit der Wiederherstellung des Kirchenstaates die Unabhängigkeit des Heiligen Stuhls sicherzustellen. Angesichts dieser von allen Seiten drohenden Gefahren suchte die Depretis-Regierung Deckung. Ende Oktober 1881 machte König Umberto I. einen Staatsbesuch in Wien, der das Vorspiel zu Verhandlungen bilden sollte.[80]

Bismarck hatte seine Verachtung der Italiener keineswegs revidiert. Seine Reaktion auf ihre Avancen im Herbst 1880 war entschieden negativ. Ein Rapprochement mit der italienischen Regierung wäre zwecklos, schrieb er nach Wien, «weil sie dadurch in übertriebenen Vorstellungen von ihrem internationalen Gewicht, zu dem der italienische Charakter ohnehin geneigt ist, bestärkt würde. Ein Versprechen dieser Regierung würde keine Sicherheit der Erfüllung gewähren und wäre für die Erhaltung des Weltfriedens absolut wertlos.» Eine Unterstützung der italienischen Absicht, an Küsten und Inseln zurückzukehren, wo «einst die Flaggen Venedigs, Genuas und Savoyens geweht haben», würde nur Frankreich provozieren. Nicht gegen Frankreich, sondern gegen Rußland solle der italienisch-österreichische Vertrag «seine Spitze kehren».[81] Ein Jahr später war Bismarck jedoch geneigt, den italienischen Bitten um Unterstützung nachzugeben. Mit Gambetta als Regierungschef in Paris und Ignatjew in Petersburg als Außenminister im Wartestand schien es klug, Gustav Graf von Kálnoky, der nach dem Tode Haymerles das österreichisch-ungarische Außenministerium übernommen hatte, von den Verhandlungen mit Rom nicht abzuraten. Kálnoky wollte Österreichs Alpengrenze für den Fall kriegerischer Auseinandersetzungen mit Frankreich sichern, fürchtete jedoch auch den Dominoeffekt des Gambetta-Regimes in Paris für die monarchische Ordnung in Europa. Es könne für die übrigen Monarchien nicht gleichgültig sein, meinte er, «allmählich einen Thron nach dem andern stürzen und eine Gruppe von Republiken lateinischer Rasse entstehen zu sehen, denen vielleicht eine Gruppe von slawischen Republiken folgen dürfte». «Es sei unzweifelhaft, daß mit dem Sturz der italienischen Monarchie auch die Existenz des päpstlichen Stuhles in Rom in Frage gestellt werden würde».[82]

Bismarck hielt nichts von Kálnokys Dominotheorie. Er glaubte überdies, daß die Interessen des Papsttums durchaus mit der republikanischen Regierungsform in Übereinstimmung gebracht werden könnten. Schließlich war eine der Formen, die man für die nationale Einigung Italiens in Betracht gezogen hatte, ein Bund von Republiken mit dem Papst an der Spitze gewesen. «Jede Form der Republik würde aber das republikanische Italien mit der Schwesterrepublik Frankreich in enge und dauernde Verbindung bringen.» Deshalb schlug er vor, das Verlangen der italienischen Monarchie nach einem «Garantievertrag» als Ansatzpunkt dafür zu nutzen, die Monarchisten von der Notwendigkeit eines Modus vivendi mit der Kirche zu überzeugen, der dem Papst «die Möglichkeit gewährte, unabhängig und würdig in Rom zu existieren». Kálnoky war sehr angetan von dieser Anregung, die, wäre man ihr gefolgt, Bismarck ein weiteres Instrument für die Beendigung des deutschen Kulturkampfs verschafft hätte.[83] Doch die Regierung auf dem Quirinal war an einem Garantievertrag gerade deshalb interessiert, weil dieser sie gegen die Ansprüche des Papstes in ihrem Besitz der Stadt Rom bestätigt hätte. Auf diese Weise in der Frage der territorialen Garantien blockiert, wandten sich die Unterhändler dem zweiten Vorschlag der Italiener zu, dem eines Neutralitätsabkommens. Bismarck wies darauf hin, «daß der Schlüssel der Tür, die zu uns führe, für Italien in Wien zu finden sei», da alle kritischen Fragen Italiens Beziehungen nicht zu Deutschland, sondern zu Österreich beträfen. Doch er folgte während der Monate Februar, März und April 1882 den Wiener Verhandlungen mit lebhaftem Interesse und billigte deren Ergebnisse größtenteils, weil es ihm weniger auf den genauen Wortlaut des Vertrages als auf die Tatsache des Bündnisabschlusses überhaupt ankam.[84]

In einem am 20. Mai 1882 unterzeichneten Geheimvertrag verpflichteten sich die drei Mächte, keinen feindlichen Bündnissen gegeneinander beizutreten. Deutschland und Österreich versprachen, Italien militärisch zu unterstützen, falls es ohne Provokation von Frankreich angegriffen würde, während Italien umgekehrt zusicherte, Deutschland bei einem unprovozierten Angriff Frankreichs

Waffenhilfe zu leisten. Bei unprovozierten Angriffen durch zwei oder mehrere Großmächte, die nicht zu den Unterzeichnern des Vertrages gehörten (also Rußland und Frankreich), konnte jedes Mitglied der Allianz auf die Unterstützung der anderen beiden rechnen. Wenn ein Unterzeichner des Vertrages (nämlich Deutschland) von einer solchen Macht (nämlich Frankreich) bedroht und zum Krieg gegen sie gezwungen werden sollte, durfte er auf die wohlwollende Neutralität der Vertragspartner rechnen.[85] Obwohl den Italienern eine ausdrückliche Garantie ihres territorialen Besitzstandes (einschließlich Rom) verweigert wurde, konnten sie sich nunmehr doch immerhin darauf verlassen, daß keine der beiden Mittelmächte zugunsten des Papstes in Italien intervenieren würde. Österreich konnte, sollte es von Rußland angegriffen werden, seine Streitkräfte an der galizischen Grenze konzentrieren. Deutschland konnte im Falle eines französischen Angriffs davon ausgehen, daß ein Teil der französischen Streitkräfte im Süden durch die Italiener gebunden werden würde. Von Italiens militärischer Unterstützung im Kriegsfall versprach sich Bismarck für die Mächte des Zweibunds nicht viel, aber wichtiger als dessen Truppen war Italiens Neutralität. Die Argumente, die für das Abkommen mit Italien sprachen, waren wie diejenigen, die Bismarck zur Erneuerung der Allianz mit Rußland vorgebracht hatte, negativer Natur. Ein Bündnis mit Italien war besser als keines.[86]

IV

Verbindungen und Trennungen

Eine verpaßte Gelegenheit?

Der Zweibund, der Dreikaiserbund und der Dreibund (zu denen 1881 noch Österreichs Bündnis mit Serbien und 1883 eine österreichisch-deutsche Allianz mit Rumänien kamen) stellten ein in der europäischen Außenpolitik neuartiges Bündnisgefüge dar. Bisher waren Bündnisse zu spezifischen Zwecken ad hoc abgeschlossen worden, selbst das Wort «Allianz» hatte wie das Wort «Entente» eine lose und befristete Kombination bezeichnet. Daß Bismarck mit dieser Tradition brach, entsprach seinem Wunsch, die ständig wechselnden Konfigurationen der europäischen Politik im Interesse der deutschen Sicherheit möglichst zu stabilisieren. In zweiter Linie wollte er mit langfristig angelegten Bündnissen auch die in Deutschland, Österreich und Rußland bestehenden sozialen und politischen Establishments gegen soziale Unruhen, politischen Radikalismus und revolutionären Terrorismus absichern; vielleicht erstreckte sich diese Absicht auch auf Italien (gewiß aber war sie Anliegen Kálnokys). In dieser Hinsicht war das Bündnissystem eine Extension der innenpolitischen Kursänderung, die seinen Plan für eine allgemeine Steuerreform, die Schutzzölle, seinen Anschlag auf die Einheit der Nationalliberalen Partei, die Beendigung des Kulturkampfes und das Sozialistengesetz hervorbrachte. Das «Dreikaiserverhältnis» sei ein «fester Wall gegen die Revolution» und «so stark», sagte Wilhelm, «daß niemand es angreifen könne».[1]

Daß während der Jahre 1878–1883 die deutsche Außen- und Innenpolitik eng miteinander verbunden waren, kann kaum überraschen, denn beide wurden von demselben Mann formuliert, der gleichzeitig oder doch fast gleichzeitig mit der Gesamtheit der Probleme befaßt war, die sich dem deutschen Staat und der deutschen Gesellschaft stellten. Nichtsdestoweniger wäre es ein Irrtum anzunehmen, daß es in Bismarcks Denken eher eine einzige als zwei Arenen gegeben habe und man deshalb seine Innenpolitik aus außenpolitischen Prioritäten erklären könne (wie man früher gern behauptete) oder umgekehrt seine Außenpolitik aus den Diktaten innenpolitischer Interessen (eine jüngere Auffassung). Tatsächlich bestand jede der beiden Arenen aus einem weitgehend autonomen System konkurrierender Kräfte, dessen dynamische Beziehungen und Interaktionen durch die in der jeweils anderen Arena stattfindenden zwar beeinflußt, aber nicht notwendigerweise determiniert wurden. Jedes System hatte Erfordernisse, die sich mit denen des anderen keineswegs notwendigerweise deckten und diesen manchmal sogar entgegengesetzt waren. Die bemerkenswerteste Tatsache der deutschen

Geschichte zwischen 1878 und 1883 ist vielmehr gerade das Fehlen einer Verbindung zwischen innenpolitischen und außenpolitischen Angelegenheiten, die leicht hätte stattfinden können, aber nicht stattfand. Während jener Jahre ließ Bismarck die Chance vorüberziehen, welche ihm seine außenpolitischen Erfolge eröffnet hatten: das Deutsche Reich durch einen innenpolitischen Staatsstreich «neu» zu gründen.

Zu den auffallendsten Eigenschaften von Bismarcks Denken gehörte seine Fähigkeit, die mannigfaltigen Verbindungen zwischen politischen Phänomenen wahrzunehmen, nicht nur die tatsächlich bestehenden, sondern auch die potentiellen und damit deren gemeinsame Anfälligkeit für manipulierende Eingriffe. Seine virtuose Beeinflussung solcher Verhältnisse in der internationalen Arena machte Bismarck zum großen Meister der Außenpolitik. Im Dezember 1880 hörte sein Arzt Dr. Eduard Cohen ihn triumphierend erklären: «Unsere Stellung ist noch nie so brillant gewesen.» Noch vor wenigen Jahren habe die Gefahr einer feindlichen Tripel-Allianz Rußlands, Frankreichs und Österreichs gedroht. Diese Gefahr sei nun gebannt. Rußland sei bemüht, mit Deutschland «womöglich wieder auf guten Fuß zu kommen», und erst jüngst habe ihn die Königin von England um seinen Rat bitten lassen.[2]

In der innenpolitischen Arena stand Bismarck jedoch nicht annähernd so glänzend da. Hier hatte sein taktisches Geschick zur Erlangung der gesteckten Ziele nicht ausgereicht. Seine Manipulationen hatten die Gestalt der deutschen Politik zwar verändert, nicht jedoch zu der Konstellation wirtschaftlicher, sozialer und politischer Kräfte geführt, die er beabsichtigt hatte. Und die Enttäuschung, die das Scheitern dieses Versuchs mit sich brachte, hatte das labile Gleichgewicht seines Nervensystems noch weiter gestört, so daß er nun in ständiger Furcht vor einem Schlaganfall und Zusammenbruch lebte. Nachdem er Deutschland eine unvergleichliche, fast kontrollierende Stellung in der europäischen Politik verschafft hatte, weshalb nützte er die Sicherheit und Stabilität, die damit gegeben war, nicht aus, um den großen innenpolitischen Streich zu führen, den er schon so oft angedroht hatte und der ihm einen Ausweg aus seinem Dilemma in dieser Arena versprach? Warum nützte er nicht den äußerst günstigen Stand der auswärtigen Lage – eine Zeit, zu der er für außenpolitische Maßnahmen nicht mehr auf die deutsche öffentliche oder parlamentarische Meinung angewiesen war –, um die innenpolitischen Widerstände aus dem Weg zu räumen? Da er seinen schlechten Gesundheitszustand der Opposition, dem Obstruktionismus und der Böswilligkeit seiner Gegner anlastete, warum fegte er nicht das politische System, das jene Übel hervorbrachte, beiseite und kurierte so seine eigenen Leiden?

Der Augenblick war unzweifelhaft günstig. Das Ergebnis der Reichstagswahl von 1881 lieferte eine angemessene Provokation. Der Kaiser war kein Hindernis, und dessen hohes Alter gab dem Kanzler sogar einen weiteren Grund, ohne Verzug zu handeln. Von Kronprinz Friedrich Wilhelm war nicht zu erwarten, daß er seine Herrschaft mit einem reaktionären Staatsstreich beginnen würde. In früheren Jahren hatte sein schlechter Gesundheitszustand Bismarck nicht gehindert, in den inneren oder auswärtigen Angelegenheiten große Dinge zu bewegen. Der Entwurf der Verfassung Ende des Jahres 1866, die Hohenzollernkandidatur für den spanischen Thron Anfang 1870 und die Kulturkampfgesetzgebung der Jahre 1872–1873 fielen alle in Zeiten, in denen Bismarck schwer leidend war. 1875 hatte er geglaubt, daß seine physischen Kräfte zur Bewältigung der anstehenden Probleme nicht mehr ausreichten, doch als der König sein Abschiedsgesuch abschlägig beschieden hatte, nahm er einen grundsätzlichen Richtungswandel in der deutschen Innenpolitik in Angriff. In den Jahren 1877–1878 bewältigte er trotz seines damaligen schlechten Gesundheitszustands eine fiskalische Reform, den Berliner Kongreß, das Sozialistengesetz und einen Reichstagswahlkampf. Bei manchen Gelegenheiten (so während des Kriegs 1870 und während der Zolltarifdebatte 1879) schien die Aussicht auf entscheidendes Handeln ihn sogar neu belebt und erfrischt zu haben.

Wie wir sahen, begann Bismarck während der Jahre 1881–1883, mit dem Unfallversicherungsgesetz sowie der Einrichtung der Gewerbekammern und des Wirtschaftsrats Voraussetzungen für die Errichtung einer nationalen korporativen Vertretung zu schaffen, die er an die Stelle des Reichstags setzen könnte. In öffentlichen Äußerungen und im privaten Gespräch hatte er die rechtliche Zulässigkeit des geplanten Verfahrens auf Grund einer neuen Auslegung der Verfassung behauptet, derzufolge das Deutsche Reich keine souveräne Union des deutschen Volkes, sondern vielmehr eine Union von Bundesstaaten wäre. Doch irgend etwas ließ ihn vor dem letzten Schritt zum Staatsstreich zurückscheuen. Befriedigten ihn die Erfolge seiner Bemühungen um Herstellung einer organischen Basis für den geplanten Parlamentsersatz nicht? Fürchtete er eine neue Diskussion der Frage nach der Hegemonie Preußens im Bund und der Beziehung Preußens zu den kleineren Staaten, die der geplante Schritt zwangsläufig zur Folge haben würde? Scheute er, wie er dergleichen in der Außenpolitik mißbilligte, einen innenpolitischen «Präventivschlag» dieser Größenordnung? Jedenfalls beschritt Bismarck, was immer ihn davon zurückhielt, 1882–1883 den Weg zum Staatsstreich nicht. Er suchte sich nicht durch eine neuerliche «Revolution von oben» zu kurieren, sondern durch eine neue medizinische und psychologische Behandlung; statt des Versuchs, die Reichsverfassung umzustürzen, beschränkte er sich auf deren administrative Revision.

Schweninger bringt Hilfe

Im März 1882 beobachtete die Baronin Spitzemberg: «Im Bismarckschen Garten blühen die Krokus herrlich – aber der Fürst schleicht gar müde und alt durch seinen Garten und wird trotz Arsenik sein Elend nicht los.»[3] Seitdem Struck ihm den Dienst gekündigt hatte, hatte er verschiedene andere Ärzte konsultiert und neue Medikamente probiert. Etwa ein Jahr lang behandelte ihn 1882–1883 Friedrich Frerichs, Professor der Medizin an der Berliner Universität und Leiter der berühmten Charité. Frerichs, der auf Bleichröders Empfehlung konsultiert wurde, verschrieb eine Reihe von englischen Arzneien (Pillen, die geschluckt werden mußten, und eine «stark riechende gelbe Flüssigkeit» zum Einreiben der Wangen), die dem Fürsten zeitweilig Erleichterung von seiner Gesichtsneuralgie verschafften.[4] Ende Januar hatte die alte Petersburger Verletzung eine neuerliche Venenentzündung zur Folge. Die Infektion breitete sich von der Wade bis zum Knie aus und machte den Kanzler vollkommen bewegungsunfähig. Wochenlang lag er mit Schlafanzug und Hausmantel bekleidet auf einer Chaiselongue im Gartenzimmer der Kanzlei, kaum imstande, abends die Treppe zu seinem Schlafzimmer hinaufzusteigen. Zu Johannas Zorn hielt Frerichs, dieser «Dummkopf», das Beinleiden für «eine unbedeutende Nebensächlichkeit; die Nerven wären die Hauptsache, durch ihre Irritation kommt ja die Aderkrankheit ... viel Luft müsse er haben und keine Arbeit und keine Menschen».[5]

Im März verschwand die Venenentzündung, doch kehrte die Gesichtsneuralgie zurück, und mit ihr kam eine schwere Erkältung, gefolgt von quälendem Husten. Frerichs, verstimmt durch die Haltung, die Bismarcks Haushalt gegen ihn einnahm, stellte seine Besuche ein. Holstein wurde als Vermittler entsandt, doch die Warnung, «daß die Stellung von Frerichs auf die Dauer erschüttert werden müsse, wenn er nicht ein Mittel finde, den Gesichtsschmerz zu beseitigen», verschlug nichts bei dem Arzt. «Eigentlich sei der Fürst gesund», gab Frerichs wütend zurück. «Mit den Gesichtsschmerzen sei das eine ganz eigentümliche Sache. An denen leide der Fürst sehr viel weniger als man annehme.» Dennoch hielt der Arzt Bismarck nicht für einen Simulanten: «Nein, das nicht, aber bei ihm macht es die Stimmung ... die Familie versteht ihn gar nicht zu nehmen ... Eigentlich fehlt dem Reichskanzler gar nichts, er ist nur etwas verbraucht.»[6]

Ende April gesellten sich zu den Neuralgien hartnäckige Magenschmerzen, beide zusammen hinderten ihn am Essen und ließen ihn keinen Schlaf finden. Diese Symptome brachten Frerichs wieder in die Wilhelmstraße zurück. Gegen die Schmerzen und als Schlafmittel verschrieb er fünf Teelöffel Morphium, vor dem Schlafengehen einzunehmen, eine Dosis, die Johanna wirkungslos zu sein schien. Zusätzlich verschrieb der Arzt Pillen, die in den Augen Johannas «viel Dreck» waren (auf den Schachteln stand: «Bismuth, Pfeffer, Aloe, Nux vomica, Bella donna, Enzian, Calmus», oft «calen [dula]-Pulver» und einmal «calen [dula]-Öl»). Weder Frerichs Pillen noch die von einem weiteren Arzt, Dr. Zwiegenberg, verschriebenen Tropfen (Inhalt unbekannt) brachten dem Patienten Besserung. Und so begann die verzweifelte Johanna, die ohnedies alle Ärzte für «große Schafe» hielt, ihren Gatten mit ihrem eigenen homöopathischen Hausmittel zu behandeln.[7] Um auch etwas zu seiner Behandlung beizutragen, verschrieb Bismarck sich selbst – Champagner. «Nur bei *slight intoxication*», erklärte er, wichen seine heftigen Gesichtsschmerzen; im übrigen habe er neuralgische Schmerzen jetzt im ganzen Körper und könne deshalb höchstens noch zwei Stunden täglich denken und arbeiten.[8] Um diese Zeit begann Bismarck, seine finanziellen Verhältnisse für seine Erben zu ordnen.[9]

Ernst Schweninger in den achtziger Jahren

Während der ersten Monate des Jahres 1883 glaubten weder Bismarck noch seine Ärzte, daß er noch lange zu leben haben werde (Frerichs soll Krebs vermutet haben). Dann kam Dr. Ernst Schweninger und verkündete eine hoffnungsvollere Prognose. Dieser Arzt, der damals in München ansässig war, kam zuerst zur Behandlung des jüngeren Sohnes Wilhelm in Bismarcks Haus. «Bill» hatte es mit achtundzwanzig Jahren bereits auf stolze 118 Kilogramm Gewicht gebracht. Gicht und Herzbeschwerden waren die Folge. Schweninger verschrieb eine zehnmonatige Diät, an die sich Bill hielt, obwohl ihm Freunde und Familienangehörige davon abrieten. Als Schweninger seinen Patienten fast ein Jahr später wiedersah, erkannte er ihn nicht gleich, denn Bill hatte 27 Kilo Gewicht abgespeckt. Anfang Oktober 1882 brachte Bill den Arzt nach Varzin, wo er drei Tage lang Gelegenheit hatte, den Kanzler zu beobachten.[10] Unter Cohens Aufsicht hatte sich Bismarck nach seinem «Schlaganfall» im Jahre 1880 in Friedrichsruh eine vernünftigere Lebensweise angewöhnt: Aufstehen zwischen 8.30 und 9.00 Uhr, Schlafengehen um 23.00 Uhr sowie eine fettarme Diät, die sein Gewicht von 123,5 Kilogramm (1879) auf 116 (1881) herunterbrachte.[11] Doch inzwischen war er längst rückfällig geworden.[12] Schweninger beobachtete, daß «gegessen und getrunken wurde, wann und wie es gerade paßte. Bewegung wenig, dagegen viel aufreibende Arbeit.» Einige Tage nach der Abreise des Arztes schrieb Johanna an Herbert: «In voriger Woche war Billchen mit Schweninger hier ... der uns sehr gut gefiel und der nun alle möglichen Fläschchen für Papachen geschickt.»[13]

Ende Mai 1883 kam Schweninger zum Besuch einer medizinischen Ausstellung nach Berlin, und Johanna lud ihn zum Diner ein. Am folgenden Morgen untersuchte er Bismarck und «war erschüttert wie er heruntergekommen seit Januar». Er brachte Johanna zur Verzweiflung durch die Entschiedenheit, mit der er jede weitere Behandlung mit «Arzneien» verweigerte und eine drastische Änderung der Lebensweise des Patienten anordnete. Sie glaubte, daß es für «Papachen ... ganz unmöglich» sein würde, sich diesen Anordnungen zu fügen. Schweninger verordnete der ganzen Familie «die einfachste Nahrung», Tee oder Milch und Eier zum Frühstück, ein bißchen Fisch oder Braten (kein Gemüse), «damit Papachen nichts weiter sieht», zum Mittagessen, nachmittags um vier «dicke Milch (kleines Töpfchen)»; abends wieder Milch; «weniger aber öfter essen und nichts, was bläht», war die Regel. Wie bereits berichtet, fügte sich Bismarck zur Überraschung seiner Frau den «Verordnungen» des bayerischen Arztes, der bald eine psychische Dominanz über seinen Patienten zu gewinnen wußte.[14] Binnen weniger Tage besserten sich die Magenschmerzen. Doch noch immer konnte Bismarck ohne Morphium nicht regelmäßig schlafen. Schweninger, der fürchtete, daß der Patient süchtig werden könnte, ersetzte die von seinem Vorgänger verordnete und wenig wirksame Dosis von fünf Teelöffeln durch eine schwache Injektion. Am 8. Juni hatte Johanna bereits «gewaltiges Zutrauen» zu Schweninger gefaßt, der «auch als Mensch so angenehm bescheiden, heiter und so unsäglich verlangend, Papachen zu helfen», sei, daß sie bete, er möge während des ganzen Sommers an ihres Mannes Seite bleiben. Frerichs wünschte sie eine lange Reise nach China.[15]

Schweningers Sieg über Frerichs war indessen nicht so unverzüglich oder vollkommen, wie er selbst später behauptete. Johanna berichtete, daß ihr Mann den Chefarzt der Charité weiterhin konsultierte, allerdings dessen Pillen nicht mehr einnahm. Wie in der Politik wollte der Meister der Realpolitik offensichtlich auch in der Medizin seine Optionen offenhalten. Am 19. Juni notierte die Baronin Spitzemberg: «Acht Tage etwa hatte sich der Titane gefügt und sehr merkliche Besserung verspürt; da trank er vier Gläser Buttermilch auf einmal und Kognak darauf und ist nun recht elend an Indigestion, Aufgetriebenheit, Magenschmerz und Erbrechen. Noch viel elender aber ist die arme Fürstin aus Jammer, und sie steigert ihn in seiner Wehleidigkeit so, daß der Arzt und die Kinder drüben nicht wissen, was anfangen.» Die neue Kolik hatte jedoch ein willkommenes Nebenprodukt: einen daumengroßen Gallenstein, nach dessen Ausscheidung die Bauchschmerzen abklangen.[16]

Schweninger triumphierte über Frerichs nicht nur durch überlegene psychologische Einsicht und zutreffendere Diagnostik, sondern auch durch einen größeren Einsatz für seinen Patienten. Als Bismarck am 2. Juli 1883 nach Friedrichsruh abreiste, begleitete ihn Schweninger, am 28. Juli ging er mit dem Kanzler nach Bad Kissingen, am 1. September nach Bad Gastein und am 28. September zurück nach Friedrichsruh. «Ich bestimmte, soweit es irgend möglich war», schrieb er später, «die Arbeitszeit und das Pensum dafür, regelte auch nach Zeit und Umfang die Erholung, Bewegung, Ruhe, überwachte Essen und Trinken nach Zeit, Quantität und Qualität, regelte Aufstehen und Niederlegen, griff überall, wo es Noth that, mäßigend und anregend ein, und hatte schließlich die Genugthuung, in körperlicher und seelischer Beziehung entschiedene Fortschritte verzeichnen zu können.»[17]

Im Herbst, während Schweninger abwesend war, hatte Bismarck in Friedrichsruh einen neuerlichen, allerdings milderen Anfall von Gelbsucht und Magenschmerzen, die durch seinen Zorn über Hofintrigen verschlimmert wurden. Als sein Hamburger Arzt Cohen ihm Morphium verweigerte, telegrafierte er nach Schweninger, der kam und ihm die Droge wie gewünscht injizierte. Cohen war beleidigt und drohte, nicht wiederzukommen, ließ sich dann aber von dem Fürsten und der Fürstin besänftigen (Bismarck behielt sein Zwei-Ärzte-System bis zu Cohens Tod im Jahre 1884 bei).[18] Während des Winters ließen Gelbsucht, Gesichtsneuralgie und Migräne den Patienten fürs erste verschont, sein Schlaf wurde regelmäßig und fester, die hämorrhoidalen und Verdauungsprobleme verschwanden, die Krampfadern und die Beinverletzung machten ihm weniger zu schaffen. Sein Gewicht sank auf 101 Kilogramm, und die Kleider begannen ihm am Leibe zu flattern. Der Patient konnte wieder gehen und zu seiner großen Freude sogar reiten.[19] Im Dezember 1883 schrieb er an den Kaiser, daß er sich körperlich besser fühle als seit Jahren.[20] Bei der Rückkehr nach Berlin am 12. März 1884 erklärte er den preußischen Ministern, er «sei jetzt wohler wie vor einem Jahr, wo er nicht geglaubt habe, den Winter zu überleben».[21]

Einschränkung der Bismarck-«Diktatur»?

Bei einem Abendessen am 12. Juni 1884 wandte Bismarck sich plötzlich an die Baronin Spitzemberg und sagte: «Verstehen Sie sich auf Träume? Mir hat heute nacht geträumt, ich sei auf einem Wege, rechts eine Stadt, die mir als Naugard erschien, links ein See. Plötzlich fing der an zu rauschen, die Wellen gingen hoch, wie wenn große Fische das Wasser bewegten, das über den Weg daher kommen wollte. Ich dachte: da ersäufst du oder wirst wenigstens ganz naß, und das sollst du nicht, und ich kehrte um! Auf welche meiner Maßregeln soll ich das nun deuten?» «Das Zurückgehen sieht ihnen doch gar nicht ähnlich», sagte die Baronin. «Sie sind aber ein Fatalist!» «Nicht ganz», erwiderte Bismarck, «aber ich achte gern auf Zeichen der stummen Natur, sie ist oft gescheiter als wir.»[22] Was der Kanzler für ein Zeichen der Natur hielt, war der geträumte Ausdruck einer Sorge seiner wachen Stunden. Unter Schweningers Regime durfte er nun hoffen, noch einige Jahr im Amt bleiben zu können, trotz seines Alters von inzwischen neunundsechzig Jahren. Der Kaiser hingegen war bereits siebenundachtzig, und was nach seinem Tod geschehen würde, war ein Gegenstand ständiger Spekulationen, zumal bei Personen, deren Karriere davon höchstwahrscheinlich betroffen sein würde. Natürlich begann auch Bismarck zu erwägen, wie er durch Rückzug auf festeren Boden einer Umwandlung des von ihm geschaffenen Regimes in eine parlamentarische Regierung unter dem nächsten Kaiser vorbeugen könne. Deutschland mußte vor der Flut beschützt werden.

Im Dezember des vergangenen Jahres hatte er mit Lucius und anderen über die Notwendigkeit gesprochen, die Befugnisse des Reichskanzlers (mit Ausnahme der auswärtigen Angelegenheiten) auf die in seinem ursprünglichen Verfassungsentwurf (1866–1867) vorgesehenen zu beschränken, so daß hinfort der Reichskanzler zwar im Bundesrat den Vorsitz führen würde, jedoch nicht länger genötigt wäre, die Regierungspolitik im Reichstag zu verteidigen. «Der Bundesrat sollte mit seinen unverantwortlichen Mehrheitsbeschlüssen in den Vordergrund treten, die preußische Regierung keine andere Stellung einnehmen als die anderen Regierungen».[23] Lucius nahm diese Anregung zunächst nicht ernst, doch schon binnen weniger Tage begann Bismarck damit, sie in die Tat umzusetzen. Er befahl den Reichsbehörden, künftig dem Bundesrat keine Präsidialanträge mehr vorzulegen, denn diese Praxis drohte unwillkommene Konsequenzen zu haben. «Eine solche Entwicklung müßte zur Folge haben, daß das Gewicht des Bundesrats in unserem Verfassungsleben sich mehr und mehr vermindert, das des Reichskanzlers zunimmt, und daß unsere Verfassung auf ein Einkammersystem, begründet auf allgemeinen, heimlichen Wahlen, mit einem einzigen verantwortlichen Minister eines Monarchen mit unvollständigen Rechten hinausläuft.»[24]

Nach Berlin zurückgekehrt, weihte er den sächsischen Gesandten, Oswald von Nostitz-Wallwitz, etwas tiefer in seine Absichten ein. Das Programm der neuen Deutsch-Freisinnigen Partei, so Bismarck, verlange ein «verantwortliches Reichsministerium». Wenn der Kronprinz, dem er nicht zu dienen beabsichtige, an die Regierung gelange, bestehe die Gefahr, daß diese Forderung erfüllt werden könnte. Um diese Entwicklung zu verhindern, müßten die Regierungen der Bundesstaaten immer wieder hervorheben, daß sie ihnen unerwünscht sei; andernfalls würden sich die «liberalisierenden Ratgeber und Minister» in der Umgebung Friedrich Wilhelms wohl durchsetzen. «Die Einheit Deutschlands», betonte er, «beruhe viel weniger auf dem Gefühl der nationalen Zusammengehörigkeit, welches nur in Zeiten großer Krisen, wie kriegerischer Bedrohung lebhaft aufzulodern pflege, als auf dem von den Regierungen geschlossenen Bund.» Um das Gewicht der Kanzlerschaft zu verringern, habe er vor, «den Reichskanzler ganz aus dem Preußischen Staatsministerium und ebenso die Vorstände der Reichsämter aus dem Bundesrate ausscheiden zu lassen. Letzteres hält er für geraten, um die Staatssekretäre dem persönlichen Kontakte mit dem Reichstage zu entziehen; indirekt würde dadurch ... die Anomalie aufhören, daß Staatssekretäre, Unterstaatssekretäre und sogar Geheime Räte der Reichsämter in den Bundesratsausschüssen namens Preußen den Vorsitz führen, während sie gleichzeitig für ihre Verwaltung dem Bundesrate Rede und Antwort stehen sollen.» Ihre Plätze sollten zukünftig von preußischen Ministern eingenommen werden, deren Anwesenheit die Bedeutung des Bundesrats mehren und die Minister der anderen Staaten ermutigen würde, wieder mehr an seinen Geschäften teilzunehmen.[25]

Als Bismarck am 16. März zum ersten Mal nach seinem langen Urlaub wieder an einer Sitzung des preußischen Staatsministeriums teilnahm, hatten sich Gerüchte über seine Absicht, seine preußischen Ämter abzugeben, bereits verbreitet. In der Vergangenheit hatten solche Ankündigungen gewöhnlich die Verabschiedung anderer Minister zur Folge gehabt, doch er beeilte sich zu betonen, daß er sich niemals mit seinen Kollegen in so gutem Einvernehmen befunden habe wie in den vergangenen drei Jahren. Aus Gesundheitsgründen, erklärte er, müsse er in Zukunft seine Tätigkeit auf das Feld der auswärtigen Angelegenheiten beschränken, doch sei es auch aus politischen Gründen wünschenswert, nunmehr die Kanzlerschaft vom Staatsministerium zu trennen. Die Interessen des Reichs, behauptete er, würden im preußischen Staatsministerium vom Kriegsminister und den Reichsstaatssekretären wahrgenommen, die zu preußischen Ministern ernannt werden würden (er sprach von Boetticher als Handelsminister und vom Grafen Hatzfeldt als preußischem Außenminister).[26]

Oberflächlich betrachtet sah es so aus, als wollte Bismarck nun die Machtstellung zerstören, die er sich mit so großer Mühe geschaffen hatte. Holstein, der immer nach verborgenen Motiven suchte und sie manchmal auch aufspürte, meinte, Bismarck habe es Friedrich Wilhelm unmöglich machen wollen, ihn bei seinem Regierungsantritt aus dem Amt des Kanzlers zu entlassen. Alle Parteien, selbst die demokratischen Liberalen, hielten Bismarck in der Außenpolitik für unentbehrlich. Mit der Abgabe von Ämtern und Funktionen würde Bismarck zwar auf einen Teil seiner Macht verzichten, doch eine Kraft bleiben, mit der auf allen Ebenen der Regierung gerechnet werden müßte. Der nächste Kaiser werde bei der Auswahl seiner Minister sehr vorsichtig sein müssen. Daß Bismarck be-

«Die Verkleinerung Bismarcks betreffend. Der Fürst wird immer noch so groß bleiben, daß, wenn er im Kanzleramt steht, sein Schatten bis in das Staatsministerium fällt.» (Wilhelm Scholz, *Kladderadatsch,* 1884)

absichtigte, Scholz, dem ergebensten seiner Ministerkollegen, das Amt des Ministerpräsidenten zu übertragen, scheint diese Vermutung zu bestätigen.[27] Als Staatssekretär des Auswärtigen Amts wäre Hatzfeldt unter Bismarcks Kontrolle gewesen und hätte somit als preußischer Minister des Auswärtigen kaum die Freiheit gehabt, das Votum der preußischen Bevollmächtigten im Bundesrat nach eigenem Gutdünken oder dem des Staatsministeriums zu instruieren.[28] Während der Ministerialsitzung am 16. März versicherte Bismarck den Ministern zwar, daß er den Kontakt zu ihnen halten wolle – was gewiß so zu verstehen war, daß er beabsichtigte, ein Auge auf sie zu haben. Aber konnte er selbst von einem derart disziplinierten Staatsministerium erwarten, daß es stets auf der von ihm vorgezeichneten Bahn bleiben würde, zumal in Anbetracht der Schwierigkeit, die Absichten des abwesenden Kanzlers richtig zu erkennen und zu deuten?

In dem Plan, den er während des Winters 1883–1884 in Friedrichsruh konzipiert hatte, dachte Bismarck dieses Problem durch die Schaffung eines weiteren neuen Regierungsorgans zu lösen. In einem Brief an Boetticher vom 13. Januar gab er seine Absicht bekannt, einen «Reichsrat» zu schaffen, der den Kaiser in nationalen Fragen zu beraten hätte. «Mitglieder dieser, unter dem Vorsitz des Reichskanzlers (!) beratenden Behörde, würden meiner Ansicht nach die preußischen Minister und die Chefs der Reichsämter in erster Linie sein und demnächst diejenigen Persönlichkeiten, ähnlich wie beim Staatsrate, welche S. M. dazu beruft. Dazu könnten die Elemente, die jetzt im Volkswirtschaftsrat tagen, herbeigezogen werden; die Vertretung anderer verbündeter Regierungen, so weit es von letzteren gewünscht wird, wäre nicht ausgeschlossen.»[29] Als Bismarck im März nach Berlin zurückkehrte, hatte er seinen Plan zu einer «Reaktivierung des preußischen Staatsrats unter Ernennung der Chefs der Reichsressorts zu Mitgliedern desselben» und späterer «Erweiterung seiner Stellung zu der eines Reichsrats369 modifiziert».[30] Lucius schien das «etwas phantastische Projekt» auf eine Schwächung des preußischen Staatsministeriums hinauszulaufen, und so wurde es auch in der Presse interpretiert.[31]

Der 1817 als beratende Körperschaft in legislativen Fragen konstituierte preußische Staatsrat war während der Revolution von 1848 suspendiert worden. 1852 wiederbelebt, trat er erst 1854 wieder zusammen und bestand danach nur auf dem Papier fort. Nun wollte Bismarck den bereits entschlafenen preußischen Volkswirtschaftsrat durch diese moribunde Institution ersetzen, die historisch an den bürokratischen Absolutismus erinnerte. Er erwartete, daß dieser Staatsrat, zusammengesetzt aus hohen Beamten des Reichs und Preußens sowie anderen «ausgezeichneten Persönlichkeiten aus den verschiedensten Berufszweigen», dem praktischen Leben näher stünde als Minister und Geheimräte und von dem Parteigeist frei wäre, der die Arbeit des preußischen Landtags und des Reichstags seiner Auffassung nach so empfindlich beeinträchtigte. Weder der Kaiser noch der Kronprinz noch die preußischen Minister waren jedoch von Bismarcks Idee begeistert. Doch wie gewöhnlich überwand Bismarck Wilhelms Zweifel. Friedrich Wilhelm gewann er mit dem Vorschlag, daß er als Kronprinz in diesem Rat den

Vorsitz übernehmen sollte, während er selbst als sein Stellvertreter fungieren wollte.[32]

Bei dieser Gelegenheit erörterten der Kronprinz und der Kanzler, was nach Wilhelms Tod geschehen solle. Holstein zufolge erklärte der Kronprinz, er werde «sich sehr freuen Bismarck als Reichskanzler zu haben, zur Leitung der preußischen Angelegenheiten werde er dann Bennigsen und Miquel berufen». Der Fürst habe dagegen keine Einwände erhoben, Friedrich Wilhelm jedoch gewarnt, wenn er «noch einen Schritt weiter links gehen wolle, etwa zu Forckenbeck und Konsorten, dann werde er auf die schiefe Ebene kommen und bald in die Republik hineinsausen».[33] Eine Woche später machte Holstein sich bei seinem Chef mit der Bemerkung beliebt, «daß die Gegner, Stosch und Co., vollständig vor den Kopf geschlagen sind, seit sie sehen, daß der jetzige Reichskanzler seinem schmerzlosen Ende noch nicht so nahe ist, wie sie dachten.» Bismarck erwiderte, «diesmal ganz ohne Melancholie, ‹dabei kennen sie noch nicht mal die Tragweite meines Ausscheidens aus den preußischen Angelegenheiten. Das ist die Brücke für mein Zusammenbleiben mit dem Kronprinzen, der ganz ungemein ‹jieprig› darauf ist, mich als *Reichskanzler* zu behalten.›»[34]

Nun, da seine Gesundheit einigermaßen wiederhergestellt war, stellte sich Bismarck auf die Fortsetzung seines Regimes in veränderter Form unter dem nächsten Kaiser ein. Doch sein Plan, die Verfassung auf den Stand des Dezembers 1866 zurückzubringen, wurde nicht ausgeführt. Wilhelm weigerte sich hartnäckig, ihn von seinen preußischen Ämtern zu entbinden.[35] Nun hatte sich, wenn Bismarck etwas wirklich wollte, der Widerstand des Souveräns nie als unüberwindlich erwiesen. Daß der Fürst im März 1884 auf der Durchsetzung seiner Absicht nicht so beharrte wie bei der Wiederbelebung des Staatsrats, legt die Frage nahe, wie ernst es ihm damit war. Im Mai machte Boetticher den Fehler, unabhängig zu handeln, und Holstein notierte, daß der Kanzler «wieder wankend werde in seinem Entschlusse, sich von den preußischen Angelegenheiten freizumachen, denn dazu würde es erforderlich sein, daß wenigstens eine Persönlichkeit im Ministerium bliebe, auf die er sich ganz für Urteil und Takt verlassen könne. Bisher habe er in Boetticher diese Persönlichkeit vermutet, werde jetzt aber zweifelhaft.»[36]

Für Lucius war der reanimierte Staatsrat «ein Zeitverlust und eine Kaltstellung des preußischen Staatsministeriums! Eine neue Friktionsmaschine.»[37] Der Kaiser sah das ähnlich, denn er hatte vor 1848 an den Sitzungen des Rats teilgenommen und fand, daß der Landtag diesen seither überflüssig gemacht habe.[38] Als der Rat dann (vom 25. Oktober bis zum 13. November) zum ersten Mal zusammentrat, hatte selbst Bismarck das Gefühl, nur die Maschinerie der Regierung noch weiter kompliziert zu haben. Deshalb griff er auf die Praxis der «Präsidialanträge» zurück, wenn er eine Angelegenheit für zu wichtig und eilig hielt, um sie lange im Staatsrat beraten zu lassen.[39] Bei der Eröffnungssitzung sprach der Kronprinz schlecht, betonte die falschen Wörter und Sätze, als verstünde er das für ihn angefertigte Redemanuskript nicht. «Bismarck sah auch angegriffen und verstimmt aus.»[40] Erst 1890 sollte der Staatsrat wieder zusammentreten. Nach Lucius' Auffassung war 1884 das einzige Verdienst der Institution, den Thronerben zeitweilig in engere Berührung mit den Staatsgeschäften gebracht zu haben, «während Bismarcks Stellung zum Kronprinzen eine offenbar intimere geworden ist».[41] Friedrich Wilhelm sah das anders. Auch er hielt den Staatsrat für «eine ganz überflüssige Einrichtung». Er fragte sich, wozu man ihn, den Kronprinzen, zum Präsidenten gemacht habe. «Es würde genügt haben, wenn der Kanzler einfach in jedem Fall bestimmt hätte: ‹So will ich's haben›, denn anders als nach seinem Willen geschehe im Staatsrat ja doch auch nichts.»[42]

Tatsächlich war es wider Bismarcks Natur, Macht abzugeben. Die Machtposition, die er sich gesichert hatte, diente der Befriedigung seines persönlichen Verlangens nach Dominanz und Kontrolle, aber auch der Konsolidierung des Deutschen Reichs und der Stabilisierung der herrschenden sozialen und politischen Ordnung. Doch er hatte zu spüren begonnen, daß der Erfolg, der seinem Griff nach der Herrschaft über die preußische und die deutsche Exekutive beschieden war, Gefahren für die Zukunft mit sich brachte. In einer Zeit, da ein Kronprinz mit liberalen Neigungen und Verbindungen am Fuße des Throns stand und die Opposition, in welcher die Linksliberalen den Ton angaben, im Reichstag die Mehrheit hatte, empfahl es sich Bismarck allerdings, die von ihm errichtete institutionelle Struktur einer sorgfältigen Prüfung zu unterziehen. Obwohl er während des ganzen Winters 1883–1884 mit dem Problem rang, konnte er es doch nicht lösen. Der Plan, auf den er verfiel, war von zweifelhaftem praktischen Wert und hätte ihm überdies ein Opfer an direkter Autorität abverlangt, das der Kaiser nicht annehmen und er selbst eigentlich nicht bringen wollte.

Requiem für Lasker

Bismarck war natürlich nicht der einzige, der mit der baldigen Thronbesteigung des Kronprinzen rechnete. Als sie sich 1880 von der Nationalliberalen Partei trennten, hatten die Sezessionisten gehofft, der Kern einer großen liberalen Partei zu werden, in welcher sich Nationalliberale und Fortschrittler zu einer mächtigen Phalanx vereinigen und gemeinsam auf den Wechsel des Regimes vorbereiten würden. Innerhalb der Fortschrittspartei arbeiteten Albert Hänel und Rudolf Virchow auf eine solche Fusion mit der Sezession hin, doch Eugen Richter widersetzte sich ihnen. Richter, ein glänzender Redner, der als Experte für öffentliche Finanzen galt, war ein Autokrat und wollte seine Dominanz über die Partei erhalten. Er verkörperte den kompromißlosen Liberalismus, der die Partei in jeder wesentlichen Frage, ausgenommen den Kulturkampf, in Opposition zur Bismarck-Regierung gebracht hatte. Verfassung, eiserner Etat, Septennat, Sozialistengesetz, Schutzzölle und zuletzt noch die Beendigung des Kulturkampfs. Was Richter von den Sezessionisten verlangte, lief auf deren vollständige Unterwerfung hinaus. Sie sollten ohne Einschränkung das fortschrittliche Programm übernehmen und jeden Gedanken an eine künftige Wiedervereinigung mit den

Nationalliberalen aufgeben. Die drei liberalen Fraktionen waren sich zwar noch in der gemeinsamen Opposition gegen Eingriffe der Regierung in die Wahlen, gegen zweijährige Budgets und Reichstagssessionen und gegen Bismarcks Steuerprogramm weitgehend einig, doch der Versuch, für die Landtagswahlen im Oktober 1882 eine gemeinsame Front aufzubauen, hatte wegen Richters entschiedener Opposition begrenzten Erfolg.[43]

Bei der Vorbereitung auf die Reichstagswahlen von 1884 erkannte jedoch auch Richter, daß eine Einigung mit den Sezessionisten im Interesse seiner Partei lag. Auf den Siegesrausch von 1881 war in der Fortschrittspartei Ernüchterung und sogar Erschöpfung gefolgt. Das Geld war knapp, Kandidaten waren schwer zu finden, manche örtlichen Kommissionen waren zur Unterstützung sezessionistischer Kandidaten geneigt. Richter mußte sich darauf gefaßt machen, daß man ihm ebenso, wie man ihm den Wahlsieg von 1881 zugute gehalten hatte, 1884 eine eventuelle Wahlniederlage persönlich anlasten würde. Die gewaltigen Anstrengungen als Abgeordneter in zwei Parlamenten, Journalist und Parteidiktator hatten ihn so erschöpft, daß er sich nun auf die Unterstützung von Männern der Statur Forckenbecks, Stauffenbergs, Bambergers und Rickerts angewiesen fühlte. Er gab deshalb dem Wunsch Hänels nach Verhandlungen nach. Einige Sezessionisten zögerten, den Nationalliberalen den Rücken zu kehren und sich mit Richter zu verbünden, doch Rickert und Bamberger setzen sich für das Bündnis ein. Es galt, einen entscheidenden Schritt zu wagen, um die liberale Bewegung für die kommenden Wahlen wieder in Schwung zu bringen. Sie wollten überdies auch zur Stelle sein, um von der liberalen Strömung profitieren zu können, die bei der Thronbesteigung Friedrich Wilhelms zu erwarten war. Vereinigt und hundert Mandate stark, würden die Linksliberalen dann die «Regierungspartei» der Nach-Bismarck-Ära werden. Aus solchen gemeinsamen Zwängen und Erwartungen ging die neue Deutsche-Freisinnige Partei hervor, die am 16. März 1884 offiziell gegründet wurde.[44]

Beim Entwurf des neuen Programms hofften Hänel und Bamberger noch, daß die Fusion auch Angehörige der durch die Sezession und den Rückzug Bennigsens aus der Politik stark demoralisierten Nationalliberalen Partei anziehen würde. Tatsächlich aber belebte diese Konkurrenzgründung die angeschlagene Partei. Unter der Führung Johannes Miquels akzentuierte sie im Kontrast zu den Linksliberalen das eigene Profil. Das Programm der Freisinnigen forderte ein verantwortliches Reichsministerium, die Bewahrung der Rechte des Parlaments (insbesondere der Budgetrechte) und der bürgerlichen Freiheiten, die Beseitigung des Staatssozialismus und aller Beschränkungen freier Unternehmertätigkeit, niedrigere Zölle auf Grundnahrungsmittel, die Abschaffung aller Begünstigungen von Sonderinteressen, eine Reduzierung der Militärdienstzeit und die jährliche Bewilligung der Stärke der Streitkräfte durch das Parlament. Das Programm der Nationalliberalen, am 23. März 1884 von den Süddeutschen in Heidelberg entworfen und am 18. Mai 1884 auf dem Parteikongreß in Berlin ratifiziert, sprach sich dagegen für die Beibehaltung einer starken Armee aus, rühmte Bismarcks Außenpolitik, verhieß dessen Sozialversicherungsprogramm die Unterstützung der Partei, verteidigte das bestehende Schutzzollsystem und stellte die Einwilligung in die Erneuerung des Sozialistengesetzes sowie in die höhere Besteuerung von Branntwein, Zucker und Börsengeschäften, welche die Last der direkten Steuern senken sollte, in Aussicht.[45] Wie Felix Rachfahl bemerkte, setzte die Nationalliberale Partei auf die Gegenwart, die Freisinnige Partei auf die Zukunft. Während die erstere der amtierenden Regierung ihre Mitarbeit antrug, setzte die letztere ihre Hoffnungen in eine enge Beziehung zu dem Regime, welches diese ablösen würde.[46]

Bismarck mag die Geheimverhandlungen, aus denen die Fusion der Linksliberalen hervorging, befördert haben, als er das Andenken Eduard Laskers beleidigte. Am 4. Januar 1884 starb Lasker in New York an einem Herzanfall nach einer sechs Monate währenden Reise durch die Vereinigten Staaten, auf der er einen Bruder in Galveston besuchte, von deutschen Einwanderern bejubelt wurde und als Gast der feierlichen Eröffnung der transkontinentalen Eisenbahn der Northern Pacific Railway beiwohnte. Vier Tage nach seinem Tode beschloß das Repräsentantenhaus der Vereinigten Staaten, dem Deutschen Reichstag zu kondolieren. «Beschlossen wird, daß dieses Haus mit tiefem Bedauern Kenntnis vom Tode des hervorragenden deutschen Staatsmanns Eduard Lasker erhalten hat; daß sein Verlust betrauert wird nicht allein von den Menschen seines Heimatlandes, wo seine feste und beharrliche Vertretung freier und liberaler Ideen die sozialen, politischen und wirtschaftlichen Verhältnisse dieser Menschen wesentlich verbessert hat, sondern auch von freiheitsliebenden Menschen überall in der Welt.» Die vom amerikanischen Gesandten in Berlin dem Auswärtigen Amt zugestellte Botschaft wurde von Bismarck mit der Begründung zurückgeschickt, daß ihre Beschreibung der Verdienste Laskers um sein Vaterland irrig sei.

Als der Reichstag am 7. März eröffnet wurde, protestierten Rickert, Hänel und Richter gegen Bismarcks Vorgehen, das seitens der Regierung von Boetticher verteidigt wurde. Es kam dabei zu so turbulenten Auseinandersetzungen, daß der Präsident schließlich die Sitzung vertagte. Am 13. März, einen Tag nach seiner Rückkehr aus Friedrichsruh, kam Bismarck im Reichstag auf die Angelegenheit zurück. Der Kanzler, dem anderthalb Flaschen Mosel die Zunge gelöst hatten,[47] attackierte den Toten, «der mir das Leben in dem Wenigen, was ich für Deutschland habe thun können, saurer gemacht hat, als irgend ein anderer». Zum Ärger der Liberalen reminiszierte er über die Jahre, «wo ja keine Regierungsvorlage angenommen werden konnte, wenn nicht der Stempel Lasker darauf gesetzt war». Lasker, behauptete er, habe 1878 das Scheitern seiner Verhandlungen mit Bennigsen verschuldet, die Partei gespalten und deren linken Flügel ins Lager der Fortschrittspartei geführt. Hänel verwies darauf, daß Lasker die Leistungen des Kanzlers stets anerkannt habe. «Prinzipiell war er mein Freund, tatsächlich mein Gegner; eins schloß das andere nicht aus», erwiderte Bismarck. «Er hat mich gelobt, aber bekämpft, und wenn mich einer unter den größten Lobeserhebungen auf der politischen Mensur über den Haufen sticht, so kann ich ihm natürlich

Eduard Lasker, 1884

nicht dankbar sein.»[48] Fünf Angehörige des preußischen Staatsministeriums wollten der Beerdigung Laskers beiwohnen, aber Bismarck sprach sich mit Entschiedenheit dagegen aus.[49]

Keine Handlung Bismarcks während seiner langen Laufbahn illustriert sein Bedürfnis nach universaler Unterordnung deutlicher als dieser zornige und ungerechtfertigte Angriff auf einen Toten, der die Verwegenheit besessen hatte, seinen eigenen Überzeugungen auch dann noch zu folgen, wenn sie denen des Schöpfers der deutschen Einheit entgegengesetzt waren. Gleichwohl hatte auch diese Attacke noch einen taktischen Zweck. Sie galt ja nicht nur dem Andenken Laskers, sondern dessen Gefährten in der Führung der linksliberalen Bewegung. Der Hauptzweck der Rede im Reichstag war die Ermutigung der gemäßigten Nationalliberalen um Bennigsen. Nachdem «die Forckenbeck, Stauffenberg und Co. offene Feinde geworden» seien, erklärte er Holstein, wolle er nun «die Bildung einer großen gemäßigten Mittelpartei nochmals versuchen».[50]

V

Überseeische Expansion

Während sich Bismarcks Gesundheit im Winter 1883–1884 besserte, konnte er zwei neue Aufgaben in Angriff nehmen: den Schutz des deutschen Überseehandels in der Ära des «neuen Imperialismus» und die Vollendung der ersten Stufe eines neuen Sozialversicherungssystems. Noch während er nach Wegen suchte, die Macht des Parlaments zu beschränken und Hindernisse zu errichten, die dessen Möglichkeiten zur Kontrolle der Exekutive verringern würden, startete er neue Initiativen, die entgegen seiner ursprünglichen Absicht nicht nur die exekutive Autorität im Reich stärkten, sondern dem Reichstag auch neue Angriffspunkte in den wichtigen Bereichen der Staatsfinanzen und der Außenpolitik boten. Diese Initiativen waren Akte staatlicher Intervention, die gegen die wirtschaftliche, soziale und politische Krise, in die Deutschland seit Ende der siebziger Jahre geraten war, Abhilfe schaffen sollten. Sie müssen als zwei Aspekte desselben Versuchs gesehen werden, ein breites Bündnis von Interessengruppen, vielleicht sogar einen allgemeinen Konsens zu schaffen, der die Ursachen der Unzufriedenheit bekämpfen und so den oppositionellen Bewegungen den Wind aus den Segeln nehmen würde. Früher hatte Bismarck aus diesem Grund Schutzzölle zugunsten der Landwirtschaft und Industrie eingeführt und Steuererleichterungen für Grundbesitzer durchsetzen wollen. Jetzt versuchte er, der überschüssigen Industrieproduktion Deutschlands auswärtige Märkte zu sichern und den Arbeitern in Fabriken und Bergwerken soziale Sicherheit durch Versicherungen gegen Unfälle, Krankheit und Altersarmut zu bieten.

Frühe Ansichten über Kolonien

Schon seit dem frühen 19. Jahrhundert hatten deutsche Forschungsreisende, Missionare, Geographen und Publizisten verschiedentlich aus kommerziellen oder patriotischen Beweggründen für den Erwerb deutscher Kolonien plädiert. In seinem Buch *Das nationale System der politischen Ökonomie* hatte Friedrich List 1841 geschrieben: «Die höchste Blüte der Manufakturkraft, des daraus erwachsenden innern und äußern Handels, einer bedeutenden Küsten- und Seeschiffahrt und großer Seefischereien, und endlich einer ansehnlichen Seemacht, sind die Kolonien.»[1] Während der folgenden Jahrzehnte schienen die Industrialisierung Deutschlands, die Suche nach neuen Märkten und Rohstoffquellen, die Ausweitung des Überseehandels und der Exodus deutscher Auswanderer nach Übersee

Lists Auffassung zu bestätigen. Schon in den sechziger Jahren verfügten hanseatische Handelshäuser und Aktiengesellschaften über prosperierende Investitionen in Afrika und der Südsee sowie Handelsverbindungen mit Japan und China, für welche sie Schutz und Rückhalt bei der deutschen Regierung suchten. Im Februar 1867 veröffentlichte die halbamtliche *Norddeutsche Allgemeine Zeitung* eine Serie von Artikeln, die sich für ein deutsches Kolonialreich aussprachen und als deren Verfasser oder Anreger Bismarcks Sekretär und Gehilfe Lothar Bucher vermutet wurde.[2]

Wenn Bucher daran mitgewirkt hat, so entsprachen seine Anschauungen nicht denjenigen der Bismarck-Regierung. In einem Brief an Roon schätzte Delbrück im Januar 1868 die Vorteile von Kolonien für die deutsche Industrie als zum großen Teil illusionär ein. Die Erfahrungen Großbritanniens und Frankreichs lehrten, daß der Gewinn meist den Aufwand nicht lohne. Es wäre schwierig, die ganze Nation zugunsten einzelner Handels- und Industriezweige zu besteuern. Die noch junge deutsche Marine sei Auseinandersetzungen mit denen anderer Kolonialmächte nicht gewachsen, und einer Armee von Militärdienstpflichtigen könne nicht zugemutet werden, in den Tropen zu dienen. Es sei das beste, dieses Feld dem privaten Unternehmertum zu überlassen, staatliche Interventionen seien fehl am Platz.[3] 1871 wies Bismarck die Unterstellung, er wolle Frankreich beim Friedensschluß Pondicherry oder Vietnam abverlangen, verächtlich zurück: «Ich will auch gar keine Kolonien. Die sind bloß für Versorgungsposten gut. In England sind sie jetzt nichts anderes, in Spanien auch nicht. Und für uns in Deutschland – diese Koloniegeschichte wäre für uns genauso wie der seidene Zobelpelz in polnischen Adelsfamilien, die keine Hemden haben».[4] 1873 berichtete Odo Russell, der Reichskanzler habe ihm erklärt, daß für Deutschland «Kolonien nur eine Schwächung bedeuten würden, da sie nur von mächtigen Flotten verteidigt werden könnten und Deutschlands geographische Lage seine Entwicklung zu einer Seemacht ersten Ranges nicht erforderlich mache ... Viele Kolonien seien ihm schon angeboten worden – er habe sie zurückgewiesen und wünsche nur Kohlenstationen, die durch Verträge mit anderen Nationen erworben werden könnten.»[5] Fast zwei Jahrzehnte lang ging beim Auswärtigen Amt ein ständiger Strom von Vorschlägen zu kolonialen Unternehmungen in verschiedenen Weltgegenden ein, der Fürst blieb davon unbeeindruckt. «Von Kolonien will der Reichskanzler nach wie vor nichts wissen», notierte Hohenlohe im Februar 1880. «Er sagt, wir haben keine genügende Flotte, um sie zu schützen, und unsere Bureaukratie ist nicht gewandt genug, um die Verwaltung solcher Länder zu leiten.»[6]

Die Schwierigkeiten mit dem Reichstag während der nächsten beiden Jahre vertieften nur Bismarcks Mißtrauen. Zwischen November 1881 und Februar 1882 empfahlen Louis Baare, einer der größten Industriellen Deutschlands, und dessen Schwager Adolf André, ein Kenner Chinas und des Chinahandels, der deutschen Regierung den Ankauf der Insel Formosa. Bismarcks Randbemerkungen zu ihrem Vorschlag verraten, was er davon hielt. «Zu Colonien gehört ein Mutterland, in dem das Nationalgefühl stärker ist als der Partei Geist. Mit *diesem* Reichstag ist es schon schwer genug dem Reiche zu erhalten was es hat, sogar das Heer im Inlande. So lange das Reich finanziell nicht consolidiert ist, dürfen wir an so schwere Unternehmen nicht denken – cf Samoa. Colonial-Verwaltung wäre nur Vergrößerung des parlamentarischen Exercierplatzes. Directe Colonien können wir nicht verwalten, nur Compagnien unterstützen. Dazu wäre aber auch ein *nationaler* Reichstag nöthig, mit anderen höheren Zwecken als der Regierung Schwierigkeiten zu machen und Reden zu halten.»[7]

Bismarcks Desinteresse entsprach jedoch damals schon nicht mehr der Meinung eines rasch anwachsenden Teils der deutschen Öffentlichkeit. Die eifrigsten und erfolgreichsten Propagandisten für den Erwerb deutscher Kolonien waren Ernst von Weber, Wilhelm Hübbe-Schleiden und Friedrich Fabri. In zahlreichen Büchern, Flugschriften, Artikeln und öffentlichen Vorträgen hämmerten sie der Öffentlichkeit ihre These ein, daß die verzweifelte Lage der deutschen Industrie und die Radikalisierung des städtischen Proletariats Kolonien erforderlich machten, um den Überschuß an Waren und Menschen abzuleiten. Weber war ein reicher sächsischer Gutsbesitzer, der vier Jahre in Südafrika zugebracht hatte, Hübbe-Schleiden ein ehemaliger Konsularbeamter, der drei Jahre lang eine Handelsstation in Äquatorialafrika geleitet hatte, Fabri Chef der *Rheinischen Mission*, der größten deutschen protestantischen Missionsgesellschaft, die eine Niederlassung in Südwestafrika hatte. «Wir leben im wahrsten Sinne des Worts auf einem Vulkan», schrieb Weber, «und es könnte leicht kommen, daß schon der hundertste Jahrestag der Französischen Revolution unser schönes Vaterland von einem Meer von Blut überschwemmt finden würde.» Kolonien würden die überschüssige Produktion der deutschen Fabriken absorbieren, überschüssigem Kapital Investitionsmöglichkeiten bieten und sozialer Unruhe als «Sicherheitsventil» (eine gängige Metapher in der einschlägigen Literatur) dienen. Sie würden Millionen von Auswanderern, die sonst die schon jetzt gefährliche Konkurrenz der Vereinigten Staaten von Amerika stärken würden, eine neue Heimat unter deutscher Flagge bieten. Kolonien seien mindestens genauso wichtig wie Schutzzölle, um die Früchte der «nationalen Arbeit» vor ausländischer Konkurrenz zu sichern. Im darwinistischen «Kampf ums Dasein» könne Deutschland nur überleben, wenn es in Übersee deutsche Staaten gründe und ein Kolonialreich erwerbe wie Großbritannien, Frankreich, Spanien, Belgien und die Niederlande.[8]

Neben die Verheißung wirtschaftlichen Wachstums stellten die Kolonialpropagandisten die Aufgabe kultureller Expansion und der Wiedererweckung des deutschen Nationalgeists. So erklärte etwa Hübbe-Schleiden: «Das letzte Ziel, meine Herren, das Endziel, auf welches all unsere hier vertretenen Bestrebungen hinauslaufen, ist kein geringeres als: unser deutsches Volk von einer binnenländischen Militärmacht zu einer Weltculturmacht zu erheben, ... aus einem zersplitterten, europäischen Stammesgewirre eine die Erde thatkräftig umspannende und in die Civilization der Menschheit neu-gestaltend eingreifende Nation zu machen.»[9] Wirtschaftliche und soziale, patriotische und nationale, humanistische und universale Motive vermischten sich mit Furcht, Hoffnung, Stolz und Habgier. Doch die Betonung liegt in der zeitgenössischen Literatur fast immer auf den patriotischen und nationalen Beweggründen. «Die Verbreitung der deutschen Nationalität in überseeischen kontinentalen Welten erscheint mir vom patriotischen Standpunkte aus wohl noch wichtiger», schreibt Max Weber in einer typischen Passage, als «die Erweiterung unseres Wirthschaftsgebietes». Das deutsche Volk müsse sich «für alle Zeiten» eine Stellung in der Welt sichern, die der von den angelsächsischen und slawisch-russischen Völkern gehaltenen gleich wäre.[10]

Die wachsende Anzahl der Interessenten fand Ausdruck in der Bildung von Interessenverbänden und Organisationen. Die erste derartige Vereinigung von einiger Bedeutung wurde 1868 von einer Gruppe von Nationalökonomen, Geographen und Forschungsreisenden gegründet und bezeichnete sich einigermaßen umständlich als *Central-Verein für Handels-Geographie und Förderung deutscher Interessen im Ausland.* Zwei Organisationen deutscher Geographen, die *Deutsch-Afrikanische Gesellschaft* und die *Deutsche Gesellschaft zur Erforschung Äquatorial-Afrikas,* wurden 1878 zur *Afrikanischen Gesellschaft in Deutschland* verschmolzen. Durch ihre Veröffentlichungen und Tagungen suchten der *Central-Verein* und die *Afrikanische Gesellschaft* Unternehmer, Politiker und Staatsbeamte auf das Potential des Überseehandels und der überseeischen Kolonien zur Lösung der wirtschaftlichen und sozialen Probleme Deutschlands hinzuweisen. Ortsgruppen des *Central-Vereins* gründeten sich in Barmen, Chemnitz, Freiburg, Jena, Kassel, Stuttgart und in anderen Städten. Vereine mit verwandter Zielsetzung gab es in München und Leipzig. Schon 1880 gehörten dem Verein einige prominente Industrielle, Bankiers und Staatsbeamte an, so Adolph Hansemann, Werner Siemens, Albrecht von Stosch und Heinrich von Kusserow. Dennoch vertrat der *Central-Verein* hauptsächlich norddeutsche Reedereiinteressen und mittlere und kleine Fertigwarenhersteller im Rheinland, in Süddeutschland, in Sachsen und Thüringen.

Eine andere Größenordnung besaßen der im Januar 1881 in Düsseldorf gebildete *Westdeutsche Verein für Kolonisation und Export,* dessen Gründer sechzig der prominentesten Vertreter der Großindustrie und des Großhandels Rheinland-Westfalens waren, sowie der Ende 1882 in Frankfurt gegründete *Deutsche Kolonialverein,* dessen Führungsgremium adelige Magnaten (Hermann Freiherr von Maltzan, Fürst Hermann zu Hohenlohe-Langenburg, Adolf Graf von Arnim-Boitzenburg), hohe Staatsbeamte (der preußische Landwirtschaftsminister Karl Friedenthal, Württembergs Ministerpräsident Friedrich Freiherr von Varnbüler und der Frankfurter Oberbürgermeister Johannes Miquel) sowie die in der Kolonialbewegung allgegenwärtigen Publizisten Fabri und Hübbe-Schleiden angehörten.

Der *Deutsche Kolonialverein* ließ den rivalisierenden *Central-Verein* schnell an Bedeutung hinter sich und wurde zur Dachorganisation für die zahlreichen Vereine und Gesellschaften, die während jener Jahre mit ähnlichen Zielsetzungen überall in Deutschland aus dem Boden schossen. 1884 hatte er bereits 43 Ortsgruppen und 9000 Mitglieder. Obwohl die Mitglieder in der Mehrzahl Besitzer kleiner und mittelgroßer Unternehmen waren, gehörten dem Verein auch die meisten deutschen Großindustriellen und Großbankiers an (Krupp, Haniel, Hoesch, Kirdorf, Baare, Hammacher, Röchling, Stumm, Schwartzkopff, Kardorff, Ujest, Ratibor, Plesse, Schaffgotsch, Donnersmarck, Oppenheim, Hansemann, Salomonsohn, Schwabach, Bleichröder, Mendelssohn und andere). Überdies gehörten der Gesellschaft als Körperschaften der *Centralverband deutscher Industrieller*, der *Verein deutscher Eisen- und Stahlindustrieller*, der *Verein deutscher Eisenhüttenleute*, dreiundzwanzig Handelskammern, fünfzehn Gewerbevereine und sechzehn Stadträte und Bürgermeister großer Gemeinden an. Auf der Mitgliederliste standen Namen prominenter Vertreter des Geisteslebens (Treitschke, Sybel, Ranke, Ratzel, Kirchoff, Schmoller, Adolph Wagner, Nasse, Wislicenius und Schliemann), Abgeordnete, Beamte und Minister (Kusserow, Lucius, Friedenthal, Hobrecht, Bennigsen, Varnbüler, Stolberg-Wernigerode, Arnim-Boitzenburg, Stöcker, Frankenberg-Tillowitz, Mirbach-Sorquitten). Allein nach seiner Mitgliedschaft zu urteilen, wuchs der *Deutsche Kolonialverein* schnell zu der imposantesten Interessenvertretung heran, die in Deutschland je auf die Beine gestellt worden war.[11]

Die Anschauungen der Kolonialisten blieben allerdings nicht unangefochten. Obwohl die Anhänger der Laissez-faire-Doktrin die Überzeugung teilten, daß Überproduktion die Ursache der wirtschaftlichen Probleme sei, die Deutschland und die gesamte kapitalistische Welt plagten, sahen sie die Lösung in niedrigeren Zöllen, Freihandel und privater Initiative. Dennoch räumten auch die Anhänger der Manchesterschule ein, daß die Werkzeuge und Methoden dessen, was man seitdem als «Laissez-faire-Expansionismus» oder *«informal empire»* bezeichnet hat, der normalen Expansion des Handels entgegenkam. Dazu gehörten Konsulate, Kohlen- und Flottenstationen, Kanonenboote, diplomatischer Druck auf einheimische Regierungen sowie Handelsabkommen, sei es um den Meistbegünstigungsstatus zu sichern, sei es zur Sicherung von Monopolen, welche deutsche Händler de facto bereits genossen. Die Freihändler lehnten lediglich die Etablierung deutscher Souveränität und direkter Herrschaft über fremde Länder ab. Autoren wie Friedrich Kapp und F. C. Philippson hielten die Aneignung von Kolonien für einen «Anachronismus», eine «Don Quichotterie ... verworrener, unklarer, nebelhafter, unhistorischer, romantischer» Köpfe. Männer mit dieser Überzeugung beherrschten noch den *Congreß deutscher Volkswirthe*, der auf seinem Jahrestreffen 1880 in Berlin die «so ungestüm in den Vordergrund der öffentlichen Debatte» getretene Kolonialfrage behandelte. Doch sie unterlagen auf dem *Deutschen Handelstag*, der auf seiner Jahresversammlung 1885 die neue Kolonialpolitik der Regierung billigte.[12]

Bismarcks Bekehrung zum Kolonialismus

Bismarcks Hinwendung zum Kolonialismus während der Jahre 1883 und 1884 ist als Wirkung der Agitation in der Öffentlichkeit und des Drucks von Interessengruppen der Wirtschaft allein nicht zu erklären.[13] Er scheute sich nie, der öffentlichen Meinung und privatem Druck zu widerstehen, wenn er das für erforderlich hielt, zumal in außenpolitischen Angelegenheiten.[14] Letztlich verschaffte ihm die öffentliche Agitation für Kolonien – wie in den sechziger Jahren diejenige für die deutsche Einheit – nur die Rechtfertigung von Entscheidungen, die er aus ganz anderen Gründen getroffen hatte. Auch eine «Verschwörungstheorie» taugt nicht zur Erklärung seines plötzlich erwachten Interesses an Kolonien und Überseehandel. Gewiß, es bestanden familiäre Bande zwischen den Godeffroys und Bernhard von Bülow, der bis zu seinem Tod im Oktober 1879 Staatssekretär im Auswärtigen Amt gewesen war, sowie zwischen Adolph von Hansemann, dem Chef der *Disconto-Gesellschaft,* und Heinrich von Kusserow, dem leitenden Beamten für Handelsangelegenheiten im Auswärtigen Amt. Und es gab Geschäftsverbindungen zwischen Gustav Godeffroy, Adolph von Hansemann, Gerson Bleichröder und anderen.[15] Daß diese Geschäftsleute versuchten, sich ihrer Verbindungen zur Beeinflussung der Regierung zu bedienen, war nur natürlich. Ob es ihnen jedoch gelang, Bismarck zu beeinflussen, ist damit noch lange nicht gesagt.

Wie beim Entwurf der Verfassung und der Sozialversicherungsvorlagen nahm Bismarck von Personen, die er um Rat anging, nur an, was er für seine Zwecke brauchen konnte. Auf keinem Gebiet reagierte er auf Versuche, ihn zu beeinflussen, empfindlicher und mißtrauischer als auf dem der Außenpolitik. Von den drei Unternehmern, deren Interessen er zu Anfang unterstützte – Godeffroy, Woermann und Lüderitz –, war keiner sehr reich. Sie waren ihm auch nicht persönlich bekannt, als er sich zuerst für ihre Anliegen einsetzte. Er konferierte mit interessierten Geschäftsleuten, weil er der Überzeugung war, daß wirtschaftspolitische Entscheidungen besser nach Beratungen mit «Männern der Praxis» als allein Berufsbeamten und Berufspolitikern getroffen werden sollten. Als ein Referent des Auswärtigen Amts an einem Hamburger Afrikakaufmann kritisierte, daß dieser vorgebe, «im Interesse des Vaterlandes» zu handeln, tatsächlich aber seine persönlichen Interessen verfolge, wandte Bismarck ein: «Egoistisch sind alle kaufmännischen Geschäfte ihrer Natur nach», jedoch sei des Hamburgers Vorteil «doch auch ein vaterländischer und ein Bruchteil der nationalen Interessen».[16]

Es ist recht überzeugend argumentiert worden, daß der «neue Imperialismus» der achtziger Jahre nur die natürliche Erweiterung des «Laissez-faire-Expansionismus» gewesen sei.[17] Seit 1862 hatte die Bismarck-Regierung, wie schon ihre Vorgängerinnen, das Wachstum sowohl des Außen- wie des Binnenhandels gefördert. Die Laissez-faire-Doktrin schrieb keineswegs den völligen Verzicht staatlicher Unterstützung der Wirtschaft vor, weder auf dem Binnenmarkt noch im Außenhandel. Die umfangreiche Wirtschaftsgesetzgebung nach 1867 sollte günstigere Bedingungen für Privatunternehmer schaffen. Gleiches galt im internationalen Rahmen für den Abschluß von Handelsverträgen, die Einrichtung von Konsulaten und Flottenstationen (Yokohama 1867, Samoa 1879) sowie regelmäßige Patrouillenfahrten deutscher Kriegsschiffe im Südatlantik und im Stillen Ozean von China bis in die Südsee. Bismarck Wunsch, das Handelsimperium der Godeffroys auf Samoa zu retten, war dann 1880 nur eine logische Konsequenz dieser Politik: der Versuch, ein Unternehmen zu erhalten, von dessen Fortbestand die überlegene Stellung des deutschen Handels in Polynesien abhing.[18]

Als Ende 1882 der kurze Aufschwung von Industrie und Finanzwesen jäh abbrach und gleichzeitig die Getreidepreise fielen, wurden vielerorts Zweifel wach, ob die Praxis des Laissez-faire-Expansionismus den gegenwärtigen Verhältnissen noch angemessen sei. Die Krise verschärfte den Wettbewerb um sichere Märkte, und überall bemühten sich die Regierungen verstärkt um die Erhaltung des Außenhandels. Protektionismus zu Hause und Kolonialismus in der Fremde schienen diesem Zweck am besten zu dienen. Die älteren Kolonialmächte erhoben Anspruch auf neue Territorien und arrondierten ihre überseeischen Besitzungen; die «offenen Türen» in Afrika und im Stillen Ozean begannen sich zu schließen. Es stand zu befürchten, daß deutsche Exporteure nicht nur von Märkten ausgeschlossen werden könnten, auf denen sie bisher erfolgreich konkurriert hatten, sondern auch von den riesigen neuen Märkten, die, wie man allgemein glaubte, im Inneren Asiens und Afrikas auf ihre Erschließung warteten. Wenn Deutschland sein Indien haben wollte, dann war jetzt die Zeit gekommen, es zu erwerben. So breitete sich in Deutschland eine Stimmung aus, die man treffend als Torschlußpanik beschrieben hat. Als sich während der Jahre 1883–1884 die Depression verstärkte, drang die Furcht, zu spät zu kommen, auch ins Auswärtige Amt und in die Reichskanzlei ein. Selbst Bismarck war nicht dagegen immun.[19]

Besorgnis über den Zustand der deutschen Wirtschaft und die soziale Stabilität, die Suche nach sicheren und wachsenden Märkten sowie die Dynamik der europäischen und Weltpolitik in den Jahren 1883–1884 waren die Hauptursachen, die Bismarck zu einer Abkehr von seiner bisherigen Kolonialpolitik bestimmten. Doch das waren nicht die einzigen Gründe. Kolonialismus bot ihm eine weitere Möglichkeit zur Erweiterung der Basis von Interessengruppen, auf welcher das preußisch-deutsche Establishment ruhte. Der Übergang von der freihändlerischen Politik zum Protektionismus hatte Kaufleute verbittert, für die ein maximaler Warenaustausch nicht nur eine Frage der ökonomischen Doktrin, sondern auch ihres eigenen finanziellen Überlebens war. Als Bismarck 1883–1884 Hamburg und Bremen zwang, dem Zollverein beizutreten, versetzte er wichtigen Handelsinteressen einen weiteren schweren Schlag. Mit der Entscheidung für den Erwerb von Kolonien konnte die Regierung in einem Wahljahr hoffen, mehrere einflußreiche Interessengruppen für sich zu gewinnen: Industrielle, die sich davon Absatzmärkte versprachen, Kaufleute, die den Warenaustausch steigern wollten, die Hansestädte, die vom Seehandel abhängig waren, und Patrioten, die Deutschlands Aufstieg zur «Weltmacht» mit nationalem Stolz erfüllte. Die Entscheidung eröffnete dem von oppositionellen Mehrheiten in zwei Parlamenten in die Enge getriebenen Kanzler auch die Möglichkeit zu beweisen, daß der Staat unter seiner Führung noch immer zu großen Taten für Kapital und Arbeit imstande sei.

Dennoch hätte Bismarck sich am Wettlauf um Kolonien nie beteiligt, wenn die internationale Lage während der Jahre 1883–1884 deren Erwerb nicht gestattet hätte, ohne die auswärtigen Beziehungen des Deutschen Reichs ernstlich zu beschädigen. Zu keiner anderen Zeit während seiner Jahre an der Macht schien die politische Lage in Europa koloniale Unternehmungen so deutlich zu begünstigen wie damals. Jede der europäischen Großmächte war damals an Deutschlands Freundschaft interessiert. Österreich war im Zweibund mit Deutschland verbunden, Rußland im Dreikaiserbund. Interessenkonflikte auf zwei Erdteilen trennten Rußland und England, was den Wunsch beider nach deutscher Unterstützung nur vermehrte. Unter der Regierung von Jules Ferry hatte sich auch Frankreich vom Rhein abgewandt und auf die Suche nach weiteren Kolonien begeben, die es bald in Suez und Nordafrika in Streitigkeiten mit England verwickelte. Seit 1881 hatte London Deutschland für die passive Unterstützung seiner Politik in Ägypten zu danken, keine überzeugende Position, um deutsche Ambitionen anderswo in Afrika zu blockieren.[20] Einstweilen war es möglich, an dem diplomatischen Ringen um überseeische Territorien und Einflußsphären teilzunehmen, ohne Deutschlands Stellung in Europa zu gefährden. Die Tore zu einem Kolonialreich standen offen, und was hinter ihnen lag, war verführerisch.

Im kolonialen Sumpf

Bismarcks Entscheidung zur deutschen Beteiligung am «neuen Imperialismus» reifte zwischen August 1883 und April 1884, während der Verjüngungskur, die ihm sein neuer Arzt Schweninger angedeihen ließ. Im August 1883 hatte er keinen Grund mehr, seinen baldigen Krebstod zu befürchten. Nach acht Monaten Erholung in Kissingen, Gastein und Friedrichsruh kehrte er im März 1884 erfrischt und gestärkt nach Berlin zurück. Eine Besserung seines Verhältnisses zum Kronprinzen gab ihm überdies die Hoffnung, lange genug am Ruder zu bleiben, um das Staatsschiff noch außenpolitisch auf einen neuen Kurs bringen zu können. Zweifellos reizten ihn die möglichen Vorteile des Kolonialismus: die Aussicht auf Wohlstand und soziale Stabilität, die Dankbarkeit bedeutender Interessengruppen in Handel und Industrie, neue Nahrung für den deutschen Nationalstolz und mithin eine Gelegenheit, die wankende Stellung der Regierung bei den nächsten Wahlen zu befestigen. Doch der Meister der Realpolitik wußte andererseits schon seit langem, warum Kolonien eigentlich die Mühe nicht lohnten: wegen der hohen Verwaltungskosten, des vergleichsweise geringen Nutzens für die Volkswirtschaft, der Zerstreuung der Land- und Seestreitkräfte und wegen der Gefahr, daß sie die Regierung erneut vom Reichstag abhängig machen würden. Wenn er seine Zweifel unterdrückte, so wohl nicht nur aus Torschlußpanik, sondern weil er glaubte, einen Weg finden zu können, die Vorteile des Kolonialbesitzes zu genießen, ohne ihre Nachteile erdulden zu müssen. Dies war die Fata Morgana – wie sich zeigen sollte –, die ihn Schritt für Schritt immer tiefer in den Sumpf des Kolonialismus hineinlockte, wo er dann in einer Politik steckenblieb, deren negative Konsequenzen er zwar vorausgesehen hatte, nun aber nicht mehr abwenden konnte. Dies war eine der wenigen Gelegenheiten, bei der sich Bismarck in seiner Außenpolitik von einem «Primat der Innenpolitik» bestimmen ließ, und er sollte Anlaß erhalten, das zu bereuen.

Von März bis Juli 1883 beobachteten Beamte des Auswärtigen Amts mit wachsender Sorge die Aktivitäten anderer Mächte in Gebieten, wo deutsche Kaufleute Niederlassungen gegründet hatten. Von Adolf Woermann, dem Chef einer im Westafrikahandel tätigen Firma, sowie der Hamburger Handelskammer, sonst eine Hochburg des Freihandels, gingen dem Außenministerium Warnungen zu, wonach die Briten Interesse an Kamerun bekundeten; sogar die Spanier und Portugiesen schienen bereit, sich an der Jagd auf bislang unbeanspruchte Territorien zu beteiligen. Hamburger Kaufleute verlangten den Erwerb von strategisch gelegenen Inseln und Häfen, die Stationierung von Konsulaten sowie die Entsendung von Kriegsschiffen zum Schutz der Küsten.[21] Im März wurde der Text einer im Juni 1882 ausgehandelten britisch-französischen Konvention veröffentlicht, in der die Rechte der beiden Mächte an der westafrikanischen Küste gegeneinander abgegrenzt waren. Kusserow interpretierte dieses etwas zweideutige Dokument für Bismarck in einem bedrohlicheren Sinne, als sein Inhalt rechtfertigte.[22] Im April 1883 versuchte die australische Kolonie Queensland das östliche Neuguinea zu annektieren, wo deutsche Kaufleute Interessen hatten, doch das Unternehmen wurde von Gladstones Regierung nicht gebilligt. Die Konsequenzen erfolgreicher Annexion wurden der deutschen Regierung aber noch im gleichen Monat bewußt gemacht, als London sich nach langen Verhandlungen wiederholt weigerte, die Ansprüche deutscher Kaufleute auf enteigneten Besitz nach der britischen Annexion der Fidschi-Inseln im Jahre 1874 anzuerkennen.[23]

Die Wirkung dieser Vorgänge auf Bismarck ist an seiner veränderten Reaktion auf die Hilfegesuche eines anderen hanseatischen Kaufmanns abzulesen. Im November 1882 unterrichtete der Bremer Tabakimporteur Adolf Lüderitz das Auswärtige Amt von seiner Absicht, an der südwestafrikanischen Küste eine Handelsniederlassung zu gründen, und bat um konsularischen Schutz sowie den gelegentlichen Besuch eines deutschen Kriegsschiffs.[24] Aber Bismarck wandte sich nach London, wo er im Februar 1883 durch seinen Sohn Herbert anregte, daß «eventuell England deutschen Ansiedlern in jenen Gegenden seinen wirksamen Schutz angedeihen lassen wollte»; er setzte hinzu, daß Deutschland ihnen andernfalls den gleichen Schutz gewähren würde, den es seinen Untertanen in anderen entlegenen Weltteilen gewährte – wobei ihm «wie früher alle überseeischen Projekte und insbesondere jede Einmischung in vorhandene britische Interessen in Süd-Afrika fern lägen».[25]

Zu jener Zeit wäre es Bismarck tatsächlich lieber gewesen, wenn die Briten die Kosten für die Aufrechterhaltung von Recht und Ordnung in jenem Gebiet übernommen hätten. Im August jedoch hatte sich seine Einstellung geändert. In diesem Monat erschien Lüderitz in der Wilhelmstraße mit der Information, daß er einem Hottentottenhäuptling das Gebiet an der Bucht Angra Pequena abgekauft habe, ihm sein Besitzanspruch aber von einem im selben Gebiet tätigen britischen

Händler bestritten werde. Da die Demarche vom Februar nicht beantwortet worden war, ordnete Bismarck eine vorsichtige Erkundigung an, ob Großbritannien Anspruch auf die Südwestküste Afrikas erhebe und wenn ja, mit welcher Begründung. Inzwischen war nicht mehr die Rede davon, daß Deutschland britischen Schutz für deutsche Händler begrüßen würde. Statt dessen befahl der Kanzler dem deutschen Konsul in Kapstadt, Unterstützung und Schutz der deutschen Ansiedlung der Lüderitz-Besitzung zu übernehmen, und ließ die amtliche Presse wissen, daß die Bremer Firma auf den Schutz der deutschen Regierung rechnen könne, solange ihr Unternehmen nicht die Rechte von Ausländern beeinträchtige.[26]

Bismarcks Politik hatte sich geändert. Anstatt die Ausdehnung der britischen Souveränität auf das Gebiet von Angra Pequena und Umgebung vorzuschlagen, wollte er nunmehr die Londoner Regierung zu dem Eingeständnis veranlassen, daß Großbritannien auf die fraglichen Gebiete keinen Anspruch habe. Tatsächlich hatten in London weder das Außenministerium noch das Kolonialamt Pläne für die öde Gegend an der kleinen Bucht, doch die Kapkolonie bewog die britische Regierung, nach langem Zögern, zu der Antwort, daß zwar die «Souveränität der Königin» bisher nur über die Walfischbai und die vor Angra Pequena gelegenen Inseln hergestellt sei, die britische Regierung jedoch «jeden Anspruch auf Souveränität oder Jurisdiktion seitens einer fremden Macht» über den Rest der Küste zwischen Angola und der Kapkolonie als «Verletzung ihrer legitimen Rechte» ansehen werde. Diese unsinnige Antwort verärgerte Bismarck, und am 27. Dezember wies er den deutschen Botschafter Münster an, in London darauf hinzuweisen, daß sie im Widerspruch zu früheren britischen Erklärungen stünde; Münster solle sich erkundigen, auf welchem Titel der Anspruch gründe und welche Schritte Großbritannien unternommen habe, diesen wirksam zu machen.[27]

Die Anfrage blieb über ein Jahr lang unbeantwortet. Granville delegierte die Angelegenheit an den Kolonialminister Lord Derby, dessen Amt zu seiner Verlegenheit feststellte, daß Großbritannien in der Tat für den erhobenen Anspruch keinen Rechtstitel hatte. Die Kapkolonie drängte auf Annexion, ohne die damit verbundenen Kosten übernehmen zu wollen. So ließ Derby die Sache treiben. Mit der Zeit schöpfte Bismarck Verdacht, daß die Briten, während sie ihn auf Antwort warten ließen, die Annexion des Gebiets vorbereiteten.[28] Ende Februar unterzeichneten England und Portugal zur Bestürzung Europas einen Vertrag, der Portugal die Souveränität über die Kongomündung zusprach. Da Portugal als britischer Klientelstaat galt, schien der Vertrag die baldige Ausdehnung des britischen Einflusses kongoaufwärts nach Zentralafrika anzukündigen. Am 12. März kehrte Bismarck nach Berlin in der Überzeugung zurück, daß Großbritannien eine Ausweitung seines Kolonialreichs beabsichtige, von der die Interessen von etwa fünfzehn deutschen Firmen mit sechzig Faktoreien an der Westküste Afrikas betroffen sein würden.[29]

Dieser Verdacht machte Bismarck für neuerliche Vorstellungen von seiten Lüderitz' empfänglich, der von Kusserow unterstützt wurde. Ende Februar 1884 kehrte Lüderitz aus Afrika mit Dokumenten zurück, die seinen Anspruch auf das

Gebiet von Angra Pequena bestätigten; am 21. März legte er diese Schriftstücke dem Auswärtigen Amt vor und bat erneut um den Schutz des Deutschen Reichs. Kusserow, ein unermüdlicher Verfasser von Denkschriften und glühender Patriot, dessen Phantasie von dem Gedanken an ein deutsches Imperium in Übersee beflügelt wurde, fand in diesem kritischen Augenblick die Formel, welche seinem Chef die Chance bot, so schien es, Kolonialpolitik zu betreiben, ohne Kolonien zu erwerben. In einem Memorandum schlug er am 8. April 1884 vor, das Reich Verträge mit eingeborenen Häuptlingen aushandeln zu lassen, in denen diesen ihre Unabhängigkeit gegenüber anderen Mächten garantiert würde. Lüderitz sollte einen kaiserlichen Schutzbrief erhalten, nach dem Muster des *royal charter*, das erst kürzlich von der britischen Regierung einer Gesellschaft, die Nordborneo in Besitz genommen hatte, erteilt worden war. Der Schutzbrief würde Lüderitz' Gesellschaft bevollmächtigen, das Gebiet von Angra Pequena zu regieren (von außenpolitischen Belangen abgesehen) und auszubeuten. Die Kosten für das Reich würden gering sein, es wäre nur ein Konsul zu ernennen und ein Kriegsschiff zu stationieren.[30] Kusserows sorgfältig berechnetes Memorandum überwand Bismarcks Skepsis. Jahre später, als diese Maßnahmen keineswegs ausreichten, klagte Bismarck: «Von Kusserow hat mich in den Kolonialtaumel hineingebracht.»[31]

Angetrieben von weiteren Warnungen, daß die britische Annexion unmittelbar bevorstehe, beschloß Bismarck zu handeln. Am 19. April 1884 ließ er Lüderitz kommen, sagte ihm den Schutz des Deutschen Reichs zu und forderte ihn auf, ihm seine Pläne für das Territorium vorzulegen.[32] Zwei Tage später erlangte der Kanzler die Einwilligung des Kaisers zu allen notwendigen Maßnahmen. Am 22. April legte der offensichtlich von Kusserow gut präparierte Lüderitz eine Denkschrift vor, in welcher er um «Reichsschutz» bat – das erste Dokument, das sich dieses Begriffs bediente. Keine «Reichskolonie» sollte entstehen, sondern ein «Reichsschutzgebiet», dessen Finanzierung und Verwaltung von der Lüderitzschen Gesellschaft übernommen werden würde. Die Gewährung des Reichsschutzes sollte in Kapstadt vom dortigen deutschen Konsul offiziell bekanntgemacht sowie durch häufige Besuche deutscher Kriegsschiffe in der Bucht demonstriert werden. Verträge mit eingeborenen Herrschern sollten außerdem die deutschen Ansprüche bestätigen.[33] Am 24. April – später als Geburtstag des deutschen Kolonialreichs gefeiert – telegraphierte Bismarck an den deutschen Konsul in Kapstadt und an den Grafen Münster in London, daß Lüderitz für seine Geschäfte und Besitzungen auf den Schutz des Deutschen Reiches Anspruch habe.[34] Die Botschaft war mit Bedacht kryptisch formuliert, denn sie verbarg die Wichtigkeit des Vorgangs, während sie andererseits dem Kanzler später erlauben würde zu behaupten, die betroffenen Parteien in Kapstadt und London seien rechtzeitig unterrichtet worden.

Was Bismarck für Lüderitz tat, wollte er auch für Woermann und andere deutsche Kaufleute in ähnlicher Lage tun. Vom Auswärtigen Amt ermutigt, erwarben Woermann und dessen Gesellschafter Ende 1883 Rechte auf ausgedehnte Territorien in Kamerun. Am 19. Mai 1884 wurde an Bord des deutschen Kreuzers *Möwe* ein «Reichskommissar» (der Afrikaforscher und deutsche Generalkonsul in Tunis, Gustav Nachtigal, damals in Lissabon in Wartestellung) nach Togo, Kamerun und Angra Pequena entsandt. Er hatte den Auftrag, Freundschafts-, Handels- und Schutzverträge mit eingeborenen Herrschern abzuschließen und bereits von den hanseatischen Kaufleuten getroffene Abkommen zu bestätigen. Auch jetzt noch vermied Bismarck die Gründung von «Reichskolonien», doch Nachtigals Instruktionen sprachen nicht mehr nur von der Gewährung eines «Reichsschutzes», sondern von «Oberhoheit», «Besitzergreifung», «Schutzherrschaft» und «Protektorat».[35] Am 5. Juli hißte Nachtigal die deutsche Flagge in Togo, am 14. Juli in Kamerun, fünf Tage vor der Ankunft des britischen Konsuls Hewett in der gleichen Mission. Während Nachtigal und Hewett um die Anerkennung ihrer Ansprüche durch die eingeborenen Häuptlinge konkurrierten, dampften die deutschen Korvetten *Leipzig* und *Elisabeth* nach Angra Pequena, wo die deutsche Flagge am 7. August gehißt wurde. Als Nachtigal am 7. Oktober auch dort eintraf, hatten Lüderitz und dessen Agenten bereits mehrere Bitten um den Schutz des Deutschen Reichs bei eingeborenen Herrschern eingeholt.[36] Das Telegramm, das dann meldete, daß Deutschland in Westafrika ein großes «Schutzgebiet» errichtet habe, schlug in der Heimat ein «wie ein elektrischer Schlag».[37] Die Agitatoren, die fünf Jahre lang so eifrig das «Kolonialfieber» verbreitet hatten, waren erstaunt darüber, daß sich endlich auch die deutsche Regierung infiziert hatte. Die Patrioten bejubelten die neue Demonstration deutscher Macht. Anderthalb Jahrzehnte nach der Reichsgründung schien die Nation eine neue Mission fern von den Küsten Europas gefunden zu haben.

Die deutsch-französische Entente

Es versteht sich, daß dieser unerwartete Tatendrang der Deutschen die Briten befremdete. Ihr Botschafter in Berlin, Lord Ampthill (Odo Russell), hatte Granville wiederholt versichert, daß Bismarck entschieden gegen koloniale Abenteuer sei. Auch der deutsche Botschafter in London, Graf Münster, wußte es nicht besser, denn Bismarck hatte ihn in seine Pläne nicht eingeweiht. Die Briten hielten den deutschen Kanzler für klug, aber nicht für hinterlistig; so übersahen sie mehrere Hinweise, die sie hätten warnen können. Bis zum Sommer 1884 waren sie noch der Meinung, ihm mit der Annexion des Gebiets von Angra Pequena einen Gefallen zu tun. Erst als in der dritten Juniwoche Herbert von Bismarck in London eintraf, um für einige Zeit den verdutzten Münster abzulösen, erfuhren die Briten, was der Kanzler inzwischen wirklich wollte. Doch selbst dann ahnten sie noch nichts von den Überraschungen, die im nächsten Monat auf sie zukommen sollten. Man hatte Ampthill zu verstehen gegeben, daß Nachtigal als Reichskommissar an der westafrikanischen Küste nur Erkundigungen einziehen sollte, und die Kolonialbehörden waren aus London angewiesen worden, ihm dabei behilflich zu sein. Der zu spät gekommene Hewett hatte französischen, nicht deutschen Erwerbungen in Westafrika zuvorkommen sollen. Daß Nachtigal dann die deutsche Flagge hißte, verblüffte den Konsul ebenso wie seine Vorgesetzten in London.[38]

Die Briten hatten an den Gebieten, die 1884 unter deutsche Schutzherrschaft gestellt wurden, kein wesentliches Interesse, und so wäre es das Klügste gewesen, großzügig auf Ansprüche zu verzichten und Deutschland als kolonialen Nachbarn sowie als potentiellen Verbündeten gegen Frankreich im imperialistischen Spiel willkommen zu heißen. Tatsächlich erkannten Granville und seine Kollegen das deutsche Protektorat über Angra Pequena bereitwillig an. Doch unter Granville und Derby war die Koordination zwischen Außen- und Kolonialamt nicht die beste, und bald wurden sie mit Beschwerden der Kapkolonie, von Händlern, Missionaren und probritischen Häuptlingen, die unter deutscher Herrschaft um ihre Rechte fürchteten, eingedeckt. Der Begriff eines «Schutzgebiets» war neu und ließ hinsichtlich der deutschen Absichten viele Fragen offen. Grenzen mußten gezogen werden, und in der weiten und unübersichtlichen Gegend bot das allein schon reichlich Stoff für Mißverständnisse und Konflikte. Das Ergebnis war, daß das Gladstone-Kabinett keineswegs das Klügste tat, sondern Bismarck und die deutsche Öffentlichkeit mit allerlei Hindernissen und kleinlichen Bedenken (wie der Forderung, daß in Angra Pequena keine Strafkolonie angelegt werden dürfe) als Preis für ihre Einwilligung in die deutsche Präsenz in Afrika verstimmte.[39]

Die Beziehungen zwischen London und Berlin verschlechterten sich weiter, als die Briten entdeckten, daß die Deutschen mit der Errichtung der Protektorate über Togo, Kamerun und Angra Pequena noch nicht am Ziel ihrer überseeischen Wünsche angelangt waren. Von seinem Erfolg an der Südwestküste ermutigt, sandte Lüderitz einen Agenten aus, der Teile des Zululands für ihn erwerben und Anspruch auf die Santa Lucia-Bucht an der Ostküste erheben sollte; ihm schwebte ein deutsch beherrschtes Gebiet vor, das sich durch Betschuanaland und Transvaal vom Atlantischen bis zum Indischen Ozean erstrecken würde.[40] Die von Lüderitz und Woermann erzielten Erfolge reizten während des Winters 1884–1885 andere hanseatische Firmen, ähnliche Projekte in Angriff zu nehmen, an der Guinea-Küste westlich der Nigermündung, nördlich von Sierra Leone an der Mündung des Dubréka-Flusses, an der Sangareah-Bucht auf dem Gebiet französisch Senegambiens sowie an der Ostküste des Kontinents bei Witu in Kenia. Für Bismarck waren diese zerstreuten Ansprüche nützliche Pfänder, die er bei zukünftigen Verhandlungen mit England und Frankreich gegen wichtigere Stücke des afrikanischen Mosaiks würde eintauschen können.[41]

Ein derartiges Stück war das in Ostafrika gegenüber dem Sultanat von Sansibar auf dem Festland errichtete Protektorat. Der Wettstreit um Kolonien gab hanseatischen Firmen, die schon lange Niederlassungen auf der Insel Sansibar unterhielten, Anlaß zu Befürchtungen, daß ihnen nach der Annexion der Küste durch eine andere europäische Macht der Zugang zum Festland und ins Innere des Kontinents verweigert werden könnte. Im September 1884 entsprach Bismarck ihren Bitten um Schutz insoweit, als er den neu ernannten Generalkonsul in Sansibar, den Afrikareisenden Gerhard Rohlfs, beauftragte, einen neuen Handelsvertrag mit dem Sultan von Sansibar abzuschließen, der den freien Transit deutscher Waren garantieren würde. Doch der amtliche Vertreter des Deutschen Reichs wurde schon bald von einem anderen Mann übertrumpft. Dr. Carl Peters, ein Lauenburger Pastorensohn und damals noch keine dreißig Jahre alt, hatte im März 1884 die *Gesellschaft für deutsche Kolonisation* gegründet, um eine Expedition nach Afrika zu finanzieren. Seine Karriere zeigt besser als alles andere, daß die Antriebskräfte des «neuen Imperialismus» keineswegs nur rein wirtschaftlicher Natur waren. Ein Mann mit einem erdrückenden Ego und einem pathologischen Machthunger, vertrat Peters eine imperialistische Ideologie, in der sich deutscher Nationalismus und Sozialdarwinismus zu einer kruden Mixtur vermischten. Seine engsten Partner waren Felix Graf Behr, ein reicher Gutsbesitzer, und Friedrich Lange, ein Zeitungsredakteur. Peters' Gesellschaft brachte wirklich bald einiges Kapital zusammen, tat sich aber schwer mit der Entscheidung über dessen Verwendung. Seine quichottesken Pläne zur Errichtung deutscher Kolonien in Teilen Westafrikas, die bereits von den Briten beansprucht wurden, blieben ohne Unterstützung im Auswärtigen Amt.

Entschlossen, seinen Namen in die deutsche und die Weltgeschichte einzuschreiben, machte sich Peters schließlich im September 1884 mit zwei Gefährten, ohne den Segen des Auswärtigen Amts, auf den Weg nach Sansibar. Hier ließ man ihn wissen, daß er keinen Anspruch auf Reichsschutz habe. Er setzte gleichwohl unbeeindruckt mit seinen Gefährten auf das Festland über, und in weniger als einem Monat, vom 23. November bis zum 17. Dezember 1884, schloß er mit zwölf Häuptlingen – meist nur Dorfobere, die er jedoch als «Sultane» ausgab – Abtretungsverträge ab. Für kleine Geschenke und unbestimmte Versprechungen wurde so der *Gesellschaft für deutsche Kolonisation* ein Gebiet von 140 000 Quadratkilometern überlassen. Nach Berlin zurückgekehrt, erbat Peters am 5. Februar 1885 Reichsschutz für das «letzte afrikanische Paradies», das er auf die Dimensionen eines deutschen Indien ausdehnen wollte. Diesmal wurde ihm der Reichsschutz gewährt. «Der Erwerb von Land ist in Ostafrika sehr leicht», mokierte sich Bismarck. «Für ein paar Flinten besorgt man sich ein Papier mit einigen Negerkreuzen.» Zweifellos handelte Bismarck diesmal nicht auf Druck kommerzieller Interessen, sondern in der Absicht, Deutschland den Zugang nach Innerafrika offenzuhalten, wo er und seine Mitarbeiter im Auswärtigen Amt einen gewaltigen potentiellen Absatzmarkt für deutsche Erzeugnisse vermuteten.[42]

Afrika war nicht die einzige Weltgegend, über welcher im Jahre 1884 der deutsche Adler seine Schwingen ausbreitete. Die Nachrichten aus Afrika bewogen das Gladstone-Kabinett schließlich, den zahlreichen Appellen aus Australien nachzugeben, die auf die Annexion des Ostteils von Neuguinea drängten. Deutsche Firmen, die in der Region tätig waren, ersuchten die Wilhelmstraße, diesem Schritt zuvorzukommen. Unter diesen war Godeffroys *Deutsche Handels- und Plantagen-*

Gesellschaft der Südsee, die 1880 von einer Gruppe Berliner Bankiers unter Führung von Adolph Hansemann und Gerson von Bleichröder trotz des Widerwillens des Reichstags, deren Dividenden «im nationalen Interesse» zu garantieren, vor dem Bankrott bewahrt worden war. Von Kusserow über den Wandel der Regierungspolitik in Afrika eingehend unterrichtet, bildeten die beiden Bankiers ein Neuguinea-Konsortium, das im Juni 1884 eine geheime Expedition mit dem Auftrag aussandte, Nachtigals Taten auf der anderen Seite des Globus, in Neuguinea, auf dem nahegelegenen Neu-Britannien sowie auf den Salomon-Inseln zu wiederholen. Nachdem er aus London offiziell von der Absicht Großbritanniens, das östliche Neuguinea zu annektieren, unterrichtet worden war, gab Bismarck Hansemann und Bleichröder geheim die amtliche Zustimmung für ihr Unternehmen.[43] Als ihm der Erfolg der Expedition gemeldet wurde, unterrichtete er am 23. Dezember durch einen Zirkularerlaß die europäischen Mächte über die Errichtung eines neuen deutschen Schutzgebiets im Stillen Ozean.[44] In London waren abermals die Überraschung und die Entrüstung groß. Wie Joseph Chamberlain es ausdrückte: «Neuguinea interessiert mich nicht und vor deutscher Kolonisation habe ich keine Angst, aber Frechheiten lasse ich mir weder von Bismarck noch von sonstwem gerne gefallen.»[45]

Auf die Auseinandersetzung mit England, die er schon seit Monaten kommen sah, hatte Bismarck sich bereits vorbereitet. Seine Technik war die vertraute: «den Lord Granville vor die Alternative zu stellen, sich durch eine mindestens gerechte, wenn auch vielleicht nicht wohlwollende Haltung gegenüber unseren überseeischen Interessen unsere politische Unterstützung zu sichern oder zu sehen, daß wir die Förderung unserer Interessen in dem Zusammenhang mit anderen Mächten suchten». Im Mai 1884 wurde Münster angewiesen, diese Drohung auszusprechen, noch während Nachtigal an der Küste Afrikas nach Süden unterwegs war. Doch der probritische Botschafter überging Bismarcks Order, über deren konkreten Anlaß man ihn nicht verständigt hatte, und verwickelte statt dessen den Außenminister zum Ärger seines Chefs in eine höfliche Erörterung des deutschen Interesses an der Insel Helgoland, von dem in dem gleichen Erlaß nebenher auch die Rede gewesen war.[46] Daß Bismarcks Drohungen keine leeren Worte waren, zeigt seine Politik gegenüber Frankreich seit April. Seit Jahren schon hatte Bismarck die Regierung Jules Ferrys zu kolonialen Unternehmungen ermutigt. Jetzt regte er sogar eine deutsch-französische Entente gegen England an. «Ich wünsche keinen Krieg mit England», erklärte er dem französischen Botschafter. «Ich will England jedoch zu verstehen geben, daß, wenn sich die Flotten der anderen Nationen verbünden, sie ihm auf dem Meer die Waage halten und es nötigen können, die Interessen anderer in Rechnung zu stellen. Deshalb muß es sich mit dem Gedanken vertraut machen, daß ein französisch-deutsches Bündnis kein Ding der Unmöglichkeit ist.»[47] Im Juli wurde die Möglichkeit einer französisch-deutschen Allianz bereits im Pariser *Figaro* und in der *Kölnischen Zeitung* (oft ein Sprachrohr Bismarcks) offen diskutiert.[48]

Natürlich war die französische Regierung mißtrauisch. Doch die Entwicklung der französisch-britischen Beziehungen in der zweiten Hälfte des Jahres 1884 nötigte die Pariser Regierung, Bismarcks Offerten in Betracht zu ziehen. Im August scheiterte eine internationale Konferenz in London über die Auslandsschulden der kurz vor dem Bankrott stehenden ägyptischen Regierung an Meinungsverschiedenheiten zwischen Frankreich und England. Bismarcks Taktik war es, in diesem Streit die französische Position in einem Maße zu unterstützen, welches das Gladstone-Kabinett, ohne es zu entfremden, doch hinreichend besorgt genug machen würde, seinen Widerstand gegen die deutschen Ansprüche bei den andauernden Auseinandersetzungen über Rechte und Grenzen in Afrika ein wenig aufzuweichen.[49] Zum gleichen Zweck betrieb er eine Entente mit Frankreich gegen den britisch-portugiesischen Versuch, die Kontrolle über den Kongo zu übernehmen. Diese Bemühungen führten zum Erfolg, als sich im Laufe der Monate Juni bis September Paris und Berlin darüber verständigten, eine internationale Konferenz einzuberufen, auf welcher Garantien für die Freiheit des Handelsverkehrs mit Zentralafrika, einschließlich des soeben gegründeten Kongo-Freistaats König Leopolds von Belgien, ausgehandelt werden sollten.[50] Vom 15. November 1884 bis zum 26. Februar 1885 verhandelten Vertreter der europäischen Mächte und der Vereinigten Staaten in Berlin unter Hatzfeldts Vorsitz. Das Ergebnis der Konferenz war die Kongoakte, ein Abkommen, das allen Nationen Handelsfreiheit nicht nur im Becken des Kongo, sondern auch in demjenigen des Niger garantierte, eine internationale Kommission einsetzte, die für die Wahrung der Schiffahrtsfreiheit auf dem Kongo verantwortlich sein sollte, sowie das Prinzip wirksamer Okkupation als Basis für koloniale Ansprüche festlegte. Bismarcks Staatskunst, so erschien es den Zeitgenossen, hatte dem deutschen Handel das große Herz Afrikas und die dort vermuteten ungeheuren Absatzmärkte offengehalten. Wo der Kanzler keine deutschen «Schutzgebiete» errichten konnte, hatte er zumindest für «offene Türen» gesorgt.[51]

Im März 1885 gelang es dann auf einer weiteren Konferenz in London, die finanziellen Probleme Ägyptens auf eine auch für Frankreich befriedigende Weise zu lösen, die nicht nur von Deutschland, sondern auch von Rußland, Österreich und Italien gebilligt wurde. Da ihnen so gegen England neben Deutschland auch andere europäische Mächte zur Seite standen, blieb den Franzosen die Abhängigkeit von Deutschland erspart. Bismarck andererseits ließ die britische Regierung wiederholt wissen, daß Frankreich die deutsche Unterstützung in der ägyptischen Angelegenheit allein der britischen Feindseligkeit gegen Deutschlands Ambitionen anderswo in der kolonialen Welt zu verdanken habe. Obwohl beiden daran gelegen war, aus ihrer Verständigung Nutzen zu ziehen, waren doch weder Deutschland noch Frankreich gewillt, England so herauszufordern, daß sie zu einem Bündnis gegen Großbritannien gezwungen gewesen wären; das war die Natur der «französisch-deutschen-Entente» von 1884–1885.

Auch diesmal operierte der Kanzler an zwei Fronten zugleich. Er unterstützte einerseits in der Konferenz über Ägypten Frankreich, während er andererseits Herbert mit dem Auftrag nach London schickte, eine Beilegung der kolonialen

«Unser Stolz. Wie stehen wir nun in der Welt da?»
(Wilhelm Scholz, *Kladderadatsch,* 1884)

Differenzen mit Granville auszuhandeln. Herberts Besuch in London im März 1885 verlief ähnlich wie derjenige im Juni 1884: Vorwürfe während der ersten Gespräche, am Ende eine allgemeine Übereinkunft, bei der die Briten ihm den größten Teil von dem, was sein Vater wünschte, zugestanden. Ost-Neuguinea wurde unter den beiden Mächten aufgeteilt; Großbritannien erkannte die deutschen

Ansprüche auf Kamerun an; Deutschland gab die Santa Lucia-Bucht preis; die Unabhängigkeit des Sultanats von Sansibar wurde anerkannt; England erkannte die deutschen Erwerbungen in Tanganjika an. Herbert wurde mit vielen Versicherungen englischer Freundschaft nach Hause geschickt, und Gladstone machte diese offiziell, als er am 12. März im Unterhaus Deutschlands kolonialen Unternehmungen seinen Segen erteilte und die Bereitschaft bekundete, zukünftige Differenzen so rasch wie möglich beizulegen.[52]

Obwohl die Ferry-Regierung Ende März 1885 stürzte, konnte deren Nachfolgerin doch eine letzte Frucht ihres Rapprochements mit Deutschland ernten. Am 24. Dezember 1885 wurde ein Abkommen unterzeichnet, das koloniale Meinungsverschiedenheiten zwischen Frankreich und Deutschland beseitigte. Der Vertrag bestimmte die Grenze zwischen Kamerun und dem französischen Kongo und erkannte Frankreichs Anspruch auf Senegal, Deutschlands Anspruch auf Togo sowie beider Rechte auf gewisse Südseeinseln an. Die Vorteile, die beide Seiten aus diesem Abkommen zogen, ließen manche auf eine dauernde Versöhnung hoffen. Doch für Franzosen mit einem guten Gedächtnis, deren Erinnerung von der rechtsgerichteten Presse stets wachgehalten wurde, war die Entente ein «Ausverkauf» an den Sieger von 1871, der nur das eine Ziel verfolge, Frankreich den Verlust Elsaß-Lothringens vergessen zu lassen.[53]

Das Ende der Fata Morgana

Als er während der Sitzungsperiode von 1884–1885 seine Vision überseeischer Expansion vor dem Reichstag umriß, betonte Bismarck, daß er gegen eine Kolonisation *à la francaise* sei, nämlich Landerwerb mit anschließender Entsendung von Kolonisten, Beamten, Garnisonen usw.[54] Die Flagge sollte dem Handel folgen, nicht ihm vorausgehen. «Das ist mein Ziel. Ob wir das nun gleich von Haus aus erreichen können, oder ob wir uns Gesellschaften, die stark genug sind, erst heranpflegen müssen, das weiß ich nicht, aber mein Ziel ist der regierende Kaufmann und nicht der regierende Bureaukrat in jenen Gegenden, nicht der regierende Militär und der preußische Beamte; unsere Geheimen Räte und versorgungsberechtigten Unteroffiziere sind ganz vortrefflich bei uns, aber dort in den kolonialen Gebieten erwarte ich von den Hanseaten, die draußen gewesen sind, mehr, und ich bemühe mich, diesen Unternehmern die Regierung zuzuschieben. Mein Ziel ist die Regierung kaufmännischer Gesellschaften, über denen nur die Aufsicht und der Schutz des Reichs und des Kaisers zu schweben hat.»[55] Nichtsdestoweniger wurden zuletzt alle deutschen Schutzgebiete «Treibhauskolonien» des Typs, den er mißbilligte.

Die Geschichte des Schutzgebiets Südwestafrika ist charakteristisch. Die Kontrolle eines Gebiets, das anderthalbmal so groß war wie Deutschland, erforderte Mittel, über die Lüderitz nicht verfügte. Um die Briten, die bereits das Land an der Walfischbai besaßen, davon abzuhalten, sich den nördlichen Teil anzueignen, mußte Bismarck deutsche Kriegsschiffe anweisen, an einigen Orten «die Flagge zu hissen», lange ehe dort die ersten Handelsagenten mit ihren Landkaufverträgen eintrafen. Das entschlossene Handeln von Cecil Rhodes, der im Dezember 1884 ein britisches Protektorat über Betschuanaland errichtete, schnitt das deutsche Schutzgebiet von Transvaal ab und beschränkte es auf die größtenteils unfruchtbare Gegend im Westen, das «Sandloch», wie Eugen Richter verächtlich sagte. Lüderitz mußte zugeben, daß die Region weder dem Handel noch Kolonisten viel zu bieten hatte. Er setzte seine Hoffnungen in deren Bodenschätze, doch die besten Aussichten, fündig zu werden, hatte man im Norden hinter der Walfischbai. Im Juni 1884 wurden die Schürfrechte in diesem Gebiet von einem Konsortium erworben, das Hansemann, Bleichröder und ein Bremer Kaufmann namens Dyes gebildet hatten. Da die Berichte seiner eigenen Geologen über Erzvorkommen im Süden eher entmutigend waren und ihm das Geld ausging, bot Lüderitz seine Schürfrechte für 500 000 Mark und 5 Prozent der Gewinne des Konsortiums der Hansemann-Gruppe zum Kauf. Als sein Angebot abgelehnt wurde, drohte er, an britische Interessenten zu verkaufen! Weniger als ein Jahr, nachdem er Lüderitz' Gesellschaft unter den Schutz des Reichs gestellt hatte, mußte Bismarck einschreiten, um deren Verkauf an ausländische Kapitalisten zu verhindern.[56]

Im September 1883 hatte in einer Serie von Artikeln, welche in der *Kölnischen Zeitung* erschienen, kein geringerer als Friedrich Fabri, dessen Missionsstation in dem neuen Schutzgebiet lag, darauf hingewiesen, daß die Aussichten für Handel und Ansiedlung in Angra Pequena wenig günstig seien. Die Küste sei eine der unwirtlichsten der Erde, kein Baum, kein Strauch, kein Blatt sei da zu sehen, nichts als Sand, ewig klarer Himmel und das tiefe blaue Meer.[57] «Was für eine schreckliche Sandwüste haben wir uns zugelegt», war Nachtigals erster Kommentar zu Angra Pequena, als er von dort nach Kamerun zurückkehrte.[58] Seine Berichte an das Auswärtige Amt über die wirtschaftlichen Entwicklungsmöglichkeiten des Gebiets waren pessimistisch, mit Ausnahme der Möglichkeit, die im Hinterland der Walfischbai vorhandenen Bodenschätze abzubauen.[59] Selbst dem Hansemann-Bleichröder-Dyes-Konsortium kamen bald die Illusionen über künftige Profite abhanden. Es bedurfte einigen Drucks aus dem Auswärtigen Amt, patriotischer Reden des *Deutschen Kolonialvereins* und der Überredungskünste Hammachers, Miquels, Schwabachs und anderer, eine Gruppe von Bankiers und Industriellen zur Kapitalisierung der *Deutschen Kolonial-Gesellschaft für Südwest-Afrika* zu bewegen, die im April 1885 für 300 000 Mark Lüderitz und für 213 000 Mark das Konsortium auskaufte. Mit der Erklärung, das Unternehmen sei gemeinnützig, verlangte und erhielt die Gesellschaft Befreiung von der Stempelsteuer. «Wir haben in diesen sauren Apfel beißen müssen, weil das Auswärtige Amt es dringend wünschte», klagte Hammacher.[60] Im Oktober 1888 versuchten die Herero, enttäuscht darüber, daß die Deutschen ihnen keinen wirksamen militärischen Beistand gegen ihre eingeborenen Feinde leisteten, das deutsche «Protektorat» abzuschütteln. Der Reichskommissar und die Beamten der Kolonialgesellschaft flohen unrühmlich in den Schutz der englischen Kanonen an der Walfischbai. Bismarcks Bemühungen, die Gesellschaft zu veranlassen, eine eingeborene Miliz anzuwerben und zu bewaffnen, blieben vergeblich. Es blieb ihm nichts anderes übrig, als deutsche Truppen zu schicken, um das Hinterland wieder unter Kontrolle zu bringen. Doch das war noch nicht alles. Ende 1889 mußten die von all diesen Schwierigkeiten abgeschreckten Eigentümer der Gesellschaft daran gehindert werden, an einen englischen Bieter zu verkaufen. Erst als 1906 in der Nähe von Tsumeb ein bedeutendes Kupferlager und 1908 in der Namib-Wüste Diamanten entdeckt wurden, begannen deutsche Kapitalisten, sich wieder für «Lüderitzland» zu interessieren.[61]

Obwohl der Wert des Westafrikahandels schon seit langem unbestritten war, gab es dennoch auch in Togo und Kamerun ähnliche Probleme. Der «Egoismus», den Bismarck als natürliche Eigenschaft des Geschäftslebens gewürdigt hatte, durchkreuzte alle Versuche des Auswärtigen Amts, die in den dortigen Schutzgebieten tätigen hanseatischen Firmen zu einer einzigen Gesellschaft zu vereinigen, die fähig wäre, ihre inneren Angelegenheiten selbst zu verwalten. Im September 1884 ließ der Kanzler Woermann und seine Konkurrenten nach Friedrichsruh kommen und erklärte ihnen, daß sie zumindest ein Syndikat bilden müßten, um das zu regieren, was seine Diplomatie ihnen verschafft hatte. «Ich kann Ihnen doch keinen preußischen Landrat nach Kamerun setzen!» Das unter Woermanns Vorsitz gebildete Syndikat für Westafrika beschränkte sich jedoch auf beratende Funktionen und bestand auf der Ernennung eines Gouverneurs zur Ausübung der Landeshoheit im Namen des Kaisers.[62] Eingeborenenunruhen hatten die Entsendung deutscher Kriegsschiffe zur Folge, welche im Dezember 1884 «die Ehre der Flagge und die deutsche Oberhoheit» durch «großes Schießen» erhärteten, bei dem mehrere Dörfer zerstört und viele Eingeborene getötet und verletzt wurden. Fieber und Durchfall bemächtigten sich der Sieger, denen die von Moskitoschwärmen erfüllten Wälder des Landes wie die «Hölle» selbst vorkamen. Kurz vor seinem Tode empfahl Nachtigal 1885 dem Kanzler, die Vorstellung aufzugeben, daß deutsche Händler regieren könnten. Ihre Handelsmethoden und zumal ihr Alkoholkonsum seien nicht geeignet, Achtung vor ihnen zu erwecken, und in Fragen von Recht und Gesetz seien sie nur selten unbeteiligt und unparteiisch.[63] Am 13. Januar 1885 verabschiedete der Reichstag eine Regierungsvorlage – für deren Annahme sich Woermann als Abgeordneter für Hamburg eifrig eingesetzt hatte –, die ein Gehalt für einen kaiserlichen Gouverneur bewilligte. Einige Monate später wurden Mittel für Bauten und die Einstellung von Verwaltungsbeamten freigegeben. Westafrika sollte schon bald seinen ersten «preußischen Landrat» bekommen, den Freiherrn von Soden, der als erster Gouverneur von Kamerun und Kommissar für Togo dorthin entsandt wurde. Im Dezember 1886 löste sich das Syndikat für Westafrika auf, und damit verschwand der letzte Anschein der Beteiligung von Privatunternehmen an der Regierung von Kamerun.[64]

Carl Peters' *Gesellschaft für deutsche Kolonisation* erhielt ihren Schutzbrief am 26. Februar 1885, dem letzten Tag der Kongokonferenz, auf welcher Bismarck Gelegenheit hatte, die Absichten der Kolonialmächte auszukundschaften. Peters gründete daraufhin die *Deutsch-Ostafrikanische Gesellschaft*, eine Kommanditgesellschaft zur Beschaffung von Kapital für sein Unternehmen. Die großzügige Beteiligung des Elberfelder Bankiers Karl von der Heydt gestattete ihm, in rascher Folge zehn Expeditionen auszusenden, die durch neue Verträge mit eingeborenen Häuptlingen sein Gebiet ins Landesinnere erweiterten. Said Bargasch, der Sultan von Sansibar, protestierte gegen die Errichtung eines deutschen Protektorats über Gebiete, auf die er selbst Anspruch erhob, und wollte sich mit Bismarcks Erklärung, daß Deutschland seine Souveränität über die Insel Sansibar und die gegenüberliegende Küste anerkenne, nicht zufrieden geben. Doch der Sultan konnte seine Rechte ohne britische Unterstützung nicht geltend machen. In London und in der Kapkolonie erkannte man zwar, daß die deutsche Präsenz in Ostafrika die britischen Kolonialpläne stärker bedrohte als in West- und Südwestafrika. Doch das britische Kabinett, das eine Krise mit Rußland über Afghanistan und mit Frankreich über Ägypten zu bewältigen hatte, sah sich gezwungen, Bismarcks wiederholte Drohungen, er werde das britische Verhalten in Ostafrika «als Probe» der englischen Freundschaft betrachten, ernstzunehmen und die Deutschen gewähren zu lassen. Peters' Argument, die Interessen des Sultans und des Deutschen Reichs seien so entgegengesetzt, daß der Erfolg des einen notwendig den Ruin des anderen nach sich ziehen werde, überzeugte Bismarck nicht. Deutschland müsse versuchen, schrieb er, gute Beziehungen zu dem Sultan durch den richtigen Wechsel von Drohungen und Entgegenkommen aufrechtzuerhalten. Bedroht von einer Blockade und Beschießung durch deutsche Kriegsschiffe, verdiente Said Bargasch sich im Dezember 1885 das deutsche Wohlwollen durch den Abschluß eines Vertrages, der das deutsche Protektorat anerkannte. Die Festlegung des Grenzverlaufs zwischen dem Sultanat und dem Protektorat sowie der Zugangswege von der Küste ins Landesinnere sollte eine britisch-französisch-deutsche Kommission übernehmen. Die neue Salisbury-Regierung nötigte den britischen Vertreter auf erheblichen Druck aus Berlin («dauernde Friktionen auf kolonialen Gebieten können schließlich zu einer politischen Gegnerschaft überhaupt führen»), einer Regelung zuzustimmen, die die Souveränität des Sultans verletzte, aber Bismarck zufriedenstellte. Durch einen Notenwechsel am 29. Oktober 1886 einigten sich die britische und die deutsche Regierung auf eine gemeinsame Politik gegenüber dem Sultan und auf eine Teilung Ostafrikas in zwei große Einflußsphären, das von der *Deutsch-Ostafrikanische Gesellschaft* beanspruchte Gebiet (Tanganjika) und das von der *British East Africa Company* für sich reklamierte Territorium (Kenia). So war durch Peters' Initiative und Bismarcks Diplomatie ein riesiges Gebiet für die Ausbeutung durch deutsche Unternehmen gewonnen worden.[65]

Herbert von Bismarck, der sich seine Sporen als Diplomat in kolonialen Angelegenheiten auf zwei Sondermissionen nach London verdient hatte, fand auf den ersten Blick den Preis beängstigend. Am 12. Juni 1884 schrieb er an seinen Bruder Bill: «Ich fürchte, Kusserow hat uns mit ganz Ostafrika übern Gänsedreck geführt.» Am gleichen Tag hatte ihn der neue britische Botschafter in Berlin, Sir Edward Malet, gewarnt: «Wenn Sie ein so großes Schutzgebiet übernehmen, so müssen Sie ja dort auch Schutz gewähren, und das wird kostspielig und schwierig sein.» An den Grenzen, hatte Herbert gehört, lebten «wilde Menschenfresser, von denen Millionen dort hausen mögen. Außerdem ist wahrscheinlich, daß alle moham. Araber, die jetzt dem Sultan helfen und den Handel beschützen, über unsere Leute herfallen werden, sobald der Sultan dort keine Interessen mehr hat und sich durch Peters und Genossen geschädigt fühlt.»[66] Herberts Befürchtungen und Malets Bemerkungen sollten sich als prophetisch erweisen.

Wieder hatte das deutsche Auswärtige Amt Schwierigkeiten, eine Chartergesellschaft ins Leben zu rufen. Die seit langem in Sansibar niedergelassenen Hamburger Firmen *O'Swald* und *Hansing* (die über mehr als eine Million Mark Kapital verfügten) fanden die Zumutung, in Peters' Gesellschaft aufgehen zu sollen (die nicht mehr als 50 000 Mark besaß), «impertinent». Wie Lüderitz mußte auch Peters davon abgehalten werden, seine Interessen an englische Kapitalisten zu verkaufen. In diesem Fall übernahm der Präsident der *Deutschen Continental-Gas-Gesellschaft* und nationalliberale Abgeordnete Wilhelm Oechelhäuser die Rolle Hammachers; er appellierte zugleich an die patriotischen Gefühle und das Gewinnstreben der Investoren, um das benötigte Kapital aufzutreiben. Das Mißtrauen der deutschen Finanzwelt gegenüber Peters war jedoch so groß, daß nur wenig dabei herauskam, ehe man sich seiner entledigt hatte. Selbst dann noch waren 500 000 Mark aus des Kaisers Privatschatulle erforderlich, die, als Investition der *Preußischen Seehandlung* deklariert, das Geld in Fluß brachten, so daß schließlich eine Gruppe von Großbankiers, Großindustriellen und Hamburger Großkaufleuten 3 480 000 Mark neues Kapital für die *Deutsch-Ostafrikanische Gesellschaft* bereitstellten. Die im Februar 1887 zu einer Korporation nach dem preußischen Gesetzbuch von 1791 umgebildete Gesellschaft verzeichnete einen ersten Erfolg, als der Sultan von Sansibar einwilligte, ihr sein gesamtes Küstengebiet und die dortigen Zolleinnahmen zu verpachten.[67]

Im Frühjahr 1888 sah es endlich so aus, als sollte es Bismarck gelingen, in Ostafrika ein sich selbst finanzierendes und sich selbst verwaltendes Schutzgebiet zu schaffen. Doch auch diese Aussicht erwies sich als Fata Morgana. Als im August die *Deutsch-Ostafrikanische Gesellschaft* versuchte, gemäß dem Vertrag mit dem Sultan von Sansibar, ihre Regierungsgewalt an der festländischen Küste geltend zu machen, kam es zu einer Revolte moslemischer Kaufleute, die um ihre Geschäfte und ihren Einfluß fürchteten, und der eingeborenen Bevölkerung, die ihre rücksichtslose Behandlung durch die Angestellten der Gesellschaft nicht länger ertragen wollte. Die Agenten der Gesellschaft flohen auf die Kriegsschiffe vor der Küste, um ihr Leben zu retten. Der Aufstand stellte Bismarck vor eine schwierige Wahl. Gab er das Protektorat auf, dann würde er daheim und im Ausland einen katastrophalen Prestigeverlust erleiden. Seine Regierung hatte vier Jahre angestrengter diplomatischer Bemühungen an den Gewinn des Schutzgebiets gewandt und Druck auf deutsche Kapitalisten ausgeübt, das notwendige Kapital zu dessen Ausbeutung und Verwaltung zu investieren. Die Wiedereroberung hingegen würde eine militärische Expedition erforderlich machen (deren Kosten auf 10 Millionen Mark geschätzt wurden), Garnisonen, um das Gebiet zu halten, und eine Kolonialverwaltung, um es zu regieren. Es war überdies nicht zu erwarten, daß der Reichstag nun, da das Kolonialfieber fürs erste gedämpft war, die benötigten Mittel bereitwillig freigeben würde.[68]

Doch da bot Fabri, dessen unermüdliche Denkschriften die Regierung endlich ernstzunehmen begonnen hatte, Bismarck eine Lösung des Problems an. Ein Nebeneffekt des neuen Imperialismus war in den achtziger Jahren die neuerwachte humanitäre Sorge über den Sklavenhandel in Mittelafrika. Auf der Berliner Kongokonferenz 1885 hatten sich die europäischen Mächte verpflichtet, die Sklaverei und den Sklavenhandel in Afrika abzuschaffen. Die öffentliche Erregung war groß und wurde in Deutschland von katholischen Forderungen nach einem «Kreuzzug» gegen Sklavenhändler noch angeheizt. Bismarck hatte sich für die Sklavenfrage nie interessiert und seine Beamten angewiesen, sich nicht darin einzumischen. Jetzt aber wies ihn Fabri darauf hin, daß die Agitation benutzt werden konnte, um das schwindende Interesse der Öffentlichkeit an Kolonien wieder zu beleben, die regierungsfreundliche Majorität im Reichstag zu konsolidieren, das Zentrum zum Imperialismus zu bekehren und auf diese Weise eine große Parlamentsmehrheit für einen Kolonialkrieg zu gewinnen.

So konvertierte Ende 1888 Bismarck plötzlich zu einem Anhänger der Antisklavereibewegung. Im geheimen Zusammenwirken mit Fabri fachte er das öffentliche Begehren nach Abschaffung des Sklavenhandels an, dessen Greuel in der Presse so blutrünstig und erfindungsreich geschildert wurden. «Kann man nicht schaurige Details über Menschenquälerei auftreiben?» fragte er seine Untergebenen. Die Strategie war erfolgreich, denn das Zentrum stimmte mit den Nationalliberalen und den beiden konservativen Parteien der Mehrheit, die die Mittel für die ostafrikanische Expedition gegen den erbitterten Widerstand der Freisinnigen Partei und der Sozialdemokraten bewilligte. Im Januar 1889 konnte Bismarck den Forschungsreisenden Hermann von Wissmann mit der einzigen Instruktion nach Afrika entsenden: «Siegen Sie!» Mit einem in Ägypten und Mosambique angeworbenen Söldnerheer eroberte Wissmann das verlorene Protektorat zurück und befreite es nicht nur von der Sklaverei – die in jener Region, wie Bismarck und Fabri wohl wußten, längst offiziell abgeschafft worden war –, sondern auch von den moslemischen Rebellen.[69]

Nicht einmal in der Südsee entwickelte sich das Schutzgebiet planmäßig. Der 1885 gegründeten *Neuguinea-Kompanie* fehlte es freilich nicht an erfahrener Führung. Unter Leitung Adolph Hansemanns waren die Investoren der Gesellschaft Bleichröder, Oppenheim, Hammacher, Fürst Donnersmarck, Fürst Hohenlohe-Öhringen, Fürst Hatzfeldt-Trachenberg, Graf Stolberg-Wernigerode, der Herzog von Ujest, Werner von Siemens, Louis Ravéné und Adolf Woermann. Da auch die Ziele dieser Gesellschaft in erster Linie «gemeinnützig» und erst in zweiter Linie «Gewinn und Erwerb» sein sollten, folgte Hansemanns Unternehmen dem Beispiel der *Deutsch-Ostafrikanischen Gesellschaft* und bildete statt einer Aktiengesellschaft eine vorteilhaftere Korporation nach preußischem Recht. Indem er die ihm mit dem kaiserlichen Schutzbrief im Mai 1885 gewährten monopolistischen Privilegien übertrieben herausstellte, gelang es Hansemann, den einzigen nennenswerten Konkurrenten, die Firma *Robertson and Hernsheim* mit Besitz auf Neu-Britannien, zur Beteiligung an der Gesellschaft zu gewinnen. Das englisch-deutsche Abkommen vom April 1886 war eine große Enttäuschung für die Kompanie, denn es garantierte Handelsfreiheit, was das nahe gelegene Australien sehr begünstigte. Proteste bei Bismarck fruchteten jedoch nichts, denn nun war der Kanzler nicht mehr in der Lage, den britischen Löwen am Gängelband zu führen. Im November des Jahres hatte die Kompanie ihre Operationen auf die Salomon-Inseln ausgedehnt und in das Unternehmen etwa zwei Millionen Mark investiert. Doch die Ergebnisse waren enttäuschend. 1896 erwarb das Reich für vier Millionen Mark die Gesellschaft. So wich die letzte Chartergesellschaft einer Reichskolonie.[70]

Auch auf Samoa wurden die überseeischen Hoffnungen des Kanzlers enttäuscht. Die Sorge um den Fortbestand der starken Stellung deutscher Unternehmen im dortigen Handel hatte ihn nach 1884 bewogen, die exklusive Kontrolle über die Inseln anzustreben, wobei die Regierungsgewalt durch den eingeborenen Herrscher ausgeübt werden sollte. Doch dann beharrten zuerst Großbritannien und dann auch die Vereinigten Staaten auf den ihnen vertraglich zugesicherten Rechten. Überdies neigte der deutsche Konsul zu eigenmächtigem Handeln und ergriff Partei in den häufigen Bürgerkriegen zwischen eingeborenen Herrschern und Parteien. Ende 1888 wurden fünfzig Deutsche in einem Hinterhalt getötet. Der Konsul erklärte den Rebellen den Krieg und rief für alle Europäer und Amerikaner das Kriegsrecht aus. Diese törichte Handlung hatte eine gefährliche diplomatische Krise mit den Vereinigten Staaten zur Folge. Während amerikanische Kriegsschiffe Kurs auf Samoa nahmen, desavouierte und tadelte Bismarck den Konsul öffentlich; der *furor consularis* war für ihn zu einem Ärgernis und einer unnötigen Störung der deutschen auswärtigen Beziehungen geworden.[71] Von April bis Juni 1889 war Berlin der Schauplatz einer Dreimächtekonferenz, auf welcher die drei beteiligten Staaten sich auf ein gemeinsames Protektorat über die Inseln einigten. Das erwies sich dann jedoch bloß als erster Schritt zu einer Teilung (1899) und schließlich der Errichtung einer weiteren Reichskolonie jenes Typs, den Bismarck von Anfang an hatte vermeiden wollen.[72]

Die Kolonien bewährten sich nicht als Sicherheitsventile für den Überschuß der deutschen Industrieproduktion und das Bevölkerungswachstum, als welche die kolonialen Eiferer sie anpriesen. Zwischen 1887 und 1906 wanderten 1 085 124 Deutsche aus, 1 007 574 davon in die Vereinigten Staaten, nicht in eine der deutschen Kolonien. 1903 lebten nur insgesamt 5125 Deutsche in den Kolonien, unter diesen 1567 Soldaten und Beamte. Bis 1913 erhöhte sich ihre Zahl nur auf 19 696, von denen 3000 Soldaten und Gendarmen waren. Auch das deutsche Kapital florierte nicht in den überseeischen Kolonien. Bis 1914 investierten deutsche Kapitalisten lediglich 500 000 Mark in den Kolonien (hauptsächlich in Eisenbahnen, Häfen, Plantagen und Bergwerke) – nur etwa zwei Prozent der deutschen Auslandsinvestitionen. 1891 führte Deutschland aus seinen Kolonien Güter im Wert von 59 Millionen Mark ein, 0,13 Prozent des Gesamtvolumens seiner Importe (46 560 000 000 Mark). Im selben Jahr absorbierten die Kolonien deutsche Waren im Wert von 60 Millionen Mark oder 0,17 Prozent aller Exporte (35 039 000 000 Mark). Bis 1910 veränderten sich die Proportionen nur geringfügig – 0,54 Prozent aller Importe und 0,73 Prozent aller Exporte.[73]

Die deutschen Waren, die von den Afrikanern am meisten geschätzt wurden, waren nicht Erzeugnisse der Schwerindustrie, sondern vorzüglich Alkohol, Waffen und Schießpulver; der Anteil dieser Waren an der gesamten Ausfuhr in die Kolonien lag zwischen 30 und 60 Prozent. Alkohol machte 64 Prozent des Gewichts der 1884 aus Hamburg nach Afrika verschickten Schiffsladungen aus, 58 Prozent im folgenden Jahr, 52 Prozent 1886 und 56 Prozent 1887. Den größten Absatz hatte Alkohol in Westafrika, da ein großer Teil der Bevölkerung Ostafrikas moslemisch war.[74] Im Reichstag erklärte Adolf Woermann, daß die zivilisatorische Mission eines gewissen Anreizes bedürfe. «Wer steht uns näher, die vielen Tausend Deutschen, die dadurch ihr Brot und Lebensunterhalt verdienen oder die an sich geringe Zahl der Neger, die etwa durch den Branntwein zu Grunde gehen können?»[75] Obwohl er sich nicht so drastisch äußerte, fand Bismarck, Besitzer einer pommerschen Schnapsbrennerei, nichts dabei, wenn Afrikanern deutsche Trinkgewohnheiten nahegebracht wurden. Als Großbritannien auf der Kongokonferenz mit Unterstützung Belgiens vorschlug, den Handel mit Branntwein und Waffen aus humanitären Gründen durch Einfuhrzölle einzuschränken, instruierte Bismarck die deutsche Delegation (der Woermann angehörte), sich dem Antrag zu widersetzen, da er keines der erklärten Anliegen des Kongresses betreffe.[76]

Gleichwohl wünschte Bismarck am Ende seiner Laufbahn, sich auf den «kolonialen Schwindel» nie eingelassen zu haben. Er zweifelte an der Fähigkeit deutscher Auswanderer, in den Kolonien «Geld zu machen», und der Beamten, sie zu verwalten, und dachte daran, die deutschen Interessen in Südwestafrika, Ostafrika und Samoa zu verkaufen.[77] Es ärgerte ihn, daß die Kolonien nicht nur keinen nennenswerten Gewinn für die deutsche Wirtschaft abwarfen, sondern auch die deutschen außenpolitischen Beziehungen gefährdeten und das Auswärtige Amt sowie das Reichsbudget belasteten. Während der Monate März bis Juni 1889 war er dem Vorschlag des britischen Premierministers Lord Salisbury, Helgoland gegen Südwestafrika einzutauschen, keineswegs ganz abgeneigt.[78] Im September desselben Jahres versuchte er, die Stadt Hamburg und ihre Kaufleute dazu zu bewegen, die Bürde der Verwaltung der Kolonien, deren hauptsächliche Nutznießer sie ja waren, zu übernehmen. «Wenn der Handel kein Interesse an den Kolonien habe, so habe er auch keines daran.» Doch drohte er einstweilen noch nicht mit deren Liquidierung. «Soweit sind wir noch nicht.» Der Hamburger Senat weigerte sich, und im März 1890, kurz nach Bismarcks Entlassung, wurde innerhalb des Auswärtigen Amts eine Kolonialabteilung eingerichtet. Sie wurde 1907 eine selbständige Behörde, das Reichskolonialamt.[79] Weder Bismarck noch dessen Nachfolger wagten es, den Reichstag und die Öffentlichkeit mit der Preisgabe von Kolonialbesitz zu konfrontieren.

Die Erfahrungen der anderen Kolonialmächte waren ähnlich. Die während der Ära des «neuen Imperialismus» erworbenen Kolonien waren im allgemeinen kostspielig und wenig ertragreich. Doch war diese Last einmal geschultert, mußte sie getragen werden, denn keine Regierung, nicht einmal diejenige Bismarcks, besaß den Mut, sie abzuwerfen. In Hamburg zogen einige wenige Kaufleute wie Adolf Woermann unmittelbar Profit aus ihren kolonialen Investitionen, aber die Geschäftswelt der größten deutschen Hafenstadt, gewohnt, in Soll und Haben zu denken, beurteilte die «koloniale Idee» im ganzen mit kaufmännischer Nüchternheit. An der Elbe gehörte «der Spott über Kolonialbestrebungen» vielmehr «fast zum guten Ton». «Der Enthusiasmus für Colonien wächst, je weiter man sich von der See entfernt», konstatierte Karl Braun. «Am stärksten ist er in Schwaben, wo doch die Mehrzahl der Bevölkerung niemals das Meer gesehen hat.»[80] Die einmal erworbenen Kolonien wurden aufrechterhalten, nicht weil sie wirtschaftlich rentabel gewesen wären, sondern als Symbole nationalen Stolzes und deutscher «Weltmacht», Beweise dafür, daß das Reich nun auch mit Großbritannien konkurrieren konnte, dessen Errungenschaften schon so oft und auf so vielfältige Weise den Neid und den Ehrgeiz der Deutschen gereizt hatten.

Wenngleich ihm persönlich derartige Gefühle wohl fremd waren, wußte Bismarck sehr wohl um den emotionalen Stellenwert der Kolonien in der deutschen Öffentlichkeit und ihre politische Bedeutung. Schon 1886, lange bevor Kolonien ihren Reiz als Investitionen für ihn verloren hatten, begann er aus einem anderen Grund das Interesse an ihnen zu verlieren. Die politische Lage in Europa war für solche Abenteuer nicht mehr günstig. Nach dem Sturz der Regierung Ferry Ende März 1885 und dem Sieg der Rechtsparteien bei den Wahlen später im selben Jahr wuchs 1886 in Frankreich die chauvinistische und revanchistische Bewegung zu solcher Kraft heran, daß eine Zusammenarbeit mit Berlin für jede Regierung in Paris politisch höchst riskant wurde. Ende 1885 eröffnete eine Revolution in Ostrumelien, die eine Vereinigung des Gebiets mit Bulgarien zur Folge hatte, eine Periode erneuter Spannungen auf dem Balkan sowie zwischen Rußland und Österreich, die 1886 den Dreikaiserbund auf eine schwere Belastungsprobe stellte. In Europa braute sich eine neue Krise zusammen, die es für Deutschland nicht ratsam erscheinen ließ, das Verhältnis zu Großbritannien wegen Angelegenheiten zu belasten, die der europäischen Szenerie fern lagen. Wie drastisch sich die Situation geändert hatte, zeigt Bismarcks Zurückweisung der kolonialen Pläne Hermann von Wissmanns. Wissmann, dem Bismarck 1888 die Leitung der militärischen Expedition zur Niederwerfung des Aufstands in Ostafrika anvertraute, träumte davon, die deutsche Einflußsphäre bis weit nach Zentralafrika hinein auszudehnen. «Das führt uns zu weit», antwortete der Kanzler in brüskem Ton.

«Die englische Interessensphäre geht bis zu den Quellen des Nils. Ihre Karte von Afrika ist ja sehr schön, aber meine Karte von Afrika liegt in Europa. Hier liegt Rußland, und hier», sagte er, nach links deutend, «liegt Frankreich, und wir sind in der Mitte: das ist meine Karte von Afrika.»[81]

VIERTES BUCH

Die Jahre des Übergangs
1884–1887

Ich bleibe Kanzler,
solange meine Gesundheit diese Schinderei aushält
und Seine Majestät der Kaiser es befiehlt.
Warum ich noch nicht für einen passenden Nachfolger
gesorgt habe, lieber Firks,
diese Frage ist schon oft an mich gerichtet worden.
Die Antwort darauf ist sehr einfach:
Ich brauchte ja dann nur schon bei Lebzeiten
tot zu sein.

Bismarck im Gespräch mit
August Freiherr von Firks-Samiten, 1. April 1885

I

Staatssozialismus

Während des Winters 1883–1884 gewann Bismarck beim Umgang mit dem Parlament seinen Realismus zurück. Drei Jahre lang war er gegen Windmühlen gerannt mit Verwendungsgesetzen im Landtag, Steuergesetzen im Reichstag und Versuchen, den Reichstag davon zu überzeugen, sich mit der Zustimmung zu zweijährigen Budgets ins eigene Fleisch zu schneiden. Jetzt beharrte er nicht länger darauf, daß die Regierung «ihre Pflicht tun» und unverdrossen Gesetzentwürfe vorlegen müsse, die von vornherein keine Aussicht auf Verabschiedung hatten. In seinen Gedanken blieb der Staatsstreich eine mögliche Option (mehr war es nie gewesen), und er suchte weiterhin nach Wegen zu einer korporativen Basis für eine nationale Vertretung, die den Reichstag im Bedarfsfall ersetzen könnte. Er dachte auch an Methoden, das allgemeine (männliche) Wahlrecht so zu modifizieren, daß die richtigen Ergebnisse dabei herauskamen: indirekte Wahlen, Wahlpflicht, Öffnung der Wahllokale an mehreren Tagen. An den schlechten Ergebnissen der Wahlen von 1881 trug seines Erachtens die ungewöhnlich geringe Wahlbeteiligung die Schuld.[1] Fürs erste jedoch beschränkte er die Regierung auf Vorlagen, die einige Aussichten hatten, im Reichstag angenommen zu werden, und auf politische Ziele, die mit der Unterstützung von Interessengruppen und der Wähler im allgemeinen rechnen konnten. Der Erwerb von Kolonien war ein solches Ziel, doch ebenso höhere Zölle, die Erneuerung des Sozialistengesetzes und der Versuch, die Arbeiterschaft durch die Einführung einer Sozialversicherung einzunehmen.

Soziale Repression

1884 lag auf der Hand, daß das 1878 verabschiedete und 1881 für drei Jahre verlängerte «Ausnahmegesetz» gegen die Sozialisten durchaus nicht die erwünschte Wirkung zeitigte. Nicht daß die Behörden es bei der Anwendung des Gesetzes an Eifer hätten fehlen lassen.[2] Ausgestattet mit weitgehenden Vollmachten zur Unterdrückung von Publikationen und Auflösung von Organisationen und Versammlungen, die die öffentliche Ordnung und die «Harmonie unter den sozialen Klassen» zu bedrohen schienen, liquidierte die Polizei binnen kurzem die drei wichtigsten sozialistischen Zeitungen: *Vorwärts*, *Berliner Freie Presse* und *Hamburg-Altonaer Volksblatt*. Am 30. Juni 1879 waren in ganz Deutschland bereits 127 Zeitungen und Zeitschriften sowie 237 andere Publikationen verboten worden.

So wurde die Bewegung ihrer Presse beraubt, und Hunderte von Mitarbeitern verloren ihre Arbeitsplätze. Sofort nach der Verabschiedung des Gesetzes trafen sich die Führer der Partei und lösten diese auf. Durch diese demonstrative Befolgung des Gesetzes hofften sie, eine Vielzahl von Organisationen zu retten, die mit der Partei in lockerer Verbindung gestanden hatten: Konsumgenossenschaften, genossenschaftliche Unterstützungskassen, Fortbildungs-, Gesangs- und andere Vereine. Aber die Polizei schikanierte unerbittlich alle Personen und Organisationen, die nur irgendwie sozialistischer Anschauungen oder besonderer Sympathien für die Arbeiterklasse verdächtig waren, ausgenommen natürlich solche, die ausdrücklich liberal oder konservativ daherkamen, wie Schulze-Delitzschs Genossenschaften, Hirsch-Dunckers Gewerkvereine und Stoeckers Christlich-Soziale Partei. Andere Gewerkvereine wurden oft selbst dann unterdrückt, wenn ihnen keine Verbindung zur Sozialdemokratischen Partei nachzuweisen war. Mit ihnen verschwanden viele Wohlfahrtskassen zur Unterstützung Streikender und Arbeitsloser und zur Krankheits-, Alters- und Begräbnisversicherung. 1878 wurde in Berlin ein begrenztes Kriegsrecht ausgerufen, was der Polizei erlaubte, 67 wohlbekannte Sozialisten aus der Stadt und deren Vororten auszuweisen. Später erlitten die Sozialisten in Hamburg, Leipzig, Spremberg, Frankfurt am Main und Stettin das gleiche Schicksal.[3]

Die Folge dieser Angriffe auf sozialistische und Arbeiterorganisationen war bei deren Opfern und ihren Sympathisanten eine entschiedene Überzeugung, daß die sozialistische Bewegung die einzige wahre Verteidigerin der Interessen der Arbeiterklasse sei. Wie im Falle der Zentrumspartei und der katholischen Bevölkerung während des Kulturkampfs verstärkten das Sozialistengesetz und dessen Anwendung auch bei den unterdrückten Sozialisten nur deren Widerstandsgeist und Solidarität. Doch diese Wirkung war nicht sofort sichtbar. Als ihre Organisationen und ihre Presse zerschlagen wurden, verloren viele der Führer der Sozialdemokratischen Partei und der Gewerkschaften zunächst den Mut, während diejenigen, die sich von ihnen bedroht gefühlt hatten, bejubelten, daß der böse Geist so leicht auszutreiben gewesen sei.[4] Die Demoralisierung währte jedoch nicht lange, und binnen kurzem drang der Spuk der Subversion von neuem durch jede Ritze, die Polizei und Gericht nicht durch das Gesetz abdichten konnten, in die Gesellschaft ein.

Das größte Schlupfloch war natürlich die anhaltende Präsenz der Sozialdemokraten im Reichstag. Nach der Zerschlagung der Parteiorganisation übernahm die neunköpfige sozialdemokratische Reichstagsfraktion die Führung der gesamten Bewegung. Obwohl es anfänglich in Fragen der Zielsetzung und Taktik Meinungsverschiedenheiten gab, dominierten schon bald August Bebel und Wilhelm Liebknecht. Mit finanzieller Unterstützung Karl Höchbergs, des Sohns eines Frankfurter jüdischen Bankiers, gründeten sie ein neues Parteiblatt. *Der Sozialdemokrat* erschien zuerst in Zürich, wurde regelmäßig mit großem Erfindungsreichtum über die deutsche Grenze geschmuggelt und später sogar in Deutschland im Untergrund gedruckt. Unter der Leitung Eduard Bernsteins, der ein enger Mitarbeiter Bebels war, wurde das Blatt zum wichtigsten Sammelplatz und Bezugspunkt der sozialistischen Bewegung während des kommenden Jahrzehnts. Bald wurden getarnte und geheime sozialistische Organisationen gebildet, die sich, obwohl ständig von der Polizei bedrängt und mitunter von Spitzeln und *agents provocateurs* infiltriert, als bemerkenswert wirksam erwiesen. Während der Wahlkämpfe wurden Kandidaten von ad hoc gebildeten Wahlkommissionen unterstützt, die sich, um der Verfolgung zu entgehen, sofort nach den Wahlen wieder auflösten. 1880, 1883 und 1887 fanden Parteikongresse im Ausland statt, in Deutschland wurden mit der Zeit regelmäßige regionale Treffen abgehalten.[5] Bei der ersten Wahl unter dem Sozialistengesetz vermehrten die Sozialisten 1881 die Zahl ihrer Mandate im Reichstag auf zwölf, obwohl die Zahl der für sie abgegebenen Stimmen von 437 000 auf 312 000 sank.

Bismarck war durchaus bewußt, welche Rolle die sozialdemokratische Reichstagsfraktion bei der Vereitelung seiner Bemühungen, die sozialistische Bewegung zu unterdrücken, spielte. Gern hätte er 1878 Personen von nachweislich sozialistischer Gesinnung das aktive und passive Wahlrecht absprechen lassen.[6] Da er das nicht durchsetzen konnte, versuchte er zwei sozialistische Abgeordnete, Friedrich Fritzsche und Wilhelm Hasselmann, verhaften zu lassen, die nach Verhängung des begrenzten Kriegsrechts in Berlin aus der Stadt ausgewiesen worden, doch zur Eröffnung der Sitzungsperiode von 1879 auf ihre Plätze im Parlament zurückgekehrt waren. Der Berliner Staatsanwalt Hermann Tessendorff behauptete, daß die Verfügung des begrenzten Kriegsrechts Vorrang vor Artikel 31 der Reichsverfassung habe, der den Abgeordneten während der Reichstagssession parlamentarische Immunität gewährte. Doch das Parlament wies trotz seiner mehrheitlich antisozialistischen Gesinnung am 21. März 1879 diese drakonische Gesetzesinterpretation zurück.[7] Während derselben Sitzungsperiode scheiterte Bismarck auch bei einem weiteren Versuch, die Sozialdemokraten zu knebeln, als ein von ihm beantragtes Gesetz, das dem Reichstag gestattet hätte, Abgeordnete auszuschließen, die ihre parlamentarische Freiheit «mißbrauchten», von der Mehrheit des Reichstags abgelehnt wurde.[8] Auch die Zustimmung des Reichstags zu Gerichtsverfahren gegen Zeitungen, die angeblich das Parlament verleumdeten, blieb ihm versagt.[9]

Die eingeschränkten Mittel, die ihm zur Verfügung standen, hinderten Bismarck daran, eine oppositionelle Minderheit zu liquidieren. Die preußisch-deutsche konstitutionelle Monarchie war zwar autokratisch, aber kaum totalitär zu nennen. Überdies war sogar der Kanzler persönlich noch zu Betrachtungen fähig wie der, daß der früher üblichen «Mätressen- und Günstlingswirtschaft» nur durch «Öffentlichkeit und Preßfreiheit» vorzubauen sei.[10] Diese Freiheit und Öffentlichkeit, die er selber für erforderlich hielt, um seine Macht vor den politischen Intrigen von Frauen und Hofschranzen zu bewahren, konnte er aber nicht der Allgemeinheit, sondern nur einer selektierten Gruppe verweigern.

Bismarcks Kampf gegen die Sozialisten richtete sich zugleich gegen die Linksliberalen. Zeitweilig schien er es sogar vor allem auf die letzteren abgesehen zu haben. Im Januar 1884 umriß er im preußischen Staatsministerium seine Strategie für die kommende Reichstagssession und die im Herbst anstehenden Reichstagswahlen. Als erstes Geschäft sollte den Abgeordneten das nur bis 1884 befristete Sozialistengesetz zur Erneuerung vorgelegt werden. «Eventuell möge das Sozialistengesetz scheitern, damit die liberale Bourgeoisie von ihren fortschrittlichen Neigungen durch die Furcht vor der Sozialdemokratie geheilt werde.»[11] Während der entscheidenden Debatte über die Vorlage am 9. Mai 1884 galt sein Zorn auch nicht in erster Linie den Sozialdemokraten, sondern den Freisinnigen, die er mit den russischen Nihilisten verglich und beschuldigte, Ferdinand Cohen-Blind zu verherrlichen, der 1866 versucht hatte, ihn zu ermorden. Die Fortschrittler, erklärte er, seien gefährlicher als die Sozialisten, und er halte es für seine Pflicht gegenüber König und Vaterland, «diesen Liberalismus zu bekämpfen bis zum letzten Athemzug». Er endete mit einem dramatischen Appell an die Wähler: «Wollen Sie die sozialistische Gefahr los sein, wählen Sie keinen fortschrittlichen Abgeordneten!» So unter Druck gesetzt, stimmten fünfundzwanzig Linksliberale und neununddreißig Zentrumsleute mit den Konservativen und den Nationalliberalen; mit 189 gegen 157 Stimmen wurde die Geltung des Ausnahmegesetzes für weitere zwei Jahre verlängert.[12] Bismarck hatte die Genugtuung, daß ihm Wilhelm «zu dem unerwarteten Sieg» gratulierte.[13]

Bismarck feierte auf seine Weise. Mehr als fünfhundert Personen (Abgeordnete, Angehörige des Herrenhauses, Bundesratsbevollmächtigte usw.) erhielten persönliche Einladungen zu einer «vertraulichen Besprechung» in der Wilhelmstraße um acht Uhr abends am 11. Mai. Die Wirkung dieser Einladung war elektrisierend. Die meisten Geladenen hatten nie zuvor privat mit dem Reichskanzler gesprochen. Mit stolzgeschwellter Brust eilten sie zur angegebenen Stunde in die Wilhelmstraße, begierig zu erfahren, warum Europas mächtigster Staatsmann ihren Rat suchte, nur um die Straße mit Wagen überfüllt zu finden, denen scharenweise Gäste mit identischen Einladungen entstiegen. Der Kanzler legte bei dieser ersten parlamentarischen Soiree, die er seit vielen Monaten gab, Wert auf Anwesenheit – auch der Zentrumsleute, die den früheren ferngeblieben waren.

An diesem Abend widmete er Ludwig Windthorst seine besondere Aufmerksamkeit. Überall im Salon wurde das «Recht auf Arbeit» diskutiert, das der Kanzler, anscheinend um damit zu verblüffen, während seiner Reichstagsrede am 9. Mai deklariert hatte.[14] In Unterhaltungen mit Windthorst und Adolph Wagner verbreitete sich Bismarck über den Gegenstand. Wagner berichtete, er habe davon gesprochen, die Arbeitslosen bei öffentlichen Arbeiten zu beschäftigen. «Wenn wir nun da auf öffentliche Kosten zweckmäßige Arbeiten ausführen lassen, so ist das doch wohl zu rechtfertigen. Es wird dem Arbeiter dabei auch nur, statt des öffentlichen Almosens, eine etwas reichlichere und würdigere Hülfe gewährt. Wenn man mir vorwirft, ich ginge zu stürmisch vor, so möchte ich eben die Aufgabe des leitenden Ministers darin sehen, daß er, wie der Locomotivheizer, immer für richtige Heizung sorgt, damit die Maschine ordentlich weitergeht. Sonst bleiben wir in allem stecken.»[15]

Bismarcks Bestätigung des «Rechts auf Arbeit» hallte im deutschen Blätterwald gewaltig wider. Die *Vossische Zeitung* sprach von dem in seinen Auswirkungen revolutionärsten Prinzip, das je ein Mann in einer derartigen Stellung verkündet habe.[16] Der *Berliner Börsen-Courier* erklärte, daß der Versuch, diesem Recht Geltung zu verschaffen, die Grundlagen der deutschen Industrie zerstören würde.[17] Die Aufregung klang erst allmählich ab, als kein konkretes Regierungsprogramm für die Vollbeschäftigung zum Vorschein kam.[18] Die Reaktion des *Berliner Börsen-Couriers* beweist immerhin, wie schockierend Bismarcks Worte in der Industrie- und Finanzhälfte der von seiner angeblichen «Sammlungspolitik» zusammengebrachten Allianz wirkten.[19] Eben in dem Augenblick, da er bei ihren Vertretern im Parlament um weitere Unterstützung gegen die Sozialdemokratie warb, trug er offen seinen radikalsten sozialpolitischen Reformvorschlag vor. Daß er – soweit wir wissen – nichts unternahm, ihn in die Tat umzusetzen, legt den Verdacht nahe, daß es sich nur um Propaganda für die Arbeiterschaft handelte – eine Applikation seiner Zuckerbrot-und-Peitsche-Therapie gegen proletarische Unzufriedenheit –, die auf die Reichstagswahlen im Oktober 1884 berechnet war. Aber der Schrecken, den er damit in Kapitalistenkreisen verursachte, zeigt, wie ernst diese inzwischen jede Äußerung des oft so unberechenbaren Staatsmanns nahmen. 1884 waren sie bereits entsetzt über die Richtung, die Bismarck mit seinen Sozialversicherungsplänen einschlug.

Kranken- und Unfallversicherungen

Seit seiner Ernennung zum preußischen Ministerpräsidenten 1862 hatte Bismarck schon wiederholt mit Gedanken an soziale Reformen gespielt. Seine Beweggründe waren von Anfang an zweifach. Er wollte der Unterschicht in einer zunehmend industrialisierten Gesellschaft soziale Gerechtigkeit verschaffen und der Unternehmerelite, die liberale Anliegen unterstützte, in den Rücken fallen. Doch 1866 suchte er soziale und politische Stabilität auf einem anderen Weg, der mehr im Einklang mit seinem Ziel stand, die Macht Preußens in Deutschland und Europa zu vergrößern. Er stellte die Hohenzollernmonarchie an die Spitze der nationalen Bewegung und förderte die, wie Wagener es ausdrückte, «moralischen und materiellen Interessen» der Geschäftsleute und Unternehmer.[20] Als er dann 1878 der sozialen Frage erneut seine Aufmerksamkeit zuwandte, hatten sich die Dimensionen des Problems verändert. Nun galt es nicht länger, die Arbeiterschaft dem Einfluß der mittelständischen Liberalen zu entziehen, sondern dem der sozialistischen Bewegung, die ihre Führung übernommen hatte. Er mußte gleichzeitig eine Bewegung zerstören, die die Monarchie durch die Republik, das Christentum durch Atheismus, den Kapitalismus durch den Sozialismus ersetzen wollte, und die Loyalität der Proletarier durch den Nachweis gewinnen, daß der «christliche Staat» in der Lage war, ihre Interessen als eine Sache der sozialen Gerechtigkeit, nicht der Barmherzigkeit wahrzunehmen. Doch er erschwerte sich diese Aufgabe, ja machte vielleicht sogar deren Scheitern unausweichlich, indem er die Peitsche brauchte, ehe er das Zuckerbrot aus der Tasche holte.

Bismarck nannte als Gründe für die Hinauszögerung seiner sozialen Reformen seine Beanspruchung durch außenpolitische Angelegenheiten, das Gewicht der Laissez-faire-Doktrin im ökonomischen Denken der preußischen Reichsbeamten und seine Abhängigkeit in wirtschaftlichen Fragen von inkompetenten und obstruktionistischen Kollegen und Untergebenen. Erst nachdem er sich Delbrücks und anderer entledigt und das Amt des preußischen Handelsministers selbst übernommen hatte, behauptete er, war es ihm möglich, die bürokratische Maschinerie anzuwerfen, die das Krankenversicherungsgesetz von 1883, das Unfallversicherungsgesetz von 1884 und das Alters- und Invalidenversicherungsgesetz von 1889 auf den Weg brachte.[21] Man hat mit dieser Behauptung ein weiteres Beispiel für sein Talent, aus Halbwahrheiten den größtmöglichen Nutzen zu ziehen und die Schuld an eigenen Fehlurteilen anderen anzulasten. Erst Ende 1875 war er gewillt, von dem liberalen Kurs abzuweichen, den er 1867 eingeschlagen hatte, und während der folgenden fünf Jahre war er mit anderen politischen Anliegen befaßt, die seine begrenzte Energie restlos beanspruchten (Verstaatlichung der Eisenbahnen, Einführung von Schutzzöllen, staatliches Tabakmonopol und Steuerreform), Anliegen, die nur in geringem Maße, wenn überhaupt, Interessen der Arbeiterschaft wahrnahmen. Selbst das Sozialistengesetz von 1878 verfolgte den Nebenzweck, die liberale Bewegung zu schwächen und zu spalten, ein Motiv, das bei der Wahl des Zeitpunkts für seine Vorlage eine größere Rolle spielte als der tatsächliche Umfang der subversiven Aktivitäten, denen damit Einhalt geboten werden sollte.

Dennoch muß eingeräumt werden, daß die Verzögerung der sozialen Reform auch durch einen Mangel an brauchbaren Informationen verursacht wurde. Es gab keine Präzedenzfälle und kaum statistische Daten, an die man sich bei der Planung hätte halten können. Daß Bismarck während der siebziger Jahre zahlreiche Erhebungen über die Lage der arbeitenden Klasse durchführen ließ, beweist zugleich seine Ungewißheit hinsichtlich der zu treffenden Maßnahmen und sein Mißtrauen gegen die Vorschläge, die ihm von Leuten wie Hermann Wagener, den Kathedersozialisten und preußischen Beamten gemacht wurden. Zuletzt wandte er sich um Rat an interessierte Unternehmer in der Annahme, daß deren Erfahrung für die Durchführbarkeit seiner Maßnahmen und für deren Verträglichkeit mit dem freien Unternehmertum bürgen würde.

Wie ihre Konkurrenten im Ausland beuteten die deutschen Industriellen des 19. Jahrhunderts ihre Arbeiter im Interesse größerer Profite, höherer Dividenden, beschleunigter Kapitalakkumulation und der eigenen Konkurrenzfähigkeit schamlos aus. Dennoch gab es unter den reichsten und erfolgreichsten von ihnen etliche, die sich über die gesundheitlichen Folgen der Fabrikarbeit, vor allem für Kinder und Frauen, über die schlechten Wohnverhältnisse und die ungenügende ärztliche Versorgung ihrer Arbeiter sowie das Schicksal der Arbeitslosen, Kranken, Invaliden und Alten ernsthaft Sorgen machten. Unternehmer wie Friedrich

Harkort, Werner Siemens, August Borsig, Friedrich König, Alfred Krupp und Karl Stumm suchten die Verhältnisse ihrer Arbeiter zu bessern, indem sie Wohlfahrtskassen stifteten oder förderten, für bessere Wohnungen und Arbeitsbedingungen sorgten, Werkskindergärten einrichteten und überdurchschnittlich hohe Löhne zahlten. Als Dank erwarteten sie größere Produktivität, Disziplin und Treue zur Firma, den Verzicht auf gewerkschaftliche Organisation und Streiks.[22] Die Unternehmer verstanden sich selbst als Heerführer auf dem Schlachtfeld der freien Wirtschaft, und ihre Arbeiter sahen sie als ihre Soldaten an.

Tatsächlich war die Armee das einzige bekannte Muster für ein Unternehmen wie die Kruppwerke, wo schon in den frühen achtziger Jahren neunzehntausend Arbeiter ihre Aufgaben in vorgeschriebener Reihenfolge, zu festgesetzten Zeiten und unter Aufsicht eines Stabs von Vorgesetzten, an dessen Spitze eine einzige Person stand, pünktlich erledigten. In einem solchen Unternehmen, schrieb Henry Axel Bueck, der Geschäftsführer des *Centralverbands deutscher Industrieller*, «ist Autorität, ist Zucht, ist Disciplin nöthig». Krupp an der Ruhr und Stumm an der Saar befehligten ihre Werke und Belegschaften wie preußische Generäle ihre Armeen auf dem Schlachtfeld; Überleben sei «täglich bitterer Ernst».[23] «Wie der Arbeiter zum Gehorsam gegen seinen Arbeitgeber verpflichtet ist», schrieb Stumm, «so hat der Arbeitgeber von Gottes und Rechts wegen für seine Arbeiter weit über die Grenzen des Arbeitsvertrages hinaus zu sorgen. Der Arbeitgeber soll sich als Haupt einer großen Familie fühlen, deren einzelne Mitglieder solange Anspruch auf seine Fürsorge haben, als sie sich deren würdig erweisen.»[24]

Mit Unterstützung anderer Großindustrieller agitierte Stumm, der «König der Saar», im Parlament und in der Presse (er war freikonservativer Abgeordneter im Reichstag) 1878–1879 für die Einführung einer Pflichtversicherung für Alter und Invalidität.[25] Im August 1879 begann Bismarck bei seinen Ministerkollegen auf Vorschläge zur praktischen Durchführung eines derartigen Systems zu drängen das an die Stelle der Reichssozialversicherungsgesetze vom 7./8. April 1876 treten sollte, deren Mängel nun deutlich zu Tage lagen.[26] Die Erwägung von Stumms Vorschlag wurde jedoch behindert durch das Fehlen statistischer Angaben, die zur Kalkulation von Versicherungstabellen benötigt wurden.[27] Bismarck griff deshalb im Frühjahr 1880 einen begrenzteren Vorschlag Louis Baares auf, des Präsidenten des *Bochumer Vereins*, einer der größten Bergbau- und Eisenhüttenfirmen an der Ruhr. Auf Einladung Hofmanns entwarf Baare einen Plan für ein nationales Unfallversicherungssystem, der nicht nur auf seinen eigenen Erfahrungen, sondern denen der rheinländisch-westfälischen Großindustriellen im allgemeinen basierte.[28] Diese Interessengruppe, die bei der Gestaltung der Schutzzölle 1879 eine so entscheidende Rolle gespielt hatte, nahm die erneute Gelegenheit wahr, die nationale Gesetzgebung zu beeinflussen. Wenn dabei altruistische Rücksichten genommen wurden, so kamen doch auch das aufgeklärte Eigeninteresse der Industriellen sowie deren Furcht vor sozialen Unruhen zur Geltung. Sie hofften, mit ihrer Initiative einer für ihre Interessen schädlicheren Gesetzgebung zuvorkommen zu können. «Bringe die Industrie jetzt Opfer», meinte Baare, «so werde sie sich die Sympathie der Reichsregierung zur Bekämpfung einer Erweiterung des Haftpflichtgesetzes erhalten.»[29]

Bismarck schätzte die Initiativen Stumms und Baares, weil sie von Männern ausgingen, die im praktischen Geschäftsleben standen, und nicht von Regierungsbeamten. Aus dem gleichen Grund legte er die Kranken- und Unfallsversicherungsgesetze zuerst dem preußischen Volkswirtschaftsrat vor, ehe er den Bundesrat und den Reichstag damit befaßte. Doch Gesetzesvorlagen konnten nur von Beamten entworfen werden, die über die erforderlichen fachlichen Kenntnisse verfügten. Seit September 1878 war das Problem der Sozialversicherung in den preußischen Ministerien im Gespräch. Auf Reformen drängte insbesondere Theodor Lohmann, Unterstaatssekretär im Handelsministerium, der beim Entwurf des Sozialversicherungsgesetzes von 1876 und der Gewerbegesetznovelle von 1878 entscheidend mitgewirkt hatte. Lohmann, ein ernsthafter evangelischer Christ und sozial konservativ, beobachtete die Entfremdung der Arbeiterschaft mit großer Sorge und hatte erkannt, daß das neue Deutsche Reich dringend eines soliden sozialen Fundaments bedurfte. Eine staatssozialistische Lösung des Problems mit der dazu gehörigen Zentralisierung, Bürokratisierung und öffentlichen Finanzierung lehnte er jedoch ab. Solche Maßnahmen, fürchtete er, würden das korporative Bewußtsein und den christlichen Individualismus der Arbeiterschaft ersticken. Statt dessen plädierte er für eine weitergehende Gesetzgebung zur Regelung der Arbeitsbedingungen und zum Schutz des Familienlebens sowie für Versicherungsgesetze, die die freiwillige Beteiligung von Arbeitgebern und Arbeitnehmern an selbstverwalteten örtlichen Unterstützungsvereinen auf Gegenseitigkeit fördern würden.[30]

Lohmann hatte die Gesetzesvorlage entworfen, die durch die drastische Erweiterung der Haftpflicht der Arbeitgeber für Arbeitsunfälle Bismarcks Zorn erregt und im August 1880 zu Hofmanns Entlassung geführt hatte.[31] Unter Hofmanns Nachfolger, Karl von Boetticher, wurden Lohmann und andere Sachbearbeiter in das Reichsamt des Innern versetzt, wo sie eine neue Abteilung bildeten, die insbesondere die Aufgabe hatte, Sozialversicherungsgesetze gemäß Bismarcks Vorstellungen zu entwerfen. Lohmann war der führende Kopf dieser Gruppe, sollte aber bald entdecken, wie er selbst ironisch bemerkte, daß die Kommerzienräte (ein Ehrentitel für erfolgreiche Geschäftsleute) mehr Einfluß hatten als die Geheimräte (ein Dienstgrad im Staatsdienst). Baares Plan für die Unfallversicherung gefiel Bismarck, weil er dem Reich die Aussicht bot, bei der Sozialversicherung als verantwortliche Instanz in Erscheinung zu treten und sich so den Arbeitern, deren Treue und Stimmen er gewinnen wollte, unmißverständlich zu empfehlen. Ende 1883 nahm Lohmann, dessen Kenntnisse und Fähigkeiten Bismarck zu schätzen gelernt hatte, seinen Abschied, weil er es leid war, Gesetzesvorlagen entwerfen zu müssen, die nicht mit seinen Überzeugungen übereinstimmten. Schließlich fand Bismarck in Carl Gamp und Anton Bödiker zwei Beamte, die seinen eigenen Anschauungen näherstanden und fähig waren, diese in Gesetzesvorlagen umzuwandeln. Drei Gelehrte, Adolph Wagner, der Leipziger

Professor Karl Heym und der Tübinger Nationalökonom und ehemalige österreichische Minister Albert Schäffle, leisteten ebenfalls Beiträge dazu.[32] Doch prägend für die Sozialversicherungsgesetze war vor allem der Wille Bismarcks. Wie beim Entwurf der Verfassung 1867 nahm er Rat nur da an, wo dieser seinen Absichten korrespondierte. Indem er sich Berater wählte, deren Ideen seinen Zielen entsprachen, und widerwilligen Mitarbeitern wie Lohmann, Jacoby und zeitweilig sogar Boetticher Entwürfe dazu entriß, gestaltete er die Gesetze so, daß sie zu seinen Vorstellungen paßten.[33]

Die erste Reform, die Bismarck in Angriff nahm, die Unfallversicherungsvorlage vom 8. März 1881, ging nicht sehr glatt vonstatten. Die Vorlage sah die pflichtmäßige Versicherung aller Fabrik- und Bergarbeiter gegen durch Arbeitsunfälle verursachte Invalidität vor. Die Versicherung sollte von einer Reichsversicherungsbehörde verwaltet werden. Die jährlichen Beiträge für Arbeiter mit Einkommen unter 750 Mark sollten zu zwei Dritteln von den Arbeitgebern, zu einem Drittel vom Reich bezahlt werden. Arbeiter mit Einkommen zwischen 750 und 1000 Mark sollten ein Drittel des Betrages selbst zahlen, während die übrigen zwei Drittel auch für sie der Arbeitgeber aufzuwenden hatte. Wer über 1000 Mark verdiente, sollte die Hälfte des Versicherungsbetrages vom Arbeitgeber bekommen, die andere Hälfte selbst zahlen. Die plötzliche Ausbreitung des Terrorismus – am 13. März 1881 war Zar Alexander II., am 2. Juli 1881 US-Präsident James Garfield Opfer eines Mordanschlags geworden – hatte ein Reformen günstiges Klima geschaffen. Im Bundesrat und im Reichstag gab es wenig Neigung, die Notwendigkeit der Gesetzgebung in Zweifel zu ziehen, obwohl es den meisten lieber gewesen wäre, wenn einfach die Haftbarkeit der Arbeitgeber für Arbeitsunfälle erweitert worden wäre. Bei den Linksliberalen und im Zentrum gab es Widerstand gegen die unitarischen und staatssozialistischen Züge des Entwurfs sowie gegen die antikapitalistischen Äußerungen der Minister und Agrarier, die dessen Verteidigung übernahmen. Doch selbst die Konservativen lehnten die Übernahme von Beitragszahlungen durch den Staat ab, die von Richter als «kommunistisch» denunziert wurde.

Bismarck ließ keinen Zweifel daran, daß er langfristig eine vom Reich finanzierte und verwaltete Invaliditäts- und Altersversicherung anstrebte. Das ließ ein Defizit im Reichsbudget erwarten, zu dessen Deckung in erster Linie die Einführung des Tabakmonopols erforderlich sein würde, des weiteren aber auch eine Erhöhung der Zölle und eine Reihe anderer unwillkommener steuerlicher Maßnahmen. Änderungsanträge im Reichstag übertrugen die Verwaltung des Systems auf die Regierungen der Bundesstaaten und strichen den finanziellen Beitrag des Reichs; selbst die unter 750 Mark jährlich verdienenden Arbeiter sollten nun ein Drittel ihres Versicherungsbetrages selbst zahlen. In dieser Form fand Bismarck das Gesetz unannehmbar. Die ärmsten Arbeiter seien zu dieser Leistung nicht imstande, erklärte er. Arbeiter, die keiner Versicherungsleistung bedurften, würden überdies die Prämie nur als eine weitere Abgabe betrachten, die ihnen vom habgierigen Staat aufgezwungen werde, dem sie dafür keine Dankbarkeit schuldeten.[34]

Als der Reichstag nach den Wahlen im Oktober 1881 wieder zusammentrat, wurde eine kaiserliche Botschaft verlesen, in welcher der Monarch sich persönlich für soziale Reformen einsetzte. «Schon im Februar dieses Jahres haben Wir Unsere Überzeugung aussprechen lassen, daß die Heilung der socialen Schäden nicht ausschließlich im Wege der Repression socialdemokratischer Ausschreitungen, sondern gleichmäßig auf dem der positiven Förderung des Wohles der Arbeiter zu suchen sein werde.» Zu diesem Zweck werde die Regierung dem Reichstag demnächst über das neue Gesetz zur Unfallversicherung hinaus ein Krankenversicherungsgesetz und letztlich auch ein Invaliditäts- und Altersversicherungsgesetz vorlegen.[35]

Die Krankenversicherungsvorlage war ein Nebenprodukt der Beratungen über die Unfallversicherung. Versicherungsleistungen sollten bei nicht tödlichen Unfällen erst nach dreizehn (ursprünglich vier) Wochen beginnen. Während dieser Zeit wären Arbeiter, die nicht bei einer Genossenschaftskasse versichert waren, ohne Unterstützung gewesen. Diese bildeten aber noch die Mehrheit, denn die Arbeiter hatten die in dem Gesetz von 1876 gegebene Anregung zur Gründung freier Hilfskassen nicht befolgt. Dem von Lohmann entworfenen neuen Gesetz entsprechend sollten nun in allen Industriezweigen, für welche das Unfallversicherungsgesetz galt, zusätzlich Pflichtkrankenkassen eingerichtet werden; die Beiträge (prozentual nach Einkommen) mußten zu zwei Dritteln von den Arbeitern, zu einem Drittel vom Arbeitgeber entrichtet werden. Dabei waren alle Krankheiten, nicht nur Unfallfolgen, bis zu mindestens dreizehn Wochen versichert. Kranke Arbeiter sollten Unterstützung in Höhe von drei Vierteln des durchschnittlichen Arbeitslohnes erhalten. Zu Bismarcks Überraschung trat das Krankenversicherungsgesetz als erste seiner Vorlagen in Kraft, der Reichstag nahm es am 15. Juni 1883 mit überwältigender Mehrheit (216 gegen 99 Stimmen) an. Lohmann zufolge betrachtete der Kanzler das Gesetz als «untergeschobenes Kind» und fand das große öffentliche Interesse, das es erregte, verwunderlich.[36]

Nach drei erfolglosen Anläufen wurde am 6. Juli 1884 auch das Unfallversicherungsgesetz rechtskräftig. In seiner letzten Form enthielt das Gesetz im wesentlichen das, was Bismarck gewollt hatte: Alle Beiträge waren von den Arbeitgebern zu zahlen, die Verwaltung von den Arbeitgeberverbänden der verschiedenen Industriezweige zu übernehmen, Defizite würde das Reich decken und die Überwachung von einem Reichsversicherungsamt ausgeübt werden, das vom Reich finanziert werden sollte. Das größte Opfer, das er der Opposition hatte bringen müssen, war der Verzicht auf die Beteiligung des Reichs an den Beitragszahlungen, doch er erlaubte dem Bundesrat auch, eine Bestimmung aus der Vorlage zu streichen, welche die Mitwirkung von Arbeiterausschüssen bei der Ausführung des Gesetzes vorgesehen hatte. Bemühungen der Sozialdemokraten und Linksliberalen, die Bestimmung wieder einzuführen, blieben erfolglos. Die Gründung der Berufsgenossenschaften der Arbeitgeber entkräftete einen Teil der Bedenken gegen das Reichsversicherungsamt, indem sie dessen administrative Bedeutung einschränkte. Unter der geschickten Leitung seines ersten Präsidenten

Bödiker blieb das Amt dennoch ein weithin sichtbares Symbol für die Rolle des Reichs im Sozialversicherungswesen. Bödikers erste große Leistung war die Organisation der Berufsgenossenschaften der Arbeitgeber, wobei er den Widerstand der Industriellen zu überwinden hatte, die sich zunächst gegen die neue und unvertraute Aufgabe, die Verwaltung eines Unfallsversicherungsfonds zu übernehmen, sträubten.[37]

Der Zweck dieser Berufsgenossenschaften ging jedoch über den bloßen Anschein hinaus. Einen geheimen Zweck, den er ihnen zudachte, verriet Bismarck Lohmann in einem langen Gespräch am 5. Oktober 1883, das zu Lohmanns Entlassungsgesuch führte. Lohmann lehnte das Prinzip korporativer Verwaltung zwar nicht an sich ab, wohl aber mit großer Entschiedenheit die von Bismarck geforderte Zwangsmitgliedschaft sämtlicher Industriezweige in den entsprechenden Verbänden. Er glaubte, daß auf diese Weise gebildete Vereinigungen mechanische und leblose Konstruktionen sein würden. Statt dessen wollte er durch den Staat die Gründung örtlicher und freiwilliger Vereine fördern, die einen organischeren Charakter und mithin größere Vitalität haben würden. Bismarck schockierte ihn mit der Eröffnung, daß ihm die Unfallversicherung «an sich ... Nebensache sei. Die Hauptsache sei ihm, bei dieser Gelegenheit zu korporativen Genossenschaften zu gelangen, welche nach und nach für alle produktiven Volksklassen durchgeführt werden müßten, damit man eine Grundlage für eine künftige Volksvertretung gewinne, welche anstatt oder neben dem Reichstag ein wesentlich mitbestimmender Faktor der Gesetzgebung werden, wenn auch äußerstenfalls durch das Mittel eines Staatsstreiches.»[38]

Die Arbeitgeberverbände zur Verwaltung der Sozialversicherung waren nicht die einzigen korporativen Genossenschaften, die er als Grundlage für die künftige Volksvertretung in Aussicht genommen hatte. Als er 1880 das preußische Handelsministerium übernahm, erbte er von seinen Vorgängern eine Gesetzesvorlage zur Neugestaltung und Wiederbelebung des Innungswesens (ohne Zunftzwang, wie ihn viele Handwerker nach wie vor forderten). Er erwartete «nicht gerade viel» von dieser Vorlage, die den Schutz des Handwerks sowohl gegen die Konkurrenz der Industrie als auch gegen unqualifizierte Amateure bezweckte.[39] Seit seinen Frankfurter Jahren hielt er die Zünfte und Innungen im Zeitalter des Industriekapitalismus für anachronistische Institutionen, die nicht mit künstlichen Mitteln am Leben erhalten werden konnten. Aber er hielt es für möglich, neue korporative Gebilde zu kultivieren, die im modernen Wirtschaftsklima blühen und gedeihen würden.[40] Aus diesem Grund nahm er im Mai 1882 den Vorschlag eines Untergebenen im Handelsministerium zur Schaffung von «Gewerbekammern», der auf die Forderungen der Handwerker und eine kürzlich verabschiedete Reichstagsresolution reagierte, mit Freuden an. Bismarck zielte auf eine radikale Umwandlung der bestehenden Handelskammern, bei denen es sich um quasi-amtliche Körperschaften handelte, deren Mitglieder meist Großkaufleute und Großindustrielle waren und deren jährliche Berichte zur Geschäftslage nicht selten die Wirtschaftspolitik der Regierung vom Standpunkt der Laissez-faire-

Doktrin kritisierten.[41] Wenn diese so erweitert werden konnten, daß alle gewerblichen Interessengruppen einschließlich der Handwerker darin Aufnahme fänden, konnte er hoffen, damit nicht nur der Regierung in Zukunft ärgerliche Kritik zu ersparen, sondern auch eine neue korporative Institution zu schaffen, die zur Grundlage für eine künftige Volksvertretung werden könnte.

Angesichts des Scheiterns seines Plans für einen deutschen Volkswirtschaftsrat erkannte Bismarck, daß weder der Reichstag noch der preußische Landtag in nächster Zukunft die Gründung von Gewerbekammern noch gar die Mittel dafür bewilligen würden.[42] So wählte er den Verwaltungsweg und wies die preußischen Provinzialverwaltungen an, mit Vertretern der betroffenen Interessen zu verhandeln und, Richtlinien des Handelsministeriums entsprechend, Gesetzentwürfe zur Schaffung von Gewerbekammern den Provinziallandtagen vorzulegen.[43] Dieser Initiative war wenig Erfolg beschieden. Die Provinziallandtage der Industriegebiete im westlichen Preußen kooperierten nicht; diejenigen der östlichen Provinzen bewilligten zwar Mittel, aber die Gewerbekammern, die sie gründeten, zogen die Interessen, die sie vertreten sollten, nicht eben mächtig an. Als 1892 die Mittel erschöpft waren, schlief diese Institution wieder ein.[44]

Sprung ins Dunkle

Wie die meisten politischen Unternehmungen Bismarcks diente das Sozialversicherungsprogramm mehr als einem Zweck. Unter realpolitischen Gesichtspunkten sollte es die Arbeiterschaft mit dem Staat durch den Beweis versöhnen, daß der Staat «freigiebig gegen die Armut» sein konnte. Auch wenn Millionen dafür aufzuwenden seien, sei das doch «eine gute Anlegung des Geldes», wenn damit eine Revolution abgewendet werde, «die in fünfzig Jahren ausbrechen kann, aber auch schon in zehn Jahren».[45] Doch das Programm war auch ein weiterer Versuch, die Grundsteuer zu reduzieren, da es ja den örtlichen Verwaltungen einen großen Teil der Last der Armenfürsorge abnehmen würde. Große Reichsbeiträge zur Finanzierung des Systems würden das Defizit des Reichsbudgets vergrößern und somit der Einführung des Tabakmonopols den Weg ebnen. Beim Scheitern der ursprünglichen Vorlage brachte Bismarck die korporativen Genossenschaften ins Spiel, deren letztlicher Zweck weniger offenkundig war. Die Rolle, die er diesen Genossenschaften, die die Unfallversicherungsfonds verwalten sollten, im Falle eines Staatsstreichs zudachte, erklärt, weshalb er dem Untergang des preußischen Volkswirtschaftsrats in den Jahren 1883–1884 mit einiger Gelassenheit zusah.

Dennoch trieb den Reichskanzler unleugbar auch ein echter moralischer Impuls, der aufrichtige Wunsch, eine wichtige Reform zur Verwirklichung sozialer Gerechtigkeit und «praktischen Christentums» durchzusetzen. Daß sein Gesundheitszustand sich im Herbst 1880 zeitweilig besserte, mag seine Ursache auch in der freudigen Erregung über die neue Aussicht, die sich ihm damals eröffnete, gehabt haben. Die fünfhundert Gäste der parlamentarischen Soiree am 1. Februar 1881 fanden ihn in einer ungewöhnlichen Stimmung. Gewöhnlich ging er von Gruppe zu Gruppe, mit jedem ein paar freundliche Worte wechselnd, scherzend, bis das Buffet serviert war und die Gesellschaft sich zu verlaufen begann. Dann begann er, umgeben von einer Corona verbleibender Gäste, zu politischen Fragen zu sprechen. Diesmal aber ließ er sich, durch einige Gläser Rüdesheimer Berg 1822 gestärkt, schon zu Beginn des Abends in eine Diskussion aktueller Fragen verwickeln. Umgeben von einer Schar von Abgeordneten, Ministern und Angehörigen des preußischen Volkswirtschaftsrats, vertiefte er sich so in die Darlegung seiner Gedanken über die Sozialversicherungen, daß er trotz wiederholter Ermahnungen Johannas sein Essen vernachlässigte!

Das Unfallversicherungsgesetz, erklärte er, sei bloß der Anfang einer Aufgabe, deren Vollendung ein ganzes Jahrzehnt in Anspruch nehmen mochte. Sollte es nicht an der Stelle, wo es hieß «jeder Arbeiter», besser «jeder Deutsche» heißen? Schon wurde vorgeschlagen, die Versicherung auf Handwerker und Landarbeiter auszudehnen. Aber zuerst müsse die Tragfähigkeit des Eises erprobt werden. «Warum sollte der Gedanke einer Altersversicherung nicht durchführbar sein?» Am nächsten Tag schrieb das *Berliner Tageblatt* in einem Leitartikel: «Es bleibt immerhin eine denkwürdige Erscheinung, daß in dem stolzesten Hause der Reichshauptstadt der mächtigste Staatsmann unserer Tage gleichzeitig die Fürsten der Industrie und die Lohnarbeiter (deren tatsächlich vier oder fünf anwesend waren), die leitenden Staatsminister und die gewählten Vertreter des Volks in seinem Saale vereinigt, um im direktesten Ideenaustausch für seine Pläne Propaganda zu machen. In Wahrheit fungiert hierbei der Reichskanzler als Apostel jener gesellschaftlichen demokratischen ‹Gleichheit›, um die wir so oft die Franzosen beneiden mußten.»[46]

Die Mischung aus Realismus, Idealismus und Religion, die Bismarcks Gedanken über die Sozialversicherungsgesetzgebung und deren Verteidigung im Parlament charakterisiert, ist evident in der Begründung der ersten Unfallversicherungsvorlage. «Daß der Staat sich in höherem Maße als bisher seiner hilfsbedürftigen Mitglieder annehmen muß, ist nicht nur eine Pflicht der Humanität und des Christentums, von welchem die staatlichen Einrichtungen durchdrungen sein sollen, sondern auch eine Aufgabe staatserhaltender Politik, welche das Ziel zu verfolgen hat, auch in den besitzlosen Klassen der Bevölkerung die Anschauung zu pflanzen, daß der Staat nicht bloß eine notwendige, sondern auch eine wohltätige Einrichtung sei. Das Bedenken, daß in die Gesetzgebung, wenn sie dieses Ziel verfolge, ein sozialistisches Element eingeführt werde, darf von der Betretung dieses Weges nicht abhalten. Soweit dies wirklich der Fall ist, handelt es sich nicht um etwas ganz Neues, sondern um eine Weiterentwicklung der aus christlicher Gesittung erwachsenden modernen Staatsidee, nach welcher dem Staate neben der defensiven, auf den Schutz bestehender Rechte abzielenden auch die Aufgabe obliegt, durch zweckmäßige Einrichtungen und durch die Verwendung verfügbarer Mittel der Gesamtheit das Wohlergehen aller seiner Mitglieder und namentlich der schwachen und hilfsbedürftigen positiv zu fördern. In diesem Sinne schließt namentlich die gesetzliche Regelung der Armenpflege, welche der moderne Staat als eine ihm obliegende Aufgabe anerkennt, ein sozialistisches Moment in sich, und in Wahrheit handelt es sich bei den Maßnahmen, welche zur Verbesserung der Lage der besitzlosen Klassen ergriffen werden können, nur um eine Weiterentwicklung der Form, welche der staatlichen Armenpflege zugrunde liegt.»[47]

Obwohl Stumm und Baare bei der Konzeption des Sozialversicherungssystems mitgewirkt hatten, waren sie und die Industrie im allgemeinen mit dem Ergebnis der gesetzgeberischen Initiative der Regierung keineswegs zufrieden. Viele Industrielle empfanden die Initiative des Staates zugunsten der Arbeiter als einen «Sprung ins Dunkle», als ein Experiment in Staatssozialismus, das die deutsche Wirtschaft überlasten würde und als Präzedenzfall die Freiheit des Unternehmertums bedrohte. Einige Gegner der neuen Gesetze waren prinzipielle Vertreter des Manchestertums, doch andere waren Schutzzöllner, die den Staat 1878–1879 eifrig zum Eingreifen in das Wirtschaftsleben gedrängt hatten. Obwohl sie die Unfall- und Krankenversicherungsgesetzgebung im ganzen begrüßten, bemängelten die Vertreter des *Centralverbands deutscher Industrieller* daran doch viele Details und einen «Zug des Mißtrauens gegen die Arbeitgeber», den sie in den geplanten Gesetzen wahrnahmen.[48] Die Versicherungsgesellschaften bildeten erwartungsgemäß einen Chor mißbilligender Stimmen. Ein Staat, der Unfallversicherung gewähre, verstoße gegen seine «Natur», erklärten sie, und kehre dem Rechtsstaat den Rücken, dessen Aufgabe es sei, das freie Unternehmertum zu schützen und zu fördern, nicht aber es zu enteignen oder mit ihm in Konkurrenz zu treten.[49]

Die Konservativen und die Freikonservativen im Reichstag ließen sich durch das Argument gewinnen, daß die Sozialversicherung eine natürliche Funktion des christlichen Staates und eine logische Fortsetzung früherer staatlicher Initiativen zur Armenfürsorge sei. Bennigsen, Miquel und andere Nationalliberale waren leicht davon zu überzeugen, daß zur Beseitigung der sozialistischen Subversion auch größere Maßnahmen zur Integration der Arbeiterschaft in den nationalen Konsens gehören mußten. Was das Reich früher für die Geschäftswelt und die Landwirtschaft getan hatte, sollte es jetzt auch für die sozial «Enterbten» tun. Von den Sezessionisten und der Fortschrittspartei kam hingegen generelle Ablehnung. Für Bamberger, Richter und andere waren die Vorlagen ein ungerechtfertigter Eingriff in das freie Unternehmertum. Staatssozialismus, erklärten die Linksliberalen, sei keine «moderne Idee», sondern so alt wie das Römische Reich, das bekanntlich bei dem Versuch untergegangen sei, die Massen mit Brot und Spielen zu versorgen. Der wahrhaft moderne Staat sei ein «Nachtwächter», der für öffentliche Ordnung sorgte, aber dem privaten Unternehmertum Gelegenheit bot, sich auf dem freien Markt zu entfalten. Der Staatssozialismus würde die Privatinitiative ersticken, Untertanen, nicht freie Bürger erzeugen, Drohnen statt Arbeiter hervorbringen und die Produktivität nicht steigern, sondern schwächen.

Daß Reformen erforderlich waren, leugneten auch die Linksliberalen nicht, aber sie sahen die Lösung in einere Erweiterung der Haftpflicht der Unternehmer, mehr freien Hilfskassen und neuen und größeren privaten Versicherungsgesellschaften. Die Sozialdemokraten andererseits waren hocherfreut über den «Interessenkonflikt» innerhalb der «herrschenden Klasse», den die Sozialversicherungsgesetzgebung ans Licht brachte, und nahmen das Verdienst an der Gesetzgebung ironisch für sich selbst in Anspruch.[50]

Den Schlüssel zur parlamentarischen Tür, durch welche die Sozialversicherungsgesetzgebung Einlaß finden mußte, besaß jedoch das Zentrum. Seit den sechziger Jahren hatten katholische Würdenträger, namentlich Wilhelm Emanuel Freiherr von Ketteler, Bischof von Mainz, eine stärkere Beachtung der sozialen Frage im Industriezeitalter angemahnt. Daß ein guter Teil der Wählerbasis des Zentrums der Arbeiterschaft angehörte, trug gewiß ebenfalls zur sozialen Sensibilität dieser Partei bei. In den späten siebziger Jahren beteiligte sich das Zentrum an der Agitation für eine neue Fabrikgesetzgebung und war mit verantwortlich für die Aufnahme der Bestimmung, die regelmäßige Fabrikinspektionen zwingend vorschrieb, in die Gewerbegesetznovelle von 1878. Seine Ablehnung des Sozialistengesetzes begründete Windthorst 1878 auch mit dem Argument, daß radikale Ideen nicht durch Zwang zu unterdrücken seien, sondern nur durch positive Schritte zur Beseitigung der Not, die sie nährte, entkräftet werden könnten. Obwohl sie die Sozialversicherungsgesetzgebung als einen Schritt in die richtige Richtung begrüßten, lehnten Windthorst und seine Gefährten jedoch jene Züge der Vorlage von 1881 ab, die ein starkes Anschwellen des Reichsbudgets und der Reichsbürokratie anzukündigen schienen. Doch diese zentralistischen Züge, durch welche das Zentrum den Föderalismus des Reichs bedroht sah, wurden in den Vorlagen von 1883 und 1884 größtenteils getilgt und durch korporative Institutionen ersetzt, die den Vorstellungen nahe kamen, die von Ketteler und anderen katholischen Autoren schon seit zwei Jahrzehnten vorgetragen wurden. Weitere Gründe, das Zentrum zur Annahme der Sozialversicherungsgesetze zu bestimmen, lagen in der parteipolitischen Dynamik. Indem es gemeinsam mit den beiden konservativen Parteien eine Mehrheit bildete, die liberale Änderungsanträge zu Fall bringen konnte, bewies das Zentrum der Regierung seine Nützlichkeit und ebnete sich den Weg zu künftigen Anschlägen auf die Kulturkampfgesetze.[51]

Diese Kombination brachte die Nationalliberale Partei in eine schwierige Lage. Wie von Bismarck vorausgesehen, hatte die Fusion von Sezession und Fortschritt die Restpartei nach rechts gedrängt. Obwohl sie noch immer imstande war, sich gegen die Angriffe der Regierung auf die Rechte des Parlaments mit den Linksliberalen zu verbinden (so erst jüngst gegen Puttkamers Antrag, das Abstimmungsgeheimnis bei Reichstagswahlen abzuschaffen), gelangte die Partei doch zunehmend unter die Führung Johannes Miquels, der in Übereinstimmung mit der Regierung und in Konkurrenz mit dem Zentrum wirken wollte. Am 23. März 1884 entwarfen süddeutsche Angehörige der Partei in Heidelberg ein

Programm, das diese Vorstellungen widerspiegelte und auf dem allgemeinen Parteitag in Berlin im Mai angenommen wurde. Das Programm rühmte Bismarcks Außenpolitik, befürwortete soziale Reformen (einschließlich der Unfallversicherung), unterstützte die Verlängerung des Sozialistengesetzes, lehnte «alle etwaigen Reaktionsversuche» ab, betrachtete die «Zollgesetzgebung des Deutschen Reichs ... in ihren wesentlichen Grundlagen als abgeschlossen», brachte Sorge über die Lage der Landwirtschaft zum Ausdruck und setzte sich für neue indirekte Steuern auf Börsengeschäfte, Branntwein und Zucker ein. Zuletzt verwarf das Programm entschieden die Idee einer «Verschmelzung mit anderen Parteien».[52] Nach einem vergeblichen Versuch, gemeinsam mit den Linksliberalen eine Änderung der Unfallversicherungsvorlage herbeizuführen, trennte sich die Nationalliberale Partei im Reichstag von den Freisinnigen und stimmte für die Vorlage.

Für die Arbeiter war die Reichstagswahl am 8. Oktober 1884 ein Referendum über die Sozialisten- und Sozialversicherungsgesetze. 1881 hatte Bismarck ihnen Reformen nur in Aussicht stellen können; zu seiner Enttäuschung war das nicht genug, um ihre Stimmen zu gewinnen.[53] Nun waren auf das Versprechen bereits zwei nicht unbedeutende Anzahlungen geleistet worden, und die Frage blieb, ob die neue Fürsorge der Regierung für ihr Wohl (einschließlich Bismarcks Eintreten für ein «Recht auf Arbeit») das Wahlverhalten der Arbeiter beeinflussen würde. Doch obwohl die Sozialdemokraten gegen beide Versicherungsgesetze gestimmt hatten, erhielten sie bei der Wahl 1884 mehr Stimmen als je zuvor. Fast 550000 Wähler (9,7 Prozent der Wahlberechtigten) stimmten für die Partei der Subversion, die so die Zahl ihrer Mandate von zwölf auf vierundzwanzig verdoppeln konnte.[54]

Angriff auf die Feuer- und Hagelversicherungsgesellschaften

Sozialversicherungen zugunsten der Arbeiterschaft waren nicht die einzigen Projekte auf dem Gebiet des Versicherungswesens, die Bismarck während der frühen achtziger Jahre beschäftigten. Weniger bekannt sind seine Haltung zu staatlicher Regulierung des Versicherungsgeschäfts überhaupt und sein Bestreben, zugunsten von Grundbesitzern, vor allem von Gutsbesitzern und Kleinbauern, ein preußisches Staatsmonopol auf Feuer- und Hagelversicherung durchzusetzen. Das Staatsmonopolprojekt bietet erneut Gelegenheit, den Zusammenhang zwischen der Formulierung der Regierungspolitik und seinen privaten Geschäftserfahrungen zu beobachten.

Indem sie der Zentralregierung die Befugnis gaben, das Versicherungswesen gesetzlich zu regeln, entsprachen Bismarck und die Beamten, die am Entwurf der Verfassung des Norddeutschen Bundes 1867 beteiligt waren, der übereinstimmenden Auffassung von Regierungsbeamten, Versicherungsgesellschaften und Versicherten, daß ein regulierendes Gesetz zur Herstellung gemeinsamer Normen und Standards für das gesamte Versicherungswesen notwendig sei. Während der folgenden Jahre drängten die in den preußischen Handelskammern und im *Deutschen Handelstag* vertretenen Geschäftsleute das Reich wiederholt, von seiner gesetzgeberischen Befugnis auf diesem Gebiet Gebrauch zu machen, vor allem im Interesse der Versicherer.[55] 1869 wurde in den preußischen Ministerien mit den Vorarbeiten zu einem regulierenden Reichsgesetz begonnen, nachdem der Bundesrat eine Resolution angenommen hatte, in der die Angelegenheit als «dringlich» bezeichnet wurde. Doch die Arbeit daran wurde während der siebziger Jahre in Erwartung von Änderungen des Reichsgesetzes über das Gesellschaftsrecht unterbrochen. Die Agitation für ein regulierendes Gesetz und eine Reform des Versicherungswesens im allgemeinen erreichte 1878–1879 einen Höhepunkt. Während dieser Jahre hatten Petitionen der betroffenen Interessengruppen im preußischen Landtag und im Reichstag Diskussionen zur Folge, die mit der Annahme einer Reichstagsresolution endeten, in welcher die Regierung zum Handeln aufgefordert wurde.[56]

In das Versicherungsgeschäft teilten sich in Deutschland drei Arten von Unternehmen, deren Interessen nicht identisch waren. Da gab es einerseits «öffentliche Societäten», die sich, meist schon während des 18. Jahrhunderts zum Schutz der Öffentlichkeit vor Katastrophen vom Staat gegründet oder gefördert, eines amtlichen oder halbamtlichen Status erfreuten, sodann andererseits zahlreiche private Versicherungsgesellschaften auf Gegenseitigkeit von begrenztem Umfang und begrenzter Kapitalisierung sowie zuletzt einige erst während des 19. Jahrhunderts gegründete große Aktiengesellschaften. Auf dem Gebiet der Feuerversicherung, das uns hier vorzüglich zu interessieren hat, versicherten die öffentlichen Sozietäten vor allem Immobilien, die privaten Versicherungen auf Gegenseitigkeit bewegliche Habe und die Aktiengesellschaften jede Art von Besitz. Zwischen 1863 und 1878 verdreifachte sich in Preußen der Umfang der versicherten Werte für alle drei Arten von Unternehmen. Für öffentliche Sozietäten nahm dieser Umfang von 4 844 981 274 auf 13 465 699 870 Mark zu (einschließlich 990 161 406 Mark versicherter beweglicher Habe), für private Gesellschaften auf Gegenseitigkeit von 623 686 827 Mark auf 2 303 046 655 Mark (einschließlich 351 433 237 Mark versicherter Immobilien), während der Wert des von dreiunddreißig Aktiengesellschaften versicherten Besitzes sich von 7 377 300 000 Mark auf 22 054 458 369 Mark erhöhte.[57] Obwohl die Aktiengesellschaften neu im Geschäft waren, hatten sie doch ihren älteren Konkurrenten gegenüber bedeutende Wettbewerbsvorteile. Ihre Fähigkeit, Kapital aufzunehmen, Rücklagen zu akkumulieren und überall in Europa Rückversicherungen abzuschließen, sicherte ihnen einen entscheidenden Vorsprung gegenüber den Gesellschaften auf Gegenseitigkeit. Infolgedessen bemühten sich die öffentlichen Sozietäten um Unterstützung der Regierung, um im Konkurrenzkampf bestehen zu können. Im übrigen waren die Aktiengesellschaften im Versicherungsgeschäft während der späten siebziger Jahre den gleichen Anfeindungen ausgesetzt wie die Aktiengesellschaften damals überhaupt. Man beschuldigte sie betrügerischer Manöver, überhöhter Prämien und unverhältnismäßiger Gewinne.

Bismarcks lange Abwesenheiten aus Berlin während der Jahre 1878–1879 gaben jenen preußischen Ministerien, in deren Verantwortung die Aufsicht über das Versicherungswesen fiel (Innen-, Landwirtschafts- und Justizministerium), die Freiheit, auf die wachsende Unruhe zu reagieren. So dachten sie jedenfalls. Im Juni 1879 erhielten Friedberg und Hofmann Bismarcks Zustimmung zu einem Rundschreiben der Reichskanzlei an die deutschen Regierungen, in dem um Informationen und Meinungsäußerungen zur Vorbereitung des Entwurfs einer regulierenden Reichsgesetzgebung gebeten wurde.[58] Der am 4. August mit Bismarcks Unterschrift veröffentlichte Zirkularerlaß löste erstaunliche Reaktionen aus. Obwohl nichts darin diesen Schluß rechtfertigte, wurde der Erlaß in weiten Kreisen und in der Presse als erster Vorstoß der Regierung zu einer Verstaatlichung des gesamten Versicherungswesens aufgefaßt. Dagegen wandten sich zumal Liberale mit Laissez-faire-Überzeugungen, Fachorgane des Versicherungswesens sowie Repräsentanten, Mitarbeiter und Aktionäre von Versicherungsgesellschaften. Der Grund dieser Erregung war, wie Adolph Wagner beobachtete, die Überzeugung, daß der Kanzler, der sich für die Verstaatlichung der Eisenbahnen und ein staatliches Tabakmonopol und Schutzzölle stark gemacht sowie beifällig zu den staatssozialistischen Vorstellungen von Rodbertus und Lassalle geäußert hatte, zu einer derartigen Beschränkung des freien Marktes durchaus fähig war. Es schien also höchste Zeit zu sein, die Sturmglocke zu läuten, bevor es zu spät war.[59]

Als der Text des Zirkulars am 4. August in den Zeitungen veröffentlicht wurde, hatte Bismarck schon vergessen, daß er die Sache mit Hofmann und Friedberg besprochen hatte. Dennoch mißbilligte er die Veröffentlichung nicht – im Gegenteil. Er schrieb seinen Kollegen nach Berlin, «daß er widerholt das betrügerische Treiben eines großen Theiles der Hagel-Assekuranzen» beobachtet habe. Es sei vorgekommen, daß sie zwanzig Jahre lang Prämien auf Grund geschätzter Erträge berechnet und kassiert, diese aber dann bestritten hätten, wenn die Ernte im einundzwanzigsten Jahr durch Hagelschlag vernichtet wurde. Gutsbesitzer mit amtlichen Beziehungen oder guten Anwälten könnten wohl mit entgegenkommender Behandlung rechnen, doch der gewöhnliche Bauer sei wehrlos gegenüber hinterhältigen Bestimmungen in den Versicherungsverträgen.[60] Ein Jahr später allerdings war er entrüstet darüber, daß die preußischen Minister auf Grund der Auskünfte, die ihnen von den Regierungen der Bundesstaaten auf die Anfrage vom 4. August 1879 erteilt worden waren, tatsächlich damit begonnen hatten, ein Reichsgesetz zur Regulierung des Versicherungswesens zu entwerfen.[61] Während dieses Jahres hatte er ein lebhaftes Interesse für die Probleme des Versicherungswesens entwickelt und einen anderen Weg als seine Kollegen zu ihrer Lösung eingeschlagen. Einen Hinweis auf die Richtung, in die seine Gedanken nun gingen, gibt seine positive Reaktion auf einen Artikel von Ludwig Büchner, in welchem die Verstaatlichung des Lebensversicherungsgeschäfts empfohlen wurde. Bismarck las den Text, kurz nachdem er das preußische Handelsministerium übernommen hatte, um sein Sozialversicherungsprogramm auf den Weg zu bringen. An den Rand seines Exemplars notierte er: «Keine Dividende vom Elend!»[62]

«So muß es kommen! Wenn erst Alles monopolisirt und verstaatlicht ist, dann kommt zuletzt auch ‹Kladderadatsch› an die Reihe.» Bismarck stattet die Personifikation des *Kladderadatsch* mit den berühmten eigenen drei Haaren aus. Hinter ihm Finanzminister Bitter, rechts der Karikaturist Scholz, am Stehpult Innenminister Puttkamer. (Wilhelm Scholz, *Kladderadatsch,* 1882)

Als preußischer Handelsminister wies Bismarck seine Untergebenen an, die Arbeit an dem Entwurf einzustellen; als Reichskanzler überwies er die Angelegenheit an das Reichsamt des Innern.[63] Auf diese Weise nahm er sie den preußischen Ministern und Räten aus den Händen und unterwarf sie seiner eigenen direkten Kontrolle. Dort scheint der Regulierungsentwurf viele Monate lang gelegen zu haben, während Bödiker, Lohmann und ihre Mitarbeiter mit der Ausarbeitung der Gesetzentwürfe zur Unfall- und Krankenversicherung beschäftigt waren. Im November 1881 veranstaltete Bismarck eine abermalige Umfrage bei den deutschen Regierungen, um sich weitere Informationen über das Versicherungsgeschäft insgesamt zu beschaffen.[64] Doch auf diese Demarche folgte ein weiteres Jahr anscheinender Tatenlosigkeit. Dann plötzlich, im Dezember 1882, begann Bismarck innerhalb der preußischen und der deutschen Regierung nicht nur auf die Vollendung und Verabschiedung einer Reichsversicherungsordnung hinzuarbeiten, sondern zugleich auf eine künftige Verstaatlichung von Feuer- und Hagelversicherungen. Was bewegte ihn zu diesem (von den Historikern bisher kaum beachteten) Schritt zu einer Zeit, da die Unfall- und Krankenversicherungsgesetze noch nicht unter Dach und Fach waren?

Als Eigentümer dreier Güter, jedes mit zahlreichen Gebäuden, war Bismarck ein großer Versicherungskunde. Im Sachsenwald, seiner ausgedehntesten Besitzung, waren nicht weniger als dreiundvierzig Gebäude unter fünfjährigen Policen für 704 603 Mark versichert, zu Beträgen in Höhe von insgesamt 4369 Mark jährlich.[65] Der Eigentümer von Friedrichsruh, der die Last der Grund- und Gebäudesteuern so unwillig trug, konnte eine solche weitere Belastung seines Einkommens kaum mit Gleichmut hinnehmen. Ende November 1882 informierte die *Vaterländische Feuer- und Hagel-Versicherungs-Aktiengesellschaft* in Elberfeld Bismarcks Verwalter in Friedrichsruh, daß bei Abschluß des nächsten fünfjährigen Vertrages, dessen Laufzeit 1883 beginnen sollte, die Feuerversicherungsprämien für die Objekte im Sachsenwald um zwischen 25 und 50 Prozent erhöht werden würden. Wie dem Schreiben zu entnehmen war, hatte die Gesellschaft im Laufe des vergangenen Jahrzehnts allein in Lauenburg Verluste in Höhe von 168 000 Mark erlitten (einschließlich eines Verlusts von 25 191 Mark auf Bismarcks Besitz), dazu im benachbarten Schleswig-Holstein 600 000 Mark.[66] Am 20. Dezember las Bismarck im *Reichsanzeiger*, daß die Elberfelder Gesellschaft ihren Aktionären 1880 20 Prozent Dividenden gezahlt hatte, 1881 sogar 37,5 Prozent.[67]

Am 22. Dezember 1882 unterrichtete der preußische Handelsminister (Bismarck) den deutschen Reichskanzler (Bismarck) auf dem Dienstweg, daß zu einer Zeit, da die Gewinne von Aktiengesellschaften im allgemeinen bescheiden ausfielen, diejenigen von Versicherungsgesellschaften (insbesondere von Feuerversicherungsgesellschaften) eine Höhe erreicht hätten, die in keinem Verhältnis zu deren Leistungen stünde. Die jährlichen Dividenden vieler großer Gesellschaften (die Elberfelder wurde namentlich genannt) lägen zwischen 20 und 70 Prozent. Solche Profite, «aus den Unglücksfällen Einzelner» erzielt, müßten «ernste Bedenken» wegen ihrer Rückwirkungen auf die Wirtschaft im allgemeinen erregen. Die Gesellschaften, deren Aktien an der Börse boomten, versuchten ständig, ihre Beitragssätze zu erhöhen. Ihre beschränkte Zahl gestattete es ihnen, sich diesbezüglich abzustimmen und so Wettbewerb zu vermeiden. Darüber hinaus maximierten die Gesellschaften ihre Gewinne, indem sie jede Gelegenheit wahrnahmen, sich vor ihren Versicherungsleistungen zu drücken. Wenn ein Gebäude nicht voll versichert war und ein Teil davon nach einem Brand stehenblieb, verweigerten sie jede Entschädigung. Die Versicherer machten Policen ungültig, weigerten sich aber, vorausgezahlte Prämien zu erstatten. Kleinbauern wurden um die Entschädigung für Hagelschlag betrogen, denn oft wurde die Schätzung des Schadens so lange hinausgezögert, bis er nicht mehr nachzuweisen war. Gesellschaften auf Gegenseitigkeit machten sich solcher Praktiken nicht schuldig, doch ihre Konkurrenzfähigkeit war beschränkt.

Da «das wirtschaftliche Interesse der zahlreichsten Klassen der Bevölkerung» betroffen sei, müsse der Staat mit den großen Versicherungsgesellschaften in Konkurrenz treten und ermöglichen, daß die vom Versicherungsgeschäft absorbierten Gelder umverteilt, die Versicherungssätze erheblich gesenkt und die Versicherten gerechter behandelt würden. Für den Staat gebe es dabei kein Risiko. Die seit 1869 laufenden Vorbereitungen für eine Reichsversicherungsordnung seien möglicherweise durch den Versuch hinausgezögert worden, ein für alle

Zweige des Versicherungsgeschäfts verbindliches Statut zu entwerfen. Die damit vorhandenen Schwierigkeiten könnten vermieden werden, wenn man sich wenigstens in Preußen zunächst nur mit jenen Zweigen des Versicherungsgeschäfts, wie der Feuerversicherung, befasse, die für alle Klassen der Bevölkerung und die Wirtschaft im allgemeinen von Bedeutung seien.[68] Am 4. Januar 1883 antwortete der Reichskanzler Bismarck dem Handelsminister Bismarck, daß in vielen deutschen Staaten bereits staatliche oder unter staatlicher Kontrolle operierende Versicherungsgesellschaften bestünden, die teils direkt, teils indirekt obligatorische Feuerversicherung für Immobilien leisteten und deren Übertragung auf das Reich die Staaten verweigern würden. Aus diesem Grund sei die Schaffung einer staatlichen Feuerversicherung für Preußen anzuraten, die Reichsversicherungsordnung werde dann die Regulierung der privaten Lebens-, Unfall-, Feuer-, Vieh- und Hagelversicherungen für ganz Deutschland übernehmen.[69]

Der Vorschlag, den Bismarck sich selbst machte, wurde auch den zuständigen preußischen Ministern und den Regierungen der Bundesstaaten vorgelegt.[70] Landwirtschaftsminister Lucius, dessen Ministerium für Hagelversicherung zuständig war, bestritt, daß sich alle Hagelversicherer so verhielten, wie Bismarck es ihnen unterstellte. Auch seien gerade auf diesem Gebiet die Gesellschaften auf Gegenseitigkeit gegenüber den Aktiengesellschaften durchaus konkurrenzfähig, ja diesen sogar überlegen. Die Gründung eines staatlichen Hagelversicherungsunternehmens würde, wegen der zahlreichen dabei zu überwindenden praktischen Hindernisse, sehr schwierig sein.[71] Innenminister Puttkamer, in dessen Ressort die Feuerversicherung fiel, hatte ebenfalls Einwände gegen Bismarcks Vorschlag. Die Probleme des Versicherungsgeschäfts, erklärte er, seien nicht den großen Aktiengesellschaften anzulasten. Deren große Gewinne resultierten nicht aus überhöhten Prämien, sondern aus Zinsen investierter Rücklagen, die in glücklicheren oder weniger wettbewerbsintensiven Jahren gemacht worden seien. Problematisch sei vielmehr die Existenz der kleinen privaten Versicherungskassen auf Gegenseitigkeit und Aktiengesellschaften, die aus Mangel an Kapitalreserven bei Katastrophen sehr anfällig waren und mithin dazu neigten, ihre Kunden zu betrügen. Er schlug die Schaffung einer staatlichen Feuerversicherung für Preußen vor, die im Verein mit den bereits bestehenden öffentlichen Sozietäten das Monopol für die Feuerversicherung von Immobilien haben sollte (diese würde für alle Immobilienbesitzer obligatorisch gemacht werden), während die Versicherung alles beweglichen Eigentums den privaten Aktiengesellschaften verbleiben könnte. Anstatt miteinander zu konkurrieren, würden so der Staat und die privaten Gesellschaften den Versicherungsmarkt nur unter sich aufteilen. Die von Bismarck vorgeschlagene staatliche Versicherungsgesellschaft würde hingegen, nach Puttkamers Auffassung, allmählich die kleineren, weniger wettbewerbsfähigen Unternehmen absorbieren (angefangen mit den öffentlichen Sozietäten und den Hilfskassen auf Gegenseitigkeit), schließlich aber auch die großen Gesellschaften. Das Ergebnis würde ein Staatsmonopol auf das gesamte Versicherungsgeschäft sein, und er könne sich nicht vorstellen, so der Innenminister, daß Bismarck das wünsche.[72]

Am 19. März wandte Bismarck sich an die Oberpräsidenten der preußischen Provinzen und bat um Auskunft über Möglichkeiten, die öffentlichen Sozietäten auf Gegenseitigkeit so zu stärken und zu diversifizieren, daß sie mit den Aktiengesellschaften konkurrenzfähig würden.[73] Auf diesem Wege kam die Nachricht von Bismarcks Anstalten zur Reform des Versicherungswesens in die Zeitungen und an die Öffentlichkeit, einschließlich der verängstigten Vorstände und Aktionäre privater Versicherungsgesellschaften.[74] Seit einem Jahrzehnt, klagte die *Nationalzeitung*, warteten die Versicherungsträger vergeblich auf eine gesetzliche Versicherungsordnung, und nun hatte plötzlich «Fürst Bismarck in seiner Eigenschaft als preußischer Handelsminister bekanntlich einen Blitz in das Feuerversicherungswesen geschleudert».[75] «Wie aber hat es geschehen können», fragte ein Pamphlet, «daß dem größten Staatsmann unserer Zeit Berichte und Vorlagen unterbreitet worden sind, welche absolut mit den Thatsachen nicht übereinstimmen?»[76] Daß der mächtige Kanzler sich zu seinem Angriff gegen einen wichtigen Zweig der deutschen Wirtschaft entschlossen haben könnte, ohne zuvor Stapel von relevanten Akten durchzuarbeiten, schien unvorstellbar. Daß die ganze Aktion durch die starke Erhöhung seiner eigenen Feuerversicherungsbeiträge ausgelöst worden sein könnte, scheint bisher niemand geargwöhnt zu haben – außer vielleicht den Sachbearbeitern seines Elberfelder Versicherers, deren Gedanken zu dem Vorgang uns nicht überliefert sind. Am 12. Juli 1883 hatten diese Sachbearbeiter Gelegenheit, den langen Arm ihres verärgerten Kunden kennenzulernen, als die Provinzregierung von Schleswig-Holstein (die auch Lauenburg verwaltete) eine Verordnung erließ, mit der die örtliche Polizei angewiesen wurde, alle Versicherungsagenten zu registrieren, etwaige Gerichtsurteile gegen diese zu den Akten zu nehmen und den Verkauf von Versicherungspolicen zu verhindern, die vielfachen oder übertriebenen Versicherungsschutz versprachen.[77]

Ende des Jahres 1883 hatten Bismarcks Reformpläne für das Feuer- und Hagelversicherungswesen schon den von ihm selbst im Januar vorgelegten Entwurf als auch Puttkamers Gegenvorschlag vom 11. März hinter sich gelassen. Nun hätte er am liebsten «alle» auf diesem Feld tätigen Privatunternehmen durch eine einzige Versicherung auf Gegenseitigkeit unter staatlicher Aufsicht ersetzt. Das Ergebnis wäre ein staatlich kontrolliertes Versicherungsmonopol gewesen, «ähnlich dem der Unfallversicherung». Es scheint jedoch, daß er mit dieser Absicht innerhalb der preußischen Regierung allein stand. Selbst seine Sekretäre, Rottenburg und sein Sohn Bill, waren dagegen. Der Fürst entschloß sich deshalb zur Annahme eines ihm von Finanzminister Scholz vorgelegten Alternativplans, der die öffentlichen Sozietäten im Wettbewerb mit den Aktiengesellschaften unterstützen sollte. Durch ihre Konsolidierung innerhalb jeder Provinz, die Erweiterung ihres Geschäftsbereichs auf die Versicherung beweglichen Besitzes und die Ermöglichung gegenseitiger Rückversicherung sollten die Sozietäten konkurrenzfähig gemacht werden. Der Staat sollte ihnen dabei durch Richtlinien, eine strengere Kontrolle der Aktiengesellschaften und die Verhinderung der Gründung neuer Privatunternehmen im Feuerversicherungsgeschäft behilflich sein. Auf diese Weise, bemerkte Bismarck verdrießlich, geschähe «immerhin ein Schritt vorwärts».[78] Doch selbst auf diesem Wege kam man nicht voran. Puttkamer war der einzige Minister, der auf den Vorschlag einging. Er erklärte sich mit der Zielsetzung einverstanden, sah aber Schwierigkeiten bei der Durchführung.[79] Die Initiative zur Umsetzung der Reform fiel in seinen Verantwortungsbereich als Innenminister, er scheint aber wenig oder nichts unternommen zu haben. Während der Sommermonate 1885 und 1886 scheint Bismarck die Möglichkeit erwogen zu haben, auf seinen ursprünglichen Plan einer staatlichen Feuer- und vielleicht auch Hagelversicherung zurückzukommen, um Puttkamer zum Handeln zu zwingen. Doch in den Jahren 1886–1887 waren Bismarcks Zeit und Aufmerksamkeit durch andere Dinge beansprucht, und er führte seine Absicht nicht aus.[80] Ebensowenig scheint er auf die Fertigstellung der Reichsversicherungsordnung gedrängt zu haben, die erst Jahre nach seinem Ausscheiden aus dem Amt, 1900, Gesetz wurde.

Als er schließlich versuchte, seine Fehde mit den Feuerversicherungsgesellschaften vor den Gerichten fortzusetzen, war ihm auch hier kein Erfolg beschieden. Anfang Dezember 1884 ging ihm in seiner Eigenschaft als preußischer Handelsminister die Beschwerde des Köthners (Kleinbauern) Heinrich Schlepegrell aus Oedeme bei Lüneburg zu, der Anlaß zu Klagen über die *Aachen-Leipziger Versicherungsactiengesellschaft* hatte. Schlepegrell hatte Möbel und Gerät, deren Wert auf 50 000 Mark geschätzt wurde, für 3950 Mark versichert. Als sein Haus niederbrannte, hatte der Feststellungsbeamte der Versicherung den Schaden auf 1465 Mark geschätzt, obwohl nur wenige der versicherten Gegenstände aus den Flammen hatten gerettet werden können. Der Köthner hatte viele Klagen über das Verhalten des Versicherungsagenten, des Feststellungsbeamten und des Schadenschätzers, nicht nur wegen der geringen Summe, mit der man ihn abfinden wollte, sondern auch über die Methode der Schätzung, den technischen Jargon, das überhebliche und drohende Auftreten, die Forderung, den Vergleich ungelesen zu unterschreiben, und den Versuch, ihn mit Gewalt zur Unterschrift zu zwingen. Zuletzt hatte er das Angebot der Versicherung angenommen (abzüglich 46 Mark für «Kosten»), doch erst nachdem das zuständige Gericht in Köln sich geweigert hatte, seine Klage gegen die Versicherungsgesellschaft anzunehmen. Der zuständige Staatsanwalt hatte sich überdies geweigert, die Klage des Köthners gegen den Versicherungsagenten und den Feststellungsbeamten wegen Betrugs zu verfolgen (angeblich hatte der Köthner mit seiner Klageerhebung zu lange gewartet), worauf dann diese ihn wegen Verleumdung verklagten.[81]

Schlepegrells Hilfeersuchen gelangte in einem sehr günstigen Augenblick auf Bismarcks Schreibtisch – als dessen eigene Erbitterung gegen die Versicherungsgesellschaften auf dem Höhepunkt war (zudem war der Petitionär auf der Lüneburger Heide daheim und sozusagen ein Nachbar des Herrn von Friedrichsruh). Sofort leitete er die Beschwerde an den Justizminister weiter, der den Oberstaatsanwalt anwies, Anklage zu erheben. Im Juni 1885 sprach die Strafkammer des Landgerichts Lüneburg die Angeklagten frei. Der Staat hatte ihnen nicht nachweisen können, daß sie beabsichtigt hätten, Schlepegrell zu betrügen.[82]

Im Frühjahr 1887 brannte die Hammermühle ab, eine der von den Behrends in Varzin betriebenen Papiermühlen. Der Wiederaufbau kostete 176934 Mark, wovon die Versicherung nur 119462 Mark zahlte. Daß Bismarck die Differenz von 57472 Mark aus eigener Tasche beisteuern mußte, kann ihn gegen Versicherungsgesellschaften kaum freundlicher gestimmt haben.[83] So war es sicherlich kein bloßer Zufall, daß im gleichen Sommer der Herr von Varzin seinen Gutsverwalter, den Förster Ernst Westphal, anwies, die Strafverfolgung eines örtlichen Versicherungsvertreters in die Wege zu leiten, der Landarbeitern in der Gegend übermäßigen Versicherungsschutz verkauft hatte. Das Verfahren wurde eingestellt, als herauskam, daß sich die Provision des Agenten für die überflüssige Versicherung nur auf Pfennige belief. Doch Bismarck ließ sich nicht besänftigen. «Der Vortheil der Überversicherungen liegt nicht direct bei dem Agenten, sondern fällt den Gesellschaften zu», schrieb er verärgert an Westphal.[84] Er versuchte, durch den Justizminister den Fall vor ein Appellationsgericht zu bringen.[85]

Die Reichstagswahl von 1884

Die Sozialversicherungsgesetze von 1883, 1884 und 1889 (von diesem wird noch die Rede sein) waren bahnbrechende Maßnahmen zur Herstellung sozialer Gerechtigkeit, die in anderen Ländern jahrzehntelang nicht ihresgleichen hatten und denen in mancher Hinsicht die Vereinigten Staaten noch heute nichts Gleichwertiges zur Seite stellen können. «Daß radikale Politik in Amerika, von seltenen Ausnahmen abgesehen, nur als europäischer Importartikel vorgekommen ist, kann kaum bestritten werden», schrieb Daniel Moynihan 1973. «Doch das trifft für reformistische Politik ganz ebenso zu. Die kühnen Reformprogramme der dreißiger, vierziger, fünfziger und späteren Jahre (erst jetzt zum Beispiel kommen wir zu einer Krankenversicherung) bestanden in einem entmutigenden Maße in Ideen, die Lloyd George bei Bismarck ausborgte.»[86] So ist das Leben von Millionen Amerikanern in gewisser Weise von der Gesetzgebung beeinflußt worden, die Bismarck und seine Gehilfen vor mehr als einem Jahrhundert für die deutschen Arbeiter entwarfen.

Von Bismarcks vielen Errungenschaften hat nur das staatliche Sozialversicherungssystem die deutschen Katastrophen des 20. Jahrhunderts überdauert. Und dennoch hat diese Reform ihren unmittelbaren Zweck nicht erfüllt, denn sie reichte nicht aus, um die Klassengegensätze in Deutschland zu mildern und die besorgniserregendste Lücke in dem sozialen Konsens, den er anstrebte, zu schließen. Der Grund dieses Scheiterns lag wahrscheinlich in der von ihm gewählten Taktik sowie in den Beschränkungen der Reform. Er überschätzte zynisch zugleich die verführerische Kraft der materiellen Vorteile seines Programms und, wie schon früher während des Kulturkampfs, die Fähigkeit des Staates, eine politische Bewegung zu unterdrücken, die von entschlossenen Männern geführt wurde und von starkem moralischen Idealismus inspiriert war. Bis zuletzt blieb er unwillig, über die Arbeiterversicherung hinaus auf Arbeiterschutz zu drängen oder, um es anders auszurücken, für das Wohl des Arbeiters auch direkt am Arbeitsplatz Sorge zu tragen. In der Regierung wie im Reichstag widersetzte er sich hartnäckig allen Versuchen, die Arbeitszeiten zu regulieren, neue Beschränkungen der Frauen- und Kinderarbeit einzuführen, die Sonntagsarbeit zu verbieten, die Kompetenzen der Fabrikinspektoren zu vermehren und dergleichen. Man könne die Arbeitsbedingungen nicht zu stark regulieren, meinte er, «ohne dem Arbeiter die Henne zu schlachten, die ihm die Eier legt», denn damit würde man die Kosten der Unternehmer so sehr steigern, daß sie mit ausländischen Produzenten nicht mehr konkurrieren könnten.[87] Er ärgerte sich über die Einmischung der Fabrikinspektoren in die Geschäfte seiner eigenen Papier- und Sägemühlen und ging davon aus, daß solche Interventionen die gesamte Unternehmerschaft verärgern und deren Wahlverhalten negativ beeinflussen würden. Sein hartnäckiger Widerstand gegen Arbeiterschutz und sein Insistieren auf der Behauptung, daß indirekte Steuern nicht repressiv wirkten, nahm ihm als Sozialpolitiker gerade bei den Bevölkerungsschichten, deren Vertrauen er mit der Sozialversicherungsgesetzgebung hatte gewinnen wollen, viel von seiner Glaubwürdigkeit.

Für die oberen Einkommensschichten hatte Bismarck in der Reichstagswahlkampagne von 1884 andere Köder ausgelegt. Er hoffte, von dem wachsenden öffentlichen Interesse an Afrika zu profitieren, das durch die vielpublizierten Berichte über die Reisen Stanleys, de Brazzas, Wissmanns und anderer erregt wurde, und von dem anschwellenden Crescendo, das Organe und Publizisten der Kolonialbewegung entfachten.[88] Weder der Reichstag noch der Bundesrat hatten den geringsten Einfluß auf die Verleihung von Schutzbriefen an hanseatische Handelsgesellschaften, was an sich schon einen Mangel der deutschen Verfassungswirklichkeit erkennen läßt. Der Zweck war natürlich, die Sache nicht in die fiskalischen Krallen des Reichstags fallen zu lassen. Doch Bismarck fand ein Verfahren, diesen gleichwohl mit der Sache zu befassen und so der Wählerschaft zu demonstrieren, daß diejenigen, die sich ihm in anderen Fragen widersetzten, Feinde des nationalen Interesses seien, wenn es darum ging, deutsche Kaufleute in Übersee zu schützen, die Industrie aus den Gefahren der Depression zu retten und die Virilität der Nation durch einen neuen, weithin sichtbaren Triumph im Spiel der Machtpolitik unter Beweis zu stellen. Ein so ansprechendes chauvinistisches Thema hatte er für seine Wahlpropaganda seit 1871 nicht mehr gehabt.

Kurz nachdem er sich endgültig dazu entschlossen hatte, Lüderitz zu unterstützen, legte Bismarck am 23. April 1884 dem Bundesrat ein Gesetz vor, das die Bewilligung von Subventionen für private Schiffahrtslinien nach China, Japan, Australien, Neuseeland und Samoa in Höhe von vier Millionen Mark jährlich auf fünfzehn Jahre vorsah. Der Zweck dieser Subventionen war die Förderung des Exports, des Postverkehrs, der Schiffbauindustrie und der Handelsmarine, was auch der Kriegsmarine zugute kommen würde. Als der Gesetzentwurf Mitte Juni in den Reichstag gelangte, hatte Bismarck dort ein Forum, wo er seine Sicht der Angra Pequena-Affäre vortragen und bekanntgeben konnte, daß die Regierung eine bedeutende neue politische Initiative ergriffen habe, deren Charakter und Grenzen er bei der Gelegenheit erläuterte.

Am 14. und 26. Juni beteiligte er sich an den Debatten, und am 23. Juni erschien er zum ersten Mal seit 1871 vor der Budgetkommission, an welche die Vorlage überwiesen worden war. Ebenso wie die Subventionierung des Eisenbahnbaus den innerdeutschen Handel belebt habe, so Bismarck, werde die staatliche Unterstützung der Dampfschiffahrtslinien die Exportwirtschaft ankurbeln und der «nationalen Arbeit» nützen, da sie Arbeitsplätze schaffen und Versorgungskrisen fernhalten werde. Eine «überseeische Politik» sei nur möglich, wenn die Regierung die begeisterte Unterstützung der Nation hinter sich habe. Deutschland habe nicht die Absicht, «künstliche» Kolonien durch die Inbesitznahme freien Lands zu gründen, in welches dann Kolonisten geschickt und Garnisonen sowie eine deutsche Verwaltung gelegt werden müßten. Der Schutz von bereits angelegten Siedlungen und erworbenen Territorien dagegen sei etwas ganz anderes. Weder im Falle der Postdampfervorlage noch in dem der Kolonien könne man die Vorteile genau berechnen; man könne deren Nutzen nur nach den Erfahrungen anderer Länder schätzen. «Er halte es für eine Überhebung, wenn wir Deutsche behaupten wollten, daß alles das, was anderen Nationen frommt, für uns nicht tauge.» Der deutsche Bürger brauche nun in Übersee nicht mehr mit dem Hut in der Hand dazustehen und Schutz von anderen Mächten zu erbitten. Doch diese Argumente machten keinen Eindruck auf Bamberger, Richter und Rickert, welche die Vorlage als überflüssige Bürde für den Steuerzahler und als weiteren staatlichen Eingriff in den freien Markt ablehnten. Mit Hilfe des Zentrums konnten die Linksliberalen die Vorlage im Ausschuß begraben.[89]

Bismarck jedoch hatte ein neues elektrisierendes Wahlkampfthema gewonnen. Im Laufe des Monats August berichtete die deutsche Presse über die Errungenschaften Nachtigals in Togo und Kamerun, worauf dann die Nachricht von der weiteren Flaggenhissung in Südwestafrika folgte. Überdies wurde der seit März von den Anstalten Großbritanniens und Portugals, das Kongobecken abzuriegeln, beunruhigten Öffentlichkeit angekündigt, daß in Berlin eine internationale Konferenz stattfinden werde, auf welcher sichergestellt werden sollte, daß jene großen Gebiete auch weiterhin Kaufleuten aus aller Herren Ländern offenstehen sollten. Zweifellos war die Rolle, die Deutschland sich auf der weltpolitischen Bühne zu spielen anschickte, nach dem Geschmack des deutschen Mittelstands und der Oberschicht des Landes. Nach anfänglichem Zögern schloß sich das Zentrum der Kolonialbewegung an, und selbst die Linksliberalen wagten es kaum noch, den Wert von Kolonien in Frage zu stellen.[90]

Bismarck hoffte, daß die Nationalliberalen den größten Vorteil aus den Maßnahmen der Regierung zur Sozialreform und zur überseeischen Expansion ziehen würden. Er riet ihnen beim parlamentarischen Frühschoppen, «wieder in den Zirkus zu springen bei der Postdampfervorlage». Sechs Jahre lang habe er nun ohne die Nationalliberalen regiert, erklärte er im preußischen Staatsministerium, aber jetzt sei es wieder möglich, mit ihnen zu regieren, «bis sie wieder zu stark und

Bismarck nach den verlorenen Reichstagswahlen von 1884:
«Na, nu hab' ick, dem Wahlresultat zu Ehren, ooch Toilette jemacht!»
(*Humoristische Blätter*, Wien, 9. November 1884)

üppig geworden seien». An Puttkamers Adresse fügte er hinzu: «Mit der Rechten sei nichts anzufangen; sie sei eben so unfähig wie der Fortschritt.»[91] Obwohl amtlicher Druck sich bei diesen Wahlen weit weniger stark bemerkbar machte als 1881, begünstigten doch die offizielle Presse und die Bürokratie unverhohlen die Nationalliberalen.[92] Am Abend vor der Wahl glaubte Lucius, daß Bismarck noch immer daran dachte, Bennigsen ins preußische Staatsministerium aufzunehmen. Doch der Kanzler hatte auch andere, schwärzere Gedanken: «Wenn die Wahlen über Gebühr oppositionell ausfielen, so würde das parlamentarische System um so schneller ruiniert und die Säbelherrschaft vorbereitet werden».[93]

Bei den Reichstagswahlen am 28. Oktober 1884 zeigte sich, daß Bismarcks Angriffe gegen die linksliberalen Abgeordneten einige Wirkung gezeitigt hatten, allerdings nicht genug, ihm eine rechte Mehrheit zu verschaffen. Obgleich die Wahlbeteiligung von 56,3 Prozent der Stimmberechtigten auf 60,5 Prozent stieg, erzielte die Freisinnige Partei nur 67 Mandate bei ihrer ersten Reichstagswahl, schnitt also in Anbetracht der Tatsache, daß die Linksliberalen seit 1881 insgesamt 106 Sitze im Parlament gehabt hatten (die Sezessionisten 46, die Fortschrittler

60), sehr schlecht ab. Von den Parteien, welche die Sozialversicherungsgesetze und die neue Kolonialpolitik der Regierung unterstützten, erzielten erhebliche Gewinne nur die Konservativen, die von 50 auf 78 Sitze kamen, während die Nationalliberalen ihre Stellung lediglich um vier Mandate verstärken konnten (sie kamen von 47 auf 51 Sitze), das Zentrum bei 99 Mandaten eines verlor und die Polen statt der vorher 18 jetzt nur noch 16 Abgeordnete ins Parlament schicken konnten.[94]

Abermals erwies sich das Zentrum, der Paria der siebziger Jahre, als das Zünglein an der Waage. Wenn es mit den beiden konservativen Parteien koalierte (die Freikonservativen hatten 28 Sitze), konnte es sogar ohne Hilfe seiner polnischen Verbündeten eine knappe Mehrheit von 205 der 397 Stimmen des Parlaments stellen. Wenn es dagegen mit anderen Oppositionsparteien koalierte – mit den Linksliberalen, den Sozialdemokraten, den Polen, Welfen (11 Sitze), Elsässern (15 Sitze) und Dänen (1 Sitz) –, würde es eine Mehrheit von 240 Stimmen bilden. Die von Bismarck bevorzugte Kombination (Konservative, Freikonservative und Nationalliberale) brachte es dagegen nur auf 157 Stimmen.[95]

Nach den Wahlen von 1884 nahm Bismarcks Interesse an der Sozialversicherungsgesetzgebung sichtlich ab.[96] Die 1883 als unmittelbar bevorstehend[97] angekündigte Vorlage zur Alters- und Invaliditätsversicherung kam erst 1888–1889 ins Parlament. Wenn während jener Jahre das Problem der unzufriedenen Arbeiter, Katholiken, Polen, Dänen, Elsässer und Welfen zur Sprache kam, äußerte Bismarck gewöhnlich seine Zuversicht in die langfristige Wirkung der allgemeinen Wehr- und Schulpflicht. Das Heer, die Schulen und die Universitäten würden auf die Dauer jene Tugenden – nationalen Patriotismus, deutsche Kultur, soziale Ordnung und politischen Gehorsam – dem Volke einprägen, aus denen der von ihm angestrebte nationale Konsens dann hervorgehen würde. Das ist nicht so zu verstehen, als hätte er auf künftige Versuche, die Wählerschaft direkter zu manipulieren, verzichten wollen. Mitte der achtziger Jahre lenkte er seine Aufmerksamkeit auf der Suche nach Wegen zu einer breiteren öffentlichen Unterstützung seiner Politik wieder von Steuer-, Versicherungs- und Sozialreformen auf die Außenpolitik.

Rüffel für den Reichstag, 1884–1885

«Wie Schweninger mich behandelt!» rief Bismarck im März 1884 aus. «Eine weiße Suppe, weißer Fisch, weißer Kalbsbraten, und dazu weißer Wein – denn von den Rebhühnern, die noch folgen werden, soll ich nichts bekommen.»[98] Während des Frühjahrs erschöpften zahlreiche Auftritte im Reichstag, die Vorbereitungen für den preußischen Staatsrat und die sich beschleunigende diplomatische Aktivität seine Kräfte, obwohl er vom 17. Mai bis zum 7. Juni drei Wochen in Friedrichsruh verbringen konnte. Als die Reichstagssession im Juni ihrem Ende zuging, erbat er vom Kaiser Erholungsurlaub in Varzin.[99] Inzwischen war ihm Schweninger so unentbehrlich geworden, daß auf seinen Wunsch hin Kultusminister Goßler den Arzt zum Leiter einer neuen dermatologischen (!) Klinik an der Berliner Charité ernannte und eine außerordentliche Professur an der Berliner Universität für ihn einrichtete, eine Sinekure, die es Schweninger gestattete, seine Münchener Praxis aufzugeben. Die Berliner medizinische Fakultät, entrüstet über diesen Eingriff in ihre Autonomie, schnitt den neuen Kollegen.[100] Als der berühmte Physiologe Emil du Bois-Reymond Schweninger verächtlich die Visitenkarte zurückschickte, forderte Bill Bismarck den Gelehrten zum Duell! Der Professor weigerte sich, mit dem Sohn des Kanzlers die Waffen zu kreuzen. Im preußischen Abgeordnetenhaus verteidigte Goßler die Dotierung der neuen Stelle (3900 Mark) mit dem Argument, daß es im nationalen Interesse liege, den Kanzler bei Gesundheit zu halten.[101]

Da ihm Schweninger zur Seite stand, ersparte sich der Kanzler diesmal den gewohnten Kuraufenthalt in Kissingen und verbrachte den Rest des Sommers in Varzin. Mitte September reiste er zu einem Treffen der drei Kaiser nach Skierniewice und überstand die Reise gut. Bei der Rückkehr nach Friedrichsruh hatte er jedoch einen Rückfall, den er der Arbeitsüberlastung zuschrieb, die ihm, während sie Ferien machten, seine Ministerkollegen aufgebürdet hätten. In besonderem Maße lästig war die Erledigung der überseeischen Angelegenheiten, weil er für deren Bearbeitung keinen besonderen Stab hatte. Am 11. Oktober fand ihn Cohen «außerordentlich heiter, gesprächig und liebenswürdig» und bemerkte, daß sein Patient wohl aussehe und wieder «etwas stärker» geworden sei. Am 21. Oktober kehrte er nach Berlin zurück, nur noch über die Gesichtsneuralgien klagend, die ihn manchmal beim Sprechen behinderten. Er blieb bis zum 4. Juni 1885, seit vielen Jahren sein längster Aufenthalt in der Reichshauptstadt. Klagen über seinen Gesundheitszustand sind aus dieser Zeit kaum überliefert. Bucher berichtete Busch im Februar 1885, der Chef sei jetzt «vollkommen gesund, ganz jung und rot» und arbeite «ungeheuer fleißig». Doch das nur, wie Bismarck dem Reichstag erklärte, drei bis fünf Stunden täglich im Gegensatz zu den zwölf bis sechzehn, zu denen er einstmals fähig gewesen war.[102]

Sein verbesserter Gesundheitszustand änderte an der Einstellung des Kanzlers zum Parlament nichts. Sein alljährliches Stechen mit dem Reichstag begann am 14. November 1884, sechs Tage vor dessen Eröffnung, als die Regierung den Abgeordneten das Privileg unentgeltlicher Benützung der deutschen Eisenbahnen nahm, das sie seit 1873 genossen hatten. Nun konnten die Abgeordneten nicht mehr wie früher während der Reichstagssession im ganzen Reich umsonst mit der Bahn reisen; in Zukunft sollte das Privileg nur für Fahrten zwischen ihrem Wohnort und der Hauptstadt gelten. Die Linksliberalen reagierten darauf, indem sie die Budgetvorlage – normalerweise Punkt eins der Tagesordnung – zurückstellten, um erneut eine Verfassungsänderung zu beantragen, die den Abgeordneten eine Reisekostenpauschale und Diäten zugesichert hätte. Zwischen 1867 und 1876 hatte der Reichstag jedes Jahr einen derartigen Antrag angenommen, der dann ebenso regelmäßig im Bundesrat abgelehnt worden war. Diesmal versprach

Bismarck seine Zustimmung, doch nur unter der Bedingung, daß die Mehrheit einer Änderung des Wahlgesetzes zustimme! Im übrigen waren seine Worte so wenig kompromißbereit und giftig wie gewöhnlich. «Ich lasse mir von der Majorität des Reichstags nicht imponieren ... dazu sind Sie gar nicht die Männer ... ich habe mir ja von ganz Europa nicht imponieren lassen; Sie werden nicht die ersten sein. Und, meine Herren, wie setzt sich denn diese Majorität zusammen?» Aus radikalen «Republikanern», die regieren wollten, aus Ultramontanen, die die Priester regieren lassen wollten, und aus «Ausländern», die das Reich selbst zerstören wollten. Nur drei Fraktionen mit insgesamt 157 Stimmen seien gewillt, das nationale Interesse zu unterstützen. Im Grunde gehe es im Parlament nur um die Macht im Staate. Keine Regierungsvorlage würde nach ihrem eigenen Wert beurteilt. «Das Schicksal aller Vorlagen dieser Session ist ja ganz klar vorauszusehen.»[103]

Dennoch war die Legislaturperiode 1884–1885 nicht unfruchtbar. In der kolonialen Frage hatte der Kanzler eine Waffe gefunden, die er gegen die Opposition richten konnte. Die Haushaltsplanung für 1885–1886 ließ ein Defizit des Reichs von fast 45 Millionen Mark (davon 10 Millionen für erhöhte Militärausgaben) erwarten. Dieses Defizit sollte nicht durch erhöhte Matrikularbeiträge, sondern durch Anleihen gedeckt werden. Vorgesehen waren im Budget 150 000 Mark für Afrikaforschung sowie 20 000 Mark für das Gehalt eines neuen hohen Beamten in der Kolonialabteilung des Auswärtigen Amts sowie für Gehaltserhöhungen untergeordneter Beamter in der Reichskanzlei. Während der Session wurden weitere Mittel für koloniale Zwecke beantragt: 96 000 Mark für verschiedene Beamte in Afrika (unter anderem sollte Kamerun einen Gouverneur erhalten); 152 000 Mark für die Errichtung neuer Konsulatsgebäude (und eines Gefängnisses); 180 000 Mark für einen Küstendampfer in Afrika; 5400 Mark Subventionen für Postdampfer in Afrika, Asien und Australien; sodann noch 305 750 Mark für verschiedene andere Zwecke. Diese zusätzlich bewilligten Titel sollten durch vermehrte Matrikularbeiträge gedeckt werden.[104]

Wie gewöhnlich unterwarf Eugen Richter, der Budgetexperte des Reichstags, den gesamten Haushalt einer strengen Prüfung, woraufhin die Budgetkommission für die Streichung oder starke Reduzierung der neuen Titel stimmte. Während die Abgeordneten berieten, berichtete die Presse jede Woche über neue überseeische Errungenschaften der Regierungspolitik: die Zusicherung der Handelsfreiheit im Kongobecken und die Ankündigung von Maßnahmen zur Beendigung des Sklavenhandels auf der Berliner Konferenz; den glorreichen Sieg deutscher Kanonenboote und Marineinfanteristen über probritische schwarze Rebellen in Kamerun; neue Flaggenhissungen und Schutzgebiete in Afrika und in der Südsee. Zusätzlich veröffentlichte das Auswärtige Amt eine Reihe von «Weißbüchern» mit (teilweise irreführend redigierten) Dokumenten, die von den Friktionen zwischen Berlin und London wegen der deutschen Erwerbungen in Angra Pequena, Togo und Kamerun sowie wegen der Ansprüche deutscher Kaufleute auf den Fidschiinseln zeugten. Obwohl London mit *blue books* dagegen hielt, glaubte die deutsche Öffentlichkeit bereitwillig Bismarcks Darstellung, wonach Großbritannien neidisch versucht habe, Deutschland am Erwerb von Besitzungen im «freien» Afrika und anderswo zu hindern. Im Reichstag erklärte Bismarck, daß die Opposition mit ihrer Weigerung, die Mittel für den Küstendampfer, die Afrikaforschung und die Konsulate zu bewilligen, die Briten ermutigt und ihm die Arbeit erschwert habe. Daraufhin bekam er für alle genannten Titel die volle Summe.[105]

Auch mit der Opposition gegen Gehaltserhöhungen für die Beamten der Reichskanzlei sowie gegen die dort vorgesehenen zusätzlichen Stellen nahmen die Gegner Bismarcks eine leicht angreifbare Stellung ein. Im Vergleich zu den Kanzleien anderer Länder war diejenige Bismarcks tatsächlich unterbesetzt, unterbezahlt und überarbeitet. Im Parlament beschrieben Bismarck und sein Sohn Herbert, jetzt Staatssekretär im Auswärtigen Amt, wie die dortigen Beamten von acht Uhr morgens bis zehn Uhr abends (oft auch länger) arbeiteten, sogar an Sonntagen. Der wachsende Umfang der Geschäfte des Auswärtigen Amts nötigte den Kanzler, gewisse Routinegeschäfte persönlich zu erledigen. Von den drei leitenden Beamten war infolge der Arbeitsüberlastung gewöhnlich einer krank, hörten die Abgeordneten. «Es vergeht von Früh an bis ziemlich spät kaum eine viertel Stunde, zu manchen Zeiten nicht fünf Minuten, wo meine Tür nicht geöffnet, und ein neues Papier, eine neue Mitteilung hereingebracht wird, über die ich mich entschließen muß, ob sie eine sofortige geschäftliche Behandlung erfordert.»[106] Der Reichstag wurde überschwemmt von Telegrammen und Petitionen empörter Bürger, die den Antrag des Kanzlers unterstützten, ein Komitee im industriellen Elberfeld erbot sich sogar, die fraglichen 20000 Mark selbst zu übernehmen. Von dem Vorwurf der Kleinlichkeit getroffen, verließen genügend Linksliberale das Lager der Opposition, um bei der dritten Lesung der Vorlage am 4. März für die Bewilligung der Titel zu sorgen, die sie am 15. Dezember gestrichen hatten.[107]

Natürlich störte es die liberalen Abgeordneten, daß die Regierung sich der vom Kaiser ausgestellten Schutzbriefe bediente, um die Verfassung zu umgehen, die die Gesetzgebung über «Kolonisierung» dem Reichstag und dem Bundesrat anvertraute.[108] Doch die neue Politik war im Lande so beliebt, daß sie die dafür beantragten Mittel kaum zu verweigern wagten. Das galt auch für die wieder aus der Schublade hervorgeholte Dampfervorlage. In den Debatten spielte Bismarck meisterhaft auf der Orgel des Volksempfindens. In seinen langen, ironischen Reden trachtete er zumal Richter lächerlich zu machen, der am wirtschaftlichen Wert der neuen Erwerbungen zweifelte, und Windthorst, der fürchtete, daß sich ein überseeisches Kolonialreich als Hypothek auf der deutschen Außenpolitik erweisen könnte. Bismarck erklärte, daß er ohne Unterstützung durch das deutsche Nationalgefühl keine Kolonialpolitik machen könne. Doch seine Kritiker sprächen nur die Sprache des Partikularismus und der Parteipolitik. «Für mich, meine Herren, ist es eine Frage, die an jedem Tage in jeder Stunde mir oft mit hundert Beziehungen entgegentritt, die mir den Schlaf und die Ruhe am Tage raubt und mich dazu treibt, hier in meinem hohen Alter an die Beantwortung von Reden das bischen Athem zu setzen, das mir noch übrig bleibt. Das ist eben die Liebe zu meiner Nation, die Liebe zu meinem Vaterland.»[109]

Mit dieser Taktik erreichte er die Annahme der Subventionsvorlage, obwohl ihm vom Parlament eine Dampfschiffahrtslinie nach Afrika gestrichen wurde, die der Vorlage des vergangenen Jahres hinzugefügt worden war. Indem sie Einwände erhob und später fallenließ, gegen seine Vorlagen stimmte und diese dann doch annahm, das meiste bewilligte, aber nicht alles, setzte sich die Opposition dem Vorwurf aus, nur widerwillig und unter Zwang bei einer Sache mitzuwirken, die in der Öffentlichkeit als patriotisches Anliegen und als potentiell höchst gewinnbringend für die deutsche Wirtschaft betrachtet wurde. Auf diese Weise lieferte sie Bismarck Munition für den nächsten Wahlkampf.

Im Mai 1885 gelang es ihm, dem Reichstag auch ein wichtiges neues Zollgesetz abzunötigen. Wie schon oben bemerkt, fiel der nach den schlechten Ernten der Jahre 1880 und 1881 gestiegene Getreidepreis in den folgenden Jahren auf Grund besserer Ernten und der Importflut aus Osteuropa sowie den Vereinigten Staaten für die deutsche Landwirtschaft katastrophal nach unten.[110] Während der Periode der Teuerung blieb Bismarck taub für die Not der städtischen Proletarier, nun jedoch schienen ihm die Klagen der Gutsbesitzer und Bauern dringend Gehör zu verdienen.[111] Die Annahme, daß die 1879 errichtete Zollschranke nicht zu erhöhen sei, war bereits durch das Zollgesetz von 1882 und durch Bismarcks gescheiterten Versuch, einen Schutzzoll auf Bauholz durchzusetzen, Lügen gestraft worden. Die Erhöhung der Zölle in Frankreich und Österreich-Ungarn hatte 1883–1884 den Entwurf eines Zollgesetzes zur Folge, das Zölle für eine Reihe von Manufakturwaren vorsah, vor allem für Textilien.[112] Doch die Vorlage gelangte erst am 15. Juni 1884 in den Reichstag, viel zu spät, um in der laufenden Session noch behandelt zu werden. Während der Wahlkampagne schwieg die Regierung über ihre Absichten, aber bald darauf drängte Bismarck auf eine größere neue Vorlage, die Bestimmungen enthalten sollte, die das Parlament aus dem Gesetz von 1882 gestrichen hatte, auch die 1884 liegengebliebene Vorlage sowie zusätzlich viel höhere Zölle für Bauholz und Getreide sollten im Rahmen dieser Vorlage zur Abstimmung gebracht werden. Der Besitzer von Varzin, Schönhausen und Friedrichsruh schlug vor, daß die Landwirtschaft, der 1879 nur bescheidene Tarife gewährt worden waren, nun im gleichen Maße durch Zölle geschützt werden solle wie die Industrie.[113]

Im Reichstag schilderte Bismarck die Auswirkungen der 1879 festgesetzten Schutzzölle in leuchtenden Farben: Wachstum des Privatkapitals, Zunahme von Export und Import, steigender Luxus und Konsum. Die zunehmende Auswanderung bezeichnete er als ein Indiz nicht der Not, sondern des Wohlstands; mehr Menschen als je zuvor könnten sich nun die Kosten der Reise und der Umsiedlung leisten. Überdies käme die Mehrzahl der Auswanderer nicht aus den dicht besiedelten Industriegebieten, wo Industrie und Landwirtschaft einander unterstützten, sondern aus den dünnbesiedelten Agrargebieten des Ostens. Kleinbauern verkauften ihr Land und entflohen nach Amerika, um dort die Segnungen einer Schutzzollgesetzgebung zu genießen und der direkten Besteuerung zu entgehen. Drei Jahrzehnte lang, erklärte er, werde nun schon die Landwirtschaft vom Staat mit immer schwereren Bürden überlastet. Es sei an der Zeit, daß der Staat den Landwirten zu Hilfe käme. Daß die Zolltarifpolitik der Regierung bezwecke, «den Besitzlosen zum Vortheil des Besitzenden zu belasten», sei eine der Parteipolitik entsprungene Unwahrheit. Es gelte vielmehr, beide vor Schaden zu schützen. Der Ruin der Landwirtschaft wäre gleichbedeutend mit dem Ruin der Industrie. Wenn aber der Bauer Geld habe, habe jeder Geld.[114]

Industrie und Landwirtschaft seien die beiden Arterien des deutschen Wirtschaftslebens, fuhr Bismarck fort. Von 45 Millionen Deutschen seien zwischen 25 und 27 Millionen in der Land- und Forstwirtschaft beschäftigt.[115] Schutzzölle auf Bauholz seien im Interesse nicht nur der Besitzer von Forsten, sondern auch von Tausenden von Arbeitern in der Forstwirtschaft und den mit ihr verbundenen Industrien, die, wenn sie ihre Arbeitsplätze verlören, soziale Unruhen verursachen würden. Entrüstet wies er die Unterstellung zurück, daß der Getreidezoll eine «Brotsteuer» oder «Blutsteuer» sei. Obwohl höhere Getreidepreise an sich wünschenswert seien, würden Schutzzölle diese keineswegs unmittelbar zur Folge haben, da die höheren Kosten für den Verkauf auf dem deutschen Markt vielleicht von den ausländischen Erzeugern getragen werden würden. Jedenfalls würde nun deren Gold in den Staatsschatz des Reichs strömen. Wenn die Getreidepreise stiegen, würde damit auch die inländische Getreideproduktion wieder anwachsen. Deutschland könne sich dann in normalen Jahren fast ganz selbst versorgen, was im Kriegsfall ein bedeutender Vorteil wäre. Billiges Getreide aber mache die Menschen nicht glücklicher und die Wirtschaft nicht gesünder, da sonst die Litauer, Russen und Rumänen die glücklichsten und wohlhabendsten Menschen der Welt sein müßten. Wenn die Wohlfahrt der Arbeiter davon abhinge, weshalb drückte man nicht den Preis der Kleidung und anderer Konsumartikel? Warum schaffte man nicht die Zölle auf Eisen und andere Konsumgüter ab? Mit welchem Recht konnte man der Mehrheit der Bevölkerung, den Bauern und Landwirten, vorenthalten, was einer Minderheit bereits gewährt worden war?[116] Die Botschaft war klar: Jene, die 1879 Schutz für Industrieerzeugnisse verlangt und erhalten hatten, sollten nun bereit sein, der Landwirtschaft den gleichen Schutz zukommen zu lassen.

Obwohl er sich selbst auf Grund seiner in Varzin und Friedrichsruh gesammelten Erfahrungen als Autorität in Fragen des Holz- und Getreidehandels hinstellte, wies Bismarck Anspielungen, daß er bei seiner «Schnaps-», «Schweine-», «Zucker-» und «Holzpolitik» (wie man abwechselnd sagte) von persönlichen Interessen geleitet werde, empört zurück. Ebenso bezeichnete er die Behauptung als Lüge, daß höhere Zölle auf Getreide und Holz nur Großgrundbesitzern nützen würden. Im Gegenteil seien diese ja stets in der Lage, sich durch Diversifizierung zu helfen, sie konnten vom Getreideanbau auf Viehzucht oder sogar Manufakturarbeiten ausweichen. Andererseits werde das Wachstum von Großgrundbesitz durch nichts so sehr begünstigt wie durch niedrige Getreidepreise im Verein mit hohen Einkommens- und Grundsteuern, die kleinere landwirtschaftliche Betriebe unrentabel machten und die Eigentümer zum Verkauf und zur Auswanderung zwängen. Millionen von Landarbeitern seien im übrigen auf den Wohlstand der großen und kleinen Gutsbesitzer angewiesen. Die meisten Petitionen für höhere Getreidezölle kämen nicht aus dem Nordosten, sondern aus Gebieten, wo mittlere und kleinere Höfe die Regel seien. Zwischen Gutsbesitzern und Kleinbauern gäbe es keinen Interessenkonflikt. Beide gehörten demselben Stand an. Selbst die sozialen Unterschiede seien in Auflösung begriffen. «Die Bauern und die früheren Rittergüter bilden nach der Kopfzahl immer eine Minorität. Aber Gott wird uns diese beiden Classen erhalten, so lange er uns ein geordnetes Regiment im Lande erhalten will; wenn sie wirklich zu Grunde gehen sollten, so fürchte ich, wird das letztere mit zu Grunde gehen.»[117]

Bismarck predigte den Bekehrten. Anfang Dezember 1884, bald nach Beginn der Reichstagssession, erneuerten Protektionisten aus allen Parteien die freie wirtschaftliche Vereinigung von 1878. Die nun von dem Zentrumsabgeordneten und Gutsbesitzer Burghard von Schorlemer-Alst geführte Vereinigung gewann anfänglich 180 Abgeordnete zu Mitgliedern.[118] Von der zunehmenden Agitation und durch Petitionen von Bauernvereinen unterstützt, bewilligten die protektionistischen Abgeordneten nicht nur den Antrag der Regierung auf Erhöhung des Zolls auf Weizen von 10 auf 30 Mark pro Tonne, sondern verdreifachten auch die Zölle auf Roggen und andere Getreidearten, welche nach der Regierungsvorlage nur hatten verdoppelt werden sollen. Weniger großzügig verfuhr das Parlament bei Bauholz. Dennoch wurde der Zoll auf Bauholz verdoppelt, der auf Bretter vervierfacht, allerdings nur für Hölzer, die auch in Deutschland wuchsen. Die Protektionisten gingen zudem über den Regierungsantrag hinaus, indem sie neue Zölle auf Pferde, Vieh und Ochsen einführten. Wie vordem hatten sie es auch diesmal mit erbitterter Opposition seitens der Linksliberalen, der Seehäfen und Kaufleute zu tun, die einmal mehr die alten Argumente der Laissez-faire-Doktrin wiederholten – vergeblich. Zum ersten Mal wurde die Landwirtschaft gleichwertiger Partner der Industrie hinter einer schützenden Zollschranke.[119]

Obwohl ihr Hauptzweck protektionistisch, nicht fiskalisch war, verdoppelten doch die neuen Zölle bald (1887) die Einnahmen aus den Abgaben für Agrarimporte und steigerten diese schließlich 1890 auf mehr als das Vierfache. Nach den Bestimmungen der Franckensteinschen Klausel, die eine Aufteilung dieser Einnahmen zwingend vorschrieben, hatte das eine beachtliche Zunahme der Beträge zur Folge, die alljährlich vom Reich an die Regierungen der Bundesstaaten überwiesen werden mußten. Preußen erhielt 1885 die Summe von 63 338 000 Mark, 1890 jedoch bereits 214 594 000 Mark. Diese Einnahmen Preußens wuchsen also etwas rascher als die Matrikularbeiträge, die Preußen an das Reich abführen mußte, denn sie stiegen im gleichen Zeitabschnitt von 40 300 000 auf 134 260 000 Mark.[120] Als der Reichstag im Frühjahr 1885 daran ging, den neuen Agrarzolltarif zu bewilligen, mußte der preußische Landtag erwägen, was mit dem Goldregen geschehen sollte, der bald auf den preußischen Staatsschatz niedergehen würde. Das Ergebnis war die *lex Huene*, die von einer Mehrheit aus Konservativen, Zentrum und Polen gegen die Opposition der Liberalen angenommen wurde und nach dem Zentrumsabgeordneten Karl Freiherr von Huene, der den Antrag gestellt hatte, benannt war. Diesem Gesetz zufolge sollten aus den Einnahmen aus Einfuhrzöllen, die auf Grund der Franckensteinschen Klausel auf Preußen entfielen, dem Staatsschatz nur jährlich 15 Millionen Mark verbleiben, darüber hinaus eingehende Beträge aber an die Stadt- und Kreisverwaltungen verteilt werden.[121] Obwohl die *lex Huene* vom Zentrum in der Absicht beantragt worden war, die Budgetrechte des Parlaments zu schützen und die neuen Zölle durch Verwendung ihres fiskalischen Ertrags zur Unterstützung der örtlichen Verwaltungen in den Augen der Wähler zu rechtfertigen, kam sie doch auch Bismarcks seit langem gehegten Plan entgegen, durch indirekte Besteuerung erhobene Abgaben an das Reich so zu verteilen, daß an eine Senkung der direkten örtlichen Steuern gedacht werden konnte.[122]

Auch hier zeigen sich wieder die sozialen Konsequenzen der von Bismarck beabsichtigten «Steuerreform». Sein Versuch, die Klassensteuer und zumindest einen Teil der klassifizierten Einkommenssteuer zugunsten der Arbeiter und des unteren Mittelstands abzuschaffen, war ihm mit den Gesetzen von 1881 und 1883 nur teilweise gelungen. Durch die Schutzzölle auf Industrieprodukte 1879 hatte er versucht, die Bilanz der Fabrikanten zu verbessern und mehr Arbeitsplätze für Industriearbeiter zu schaffen. Durch die Agrar- und Holzzölle von 1879 und 1885 entschädigte er die Landbesitzer für die höheren Preise, die sie auf Grund der Industrieschutzzölle für Industrieprodukte zahlen mußten, und gewährte auch ihnen Schutz gegen die ausländische Konkurrenz. Überdies bot ihnen nun die *lex Huene* Aussicht auf Steuererleichterungen. So konnten die Landbesitzer sich von der neuen Gesetzgebung doppelte Vorteile erhoffen, während die städtischen Unterschichten die Leidtragenden waren. Da der Getreideschutzzoll den Preis der Lebensmittel in die Höhe trieb, des wichtigsten Postens in ihrem Budget, mußten sie mehr zahlen, ohne einen Ausgleich dafür zu erhalten. Sie bezahlten die Musik, nach der andere tanzten.

Bismarcks Kenntnisse des Steuerwesens und der Staatsfinanzen waren fehlerhaft, weil er sich bei der Entscheidung über Fragen des Staatshaushalts in unangemessener Weise auf seine persönliche Erfahrung als Haushälter auf seinen Gütern verließ. Wahrscheinlich hat er wirklich geglaubt, daß die Ersetzung der direkten durch indirekte Steuern allen nützen und niemanden schädigen würde. Unbestreitbar ist auch, daß das Steuersystem in Deutschland, Preußen und den meisten anderen deutschen Staaten ungerecht und reformbedürftig war. Doch die Hauptkonsequenz aus Bismarcks «Reform» war die Vermehrung der Ungerechtigkeit und die Schöpfung eines Steuersystems, das zu den kompliziertesten und verwirrendsten in der Geschichte der öffentlichen Finanzen gehört. Alljährlich flossen dem Reich aus den Bundesstaaten Millionen zu, während in umgekehrter Richtung andere Millionen vom Reich den Bundesstaaten und Kreisverwaltungen zuflossen. Überdies hatten in Preußen die Ortsgemeinden, deren Steuerlast fünfmal größer war als diejenige der Kreise und Städte, den größten Bedarf an Steuererleichterungen. Manche Kreisverwaltungen leiteten die empfangenen Mittel an die Ortsgemeinden zur Verwendung für das Schulwesen oder bei der Armenpflege weiter, während andere große Summe abzweigten, um sie für im Gesetz nicht vorgesehene Zwecke zu verwenden. Da die eingehenden Beträge sich von Jahr zu Jahr änderten, war eine ordentliche Haushaltsplanung schwierig.[123] «Die Verquickung der Haushalte der öffentlichen Körperschaften hatte sich als gleich schädlich für alle Beteiligten erwiesen, und zwar in der Hauptsache deshalb, weil es eine äußerliche auf Zufälligkeiten beruhende, keine organische Verbindung war. In keinem der drei Haushalte hat die finanzielle Verkettung von Reich, Staat und Gemeinde zur Erleichterung der Wirtschaftsführung beigetragen. In guten Finanzjahren führte sie nur zu unnötigen Verwendungen, und in schlechten verschärfte sie die Finanznot. Denn zum Ausfall im eigenen Staatshaushalt kam dann noch der Fortfall oder Rückgang der Zuflüsse aus dem fremden Haushalt. Immer aber trug sie statt Stetigkeit und Sicherheit einen das Gleichgewicht gefährdenden Faktor in die Wirtschaftsführung.»[124]

Zu Bismarcks Verteidigung sei erwähnt, daß diese Struktur nicht in seiner Absicht gelegen hatte. Sie war vielmehr das Ergebnis seiner wiederholten Bemühungen, die Steuerlast von den Bundesstaaten auf das Reich zu verlagern und die direkten durch indirekte Steuern zu ersetzen, sowie auch des Widerstands des Reichstags (Franckensteinsche Klausel) und des preußischen Abgeordnetenhauses (*lex Huene*) gegen die politischen und konstitutionellen Konsequenzen dieser Verlagerung. Anders ausgedrückt: Das buntgescheckte Flickenmuster der deutschen und preußischen öffentlichen Finanzen resultierte aus Bismarcks Versuch, politische und soziale Ziele gleichzeitig zu verwirklichen: die Budgetbefugnisse beider Parlamente zu reduzieren und Steuererleichterungen für die Arbeiter, den unteren Mittelstand, die Städte, die ländlichen Ortsgemeinden und die Klasse der Gutsbesitzer zu schaffen. Wenn es Bismarck gelungen wäre, die preußischen direkten Steuern durch indirekte Reichssteuern zu ersetzen, wäre das Ergebnis im Gegensatz zu seiner Erwartung in geradezu grotesker Weise unausgewogen gewesen. Die Masse der Konsumenten, insbesondere jene mit geringem Einkommen, hätte dann einen unverhältnismäßig großen Teil zur Finanzierung des Staates beitragen müssen. Die Klasse der Gutsbesitzer wäre durch die fast gänzliche Abschaffung der Boden- und Gebäudesteuern von ihrer größten Last befreit und kapitalistische Unternehmer wären durch niedrige persönliche Einkommenssteuern sowie das Fehlen von Gesellschaftseinkommenssteuern und Erbschaftssteuern begünstigt worden. Der einzige Regierungsvorschlag dieser Jahre, der ein gerechteres System der Besteuerung hätte schaffen können, war der 1883–1884 von Scholz entworfene, ein Vorschlag, der von Bismarck gebilligt, aber nicht initiiert wurde. Und dieser Vorschlag ging ins Leere, wie wir sahen, nicht weil die Parteien dessen Vernünftigkeit verkannt hätten, sondern weil die widerstreitenden Interessen von Großkapitalisten und Großagrariern seine Annahme verhinderten. Sie konnten sich auf Elemente der Vorlage, die ihre Interessen tangierten (die Kapitalrentensteuer), nicht einigen, und infolgedessen kamen Steuererleichterungen für Leute mit kleinem Einkommen nicht zustande.

II

Politische Stagnation und seelische Depression

Kanzler und Kaiser

Am 1. April 1885 vollendete Bismarck sein siebzigstes Lebensjahr, und das Ereignis wurde in ganz Deutschland und in den Kolonien auf eine im allgemeinen regierenden Monarchen vorbehaltene Weise gefeiert. Der Kaiser und dessen ganze Familie (mit wie gemischten Gefühlen Kaiserin Augusta und Kronprinzessin Victoria?) erschienen zur Gratulation in seinem Hause. Wilhelms Geburtstagsgeschenk war Anton von Werners Kolossalgemälde der *Kaiserproklamation in Versailles*, das später in Hunderten von Büchern abgebildet wurde. Vom Kaiser erhielt der Fürst auch einen Brief, der ihm für seine großen Verdienste den Dank des deutschen Volkes aussprach und dessen Text überall in Deutschland veröffentlicht wurde. Kaiser Franz Joseph sandte dem Jubilar ein lebensgroßes Bildnis seiner selbst. Geschenke und Auszeichnungen schickten auch andere deutsche und europäische Herrscher. Stadträte aus dem ganzen Reich, angefangen mit demjenigen von Berlin, sandten Glückwünsche und prachtvolle Urkunden der Ehrenbürgerschaft. Universitäten verliehen ihm in reich verziertem Latein die Ehrendoktorwürde, und die Studentenkorporationen huldigten ihm in Elogen. Insgesamt gingen 3738 Briefe (von denen viele zahlreiche Unterschriften trugen), 2644 Telegramme und 175 Adressen von verschiedenen Vereinen und Korporationen ein. Von den 560 Geschenken, die der Jubilar erhielt, war das großzügigste – und gewiß vom Empfänger am meisten geschätzte – der durch öffentliche Subskription gesammelte «Bismarck-Fonds» (2379144 Mark). Der Spendenaufruf wurde von einem Komitee von 116 prominenten Personen unter Vorsitz des Herzogs von Ratibor, des Präsidenten des preußischen Herrenhauses, unterzeichnet. Doch fand dann weniger als die Hälfte des von diesem Ausschuß gesammelten «Otto-Pfennigs» Verwendung für die karitativen Zwecke, für die er eigentlich hätte bestimmt sein sollen. Mit der verbleibenden größeren Hälfte kaufte Bismarck das Gut Schönhausen II zurück, das seine Eltern in den dreißiger Jahren hatten verkaufen müssen, um Schulden zu begleichen.[1]

Die frühe Vertagung des Reichstags und des Landtags im Mai 1885 erlaubte es in diesem Jahr Bismarck, früher als gewöhnlich nach Bad Kissingen abzureisen. Vom 4. Juni bis zum 2. Juli nahm er in dem bayerischen Kurort Heilbäder und atmete Salzdämpfe ein. Hohenlohe berichtet, daß er gut aussah, zufrieden war, weite Spaziergänge machen zu können, doch noch immer von Gesichtsschmerzen geplagt wurde. Als er im Juli in die Wilhelmstraße zurückkehrte, meinte der

Kanzler, daß er leicht ermüde. «Er wache mit dem Gefühl auf, als könne er die höchsten Berge ersteigen, aber nach einigen Stunden Arbeit könne er sich nur mit Mühe erheben.»[2] Nachdem er an der Hochzeit seines Sohnes Bill mit seiner Nichte Sibylle von Arnim in Kröchlendorff teilgenommen hatte, reiste er am 9. Juli nach Varzin ab, wo er bis zum 19. September blieb. Er hatte während dieser Ferien wenig Gelegenheit, sich zu erholen. Anfänglich beschränkte er sich auf zwei Stunden Arbeit täglich, doch nahm die Last der Geschäfte beständig zu, als Deutschland plötzlich und unerwartet in einen Streit mit Spanien wegen der Karolineninseln verwickelt wurde und der balkanische Kessel wieder zu brodeln begann. Kälte und Regen zwangen ihn, im Haus zu bleiben. Zurück in Berlin fühlte er sich den Belastungen, die sein Amt ihm zumutete, nicht mehr gewachsen. Seine Gesundheit verschlechterte sich von Tag zu Tag, und seine Gesichtsneuralgien verschlimmerten sich. Am 27. September zog er sich mit Erlaubnis des Kaisers nach Friedrichsruh zurück, um sich «für den parlamentarischen Winterfeldzug dienstfähig zu erhalten». Er blieb dort bis zum 25. November 1885. Doch sein Befinden besserte sich nicht.[3]

Schweninger überwachte zwar in gewissem Maße Bismarcks Diät, doch gegen die Gesichtsschmerzen konnte er wenig machen, außer dem Patienten zu empfehlen, das Rauchen einzuschränken, das die Neuralgie vielleicht verschlimmerte. Er wollte ihm täglich nur mehr vier Pfeifen Tabak gestatten, die nach dem Diner zu rauchen seien, doch der Patient beschaffte sich die größte Pfeife, die er finden konnte (drei Fuß lang war das Rohr, der Kopf aus Porzellan entsprechend riesig), und wenn niemand aufpaßte, stopfte er sich diese wohl auch ein fünftes Mal nach. Im Dezember verschlimmerte die Erneuerung seiner Fehde mit dem Reichstag sein Befinden. Während des ganzen Winters 1885–1886 plagten ihn nicht nur Gesichtsschmerzen, sondern auch seine alte Beinverletzung. Besucher fanden ihn auf einer Chaiselongue ausgestreckt, das schmerzende Bein auf Kissen gebettet und nicht ohne Schwierigkeiten artikulierend, weil er versuchte, die Unterlippe einem schmerzenden Zahn fernzuhalten. Schweningers Behandlung habe ihn von seinem Gallenleiden kuriert und seine weitere Gewichtszunahme verhindert, aber sonst nichts vollbracht, klagte er.[4] Holstein beobachtete Anzeichen seelischer Depression und eine abnehmende Fähigkeit, die Geschäfte unter Kontrolle zu halten. Immer abhängiger wurde der Kanzler von Herbert, der bereits viele seiner Amtspflichten wahrnahm. Doch während der Monate April und Mai 1886 erkrankte der Sohn an einer gefährlichen Lungenentzündung, und der Vater mußte sich wieder um alles selbst kümmern. Sorgen machte auch Johannas Asthma, das durch ihre Sorge um die Gesundheit ihres Mannes und ihren Übereifer bei dessen Pflege noch verschlimmert wurde. «Die armen alten Bismarcks machen sich in ihrer Aufregung und Sorge gegenseitig das Leben schwer», notierte die Baronin Spitzemberg. Mittnacht gestand der Fürst seine gegenwärtige «Müdigkeit, Unlust zur Arbeit» und namentlich im Unterschied zu früher einen «Mangel an Interesse für seine Privatangelegenheiten, Land- und Forstwirtschaft u.s.w.» Holstein hatte den unbehaglichen Eindruck: «Ein Mann, der die vielsei-

Im Familienkreis, August 1884 in Varzin. Von links: Schwager Oskar von Arnim-Kröchlendorff, Schwester Malwine von Arnim-Kröchlendorff, deren Tochter Sibylle (die spätere Frau Wilhelms), Johanna, Bismarck, Wilhelm von Bismarck, Tyras

tige Arbeit seiner Stellung nicht mehr machen kann, andere aber in der Arbeit hindert, außer Herbert, der ihn tyrannisiert.»[5]

Am Hof gab es Personen, die angesichts des patriotischen Enthusiasmus für Bismarck bei dessen siebzigstem Geburtstag sorgenvoll von der Bismarckschen «Hausmacht» sprachen und deren Gefahren für das Ansehen der Monarchie. Der inzwischen sechsunddreißigjährige Herbert wurde offensichtlich darauf vorbereitet, die Nachfolge seines Vaters anzutreten. Konnte es nicht soweit kommen, daß eines Tages die Bismarcks die Hohenzollern in den Schatten stellten, wie das Karl Martell und dessen Nachfolger mit den merowingischen Königen gemacht hatten?[6] Wilhelm I. jedoch scheint sich solche Sorgen nicht gemacht zu haben. Im Gegensatz zu seinem Enkel, der ihm bald auf den Thron folgen sollte, besaß der Kaiser eine stille Würde, ein Selbstwertgefühl und eine Großmut, die ihn davor bewahrten, Regungen des Neides angesichts der schwärmerischen Verehrung zu zeigen, die seinem ersten Minister zuteil wurde.[7] In dem berühmten Eckzimmer des Alten Palais verrichtete Wilhelm weiterhin von Tag zu Tag die Arbeiten, die seine Stellung von ihm verlangte. In die Uniform gekleidet, die er bei Regierungsgeschäften stets trug, las er gewissenhaft die Berichte der Reichskanzlei, des Kriegsministeriums und des Generalstabs, die ihm zugingen. Während seiner Aufenthalte in Berlin besuchte ihn der Kanzler häufig, und während seiner Ab-

Kaiser Wilhelm I. um 1885

Kaiserin Augusta um 1885

wesenheiten korrespondierten beide über wichtige Fragen, wobei es nicht selten zu Mißverständnissen und Friktionen kam. Immer wieder reisten sie gemeinsam zu Gesprächen mit ausländischen Herrschern und Ministern. Wilhelm präsidierte den Bällen, Banketten und Empfängen, wie es vom Kaiser als Oberhaupt der deutschen Gesellschaft erwartet wurde. Er nahm auch noch immer alljährlich an den königlichen Jagden teil, während der achtzehn Jahre jüngere Bismarck diesen Sport schon vor langer Zeit aufgegeben hatte.[8]

Seit 1867 war Wilhelm im ganzen Reich eine sehr beliebte Gestalt geworden. Bei offiziellen Besuchen wurde er überall mit einer Achtung und einer spontanen Begeisterung empfangen, die keinen Zweifel daran ließ, daß er nicht länger nur als König von Preußen, sondern auch als Deutscher Kaiser angesehen wurde. Er war hochgewachsen und hielt sich sehr aufrecht, üppig wuchernde Bartkoteletten rahmten das Gesicht unter dem fast kahlen Schädel. Im Umgang war er warmherzig und höflich, würdevoll, doch nicht arrogant, militärisch, aber dabei ritterlich. Er spielte die ihm durch seine Geburt bestimmte Rolle, aber ohne unnötige Prachtentfaltung und Theatralik.[9] Als er 1880 zu den Feierlichkeiten anläßlich der Vollendung des Kölner Doms ins Rheinland reiste, versuchten die Ultramontanen, einen katholischen Boykott dieser Feierlichkeiten zu organisieren, jedoch ohne Erfolg.[10] Im September 1883 wohnte Wilhelm der Enthüllung eines gewaltigen Standbilds der Germania bei, das auf dem Bergrücken des Niederwalds am Rhein, gegenüber Bingen, errichtet worden war. Entsetzen verbreitete sich im Lande, als man entdeckte, daß er und der ebenfalls anwesende Kronprinz einem

Das Kaiserpaar bei der Feier zur Vollendung des Kölner Doms am 18. Oktober 1880

Sprengstoffanschlag von Anarchisten nur um Haaresbreite entgangen waren, weil wegen des feuchten Wetters die Zündschnur der Dynamitladung erloschen war.[11]

Seit Ende August 1884 hatte der Kaiser eine Reihe von leichten Schlaganfällen erlitten. Während einige davon bekannt wurden, drang von den meisten keine Nachricht an die Öffentlichkeit. Keiner dieser Anfälle war ernst genug, ihn für längere Zeit an der Ausübung seiner Herrschaft zu hindern. Einer ereignete sich während der Sedantagparade am 2. September 1884, als er vor Tausenden von Zuschauern im Sattel das Bewußtsein verlor. Doch Ende des Monats nahm er bereits wieder an Manövern in Westdeutschland teil, wo ihm in Düsseldorf, Münster und Köln große Volksmengen zujubelten.[12] Im Januar 1885 stellte Holstein fest, daß diese Anfälle in letzter Zeit häufiger geworden seien, für den Augenblick der Kaiser aber «über den Berg» zu sein scheine. Ein weiterer Anfall ereignete sich im Juni 1885 in Bad Ems, und einen Monat später ein weiterer in Salzburg, auf dem Weg nach Bad Gastein. Niemand scheine anzunehmen, daß es noch lange dauern könne, schrieb Holstein.[13] Und dennoch blieb der Monarch aktiv. Im August wohnte er in Potsdam der Enthüllung eines Denkmals für König Friedrich Wilhelm I. bei, im September besuchte er wie gewöhnlich seine Tochter und deren Familie in Karlsruhe und unternahm von dort aus einen Ausflug zur Zollernburg bei Hechingen, wo ihm seine schwäbischen Untertanen begeistert zujubelten.[14] Ende 1885 berieten sich Bismarck und der Kronprinz allem Anschein nach über den bevorstehenden Thronwechsel, und im April 1886 löste Herbert als Staatssekretär im Auswärtigen Amt Hatzfeldt ab, «weil es bei dem hohen Alter S. M. doch sehr fraglich sei, ob der noch bis Pfingsten leben würde».[15] Fast hätte sich diese Vermutung bewahrheitet.

Am 14. Mai 1886 meldete der Flügeladjutant von Plessen, daß «Seine Majestät der Kaiser und König gestern abend beim Thee ... eine Art Lähmungszustand – Verworrenheit und stockende, schließlich versagende Sprache bekommen» habe. Am Morgen trat wieder «etwas Unklarheit und eine gewisse unnatürliche Erregtheit» ein; der Kaiser klage über Kopfweh und Erschöpfung.[16] In der Folgezeit berichteten Angehörige der königlichen Familie von weiteren «kleinen Anfällen».[17] Doch am 18. August führte der standhafte alte Mann mit gezogenem Schwert die Potsdamer Garnison bei der Kirchenparade anläßlich des 100. Todestages Friedrichs des Großen; im September besuchte er in Begleitung des Kronprinzen Elsaß-Lothringen, wo ihn die Bevölkerung freundlich empfing. Am 31. Oktober erlegte er (freilich von einem eigens für ihn hergerichteten Stand aus) bei der königlichen Jagd zwanzig Rehe.[18]

Am 22. März 1887 feierte Wilhelm seinen neunzigsten Geburtstag, an dem sechzehnhundert mit Juwelen geschmückte, uniformierte und hohe Titel tragende Gäste zu einem Bankett in den weißen Saal des Berliner Schlosses geladen waren. Flankiert von den Herrschern der anderen deutschen Staaten empfing der «graue Kaiser» seine Gäste und nahm den Beifall Tausender fackeltragender Berliner entgegen, die sich draußen auf dem Schloßplatz drängten. Die meisten waren gekommen, meinte die Baronin Spitzemberg, um ihren Herrscher zum letzten Mal bei einer solchen Gelegenheit zu sehen. «Heute hatte man so recht das stolze Gefühl, einem mächtigen, einigem Volke anzugehören.»[19] Wilhelm, dessen Regierung in Preußen in Unfrieden begonnen und der 1866 einen deutschen Bürgerkrieg begonnen hatte, verkörperte inzwischen für Millionen die nationale Einheit und Macht Deutschlands. «Meine Vorfahren haben erst eine Nation machen müssen», sinnierte der Kaiser, «denn wir Preußen sind keine geborene, sondern eine gemachte Nation. Nun aber macht eine Nation mich».[20]

Bismarck nahm die Lobpreisungen, die ihm 1885 gewidmet wurden, dankbar entgegen, doch scheint ihn die daraus sprechende Verehrung nicht sonderlich gerührt zu haben. Was er von dem deutschen Volk wollte, waren nicht noch mehr Ehren, sondern ergebene Wähler und gehorsame Parlamente. Nun, da Wilhelms Leben zu verebben schien und seine eigene Gesundheit sich wieder verschlechterte, unternahm Bismarck noch einmal den Versuch, in der ihm verbleibenden Zeit sein Konzept der inneren Konsolidierung des Reichs in die Tat umzusetzen. Selbst krank und eines Teils seiner Fähigkeiten beraubt, war er noch imstande, wie 1875 die Hebel zu betätigen, die die politische Maschine unter Dampf setzten. Aber würde er den Zug auch in das von ihm gewünschte Gleis lenken können? Und wartete am Ende der Strecke tatsächlich die stabile soziale und politische Ordnung, die er anstrebte?

Beendigung des Kulturkampfs

Im November 1885 wählten die Preußen für weitere drei Jahre ihre Vertreter im Abgeordnetenhaus. Das Wahlergebnis vergrößerte noch den Gegensatz zwischen seiner Zusammensetzung und derjenigen des Reichstags. Die sogenannten nationalen Parteien wurden gestärkt, die Deutschkonservative Partei kam von 122 auf 133 Mandate, die Freikonservative Partei von 57 auf 62, die Nationalliberalen von 66 auf 72. Dieser Gewinn von 22 Sitzen ging größtenteils auf Kosten der Freisinnigen, die von 53 auf 40 Sitze fielen, und der Polen, die zuletzt 18 Mandate gehabt hatten und nunmehr 15 erhielten. Das Zentrum erlitt minimale Verluste, es verlor von seinen zuletzt 99 Sitzen einen.[21] Abermals hatte Bismarck die Wahl, die Konservativen entweder mit dem Zentrum oder mit den Freikonservativen und den Nationalliberalen zusammengehen zu lassen, um sich eine Mehrheit zu verschaffen. Mit Hilfe der ersten Kombination lockerte er die Maigesetze, mit Hilfe der zweiten betrieb er die Germanisierung der polnischen und anderer ethnischer Minderheiten.

Seit 1880 hatte die preußische Regierung, außerstande, zu einer Einigung mit dem Vatikan zu gelangen, durch eine Reihe von legislativen und administrativen Maßnahmen einseitig auf eine Mäßigung des Kulturkampfes hingewirkt. Unter diesen waren mehrere Vorlagen für Milderungsgesetze, die dem preußischen Abgeordnetenhaus vorgelegt wurden. Auf die 1880 und 1882 angenommenen, die bereits behandelt wurden, folgte 1883 eine dritte.[22] Bismarcks Taktik war es, Änderungsanträge einer Koalition von Zentrumsabgeordneten und Konservativen anzunehmen und den prinzipientreuen Liberalen die undankbare Aufgabe zu überlassen, «den Staat zu verteidigen», ohne die Unterstützung der Regierung.[23] Unter diesen Milderungsgesetzen hatte das Kultusministerium vielen Priestern die Rückkehr auf vakante Pfarrstellen, vielen Bischöfen die Rückkehr in vakante Diözesen gestattet. Im April 1882 waren die diplomatischen Beziehungen zum Vatikan wieder aufgenommen worden, und im Dezember 1883 hatte Kronprinz Friedrich Wilhelm Papst Leo XIII. einen offiziellen Besuch gemacht. Den preußischen Abgeordneten und der Öffentlichkeit wurden diese Schritte als Beweise des Wohlwollens der preußischen Regierung gegenüber ihren katholischen Bürgern hingestellt, die nicht als Kapitulation vor Rom mißzuverstehen seien.[24]

Doch das Ende des Kulturkampfes war nur durch direkte Verhandlungen zwischen Berlin und Rom zu erreichen. Sowohl der Kanzler als auch der Papst hatten gute Gründe, eine baldige Beilegung des Konflikts zu für beide Seiten erträglichen Bedingungen zu wünschen. Bismarck, weil der von ihm angestrebte nationale Konsens ohne die Zustimmung der Katholiken nicht herzustellen war, Leo, weil die Kirche andernorts in Europa Schwierigkeiten hatte, die seine Aufmerksamkeit beanspruchten. Die größten Hindernisse für eine Einigung gab es weder beim Kanzler noch beim Papst. Sie wurden vielmehr von unbeugsamen Protagonisten in beiden Lagern errichtet, einerseits in den preußischen Ministerien und den liberalen Parteien, andererseits in der römischen Kurie, im deutschen Episkopat und der Zentrumspartei (dort insbesondere von Windthorst).

Im September 1885 setzte Bismarck die unterbrochenen Verhandlungen mit dem Heiligen Stuhl wieder in Gang, indem er den Papst als Schiedsrichter über die Ansprüche Deutschlands und Spaniens auf die Karolinen, eine Inselgruppe Mikronesiens, anrief. Das war ein glänzender Schachzug.[25] Die Inseln waren an sich für Deutschland nicht sehr wichtig. Das katholische Spanien konnte den Papst als Vermittler schlecht zurückweisen. Und der Papst, der erfolgreich vermittelte, durfte sich noch einmal als *arbiter mundi* fühlen. Nach Abschluß der Verhandlungen empfingen der deutsche und der spanische Kanzler vom Papst den diamantenbesetzten Christusorden. Der Bismarck verliehene trug die Widmung *excelso viro, magno cancellario.* Auch Schlözer und Kardinalstaatssekretär Jacobini wurden für ihre Verdienste ausgezeichnet, der eine mit dem Großkreuz des Piusordens, der andere mit dem preußischen Schwarzen Adlerorden. Katholiken, die Windthorsts langen Kampf im Parlament für die Aufhebung der Maigesetze miterlebt hatten, fanden diesen Austausch von Höflichkeiten befremdlich.[26] Ihre Verwunderung hätte noch zugenommen, wenn sie gewußt hätten, daß die päpstliche Enzyklika vom 6. Januar 1886, mit welcher Leo XIII. die deutschen Bischöfe zu beschwichtigen suchte, bereits auf Bismarcks Schreibtisch lag. Der Papst hatte ihm eine Kopie im voraus geschickt.[27]

Im Januar 1886 schien es Bismarck endlich gelungen zu sein, eine direkte Beziehung zum Papst herzustellen, mit deren Hilfe er die intransigenten Katholiken bei den Verhandlungen zur Beendigung des Kulturkampfs ausmanövrieren und der Opposition des Zentrums gegen die (die Religionsfragen betreffende) Gesetzgebung der Regierung den Boden entziehen konnte. Über Schlözer ließ er Leo eine neue Regierungsvorlage zu kirchlichen Angelegenheiten vor ihrer Präsentation im Landtag zukommen; die Vorlage war von Goßler in Zusammenarbeit mit Georg Kopp, dem Bischof von Fulda und einem gemäßigten Vertreter der katholischen Seite, entworfen worden. Von den darauf folgenden Erörterungen schloß der Papst Windthorst aus, den Mann, der über zehn Jahre lang im Reichstag für die katholische Sache gekämpft hatte, sowie sämtliche Kirchenmänner (einschließlich Jacobinis), von denen Widerstand gegen die von Bismarck angebotenen Bedingungen zu gewärtigen war. Er ermahnte überdies Windthorst ausdrücklich, fürs erste keine Maßnahmen in Kirchenangelegenheiten zu ergreifen, weil damit die angebahnte Einigung zwischen Kirche und Staat gefährdet werden könnte.[28]

Bismarck hatte die Regierungsvorlage dem Papst natürlich nicht zugesandt, um ihn zu Änderungen zu ermuntern. Während Leo und die Kardinäle den Inhalt der Vorlage noch diskutierten, wurde sie zu ihrer großen Überraschung schon dem preußischen Herrenhaus präsentiert, dem seit Januar auch Kopp angehörte.[29] Wenn Bischof Kopp, ein Sprecher des Papstes und *persona grata* bei Bismarck, die Annahme einer Kirchengesetzvorlage im Herrenhaus bewirken konnte, wie konnte das Zentrum diese dann im Abgeordnetenhaus ablehnen?

Heizer Bismarck und Bremser Windthorst. «Selbst wenn der eine ebenso kräftig heizt wie der andere bremst, kommt man doch nicht von der Stelle.» (Wilhelm Scholz, *Kladderadatsch*, 1884)

Bismarcks Taktik trieb einen Keil in das katholische Lager – zwischen die Gemäßigten, die, wie Leo selbst, die Beendigung des Kulturkampfes zu den bestmöglichen Bedingungen wollten, und die Gegner eines Kompromisses, die, wie Windthorst und Jacobini, Frieden auf Dauer nur für möglich hielten, wenn die preußische Regierung ihren Anspruch auf Autorität über die katholische Kirche in Deutschland aufgab.[30]

Oberflächlich betrachtet stellte Goßlers Vorlage der Kirche sehr günstige Bedingungen für die endgültige Beilegung des Kulturkampfes, doch bei näherer Betrachtung fanden sich unter den Rosen auch Dornen. Die Forderung, daß sich Priester einem Kulturexamen zu unterziehen hätten oder ein deutsches Universitätsstudium nachweisen müßten, war fallengelassen worden, doch dies war das einzige direkte Zugeständnis. Obwohl das königliche Gericht für Kirchenangelegenheiten abgeschafft wurde, wurde doch nun die Revisionsgerichtsbarkeit dieses Tribunals in Fragen der Kirchendisziplin (einschließlich der Befugnis, Priester des Amts zu entheben) vom Berliner Kammergericht übernommen. Seminare und andere Ausbildungsstätten für Priester wurden wieder zugelassen und die Staatsaufsicht über diese auf die über alle Bildungseinrichtungen übliche beschränkt, doch die Ernennung von Professoren bedurfte auch nach der neuen Regelung weiterhin staatlicher Billigung. Am wichtigsten aber war, daß auch das Vetorecht des Staates bei Ernennungen zu Kirchenämtern von der neuen Vorlage aufrechterhalten wurde.

Das mit einem Gesetz vom 11. Mai 1873 geschaffene Vetorecht mutete dem höheren Klerus zu, den Oberpräsidenten der preußischen Provinzen die Namen der Kandidaten für kirchliche Ämter vorher anzuzeigen, und behielt dem Staat das Recht vor, die Zustimmung zu deren Ernennung zu verweigern, wenn diese gewissen unbestimmt definierten «bürgerlichen und staatsbürgerlichen» Anforderungen nicht entsprächen. 1880 hatte Leo XIII. angeboten, die Anzeigepflicht anzuerkennen, doch nur für den niederen Klerus und ohne dem Staat ausdrücklich das Recht zugestehen zu wollen, auf irgendeiner Ebene der Hierarchie Einspruch gegen Ernennungen zu erheben.[31] Mit päpstlicher Billigung änderte nun Bischof Kopp Goßlers Vorlage in drei Punkten, mit denen das Recht des Staates, die Ernennung von Lehrkräften an Priesterseminaren zu verhindern, die Appellationsgerichtsbarkeit des Kammergerichts in kirchlichen Angelegenheiten sowie die Befugnis des Staates zur Bestrafung von Priestern, die ohne staatliche Bewilligung die Messe lasen oder das Sterbesakrament reichten, abgeschafft werden sollten. Bismarck war bereit, Kopps Änderungen zu akzeptieren. Tatsächlich fand er inzwischen auch die Anzeigepflicht «ganz wertlos», doch wollte er in diesem Punkt nicht nachgeben, um sich nicht nachsagen zu lassen, er sei den *ganzen* Weg nach Canossa gegangen.[32]

Am 22. März 1886 erfuhr er von Schlözer, daß der Papst die Anzeigepflicht ohne Vorbehalte anerkennen wolle. Doch die Freude wurde ihm verdorben, als der Gesandte zwei Tage später meldete, daß der Papst seine Zusage zurückgezogen habe. Die Gegner eines Kompromisses hatten sein Ohr gewonnen, und nun war der Papst nur noch bereit, die Anzeigepflicht für bereits vakante Pfarrstellen anzuerkennen.[33] Bismarck kochte vor Zorn, auf den Papst und auf Kopp, doch auch auf Schlözer, den er beschuldigte, in seinem Bericht vom 22. März «zu sanguinisch» gewesen zu sein und in seiner Reaktion auf die veränderte Haltung Leos am 24. März zu nachgiebig. Eine begrenzte Anzeigepflicht, erklärte er, sei sowohl für die Regierung als auch für die Mehrheit im Herrenhaus unannehmbar.[34] In schneller Folge wurde Schlözer demonstrativ aus Rom abberufen, dem Papst ein persönliches Schreiben Bismarcks mit einem Abriß der Lage aus dessen Sicht zugesandt, und der Fürst Hatzfeld-Trachenberg, ein liberaler Katholik und Angehöriger sowohl des preußischen Herrenhauses als auch des Reichstags, als geheimer Unterhändler nach Rom geschickt. «Sagen Sie bitte dem Papst», instruierte Bismarck ihn, «so lange der alte Kaiser noch lebt und ich am Ruder bin, ist der Friede zu schließen, was nach uns kommt, weiß kein Mensch.»[35]

Die von Jacobini am 4. April übermittelte Antwort des Papstes enthielt das Versprechen, daß er nach Annahme der von Kopp geänderten Vorlage die deutschen Bischöfe instruieren werde, der preußischen Regierung alle Ernennungen auf gegenwärtig vakante Pfarrstellen anzuzeigen. Diese Antwort ließ die Frage nach dem Verfahren bei zukünftigen Vakanzen und dem Vetorecht des Staates gegen unerwünschte Ernennungen offen. Der Papst konzedierte nur, daß die Bischöfe die Vorbehalte der Regierung gegen Kandidaten, deren Ernennung als gefährlich für die «öffentliche Ordnung» angesehen wurde, anhören würden.[36] Doch das genügte, um Bismarcks Gang nach Canossa zu verschleiern. Er versprach im Gegenzug zusätzliche Änderungen der Maigesetze.

Bei der entscheidenden Debatte über Goßlers Vorlage im Herrenhaus am 12. und 13. April unterstützte Bismarck die erzielte Einigung als einen Beweis des aufrichtigen Wunsches Leos XIII., den Kampf zu beenden – im Gegensatz zum Zentrum und den Linksliberalen. Er übernahm die Verantwortung für die Maigesetze, distanzierte sich aber von gewissen Zügen, die seine Kollegen diesen gegeben hätten. Obwohl «Kampfgesetze» erforderlich gewesen seien, sei doch feindliches Gebiet besetzt worden, das tatsächlich wertlos sei. Seine Zwecke seien von Anfang an politisch, nicht konfessionell gewesen. Erneut wies er auf die welfischen und polnischen Ursprünge des Kampfes hin und erwähnte die Notwendigkeit, in den Ostprovinzen die deutsche Sprache zu verteidigen. Ein endgültiger Frieden zwischen der deutschen Monarchie und der katholischen Kirche könne nie zustande kommen. «Der katholische Priester ist von dem Augenblick, wo er Priester ist, ein einregimentierter Officier des Papstes; er würde an die Wand gedrückt und vernichtet werden, wenn er Priester bleiben und inzwischen gegen den Papst und gegen seine Vorgesetzten kämpfen wollte.» Der Versuch des Staates, die Priesterschaft gegen den Willen des Papstes zu beeinflussen, sei der Grundfehler der ganzen Maigesetzgebung gewesen. Im Gegensatz zum Klerus anderer Länder – Spaniens, Irlands, Frankreichs, Italiens – fehle es den deutschen Priestern an Nationalbewußtsein; diese seien vor allem Priester und erst in zweiter Linie Deutsche. Das aber sei nicht durch Gesetze zu ändern, sondern nur durch die allmähliche Stärkung des Nationalbewußtseins bei jedem Deutschen. «Wenn es uns gelingt, den Polonismus auf dem Wege zu bekämpfen, den wir neuerdings versucht haben, so gibt uns das einen Ersatz für manche Streitmittel, die wir auf dem kirchlichen Gebiete nicht entbehren konnten.» Bei Leo XIII. habe er «mehr Wohlwollen und mehr Interesse für die Befestigung des Deutschen Reiches und für das Wohlergehen des preußischen Staats» gefunden als bei der Zentrumspartei und zuweilen bei der Majorität im Reichstag.

Doch gerettet wurde dann die Lage von Bischof Kopp. In einer leidenschaftlichen Rede wies er am 13. April 1866 die von Miquel geführte liberale Opposition darauf hin, daß Deutschland einen welthistorischen Augenblick erreicht habe. Die Gelegenheit zum Frieden sei zur Hand und müsse ergriffen werden. «Wir sehen hier, wie der große Staatsmann, der unsere politischen Geschicke leitet, dem Oberhaupte der katholischen Kirche die Hand zum Frieden reicht.» Bei der entscheidenden Abstimmung im Herrenhaus wurden Kopps Änderungsanträge mit großer Mehrheit, 123 Stimmen gegen 46, angenommen.[37] Im Abgeordnetenhaus wurde die Vorlage kaum debattiert, denn der Papst hatte das Zentrum angewiesen, keine zusätzlichen Änderungsanträge zu stellen. Das Zentrum fügte sich und verhalf gemeinsam mit den Deutschkonservativen der Vorlage zur Annahme gegen eine Opposition, die aus den Nationalliberalen, einigen Freikonservativen und der Mehrzahl der Linksliberalen bestand (259 Stimmen gegen 109). Windthorst erlitt einen Weinkrampf, als er zu dieser aus seiner Sicht demütigenden Kapitulation gezwungen war.[38]

Das sogenannte Friedensgesetz von 1886 ließ noch eine Reihe von Streitfragen offen. Selbst Bischof Kopp wußte nicht genau, was der Papst in seiner Botschaft vom 4. April zugestanden hatte. Seine Meinung, daß Leo XIII. beabsichtigt habe, dem Staat das Vetorecht einzuräumen, wurde sogleich von der katholischen Zeitung *Germania*, Windthorst und einem großen Teil des deutschen Episkopats bestritten. Leo XIII. wich der Frage aus und vertrat die Ansicht, daß die Bischöfe natürlich niemanden ernennen würden, der für die Regierung nicht annehmbar sei. Er wollte «absolut keine Friktionen» und befahl den Bischöfen, die staatlichen Fragebögen auszufüllen. Friktionen wollte auch Bismarck nicht. Das Vetorecht des Staates werde wohl nur in den polnischen Gebieten von Bedeutung sein, meinte er. Aber die deutschen Bischöfe waren nicht geneigt, sich auf bloße Absichtserklärungen zu verlassen. Das Verfahren der preußischen Regierung bei der Wahrnehmung ihres Einspruchsrechts gegen Ernennungen während der vergangenen fünfzehn Jahre war nicht geeignet, sie für die Zukunft optimistisch zu stimmen. Auf der jährlichen Bischofskonferenz in Fulda im August 1886 verlangte die intransigente Mehrheit von neuem die Abschaffung des Vetorechts, das sich die Regierung angemaßt habe. Ihre Unzufriedenheit mit der Konzilianz Leos XIII. war unverkennbar.[39]

1887 ging Bismarck weiter auf dem Weg, den er 1886 eingeschlagen hatte. Er übermittelte dem Vatikan ein neues Friedensgesetz, um dessen Meinung dazu zu erfahren, bevor er es dem Herrenhaus vorlegte. Diesmal gestattete er dem Vatikan, Änderungsvorschläge zu machen, und schien dann sogar gewillt, dessen Wünsche zu erfüllen. Doch Goßler und das Staatsministerium erhoben dagegen Einspruch. Der Fürst schien «Frieden um jeden Preis» zu wollen, klagte Lucius. In der schließlich vorgelegten Form wurde mit dem Gesetz die Ausbildung von Priestern in den Diözesanseminaren von Osnabrück und Limburg wieder zugelassen und den meisten Orden die Rückkehr nach Preußen gestattet. Darüber hinaus aber definierte das Gesetz, ohne sie abzuschwächen, die Gründe neu, die den Staat berechtigten, gegen Ernennungen zu Kirchenämtern ein Veto einzulegen. Die kompromißlosen Verteidiger der katholischen Sache bemängelten außerdem, daß auch dieses Friedensgesetz nicht alle Maigesetze aufhob. Die Annahme der Vorlage im Landtag erforderte das Eingreifen des Papstes, der dem Zentrum befahl, sie anzunehmen, und Bismarcks, der die Ultrakonservativen stark unter Druck setzen mußte.[40] Bismarck wurde die Befriedigung zuteil, beide Häuser zur Unterstützung des Papstes gegen rebellische Katholiken aufrufen zu können, zur Unterstützung der Autorität des Papstes und des Kaisers im Kampf gegen Subversion, Revolution und Anarchie!

Bismarck war eine weite Strecke Richtung Canossa gegangen, jedoch nicht bis ans Ende des Weges und nicht annähernd weit genug für Windthorst und viele deutsche Prälaten. Wichtige Gesetze blieben gültig, so zum Beispiel das Schulaufsichtsgesetz, die obligatorische Zivilehe, das Verbot des Jesuitenordens und der Widerruf der in den Artikeln 15, 16 und 18 der preußischen Verfassung gewährten religiösen Freiheiten. Bei der Trennung von Kirche und Staat hatte Bismarck einige dauerhafte Erfolge erzielt.[41] Hätte er nicht die politischen Konsequenzen gefürchtet, dann hätte er auch auf das staatliche Vetorecht gänzlich verzichtet. Wenn die kirchlichen Amtswalter in Preußen ihrer Ämter im gleichen versöhnlichen und verständigungsbereiten Sinne walteten wie der Heilige Stuhl, schrieb er, würde die Regierung von ihrem Vetorecht keinen Gebrauch machen müssen.[42]

Mit dieser privaten Übereinkunft entzog er Windthorsts fortgesetzten Forderungen nach weitergehender Revision der Maigesetze die Grundlage. Auf diplomatischem Wege gelangten Bismarck und Leo XIII. zu einer Lösung, die das legislative Verfahren verweigert hatte. Seine persönliche Beziehung zum Papst gestattete dem Kanzler, de facto zu annullieren, was das preußische Staatsministerium und beide Häuser des Landtags zum geltenden Recht gemacht hatten. Bismarck selbst war nicht der Meinung, den jahrhundertealten Streit zwischen Kirche und Staat ein für alle Mal beendet zu haben. Eine Einigung auf Dauer war in seinen Augen nicht möglich. Was er erreicht hatte, war die Einigung auf einen *modus vivendi,* weil die preußische Regierung danach keinen Gebrauch mehr von ihrem Vetorecht gegen kirchliche Amtsernennungen machte (außer in der Provinz Posen).

Der Kulturkampf auf polnischem Gebiet

Daß die polnischen Gebiete Preußens von der Lockerung der Kulturkampfgesetze ausgenommen blieben, hing mit dem enttäuschenden Ergebnis des in den siebziger Jahren begonnenen Assimilationsprogramms zusammen. Seit einem halben Jahrhundert sei auf diesem Gebiet nicht der geringste Fortschritt erzielt worden, klagte Bismarck. Er sei der Meinung, «daß wir mit (der) Germanisierung entschlossen vorgehen müßten».[43] «Die Durchführung dieses Gedankens wird es nötig machen, den diskretionären Befugnissen ein größeres Gebiet zu eröffnen, als ihnen in der Denkschrift (Goßlers) zugedacht ist. Ich teile freilich die in der letzteren ausgesprochenen Besorgnis, daß wir dadurch in einen lebhaften Kampf geraten werden mit dem von Robert von Mohl erfundenen Kunstausdruck *Rechtsstaat,* von welchem noch keine einen politischen Kopf befriedigende Definition und keine Übersetzung in andere Sprachen gegeben ist, und mit den Leuten, welche Politik wie nach mathematischen Sätzen treiben wollen ohne sich zu erinnern, daß die Mathematik sich mit Begriffen beschäftigt, die nirgends verkörpert sind. Aber diesem Kampfe würden wir auch bei dem geringsten Umfange der Fakultäten nicht entgehen, und er scheint gerade auf diesem Gebiete günstigere Chancen zu bieten als anderswo. Es ist unmöglich, aus dem Verhältnis des Staates zur Katholischen Kirche das internationale Element auszuscheiden; und die Beziehungen zu auswärtigen Mächten wie das contentieux unter den Instanzenzug des Rechtsstaates bringen zu wollen, ist doch bisher nur vereinzelten Fanatikern eingefallen … Die deutschen und die polnischen Landesteile sind mit verschiedenem Maße zu messen, und wir müssen uns die Möglichkeit wahren, das zu tun.»[44]

Zu eben der Zeit, als Leo XIII. und Bismarck sich auf ihren Kompromiß einigten, hatte die preußische Regierung mit der Ausweisung Tausender fremder

Polen und Juden, einem Programm zum Aufkauf der Ländereien polnischer Gutsbesitzer und deren Besiedelung durch Deutsche sowie einer allgemeinen Kulturoffensive, bei der das Heer, das Schulwesen und die Verwaltung bei der Germanisierung der in Preußen ansässigen sprachlichen Minderheiten zusammenwirken sollten, einen neuen Feldzug gegen den Polonismus begonnen. Bismarcks Ängste hinsichtlich der polnischen Minderheit werden gewöhnlich seiner Furcht vor ausländischen Bündnissen zugeschrieben, die sich des polnischen Nationalismus bedienen könnten, um Preußen-Deutschland zu beunruhigen und zu schwächen. Zweifellos stellte er bei seinen Kalkulationen während der frühen siebziger Jahre diesen Faktor in Rechnung. Aber die Jahre von 1881 bis Anfang 1885, in denen der Versuch, die Minderheiten zu assimilieren, von neuem energisch in Angriff genommen wurde, waren die «halkyonischste» Zeit der deutschen Außenpolitik. Niemals während der ganzen Laufbahn Bismarcks gestalteten sich die auswärtigen Beziehungen harmonischer.[45] Erst nach dem Sturz der Regierung Ferry in Frankreich (am 31. März 1885), der Revolution in Ostrumelien (am 18. September 1885), dem Aufstieg Boulangers (seit Ende Januar 1886) und der österreichisch-russischen Krise wegen Bulgarien (während der Monate August bis November 1886) gab es wieder Grund zur Besorgnis hinsichtlich der Stellung Deutschlands in Europa. Wie wir sehen werden, begann die neue Kampagne zur Bereinigung der Minderheitenprobleme in den östlichen Grenzgebieten lange, ehe sich Deutschland neue außenpolitische Probleme stellten.

Seit 1815 war die preußische Regierung verschiedentlich beunruhigt über die illegale Einwanderung von Polen und Juden. Manche dieser Einwanderer waren junge Männer, die sich dem russischen und österreichischen Militärdienst zu entziehen suchten, doch seitdem in Preußen Landwirtschaft und Industrie expandierten, kamen viele auf der Suche nach Arbeit. Die Gutsbesitzer des Ostens und schlesischen Industriellen hießen die illegalen Einwanderer als billige Arbeitskräfte willkommen. Während die preußischen Bauern – Deutsche wie Polen – auf der Suche nach besser bezahlter Arbeit nach Westen zogen (nach Berlin, Sachsen, Westfalen, an die Ruhr und nach Übersee), wanderten im Osten Preußens illegal Ausländer ein, die deren verlassene Arbeitsplätze auf den Getreidefeldern Ostpreußens und Hinterpommerns sowie in den Bergwerken Schlesiens besetzten. In den achtziger Jahren waren viele der illegal in Preußen ansässigen Ausländer bereits Kinder oder sogar Enkel solcher Immigranten. Manche hatten preußische Frauen oder Mütter. Das einzige Zuhause, das sie kannten, war auf der westlichen Seite der Grenze.[46]

Während der Jahre 1871–1873, als seine Regierung die Germanisierung der polnischen Gebiete durch das Schulwesen betrieb, drängte Bismarck Innenminister Eulenburg, der Gendarmerie zu befehlen, aus der Stadt und Provinz Posen alle politisch aktiven Personen, Jesuiten, Priester und Journalisten auszuweisen, die keine preußische Staatsbürgerschaft nachweisen konnten. Im Februar 1872 sprach er sich bereits für die Ausweisung prinzipiell *aller* Polen aus, die keinen Anspruch auf Staatsbürgerschaft hätten, ausgenommen diejenigen, denen die Regierung ausdrücklich gestattete zu bleiben.[47] Fürs erste allerdings konzentrierte die Regierung ihre Anstrengungen auf die Ausweisung politischer Agitatoren, auf die Schließung der Schlupflöcher, die polnischen illegalen Einwanderern erlaubt hatten, die deutsche Staatsangehörigkeit zu erwerben (meist durch andere deutsche Staaten), sowie auf schärfere Grenzkontrollen.[48]

Als sich Mitte der siebziger Jahre der Antisemitismus zunehmend ausbreitete, geriet auch die jüdische Einwanderung ins Visier. Schon seit Jahrzehnten (vor allem während der vierziger Jahre) wanderten russische und österreichische Juden in Preußen ein. Nachdem 1881 die russischen Pogrome begonnen hatten, gingen Tausende nach Westen, um der Verfolgung zu entgehen. Die preußische Grenze lag verhältnismäßig nahe, und jenseits davon hatten viele Juden es in der sich rapide urbanisierenden und industrialisierenden deutschen Gesellschaft zu Wohlstand und sogar Reichtum gebracht, wie in den *Schtetln* erzählt wurde. Jüdische Einwanderer, die als Handwerker oder Krämer Erfahrungen hatten, Bäcker oder Schächter waren, faßten mit Hilfe von Verwandten, Freunden und Religionsangehörigen meist schnell Fuß. Da sie geringe Ansprüche stellten und vorwärtskommen wollten, waren sie willens, länger und für weniger Lohn zu arbeiten als ihre einheimischen Konkurrenten auf dem Arbeitsmarkt (Polen wie Deutsche). Oft hatten sie in der Tat mehr Erfolg. Da die Zeiten schlecht waren und viel soziale Not herrschte, zogen die Juden den Neid der Unzufriedenen schnell auf sich. Aus Kleinstädten und Dörfern in der Nähe der Grenze wurden Petitionen nach Berlin gesandt, die Bismarck baten, er möge sie von «diesen unheimlichen Gästen befreien», die keine Papiere und keine Pflichten gegen den Staat hätten. «Wir müssen Soldat werden ... wogegen diese Überläufer, die hier ohne Papiere herüberkommen, zu Hause liegen und uns auslachen.»[49]

Bald wurde das Problem in der Öffentlichkeit diskutiert. Heinrich von Treitschke gab 1879 in den einflußreichen *Preussischen Jahrbüchern* den Ton dieser Debatte an. «Über unsere Ostgrenze aber dringt Jahr für Jahr aus der unerschöpflichen polnischen Wiege eine Schar strebsamer hosenverkaufender Jünglinge herein, deren Kinder und Kindeskinder dereinst Deutschlands Börsen und Zeitungen beherrschen sollen.» Diese Ostjuden stünden erfahrungsgemäß «dem europäischen und namentlich dem germanischen Wesen ungleich fremder gegenüber» als die Israeliten des Westens und Südens. Inzwischen habe «das Semitenthum an dem Lug und Trug, an der frechen Gier des Gründer-Unwesens einen großen Antheil», meinte Treitschke. «In tausend deutscher Dörfer sitzt der Jude, der seine Nachbarn wuchernd auskauft.» «Was wir von unseren israelitischen Mitbürgern zu fordern haben, ist einfach: sie sollen Deutsche werden.» An dem guten Willen dazu aber fehle es bei vielen. Treitschke kam zu dem Ergebnis, «daß in neuester Zeit ein gefährlicher Geist der Überhebung in jüdischen Kreisen erwacht ist, daß die Einwirkung des Judenthums auf unser nationales Leben, die in früheren Tagen manches Gute schuf, sich neuerdings vielfach schädlich zeigt».[50] Mit den Worten Theodor Mommsens hatte dieser Aufsatz des Historikers und Publizisten, der sich wie kein anderer für die Einigung Deutschlands eingesetzt hatte, eine «Bombenwirkung».[51] In den folgenden Monaten antwortete Treitschke auf seine Kritiker, indem er das Feuer des Ressentiments und der Paranoia gegen jüdische Immigranten noch weiter schürte. Das Resultat war, daß nun die «polnische Frage» den Charakter einer «jüdischen Frage» anzunehmen begann.[52]

Viele andere Publizisten stimmten in Treitschkes Alarmruf ein, unter diesen auch Bismarcks «Leibjournalist», Moritz Busch, der Redakteur des vielgelesenen *Grenzboten.* Busch behandelte das Judentum «nicht als Religionsgemeinschaft, sondern als Rasse» und bestritt die Möglichkeit, daß Juden jemals Deutsche werden könnten.[53] Außerhalb der deutschen Grenzen sorgten die Russifizierungspolitik der russischen und die Magyarisierungspolitik der ungarischen Regierung, die beide auch deutsche Minderheiten betrafen, für zusätzliche Emotionen. Eduard von Hartmann, damals einer der bekanntesten deutschen Philosophen, forderte Vergeltungsmaßnahmen. «Wenn die Slawen das Deutschtum in ihren Grenzen ausrotten, so müssen wir Repressalien üben, d. h. das Slawentum in unseren Grenzen ausrotten, wenn nicht der Einfluß des Deutschtums in der Geschichte der Naturvölker beträchtlich sinken soll.»[54] Es fehlte nicht an Gegenstimmen, zumal von fortschrittlichen und sozialistischen Journalisten und Abgeordneten, doch zweifellos befürwortete die während jener Jahre im Lande herrschende Stimmung, begierig auf Sündenböcke, ein hartes Durchgreifen der Regierung gegen Fremde. Im April 1881 erhielt Bismarck eine Petition, die Maßnahmen gegen die Einwanderung «fremdländischer Juden» forderte. Sie trug 250 000 Unterschriften.[55]

Am 22. Mai 1881 wurde unter Bismarcks Vorsitz im preußischen Staatsministerium das Problem der illegalen Einwanderung diskutiert.[56] Sechs Tage später wurde das Ergebnis dieser Beratungen bereits sichtbar. Eulenburg befahl den Oberpräsidenten der Ostprovinzen, die Grenzkontrollen gegen illegale Einwanderer zu verschärfen und die Einbürgerung von Ausländern erheblich einzuschränken. Fremde Landarbeiter, die auf den Gütern gebraucht wurden, sollten geduldet werden. Russischen Untertanen, welche die Not oder Einfalt der Einwohner ausbeuteten oder durch ihre Konkurrenz deren wirtschaftliche Lage verschlechterten, sollten Aufenthaltsgenehmigungen verweigert werden.[57]

Offensichtlich sahen jedoch die Provinzbehörden das Problem als nicht so dringlich an wie ihre Vorgesetzten in Berlin. Sie waren auch dem Gegendruck der Gutsbesitzer und anderen Arbeitgeber ausgesetzt, die polnische Fremdarbeiter benötigten. Die Hauptopfer der neuen Politik waren Berliner Juden. Binnen eines Jahres – vom 1. Oktober 1883 bis zum 1. Oktober 1884 – wurden 662 Personen (in der Mehrzahl Juden) aus Berlin ausgewiesen, aus den vier Ostprovinzen während des gleichen Zeitraums nur insgesamt 512 Personen. Die Fremden amtlich zu erfassen war schwierig. Der Status vieler Einwanderer war kompliziert und unklar, manche entzogen sich auch der Erfassung überhaupt. Erst im Februar 1885 hatte die Regierung eine vorläufige Übersicht über den Umfang der fremden Einwanderung im Osten. Die Zahl der in Berlin und den vier Ostprovinzen wohnhaften illegalen Einwanderer wurde mit 32306 angegeben, von denen 22557 eine Aufenthaltsgenehmigung erhalten hatten, darunter 9758 alleinstehende Personen und Familienoberhäupter. 6132 von den letzteren waren Katholiken, 2695 Juden und 931 Protestanten. Nach Berufen waren 5733 von ihnen Landarbeiter, 1765 Handwerker und 1334 Händler.[58]

Bismarck drängte auf sofortiges Handeln.[59] Wenn es infolge der angeordneten Maßnahmen mancherorts an Arbeitskräften mangeln würde, so sei das ein geringeres Übel, «als daß der Staat und seine Zukunft leidet». Gefahr drohe vor allem von revolutionären Agitatoren, doch nicht allein von diesen. «Die Überläufer tadelloser Führung, welche äußerlich weder polizeilich noch sozial lästig fallen, sind politisch oft die gefährlichsten. Sie sind namentlich die Träger der revolutionären Beziehungen der westeuropäischen Emigration mit den russischen Polen. Aber auch die von der politischen Agitation unberührten Massen stören unseren staatlichen Organismus dadurch, daß sie die Grenzprovinzen polonisieren, während deren Germanisierung unsere staatliche Aufgabe bildet.»[60] Am 26. März 1885 erschien die schicksalhafte Verordnung, welche die vier Provinzialregierungen anwies, Personen russischer Herkunft, die sich ohne Genehmigung auf deutschem Boden aufhielten, sofort auszuweisen. Im Juli wurde die Anordnung auf alle Fremden ausgedehnt, auch diejenigen österreichischer Herkunft, ob sie Aufenthaltsgenehmigungen hatten oder nicht.[61] Das Problem, über das Bismarck «seit Jahren» klagte, wurde in Angriff genommen.[62]

Bei den Provinzialregierungen, die den Realitäten näher waren als das preußische Staatsministerium, verursachten diese Anordnungen Überraschung und Verwirrung. Den örtlichen Behörden wurde zugemutet, binnen einer oder zwei Wochen Tausende von Personen ganz unterschiedlicher Stellung zum Verlassen des Landes zu zwingen. Manche waren Neuankömmlinge und noch wirklich fremd im Lande, andere jedoch lebten schon seit Jahrzehnten in Preußen oder waren sogar dort geboren. Diejenigen, die mit der früheren Einwanderungswelle in den vierziger Jahren gekommen waren, glaubten, daß Friedrich Wilhelm IV. ihnen die Staatsbürgerschaft verliehen habe. Manche hatten Besitz erworben, Karriere gemacht, es zu verantwortlichen Stellungen gebracht. Ihre Ansprüche und Petitionen mußten von Staatsbeamten und Gerichten gewürdigt werden. Die österreichische Regierung, der an der Wahrung guter Beziehungen zu Deutschland gelegen war, zumal eine orientalische Krise drohte, kümmerte sich um die Rückführung der über die österreichische Grenze Ausgewiesenen nach Galizien. Doch die russische Regierung zeigte wenig Neigung, Tausende von polnischen und jüdischen Flüchtlingen in Empfang zu nehmen und zu versorgen, von denen viele in Rußland keine Wurzeln mehr hatten und keinen Nachweis russischer Staatsbürgerschaft vorlegen konnten. Ende des Jahres 1885 soll es an den Grenzübergängen zu mitleiderregenden Szenen gekommen sein, als dort Flüchtlinge in Scheunen und auf freiem Felde lagerten, ihre Habseligkeiten gegen Nahrungsmittel eintauschten, die Elendsten unter ihnen Hunger leidend. Im Januar 1886 erklärte sich die russische Regierung bereit, diejenigen einreisen zu lassen, deren russische Staatsangehörigkeit nachgewiesen werden konnte. Doch die russischen Beamten in den Grenzorten machten weiterhin Schwierigkeiten.[63] Im April 1886 hatten 16 000 Fremde Deutschland verlassen; sechs Monate später waren es 26 492. Im Januar 1888, bei Abschluß der Aktion, waren 32 000 Fremde ausgewiesen, unter diesen 10 000 Juden, fast ein Viertel der nun auf 44 000 Seelen geschätzten jüdischen Bevölkerung.[64]

Die Ausweisungsbefehle erregten in Deutschland erbitterte Debatten. Selbst die vier betroffenen Oberpräsidenten waren geteilter Meinung. Der Oberpräsident von Ostpreußen führte die Anordnungen mit Begeisterung aus, während der Oberpräsident von Westpreußen sie für unmenschlich und schädlich hielt. Die Oberpräsidenten von Posen und Oberschlesien fügten sich den betreffenden Anordnungen mit gemischten Gefühlen. Die Katholiken betrachteten die Vertreibung als einen neuerlichen Angriff gegen ihren Glauben, die Linksliberalen bezeichneten sie als antisemitisch und brutal. Das allgemeine Wahlrecht und die konstitutionelle Regierung gaben den Polen und ihren Verbündeten ein nationales Forum, auf dem sie ihren Protest erheben konnten. Im November 1885 richtete die polnische Reichstagsfraktion mit Unterstützung des Zentrums, der Liberalen, Sozialisten, Elsässer, Welfen und Dänen eine Anfrage an die «Reichsregierung» wegen des Ausmaßes und der Rechtfertigung der Ausweisungen. Wegen der breiten Unterstützung der Interpellation, zumal auch seitens des Zentrums, beschloß Bismarck, die Sache als Verfassungsfrage zu behandeln. Er erhielt die Einwilligung des Kaisers, des preußischen Staatsministeriums und des Bundesrats zu einer «Kaiserlichen Botschaft», welche die Existenz einer «Reichsregierung» bestritt, die befugt wäre, sich in die Angelegenheiten Preußens oder eines anderen Bundesstaates einzumischen. Im Namen der Bundesstaaten weigerte er sich, auf die Interpellation zu antworten.[65] Am 16. Januar 1886, nach einer stürmischen zweitägigen Debatte, tadelte die Reichstagsmajorität die Bismarck-Regierung mit der Erklärung, die Vertreibungen seien ungerechtfertigt und gegen die Interessen des Reiches.[66]

Bismarck ließ sich davon nicht anfechten. Zu jener Zeit verfolgte er bereits die Ausführung eines anderen mehr als zehn Jahre alten Plans. Schon 1875, auf der Höhe des Kulturkampfs, hatte er vorgeschlagen, daß den bäuerlichen Auswanderern, die in Scharen Pommern, Mecklenburg und Ostpreußen verließen, um ihr Glück in Übersee zu suchen, Land in den polnischen Gebieten Posens, Westpreußens und Schlesiens zu günstigen Bedingungen angeboten werden sollte.[67] Als 1882 seine Besorgnis wegen der Polen zunahm, schlug er die Bewilligung von Mitteln zum «Auskauf des polnischen Adels» vor, der «allein Hindernis der Germanisierung» sei.[68] Kultusminister Goßler ließ ihn wissen, daß viele polnische Gutsbesitzer, durch die fallenden Getreidepreise in Not geraten, gern verkaufen würden. Am 24. September 1885 schlug Bismarck die Einrichtung eines Fonds zum Ankauf von Ländereien vor, der «dem ausgesprochenen Zweck der Germanisierung» dienen sollte.[69]

Anregungen dazu erbat er von seinem alten Gefährten Christoph von Tiedemann, der jetzt Regierungspräsident in Posen war und ihm am 8. Januar 1886 eine lange Denkschrift sandte. Mit Zusätzen Bismarcks wurde dieses Memorandum dem preußischen Staatsministerium und dem König überreicht; es diente einem neuen Versuch, die «polnische Frage» zu lösen, als Grundlage. Die Denkschrift zeichnete ein düsteres Bild der Lage im Osten. Überall rückten die Polen vor, überall wichen die Deutschen zurück. Die polnische Bevölkerung wuchs rascher als die deutsche (10,11 Prozent gegenüber 4,12 Prozent jährlich). Viele polnische Gutsbesitzer verwalteten ihre Besitzungen nicht weniger gut oder sogar besser als ihre deutschen Nachbarn. Ein neues polnisches Bürgertum (Ärzte, Anwälte, Schauspieler), unterstützt von einem Netzwerk von freiwilligen Vereinen sowie von einer sehr aktiven Presse, stünde jetzt dem Klerus zur Seite, und alle diese Verbindungen «verfolgen thatsächlich nur *einen* Zweck, die systematische Polonisierung der Provinz». Mit Zugeständnissen, in denen sie nur Anzeichen von Schwäche sehen würden, wären die Polen nicht zu gewinnen. Man müsse deshalb jetzt aus der Verteidigung zum Angriff übergehen.

Tiedemann empfahl verschiedene Maßnahmen zur «Germanisierung der Provinz Posen», unter denen die wichtigste war, das schon in den dreißiger Jahren von Eduard von Flottwell versuchte Landkauf- und Kolonisierungssystem wieder aufzunehmen. Nach Tiedemanns Bericht standen viele polnische Gutsbesitzer am Rande des Abgrunds. Ein Drittel konnte durch die Kreditgeber jederzeit in den Bankrott gezwungen werden. Ein weiteres Drittel von ihnen würde ebenfalls verkaufen, wenn ein guter Preis geboten würde. Diese außerordentlich günstige Gelegenheit werde so schnell nicht wiederkehren. Der Staat solle die verschuldeten Güter aufkaufen, aufteilen und an deutsche Siedler verpachten. In Kombination mit einer Kreisreform (durch welche die Macht der verbleibenden polnischen Gutsbesitzer geschwächt werden sollte) wäre dieses Ansiedlungsprojekt der größtmögliche Beitrag zur Germanisierung des polnischen Gebiets.[70]

Am 14. Januar 1886 feierte Wilhelm sein fünfundzwanzigjähriges Thronjubiläum als König von Preußen, indem er bei der Eröffnung des Landtags eine Rede hielt, in welcher er neue Maßnahmen zum Schutz des Deutschtums im Osten verhieß. Zwei Wochen später hielt Bismarck vor dem Abgeordnetenhaus seine «große polnische Rede», eine zweistündige Darlegung der polnischen Gefahr aus seiner Sicht, durchsetzt mit bissigen Angriffen auf den Patriotismus seiner Widersacher. Er rief zur Errichtung eines staatlichen Fonds auf, der verschuldete polnischer Güter ankaufen und in Not geratene deutsche Bauern unterstützen sollte, die andernfalls gezwungen sein könnten, an Polen zu verkaufen.[71] Diese Rede wurde später in 500 000 Exemplaren gedruckt und in ganz Deutschland verbreitet.[72] Der Angriff gegen die polnische Bevölkerung, der kurz nach Deutschlands erstem kolonialen Vorstoß erfolgte, war offenbar breiten Kreisen aus dem Herzen gesprochen. Bismarcks Büro wurde mit beifälligen Briefen, Telegrammen und Petitionen geradezu überschwemmt, und sein Stab war außerstande, sie alle zu beantworten.[73]

Unter Bismarcks Peitsche wurde die erforderliche Gesetzgebung mit äußerster Eile vorangetrieben. Ende Januar verließ eine Vorlage das preußische Staatsministerium und erreichte am 9. Februar das Abgeordnetenhaus, wo sie am 22. und 23. Februar sowie noch einmal am 1. und 2. April debattiert wurde. Nach der dritten Lesung am 7. April wurde die Vorlage mit großer Mehrheit (214 gegen 120 Stimmen) angenommen.[74] Im Herrenhaus wurde sie nicht lange aufgehalten und am 26. April 1886 als Gesetz verabschiedet. Das «Ansiedlungsgesetz» schuf einen Fonds von 100 Millionen Mark, mit dessen Hilfe die Polonisierung bekämpft und zugleich die Germanisierung «in den Provinzen von Westpreußen und Posen» durch den Ankauf von Agrarland gefördert werden sollte. Dieses Land sollte «von deutschen Bauern» langfristig gepachtet und letztlich erworben werden. Zur Ausführung des Gesetzes wurde eine unmittelbar dem preußischen Staatsministerium unterstellte Kommission berufen – «um den Betrieb dieser Angelegenheit der bürokratischen Tradition zu entziehen». Die Förderung und der Schutz «der deutschen Kultur» und «des deutschen Geists» in den Ostprovinzen dürfe keine bloße «Nebensache» für die preußischen Provinzialverwaltungen sein.[75]

Bismarck zog sogar noch drastischere Maßnahmen in Betracht. Im Staatsministerium sprach er davon, oppositionelle polnische Gutsbesitzer durch die Beschlagnahme ihres Besitzes zu bestrafen.[76] Weshalb sollte sich der Staat seines Eigentumsrechts nicht bedienen, um polnisches Eigentum zu «expropriieren», fragte er das Abgeordnetenhaus, wie das auch zum Bau von Eisenbahnen mit Landbesitz oder für öffentliche Gebäude mit städtischen Grundstücken geschehe?[77]

Während der Jahre 1886–1887 wurden weitere repressive Maßregeln[78] auf der Grundlage der Tiedemannschen Empfehlungen vom preußischen Staatsministerium einstimmig beschlossen und in den polnischen Gebieten durchgeführt. Polnische Beamte und Rekruten sollten zukünftig im Westen dienen, um «zu lernen, welches die Segnungen deutscher Zivilisation sind».[79] Die versetzten Beamten wurden durch Deutsche aus dem Westen ersetzt, denen nahegelegt wurde, Polnisch zu lernen. Polnische Lehrer wurden nach Westen versetzt, und mit der Aussicht auf besserere Gehälter und Pensionsansprüche suchte man (nicht sehr erfolgreich) Deutsche in die Ostprovinzen zu locken. Sondermittel in Höhe von 2400000 Mark ermöglichten neue und größere Schulen sowie mehr Lehrer mit besseren Gehältern in den bedrohten deutschen Enklaven. Die Zahl der staatlichen Schulinspektoren in den polnischen Distrikten wurde von 66 auf 115 erhöht. Städtische Akademien zum Unterricht deutscher Frauen wurden verbessert und neu gegründet.[80]

Neue Gesetze stärkten das Vetorecht des Staates bei der Ernennung von Lehramtskandidaten, die Disziplinargewalt gegenüber Lehrern, die es an Loyalität fehlen ließen, und das Recht des Staates, Eltern von Schülern, die unentschuldigt dem Unterricht fernblieben, mit Geldstrafen zu belegen. In 115 Städten und Dörfern wurden Fortbildungsschulen eingerichtet, um polnischen Lehrlingen und Gesellen über die Volksschulbildung hinaus bis zum 18. Lebensjahr eine obligatorische «deutsche Ausbildung» angedeihen zu lassen.[81] Bedürftigen deutschen Studenten und Medizinstudenten, die gewillt waren, Polnisch zu lernen und Stellungen als Impfärzte in den östlichen Provinzen anzunehmen, wurden staatliche

Stipendien zur Verfügung gestellt. Um sicherzustellen, daß Stellungen im öffentlichen Gesundheitswesen nur mit Deutschen besetzt wurden, wurde die Befugnis, solche Stellen zu besetzen, von den Kreistagen auf die Bezirksregierungen übertragen.[82] Die Anzahl der Kreise in Posen und Westpreußen wurde vermehrt und ihr Umfang verkleinert, um die Effektivität der deutschen Landräte zu steigern, die sie verwalteten.[83]

Doch die weitreichendsten Maßnahmen standen noch bevor. Das Geschäftssprachengesetz von 1876 hatte Ausnahmen von der Vorschrift zugelassen, daß bei Amtsgeschäften nur die deutsche Sprache Verwendung finden sollte; deren Geltung sollte alle fünf Jahre, nicht jedoch über eine Zeit von insgesamt zwanzig Jahren hinaus verlängert werden können. Zehn Jahre lang waren so Minderheitensprachen bei den Verhandlungen von Schulbehörden, Gemeindeversammlungen und Gemeinderäten in verschiedenen Regionen geduldet worden: Polnisch in mehreren Kreisen der Provinzen Posen und Westpreußen, Litauisch in einem Kreis Ostpreußens, Dänisch in mehreren Kreisen Nordschleswigs und Französisch in einigen Gegenden des Kreises Malmédy in Lothringen. Die Provinzbehörden von Posen und Schleswig-Holstein baten die Regierung, die Ausnahmeregelung weiterhin gelten zu lassen, doch im Oktober 1886 wurde dieses Ersuchen unnachgiebig abgelehnt: «Sodann meinen wir, daß mit der Nöthigung zum Gebrauch der deutschen Sprache in den Schulvorständen und Kommunal Körperschaften ein wirksames Mittel gewonnen würde, um den niederen Volksschichten in den Polnischen Distrikten das Bewußtsein der Angehörigkeit an das Deutsche Reich und Preußen dauernd aufzuprägen. Wir würden daher in dem Aufhören des noch bestehenden Ausnahmezustandes ein neues Glied in der Kette derjenigen Maßregeln erkennen, welche dazu bestimmt sind, die Bundestheile mit Polnisch-sprechender Bevölkerung dem deutschen Wesen und dem Preußischen Staatsorganismus mehr und mehr zu assimiliren».[84]

Indem so Polen, die der deutschen Sprache nicht mächtig waren (die Mehrzahl der polnischen Bevölkerung), von der Teilnahme an der örtlichen Verwaltung ausgeschlossen wurden, tilgte dieses Gesetz einen der wenigen demokratischen Züge der preußischen konstitutionellen Monarchie, das Recht auf Selbstverwaltung. Doch das war nicht alles. Am 7. September 1887 schaffte das Staatsministerium mit königlicher Ermächtigung den polnische Sprachunterricht «ohne Ausnahme» in sämtlichen Volksschulen des Großherzogtums Posen und der Provinz Westpreußens ab.[85] «Die Pflege, welche dem polnischen Unterricht vermöge der ausgezeichneten Leistungen des Preußischen Unterrichtswesens zu Theil geworden ist», befand Bismarck, «hat in den bezeichneten Landestheilen einen polnisch gebildeten Mittelstand, insbesondere den heutigen Stamm von Ärzten und Advokaten geschaffen, welcher früher nicht vorhanden war und jetzt einen wesentlichen Faktor unter den dem Deutschtum und der Staatsregierung widerstrebenden Elementen ausmacht. Die preußische Verwaltung hat keine Veranlassung, durch ihre Schulen und Gymnasien eine Bildung zu fördern, welche nur in einem ihr feindlichen Sinne verwerthet wird».[86]

Zweifellos war Bismarck – außer in Augenblicken des Überschwangs wie bei seiner «par force»-Bemerkung zu Lucius[87] – bewußt, daß es fast unmöglich war, die Ethnizität von mehr als zwei Millionen Menschen auszulöschen. Wilhelm war beunruhigt, mehr durch sein Gewissen als wegen der praktischen Schwierigkeiten. Er fürchtete, daß sein Ministerium darauf aus sein könnte, die polnische Sprache «auszurotten».[88] Dennoch unterzeichnete er auch weiterhin die Reskripte, die seine Minister ihm vorlegten. Der König, Bismarck und die anderen Minister hielten es für notwendig und möglich, die ethnische Zusammensetzung der Bevölkerung in den Ostprovinzen nachhaltig zu verändern. In den Sitzungen des Staatsministeriums war der allgemeine Kurs, um den es ging, unmißverständlich: «Maßregeln zur Abwehr der Polonisierung und Förderung der Germanisierung der östlichen Landestheile».[89]

Fraglos war Bismarck die treibende Kraft hinter der Germanisierungspolitik der siebziger und achtziger Jahre. Wenn die von ihm verfolgte Politik Erfolg gehabt hätte, wäre Polnisch als Sprache der Bildung, Regierung, Politik, der freien Berufe, der Presse, des Handels und des Militärs tatsächlich verbannt worden. Glaubte er wirklich, daß die verbleibenden Bereiche – Heim und Herd, Feld und Markt – vom Druck der privilegierten deutschen Sprache verschont bleiben würden? Bei der großen Debatte über das Ansiedlungsgesetz von 1886 hatte er über die «Ausrottung» der deutschen Kultur gesagt: «Es liegt die Thatsache vor, daß diese Ausrottung nicht... durch Feuer und Schwert erfolgt – wie die Wenden ihrer Zeit vertilgt wurden –, sondern durch die Mittel der Sanftmuth, der Schule, des Gottesdienstes, des religiösen Unterrichts und durch das Übergewicht der gesellschaftlichen Stellung des Polonismus.»[90] Nicht alle seine Mittel waren so «sanftmütig» wie die von den Polen verwendeten, doch waren sie von gleicher Art. Offensichtlich hoffte er, daß sie mit der Zeit ebenso wirken würden.

Die politische und kulturelle Assimilation von über 2 300 000 Polen, die von weiteren 10 Millionen Polen nur durch Grenzen getrennt wurden, die noch keine hundert Jahre alt waren, war jedenfalls in einem Zeitalter wachsenden völkischen Nationalgefühls kein leicht zu bewerkstelligendes Unterfangen. Es wurde jedoch durch die von der Regierung Bismarcks ergriffenen Maßnahmen noch zusätzlich erschwert. Die Ausweisungen der achtziger Jahre schadeten nicht nur dem Ansehen Deutschlands in Europa, sondern auch der deutschen Wirtschaft. Nachdem 1890 der «deutsche Herodes» aus dem Amt geschieden war, mußte die Grenze wegen eines akuten Arbeitskräftemangels auf den ostdeutschen Gütern wieder geöffnet werden. Die Bemühungen der Kommission für deutsche Ansiedlungen wurden durch polnische Agrarvereine konterkariert, die verschuldete polnische Gutsbesitzer finanziell unterstützten. In dreißigjähriger Tätigkeit gelang es der Kommission nicht, die ethnische Zusammensetzung des Landbevölkerung des Ostens zu verändern. Der Angriff auf ihr Bekenntnis und ihre Sprache verstärkte nur die Treue, mit der die Polen an beiden hingen. Daß als Grund für die Zwangsmaßnahmen, die ihnen verboten, sich in so vielen wesentlichen Bereichen des täglichen Lebens ihrer Muttersprache zu bedienen, amtlich nicht etwa ethnische oder rassische Intoleranz, sondern nur die *raison d'état* genannt wurde, kann für die Betroffenen keinen großen Unterschied gemacht haben. Was immer die Motive der Gesetzgeber waren, das Ergebnis war dasselbe. In seiner Polenpolitik wie bei anderen innenpolitischen Entscheidungen überschätzte Bismarck die Wirksamkeit von Zwangsmaßnahmen erheblich – solcher jedenfalls, die er und sein Zeitalter sich nicht scheuten, in Anwendung zu bringen.

Letzter Versuch einer Steuerreform

Obwohl der Angriff gegen die polnischen und jüdischen Minderheiten in der deutschen Öffentlichkeit mehr Beifall als Tadel fand, war sein unmittelbares Ergebnis eine weitere Verschlechterung des Verhältnisses der Regierung zur Reichstagsmajorität. Bald nach Beginn der Sitzungsperiode 1885–1886 hatte Bismarck einen heftigen Zusammenstoß mit Windthorst wegen einer verwandten Maßnahme, der Weigerung der Regierung, die Missionstätigkeit der Jesuiten in den Kolonien zuzulassen. «Die Gefahr, die gerade die Thätigkeit der Jesuiten für Deutschland, seine Einigkeit und seine nationale Entwicklung hatte», erklärte der Reichskanzler, «liegt ja nicht in dem Katholicismus der Jesuiten, sondern sie liegt in ihrer ganzen internationalen Organisation, in ihrem Lossagen und Loslösen von allen nationalen Banden, in ihrer Zerstörung und Zersetzung der nationalen Bande und der nationalen Regungen überall, wo sie denselben beikommen.» Der «anämische Zustand» seines Nationalgefühls mache gerade Deutschland anfällig für das jesuitische Streben nach Weltherrschaft.[91]

Gleichermaßen entrüstet reagierte Bismarck auf den Versuch der polnischen Fraktion – mit Unterstützung des Zentrums, der Linksliberalen, Sozialdemokraten, Welfen, Dänen und Elsässer –, wegen der Ausweisungen im Osten eine Anfrage an die «Reichsregierung» zu richten. Daß er ein kaiserliches Reskript bemühte, um sowohl die Existenz einer Reichsregierung als auch das Recht des Reichstags zur Einmischung in innere Angelegenheiten Preußens zu bestreiten, war nach Meinung eines Kollegen so, als würde er «mit Kanonen auf Spatzen schießen».[92] Die *Vossische Zeitung* nannte Bismarcks Vorgehen «eine der größten Überraschungen, die wir in der Geschichte des deutschen und preußischen Parlamentarismus zu verzeichnen haben».[93] Überdies verfehlte die Botschaft auch den Zweck, den Reichstag von der Diskussion und Verurteilung der Ausweisungen abzuhalten.[94]

Bismarcks Zusammenstoß mit Windthorst hinterließ bei ihm das Gefühl, «als ob er sich in einer schmutzigen Kneipe mit Gesindel angelegt habe. Es sei hart für ihn, noch die Berufspflicht zu haben, auf solche Kämpfe einzugehen.»[95] In Anbetracht der bevorstehenden Auseinandersetzungen über die Erneuerung des Sozialistengesetzes und des Septennats befürchtete Bismarck das Schlimmste: Auflösung der Parlamente, Neuwahlen, vielleicht einen Staatsstreich. «Der Reichstag zeige ein recht übles Gesicht», hörte Mittnacht ihn sagen. «Wenn es so fortginge, hätte man keinen Rechtsboden mehr unter den Füßen. Schließlich könnten die deutschen Fürsten finden, daß es eine Illusion gewesen sei, Deutschland parlamentarisch regieren zu können. Den Reichstag könnte man eher entbehren als die Armee. Wenn der Kanzler einmal für die Monarchie fürchten müßte, würde er kalten Blutes die Lunte an das Faß legen.»[96]

Trotz dieses wenig verheißungsvollen Anfangs war die Reichstagssession 1885–1886 für Bismarcks Absichten doch nicht ganz unergiebig. Ohne größere Schwierigkeiten verlängerte der Reichstag die Geltungsdauer des Sozialistengesetzes, wenn auch nicht für die beantragten fünf, sondern nur für zwei Jahre; ebenso bewilligte er die Mittel für den Kieler Nordseekanal und die Ausdehnung der Kranken- und Unfallversicherung auf Forst- und Landarbeiter sowie die Beschäftigten im Transport- und Verkehrswesen (einschließlich der Staatsbetriebe).[97] Doch die Steuerreform, Bismarcks innenpolitisches Hauptanliegen seit zehn Jahren, erlitt eine letzte bittere Niederlage.

Wegen der Franckensteinschen Klausel blieb von den Millionen, die dem Reich aus den Schutzzolleinnahmen zuflossen, nicht viel im Reichsschatzamt, und wegen der *lex Huene* nicht viel im preußischen Staatsschatz. Die ständige Akkumulation neuer finanzieller Verpflichtungen des Reichs – neue Festungsanlagen, erhöhte Militärausgaben, der Kieler Kanal, ein repräsentatives Reichstagsgebäude, neue Reichsbehörden und eine vergrößerte Reichsbürokratie – ließ die jährlichen Defizite im Reichsbudget kontinuierlich wachsen. Sie mußten durch jährliche Anleihen gedeckt werden, die sich 1885 schon auf 410 Millionen Mark beliefen. Diese Anleihen belasteten den Haushalt zusätzlich mit Zinsen und Rückzahlungen.[98] Hätte man diese fiskalischen Lasten durch eine Erhöhung der Matrikularbeiträge den Bundesstaaten aufgebürdet, dann wären deren ohnedies schon prekäre Budgets noch mehr in Unordnung geraten. Das Problem wurde noch durch den Umstand verschlimmert, daß die Zahlungsbilanz zwischen dem Reich und den Bundesstaaten (also jene Beträge, welche die Staaten über die dem Reich entrichteten Matrikularbeiträge hinaus von diesem zurückerhielten) zwar 1885 zugunsten der Staaten die Summe von 41 Millionen Mark auswies, 1886 jedoch nur noch 17 900 000 Mark und 1887 nur noch 5 400 000 Mark.[99]

Wie schon früher bemerkt, waren aus Bismarcks Sicht unausgeglichene Budgets nicht notwendig von Übel. Im Gegenteil mochte ja ein finanzielles Vakuum Zwangslagen schaffen, die den Reichstag nötigen könnten, die von Bismarck gewünschten Lösungen zu akzeptieren.[100] Die bedrohliche Finanzkrise der Jahre 1885–1886 ermöglichte ihm einen weiteren Versuch, eine bedeutende Finanzquelle anzuzapfen, um die von ihm angestrebte Steuerreform durchzuführen. Das Staatsmonopol, das er auf Tabak nicht zustande gebracht hatte, hoffte er auf Branntwein durchzusetzen, ein Produkt, mit dem er beträchtliche Erfahrungen hatte, als Hersteller wie als Konsument.

Ein unter Leitung des Ministers Scholz' im preußischen Finanzministerium ausgearbeiteter Gesetzentwurf ließ die Herstellung von Rohalkohol in den Händen von etwa dreitausend größtenteils ostdeutschen Gutsbesitzern (unter diesen

Bismarck), die es nützlich fanden, in eigenen Brennereien ihre Kartoffeln und Getreideernten in Rohalkohol zu verwandeln. Dieser Rohalkohol sollte in staatseigenen Destillerien zu alkoholischen Getränken verarbeitet werden, die dann zu kontrollierten Preisen von staatlich lizenzierten Verteilern vertrieben werden sollten. Die betroffenen Interessen (Destillateure) sollten mit 540 Millionen Mark entschädigt werden. Das Bruttoeinkommen des Reichs aus dieser Quelle wurde auf 668 700 000 Mark jährlich geschätzt, das Nettoeinkommen auf 335 Millionen Mark.[101] Sobald erst die Entschädigungs- und Einrichtungskosten amortisiert sein würden, rechnete man mit einer Versechsfachung der jährlichen Einkünfte. Damit würden die den Bundesstaaten zufließenden Reichsmittel stark vermehrt werden und eine neue Gesetzgebung der Staatsregierungen über deren Verwendung erforderlich. Durch Scholz ließ Bismarck andeuten, wie diese zusätzlichen Einkünfte in Preußen verwendet werden sollten: für Gehaltserhöhungen der Beamten, die Übertragung der Grund- und Gebäudesteuer an die Kommunalverbände, die Übernahme der Hälfte aller Kosten des Schulwesens durch die Staatsregierung und die Ersetzung der verbleibenden Stufen der Klassen- und klassifizierten Einkommenssteuer durch eine einzige Einkommenssteuer, die wie bisher nicht mehr als drei Prozent betragen sollte.[102]

Die Rohalkoholdestillateure hatten gegen den Plan eines staatlichen Branntweinmonopols keine Einwände. Sie begrüßten diesen im Gegenteil mit Enthusiasmus, und das aus gutem Grund. Während des vergangenen Jahrzehnts hatten ländliche Alkoholbrennereien wie die vier, die Bismarck auf seinen Gütern besaß, unter einem katastrophalen Preissturz für ihre Erzeugnisse gelitten. Während sie einst zwischen 60 und 70 Mark pro Hektoliter erhalten hatten, mußten sie sich jetzt mit einem Preis von 16 Mark für die gleiche Menge begnügen.[103] Das Gesetz hätte dagegen den Preis auf 30 bis 40 Mark festgesetzt und die Konkurrenz insofern kontrolliert, als zum Bau neuer Rohalkoholbrennereien eine amtliche Genehmigung erforderlich sein würde. Doch auch die Branntweinhersteller hatten gegen das geplante Gesetz nichts einzuwenden, denn die Entschädigung, die sie für ihren Besitz erhalten sollten, lag 15 Millionen Mark über dessen Marktwert. Entrüstet waren über den Monopolplan der Regierung, wie früher die Tabak- und Zigarrenhändler, die Gastwirte und Kneipiers. Daß die höheren Preise des Branntweins die Arbeiter zu mäßigerem Konsum veranlassen sollten, war für sie keine Empfehlung. Im Reichstag war die Opposition gegen den Plan überwältigend. Da es dem Reich eine unkontrollierbare Quelle neuer Einkünfte eröffnen würde, hätte ein solches Monopol die Budgetrechte des Reichstags ernsthaft bedroht. Die Nationalliberalen waren hin- und hergerissen zwischen dem Wunsch, der Regierung entgegenzukommen, und ihrer Abneigung gegen die Vorlage und deren konstitutionelle Konsequenzen. Doch selbst die Konservativen waren nur mäßig begeistert von ihr. Das Zentrum fand das Gesetz zu zentralistisch, für den Geschmack der Linksliberalen war es zu sozialistisch. Abermals beschuldigte Richter Bismarck, mit seiner Steuerphilosophie den Wohlhabenden Lasten abnehmen zu wollen, um sie den Armen aufzubürden. Krankheit hinderte Bismarck daran, die Vorlage bei der ersten Lesung persönlich zu verteidigen. Er versprach, bei den Ausschußsitzungen zu erscheinen, tat das aber dann nicht. Nach der zweiten Lesung am 27. März 1886 wurden die wichtigsten Bestimmungen der Vorlage mit der erdrückenden Mehrheit von 181 gegen 3 Stimmen (bei Enthaltung der Konservativen) abgelehnt.[104]

Bismarcks Verhalten in der Frage des Branntweinmonopols wirft trotz der Erfolge, die er zur gleichen Zeit im preußischen Landtag erzielte, die Frage auf, ob er die Staatsgeschäfte noch so fest wie früher unter Kontrolle hatte. Im November 1885 gefiel ihm der von Scholz' Ministerium ausgearbeitete Entwurf, er hatte aber hinsichtlich der Möglichkeit, für diese Vorlage eine Mehrheit im Reichstag zu finden, ernste Zweifel. Einen Monat später setzte er im preußischen Staatsministerium deren Ablehnung als sicher voraus, worin Lucius und Scholz beipflichteten. Doch im Januar 1886 hatten Bismarck und Scholz sich für dieselbe Vorlage derartig begeistert, daß Lucius verblüfft zu dem Schluß gelangte, daß sie sich inzwischen über deren Erfolgsaussichten hinwegtäuschten.[105] Bei einer Sitzung Anfang März verblüffte die Wut des Kanzlers angesichts der offenbar werdenden Hindernisse seine Ministerkollegen. Er erklärte der «Tyrannei» der Schankwirte den Krieg «bis aufs Messer» und bezichtigte die Konservativen der Feigheit. Er wollte die letzteren mit einer Fabrikatsteuer und die ersteren mit einer preußischen Lizenzsteuer bedrohen. «Er wolle gar nicht gerecht und billig sein, er kümmere sich nicht um die Verfassung des Reichs, sie solle in allen Fugen krachen, er erwarte unsere Unterstützung, nötigenfalls die Verfassung zu brechen.» Doch selbst Scholz, an dem Bismarck gewöhnlich einen willigen Gehilfen hatte, fühlte sich gezwungen, einem solchen vergeblichen Racheversuch entgegenzutreten, und Puttkamer, Lucius und Boetticher standen ihm dabei zur Seite. Alles, was der Kanzler seinen Kollegen abringen konnte, war ein Versprechen Puttkamers und Maybachs, die Schankwirte das Mißvergnügen der Regierung durch strenge Anwendung der baupolizeilichen Vorschriften spüren zu lassen. Seit den Szenen mit Eulenburg und Bitter hatte Lucius den Kanzler nicht so zornig erlebt. «Es bleibt dabei unverständlich, was er eigentlich bezweckt, da wir gar nicht in besonderen Finanzkalamitäten uns befinden», schrieb er in sein Tagebuch, «wir brauchen die vielen Millionen, die er herbeizaubern will, gar nicht!»[106]

Erst nachdem ihr Schicksal bereits besiegelt war, erschien Bismarck zur Verteidigung der Vorlage im Reichstag. Seine scharfen Worte waren unverkennbar mehr an die Öffentlichkeit als an die Abgeordneten gerichtet. Den Vorwurf, daß seine «Schnapspolitik» eine Sondergesetzgebung zugunsten der Gutsbesitzer sei, wies er als einen weiteren Angriff gegen den Adel und die Landwirtschaft im allgemeinen zurück. Von einer steuerlichen Bevorzugung dieser Kreise könne nicht die Rede sein. «Die meisten der Überlastungen treffen ja das Stiefkind der Gesetzgebung in den letzten Jahrzehnten, die Landwirtschaft und den Grundbesitz.» Die tatsächlichen Nutznießer des Monopolplans würden Millionen von Bürgern sein, die wegen Steuerschulden mit Pfändungen bedroht seien. Aber sein größtes Anliegen sei es, das Reich zu «befestigen», indem es auf eine solide finanzielle

Bismarck an seinem Schreibtisch in Friedrichsruh, 27. Dezember 1886

Grundlage gestellt würde. «Ich bin alt und leidend und weiß nicht, ob ich noch lange dabei thätig sein kann». Seine Gegner würden das Reich durch die Einführung der parlamentarischen Regierung schwächen. Ein von Reichsfeinden beherrschtes Parlament könne aber das Volk nicht wahrhaft vertreten. Er habe gelernt, sich in Zeiten auswärtiger Bedrohung nicht auf den Reichstag, sondern auf die Bundesstaaten zu verlassen. Der Tag könne noch kommen, an dem die Bundesstaaten die dem Reich 1867 und 1871 abgetretene Souveränität zurückforderten. Während der Debatten hörte er mit wachsendem Zorn das Gelächter, mit dem die Abgeordneten den ironischen Angriffen Richters auf die Regierung Beifall spendeten. «Wer zuletzt lacht, lacht am besten», erklärte er ihnen grimmig. «Sie führen uns in eine Situation, wo Sie gar nicht mehr hier sein werden, und dann mögen Sie wo anders lachen.»[107]

Der Reichstag nahm diese offene Drohung mit einem Staatsstreich auf die leichte Schulter und wies im Frühjahr 1886 noch einen weiteren Steuervorschlag Bismarcks zurück. In Erwartung der Ablehnung des Branntweinmonopols versicherte sich der Kanzler der Zustimmung seiner Kollegen zu einer Vorlage, die nicht ohne eine gewisse rächende Tendenz gegen die Schankwirte war.[108] Den Herstellern sollten auf Kosten des Staates in Höhe von 6 Millionen Mark 10 Prozent der Maischraumsteuer erlassen werden, während Spirituosenkleinhändler und Schankwirte eine Verkaufssteuer von 40 Pfennig pro Liter erheben sollten, die 1888 auf 80 Pfennig und 1889 auf 1,20 Mark erhöht werden sollte. Überdies sollten die Zölle auf importierte Spirituosen erheblich erhöht werden. Man rechnete mit zusätzlichen Steuereinnahmen in Höhe von 210 Millionen Mark jährlich. Bei den Reichstagsdebatten bestritten die Linksliberalen, das Zentrum und die übrigen oppositionellen Fraktionen die Notwendigkeit einer derartigen Anhebung der Reichseinkünfte, die letztlich auf Kosten der Verbraucher ging. Sie weigerten sich, den Strom von Reichseinkünften in die Kassen der Staatsregierungen und örtlichen Verwaltungen weiter anschwellen zu lassen, ohne genau zu wissen, wozu diese Mittel eigentlich verwendet werden sollten. Wenn sie proportional zur Bevölkerungszahl verteilt wurden, lief das darauf hinaus, daß die ärmeren Gebiete des Nordens und Ostens den reichen Westen unterstützen sollten. Doch hinter solchen Einwänden stand die allgegenwärtige Frage nach den konstitutionellen Konsequenzen einer indirekten Steuer von unbegrenzter Gültigkeit für die parlamentarische Macht des Reichstags. Unzufrieden waren auch die Brennereien, denen die vorgesehene Steuerermäßigung nicht ausreichend zu sein schien. Das «Schnapsparlament» beendete seine Session am 26. Juni mit der entschiedenen Ablehnung der Vorlage am Ende der zweiten Lesung.[109]

Bismarcks Verhalten während der Ministerialsitzung am 7. März und im Reichstag am 26. März 1886 berechtigte zu der Frage, ob er noch, emotional und physisch, über die Kräfte verfügte, politische Enttäuschungen zu ertragen. Er nahm an keiner der Debatten über die Alkoholsteuervorlage teil. Im Frühjahr 1886 verließ er Berlin viel früher als gewöhnlich, fünf Wochen, bevor sich der Reichstag vertagte.

III

Äußere Krise und innere Eroberung

Bismarcks Itinerar während seines Urlaubs 1886 war nicht dasjenige eines kranken Mannes. Am 20. Mai 1886 reiste er aus Berlin nach Friedrichsruh ab, doch am 15. Juni kehrte er in die Hauptstadt zurück. Nach einwöchigem Aufenthalt in der Wilhelmstraße machte er einen dreitägigen Ausflug nach Varzin, vielleicht um die Ruinen seiner dort kürzlich niedergebrannten Papiermühle zu inspizieren. Wenn das ihm Kummer machte, war doch zweifellos ein Besuch in Schönhausen am 29. Juni Anlaß zur Freude, wo er das nun durch das Geschenk der Nation im Vorjahr in ursprünglicher Größe restaurierte Gut seiner Ahnen besichtigen konnte. Am 3. Juli reiste er nach Bad Kissingen zur Kur, anschließend zu einer weiteren Kur nach Bad Gastein. Sein Aufenthalt in Gastein diente jedoch mehr politischen als therapeutischen Zwecken. Er konferierte dort ausgiebig mit Wilhelm, Kaiser Franz Joseph und dem habsburgischen Außenminister Gustav von Kálnoky. Auf der Rückreise über Regensburg machte er in Franzensbad Station, um sich mit dem russischen Außenminister Nikolai Karlowitsch Giers zu besprechen. Am 28. August nach Berlin zurückgekehrt, zog er sich bei einem Unfall einen Muskelriß im Bein zu, der ihn ans Haus fesselte und seine Abreise nach Varzin bis zum 14. September verzögerte. Dort verbrachte er dann den Herbst, um am 15. November über Berlin, wo er sich nur fünf Tage aufhielt, nach Friedrichsruh zu reisen. Erst am 8. Januar 1887 kehrte dann der deutsche Reichskanzler in die Hauptstadt zurück. Abgesehen von drei kurzen Besuchen war er während einer Zeit von siebeneinhalb Monaten abwesend gewesen.[1]

Dieser ausgedehnte Urlaub ist insofern bemerkenswert, als der Kanzler während dieser Zeit weder krank war, noch an übermäßiger körperlicher Schwäche litt, von dem Muskelriß abgesehen, der verhältnismäßig schnell heilte. Daß Berichte über sein Befinden aus dieser Zeit selten sind, kann schon an sich als Beweis dafür gelten, daß er darüber nicht viel zu klagen hatte. «Der Fürst sieht wirklich sehr gut und blühend aus und war ausnehmend munter», notierte die Baronin Spitzemberg am 1. Juli 1886.[2] Im August und abermals im November schrieb Herbert an seinen Bruder Bill, daß die Eltern beide wohlauf seien, der Vater «auch was seine Stimmung betrifft».[3] Bismarcks seelisches und körperliches Befinden mag sich in der zweiten Jahreshälfte gebessert haben, nicht weil Schweningers Behandlung und die Kuren in Kissingen sowie in Gastein anschlugen, sondern wegen der günstigen Gelegenheit, die ihm eine internationale Krise für die deutsche Innenpolitik eröffnete. Daß außenpolitische Krisen seine Nerven überlasteten oder seiner Gesundheit schadeten, hat man von Bismarck nie vernommen, außer wenn Schwierigkeiten mit seinem Monarchen (und mit dessen Generälen) hinzukamen, wie in den Jahren 1866, 1870 und 1879. Weder die Probleme noch die handelnden Personen der internationalen Politik erlegten ihm die psychischen und daraus resultierenden physischen Beschwernisse auf, die ihm die deutsche Innenpolitik verursachte. Im Gegenteil hat er die damit verbundenen Herausforderungen eher genossen. 1886–1887 sah er in der internationalen Lage eine Gelegenheit zu beweisen, daß er – und nicht die Oppositionsparteien – den Willen der deutschen Nation repräsentierte – einer Nation, die angesichts der Bedrohung durch einen neuerlichen Angriff von jenseits des Rheins zu einer realistischen Einschätzung ihrer eigenen Interessen erwachte.

Erneute Unruhe auf dem Kontinent

Bei einem Überblick über die europäische Lage erklärte Bismarck dem Reichstag im Januar 1885 befriedigt: «Wir sind in Europa von Freunden umgeben.»[4] Während des vergangenen Jahres war der zweite Dreikaiserbund ohne Schwierigkeiten für drei weitere Jahre verlängert worden. Ein Treffen in Skierniewice im September 1884 (gefolgt von einem weiteren in Kremsier im August 1885) schien trotz der zwischen Rußland und Österreich fortbestehenden Spannungen den Beweis zu erbringen, daß das Bündnis auf fester Grundlage ruhte. Seit fast zwei Jahren tauchten die größten Bedrohungen des Friedens nicht in Osteuropa auf, sondern an fern entlegenen Orten: Ägypten, Afghanistan, die Karolinen. Der Gladstone-Regierung war es leichter gefallen, in Ägypten einzumarschieren, als aus Ägypten abzuziehen. Von der «vorläufigen» Besetzung Kairos im September 1882 bis zu Gordons Katastrophe in Khartum im Sudan im Januar 1885 hatten Großbritanniens militärische und administrative Verwicklungen von Episode zu Episode ständig, aber planlos zugenommen. Eine Folge davon war eine Verschlechterung der Beziehungen Großbritanniens zu Frankreich, durch die beide Mächte wiederum stärker auf deutsche Unterstützung angewiesen waren. Die russische Expansion in Richtung Afghanistan führte zu wachsenden Spannungen mit Großbritannien, bis während der Monate Februar-April 1885 beide Mächte begannen, zum Krieg zu rüsten. Auch der Konflikt zwischen Deutschland und Spanien wegen der Karolinen bedrohte den Frieden in Europa, zumal, wie Bismarck glaubte, französische Intrigen ihn verschärften. Rantzau zufolge war er der Meinung, daß Deutschland, wenn der Konflikt mit Spanien nicht friedlich beigelegt werde könne, «2 oder 3 Armeekorps am Rhein mobil machen» müsse, um einem französischen Überfall zuvorzukommen, «und der Tanz ginge los». Krieg mit Spanien, so Bismarck, bedeute, «daß wir (uns) auch zugleich mit den Franzosen schlagen müssen».[5]

Bismarcks Politik in all diesen kritischen Situationen diente, obwohl in erster Linie an seinem Begriff des deutschen Eigeninteresses orientiert, der Wahrung des Friedens. Der ägyptische Zankapfel war für ihn «ein Geschenk des Himmels»,

Die Außenminister Giers, Bismarck und Kálnoky während des Dreikaisertreffens in Skierniewice, 15.–17. September 1884

denn er gab ihm einen Angelpunkt, um den britischen Widerstand gegen die deutsche Afrikapolitik auszuhebeln.[6] Obwohl die französisch-britische Entente der frühen achtziger Jahre ihm durchaus recht gewesen war (sie hielt Frankreich von Rußland fern), konnte Bismarck nun deren Zusammenbruch mit Gelassenheit angesichts der Tatsache hinnehmen, daß es ihm inzwischen gelungen war, Rußland für den zweiten Dreikaiserbund zu gewinnen. Er ermutigte im allgemeinen das russische Interesse an Afghanistan, sowohl um Deutschlands Loyalität unter Beweis zu stellen, als auch um russischen Druck von den österreichischen Grenzen abzuziehen. Als England eine Verteidigung Indiens an den Küsten des Schwarzen Meers in Betracht zog, stärkte Deutschland der Türkei den Rücken durch die Entsendung einer Militärkommission, welche die Pforte bei der Sperrung der Meerengen für britische Kriegsschiffe beraten sollte, und beharrte gemeinsam mit Österreich, Frankreich und Italien darauf, daß die Neutralität der Meerengen internationales Prinzip bleiben müsse.[7] Die Afghanistan-Krise und die ägyptischen Verwicklungen bedrohten Großbritannien mit einem Krieg, der auf einem fernen Schlachtfeld mit ungenügenden Kräften und ohne Verbündete ausgetragen werden müßte. Weder das Gladstone-Kabinett noch die konservative Opposition waren von der Aussicht darauf begeistert. Als im Juli die liberale Regierung ihrem Ende entgegenstolperte, machten konservative Politiker Deutschland bereits Avancen. Sobald Lord Salisbury in die Downing Street eingezogen war, wechselte er freundliche Briefe mit Bismarck. Eine neue Beziehung zwischen Großbritannien und Deutschland schien sich anzubahnen.[8] Bismarck wahrte auch mit Spanien den Frieden, indem er bei dem Konflikt über die Karolinen den Papst als Schiedsrichter vorschlug, ein Angebot, daß von der spanischen Regierung kaum abgelehnt werden konnte und ihm zugleich die Beendigung des Kulturkampfes erleichterte.

Nie zuvor schien Deutschlands Stellung im europäischen Gleichgewicht der Mächte so unangreifbar gewesen zu sein wie in den Jahren 1884–1885. Diese Stellung verdankte Deutschland, wie Herbert von Bismarck stolz hervorhob, allein dem diplomatischen Geschick seines Vaters.[9] Doch gab es im Herbst 1885 bereits Anzeichen drohender Schwierigkeiten, die während der folgenden Monate zunahmen, bis gegen Ende 1886 die Mächte wieder an der Schwelle eines großen Konflikts standen. Am Ende ihres gemeinsamen Weges sollten der Kaiser und der Kanzler ihrer schwersten Prüfung auf dem Gebiet der internationalen Politik begegnen.

Vom Berliner Abkommen 1878 bis zum Abschluß des Dreibunds 1882 waren die europäischen Mächte mehr oder weniger, ohne offizielle Zustimmung, Bismarcks Empfehlungen hinsichtlich der Aufteilung des Balkans und des östlichen Mittelmeers in Einflußsphären gefolgt. Die kritische Frage war nun, ob es gelingen würde, die am grünen Tisch erzielten Übereinkünfte in politische Realitäten zu übertragen. Die Serben nahmen den Russen übel, daß diese auf dem Berliner Kongreß ihre Interessen Bulgarien geopfert hatten, und suchten deshalb jetzt in Wien Unterstützung. 1880 unterzeichneten sie eine Eisenbahnkonvention mit Österreich und im März 1881 ein Handelsabkommen. Einen Monat später nahm König Milan den österreichischen Entwurf eines geheimen Bündnisvertrages an, in welchem Serbien sich verpflichtete, antiösterreichische Agitation auf seinem Staatsgebiet zu verhindern. Auch Rumänien tendierte nun zu Österreich. Kraft eines 1875 abgeschlossenen Handelsabkommens hatte Österreich in Rumänien schon einen guten Markt für seine industriellen Erzeugnisse. Wie Serbien fühlte auch Rumänien, das Rußland im Krieg gegen die Türkei beigestanden hatte, durch die vom Zarenreich auf dem Berliner Kongreß 1878 verfolgte Politik seine nationalen Interessen verraten. Man fühlte sich für den Verlust Bessarabiens durch die Dobrudscha nicht angemessen entschädigt. Im Herbst 1883 schloß Bukarest, eine neuerliche russische militärische Intervention auf dem Balkan fürchtend, einen Geheimvertrag mit dem Zweibund ab, in welchem Wien und Berlin sich verpflichteten, Rumänien gegen jeden unprovozierten Angriff seitens einer auswärtigen Macht zu verteidigen. Die russischen Pläne für ein größeres Bulgarien irritierten zudem die Griechen, deren Regierung ebenfalls enge Beziehungen zu Österreich und Deutschland herzustellen suchte. Selbst die Türken wurden in der Wilhelmstraße und am Ballhausplatz einer Allianz wegen vorstellig, jedoch abschlägig beschieden.[10]

Während die Österreicher ihre in Serbien, Rumänien, Griechenland und der Türkei gemachten Gewinne genossen, erlitt Rußland in Bulgarien eine demütigende Enttäuschung. Als sie nach dem türkischen Krieg ihre Besatzung aus Bulgarien abzogen, hinterließen die Russen dort eine Verfassung, achtzigtausend Gewehre und eine Schar von Heeresoffizieren und Beamten. Sie konnten auch die Wahl Alexander von Battenbergs, des liebsten Neffen des Zaren, der während des jüngsten Krieges als Freiwilliger in der russischen Armee gedient hatte, zum Erbfürsten von Bulgarien durchsetzen. Aber die Bulgaren hatten nicht gegen die Türkei für ihre Unabhängigkeit gekämpft, um diese gleich wieder an die Russen abzutreten, und dem zweiundzwanzigjährigen Fürsten war die ihm zugedachte Rolle einer russischen Marionette unbehaglich. 1884 waren durch das taktlose Verhalten der Russen, die Unerfahrenheit und Ungeschicklichkeit des jungen Fürsten, die Rivalität konkurrierender Interessengruppen, persönliche Intrigen und politischen Parteienstreit die bulgarisch-russischen Beziehungen bereits in ein kritisches Stadium eingetreten. Im September 1885 brachte eine Erhebung gegen die türkische Herrschaft in Ostrumelien die Spannungen zum Ausbruch. Battenberg stand vor der Wahl, entweder die Führung eines Aufstands zu übernehmen oder selbst zum Ziel einer Rebellion zu werden. Zar Alexander III. reagierte auf die Abtrünnigkeit, indem er die in Bulgarien dienenden russischen Offiziere abberief und mit einer Intervention drohte. Bulgariens hartnäckiger Widerstand gegen russische Vorherrschaft nötigte die Großmächte zu einem kuriosen Rollentausch. Rußland war jetzt gegen das Großbulgarien, für dessen Herstellung es 1876–1878 gekämpft hatte, während Großbritannien nicht länger auf der Teilung Bulgariens bestand, die es sich auf dem Berliner Kongreß hatte zusichern lassen.[11]

Am britischen Einspruch scheiterte der Versuch der Großmächte, die Bedingungen des Berliner Abkommens zu erfüllen und Fürst Alexander zu nötigen, Ostrumelien wieder herzugeben. Das Scheitern dieses Versuchs veranlaßte Serbien und Griechenland zu Bemühungen, sich Entschädigungen zu verschaffen. In der Meinung, mit Österreichs stillschweigender Billigung zu handeln, ließ König Milan im November 1885 seine Truppen in Bulgarien einmarschieren, wo sie alsbald schwere Verluste erlitten und ihre gänzliche Vernichtung nur durch ein österreichisches Ultimatum an den Fürsten Alexander verhütet wurde. Diese dramatischen Ereignisse lösten in den europäischen Hauptstädten eine neue Welle der Furcht vor österreichischen und russischen Militärinterventionen auf dem Balkan aus. Fürst Alexander begann, Friedensverhandlungen mit dem Sultan zu führen, doch die Großmächte stellten die Bedingungen. In dem am 5. April 1886 unterzeichneten Friedensvertrag wurde Ostrumelien nicht territorial, sondern nur in Personalunion mit Bulgarien vereinigt, und die nominelle Oberhoheit des Sultans blieb gewahrt. Der Fürst von Bulgarien (auf russisches Verlangen wurde Alexander nicht beim Namen genannt) sollte auf fünf Jahre zum Generalgouverneur von Ostrumelien ernannt werden.[12]

Rußlands Scheitern in Bulgarien war Bismarck an sich nicht unwillkommen, denn daraus ergaben sich neue Spannungen zwischen England und Rußland, die ihre Differenzen über Afghanistan soeben erst bereinigt hatten. «Die Einigkeit Englands und Rußlands wäre für uns jederzeit eine Gefahr, die durch den Zutritt Frankreichs, wenn dasselbe wieder Monarchie wäre, in jedem Augenblick eine sehr große werden könnte.» Ein englischer Protegé und Günstling der Königin Victoria auf dem Thron von Bulgarien diente dem Frieden in Europa, insofern er Großbritannien und Rußland auseinanderhielt. Es war deshalb «politisch nützlich», Fürst Alexander in Sofia zu halten, doch nur solange es möglich war, das deutsche Interesse daran vor Zar Alexander zu verheimlichen. («Ist das möglich?» fragte Kaiser Wilhelm.) Weder den Zaren zu beleidigen, noch die britische Unterstützung des Fürsten zu entmutigen würde «geschickte Diplomatie» erfordern. Allerdings drohte dem Bismarckschen Balanceakt eine Störung durch den Wunsch Alexanders, sich mit der Hohenzollernprinzessin Viktoria zu vermählen, ein Wunsch, der von zwei anderen Victorien stark begünstigt wurde: der Mutter der Prinzessin, der deutschen Kronprinzessin, und ihrer Großmutter, der Königin von England. Nach Bismarcks Urteil würde ein dynastisches Band zwischen dem deutschen Kaiser und dem bulgarischen König unvermeidlich Spannungen zwischen Deutschland und Rußland erzeugen, die mit jeder Balkankrise zunehmen würden. Die «Battenberg-Hochzeit» drohte Deutschland der freien Wahl zwischen Rußland und England zu berauben und so seine gesamte außenpolitische Strategie zu gefährden. Auf Bismarcks Rat verweigerte der Kaiser der Verbindung seine Zustimmung, die im übrigen auch dem Kronprinzen Friedrich Wilhelm nicht recht gewesen wäre, da seines Erachtens die Battenbergs zu niedriger Herkunft waren, als daß sie es hätten wagen dürfen, in die Dynastie der Hohenzollern einzuheiraten. Nichtsdestoweniger hofften Kronprinzessin Victoria und deren verliebte Tochter weiterhin, daß die Verbindung trotzdem zustande käme.[13]

Der Zusammenbruch des russischen Einflusses in Bulgarien rief andere Mächte auf den Plan, die hofften, das entstandene Vakuum nun ihrerseits ausfüllen zu können – Österreich vor allem. Im Oktober 1885, als die Österreicher meinten, daß Fürst Alexander zum Erwerb Ostrumeliens von den Russen geradezu ermuntert werde, ermahnte Bismarck Kálnoky und dessen Mitarbeiter, «daß Österreich nicht die türkischen Kastanien für England aus dem Feuer zu holen sich vordrängen dürfe», sondern es vielmehr London überlassen müsse, Rußland auf dem Balkan den Weg zu versperren. Im November war er entsetzt über die Nachricht, daß ein österreichischer Agent mit oder ohne Instruktionen aus Wien Serbien zu einem Angriff auf Bulgarien ermutigt habe. Jetzt drängte er beide Verbündete Deutschlands, in Übereinstimmung miteinander zu handeln, und empfahl Rußland, Bulgarien zu besetzen, Österreich Serbien. Doch der russische Außenminister Giers und Zar Alexander weigerten sich. Giers war sichtlich bestürzt über den seltsamen Vorschlag.[14]

Als der bulgarische Gegenangriff die serbische Armee in die Flucht schlug, waren die Österreicher versucht, Serbien zu Hilfe zu eilen. Sie wurden jedoch von Bismarck gewarnt. Ein solches Vorgehen würde den Dreikaiserbund verletzen, und überdies sei Deutschland durch das Bündnis von 1879 nicht verpflichtet, Österreich in einem auf diese Weise begonnenen Krieg gegen Rußland beizustehen.[15] «So sehr wir Deutsche Ihnen mit aller Macht beistehen würden, wenn Rußland Sie angriffe, so unmöglich wäre es, der deutschen Heeresmacht die Rolle der Hilfstruppen zur Erweiterung des österreichisch-ungarischen Einflusses an der unteren Donau spielen zu lassen.»[16] Bismarcks Klartext zügelte Österreich, und Großbritannien übernahm die ihm in Bismarcks Libretto zugedachte Rolle, indem es die Verhandlungen eröffnete, die zur Beilegung der rumelischen Frage im April 1886 führten. Beides unterminierte Kálnokys Stellung in Budapest. Die Ungarn konnten nicht verstehen, weshalb sich ihre Regierung, die sich doch anscheinend mit Deutschland in einem Bündnis befand – dessen Einschränkungen geheim waren und nicht verstanden wurden –, die Gelegenheit, den russischen Einfluß auf dem Balkan abzuwehren, entgehen ließ.[17]

In Rußland wurde der bulgarische Sieg zunächst als Triumph einer russisch ausgebildeten Armee über eine österreichisch gedrillte gefeiert. «Unmittelbar nach den bulgarischen Siegen waren die meisten politisierenden Russen für die Aussöhnung mit dem Battenberger», schrieb Bülow aus Petersburg an Herbert von Bismarck, doch «zeigte sich die Ranküne des Zaren als stärker wie alle politischen Konsiderationen». In Berlin suchte Rußland Beistand bei der Organisation eines gemeinsamen Vorgehens der Großmächte gegen Battenberg, der aus Sofia wegen seiner Verletzung des Berliner Abkommens entfernt werden sollte. Auch diesmal wollte Bismarck nicht die Führung übernehmen, sondern nur folgen.[18] Da sie sich zu unabhängigem Handeln nicht entschließen und ein europäisches Mandat nicht erhalten konnten, verlegten die Russen sich zuletzt auf Bestechung und Verschwörung mit dem Ergebnis, daß am 20. August 1886 eine Gruppe von prorussischen bulgarischen Offizieren den Fürsten zwang, abzudanken und das Land zu verlassen – in seinen bitteren Worten: «wie ein Verbrecher in der Dunkelheit der Nacht durch die Straßen geschleift». Dieser Staatsstreich hatte binnen weniger Tage einen weiteren zur Folge, durch den die Rebellen gestürzt und Alexander zurückgerufen wurde. Der Fürst kehrte zurück, sah jedoch am 7. September 1886 ein, daß die Feindschaft der Russen seine Stellung in Sofia unhaltbar machte, dankte ein zweites Mal ab und verließ abermals das Land, um nie wieder dorthin zurückzukehren. Wieder wurden die Russen enttäuscht. Die Führer, die nach Alexanders Abdankung in Sofia an die Spitze traten, waren noch weniger gewillt als dieser, sich russischer Bevormundung zu fügen.[19]

In Petersburg rief das neue Fiasko Gereiztheit, Verwirrung und Verlegenheit hervor. Waren die seit fünfundzwanzig Jahren von den Panslawisten gepredigten

Bismarck rät Kálnoky, den russischen Bären lieber lebend zu fangen und an der Nase herumzuführen als ihn zu erschießen. (*Der Floh,* 23. September 1883)

Dogmen nichts als Unsinn gewesen? Wer war schuld? Die Russen selbst? Österreich? England? Deutschland? Und konnte nichts getan werden, das russische Prestige wiederherzustellen? Vielleicht in Bulgarien einmarschieren? Oder gegen Österreich losschlagen? Die einzige konkrete Maßnahme, zu der Alexander III. sich schließlich verstand, war der Abbruch der diplomatischen Beziehungen zu Bulgarien durch den Rückruf des russischen Gesandten aus Sofia nach Petersburg. Danach scheint er das bulgarische Problem weitgehend ignoriert zu haben.[20]

Bernhard von Bülow, damals deutscher Botschaftsrat in Petersburg, war geneigt, die Unfähigkeit der russischen Regierung, sich für einen klaren Kurs zu entscheiden, der «Zarenkrankheit» zuzuschreiben, einer fortschreitenden Degeneration der Romanowdynastie, für welche Alexanders III. Zorn, Entscheidungsschwäche, Apathie und Verschlossenheit symptomatisch seien.[21] Und doch hat die Forschung den Nachweis erbringen können, daß die Regierung des Zaren die Maßnahmen ablehnte, zu denen russische Kriegstreiber sie zu bewegen suchten, und daß dieser Ablehnung eine realistische Einschätzung der Verhältnisse zugrunde lag. Die Stellung auf dem Balkan, welche die Russen mit dem Blut ihrer Soldaten im Krieg von 1876–1878 erobert und auf dem Berliner Kongreß – trotz der von den europäischen Mächten erzwungenen Schmälerung – im wesentlichen hatten halten können, war während der folgenden Jahre nicht zu befestigen gewesen und mußte preisgegeben werden. Petersburg verfügte weder über die administrative und diplomatische Kompetenz, Fürst Alexander unter Kontrolle zu halten, noch über das Kapital, dessen es bedurft hätte, um bestimmenden Einfluß auf die bulgarische Wirtschaft zu nehmen und diese gegen ökonomische Vorstöße anderer Mächte abzuschirmen. Es fehlte den Russen schließlich auch an der militärischen Macht, der Herausforderung durch die europäischen Mächte zu begegnen. Durch die bulgarische Krise an den Rand des Bankrotts gebracht, konnte Rußland eine militärische Intervention und Krieg nicht riskieren, darin waren der Zar, seine Minister der Finanzen und des Äußeren und der Chef des Generalstabs sich einig. Der Schaden für das Prestige und die Macht der russischen Autokratie beim Scheitern eines solchen Versuchs wäre beträchtlich gewesen. So trat Rußland zwar in jenen Jahren diplomatisch weiterhin als europäische Großmacht auf, doch während der kritischen Augenblicke in den Jahren 1885–1887 fehlte es der russischen Führung an den Mitteln und der Entschlossenheit, drohenden Worten Taten folgen zu lassen.[22]

Natürlich waren die auswärtigen Regierungen mit den Überlegungen und Entscheidungen in Petersburg nicht vertraut, und angesichts der Ereignisse von 1853–1856 und 1876–1878 durften sie bezweifeln, daß finanzielle Rücksichten die Russen von einem Einfall in Bulgarien abhalten würden.[23] Österreich und Großbritannien erörterten die Möglichkeit einer gemeinsamen Front gegen Rußland, doch Lord Salisbury und Randolph Churchill beharrten, eingedenk ihrer eigenen schwachen Stellung im Parlament, darauf, daß dabei Österreich, mit «moralischer Unterstützung» Deutschlands, die Führung übernehmen müsse. Die Ränder von Hatzfeldts Berichten über seine Gespräche sind voll von Bismarcks zynischen Bemerkungen über die Neigung der Briten, ihre Schlachten von anderen schlagen zu lassen. Österreich solle nicht auf dieses «alte Lied» hereinfallen. Wenn London nicht selbst die Initiative ergreife, solle Österreich nichts tun, um Rußland aus Bulgarien herauszuhalten. Nur England und Österreich zusammen wären mit Hilfe der Türkei und Italiens imstande, Rußland abzuschrecken. Sollte das nicht möglich sein, wäre man am besten beraten, das russische Heer Bulgarien und die Dardanellen besetzen zu lassen, denn eine derartige Streuung seiner Kräfte würde Rußland unvermeidlich schwächen. Wenn Österreich seine Streitkräfte in Siebenbürgen konzentrierte, würde es damit eine strategische Überlegenheit gewinnen, die herauszufordern die Russen kaum wagen dürften.[24]

Doch Kálnoky, von ungarischen Kritikern hart bedrängt, erklärte am 13. November im Budgetausschuß der ungarischen Delegation, daß jeder Versuch Rußlands, einen Kommissar nach Bulgarien zu entsenden oder Teile des Landes zu besetzen, Österreich «zu einer entschiedenen Stellungnahme» nötigen werde. Wieder stand Bismarck zwischen Österreichern und Russen «wie zwischen zwei bissigen Hunden, welche aufeinanderstürzen würden, wenn er das Halsband loslasse». Doch er gab die Schuld an dieser Lage hauptsächlich den Österreichern und Ungarn, die nicht bereit waren, die russische Einflußsphäre auf dem östlichen Balkan zu respektieren.[25] Wieder und wieder erinnerte er in Wien daran, daß der Zweibund keine Offensiv-, sonderen eine Defensivallianz sei, und daß Österreich, wenn es wegen Bulgarien in einen Krieg mit Rußland verwickelt werden würde, nicht auf deutsche Unterstützung rechnen dürfe. Andererseits warnte er am 20. Oktober 1886 auch Rußland vor überstürztem Handeln in Bulgarien, das nur eine antirussische Koalition der anderen Mächte provozieren würde. Deutschland könne nicht versprechen, im Falle eines russisch-österreichischen Krieges neutral zu bleiben; damit würde Deutschland nur riskieren, sich beide Konfliktparteien zu Feinden zu machen. Einmal mehr wiederholte er die

General Georges Boulanger

1876 erfundene Formel: Deutschland könne einen Krieg zwischen Rußland und Österreich dulden, in dem einer der Kombattanten eine Schlacht verliere, doch keinen, in dem einer von beiden so schwer geschlagen werde, daß seine Stellung unter den europäischen Großmächten in Gefahr sei. «Wir müssen das 3 Kaiserbündniß weiter spinnen so lange ein Faden dran ist!»[26]

Bismarcks Bemühungen, einen Krieg zwischen Deutschlands Verbündeten zu verhindern, waren um so dringlicher, als nun auch aus Frankreich Gefahr drohte. Bei den Wahlen im Oktober 1885 machte sich die Unzufriedenheit der Franzosen mit Ferrys Deutschland- und Kolonialpolitik in erheblichen Stimmengewinnen der Royalisten und Bonapartisten bemerkbar (sie konnten ihre Stimmen gegenüber 1881 mehr als verdoppeln). Gemäßigte Republikaner verfügten zwar noch immer über 200 Mandate, doch nun saßen ihnen im Parlament rund 180 Monarchisten und eine etwa gleich starke radikale Fraktion gegenüber. Der Kriegsminister im neuen Kabinett von Charles de Freycinet war General Georges Boulanger, den Clemenceau für das Amt empfohlen hatte, weil er «der einzige wirklich radikal republikanische General» sei. Binnen weniger Monate gewann Boulanger kraft seiner Energie und seines politischen Instinkts in Frankreich große Popularität. Er beorderte Truppen aus Übersee zurück, reformierte das Heer und den Dienst und schritt gegen den Einfluß royalistischer Offiziere ein.

Am 14. Juli 1886 veranstaltete der General statt der bisher am französischen Nationalfeiertag üblichen bescheidenen Militärparade der Pariser Garnison ein glänzendes Schauspiel. Aus allen Provinzen wurden Einheiten nach Paris transportiert, um daran teilzunehmen, und die Parade wurde von Boulanger persönlich angeführt. Er machte eine blendende Figur in voller Uniform, das Haar gebürstet und pomadisiert, der blonde Bart und üppige Schnurrbart sorgfältig gestutzt, auf einem schönen Rappen, dessen tänzelnder Gang eine Ausbildung im Zirkus verriet. Die Republik war langweilig, und die Pariser sehnten sich nach einem Helden. Boulanger bemächtigte sich der Phantasie der Massen, und bald wurden Lieder über ihn gesungen. Dieser republikanischste aller Generäle schien den Geist der Revanche zu verkörpern, und sein Streben nach dem Rampenlicht wurde bald von antirepublikanischen Parteiungen und Bewegungen manipuliert. Unter den Agitatoren, die ihn für ihre Zwecke einspannten, war Paul Déroulède, ein Dichter, Publizist und Gründer der Patriotenliga, einer der Republik feindlich gesinnten nationalistischen Bewegung. Die Patriotenliga war das Band, das Hunderte von örtlichen Schützen-, Turn- und Patriotenvereinen zusammenhielt. Im Oktober 1886 hing eine neue Zeitschrift *La Revanche*, deren Titelseite ein Bildnis Boulangers zeigte, an den Kiosken.[27]

Im autokratisch regierten Rußland wie im republikanischen Frankreich drängten chauvinistische Agitatoren in die Politik, und weder dort noch hier konnte die Regierung deren außenpolitische Forderungen ganz unberücksichtigt lassen. In Rußland wandte sich der glänzende und einflußreiche Journalist Michael Katkow, der bisher das Dreikaiserbündnis unterstützt hatte, plötzlich gegen die unnötigen Hemmnisse, die es seines Erachtens der russischen Außenpolitik auferlegte. Ein viel beachteter Leitartikel, den Katkow Ende Juli 1886 in seiner *Moskauer Zeitung* veröffentlichte, malte ein finsteres Bild von Bismarck. «Der deutsche Kanzler hat zugleich mit seinem wohlverdienten Ruhm eine gewisse mythologische Qualität erworben. Man verdächtigt ihn, bei allen Ereignissen unserer Zeit die Hand im Spiel zu haben. Man betrachtet ihn als den Besitzer eines Talismans, vor dem sich alle Schwierigkeiten auflösen und alle Schlösser öffnen. Ohne seine Einwilligung, so wird zu verstehen gegeben, kann man sich weder hinlegen noch aufstehen. Er dirigiert die ganze Welt.» Deutschland, nicht Rußland, so Katkow, ziehe den größten Nutzen aus dem Bündnis beider Mächte. Es sei nun an der Zeit für Rußland, die «freie Hand» in der europäischen Politik zurückzugewinnen.[28]

Der verlegene Giers erklärte Katkows Seitenwechsel damit, «daß derselbe persönlich an den Unternehmungen und Spekulationen der ultraprotektionistischen Industriellen beteiligt» sei. Selbst der Zar, so Giers, habe ihm «neulich zugegeben, daß für die politische Richtung Katkows oft sehr materielle Gründe und Zwecke maßgebend wären». Peter Schuwalow gegenüber erklärte Katkow, «es empfehle sich sehr, den Deutschen Angst zu machen» («ungeschickt u. dumm», merkte dazu Bismarck an), «auf diese Weise würde man ... die Deutschen gefügiger finden» (Bismarck: «im Gegenteil»). Graf Schuwalow fand diese Auffassung «etwas kindisch» (Bismarck dazu: «Drohungen rufen in der großen Politik nicht nur Verstimmungen, sondern Gegenverstimmungen hervor, die sich nicht rückgängig machen lassen u. die Wege festlegen»).[29] Was auch immer Katkow dazu bewogen haben mag, jedenfalls fand sein Leitartikel nicht nur außerhalb der Regierungskreise viel Zustimmung, und die Überzeugung begann sich zu verbreiten, daß ein französisch-russisches Bündnis keine unnatürliche Allianz wäre. Elsaß-Lothringen und Bulgarien, geographisch weit voneinander entfernt, schienen plötzlich in politischer Nachbarschaft zu liegen. Im Oktober 1886 unternahm der durch den Bankrott seiner Bulgarienpolitik schwer gedemütigte Zar Alexander III. die ersten Schritte zur Wiederherstellung der diplomatischen Beziehungen zwischen Petersburg und Paris, die seit Januar durch die Ungeschicklichkeit und Gleichgültigkeit der Regierung Freycinet unterbrochen waren.[30]

Sowohl Graf Münster, der nun als deutscher Botschafter in Paris weilte, als auch Jules Herbette, der neue französische Botschafter in Berlin, versicherten Bismarck der friedlichen Absichten Frankreichs. Aber der Kanzler glaubte Herbette nicht, und den Grafen Münster hielt er für einen «Optimisten», der nicht imstande sei, die Dynamik der französischen Politik zu erfassen. Die Franzosen, sagte er, wüßten nicht, was sie mit ihrer Republik anfangen sollten, und könnten jederzeit darauf verfallen, den Krieg für den besten Ausweg aus ihrer Verlegenheit zu halten. Boulanger könne leicht zum «Zünder» der Explosion werden, vielleicht sogar ohne es zu wollen. Politische Bewegungen in Frankreich seien stets das Werk energischer Minderheiten gewesen. Allen Völkern sei der Frieden lieber als der Krieg, nur auf deren Führer träfe das nicht immer zu. Die Anträge der Pariser Regierung auf Militärkredite gingen über normale Bedürfnisse weit hinaus. Es lägen haufenweise Berichte vor über französische Ankäufe von Pikrinsäure und Bauholz in Deutschland sowie über Kasernenbauten und den Ausbau von Bahnhöfen in Orten nahe der deutschen Grenze.[31] Deutsche Generäle räumten ein, daß die militärischen Rüstungen Frankreichs vielleicht nur in defensiver Absicht erfolgten, erörterten aber nichtsdestoweniger die Ratsamkeit eines Präventivschlags. Einer von ihnen meinte: «Zwei starke Armeen, die sich gerüstet gegenüberständen, zögen sich an wie der Magnet.» Doch auch diesmal weigerte sich Bismarck, einen Präventivschlag zu führen. Der Hybris, der «göttlichen Vorsehung» vorgreifen zu wollen, wollte er sich nicht schuldig machen. Er glaubte, daß im Lauf der Zeit noch viel geschehen könne, den Ausbruch eines französisch-deutschen Kriegs zu verhindern.[32]

Nichts weist darauf hin, daß Boulanger während seines ersten Jahrs im Kriegsministerium bewußt eine militärische Auseinandersetzung mit Deutschland gesucht hätte. Dennoch mußten seine Anstrengungen, Frankreichs Kriegsstärke zu verbessern, und seine wachsende Beliebtheit im Lande, zumal in Kombination mit der antideutschen Agitation in Rußland, den General aus deutscher Sicht bedrohlich erscheinen lassen. Später räumte Bismarck ein, er habe Boulanger zwar nicht erfinden können, doch er sei ihm sehr gelegen gekommen. Durch die übertriebene Darstellung des französischen Revanchismus versuchte er im Reichstag eine günstige Stimmung für die 1887 fällige Erneuerung des eisernen Etats zu erzeugen. Boulanger seinerseits machte von dieser Herausforderung Gebrauch, um die französische Regierung von der Notwendigkeit zu überzeugen, mehr Truppen und Kriegsmaterial an die deutsche Grenze zu schaffen. Bei jeder Drehung der Schraube nahm auf beiden Seiten der Grenze die Spannung zu.[33]

Während des Winters 1886–1887 befand sich Deutschland in einer der gefährlichsten Situationen seiner neueren Geschichte. Wenn die Chauvinisten hinter Boulanger in Paris an die Macht gelangten, mochte es leicht zu einer Fortsetzung des Krieges von 1870–1871 kommen, und wenn Österreich und Rußland wegen ihrer Differenzen auf dem Balkan miteinander in Krieg gerieten, würde Deutschland unter starkem Druck stehen, für die eine oder die andere Seite Partei zu ergreifen. Wenn das gleichzeitig geschah, würde Deutschland in einen Zweifrontenkrieg geraten, der das militärische Potential und den nationalen Willen der Deutschen zu erschöpfen drohte. Die Gefahr war real, aber ihre Ausbeutung durch Bismarck zu innenpolitischen Zwecken mag sie noch beschleunigt und verschärft haben.

Die Septennatswahlen von 1887

Am 5. November 1886, dem ersten Tag der neuen Legislaturperiode, legte die Regierung dem Reichstag den Entwurf eines Gesetzes vor, durch welches das Militärbudget vom 1. April 1887 an für weitere sieben Jahre bewilligt werden sollte. Die Friedensstärke der Armee sollte um 41 135 Mann auf 468 409 Mann erhöht werden. Diese Anhebung war nicht außergewöhnlich und in Übereinstimmung mit der Verfassung, welche die Stärke der Armee auf ein Prozent der Bevölkerung festsetzte, sie entsprach damit vielmehr den Ergebnissen der letzten Volkszählung von 1885. Auch die Kosten waren nicht übermäßig. Sie wurden auf 24 Millionen Mark jährlich geschätzt, nur für das erste Jahr waren 24,2 Millionen Mark angesetzt.[34] Der ungewöhnliche Aspekt der Vorlage vom November 1886 war ihr Zeitpunkt. Das 1880 bewilligte laufende Septennat sollte erst am 31. März 1888 auslaufen. Mithin wurde 1886 der Antrag auf Verlängerung ein Jahr früher als nötig gestellt. Schon seit der Reichstagswahl von 1884, die stattfand, als man sich von den bulgarischen Verwicklungen und Boulanger noch nichts träumen ließ, sah Bismarck voraus, daß Schwierigkeiten bei der Erneuerung des Septennats eine ideale Gelegenheit zur Auflösung des Reichstags und womöglich gar für einen Staatsstreich bieten könnten. Zunehmende internationale Spannungen erhöhten nur die Tauglichkeit des Gegenstands für diesen Zweck. «Wenn nötig», vertraute Bismarck im Dezember 1885 Mittnacht an, werde er das Parlament «sechsmal hintereinander» auflösen.[35]

Doch auch ohne eine europäische Krise hätte die Erneuerung des Septennats einen großen Streit zwischen Regierung und Parlament ausgelöst. Alle Parteien der oppositionellen Majorität – Zentrum, Linksliberale, Sozialdemokraten, Polen, Welfen, Elsaß-Lothringer – hatten gegen die beiden vorangegangenen Septennatsvorlagen gestimmt. Seit 1867 agitierten Linksliberale und Demokraten für jährliche Militärbudgets. Für sie war der Eiserne Etat die verhaßteste Bestimmung der Verfassung von 1867. Wäre das Septennat in den friedlichen Zeiten von 1883–1884 zur Erneuerung vorgelegt worden, hätte die Opposition vielleicht ihre Stellung behauptet, doch 1886–1887, als Boulanger in Frankreich Schlagzeilen machte und sich beängstigende Gerüchte, die wahrscheinlich von der Regierung in die Welt gesetzt wurden,[36] in der deutschen Presse verbreiteten, war die Frage der deutschen Verteidigungsbereitschaft bedrohlich genug, den Widerstand selbst der entschlossensten Gegner Bismarcks zu erschüttern. So schlug Stauffenberg im Namen der Freisinnigen Partei eine Änderung der Vorlage vor, die die vermehrte Truppenstärke nur für drei Jahre bewilligt hätte. Als der Druck zunahm, bot Windthorst während der dritten Lesung fünf Jahre an, ein Kompromiß, für dessen Annahme sich auch Miquel im Namen der nationalliberalen Fraktion gegenüber Bismarck aussprach. Aber der Kanzler war fest entschlossen, lieber Neuwahlen zu erzwingen.[37]

Am Tage seiner Ankunft aus Friedrichsruh gab Bismarck, der sehr gut aussah und so schnell und lebendig sprach «wie lange nicht mehr», während einer Sitzung des preußischen Staatsministeriums «ein längeres, etwas künstliches Exposé, welches darauf hinauskam, daß jede Fixierung der Präsenzziffer die kaiserlichen Rechte beeinträchtige. So sei schon das zufällig durch Kompromiß vereinbarte Septennat eine Beschränkung der kaiserlichen Dispositionsfreiheit gewesen. Wenn nichts fixiert werde, trete die kaiserliche Befugnis der Selbstbestimmung in Wirksamkeit.» Die Bewilligung der nötigen Mittel für die vom Kaiser festgesetzte

Truppenstärke würde dann zu einer «Pflicht» des Reichstags. Aus Rom sei zu hören, daß Windthorst beabsichtige, «die Verhandlungen im Reichstag über die Militärvorlage so lange hinauszuziehen, bis die preußische Regierung im Landtag durch eine Vorlage bewiesen habe, ob es ihr mit der weiteren Revision der Maigesetze Ernst sei». Bismarck habe aber den Papst davon überzeugt, «sich doch nicht das Verdienst des Friedenswerks aus der Hand nehmen und Windthorst die Glorie (zu) lassen». Er habe wissen lassen, daß er gewillt sei, alles freiwillig zu geben, was für den kirchlichen Frieden erforderlich sei. Daraufhin habe der Papst den Nuntius ersucht, «er solle darauf hinwirken, daß das Zentrum für das Septennat stimme». Bismarck ließ durchblicken, «daß bei diesen guten Erfolgen in Rom der Welfenfonds nicht unbeteiligt sei» (tatsächlich erhielt Kardinal Galimberti Zahlungen aus dem Reptilienfonds). Allerdings erwartete Bismarck nicht, daß das Zentrum den Rat aus Rom befolgen werde, und er wünschte das nicht einmal. «Es sei eigentlich eine Frage, für welche neu gewählt werden müsse», vernahmen die Minister.[38] «Die Armeeverstärkung machen wir auch ohne das Zentrum,» hatte er Rom wissen lassen, «und zur Not ohne den Reichstag.»[39]

Als Bismarck am 11., 12. und 13. Januar 1887 im Reichstag bei der zweiten Lesung der Vorlage das Septennat verteidigte, war dort jeder Platz besetzt. Tausende hatten stundenlang angestanden, um einen Platz auf der Galerie zu erhalten. Der Kanzler, der frisch und kräftig aussah,[40] nutzte das Parlament als Forum für eine Ansprache an die Nation und ganz Europa. Am 11. gab er mit einer zwei Stunden dauernden Rede einen meisterhaften Rückblick auf seine bisherige Außenpolitik. Um den Deutschen das Recht zu sichern, «als große Nation zu leben und zu athmen», erklärte er, habe der Kaiser zwei große Kriege geführt. Als saturierter Staat, dessen Hauptanliegen die eigene Konsolidierung sei, habe das Deutsche Reich während der vergangenen sechzehn Jahre stets getrachtet, den Frieden in Europa zu bewahren. Zu diesem Zweck habe Deutschland ein enges Bündnis mit Österreich geschlossen, sich jedoch auch mit Rußland verbündet. Die Kombination derselben drei Mächte habe nach 1815 dreißig Jahre lang in Europa während einer Epoche großer wirtschaftlicher, wissenschaftlicher und technischer Fortschritte den Frieden erhalten. Ob Europa sich noch einmal einer so langen Friedenszeit erfreuen werde, sei schwer vorauszusagen, jedoch das Ziel der deutschen Politik. Die Beziehungen zu Rußland seien gegenwärtig so freundschaftlich wie zuvor zur Regierungszeit Alexanders II. Von einem Konflikt mit Rußland habe Deutschland nichts zu erhoffen. Man könne nicht annehmen, daß Rußland in Frankreich einen Verbündeten gegen Deutschland suche. Die Frage, wer in Bulgarien herrsche, sei für Deutschland ohne jedes Interesse; Berlin werde niemals wegen einer solchen Frage mit Rußland streiten. Um Krieg oder Frieden gehe es nicht zwischen Deutschland und seinen beiden Verbündeten, sondern zwischen diesen beiden Verbündeten. Die deutsche Außenpolitik sei bemüht, die Spannungen zwischen beiden zu mindern.

Die Beziehungen zu Frankreich seien anderer Art, befand Bismarck, und deren Verschlechterung der Grund für die vorzeitige Vorlage des Militärbudgets.

Generationen von Deutschen seien gezwungen gewesen, die deutschen Westgrenzen gegen Frankreich zu verteidigen. Waren diese Kämpfe nun für immer beendet? «Das können Sie so wenig wissen wie ich», sagte Bismarck. Er könne nur die Vermutung aussprechen, daß sie nicht abgeschlossen seien, «es müßten sich der ganze französische Charakter und die ganzen Grenzverhältnisse ändern». Präventivkriege seien nicht zu rechtfertigen; nur Gott kenne ihren Ausgang im voraus. Ein französischer Angriff sei aber nicht auszuschließen – ob in zehn Tagen oder in zehn Jahren, hänge davon ab, welche Regierung in Frankreich an der Macht sei. Die «parlamentarischen Strategen» unterschätzten die militärische Macht Frankreichs. Wenn sie die Vorlage ablehnten, würden sie damit die Verantwortung für eine mögliche zukünftige Niederlage Deutschlands übernehmen. Das siegreiche Frankreich würde mehr fordern als nur die Rückgabe Elsaß-Lothringens. Hannover würde wiederhergestellt werden, Schleswig an Dänemark verloren gehen und für Preußisch-Polen würden die französischen Sieger den Deutschen unnachsichtige Bedingungen auferlegen.

Nachdem er diese bedrohliche Lage geschildert hatte, fuhr Bismarck damit fort, den Abgeordneten die Schwäche ihrer konstitutionellen Stellung nachzuweisen. Er entwickelte eine neue «Lückentheorie», die der von 1862–1866 glich, und berief sich dabei auf die seinerzeit berühmtesten Koryphäen des Verfassungsrechts, Ludwig von Rönne und Paul Laband. Wenn die Militärvorlage am mangelnden Einverständnis zwischen Bundesrat und Reichstag scheitern sollte, meinte er, fiele die Autorität zur Bestimmung der Größe und der finanziellen Ausstattung der Armee an den Kaiser zurück. Die Regierung wäre überdies gezwungen, sich um Mittel an den preußischen Landtag zu wenden. Die eigentliche Frage sei, ob Deutschland eine kaiserliche Armee haben sollte oder eine parlamentarische, die von den Launen einer veränderlichen Mehrheit abhängig wäre. Ehe sie das letztere akzeptierten, würden die Regierungen sich zur Entscheidung der Frage an die Wähler wenden. Nach weiteren dreitägigen Debatten (einem Rededuell zwischen Bismarck und Windthorst im wesentlichen) stimmte das Parlament mit 183 gegen 154 Stimmen für Stauffenbergs dreijähriges Militärbudget, das Zentrum auf der Seite der Mehrheit.[41]

Kurz vor Vollendung seines zweiundsiebzigsten Lebensjahres versetzte nun Bismarck bei wiederhergestellter Gesundheit und in der Gewißheit, ein unfehlbares Mittel zur Durchsetzung seines Willens an der Hand zu haben, dem Reichstag den bisher härtesten Schlag seiner Geschichte. Unmittelbar nach der Auszählung der Stimmen verlas er den kaiserlichen Befehl zur Auflösung des Parlaments. Als er aus dem Parlamentsgebäude trat, wurde der Kanzler von donnerndem Applaus und von Tausenden von geschwenkten Hüten begrüßt. Die versammelte Menge folgte seinem Wagen bis in die Wilhelmstraße.[42] Eine derartige Szene hatte man seit dem Juli des Jahres 1870 in Deutschland nicht mehr gesehen. Daran, daß die Wähler die parlamentarische Opposition zurückweisen würden, brauchte unter diesen Umständen kaum noch gezweifelt zu werden.

Zur Vorbereitung auf die für den 21. Februar 1887 angesetzte Wahl bildeten die drei Parteien, die für das Septennat waren, ein «Wahlkartell», nämlich die Konservativen, die Freikonservativen und die Nationalliberalen. Dies war die Koalition, die Bismarck schon bei den Wahlen von 1884 angestrebt hatte. Inzwischen hatte die Nationalliberale Partei – durch die Sezession von 1881 von ihren demokratischen Elementen getrennt und durch deren Verschmelzung mit dem linksliberalen Fortschritt im Jahre 1884 jeder Hoffnung auf eine zukünftige Wiedervereinigung mit diesen beraubt – in zahlreichen Fragen gemeinsamen Boden mit den beiden konservativen Parteien gefunden. Jetzt war den Nationalliberalen daran gelegen, diese Allianz durch den Ausschluß der Möglichkeit eines Bündnisses zwischen den Konservativen und dem Zentrum zu konsolidieren. Den Ultrakonservativen der *Kreuzzeitungs*-Richtung war zwar die Vorstellung eines Zusammenwirkens mit Liberalen gleich welcher Spielart noch immer unheimlich, doch bei der Gelegenheit, welche die Septennatswahl von 1887 bot, wurden sie überstimmt.[43] In der Kartellvereinbarung verpflichteten sich die drei Parteien, keine Kandidaten aufzustellen, die sich nicht für das Septennat ausgesprochen hatten, nicht zu versuchen, Wahlkreise zu erobern, die schon von dem Kandidaten einer anderen Kartellpartei gehalten wurden, und sich für die Eroberung von Wahlkreisen, die bisher von Gegnern des Septennats gehalten wurden, auf gemeinsame Kandidaten zu einigen; wo sich das als unmöglich erwies, sollten bei den Stichwahlen die stärksten Kandidaten unterstützt werden. Während des Wahlkampfs wollten überdies die Kartellparteien auf Polemik gegeneinander bei Versammlungen und in der Presse verzichten.[44]

Die großen Themen dieser Wahl, daran ließ die offizielle Presse keinen Zweifel, waren die auswärtige Bedrohung und der nationale Patriotismus. Bejahung oder Ablehnung des Septennats war das einzige Kriterium für die Beurteilung eines Kandidaten. Wilhelm, dessen achtzigstes Soldatenjubiläum am 1. Januar 1887 mit großem Pomp gefeiert worden war, gab der Nation zu verstehen, wie «tief betrübt» ihn die Ablehnung der Vorlage habe.[45] Am 31. Januar veröffentlichte die freikonservative *Post* einen Leitartikel «Auf des Messers Schneide», der vor dem herannahenden Krieg warnte. Gerüchte, daß dem preußischen Landtag, der am 15. Januar, kurz nach der Auflösung des Reichstags, zusammentreten sollte, die Bewilligung einer Kriegsanleihe von 300 Millionen Mark abverlangt werden würde, gingen durch die Presse und riefen eine Börsenpanik sowohl in Paris als auch in Berlin hervor. Anfang Februar wurden 72 000 Reservisten zu Manövern in Elsaß-Lothringen einberufen. Miquel und Bennigsen beschworen die Kriegsgefahr in ihren Wahlreden. Bennigsen ließ sich sogar zu der Behauptung hinreißen, der zweite Krieg mit Frankreich über Elsaß-Lothringen sei «eine geschichtliche Notwendigkeit».[46]

Obwohl er sich im preußischen Abgeordnetenhaus seit 1881 nur zweimal gezeigt hatte (beide Male im Jahr 1886), wählte jetzt Bismarck dieses Parlament als Forum, auf dem er beredt das Zentrum und die Linksliberalen beschuldigte, die soziale und politische Ordnung zu untergraben, indem sie mit den Sozialdemokraten gemeinsame Sache machten.[47] Anfang Februar ließ er unterderhand der

Bismarck spielt auf der Klaviatur der offiziösen deutschen Presse.
(*Le Grelot,* Paris, 6. Februar 1887)

Presse zwei vom 3. und 21. Januar des Jahres datierte Noten des Kardinalstaatssekretärs Jacobini an den päpstlichen Nuntius in München zukommen, in welchen dem Zentrum von der Kurie geraten wurde, für das Septennat zu stimmen.[48] Er wollte mit dieser Indiskretion Windthorst und Franckenstein in Verlegenheit bringen, die ihren Genossen diesen guten Rat des Papstes vorenthalten hatten. Doch Windthorst, der selbst kein schlechter politischer Taktiker war, schlüpfte aus der Schlinge, indem er darauf hinwies, daß der Kardinal in der zweiten Note auf Warnungen Franckensteins, die Partei könne an der Septennatsfrage in die

Brüche gehen, mit der Erklärung geantwortet hatte, daß der Fortbestand der Zentrumspartei für die katholischen Interessen wesentlich sei. In einer großen Rede in Köln machte Windthorst die Erhaltung des Zentrums zum Hauptanliegen der Katholiken in diesem Wahlkampf.[49]

Die Septennatsfrage erregte die Öffentlichkeit so stark, daß am 21. Februar 1887 77 Prozent der Wahlberechtigten ihre Stimme abgaben, 21 Prozent mehr als bei den Wahlen von 1881 und fast 17 Prozent mehr als 1884. Windthorsts Strategie zahlte sich aus, denn das Zentrum bewahrte eine Stärke von 98 Mandaten und verlor nur einen Wahlkreis, während es 226 000 Stimmen mehr erhielt als 1884. Verluste erlitten hauptsächlich die Freisinnigen und die Sozialdemokraten, die ersteren fielen von 67 auf 32 Sitze, die letzteren von 24 auf 11 Sitze, obwohl die Sozialdemokraten ihre Stimmenzahl von 550 000 auf 763 000 Stimmen steigern konnten. Abgesehen von den Dänen und den Elsässern, die ihre alte Stärke von 1 beziehungsweise 15 Mandaten beibehielten, mußten auch die kleineren Parteien Verluste hinnehmen. Die Polen fielen von 16 auf 13 Mandate, die Welfen von 11 auf 4, während die süddeutsche Volkspartei, eine kleine demokratische Fraktion, die zuvor 7 Mandate gehabt hatte, in den neuen Reichstag überhaupt nicht zurückkehrte. Erwartungsgemäß waren die Sieger der Wahl die Deutschkonservative Partei (von 78 auf 80 Mandate), die Freikonservativen (von 28 auf 41) und ganz besonders die Nationalliberale Partei. Diese konnte die Zahl ihrer Mandate von 51 auf 99 fast verdoppeln. Unter den siegreichen Nationalliberalen waren Bennigsen, der nun ins politische Leben zurückgekehrt war, und Johannes Miquel, der seit 1877 keinen Sitz im Reichstag mehr gehabt hatte. So wirksam hatten die Nationalliberalen das Nationalgefühl der Wähler erregt, daß sie ihre Stimmenzahl von 997 000 im Jahr 1884 jetzt auf 1 678 000 steigern konnten. Mit 220 von 397 Sitzen hatten die Kartellparteien die Mehrheit im Parlament. Solange ihre Koalition hielt, hatte mithin das Zentrum die Stellung im Angelpunkt zwischen alternativen Majoritäten verloren, die es seit 1881 behauptet hatte.[50]

Ludwig Bamberger, einer der führenden Köpfe der Sezession und der Freisinnigen, hielt dieses Wahlergebnis nicht für zufällig. «Trotzdem die Sache mit grober List und Gewalt zustande kam, sage ich mir doch: Die neue Vertretung ist der wahre Ausdruck des deutschen Publikums. Junkertum und katholische Kirche, die sehr deutlich wissen, was sie wollen, und ein Bürgertum, kindlich unschuldig, politisch einfältig und weder des Rechts noch der Freiheit bedürftig. Junkertum und katholische Kirche werden sich zusammenfinden und das Bürgertum nach Verdienst traktieren, die Nationalliberalen werden die staatsmännische Musik dazu machen. *Il faut que les destins s'accomplissent.* Der Kronprinz ist jetzt aller Verlegenheit enthoben. Er wird tun, was Bismarck will.»[51] Für Bismarcks Geschmack war jedoch auch dieser Sieg noch nicht vollständig genug, «das müsse», befand er sanguinisch, «noch ganz anders und viel besser kommen».[52]

Fortsetzung der Germanisierung

Die andauernde Vertretung dänischer und französischer Dissidenten im deutschen Reichstag nach den Wahlen von 1887 spornte Bismarck an, die Germanisierung der beiden Minderheiten voranzutreiben. Während der späten siebziger und achtziger Jahre hatten die Spannungen in Nordschleswig erheblich zugenommen. Mit Bismarcks Segen bekämpften die Provinzbehörden die dänische Agitation, indem sie dänische Journalisten und Schauspieler auswiesen, die sich um die Pflege der kulturellen Bande zwischen dem dänischen Teil der Bevölkerung und dem Heimatland jenseits der Grenze bemühten. Gastwirte, die dänische Versammlungen in ihren Räumen gestatteten, wurden unter Druck gesetzt. Jungen Männern, die nach Dänemark gegangen waren, um sich der preußischen Militärdienstpflicht zu entziehen, wurde die Heimkehr nach Nordschleswig verweigert. Gemeinden mit gemischter Bevölkerung wurden gedrängt, Deutsch als Unterrichtssprache an den Schulen zu wählen, prodänische Lehrer und Schulinspektoren wurden entlassen und Kreisräte, die es an Eifer für das Deutschtum fehlen ließen, durch Patrioten ersetzt.[53] Den optimistischen Berichten der Provinz- und Bezirksbehörden nach Berlin und der Abnahme des Wählerpotentials der dänischen Partei (von 18 725 Stimmen 1871 auf 11 616 im Jahre 1886) ist zu entnehmen, daß diese Taktik zusammen mit den Vorteilen des Wirtschaftswachstums, das die Vereinigung mit Deutschland der Provinz brachte, nicht ganz ohne Wirkung blieb und die dänische Intransigenz etwas erweichte.[54]

Doch dann verspielte die Bismarcksche Regierung ihre Gewinne, indem sie in Nordschleswig die gleiche strenge Schulpolitik durchzusetzen versuchte, die sie zuerst im polnischen Osten eingeführt hatte. Am 18. Dezember 1888 wurde Deutsch als einzige Unterrichtssprache für alle Fächer außer Religion verordnet. Den mittleren und oberen Klassen wurden wöchentlich zwei Stunden Religionsunterricht in deutscher Sprache vorgeschrieben, auf ausdrücklichen Wunsch der Eltern konnte während der vier verbleibenden Wochenstunden der Unterricht in dänischer Sprache erfolgen. Diese fatale Maßnahme, die gegen den Willen des Oberpräsidenten Georg von Steinmann ergriffen wurde, belebte und bestärkte die dänische Opposition. Im Wählerverein für Nordschleswig, der 1888 gegründet wurde und sich auf ein Netzwerk lokaler Vereine stützen konnte, schufen sich die Dänen eine Organisation zur Wahrnehmung ihrer Interessen. Es begann eine Konfrontation zwischen Dänen und Deutschen, die erst ein Ende nahm, als 1920 durch ein Plebiszit die Rückkehr Nordschleswigs nach Dänemark entschieden wurde.[55]

Chlodwig zu Hohenlohe-Schillingsfürst, der nach Manteuffels Tod 1885 Statthalter im Reichsland Elsaß-Lothringen geworden war, wußte: «Ich bin nicht berechtigt, mich als konstitutioneller Monarch zu gerieren, sondern bin verantwortlicher Minister.» Er kehrte die Politik seines Vorgängers um, indem er sich mehr auf seine Beamten als auf die örtlichen Honoratioren stützte. Hohenlohe war angesichts des freundlichen Empfangs, den man ihm im Elsaß zunächst bereitete, angenehm überrascht. Erfreulich war ihm auch die Begeisterung, mit welcher bei ihrem offiziellen Besuch in Straßburg, Metz und anderen Orten im September 1886 der Kaiser und der Kronprinz gefeiert wurden. Eine seiner ersten Amtshandlungen war die Wiederherstellung des Straßburger Stadtrats, der nach Konflikten mit der Landesregierung 1873 aufgelöst worden war. Die Stadtverordnetenwahlen von 1886 brachten in Straßburg und Metz regierungsfreundliche Mehrheiten zustande, wenngleich die Ergebnisse im Oberelsaß unbefriedigend ausfielen.[56]

Die Reichstagswahl von 1887 zerschmetterte jedoch alle Illusionen, die man hinsichtlich des Fortschritts der Assimilation gehabt haben mochte. In Erwartung des drohenden Kriegs und der Rückkehr der Franzosen gaben die Wähler in der großen Mehrzahl ihre Stimmen Protestkandidaten, unter denen viele Extremisten waren.[57] Bei einer Sitzung des preußischen Staatsministeriums im März 1887 wies der Kanzler seine Kollegen warnend darauf hin, daß die Franzosen bei einer Machtübernahme Boulangers im Elsaß einfallen würden. «Das schade aber nichts, sei sogar eher militärisch günstig, wenn die Franzosen aus ihren Verschanzungen herauskämen. Wenn das Elsaß verwüstet werde, so schade das nichts, nach den schlechten Wahlen verdiene es nichts Besseres und dürfe auch später mit besonderen Entschädigungen nicht bedacht werden. Sie hätten zwar aus Angst so gewählt, um sich später nicht der Rache der Franzosen auszusetzen, aber sie verdienten doch Strafe.» Vierzehn Tage später kam er auf die Probleme Elsaß-Lothringens zurück und «konstatierte das völlige Fiasko der bisherigen Verwaltung ... Er erklärte sich für die Wiedereinsetzung der Diktatur, Beseitigung des Landesausschusses, des Statthalters, der eigenen Ministerien. Eine Dreiteilung an Bayern, Baden, Preußen leuchte ihm mehr ein, wie die Annektierung an Preußen. Obschon auch letzteres im Bundesrat nicht auf besonderen Widerspruch stoßen werde. Die Bildung einer preußischen Provinz würde die einfachste Lösung sein.»[58]

Doch der Kaiser widersetzte sich diesen drakonischen Maßnahmen. Ihm standen Szenen seines Besuchs im September 1886 vor Augen: die wehenden Taschentücher und die jubelnde Menge bei der Militärparade in Straßburg; der Fackelzug vor dem Palast des Statthalters; die ihm zu Ehren geschmückten elsässischen Dörfer. «Das sei nichts Gemachtes gewesen, wie er nach seinen Erfahrungen auf dem Gebiet wohl sagen könne. Diese Eindrücke wolle er mit ins Grab nehmen.» Dieses Mal setzte Wilhelm seinen Willen durch, und Bismarck entschloß sich zu einem gemäßigten Kurs. Er versuchte das Reichsland zu borussifizieren, indem er dessen Bürokratie «säuberte» und die Gesetzgebung für Elsaß-Lothringen dem Reichstag übertrug.[59] Gegen Hohenlohes entschiedenen Einspruch bestand er auf der Einführung eines Paßzwangs, der Franzosen die Einreise in das Reichsland und ihre Niederlassung erschwerte. Durch die Behinderung des Personen- und Handelsverkehrs zwischen Frankreich und dem Reichsland hoffte er den Prozeß der Assimilation zu beschleunigen, «den wir achtzehn Jahre lang durch Liebeswerben vergeblich herbeizuführen versucht haben ... Dankbarkeit ist ein dem gallischen Charakter fremder Zug.» Den Franzosen müsse zu Bewußtsein gebracht werden, daß die deutsch-französische Grenze «nicht mehr vom Rhein gebildet, sondern auf den Vogesen überschritten wird». Der traditionelle Handelsverkehr der Elsässer mit Paris und Frankreich sei von politischer Sympathie begleitet. Deshalb gelte es, französischen Firmen, die im Reichsland Geschäfte machten, die Aufträge zu entziehen und die Investitionen französischer Kapitalisten zu liquidieren.[60] Auf Bismarcks Anweisung wurden neue Steuergesetze entworfen, mit denen ärmeren Bürgern die Steuerlast erleichtert, Bauern und Gutsbesitzern Bürden abgenommen, jedoch reiche «Pariser», die ihr Einkommen aus Anlagen in französischen Wertpapieren bezogen, geschröpft werden sollten.[61] Dennoch lehnte er Hohenlohes Vorschlag ab, in Elsaß-Lothringen eine wirtschaftliche Maßnahme anzuwenden, deren man sich in Posen bereits gegen die Polen bediente – Güter französischer Besitzer aufzukaufen, um sie an «alte Deutsche» zu verkaufen. Deutsche Investoren, meinte er, würden vor dem Erwerb von Besitz zurückschrecken, den sie vielleicht bald wieder an Frankreich verlieren mochten. An den Kopf der Denkschrift Hohenlohes kritzelte Bismarck: «*reprod.* nach dem nächsten Kriege, wenn wir dann noch im Besitz von Elsaß-Lothringen sein werden.»[62]

Hätten die Franzosen 1877 angegriffen, Bismarck hätte Elsaß-Lothringen als «Feindeslande» behandelt – nicht anders als während des Feldzugs von 1870.[63] Ohne diesen Angriff abzuwarten, befahl er die Verhaftung elsässischer Angehöriger von Déroulèdes Patriotenliga, die man verdächtigte, Anschläge auf Eisenbahnstrecken zu planen. Beweise für derartige Pläne wurden nicht gefunden, doch mit Hilfe einer neuen politischen Polizei wurde die Repression fortgesetzt. Hausdurchsuchungen, willkürliche Verhaftungen, Ausweisung von Agitatoren, Auflösung von Organisationen, Verbote von Zeitungen waren nur einige der zu diesem Zweck ergriffenen Maßnahmen.[64] Die Mißvergnügten, meinte Bismarck, wären hauptsächlich junge Leute; im Gegensatz dazu wären die jungen Leute in Deutschland durchweg für das Reich begeistert. Ihm fiel auch auf, daß von den verhafteten Unruhestiftern keiner gedient hatte. Offensichtlich leistete also die Armee ihren Beitrag zur Beförderung des Assimilationsprozesses, die Schulen dagegen nicht. Im Elsaß trugen die Schuld an diesem Versagen für Bismarck die Lehrerinnen, die entweder profranzösisch oder – wegen ihres geringen Einkommens – von profranzösischen Bürgermeistern und katholischen Priestern abhängig waren, die ihnen Gelegenheit gaben, ihr Gehalt aufzubessern.[65] Dieser Gedankengang führte zu Gehaltserhöhungen für Lehrer und einer Änderung der Sprachenpolitik der Regierung im Schulwesen. Deutsch wurde zur einzigen Unterrichtssprache an Fortbildungsschulen erklärt, einschließlich derjenigen, an welchen Lehrer ausgebildet wurden. Der Gebrauch der französischen Sprache wurde an Elementar- und Sekundarschulen drastisch reduziert. In den Körperschaften der Bezirks- und Lokalverwaltung durfte hinfort nicht mehr in französischer Sprache verhandelt werden. Für die evangelischen Kirchen wurden Pastoren deutscher Sprache angestellt.[66] Im Februar 1888 beschlossen Bismarck und Hohenlohe, «in Elsaß-Lothringen mit allen zu Gebote stehenden Mitteln auf die möglichste Verdrängung der französischen Sprache aus Schule, Kirche und dem bürgerlichen Leben überhaupt hinzuwirken. Bezüglich der polnischen Sprache ist in unseren östlichen Grenzbezirken in dieser Richtung bereits vorgegangen (worden).»[67]

In einem Augenblick des Pessimismus hatte Bismarck 1871 den Verdacht geäußert, das neue Deutsche Reich habe sich vielleicht mit Elsaß-Lothringen «ein neues Posen» geschaffen, «das Frankreich hinter sich hat».[68] Als die Enttäuschungen zunahmen, phantasierte er über drakonische Maßnahmen. «In Elsaß und Lothringen haben wir es damit versehen, daß wir die ganz französisch gesinnte Bevölkerung nicht vollständig daraus entfernt haben; mit dieser ist keine Verständigung möglich. Wenn wir bei einem abermaligen Kriege mit Frankreich wieder Provinzen wegnehmen müssen, die früher auch deutsch waren, z. B. Burgund, so müssen wir ein anderes Prinzip befolgen. Wir müssen die französische Bevölkerung ganz daraus entfernen, sie gewissermaßen vor uns herschieben und das Land dann kolonisieren, Einwanderer aus Deutschland, aus Mecklenburg und Westfalen herziehen und jedem wie in Amerika eine Anzahl Morgen geben; das wird die beste Schutzmauer gegen Frankreich sein, und erst dann wird es auch möglich, Elsaß und Lothringen nach und nach wieder ganz deutsch zu machen, durch diese deutsche Zwischenwand.»[69] «Ja, wenn wir zur Zeit Karls des Großen lebten», meinte er 1887, «könnten wir die Elsässer nach Posen versetzen und die dortigen Bewohner zwischen den Rhein und die Vogesen, oder auch eine menschenleere Wüste zwischen uns und den Franzosen machen. So aber müssen wirs anders versuchen.»[70]

Bismarcks Regierung war im 19. Jahrhundert nicht die einzige in Europa, die innere Konsolidierung durch erzwungene ethnische Assimilation suchte. Frankreich hatte vor 1870 gegenüber den deutschsprechenden Elsässern eine ähnliche Politik verfolgt, Dänemark vor 1864 gegenüber den Deutschen in Nordschleswig. Und notorisch waren die von den Regierungen in St. Petersburg und Budapest ergriffenen Maßnahmen zur Russifizierung beziehungsweise Magyarisierung aller russischen und ungarischen Untertanen in den siebziger und achtziger Jahren. Mithin waren Bismarck und seine konservativen Kollegen durchaus «Kinder ihrer Zeit». Sie schwammen mit dem Strom der Zeit, nicht gegen ihn, wie Bismarcks Historiker einst glauben wollten. Die Germanisierung des Staatsvolks war eine wesentliche Voraussetzung für die von ihm angestrebte Konsolidierung des Reichs. Die Behauptung, er sei um ein «Durcheinanderwohnen von Völkern» in Mitteleuropa bemüht gewesen, entbehrt jeder Grundlage.[71] Auch wenn er nicht so weit ging anzunehmen, daß ethnische Assimilierung die Auslöschung aller Minderheitensprachen erforderte, wollte er doch ohne Zweifel die deutsche Sprache auf Kosten der Minderheitensprachen verbreiten und durchsetzen. Er begrüßte die Aussicht, daß sie eines Tages auf die Bedeutungslosigkeit der kleinen wendischen und anderen slawischen Enklaven östlich der Elbe schrumpfen würden. Die Assimilationspolitik der Regierung Bismarck zeitigte jedoch nicht die gewünschte Wirkung; auf der Pariser Friedenskonferenz wurden die Probleme der ethnischen Minderheiten in den Grenzgebieten des Deutschen Reichs auf andere Weise gelöst. Was das Scheitern dieser Politik bei den Deutschen hervorrief, war ein unbestimmtes Empfinden der Enttäuschung, aus dem schließlich eine Entschlossenheit erwuchs, die Ausbreitung des Deutschtums mit gewaltsameren Methoden zu versuchen. Das Ergebnis war am Ende eine bittere Ernte, die Bismarck zweifellos mißbilligt hätte, von deren Verantwortung er aber nicht ganz freigesprochen werden kann.

Der Kartellreichstag

Während des Wahlkampfes behauptete Bismarck «voll und unumwunden», daß «im Schoße der verbündeten Regierungen ... von einer Anfechtung des gültigen Wahlgesetzes in keiner Weise die Rede» gewesen sei.[72] Diese Behauptung war unrichtig.[73] Doch der Wahlsieg von 1887 beraubte ihn fürs erste seiner besten Rechtfertigung für drastischere Maßnahmen. Wieder einmal hatten die deutschen Wähler ihm eine Reichstagsmehrheit beschert, die seinen ausdrücklichen Wünschen entsprach. Vom 7. bis zum 11. März 1887 entsprach das Parlament dem Wählerauftrag, indem es das Septennat ohne großen Widerspruch bewilligte. In der letzten Abstimmung wurde die Vorlage mit 227 gegen 31 Stimmen angenommen. Die oppositionelle Minderheit bestand ausschließlich aus Linksliberalen, weil das Zentrum sich der Stimme enthielt und die ethnischen Minderheitenparteien nicht an der Abstimmung teilnahmen. Franckenstein erläuterte die Haltung des Zentrums: Man sehe zwar die Notwendigkeit einer Vergrößerung der Armee ein, weigere sich aber, die Budgetrechte des Parlaments für eine Periode von sieben Jahren im voraus preiszugeben.[74] Wieder hatte das Zentrum gezeigt, daß es nicht bereit war, Weisungen aus Rom zu befolgen, die keine kirchlichen Angelegenheiten berührten.

Die Annahme der Militärvorlage warf einmal mehr die Frage nach neuen Steuern auf. Seit 1883 überstieg der Betrag der Reichseinnahmen, die kraft der Franckensteinchen Klausel und der *lex Huene* den Bundesstaaten und örtlichen Verwaltungen zugingen, stets den der in die entgegengesetzte Richtung fließenden Matrikularbeiträge. Dies wäre jedoch nicht der Fall gewesen, wenn das Reich seine hauptsächlich durch die Militär-, Marine- und Kolonialausgaben verursachten Defizite nicht durch Anleihen in großem Umfang gedeckt hätte.[75] Bei steigenden Militärausgaben mußte das Parlament neue Steuern bewilligen, wenn es nicht entweder eine beträchtliche Erhöhung der Verschuldung des Reichs oder einen Rückgang der Zahlungen des Reichs an die Bundesstaaten und eine Erhöhung der Matrikularbeiträge hinnehmen wollte. In früheren Jahren hatte Bismarck versucht, aus solchen Zwangslagen Gewinn zu ziehen und den Reichstag zu einer «Steuerreform» zu zwingen, einschließlich eines Reichstabak- oder

Branntweinmonopols, einer Ermäßigung der direkten Einkommens-, Grund- und Gebäudesteuer sowie einer Minderung der fiskalischen Befugnisse des Reichstags und des preußischen Abgeordnetenhauses. Während der Wahlkampagne hatte Bennigsen aber entschieden erklärt, daß die Nationalliberalen keines der beiden vorgeschlagenen Staatsmonopole akzeptieren würden.[76]

So mußte Bismarck sich 1887 der Einsicht beugen, daß er höchstwahrscheinlich die parlamentarische Mehrheit sprengen würde, die er mit soviel Mühe zusammengebracht hatte, wenn er auf seinen Monopolplänen beharrte. Doch ihn reizte die Möglichkeit, daß der Rest seines Reformprogramms durchführbar sein könnte. Bei einer Sitzung des preußischen Staatsministeriums am 1. März fragte er, ob es nicht taktisch richtig sei, neue Steuern auf eine große Zahl von Artikeln vorzuschlagen. Alle Interessengruppen seien bereit, andere Güter zu besteuern. Aber wenn es nur um eine einzige Sache gehe, seien alle dagegen. Scholz wandte ein, daß ein solches Verfahren die verschiedenen Interessen nur durch die Erneuerung der Debatte über Steueranträge beunruhigen würde, die der Reichstag (und die Interessengruppen) bereits abgelehnt hätte. Es sei besser, sich darauf zu konzentrieren, das Defizit des Reichshaushalts zu decken, als noch einmal den vergeblichen Versuch zu machen, Bismarcks Programm durchzusetzen. Obwohl Bismarck gern noch einmal gegen die Windmühlenflügel gekämpft hätte, ließ er sich von Scholz – dem dabei die anderen Minister zur Seite standen – umstimmen. Er beharrte nicht länger auf der Meinung, daß es die Pflicht der Regierung sei, Steueranträge auch dann zu stellen, wenn deren Ablehnung bereits im voraus feststand.[77]

1887–1888 wurden die Kosten der Aufrüstung von Regierung und Reichstag mit massiven Anleihen bestritten, die sich auf 218 389 000 Mark zu 3,5 Prozent Zinsen beliefen. (Die größte Anleihe, die das Reich zuvor aufgenommen hatte, waren 1879–1880 79 107 000 Mark zu 4 Prozent Zinsen gewesen.[78]) Obwohl sie letztlich das Einkommen des Reichs erheblich vermehrten, dienten die neuen Steuern, die der Kartellreichstag 1887 bewilligte, in erster Linie den Zwecken der Steuerreform (das Zuckersteuergesetz) und der Landwirtschaftshilfe (die Branntweinsteuer und die Getreidezollgesetze). Die Notwendigkeit einer Reform der Zuckerbesteuerung war unbestritten. Unter den geltenden Gesetzen wurde die inländische Zuckerproduktion nach der Quantität der geernteten Zuckerrüben besteuert, nicht entsprechend der Menge des erzeugten oder abgesetzten Zuckers. Der technische Fortschritt bei der Raffinade des Rübenzuckers hatte den Ertrag pro Tonne Rüben erheblich gesteigert, so daß die Steuereinnahmen geradezu dramatisch von 50 Millionen auf 15 Millionen Mark zurückgegangen waren. Das neue Gesetz vom 9. Juli 1887 erhielt zwar Steuernachlässe für den Export aufrecht, führte jedoch die Besteuerung des Raffinadezuckers ein, was, wie vorgesehen, das Steueraufkommen 1889 auf 52 100 000 Mark erhöhte.[79]

Die Debatten über die neue Branntweinsteuer und die Getreidezölle begannen unter dem starken Druck agrarischer Interessengruppen. Die fallenden Preise für Branntwein und Getreide beunruhigten Bauern und Gutsbesitzer schon seit 1885.[80] «Der Getreideschutzzoll hat nichts geholfen, weil er dreifach höher hätte sein müssen», hieß es in einer vielgelesenen Klageschrift. «Von einer weiteren Erhöhung hat man Abstand genommen, ein Wollzoll wird nicht bewilligt, die Landwirthschaft wird ihrem Schicksal überlassen und 28 Millionen ländliche Arbeiter, Klein- und Großgrundbesitzer gehen mit Riesenschritten ihrem Ruin entgegen. Bei den jetzigen Preisen sind gegenwärtig schon die Produktionskosten höher als der Gewinn, eine Mißernte kann schon in einem Jahr den vollständigen Bankerott der Landwirtschaft herbeiführen ... Heute bringen die Brennereien so wenig ein, daß die Branntweinsteuer nicht mehr gezahlt werden kann. Trotz dieses Preisrückganges, der uns sicher zum Bankerott führt, müssen wir die alten Grund- und Gebäudesteuern, sogar Einkommensteuern von unserer Landwirtschaft tragen ... Ländliche Arbeiter, Klein- und Großgrundbesitzer! Eure Existenz steht auf dem Spiele, schart Euch zusammen und unterschreibt Petitionen an das Abgeordnetenhaus, damit wir von den Steuern, die wir jetzt mit Unrecht tragen sollen, entlastet werden.»[81] Die geforderten Petitionen kamen und desgleichen Resolutionen des preußischen Abgeordnetenhauses (beantragt vom Zentrum und den Konservativen), in denen Abhilfe gefordert wurde.[82] Anfang März 1887, kurz vor der Eröffnung des neuen Reichstags, stellte sich auch der *Congreß deutscher Landwirte* hinter diese Forderungen.[83]

Bismarck litt nicht weniger als andere Gutsbesitzer am Verfall der Preise für Getreide und Alkohol in der Mitte der achtziger Jahre. Aus verstreuten Quellen ergibt sich der Anschein, daß auch er persönlich in jener Zeit mit finanziellen Problemen zu kämpfen hatte.[84] Dennoch fand jetzt selbst er den massiven Druck der agrarischen Interessengruppen unerquicklich. Der Entwurf eines neuen Branntweinsteuergesetzes, den die Regierung im Mai 1887 vorlegte, sollte dem Staat neue Steuereinnahmen in Höhe von 96 400 000 Mark sichern und zugleich den Interessen ländlicher Alkoholbrenner in Ost- und Süddeutschland dienen. Unter den höchst komplizierten Bestimmungen der Vorlage war die, daß kleine ländliche Brennereien eine Steuer von 50 Pfennig pro Liter zu entrichten hätten, große städtische dagegen 70 Pfennig pro Liter.[85] Im Staatsministerium sprach Bismarck sich gegen die geplante Begünstigung der kleinen Brennereien aus, obwohl er seinen Kollegen geschwind vorrechnete, wie sich das Gesetz auf seine eigenen Unternehmen auswirken würde.[86] Doch er machte keine Kabinettsfrage aus der Angelegenheit, und das Gesetz wurde mit den Stimmen der Kartellparteien und des Zentrums gegen die Einwände der Linksliberalen und der Sozialisten angenommen, welche die «Liebesgabe» an die kleinen Brennereien kritisierten.[87] «Das Brennsteuergesetz hilft mächtig und wird auch bald Güterpreise tüchtig hinaufschrauben», freute sich Wilhelm von Kardorff, der fast gezwungen gewesen war, sein schlesisches Gut zu verkaufen.[88]

Als Landwirtschaftsminister ärgerte sich Lucius über das Drängen der konservativen preußischen Gutsbesitzer im Abgeordnetenhaus auf eine Erhöhung der Getreidezölle. Selbst Bismarck klagte über die «agrarische Begehrlichkeit». Dennoch gaben beide dem Druck nach, und die damit eröffneten fiskalischen Aussichten erfreuten den Finanzminister.[89] Als die Vorlage im Herbst 1887 endlich das Parlament erreichte, sah sie eine weitere Erhöhung der Zölle auf Weizen und Roggen vor, von 3 Mark auf 6 Mark pro Tonne, sowie bedeutende Erhöhungen der Einfuhrzölle auf andere landwirtschaftliche Produkte.[90] Selbst Freikonservative hielten die vorgesehene Erhöhung der Getreidezölle für übertrieben. Eine von Windthorst beantragte Änderung reduzierte den neuen Tarif auf 5 Mark pro Tonne, und in dieser Form wurde die Vorlage mit den Stimmen des Zentrums, der Konservativen, der Freikonservativen und etwa zwanzig nationalliberaler Abgeordneter angenommen.[91]

Mit dem Zolltarifgesetz von 1887 erreichte der Protektionismus in Deutschland seinen Höhepunkt. Abermals hatten die agrarischen Interessen ihre politische Macht bewiesen und die Industriellen ihre Toleranz gegenüber agrarischen Interessen. Die Leidtragenden waren die städtischen Unterschichten, deren tägliches Brot verteuert wurde, und die Importeure von Agrarprodukten. Obwohl Bismarck skeptisch sowohl hinsichtlich der Notwendigkeit als auch des Nutzens des neuen Zolltarifs war, gab er seine Zustimmung. Das bewahrte ihn jedoch nicht vor dem Zorn der Gutsbesitzer, die mit ihrem Gewinn unzufrieden waren. Ende Oktober wurde er in der *Kreuzzeitung* von neuem als Verräter der konservativen Interessen angegriffen.[92]

Das Mittelmeerabkommen

Daß Bismarck in seiner Rede am 11. Januar 1887 stärker die Bedrohung der deutschen Sicherheit durch Frankreich als durch Rußland hervorhob, hatte seinen Grund in einer scheinbaren Verbesserung der deutsch-russischen Beziehungen. Beunruhigt durch Nachrichten von dem französisch-russischen Rapprochement hatte er im Herbst 1886 noch ein weiteres Mal versucht, Petersburg von dem Wert der Freundschaft Berlins zu überzeugen. Deutschland sei gewillt, ließ er wissen, jeden von Rußland nominierten Kandidaten für den vakanten bulgarischen Thron anzuerkennen. «Wir hätten absolut nichts dawider, daß die Russen nach Konstantinopel gingen und die Dardanellen nähmen.»[93] In Rußland war man über den Wert der Berliner Beziehung nach wie vor geteilter Meinung. Der Journalist Katkow agitierte gegen eine Verlängerung des Dreikaiserbündnisses und meinte, Rußland müsse sich für eine unabhängige Außenpolitik freie Hand verschaffen. Ignatjew, Saburow und andere teilten seine Meinung, während Giers und die Brüder Paul und Peter Schuwalow an dem traditionellen Bündnis mit den mitteleuropäischen Mächten festhalten wollten.

Anfang Januar 1887 traf Peter Schuwalow in Berlin ein und überbrachte einen Brief des Zaren, in welchem der Kaiser gebeten wurde, sich gegen die Rückkehr Battenbergs auf den bulgarischen Thron auszusprechen; dieser Bitte wurde gern entsprochen. Schuwalow nahm die Gelegenheit wahr, mit Bismarck die Basis für einen deutsch-russischen Zweibund, der an die Stelle des Dreikaiserbündnisses treten könnte, zu sondieren. Das Abkommen hätte Deutschland im Falle eines Krieges mit Frankreich Rußlands wohlwollende Neutralität zugesichert, und im

«Das Auge, welches wir stets auf Frankreich haben»

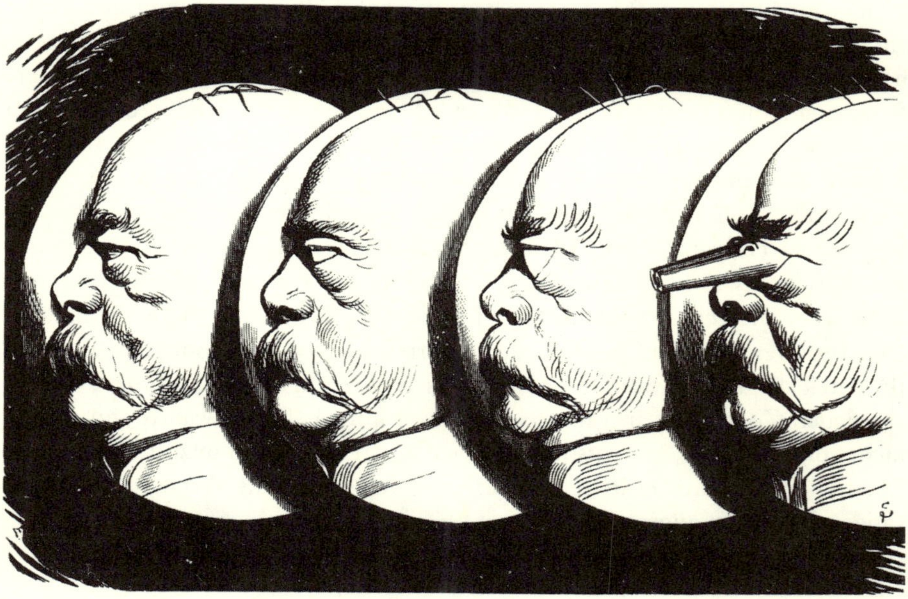

1872	1882	1887	18??
Mit	Mit	Mit	Mit
Wohlwollen	Vorsicht	Mißtrauen	???

«Das Hypnotisieren ist so alt wie die Weltgeschichte.» Rechts verspeist Windthorst genüßlich das Septennat, Kardorff greift nach der Branntweinsteuer, daneben ein verwirrter Richter. (Wilhelm Scholz, *Kladderadatsch,* 1887)

Gegenzug hätte sich Deutschland verpflichten sollen, wohlwollende Neutralität gegen Rußland zu wahren, falls dieses «genötigt» sein würde, die Sperrung der Meerengen sicherzustellen. Beide Mächte hätten anerkannt, daß die Existenz Österreich-Ungarns für die Aufrechterhaltung des europäischen Gleichgewichts unverzichtbar sei. Deutschland hätte Rußlands «exklusiven» Einfluß auf Bulgarien (und Rumelien) anerkannt und beide Mächte die Notwendigkeit, Serbiens Unabhängigkeit unter König Milan zu erhalten.[94] Doch Schuwalow war zu solchen Verhandlungen nicht ermächtigt und wurde bei seiner Rückkehr nach Petersburg von Alexander III. entsprechend kalt empfangen. Auf einer Ratssitzung am 20. Januar weigerte sich der Zar, sich auf eine der beiden entgegengesetzten politischen Richtungen festlegen zu lassen, und wollte weder mit Frankreich noch mit Deutschland ein Bündnis schließen. So blieb der Kurs der russischen Außenpolitik wochenlang ungewiß. War der Zar unentschlossen, oder wollte er, wie Botschafter Schweinitz meinte, nur abwarten, was sich aus der wachsenden Spannung zwischen Berlin und Paris ergeben würde? Nach einem bald zwei Monate andauernden Schweigen wurde Bismarcks Stimmung sanguinisch, «denn keine Antwort ist auch eine Antwort».[95]

Die Aussicht auf ernsthafte Schwierigkeiten mit Frankreich bei gleichzeitiger Ungewißheit über Rußlands Absichten zwang Bismarck, die Beziehungen zu Italien ernster zu nehmen, als er es bisher getan hatte. Der Dreibund sollte im Mai 1887 auslaufen, und die Italiener suchten Bismarck für dessen Erneuerung zu interessieren, indem sie ihm verrieten, daß sie aus Paris Angebote zur Beilegung der italienisch-französischen Differenzen erhalten hatten. Der neue italienische Außenminister, Graf Nicolis Robilant, hatte seinen Vorgängern zuviel Entgegenkommen bei dem ursprünglichen Vertrag vorgeworfen und war entschlossen, diesmal unter für Italien günstigeren Bedingungen abzuschließen. Die Österreicher legten die Verhandlungen in Bismarcks Hände, die bemerkenswert weit geöffnet waren. Robilant wünschte die Zusage militärischer Unterstützung, falls Frankreich versuchen würde, Tripolis zu nehmen (was Bismarck für «kaum wahrscheinlich» hielt), und verlangte bei den Entscheidungen Deutschlands und Österreichs auf dem Balkan eine Stimme für Italien. Bismarck erhob keine Einwände und scheute auch nicht zurück, als Italien einen Vertragsentwurf vorlegte, der die angestrebte Garantie auch auf Marokko ausdehnte. Deutschland, erklärte er, würde im Falle eines Krieges zwischen Frankreich und Italien nicht müßig zusehen, was auch immer dessen Ursache wäre.[96]

Die österreichische Regierung war jedoch von solchen neuen Verpflichtungen wenig angetan, zumal Italien keine gleichwertigen Gegenleistungen versprechen wollte (Bismarck: «Schon die Neutralität ist eine.»). Kálnoky ärgerte sich über Bismarcks beharrliche Weigerung, Österreich für den Fall eines Krieges mit Rußland über Bulgarien deutsche Unterstützung zu versprechen, und war so unwillig wie zuvor, für die Interessen seiner beiden Verbündeten in einen Krieg mit Frankreich verwickelt zu werden. Mitte Januar 1887 wies Kálnoky, der den baldigen Ausbruch eines Krieges zwischen Deutschland und Frankreich erwartete, die italienischen Vorschläge kompromißlos zurück. Sein Gegenvorschlag war die bloße Erneuerung des Abkommens von 1882.[97]

Kálnokys Starrsinn löste Niedergeschlagenheit im Auswärtigen Amt aus, doch Bismarck gestand den Österreichern einfach die Berechtigung ihrer Vorbehalte zu und fand einen Ausweg aus der Sackgasse, in welche die Verhandlungen geraten waren. Er schlug vor, daß man den Vertrag von 1882 wie von Österreich gewünscht erneuere, doch um Zusatzabkommen zwischen den drei Mächten ergänze. Tatsächlich glaubte er, daß diese Zusatzabkommen für Deutschland wichtiger sein würden als der alte Vertrag. Am 20. Februar 1887 wurde der Vertrag von 1882 für weitere fünf Jahre verlängert. Ein separater Vertrag zwischen Österreich und Italien bestimmte, daß die Mächte ihren Einfluß zur Erhaltung des territorialen Status quo auf dem Balkan sowie an den osmanischen Küsten und Inseln des Adriatischen und Ägäischen Meers geltend machen würden. Sollte dies aber unmöglich werden «infolge der Aktionen einer dritten Macht oder aus anderen Gründen» und eine der beiden Vertragsmächte genötigt sein, den Status quo durch eine «zeitweilige oder dauerhafte Besetzung» zu ändern, dann würden sich beide Vertragspartner zuvor über eine reziproke Kompensation verständigen. Das deutsch-italienische Zusatzabkommen unterschied sich davon insofern, als die beiden Signaturmächte sich verpflichteten, ihren Einfluß geltend zu machen, um jede für eine der beiden Mächte nachteilige territoriale Veränderung «an den osmanischen Küsten und auf den osmanischen Inseln in der Adria und in der Ägäis» zu verhindern; der Balkan und Kompensationszusagen blieben unerwähnt.[98]

Der auffälligste Aspekt des deutsch-italienischen Abkommens war die darin von Deutschland eingegangene Verpflichtung, Italien militärisch zu unterstützen, falls dieses genötigt sein würde, zur Verteidigung seiner Stellung im Mittelmeerraum gegen französische Expansionsbestrebungen nach Tripolis oder Marokko Krieg zu führen. Angesichts der Gefahr eines Zweifrontenkriegs gegen Frankreich und Rußland ging Bismarck, der die italienische Allianz mit Geringschätzung betrachtet hatte, nun so weit, daß er fast deren Verwandlung von einem Defensiv- in ein Offensivbündnis zuließ. Wie 1866 Österreich mußte Frankreich jetzt mit der Notwendigkeit konfrontiert werden, im Falle eines Krieges mit Deutschland gleichzeitig seine südlichen Grenzen gegen Italien verteidigen zu müssen. Für Bismarck war dieser Gewinn offenbar größer als das Risiko, durch Italien in einen Krieg mit Frankreich wegen rein italienischer Interessen in Nordafrika verwickelt zu werden.

Wenn man das taktische System der Bismarckschen Außenpolitik seit 1870 bedenkt, ist es nicht überraschend, daß der Kanzler sich nun, da die deutsch-russische Bindung schwächer wurde, wieder nach Westen wandte, um in Großbritannien einen potentiellen Ersatz für Rußland in jener Kombination aus drei von fünf Großmächten zu suchen, die für ihn der Schlüssel zu Deutschlands Sicherheit war. Dabei kamen ihm die Spannungen zwischen Großbritannien und Frankreich zustatten, die seit dem Aufstieg Boulangers erheblich zugenommen hatten. Im Herbst 1886 hatten die Briten wiederholt versucht, sich über Balkanfragen mit Österreich zu verständigen. Doch sowohl Bismarck als auch Kálnoky mißtrauten Londons Bemühungen, Österreich zu bewegen, in einer gemeinsamen diplomatischen Aktion gegen Rußland die Führung zu übernehmen. Bismarcks Ziel war vielmehr, daß die Briten selbst die Initiative bei der Unterstützung der Türkei gegen Rußland ergriffen und wie Deutschland Italien gegen Frankreich den Rücken stärkten.

Während jenes kritischen Winters 1886–1887 gab das Freycinet-Kabinett in Paris der britischen Regierung Anlaß, auf die Anregungen Bismarcks einzugehen. Frankreich stellte sich entschieden gegen die Konsolidierung der Position Großbritanniens in Ägypten, das, wie Freycinet öffentlich erklärte, der Schlüssel zur Herrschaft über das Mittelmeer sei. Deutschland, informierte Bismarck die Briten, hätte bei einem Krieg gegen Frankreich oder Rußland nichts zu gewinnen und könnte keinen Konflikt riskieren, um das russische Vorrücken im Vorderen Orient oder die französischen Absichten auf Ägypten zu blockieren. Doch in beiden Regionen seien britische Interessen unmittelbar betroffen. Deshalb empfehle es sich für Großbritannien, gemeinsam mit Italien die französische Expansion in Nordafrika aufzuhalten und zusammen mit Italien und Österreich Rußlands Vormarsch auf dem Balkan und in Richtung der Meerengen zu stoppen. Die britische Seemacht und die deutsche Landmacht würden Frankreich in Schach halten, Österreich, Italien und England Rußland zur Zurückhaltung zwingen. So wäre das Machtgleichgewicht vollständig und der Frieden gewahrt.[99]

Kraft dieser Argumente bahnte Bismarck dem ersten Mittelmeerabkommen den Weg, in welchem die britische Regierung sich durch Italien mit den Mittelmächten zur Bewahrung des Status quo im Schwarzen, Adriatischen, Ägäischen und Mittelmeer verband (mit besonderer Rücksicht auf Ägypten, Tripolitanien, die Cyrenaika und «jeden anderen Punkt» an der nordafrikanischen Küste). Der Notenwechsel zwischen Rom und London am 12. Februar 1887 besiegelte zwar kein formelles Bündnis, die beiden Mächte sicherten einander jedoch gegenseitig Unterstützung für den Fall zu, daß eine von ihnen mit einer dritten in Konflikt geriet, und betrachteten ihr Übereinkommen in dieser Hinsicht auch als gleichbedeutend mit einer Allianz.[100]

Das Abkommen war nicht als Verabredung zum Handeln gedacht, sondern sollte in erster Linie Frankreich von Aktionen im Mittelmeerraum abschrecken. Indem er Großbritannien in die Verteidigung Italiens hineinzog, erleichterte Bismarck für Deutschland die mit der Unterzeichnung des deutsch-italienischen Pakts acht Tage später geschulterte Last, die italienischen Interessen in Nordafrika unterstützen zu müssen. Das erklärt wohl auch die Bereitwilligkeit, mit der er auf Robilants Forderungen eingegangen war. Da nun die britische Seemacht das Vakuum im Mittelmeerraum füllte, konnte er leichteren Herzens Verpflichtungen gegen Italien eingehen, denen er im Ernstfall nur durch militärische Aktionen im Norden hätte nachkommen können. Während des Monats März 1887 nahmen, von Bismarck dazu ermutigt, die britische und die österreichische Regierung Gespräche miteinander auf, die dazu führten, daß sich auch Österreich durch einen Notenwechsel dem Mittelmeerabkommen anschloß (mit besonderer Betonung nicht des westlichen, sondern des östlichen Mittelmeers). Im Mai gesellte sich auch Spanien, das sich ebenfalls von Frankreich bedroht fühlte, durch einen Notenwechsel mit Italien zu den Partnern.[101] Im späten Frühjahr 1887 war Frankreich von einer einschüchternden Kombination von See- und Landmächten umzingelt. Sie herauszufordern, wäre eine gewaltige Torheit gewesen.

Der Rückversicherungsvertrag

Von den beiden außenpolitischen Krisen, die Deutschland während der Jahre 1886–1888 zu bewältigen hatte, war die deutsch-französische Krise wahrscheinlich die weniger gefährliche. Trotz der Schwärmerei der französischen Massen für Boulanger und der Bemühungen französischer Chauvinisten, daraus politischen Nutzen zu ziehen, verspürte die französische Regierung wenig Neigung, einen Krieg gegen Deutschland vom Zaun zu brechen. Außenminister Émile Flourens war entrüstet, als er erfuhr, daß Boulanger versucht hatte, eigenmächtig Kontakte zu Rußland zu knüpfen. Dennoch beunruhigten ihn auch Berichte, daß die Deutschen ihrerseits einen Angriff auf Frankreich vorbereiteten. Flourens hielt es deswegen für klug, sich in Rußland wohlwollender Neutralität und moralischer Unterstützung für den Fall eines unprovozierten deutschen Angriffs auf Frankreich zu vergewissern. Doch die Antwort aus Petersburg war unbestimmt.[102]

Als im April 1887 Guillaume Schnaebele, ein von den Deutschen der Spionage verdächtigter französischer Grenzbeamter, auf deutschem Boden verhaftet wurde, löste das in der patriotischen Presse Frankreichs einen neuen Sturm der Entrüstung aus. Boulanger und Premierminister René Goblet plädierten dafür, in einem Ultimatum die sofortige Freilassung des Beamten zu fordern. Doch ihre Kollegen im französischen Kabinett weigerten sich, so weit zu gehen, und Bismarck, der den Skandal nicht mehr brauchte, sorgte für Schnaebeles Entlassung, als die Franzosen beweisen konnten, daß er die Grenze mit amtlicher Einladung überschritten und also freies Geleit hatte.[103]

Am 16. Mai 1887 lösten Boulangers besorgte Kollegen eine Kabinettskrise aus, die den Kriegsminister zum Rücktritt zwang. Er verließ das Kriegsministerium nur höchst ungern und war entschlossen, eines Tages dorthin zurückzukehren. Da er dabei kaum auf die Unterstützung der regierenden Parteien rechnen konnte, mußte er sich wohl oder übel auf Verhandlungen und Absprachen mit der Opposition einlassen. Damit stellte sich für die Regierung die kritische Frage, ob Boulanger ohne Amt gefährlicher war als mit Amt.[104]

Trotz der Kritik, die von einigen Zeitgenossen und späteren Historikern daran geübt worden ist, war Bismarcks Diplomatie während der Jahre 1886–1887 meisterhaft. Mit unverminderter Virtuosität entwarf er eine konsistente Politik, mit welcher er Gefahren an zwei Fronten, die sich zu verbinden drohten, vorbeugen konnte. Deutschland mußte einen Zweifrontenkrieg vermeiden, der die deutschen Heere trennen, die deutsche Stärke zersplittern und das Land in einen Abnutzungskrieg ohne Aussicht auf einen entscheidenden Sieg über einen der beiden Gegner hineinziehen würde. Vor allem aber mußte Deutschland einen Krieg vermeiden, bei dem nichts zu gewinnen war, was die erforderlichen Opfer rechtfertigen würde, und dessen Ausgang und Folgen niemand vorhersehen konnte.

Wann immer die Gelegenheit es nahelegte, wies Bismarck die Wiener Regierung darauf hin, daß die Vereinbarungen des Zweibunds Deutschland nicht zur Unterstützung Österreichs bei einem Angriffskrieg gegen Rußland auf dem Balkan verpflichteten. Doch ermutigte er die Österreicher, sich die Unterstützung, die Deutschland nicht gewähren könne, statt dessen in England und Italien zu holen, und deshalb mußte er darauf gefaßt sein, daß aus dieser Zusammenarbeit ein Krieg mit Rußland entstehen könnte. Wenn Deutschland im Osten freie Hand behielt, kalkulierte er, dann konnte es im Westen Frankreich in Schach halten. Wenn aber Frankreich angriff, hielt er es (im März 1887) für «sehr wahrscheinlich», daß die beiden Kriege getrennt geführt werden konnten.[105] Indem er die englisch-italienisch-österreichischen Abkommen zwar anbahnte, doch Deutschland nicht daran beteiligte, hielt er sich die Tür nach Rußland offen, ein wenig jedenfalls, und bewahrte sich so die flexible Stellung zwischen Osten und Westen, die für seine politische Strategie eine wesentliche Voraussetzung war.

Wie der Dreibund war auch der zweite Dreikaiserbund nur bis 1887 befristet. Deshalb beobachtete Bismarck den Kampf zwischen Giers und Katkow über die zukünftige Ausrichtung der russischen Außenpolitik mit wachem Interesse. Ob es Giers, dem konservativen Fürsprecher einer Fortsetzung des Bündnisses mit Deutschland, oder Katkow, dem patriotischen Advokaten einer Politik der freien Hand, gelingen würde, Alexander III. zu überzeugen, das war eigentlich die kritische Frage, an welcher 1887 der Frieden in Europa hing. Ein Artikel in *Nord*, einem belgischen Blatt, das als Sprachrohr der russischen Regierung bekannt war, am 20. Februar, dem Tag der Erneuerung des Dreibunds, schien anzudeuten, daß Katkow sich durchgesetzt hatte. Warnend hieß es da, daß Rußland nicht wie 1870 neutral bleiben würde, wenn Deutschland versuchen sollte, Frankreich zu schlagen. Um Frankreich vor weiterer Schwächung schützen zu können, werde Petersburg Konflikte mit Wien und London vermeiden und auch die Ereignisse in Bulgarien ihren Gang gehen lassen.

Bismarck reagierte, indem er Rußland versicherte, daß Deutschland nicht die Absicht habe, Frankreich anzugreifen, und daß es, sollte es von Frankreich zum Krieg provoziert werden, diesem einen nachsichtigen Frieden gewähren werde, wie 1866 Österreich. «Frankreichs Fortbestehen als Großmacht ist für uns ein Bedürfnis, wie das jeder anderen der Großmächte allein schon aus dem Grund, weil wir für gewisse Fälle eines maritimen Gegengewichts zur See gegen England bedürfen.» Deutschland, sagte er, sei einer neuen Entente mit Frankreich nicht abgeneigt, die sogar noch enger sein dürfe als zur Zeit der Regierung Ferrys. Gleichzeitig kehrte Bismarck zu seiner früheren Politik zurück, die Russen zu ermuntern, ihren Durst nach Einfluß und Sicherheit in einem Abkommen mit der Türkei zu stillen, das ihnen die Besetzung der Schlüsselpositionen an den Dardanellen ermöglichen würde.[106] Mit anderen Worten: Wenn die Krise von 1887 für Rußland enttäuschend ausgehen sollte, dann sollte Alexander die Verantwortung dafür bei den Engländern und ihren Verbündeten suchen – nicht aber bei Deutschland, das sich dem Mittelmeerabkommen nicht angeschlossen hatte und Rußlands Ambitionen auf eine größere Einflußsphäre auf dem Balkan mit Wohlwollen betrachtete.

Im März 1887 gebot der russische Kaiser den Versuchen Katkows, seiner Regierung die russische Außenpolitik in Zeitungsartikeln vorzuschreiben, endlich Einhalt. Sein persönlicher Tadel für den Journalisten und diejenigen – wie zum Beispiel Saburow –, die ihn aus Regierungsstellen unterstützt hatten, war ein Sieg für Giers, der sich standhaft geweigert hatte zu glauben, daß Deutschland plane, Frankreich anzugreifen, weshalb Rußland ein Bündnis mit Frankreich suchen müsse. Am liebsten wäre Giers die einfache Verlängerung des Dreikaiserbündnisses gewesen, doch er wollte sich zuvor des guten Willens der Deutschen vergewissern, weshalb er Bismarck bat, Rußlands Forderung zu «sekundieren», daß Bulgarien einen von Petersburg ausgewählten Herrscher akzeptierte. Bismarck erklärte sich dazu umgehend bereit und entsandte sogar seinen Sohn Herbert nach London, um die dortige Regierung von der Klugheit eines solchen Schrittes zu überzeugen. Tatsächlich war Salisbury einverstanden, doch hatten dann die Russen kein wirksames Mittel, ihren Kandidaten in Sofia zu installieren, und so wurde nichts aus dem Plan. Bismarcks Gefälligkeit machte es jedenfalls Giers leichter, Alexander III. die Verlängerung des Dreikaiserbunds zu empfehlen. Doch gelang es dem russischen Außenminister nicht, den Widerwillen des Herrschers gegen eine Fortsetzung des Bündnisses mit Österreich zu überwinden. Giers konnte nur die Einwilligung des Kaisers erwirken, den «Geist» des Abkommens über dessen Ende hinaus zu bewahren. Vom 11. bis zum 18. Mai sowie am 11. und 12. Juni 1887 handelten dann Bismarck und Paul Schuwalow, der russische Botschafter in Berlin, ein Separatabkommen aus, das als «Rückversicherungsvertrag» bekannt geworden ist.[107]

In diesem am 18. Juni 1887 unterzeichneten, auf drei Jahre befristeten Geheimabkommen erklärten die beiden Mächte, daß, sollte sich eine von ihnen «mit einer dritten Großmacht im Krieg befinden», die andere wohlwollende Neutralität bewahren und versuchen würde, den Konflikt lokal zu begrenzen. Diese Zusicherung sollte jedoch nicht gelten im Falle eines Krieges gegen Frankreich oder Österreich, wenn diesen eine der beiden Vertragsparteien angefangen hätte. Deutschland erkannte die «geschichtlich erworbenen Rechte Rußlands auf der Balkanhalbinsel und insbesondere die Rechtmäßigkeit seines vorwiegenden und entscheidenden Einflusses in Bulgarien und Ostrumelien» an. Beide Mächte kamen in der Absicht überein, sich jeder territorialen Veränderung auf dem Balkan zu widersetzen, über die sie sich nicht zuvor geeinigt hätten. Beide bekräftigten «den europäischen und gegenseitig bindenden Charakter des Prinzips der Schließung der Meerengen des Bosporus und der Dardanellen» und erklärten sich bereit, die Türken davor zu warnen, einen Bruch dieses Prinzips durch eine kriegführende Macht zu erlauben. In einem «ganz geheimen Zusatzprotokoll» erklärte Deutschland sich indessen bereit, «wie schon in der Vergangenheit» Rußlands Bemühungen, eine reguläre und legitime Regierung in Bulgarien einzusetzen, und alle Maßnahmen, die der Zar «zur Verteidigung des Eingangs ins Schwarze Meer» für notwendig erachten mochte, «moralisch und diplomatisch» zu unterstützen. Herbert fand den Vertrag zwar «ziemlich anodyn», meinte jedoch: «Es ist immer eine Art von Druck auf den Zaren und hält uns im Ernstfall die Russen wohl doch 6–8 Wochen länger vom Halse als ohne dem. Das ist doch etwas wert.»[108]

Wieder einmal schien Bismarck die von ihm bevorzugte Kombination dreier Mächte in einem unstabilen Gleichgewicht von fünf Großmächten hergestellt zu haben. Doch um welchen Preis?[109] Kein je von Bismarck abgeschlossener Vertrag ist kritischer geprüft und kontroverser gewürdigt worden als dieser Rückversicherungsvertrag von 1887. War er überhaupt vereinbar mit den Verpflichtungen, die Deutschland beim Abschluß des Zweibunds von 1879 gegen Österreich übernommen hatte? Während der Verhandlungen mit Paul Schuwalow verriet Bismarck der russischen Regierung mit Einwilligung Österreichs die Bedingungen jenes Bündnisses (ausgenommen seine Dauer). Er halte es «für ein Gebot der Ehre und des Anstandes, in dieser Frage cartes sur table zu spielen», erklärte er, auch wenn «die aktenmäßige Überzeugung von dem Fortbestehen unserer Beziehungen zu Österreich der Pflege derer mit Rußland nicht förderlich sein werde». Es war dann auch nur auf Wunsch Rußlands, daß der Rückversicherungsvertrag vor den anderen Mächten, einschließlich Österreichs, geheimgehalten wurde.[110]

War der Rückversicherungsvertrag aus österreichischer Sicht inkompatibel mit dem Zweibund? Seit 1879 hatte Bismarck die Wiener Regierung wiederholt darauf aufmerksam gemacht, daß der Zweibund Deutschland nicht zur Unterstützung der österreichischen Politik auf dem Balkan verpflichte, und er hatte stets – von einer kurzen Pause abgesehen – die Aufteilung des Balkans in Interessensphären befürwortet, eine westliche für Österreich und eine östliche für Rußland. Die im Rückversicherungsvertrag genannten Gebiete (Bulgarien, Ostrumelien und die Meerengen) fielen alle in die russische Einflußsphäre. Wenn Franz Joseph von dem Vertrag erfahren sollte, würde er mehr Grund zur Erleichterung als zur Beunruhigung haben, behauptete Bismarck.[111]

War der Rückversicherungsvertrag verträglich mit dem nur einige Monate zuvor unterzeichneten Mittelmeerabkommen? Das letztere diente offenkundig dem Zweck, angesichts der russischen Expansionsbestrebungen auf dem Balkan den Status quo zu erhalten. Nun aber, im Rückversicherungsvertrag, wurde das russische Streben nach Einfluß und sogar militärischen Stützpunkten im Bereich der Meerengen ausdrücklich von Deutschland gebilligt. Da Deutschland nicht Signatarmacht des Mittelmeerabkommens war, kann behauptet werden, daß keine formale Unvereinbarkeit vorliegt, da es an dieses Abkommen gar nicht gebunden war. Doch für dessen Zustandekommen hatte sich in erster Linie Bismarck eingesetzt, und so kann ihm durchaus mangelnde Aufrichtigkeit gegenüber England wie gegenüber Rußland vorgeworfen werden. Aber er unterzeichnete den Rückversicherungsvertrag in dem Bewußtsein, daß der englische und österreichische Widerstand gegen Rußlands Absichten auf dem östlichen Balkan deren Billigung durch Deutschland ohnedies praktisch wertlos machen würde. Was immer sich unter dem Gesichtspunkt von Treu und Glauben über Bismarcks Verhalten sagen läßt, dienten doch jedenfalls die beiden Verträge nicht nur den deutschen Interessen, sondern auch dem Europas, indem sie fürs erste Frankreich und Rußland auseinanderhielten, die Kriegstreiber der beiden Länder bändigten und das Machtgleichgewicht so stabilisierten, daß in der bedrohlichsten internationalen Krise zwischen 1871 und 1914 der Frieden gewahrt blieb.

Doch auch unter diesen Umständen bleibt die Frage, ob der Rückversicherungsvertrag – selbst wenn er 1890 von Bismarcks Nachfolgern erneuert worden wäre – den Verfall der deutsch-russischen Beziehungen lange hätte aufhalten können. Der Niedergang begann in den späten siebziger Jahren als Nebenwirkung des diplomatischen Konflikts zwischen Österreich und Rußland auf dem Balkan. Bismarck hatte schnell begriffen, daß in dieser Region der neuralgische Punkt der Beziehung lag, und wir haben gesehen, wie er die dort der deutschen Verbindung zu Rußland drohenden Gefahren zu bannen suchte, indem er immer wieder erklärte, Deutschland habe keinerlei Interesse an der Region, Österreichs Ambitionen seine Unterstützung verweigerte und sich beständig für eine Aufteilung der Region in exklusive Einflußsphären aussprach. Doch er konnte auf diesem Wege nicht den russischen Stolz und die russischen Expansionswünsche befriedigen, deren Erfüllung in erster Linie durch die Unfähigkeit der kaiserlich-russischen Regierung selbst verhindert wurde, die im Vertrag von San Stefano die eigenen Möglichkeiten überschätzt hatte und dann mit den ihr selbst nach dem Berliner Kongreß noch verbliebenen beträchtlichen Gewinnen nichts anzufangen wußte.

Daß einflußreiche Russen, in und außerhalb der Regierung, die Petersburger Mißerfolge Bismarck anlasteten, war keine Folge von Intrigen, die sie ihm zu Unrecht unterstellten, sondern der stetig wachsenden persönlichen Dominanz, die er während eines Vierteljahrhunderts im Amt über die diplomatischen Prozesse des europäischen Gleichgewichts gewonnen hatte. Diplomatische Finesse, politische Weitsicht und narzißtische Selbstbehauptung hatten ihn auf den höchsten Gipfel der europäischen Politik erhoben. Wie Katkow ganz richtig beobachtet hatte, «schien er einen Talisman zu besitzen, vor dem sich alle Hindernisse auflösen, alle Schlösser öffnen». Eine solche Reputation hat einen hohen Preis. Man hielt Bismarck verantwortlich für alles, was in Europa geschah – oder nicht zustande kam. Den Russen erschien der deutsche Kanzler nun als der böse Geist, der an ihren ständigen Enttäuschungen und Demütigungen die Schuld trug. Wenn Rußlands Ziele nicht erreicht wurden, war das nur damit zu erklären, daß Bismarck durch Intrigen hinter den Kulissen dessen Bestrebungen vereitelt oder

Bismarcks Rolle in der Krise von 1887 – eine deutsche Sicht: «Europas Central-Weichensteller» lenkt die «Revanche» auf ein Nebengleis und gibt dem «Frieden» freie Fahrt. (Wilhelm Scholz, *Kladderadatsch,* 1887)

zumindest versäumt hatte, seine außerordentlichen Talente für deren Verwirklichung einzusetzen.

Katkows Ruf nach einer freien Hand für Rußland war ironischerweise das Echo einer Forderung, die Bismarck drei Jahrzehnte früher für Preußen erhoben hatte. Wie 1887 Katkow hatte damals Bismarck die Lockerung der Fesseln verlangt, die seinen Staat an die anderen großen Monarchien Mitteleuropas banden. Wie Katkow hatte er in einem Rapprochement mit Frankreich die Chance zu der politischen Bewegungsfreiheit gesehen, die ihm zur Erreichung seiner politischen Ziele erforderlich zu sein schien. Aber es gab einen Unterschied. Katkow war ein cleverer russischer Journalist, Bismarck der geschickteste Diplomat seiner Zeit. Die öffentliche Spekulation über die möglichen zersetzenden Wirkungen, die eine Politik der freien Hand in Rußland auf das Bündnis Deutschlands mit Österreich haben könnte, trug nur zu dessen Festigung bei und spornte beide Mächte an, nach zusätzlichen Bundesgenossen Ausschau zu halten.

Politik und Wirtschaft

Vor einiger Zeit haben Historiker der internationalen Beziehungen begonnen, nach anderen, stärker materiellen Ursachen der wachsenden Entfremdung zwischen Berlin und Petersburg zu suchen, die schließlich in dem französisch-russi-

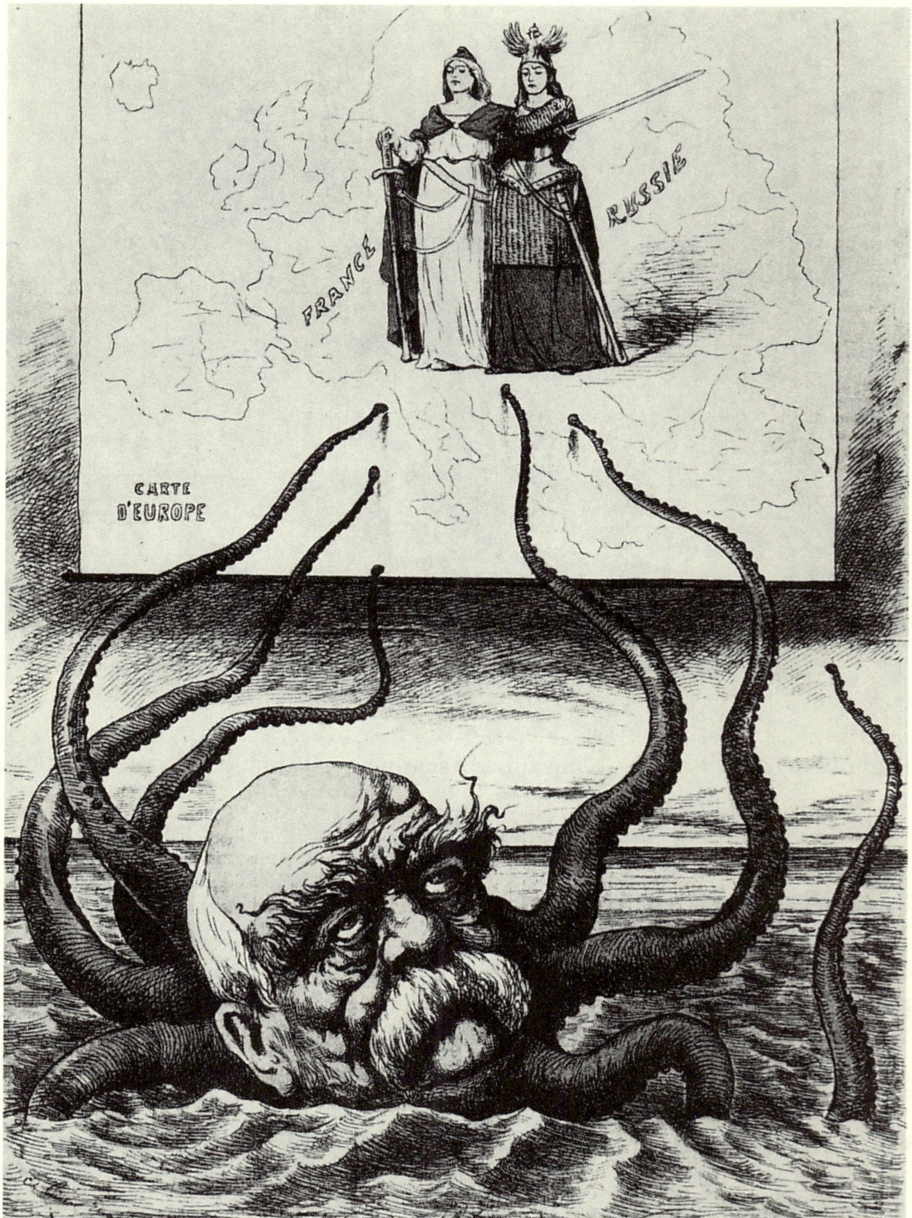

Bismarcks Rolle in der Krise von 1887 – eine französische Sicht:
Der Rheinkrake versucht, ein französisch-russisches Einvernehmen zu stören
(aus einem zeitgenössischen französischen Flugblatt).

schen Bündnis von 1894 ihren Ausdruck fand und auf die Kraftprobe der konkurrierenden Allianzen in den Jahren 1914–1918 hinauslief.[112] Ihre Bemühungen haben bisher keine Erkenntnisse zutage gefördert, welche die vorherrschende Anschauung ersetzen könnten, daß die Hauptursachen dieser Entfremdung in widerstreitenden politischen Interessen und Meinungen von Herrschern, Staatsmännern, Generälen, Journalisten und anderen Personen mit Einfluß auf die Politik der Regierungen und die öffentliche Meinung zu suchen sind. An direkten Belegen dafür, daß materielle Interessen die Entscheidungsträger so stark beeinflußten, daß sie wirtschaftlich-finanzielle Interessen über machtpolitische Erwägungen stellten, fehlt es noch immer. Allenfalls kann gesagt werden, daß die andauernden Probleme der Depression der siebziger Jahre, deren Nachwirkungen in den achtziger Jahren und die von den europäischen Regierungen zum Schutz bestimmter wirtschaftlicher Interessengruppen ergriffenen Abwehrmaßnahmen in den späten achtziger Jahren zu der Uneinigkeit der Mächte beitrugen, welche das Dreikaiserbündnis schwächte.

Die europäische Wirtschaftskrise der späten siebziger Jahre zog die russische Industrie schwer in Mitleidenschaft, und in Rußland wie anderswo bemühten sich die Unternehmer, durch Zollschranken Schutz vor auswärtiger Konkurrenz zu erhalten. Als 1876 der Ausbruch des Krieges gegen die Türkei drohend bevorstand, suchte Finanzminister Michael Reutern den russischen Staatsschatz zu füllen, indem er auf der Entrichtung der Zölle in Gold bestand, was faktisch einer Erhöhung der zuvor in Papiergeld erhobenen Einfuhrzölle um zwischen 30 und 40 Prozent gleichkam. Diese Regelung traf Deutschland als Rußlands größten Handelspartner besonders hart. Nach dem Zusammenbruch des Jahres 1873 mehr denn je auf das Exportgeschäft angewiesen, hatten deutsche Industrielle und Finanzleute in Rußland, dessen eigene industrielle Entwicklung noch weit hinter der west- und mitteleuropäischen zurückstand, einen aufnahmebereiten Markt für Industrieerzeugnisse und Anlagekapital gefunden. Mitte der siebziger Jahre gingen 25 Prozent der deutschen Ausfuhr nach Rußland (etwa 35 Prozent der russischen Importe), während Deutschland 34 Prozent des russischen Exports aufnahm (8,6 Prozent der deutschen Einfuhr). Rußland führte hauptsächlich Industrieprodukte ein, Deutschland hauptsächlich landwirtschaftliche Erzeugnisse.[113] Die Interessengruppen, die bei diesem Handel das Nachsehen hatten, waren die russischen Industriellen (im Moskauer Gebiet) und die deutschen (ostelbischen) Agrarier. Aus bereits dargelegten Gründen bot das Zolltarifgesetz von 1879 der Industrie mehr Schutz als der Landwirtschaft. Es traf deshalb die Länder Westeuropas mehr als Rußland.

In Rußland hatten die Agitation der Industriellen und ihrer journalistischen Bundesgenossen (darunter Katkow) für noch mehr Protektion und die Suche der Regierung nach neuen Einkommensquellen, um die durch den russisch-türkischen Krieg geleerte Staatskasse wieder aufzufüllen, 1881 eine Erhöhung der Einfuhrzölle auf Industrieprodukte um 10 Prozent zur Folge. Weitere Erhöhungen gab es dann 1884 (10 Prozent) und 1885 (20 Prozent), was bewirkte, daß Rußlands

Anteil an den deutschen Exporten in den Jahren 1880–1885 von 40 Prozent auf 4,5 Prozent sank, worunter vornehmlich die deutsche Textil-, Eisen- und Maschinenindustrie zu leiden hatten. Bismarcks Wunsch, den «Draht nach Petersburg» in der Außenpolitik zu bewahren, bewog ihn aus außenpolitischen Erwägungen zum Verzicht auf speziell gegen Rußland gerichtete Revanchezölle. Nichtsdestoweniger war vor allem Rußland betroffen, als Deutschland 1885 die Einfuhrzölle auf Getreide verdoppelte und dann, zwei Jahre später, verdreifachte.[114]

Dennoch blieben die negativen Auswirkungen dieser Zollgesetzgebung auf die russischen Getreideimporte nach Deutschland begrenzt. Rußland lieferte Deutschland 1880 36 Prozent des importierten Getreides, 1886 40 Prozent und 1888 53 Prozent. Roggen aus Rußland wurde 1884 für 66 800 000 Mark eingeführt (566 242 Tonnen), 1886 für 32 Millionen Mark (329 425 Tonnen), doch 1888 stieg die Quote schon wieder auf 42 300 000 Mark (470 430 Tonnen) und im folgenden Jahr auf 98 500 000 Mark (920 189 Tonnen). Auch die Weizenimporte aus Rußland erreichten 1884 einen Spitzenwert von 325 872 Tonnen (49 200 000 Mark), sanken 1886 auf 141 819 Tonnen (20 700 000 Mark), betrugen aber 1888 bereits wieder 153 996 Tonnen (22 200 000 Mark) und 1889 301 247 Tonnen (42 Millionen Mark). Trotz der Zollmauer blieben Rußland und Deutschland wichtige Handelspartner auf dem Weltmarkt. 1889 wurden 13,5 Prozent der Importe Deutschlands aus Rußland eingeführt, übertroffen nur von England mit 16,5 Prozent. Doch unter Deutschlands auswärtigen Abnehmern war Rußland auf den sechsten Platz zurückgefallen, denn Deutschland konnte dort nur 6 Prozent seiner Exportwaren absetzen, hinter England (20 Prozent), Österreich-Ungarn (10,5 Prozent), den Vereinigten Staaten (12,1 Prozent), den Niederlanden (7,9 Prozent) und Frankreich (6,5 Prozent).[115] Angesichts der konkreten Auswirkungen hatte Deutschland mehr Grund, sich über den russischen Protektionismus zu beklagen, als Rußland über den deutschen.

Das Band zwischen Produzenten und Konsumenten von Industrieprodukten und landwirtschaftlichen Erzeugnissen war nicht das einzige Gebiet ökonomischer Interdependenz – und Friktion – zwischen Rußland und Deutschland in den siebziger und achtziger Jahren. Seit 1857 hatten deutsche Finanzleute in der kapitalhungrigen russischen Industrie ein lukratives Investitionsfeld entdeckt. Den besten Schätzungen zufolge hatten bis 1876 deutsche Finanzleute 900 Millionen Mark (417 Millionen Rubel) in Staatsanleihen für den Bau russischer Eisenbahnen angelegt. Man schätzt überdies, daß Deutsche während dieser Jahre günstiger politischer Beziehungen zwischen den beiden Ländern in russischen Banken und Industrieunternehmen nicht weniger als 30 Millionen Rubel angelegt haben. Indem sie ein Treibhausklima für die inländische Industrie erzeugten, stimulierten die russischen Schutzzölle der achtziger Jahre auch den deutschen Kapitalexport, für den sie gewinnbringende Anlagemöglichkeiten schufen. Obwohl der Fluß des in den Eisenbahnbau investierten Kapitals während der achtziger Jahre abnahm, lag dessen Gesamtwert Schätzungen zufolge kaum unter den

417 Millionen Rubeln, die in den siebziger Jahren investiert worden waren. Die Investitionen in russische Industrieunternehmen (bei denen es sich mitunter um Tochtergesellschaften ausländischer Firmen handelte) betrugen 1890 schätzungsweise 79 Millionen Rubel (die höchsten, 36,7 Prozent, von allen europäischen Ländern).[116]

Weit über diese Investitionen hinaus war Deutschland in Rußlands Staatsfinanzen verwickelt. 1886 hatte die russische Regierung infolge des Krimkriegs, des polnischen Aufstands von 1863, des russisch-türkischen Kriegs von 1877–1878, der Besetzung und Entwicklung neuer Territorien in Mittelasien und im Fernen Osten sowie der Subventionen für Eisenbahnen und Industrien eine Staatsschuld in Höhe von 6 488 000 000 Rubeln akkumuliert. Von dieser Schuld (deren Zinsen in Höhe von 264 Millionen Rubel der bedeutendste Titel im jährlichen Budget waren) wurden etwa 2 Milliarden Rubel ausländischen Gläubigern geschuldet, überwiegend deutschen Banken (etwa 1,2 Milliarden Rubel). Da diese Obligationen stückweise akkumuliert waren, verursachte auch die Verwaltung und Pflege dieser Schulden hohe Kosten, weshalb während der achtziger Jahre die russischen Finanzminister der Reihe nach bei Berliner Bankiers neue große Anleihen aufnahmen, um die russische Staatsschuld zu refinanzieren und zu konvertieren.[117]

Bismarck war sich während seiner Verhandlungen mit Rußland in den Jahren 1885–1887 finanzieller und wirtschaftlicher Fragen bewußt, doch zweifellos galten seine Kalkulationen in erster Linie politischen und militärischen Belangen. Auch die Interessen russischer Getreideerzeuger und Exporteure sowie die fiskalischen Bedürfnisse des russischen Staates waren für ihn vorwiegend Waffen, mit deren Hilfe er versuchte, den russischen Imperialismus auf dem Balkan einzudämmen und den Frieden in Europa zu bewahren. Als sich zu Beginn des Jahres 1886 die Anzeichen dafür häuften, daß die russische Regierung den Forderungen der Industriellen nach weitergehenden Schutzmaßnahmen nachgeben würde, veranlaßte Bismarck den führenden wirtschaftspolitischen Experten des Auswärtigen Amtes, Maximilian Graf von Berchem, zur Abfassung eines Promemorias, in dem Deutschland für diesen Fall empfohlen wurde, mit Revanchezöllen und Hindernissen für die Konvertierung der russischen Staatsschuld zu drohen. Im Mai instruierte Bismarck die Botschaft in Petersburg, die erste dieser Drohungen vorzutragen, die zweite einstweilen noch in Reserve zu halten. In Anerkennung der deutschen Neutralität in der bulgarischen Frage, ließ er Schuwalow wissen, solle Rußland für mindestens fünf Jahre von der Erhöhung der Einfuhrzölle auf Industrieprodukte absehen und die diskriminierenden Zolltarife für schlesische Kohle abschaffen. Andernfalls werde Deutschland genötigt sein, die Zölle auf russisches Getreide und Holz sowie auf russische Schweine zu erhöhen. Während der zweiten Hälfte des Jahres 1886 stockten die deutsch-russischen Verhandlungen über die Zolltarifpolitik, weil Bismarck sich weigerte, bei den Getreide- und Holzzöllen Zugeständnisse zu machen, wenn es Schuwalow, Giers und Bunge nicht gelänge, die protektionistische Politik der russischen Regierung zu mäßigen.

Bismarck beim Vortrag vor Kaiser Wilhelm I. in dessen berühmtem Eckbüro im Alten Palais. Gemälde von Konrad von Siemenroth, 1887

Unterdessen scheiterte Finanzminister Bunge bei seinen ausgedehnten Verhandlungen mit Berliner Bankiers über die Konvertierung der russischen Staatsschuld. Kriegsgerüchte und entmutigende Signale aus der Wilhelmstraße genügten, um den Bankiers das Interesse an dem Geschäft zu nehmen. Die Folge war ein scharfer Kurssturz für russische Wertpapiere an der Berliner Börse. Ende 1886 wurde Nikolai Bunge, der als prodeutsch und proagrarisch galt, von Iwan Wischnegradski, einem überzeugten Protektionisten mit Beziehungen zur russischen Industrie, abgelöst. Während des folgenden Jahres entschied man sich in Deutschland wie in Rußland zu erneuten Zolltariferhöhungen.[118]

Wachsende ökonomische Spannungen waren in diesen Jahren eine Unterströmung in Deutschlands Beziehungen zu Rußland. Zu Beginn eines «Exposés», mit dem er im November 1887 Kaiser Wilhelm auf ein bevorstehendes Gespräch mit Zar Alexander vorbereitete, erläuterte Bismarck das Verhältnis zwischen wirtschaftlichen und politischen Angelegenheiten in der deutschen Außenpolitik. «Wir sind weit davon entfernt, uns über die Zoll- und legislativen Maßnahmen zu beklagen, die Deutschlands materielle Interessen berühren. Dabei handelt es sich um innenpolitische Fragen, die jede Regierung nach ihren Bedürfnissen regeln muß. Solche Differenzen über Zoll- und anderen Angelegenheiten haben immer schon bestanden, seit 60 oder 70 Jahren, ohne die politische und persönliche Intimität zu beeinträchtigen. Diese letztere ist nur durch die ungerechte Beurteilung kompromittiert, die der deutschen Haltung auf dem Berliner Kongreß in Rußland zuteil geworden ist, durch die Weigerung, diese Einschätzung öffentlich zu korrigieren, sowie durch die Ermutigung und die Unterstützung, welche die französischen Drohungen von seiten der Organe der russischen Presse und Regierung, einschließlich der Minister, ausgenommen Herrn von Giers, erhalten haben».[119] Unter anderen politischen Bedingungen hätte die enge Verbindung der wirtschaftlichen Interessen Rußlands und Deutschlands vielleicht nicht Entfremdung, sondern Entgegenkommen nahegelegt. Doch während der Jahre 1887–1890 verhinderten die politischen Spannungen nicht nur eine Wiederannäherung der beiden Staaten, sondern sie vertieften sogar noch deren Entfremdung.

FÜNFTES BUCH

Niedergang und Sturz
1888–1890

Das begehrliche Element
hat das auf die Dauer durchschlagende Übergewicht
der größeren Masse. Es ist im Interesse dieser Masse selbst zu wünschen,
daß dieser Durchschlag ohne gefährliche Beschleunigung
und eine Zertrümmerung des Staatswagens erfolge.
Geschieht die letztere dennoch, so wird der geschichtliche Kreislauf
immer in verhältnismäßig kurzer Zeit zur Dictatur,
zur Gewaltherrschaft, zum Absolutismus zurückführen,
weil auch die Massen schließlich dem Ordnungsbedürfnis unterliegen,
und wenn sie es *a priori* nicht erkennen,
so sehen sie es infolge mannigfaltiger Argumente *ad hominem*
schließlich immer wieder ein und erkaufen die Ordnung
von Dictatur und Cäsarismus durch bereitwilliges Aufopfern
auch des berechtigten und festzuhaltenden Maßes
von Freiheit, welches europäische staatliche Gesellschaften
vertragen, ohne zu erkranken.

Bismarck, *Gedanken und Erinnerungen*

I

Das Dreikaiserjahr

Die Periode relativer Gesundheit, die für Bismarck im späten Frühjahr 1886 begann, dauerte bis zu den Septennatswahlen im Februar 1887 und den legislativen Siegen, die diesen folgten, an. Im Januar 1887 klagte er im Gespräch mit Busch über Brustschmerzen, die er einer «Lungenentzündung» zuschrieb, eine Selbstdiagnose, die Busch bezweifelte, «da er ganz gesund und rosig aussah».[1] Im März fand Kronprinz Rudolf von Österreich, daß er gut aussah, obgleich dünner als erwartet und, am Ende eines langen Gesprächs, kurzatmig.[2] Im April war seine Befriedigung über die jüngst errungenen innenpolitischen Siege schon in Abnahme begriffen, und er begann wieder über allerlei Beschwerden, Schlaflosigkeit und die ihm von den Kollegen aufgebürdete Arbeitslast zu klagen.[3] Im Mai hatte er in verschiedenen Körperteilen rheumatische Schmerzen, im Sommer plagte ihn auch die Gesichtsneuralgie von neuem und behinderte ihn beim Reden, Kauen und Gähnen. Im Juni verschaffte er sich Schlaf nicht selten mit Hilfe von Morphium, wie Lucius berichtet, was ihm Schweninger schließlich verbieten mußte.[4] Wie im vergangenen Jahr suchte er Erleichterung durch die Flucht aus Berlin nach Friedrichsruh (16. Juni bis 12. Juli), Varzin (14. Juli bis 11. August), Kissingen (13. August bis 8. September) und noch einmal (13. September 1887 bis 28. Januar 1888) Friedrichsruh. Während der Reisen verweilte er wiederholt für kurze Zeit in der Hauptstadt. Sein längster Aufenthalt dort (15. bis 22. November) war wegen des Staatsbesuchs des russischen Zaren Alexander III. erforderlich.[5] Der Anlaß nötigte ihn zu anstrengendem Stehen, Reden sowie zu kulinarischen «Exzessen», was alles Erschöpfung zur Folge hatte. Nun verabreichte auch Schweninger wieder Morphium als Schlafmittel. Am 22. November verließ der Kanzler Berlin, um jeden Kontakt mit dem Reichstag zu vermeiden, der zwei Tage später zusammentrat.[6]

Auf dem Lande richtete sich Bismarcks Alltag nach einem festen Stundenplan. Um sieben Stunden Schlaf zu finden, mußte er elf bis zwölf Stunden im Bett zubringen. Während des Tages verbrachte er vier Stunden im Freien spazierengehend, reitend oder fahrend. Noch immer konnte er nur höchstens drei bis vier Stunden arbeiten. Instruktionen und Erlasse waren zu diktieren, die Unterzeichnung verlangte seinen geschwächten Fingern große Mühe ab. Das Stehen fiel ihm schwer, und so pflegte er im Hause meist auf einem Sofa zu liegen. Während der Abendstunden durfte er mit Staatsgeschäften nicht behelligt werden. Nach dem Essen las er leichte Romane und rauchte seine vier Pfeifen, deren narkotische Wirkung beruhigend und deren Rauch zerstreuend für ihn waren.[7] Wenn Schweninger nicht anwesend war, fiel er in seine alten Eßgewohnheiten zurück. Johannas Ermahnungen verschlugen nichts. «Er aß ruhig seine mächtigen Portionen weiter», und zwar von jedem Gericht.[8] Der Arzt hatte ihm Alkohol zu den Mahlzeiten verboten, doch was der Patient bei den Speisen versäumte, machte er bei den Ausfahrten wett, wo er Bierflaschen unter dem Kutschbock versteckte.[9]

«Ich hänge sehr von den Geschäften ab; sind sie mühsam oder ärgerlich oder überflüssig, so schlafe ich schlecht und bin dann müde und unzufrieden mit mir und Andern; nach einer guten Nacht sieht mir die Welt anders aus, und ich kann gehn und reiten wie ein rüstiger Greis», schrieb er am 23. Dezember 1887 aus Friedrichsruh an Bill. Zwei Wochen später schrieb er dem Prinzen Wilhelm: «Ich bin von Schmerzen und Schlaflosigkeit so matt, daß ich nur schwer die täglichen Eingänge bewältige, und jede Arbeitsanstrengung steigert diese Schwäche.»[10] Friedrichsruh sei der ideale Aufenthalt für ihn, behauptete er. Die gute Verkehrsverbindung mit Berlin hielt die täglichen Geschäfte in Gang, während die Entfernung ihm gestattete, Diners, Empfänge und unwillkommene Gäste zu meiden.[11] Ende des Jahres 1887 war er jedoch, wie er Bill gestand, selbst des Landlebens überdrüssig. «Nach Neujahr werde ich nicht mehr lange hierbleiben können, dienstlicher und parlamentarischer Gründe wegen. Es ist mir auch ziemlich gleich, ob ich hier oder dort bin; die elende Politik hat mir die Freude an der Jagd, an der Geselligkeit, an der Musik gestört, und allmählich wird mir auch die Liebe zu Wald und Feld austrocknen. Ich klebe nicht mehr so am Landleben wie in früheren Jahren, leider, die innre Aushöhlung nimmt zu, und die körperliche Rüstigkeit ab. Es ist das aber natürlich und schließlich auch erträglich.»[12] In dieser Stimmung und Verfassung ließ er das große Finale der diplomatischen Krise von 1885–1887 über sich ergehen, deren friedliche Beilegung zum großen Teil das Werk seines unverminderten diplomatischen Geschicks war. Während der Monate März bis Juni 1888 wurden seine Kräfte und Nerven schwer geprüft durch den Tod Kaiser Wilhelms nach kurzer Krankheit, durch die letzte Krankheit und den Tod Friedrichs III. und die Thronbesteigung Wilhelms II.

Großes Finale der orientalischen Krise

Der Ausschluß Boulangers aus dem am 16. Mai 1887 gebildeten französischen Kabinett und die Unterzeichnung des Rückversicherungsvertrages am 18. Juni beendeten die Doppelkrise mit Frankreich und Rußland noch nicht. Die anhaltende Popularität des Generals bei der leicht zu entflammenden Pariser Bevölkerung veranlaßte die Regierung, ihn auf ein entlegenes Kommando in der Auvergne zu versetzen. Am Tag seiner Abreise stürmten Tausende den Bahnhof und blockierten die Gleise. Boulanger mußte auf anderem Wege aus Paris herausgeschmuggelt werden. Im Exil bemühte er sich erfolgreich um finanzielle und politische Unterstützung der Royalisten. Seine Sache wurde gefördert durch einen häßlichen Skandal, in den am Rande auch Präsident Jules Grévy verwickelt war, der deswegen zurücktreten mußte. Die Republik war diskreditiert, und die rechtsgerichteten politischen Bewegungen gewannen neuen Anhang. Es sah so aus, als könnte Boulanger eine Koalition oppositioneller Kräfte zusammenbringen und die Republikaner aus dem Elysée-Palast vertreiben.

Die Bedrohung Deutschlands durch die Boulangisten stimulierte in Rußland diejenigen, die ohnehin die russische Außenpolitik von Berlin lösen wollten, zu neuer Agitation. Der Tod Katkows am 1. August 1887 nahm dieser Szene den beredtesten Fürsprecher. Doch Déroulède, der dem Begräbnis des Journalisten beiwohnte, wurde von russischen Generälen und Beamten freundlich empfangen, und die russischen Zeitungen fuhren fort, Katkows Anschauungen zu propagieren, sogar in radikalerer Form. Katkow hatte davon gesprochen, daß Rußland sich freie Hand verschaffen müsse; nun wurde offen einem Bündnis mit Frankreich das Wort geredet. Mächtige Männer in der Regierung teilten diese Auffassung, so Innenminister Tolstoi, Kriegsminister Wannowsky, der Chef des Generalstabs Obrutschew, Finanzminister Wischnegradski und der Generalprokurator des Heiligen Synods Pobedonostsew (der den Zaren nicht nur in Kirchenangelegenheiten beriet). Da Giers an der älteren Politik festhielt, stellte sich nun die Frage, ob Alexander III. seinem oder ihrem Rat folgen würde. Bismarck wies warnend darauf hin, daß Deutschland, argwöhnisch gemacht, gezwungen sein würde, anderswo nach Bundesgenossen zu suchen, seine Streitkräfte zu verstärken und seine Unterstützung für die russische Politik in Bulgarien und Konstantinopel einzuschränken.[13]

Sobald ihnen klar war, daß Battenberg nicht zurückkehren würde, wählten die Bulgaren am 3. Juli 1887 Prinz Ferdinand von Sachsen-Coburg-Gotha-Koháry auf den vakanten Thron. Ferdinand war Offizier der österreichisch-ungarischen Armee, und die Russen betrachteten ihn als habsburgische Marionette. Bismarck weigerte sich entschieden, die habsburgische Kandidatur zu unterstützen, und befürwortete statt dessen die Versuche der Russen, Ferdinand zu stürzen und an seiner Stelle einen prorussischen Regenten zu installieren. Doch er weigerte sich wie in der Vergangenheit beharrlich, die Initiative zu ergreifen, welche die Russen ihm zuschieben wollten, nicht nur, weil es in der Angelegenheit nicht unmittelbar um deutsche Interessen ging, sondern auch, weil er fürchtete, daß man bei einem Fehlschlag Deutschland die Schuld am Scheitern der Initiative geben würde. Als ein russischer Einmarsch in Bulgarien bevorzustehen schien, ermahnte er die Österreicher zur Zurückhaltung. Wenn sich die Russen in Bulgarien militärisch engagierten, argumentierte er, würde Österreich viel leichter Druck auf sie ausüben können. «Die orientalische Frage ist ein Geduldspiel; wer warten kann, gewinnt.»[14] Fortgesetzte Angriffe in der russischen Presse und wiederholte Anfragen Alexanders III. nach deutscher Unterstützung (die zeigten, daß der Zar von den Deutschen weit mehr erwartetet hatte, als der Wortlaut des Rückversicherungsvertrags ihnen abverlangte) bewogen Bismarck, eine Stärkung ihres Bündnisses bei den Signatarmächten des Mittelmeerabkommens anzuregen. Zu diesem Zweck unterstützte Bismarck gemeinsam mit Österreich und Italien die britischen Bemühungen, günstige Bedingungen für den Abzug der britischen Truppen aus Ägypten bei der Pforte zu erlangen.[15]

Durch seine Unterstützung Englands in Ägypten, Rußlands in Bulgarien und Österreichs in Serbien versuchte Bismarck, die drei Mächte im Gleichgewicht und Deutschlands Optionen offen zu halten. Im August 1887 drohte der ins Amt des britischen Premierministers zurückgekehrte Lord Salisbury dieses Gleichgewicht zugunsten Englands zu verschieben, als er vage andeutete, daß England sich mit Rußland verständigen könnte, was nur als Bereitschaft zu verstehen war, Konstantinopel und die Meerengen den Russen zu überlassen. Bismarck durchschaute Salisburys eigentliches Motiv – durch die Androhung eines Rapprochements mit Rußland und vielleicht sogar Frankreich sollte Deutschland den englischen Wünschen gefügiger gemacht werden.[16]

Die Großmächte, grübelte Bismarck, waren mit Warten beschäftigt: Frankreich wartete auf eine Auseinandersetzung Deutschlands mit Rußland, Rußland auf eine Auseinandersetzung Deutschlands mit Frankreich, Großbritannien auf eine Auseinandersetzung Deutschlands mit Frankreich oder Rußland oder mit beiden Mächten. Es war nicht schwierig, Salisburys Manöver zu parieren. Bismarck erwiderte, daß Deutschland jeder britischen Anstrengung, auf dem Balkan zu einer Verständigung mit Rußland zu gelangen, gern behilflich sein wolle, solange diese nicht auf Kosten Österreichs gehe. Um Österreich daran zu hindern, im Wettbewerb um die Gunst Rußlands den britischen Konkurrenten zu überbieten, schlug er ein Abkommen zwischen den drei Mächten vor, mit welchem deren Einflußsphären im Orient gegeneinander abgegrenzt werden sollten. Italien, so Bismarck, könne mit Abessinien abgefunden werden. Frankreich sei die einzige kriegslüsterne Macht in Europa; ihre Isolierung sichere den Frieden. Bei einem Angriff auf Deutschland werde Frankreich niemals von Rußland unterstützt werden, doch selbst wenn dieser höchst unwahrscheinliche Fall eintreten sollte, sei Deutschland dazu in der Lage, im Osten wie im Westen je eine Million Mann aufzubieten. Seine Lage wäre, im Bündnis mit Österreich, keineswegs verzweifelt. Da sein Bluff ins Leere gegangen war, zog Salisbury seine Anregung zurück, und auch Bismarck gab sich konziliant. Deutschland sei an einer Regelung der Verhältnisse auf dem Balkan nur interessiert, erklärte er, wenn Großbritannien die Initiative ergriffe und auch Österreich und Italien daran beteiligt würden.[17]

Der andauernde Druck aus Rußland, die zwar verminderte, aber gleichwohl fortbestehende Bedrohung durch Boulanger, die Anzeichen für ein für Rapprochement oder sogar ein Zusammenwirken zwischen Rußland und Frankreich, die Ungewißheit über den Kurs Salisburys – all dies bestimmte Bismarck, das Bündnis mit Österreich noch mehr zu festigen. Im August 1887 trafen sich zu diesem Zweck die Kaiser Wilhelm und Franz Joseph in Bad Gastein, und die Österreicher vernahmen erfreut, daß sich nun Wilhelm von Herzen für das Bündnis aussprach, dem er sich 1879 so lange widersetzt hatte. Dennoch blieb Bismarck hartnäckig bei seinem Vorsatz, Österreich bei einem aggressiven Vorgehen auf dem Balkan nur dann zu unterstützen, wenn dieses Vorgehen auch von Großbritannien gebilligt wurde. Um die Stellung in dieser Region gegen eine russische Expansion zu befestigen, sei nicht der Zweibund das geeignete Instrument, sondern ein erweitertes Mittelmeerabkommen. Dem Mittelmeerabkommen müsse im östlichen Mittelmeer die Wirksamkeit verschafft werden, die es im westlichen bereits entfaltete. Die Ernennung Francesco Crispis zum italienischen Premierminister und Außenminister am 8. August bot dazu eine Gelegenheit. Crispi forderte schon seit langem eine positivere Rolle für Italien im Mittelmeerraum und namentlich in Nordafrika. Kommerzielle und politische Friktionen mit Frankreich bestärkten ihn noch in seinem Wunsch nach engeren Beziehungen zu England und den Mittelmächten.[18]

Bismarck empfing den italienischen Minister am 1. bis 3. Oktober 1887 in Friedrichsruh und ging auf dessen Vorschlag, den Dreibund durch eine Militärkonvention abzustützen, gern ein. Deutschland, erklärte Bismarck, wolle den Frieden, fürchte den Krieg aber nicht. Es könne sofort ein Heer von anderthalb Millionen Mann ins Feld stellen, letztlich sogar drei Millionen mobil machen und habe mithin bei einem Kräftemessen mit Frankreich und Rußland nichts zu befürchten. Er betonte jedoch auch, daß Deutschland kein Interesse daran habe, Rußland von Bulgarien oder sogar den Meerengen fernzuhalten. Solche Eroberungen könnten ja Rußland nur schwächen, da die dazu erforderlichen Truppen von der russisch-österreichischen Grenze abgezogen werden müßten. Deutschland würde sich an einem orientalischen Konflikt nicht beteiligen, solange Frankreich stillhielte. Crispi jedoch war anderer Meinung, womit Bismarck zweifellos gerechnet hatte. Sobald Rußland Konstantinopel erobert hätte, wären, meinte er, die Russen die «Herren des Mittelmeers» und hätten mithin die Vorherrschaft nicht nur im Orient, sondern auch in Europa. Die interessierten Mächte müßten deshalb gemeinsam verhindern, «daß Rußland sich der Türkei bemächtigte». Bismarck brachte seine Genugtuung darüber zum Ausdruck, daß Italien, Österreich und Großbritannien in der orientalischen Frage zusammenwirkten. Er drängte Crispi, bei der Bewahrung des Friedens in der Region mit Kálnoky zu kooperieren, eine Aufgabe, die vielleicht «Gegenstand eines besonderen Vertrages» werden könne. «Wenn der Frieden im Orient gestört werden sollte, so würde Deutschland die Nachhut seiner Verbündeten bilden.»[19]

Offensichtlich auf Initiative Wiens entwarfen die Vertreter Österreichs, Italiens und Englands in Konstantinopel ein Abkommen, dessen Zweck der Schutz der Türkei vor russischen Expansionsabsichten durch eine Garantie des Status quo auf dem östlichen Balkan war. Ehe sie jedoch dieser Erweiterung der Mittelmeervereinbarung zustimmte, wollte die Regierung Salisbury von Bismarck zwei Auskünfte. Erstens wollte sie Informationen über die Bedingungen des österreichisch-deutschen Zweibunds von 1879, aus denen der Umfang der von Deutschland gegenüber der Habsburgermonarchie eingegangenen Verpflichtungen ersichtlich wurde, und zweitens die Zusicherung, daß nach dem Tode Kaiser Wilhelms der wahrscheinliche Thronerbe (Prinz Wilhelm von Preußen) die Ausrichtung der deutschen Politik nicht ändern werde (Wilhelms prorussische Sympathien waren allgemein bekannt). Bismarck gab die erste der erbetenen Auskünfte bereitwillig, da er ja auch die Russen schon über die Bedingungen des Zweibunds bei den Verhandlungen über den Rückversicherungsvertrag informiert hatte.[20] In Beantwortung des zweiten Ersuchens expedierte er dann am 22. November 1887 eines jener meisterhaften Schreiben, die sorgfältig darauf berechnet waren, den Empfänger zu entwaffnen.

Mit diesem «ganz ungewöhnlichen Schritt», einem persönlichen Brief an den englischen Premierminister, erklärte Bismarck, warum kein zukünftiger deutscher Monarch, wo immer auch seine persönlichen Sympathien lägen, jemals von dem vorgezeichneten Kurs abweichen könne. Niemand könne ein 50-Millionen-Volk in den Krieg führen, ohne es von dessen Notwendigkeit zu überzeugen. Ein Heer von Militärdienstpflichtigen, in dem alle Klassen der Bevölkerung vertreten seien, lasse sich nicht zu rein dynastischen Zwecken mobilisieren, wie das in früheren Zeiten möglich gewesen sei, sondern allein zur Verteidigung des Vaterlands, seiner Unabhängigkeit und seiner neugewonnenen Einheit. An den offenen Grenzen Deutschlands lägen drei große Mächte. Ohne das Bündnis mit einem starken Österreich würde Deutschland gegenüber Frankreich und Rußland isoliert sein. England, Österreich und Deutschland seien «saturierte» Mächte und somit friedfertig und konservativ in ihrer Außenpolitik. England und Österreich akzeptierten Deutschlands neuen Status, Frankreich und Rußland jedoch nicht. Die Feindseligkeit Frankreichs erkläre sich aus der traditionellen Aggression, mit welcher Frankreich seinem Nachbarn seit Jahrhunderten begegne, und aus dem «Nationalcharakter» der Franzosen. Rußland werde einerseits von den radikalen Kräften des Landes zum Kriege gedrängt, die das Regime des Zaren erschüttern wollten, andererseits von Monarchisten, die dem Radikalismus ein Ende bereiten und die Liberalen von der Einführung einer Verfassung abhalten wollten, sowie überdies von ehrgeizigen Generälen.

Um seine kriegerischen Nachbarn zu zügeln, fuhr Bismarck fort, brauche Deutschland Verbündete. Doch selbst ein siegreicher Krieg wäre für Deutschland eine «große Kalamität», die man durch eine Akkommodation Rußlands zu vermeiden suchen werde. Wenn er auf die Unterstützung freundlich gesonnener Mächte mit ähnlichen Interessen rechnen könne, würde jeder Deutsche Kaiser die Unabhängigkeit aller mit dem Status quo in Europa zufriedenen Mächte verteidigen. Deutschland würde einen Krieg mit Rußland vermeiden, solange das mit der deutschen Ehre und Sicherheit vereinbar sei und solange die Unabhängigkeit Österreich-Ungarns nicht gefährdet werde. Er hoffe, daß diejenigen Mächte, die, anders als Deutschland, im Orient Interessen zu verteidigen hätten, sich zusammenschließen würden, um mit vereinten Kräften Rußland daran zu hindern, das Schwert zu ziehen, oder doch einem russischen Angriff mit Entschiedenheit begegnen zu können. Deutschland werde neutral bleiben, wenn nicht durch einen russischen Angriff Österreichs Unabhängigkeit gefährdet werde oder französische Armeen in England oder Italien einfielen.[21]

Bemerkenswert an diesem Schreiben sind die vielen Kombinationen – implizierte Drohung, Versprechung ohne Verpflichtung, Selbstvertrauen ohne Prahlerei, Unabhängigkeit und Entgegenkommen, Freiheit und Notwendigkeit, Offenheit und Unbestimmtheit –, alles das miteinander verbunden durch eine speziell auf die Überzeugung des Empfängers abgestellte Logik. Und dennoch stimmt das Dokument auffällig mit der Politik überein, zu der sich Bismarck schon bei vielen anderen Gelegenheiten in London, Petersburg, Wien, Rom, Paris, ja sogar im Reichstag und in der Regierungspresse bekannt hatte. In der Downing Street erfüllte es seinen Zweck, denn es befähigte Salisbury, seine Kollegen zur Einwilligung in das zweite Mittelmeerabkommen zu überreden, das durch einen Notenwechsel mit Kálnoky und Crispi am 12. und 16. Dezember 1887 abgeschlossen wurde. Gegenstand dieses Abkommens war die Übereinkunft, daß die drei Mächte eine Veränderung des durch frühere Verträge hergestellten Status quo im Orient nicht dulden würden, ebensowenig wie sie der Türkei erlauben würden, ihre verbleibenden Rechte in Bulgarien oder die Souveränität über die Meerengen abzutreten. Die drei Signatarmächte erklärten vielmehr ihre Absicht, die Unabhängigkeit der Türkei und die Integrität ihrer Territorien zu verteidigen.[22] Obwohl Salisbury auf der Geheimhaltung des Vertrages bestand, um einer stürmischen Debatte im britischen Parlament auszuweichen, hatten doch er selbst, aber auch Crispi und Kálnoky in öffentlichen Reden die Entschlossenheit ihrer Länder bekundet, Bulgarien gegen jeden Bruch der seine Verhältnisse betreffenden Verträge zu verteidigen.[23] Die gemeinsame Haltung der drei Regierungen war also allgemein bekannt, wenn auch das Abkommen geheim blieb.

Während der zweiten Hälfte des Jahres 1887 verschlechterte sich trotz des Rückversicherungsvertrages das deutsch-russische Verhältnis weiter. Die russische Presse ereiferte sich weiter gegen Deutschland und Österreich, die angeblich durch ihre Intrigen gegen Rußland die Wahl Ferdinands arrangiert und den bulgarischen Widerstand gegen Rußland bestärkt hätten. «Mein Vater ist *wirklich* erbittert über die jetzt zur apogée gekommenen russischen Unverschämtheiten», schrieb Herbert von Bismarck an Bülow, «und ich bin es fast noch mehr.» Im Auftrag seines Vaters suchte Herbert mit Protesten gegen das fortgesetzte Versäumnis der russischen Regierung, die antideutsche Exzesse der Presse und gewisser Beamter zu zügeln, bei den Botschaften in Berlin und Petersburg den Eindruck so tiefer Entrüstung zu vermitteln, «daß selbst Giers davon elektrisiert werden wird». Deutschland könne die lächerlichen Entschuldigungen «mit Gleichgültigkeit des Zaren, désarroi dans les ministerères etc. nicht mehr akzeptieren».[24]

Seit Juni war die Berliner Börse beunruhigt durch aus Regierungsquellen gespeiste Presseberichte über die Instabilität russischer Wertpapiere, deren Kurse daraufhin ebenso fielen wie der Wert des Rubels. Am 10. November 1887 befahl die deutsche Regierung der Reichsbank auf Bismarcks Rat, russische Wertpapiere nicht mehr als Nebensicherheit zu verwenden, wie das in Europa nur bei der Reichsbank geschah. Auf dieses berühmte Lombardverbot hin wurde die Börse mit Verkaufsangeboten überschwemmt, und die Preise für russische Staatsobligationen fielen dramatisch. Mit diesem Manöver wollte Bismarck der Petersburger

Regierung die Finanzierung des Feldzugs erschweren, den sie nach Einschätzung des preußischen Generalstabs für das nächste Frühjahr plante. Er wollte den Russen andererseits jedoch auch demonstrieren, daß sie die Freundschaft Deutschlands dringend brauchten. Auch bei dieser Gelegenheit wichen wirtschaftliche Interessen politischen, nicht umgekehrt. Die niedrigen Preise in Berlin gestatteten russischen Kapitalisten, ihre Wertpapiere zu günstigen Bedingungen zurückzukaufen, nötigten die Russen aber auch, neue Kredite und Kapital auf anderen Märkten zu suchen, was sie vornehmlich in Paris taten. Die deutschen Finanzleute verloren und die französischen gewannen eine ergiebige Einkommensquelle. Und die Abwanderung der russischen Kreditkunden nach Paris schien in Rußland und Frankreich diejenigen, die an eine Identität der politischen Interessen beider Länder glaubten, in ihrer Meinung zu bestätigen.[25]

Am Tage nach der Verkündung des Lombardverbots nahm Bismarck den Zug nach Berlin, um sich dort mit Alexander III. über den Stand der deutsch-russischen Beziehungen zu besprechen. Vier Monate lang hatten der Zar und seine Familie bei Verwandten in Kopenhagen verweilt, und Spekulationen, ob der russische Kaiser diese Gelegenheit zu einem Staatsbesuch in Deutschland wahrnehmen werde, beschäftigten die europäische Presse. Eine Masernepidemie verzögerte die Abreise der Romanows aus Kopenhagen bis Mitte November. Um nicht zu einer Seereise über die stürmische Nordsee aufbrechen zu müssen, trat der Zar die Heimreise mit der Eisenbahn über Berlin an, wo er sich am 18. November elf Stunden lang aufhielt, gerade lange genug, dem Deutschen Kaiser seine Aufwartung zu machen, Bismarck eine Audienz zu gewähren und an einem Staatsbankett teilzunehmen (bei dem Bismarck zu seiner Entrüstung außer Hörweite des Zaren plaziert wurde). Die Audienz dauerte anderthalb Stunden, während welcher der Zar nervös ununterbrochen rauchte. «Durch seinen viermonatlichen Aufenthalt in Dänemark in ganz welfischer Umgebung, die Königin Luise an der Spitze – sei dieser sehr gegen ihn eingenommen worden», berichtete Bismarck. Zar Alexander hatte vier belastende Briefe mitgebracht, die den von Bismarck oft wiederholten Beteuerungen widersprachen, daß er den Coburger Kandidaten für den Thron in Sofia nicht unterstützt hätte. Der Zar hatte allerdings selbst schon Zweifel an der Echtheit dieser angeblich von Fürst Alexander von Bulgarien geschriebenen Briefe, und Bismarck konnte ihn von deren Falschheit überzeugen.

Seinem eigenen Bericht zufolge hatte dann Bismarck erklärt, «es werde Deutschland durch die Haltung der russischen Presse und der Generale schwer gemacht, freundlich zu sein». Früher oder später könnten deren Verleumdungen, wenn ihnen nicht entschieden entgegengetreten werde, die russische Regierung zu einem Krieg zwingen, der in mehr als einem Lande Revolutionen entfesseln könnte. Angesichts der russischen Macht sei Deutschland gezwungen, anderswo Verbündete zu suchen. Mit seiner gut ausgebildeten Armee von vier Millionen Mann (einschließlich der Reserven) wäre ein derartiger Krieg für Deutschland ruinös, aber nicht aussichtslos. Der Zar räumte «die Schweinezucht in seiner Bureaukratie und Presse» teilweise ein und versprach, Ordnung zu schaffen. Er wies eine Allianz mit Frankreich und «*cet animal* Boulanger» weit von sich, schimpfte aber heftig auf die Österreicher. Bismarck erinnerte den Zaren daraufhin an den geheimen Vertrag mit Österreich, «wonach wir verpflichtet seien, Österreich beizustehen, wenn es von Rußland angegriffen werde».[26] Nachdem Alexander abgereist war, ließ Bismarck es sich angelegen sein, durch die Veröffentlichung der entlarvten Fälschungen und der Versicherungen des Zaren den Unterschied zwischen der freundlichen Haltung des Zaren zu Deutschland und den feindlichen Intrigen derjenigen, die ihn davon abzubringen trachteten, publik zu machen.[27]

Indessen hatte der Kanzler Grund, sich über Intrigen im eigenen Lager Sorgen zu machen, die er durch seine lange Abwesenheit aus Berlin in kritischer Zeit ermutigt hatte. Während der letzten Monate des Jahres 1887 gelangten deutsche und österreichische Generäle zu der Überzeugung, daß Rußland für das nächste Frühjahr einen Krieg plane. Sie hielten einen Präventivschlag der verbündeten Mächte für geboten und erfolgreich durchführbar. Helmuth von Moltke, der Chef des preußischen Generalstabs, und Alfred Graf von Waldersee, der Generalquartiermeister der Armee, sprachen sich für einen Winterfeldzug gegen Rußland aus, um der russischen Aggression zuvorzukommen. Bismarck widersprach solchen Absichten energisch: «Solange ich Minister bin, werde ich meine Zustimmung zu einem prophylaktischen Angriff auf Rußland nicht geben, und ich bin auch weit davon entfernt, Österreich zu einem solchen zu raten, solange es nicht der *englischen* Mitwirkung dabei absolut sicher ist. Wenn letztere einträte, so würde sich das ganze Bild der europäischen Lage wesentlich ändern.» In diesem Fall könne Österreich den Krieg sogar ohne deutsche Unterstützung wagen.[28]

Am 24. November präsentierte die deutsche Regierung dem Reichstag eine neue Militärvorlage, mit welcher die Reservedienstpflicht bis auf das vollendete fünfundvierzigste Lebensjahr hinaufgesetzt und so die deutsche Armee im Falle einer Mobilisierung um 600000 Mann verstärkt werden sollte. Ende Oktober hatten auf Crispis Anregung Beratungen über ein Abkommen begonnen, das bei Kriegsausbruch den Transport und die Aufstellung italienischer Truppen an den rheinischen und rumänischen Grenzen regeln sollte. Wien schlug ähnliche Beratungen des preußischen und des österreichischen Generalstabs vor. Am 17. Dezember empfing der Kaiser die preußischen Generäle zu einer Besprechung über die russische Gefahr. Wilhelm willigte in deren militärische Erörterungen mit den Österreichern ein, war aber geneigt, die Gefahr als solche herunterzuspielen. Bismarck, in Friedrichsruh, nahm die Einmischung der Generäle in seine außenpolitische Prärogative einigermaßen verstimmt zur Kenntnis, insbesondere aber beunruhigte ihn, daß man (auf Initiative Waldersees) auch den leicht beeindruckbaren Prinzen Wilhelm zu der Erörterung hinzugezogen hatte. Auch er gab seine Einwilligung zu militärischen Verhandlungen mit Österreich, die er aber als Demonstration des guten Einvernehmens verstanden wissen wollte. Als die zu diesen Gesprächen entsandten deutschen Offiziere sich aber in die Erörterung militärischer Zusammenarbeit im Falle eines österreichischen Angriffs auf Rußland verwickeln ließen, erhob er entschieden Einspruch. Für ihn stellte das eine unzulässige Ausweitung des *casus foederis* dar und einen unerträglichen Übergriff des Militärs in den Bereich der Politik. Die Beratungen wurden abgebrochen, sehr zum Bedauern Franz Josephs, Kálnokys und der österreichischen Generäle. Am 3. Februar 1888 wurde der österreichisch-deutsche Vertrag von 1879 (mit Ausnahmen des Artikels, der dessen Geltungsdauer auf drei Jahre befristete) auf Betreiben Bismarcks veröffentlicht, der damit den Mutmaßungen im ungarischen Parlament über die Frage, ob Österreich im Falle eines Krieges mit Rußland auf deutsche Unterstützung rechnen könne, ein Ende machen wollte. Die Ungarn waren erfreut zu erfahren, daß es sich bei dem Zweibund um ein Defensivbündnis handelte; die Russen nahmen bestürzt zur Kenntnis, daß sie der Gegenstand des Vertrages waren.[29]

Drei Tage später hielt Bismarck zur Verteidigung der Militärvorlage im Reichstag eine mit viel Applaus bedachte Rede, in welcher er die für Deutschland so enttäuschende Entwicklung des Verhältnisses zu Rußland während der vergangenen beiden Jahrzehnte eingehend aus seiner Sicht schilderte und die Notwendigkeit des Bündnisses mit Österreich begründete. Obwohl die zwei Stunden lange Rede alles in allem konziliant war, donnerte dann ein Zitat daraus wie ein Kanonenschlag durch die deutsche und europäische Presse: «Wir Deutsche fürchten Gott, aber sonst Nichts in der Welt». Der Rest des Satzes – «und die Gottesfurcht ist es schon, die uns den Frieden lieben und pflegen läßt» – hingegen geriet schnell in Vergessenheit. Nach der Rede konnte Bismarck nur mit Mühe ein Weg zurück zur Reichskanzlei durch die jubelnde Menge gebahnt werden. Herbert, der mit Rücken und Ellbogen nachhalf, fand, es sei gewesen, als ob Krieg erklärt worden sei. Zwei Tage später nahm der Reichstag ohne weitere Debatte die Vorlage an.[30]

In seiner Rede und in seinen Erlassen behauptete Bismarck, Deutschland verlasse sich auf Zar Alexanders III. Wort, daß Rußland nicht die Absicht habe, Deutschland anzugreifen. Er scheint den Friedenswillen des russischen Kaisers tatsächlich nicht bezweifelt zu haben. Die Verlegung von Garnisonen aus dem Inneren Rußlands an die polnischen und galizischen Grenzen, welche die deutschen und österreichischen Generäle so argwöhnisch machte, tat Alexander als rein defensive Maßnahme ab, die sich wegen der Mängel des russischen Transportwesens empfohlen habe.[31] Überdies konnte auch die kriegslüsternsten Panslawisten die wachsende Menge der Beweise dafür nicht unbeeindruckt lassen, daß Rußland, wenn es sich zu dem Versuch hinreißen ließe, den bulgarischen Knoten mit einem Schwerthieb auf Österreich zu lösen, den größten Teil der Mächte Europas gegen sich haben würde. Denn in dem Fall würde Deutschland Österreich beistehen, und hinter beiden würden England, Italien und die kleineren Mächte des Mittelmeerabkommens stehen (dessen Existenz in Rußland zwar noch nicht bekannt war, aber vermutet wurde). Bei einer Gelegenheit soll der Kanzler Schuwalow mit den Worten abgekanzelt haben: «Ihr habt uns nach Wien genötigt, im vorigen Jahr nach Rom, jetzt werden wir nach Konstantinopel gehen und Euch schließlich noch die Chinesen auf den Hals hetzen»![32]

Angesichts so massiver Opposition, was konnte sich Rußland vom republikanischen Frankreich versprechen? Die Ernüchterung, die sich nach diesen Eröffnungen in russischen Regierungskreisen ausbreitete, kam Giers zustatten, der immer fest der Überzeugung geblieben war, daß Rußland gut beraten sei, auch weiterhin gute Beziehungen zu Österreich und Deutschland zu pflegen. Bei Anbruch des Frühlings im folgenden Jahr wandte sich Giers mit der Bitte um Unterstützung in der bulgarischen Frage nach Berlin und erhielt diese innerhalb der von Bismarck schon vor langem festgesetzten Grenzen.[33] Obwohl Ferdinand – allen russischen Anstalten, ihn zu stürzen, zum Trotz – auf dem Thron blieb, war nun nicht mehr zu befürchten, daß Alexander III. dem Druck der Chauvinisten weichen würde, die noch immer entschlossen waren, es bei dem aberwitzigen Versuch, auf dem Balkan die russische «Ehre» zu retten, mit ganz Europa aufzunehmen.

Daß Bismarck während der gesamten europäischen Krise 1885–1888 die Hauptrolle gespielt hat, steht außer Frage. Direkt oder indirekt war er verantwortlich für das Geflecht von Verträgen und Abkommen, dessen Fesseln keine aggressive Macht abschütteln konnte, ohne katastrophale Folgen heraufzubeschwören. Zunächst formal versicherte der Rückversicherungsvertrag Deutschland gegen ein offensives (wenn auch nicht gegen ein defensives) russisch-französisches Bündnis. Zusammen garantierten der Rückversicherungsvertrag und der deutsch-österreichische Zweibund, daß weder Rußland bei einem Angriff Österreichs noch Österreich bei einem Angriff Rußlands befürchten mußte, Deutschland könne gemeinsame Sache mit dem Angreifer machen. Vielmehr verhieß Deutschland in beiden Fällen dem Angegriffenen seine Unterstützung. Wer auch immer der Angreifer war, das Reich würde nicht zulassen, daß der unterlegenen Macht Friedensbedingungen auferlegt würden, die deren Gewicht im europäischen Gleichgewicht stark reduzierten. Das Mittelmeerabkommen und dessen Zusatzabkommen machten den Russen klar, daß jeder Versuch, Bulgarien oder die Türkei zu überwältigen, eine so starke gegnerische Koalition – auch ohne Deutschlands Beteiligung – auf den Plan rufen würde, daß auf einen russischen Sieg kaum zu hoffen wäre. Bismarck verfolgte bei seiner Diplomatie vor allem das Ziel, Deutschland gegen Angriffe, egal aus welcher Richtung, abzusichern. Um diesen Zweck zu erreichen, mußte er rüsten, doch auch Bündnisse schließen, Präventivkriege oder Kriege für fremde Interessen vermeiden, und dafür sorgen, daß, wenn es zum Krieg käme, dessen Schlachten fern der deutschen Grenzen geschlagen wurden und das Resultat das europäische Gleichgewicht nicht empfindlich störte. Bismarcks geschickte Verfolgung dieser Absichten wahrte – mehr als jeder andere Faktor – während dieser größten und komplexesten internationalen Krise seit 1815 den Frieden in Europa.

Mit bemerkenswerter Beharrlichkeit bestand Bismarck auf dem Recht Rußlands, seinen Ehrgeiz auf dem östlichen Balkan zu befriedigen. Und dennoch war er sich trotz des Rückversicherungsvertrages der russischen Politik gegenüber Deutschland so wenig sicher, daß er die am Mittelmeerabkommen beteiligten

Mächte zu Zusatzvereinbarungen ermutigte, die Rußland an der Wahrnehmung eben dieses Rechts hindern sollten. Er ermutigte beide Seiten, ihre Interessen zu verfolgen, wohl wissend, daß dieselben einander widersprachen und daß die Auseinandersetzung auf ein Patt hinauslaufen würde, bei dem Rußland, als der potentielle Angreifer, enttäuscht werden würde. Er glaubte nicht, daß es zum Krieg kommen würde, denn er war überzeugt, daß Alexander III. so weit nicht gehen würde, zumal selbst der oberflächlichste Vergleich der Streitkräfte, Finanzen und inneren Stabilität der beteiligten Staaten ihn lehren mußte, daß Rußland wenig Aussicht hatte, einen solchen Krieg zu gewinnen. Selbst wenn aber die Torheit siegte und es über Bulgarien zum Krieg käme, würde der Kriegsschauplatz zunächst fern von Deutschland liegen. Deutschland würde darüber hinaus, da es an dem Konflikt nicht beteiligt wäre, eine gewisse Bewegungsfreiheit bewahren und Optionen haben, die es ihm zuletzt vielleicht ermöglichten, den Konflikt zu begrenzen. Diese Begrenzung würde den Fortbestand der Großmächte und mithin des europäischen Mächtegleichgewichts gewährleisten, in dem für Deutschland die beste Chance lag, im Spiel der europäischen Machtpolitik zu überleben.

Kaiser Friedrich III.

Spät im Jahre 1887 nahm Kaiser Wilhelm I. in Kiel eine Flottenparade ab. Da er Wert darauf legte, daß die Seeleute auf den vorüberziehenden Kriegsschiffen ihren Souverän auch tatsächlich sehen konnten, stand er dabei trotz des rauhen Wetters an Deck eines Depeschenboots, wobei er sich eine schwere Erkältung zuzog, von der er sich nie ganz erholen sollte. Am 3. März 1888 hatte eine erneute schwere Halsentzündung eine Lungenentzündung zur Folge; sechs Tage später starb er, zwei Wochen vor seinem einundneunzigsten Geburtstag. Während der letzten Monate war er immer schwächer geworden und so wacklig auf den Beinen, daß er ständiger Begleitung bedurfte. Zu seinem Kummer konnte er schließlich seinen gewohnten Arbeitsrhythmus nicht mehr beibehalten. Obwohl seit langem erwartet, war Wilhelms Tod für Bismarck ein schwerer Schlag. Am 8. März konferierte er zum letzten Mal mit dem Kaiser – über die Beziehungen zu Frankreich und Rußland. Während der Nacht wurde er ins Schloß gerufen und saß dort einige Stunden lang am Bett des Sterbenden. Im Morgengrauen ging er fort, «nervös, schrecklich herunter», und fand dann keinen Schlaf mehr. Später an diesem Tage war er genötigt, die schlechte Nachricht amtlich dem Bundesrat und dem Reichstag bekanntzugeben, wobei er nur mit Mühe die Tränen unterdrücken konnte. In der folgenden Nacht schlief er mit Hilfe von Morphium ein.[34] Für die Öffentlichkeit war die Nachricht vom plötzlichen Tode des Monarchen, der fast drei Jahrzehnte lang geherrscht, das Land in drei Kriegen geführt hatte und dessen Person längst zum Symbol der Einheit und Macht Deutschlands geworden war, zutiefst bestürzend. Die Erschütterung war um so größer, als man wußte, daß Wilhelms Thronfolger, Kronprinz Friedrich Wilhelm, bereits todkrank war.

Der Leichenzug Kaiser Wilhelms I. am 16. März 1888

Im Januar 1887 begann Kronprinz Friedrich Wilhelm über Heiserkeit zu klagen, die so beharrlich war, daß eine Reihe von Ärzten zugezogen wurde. Ein Gewächs am Kehlkopf wurde gefunden. Ernst von Bergmann, ein berühmter Chirurg, empfahl dessen Entfernung durch eine Thyreotomie, eine operative Spaltung des Schildknorpels zur Entfernung sonst unzugänglicher Neubildungen aus dem Kehlkopf. Um ihm die Angst davor zu ersparen, wollte man den Patienten nicht vorher unterrichten. Hier schritt Bismarck ein und bewog den Kaiser, den Kronprinzen um seine Einwilligung zu bitten.[35] Weitere Ärzte wurden hinzugezogen, doch alle stimmten in der Diagnose überein, daß es sich bei dem Gewächs um ein Krebsgeschwür handele, das operativ entfernt werden müsse. Allerdings war unter den bisher konsultierten Ärzten nur ein einziger Halsspezialist. Es wurde beschlossen, keine drastischen Maßnahmen zu ergreifen, ehe man nicht Sir Morell Mackenzie konsultiert hätte, einen in London praktizierenden schottischen Kehlkopfspezialisten, der als der Beste seines Fachs in Europa galt. Zwei Biopsien wurden entnommen und von dem berühmten Pathologen Rudolf Virchow untersucht, der keine malignen Zellen nachweisen konnte. Es war allerdings nicht sicher, ob das Gewebe auch wirklich an der betroffenen Stelle entnommen worden war. Mackenzie jedoch fand durch Virchows Untersuchung seine Skepsis gegenüber der ursprünglichen Diagnose bestätigt und behauptete, der Patient sei ohne Operation heilbar. Später, als sich Friedrich Wilhelms Befinden verschlechterte, begannen die Ärzte, untereinander zu streiten. Der Streit, der nicht nur professionelle, sondern auch nationale Dimensionen hatte, nützte weder dem Patienten, noch trug er zur Wahrheitsfindung der Historiker bei.[36]

Bismarck als Hamlet am Sarg Kaiser Wilhelms I. «Sein oder Nichtsein...»
(*Le Don Quichotte,* Paris, 17. März 1888)

Im Mai 1887 war es nur natürlich, daß der Kaiser, die Kaiserin, der Kronprinz und die Kronprinzessin Mackenzies Diagnose vertrauten, zumal auch bei zwei späteren Biopsien kein bösartiges Zellwachstum gefunden wurde. Am 3. Juni reiste Friedrich Wilhelm zum Jubiläum der Königin Victoria nach England, sodann nach Tirol und, als dort das Wetter schlecht wurde, weiter nach Baveno, Venedig und San Remo. Trotz der ausgedehnten Behandlung Mackenzies verbesserte sich der Zustand des Patienten stets nur vorübergehend, und als sich das Befinden Anfang November plötzlich verschlechterte, räumte der schottische Arzt ein, daß er sich geirrt haben könnte. Weitere Ärzte wurden hinzugezogen. Abermals wurde eine Operation in Betracht gezogen. Der nunmehr erforderliche radikale Eingriff hätte, selbst wenn er erfolgreich verlaufen wäre, dem Patienten auf immer die Stimme geraubt. Friedrich Wilhelm weigerte sich, der Operation zuzustimmen. Er wollte lieber sterben als ein «verstümmelter Kaiser» werden. Die Krebszellen vermehrten sich ungehindert, und ein Luftröhrenschnitt wurde erforderlich, um dem Erstickungstod des Patienten vorzubeugen.[37] In dieser jammervollen Verfassung kehrte Kaiser Friedrich III. am 11. März nach Berlin zurück, wo er im Charlottenburger Schloß Aufenthalt nahm. Bismarck zu bitten, im Amt zu bleiben, war eine seiner ersten Amtshandlungen.

Friedrichs politische Anschauungen und sein Verhältnis zu Bismarck sind Gegenstand vieler Spekulationen gewesen. Wegen seiner liberalen Verbindungen und seiner mutigen Kritik an der Regierung im Jahre 1863[38] wird oft behauptet, daß die Tragödie des deutschen Liberalismus durch die Langlebigkeit Wilhelms I. und den frühen Tod Friedrichs III. bedingt gewesen sei. Wäre Wilhelm 1878 dem Nobilingschen Mordanschlag erlegen oder früher eines natürlichen Todes gestorben, hätte Friedrich – so wird angenommen – Bismarck entlassen, eine liberale Regierung ernannt und mit der Einführung des parlamentarischen Regierungssystems begonnen. Die Macht, welche Bismarck der Hohenzollernmonarchie bewahrt und gewonnen hatte, hätte dann an das Werk der Liberalisierung gewendet werden können.[39] Bis zu Friedrichs eigenem Tod wäre das Regierungssystem schon unwiderruflich geändert worden, immer vorausgesetzt, daß deren «Vasallentreue» die Ultrakonservativen, reaktionären Beamten und Offiziere davon abgehalten hätte, einen Staatsstreich zu inszenieren.

Doch mit diesen Annahmen überschätzt man wohl den Liberalismus, die Zielstrebigkeit und die Klarheit der politischen Einsicht Friedrichs. Er wuchs in einem uneinigen Hause auf, die Strenge des Vaters schreckte das Kind, und ihm war bewußt, daß seine Mutter, die weimarische Prinzessin, seine Geistesgaben für mittelmäßig hielt. Nach 1855 wurde sein Schwiegervater, Prinz Albert, der Prinzgemahl der Königin Victoria, sein Mentor in liberaler Politik. In diesen frühen Jahren ergab sich Friedrich Wilhelm, durch seine Heirat der erzkonservativen Atmosphäre des preußischen Hofes entrückt und häufig als Besucher in England weilend, dem Liberalismus mit dem Eifer eines Konvertiten. Doch Albert starb schon 1861, in dem Jahr, in dem Wilhelm in Preußen den kranken Bruder auf dem Thron ablöste. Überdies war Friedrich Wilhelms Liberalismus von Anfang an beschränkt in seinen Zielen, wie der seiner Gesinnungsfreunde und der gemäßigte Liberalismus überhaupt – er strebte die nationale Einheit Deutschlands an, Konstitutionalismus, Zentralismus, die Herrschaft des Rechts, wirtschaftliche Freiheit und Meinungsfreiheit, nicht unbedingt jedoch die parlamentarische Regierungsform.[40]

Wie die Liberalen vom rechten Flügel der Bewegung im allgemeinen, war auch Friedrich Wilhelm stark beeindruckt davon, wie viele dieser Ziele unter Bismarcks Führung erreicht worden waren.[6] Unzweifelhaft hatte der Mann in der Wilhelmstraße die Hohenzollerndynastie auf einen neuen Gipfel der Macht und des Ruhms geführt. Der Kronprinz, ein schöner Mann von königlicher Gestalt und Erscheinung, hatte einen hohen Begriff von der Tradition der Hohenzollern, von der Würde des Königtums und der Majestät des Reichs. Das zeigte sich etwa bei seiner geradezu besessenen Anteilnahme an der Formulierung des kaiserlichen Titels (Bismarck sprach von «Kaiserwahnsinn») 1866–1871, bei dem Eifer, mit dem er sich 1871 bei der Vorbereitung der Kaiserproklamation auf heraldische und zeremonielle Details versteifte, bei seiner Bereitschaft 1870–1871, wenn nötig gegen die süddeutschen Regierungen Gewalt anzuwenden, wie auch bei seiner Erwägung, die von Napoleon geschaffenen Monarchien auf den Rang von Großherzogtümern herabzustufen.[41] Dennoch war er hinreichend bescheiden, um einzusehen und einzuräumen, daß er seine kriegerischen Erfolge als Truppenführer 1866 und 1870 den glänzenden Leistungen von Untergebenen verdankte, insbesondere General von Blumenthal, seinem Stabschef.[42] Hans Delbrück, Erzieher des Prinzen Waldemar von Preußen und später ein bedeutender Historiker, schrieb über den Kronprinzen: «er hatte eine freiere, tolerantere Anschauung von dem Bestehenden, als die Klassen, die einen Prinzen und König zu umgeben pflegen. Seine Grundempfindung war und blieb die eines preußischen Offiziers». In den Kämpfen um den eisernen Etat stand er auf seiten der Krone. «Die Armee darf niemals ein Parlamentsheer werden», erklärte er Delbrück.[43]

Während der siebziger Jahre hatte der Kronprinz Kontakte zu führenden Liberalen, insbesondere solchen aus der Mitte der Bewegung wie etwa Forckenbeck. Wie sie hoffte er auf eine Wiedervereinigung der liberalen Parteien.[44] Aber Forckenbecks Versuch, im Mai 1879 alle Liberalen für die Sache des Freihandels zu mobilisieren, kam ja zu spät und blieb vergeblich. Auch wußte sich dann 1881 die Sezession nicht zum Magneten einer liberalen Sammlung zu machen. Während jener kritischen Jahre verlor die liberale Mitte, aus der Friedrich Wilhelm sein Ministerium hätte wählen können, an Zahl, Bedeutung und politischem Gewicht. Bei der Fusion von 1884 wurde die Sezession von den Freisinnigen geschluckt. Eugen Richter, der sich praktisch zum Diktator der neuen Freisinnigen Partei aufschwang, war nicht der Mann, mit dem Friedrich Wilhelm hätte regieren können. Die Polarisierung der deutschen Politik brachte ihn um die Basis für den politischen Kurs, den er vielleicht eingeschlagen hätte.

Natürlich erregten die Anschauungen des Kronprinzen die Besorgnis des Kaisers. Nachdem er sich 1878 von Nobilings Schrotkugeln erholt hatte, versuchte Wilhelm wiederholt, sich mit den Ansichten seines Sohnes vertraut zu machen, aber «Fritz» schwieg sich aus oder antwortete ausweichend. Bismarck suchte den Vater zu beruhigen, indem er Zweifel an der liberalen Entschiedenheit des Kronprinzen äußerte. Der Kanzler prophezeite, daß Friedrich Wilhelm, wenn er als Kaiser zunächst einen liberalen Kurs einschlagen sollte, von demselben in Kürze abweichen würde.[45] Bismarcks Einschätzung Friedrich Wilhelms beruhte nicht nur auf seiner langen Bekanntschaft mit dem Charakter und der Haltung des

Kronprinzen, sondern auch auf der Übereinstimmung ihrer Einschätzung der orientalischen Krise Ende der späten siebziger Jahre und der Notwendigkeit eines Bündnisses mit Österreich. Während der achtziger Jahre behauptete Bismarck in privaten Äußerungen wiederholt, daß der Kronprinz ihn gebeten habe, auch im Falle seiner Thronbesteigung im Amt zu bleiben.[46] 1885, als Wilhelm dem Tode nahe zu sein schien, unterredeten sich der Kanzler und der Thronerbe, und Friedrich Wilhelm äußerte sich befriedigt von der dabei offenbar gewordenen Kongruenz ihrer Anschauungen. Doch mißtraute Bismarck den Absichten des Thronfolgers, insofern er die Möglichkeit nicht ausschloß, daß dieser sich auf «Experimente» einlassen wolle. So erwiderte er auf des Kronprinzen direkte Frage, ob er im Fall eines Thronwechsels im Amt bleiben werde: «Ja, unter zwei Bedingungen: daß Sie deutsche und keine fremde Politik machen und daß Sie kein parlamentarisches Regime einführen wollen.» Der Kronprinz habe mit einer entsprechenden Handbewegung erwidert: «Kein Gedanke daran.»[47]

Er war schon über fünfzig, als er endlich erwarten durfte, in naher Zukunft den Thron zu besteigen, und es fehlte ihm an der festen politischen Überzeugung und an dem Selbstvertrauen, deren er bedurft hätte, um mit Entschiedenheit einen neuen Kurs zu steuern. 1884 schrieb der liberale Abgeordnete Karl Schrader, der früher ein politischer Vertrauter des Kronprinzen gewesen war, an Stauffenberg: «Sie wollen von mir etwas über die gegenwärtigen politischen Anschauungen des Kronprinzen wissen? Leider kann ich Ihnen davon weniger sagen, als ich sonst gekonnt haben würde, denn ich habe ihn und auch die Kronprinzessin seit längerer Zeit nicht gesehen. Man ist am Kronprinzlichen Hofe sehr vorsichtig mit Beziehungen zu liberalen Leuten geworden; es ist dort, wie es scheint, die Parole ausgegeben, alles zu vermeiden, Bismarck zu reizen.»[48] Der Thronerbe suchte sich vor seiner Thronbesteigung die Gewißheit zu verschaffen, daß der Mann, der schon seit mehr als zwei Jahrzehnten die preußische und deutsche Politik lenkte, auch unter seiner Herrschaft am Steuer bliebe. Er scheute sich vor der immensen Verantwortung, die er auf sich zukommen sah, wenn er als der mächtigste Herrscher der Welt (gemessen an seiner autokratischen Autorität und der militärischen und industriellen Macht seines Landes) das Steuer des Staatsschiffs in unerfahrene Hände zu geben hätte. Was er aber schon in gesunden Tagen für das beste gehalten hatte, wurde nun, bei seiner Krankheit, das einzig Mögliche.

Neunundneunzig Tage

Bismarck hatte oft gesagt, daß er nach Wilhelms Tod nicht im Amt bleiben wolle, daß er zu alt und leidend sei, noch einem neuen Monarchen zu dienen, und nur in Frieden auf seine Güter zurückkehren wolle.[49] Doch als der Augenblick näherrückte, begann er auch von seiner Lehnstreue zu sprechen, die ihn zum Gehorsam gegen seinen König und Herrn verpflichte.[50] Am 11. März 1888 begrüßte er den aus San Remo zurückkehrenden Kaiser in Leipzig am Bahnhof und wurde von diesem wiederholt umarmt und geküßt. Am folgenden Tag erschienen im regierungsamtlichen *Reichsanzeiger* zwei Proklamationen. Die eine war adressiert «An mein Volk», die andere «Mein lieber Fürst». Die Proklamationen waren gut geschrieben, offenkundig nicht Äußerungen eines leidenden kranken Mannes. Tatsächlich hatte Friedrich Wilhelm sie bereits 1885 gemeinsam mit engen Freunden (Albrecht von Stosch, Heinrich Geffcken, Franz von Roggenbach, Heinrich von Friedberg und Freiherr von Stockmar) entworfen und ausgearbeitet.[51] Beide betonten die Kontinuität des neuen Regimes mit dem alten. Die an das deutsche Volk gerichtete sprach von den großen Errungenschaften Wilhelms I., der «Machtstellung», die das vereinte Deutschland «ersehnt, aber kaum zu hoffen gewagt» habe, und der langen Friedensarbeit mühevoller Regierungsjahre, in denen das Reich befestigt worden sei. «Auf Mich sind nunmehr alle Rechte und Pflichten übergegangen, die mit der Krone Meines Hauses verbunden sind und welche Ich in der Zeit, die nach Gottes Willen Meiner Regierung beschieden sein mag, getreulich wahrzunehmen entschlossen bin.» Es werde sein ganzes Bestreben sein, erklärte der neue Kaiser, Deutschland zu einem Hort des Friedens zu machen und die Wohlfahrt des Landes zu pflegen. Dabei vertraue er «jener untrennbaren Verbindung von Fürst und Volk, welche, unabhängig von jeglicher Veränderung im Staatenleben, das unvergängliche Erbe des Hohenzollernstammes bildet».

Die an Bismarck gerichtete Botschaft zollte dem Ratgeber Tribut, welcher der Politik des verstorbenen Kaisers «die Form gegeben und deren erfolgreiche Durchführung gesichert» habe. Die Befestigung der Verfassungs- und Rechtsordnung des Reichs werde auch der Regierung des neuen Kaisers ein vordringliches Anliegen sein. «Es sind daher die Erschütterungen möglichst zu vermeiden, welche häufiger Wechsel der Staatseinrichtungen und Gesetze veranlaßt.» Insbesondere sollten die Rechte der Bundesstaaten, des Reichstags und der Krone bestehenbleiben. Der neue Kaiser versprach, die Verfassung unverletzlich zu bewahren, die hohenzollernsche Tradition der religiösen Toleranz fortzusetzen, die wirtschaftliche Wohlfahrt aller Klassen zu befördern und innerhalb der dem Staate gebotenen Möglichkeiten «unvermeidliche Mißstände nach Kräften zu mildern». Ebenso wollte er «eine höhere Bildung immer weiteren Kreisen zugänglich» machen, jeden Vorschlag zur Finanzreform, der nicht neue Lasten vorsah, wohlwollend in Betracht ziehen (einschließlich einer Beschränkung des Rechts der lokalen Regierungen zu Steuerauflagen), Kunst und Wissenschaft fördern und das Land unter der vertrauensvollen Mitwirkung aller Klassen der Gesellschaft zu neuen großen Leistungen führen.[52]

Die beiden Botschaften enthielten gewiß wenig (abgesehen vielleicht von der beabsichtigten Erweiterung der höheren Bildung), an dem Bismarck hätte Anstoß nehmen können. Am 13. März berichtete er dem preußischen Staatsministerium: «Er fühle sich von der großen Besorgnis, mit einem todwunden Mann gegen unzweckmäßige Absichten kämpfen zu müssen bis zur Forderung der Entlassung, sehr erleichtert. Alles gehe leicht und angenehm mit dem hohen Herrn, wie ein *jeu de roulette* ... Der Kaiser wünsche in dem Ministerium keinerlei Personalveränderungen, wie er auch nicht. Man dürfe jetzt nicht in andere Geleise fahren. Nach früheren Äußerungen in jüngeren Tagen habe man ja befürchten müssen, daß er allerlei abweichende Ziele verfolgen wolle – das fürchte er nicht mehr!»[53] Doch am 22. März informierte er die Minister, daß die Existenz des Ministeriums nun ernstlich in Frage gestellt sei. Innerhalb von neun Tagen hatte sich das Verhältnis zwischen Palast und Kanzlei verändert.

Eine strittige Frage betraf die Macht des Kaisers unter der Reichsverfassung. Friedrich weigerte sich, zwei vom Reichstag verabschiedete Gesetze zu unterzeichnen. Das erste war eine Verlängerung der Geltungsdauer des Sozialistengesetzes um zwei Jahre (Puttkamer hatte eine fünfjährige Verlängerung beantragt, doch die Nationalliberalen nur eine zweijährige bewilligt). Das zweite änderte, einem Antrag der Kartellparteien entsprechend, die Verfassung mit einer Verlängerung der Reichstagswahlperiode von drei auf fünf Jahre. Nach Bismarcks Dafürhalten machte der Kaiser gegen diese Gesetze dieselben Einwände geltend wie die linksliberale Parlamentsopposition. Überdies verdächtigte Friedrich die Regierung, unzulässigen Druck auf das Parlament ausgeübt zu haben, um es zur Annahme der fraglichen Vorlagen zu veranlassen. Am 21. März fuhr Bismarck nach Charlottenburg, um auf die kaiserlichen Einwände zu antworten. Der Kaiserin Victoria, die ihn empfing, erklärte er, daß das Staatsministerium eine solche Verkehrung seiner Politik nicht hinnehmen könne. Die Weigerung, ein verabschiedetes Gesetz zu unterzeichnen, sei überdies verfassungswidrig. Der Kaiser habe kein Vetorecht. Nachdem die preußische Regierung durch ihre Delegierten im Bundesrat für ein Gesetz gestimmt habe, könne rechtlich der Kaiser diesem seine Unterschrift nicht verweigern, wenn die Vorlage von beiden Häusern angenommen worden sei.

Victoria nahm diese unerwartete Belehrung über deutsches Verfassungsrecht mit sichtlichem Erstaunen zur Kenntnis. Dann begab sie sich in das Krankenzimmer des Kaisers und kehrte wenige Minuten später mit den nun von diesem unterschriebenen Gesetzen zurück – die Tinte war noch naß. Wieder witterte Bismarck weibliche Intrigen, einen Versuch Victorias, mit Unterstützung der drei Damen, die ihr an diesem Tage aufwarteten (Anna von Helmholtz, Freifrau von Stockmar und Henriette Schrader), zwischen dem Kaiser und dem Ministerium zu intervenieren. Später werden wir sehen, daß es ihm am 21. März gelang, Friedrich und Victoria eine Anordnung zu entwinden, die dem Kronprinzen Wilhelm, der zu dieser Zeit noch ein ergebener Bewunderer des Kanzlers war, weitgehende Vollmacht zur Vertretung des Vaters gab. Indem er Wilhelm in den Entscheidungsprozeß einbezog, schob Bismarck eventuellen liberalen «Experimenten» Friedrichs, Victorias und des weiblichen Anhangs der Kaiserin einen weiteren Riegel vor. «So sei zwar vorläufig alles wieder eingerenkt», erklärte Bismarck im Ministerium, «aber er fühle, man stehe auf einem unsicheren Grund, auf einem Schneehaufen, welcher jeden Tag zusammenschmelzen könne.»[54]

Der Vergleich war treffend. So kalt wie Anfang März 1888 war es zu dieser Jahreszeit in Berlin noch kaum je gewesen, und an den Straßen Berlins lagen überall hohe Schneehaufen. Ende des Monats setzte plötzlich Tauwetter ein, und überall in Norddeutschland traten die Flüsse über ihre Ufer – auch die Wipper bei Varzin. Die Flut riß alle Mühlen des Fürsten weg, auch die erst kürzlich wiedererrichtete Hammermühle.[55] Gleichzeitig war er in Gefahr, politisch den Boden unter den Füßen zu verlieren.

Wie Bismarck vorausgesehen hatte, wurde nach der Abdankung des Prinzen Alexander von Battenberg in Bulgarien das Projekt der «Battenberg-Heirat» wieder aufgegriffen und drohte, politische Schwierigkeiten zu machen. Die Kaiserin Victoria nahm an, daß mit «Sandros» (wie man den Prinzen bei Hof liebevoll nannte) Abdankung die politischen Hindernisse, die seiner Verehelichung mit der Prinzessin Viktoria entgegengestanden hatten, hinfällig geworden seien.[56] In Anbetracht der voraussichtlich nur kurzen Zeit, die ihr auf dem Thron beschieden sein würde, wollte sie so bald wie möglich die Tochter glücklich unter die Haube bringen. Doch Bismarck war unverändert der Meinung, daß diese Heirat das deutsche Verhältnis zu Rußland vergiften würde. Während seines kurzen Besuchs in Berlin im November 1887 hatte Zar Alexander III. zu erkennen gegeben, daß seine Aversion gegenüber Battenberg andauerte. Zu Bismarcks Verärgerung zeigten aber weder der Zar noch Außenminister Giers Neigung, seine Behauptung, daß man die Heirat in Petersburg mißbilligen würde, zu bestätigen. Giers schien sich im Gegenteil über Bismarcks Verlegenheit zu amüsieren. Erst als ihn Botschafter Paul Schuwalow über Bismarcks Absicht, wegen der Sache zurückzutreten, unterrichtete, fand sich Alexander, der Bismarcks Rücktritt nicht wünschte, bereit zu erklären, daß die Heirat den deutsch-russischen Beziehungen abträglich wäre.[57]

Offensichtlich war jedoch inzwischen der Hauptgegner der Battenberg-Verbindung nicht mehr Rußland, sondern Bismarck. Der alternde Meister der Realpolitik konnte es nicht ertragen, bei diesem Streit «den Frauen» in Charlottenburg zu unterliegen. Anfang April trug er die Frage in die Öffentlichkeit. In der *Kölnischen Zeitung* und anderen Blättern erschienen offenbar von ihm inspirierte polemische Artikel dazu.[58] Natürlich ließ er Moritz Busch kommen, der, wie stets, gern zu Diensten war. Busch fand den Kanzler ganz wohl aussehend, doch klagte dieser über nervöse Aufgeregtheit und Schlaflosigkeit. «Nur Opium und Morphium verhelfen mir zu einigem Schlafe», sagte er. «Ich bin überarbeitet und habe überdies ... mit denen in Charlottenburg in der letzten Zeit Verdruß gehabt. Die Ärzte wollen durchaus, daß ich aufs Land gehe. Schweninger prophezeit mir, wenn das nicht geschieht, alle nur denkbaren Nervenkrankheiten mit Einschluß des Typhus (sic).» Er müsse überdies nach Varzin, der Wiederaufbau der zerstörten Mühlen drohe Hunderttausende zu kosten. Doch könne er Berlin wegen der Intrigen hinter seinem Rücken nicht verlassen. Konflikte habe er nicht mit dem Kaiser, «der vielmehr verständig ist und meine Ansicht teilt», sondern mit den Frauen, die an der Regierung teilzuhaben wünschten. Die gegenwärtige Kaiserin betreibe die Battenberg-Heirat schon seit dreieinhalb Jahren. Die Königin Victoria, die gerne Ehen stifte, «wie alle alten Frauen», habe in diesem Fall aber

Kronprinzessin Victoria, 1883

Prinzessin Viktoria von Preußen

Fürst Alexander I. von Bulgarien um 1890

«offenbar politische Zwecke im Sinne, eine dauernde Entfremdung zwischen uns und Rußland». Es sei nötig, Friedrich III. vor dem Martyrium zu bewahren, das ihm seine Frau bescheren werde. Wenn sie in der Heiratsfrage ihren Kopf durchsetzte, würde sich diese junge und ungestüme Frau auch in anderen Angelegenheiten behaupten. Er werde, drohte Bismarck, lieber zurücktreten als Deutschland dieser Engländerin ausliefern, die immer «ein Kanal für englische Einflüsse bei uns, ein Werkzeug für ihre Zwecke» gewesen sei.[59]

Kaiserin Victoria hatte nun die alte Kaiserin Augusta als bevorzugtes Objekt der politischen Misogynie des Kanzlers abgelöst, und wie früher gegen Augusta war er auch jetzt gewillt, gegen Viktoria die deutsche öffentliche Meinung zu entflammen. Bismarcks Entschlossenheit, die Battenberg-Heirat zu verhindern, hatte ihre Ursache jedoch nicht nur in seinem Haß auf politisch einflußreiche Frauen. Als Kronprinz hatte Friedrich III. die Verlobung seiner Tochter mit dem Battenberger zunächst nicht eben begünstigt und verärgert reagiert, als man trotz seiner Bedenken daran festhalten wollte. Doch er änderte seine Haltung, als Alexander nach seinen Kriegstaten während der Jahre 1885–1886 und seiner mutigen Rückkehr nach Sofia, um dort in Würde abzudanken, in Deutschland eine Art Volksheld geworden war. Nach dem Bericht Prinz Wilhelms, der entschieden gegen die geplante Ehe seiner Schwester mit dem Battenberger war, hatte der Kronprinz im September 1886 den badischen Verwandten den Freier seiner Tochter geschildert als «einen nicht nur als Militär hochbegabten, sondern auch als Staatsmann ganz hervorragend befähigten Fürsten», den «man bei uns für große Stellungen in Aussicht nehmen» würde. Als Friedrich Wilhelm dann dem Thron näher kam, war die Meinung weitverbreitet, daß er als Kaiser dem Battenberger nicht nur die Tochter zur Frau geben werde, sondern überdies die Absicht habe, dem Schwiegersohn das Gouvernement des Reichslands anzuvertrauen (Bismarck: «Nur über meine Leiche wird er Statthalter.»). Manche hielten es für vorstellbar, daß der entthronte Sandro eines Tages als deutscher Reichskanzler auferstehen würde. Als Kaiser war Friedrich III. nicht mehr in der Verfassung, die Heirat zu betreiben, doch gab er den Bitten seiner Frau nach und wies in seinem Testament den Kronprinzen Wilhelm auf seine Sohnespflicht hin, für das Glück seiner Schwester zu sorgen. Wilhelm II. ignorierte das Testament und verbot die Heirat. Sandro tröstete sich mit einer Schauspielerin, die er an Stelle der Prinzessin heiratete.[60]

Ein weiteres Problem, das Bismarcks Nerven während dieser Wochen peinigte, war die Frage von Belohnungen – und Strafen. Friedrich wünschte bei Antritt seiner Regierung, wie es üblich war, etlichen verdienten adeligen Dienern der Krone höhere Titel zu verleihen und eine Reihe von Männern, die sich in der Staatsverwaltung, im Geistesleben und in der Wirtschaft ausgezeichnet hatten, in den Adelsstand zu erheben, darunter Eduard Simson, Rudolf Gneist, Werner Siemens und Karl Stumm (Bismarck war dafür, noch mehr Nobilitierungen vorzunehmen, als Friedrich vorgeschlagen hatte, weil er glaubte, daß die größere Zugänglichkeit des Adelsstands diesen populärer machen würde). Überdies wollte der Kaiser eine Reihe von Männern für besondere Leistungen auszeichnen, unter diesen eigene Freunde und politische Verbündete. Gegen einige von ihnen war Bismarck stark voreingenommen. Rudolf Virchow, Theodor Mommsen, Albert Hänel, Max von Forckenbeck, Franz Schenk von Stauffenberg, Georg von Bunsen und Karl Schrader hatten sich, einer wie der andere, irgendwann einmal im Laufe der Jahre durch ihre liberale Politik seinen Unmut zugezogen. Ihre Auszeichnung konnte er nur als Rechtfertigung ihrer Opposition gegen sein Regime verstehen. Allenfalls war er bereit, der Verleihung von Orden an Virchow und Forckenbeck zuzustimmen, doch Virchow ausdrücklich nur für seine wissenschaftlichen Leistungen, Forckenbeck nur für die in der Kommunalverwaltung geleisteten Dienste.[61] Strittig war zwischen dem Kaiser und seinem Kanzler auch Friedrichs Absicht, den Hofprediger und antisemitischen Agitator Adolf Stoecker zu entlassen. Bismarck hatte zwar für Stoecker als Person wenig übrig, schätzte aber dessen mutiges und beredtes Auftreten gegen Liberale und Sozialisten. Er habe «ein Maul wie ein Schwert», hörte man ihn von dem Hofprediger sagen. In einem Kronrat begnügte sich dann Friedrich mit einer Weisung, die Stoecker befahl, zwischen seiner amtlichen Stellung und seinen politischen Aktivitäten zu wählen, einer Weisung, der sich Stoecker nach Friedrichs Tod entzog. Zu Ostern wollte der Kaiser bei der zu diesem Fest gewöhnlich gewährten Amnestie außer einigen Kleinkriminellen auch etlichen verurteilten Sozialdemokraten die Freiheit schenken. Doch auch mit diesem Wunsch konnte er sich nicht durchsetzen.[62]

Noch eine weitere Streitfrage beunruhigte die letzten Tage Friedrichs III. Nach dem Muster des Reichstags beschloß auch der preußische Landtag mit beiden Häusern ein Gesetz, das die Wahlperiode des Parlaments von drei Jahren auf fünf verlängerte. In diesem Fall aber hatte Friedrich als König von Preußen unzweifelhaft ein Vetorecht. Wochenlang zögerte der verantwortliche Minister, Puttkamer, dem König das Gesetz zur Unterschrift vorzulegen. Als er es endlich tat, weigerte dieser sich, es zu unterzeichnen. Er hatte einen heftigen Widerwillen, nicht nur gegen das Gesetz, das, wie er meinte, nur der Schwächung des Parlaments dienen könne, sondern auch gegen Puttkamer, der für ihn mehr als jeder andere Angehörige des preußischen Staatsministeriums die Reaktion der achtziger Jahre verkörperte. In den letzten Tagen der Landtagssession benützten Rickert und Richter eine umstrittene Wahl (diejenige des Bruders des Ministers, Puttkamer-Plauth), um einmal mehr die zur Beeinflussung der preußischen Wahlen vom Innenministerium gebrauchte Einschüchterungstaktik anzuprangern. Überdies kritisierte Richter die «gehässige Weise», in der die Kartellpresse die Kaiserin angegriffen habe.

Die Puttkamer verweigerte Unterschrift leistete Friedrich einen Tag später (am 27. Mai) für seinen alten Freund, Justizminister Friedberg. Am Abend dieses Tages kehrte Bismarck nach zweiwöchiger Abwesenheit aus Varzin zurück, und während seiner nächsten Audienz beim Kaiser, am 29. Mai, sorgte er unerklärlicherweise dafür, daß Friedbergs Mühe umsonst war. Im Gegensatz zum Kaiser glaubte nämlich der Kanzler, daß das Gesetz die Macht des Abgeordnetenhauses stärken würde. Deshalb drängte Bismarck Friedrich nun, «einmal zu zeigen, daß er der König sei, und daß ihn weder Ministerium noch Kammern etwas angingen. Er solle, wenn ihm das richtiger scheine, noch jetzt die Publikation inhibieren!» Friedrich III., der inzwischen nicht mehr sprechen konnte, schrieb daraufhin auf einen Zettel: «Dann möge man das Gesetz nicht publizieren.» Bevor er das Schloß verließ, erzählte Bismarck «dann auch gleich brühwarm, lustig wie ein Fähnrich, scherzend und Kognak trinkend, den Hergang im Adjutantenzimmer in Charlottenburg».[63]

Die Ministerkollegen des Fürsten waren angesichts des Manövers starr vor Staunen, besonders Friedberg, der sich fragte, «ob er altersschwach geworden sei, oder jemand anders!» Lucius fragte sich, was eigentlich Bismarck wolle. Als die Episode am 1. Juni im Staatsministerium zur Sprache kam, soll Bismarck «auffallend unbehaglich, selbst verlegen gewesen» sein. Seine Kollegen ergriffen sämtlich Friedbergs Partei, der darauf bestand, das Gesetz zu veröffentlichen, da eine Verzögerung der Veröffentlichung dem Ansehen des Ministeriums schaden würde. Bismarck habe dann «allerlei von der Sache abschweifende Dinge geredet», auf Richter geschimpft und «auch Puttkamer vorgeworfen, daß er das Gesetz erst so spät zur Vollziehung vorgelegt habe, was vor Wochen hätte geschehen sollen».[64] In der Presse wurde offen über eine Krise zwischen Krone und Ministerium spekuliert, die nur mit Puttkamers Entlassung enden könne. Doch am 4. Juni erklärte der Kanzler Lucius: «Unter jetzigen Verhältnissen müßten wir alle fest zusammenhalten und auch einen einzelnen nicht herauspellen lassen. Sie (Victoria) wolle ihren fortschrittlichen Freunden ein Opfer bringen, weil sie in gewissen Dingen nicht *compos mentis* sei. Er würde sich fest an seinen Stuhl halten und nicht gehen, selbst wenn man ihn herauswerfen wolle.» Im Schloß zerbrach man sich den Kopf darüber, weshalb wohl Puttkamer auf eine Entscheidung gedrängt habe, die nicht den Beifall Bismarcks hatte. Am Ende wurde Puttkamer geopfert. Das Gesetz wurde veröffentlicht, der Minister entlassen. Die übrigen Angehörigen des preußischen Staatsministeriums blieben im Amt.[65]

Friedberg fragte sich, ob Bismarcks Vorgehen am 29. Mai das Ergebnis eines von langer Hand vorbereiteten Plans oder plötzlicher Inspiration gewesen sei.[66] Wenn es ihm dabei letztlich nur um eine Gelegenheit gegangen sein sollte, sich Puttkamers zu entledigen, wie manche Historiker annehmen, so hätte er sich diese leicht verschaffen können, ohne das Tollhausspektakel zu inszenieren, das den Monarchen, dem er noch jüngst eine Lektion in Verfassungsrecht erteilt hatte, in die rechtlich sehr zweifelhafte Position brachte, die Promulgation eines ordnungsgemäß verabschiedeten und unterzeichneten Gesetzes zu verweigern. Bismarcks Handlungsweise war rücksichtslos und leichtfertig, denn ohne Not provozierte er eine Krise, welche die letzten Stunden des Herrschers belastete, der sich mit verzweifelter Anstrengung und bewunderungswürdigem Erfolg bemühte, als Soldatenkönig zu sterben – aufrecht, würdevoll, gewissenhaft seine Pflichten erfüllend, ohne zu klagen bis zuletzt. Am 13. Juni, kaum eine Woche nach dem Ende der Kabinettskrise, begann Kaiser Friedrich dem Gegner zu weichen. Zwei Tage später war er tot. Er hatte nur neunundneunzig Tage regiert.

Prinz Wilhelm

Als im Laufe des Jahres 1887 offenbar wurde, daß Friedrich Wilhelm, wenn er überhaupt je zur Herrschaft gelangen sollte, bestenfalls nur kurze Zeit auf dem Thron verweilen würde, begann sich die Aufmerksamkeit derjenigen, die Machtpositionen innehatten oder begehrten, auf dessen ältesten Sohn, den Prinzen Wilhelm, zu konzentrieren. Der 1859 als erstes von acht Kindern geborene Wilhelm war zur Zeit der Einigungskriege ein für die großen Eindrücke dieser Ereignisse empfängliches Kind und bestieg den Thron im Alter von neunundzwanzig Jahren. Einige Erfahrungen, die auf die Bildung seines Charakters wirkten, sind greifbar, namentlich in den langen Briefen seiner Mutter an Königin Victoria.

Seine Geburt war schwierig und hatte eine Armverletzung des Neugeborenen zur Folge (eine Beschädigung des Schultergelenks und Muskelrisse). Versuche, die Verletzung mit Elektrizität und anderen Mitteln zu heilen, erwiesen sich als schmerzhaft und nutzlos.[67] Die Kronprinzessin, die nach seiner Geburt fast alljährlich weitere Kinder gebar, überließ ihn größtenteils der Pflege und Betreuung von Kinderfrauen und Gouvernanten. Im Oktober 1864 wurde Sigismund, ihr viertes Kind und dritter Sohn, geboren, der schon im Alter von einundzwanzig Monaten starb. «Wie habe ich den Kleinen geliebt!» schrieb Victoria an ihre Mutter. «Vom ersten Augenblick seiner Geburt an bedeutete er mehr für mich als seine Brüder und Schwestern; er war so hübsch, so lieb, so froh und glücklich ... In den letzten wenigen Monaten hatte sich mein kleiner Sigi so prachtvoll geistig und körperlich entwickelt, er war so klug, viel klüger als die anderen, und ich hoffte, er würde wie Papa werden. Fritz und ich vergötterten ihn».[68] Danach soll sie mehr persönliches Interesse an ihrem Erstgeborenen genommen haben, der beim Tode des kleinen Sigismund bereits sieben Jahre alt war.[69]

Im Mai 1870 schrieb die Kronprinzessin: «Wilhelm fängt an, sich viel kleineren Jungens unterlegen zu fühlen in allen Leibesübungen – er kann nicht schnell laufen, weil er nicht im Gleichgewicht ist, auch Reiten oder Klettern oder sein Fleisch schneiden kann er nicht und so fort.»[70] An Wilhelms zwölften Geburtstag schrieb sie, daß er ein «freundliches, liebenswürdiges Wesen» habe und «sehr anziehend» sein könne. «Er besitzt nicht gerade glänzende Fähigkeiten, noch sonst irgendwelche Stärke des Charakters oder des Talentes, aber er ist ein lieber Junge und wird, wie ich glaube und vertraue, wenn er erwachsen ist, seinen Posten gut ausfüllen. Er hat einen ausgezeichneten Lehrer, den besten, den ich jemals gesehen oder gekannt habe, und alle Sorge, die auf Geist und Körper verwendet werden kann, wird auf ihn gehäuft. Ich wache über ihn und über jede kleinste Einzelheit seiner Erziehung, da sein Papa niemals die Zeit hatte, sich selbst mit den Kindern zu beschäftigen. Die nächsten wenigen Jahre werden besonders kritisch

Kronprinzessin Victoria und Prinz Wilhelm, 1876

und wichtig für ihn sein, da sie den Übergang von der Kindheit zum Mannestum bedeuten. Ich bin glücklich, zu sagen, daß zwischen ihm und mir ein Band der Liebe und des Vertrauens besteht, das, wie ich fühle, nichts zerstören kann. Er besitzt eine sehr starke Gesundheit und wäre ein sehr hübscher Junge, hätte er nicht diesen unglückseligen lahmen Arm, der sich mehr und mehr bemerkbar macht, seinen Gesichtsausdruck in Mitleidenschaft zieht (besonders eine Seite), seine Haltung, seinen Gang und seine Figur verändert, alle seine Bewegungen linkisch macht und ihm ein Gefühl der Schüchternheit gibt, da er sich seiner vollkommenen Abhängigkeit bewußt ist, weil er nichts ohne Hilfe tun kann. Dies bedeutet eine große Schwierigkeit für seine Erziehung und ist nicht ohne Einfluß auf seinen Charakter. Für mich ist es eine unerschöpfliche Quelle der Sorge! Ich glaube, daß er sehr gut aussehen wird, wenn er erwachsen ist; schon jetzt hat ihn jeder gerne, da er lebhaft und von gesundem Menschenverstand ist.»[71]

Unverkennbar ist hier die Ambivalenz der mütterlichen Gefühle. Wilhelm war nicht sonderlich talentiert, aber von gesundem Menschenverstand. Der unglückselige lahme Arm zieht seinen Gesichtsausdruck in Mitleidenschaft, aber wenn er erwachsen ist, wird er sehr gut aussehen. «Irgendwelche Stärke des Charakters» geht ihm ab, aber wenn er erwachsen ist, «wird er seinen Posten gut ausfüllen». Der Mutter ist die Gefahr bewußt, die in seiner vollkommenen Abhängigkeit von ihr liegt, doch sie wacht über jede kleinste Einzelheit seiner Erziehung. Sein Vater hat keine Zeit für ihn, doch er hat einen ausgezeichneten Lehrer, der ihm zum Ersatzvater wird. Wie seine Frau verspürte auch Friedrich Wilhelm das Bedürfnis, sich der Liebe des Sohns zu vergewissern. An Wilhelms zwöftem Geburtstag schrieb er in sein Tagebuch: «Gottlob besteht zwischen ihm und uns, seinen Eltern, ein einfaches, natürliches, herzliches Verhältnis, dessen Erhaltung unser Streben ist, damit er uns stets als seine wahren, seine besten Freunde betrachte.»[72] «Der Traum meines Lebens», schrieb die Kronprinzessin an Wilhelms Großmutter, «war einen Sohn zu haben, der unserem geliebten Papa ähnelte, seelisch und geistig, sein richtiger Enkel und auch Dein Enkel wäre.»[73] Wilhelm sollte werden wie Prinz Albert, der weise und mäßigende Berater von Königen und Königinnen über die rechten Wege konstitutioneller Regierung, ein Monarch weniger preußischen als vielmehr englischen Typs.

Bis 1870 wurden die beiden königlichen Prinzen, Wilhelm und Heinrich, in englischer Sprache von Thomas Dealtry und in französischer von einer Mademoiselle d'Arcourt unterrichtet. Dealtry ließ seine Schüler die Klassiker der englischen Literatur und Geschichtsschreibung lesen und Passagen daraus auswendig lernen.[74] Der Lehrer, der sie am längsten unterrichtete (1866–1879) und auf Wilhelm den größten Einfluß hatte, war Georg Hinzpeter. Hinzpeter, ein frommer Kalvinist, nahm seine Pflichten sehr ernst. Der Unterricht begann im Sommer um sechs Uhr früh, im Winter um sieben Uhr und dauerte zwölf Stunden täglich. Hinzpeter sah in humanistischer Bildung die beste Voraussetzung für die Entwicklung der Fähigkeit zur Selbstbeherrschung, zur Lösung von Problemen und überhaupt für die harmonische Entwicklung des Geistes. Hinzpeters Pflichten waren nicht auf die Schulstube beschränkt. Er lehrte Wilhelm reiten, indem er ihn brutal ein über das andere Mal in den Sattel eines Ponys setzte, an dem keine Steigbügel Halt boten, bis zuletzt der «verwachsene Knabe» gelernt hatte, sich trotz seiner Behinderung im Sattel zu halten. An Mittwoch- und Samstagnachmittagen führte Hinzpeter die königlichen Prinzen in Bergwerke, Fabriken, Gemäldegalerien und Museen, um ihre Perspektiven zu erweitern. Doch mit seinem «heißgeliebten Sorgenkind» war der Lehrer nie recht zufrieden. Die erste Pflicht eines Herrschers, hart zu arbeiten, habe er nie gelernt.[75]

Im September 1874 schrieb die Kronprinzessin an die Mutter: «Des Kaisers Interesse ist warm, aber leider ist sein Einfluß auf die Erziehung des Kindes, wann immer er ihn ausübt, *sehr schlimm.*»[76] Der Kaiser wünschte, daß der Enkel seine Erziehung in Berlin zu Ende führte, wo er am Hofe Einflüssen zugänglich sein würde, die Seine Majestät für wohltätig hielt, den Eltern des Knaben aber eher Schaden anzurichten schienen. Victoria und Friedrich Wilhelm setzten sich durch, und beide Prinzen wurden für drei Jahre auf ein Gymnasium nach Kassel geschickt, um dort schließlich die Reifeprüfung abzulegen.[77] Wilhelms Examensnoten plazierten ihn an die zehnte Stelle unter den siebzehn Abiturienten seiner Klasse. Nach der Reifeprüfung folgte er dem Beispiel seines Vaters und brachte zwei Jahre an der Universität Bonn zu. Dort schloß er sich der *Borussia* an, einer besonders chauvinistischen Studentenverbindung, obwohl er wegen seines verkrüppelten Arms natürlich nicht daran denken konnte, Mensuren zu schlagen. Er hörte Geschichte, Philosophie, Recht, Kunstgeschichte, Staatswissenschaft, Nationalökonomie und Naturwissenschaften – eine Vielfalt von Fächern für einen Mann mit sehr begrenzter Aufmerksamkeitsspanne. 1879, im Alter von zwanzig Jahren, begann er eine zweijährige Militärdienstzeit als Leutnant (ein Rang, der ihm schon als Zehnjährigem verliehen worden war) des Garderegiments in Potsdam. Als er 1881, im Alter von zweiundzwanzig Jahren, seine Militärdienstzeit beendete, war die Mutter zu der Einsicht gelangt: «Dieser Sohn war nie wirklich meiner.»[78]

Nach 1880 wurde Prinz Wilhelms Entfremdung von seinen Eltern immer unübersehbarer. Seine geheime Verlobung mit Prinzessin Auguste Viktoria aus dem Hause Augustenburg, der Tochter des glücklosen Prätendenten auf den Thron von Schleswig-Holstein im Jahre 1864, war eine Unabhängigkeitserklärung. Gleichwohl billigten die Eltern die getroffene Wahl von Herzen und halfen den Widerstand des Kaisers dagegen zu überwinden. Seine Mutter bedauerte, daß er so jung heirate, ohne noch etwas von der Welt gesehen zu haben. «Obgleich», schrieb sie, «es mit ihm dasselbe in Belgien, Holland und London wie zu Hause war – er legt keinen Wert darauf, irgend etwas anzusehen, interessiert sich ganz und gar nicht für Kunstwerke, bewundert schöne Landschaften nicht und wirft keinen Blick in einen Reiseführer oder irgendein anderes Buch, das ihn über die Stätten, die er besucht, belehren könnte.»[79] Durch seine Heirat aus dem elterlichen Haushalt befreit, verwarf Prinz Wilhelm alle Werte, für die seine Mutter zu stehen schien, insbesondere deren englische Vorstellungen hinsichtlich der besten Regierungsform und Außenpolitik, die sie in Berlin geltend zu machen suchte. Zuletzt fand er: «Meine Mutter haßt mich wie nichts auf der Welt!»,[80] während sie ihn für unreif, unhöflich und arrogant hielt.[81]

Durch sein Erbe zum Soldatenkönig bestimmt, besaß dieser Sproß des Hauses Hohenzollern dafür weder die körperlichen noch die geistigen Voraussetzungen. Er suchte Zuflucht in der preußisch-hohenzollerschen Tradition: orthodoxer Konservatismus (nun verquickt mit deutschem Nationalismus) in politischen Dingen; enger Kastengeist als Prinzip des gesellschaftlichen Lebens; eine autokratische Auffassung seines monarchischen Amts als König und Kaiser; und übertriebene Verehrung alles Militärischen. In der Öffentlichkeit und vor der Kamera

Vier Generationen, 1882: Kaiser Wilhelm I., Kronprinz Friedrich Wilhelm, Prinz Wilhelm und dessen ältester Sohn

nahm sein Gesicht einen theatralisch gespannten, strengen und männlichen Ausdruck an; im privaten Umgang war er gewöhnlich entspannt und liebenswürdig, wenn auch leicht erregbar und mitunter von vulgärem und unreifem Betragen. Bei dem standfesten Charakter seines Großvaters Wilhelm hatte man einen solchen Bruch zwischen der öffentlichen und der privaten Person nicht wahrgenommen. Er war immer der, den man von ihm erwartete und der er selbst zu sein meinte. Beim Prinzen Wilhelm aber war der Unterschied zwischen öffentlicher und privater Person gewaltig. Die Fürstin von Pleß sagte von ihm: «Er war ein so guter Schauspieler, daß er alles fertigkriegte.» Sarah Bernhardt verstand sich glänzend mit ihm, «*parceque, ne sommes-nous des troupiers tous les deux?*»[82] Die Frau, die Prinz Wilhelm heiratete, interessierte sich, anders als seine Mutter und seine beiden Großmütter, nicht im mindesten für Politik. Ihre Unterhaltung war langweilig, und es hieß manchmal, daß sie nur zu dem einzigen Zweck erwählt worden sei, Kinder zu gebären. Im Laufe von zehn Jahren gebar sie sieben Kinder (sechs Söhne und eine Tochter). In seinen Memoiren sprach Bismarck enigmatisch von der «starken sexuellen Entwicklung» Kaiser

Wilhelms II.[83] Er wußte, wovon er sprach, denn ihm und seinem Sohn Herbert war die Aufgabe zugefallen, wenigstens eine der lästigen Geliebten des Prinzen abzufinden.[84]

Obwohl Prinz Wilhelm schnell begriff und flüssig sprach, waren seine Konzentrationsfähigkeit gering und seine Menschenkenntnis miserabel. Der Kreis von Männern, den er um sich versammelte, bemerkte schnell sein heftiges Verlangen nach Beifall und wußte sich dessen zu bedienen. Er wurde ein leichtes Opfer von Schmeichlern und Speichelleckern. Während der frühen achtziger Jahre meinten Bismarck und Wilhelms Eltern übereinstimmend, daß der Prinz von der Offiziersclique in Potsdam, die damals seine bevorzugte Gesellschaft war, getrennt und in die inneren Geschäfte der Monarchie eingeweiht werden sollte, und zwar auf jeder Ebene, vom Landratsamt bis zu den Ministerien in Berlin. Der Prinz erhielt nur ab und zu Unterweisung durch den ehemaligen Minister Achenbach, der inzwischen als Oberpräsident der Provinz Brandenburg amtierte. Erst im Herbst 1887, als seine Thronbesteigung bereits kurz bevorstand, begann Prinz Wilhelm an einigen Tagen der Woche im Finanzministerium tätig zu sein, wo Scholz bemüht war, ihn mit Arbeiten zu beschäftigen, die ihn nicht allzusehr langweilen würden. «Der Prinz fasse sehr schnell auf und erinnere sich des Gehörten», bemerkte der Finanzminister über seinen Schüler, «aber allerdings sei sein Wissen von allgemeinen staatlichen Dingen sehr gering und beweise er durch gelegentliche Äußerungen und Fragen, in welchem, diesen Dingen völlig fremden Ideen- und Anschauungskreis er bisher gelebt habe.»[85]

Schon früher hatte Bismarck begonnen, Prinz Wilhelm mit auswärtigen Angelegenheiten zu befassen, sehr zum Leidwesen seiner Eltern. 1884 vertrat nicht der Kronprinz, sondern er den Kaiser bei den Feierlichkeiten anläßlich der Volljährigkeit des Kronprinzen Nikolaus in St. Petersburg. Sein Alter und seine politischen Anschauungen ließen ihn geeigneter erscheinen als seinen Vater, und tatsächlich machte der von Bismarck sorgfältig präparierte Prinz Wilhelm einen vorteilhaften Eindruck auf Alexander III. Auch «Willy» und «Nicky» verstanden sich gut. 1886 wohnte dann Prinz Wilhelm, nicht sein Vater, den Begegnungen seines Großvaters mit Franz Joseph in Gastein und mit Alexander III. in Skierniewice bei. Im Dezember des gleichen Jahres gewährte der Kaiser dem Prinzen die erbetene Einsicht in aktuelle Dokumente des Auswärtigen Amts. Bei jeder dieser Gelegenheiten entrüsteten sich die Eltern des Prinzen, doch jedesmal vergeblich.[86] Wenn Wilhelm wirklich so «blind und grün wie verschroben und hitzig in politischen Dingen»[87] war, wie sie meinten, so wurde es nach Bismarcks Ansicht Zeit, daß man ihn in die Führung der außenpolitischen Geschäfte einwies.

Sobald in Berlin deutlich wurde, daß der Kronprinz sterbenskrank war, entwarf Bismarck für Kaiser Wilhelm eine auf den 17. November datierte Proklamation, mit welcher der Kaiser seinem Enkel Vollmacht gab, im Falle seiner Unfähigkeit als sein Stellvertreter zu amtieren.[88] In San Remo nahm man das als Beweis, daß der Kaiser und der Kanzler versuchten, Friedrich Wilhelm zum Verzicht auf die Thronfolge zu bestimmen.[89] Während seiner neunundneunzigtägigen Herrschaft war dann Friedrich III. nichtsdestoweniger genötigt, die Delegierung einiger seiner Pflichten an den Sohn zu verlangen. Dennoch beharrten Bismarck und Prinz Wilhelm auf der Erneuerung des weitreichenden Dekrets vom 17. November. Prinz Wilhelm wollte verstanden wissen, daß er, wenn er tatsächlich als Stellvertreter des regierenden Herrschers die Macht übernähme, nicht die Politik seines Vaters, sondern seine eigene machen würde. Bei der Erörterung dieses Punkts während der Audienz am 21. März 1888 erinnerte Bismarck Victoria an jene Episode im Jahre 1863, als ihr Gemahl sich öffentlich gegen die Politik seines Vaters ausgesprochen hatte. Victoria und Friedrich dürften, mit anderen Worten, von ihrem Sohn nicht mehr Zurückhaltung erwarten, als Friedrich III. selbst als Kronprinz bewiesen hatte. Der Kaiser unterzeichnete das Dokument.[90] Daß Puttkamer so lange zögerte, ihm das Gesetz zur Unterschrift vorzulegen, das die Wahlperiode in Preußen verlängerte, hatte seinen Grund zweifellos in der Annahme, daß der Tod des Kaisers nicht mehr lange auf sich warten lassen würde. Denn von Wilhelm als Stellvertreter oder Kaiser wäre die erforderliche Unterschrift ohne Umstände zu erhalten gewesen.

Am 14. Juni empfing Friedrich III. Bismarck zum letzten Mal. Der Sterbende ergriff die Hand seiner Frau und legte diese schutzsuchend in die Hand des Kanzlers, ein symbolischer Akt, der erklären mag, weshalb er sich während der letzten Wochen so nachgiebig gezeigt hatte.[91] Doch nützte das der Witwe nach dem Hinscheiden ihres geliebten «Fritz» nur wenig. Auf Befehl des neuen Kaisers kam «hinter jedem Baum und jeder Statue» ein Husar mit Karabiner zum Vorschein, und das Schloß wurde umstellt. Der Witwe, den jüngeren Kindern und dem Stab wurde verboten, es zu verlassen, ehe nicht alle privaten und Staatspapiere gefunden und beschlagnahmt seien.[92]

Friedrich war noch kaum unter der Erde, als der Chirurg Bergmann bereits den Kehlkopfspezialisten Mackenzie öffentlich der Fahrlässigkeit beschuldigte, und die Presse stellte die trauernde Witwe an den Pranger, weil sie einem englischen Arzt den Vorzug gegeben und damit der Heilung ihres Mannes geschadet habe.[93] Weder ihr Sohn, der diese Vorwürfe vielleicht für begründet hielt, noch Bismarck, der es besser wußte, geboten diesen Verleumdungen Einhalt. Eine Autopsie (die Friedrich vor seinem Tod ausdrücklich untersagt hatte) wies nach, daß der Verstorbene Krebs gehabt hatte. Um zu demonstrieren, daß die «deutsche Wissenschaft» den Kaiser hätte am Leben erhalten können, soll Bergmann für seine Studenten an einem Patienten, der die gleichen Symptome zeigte, eine Thyreotomie durchgeführt haben. Der Patient starb.[94] Die «englische Kaiserin» mußte ihr letztes Heim Friedrichskron, das im Potsdamer Park gelegene Neue Palais, verlassen, durfte auch in Sanssouci nicht Wohnung nehmen und wählte, praktisch aus Berlin verbannt, schließlich Homburg in Hessen zu ihrem Aufenthaltsort.[95]

Intrigengeflecht

Die Spannungen, die sich während der kurzen Regierungszeit Friedrichs III. zwischen dem Palast und der Kanzlei ergaben, können nicht als das Werk seiner Frau abgetan werden. Auch das Bild des guten deutschen Kaisers und der bösen englischen Kaiserin, das Bismarck in der Presse lancierte, war eine Karikatur der wirklichen Verhältnisse. Es ist wahrscheinlich, daß Victoria sich bemüht hat, ihren sterbenden Mann vor unnötigen Sorgen und Belastungen zu schützen. Es gibt aber keinen Beweis für den Vorwurf, daß sie Wünsche ihres Mannes nicht richtig verstanden oder übermittelt hätte. Es ist auch nicht anzunehmen, daß Kaiser Friedrich, wäre ihm ein längeres Leben vergönnt gewesen, Bismarck lange im Kanzleramt behalten hätte. Die Schwierigkeiten, die es zwischen den beiden gab, lassen trotz der seit langem erklärten Absicht Friedrichs, mit Bismarcks Hilfe die Politik seines Vaters fortsetzen zu wollen, das Gegenteil vermuten. Der alte Kanzler und der neue Kaiser waren zu gegensätzlichen Temperaments und zu gegensätzlicher politischer Orientierung, als daß unter Friedrichs Herrschaft Bismarcks Regierung lange hätte fortbestehen können. Doch wäre die Folge von Bismarcks Abtreten vermutlich keine Verfassungsänderung, sondern ein Regierungswechsel gewesen. Friedrich III. hätte sich der ererbten Machtvollkommenheit gewiß nicht freiwillig entäußert. Statt dessen hätte er Minister des Typs «Neue Ära» gewählt, womöglich auch einige Linksliberale in das Staatsministerium aufgenommen. Seit der Ära Steins und Hardenbergs war wiederholt bewiesen worden, daß selbst eine autokratische Regierung ohne Opfer ihrer wesentlichen Autorität mit liberalen Ministern liberale Politik machen konnte.

Schon Monate vor dem Tod Kaiser Wilhelms I. gab es Hinweise darauf, daß Bismarck es auch unter dem zukünftigen Kaiser Wilhelm II. nicht leicht haben würde, sich im Amt zu halten. Als offenbar wurde, daß dieser in Kürze den Thron besteigen würde, wurde Prinz Wilhelm natürlich der Gegenstand beträchtlicher Aufmerksamkeit derjenigen, die hofften, ihn für ihre Zwecke benutzen zu können. Einer von diesen war Waldersee, Generalquartiermeister der preußischen Armee, der bald Moltke im Amt des preußischen Generalstabschefs nachfolgen sollte. Wie bereits dargelegt, gelang es nach Bismarcks Coup gegen den Kriegsminister Kameke 1883 Waldersee und Albedyll, die Unabhängigkeit des Generalstabs und des Militärkabinetts vom Kriegsministerium herzustellen.[96] Waldersee kultivierte enge Beziehungen zu Holstein und Hatzfeldt im Auswärtigen Amt und schuf sich durch die Korrespondenz mit den Militärattachés an den deutschen Botschaften im Ausland ein privates Kommunikationsnetz für politische Informationen und sogar die Übermittlung seiner politischen Anschauungen an auswärtige Regierungen. Während Bismarck sich in den Krisenjahren 1887–1890 um die Erhaltung des Friedens in Europa bemühte, gelangte Waldersee, wie schon oben erwähnt, zu der Überzeugung, daß ein Krieg mit Rußland unvermeidlich sei und Deutschland und Österreich deshalb einen Präventivschlag führen sollten. Im Dezember 1887 tadelte ihn Bismarck scharf für seine Einmischung in die Außenpolitik durch seine österreichischen Kontakte.[97] Wäre er im Amt geblieben, hätte Bismarck Waldersees persönliches diplomatisches Korps zerschmettern müssen, wie dies sein Nachfolger Caprivi tat, nachdem Waldersee 1891 in Ungnade gefallen war.

Bismarck verdächtigte Waldersee wohl nicht zu Unrecht des Ehrgeizes, ihn bei der Thronbesteigung Prinz Wilhelms im Amt abzulösen. Seit 1883 hatten Waldersee und seine amerikanische Frau die Freundschaft zu Prinz Wilhelm und Prinzessin Auguste Viktoria gepflegt. Die Damen hatten intensive Frömmigkeit gemeinsam und waren durch Heirat miteinander verwandt (der erste Mann der Gräfin war ein Augustenburger gewesen). Sie interessierten den Prinzen für Pastor Adolf Stoecker und dessen Berliner Stadtmission, die dem Berliner Proletariat mit karitativen Werken, christlicher Predigt und antisemitischer Propaganda den rechten Weg zu weisen suchte (1885 hatte Prinz Wilhelm Stoecker durch einen persönlichen Appell an seinen Großvater vor der Entlassung aus dem Hofpredigeramt bewahrt).[98] Bei den politischen Diskussionen, die er mit dem Prinzen führte, gab Waldersee diesem zweifellos zu verstehen, daß der zweiundsiebzigjährige Bismarck und der neunzigjährige Kaiser Wilhelm nicht mehr in der Lage seien, die Erfordernisse der innen- und außenpolitischen Staatsgeschäfte zu bewältigen.

Im Oktober 1887 vertraute Prinz Wilhelm Finanzminister Scholz die Überzeugung an, daß niemand, nicht einmal der mächtige Kanzler, unentbehrlich sei und daß nach dessen Abgang einige seiner Machtbefugnisse dem Monarchen zurückerstattet werden müßten. Im Herbst drängte Waldersee den Prinzen, Zugang zu den kaiserlichen Audienzen für Minister und Generäle zu verlangen. So geschah es, daß Prinz Wilhelm unerwartet bei der Audienz am 17. Dezember 1887 erschien, bei welcher die Generäle den Kaiser zu überzeugen suchten, daß Deutschland gemeinsam mit Österreich militärisch gegen Rußland vorgehen müsse, was Bismarck bekanntlich entschieden ablehnte. Doch Prinz Wilhelm schien sich unter Waldersees Einfluß der Kriegspartei angeschlossen zu haben.[99]

Aber Waldersee war unter denen, die Bismarcks Stellung bedrohten, nur der sichtbarste Gegner. Hinter den Kulissen gab es andere, deren Wirken Bismarck früher zweifellos eher bemerkt und zu neutralisieren versucht hätte. Die Clique, die den größten Einfluß auf den jungen Mann hatte, der ihn 1890 entließ, bestand aus Friedrich von Holstein, Vortragender Rat und zukünftig die «graue Eminenz» im Auswärtigen Amt, Philipp Graf zu Eulenburg, Sekretär der preußischen Gesandtschaft in München, der seit 1885 in Beziehungen zu Prinz Wilhelm stand und bald dessen engster Freund werden sollte, und schließlich Adolf Freiherr Marschall von Bieberstein, dem Vertreter Badens in Berlin, dessen Souverän, der Großherzog von Baden, bei den dramatischen Ereignissen im März 1890 eine wichtige Rolle spielen sollte.

Seit 1886 hatten Holstein, Eulenburg und Marschall immer stärker die Überzeugung gewonnen, daß Bismarck den Anforderungen seines Amts nicht mehr gewachsen sei und die von ihm betriebene Politik, sowohl in inneren als auch in auswärtigen Angelegenheiten, Deutschland in Gefahr bringe.[100] Sie waren gegen Bismarcks anscheinend prorussische Balkanpolitik, von der sie eine Schwächung des Zweibunds befürchteten. Innenpolitisch machten ihnen vor allem die Verhältnisse in Bayern Sorgen, wo der Sturz des propreußischen Ministeriums Lutz und dessen Ersetzung durch eine ultramontan und partikularistisch ausgerichtete Regierung drohten. Sie befürchteten, daß ein solcher Umschwung eine Kettenreaktion mit weitreichenden innen- und außenpolitischen Konsequenzen auslösen könnte – die Lockerung des Bundesgefüges und neuerliche Infragestellung der Führungsrolle Preußens im Reich, die Schwächung und vielleicht Auflösung der Allianz mit der antiklerikalen Regierung in Italien. Doch ihre Intrigen gegen den Kanzler blieben verhalten, solange er sich im Parlament auf die Kartellparteien stützen konnte, welche in den Augen der Kamarilla Prinz Wilhelms den Hauptwiderstand gegen die vermutete Kettenreaktion und das einzige solide Fundament für das künftige persönliche Regiment Wilhelms II. darstellten. Verzweifelt und für Bismarck bedrohlich wurden sie erst, als sie bei ihm die Neigung entdeckten, das Kartell einer aus Konservativen und Zentrum gebildeten Mehrheit zu opfern.[101]

Außerhalb der Regierung und in der Presse waren Bismarcks gefährlichste Gegner die Ultrakonservativen. Für sie war die brillante Genesung der zuvor so maroden Nationalliberalen Partei bei den Wahlen von 1887 wahrlich keine Freude. Sie waren nur unter größten Bedenken dem Kartell beigetreten, hatten eine Anzahl von Wahlkreisen nationalliberalen Kandidaten geopfert und ihre Rolle in der «Berliner Bewegung» verloren, die den Linksliberalen die Herrschaft in der Hauptstadt streitig machte. Die als «*Kreuzzeitungs*-Gruppe» oder «-Partei» bekannten Ultras (deren Hauptsprecher der Herausgeber der *Kreuzzeitung*, Wilhelm Freiherr von Hammerstein, war), bekamen es «schon mit der Angst, daß Bennigsens törichte Ideen von ‹konstitutionellen Garantien› ... wieder Überhand gewinnen könnten».[102] Im Frühjahr 1887 versuchten sie unter Führung von Hammerstein und Hans von Kleist-Retzow die neugewonnenen Kräfte der Konservativen spielen zu lassen und die finanzielle und administrative Unabhängigkeit der Hierarchie der evangelischen Kirche vom Staat durchzusetzen. Das gelang ihnen nicht. Bismarck tadelte diesen «verbrecherischen» Angriff gegen den König als *summus episcopus* der evangelischen Kirche in Preußen und gegen die staatliche Autorität mit äußerster Schärfe. Da sie nicht einmal die Macht hatten, ihre Anschauungen in der gesamten Deutschkonservativen Partei durchzusetzen, die unter Führung von Otto von Helldorf-Bedra zur Regierung hielt, suchten die Ultras nun in privilegierten Beziehungen zum zukünftigen Kaiser die politische Macht, die ihnen im Parlament abging. In den Personen des Grafen Waldersee und des Hofpredigers Adolf Stoecker besaßen sie die dafür geeigneten Kanäle.[103]

Die Waldersee-Stoecker-Versammlung

Schon Monate, bevor Prinz Wilhelm als Wilhelm II. den Thron bestieg, ereignete sich ein Zwischenfall, der ganz Deutschland den Charakter des Ringens vor Augen führte, das bereits um das Denken und die Gunst des zukünftigen Kaisers entbrannt war. Am 28. November 1887 nahmen Prinz und Prinzessin Wilhelm an einer unter ihrer Schirmherrschaft in Waldersees Amtssitz abgehaltenen Veranstaltung teil, bei der Geld für Stoeckers Stadtmission gesammelt werden sollte. Unter den Honoratioren, die zu diesem Anlaß erschienen, waren die preußischen Minister Puttkamer und Goßler, der Chef des Militärkabinetts Albedyll, der Präsident des Reichstags Wilhelm von Wedell-Piesdorf, konservative Abgeordnete (vor allem Ultras), konservative Journalisten (darunter Hammerstein), aber auch einige Nationalliberale (etwa Robert von Benda und Adolph Hansemann). Mehrere der Anwesenden sprachen von den Bemühungen der Stadtmission, durch eine religiöse Erweckungsbewegung die gesellschaftliche Ordnung zu bewahren, doch natürlich galt die größte Aufmerksamkeit der kurzen Rede des Prinzen. Nach dem Bericht der *Kreuzzeitung* pries der künftige Monarch den «christlich-sozialen Gedanken» mit seiner «Anerkennung der gesetzlichen Autorität und der Liebe zur Monarchie». Die bloße Erwähnung der Worte «christlich-sozial» wurde allgemein als Bekenntnis des Prinzen zu Stoecker und seiner politischen Richtung verstanden.[104] Zu Herbert von Bismarck bemerkte der Prinz nach der Versammlung: «Der Stöcker hat doch etwas von Luther.»[105]

Prinz Wilhelm, Waldersee und die übrigen Teilnehmer werden kaum erwartet haben, daß die «Waldersee-Stoecker-Versammlung» binnen weniger Tage Gegenstand öffentlicher und privater Diskussionen in ganz Deutschland werden würde. Liberale Journalisten, allen voran Eugen Richter in seiner *Freisinnigen Zeitung*, griffen die knappen Berichte der konservativen Presse auf und unterwarfen den zukünftigen Kaiser seiner Feuertaufe in der Presse.[106]

Bismarck reagierte erbost: «Was lange Röcke trage (Frauen, Pfaffen, Richter) tauge nichts in der Politik, und wer diese Richtung begünstige, mit dem sei das Tischtuch zerschnitten. Stöcker müsse sich vom Prinzen und von der Politik zurückziehen. Der Prinz Wilhelm habe die reaktionärsten Anwandlungen und ... müsse einen vernünftigen Ziviladlatus erhalten, welcher ihn gehörig informiere und beeinflusse.»[107] Am 11. und 14. Dezember brachte die *Norddeutsche Allgemeine Zeitung* zwei beißende Angriffe gegen Stoecker. Verfasser der nicht signierten Artikel war Franz von Rottenburg, der Chef der Reichskanzlei. Angesichts des halbamtlichen Charakters des Blatts wurden diese Artikel als ein Wink mit dem Zaunpfahl aus Friedrichsruh verstanden. Die Kartellzeitungen stimmten nun in den empörten Chor der linksliberalen Blätter ein. Ganz Deutschland konnte das Spektakel dieses auf breiter Front vorgetragenen Angriffs gegen jenen klerikal-konservativen Kreis verfolgen, der, wie offen behauptet wurde, versuchte, die Sympathien Prinz Wilhelms für reaktionäre Zwecke einzuspannen. Als dann die

Kronprinz Wilhelm

freikonservative *Post* die «Muckerei und Stöckerei» verdammte, hatten die Angreifer ihren Schlachtruf.[108]

Zum ersten Mal stand so der Mann, der bald Deutscher Kaiser werden sollte, im Sturm einer Pressekampagne. Seine erste, privat geäußerte Reaktion war die Absicht, den Juden jegliche Pressetätigkeit zu verbieten. Selbst Puttkamer, der reaktionärste Mann im preußischen Staatsministerium, war darüber «chokiert». Als er einwandte, das sei wegen der geltenden Gewerbeordnung nicht möglich, replizierte der junge Hohenzoller: «Dann schaffen wir die ab.» Zu Weihnachten wurde jedoch berichtet, daß er protestiert und erklärt habe, er «sei kein Antisemit».[109] Er wartete auf Unterstützung aus Friedrichsruh, doch die kam nicht, und er verdächtigte Herbert von Bismarck, die in der *Norddeutschen Allgemeinen Zeitung* erschienenen Artikel verfaßt zu haben.[110]

Am 21. Dezember 1887 beklagte sich Prinz Wilhelm empört bei Bismarck über die «Unwahrheiten», die man über ein wohltätiges Vorhaben ohne jeden parteilichen Charakter verbreite, bei dem auch Stoecker keine große Rolle spielen solle. Das Unternehmen solle vor allem dem Anarchismus und der Sozialdemokratie entgegenwirken. Bismarck ließ sich mit seiner Erwiderung bis zum 6. Januar Zeit. Er entschuldigte sein langes Zögern mit seinem schlechten Befinden; für eine umfassende Antwort müsse er eigentlich «ein historisch-politisches Werk schreiben», wozu er leider nicht in der Lage sei. Das beste Gegengift gegen Sozialismus und Demokratie sei nicht das Christentum, sondern nationaler Patriotismus. Das vordringlichste Anliegen des Prinzen müsse stets die Erhaltung des monarchischen

Prinzips bleiben. Freiwillige Vereine, wie Stoeckers Stadtmission, seien als dauerhaftes Fundament einer monarchischen Regierung ganz ungeeignet. Das Scheitern einer derartigen Bewegung wäre für einen zukünftigen Kaiser, der sich mit ihr verbunden hätte, fatal. Sicher setzte sich für Stoeckers Bewegung eine Reihe von prominenten Personen ein. Aber ging es diesen aufrichtig nur um die Sache oder nicht doch mehr um die Gunst des zukünftigen Kaisers? Unter den Teilnehmern an der Bewegung sei keiner, schrieb Bismarck, «dem ich die Verantwortung für die Zukunft des Landes *isoliert* zumuten möchte». Redner, Geistliche und Frauen seien in der Politik «nur mit Vorsicht zu verwenden». Nach seiner Thronbesteigung müsse Wilhelm in der Lage sein, sich der Männer und Parteien nach eigenem Ermessen wechselnd zu bedienen. Gegen Stoecker persönlich habe er nichts, schrieb der Kanzler: «Er hat für mich nur den einen Fehler als Politiker, daß er Priester ist, und als Priester, daß er Politik treibt.» Stoeckers Energie und Beredsamkeit seien bewundernswert, doch dauerhafte Erfolge könne er damit nicht erringen, und er stehe «an der Spitze von Elementen ... auf die eine Regierung des Deutschen Reiches sich nicht würde stützen können». Soziale Reformen könnten nur durch den König, den Staat und den gesetzgeberischen Prozeß ins Werk gesetzt werden. In seiner Erwiderung auf dieses Schreiben suchte Prinz Wilhelm sein Gesicht zu wahren, indem er sich weigerte, seine Protegierung der Stadtmission aufzugeben. Er wolle aber Stoecker dahin bestimmen lassen, daß er sich von der offiziellen Leitung der Stadtmission zurückziehe». Er hoffe, daß damit jeder Verdacht gegen seine eigenen Absichten verstummen werde. «Wenn nicht, dann wehe denen, wenn ich zu befehlen haben werde.»[111]

Daß Bismarck «den jungen Prinzen, der aus Unkenntnis in die Geschichte hineingetapert war, durch die ‹Norddeutsche› kritisieren ließ, statt ihm schriftlich oder unter vier Augen den Standpunkt klarzumachen», fand Holstein «unglaublich». Bei seinem ehemaligen Lehrer Hinzpeter beklagte sich der Prinz: «Des Kanzlers wegen habe ich mir sozusagen seit Jahren das Haus meiner Eltern verschlossen. Ich hatte daher gerade vom Kanzler eine solche Behandlung nicht verdient.» Dann kamen die Zornesausbrüche. «Die Macht des Kanzlers, so wie sie jetzt ist, kann nicht dauern; er muß mal gewahrwerden, daß es noch einen Kaiser gibt.» Und auf den Tisch schlagend: «Er soll nicht vergessen, daß ich sein Herr sein werde.» In einem ruhigeren Augenblick erklärte er: «Im Anfang wird es ohne den Kanzler nicht gehen. Aber in Jahr und Tag wird hoffentlich das Deutsche Reich genügend konsolidiert sein, um seine, des Fürsten, Mitwirkung entbehrlich zu machen.»[112]

Daß Friedrich Willhelm nach dem Tod des Vaters noch für kurze Zeit zur Regierung gelangte, nötigte Prinz Wilhelm und die Ultras, fürs erste noch zu Bismarck zu halten. Während der neunundneunzig Tage hatten sie ein gemeinsames Anliegen, nämlich liberale «Experimente» zu verhüten.[113] Am 1. April 1888 brachte der Thronerbe anläßlich des dreiundsiebzigsten Geburtstags des Reichskanzlers einen Toast auf diesen aus, der schon ganz in jenem bombastischen Stil gehalten war, der den Deutschen im Laufe der folgenden Jahrzehnte nur zu vertraut werden sollte. «Um mich eines militärischen Bildes zu bedienen, so sehe ich unsere jetzige Lage an, wie ein Regiment, das zum Sturm schreitet. Der Regimentskommandeur ist gefallen, der Nächste im Kommando reitet, obwohl schwer getroffen, noch kühn voran. Da richten sich die Blicke auf die Fahne, die der Träger hoch emporschwenkt. So halte Ew. Durchlaucht das Reichspanier empor. Möge es, das ist unser innigster Herzenswunsch, Ihnen noch lange vergönnt sein, in Gemeinschaft mit unserem geliebten und verehrten Kaiser das Reichsbanner hochzuhalten. Gott segne und schütze denselben und Ew. Durchlaucht.»[114]

II

Wachsende Spannungen

Die Liberalen hofften, «daß der alte Kaiser bald gehen und der künftige sie gewähren lassen» würde, meinte Bismarck 1882. «Sie rechnen indessen doch vielleicht falsch damit; denn auf einen langlebigen Kaiser kann ein kurzlebiger folgen, und es kommt mir vor, als ob das hier der Fall sein würde. Der dann daran käme, ist aber ganz anders, der will selber regieren, ist energisch und entschieden, gar nicht für parlamentarische Mitregenten, der reine Gardeoffizier ... Philopator und Antipator in Potsdam. Der ist gar nicht erfreut, daß sich sein Vater mit den Professoren einläßt, mit Mommsen, Virchow und Forckenbeck, und vielleicht entwickelt sich aus dem einmal der *rocher de bronze*, der uns fehlt.»[1] Was Bismarck 1882 nicht voraussah, war, daß eben das autokratische Temperament, das den «reinen Gardeoffizier» zu parlamentarischen «Experimenten» ungeeignet machte, auch seine eigene Stellung als Kanzler und Ministerpräsident gefährdete. Schon 1887 betrachtete der Prinz Bismarcks Machtfülle als der Monarchie abträglich, zog seine Ersetzung in Erwägung und hatte auch bereits Grund, dem Fürsten wegen der rücksichtslosen Behandlung, die er von ihm erfahren hatte, aus tiefstem Herzen zu zürnen.

Eine Generationslücke

Dennoch glaubte Wilhelm, als sich der Augenblick seiner Thronbesteigung näherte, fürs erste nicht auf die Dienste des dreiundsiebzigjährigen Staatsmanns verzichten zu können, der Preußen und Deutschland schon länger als ein Vierteljahrhundert regierte. Wie seinem Vater fehlte ihm das Selbstvertrauen, einen neuen Kurs mit einem unerfahrenen Steuermann einzuschlagen. Daß es so wenige Männer gab, die befähigt schienen, seine Nachfolge anzutreten, war zum Teil Bismarcks eigenes Werk. Doch auch im Bewußtsein der Öffentlichkeit gab es keine Alternative zu dem gegenwärtigen Hausherrn in der Wilhelmstraße. Nach so langer Zeit konnte man sich das Kanzleramt kaum noch ohne den Mann vorstellen, der es geschaffen hatte. Der alte Junker war die lebendige Verkörperung der großen Zeit der deutschen Einigung und der politischen und militärischen Errungenschaften, die alljährlich am Sedantag von der ganzen Nation und beinahe täglich von patriotischen Volksschul- und Hochschullehrern in Klassenzimmern und Hörsälen gefeiert wurden. Wie Wilhelm I. war Bismarck für die Deutschen längst eine symbolische Gestalt geworden, der Inbegriff der neuen

Machtstellung Deutschlands in der Welt. Und so blieb denn nach Wilhelms Thronbesteigung der alte Kanzler noch fast zwei Jahre lang an der Macht, trotz der wachsenden Unruhe unter den hochgestellten Persönlichkeiten, die es nicht erwarten konnten, seinen Abgang zu erleben.

«Wenn ich jünger wäre und jeden Tag mit ihm zusammen, wie mit dem alten Herrscher, würde ich ihn um den Finger wickeln», meditierte Bismarck im Dezember 1889, «aber so läßt er sich von einzelnen Menschen, von Adjutanten, überhaupt von den Militärs beeinflussen.»[2] In dem Sommer, der mit dem Tod Friedrichs III. begann, reiste Bismarck am 12. Juli nach Friedrichsruh ab, nicht viel später als gewöhnlich; er blieb dort bis zum 10. Januar 1889, ohne wie sonst Kissingen und Varzin zu besuchen. 1889 verbrachte er den Sommer in Varzin (vom 8. Juni bis zum 10. August) und den Rest des Jahres (vom 20. August bis zum 24. Januar 1890) im Sachsenwald. Berlin besuchte er während dieser Monate nur zweimal (vom 10. bis zum 20. August und vom 9. bis zum 16. Oktober 1889), um mit dort zu Besuch weilenden Herrschern zu konferieren.[3]

Die langen Ferien Ende des Jahres 1888 und seine anfängliche Zufriedenheit mit Wilhelm II. scheinen seiner Gesundheit gut getan zu haben. Mitte Januar 1889 fand Lothar von Schweinitz ihn bei besserer Gesundheit und Laune als seit Jahren. «Wir haben viel getrunken und gelacht», berichtet er. Doch der Fürst verstieß nun wieder häufiger gegen die ärztlichen Diätvorschriften. Baronin Spitzemberg beobachtete ihn in Friedrichsruh beim Gabelfrühstück: «Der Fürst schmaust mit bestem Appetit und echt pommerschem Raffinement: Hummer, Gänsebrust und Gänsesülze, Sprotten und Hering, Rauchfleisch und Pute, ‹eines nach dem andern, sieht man in seinen Magen wandern›». Die alten Leiden flackerten vorübergehend wieder auf: Rheumatismus, Gesichtsneuralgie, Schlaflosigkeit und die Beinverletzung (die sich gefährlich entzündete) machten ihm abwechselnd zu schaffen. Man liest auch in den Zeugnissen aus dieser Zeit wieder häufiger, daß er Morphium und Opium als Schlafmittel gebrauchte.[4] In Berlin begann das Gerücht umzulaufen, daß er süchtig geworden sei, was Schweninger entrüstet dementierte.[5]

Der lange Urlaub und seine Krankheiten ließen die Auftritte des Kanzlers im Parlament noch rarer werden. Im Landtag erschien er während der Jahre 1887–1890 überhaupt nicht, außer bei zeremoniellen Anlässen, wie bei den Proklamationen der Thronbesteigungen Friedrichs III. und Wilhelms II. Im Reichstag hörte man ihn während der Session 1887–1888 nur einmal, als er seine zweistündige Rede über die Außenpolitik hielt. Während der ersten Monate des Jahres 1889 nahm er fünfmal an wichtigen Debatten über koloniale Angelegenheiten, Außenpolitik, die Alters- und Invalidenversicherung teil. In der letzten Legislaturperiode seiner Kanzlerschaft (1889–1890) sah man ihn keinmal im Reichstag.[6] Franz von Rottenburg, der Bismarck in Friedrichsruh als Privatsekretär diente, meinte Anfang Oktober 1889 zu Lucius, «Bismarck sei doch nicht mehr der Alte und verliere an Frische und Energie. Er beschränke sich in seinem Einfluß auf das Nötigste und mache ihn seltener geltend.»[7]

Nicht alle Aktivitäten Bismarcks während dieser vielen Monate lohnten die Mühe. Im September 1888 veröffentlichte die *Deutsche Rundschau* Auszüge aus Friedrich Wilhelms Kriegstagebuch 1870–1871, welche die sehr kritische Einstellung des damaligen Kronprinzen zu Bismarcks Lösung der deutschen Frage enthüllten. Obwohl es keinen Grund gab, an der Echtheit des Dokuments zu zweifeln, bezeichnete der Kanzler es prompt als Fälschung.[8] Aber Heinrich Geffcken, Historiker an der Universität Straßburg und ein Freund des verstorbenen Monarchen, verbürgte sich für dessen Echtheit und übernahm die Verantwortung für die Veröffentlichung. Er wurde umgehend des Verrats von Staatsgeheimnissen angeklagt! Er versuchte zu fliehen, wurde aber gestellt und in Untersuchungshaft genommen.[9] Im Januar 1889 verwarf das Reichsgericht die Klage als unbegründet. Bismarck, der sich damit nicht zufriedengeben wollte, überredete Wilhelm, die Anklage im amtlichen *Reichsanzeiger* zu veröffentlichen und dem Bundesrat Material vorzulegen, das den Angeklagten belastete, darunter beschlagnahmte Kopien von dessen privater Korrespondenz. Da er vor Gericht erfolglos geblieben war, wollte Bismarck jetzt in der Presse die Verurteilung des Beschuldigten durchsetzen.[10] Dabei verstieß er gegen seine eigene Devise, nie mit Kanonen auf Spatzen zu schießen. Nachdem er den Appell des Reichskanzlers vernommen hatte, daß die «Legende» von Friedrichs Liberalismus zerstört werden müsse, schrieb Hohenlohe in sein Tagebuch: «Er machte mir den Eindruck eines geistig nicht ganz gesunden Mannes.»[11]

Während Geffckens Fall noch zur Verhandlung stand, lancierte Bismarck am 16. Dezember 1888 in der *Kölnischen Zeitung* eine Attacke gegen Sir Robert Morier, den britischen Botschafter in Rußland. Morier habe erwartet, wegen der guten Beziehungen zu Friedrich III., die er während seines früheren Diensts als Erster Sekretär der britischen Botschaft in Berlin geknüpft hatte, zum Botschafter in Deutschland ernannt zu werden. Doch nach der Thronbesteigung Wilhelms II. sei er als Kandidat für den Berliner Posten nicht mehr in Frage gekommen, ließ der Artikel wissen, und statt dessen nach Petersburg entsandt worden. Bei der Untersuchung der Vorwürfe gegen Geffcken hätten nun, so ging es weiter, die Behörden erfahren, daß während des Krieges von 1870/71 Morier, damals Gesandter in Hessen-Darmstadt, über London und Paris dem französischen Kommandanten von Metz, Marschall Bazaine, Informationen über deutsche Truppenbewegungen habe zukommen lassen, auf Grund welcher das Heer des Kronprinzen Friedrich Wilhelm bei der Belagerung der Festung schwere Verluste erlitten habe.[12]

Doch Morier war schon im Juli 1888 vor dieser Verleumdung gewarnt worden und hatte sich von dem damals in Madrid exilierten Bazaine eine Erklärung verschafft, wonach die Beschuldigung eine «plumpe Erfindung» sei. Bei Erscheinen des Artikels in der *Kölnischen Zeitung* sandte Morier diese Erklärung an Herbert von Bismarck, Staatssekretär im Auswärtigen Amt, mit der Bitte, er solle als «Gentleman und Ehrenmann» die Behauptungen des Artikels öffentlich zurückweisen. Als Herbert ihm das in einem am Weihnachtstag in Friedrichsruh verfaßten impertinenten Brief von nur zwei Zeilen rundheraus verweigerte, übergab Morier den Briefwechsel zwischen sich, Bazaine und Herbert von Bismarck der Presse.[13] Nach dem Urteil von Lothar von Schweinitz hatte Bismarck mit dem «Angriff gegen Sir Morier diesen nicht gestürzt, ihn vielmehr in Rußland, wo man ihn haßte, populär gemacht und ganz England, wo er wenig Freunde besaß, für ihn in die Schranken geführt, während gleichzeitig die unabhängige deutsche Presse seine Partei nahm». Die «evidente Niederlage der Bismarckschen Preßbriganten» habe «im Zeitungspublikum den Glauben an die politische Unfehlbarkeit des Kanzlers erschüttert».[14]

Dem armen Geffcken kamen so mächtige Kräfte nicht zu Hilfe. Nach seinem Freispruch verließ er das Gefängnis als gebrochener Mann, süchtig nach Barbituraten, die er gegen seine Schlaflosigkeit nahm. Eines Abends stieß er im Halbschlaf die Petroleumlampe auf seinem Nachttisch um, sein Bett fing Feuer, und er starb in den Flammen.[15] Sein Schicksal erinnert an Bismarcks Verfolgung Arnims, die häßliche Diffamierung von Laskers Andenkens und ähnliche Episoden. Doch mit der Rücksichtslosigkeit seines Angriffs auf Geffcken trieb Bismarck einen Nagel in seinen eigenen politischen Sarg. Denn unter den Dokumenten, die er während der Geffcken-Affäre veröffentlichte, war ein Memorandum, in welchem er Wilhelm II. darüber unterrichtete, daß Friedrich III. als Kronprinz Zugang zu Informationen über laufende Verhandlungen verweigert worden sei, da man habe verhindern wollen, daß «Indiskretionen» an den englischen Hof gelangten, wo man mit Frankreich sympathisierte.[16] Dieser unnötige Anschlag auf den verstorbenen Kaiser und dessen Witwe gab der *Kreuzzeitung* Gelegenheit, den Schaden für das «monarchische Gefühl» zu beklagen, den die «hämische Verdächtigung von Mitgliedern der Kaiserlichen Familie» in der Presse verursache. Obwohl die Ausgabe mit dem Artikel zunächst beschlagnahmt und erst später ohne Angabe von Gründen freigegeben worden war, blieb Wilhelm II. nicht unbeeindruckt.[17] Bismarck hatte vergessen, daß Blut dicker als Tinte ist.

Die schwerwiegendste Folge der langen Abwesenheit Bismarcks aus der Hauptstadt und seiner nachlassenden Teilnahme an wichtigen Regierungsgeschäften während der Legislaturperiode 1888–1889 war vermutlich der Verlust des persönlichen Kontakts mit dem Kaiser. Während der frühen Jahre seiner Ministerpräsidentschaft war er so oft wie möglich an der Seite des Monarchen gewesen, zumal während kritischer Perioden, wenn zu befürchten war, daß Bismarcks Gegner versuchen würden, Einfluß auf den Herrscher zu nehmen. Jetzt wäre seine ständige Anwesenheit noch dringender erforderlich gewesen, denn der neunundzwanzigjährige Wilhelm II. war weniger erfahren und viel beeinflußbarer, als sein Großvater zur Zeit seiner Thronbesteigung gewesen war. Überdies war der neue Herrscher ein Kind des Eisenbahn- und Dampfschiffzeitalters, dem weite Reisen eine natürliche Lebensweise und ein seelisches Bedürfnis waren. Dabei mitzuhalten, wäre selbst einem gesunden Kanzler schwergefallen. Der Kaiser reiste rastlos kreuz und quer durch Europa, offensichtlich von dem Wunsch getrieben, sich fremden Herrschern, Höfen und Völkern in seiner neuen Würde zu zeigen: nach Petersburg, Stockholm, Kopenhagen (14. bis 31. Juli 1888), an die süddeutschen Höfe, nach Wien und Rom (26. September bis 21. Oktober 1888), nach England (31. Juli bis 7. August 1889) und nach Monza, Athen und Konstantinopel (17. Oktober bis 10. November 1889).

An den meisten dieser Reisen nahm Herbert, auf den sein Vater sich immer mehr verließ, als eine Art Surrogatkanzler teil. Durch ihn unterrichtete Bismarck Wilhelm II. über seine Politik und erhielt er Bericht über Wilhelms Verhandlungen mit ausländischen Herrschern und Staatsmännern. Der Kanzler hoffte, daß Herbert schließlich seine Nachfolge antreten und für die Fortsetzung seiner Politik sorgen würde.[18] Natürlich erregte Herberts privilegierte Stellung Eifersucht, Neid und Besorgnis bei Ministern, Vortragenden Räten und Hofleuten, zumal bei denen, die unter seiner Arroganz und seinen schlechten Manieren zu leiden hatten. Man redete entrüstet von einer sich abzeichnenden «Bismarckdynastie» und von «Hausmeiertum».

Zunächst war Herbert vom Auftreten des neuen Kaisers beeindruckt. «Unser neuer Herr ist ganz bei der Sache, dabei ruhig und objektiv: es arbeitet sich vortrefflich mit ihm», schrieb er im Juni 1888. Im Oktober war er noch immer dieser Meinung. Im Juli 1889 machte er sich jedoch schon ernste Sorgen. «S. M. verfährt in seiner Politik hastig und stoßweise, und das kommt daher, daß ihm die soliden, auf Studium und Nachdenken gegründeten Unterlagen bisher fehlen». Wilhelm II. las nicht gern längere Schriftstücke. Wenn sie mehr als vier Seiten betrugen, verlangte er regelmäßig mündlichen Vortrag. Memoranden, die Analysen und Argumentationen enthielten, nahm er selten zur Kenntnis. Er bevorzugte erzählende Berichte und vor allem Zeitungsartikel. Philipp zu Eulenburg konnte wiederholt beobachten, daß er bei Eingängen stets die Zeitungsausschnitte zuerst las und schriftliche Berichte zunächst beiseite legte. «So kommt es, daß S. M. sich seine Meinungen auf Grund *mündlicher* Mitteilungen und Unterredungen bildet, mitunter beeinflußt durch Pressestimmen.»

Herbert kam zu der gleichen Schlußfolgerung und mußte feststellen, «daß man mit S. M. mündlich viel weiter kommt und leichter verhandelt als schriftlich». Schriftliche Berichte würden «nur obiter gelesen und quadrieren sie nicht mit S. M. vorgefaßter Meinung, so fordern sie Widerspruch nebst Eigensinn heraus und erhalten grobe Marginalien. Im Mündlichen Verkehr ist S. M. immer sehr höflich und verbindlich».[19] Im Sommer 1889 war das Verhältnis zwischen Kaiser und Kanzler bereits durch eine Vielzahl von – oft belanglosen – Meinungsverschiedenheiten und Mißverständnissen gestört. Zu dieser Entfremdung trug Bismarcks Abwesenheit wohl mehr bei als die Intrigen ehrgeiziger Feinde und die Unsicherheit der Minister und Beamten, die spürten, daß ihre Karriere auf dem Spiel stand, und die deshalb verzweifelt zu erraten versuchten, wie die Würfel fallen würden. Eine Quelle von Intrigen und Friktionen war die Außenpolitik.

Außenpolitische Meinungsverschiedenheiten

Zum Glück für Deutschland erreichte die lange Krise der Jahre 1886–1889 ihre Klimax im Osten und im Westen nicht gleichzeitig. Der Höhepunkt der Krise über Bulgarien und die Meerengen kam im Winter 1887–1888, die Spannungen zwischen Deutschland und Frankreich über Elsaß-Lothringen und die französische *Revanche* gelangten in der zweiten Hälfte des Jahres 1888 in das gefährliche Stadium und hielten bis zum Beginn des folgenden Jahres an. Indem sie Boulanger im März 1888 aus der Armee verabschiedete, gab die französische Regierung dem General die rechtliche Möglichkeit, sich um ein öffentliches Amt zu bewerben. Als Kandidat in aufeinanderfolgenden Stichwahlen für die Nationalversammlung bewies er seine außerordentliche Beliebtheit bei den Wählern. Monarchisten, Bonapartisten, Klerikale, linksgerichtete Republikaner und Ultrapatrioten der unterschiedlichsten politischen Neigungen liefen ihm zu. Am 27. Januar 1889 triumphierte Boulanger bei diesem informellen Plebiszit, als er in einem normalerweise republikanischen Wahlkreis der Stadt Paris eine große Mehrheit erlangte. Die neuere Forschung hat den Mythos entkräftet, nur die Unentschlossenheit des Generals habe einen erfolgreichen Staatsstreich am Wahlabend verhindert. Obwohl ihm die Unterstützung durch rechtsgerichtete Gruppen (auch die finanzielle, von der übrigens ein Teil aus Amerika kam) durchaus willkommen war, blieb Boulanger stets überzeugter Republikaner. Er engagierte sich für die Sache des Revisionismus und sicherte sich dadurch die Unterstützung derjenigen, denen die antidemokratischen Züge der Verfassung von 1875 ein Dorn im Auge waren.

Der Boulangismus hatte nicht eigentlich ein Programm, eignete sich aber deshalb um so mehr als Sammelbecken zahlreicher politischer Bestrebungen, die nur den gemeinsamen Wunsch hatten, ihre Unzufriedenheit mit einer Regierung, die angesichts wirtschaftlicher Schwierigkeiten und sozialer Not in Untätigkeit verharrte, für ihre politischen Zwecke auszubeuten. Nach der Wahl ging die Regierung zum Gegenangriff über und beschuldigte den General, den Umsturz der verfassungsmäßigen Ordnung geplant zu haben. Um seiner Verhaftung zu entgehen, floh er außer Landes. Bei allgemeinen Wahlen im September erlitten die Boulangisten eine schwere Niederlage. Der Boulangismus war ohne Boulanger nicht lebensfähig. Der Spuk war gebannt.[20]

Während des klimaktischen Jahrs der boulangistischen Bewegung (März 1888 bis März 1889) konnte Bismarck nicht sicher sein, ob ihm die Franzosen nicht beweisen wollten, daß er ihren Nationalcharakter richtig einschätzte. Auch Crispi war sorgenvoll. Gerüchte, daß Italien sich mit Österreich und Deutschland in einem Dreibund und in einem weiteren Bündnis mit Österreich und England verbunden habe, beschäftigten diplomatische Kreise und die europäische Presse. Diese Nachrichten stimulierten natürlich das Interesse der Pariser Regierung an einem Bündnis mit Rußland, doch die Petersburger Regierung und die russische Presse blieben kühl. Der französische Geldmarkt bot dem russischen Schatzamt

Der Dreibund aus französischer Sicht (*Le Grelot,* Paris, 30. Juni 1889)

zwar die einzige Unterstützung in seinem Kampf um den Wert des Rubels und der russischen Staatspapiere, doch die innere Instabilität Frankreichs ließ ein Bündnis in Rußland als eine «Absurdität» erscheinen.

Indem er den Vatikan in seinem Bestreben unterstützte, die päpstliche Souveränität über Rom wiederherzustellen, fand der Quai d'Orsay einen Weg, den italienischen Premierminister und sein Kabinett in Schwierigkeiten zu bringen. Am 1. März 1888 brach die französische Regierung die Verhandlungen über ein neues Handelsabkommen mit Italien ab, was einen für Italiens Exportwirtschaft und Staatshaushalt katastrophalen Handelskrieg zur Folge hatte. Crispi glaubte, daß die Franzosen einen militärischen Angriff vorbereiteten, und selbst in London war man beunruhigt genug, ein Geschwader der Kriegsmarine nach Genua zu kommandieren, wozu auch Bismarck geraten hatte. Diese Ereignisse nötigten Engländer und Italiener, die Bedürfnisse an Marinestützpunkten, Kriegsschiffen und Bewaffnungen neu zu überdenken, und eröffneten damit eine neue Runde des europäischen Wettrüstens.[21]

Der Rückversicherungsvertrag, der Dreibund, die Mittelmeerabkommen und das schwindende Interesse Rußlands isolierten die Franzosen außenpolitisch vollkommen. Wieder gab es in Berlin Spekulationen über die Möglichkeit eines Präventivschlags. Selbst Bismarck heizte die Diskussion mit Äußerungen an, die den Historikern viel zu rätseln gegeben haben. Im Mai 1888 bestand er gegen Hohenlohes Einwendungen auf der Einführung des Paßzwangs für Ausländer (überwiegend Franzosen), die Elsaß-Lothringen besuchen wollten. Im selben Monat vertraute er Kronprinz Wilhelm, der während seines Besuchs in St. Petersburg im September 1886 von der Russophilie zur Russophobie konvertiert war, die Information an, daß sich Frankreich als Objekt eines Präventivkriegs besser eigne als Rußland.[22] Am 13. Mai erklärte er im preußischen Staatsministerium, die Dinge stünden so, «daß man einem Krieg mit Frankreich nicht mehr mit so besonderem Eifer aus dem Wege zu gehen habe. Man werde weder provozieren, noch angreifen, aber wenn man Dinge, wie den Schnaebele-Fall gehen ließe, so sei der Krieg leicht da. Man sei gewiß, wenn man mit Rußland in Krieg verwickelt werde, auch Frankreich auf den Leib zu bekommen, während bei einem Konflikt mit Frankreich es keineswegs gewiß sei, daß auch Rußland sich beteiligen werde. Es sei wahrscheinlich richtiger, erst Frankreich abzuklopfen, ehe der Krieg mit zwei Fronten da sei. Mit dem alten Kaiser habe man nicht mehr in einen Krieg hineintreiben dürfen, mit dem jetzigen friedlichen, schwerkranken Herrn sei die Sache ähnlich, wenn aber der junge kriegslustige Herr erst auf den Thron gelange, so sei die Sache anders. Er sage das nur als eine naturgeschichtliche Bemerkung, wenn er annehme, daß der Kronprinz leicht zu einem Krieg entschlossen sein würde, und der sei da, wenn man ihn nicht wie bisher ängstlich und geflissentlich vermeide.»[23]

Am 16. Mai vertraute der Kronprinz Waldersee «unter dem Siegel der Verschwiegenheit» an, daß Bismarck sich entschlossen habe, einem Krieg mit Frankreich nicht mehr auszuweichen. Doch Waldersee erzählte Herbert von Bismarck einige Tage später, daß die Franzosen wenig Lust zum Krieg hätten und nicht auf einen solchen vorbereitet seien. Er vermutete, der Kanzler habe dem militanten Thronerben nur gefällig sein wollen und versucht, ihn mit der Erklärung in die Hand zu bekommen, er werde weitere französische Provokationen nicht dulden.[24] Waldersee durchschaute die Taktik, denn es handelte sich um die Umkehrung seiner eigenen. Bismarck versuchte, den Einfluß des Generals auf die kriegerischen Phantasien des Thronerben zu verdrängen.

Die einzigen konkreten Vorkehrungen gegen französische Feindseligkeiten, die er 1888–1889 traf, waren nicht militärischer, sondern diplomatischer Natur und sollten Frankreich noch fester in die Zwangsjacke der Isolation einschnüren. Nach Wilhelms II. Thronbesteigung im Juni 1888 bewog er den neuen König und

Bismarck und Wilhelm II. in Friedrichsruh, 30. Oktober 1888

Kaiser, seinen ersten Staatsbesuch in Rußland zu machen, um dort, begleitet von Herbert, das Verhältnis zum russischen Kaiser und seiner Regierung zu befestigen. In einem Memorandum für den jungen Herrscher beschrieb er von neuem die Taktik der alternativen Optionen, der er seine Stellung als Schiedsrichter in der europäischen Politik verdankte: Eine französisch-österreichisch-russische Koalition gegen Deutschland sei gegenwärtig leichter zu bewerkstelligen als zur Zeit Friedrichs des Großen. Um sie zu vermeiden, müsse Deutschland gute Beziehungen entweder zu Rußland oder zu Österreich unterhalten. Mit *beiden* östlichen Kaisermächten gleich fest verbündet zu sein, sei wünschenswert, aber angesichts der Antagonismen zwischen beiden nicht immer möglich. Ein engeres Bündnis mit einer der beiden Mächte bedeute nicht notwendig Feindseligkeit gegenüber der anderen. Deutschland müsse vielmehr danach trachten, mit beiden in Frieden zu leben, ja durch das Bündnis mit einer der beiden die andere daran hindern, den Frieden zu stören. Bislang habe nur Österreich dazu seine Bereitwilligkeit gezeigt. «Gelingt es uns nicht, beide – Österreich und Rußland – vertragsgemäß und dauernd zu Freunden zu haben», schrieb er, «so müssen wir wenigstens festhalten, was wir haben.»

Die Beziehungen zu Österreich seien bequemer, fuhr der Kanzler fort, weil dort «die Basen, auf welchen die gegenseitigen Beziehungen beruhen, breitere» seien als in Rußland, wo unter Umständen die Gegnerschaft eines einzigen Staatsmanns ausreiche, «um die ganze öffentliche Meinung und das ganze amtliche Rußland zu einer uns feindlich bedrohenden Haltung zu bringen». Deutschland könne dem Kaiser von Rußland keine «Dinge im Orient versprechen, die uns die Freundschaft Österreichs kosten würden»; in der asiatischen Richtung («einschließlich des schwarzen Meers, der Meerengen und selbst Konstantinopels») könne es dagegen die russischen Aspirationen begünstigen. «Es ist möglich, daß Österreich ein Interesse hat, dies zu hindern, aber dann müßte Österreich für *diese* Zwecke andere Bundesgenossen finden». Die Erwerbung Konstantinopels würde Rußland schwächen, weil es darüber mit England und vielleicht auch mit Frankreich in Konflikt geraten würde. «Wir haben deshalb keinen Grund, Rußlands Streben nach den Meerengen zu hindern», fand Bismarck, es durch eine deutsche Initiative zu befördern, empfehle sich aber taktisch ebensowenig. «Jede Bereitwilligkeit dazu würde bei der russischen Überhebung so ausgelegt werden, als ob wir Rußlands guten Willen *brauchten*, weil wir *Furcht* hätten und als ob man deshalb über uns verfügen könnte.» Rußland müsse einsehen, daß Deutschland weder wirtschaftlich noch militärisch oder politisch auf russisches Entgegenkommen angewiesen sei, aber dennoch friedliche und freundschaftliche Beziehungen zu Rußland wünsche.[25]

Wie Bismarck es ihm geraten hatte, gab Wilhelm II. seinem Staatsbesuch in Rußland den Charakter eines Höflichkeitsbesuchs ohne bestimmten politischen Zweck. Doch Giers wollte sich die Gelegenheit zu einer politischen Erörterung mit Herbert von Bismarck nicht entgehen lassen. Dabei brachte der russische Minister die üblichen Beschwerden über österreichische Intrigen auf dem Balkan vor und beklagte die Unnachgiebigkeit des Fürsten Ferdinand in Bulgarien, während Herbert die Standardantwort wiederholte: Deutschland sei zwar nicht gewillt, für Rußland zu handeln, würde aber jede russische Initiative in der bulgarischen Frage unterstützen. Giers bedauerte zwar seine mangelnde Sachkenntnis in Zollfragen, klagte aber heftig darüber, daß die «Zollplackereien ... bei dem hochgetriebenen wirtschaftlichen Kampfe unserer Zeit die politischen Auffassungen der Völker» beeinflußten. Herbert trug daraufhin präzise die Anschauung seines Vaters vor, «daß die wirtschaftlichen und die politischen Beziehungen großer Staaten an sich miteinander nichts zu tun haben. Wir haben zur Zeit der intimsten Beziehungen zwischen Preußen und Rußland stets über wirtschaftliche Schwierigkeiten zu klagen gehabt, die sogar vor mehr als 60 Jahren zwischen den damals in engster Freundschaft stehenden Monarchen zu Sperrmaßregeln führten, von denen wir jetzt weit entfernt sind: es hat dies auf die Innigkeit des politischen Zusammenhaltens niemals zurückgewirkt und braucht das auch jetzt nicht zu tun.» Herbert berichtete, daß er von Alexander III. sehr zwanglos und freundlich empfangen worden sei und dem Zaren das Auftreten Wilhelms II. gefallen zu haben scheine.[26]

Der Besuch kurierte jedoch nicht die Russophobie des jungen Deutschen Kaisers. Im Gegenteil erwartete Wilhelm II. nun Krieg entweder mit Frankreich oder Rußland noch vor Ende des Jahres. Besorgt waren auch die deutschen Generäle, denn die russische Armee verlegte erneut Truppen aus dem Inneren des Reichs an die österreichische Grenze. Bismarck mißtraute den russischen Absichten ebenfalls, und die Nachricht, daß die Franzosen abermals gewaltige Summen in den Festungsbau und Kriegsrüstungen investierten, war nicht geeignet, ihn zu beruhigen. Unter diesen Umständen tat Bismarck, was zu erwarten war: Er wandte sich nach England. Durch den Grafen Hatzfeldt, den deutschen Botschafter in London, drängte er die Briten Ende August 1888, ihre Abwehrbereitschaft zu verstärken, denn die Mächte, die den Frieden wollten – Deutschland, Österreich, Italien und England –, würden genötigt sein, die kriegslüsternen – nämlich Frankreich und Rußland – zu zügeln. Als im Januar 1889 die Kampagne Boulangers in Paris ihrem Höhepunkt zustrebte, schlug er Salisbury in aller Form ein deutsch-britisches Verteidigungsabkommen gegen französische Aggression für einen begrenzten Zeitraum vor. Ein Geheimvertrag, «wenn er möglich wäre, würde beiden Mächten erhebliche Sicherheit für den Ausgang eines solchen Krieges gewähren, die *Verhinderung* desselben aber würde nur von dem öffentlichen Abschluß erwartet werden können», schrieb er an Hatzfeldt. Wenn England wegen divergierender Interessen gezwungen sein sollte, in kriegerische Auseinandersetzungen mit den Vereinigten Staaten von Amerika oder mit Rußland – oder mit beiden – einzutreten, werde der Konflikt für Großbritannien nur dann kritisch werden, wenn Frankreich mit den Gegnern gemeinsame Sache machte. Das könne Frankreich aber kaum riskieren, wenn es von einem deutschen Heer von mehr als einer Million Mann bedroht werde. «Wenn nur festgestellt wird, daß England gegen einen *französischen* Anfall durch ein deutsches und Deutschland gegen einen *französischen* Anfall durch ein englisches Bündnis gedeckt sein würde, so halte ich den europäischen Frieden für gesichert auf die Zeit der Dauer eines solchen *öffentlich verlautbarten* Bündnisses.» Bismarck rannte mit diesen Überlegungen offene Türen ein, denn Salisbury war bereits der Überzeugung, daß Frankreich die größere Gefahr für England sei und immer bleiben werde. Der Premierminister erbat sich Zeit, um Bismarcks Vorschlag mit seinen Kabinettskollegen zu beraten.[27]

Schon seit Monaten war Bismarck bemüht, das Ansehen des neuen Kaisers in London zu verbessern und alles zu beseitigen, was Friktionen zwischen den beiden Mächten verursachen könnte. Im März 1889 entsandte er Herbert nach London, um eine Einigung über das Samoaproblem herbeizuführen. (Das Resultat war die Dreimächtekonferenz in Berlin, auf welcher das am 14. Juni 1889 von Großbritannien, den Vereinigten Staaten von Amerika und Deutschland unterzeichnete Samoaabkommen ausgehandelt wurde.) In London nahm Herbert von Bismarck wohlwollend Joseph Chamberlains Vorschlag zur Kenntnis, daß Großbritannien Helgoland im Austausch gegen Südwestafrika an Deutschland abtreten könne! (Bismarck hielt diese Angelegenheit für noch nicht «reif», um in konkrete Verhandlungen einzutreten.) Bei diesem Besuch berichtete Salisbury Herbert, daß seine Kabinettskollegen eine deutsch-britische Allianz als «das Heilsamste für beide Länder und den europäischen Frieden» begrüßen würden, jedoch ihres Erachtens der gegenwärtige Zeitpunkt «unopportun» sei, da an der Frage die parlamentarische Mehrheit der Regierung zerbrechen würde. Salisbury bedauerte das als Konsequenz der parlamentarischen Demokratie, welche «seine Regierung zu solcher Impotenz verdamme». «Einstweilen könne er nichts tun, als möglichst demonstrativ mit uns Hand in Hand zu gehen, und er sei sehr froh zu hören, daß wir seine Situation verständen und von ihm gegenwärtig weiter nichts verlangten.» Im Juni erfreute Königin Victoria ihren Enkel Wilhelm mit der Ernennung zum *Admiral of the Fleet*, und im August ankerte ein deutsches Geschwader vor Cowes, während der neueste Admiral der britischen Flotte, in Nelsons Uniform prangend, an der Seite der Königin der Parade der britischen Flotte beiwohnte.[28]

Die Anzeichen eines Rapprochements zwischen England und Deutschland erweckten natürlich in Rußland Mißtrauen. Für Bismarck handelte es sich bei dieser Demarche freilich nur um ein weiteres Manöver nach Art der von ihm stets bevorzugten Taktik ausgewogener Alternativen – der potentielle Gegner sollte durch den Nachweis gebremst werden, daß Deutschland sich Verbündete zu verschaffen wußte. Als die boulangistische Gefahr schwand, verlor diese Option ihre Notwendigkeit, und Bismarck ließ sie verfallen. In Petersburg ließ er wissen, das Rapprochement habe nur die Abschreckung Frankreichs bezweckt und sei für Rußland ohne jede Bedeutung. Tatsächlich hätte er, wenn es zu konkreten Verhandlungen mit Salisbury gekommen wäre, jegliche Zusage, die britische Politik auf dem Balkan und in den Meerengen zu unterstützen, strikt vermieden. In dieser Hinsicht hätte er Großbritannien keine anderen Bedingungen eingeräumt als Österreich im Zweibund von 1879. Und trotz ihres Mißtrauens gegen Bismarck und Deutschland waren weder der Zar noch Giers gewillt, auf den Rückversicherungsvertrag zu verzichten, der 1890 auslaufen würde. Beide hofften auf dessen Erneuerung.[29]

Noch am Ende seiner Kanzlerschaft funktionierte Bismarcks Schaukelpolitik, bei der bald diese, bald jene Seite belastet wurde, je nachdem, nach welcher Seite hin das Gleichgewicht sich zu verschieben drohte. Sie scheiterte letztlich nur am Geiste und beschränkten Verständnis des Kaisers. Wilhelm II. besaß nicht die Erfahrung, das Temperament und die Intelligenz, die Subtilitäten von Bismarcks Verfahren in auswärtigen Angelegenheiten zu schätzen zu wissen. Auch sein Großvater hatte diese nie ganz verstanden, doch der alte Kaiser hatte bei allen Zweifeln sein Vertrauen am Ende immer in Bismarcks Fähigkeiten gesetzt. Sein Enkel jedoch war von Leuten umgeben, die sich, wie besonders Waldersee, nach Kräften bemühten, jenes Vertrauen zu untergraben und dem jungen Kaiser weiszumachen, daß der alte Kanzler die Realitäten der europäischen Politik nicht mehr begreife und seine Außenpolitik verworren und widersprüchlich sei.[30] Nach Herberts Auffassung versuchten diese «gewissenlosen Hetzer», den Kaiser ohne Not auch über ganz nebensächliche außenpolitische Angelegenheiten aufzubringen.

Eine derartige Angelegenheit war der Versuch des russischen Schatzamts, eine Serie von Wertpapieren der staatlichen Eisenbahnen, deren Fälligkeitsdatum bevorstand, zu niedrigeren Zinsen zu konvertieren. Von Bleichröder deswegen befragt, erhob Bismarck gegen die Konversion keine Einwände, und auch der «Ältestenrat» der Berliner Börse billigte die Operation. Der Kaiser jedoch war dagegen, weil Rußland die «zirka 20 Millionen jährlicher Zinsen», die es dabei sparen würde (Bismarck: «?»), zu militärischen Rüstungen verwenden würde. Selbst Herbert ergriff die Partei des Kaisers, wobei er sich offensichtlich von seinem Haß gegen den «gefährlichen Juden» und «geldgierigen Semiten» Bleichröder leiten ließ, dem es, wenn er nur einige Millionen verdienen könne, «ganz egal» sei, was aus Bismarck und dem Vaterland würde (Bismarck: «Wem nicht?»). Solange der Gang der Dinge in Frankreich noch nicht entschieden sei, antwortete der Vater, gehe man Streit mit Rußland besser aus dem Wege. Dennoch beschwichtigte er auch den Kaiser, indem er in der *Norddeutschen Allgemeinen Zeitung* deutschen Anlegern raten ließ, sich statt für die Konversion ihrer russischen Eisenbahnaktien für deren Einlösung zu entscheiden.[31]

Eine andere Frage, auf welche die «Hetzer» die Aufmerksamkeit des Kaisers lenkten, war die negative Reaktion der Süddeutschen auf das Bemühen der Regierung, die Einfuhr sozialistischer Zeitungen aus der Schweiz zu verhindern, wo viele deutsche Sozialisten Zuflucht vor dem Sozialistengesetz gesucht hatten. Im April 1889 wurde August Wohlgemuth, ein mit der Untersuchung dieses Schmuggels befaßter Polizeiinspektor, von deutschen Emigranten über die Schweizer Grenze gelockt, in der Schweiz von der Kantonspolizei verhaftet und zehn Tage lang in Haft gehalten. Bismarck sah in dieser Episode eine Gelegenheit, die Bande der konservativen Interessengemeinschaft mit Rußland zu stärken, während er das Resultat seiner Bemühungen um England abwartete. Alexander III. und Giers, denen die Gastfreundschaft der Schweiz gegenüber russischen Anarchisten und Bombenbastlern seit langem ein Ärgernis war, kamen gern (wie dann auch Österreich) mit Deutschland überein, der Berner Regierung eine gleichlautende Protestnote zugehen zu lassen.[32]

Bismarck verfolgte jedoch noch ein zweites Anliegen, zu dessen Unterstützung Rußland und Österreich offensichtlich nicht so leicht bereit waren. Er meinte, daß die drei Mächte, wenn sie in der Terroristenfrage gegenüber der Schweiz eine gemeinsame Front bildeten, der Berner Regierung erfolgreich nahelegen konnten, mit Berlin bei der Unterdrückung der sozialistischen Agitation zu kooperieren. Doch Petersburg und Wien dämpften die Wirkung der Note durch die verbindliche Form, in welcher ihre Botschafter diese in Bern überreichten, sowie durch die Weigerung, deren Veröffentlichung zu genehmigen. Bismarck ging deshalb im Alleingang vor. Er verschärfte die Grenzkontrollen und kündigte ein 1876 geschlossenes Abkommen, das die Beschränkungen, denen in Deutschland wohnhafte Ausländer unterworfen waren, für Schweizer Bürger gelockert hatte. Auch damit verfolgte er einen noch weitergehenden Zweck. Da der Frankfurter Vertrag von 1871 eine Meistbegünstigungsklausel enthielt, hatten sich auf Grund des schweizerisch-deutschen Vertrages von 1876 französische Staatsangehörige in Elsaß-Lothringen niederlassen können, wo sie nach Bismarcks Dafürhalten der Germanisierung des Reichslands im Wege standen.[33]

Zieht man alle Aspekte der Kampagne Bismarcks gegen die Schweiz im Jahre 1889 in Betracht, so zeigt sich, daß er die Fähigkeit, verschiedene Ziele mit einem Streich zu treffen, noch nicht eingebüßt hatte. Die Aktion offenbart aber auch ein nachlassendes Vermögen, alle ernstzunehmenden Nebenwirkungen einer geplanten Maßnahme vorab zu berechnen. Die Maßnahmen gegen die Schweiz schädigten die kommerziellen und touristischen Beziehungen der Schweiz zu den deutschen Nachbarstaaten. Die Bürger und Regierungen von Baden und Württemberg verspürten wenig Lust, der «großen Politik» die ihnen abverlangten Opfer zu bringen. Besonders verstimmt war Großherzog Friedrich von Baden, der sich bei seinem Neffen, dem Kaiser, mit Nachdruck darüber beschwerte, daß Bismarcks Maßnahmen exzessiv und sogar in wirtschaftlicher und politischer Hinsicht gefährlich seien, weil sie die Schweiz veranlassen könnten, bei einem zukünftigen Krieg die Partei Frankreichs zu ergreifen. «Selbst Herbert Bismarck sage, er verstehe seinen Vater nicht mehr», erklärte der Großherzog Hohenlohe, «und viele Leute fingen an zu glauben, daß er nicht mehr richtig im Kopf sei».[34]

Das Schlimmste an der Schweizer Affäre war, daß sie offenbarte, wie schwach Bismarcks Stellung geworden war. Herbert und Holstein wiesen ihn warnend darauf hin, daß jene, die Zugang zum Kaiser hatten, sich der russischen Konversion und der schweizerischen Grenzzwischenfälle bedienten, um ihm beim Kaiser zu schaden. Unsichere Minister versuchten eine Kanzlerkrise in der Hoffnung zu forcieren, damit ihre eigene Position zu verbessern. Holstein meinte allerdings, daß nichts so heiß gegessen wie gekocht werde; die Intriganten würden noch den «psychologischen Moment» abwarten. Herbert hielt Waldersee für den eigentlichen Schurken und machte sich ernsthafte Sorgen. Er glaubte, daß Deutschland schon bald einen «großen Krieg» produzieren «und vielleicht zum Teufel gehen» würde, «wenn S. M. bei seiner jetzigen Unreife und Unerfahrenheit ohne Papa mit *homines novi* drauflos regieren sollte». Doch sein Vater täuschte Gleichmut vor: «Wenn der Herr nicht mit ihm weitermachen wollte, sei nichts dabei zu tun.»[35]

Als der Kaiser Ende Juli 1889 zu einer Kreuzfahrt in skandinavischen Gewässern auslief, war Herbert nicht an Bord. «Ich sehe nicht ohne Sorge die lange Nordfahrt mit dem Blubbermatz», schrieb er an Rantzau. Er fürchtete den Einfluß des russophoben «Schwätzers» Waldersee auf den Kaiser, «wer weiß in welchen Ideen ich S. M. am 29. finde ...» Einen gewissen Trost fand er in der Tatsache, daß der russische Kronprinz Nikolaus als Gast des Kaisers mit von der Partie war, was als Beweis dafür gelten konnte, daß Wilhelm II. einstweilen noch keinen Krieg wollte und an der Politik seines Kanzlers festhielt. Aber der junge russische Prinz und seine Entourage waren enttäuschende Gäste. Sie erwiesen sich als wasserscheu und reisten vorzeitig ab. Nikolaus hatte augenscheinlich auch striktesteste Weisung gehabt, «über nichts zu reden als über Wetter und Jagd» (Bismarck: «War vorauszusehen»). Der Kaiser, der gehofft hatte, Nikolaus beeinflussen zu können, war froh, seine Gäste wieder los zu sein. «Ich gebe die Russen jetzt definitiv auf», erklärte er Herbert, «höflich werde ich bleiben bis zuletzt, erwarten tue ich aber von Rußland nichts mehr.»[36]

Im Oktober 1889 machte Zar Alexander III. auf der Rückreise von einem Verwandtenbesuch in Kopenhagen Station in Berlin. Kaiser Wilhelm II. war zwar verstimmt darüber, daß die Zarin einen Besuch der deutschen Hauptstadt vermieden hatte und mit dem Schiff von Kopenhagen nach Königsberg gefahren war, doch seine demonstrative Gastfreundschaft machte einen sehr günstigen Eindruck auf den Zaren. Allerdings ging Wilhelm zu weit, indem er sich zu einem Gegenbesuch in Rußland selbst einlud. Bismarck war besorgt, als er davon erfuhr. Er wußte, daß Wilhelms Erfolg bei Alexander nur vorübergehend sein würde und durch näheren Kontakt leicht Schaden nehmen mochte. Die «aggressive Liebenswürdigkeit» des Hohenzollers, der nichts lieber mochte als Reisen und Staatsbesuche, würde bald die Geduld des mißtrauisch defensiven Romanows erschöpfen, der die häusliche Zurückgezogenheit jeder offiziellen Geselligkeit bei weitem vorzog. Während seiner Audienz beim Zaren in Berlin hatte Bismarck Mühe, Alexander davon zu überzeugen, daß Wilhelms jüngster Besuch in England und seine bevorstehenden Reisen nach Athen und Konstantinopel ohne politische Bedeutung seien. Seine Mühe erwies sich als vergeblich, als Wilhelm während seines Aufenthalts in Griechenland einer britischen Flottenparade im Piräus beiwohnte und mit dem Prinzen von Wales die Frage der Seemacht im Mittelmeer erörterte. Diese scheinbar demonstrative Solidarität mit England in einer kritischen Region beunruhigte die Russen, und der Zar sprach von Wilhelm als einem «ungezogenen Jüngling».[37]

Doch Alexanders Vertrauen zu Bismarck wuchs im gleichen Maße, in dem sein Mißtrauen gegen Wilhelm zunahm, und im Dezember 1889 brachte er zuerst die Erneuerung des Rückversicherungsvertrages zur Sprache. Im Februar 1890 gelang es Bismarck, die Einwilligung des Kaisers in die Erneuerung zu erlangen. Doch zu dieser Zeit hatten sich die Beziehungen zwischen Kaiser und Kanzler bereits so verschlechtert, daß jeder Aspekt der Staatspolitik, einschließlich der Außenpolitik, davon betroffen war.[38] Bismarcks Annahme, daß ein gutes Verhältnis zu Rußland eine feste und unwandelbare Notwendigkeit für die deutsche Außenpolitik sei, an der kein Monarch willkürlich etwas ändern könne, sollte bald auf die Probe gestellt werden.

Niederlage der Ultrakonservativen

Nachdem sein Großvater und sein Vater abgetreten waren, blieb dem jungen Willy als Vaterfigur, gegen die er rebellieren konnte, nur noch Bismarck. Die Gefühle, die er dem alternden Kanzler entgegenbrachte, waren von der ganzen Ambivalenz, die für das ödipale Problem charakteristisch ist. Er verehrte den Staatsmann, der – mit «Blut und Eisen», wie es hieß – die Macht geschaffen hatte, die nun verfassungsmäßig ihm als Kaiser gehörte, doch er ertrug nur schlecht den schulmeisterlichen Ton, in welchem ihn der Kanzler über deren rechten Gebrauch belehrte. Gegen diesen unsicheren jungen Mann, dem es «noch an Maß und Gleichgewicht» fehle und der nach Meinung seines besten Freundes «merkwürdig jung für seine Jahre» war, bediente sich Bismarck oft der pädagogischen Methoden, die er im Umgang mit Untergebenen, Ministern und Parlamentariern bevorzugte.[39] Wenn Wilhelm anfänglich das Bedürfnis nach Anleitung empfand, wurmte ihn doch die Abhängigkeit, die er damit eingestand. Er verglich sich gern mit Friedrich dem Großen, der am 24. Januar, nur drei Tage vor Wilhelms eigenem Geburtstag, geboren worden war und im Alter von achtundzwanzig Jahren nicht nur den Thron bestiegen, sondern auch gleich einen großen Krieg begonnen hatte.[40]

Solange der Kanzler, der Kaiser und diejenigen, auf welche der letztere hörte, hinsichtlich der Richtung der deutschen Politik im großen ganzen einer Meinung waren, machten sich diese latenten Empfindungen nicht gravierend bemerkbar. Wilhelms Flirt mit den Ultras bei der Waldersee-Versammlung scheint nur ein zeitweiliges unschuldiges Abirren von den politischen Überzeugungen gewesen zu sein, die er seit 1886 hegte. Damals hatte es ihn entzückt, als sich das Zentrum in Mißkredit brachte, indem es mit den Linksliberalen und den Sozialisten gegen das Septennat stimmte. «Möge bald der Tag kommen», sagte er überschwenglich zu Eulenburg, «an dem Gardegrenadiere mit Bajonetten und Trommeln den Platz räumen.» Auch die Gründung des Kartells und dessen Sieg bei den Wahlen 1887 erfreuten ihn.[41] Am Tag vor seiner Thronbesteigung erklärte er Bismarck, er wolle «die Regierung im Sinne seines Großvaters führen, die Rechte der Souveräne und der Volksvertretung achten. Sich nicht auf die Extreme, sondern auf die Kartellparteien stützen. Die Hochkonservativen würden nie eine Mehrheit und meist eine Führung durch den extremen Flügel haben, welcher halbverrückt und zu borniert sei».[42] Im Juli berichtete der österreichische Botschafter: «Die Intimität des gegenwärtigen Herrschers mit dem Ersten Rate der Krone ist eine solche, die unbedingt kaum mehr einer Steigerung fähig ist. Es sind wahre Flitterwochen der Verehrung, der Zuneigung, des Vertrauens und des Verständnisses.»[43]

Als seine erste Amtshandlung wollte Wilhelm II. Puttkamer wieder in das Amt des preußischen Innenministers einsetzen. Bismarck überzeugte ihn aber davon, daß es besser wäre, diese Ernennung noch aufzuschieben, da man die sofortige Reaktivierung Puttkamers als einen «Akt der Impietät» gegen seinen Vater ansehen würde. Der Kaiser ernannte interimistisch Ernst Ludwig Herrfurth, einen liberalen Beamten, der die Stellung dann auf Dauer behalten sollte.[44] Bismarck zufolge ging die Ernennung Rudolf von Bennigsens zum Oberpräsidenten der Provinz Hannover auf eine persönliche Initiative des Kaisers zurück, der mit dieser Entscheidung seine Unterstützung des Kartells beweisen wollte.[45] Im gleichen Herbst bestätigte Wilhelm eine Entscheidung des preußischen Staatsministeriums, die von Goßler veranlaßte Berufung des liberalen Kirchenhistorikers Adolf

Harnack an die theologische Fakultät der Universität Berlin gegen den Widerstand des konservativen Oberkirchenrats der evangelischen Kirche aufrechtzuerhalten. Ende August ließ er, wenn auch etwas gewunden, in der Presse verlauten, daß er antisemitische Agitation mißbillige. Während der Kampagne zu den Wahlen für das preußische Abgeordnetenhaus im Herbst ermächtigte er den freikonservativen Abgeordneten Graf Hugo Douglas zu leugnen, daß er jemals direkte Beziehungen zu Stoecker oder der antisemitischen Bewegung gehabt hätte.

Alle diese Handlungen wurden als Affirmation Bismarcks und der Kartellparteien angesehen und mithin als Niederlage für die Ultrakonservativen und orthodoxen Klerikalen im Kampf um die Gunst des neuen Herrschers. Im November 1888 schienen sich dann auch die Wähler Preußens für den Kurs des neuen Königs aussprechen zu wollen. Die «Mittelparteien» des Kartells (die Freikonservativen und Nationalliberalen) gewannen auf Kosten der Linksliberalen und der Deutschkonservativen zwanzig neue Mandate.[46]

Stoecker, unbeeindruckt durch die Abtrünnigkeit des Kaisers, gründete im Frühjahr 1889 die Zeitung *Das Volk*, in der verschleierte Angriffe gegen den Kanzler erschienen, dem da vorgeworfen wurde, den Nationalcharakter des deutschen Volkes zu verderben, die Öffentlichkeit irrezuführen und sogar die Monarchie zu unterminieren. Zu diesem Zeitpunkt exponierte sich der umstrittene Hofprediger, indem er sich auf eine öffentliche Kontroverse mit einem anderen Geistlichen einließ, in deren Verlauf die beiden Kontrahenten einander gegenseitig der Lüge bezichtigten. Durch den Chef seines Zivilkabinetts, Hermann von Lucanus, ließ der Kaiser den Oberkirchenrat dafür tadeln, den Streit, der das Ansehen der Kirche schmälerte, nicht beendet zu haben. Er befahl Stoecker, entweder auf seine Anstellung als Hofprediger oder auf seine politischen Aktivitäten zu verzichten. Im April 1889 erwiderte Stoecker, daß er die Politik aufgeben werde, da sie ihm ohnehin kein Vergnügen mehr mache. «Eine konservativ-christliche Opposition ist bei uns nicht zu organisieren», befand er. Dennoch zoegerte Stoecker seinen Abschied von der Politik noch einige Monate lang hinaus, um zu sehen, welcher Erfolg der *Kreuzzeitung* in ihrer neuesten Kampagne gegen die Bismarck-Regierung beschieden sein würde.[47]

Nach Stoeckers politischem Hinscheiden, das Waldersee dem Einfluß Bismarcks auf den Kaiser zuschrieb, blieb als einziges Zentrum ultrakonservativer Opposition die *Kreuzzeitung*. Auf ihren Seiten zürnte Hammerstein über die Unterdrückung seines politischen Verbündeten und fragte besorgt, ob es überhaupt noch eine Kraft gebe, die imstande sei, die alten Prinzipien des Konservatismus gegen den Druck des Kanzlers aufrechtzuerhalten. Doch zog bald auch Hammerstein kaiserlichen Unmut auf sein Haupt, der am 2. Oktober 1889 im amtlichen *Reichsanzeiger* laut wurde: «Seine Majestät sieht in dem Kartell eine den Grundsätzen seiner Regierung entsprechende politische Gestaltung und vermag die Mittel, mit denen die Kreuzzeitung dasselbe angreift, mit der Achtung vor der allerhöchsten Person und vor unseren verfassungsmäßigen Institutionen nicht in Einklang zu bringen.»[48] Das öffentliche Eingreifen des Herrschers in eine politische Auseinandersetzung war ohne Beispiel in der bisherigen Geschichte der preußisch-deutschen konstitutionellen Monarchie.

Waren damit den Ultrakonservativen die Flügel beschnitten, so hatte Bismarck die Bewegungsfreiheit Waldersees jedoch nicht schmälern können. Nach dem Tod Friedrichs wurde der General in der Presse als kommender Kanzler und Angehöriger der «Kriegspartei» am Hof gehandelt.[49] Bismarck war schon in der Vergangenheit nur wenig Erfolg bei seinen Versuchen beschieden gewesen, den Monarchen von engen Vertrauten zu trennen, zumal wenn diese Generäle waren. Da er wußte, daß er mit einem erfolglosen Angriff gegen Waldersee sich selbst in Gefahr bringen würde, suchte er dessen Freundschaft zu gewinnen. «Ich habe das Gefühl, meinen Feldzug gewonnen zu haben», vertraute hocherfreut der General seinem Tagebuch an. «Bismarck hat sich überführt, daß er bei Kaiser Wilhelm II. mich niemals beseitigen wird und zieht nun vor, mein Freund zu sein.»[50] Waldersees Ernennung zum Chef des Generalstabs im August 1888 und Berufung ins Herrenhaus im Januar 1889 schienen ihm eine sichere Zukunft zu versprechen. «Der Kaiser wünscht,» beobachtete er frohlockend, «daß ich mich außerhalb des rein Militärischen umsehe und rechnet unter Umständen auf mich als Ratgeber in der inneren und äußeren Politik». «Diesen Eindruck habe ich schon seit längerer Zeit gewonnen, er deckt sich mit der Ansicht vieler Beobachter unserer Entwicklung. Seit Jahresfrist wird darüber geklatscht, aber auch ernst gesprochen, und der Kanzler hat mich nachweislich mehrfach als Konkurrenten betrachtet.»

Doch war sich Waldersee selbst nicht sicher, ob er wirklich der unmittelbare Nachfolger einer so welthistorischen Gestalt wie Bismarck werden wollte. «Wenn sich erst der eine oder andere Nachfolger das Genick gebrochen hat, ließe sich vielleicht darüber reden», überlegte er.[51] Inzwischen beschloß Waldersee, Vorsicht walten zu lassen und sich nicht etwa beim Intrigieren gegen den Fürsten selbst in Gefahr zu begeben. Zwei vergebliche Versuche, Stoecker zu retten, zeigten ihm die Grenze seines politischen Einflusses. 1889 wurde er nicht in die Katastrophe der *Kreuzzeitung* hineingezogen, weil er sich klugerweise von den Ultras distanzierte und die Begeisterung des Kaisers für die Kartellparteien unterstützte.[52] Unterdessen wartete er darauf, daß Bismarck einen Fehler begehen oder endlich seinen Jahren und seinen Krankheiten den fälligen Tribut zollen werde.

Die Ironie des Schicksals wollte es dann, daß Bismarck mit seinem doppelten Erfolg, die *Kreuzzeitung*-Stoecker-Fraktion unschädlich zu machen und Wilhelm II. an der Seite der Kartellparteien zu halten, den eigenen Sturz in die Wege leitete. Was er als eine zeitweilige Majorität ansah, deren er sich bedienen wollte, solange sie seinen Zwecken dienlich war, faßte Wilhelm II. als einzige denkbare Basis seiner Regierung auf.[53] Obwohl der Kanzler sich jahrelang bemüht hatte, die (von ihrem linken Flügel getrennten) Nationalliberalen zu einem Bündnis mit den Freikonservativen und den (möglichst von ihrem rechten Flügel getrennten) Deutschkonservativen zu veranlassen, erwartete er doch von dieser Kombination ebensowenig wie von jeder denkbaren anderen, daß sie permanent sein würde. Eine derartige Erwartung hätte weder zu seiner Auffassung des Verhältnisses zwischen Regierung, Parlament und Parteien gepaßt, noch zu seiner Praxis, Spaltungen der Parteien auszunutzen, um sich in der Kammer alternative Mehrheiten zu verschaffen. Wie bereits berichtet, hatte er 1884 dem preußischen Staatsministerium erklärt, daß er mit den Nationalliberalen nur solange würde regieren können, «bis sie wieder zu stark und üppig geworden seien».[54]

Die häufigen öffentlichen und privaten Versicherungen der Gunst des Kaisers, die sie während des Jahres 1889 erhielten («das Kartell sei für den inneren Frieden ebenso nötig wie die Triple Allianz für den äußeren»),[55] ermutigten die Führer der Nationalliberalen Partei zu der Hoffnung, sie könnten in Übereinstimmung mit Wilhelm vielleicht erreichen, was sie dem Kanzler nie hatten abnötigen können. «Ich zweifle nicht, daß unsere Ideen dadurch einen großen Vorschub erhalten und ihr schließliches Durchdringen einen festen Stützpunkt unter unserem jungen Kaiser gefunden hat», schrieb Miquel zuversichtlich an Bennigsen.[56] Seit der Gründung ihrer Partei hatten nationalliberale Führer Einfluß auf die Exekutive des preußisch-deutschen Staates zu nehmen gehofft, nicht durch eine Änderung des Regierungssystems, sondern durch ihre Berufung in die Regierung. Im ersten Jahrzehnt der Kanzlerschaft Bismarcks hatte dessen Bereitschaft, einer liberalen, prokapitalistischen Wirtschaftspolitik zu folgen, sie für das Ausbleiben solcher Ernennungen entschädigt. Während der Kanzlerkrise 1877–1878 gelangten ihre Hoffnungen und Erwartungen auf einen Höhepunkt, waren aber nichtsdestoweniger wieder enttäuscht worden. Nach weiteren zehn deprimierenden Jahren schien ihnen nun der neue Kaiser die Erfüllung all ihrer Wünsche zu verheißen. Als der Kaiser 1889 die Ultras unter Feuer nahm, wagten die Nationalliberalen offene Meinungsverschiedenheiten mit Bismarck. Dabei zeichnete sich vor allem Miquel aus, der zum einflußreichsten Wortführer der Partei wurde. Die Bismarck-Ära ging ganz offensichtlich zu Ende. Vielleicht war die Zeit der Nationalliberalen nun endlich gekommen.

Unter den wichtigen Reformen, die Miquel und dessen Anhänger befürworteten, war auch eine Reform des preußischen Steuersystems. Sie wollten die antiquierten Klassen- und klassifizierten Einkommenssteuern durch eine einzige Einkommenssteuer mit progressiver Erhöhung, Selbstveranlagung und Steuerbefreiung für niedrige Einkommen ersetzen. Miquel, Mitglied im *Verein für Socialpolitik* und ein rückhaltloser Befürworter der Gesetze zur Alters- und Invalidenversicherung, kritisierte Bismarcks mangelnde Bereitschaft, die soziale Reform auf den Gebieten des Arbeiterschutzes, der Wohnungspolitik und der Arbeitervertretung fortzusetzen. Ebenso mißbilligte er Bismarcks anscheinend prorussische Haltung auf dem Balkan, und privat befürwortete er sogar einen Präventivkrieg, was Holstein die Gelegenheit gab, ihn mit Waldersee zusammenzubringen.[57] Während des Sommers 1889 bemerkten die Kolonialenthusiasten, die eine starke Fraktion in der Nationalliberalen Partei bildeten, daß Bismarcks Begeisterung für ein überseeisches deutsches Kolonialreich offenbar im Schwinden war. Es kam zu einer erbitterten Pressefehde zwischen der *Kolonialzeitung* und der *Norddeutschen Allgemeinen Zeitung* über die Weigerung der Regierung, die von Carl Peters geführte Emin Pascha-Expedition an den oberen Nil zu unterstützen.[58]

Miquel versuchte Bismarcks Stellung zu untergraben, indem er bei jeder Gelegenheit «unserem jungen, tatkräftigen Kaiser» öffentlich schmeichelte. «Von Tag zu Tag ist dieses Vertrauen der Nation in den Kaiser gewachsen, den sie gleich seinen erlauchten Vorfahren mit restlosem Eifer und nie ermüdender Pflichttreue die Zügel der Regierung führen sieht.» Desillusioniert über den Wert der Parteipolitik und des parlamentarischen Systems, predigte Miquel eine Art von aufgeklärtem Absolutismus, womit er im Ringen um die Aufmerksamkeit und das Wohlwollen des Kaisers alle Konkurrenten, einschließlich Bismarcks, auszustechen hoffte.[59] Ende Oktober erhob Bennigsen die alte nationalliberale Forderung nach einem verantwortlichen Reichsministerium oder wenigstens einem verantwortlichen Reichsfinanzminister, der sich des expandierenden Staatshaushalts und der steigenden Verschuldung des Reichs annehmen sollte.[60] Heinrich Patzig, der Generalsekretär der Partei, soll in einem Zirkular vor «zu weitgehender Unterstützung des schnell alternden Reichskanzlers» gewarnt haben.[61]

Scholz' Initiative zur Steuerreform

Daß Bismarck die Hand nicht mehr so fest wie ehedem am Zügel hatte, zeigte sich auch am Verhalten eines seiner Ministerkollegen. Seitdem er 1882 zum preußischen Finanzminister ernannt worden war, hatte Adolf Scholz wenig Neigung zu unabhängiger Amtswaltung erkennen lassen. Aus diesem Grund hatte ihn später Bismarck auch als den einzigen Finanzminister gelobt, mit dem er je habe harmonisch zusammenarbeiten können.[62] Nach dem Debakel des Branntweinmonopols im Jahre 1886 hatte Bismarcks Interesse an fiskalischen Fragen allerdings sichtlich nachgelassen. Die seit 1879 beschlossenen Schutzzölle hatten sich als fiskalisch sehr ergiebig erwiesen. Die Zolleinnahmen waren von 104 300 000 Mark im Jahre 1878 auf 288 Millionen Mark im Jahre 1888 und im folgenden Jahr weiter auf 349 900 000 Mark gestiegen. Ergänzt durch andere neue, wenn auch weniger ergiebige Steuern, stiegen während der genannten Jahre die Einnahmen des Reichs von 350 700 000 Mark auf 579 300 000 Mark und dann 707 300 000 Mark. Kraft der Franckensteinschen Klausel und der *lex Huene* waren die indirekten Reichssteuern zur Haupteinnahmequelle der Staatsregierungen und örtlichen Verwaltungen geworden. Die Zahlungen des Reichs an die Bundesstaaten gingen über die von den Bundesstaaten an das Reich entrichteten Matrikularbeiträge hinaus, 1887 um 5 400 000 Mark, 1888 bereits um 70 Millionen Mark und 1889 um 139 700 000 Mark.[63] Die Finanzkrise, mit deren Hilfe Bismarck früher seine Steuerreformpläne durchzusetzen versucht hatte, existierte nicht mehr. Während der verbleibenden Zeit seiner Kanzlerschaft unternahm er keine Anstrengungen mehr, um das so lange angestrebte Ziel zu erreichen: den Verzicht des preußischen Staates auf die direkte Besteuerung von Einkommen sowie Grund- und Immobilienbesitz.

Unterdessen verbreitete sich bei Parlamentsabgeordneten, Journalisten, Nationalökonomen, Steuerexperten und Verwaltungsbeamten zunehmend die Einsicht, daß das preußisch-deutsche Steuersystem dringend reformbedürftig sei. 1887 entschied das preußische Abgeordnetenhaus erneut mit großer Mehrheit, daß die Zunahme der indirekten Besteuerung die Reform der direkten Besteuerung in Preußen zur «unvermeidlichen Notwendigkeit» mache. Doch wie schon 1883–1884 entzündeten sich bei der öffentlichen Diskussion der Frage Konflikte zwischen agrarischen und industriellen Interessen und zwischen dem Osten und dem Westen über die Art der erforderlichen Reform. Beide Interessengruppen waren sich einig, daß das bestehende Steuersystem ungerecht sei, daß die Finanzierung des Staatshaushalts (und insbesondere die Kosten der militärischen Aufrüstung) dem Verbraucher aufgebürdet und daß die unteren Klassen dabei am stärksten belastet wurden. Verschiedener Meinung waren sie aber darüber, was zu tun war. Die Agrarier forderten weiterhin die Besteuerung von Gesellschaftseinkommen und Kapitalzinsen, während die Finanzleute und Industrielle dagegen beharrlich Widerstand leisteten.[64] Ohne die geschickte und energische Führung durch Bismarck und den preußischen Finanzminister war dieser Widerstand gegen Veränderungen nicht zu brechen. Vor allem Bismarck ließ es daran fehlen.

Im Januar 1889 legte Adolf Scholz, angeregt von der öffentlichen Diskussion und wahrscheinlich auch auf Rat von Mitarbeitern im Finanzministerium, dem preußischen Staatsministerium den Entwurf zu einer umfassenden Steuerreform vor, der in vielem dem bereits 1883–1884 erfolglos dem Landtag vorgelegten entsprach. Obwohl Bismarck, dessen Gesundheitszustand sich Ende 1883 auf einem Tiefpunkt befunden hatte, an dem Entwurf jenes ersten Steuerreformgesetzes kaum beteiligt gewesen war, hatte er doch seinerzeit an Grundzügen keine Kritik geübt. Nun, fünf Jahre später, stellte er in kritischen Randbemerkungen zu Scholz' Entwurf sowohl die Notwendigkeit als auch den Charakter der Reform in Frage.[65] Einkommen unter 1200 Mark jährlich (die Stufen eins bis vier der Klassensteuer) sollten hinfort von der Steuer befreit sein (Bismarck: «Wie theuer?»). Einkommen zwischen 1200 und 9500 Mark (die Stufen fünf bis zwölf der Klassensteuer sowie eins bis acht der klassifizierten Einkommenssteuer) sollten progressiv mit einem bis drei Prozent besteuert werden (Bismarck: «Was kostet die Depression?»). Jahreseinkommen von mehr als 9500 Mark wollte Scholz wie bisher mit drei Prozent besteuern. Jedes Familienmitglied sollte aber 100 Mark abschreiben dürfen (Bismarck: «33 Prozent!»). Soziale Umstände (Erziehungsausgaben für Kinder, Unterstützung armer Verwandter, Krankheiten, Schulden, Unfälle) sollten so weitgehend berücksichtigt werden können, daß sie bei Jahreseinkommen von weniger als 1800 Mark den Erlaß der gesamten Steuerpflicht bedingen konnten, bei Jahreseinkommen zwischen 1800 und 9500 Mark die Senkung der Steuersumme bis auf die Hälfte (Bismarck: «Läßt der Willkür einen zu großen Spielraum.»). Die Verpflichtung zur Selbstangabe (Bismarck: «Über die Quelle des Einkommens oder dessen Höhe?») sollte für Personen mit Einkommen von mehr als 3000 Mark jährlich gelten – außer bei Einkommen aus selbstverwaltetem Land- und Forstbesitz, die von einer örtlichen Kommission veranschlagt werden sollten, weil die Erstellung einer Steuererklärung bei ihnen schwierig sei (kein Kommentar von Bismarck).[66]

Scholz' Denkschrift und Gesetzentwurf trugen ernsthaften Ungerechtigkeiten der bestehenden Besteuerung persönlicher Einkommen Rechnung. Ein Einkommen von 1200 Mark jährlich, erklärte Scholz, war unzureichend, die Bedürfnisse einer Familie zu decken, was nicht zuletzt die gleichbleibend hohe Zahl von Zwangsvollstreckungen und Mahnungen bei Nichtentrichtung der Klassensteuer belegte. Vom 1. Oktober 1887 bis zum 30. September 1888 lag bei Steuerpflichtigen der dritten Stufe (Einkommen von 900 bis 1050 Mark) der Anteil derjenigen, bei denen Pfändungen durchgeführt wurden, in den Städten bei 11,7 Prozent, auf dem Lande bei 1,79 Prozent; von den Steuerpflichtigen der vierten Klasse (1050 bis 1200 Mark) wurden jedoch nur 7,24 Prozent beziehungsweise 1,27 Prozent gepfändet; von solchen der fünften bis zwölften Stufe (1200 bis 3000 Mark) nur 4,27 Prozent und 0,37 Prozent. Einkommensteuererleichterungen für die Armen waren ein erklärter Zweck der Ausweitung der indirekten Reichssteuern gewesen. Die Streichung der Stufen drei und vier aus den Steuerlisten, ein Vorschlag, der bereits 1883 im Abgeordnetenhaus auf heftigen Widerstand gestoßen war, würde den Staat 5 536 000 Mark kosten («Viel Geld», meinte Bismarck). Auf Grund der «im Allgemeinen günstigen Finanzlage» (Bismarck: «Wird die dauern?») glaubte Scholz diese Einbuße jedoch vertreten zu können.[67] Die 1889 fallenden Zinssätze ließen Scholz (Bismarck: «leider») zu dem Schluß gelangen, daß die 1883 vorgeschlagene Kapitalrentensteuer nun «inopportun» sei («Die Mehrbelastung der Grundsteuer noch weniger», bemerkte Bismarck). Während der Diskussionen über die Steuerreformvorlage 1883–1884 habe man darauf hingewiesen, erinnerte sich Scholz, daß die Besteuerung von Gesellschaftseinkommen einer doppelten Besteuerung gleichkäme (Bismarck: «Der Grundbesitz steuert dreifach.»).[68]

Bismarcks Reaktion auf Scholz' Steuerplan vom Januar 1889 beweist erneut sein geringes Verständnis der öffentlichen Finanzen und der sozialen Fragen, mit denen jede Organisation des Steuerwesens eng zusammenhängt. «Den Gedanken einer progressiven Besteuerung vermag ich nicht zu acceptiren; wir gerathen damit auf die socialistischen Wege. Wird in der Besteuerung überhaupt eine Progression zugelassen, so giebt es keinen rationellen Grund an irgend einer Stelle anzuhalten». Er war nicht prinzipiell gegen eine doppelte Besteuerung. Im Gegenteil beharrte er darauf, daß das Einkommen aus wirklicher Arbeit und das aus Renten verschieden besteuert werden, d. h. letzteres in Form einer Kapitalrentensteuer höher herangezogen werden müsse. Ebenso müsse ein Unterschied gemacht werden, «je nachdem ob das Einkommen aus ausländischen oder inländischen Anlagen herstammt. Der Entwurf sollte die Bestimmung enthalten, daß die Grundsteuer in Zukunft nicht weiter zum Maßstab für Zuschläge genommen werden darf».[69] Um diesem «Mißbrauch» abzuhelfen, empfahl er örtliche Steuern auf Gesellschaftseinkommen und die Senkung der öffentlichen Ausgaben für das staatliche Erziehungswesen. «Wir produzieren nicht nur in den Gymnasien und

Mittelschulen ein höheres Quantum von Bildung, als sich in regelmäßiger Entwicklung des Lebens verwerten läßt.» Wie Rußland würden Preußen und Deutschland durch einen Überschuß gebildeter Menschen gefährdet. Der Staat produziere selbst die Ansprüche und Unzufriedenheiten, mit denen er anschließend zu kämpfen habe.[70]

Anscheinend hatte Scholz Bismarck mit den Einzelheiten seines Reformplans nicht vorab bekannt gemacht, ein Versäumnis, das in früheren Jahren Minister wie Camphausen und Hofmann um ihre Posten gebracht hatte. Unter Wilhelm II. konnte Bismarck jedoch Minister nicht mehr so leicht abschieben. Als er am 10. Januar 1889 nach Berlin zurückkehrte, mußte der Kanzler feststellen, daß der Kaiser und das preußische Staatsministerium der Initiative des Finanzministers im wesentlichen zugestimmt hatten.[71] In seiner Thronrede bei der Eröffnung des preußischen Landtags am 14. Januar versprach Wilhelm II., daß die Regierung Steuererleichterungen für Schichten mit geringem Einkommen schaffen werde.[72] Bismarck, nun innerhalb der Regierung isoliert, ging im Abgeordnetenhaus zum Gegenangriff über. Während Scholz und seine Kollegen noch über Einzelheiten der Regierungsvorlage berieten, brachte der Zentrumsabgeordnete Karl Huene eine in Absprache mit Bismarck entworfene Vorlage ein, nach der die Hälfte des Einkommens aus der Grund- und Gebäudesteuer den Kommunalverbänden überwiesen werden sollte – mit dem Ziel, später den gesamten Ertrag dieser Steuern an die Verbände zu übertragen.[73]

Die Wiederbelebung dieser alten Forderung, die sich bei Großgrundbesitzern, die der Zusatzsteuern leid waren, und bei Stadtverwaltungen, die neuer Einkommensquellen bedurften, großer Beliebtheit erfreute, gefährdete Scholz' Reformplan, weil ihre Erfüllung dem Staatsschatz die Mittel entzogen hätte, die man für die Ermäßigung der Einkommenssteuer benötigte. Scholz reagierte auf diese Herausforderung, indem er die Huene-Vorlage der Regierungsvorlage einverleibte. Zu deren Finanzierung verringerte er die Kosten – und den Umfang – der Einkommenssteuererleichterungen, indem er das Höchsteinkommen, bis zu welchem die Klassensteuer gänzlich erlassen werden sollte, auf 900 Mark senkte (wo es dann 300 Mark unter dem Einkommen lag, das als Minimum zur Ernährung einer Familie galt). Außerdem verringerte er die Zahl der von der Steuer absetzbaren Ausgaben. Auch in dieser geänderten Form wurde die Vorlage vom Kaiser und vom Staasministerium gebilligt.[74] Ehe sie jedoch offiziell dem Landtag präsentiert werden konnte, überredete Bismarck seine Kollegen, den Kaiser um den Befehl zu dessen sofortiger Schließung zu bitten. Die Beratungen über die Einkommenssteuerreform und andere schwebende Fragen im Landtag würden, behauptete er, die kommenden Reichstagswahlen negativ beeinflussen.[75] Am 30. April 1889 kamen die Abgeordneten aus den langen Osterferien zurück, um zu ihrem Erstaunen ohne Begründung wieder nach Hause geschickt zu werden.[76]

Länger als ein Jahrzehnt hatte Bismarck wieder und wieder versucht, bedeutende Veränderungen in der preußischen und deutschen Steuergesetzgebung zuwegezubringen. Als ein Ergebnis seiner Bemühungen war das Reichssystem der indirekten Besteuerung ausgebildet worden, vor allem in Form von Verbrauchssteuern auf Massenkonsumartikel, das zu Lasten der Konsumenten ging und insbesondere die Empfänger niedriger Einkommen traf, die deshalb einen unverhältnismäßig großen Teil der Steuerlast trugen. Die Entlastung von der preußischen Klasssen- und klassifizierten Einkommenssteuer, die die Arbeiterschaft und den unteren Mittelstand in Preußen für dieses Opfer hätte entschädigen können, war nur in Ansätzen zustande gekommen. Die den Verwaltungen der Bundesstaaten und den Kommunalverwaltungen aus dem Reich zufließenden Mittel (entsprechend der Franckensteinschen Klausel und der *lex Huene*) erwiesen sich als nicht ausreichend, um die Abschaffung der verhaßten Zusatzsteuern zu gestatten, was stets eines der wichtigsten Anliegen der Reform gewesen war.

Als die Frage der Steuerreform im Dezember 1889 während der letzten Monate seiner Kanzlerschaft erneut zur Debatte stand, beharrte Bismarck wieder auf dem Standpunkt, daß Steuererleichterungen für Landbesitzer den Vorrang vor jeder anderen Maßnahme zur Reform der direkten Besteuerung haben sollten. Die Grundsteuer als Maßstab für kommunale Steuerzuschläge anzusehen, sei «drückender, ungerechter und verstimmender als alle Fehler der Einkommen- und Klassensteuer, welche etwa noch der Verbesserung bedürfen könnten. Das System bedingt die jährliche Erneuerung der Ungleichheit in der Besteuerung, welche mit Einführung der Grundsteuer (1861) hergestellt wurde.»[77] Bismarck forderte, daß Steuererleichterungen für Landbesitzer Priorität gegenüber Steuererleichterungen für einkommensschwache Bevölkerungsschichten haben sollten, obwohl Deutschland in den Monaten seit der Schließung des Landtags am 30. April weit verbreitete Arbeiterunruhen erlebt hatte. Seine Ansichten über die Steuerreform, in Kombination mit seinen Ansichten über soziale Reformen in jener Zeit, illustrieren anschaulich die zunehmende Erstarrung seines Denkens und die abnehmende Fähigkeit zu einer realistischen Lagebeurteilung.

III

Streit über die Sozialpolitik

Der große Streik im Mai 1889

Während des Monats, in dem der Reichstag die Gesetze zur Alters- und Invalidenversicherung verabschiedete, gab es in der deutschen Industrie die umfangreichsten Arbeitsniederlegungen ihrer Geschichte. Die Streiks begannen spontan am 3. Mai im nördlichen Ruhrgebiet und verbreiteten sich nach Aachen, ins Saargebiet, nach Sachsen und Schlesien. Die Streikwelle erreichte ihren Höhepunkt an der Ruhr am 13. Mai, anderswo später im selben Monat. Zu diesem Zeitpunkt streikten an der Ruhr etwa 97 000 Bergleute (86 Prozent der Beschäftigten), in Aachen 2465 Bergleute (40 Prozent der Beschäftigten), an der Saar 12 000 (46 Prozent), in Sachsen 10 000 (über 50 Prozent), in Niederschlesien zwischen 10 000 und 12 000 (etwa 75 Prozent) und in Oberschlesien 13 300 (etwa 32 Prozent).[1] Bei Zusammenstößen in Gelsenkirchen am 4. Mai wurden zwei Polizeibeamte schwer verwundet. Am folgenden Tag ließen die Behörden zum Schutz des Eigentums der Bergwerksbesitzer Truppen aufmarschieren, was von manchen als eine unnötig provozierende Maßnahme angesehen wurde. Am Ende (um den 1. Juni) hatte der Streik fünfundvierzig Menschenleben gefordert, die meisten (siebzehn) an der Ruhr, dreizehn in Schlesien.[2] Während der folgenden Monate loderte der Arbeitskampf wiederholt neu auf, und die Gefahr weiterer Arbeitsniederlegungen war offensichtlich nicht gebannt. Überdies war der Kohlenbergbau nicht die einzige Industrie, die während dieses Jahres bestreikt wurde. Auch in anderen Industrien gab es Arbeitsniederlegungen, die zum Teil monatelang fortgesetzt wurden. Bis zum April 1890 kam es zu 715 Streiks, an denen 289 300 Arbeiter beteiligt waren, darunter Tausende von Bau-, Textil- und Metallarbeitern.[3]

Seit 1887 hatte sich ein Konjunkturaufschwung bemerkbar gemacht, der die Unternehmer optimistisch stimmte, die Arbeiter jedoch verbitterte, weil sie nicht an dieser Entwicklung beteiligt wurden. An der Ruhr stieg die Produktion von 28 500 000 Tonnen 1886 auf 33 900 000 Tonnen 1889 (im Wert von 134 700 000 bzw. 185 000 000 Mark), während die gezahlten Arbeitslöhne tendenziell einen immer geringeren Prozentsatz dieser Summen ausmachten (57,7 1886, 56,0 1887, 55,3 1888 und 57,0 Prozent 1889).[4] Zwischen 1886 und 1889 stiegen die Schichtlöhne für qualifizierte und erfahrene Arbeiter von 2,92 auf 3,42 Mark, für Hilfsarbeiter von 1 Mark auf 1,12 Mark. Die Lebenshaltungskosten für eine Familie mit drei Kindern wurden auf 1067 Mark jährlich geschätzt, ein Betrag, den selbst ein

Hauer unter Tage nur mit Mühe verdienen konnte. Der zunehmende Bedarf an Kohle hatte zur Folge, daß in jeder Schicht Überstunden gearbeitet wurden; zwei bis vier Stunden waren die Regel, sechs bis acht möglich. Oft waren diese Überstunden Zwang, denn wenn Arbeiter bei Schichtwechsel den Schacht verlassen wollten, war der Aufzug häufig nicht in Betrieb. Am härtesten war der Kampf ums Dasein in den Bergwerken für unverheiratete junge Männer, die neu aus den Dörfern und von den Gütern des Ostens angekommen waren. Die Mehrzahl dieser am schlechtesten bezahlten «Kostgänger» fand Arbeit in den neu eröffneten Bergwerken des nördlichen Ruhrgebiets. Ihre Unerfahrenheit und der Druck zur Steigerung der Produktion hatten in diesen Bergwerken eine hohe Zahl von Unfällen zur Folge.[5]

Obwohl die Streikwelle an der Ruhr nicht von langer Hand geplant war und für die Unternehmer überraschend kam, waren ihr doch seit Monaten zahlreiche Versammlungen vorausgegangen, auf denen unzufriedene Arbeiter ihre Beschwerden vorbrachten. Aus diesen Zusammenkünften gingen die Forderungen der Streikenden hervor: Lohnerhöhungen von 15 Prozent für alle Arbeiter, Abschaffung der Überstunden (bis zu sechzehn Stunden), die Reduzierung der normalen Arbeitsschicht von zehn Stunden und mehr auf acht Stunden vom Betreten bis zum Verlassen des Werksgeländes und die Verbesserung der Arbeitsbedingungen (einschließlich von Maßregeln gegen die Übergriffe brutaler Aufseher). Das Hauptanliegen der Streikenden waren Lohnerhöhungen. Wenn diese zugesagt wurden, traten allerdings andere Forderungen in den Vordergrund, insbesondere nach Verkürzung der Arbeitszeit und Regelung der Überstunden.[6]

Für die Arbeitgeber und die Regierung kam die Erhebung im Mai wie ein Schock. Obwohl ihnen die Agitation, die den Streiks vorausging, nicht verborgen geblieben war, waren doch weder die Arbeitgeber noch die Regierung auf deren Konsequenzen vorbereitet. Die Bergwerksbesitzer machten sich natürlich Sorgen über die Sicherheit ihrer Anlagen (die sich dann als unbegründet erwiesen), die Kosten des Produktionsausfalls (die durch das streikbedingte Steigen der Preise bald ausgeglichen wurden) und die Forderungen selbst (die zweifellos andere nach sich ziehen würden, wenn der Streik Erfolg hatte). Sie bezeichneten den Streik als illegal und die Forderung nach prozentualen Lohnerhöhungen und Arbeitszeitverkürzungen als ungerechtfertigt. Die Löhne, erklärten sie, würden dem Aufschwung der Wirtschaft ganz von selbst folgen. Wenn die Streikenden die Arbeit wieder aufnähmen, könnten sie auch höhere Löhne erwarten.[7] Auf jeder Ebene der Regierung waren die Meinungen darüber geteilt, wie man mit den Streikenden am besten verfahren sollte und wie berechtigt ihre Anliegen waren. Während der ersten Tage des Streiks war das an der Reaktion der örtlichen Behörden im Ruhrgebiet sehr deutlich abzulesen. In der Rheinprovinz weigerte sich der Regierungspräsident von Düsseldorf, Hans Freiherr von Berlepsch, die angeforderten Truppen einzusetzen, weil ihre Anwesenheit nach seiner Meinung die gewöhnlich friedfertigen Bergleute unnötig provozieren würde. Er verstärkte statt dessen die örtliche Polizei, mit welcher die Streikenden vertraut waren. Sein

Amtskollege, der Regierungspräsident von Arnsberg in Westfalen, Alfred von Rosen, setzte dagegen Militär ein. Blutvergießen war das Ergebnis. Mitte des Monats hatten die Soldaten schon wiederholt das Feuer eröffnet, und es gab neun Tote und fünfzehn Verwundete.[8]

In Berlin kam es schon bald zwischen Kaiser und Kanzler zu Meinungsverschiedenheiten über den Streik und das angemessene Vorgehen der Regierung. Der Kaiser hielt sich in Kiel auf, als ihn die erste Nachricht von den Vorkommnissen erreichte, und ohne sich mit Bismarck zu beraten, wies er am 6. und 7. Mai die Oberpräsidenten der Provinzregierungen an, ihn direkt und kontinuierlich über den Gang der Ereignisse zu unterrichten. Bei der Rückkehr in die Hauptstadt zog Wilhelm dann nicht den Kanzler, sondern seinen einstigen Erzieher Hinzpeter zu Rate, und am 11. Mai befahl er dem Oberpräsidenten von Westfalen, Robert Eduard von Hagemeister, die Verwalter und Direktoren der örtlichen Kohlenbergbaugesellschaften «auf das energischste zu zwingen, die Lohnerhöhungen in kürzester Frist eintreten zu lassen», um den Streik zu beenden und eine drohende «Nationalkalamität» zu verhüten. Wenn sie dieser Anordnung nicht Folge leisteten, würde er die Truppen zurückziehen.[9]

Bismarck, der von diesen Initiativen nichts wußte, hatte zu den Streiks bereits bei einer Sitzung des preußischen Staatsministeriums am 9. Mai Stellung genommen. Obwohl er anfänglich daran gedacht habe, das Kriegsrecht auszurufen, sei er dann zu dem Schluß gelangt, daß für diesen Schritt die Zeit «noch» nicht reif sei. Die Beschwerden der Arbeiter seien nicht unbegründet; daß beispielsweise die Arbeitgeber den Arbeitern Geldbußen vom Lohn abzogen, wenn diese sich weigerten, Überstunden zu machen, verstoße gegen den Geist des Gesetzes. Die Regierung solle in diesem Arbeitskampf neutral bleiben und sich privat und öffentlich (mittels der nichtamtlichen Presse) bemühen, die Arbeitgeber zu Zugeständnissen zu bewegen. Andererseits hatte Bismarck es offenbar nicht allzu eilig, die Streiks zu beenden. «Er lege Werth darauf, daß die traurigen Folgen einer solchen Arbeitseinstellung und der damit verbundenen Gewalttätigkeiten der öffentlichen Meinung vor Augen geführt würden. Dies werde die Stellung der Staatsregierung bei Berathung der sozialpolitischen Gesetze stärken», verzeichnet das Protokoll der Sitzung.[10] Was andere vorzüglich als «Kalamität» wahrnahmen, barg für Bismarck nichtsdestoweniger die Möglichkeit politischen Gewinns.

Bei der nächsten Sitzung des Staatsministeriums am 12. Mai erschien unangemeldet der Kaiser und übernahm bei der Debatte über den Streik den Vorsitz. In seiner einleitenden Erklärung berichtete Bismarck unparteiisch über die zwischen Arbeitern und Arbeitgebern anstehenden Streitfragen. Die Bergleute hätten das Recht zu streiken und könnten nicht gezwungen werden, die Arbeit wieder aufzunehmen, doch der Staat müsse Besitz und Personen schützen, einschließlich derjenigen Arbeiter, die trotz des Streiks arbeiten wollten. Der Staat sei auch verpflichtet, von Arbeitsniederlegungen in Mitleidenschaft gezogenen Industrien Beistand zu leisten. Die Unternehmen hätten den Arbeitern in schlechten Zeiten geholfen zu überleben, und jetzt wollten deren Eigentümer verständlicherweise von der wiederkehrenden Prosperität profitieren. Der Arbeitslohn sei zwar nicht zu niedrig und die Arbeitszeiten nicht zu lang, doch die Profite der Unternehmer rechtfertigten die Forderung nach Lohnerhöhungen. Auch an den Arbeitsbedingungen sei manches verbesserungsbedürftig (einschließlich der Überschichten und der Berechnung der Arbeitszeit von der Einfahrt bis zur Ausfahrt). «So gönne er den Arbeitern diese Verbesserungen sehr wohl», erklärte der Kanzler, «aber er wünsche nicht das Beispiel gegeben zu sehen, daß sie dieselben auf dem Wege der Arbeitseinstellung rasch und leicht erreichten. Dies würde zur Nachahmung und Wiederholung reizen.» Andererseits «möchte er es als politisch nützlich ansehen, wenn die Beilegung dieses Streikes und seiner traurigen Folgen nicht zu glatt und rasch erfolge, letztere sich vielmehr der liberalen Bourgeoisie fühlbarer machten. Dieselbe gehe immer von der Voraussetzung aus, unter der Socialdemokratie leide die Regierung mehr als der Bürger, und wenn die Bewegung ernsthaft werde, unterdrücke die Regierung sie doch nöthigenfalls mit Gewalt, vorbeugende Gesetze seien also gar nicht so nöthig.»

Nachdem der Kanzler geendet hatte, faßte der Kaiser die besorgniserregenden Berichte zusammen, die er von Hagemeister und Rosen aus Westfalen erhalten hatte: «Die Bewegung sei im Zunehmen, drohende Volkshaufen zögen umher, um jede etwaige Wiederaufnahme der Arbeit zu stören, die großen Eisenhütten müßten den Betrieb einstellen; um die Zechen zu schützen, sei eine dauernde Stationierung von Truppen bei denselben und zu diesem Behuf eine Herbeiziehung von noch 2–3 Bataillonen und einigen Schwadronen erforderlich.» Als Grund des Übels bezeichnete Wilhelm, «daß ein großer Theil der Gruben im Besitz von Aktiengesellschaften, namentlich auch solcher, die mit ausländischem Geld arbeiteten, sich befinde. Bei diesen sei die Erzielung möglichst hohen Ertrags der einzig maßgebende Gesichtspunkt, und es fehle jede Rücksicht auf das Gemeinwohl und auf das Ergehen der Arbeiter.» Es gebe Hinweise darauf, daß ein für Juni geplanter Generalstreik vorzeitig zum Ausbruch gekommen sei. Die Bewegung sei nicht sozialdemokratisch; es müsse Druck auf die Arbeitgeber ausgeübt werden, um diese zum Entgegenkommen gegen die berechtigten Forderungen der Arbeiter zu veranlassen. «Der Arbeitseinstellung müsse ein baldiges Ende gemacht werden, weil die Folgen derselben zu bedrohlich seien. Der Kohlenmangel entwaffne uns, wenn er den Eisenbahnbetrieb und die Bewegungen der Flotte unmöglich mache.»

Er habe deshalb Hagemeister und den Landräten «anbefohlen», bei den Grubenbesitzern auf eine Erhöhung der Löhne zu dringen. Die Staatsregierung müsse als «eine Art Oberschiedsgericht» handeln. Übrigens müsse Bedacht darauf genommen werden, im Wege der Gesetzgebung für den Staat eine Oberleitung des Bergwesens zu gewinnen.

Bismarck bezweifelte in seiner Erwiderung, daß der Streik Deutschlands Wehrfähigkeit gefährde, «denn die Eisenbahnverwaltung besitze den nöthigen Kohlenvorrath für eine Mobilmachung. Die Möglichkeit, daß unsere Feinde uns Kalamitäten, wie sie die Folge von Arbeitseinstellungen seien, bereiteten, wachse mit dem Erfolge der jetzigen Arbeitseinstellung, und die in einem solchen Erfolge liegende Ermuthigung sei das, was er am meisten fürchte. Er begrüße mit Freuden den Gedanken einer Stärkung der Aufsicht des Staats über das Bergwesen. Eine Expropriirung der Aktiengesellschaften, namentlich der ausländischen, eine Verstaatlichung der Gewinnung der Kohlen, als eines unentbehrlichen Bedürfnisses würde er für ein anzustrebendes Ziel halten.»[11]

So waren der Kaiser und sein Kanzler auf Kollisionskurs. Der Monarch drängte auf eine baldige Beendigung des Streiks zu Lasten der Arbeitgeber, während sein wichtigster Minister die Neutralität der Regierung befürwortete und den Streik seinen Lauf nehmen lassen wollte – zur politischen Erziehung der «liberalen Bourgeoisie». Dabei ließ Bismarck jedoch keinen Zweifel daran, daß er gegen eine Intervention der Regierung prinzipiell nichts einzuwenden habe. Obwohl uns keine Reaktionen der anwesenden Minister überliefert sind, muß die Tatsache, daß er rundheraus erklärte, «eine Expropiirung der Aktiengesellschaften ... für ein anzustrebendes Ziel» zu halten, Bismarcks Kollegen doch in einiges Erstaunen versetzt haben. Vielleicht sahen sie in der Äußerung nur ein rhetorisches Zugeständnis, den Versuch, die antikapitalistischen Ausführungen des Kaisers noch zu überbieten und die Diskussion damit zu beenden. Daß unklar bleibt, ob Bismarck alle Bergbauunternehmen oder nur die in ausländischer Hand verstaatlicht wissen wollte, spricht für eine Improvisation. Lucius weiß zu berichten, daß es Bismarck nicht leicht fiel, den «stürmischen Erguß» des Kaisers zu beschwichtigen und in die richtigen Bahnen zu lenken. Nachdem der Kaiser die Sitzung verlassen hatte, bemerkte der Fürst zu seinen Kollegen, «daß der junge Herr die Auffassung von Friedrich Wilhelm I. über seine Machtbefugnisse habe, und es sehr nötig sei, ihn vor Übereilungen in dieser Beziehung zu schützen».[12]

Privat war Bismarck empört angesichts der Entdeckung, daß der «junge Herr» den Beamten in den Provinzen Befehle erteilte und Berichte von ihnen anforderte, ohne es für nötig zu halten, seine verantwortlichen Minister darüber zu verständigen. In einem amtlichen, vom gesamten Staatsministerium unterzeichneten und mit den üblichen Ergebenheitsbezeugungen reich versehenen Bericht faßte Bismarck für den Kaiser die bei der Sitzung getroffenen Entscheidungen zusammen und bemerkte dann, daß der Oberpräsident von Westfalen rechtlich nicht zu Zwangsmaßnahmen gegen die Bergwerksbesitzer befugt sei. Der Abzug der Truppen, gab er weiter zu bedenken, würde Personen dem Zorn der Streikenden ausliefern, die für die Arbeitsniederlegung nicht verantwortlich seien; die Zerstörung der Maschinen und Pumpen würde die Überflutung der Bergwerke zur Folge haben und das «nationale Kapital» des ganzen Landes schädigen.[13] Dem unglücklichen Hagemeister sandte er ein chiffriertes Telegramm, in dem er den Kollegen eisig belehrte, daß Minister nicht die Verantwortung für Handlungen übernehmen könnten, die von Untergebenen ohne ihr Vorwissen und ihre Genehmigung veranlaßt würden.[14]

Mitte Juli zeigte sich bei einem weiteren Zwischenfall, wie empfindlich Bismarck die kaiserliche Indifferenz gegenüber konstitutionellen Prozeduren berührte. Am 17. Juli traf ein Telegramm des Regierungspräsidenten Berlepsch in Berlin ein, das einen neuen Streik in der Dahlbuschgrube bei Essen meldete. Bismarck empfahl Innenminister Herrfurth, fürs erste nicht zu intervenieren, außer auf besonderen Befehl des Kaisers. Die Einschränkung war nötig, denn eine Kopie des Telegramms war an den nicht in Berlin weilenden Kaiser gesandt worden. Bismarck mußte also die Möglichkeit in Betracht ziehen, daß auch diesmal Wilhelm II. unter Mißachtung des Dienstwegs Verfügungen über die Köpfe seines Kanzlers und seines Ministeriums hinweg treffen würde. An Herrfurth schrieb der Fürst trocken: «Es empfiehlt sich meines Erachtens nicht, Nachrichten wie die vorliegende *ohne petitum* an Seine Majestät den Kaiser mitzutheilen, namentlich nicht in einer Situation, wo seine Majestät sich in der Nöthigung fühlen kann, ohne verantwortliche Ratgeber und ohne nähere sachkundige Erläuterung als den Wortlaut des Telegramms allerhöchste Entschließungen zu fassen. Ich glaube, daß es unter solchen Umständen Seiner Majestät nicht zugemutet werden kann, eine Entscheidung zu treffen und die Mittheilung der Meldung bekommt leicht den Anschein einer Kritik der Abwesenheit Seiner Majestät.»[15] Damit der Kaiser nicht durch die Berichte des Innenministers in Versuchung geriet, auf eigene Faust zu handeln, wies Bismarck Herrfurth auch darauf hin, daß er sich damit bei einem Mann vom Temperament Seiner Majestät leicht in Teufels Küche bringen könnte.

Der Kohlenbergbaustreik im Mai 1889 offenbarte den Drang Wilhelms II. nach direkter Herrschaft, und die niederen Beamten der preußischen Monarchie waren seiner stürmischen Initiative gern gefolgt. Das Problem, das auf diese Weise sichtbar wurde, sollte sich noch als verhängnisvoll erweisen. Fürs erste tauchte es jedoch wieder unter. Bei den Audienzen, die er am 14. und am 16. Mai separaten Deputationen der streikenden Arbeiter und der Grubenbesitzer des Rheinkohlendisktrikts gewährte, hielt der Kaiser sich ziemlich streng an die von Bismarck während der Sitzung des preußischen Staatsministeriums empfohlene Neutralitätspolitik. Bei Entgegennahme der Petition der Bergleute versprach er, deren Forderungen durch seine Regierung genau zu prüfen, er tadelte jedoch auch ihre Vertragsbrüchigkeit und ließ wissen, daß er mißbillige, wie die Streikenden arbeitswillige Kollegen mit Gewalt behindert und in einzelnen Fällen sogar Widerstand gegen die Staatsgewalt geleistet hätten. Wenn es zu Ausschreitungen gegen die öffentliche Ordnung und Ruhe käme oder sich die Streikenden mit den Sozialdemokraten zusammentäten, würde er mit unnachsichtiger Strenge einschreiten und «die volle Gewalt, die Mir zusteht – und dieselbe ist eine große – zur Anwendung bringen».[16]

Daß der Besuch der Deputation in Berlin ein wünschenswertes Ergebnis zeitigte, war dann jedoch nicht das Verdienst der Regierung, sondern zweier Abgeordneter der Freisinnigen Partei, welche die drei Bergleute in Kontakt mit dem nationalliberalen Reichstagsabgeordneten Friedrich Hammacher brachten, der auch Vorsitzender des *Bergbaulichen Vereins* war, in dem sich die Bergwerksbesitzer organisiert hatten. Aus den Verhandlungen Hammachers mit den Vertretern der Streikenden ergab sich das am 15. Mai unterzeichnete sogenannte «Berliner Protokoll». Die Bergleute rückten von ihrer Forderung nach einer fünfzehnprozentigen Lohnerhöhung zugunsten einer Erhöhung «in angemessener Weise» ab, bei der die Erhöhung der Kohlenpreise berücksichtigt werden sollte. Die Dauer einer normalen Schicht wurde auf acht Stunden befristet, in welche allerdings «die Einfahrt wie die Ausfahrt nicht mit eingerechnet» werden sollten. Beide sollten jedoch «in der Regel» nicht länger als eine halbe Stunde dauern. Überschichten sollten auf «dringliche und unaufschiebbare Arbeit» und Fälle «außerordentlicher Geschäftshäufung» beschränkt werden, vorbehaltlich «einer vorgängigen Verständigung ... zwischen der Grubenverwaltung einerseits und einem Ausschuß von Vertrauensmännern der betreffenden Belegschaft andererseits». Obwohl die Deputation große Zugeständnisse machte, setzte sie doch mit dem Konsultationsausschuß eine Interessenvertretung durch, deren Anerkennung die Arbeitgeber während der Streiks des Jahres 1872 noch strikt verweigert hatten.[17]

Die Vereinbarung war bereits bekannt, als am folgenden Tag auf Bismarcks Rat der Kaiser eine von Hammacher angeführte Abordnung der Grubenbesitzer empfing. Diesen erklärte er, daß die Arbeiter ihm «einen guten Eindruck» gemacht hätten. «Sie haben sich der Fühlung mit der Sozialdemokratie enthalten.» Dann belehrte er die Arbeitgeber über ihre Pflicht, «sich in Zukunft stets in möglichst naher Fühlung mit den Arbeitern» zu halten und dafür Sorge zu tragen, daß den Arbeitern Gelegenheit gegeben werden, ihre Wünsche zu «formulieren». Es sei ihre Pflicht, für das Wohl ihrer Arbeiter nach besten Kräften zu sorgen. «Die Arbeiter lesen Zeitungen und wissen, wie das Verhältnis des Lohnes zu dem Gewinne der Gesellschaften steht.» Er betrachte es als seine «königliche Pflicht», die Bemühungen der Arbeitgeber und der Arbeiter um eine Einigung zu unterstützen.[18]

Die Deputierten der Grubenbesitzer verstanden die Ermahnungen des Kaisers, sich «in möglichst naher Fühlung mit den Arbeitern» zu halten und diesen «zuzuhören», als Billigung der im Berliner Protokoll zugestandenen Arbeiterausschüsse. Sie eilten deshalb höchst beunruhigt zur Reichskanzlei. Obwohl Bismarck sie dort nicht empfing, konnten sie doch mit Rottenburg sprechen und gewannen dabei den Eindruck, daß der Kanzler die Vereinbarung mißbilligte. Bei einem Treffen in Essen am 18. Mai nahm der *Bergbauliche Verein* die im Berliner Protokoll konzedierte Zusicherung zurück. Bestehen blieb lediglich die Bestimmung, daß Überschichten nur nach vorheriger Absprache zwischen der Grubenleitung und den Bergleuten gefahren werden sollten, ohne Hinweis auf das Verfahren bei den dazu erforderlichen Verhandlungen. Die Streikführer erhoben gegen diese Änderung keine starken Einwände, denn die Einrichtung von Arbeiterausschüssen (die in Berlin von den linksliberalen Abgeordneten vorgeschlagen worden war, die als Vermittler an den Verhandlungen teilgenommen hatten) gehörte nicht zu ihren ursprünglichen Forderungen und war in ihrer Bedeutung damals noch nicht von ihnen erkannt worden.[19]

Nach dem Streik

Die vom Kaiser an beide Seiten gerichteten Warnungen und die Verhandlungen und Vereinbarungen dämpften die Streikbewegung an der Ruhr. Die Arbeiter nahmen an, daß ihre Vertreter den Arbeitgebern wichtige Zugeständnisse abgenötigt hätten. Doch bald gab es Streit über die Auslegung des Berliner Protokolls und seiner von den Grubenbesitzern in Essen gebilligten Fassung. Die Formulierung der Klausel über die Ein- und Ausfahrt war ambivalent: Sie wurde von den Arbeitern so interpretiert, daß beide zusammen nicht länger als eine halbe Stunde dauern sollten, während die Unternehmer eine halbe Stunde pro Fahrt veranschlagten. Manche Grubenbesitzer setzten sich zudem über die getroffenen Vereinbarungen hinweg, indem sie Streikführer entließen, weiterhin zwangsweise Überschichten ansetzten und Lohnerhöhungen verweigerten. Das Zentralkomitee der Streikenden rief zu einer weiteren Arbeitsniederlegung am 27. Mai auf. Hagemeister befahl die Verhaftung des Komitees und empfahl die Erklärung des Belagerungszustandes.[20] Doch der Kaiser, der Kanzler und das preußische Staatsministerium lehnten das einstimmig ab. Der Oberpräsident schien ihnen zu sehr unter dem Einfluß der westfälischen Grubenbesitzer zu stehen und wurde durch Konrad von Studt abgelöst. Wieder empfahl Bismarck, den Streik «sich ausbrennen» zu lassen, um beide Seiten abzukühlen. Die «liberale Bourgeoisie» müsse «von der Meinung kuriert werden ..., sie ginge die Sache nichts an und es sei Aufgabe der Regierung, Ordnung zu schaffen». Als ihnen die Grubenbesitzer ein Ultimatum stellten, nahmen die Bergleute Ende Mai die Arbeit wieder auf. Doch die Unzufriedenheit schwärte weiter. Vereinzelte Streiks und anhaltende Unruhe kennzeichneten während des ganzen Jahres die bei den Arbeitern herrschende Stimmung, nicht nur im Kohlenbergbau, sondern auch in anderen Industriezweigen.[21]

In den letzten Tagen des Maistreiks willigte Bismarck in eine allgemeine Untersuchung der Bedingungen im Bergbau ein, die von den Ministerien des Inneren und für öffentliche Arbeiten durch ihre nachgeordneten Behörden (die Provinzialverwaltungen und regionalen Oberbergämter) durchgeführt werden sollte.[22] Die führende Rolle des Oberbergamts der Ruhrregion bei dieser Erhebung drohte allerdings deren Ergebnisse zu präjudizieren. Die Behörde hatte auf Angriffe in einem Leitartikel der *Kreuzzeitung* mit der Erklärung reagiert, daß der Streik aus ihrer Sicht illegal und ungerechtfertigt sei. Unter Druck aus dem preußischen Staatsministerium, besonders von Maybach, bemühte sich der Untersuchungsausschuß jedoch um eine betont unparteiische Haltung; während der Monate Juni und Juli hörte er alle Beteiligten an dem Konflikt, Arbeiter ebenso wie Grubenbesitzer. Obwohl der abschließende Bericht viele nützliche Informationen enthält und den Gang der Ereignisse richtig wiederzugeben scheint, zeigt sich die Voreingenommenheit der Untersuchungskommission doch bei ihrem Verfahren. Der Antrag auf Aufnahme von Vertretern der Grubenbesitzer und der Bergleute in den Untersuchungsausschuß wurde abgelehnt, womit die Durchführung der Untersuchung ganz in der Hand von Staatsbeamten lag, die somit im Grunde als Richter in eigener Sache auftraten. In der Endphase der Untersuchung durften sich überdies die Grubenverwalter detailliert zu den Angaben der Bergleute äußern, denen dann keine Gelegenheit mehr gegeben wurde, ihrerseits Stellung zu nehmen. Unter den Empfehlungen der Kommission waren drei, die den Kontakt zwischen Grubenleitung und Bergleuten verbessern sollten: obligatorische Hausordnungen der Bergbaugesellschaften, die bei den Bergämtern genehmigungspflichtig waren; Arbeiterausschüsse zur Vertretung der Bergleute; und Schiedsgerichte, die auch als Schlichtungsbehörden («Einigungsämter») fungieren sollten. Mit diesen Resultaten waren weder die Arbeitgeber noch die Arbeiter zufrieden. Die Historiker sehen in dem Bericht überwiegend einen ehrlichen Versuch, den Maiereignissen gerecht zu werden, wenn auch unvermeidlich eine gewisse Neigung, diese aus der Sicht der Grubenbesitzer zu betrachten, die Mitglieder der Untersuchungskommission geleitet habe.[23]

Die Ergebnisse der amtlichen Untersuchung lagen erst im November 1889 vor. Unterdessen hatte Bismarck eine eigene Erhebung in Angriff genommen. Mitte Mai hat er sich offensichtlich mit einem seiner Mitarbeiter, dem Vortragenden Rat Carl Freiherr von Gamp, einem der Verfasser der Unfallversicherungsvorlage von 1884, über die Angelegenheit beraten. Er beauftragte Gamp mit der Abfassung einer Denkschrift über die Möglichkeiten der Regierung, größere Streiks im Kohlenbergbau entweder zu verhindern oder deren negative Folgen zu begrenzen.[24] Gamps Memorandum vom 27. Mai wurde von Bismarck mit zahlreichen Randbemerkungen versehen, aus denen die unmittelbare Reaktion des Kanzlers auf die Vorschläge des Vortragenden Rats hervorgeht. Viele Streiks, behauptete Gamp, wären durch die prompte Behebung der mit Recht beklagten Mißstände zu vermeiden, besonders solche, die durch das brutale Auftreten subalterner Vorgesetzter verursacht wurden (Bismarck: «Gewiß; cf. Unteroffiziere im Heere.»). Gamp empfahl die obligatorische Einrichtung von Arbeiterausschüssen, wie sie bereits von wohlwollenden Arbeitgebern eingeführt worden seien (Bismarck: «cf. Pless»), und Einigungsämtern. Als friedenstiftende Maßnahme empfahl er ferner die Beschränkung oder das gänzliche Verbot der Beschäftigung sehr junger Leute in den Bergwerken. «Die Hauptrolle bei den Streiks spielen meistens die halberwachsenen Burschen, die wenig zu verlieren haben» (Bismarck: «Richtig»). Ausgenommen könnten jedoch die bei den Eltern wohnenden Söhne von Bergleuten werden («Richtig»). Zweckmäßig sei die sofortige (Bismarck: «und schärfere») Bestrafung von Streikenden, die Gewalt anwandten («Zwang zum Streiken ist an sich schon eine Art von Aufruhr»), nur seien die Gerichtsverfahren viel zu langwierig, als daß man sich von der Justiz wirksame Abschreckung versprechen könnte (Bismarck: «Leider wahr»). Die strafrechtliche Verfolgung von Kontraktbrüchigkeit hielt Gamp für wenig aussichtsreich (Bismarck: «Kohle ist ein existentiales Bedürfnis, und die Produktion muß in zuverlässigen Händen bleiben»). Im Prinzip sollten auch vertragsbrüchige Arbeitgeber bestraft werden (Bismarck: «gewiß»), doch könnten diesbezügliche Verfahren leider leicht von streitsüchtigen

Arbeitern und parteiischen Richtern mißbraucht werden (Bismarck: «richtig»). Jedenfalls sei Massenstreiks mit Gerichtsverfahren nicht beizukommen.

Doch welche Maßnahmen würden bei Massenstreiks wirksam sein und welche nicht? Nicht empfehlenswert erschienen Maßnahmen wie die der preußischen Staatseisenbahnen, die verspätet (nach dem 20. Mai) versucht hatten, Kunden wie Friedrich Krupp die Fortsetzung der Produktion durch eine Senkung der Frachttarife für Kohle und Koks aus dem mehr als 350 Kilometer weit von Essen entfernten oberschlesischen Revier zu ermöglichen. Diese Maßnahme hatte nämlich die Kohlenknappheit dadurch verschärft, daß auch von den Streiks nicht betroffene Firmen zu den niedrigeren Preisen Kohle auf Vorrat kauften. Gamp hielt andere Vorschläge für vielversprechender: 1. den beschleunigten Transport von Kohle aus anderen Revieren in die normalerweise von den bestreikten Gruben belieferten Gebiete vorzubereiten (Bismarck: «Trifft nur bei sporadischem Streike zu. Der gefährliche ist der allgemeine»). 2. Städte, Eisenbahnen, Gaswerke und Gemeinden, die es bisher gewöhnt waren, «gewissermaßen von der Hand in den Mund zu leben», sollte empfohlen werden, Kohlevorräte anzulegen, die ihre Versorgung für mindestens drei Monate sicherstellen würden (Bismarck: «Wie lange kann man Kohlen lagern, ohne daß sie schlechter werden? Welche Sorten am längsten?»). Dies könne erreicht werden, wenn die staatliche Eisenbahnverwaltung längere Frachtkredite gewährte und das während der Sommermonate auch an kleinere Firmen (Bismarck: «Darin liegt eine directe Unterstützung mit Baargeld»), wobei im Einzelfall besondere Rücksichten möglich sein sollten (Bismarck: «führt weit»). 3. Kohlebergbaugesellschaften sollten gesetzlich dazu verpflichtet werden, Reservevorräte anzulegen, die den allgemeinen Bedarf für drei Monate decken würden. Für diese Aufwendung im allgemeinen (Bismarck: «eigenen») Interesse sollten sie vom Staat finanziell entschädigt werden (Bismarck: «?»). 4. Der Staat sollte über Bergwerke, die länger als vier Wochen stillägen, die Kontrolle übernehmen (Bismarck: «obligatorisch?»); es sei schließlich schon vorgekommen, daß die Grubeneigner bewußt Streiks ausgelöst hätten, indem sie die Schlichtungsangebote der Einigungsämter ablehnten oder mit ihren Konkurrenten die Produktionsstopps absprachen, um die Preise in die Höhe zu treiben. (Bismarck: «Kupferring»). 5. Im äußersten Fall plädierte Gamp für ein Kohleausfuhrverbot («Richtig», bestätigte Bismarck), denn der Schutz der nationalen Produktivität rechtfertige den eventuellen Schaden, den private Interessen dadurch nehmen mochten (Bismarck: «Ja»).

Die radikalste Empfehlung sprach Gamp am Ende seiner Denkschrift aus: eine Verstaatlichung des gesamten Kohlenbergbaus. Dafür schien ihm viel zu sprechen. Arbeiter in Staatsbetrieben neigten weniger zu Streiks als solche in Privatunternehmen. Sie würden einen besseren Schutz gegen willkürliche Entlassung und schlechte Behandlung genießen und sich selbst als Staatsbeamte betrachten. Keine hohen Dividenden für Aktionäre würden das Verlangen nach Lohnerhöhungen aufstacheln. Da der Staat keine Interessen von Aktionären berücksichtigen müsse, könne er zum Zweck des Gemeinwohls selbst ungerechtfertigte Forderungen der Arbeiter erfüllen. Zu den gegenwärtigen Preisen ihrer Aktien an der Börse wären für den Erwerb der westfälischen Bergbaugesellschaften 840 Millionen Mark aufzuwenden, den Kurswert der oberschlesischen Bergbaugesellschaften bezifferte Gamp auf 400 Millionen Mark (Bismarck: «alle?»). Mit dem Erwerb der Gesellschaften würde die gesamte, für die nationale Produktivität und das Gemeinwohl wichtigste Industrie der Privathand und privaten Spekulation entzogen. Sollte dies jedoch aus prinzipiellen oder finanziellen Gründen nicht möglich sein, würde doch der Erwerb einiger guter Gruben in Westfalen (dieser Passus wurde von Bismarck dick unterstrichen) den Staat befähigen, «durch diesen Besitz einen bestimmenden Einfluß sowohl auf die Löhne und die gesammten Arbeiterverhältnisse, als auch auf die Kohlenpreise ausüben zu können». Der Augenblick sei jedoch nicht günstig (Bismarck: «Nein»), in eine öffentliche Erörterung der Frage einzutreten, ob es empfehlenswert sei, Kohlenvorräte zu horten, da dies die Arbeiter zu einem erneuten Streik reizen könnte. Auch eine Debatte über die Überführung des Bergbaus in Staatsbesitz empfehle sich nicht, weil sie die Spekulanten dazu reizen würde, die Aktienkurse künstlich in die Höhe zu treiben.[25]

Nach seinen Unterstreichungen im Text und den kryptischen, aber in der Tendenz zustimmenden Randbemerkungen zu urteilen (von denen hier nur einige wenige wiedergegeben sind), gab dem Kanzler der letzte Vorschlag Gamps am meisten zu denken. Hier haben wir den Beweis, daß seine in dieselbe Richtung zielende Erklärung während der Sitzung des preußischen Staatsministeriums am 12. Mai nicht nur taktische Natur war, sondern einen Plan betraf, den er ernstlich erwog. Während der innenpolitischen Krise im Mai 1889 spielte Bismarck mit einem weiteren großdimensionierten staatssozialistischen Plan, der, wenn er bekannt geworden wäre, in den Vorständen des Industriekapitalismus für einen Aufschrei der Empörung gesorgt hätte.

Wachsende Entfremdung zwischen Kaiser und Kanzler

Der Streik im Kohlenbergbau offenbarte die tiefen Veränderungen, die seit der Preisgabe der staatlichen Lenkung durch das Bergbaugesetz von 1865 in der Bergarbeiterschaft vor sich gegangen waren. Der Verzicht des Staates auf die traditionelle patriarchalische Aufsicht über den Bergbau hatte die Bergleute den Interessen und Launen der Grubenbesitzer und ihrer Verwalter ausgeliefert. Jetzt bestimmte nicht mehr das Prinzip des «gerechten Lohns» über ihr Schicksal, sondern das «Gesetz von Angebot und Nachfrage» auf dem Arbeitsmarkt, das den Wert der Arbeit ebenso regierte wie den der Waren, welche diese Arbeit produzierte.

Die gebildeteren Arbeiter der achtziger Jahre, die, wie der Kaiser bemerkte, Zeitungen lasen und sich über die Profite der Gesellschaften und Dividenden der Aktionäre unterrichteten, mußten den Eindruck gewinnen, daß sie an dem Reichtum, den sie mit ihrer harten Hände Arbeit erzeugten, keinen fairen Anteil erhielten. Der Übergang von der Klein- zur Großindustrie hatte die Arbeits- und Lebensbedingungen und zugleich die Wertvorstellungen und Erwartungen der Arbeiterschaft verändert. Es bildete sich ein proletarisches Klassenbewußtsein aus, das weder den Grubenbesitzern noch den Beamten, die ihre Sache unterstützten, verständlich war.[26] Für sie war der Streik ein seltsames und unberechenbares Phänomen, das nicht mit Vernunftgründen zu erklären war, sondern als Ergebnis einer Verschwörung angesehen werden mußte. Sozialdemokratische Propaganda, ultramontane Machenschaften und Agitation von außen hatten unangemessene Erwartungen bei den Arbeitern geweckt und diese gegen ihre Arbeitgeber aufgehetzt. Weshalb hätten sonst in einer Zeit des wirtschaftlichen Aufschwungs und steigender Löhne die Bergarbeiter streiken sollen? «Die nächste Reichstagswahl ist die wahre und letzte Ursache des Streiks im Rheinland-Westfälischen Kohlenrevier», berichtete die Dortmunder Handelskammer, «nicht Nothlage, nicht Hungerlöhne und nicht achtstündige Schicht».[27]

Bei den Sitzungen des preußischen Staatsministeriums Ende Mai waren sich Bismarck und Wilhelm II. mindestens nach außen hin einig über das Vorgehen der Regierung angesichts des Streiks. Es war Bismarck gelungen, sich für seinen Widerstand gegen Wilhelms Experiment mit einer persönlichen Regierung durch Hagemeister und dessen untergebene Landräte der Unterstützung seiner Ministerkollegen zu vergewissern. Wilhelms Audienzen für Vertreter der Bergleute und Grubenbesitzer hatten andererseits einen positiven Einfluß auf beide Parteien gehabt, und so konnte sich der Hohenzoller schmeicheln, seine kaiserliche und königliche Rolle, so wie er sie verstand, mit großem Applaus gespielt zu haben. In den folgenden Monaten jedoch entfernten sich Kaiser und Kanzler immer weiter voneinander, als sie versuchten, Konsequenzen aus dem Streik für die Sozialpolitik der Regierung zu ziehen. Die Entfremdung war nicht nur temperamentsbedingt und eine Folge differierender Auffassungen von der konstitutionellen Rolle des Monarchen, sondern hatte ihre Ursachen auch in einer unterschiedlichen Sicht der sozialen Realität, welche den Streik hervorgebracht hatte. Denn sobald die unmittelbare Krise vorüber war, gab Bismarck die unparteiische Haltung auf, die er Mitte Mai bezogen hatte, um sich schließlich fast ganz den Standpunkt der Grubenbesitzer zu eigen zu machen, während Wilhelm seine Sympathien für die Sache der Bergleute bekräftigte, von denen ihn Bismarck nur vorübergehend hatte ablenken können.

Bismarcks lange Abwesenheiten aus Berlin während der Jahre 1889–1890 (8. Juni bis 10. August, 20. August bis 9. Oktober, 16. Oktober bis 24. Januar) setzten seinen Kontakten mit seinen Untergebenen ebenso Grenzen wie seiner Wachsamkeit gegenüber der Haltung des Kaisers und den Einflüssen, die auf ihn einwirkten. Am Tag vor seiner Abreise nach Varzin teilte der Fürst den Beamten in Düsseldorf und Münster mit, daß er beabsichtige, Gamp in das Ruhrgebiet zu entsenden, damit dieser sich vor Ort darüber informiere, wie eine Wiederholung des jüngsten Streiks künftig vermieden werden könne.[28] Am 7. Juli meldete Gamp Vollzug, doch als er dem Kanzler berichten wollte, hatte dieser es nicht mehr eilig, ihn zu empfangen. Zweimal, am 26. Juli und am 5. September, wurde der Vortragende Rat beschieden, er möge sich bis zur Rückkehr des Kanzlers in die Hauptstadt gedulden.[29] Bismarck empfing ihn schließlich am 15. Oktober, fast drei Monate nach Gamps Vollendung seiner Recherchen.[30]

Man darf wohl annehmen, daß Gamp bei diesem Treffen resümierte, was sein amtlicher Bericht (vom November 1889) enthält. Demnach waren die Wohnverhältnisse, Löhne und Arbeitsbedingungen im Ruhrbergbau, verglichen mit denen anderer Arbeiter, relativ gut. Die Grubenbesitzer plagten seit 1877 niedrige Kohlenpreise; als der Streik ausbrach, hatten sie noch nicht von den seit kurzem wieder steigenden Preisen profitiert. Die Grubenverwalter hatten den Kontakt zu den Arbeitern verloren, als sie deren Beschwerden im April keine Beachtung schenkten. Das hatte den wenigen Sozialisten unter den Bergleuten gestattet, sich Einfluß auf die Belegschaften zu verschaffen. Mit Hilfe der jungen Bergleute und der polnischen Arbeiter hatten sie die Streikbewegung über die ganze Region ausdehnen können. Bei Beginn der wärmeren Jahreszeit müsse im Frühjahr 1890 mit der Möglichkeit eines weiteren allgemeinen und langanhaltenden Streiks der Bergarbeiter gerechnet werden. Die private und öffentliche Brennstoffversorgung könne aber nicht nur durch einen Streik der Arbeiter gefährdet werden, eine Koalition der Grubenbesitzer sei vielmehr «ebenso gefährlich». Nur wenn die Kohlengruben in seinem Besitz seien, könne der Staat jederzeit die Versorgung seiner öffentlichen Einrichtungen und militärischen Anlagen mit Brennstoff in genügender Menge sicherstellen. Einstweilen gab es staatseigene Kohlengruben fast nur in Oberschlesien und im Saargebiet. Der Staat werde die Kohlenpreise und Lebensbedingungen der Bergarbeiter aber nur dann beeinflussen können, wenn er einen größeren Bergbaukomplex in Westfalen besitze.[31] Ehe Bismarck den Bericht verteilte, ließ er durch Rottenburg alle Vorschläge Gamps zu konkreten Maßnahmen daraus tilgen, so daß in dem Dokument nur noch «Tatsachen und Wünsche der Arbeiter und Arbeitgeber» enthalten waren.[32]

Als Ende November auch die Ergebnisse der von den Ministerien des Innern und für öffentliche Angelegenheiten angestellten Untersuchung vorlagen, überging der Fürst Theodor Lohmann und delegierte statt dessen Gamp als Beamten des Handelsministeriums in die Kommission, welche die Untersuchungsergebnisse auswerten sollte.[33] Auf diese Weise gingen Gamps Recherchen faktisch in der größeren Untersuchung der zwei Ministerien auf.[34]

Während Gamp fast drei Monate lang in Berlin auf die Gelegenheit wartete, seinen Bericht persönlich vorzutragen, ließ sich Bismarck in Varzin und Friedrichsruh von anderen beraten. Einer von diesen war Friedrich Vohwinkel, Holzgroßhändler in Gelsenkirchen, dem Bismarcks Sägemühlen in Friedrichsruh Grubenstempel lieferten. Diese Geschäftsverbindung gestattete es Vohwinkel, den Kanzler von den Beschwerden in Kenntnis zu setzen, die verschiedene Grubenbesitzer des Ruhrgebiets gegen das Verhalten gewisser Staatsbeamter während des Streiks im Mai vorzubringen hatten.[35] Nach einem Treffen mit Bismarck, anscheinend in Varzin, schickte Vohwinkel ein Memorandum mit sieben Erklärungen von Grubenbesitzern (unter diesen Hugo Stinnes und Emil Kirdorf), in denen Klage über angeblich inkompetentes Verhalten und Parteilichkeit für die Arbeiter seitens unterer Staatsrepräsentanten (eines Landrats, dreier Bürgermeister, eines Polizeikommandeurs, eines Polizeichefs und eines Husarenoffiziers) geführt wurde.[36] Bismarck leitete diese Beschwerden zur Untersuchung an die zuständigen Ministerien weiter, doch die Vorwürfe konnten in keinem Fall bestätigt werden.[37] Unterdessen hatte Vohwinkel Bismarcks Aufmerksamkeit auf einen Bericht des Generaldirektors der Dahlbuschgrube in Essen gelenkt, wo am 16. Juli etwa zweitausend Bergleute die Arbeit niedergelegt hatten (die dritte Arbeitsniederlegung in diesem Bergwerk). Dem Direktor zufolge war dieser Streik durch die systematische Agitation einiger Bergleute veranlaßt worden, die der «radikalen Partei» angehörten, deren Anführer wegen öffentlicher Verleumdung des Bergwerksdirektors entlassen worden war. Entlassene Arbeiter hätten sich überdies Hausiererlizenzen beschafft, um auf diese Weise ihre Propaganda von Haus zu Haus zu verbreiten. Um dem einen Riegel vorzuschieben, empfahl Vohwinkel, die Vergabe von Hausiererlizenzen an strengere Bedingungen zu knüpfen, was Bismarck sofort einleuchtete, der die Anregung am 17. August an das Staatsministerium weitergab, das eine Untersuchung anordnete.[38]

Seinen Kontakten mit diesen und anderen Unternehmern verdankte Bismarck auch die Information, daß die britischen Kohlengesellschaften den deutschen Streik genutzt hatten, um ihren Absatz am deutschen Markt zu steigern, was die Frage aufwarf, ob die Kohlenimporte nicht unterbunden oder gedrosselt werden sollten. Doch das Handelsministerium berichtete dann, daß die Importe britischer Kohle schon vor dem Streik gestiegen seien.[39] Im Oktober entsandten drei bedeutende Organisationen deutscher Unternehmer (der *Centralverband deutscher Industrieller*, der *Verein zur Wahrung der Interessen von Handel und Gewerbe* in Berlin und der *Verein zur Wahrung der gemeinsamen wirtschaftlichen Interessen in Rheinland und Westfalen*) Delegationen nach Großbritannien, die ermitteln sollten, auf welche Weise von den dortigen Unternehmern Streiks vermieden wurden. Ihre Berichte wurden auch dem Kanzler in Friedrichsruh zugeleitet.[40]

Bismarcks Diagnose des Streiks

Aus amtlichen Berichten und privaten Briefen, die auf seinen Schreibtisch gelangten, schloß Bismarck, daß die Streiks in Westfalen und Schlesien größtenteils von jungen Arbeitern angezettelt worden seien, neuen, überwiegend polnischen Zuwanderern in die Kohlenbergbaugebiete.[41] Diese jungen Neuankömmlinge, die sich mit schlechter bezahlten Hilfsarbeiten begnügen mußten (vorzüglich Transportarbeiten unter Tage), hatten angeblich die älteren, schon länger in den Kohlenbergbaugebieten heimischen Bergarbeiter terrorisiert und sie gegen ihren Willen in die Bewegung hineingezogen. Bismarck fragte bei den Ministerien des Innern und für öffentliche Arbeiten an, ob es nicht möglich sei, diese jungen Heißsporne unter Kontrolle zu bringen durch «prophylaktische» Maßnahmen seitens ihrer Eltern oder Vormünder, die für ihre Handlungen verantwortlich gemacht werden könnten.[42] Die Auskünfte, die er auf diese Anfragen erhielt, waren dürftig. Er erhielt einen Bericht über die rechtlichen Aspekte seines Vorschlags von Herrfurth und vom Ministerium für öffentliche Angelegenheiten eine Statistik über den Anteil der

Minderjährigen an den Belegschaften der Kohlengruben (20 Prozent).[43] Was der Kanzler jedoch vor allem brauchte, waren nicht Zahlen, sondern Belege über das Verhalten minderjähriger Arbeiter. Er sandte die Statistiken an die Oberpräsidenten Westfalens und des Rheinlands und fragte bei diesen an, in welchem Maße junge Arbeiter auf die Entwicklung des Streiks Einfluß genommen hätten und ob die Agitation von ortsansässigen oder erst kürzlich zugewanderten Minderjährigen betrieben worden sei. Wenn das erstere der Fall sei, müsse ja wohl die Komplizität der Eltern oder sonstigen Erziehungsberechtigten angenommen werden. Schließlich erkundigte sich Bismarck noch nach der Meinung der Oberpräsidenten bezüglich der «väterlichen Macht oder Autorität», die von unabhängigen Erwachsenen über minderjährige Arbeiter im Kohlenbergbau ausgeübt werde.[44]

Die Antworten, die Bismarck auf diese Fragen erhielt, entsprachen offensichtlich nicht seinen Erwartungen. Ende Oktober meldete der Oberpräsident der Rheinprovinz, daß in seiner Provinz in allen Kohlenbergbaugebieten außer einem (Düsseldorf, Trier und Saarbrücken) die Anführer des Streiks erwachsene Bergleute gewesen seien. Sofern Minderjährige dabei eine Rolle gespielt hätten, seien diese von älteren Männern vorgeschoben worden. Nur in Aachen, dem kleinsten der rheinischen Kohlenbergbaugebiete, hätten jüngere Arbeiter den Streik angeführt.[45] Mitte Dezember erweiterte Bismarck das Feld seiner Untersuchungen auf die schlesischen Kohlenbergbaureviere. Aus den ihm vorliegenden Berichten scheine sich zu ergeben, sagte er nun, daß erwachsene Agitatoren und Vertrauensmänner die treibende Kraft bei den dortigen Streiks gewesen seien und die jungen Arbeiter stark beeinflußt hätten.[46]

Bismarcks diagnostizierte die Streiks des Monats Mai deshalb als ein oberflächliches, nicht strukturelles Phänomen, als Symptom einer Infektion, nicht eines Herzleidens sozusagen. Wenn die Ursache oberflächlich war, scheint er gemeint zu haben, konnte es auch die Therapie sein. Wenn ein paar entlassene Arbeiter mit ihrer Unzufriedenheit hausieren gingen, würde eine geschickte Auslegung oder geringfügige Änderung der Gewerbeordnung hinreichend sein, dem einen Riegel vorzuschieben. Wenn die Jungen, die über Tage die Hunde aus den Förderkörben rollten, verantwortlich waren, konnte man sie unter Kontrolle bringen, indem man ihre Eltern oder sonst Erziehungsberechtigten für den von ihnen angerichteten Schaden haftbar machte. Wenn polnische oder deutsche Wanderarbeiter in den Kohlerevieren Unruhe stifteten, konnten sie ausgewiesen werden.

Aber dann war da das Problem der «Agitatoren», die friedliche Arbeiter aufhetzten und deren Unzufriedenheit auf bestimmte Forderungen lenkten. Seit Anfang Mai versuchte die preußische Regierung diese zu identifizieren und zu kategorisieren. Wenn es sich dabei um Sozialdemokraten gehandelt hätte, wäre das beunruhigend gewesen, andererseits jedoch auch nützlich für die Erneuerung und Verschärfung des «Sozialistengesetzes». Doch die Provinz- und Bezirksverwaltungen teilten mit, daß weder die Sozialdemokraten noch deren Sympathisanten für die Streiks verantwortlich seien, obwohl sie natürlich versucht hätten, deren Führung zu übernehmen.[47] In Westfalen hätten streikende Arbeiter zu Beginn ihrer Versammlungen den Kaiser hochleben lassen und aufmarschierende Truppen mit Beifall und dem Absingen von «Heil dir im Siegerkranz» begrüßt. Von den 104000 proletarischen Wahlberechtigten an der Ruhr hatten bei den letzten Wahlen nur 3300 die Sozialdemokratie gewählt. Presseberichte, die man Bismarck zusandte, machten statt der Sozialdemokraten «ultramontane Rädelsführer» für die Streiks verantwortlich.[48] General Emil von Albedyll, Kommandeur des siebenten Armeekorps, war bald überzeugt, daß «die ganze Bewegung eine von langer Hand planmäßig vorbereitete, in die hiesige Bevölkerung von außen hineingetragene, man könnte beinahe sagen, ihr aufgedrungene» gewesen sei. Obwohl Bismarck von der Berichterstattung der Militärs über diese Fragen keine allzu hohe Meinung hatte («keine Militärfrage!»), paßte doch Albedylls Behauptung, daß die älteren, schon länger im Revier ansässigen Bergleute von Außenseitern zum Streik «geradezu gezwungen» worden seien, zu seiner Überzeugung, daß die preußisch-deutschen Massen die bestehende Gesellschaftsordnung unterstützten und daß alle sozialen und politischen Schwierigkeiten von demagogischen Politikern und politischen Agitatoren hervorgerufen würden, die den gemeinen Mann täuschten und irreführten.[49]

In Anbetracht dieser Überzeugung ist es verständlich, daß der Kanzler nach der Auflösung der Massenstreikbewegung und dem Ende der Krise die Mehrzahl der von Gamp in seiner Denkschrift vom 27. Mai angedeuteten Optionen nicht mehr in Betracht ziehen wollte. Er dachte nun nicht mehr daran, den Kohlenbergbau zu verstaatlichen. Selbst die Arbeiterausschüsse schienen ihm nun eine zu radikale Neuerung zu sein. Das zeigt seine Reaktion auf Berlepschs Wunsch, in Düsseldorf eine «wirtschaftliche Conferenz» über die Frage abhalten zu lassen, wie «Arbeitseinstellungen in größerem Umfange verkündet und, wenn sie eingetreten, baldmöglichst wieder beseitigt werden» könnten. Regelmäßige «wirtschaftliche Conferenzen» von Vertretern der Betriebsleitungen, der Arbeiter und des Staates waren 1886 in Düsseldorf als Ersatz für eine Gewerbekammer genehmigt worden, deren Einrichtung der Provinziallandtag abgelehnt hatte.[50] Berlepsch schlug nun (mit Billigung des Oberpräsidenten der Provinz) vor, dieser Konferenz ein von der ursprünglichen Agenda abweichendes Thema zu stellen und statt der ursprünglich vorgesehenen fünf Vertreter der Arbeiterschaft zwanzig an den Beratungen teilnehmen zu lassen.[51] Bismarck erwiderte, er glaube nicht, daß «wir von den Arbeitern sehr viel lernen könnten» und jedenfalls von zwanzig nicht mehr als von fünf. Er fürchtete, daß derartige Konferenzen nur «zu einer Ermuthigung utopischer Bestrebungen» führen würden, und riet Berlepsch, statt dessen die «unverfälschten» Meinungen «einzelner einsichtiger Arbeiter und notorisch arbeitsfreundlicher Arbeitgeber» einzuholen und dabei unbedingt jedes Aufsehen zu vermeiden.[52]

Auf Bismarcks Wunsch verfaßte Berlepsch ein Gutachten über die Frage, in dem er darauf hinwies, daß zwar gesetzliche und freiwillige Organe bestünden, mittels welcher Industrielle, Kaufleute, Landwirte und Handwerker ihre Wünsche äußern und die Regierung in ihre Interessen betreffenden Angelegenheiten beraten könnten, Fabrik- und Bergarbeitern aber ein vergleichbares Organ «in einer gesetzlichen von agitatorischen Einflüssen möglichst freien Weise» nicht zur Verfügung stünde. Im Rahmen der Düsseldorfer Konferenzen den Arbeitern «eine loyale Vertretung ihrer Interessen zu gewähren», sei um so angezeigter, als der Regierungsbezirk die größte Konzentration von Fabrikarbeitern Preußens stelle. Um Bismarcks Einwänden zu begegnen, modifizierte er seinen Vorschlag dahin, daß die zwanzig Vertreter der Arbeiterschaft als «Arbeiterkammer» gelten sollten, deren Teilnahme an den Konferenzen auf «Vorverhandlungen» mit den Vertretern der «Großindustrie» beschränkt bleiben würde. Die Vertreter der Arbeiterschaft sollten aus der großen Zahl «intelligenter und verständiger Arbeiter» ausgewählt werden, von denen nicht zu befürchten wäre, daß sie «illimitierte Wünsche und utopische Bestrebungen» vorbrächten. Durch die Vorlage sorgfältig vorbereiteter Anträge würde die Regierung überdies die nichtöffentliche Diskussion in den Grenzen des Erreichbaren und des Möglichen halten. Berlepsch ging davon aus, daß die offiziellen und inoffiziellen Untersuchungskommissionen in etwa einen Monat die Schaffung von Einigungsämtern vorschlagen würden. Er wollte der Düsseldorfer wirtschaftlichen Konferenz einen diesbezüglichen Regierungsantrag zur Diskussion vorlegen, im übrigen aber die Frage der Arbeitervertretung fürs erste ruhen lassen.[53]

Berlepsch sandte seinen ursprünglichen Vorschlag auch an die Minister für öffentliche Arbeiten, Landwirtschaft, des Inneren und der Finanzen. Maybach, Lucius und Scholz ließen ausweichend wissen, sie wollten erst Bismarcks Reaktion abwarten, ehe sie eine eigene Meinung abgäben.[54] Maybach allerdings hatte wie Herrfurth seine eigenen Vorstellungen von der Behandlung des Streikproblems. Er schlug vor, für staatliche Interventionen bei Konflikten zwischen Arbeitern und Unternehmern eine gesetzliche Grundlage zu schaffen. Alle Bergwerksunternehmer sollten verpflichtet werden, die in ihren Betrieben geltenden Arbeitsordnungen den staatlichen Bergämtern zur Kenntnisnahme und Genehmigung vorzulegen. Damit wäre eine Vorschrift des durch das Gesetz von 1865 abgeschafften alten staatspaternalistischen Systems reaktiviert worden (Bismarck: «von allen Gewerbetreibenden würde dann Gleiches verlangt werden können?»). Eine andere Frage war, ob Einigungsämter oder Schiedsgerichte geschaffen werden sollten, in welchen Angehörige des staatlichen Bergamts den Vorsitz führen würden und gegen deren Entscheidungen bei den ordentlichen Gerichten appelliert werden könnte. Da die Regulierung des Verhältnisses zwischen Arbeitern und Arbeitgebern im Bergbau die industriellen Verhältnisse im allgemeinen betraf, die unter die legislative Prärogative des Reichs fielen, sei es vielleicht das beste, Änderungen im Reichsgewerbegesetzbuch vorzunehmen (Bismarck: «*la mer à boire*»).[55]

Die Deputation beunruhigter Grubenbesitzer, die nach ihrer Audienz beim Kaiser am 16. Mai in der Reichskanzlei vorsprach, gewann aus den Äußerungen Rottenburgs den Eindruck, daß der Kanzler jede Art von Arbeitervertretung im Kohlenbergbau prinzipiell ablehnte. Die Unternehmer täuschten sich aber, denn als Gamp in seiner Denkschrift vom 27. Mai die Einrichtung von Kommissionen von Vertrauensleuten vorschlug, äußerte Bismarck keinen Widerspruch. Im Gegenteil beweist seine kryptische Randbemerkung zu diesem Passus («Pleß»), daß ihm bekannt war, daß derartige Ausschüsse in den schlesischen Bergwerken des Fürsten von Pleß bereits die ihnen zugedachten Funktionen erfolgreich wahrnahmen. Gamp wies überdies darauf hin, daß die Arbeiter Überschichten von bis zu sechzehn Stunden bereitwillig akzeptiert hatten, wenn die Grubenverwaltung ihre Vertreter von deren Notwendigkeit hatte überzeugen können (Bismarck: «Und wenn sie dabei *mehr* verdienen wie am Tage»).[56] Auch in seiner Antwort an Maybach und Herrfurth erklärte Bismarck die Errichtung von Einigungsämtern oder Schiedsgerichten für zulässig, bestand aber darauf, daß die in diese zu delegierenden Arbeiter über fünfundzwanzig Jahre alt sein sollten. Durch Reichsgesetzgebung eine solche Institution allen deutschen Gewerben zur Pflicht zu machen, hielt er jedoch weder für notwendig noch für ratsam. Die baldige Verabschiedung eines preußischen Gesetzes zur Regelung der Arbeitsbedingungen im Kohlenbergbau wollte er jedoch nicht ausschließen. Die Kohlenknappheit hätte den dringenden Bedarf nach einer solchen Gesetzgebung in Ergänzung der einschlägigen Paragraphen des Gewerbegesetzbuchs ja offenbar gemacht. Schiedsgerichte, meinte er, seien im Kohlenbergbau leichter einzurichten als in allen anderen Industriezweigen in Preußen, da sie mit dort bereits bestehenden «Traditionen und Organisationen» verträglich seien.

Von obligatorischen Arbeitsordnungen, die der Zustimmung des Bergamts bedurften, wollte Bismarck jedoch nichts wissen. Ähnliche Arbeitsordnungen könnten dann auch für andere Industrien gefordert werden. «Es würde darin ein starker Eingriff in die Privatbeziehungen der Unternehmer zu ihren Arbeitern liegen.» Ein Arbeiter, der sich durch solche Bestimmungen unterdrückt fühlte, würde dafür die staatliche Behörde verantwortlich machen, die dieselben genehmigt hätte. Überdies, meinte der Kanzler, sei eine wirksame staatliche Kontrolle der Einhaltung solcher Vorschriften praktisch undurchführbar. Und doch stimmte er dem Vorschlag zu, in den Kohlerevieren die Kräfte von Polizei und Gendarmerie zu verstärken, um dort bei zukünftigen Unruhen zur Aufrechterhaltung der Ordnung nicht wieder gleich das Militär auf den Plan rufen zu müssen.[57] Maybach und Herrfurth zogen ihren Vorschlag zur Einführung obligatorischer und staatlich geprüfter Arbeitsordnungen im Kohlenbergbau offenbar nur ungern zurück, aber sie willigten ein, die Angelegenheit bis zum Abschluß der noch anhängigen amtlichen Untersuchungen ruhen zu lassen.[58]

Die Zügel werden locker

Während der letzten sechs Monate des Jahres 1889 neigte Bismarck bei der Beurteilung des Arbeitskampfes im Kohlenbergbau immer mehr dazu, aus der Perspektive der Grubenbesitzer zu urteilen. Auf Vohwinkels Bericht, daß der Streik in der Dahlbuschzeche Mitte Juli aus Protest gegen die Entlassung eines Arbeiterführers, der beschuldigt wurde, die Betriebsleitung verleumdet zu haben, angefangen worden sei, schrieb er an Herrfurth: «Wenn die Grubendirektoren nicht mehr die Freiheit haben sollen, einen Arbeiter zu entlassen, ohne daß ein allgemeiner Streik die Folge davon ist, so erscheint eine Massenherrschaft hergestellt, die eine große Gefahr für das öffentliche Leben bilden wird.»[59] Im Dezember nahm er bei einem Streik in Luckenwalde, im Regierungsbezirk Potsdam, wo viertausend Arbeiter gegen die Beschäftigung von Leuten protestierten, die unter Tariflohn arbeiteten, den gleichen Standpunkt ein und erklärte, die Arbeitgeber hätten das Recht einzustellen, wen immer sie einstellen wollten.[60] Die Verhärtung seiner Haltung gegen die Ansprüche der Arbeiter zeigte sich jedoch am deutlichsten, als bekannt wurde, daß die Grubenbesitzer nach dem Ende des Maistreiks eine geheime Verabredung getroffen hatten, keinen Arbeiter einzustellen, der von einer anderen Firma entlassen worden war oder seinen Arbeitsplatz freiwillig verlassen hatte. Die Absprache diente einem doppelten Zweck. Einerseits wollten sie sich damit Aktivisten der Arbeiterbewegung vom Leibe halten, andererseits sollte ein Wettbewerb um Arbeitskräfte verhindert werden, der die Löhne in die Höhe treiben würde, während sie versuchten, die durch den Streik aufgelaufene Nachfrage nach Kohlen zu befriedigen. Bismarck muß Anfang Dezember in Friedrichsruh den Zeitungen entnommen haben, daß in den Kohlenrevieren die Unruhe wieder wuchs und die Beamten der Bezirksverwaltungen sich um Vermittlung bemühten, was er entschieden mißbilligte.

Am 1. Dezember versammelten sich dreitausend Bergarbeiter in Essen und beschlossen, wegen dieser «Arbeitssperre» am folgenden Tag die Arbeit niederzulegen. Ihre Anführer plädierten für Verhandlungen, die aber von den Arbeitgebern abgelehnt wurden. Weitere und größere Versammlungen von Bergleuten am 5. und 7. Dezember (in Dortmund waren es viertausend) überzeugten die Grubendirektoren, daß es klüger wäre, nicht auf ihrer «Schwarzen Liste» zu beharren. Der Vorstand des *Bergbaulichen Vereins* ratifizierte den Verzicht auf die verabredeten Sanktionen bei einer Sitzung, an der auch der inzwischen zum Oberpräsidenten des Rheinlands ernannte Berlepsch sowie der Regierungspräsident von Düsseldorf, der Landrat des Kreises, der Oberbürgermeister von Essen und drei Vertreter der Bergarbeiter teilnahmen. Die Beamten teilten den Vertretern der Arbeiter die Entscheidung mit und eröffneten ihnen, «daß, wenn die Bergleute des Essener Reviers trotz dieser Erklärung den Streik beschließen würden, sie sich jeder Sympathie der Regierungsbehörden begeben würden». Während dieser unruhigen Tage waren im Rheinland und in Westfalen Staatsbeamte als Vermittler zwischen Arbeitern und Arbeitgebern hinter den Kulissen sehr aktiv, um die Wiederholung eines Massenstreiks zu verhüten. Am 10. Dezember instruierte Berlepsch seine Beamten, nicht abzuwarten, bis die Arbeiter ihre Beschwerden und Forderungen öffentlich vortrugen; es sei vielmehr ihre Pflicht, engen Kontakt zu den Arbeiterführern zu halten und sich über die Beschwerden der Bergarbeiter zu unterrichten, bevor diese offen protestierten. Gleichzeitig sei es ihre

Pflicht, die Arbeiter vor jeder Verletzung des soeben erzielten Abkommens zu warnen und hervorzuheben, daß die Arbeitgeber entschlossen seien, ihre Zusagen einzuhalten.[61]

Bismarck sah in den Schlichtungsbemühungen der Beamten einen Beweis ihrer Parteilichkeit für die Sache der Arbeiter und eine Abkehr von der Politik der Nichteinmischung. Herrfurth und Maybach ließen ihm eine amtliche Bestätigung der geheimen Sperrabsprache zukommen, doch er blieb davon unbeeindruckt.[62] Die Regierung, erklärte er, dürfe nicht auf Kosten von Gesetz und Recht mit den sozialistischen und ultramontanen Parteien in einen Wettbewerb um die Gunst der Arbeiter treten. Ihre Autorität müsse beide Seiten in ihren Rechten schützen. Obwohl die verabredete Arbeitssperre «vielleicht nicht nützlich» sei, sei sie doch nicht illegaler als ein Streik. Wie ihre Arbeiter hätten auch die Arbeitgeber ein Streikrecht, Aussperrungen kämen in England häufig vor. Wenn die Regierung den Pfad der Unparteilichkeit verlasse, um die Arbeiter durch das Eingehen auf deren Forderungen zu beschwichtigen, würde sie die Fähigkeit der Industrie zur Schaffung von Arbeitsplätzen beeinträchtigen, was letztlich auf einen Anstieg der Arbeitslosigkeit und ein Sinken der Löhne hinauslaufen würde. Darüber hinaus würde sie den Arbeitern das Gefühl vermitteln, daß die Regierung ihre Macht fürchte und ihre Freundschaft brauche. «Die Folge wird sich im gesteigerten Wichtigkeitsbewußtsein und in höheren Forderungen fühlbar machen», schrieb er. Die Industriellen fürchteten – wie sie ihm anvertraut hatten –, daß ihnen, wenn sie auf die Zumutungen der Regierung nicht eingingen, bei einer Wiederkehr «tumultarischer Ereignisse» jede Unterstützung vorenthalten werde. Diese Befürchtung gereiche dem Staate nicht zur Ehre.[63]

Herrfurths Erwiderung auf diese Kritik war meisterhaft. Er äußerte seine Befriedigung darüber, daß seine eigenen Anschauungen in dieser Sache, die Instruktionen, die er seinen Beamten erteilt habe, und deren konkretes Vorgehen ganz mit der Position des Fürsten übereinstimmten. Auch er hielt die staatliche Einmischung in Arbeitsverhältnisse für ungerechtfertigt, solange es nicht zu Gesetzesübertretungen komme (Bismarck: «Gut»). Doch die Anerkennung dieses Prinzips schließe staatliche Interventionen nicht aus, wenn durch massive Streiks der öffentliche Frieden, Sicherheit und Ordnung gefährdet seien oder wenn die Wohlfahrt großer Regionen und die Handlungsfähigkeit des Staates aufs Spiel gesetzt würden. Die Sperrabsprache der Bergwerksbesitzer habe sechs Monate bestanden, ohne daß es amtlicherseits zu irgendeiner Reaktion darauf gekommen sei. «Erst zu dem Zeitpunkte, als nach sicheren Wahrnehmungen die sogenannte Arbeitersperre von der Gesamtheit der Arbeiter – ob mit Grund oder nicht, lasse ich dahingestellt (Bismarck: «ist aber entscheidend und ja salient») – zum Ausgangspunkt eines neuen Ausstandes mit allen verhängnisvollen Folgen des früheren gemacht werden sollte, und als die Behörden um ihre Vermittlung von beiden Seiten (Bismarck: «?») angegangen wurden, haben dieselben ihre vermittelnde Thätigkeit eintreten lassen.» Die erfolgreiche Vermittlung habe nicht nur einen gefährlichen Streik verhütet, sondern auch «die Grundlage für die Erzielung eines längeren Waffenstillstandes, und vielleicht eines dauernden Friedens» geschaffen (Bismarck: «?»). Die unparteiische (Bismarck: «?») Vermittlung der Oberpräsidenten Berlepsch und Studt sei von beiden Seiten gelobt worden und habe das Vertrauen in die Regierung gestärkt (Bismarck: «?»).[64]

Bismarcks Marginalien verraten, daß er das Schreiben mit wachsendem Zorn gelesen hat. Unter Berufung auf Bismarcks «Prinzipien» billigte und verteidigte der Minister Handlungen, die eben diesen Prinzipien widersprachen. Unter Wilhelm I. hätte kein Minister gewagt, dem mächtigen Kanzler so zu antworten. Bismarck fand seinen Verdacht bestätigt, daß Herrfurth, im Vertrauen auf die Unterstützung des Kaisers, nicht nur in dieser Angelegenheit, sondern auch in anderen einen abweichenden Kurs verfolgte.[65] Einen Tag nach dem Eingang der Rechtfertigung Herrfurths diktierte Bismarck einen Brief an Boetticher, der zu erkennen gibt, daß dem Kanzler allmählich bewußt wurde, daß ihm die Kontrolle über den Regierungsapparat und dessen Sozialpolitik entglitt. Zwar beabsichtige er wegen des Vorgefallenen «keine Rekrimination», ließ der Reichskanzler wissen, doch sei es «dringend nothwendig, daß die Herren Oberpräsidenten nicht mit Seiner Majestät dem Kaiser und König direct correspondieren. Wenn Allerhöchstderselbe den Oberpräsidenten die directe Berichterstattung anbefehle, so müßten die Letzteren ihre Berichte doch durch den Herrn Ressort Minister einreichen, weil andernfalls dem Oberpräsidenten die Rolle des Ministers zufallen würde».

Doch Bismarcks Schwierigkeiten verursachten nicht die Oberpräsidenten der Provinzen, sondern der Innenminister, der deren Handlungsweise billigte. Seine einzige Hoffnung, Herrfurth in die Schranken zu weisen, bestand in dem Versuch, den Kaiser davon zu überzeugen, daß der Kurs des Innenministers gefährlich sei. Er befahl Boetticher, einen Immediatbericht an den Kaiser zu entwerfen, und gab ihm dafür Richtlinien. Vor allem sollte darauf hingewiesen werden, «daß wir uns mit den Arbeitern eine Gefahr groß ziehen, die schließlich nicht bloß bei den Wahlen, sondern auch in der Armee sich fühlbar machen wird. Das Streben der Arbeiter nach immer weniger Arbeit und nach immer mehr Lohn wird niemals eine in sich abgeschlossene Grenze finden.» Überschreite man diese Linie, so drohe eine «Verteuerung der Industrie und Schwächung ihrer Konkurrenzfähigkeit im Auslande». «Heilung» sei nur möglich «durch Vergewaltigung der Arbeiter», die den «Einflüsterungen der sozialdemokratischen und ultramontanen Feinde der Monarchie nicht widerstehen». Arbeiterbewegungen der Art, wie Deutschland sie gegenwärtig erlebe, würden am Ende, selbst wenn das gegenwärtig noch nicht der Fall sei, von sozialdemokratischen Extremisten angeführt werden. Die Regierung könne sich von der Sozialdemokratie nicht führen lassen. Das jüngste Verfahren der Regierung, «in der Person der Oberpräsidenten», sei den Interessen des Staates schädlich. «Die Arbeiter können nicht die leitende Stelle im Staatsleben übernehmen und durchführen.» Die Regierung könne auch den Arbeitern nicht «nachlaufen, und die Arbeiter können nicht *pari passu* mit Seiner Majestät, dem Kaiser und König durch das Organ der königlichen Oberpräsidenten verhandeln». Wenn man den Fehler, den die Oberpräsidenten gemacht hätten, Schule machen ließe, wären dessen Konsequenzen später nur durch «harte und vielleicht blutige Maßregeln» zu berichtigen. Auch sei es nicht angezeigt, um die Gunst der Bergleute in der Hoffnung zu buhlen, damit den Ausgang der Wahlen zu beeinflussen, da diese in der Bevölkerung schließlich nur eine kleine Minderheit seien. Die Reaktion auf die illegale Parteinahme der Regierung für die Arbeiter auf Kosten der Arbeitgeber könne sich allerdings im Wahlergebnis sehr merklich niederschlagen. Trotz dieser schwerwiegenden Vorwürfe findet man in dem Dokument keine Rücktrittsdrohung, wie der Kanzler sie früher so oft ausgesprochen hatte, um seinen Kollegen und dem Monarchen seinen Willen aufzunötigen.[66]

Der Immediatbericht war noch in Arbeit, als Maybach und Herrfurth schon nachgaben, wobei nicht sicher ist, ob sie Bismarcks Druck wichen oder nach reiflicher Überlegung ihre Meinung änderten. Die Einwilligung der Bergwerksbesitzer, die Arbeitssperre zu Bedingungen, die für die Arbeiter annehmbar waren, aufzuheben, hatte ja den Anlaß für die Intervention der Regierung im Ruhrgebiet beseitigt. Am 19. Dezember befahlen die zwei Minister den Provinzbehörden, von weiteren Verhandlungen mit Arbeitervertretern Abstand zu nehmen. Obwohl Berlepsch und Studt ihre Arbeit an Plänen für eine körperschaftliche Vertretung der Bergarbeiter des Ruhrgebiets nicht einstellten, hatten sie doch einstweilen nicht die Macht, solche Pläne in die Tat umzusetzen, was sie um so mehr bedauern mußten, als eben zu dieser Zeit die sozialistische Bewegung und die mit dieser verbündeten Gewerkschaften an der Ruhr Boden zu gewinnen begannen.[67] Daß der preußische Handelsminister (unter diesem Titel und in dieser Eigenschaft korrespondierte Bismarck oft mit ihnen) nur einen ihrer Vorschläge annahm (die Einrichtung von Einigungsämtern und Schiedsgerichten) und darauf beharrte, die durch die Bergarbeiterstreiks offenbar gewordenen Probleme durch repressive Maßnahmen statt durch strukturelle Reformen zu lösen, war sehr enttäuschend für preußische Beamte, die es für eine Pflicht des Staates hielten, einen institutionellen Rahmen für die Vermittlung bei Konflikten zwischen Arbeitnehmern und Arbeitgebern bereitzustellen. Wer die Einzelheiten dieser Korrespondenz kannte, muß zudem bestürzt gewesen sein angesichts der unverhohlenen Parteinahme des Fürsten für die Arbeitgeber in so kritischen Fragen wie denen der Schwarzen Listen und der Aussperrung mißliebiger Arbeiter. Natürlich freute es sie, daß der Kaiser anderer Meinung war.

Nach der Rückkehr aus Konstantinopel im November sprach der Kaiser, wie Lucius berichtet, «viel über Streik und Arbeiterschutzgesetz: Da müsse noch ungeheuer viel geschehen, er müsse verhindern können, daß das Kapital die Arbeiter aussaufe. Die Industriellen seien nicht alle wie Krupp und Stumm, welche gut für ihre Arbeiter sorgten. Die meisten beuteten sie rücksichtslos aus und ruinierten sie. Er betrachte es als seine Pflicht, sich hier einzumischen und dafür zu sorgen, daß keine Streiks und Bedrückung der Leute erfolge. Die Aktiengesellschaften sorgten gar nicht für ihre Leute, ja manche beständen aus Ausländern.»[68]

IV

Kaiser oder Kanzler?

Gegen Ende 1889 scheint Bismarck die Hoffnung begraben zu haben, daß die Industriearbeiterschaft jemals in einen nationalen Konsens integriert werden konnte, der auf der Vorherrschaft des preußisch-deutschen Establishments basierte. Seit 1863 hatte er wiederholt dieses Ziel verfolgt – mit Repression und Reform, Zuckerbrot und Peitsche. Nun, als das Ende seiner Laufbahn nahte, wollte er sich vor allem der Peitsche bedienen, während der junge Kaiser dazu neigte, mehr Zuckerbrot zu verteilen. Die fortdauernde soziale Unruhe gab vielen preußischen Ministern und Beamten das Gefühl, daß etwas getan werden müsse. Ähnliche Empfindungen weckten aber auch die am 20. Februar 1890 bevorstehenden Reichstagswahlen und die drohende Auflösung des Kartells, dessen Fortbestand Wilhelm II. und seine Vertrauten für die unabdingbare Voraussetzung des gesetzgeberischen Erfolgs seiner Regierung hielten. Aus Friedrichsruh suchte Bismarck mit einer Neujahrsbotschaft an den Kaiser dem allgemein verbreiteten Gefühl einer drohenden Krise die Richtung zu weisen. «Vor der Hand halte ich innere Kämpfe für näher bevorstehend wie äußere Kriege, und bedaure lebhaft, daß ich für dieselben nicht mehr so rüstig bin wie 1862. Meine Kräfte nehmen ab, aber was davon übrig bleibt, verbrauche ich gern in Eurer Majestät Dienst, so lange es Allerhöchstdero Wille ist.»[1]

Kollisionskurs

Bei seinem Zusammentritt im Oktober 1889 wurde dem Reichstag ein Regierungsantrag vorgelegt, der die Geltungsdauer des bis zum 30. September 1890 befristeten Sozialistengesetzes auf unbeschränkte Zeit verlängern und die Befugnisse der Provinzialbehörden zur Inhaftierung und Ausweisung von Agitatoren erweitern sollte. Während der Debatten über die Vorlage lehnten die Nationalliberalen nicht nur die dem Gesetz neu hinzugefügten Bestimmungen ab, sondern weigerten sich überdies, diejenigen Bestimmungen des alten Gesetzes zu erneuern, welche die Verbannung von Radikalen aus ihren Wohnorten gestatteten. Nach Auffassung Miquels und seiner Kollegen hatte der Gebrauch, den die Polizei von dieser Befugnis gemacht hatte, nur zur Ausbreitung der sozialistischen Infektion in Gebiete geführt, die zuvor davon frei gewesen waren. Sie entschieden sich für den Kurs der Reformen statt der Repression, wohlwissend, daß dies auch der Wunsch des Kaisers war.[2]

Bismarck im Reichstag, Anfang 1889

Bismarck hatte 1888 erklärt, es sei besser, den Wachhund sterben zu lassen, als ihm die Zähne zu ziehen. Wenn die Öffentlichkeit die Exzesse des von Anarchisten und Revolutionären aufgehetzten Pöbels erst einmal erlebt hätte, würde sie gewiß noch viel drastischeren als den jetzt vorgeschlagenen Maßregeln beipflichten.[3] Dieser Ansicht war er auch noch im Winter 1889–1890. Deshalb weigerte er sich standhaft, die Initiative zur Einigung der Kartellparteien auf einen Kompromiß zu ergreifen, der die Annahme der zuvor zahnlos gemachten Vorlage gesichert hätte. Er weigerte sich sogar, im voraus zu sagen, ob die Regierung eine derart verstümmelte Vorlage, wenn sie vom Reichstag angenommen werde, nicht ihrerseits ablehnen würde. Er wollte den Reichstag zwingen, die volle Verantwortung für das Chaos zu übernehmen, zu dem es nach seiner Überzeugung kommen würde, wenn die Regierungsvorlage nicht – oder nur entschärft – angenommen werde. Kam es aber zu diesem Chaos, dann würde die Angst der Besitzenden und all jener, denen die soziale Ordnung wichtiger war als die soziale Gerechtigkeit, das Klima schaffen, in dem der Gesellschaft ein Staatsstreich erfolgreich zugemutet werden konnte.

Bismarcks Handlungen während des schicksalhaften Winters, der mit seiner Entlassung aus dem Amt endete, sind nur verständlich angesichts seiner hartnäckigen Entschlossenheit, an diesem Kurs auch dann festzuhalten, wenn es dabei zum Zusammenbruch des Kartells und zum Konflikt mit dem Kaiser kommen sollte. Er sprach wohl die Wahrheit, wenn er sagte, daß er das Kartell gern erhalten würde, aber nicht um den Preis der Abhängigkeit von dessen nationalliberaler Komponente. Er wollte auch gute Beziehungen zum Kaiser, aber nicht um den Preis des Aufschubs der in seinen Augen unausweichlichen innenpolitischen Krise.[4] Bewußt oder unbewußt mag er es eilig gehabt haben, eine solche Krise herbeizuführen. Die meisten Leute würden dann einsehen, daß nur er allein das Prestige und die persönliche Autorität hatte, sie zu meistern. Einmal mehr würde er der Welt und sogar Wilhelm II. und den Sykopkanten beweisen, daß der alte Kanzler schließlich doch unentbehrlich war. In der Stille Friedrichsruhs sammelte er Kräfte für die bevorstehende Schlacht, in der sich erweisen würde, ob seine eigene Auffassung von der Wichtigkeit seiner Person für die Monarchie und für Deutschland vom Kaiser, der Regierung, den Parteien und dem Volk geteilt wurde.

Daß Bismarck so weit von der Szene der politischen Manöver entfernt und offenbar zu keinerlei Kompromissen bereit war, verunsicherte die Kartellparteien. Bennigsen, Kardorff und Helldorff bemühten sich um einen Kompromiß, der angesichts ihrer Entscheidung, das Kartell für die Reichstagswahlen im Februar zu erneuern, nicht unmöglich erschien. Von den Ultras abgesehen, waren selbst die Konservativen aller Schattierungen willens, die Verbannungsparagraphen preiszugeben. Die Deutschkonservativen allerdings verlangten, daß die Regierung ihre Bereitschaft zur Annahme des abgeänderten Gesetzes vor Beginn der Debatte über den Änderungsantrag erklärte.[5] Am 25. November 1889 reiste Helldorff nach Friedrichsruh, um die Zustimmung des Kanzlers zu erwirken. Bismarck aber weigerte sich hartnäckig, auf die Verbannungsparagraphen zu verzichten. Schließlich sagte er zu Helldorffs Erstaunen, daß ihm die Erhaltung des Kartells wichtiger sei als das ganze Sozialistengesetz.[6] Obwohl er sich also mit anderen Worten weigerte, die Räder des Kartells mit dem Fett des Kompromisses zu schmieren, war er zur Weiterfahrt bereit. Wenn man an einer Abschwächung der Vorlage mitwirkte, erklärte er später, nahm man sich die Möglichkeit, später noch einschneidendere Maßnahmen anzustreben.[7]

Helldorff und seine Kollegen weigerten sich, die Verantwortung zu übernehmen, der Bismarck auswich. Als die Nationalliberalen bei einer Ausschußsitzung am 4. Dezember mit Mehrheit für die Streichung der Ausweisungsbefugnis aus der Vorlage stimmten, lehnten die von den Ultras unter Druck gesetzten Deutschkonservativen die gesamte Vorlage ab. Bei dieser Abstimmung wären sie in der Mehrheit gewesen, hätte nicht Windthorst, der hier eine Gelegenheit sah, einen Keil in das Kartell zu treiben, die Position des Zentrums revidiert und mit seiner Fraktion für die abgeschwächte Vorlage gestimmt. In dieser Form wurde die Vorlage Ende Januar 1890 dem Plenum des Reichstags zur dritten Lesung vorgelegt.

Die neue Streikwelle, die sich im Dezember 1889 erhob, sprang von den Kohlenrevieren (wo die Streiks lokal begrenzt waren) auf andere Industriezweige über.[8] Als dann im Dezember und Januar aus allen wichtigen Industriegebieten Preußens Nachrichten von erneuten Arbeiterunruhen in den Berliner Ministerien einzulaufen begannen, griff dort wieder die Krisenstimmung um sich, die man zuletzt im vergangenen Mai erlebt hatte. Doch den Kanzler, der unterdessen fern von seinen verstörten Kollegen und Untergebenen in der grünen Einsamkeit des Sachsenwaldes weilte, schien der Gang der Ereignisse nicht sonderlich zu beunruhigen. Er instruierte seine Kollegen, sich in diese Kämpfe nicht einzumischen und die Streiks «in sich ausbrennen» zu lassen.[9] «Wenn die Staatsregierung letztere (die Arbeitnehmer) einseitig schützen und fördern und die Richtschnur ihrer Stellung lediglich aus den Äußerungen der Arbeiter und dem Erfolg der Agitation unter denselben entnehmen wolle, so würde das Vertrauen zur Regierung und Glaube an ihre Gerechtigkeit in den intelligenteren Kreisen erschüttert werden. Dies wird um so mehr zu verhüten sein, als unsere Gesetze schon ohnehin dazu neigen, das entscheidende Gewicht im Staate in die Hände der zu Beurtheilung staatlicher Verhältnisse am wenigsten vorbereiteten Schichten der Bevölkerung zu legen ... Die Staatsregierung kann sich auf den Wettlauf der Parteien um die Gunst der stimmberechtigten, aber urtheilslosen Massen nicht einlassen, ohne den eignen Halt und das Vertrauen der Regierten zu verlieren.»[10]

Seit dem Maistreik bezweifelte Wilhelm II., daß die sozialen Reformen der achtziger Jahre weit genug gegangen seien, und erwog zusätzliche gesetzgeberische Schritte auf Gebieten, auf welchen Bismarck die Einmischung des Staates für unzulässig hielt: Festsetzung von Mindestlöhnen, Arbeitszeiten, Sonntagsruhe, Frauen- und Kinderarbeit, Arbeitsbedingungen und Wohnverhältnisse. Bei der Rückkehr von seiner Orientreise im November beriet er sich über diese Fragen mit verschiedenen Personen, darunter der Hofmaler August von Heyden, der Industrielle Hugo Graf Douglas und sein ehemaliger Erzieher Georg Ernst Hinzpeter. Hinzpeter war zwar seines Zeichens Philologe, nahm jedoch schon seit langem reges Interesse an der sozialen Frage und verfügte über Kontakte zu katholischen Kreisen, die großen Einfluß auf die Haltung der Zentrumspartei zu sozialen Problemen hatten. Offensichtlich auf Anregung des Kaisers verfaßte Hinzpeter eine umfangreiche Denkschrift über die Arbeiterfrage, die Wilhelm bei seinen Gesprächen mit anderen als Grundlage diente. Ende Dezember sandte Wilhelm II. die Denkschrift Innenminister Herrfurth zu, der sie an den Staatssekretär im Reichsamt des Innern und Puttkamers Nachfolger als Vizepräsidenten des preußischen Staatsministeriums, Karl Heinrich von Boetticher, weiterreichte. Wenig später lag das Memorandum auch Rottenburg in Friedrichsruh vor. Bismarcks Sekretär schien Hinzpeters Ausarbeitung zu simpel zu sein, weshalb er sie dem Fürsten gar nicht erst vorlegte, auch Boetticher davon abriet.[11]

Deshalb wußte Bismarck nicht, was den Kaiser in seinem Geiste bewegte, bis am 6. Januar 1890 endlich Boetticher persönlich im Sachsenwald eintraf. Sowohl der Vizepräsident als auch Holstein, der ihm bei der Vorbereitung auf das Gespräch mit Bismarck zur Seite gestanden hatte, fürchteten, daß der sich anbahnende Zwist zwischen dem Kaiser und dem Kanzler die Chancen des Kartells bei den am 20. Februar bevorstehenden Wahlen ungünstig beeinflussen könnte.[12] Bismarck lehnte Boettichers Bitte, dem Kaiser in der Frage des Arbeiterschutzes Zugeständnisse zu machen, rundheraus ab. Später tadelte Bismarck öffentlich Boetticher, dessen Karriere er jahrelang gefördert hatte, dafür, vergessen zu haben, daß er als Staatssekretär und Vizepräsident verpflichtet sei, dem Kaiser die Auffassung des Kanzlers darzustellen und nicht umgekehrt. Nötig seien unter den gegebenen Umständen nicht Konzessionen an die Arbeiter, die in der Tendenz geschäftsschädigend wären, sondern vielmehr die Einsicht, «daß die Socialdemokratie in höherem Grade wie gegenwärtig das Ausland eine Kriegsgefahr für Monarchie und Staat involvire und als innere Kriegs- und Macht-, nicht als Rechtsfrage von staatlicher Seite angesehen werden müsse.»[13] In Friedrichsruh abgewiesen, wandte sich Boetticher um Rat an den Großherzog von Baden und um Hilfe an die sächsische Regierung. Die deutschen Mittelstaaten boten einen möglichen Ausweg aus dem Dilemma. Preußen konnte dem Bundesrat Reformgesetze nicht ohne Bismarcks Einwilligung – oder Rücktritt – vorlegen, doch den anderen deutschen Staaten stand dies frei. Sachsen lag besonders nahe, denn dort gab es auf dem Gebiet des Arbeiterschutzes bereits eine fortschrittliche Gesetzgebung. König Albert war gern bereit, dem Reich das sächsische Modell zu empfehlen, und der Kaiser persönlich sowie Boetticher ermutigten ihn, mit der Unterstützung Badens und vielleicht Bayerns eine entsprechende Initiative zu ergreifen.[14]

Unterdessen wurden zwei andere Initiativen ergriffen. Der allgegenwärtige Holstein beauftragte den Anwalt und Berliner Korrespondenten der *Kölnischen Zeitung*, Franz Fischer, mit der Abfassung einer Denkschrift über die soziale Frage, die Philipp zu Eulenburg, dem engen Freund und Vertrauten des Kaisers, übergeben werden sollte. Doch Eulenburg, der Hinzpeters Denkschrift auch seinerseits als zu primitiv einschätzte, hatte sich schon selbst auf die Suche nach kompetenter Beratung begeben. Nachdem er während eines Spaziergangs im Tiergarten die Sache mit dem Kaiser besprochen hatte, wandte sich Eulenburg an den Vortragenden Rat Paul Kayser, der früher dem Reichsversicherungsamt angehört hatte und nun in der politischen Abteilung des Auswärtigen Amts tätig war. Kayser verfaßte auf Eulenburgs Wunsch eine weitere Denkschrift, die auch Holstein zugänglich gemacht wurde. Mit Kaysers Arbeit hoffte Eulenburg dem Souverän konkrete, praktische und sachkundige Vorschläge zur Verfügung stellen zu können, die realistischer und präsentabler wären als Hinzpeters impressionistische Meditationen. Eine Kopie der Kayser-Holstein-Denkschrift wurde Adolf Freiherr Marschall von Bieberstein zugesandt, einem Freund Holsteins, der als Bundesratsbevollmächtigter für Baden den Inhalt der Schrift dem Großherzog von Baden mitteilte.

Inzwischen war offenbar, daß Bismarck die lange Abwesenheit aus Berlin und die Trennung vom Kaiser empfindlich zu schaden drohten. Der Kaiser ließ sich von Personen beeinflussen, die weder auf Grund ihrer Stellung noch ihrer Erfahrung zu der konstitutionellen «Verantwortlichkeit» berufen waren, den Herrscher in Staatsgeschäften zu beraten. Der Hunger des Kaisers nach Informationen und Ideen über die Arbeiterfrage bot allen, die ihre Karrieren und ihren Einfluß zu befördern wünschten, eine günstige Gelegenheit, auf sich aufmerksam zu machen. Dennoch ist unbestreitbar, daß jene, die aus Bismarcks Sicht zu ihrem eigenen Vorteil intrigierten, ja konspirierten, zugleich in Sorge über die Richtung waren, welche unter seiner schwindenden Führung die Politik des Staates nahm. Sie erblickten in der Unbeweglichkeit der Regierung in der Frage weiterer sozialer Reformen und in den Anzeichen zunehmender Unruhe bei Arbeitern, Parteien und Wählern eine ernste Gefahr für die monarchische Ordnung.

Im Zentrum der sich bildenden Fronde standen Holstein und Eulenburg. Mehr oder weniger verbündet mit ihnen waren Boetticher, Marschall, Großherzog Friedrich von Baden (ein Onkel des Kaisers) und König Albert von Sachsen. Eulenburg und Holstein waren besonders alarmiert über das anscheinende Schwanken Bismarcks sowohl in außen- als auch in innenpolitischen Fragen. Und doch scheinen sie für dessen Nachfolge keinen Kandidaten in petto gehabt zu haben. Statt den Kanzler zu ersetzen, hofften sie mit der Autorität des Kaisers, über dessen Fähigkeiten sie sich damals noch Illusionen hingaben, die «Irrtümer» des alten Bismarck berichtigen zu können. In dieser Absicht ermutigten sie Wilhelm, mit Ministern, hohen Beamten und parlamentarischen Führern direkten Kontakt aufzunehmen und so Bismarck zu übergehen, der, wie sie hofften, auf diesem Wege allmählich aus seinen preußischen Staatsämtern hinausgedrängt und auf die Leitung der Außenpolitik beschränkt werden sollte. Gleichzeitig fürchteten sie aber, daß der Übergang zu schnell vonstatten gehen könnte. Bis er in der Lage sein würde, selbst zu regieren, brauchte Wilhelm den schützenden Schild von Bismarcks Prestige und Einfluß.[15] Zu Beginn des Jahres wurde das schwankende Gleichgewicht dieser widerstreitenden Wünsche ständig durch Bismarcks Obstruktionismus und Wilhelms Ungestüm bedroht. Am Abend des 23. Januar hielt Holstein es für angezeigt, Herbert warnend darauf hinzuweisen, daß die Stellung seines Vaters unterminiert werde. «Die parlamentarische Galle ist geschwollen, und von da geht die Bitterkeit schnell ins allerhöchste Gehirn wie in den Wählermagen. Der Gedanke, daß der Fürst selber nichts tue und andere verhinderte, etwas zu tun, kehrt immer wieder und wird, wenn ihm keine Nahrung entzogen wird, die Stellung des Fürsten binnen kurzem wesentlich verändern, wenigstens dem Inlande gegenüber.»[16]

Niederlage des Kartells

Schließlich ging dem Kaiser die Geduld aus. Da bis zu den Wahlen weniger als ein Monat Zeit blieb, konnte er die Ergebnisse des langwierigen legislativen Prozesses im Bundesrat und im Reichstag nicht mehr abwarten. Er muß sich allerdings auch gefragt haben, weshalb er dem König von Sachsen und seiner Regierung die Wertschätzung der deutschen Arbeiter und den Ruhm, den Arbeitsfrieden hergestellt zu haben, überlassen sollte. Warum sich nicht lieber mit einer kühnen Proklamation an die Nation wenden, so wie es sein Großvater 1881 zum Auftakt der Kampagne für die Sozialversicherung getan hatte? Am 23. Januar berief Wilhelm II. abrupt für den nächsten Tag den Kronrat ein, um «den Ministern meine Ideen über (die) Behandlung der Arbeiterfrage darzulegen».

Mit Billigung des Kaisers und auf Herberts Zureden war Bismarck im Januar in Friedrichsruh geblieben. Jetzt aber lag für Herbert auf der Hand, daß sein Vater die Ideen des Souveräns über die Arbeiterfrage besser durch dessen eigenen Vortrag kennenlernen sollte, anstatt sich nachträglich aus dem Protokoll darüber zu unterrichten. Bismarck stimmte zu, und Herbert arrangierte ein Treffen des Kanzlers mit dem Kaiser, das eine Stunde vor der Kronratssitzung stattfinden sollte. Erzielt werden sollte dabei eine Verständigung über die wesentlichen Punkte des Problems, was Herbert für «gar nicht schwierig» hielt.[17] Der 24. Januar erwies sich dann als ein langer, anstrengender Tag für den vierundsiebzigjährigen, nicht sehr gesunden Bismarck, und die physische Belastung mag zum Ergebnis beigetragen haben. Bismarck erhob sich früh, nahm einen Zug nach Berlin und traf dort nachmittags, um 13.50 Uhr ein. Um 15.00 Uhr ging er in eine Ministerialsitzung, um halb sechs traf er den Kaiser allein, um sechs begann die Kronratssitzung. Bei der Sitzung des preußischen Staatsministeriums überredete der Fürst die Minister dazu, in Fragen der sozialen Reform so lange abzuwarten, bis konkrete Vorschläge zur Hand seien. Doch mit der Meinung, daß die Regierung sich weigern sollte, im voraus zu erklären, ob sie bereit sei, auch eine abgeschwächte Fassung des Sozialistengesetzes hinzunehmen, stand der Reichskanzler unter seinen Ministerkollegen allein. Boetticher wies warnend darauf hin, daß ohne eine derartige Zusicherung die Konservativen im Plenum gegen die gesamte

Vorlage stimmen und diese damit zu Fall bringen würden. Die Sitzung endete in sehr gespannter Stimmung. Ebenso verlief die kurze Audienz des Kanzlers beim Kaiser, von deren Gang wir nur (aus einer Bemerkung des Kaisers) wissen, daß Bismarck dabei erklärt haben soll, ihm sei das Scheitern des Sozialistengesetzes ganz willkommen, weil er eigentlich ein schärferes wünschte.[18]

Der Kaiser eröffnete die Kronratssitzung mit einer langen Darlegung der ungesunden Entwicklung, die seines Erachtens im Vergleich zur englischen die deutsche Industrie genommen habe.[19] «Die Deutschen hätten sich – mit wenig lobenswerten Ausnahmen – nicht um ihre Arbeiter gekümmert, sie ausgepreßt wie Zitronen und auf dem Mist verfaulen lassen». Die jüngsten Streiks zeigten den Grad der Entfremdung zwischen Arbeitgebern und -nehmern, dessen Resultat die Ausbreitung des Sozialismus sei. Revolutionen gingen immer auf das Versäumnis der Regierungen zurück, zeitgemäße und vernünftige Zugeständnisse zu machen. Als notwendige Reformen nannte der Kaiser die Beschränkungen der Sonntags- und Nachtarbeit, der Frauen- und Kinderarbeit, Arbeiterkommissionen zur Ergänzung der Fabrikinspektoren, Einigungsämter und Schiedsgerichte sowie die Umwandlung von Staatsbetrieben in Musterbetriebe, die für die Arbeiter Sparkassen, Kirchen, Schulen und Krankenhäuser bereitstellten und diesen die Möglichkeit boten, Staatsbeamte zu werden. «Er wolle *roi des gueux* sein, die Leute müßten wissen, daß sich ihr König um ihr Wohl kümmere.» Der 24. Januar, rief er den Ministern in Erinnerung, sei der Geburtstag Friedrichs des Großen, der viel für die friedliche Entwicklung des Landes getan habe. Wie zuvor im preußischen Staatsministerium besprochen, versuchte Bismarck, Entscheidungen hinauszuzögern, und erklärte, das Thema müsse noch gründlich untersucht werden, ehe konkrete Maßnahmen empfohlen werden könnten.

In zunehmend gespannter Atmosphäre kam dann der Kaiser auf das Sozialistengesetz zu sprechen und bestand auf der Streichung des Ausweisungsparagraphen, die zur Rettung des Kartells erforderlich sei. «Das Sozialistengesetz enthalte das Minimum dessen, was die Regierungen an Machtmitteln brauchten», widersprach Bismarck, «voraussichtlich werde man später mehr fordern müssen. Dies schneide man sich ab, wenn man sich jetzt herbeilasse, mit weniger auskommen zu wollen.»[20] Ein schlechtes Gesetz würde der Regierung bei den Wahlen schaden. Das Scheitern des Gesetzes aber würde das Kartell nicht gefährden. Die Stimme hebend, fuhr der Kanzler dann fort: «Er könne nicht beweisen, daß diese Nachgiebigkeit Sr. Majestät verhängnisvolle Folgen haben werde, glaube es aber nach seiner langjährigen Erfahrung. Wenn Se. Majestät in einer so wichtigen Frage anderer Meinung sei, so sei er wohl nicht mehr recht an seinem Platz. Bleibe das Gesetz unerledigt, so müsse man sich ohne dasselbe behelfen und die Wogen höher gehen lassen. Dann möge es zu einem Zusammenstoß kommen.»[21] Wilhelm hatte seine Antwort auf diese Argumentation schon zuvor in einer abgelesenen Ansprache gegeben: «Es wäre jedoch beklagenswerth, wenn ich den Anfang meiner Regierung mit dem Blut meiner Unterthanen färben müßte! Das so lange als möglich zu verhüten, ist mein sehnlichster Wunsch. Man würde mir das nie vergessen, und alle Erwartungen, die man etwa in mich gesetzt hätte, würden ins Gegentheil umschlagen. In eine solche Zwangslage darf ich nicht und will ich nicht gebracht werden. Wer es also redlich mit mir meint, muß alles aufbieten, um ein solches Unglück zu verhüten».[22]

Um ihre Meinung gebeten, machten die anderen Minister Ausflüchte, um nicht gegen den Ministerpräsidenten die Partei des Kaisers ergreifen zu müssen. Es wurde nicht abgestimmt und keine Entscheidung gefällt. «Man ging mit ungelösten Differenzen, mit dem Gefühl auseinander, daß ein irreparabler Bruch zwischen Kanzler und Souverän erfolgt war», notierte Lucius. «Se. Majestät bemühte sich zwar, gegen den Fürsten freundlich zu sein, aber es kochte in ihm. Jedenfalls besitzt er große Selbstbeherrschung.» Nachher ließ der Kaiser sich doch ein wenig gehen. Wütend drohte er Kriegsminister Julius von Verdy du Vernois, der erst kürzlich zum Nachfolger Paul Bronsarts ernannt worden war, «mit der Faust..., weil er ihn im Stich gelassen habe».[23]

Am nächsten Tag kam für den Reichstag in der Frage des Sozialistengesetzes der Augenblick der Wahrheit. Vor der Abstimmung baten Helldorff Bismarck und Bennigsen Lucius um Anweisungen, konnten aber keine erhalten.[24] Das Gesetz wurde von einer überwältigenden Mehrheit (169 gegen 98 Stimmen) abgelehnt, in der sich alle Farben des politischen Spektrums von den Konservativen bis zu den Sozialisten zusammengefunden hatten.[25] Ende September 1890 würde es also zum ersten Mal seit 1878 in Deutschland kein Ausnahmegesetz gegen Sozialisten mehr geben. Die Historiker geben auf die Frage, wer für den Zerfall des Kartells angesichts einer so wichtigen Bewährungsprobe verantwortlich gewesen sei, noch immer verschiedene Antworten. Trägt Bismarck die Schuld, der den Konservativen die erbetene Zusicherung wiederholt hartnäckig verweigert hatte? Oder ist vielmehr Helldorff verantwortlich zu machen, der Bismarcks Andeutungen, daß die Regierung sich auch mit der geänderten Vorlage abfinden würde, entweder nicht verstand oder nicht verstehen wollte? Oder sind die Ultras die Schuldigen, denen die Gelegenheit, das Kartell zu sprengen, nur allzu willkommen war? Wer auch immer die Verantwortung trägt, die Abgeordneten der Kartellparteien waren einmütig geneigt, das Scheitern ihrer Koalition Bismarck anzulasten. Im Reichstag wie in den preußischen Ministerien verbreitete sich das Gefühl, daß Bismarck seine Führungsqualitäten eingebüßt habe.

Es vergingen bis zu Bismarcks Rücktritt zwar noch fast zwei Monate, doch kann wohl gesagt werden, daß der Verlauf des Kronrats am 24. Januar seinen baldigen Abgang unvermeidlich machte. Er hatte dem jungen Kaiser eine Demütigung zugefügt, die dieser weder vergeben noch vergessen konnte. Die Entdeckung, daß Bismarcks Autorität bei den Ministern offenbar mehr galt als seine, empörte den Souverän zutiefst. Die Minister hätten alle so «verprügelt» ausgesehen, bemerkte er zu Verdy, was der Fürst denn in in der vorhergehenden Staatsministerialsitzung gesagt habe?[26] In den folgenden Tagen bemühten sich zwar beide Männer um Versöhnung. Bismarck räumte bei der Ministerialsitzung am 26. Januar ein, daß er «neulich wohl etwas weiter gegangen wie nötig gewesen sei». Man müsse sich mit dem Monarchen einrichten wie mit dem Wetter. Er liebe ihn «als Sohn seiner Vorfahren und als Souverän». Einen Tag später begaben sich die Minister unter Bismarcks Führung ins Schloß, um Wilhelm zum Geburtstag zu gratulieren. Der Fürst wünschte Glück und Freude bei der Ausführung der großen Aufgaben, welche der Kaiser sich gestellt habe. Wilhelm dankte und sagte, Bismarck herzlich die Hand schüttelnd, er hoffe «dabei noch lange die Mithilfe und Unterstützung des Fürsten zu haben».[27]

Mit Erleichterung befand Lucius, daß der Sturm «luftreinigend» gewirkt habe. Doch die Atmosphäre blieb gespannt. Während des Kronrats am 24. Januar hatte der Kaiser die Absicht erklärt, sein Interesse an der sozialen Frage noch vor der kommenden Reichstagswahl in einer feierlichen Proklamation kundzutun.[28] Bismarck konnte ihm das nicht ausreden, redigierte aber den Entwurf der Rede, der ihm viel zu weit ging. Am 4. Februar unterzeichnete der Kaiser zwei Erlasse. Der eine, an den Kanzler gerichtet, verlangte die Einberufung einer Konferenz nach Berlin, auf welcher Vertreter der europäischen Industrienationen sich über Fragen der sozialen Reform verständigen sollten (das Ziel war eine ausgeglichene Verteilung der Soziallasten, um Wettbewerbsvorteile für die Unternehmer einzelner Staaten zu vermeiden). Der andere Erlaß, der sich an die preußischen Minister für Handel und öffentliche Arbeiten wandte, wies diese an, eine Reihe von Gesetzen vorzubereiten, deren Gegenstand weitergehende Sozialversicherungen, Institutionen, in denen Vertreter der Arbeiterschaft ihre Wünsche und Beschwerden vorbringen konnten, sowie die Regulierung von Arbeitszeit, Arbeitsstunden und Arbeitsbedingungen sein sollten. Bismarck fügte eine Einberufung des preußischen Staatsrats hinzu, der die Vorschläge des Kaisers erörtern sollte und, wie er hoffte, ablehnen oder abschwächen würde. Daß die kaiserlichen Erlasse in einer Form ausgestellt waren, die keiner Gegenzeichnung des Kanzlers bedurfte, wurde alsbald von der Presse mit Interesse zur Kenntnis genommen.[29] Nach einem parlamentarischen Diner am 4. Februar saßen Kaiser und Kanzler in verschiedenen Ecken des Saals im Reichskanzlerpalais, jeder von einer anderen Gruppe Abgeordneter umgeben. Wilhelm sprach von der Notwendigkeit eines weitergehenden Arbeiterschutzes, während Bismarck die voraussichtlichen Konsequenzen beklagte. «Der Kaiser hat mich recht lieb», bemerkte Bismarck, «aber imponieren kann ich ihm doch nicht.»[30]

Unterdessen war der Fürst damit beschäftigt, andere Institutionen zu blockieren. Von Boetticher erfuhr er, daß Sachsen beabsichtige, dem Bundesrat Anträge zur Arbeiterschutzgesetzgebung vorzulegen. Am 30. Januar erklärte er daraufhin dem sächsischen Gesandten, daß er in diesem Fall sofort von allen seinen Ämtern zurücktreten würde. «Die soziale Frage sei nicht mit Rosenwasser zu lösen, hierzu gehöre Blut und Eisen». Wenn man so weiter mache, würde Hinzpeter wohl der nächste Reichskanzler werden. Um einen Bruch zwischen Kaiser und Kanzler zu verhüten, nahmen die Sachsen, trotz Wilhelms Ermunterungen, von ihrer Absicht Abstand.[31] Die Regierung der Schweiz, die von Wilhelms Plänen noch nichts wußte, hatte ihrerseits zu einem Kongreß über die soziale Frage nach Bern eingeladen. Ohne sein Außenministerium einzuschalten, drängte Wilhelm die Schweizer, auf ihr Vorhaben zugunsten seines eigenen zu verzichten. Bismarck reagierte darauf mit der Behauptung, daß die beiden Projekte einander nicht ausschlössen. Den Schweizern gegenüber leugnete er, daß die Berliner Konferenz diplomatischen Status haben werde; außerdem spielte er ihre Agenda herunter. Die Schweizer (und die nach Bern eingeladenen auswärtigen Mächte) sahen sich in die delikate, wenig beneidenswerte Lage versetzt, in einem internen deutschen Streit Partei ergreifen zu müssen. Sie entschieden sich weise dafür, den einunddreißigjährigen Kaiser zu beschwichtigen, mit dem sie es noch viele Jahre zu tun haben würden, und nicht den vierundsiebzigjährigen Kanzler, der vielleicht schon morgen abtreten würde.[32]

Bismarcks Flankenbewegungen gingen einher mit einem vorgetäuschten Rückzug an der Hauptfront. Bei den Sitzungen des preußischen Staatsministeriums am 24. und 26. Januar hatte er die Absicht ausgesprochen, alle seine Ämter mit Ausnahme der Leitung der auswärtigen Politik und der Kanzlerschaft aufzugeben. Von der auswärtigen Politik könne er sich nicht trennen, meinte er, denn das Vertrauen, das er in London, Wien und sogar Paris hergestellt habe (St. Petersburg nannte er nicht), könne er niemandem vererben. Seine Kollegen verstanden diese Äußerungen so, daß Bismarck sich aus der Innenpolitik nicht nur Preußens, sondern auch des Reichs zurückziehen wolle. Am 27. Januar gab er das Handelsministerium ab, an dessen Spitze der Kaiser auf Bismarcks Empfehlung Berlepsch berief.[33] Doch vergingen noch zehn Tage, bis Bismarck am 3. Februar 1890 den Kaiser bat, ihn von den Ämtern des preußischen Ministerpräsidenten und des preußischen Ministers des Auswärtigen zu entbinden. Im Amt des Ministerpräsidenten sollte ihm Boetticher nachfolgen, im Außenministerium sein Sohn Herbert; beide sollten daneben ihre Ämter als Reichsstaatssekretäre beibehalten. Das Revirement sollte am 20. Februar, dem Wahltag, öffentlich bekanntgegeben werden.[34]

Am 12. Februar nahm Bismarck jedoch den Rücktritt von beiden Ämtern zurück. Angesichts dessen, was wir von seiner Psychologie bereits wissen, kann das nicht groß überraschen, aber auch der Narzißmus hat seine Gründe. Einen davon hatte ihm sogar der Kaiser gegeben. Als Bismarck am 3. Februar formell um seine Entlassung gebeten hatte, hatte Wilhelm II. sich zwar nicht verhalten, wie es bei solchen Gelegenheiten sein Großvater zu tun pflegte – es gab keine Proteste, keine Umstimmungsversuche, schon gar keine Tränen, nur ein nickendes Einverständnis. Und doch bekam der junge Souverän es ein wenig mit der Angst zu tun, weshalb er fragte: «Sie werden doch aber die weiteren Militärvorlagen noch vertreten?»[35]

Zusätzlich zu den bereits 1887 und 1888 bewilligten Verstärkungen wollten Wilhelm II. und sein Kriegsminister das deutsche Heer um weitere 80 000 Mann vergrößern und die Feldartillerie mit einem jährlichen Etat von etwa 120 Millionen Mark ausstatten. Daß dem Kaiser soviel daran gelegen war, daß Bismarck die entsprechenden Vorlagen noch persönlich im Reichstag verteidigte, verschaffte diesem das Druckmittel, mit dessen Hilfe er den Kaiser zur Einwilligung in ein neues Sozialistengesetz bewegen konnte. Am 12. Februar schlug er vor, im Amt des Ministerpräsidenten «bis nach den ersten gewonnenen oder verlorenen Abstimmungen des neuen Reichstags über die Militärforderungen und Erneuerung des Sozialistengesetzes» zu verbleiben. Dann wollte er im Mai oder Juni den Weg für einen Militär freimachen (er schlug General Leo von Caprivi vor), der besser als liberale Minister dazu in der Lage sein werde, auch «in etwaigen Kämpfen mit sozialistischen Bewegungen und bei wiederholter Auflösung des Reichstags» die Stellung zu halten. Der Kaiser schien enttäuscht zu sein, willigte aber ein. «Dann bleibt also einstweilen Alles beim Alten.»[36]

Bismarcks Zögern, aus seinen preußischen Ämtern auszuscheiden, entsprang jedoch nicht nur dem Wunsch, die Annahme der neuen Militärvorlagen und des Sozialistengesetzes sicherzustellen. Am 10. Februar fand der bayerische Bevollmächtigte im Bundesrat, Hugo Graf von Lerchenfeld-Köfering, Bismarck bei Überlegungen, wie er seine Stellung als Kanzler, insbesondere im Bundesrat, so ausbauen könne, daß sie ihn für den Verlust seiner preußischen Ämter entschädige. Bismarck erörterte mehrere Kombinationen, die jedoch alle, wie Lerchenfeld beobachtete, um das Problem der Kontrolle über das preußische Votum im Bundesrat kreisten. Der Kanzler wollte zwar «mit der Instruierung der preußischen Stimme nichts mehr zu tun … haben», doch seine Überlegungen stießen stets auf die Frage, «was entstehen wird, wenn die preußische Stimme gegen seine Ansicht instruiert sein sollte».[37] Das war der springende Punkt. Solange Herbert das Amt des preußischen Außenministers innehätte, brauchte er sich zwar keine Sorgen zu machen. Und doch konnte Bismarck sich des Verdachts nicht erwehren, daß er mit dem Amt des preußischen Ministerpräsidenten eine unverzichtbare Machtposition preisgäbe. Am 16. Februar 1890 schrieb Herbert an den Bruder Bill: «Papa hat, wie mir scheint, die Trennung von Reichs- und preußischen Sachen doch unpraktikabel gefunden, da er nicht Boettichers Untergebener sein mag, und denkt jetzt an vollen Abschied zum 1. April.»[38]

Das Ergebnis der Wahlen am 20. Februar 1890 schien Bismarcks Vermutung zu bestätigen, daß stürmische Zeiten heraufzogen. Da ihm diesmal keine internationale Krise wie 1887 Rückhalt bot, erlitt das Kartell eine katastrophale Niederlage. Von 7261600 abgegebenen Stimmen gingen 4658900 an die Oppositionsparteien. Die Zahl der Mandate der Koalition fiel von 220 auf 135, wobei die schwersten Verluste die Nationalliberalen und die Freikonservativen erlitten, die von 99 Sitzen nur 42 bzw. von 41 Sitzen nur 20 behielten. Die Freisinnigen hingegen gewannen zu ihren 32 Mandaten 34 hinzu (und damit etwa wieder die Stärke zurück, die sie 1884–1887 gehabt hatten). Das Zentrum, das seine 98 Mandate auf 106 ausbauen konnte, erreichte seine größte Stärke im Kaiserreich. Doch die moralischen Sieger der Wahl von 1890 waren die Sozialdemokraten. Obwohl sie nur 35 Abgeordnete ins Parlament schicken konnten (zuvor elf), hatten sie doch die erstaunliche Zahl von 1427300 Stimmen auf sich vereinigen können (fast doppelt soviel wie 1887). Von allen deutschen politischen Parteien hatten sie damit die größte Wählerbasis. Der Stimmengewinn der Freisinnigen war damit verglichen bescheiden; ihr Wähleranteil stieg von 973100 Stimmen auf 1159900.[39]

Die Wahlergebnisse von 1881, 1884 und 1890 lassen den Schluß zu, daß ohne eine von der Regierung rücksichtslos ausgebeutete internationale Krise die Mehrheit der zur Stimmabgabe schreitenden Wahlberechtigten (1890 71,5 Prozent) im Lager der Opposition stand, freilich aus unterschiedlichen Gründen. Schlechtes Wetter hatte 1888 die Ernte nicht sehr gut ausfallen lassen, 1889 war sie noch schlechter gewesen, was innerhalb von drei Jahren die Getreidepreise um 25 Prozent und die Viehpreise um etwa 19 Prozent in die Höhe trieb.[40] Diese Preissteigerungen wurden aber auch den starken Erhöhungen der Agrarzolltarife zugeschrieben, die das Kartell 1887 bewilligt hatte. Die den Großgrundbesitzern mit dem Branntweinsteuergesetz im gleichen Jahr gewährten «Liebesgaben» hatten ebenfalls Mißstimmungen verursacht. Für das städtische Proletariat zählten die Tatsachen des täglichen Lebens – die Preise von Brot, Wurst und Schnaps – mehr als die Leistungen der Sozialversicherung und das Versprechen einer künftigen Arbeiterschutzgesetzgebung. Der Zusammenbruch des großen Streiks im Mai 1889 und die darauffolgenden Aussperrungen hinterließen ein bitteres Vermächtnis. Die Verlängerung der Wahlperiode von drei auf fünf Jahre, für welche das Kartell eingetreten war, wurde als Beschneidung der Rechte des Volkes empfunden. Diese Unzufriedenheit leitete Wasser auf die Mühlen der Sozialdemokraten, und dagegen war das Sozialistengesetz machtlos. Diese Unzufriedenheit mag 1890 Tausende zur Wahl getrieben haben, die 1887 nicht gewählt hatten, weil sie entweder noch zu jung oder an der Wahl nicht interessiert gewesen waren, während Tausende von anderen, die 1887 aus patriotischer Besorgnis ihre Stimmen dem Kartell gegeben hatten, den Wahllokalen diesmal fernblieben.[41]

Bismarck stand kaum allein mit der Überzeugung, daß Deutschland eine große soziale und politische Krise bevorstand.[42] Die Frage war, wie man ihr begegnen sollte. Sollte Arbeiterunruhen durch mehr Sozialgesetze oder mehr polizeiliche Repression vorgebeugt werden? Und wie sollte die Regierung mit einer oppositionellen Mehrheit im Reichstag umgehen? War nun, am Beginn einer neuen Periode unergiebiger Konflikte, nicht die Zeit für jene Serie von Reichstagsauflösungen und Neuwahlen gekommen, die Bismarck als Vorspiel zu einem Staatsstreich schon seit Jahren vorausgesehen hatte?

Zu den Iden des März

Später hat Bismarck behauptet, er habe zu dieser Zeit schon gewußt, daß der Kaiser ihn «los sein wollte». Der Kanzler, der so oft die Freuden des Landlebens gepriesen und reuig von der Politik gesprochen hatte, die «alle Karpfen in seinem Teich verschlungen» habe, der so bitter über die Bürden und Verantwortlichkeiten seiner öffentlichen Ämter geklagt hatte, der seinen Rücktritt so häufig einem

Monarchen angeboten hatte, von dem er wußte, daß er ihn nicht annehmen würde, der noch unlängst, am 6. Juli 1889, behauptet hatte, daß der Wunsch des jungen Kaisers, allein zu herrschen, ihm gleichgültig sei – dieser Kanzler weigerte sich nun, da der Augenblick dazu ganz offensichtlich gekommen war, mit Anstand seinen Abschied zu nehmen. «Die Befreiung von jeder Verantwortlichkeit hatte bei meiner Ansicht über den Kaiser und seine Ziele viel Verführerisches für mich», behauptet er in seinen Memoiren, «aber mein Ehrgefühl kennzeichnete mir diese Regung als Scheu vor Kampf und Arbeit im Dienste des Vaterlandes, als unverträglich mit tapferem Pflichtgefühl.»[43] In etwas weniger heroischen Wendungen wird man sagen dürfen, daß sein zwanghaftes Machtbedürfnis ihn nötigte, sich noch verzweifelt am Gipfel festzukrallen, als ihm jeder Halt unter den Händen zerbrach und er wußte, daß er sich nicht würde halten können.

Am 25. Februar 1890 umriß Bismarck dem Kaiser seinen Schlachtplan für die kommenden Monate. «Wegen der Zusammensetzung des Reichstags und behufs Vertretung der bisherigen Sozialpolitik sowie der nötigen Militärforderungen hielt ich jetzt mein Verbleiben bis nach den ersten parlamentarischen Kämpfen noch mehr für notwendig, um unsere Zukunft gegen die sozialistische Gefahr sichern zu helfen.» Er versprach, das Sozialprogramm des Kaisers loyal zu unterstützen, nachdem es im preußischen Staatsrat und auf der bevorstehenden internationalen Konferenz genauer festgelegt worden war. Wenn es aber zu Unruhen, ja Aufständen kommen sollte, fragte er, wäre Wilhelm bereit zu schießen? Der Kaiser bejahte das. In diesem Fall, fuhr Bismarck fort, würde er dem neuen Reichstag sowohl die neuen Militärvorlagen als auch ein neues und schärferes Sozialistengesetz vorlegen, das der Polizei die Befugnis gäbe, Agitatoren nicht nur innerhalb Deutschlands aus Städten und Provinzen auszuweisen, sondern sie auch aus dem Lande zu verbannen und ihnen die Staatsbürgerschaft zu entziehen. Da der Reichstag beide Vorlagen zweifellos ablehnen werde, müsse die Regierung auf die Notwendigkeit wiederholter Auflösungen gefaßt sein. Kaiser und Kanzler verabschiedeten sich voneinander mit festem Händedruck und Bismarcks Schlachtruf: «No surrender!» Bei der Rückkehr in die Wilhelmstraße erklärte Bismarck Rottenburg triumphierend: «Der Kaiser ist bereit zu fechten, dann kann ich an seiner Seite bleiben.»[44]

Bismarck glaubte offenbar, durch seinen Appell an die kriegerischen Instinkte des Monarchen diesen ebenso in seine Gewalt gebracht zu haben wie einst dessen Großvater während der berühmten Audienz am 22. September 1862. Er hatte keine Ursache, an der Neigung des jüngeren Wilhelm, notfalls Gewalt zu brauchen, zu zweifeln. Am Wahltag hatte der Kaiser die Truppen in Alarmbereitschaft versetzt. Waldersee hatte ihm Warnungen zukommen lassen, die sich von denen Bismarcks nicht wesentlich unterschieden: Der Reichstag würde die Militärforderungen zweifellos nicht bewilligen. Auf lange Sicht würden wiederholte Auflösungen nicht genügen. Es würde letztlich der Regierung nichts anders übrig bleiben, als das allgemeine Wahlrecht abzuschaffen, eine Aufgabe, für die der General übrigens seine Dienste anbot.[45] Zu welchen Höhen der Entschlossenheit und

Kampfbereitschaft Wilhelm II. sich erheben konnte, erfuhr die deutsche Öffentlichkeit gelegentlich eines Toasts, den er auf die Stände Brandenburgs ausbrachte. Der langen Verbindung der Hohenzollern mit Brandenburg gedenkend, erklärte er, daß er wie seine Vorfahren sein Land und sein Volk als ihm von Gott anvertraute Talente betrachte (im biblischen Sinne), als Pfunde, mit denen zu wuchern seine Pflicht sei und über die er eines Tages werde Rechenschaft ablegen müssen. Sollten «ernste Zeiten» bevorstehen, erwarte er, sich auf seine Brandenburger verlassen zu können. «Diejenigen welche Mir dabei behilflich sein wollen, sind Mir von Herzen willkommen, wer sie auch seien; diejenigen jedoch, welche sich Mir bei dieser Arbeit entgegenstellen, zerschmettere Ich.»[46]

Doch während er versuchte, sein Verhältnis zu Wilhelm wieder zu verbessern, spürte Bismarck, daß er zunehmend isoliert war. Am 18. Februar machte er Waldersee und Moltke unerwartete Höflichkeitsbesuche. Waldersee, der nicht zu Hause war, hielt staunend in seinem Tagebuch fest: «Der Kanzler hat mich besuchen wollen! Ich traute meinen Ohren nicht, als ich es hörte. Er macht schon seit Jahren eigentlich gar keine Besuche und ist nun bei mir und dem Feldmarschall vorgefahren, um sich melden zu lassen. Er fängt in der Tat an schwach zu werden.» Waldersee erfuhr von Moltke, daß Bismarck sich über den Kaiser bitter beklagt, auf alle Minister geschimpft, sie sämtlich für unfähig erklärt und überhaupt den Eindruck eines sehr bekümmerten Mannes gemacht habe. «Leider hat der gute Feldmarschall», notierte Waldersee, «der die Zustände bei uns nicht recht durchschaut, ihm zugeredet doch ja zu bleiben.» Am 19. Februar widerfuhr der Kaiserin-Witwe Victoria die nicht geringe Überraschung, von Bismarck und Johanna um eine Audienz gebeten zu werden. Als sie den Kanzler fragte, ob sie etwas für ihn tun könne, soll er geantwortet haben: «Ich bitte nur um Mitgefühl.» Anderthalb Stunden schüttete er dann «seiner vielleicht intimsten Feindin» sein Herz aus, wie er es am Vortag bei Moltke getan hatte. Doch als er die Bürden beklagte, die er noch immer tragen müsse, machte die Kaiserin den Fehler, ihm in aller Unschuld zu raten, um seine Entlassung zu bitten. Das nahm er ihr sehr übel. Im Gegenteil wollte er in dem Beschluß bestärkt werden, an seinen Ämtern festzuhalten. So ließ er auch sämtliche Räte des von ihm aufgegebenen Handelsministeriums kommen, von denen er einige kaum dem Namen nach kannte, und sprach mit jedem von ihnen. Auch hier schien er auf Widerspruch gegen seine Abschiedsgedanken zu hoffen.[47]

Am 26. Februar, einen Tag nach dem Gespräch, bei dem er den Kaiser in eine martialische Stimmung versetzt hatte, bedauerte Bismarck bereits seine sozialpolitischen Zugeständnisse. Am Morgen dieses Tages sprach Boetticher, der von Bismarcks Konzessionen schon vom Kaiser gehört hatte, in heiterster Laune beim Kanzler vor, um ihn zum Frühstück einzuladen. Doch er fand diesen in denkbar schlechter Stimmung. Ob Boetticher wirklich glaube, fragte der Fürst, daß er in derartige Maßnahmen jemals einwilligen werde. Später am Vormittag wohnte Bismarck gegen seine erklärte Absicht der ersten Sitzung des preußischen Staatsrats bei. Schweigend kritzelte er an den Rand des Dokuments, das Gegenstand der Erörterung war, seine Eindrücke («Quack», «Humbug», «Casuistik»), bis der Kaiser, der den Vorsitz führte, über die erste besprochene Frage (Sonntagsarbeit) abstimmen lassen wollte. Minister, stellte er fest, könnten nicht in einer Körperschaft abstimmen, die zu dem Zweck konstituiert sei, sie zu beraten. «Der Kaiser entgegnete nichts und ließ abstimmen», berichtete Boetticher. «Wieder ein Knüppel», klagte Wilhelm nach der Sitzung, «den der Fürst ihm soeben zwischen die Beine geworfen habe».[48]

Inzwischen war es absehbar, daß unter der festen Führung des Kaisers das «servile Element» im Staatsrat Wilhelms Pläne billigen würde. Während des Frühstücks in Boettichers Dienstwohnung war der Kanzler «übelgelaunt. Die Unterhaltung wollte, so viel Mühe Seine Majestät sich auch gab, nicht recht in Fluß kommen.» Später kehrte Bismarck nicht in die Sitzung zurück. «Er ... weiß mit merkwürdiger Ortskenntnis den Bundesratssaal zu umgehen und erscheint plötzlich müden, schweren Schrittes in den eigentlichen Diensträumen des Reichsamts des Inneren. Wie ein Geist wandelt er mit leerem Blick ohne Zweck und Sinn durch die Gänge, hier und da eine Tür öffnend und hineinschauend. Die Bureaudiener weichen ihm mit scheuer Ehrfurcht aus.» Durch einen Nebeneingang gelangte er dann in den Korridor des Auswärtigen Amts, wo er in die Zimmer verschiedener leitender Beamter, so auch Holsteins, «unangemeldet eintrat und sich dort je eine viertel – bis eine halbe Stunde plaudernd unterhielt. Er gab dabei wiederholt seiner Mißstimmung über das Vorgehen des Kaisers Ausdruck», selbst gegenüber Leuten, die ihn am Tag zuvor hatten sagen hören, daß der Konflikt beigelegt sei. Die Nachricht von der seltsamen Wanderung des Kanzlers verbreitete sich schnell, und böse Zungen wußten von beginnender Senilität zu berichten.[49] Bismarck war schon immer ein chronischer Jammerer gewesen, aber ein so starkes Bedürfnis nach Trost und Vergewisserung selbst von Fremden und früheren Feinden hatte er noch nie gezeigt.

Bismarck begegnete der Krise, die er im Jahre 1890 erwartete, auf zwei alternativen Wegen: Einerseits wollte er versuchen, im Reichstag eine neue, kooperationswillige Mehrheit zu finden, andererseits aber traf er Vorbereitungen für einen Staatsstreich, mit dessen Androhung er die Bildung der Majorität beschleunigen oder den er, falls dies scheiterte, in die Tat umsetzen wollte. Seit 1878 hatte er schon wiederholt, öffentlich und privat, die Möglichkeit eines Staatsstreichs erwogen und die Form angedeutet, in der er erfolgen würde, nämlich die Auflösung des Reichs durch seine Bundesstaaten und dessen Ersetzung durch eine Versammlung auf der Basis korporativer Repräsentation. Seit Januar untersuchten auf Bismarcks Anordnung Herbert und Ludwig Raschdau die rechtlichen Aspekte eines solchen Manövers. Die Hauptfrage dabei war, ob die «Glieder» des Reichs die konföderierten Staaten wären oder deren Herrscher und die Senatsversammlungen der freien Städte. Bismarck selbst hatte einst die erste Auffassung vertreten, die auch in den Schriften Paul Labands, einer Autorität in Verfassungsfragen, Bestätigung fand. Jetzt aber vertrat er den gegenteiligen Standpunkt und verwarf Labands Meinung als unbegründet (zufällig war eben diese

Frage im Zusammenhang mit dem bevorstehenden Aussterben der im Fürstentum Schwarzburg-Rudolstadt herrschenden Dynastie aktuell geworden).[50]

Bei einer Audienz am 1. März erhielt Bismarck die Zustimmung des Kaisers zu seiner neuesten Interpretation, die er am nächsten Tag bei einer Sitzung des preußischen Staatsministeriums ausführlich entwickelte.[51] Was die Fürsten und die freien Städte gewährt hatten, behauptete er, konnten sie auch wieder zurücknehmen. Zu welchem Zweck? «Auf diese Art würde es möglich sein, sich von dem Reichstag loszumachen, wenn die Wahlen fortgesetzt schlecht ausfallen sollten.»[52] Doch stellte er den Ministern auch andere, weniger drastische Alternativen vor. So könnte der König von Preußen auf die Kaiserkrone verzichten; preußische Minister und Reichsbeamte würden nicht länger als preußische Bevollmächtigte in den Bundesrat entsandt werden, womit die Reichstagsopposition nur noch «anonyme Mehrheiten» angreifen könnte. Selbst der Reichskanzler brauchte dieser Körperschaft nicht mehr anzugehören, außer als deren vorsitzender Beamter.

Am 2. März handelte Bismarck, ungeachtet aller Zweifel, als wären der Kaiser und er einer Meinung über den zu steuernden Kurs. Er erklärte den versammelten Ministern, daß ein «homogenes» Ministerium erforderlich sein werde, um den Kampf für den Schutz der königlichen Prärogative «gegen die sociale Revolution» erfolgreich zu führen. Den preußischen Beamten müsse die königliche Verordnung vom 4. Januar 1882 in Erinnerung gerufen werden, die sie verpflichtete, im Wahlkampf die regierungsfreundlichen Kandidaten zu unterstützen. Den Ministern selbst empfahl er, sich die Kabinettsordre von 1852 zu vergegenwärtigen, die sie (mit Ausnahme des Kriegsministers) verpflichtete, jeden Vortrag beim König zuvor mit dem Ministerpräsidenten abzustimmen.[53]

Bismarcks Anstalten, seine im Laufe der letzten Monate ins Wanken geratene Autorität zu befestigen, waren notwendig, aber nicht ungefährlich. Wilhelms Ehrgeiz, ein «persönliches Regiment» zu etablieren, bedurfte des direkten Zugangs zu königlichen und Reichsbeamten. Wenn er von «seinen» Ministern sprach, war das für ihn keine zeremonielle Formel, er wollte das wörtlich verstanden wissen. Bei zwei Gelegenheiten kreuzte er unangemeldet, mit klirrenden Sporen, bei Ministerialsitzungen auf, um den Diskussionen zuzuhören.[54] Am 24. Januar hatte er es den Ministern sehr übel genommen, wie berichtet, daß sie zu Bismarck gestanden und sich nicht gegen den Ministerpräsidenten auf seine Seite geschlagen hatten.[55] Bismarck andererseits hatte am 9. Februar die Bereitwilligkeit seiner Kollegen, seinen Rücktritt hinzunehmen, und später ihre offenkundige Enttäuschung über die Rücknahme dieses Entschlusses nicht weniger kränkend gefunden. So fürchteten Minister und Beamte, zwischen zwei um ihre Loyalität konkurrierende Herren zu geraten. Sie waren zutiefst beunruhigt angesichts der Verzögerungstaktik Bismarcks, seiner zunehmend starren Haltung zu so wesentlichen Fragen wie der Sozial- und der Steuerreform sowie angesichts seiner nachlassenden Fähigkeit zur politischen Führung.

Besonders in Gefahr war Boetticher, in dem Wilhelm sehr zum Ärger Bismarcks ein williges Werkzeug zur Ausführung seiner Arbeitsreformpläne gefunden hatte. Als Vizepräsident des preußischen Staatsministeriums und zur Vertretung des Reichskanzlers ermächtigter Reichsstaatssekretär hatte Boetticher Bismarck während seiner langen Abwesenheit aus der Hauptstadt viele seiner Amtspflichten abnehmen müssen. Als Stellvertreter des Reichskanzlers präsidierte er dem Bundesrat und verteidigte er die Regierungspolitik im Reichstag. Als Vizepräsident des preußischen Staatsministeriums saß er auch bei der Diskussion der Arbeiterfrage dem Staatsrat vor. Im Laufe des Monats Februar fand Bismarck wiederholt Gelegenheit, ihm Kompetenzüberschreitungen vorzuwerfen. Besonders erbitternd war für den Fürsten, daß Boetticher als Vizepräsident des preußischen Staatsministeriums am 9. Februar keine Worte des Bedauerns über die Rücktrittsabsicht des Ministerpräsidenten gefunden hatte. Natürlich vermutete Bismarck, daß Boetticher selbst nach der Ministerpräsidentschaft und der Kanzlerschaft strebte, was wahrscheinlich aber nicht stimmte. Ironisch meinte Bismarck einmal gegenüber Boetticher, er müsse sich «nun schlüssig machen, ob er Ministerpräsident werden oder Staatssekretär des Innern bleiben wolle». Worauf Boetticher erwiderte: «Letzteres.»

Am 3. März erfuhr Bismarck, daß Wilhelm Graf von Hohenthal, der sächsische Gesandte in Berlin, dem Kaiser und Boetticher den Text eines erneuerten Antrags seiner Regierung für Arbeitsreformen übergeben hatte, bevor dieser dann formell dem Bundesrat vorgelegt werden sollte. Bismarck ließ Hohenthal zu sich rufen und wies ihn nachdrücklich darauf hin, daß solche Anträge dem Bundesrat nur durch den Kanzler, der laut Verfassung den Vorsitz in dieser Versammlung führte, vorgelegt werden dürften. Überdies erklärte er die Reformpläne des Kaisers für undurchdacht, die Lust auf öffentlichen Beifall mache den Hohenzoller offenbar blind für die Tatsache, daß er sich mit solchen Plänen die besitzenden Klassen entfremde und durch sein Verfahren die Stellung des Reichskanzlers schwäche. Die Zeit sei nicht mehr fern, klagte Bismarck, da auch auf die Armee kein Verlaß sein würde, und dann sei Deutschlands Schicksal besiegelt. Er habe, erklärte er Hohenthal, alles Vertrauen in Boetticher verloren und werde alle Befugnisse, die er diesem Beamten unter dem Gesetz von 1878 zugestanden habe, wieder selbst ausüben, einschließlich der Pflicht, dem Bundesrat zu präsidieren. Anschließend beschuldigte Bismarck seinen Vertreter beim Kaiser der «Insubordination und Falschheit». Wilhelms Reaktion war die Verleihung des Ordens vom Schwarzen Adler an den attackierten Beamten.[56]

Nachdem der Staatsrat seinen Vorschlägen zugestimmt hatte, wollte Wilhelm seine Reformanträge sofort dem Reichstag vorlegen, doch Bismarck widersetzte sich dieser Absicht. Angesichts der für Ende März nach Berlin einberufenen internationalen Konferenz wäre dies, meinte er, verfrüht. Der Kaiser interpretierte diesen Einwand nur als einen weiteren Sabotageakt. Unterdessen verbreitete sich auf höchster Regierungsebene die Nachricht, daß der Kanzler das Staatsministerium «homogenisieren» wolle und einen Staatsstreich erwäge.[57] Holstein und Marschall sahen darin einen perfiden Versuch Bismarcks, auf Kosten des Kaisers die eigene Autorität zu befestigen, der für die deutsche Innen- und Außenpolitik mannigfache Gefahren heraufbeschwor. Entschlossen, «den Kaiser (zu) retten», versuchte Marschall Wilhelm zum Verzicht auf das «Sozialistengesetz» zu überreden, selbst wenn er dazu den Kanzler entlassen müsse. Holstein und Marschall alarmierten Helldorff, den Führer der Deutschkonservativen und Befürworter des Kartells (in welchem Wilhelm noch immer seine ideale Mehrheit sah). Am 4. März begab sich Helldorff zum Kaiser, um Marschall zu unterstützen. Marschall, der mit dem Einverständnis seines Dienstherrn, des Großherzogs von Baden, gehandelt hatte, schrieb in sein Tagebuch: «Kaiser ist fest zum Bruch bereit.»[58]

Am selben Tage forderte Wilhelm von Bismarck, das Sozialistengesetz aufzugeben. Er rechnete damit, daß dieser sich weigern und um seine Entlassung bitten würde. Doch der Kanzler tappte nicht in die Falle. Zur Überraschung des Kaisers und seiner Vertrauten erklärte er sich bereit, die Vorlage zurückzuziehen.[59] Offensichtlich vertraute er darauf, daß die Militärvorlage allein genügen würde, um die Krise zu provozieren, deren Überwindung zweifellos Vorrang vor den Sozialreformplänen haben würde, mit denen sich der junge Kaiser beim Volk beliebt machen wollte. Jedenfalls drängte Bismarck nun auf die rasche Vorlage eines kompromißlos formulierten Antrags im Reichstag. Am 12. März erhielt er von Kriegsminister Verdy den Entwurf einer Anweisung des Kaisers an die Generalkommandos für den Fall der Erklärung des Belagerungszustands. Die Direktive sah folgende Maßnahmen vor: die Suspension der durch die Verfassung garantierten bürgerlichen Freiheiten, die Verhaftung von Agitatoren, das Verbot von Zeitungen und die öffentliche Sicherheit bedrohender Literatur, die Einrichtung von Militärgerichtshöfen, den rechtzeitigen Druck von Proklamationen, die Vorbereitung ausreichender Haftlokale und die Aufstellung von genügend Truppen, um Aufstände niederschlagen zu können.[60] Für Bismarcks Feinde am Hof war klar, was der Kanzler bezweckte – die Arbeiterschutzvorlage sollte hinfällig, der Reichstag in die Luft gesprengt werden. Dann würde der Augenblick kommen, da die besitzenden Klassen einsähen, daß allein Bismarck sie aus der Gefahr retten könne.[61]

Bismarck traf sich am selben Tag auch mit Windthorst zu einem Gespräch über die Möglichkeit, eine parlamentarische Majorität mit Beteiligung des Zentrums zu bilden. Seit den Wahlen war die Option einer klerikal-konservativen Mehrheit wiederholt in der *Norddeutschen Allgemeinen Zeitung* angedeutet (ein Versuchsballon?) und in der *Kreuzzeitung* und anderen Blättern offen diskutiert worden. Jetzt erfuhr Bismarck Windthorsts Bedingungen: Aufhebung des Expatriierungsgesetzes, Abschwächung der Anzeigepflicht, Wiederzulassung der Jesuiten und ganz allgemein die Wiederherstellung des Status quo ante in katholischen Angelegenheiten. Das sollte zu machen sein, soll Bismarck erklärt haben, nicht sofort natürlich, aber schrittweise. Auch Windthorst nahm die Gefahr drohender Unruhen ernst und hatte deshalb unter den gegebenen Umständen ein Interesse daran, seinen alten Feind an der Macht zu halten. Während des Wahlkampfes hatte er es sorgfältig vermieden, eine Zusammenarbeit mit Bismarck kategorisch auszuschließen.

Doch spürte jetzt auch er die Unhaltbarkeit der Stellung des Fürsten. Später bemerkte er zu einem politischen Verbündeten: «Ich komme vom politischen Sterbebett eines großen Mannes.» Tatsächlich erwies sich Bismarcks Verhandlung mit dem Führer des Zentrums, obwohl dabei keinerlei konkrete Ergebnisse erzielt wurden, als verhängnisvoll für ihn. Die Führer der konservativen Parteien entzogen ihm die Unterstützung, und Helldorff bezeichnete Bismarck gegenüber dem Kaiser sogar als «nationale Kalamität».[62] Daß Bismarck nun dem Zentrum Anerbietungen machte, gefiel natürlich auch den Nationalliberalen nicht, denen immer klarer wurde, daß sie sich in Kürze zwischen dem Kaiser und seinem Kanzler würden entscheiden müssen. Selbst die Freikonservativen, die bei der letzten Wahl schwere Einbußen erlitten hatten, begannen sich in ihrer traditionellen Rolle als «Bismarck-Partei *sans phrase*» unbehaglich zu fühlen. Damit war Bismarck jetzt sowohl in der Regierung als auch im Reichstag isoliert.

Der alte Löwe war in die Enge getrieben. Wilhelm II. hatte nun ein paar Stunden Zeit, sich das Herz zu nehmen, ihm den Gnadenstoß zu versetzen. Am Morgen des 14. März bat Bismarck um eine Audienz, bei welcher er über sein Gespräch mit Windthorst Bericht erstatten wollte. Der Kaiser ließ ihn warten. Um neun Uhr morgens am 15. März ließ er in der Wilhelmstraße ausrichten, daß er den Kanzler in dreißig Minuten besuchen werde. Bismarck mußte geweckt werden und hat dann höchstwahrscheinlich den Kaiser mit nüchternem Magen empfangen müssen. Dieser gab zu verstehen, daß er über Bismarcks Gespräch mit Windthorst bereits unterrichtet war («Nun, Sie haben ihn doch natürlich zur Tür hinauswerfen lassen?») und wisse, daß Windthorsts Besuch durch den Bankier von Bleichröder vermittelt worden sei («‹Juden und Jesuiten› hielten immer zusammen.»). Er bestritt dem Kanzler das Recht, ohne seine Genehmigung mit Parteiführern zu verhandeln, und verlangte die Aufhebung der von Bismarck noch am 2. März in Anspruch genommenen Kabinettsordre vom 8. September 1852, da diese «seine königliche Prärogative» einschränke. Seinem eigenen Bericht über die Audienz zufolge – dem vielleicht mehr über ihn selbst als über Bismarck zu entnehmen ist – fragte der Kaiser den Ministerpräsidenten, wie er denn den direkten Verkehr mit den anderen Ministern vermeiden solle, wo Bismarck doch die meiste Zeit abwesend in Friedrichsruh sei. Mit der Frage provozierte er, nach seiner Version, einen Wutausbruch Bismarcks. Der Kanzler knallte einen Stapel Akten auf den Tisch, und der Kaiser griff nach seinem Degen, wie um sich zu verteidigen. Dann wurde der alte Mann angeblich «weich und weinte». Der Kaiser erklärte dann, daß er von den Forderungen der Militärvorlage so viele Abstriche zu machen bereit sei, wie für eine Parlamentsmehrheit notwendig wären. Mit dieser Entscheidung beraubte er Bismarck der einzigen noch verbleibenden Chance, Streit mit dem Reichstag anzufangen.

Als die auswärtigen Angelegenheiten zur Sprache kamen, machte Bismarck einen letzten Versuch, den Kaiser von seiner Absicht abzubringen, einen zweiten Staatsbesuch in Rußland zu machen. Einem Bericht Hatzfeldts aus London zufolge, erklärte er, habe sich der Zar über seinen ersten Besuch sehr abfällig geäußert. Wilhelm verlangte, daß ihm der fragliche Bericht vorgelesen werde, und als Bismarck sich weigerte, bemächtigte er sich des Dokuments, um es selbst zu lesen. Während der Kaiser las, erinnerte sich Bismarck daran, daß Tod die traditionelle Belohnung für die Überbringer schlechter Nachrichten war.[63] Der durch Hatzfeldts Bericht tief gekränkte Monarch war später am Tage um so empfänglicher für Waldersees Klagen über die Rußlandpolitik der Regierung.[64] Konsularberichte aus Kiew über angebliche russische Truppenbewegungen an der österreichischen Grenze veranlaßten ihn am 17. März zu einer ungehaltenen Anfrage an den Kanzler, weshalb man ihm die Kenntnis solcher Berichte, die zeigten, daß die Russen ihre Streitkräfte zum Kriege antreten ließen, bisher vorenthalten habe? Es sei «höchste Zeit», die Österreicher zu Gegenmaßnahmen aufzufordern. Bismarck antwortete am selben Tag und entkräftete sowohl den Vorwurf, dem Kaiser wichtige Informationen verheimlicht zu haben, als auch den Schluß, daß sich die Russen zum Kriege vorbereiteten. Am selben Morgen war aus St. Petersburg Graf Schuwalow mit der Vollmacht eingetroffen, eine Erneuerung des Rückversicherungsvertrages auszuhandeln, dessen Frist in wenigen Monaten ablaufen würde.[65]

Unterdessen hatte Bismarck manövriert, um sich in die günstigste Stellung für das letzte Gefecht zu bringen. Diese fand er am 16. März, als General Wilhelm von Hahnke, der Albedyll als Chef des Militärkabinetts abgelöst hatte, mit der Forderung des Kaisers nach Aufhebung der Kabinettsordre von 1852 bei ihm erschien. Auch diesmal weigerte Bismarck sich, dem kaiserlichen Wunsch zu entsprechen, doch er ignorierte ebenso die Absicht des Kaisers, ihn zum Rücktritt zu bewegen. Am Morgen des 17. März kam Hahnke zurück und richtete aus, der Kaiser erwarte, daß er sofort seinen Abschied einreiche. Er solle zu diesem Zweck am Nachmittag ins Schloß kommen. «Ich erwiderte, ich sei dazu nicht wohl genug und würde schreiben», berichtet Bismarck in seinen Memoiren. Statt dessen traf er noch ein letztes Mal die Kollegen im preußischen Staatsministerium, vielleicht in der Hoffnung, daß die Bestürzung über seine bevorstehende Verabschiedung aus einem solchen Grund eine gemeinsame Front erzeugen würde.

Den Ministern erklärte er, daß seine Gesundheit jetzt gut sei; er habe keine Neigung zum Müßiggang, müsse aber zurücktreten, da er sowohl auf dem Gebiet der Innenpolitik als auch auf dem der auswärtigen Angelegenheiten das Vertrauen des Königs verloren habe. Daß die Meinungsverschiedenheiten zwischen Kaiser und Kanzler sich inzwischen auch auf die Außenpolitik erstreckten, war den Ministern neu. Boetticher, dem Scholz beipflichtete, hoffte, daß ein Kompromiß gefunden werden könnte, der die Leitung der auswärtigen Angelegenheiten auch weiterhin in Bismarcks Hand belassen würde. Goßler und Justizminister Hermann von Schelling waren der Ansicht, es handle sich um ein «Mißverständnis», das aufzuklären sei. Verdy und Berlepsch leugneten, die Kabinettsordre von 1852 mißachtet zu haben. Die direkten Kontakte des Kriegsministers mit dem Kaiser hatten sich angeblich auf militärische Fragen beschränkt, während Berlepsch unmittelbar mit dem Kaiser nur wegen des kaiserlichen Erlasses vom 4. Februar zu tun gehabt haben wollte, der zudem erlassen worden war, bevor er sein

Ministeramt angenommen hatte. Verdy behauptete, über die Möglichkeit eines Krieges gegen Rußland in jüngster Vergangenheit nichts von Wilhelm II. gehört zu haben. Scholz, Maybach und Lucius äußerten die Meinung, daß großes Unglück nur abgewendet werden könne, wenn das gesamte Staatsministerium mit dem Ministerpräsidenten zurücktrete. Dazu kam es jedoch nicht. Am Abend dieses Tages trafen sich die Minister ohne Bismarck in Boettichers Haus und ließen sich dort von ihrem Gastgeber überzeugen, daß der Rücktritt *in corpore* keine preußische Tradition sei.[66]

Unterdessen erschien in der Reichskanzlei Hermann von Lucanus, der Chef des Zivilkabinetts, und fragte im Auftrag des Kaisers zögernd an, «weshalb das am Morgen erforderte Abschiedsgesuch noch nicht eingegangen sei». Der Fürst erwiderte, er müsse das Gesuch erst in eine publikationsfähige Form bringen! Natürlich brauchte der Kaiser kein Abschiedsgesuch Bismarcks, um diesen aus allen seinen Ämtern zu entlassen, doch Wilhelm II. wollte vor der deutschen Öffentlichkeit nicht ungnädig erscheinen. Am folgenden Morgen erschien General Leo von Caprivi in der Wilhelmstraße als neuer Kanzler. Während Caprivi nebenan bereits die Regierung übernahm, brütete Bismarck noch an seinem Schreibtisch über seinem Entlassungsgesuch, dem Dokument, dem die Nachwelt entnehmen sollte, wie er wegen seiner unnachgiebigen Verfassungstreue entlassen worden sei. Die Aufhebung der Kabinettsordre von 1852 bedeutete die Rückkehr zum Absolutismus in Preußen. Ohne sie war weder die Ministerverantwortlichkeit noch eine einheitliche Regierungspolitik möglich, die beide zu den wesentlichen Kennzeichen eines Verfassungsstaates gehörten. Bis jetzt habe er niemals das Bedürfnis gehabt, sich seinen Kollegen gegenüber auf die Ordre von 1852 ausdrücklich zu beziehen. «Die Existenz derselben und die Gewißheit, daß ich das Vertrauen der hochseligen Kaiser Wilhelm und Friedrich besaß, genügten, um meine Autorität im Kollegium sicherzustellen.» Diese Gewißheit sei gegenwärtig aber weder für seine Kollegen noch für ihn selbst vorhanden. «Ich habe deshalb auf die Ordre von 1852 zurückgreifen müssen, um die nötige Einheit des Dienstes Eurer Majestät sicherzustellen.» Seine Nachfolger würden noch stärker darauf angewiesen sein als er selbst, wenn die Politik der Regierung kohärent bleiben solle. Nach dem Ausscheiden aus seinen preußischen Ämtern könne er auch nicht im Reichsdienst verbleiben. Selbst gesetzt den Fall, daß Außenpolitik und Innenpolitik zu trennen wären, was er bezweifelte, könne er doch nicht die Verantwortung für die Richtung übernehmen, die der Kaiser in der Außenpolitik nun einzuschlagen wünsche. Er habe den Eindruck, schloß er, daß Seine Majestät «der Erfahrungen und Fähigkeiten eines treuen Dieners Ihrer Vorfahren» nicht mehr bedürfe. Das gestatte ihm, «aus dem öffentlichen Leben zurückzutreten, ohne zu befürchten, daß mein Entschluß als unzeitig verurteilt werde».[67]

Am Nachmittag des 18. März beendete Bismarck die Niederschrift seines Abschiedsgesuchs und unterzeichnete es mit den bekannten langen Federstrichen. Achtundvierzig Stunden später überbrachten ihm Hahnke und Lucanus die kaiserliche Bewilligung. «Mein lieber Fürst! Mit tiefer Bewegung habe ich aus Ihrem

Gesuche vom 18. dieses Monats ersehen, daß Sie entschlossen sind, von den Ämtern zurückzutreten, welche Sie seit langen Jahren mit unvergleichlichem Erfolge geführt haben.» Er habe gehofft, fuhr Wilhelm II. fort, «dem Gedanken, mich von Ihnen zu trennen, bei unseren Lebzeiten nicht näher treten zu müssen». Nun tue er dies betrübten Herzens, «aber in der festen Zuversicht, daß die Gewährung Ihres Gesuchs dazu beitragen werde, Ihr für das Vaterland unersetzliches Leben und Ihre Kräfte solange wie möglich zu schonen und zu erhalten.» In ähnlich blumigen Worten rühmte er dann die Leistungen des Fürsten für Preußen, Deutschland und das Haus Hohenzollern sowie dessen «weise und thatkräftige Friedenspolitik», die er selbst «zur Richtschnur meines Handelns zu machen entschlossen» sei. Zum Schluß verlieh er Bismarck die Würde eines Herzogs von Lauenburg und ernannte ihn zum Generalobersten der Kavallerie mit dem Rang eines Generalfeldmarschalls; außerdem versprach er ihm «Mein lebensgroßes Bildnis».[68]

In die Verbannung

Während er auf seinen fünfundsiebzigsten Geburtstag zuging, standen Bismarcks Körper, erschöpft von wiederkehrenden Leiden und jahrzehntelanger Völlerei, sowie sein Nervensystem, überreizt von anhaltenden Strapazen und narzißtischer Wut, kurz vor dem Zusammenbruch. Die meisten Menschen wären unter diesen Umständen längst aus dem Rennen ausgeschieden, um auf dem Lande Ruhe und Frieden zu suchen, wenn sie, wie Bismarck, die Möglichkeit dazu gehabt hätten. Bismarck dagegen klammerte sich nicht nur an jeden ihm verbliebenen Fetzen Autorität, sondern redete sich auch ein, daß er mehr denn je gebraucht werde. Während der Jahre 1889–1890 versuchte er deshalb auch, bewußt oder unbewußt, den Mann, von dem sein Verbleiben im Amt abhing, davon zu überzeugen, daß Deutschland von gleichzeitigen Krisen in verschiedenen, miteinander verbundenen Bereichen bedroht sei: in den Bergwerken und Fabriken, wo die Forderungen der von den Sozialdemokraten aufgehetzten Arbeiter am Ende mit Waffengewalt beantwortet werden müßten; in den Schulen, wo durch zuviel Bildung eine verzärtelte Generation potentieller Nihilisten herangezogen würde; in der Wählerschaft, deren traditionelle, natürliche Loyalität zum Königshaus und deren Konsens mit dem preußisch-deutschen Establishment durch die sozialistische Agitation in der Arbeitnehmerschaft unterminiert würde; und im Reichstag, wo die Regierung keine dauerhafte Mehrheit für ihre Politik mehr finden würde, insbesondere nicht für eine unverminderte Erneuerung des Sozialistengesetzes.

Fünfzehn Jahre zuvor hatte Bismarck ebenfalls gemeint, daß Deutschland einen innenpolitischen Frontwechsel benötige, um die Stabilisierung und Konsolidierung des Reichs in Angriff nehmen zu können. Trotz seines miserablen Gesundheitszustands hatte er ernsthafte Rücktrittsgedanken verworfen. In der Einsamkeit seines Landsitzes hatte er eine neue Politik entworfen, die ungeachtet vieler Widerstände und Rückschläge im Laufe der Jahre bedeutende Veränderungen im öffentlichen Leben Deutschlands bewirkte. 1889–1890 nahm er neue Gefahren wahr, die seines Erachtens einen neuerlichen Frontwechsel erforderlich machten, der das deutsche Herrschaftssystem und die deutsche Gesellschaft noch tiefgreifender verändern würde als der Umbruch von 1875–1880. Die fortdauernden Arbeiterunruhen und Streiks bewiesen ihm, daß das Streben der Arbeiter nach einer Verbesserung ihrer Verhältnisse keine Grenzen kannte und eines Tages durch «harte und vielleicht blutige Maßregeln» in die Schranken gewiesen werden müßte.[69]

Inzwischen dürfe die Regierung sich nicht durch Interventionen und Vermittlungsversuche das Kapital entfremden. Die Gewalttätigkeit der Arbeiter würde die «liberale Bourgeoisie» zur Unterstützung der Fortsetzung repressiver Maßnahmen gegen die Sozialisten veranlassen. Der Zusammenbruch des Kartells und seine Niederlage bei den Wahlen würden eine der sozialen vergleichbare politische Krise zur Folge haben. Der Blick in die Zukunft offenbarte Bismarck ein schauriges Bild: Zusammenbruch des Markts, Nihilismus in den Schulen und Universitäten, Chaos im Parlament und Gemetzel auf den Straßen – Zustände, die einen Staatsstreich unumgänglich machen konnten, der den Reichstag fundamental von einem Parlament in eine korporative Vertretung verwandeln würde. Er allein jedoch, der Schöpfer des Deutschen Reichs, hatte die persönliche Autorität, die politische Klugheit und die taktischen Fähigkeiten, eine solche Krise zu meistern und das Reich neu zu gründen.

Möglicherweise waren die warnenden Hinweise auf drohende Krisen und die notwendigen Maßnahmen nur taktische Manöver in der Auseinandersetzung zwischen Kanzler und Kaiser, ein Versuch, sich dem jungen und unerfahrenen Monarchen unentbehrlich zu machen. Bewußt oder unbewußt mag dies Bismarcks Absicht gewesen sein. Gleichwohl schließt das nicht aus, daß Bismarcks Besorgnis echt war und er wirklich die Zeit für einen innenpolitischen Präventivkrieg für eine grundlegende Umwälzung der Herrschaftsbasis des Deutschen Reichs gekommen sah; wenn es sich so verhielt, ist die volle Bedeutung der politischen Prognosen Bismarcks noch nicht angemessen gewürdigt worden. Während der zweiten Hälfte des Jahres 1889 verlor Bismarck seinen lebenslangen Glauben an die unerschütterliche Loyalität der deutschen Massen zum Hause Hohenzollern und jenem sozial-politischen Establishment, worauf dessen Macht beruhte. Er verlor, mit anderen Worten, seine langgehegte Überzeugung, daß er durch die Erweiterung dieser Basis um andere, größere Interessengruppen – die deutschen Nationalisten (durch Vereinheitlichung und Zentralisierung), den Finanz- und Industriekapitalismus (zunächst durch Laissez-faire, dann durch staatlichen Protektionismus), die Fabrik- und Bergarbeiterschaft (durch Sozialversicherungen) – einen nationalen, sozialen und politischen Konsens erzielen könne, der das von ihm geschaffene Reich konsolidieren, festigen und innerlich wie äußerlich erhalten würde. Die Streiks des Jahres 1889, die unmittelbar auf die Verabschiedung des letzten der Sozialversicherungsgesetze folgten, überzeugten ihn davon, daß durch weitere Zugeständnisse an die Arbeiterklasse nichts mehr zu gewinnen sei, daß vielmehr die Eliten der preußisch-deutschen Gesellschaft sich hinter einem gereinigten Regierungsapparat (Reichstag, Bürokratie, Schulen und Universitäten) konsolidieren müßten, ehe auch ihre letzte Bastion, die Armee, von Illoyalität, Protest und Rebellion infiltriert und korrumpiert würde. Nach außen durch enge Bündnisse mit zwei anderen konservativen Großmächten geschützt, konnte Deutschland nach Bismarcks Auffassung seine inneren Verhältnisse in Ordnung bringen, ohne fremde Einmischung befürchten zu müssen.

Das Gefühl abnehmender Kräfte machte Bismarck nur um so begieriger, den inneren «Präventivkrieg» bald zu eröffnen, für dessen erste Schlachten er noch ausdauernd genug zu sein glaubte. Hier machte er sich jener Anmaßung schuldig – den Willen Gottes im Gang der Geschichte erkennen zu können –, die er in der Außenpolitik als ein Sakrileg betrachtete. Man kann es Wilhelm II. und seinen Beratern kaum verübeln, daß sie nicht geneigt waren, die apokalyptischen Visionen des Kanzlers für bare Münze zu nehmen. Die kritische Frage war freilich, ob sie besser als der alternde und geschwächte Kanzler, den sie abhalfterten, imstande sein würden, Deutschland konsequent und zielstrebig zu führen. Zu Deutschlands Unglück sollte das nicht der Fall sein.

Am Ende fiel Bismarck der Autorität zum Opfer, deren Schutz und Stärkung er seine ganze Karriere gewidmet hatte. Wilhelm II. wagte es, sich seiner zu entledigen, weil Bismarck keine Basis politischer Unterstützung mehr hatte. Vor den Wahlen hatte Bismarck Gerüchte von einer weiteren «Kanzlerkrise» in der offiziellen Presse lanciert. Doch die deutsche Öffentlichkeit war mit Bismarcks Rücktrittsdrohungen nicht mehr zu beeindrucken.[70] Eine ganze Generation war groß geworden, seitdem der Mann aus Schönhausen die Regierung Preußens in die Hand genommen hatte. Selbst die Opposition mochte nicht glauben, daß es dem Meister der Realpolitik diesmal nicht gelingen sollte, sich an der Macht zu halten. Kaum jemand konnte sich vorstellen, wer seinen Platz einnehmen sollte. Es gab niemanden von vergleichbarem Format und Charisma, der dafür in Frage gekommen wäre.

Dennoch war die Reaktion auf Bismarcks Sturz in der Presse und im Parlament eher schwach.[71] Nach zwanzig Jahren Frieden und Sicherheit erschien das Reich, dessen Gründung mit so großem Aufwand von Blut, Eisen und Gold gelungen war, als eine unverrückbare Realität, die bestehenbleiben würde, wer immer an seiner Spitze stand. Im Reichstag gedachte der Präsident des Ereignisses mit einigen Worten. Im preußischen Abgeordnetenhaus kam es überhaupt nicht zur Sprache. Die Börse, ein Thermometer der nationalen Temperatur, gab kurzfristig nach, doch bald stiegen die Kurse wieder. Zeitungen mit guten Beziehungen zum ehemaligen Kanzler (darunter die *Norddeutsche Allgemeine Zeitung*) machten bald die Rücktrittsversion des Fürsten publik, ohne ihn zu zitieren, doch anonyme Berichte in der Presse hatten in der Öffentlichkeit weniger Gewicht als die kaiserliche Laudatio für den Verabschiedeten. Mit Leichtigkeit gewann Wilhelm II. die erste Runde im Kampf um die öffentliche Meinung.[72]

Bismarck am Lehrter Bahnhof, 29. März 1890

Während der ersten Tage nach seiner Entlassung beachteten Bismarck und der Kaiser sorgfältig die Regeln des Protokolls. Bismarck gab ein Abschiedsdiner für Minister und Staatssekretäre, machte Kaiserin-Witwe Victoria seine Aufwartung, verabschiedete sich beim Kaiser, wo er eine Stunde blieb, fuhr in den Grunewald, um auch seinem ehemaligen Koch, der dort ein Restaurant besaß, ein paar Worte zu sagen, verteilte bei einer öffentlichen Zeremonie vor der Reichskanzlei silberne Becher an seine Leibwächter und Bürobediensteten, besuchte Moltke und den Sarkophag Wilhelms I. in Charlottenburg, von wo er, mit Tränen in den Augen, in die Reichskanzlei zurückkehrte. Beim Diner für die Minister widmete er sich mit besonderer Freundlichkeit seinem Nachfolger Caprivi. Diejenigen aber, die er verdächtigte, auf seinen Sturz hingearbeitet zu haben – Boetticher, Marschall und der Großherzog von Baden –, wurden kühl und sogar abweisend abgefertigt, als sie bei ihm erschienen, um Abschied zu nehmen. Bismarcks formelle Besuche in den königlichen Schlössern zogen jedesmal jubelnde Massen an, was von der regierungsnahen Presse als beunruhigendes Zeichen gewertet wurde.

Doch diese Kundgebungen wurden bei weitem von jenen in den Schatten gestellt, zu denen es bei Bismarcks Abreise nach Friedrichsruh am 29. März kam. Von der Reichskanzlei bis zum Lehrter Bahnhof drängten sich, Schulter an Schulter, die Menschen an den Straßen, alle Fenster und Balkone waren besetzt. «Wie eine Sturmflut warf sich die Menge dem Wagen entgegen, ihn umringend, begleitend, aufhaltend, Hüte und Tücher schwenkend, rufend, weinend, Blumen werfend. Im offenen Wagen, mit den bekannten Füchsen bespannt, saß Bismarck, totenbleich, in Kürassieruniform und Mütze, neben ihm Herbert in Zivil, vor ihnen der große schwarze Hund (im Volksmund der «Reichshund»), alle drei schon jetzt mit Blumen überschüttet, zu denen immer neue kamen.» Auf dem Bahnhof erwies eine Schwadron Gardekürassiere die militärischen Ehren. Caprivi, alle Minister und Staatssekretäre, das diplomatische Korps und das gesamte kaiserliche Hauptquartier hatten sich am Bahnsteig eingefunden. Die regierenden Dynastien Deutschlands aber waren nur durch den Prinzen Max von Baden vertreten, und auf den Kaiser wartete die Menge vergebens. Die Klänge der «Wacht am Rhein» und des Deutschlandlieds erfüllten die Luft, es gab Rufe «Wiederkommen!» und «Auf Wiedersehen!». Bismarck stieg schnell die Stufen in seinen Salonwagen hinauf, verschwand kurz in dessen Innerem, kehrte dann, Tränen in den Augen, ans Fenster zurück und legte den Finger auf den Mund, als ob er den Tumult draußen verstummen lassen wollte. Danach beugte er sich aus dem Fenster und schüttelte Caprivi die Hand. Der Zug fuhr an.[73]

SECHSTES BUCH

Nach dem Sturz
1890–1898

Er war konservativ im Untergrund
und konstruierend im Oberbewußtsein;
ein Erfinder einfachster Grundgedanken, aber kein Prinzipienmensch,
naturhaft, veränderlich, selbst launisch, dabei unerschöpflich
in Einfällen, Wendungen, Biegungen.
So hat er einen unglaublichen Einfluß
auf sein Zeitalter gehabt.
Er konnte die Menschen vor sich hertreiben, dahin und dorthin.
Jedesmal entwickelte er dabei die obersten Gründe.
So war er Monarchist und Demokrat,
Preuße und Deutscher, Freihändler und Schutzzöllner,
Kapitalist und Staatssozialist.
Alles das war er, immer zu seiner Zeit, ehrlich.
Darum haben ihn aber auch alle gelegentlich für untreu gehalten, denn jeder
wollte ihn gern dauernd bei sich anbinden.
Er aber nahm, was er fand, zerbrach, was ihn störte,
und benutzte alle Grundsätze, die es gab.

Friedrich Naumann im April 1915

I

Führer der Opposition

Wenn Bismarcks letztes Staatspapier seinerzeit, wie er es wünschte, veröffentlicht worden wäre, hätte auf der Hand gelegen, daß er nicht beabsichtigte, ins Dunkel abzutreten und nie wieder von sich hören zu lassen. Dieses Abschiedsgesuch hätte einen neuen Machtkampf eröffnet, der nun aber nicht länger hinter den Kulissen, sondern auf offener Bühne vor dem ganzen deutschen Volk ausgetragen worden wäre. Der entlassene Kanzler, der erst jüngst wochenlang Pläne für einen Staatsstreich geschmiedet hatte, wollte sich nun dem Land als Verteidiger des Konstitutionalismus gegen eine absolutistische Restauration vorstellen. Und nicht das allein – er hatte die Absicht, Deutschland und ganz Europa mit der Neuigkeit zu verstören, daß der unerfahrene Herrscher der mächtigsten Nation auf dem Kontinent in seiner Außenpolitik eine Richtung einzuschlagen gedachte, die sein erster Minister, eine diplomatische Autorität von historischem Rang, nicht gutheißen konnte. Natürlich unterdrückte Wilhelm II. die Veröffentlichung des Dokuments. Statt dessen erfuhr die Öffentlichkeit, daß der Kanzler den Kaiser wiederholt um Entlassung aus seinen Ämtern (ohne Angabe von Gründen) gebeten und der Kaiser seinem Wunsch gnädig und schweren Herzens entsprochen habe.[1]

Selbst nachdem die näheren Umstände seines Ausscheidens aus der Regierung bekanntgeworden waren, erwarteten noch viele, daß der Ex-Kanzler im Falle einer großen Krise, die zu meistern nur er die Fähigkeit hätte, wieder an die Macht berufen werden würde. In Berlin graute denen, die von seinem Sturz profitiert hatten oder in Friedrichsruh verdächtigt wurden, an diesem mitgewirkt zu haben, vor eben dieser Eventualität. Bismarck aber leugnete jeden Ehrgeiz, an die Macht zurückzukehren. Wie Metternich nach 1848 wolle er zufrieden sein, im Parkett zu sitzen und die Bühne anderen zu überlassen. «Man kann sich doch höchstens einmal zum Hause hinausschmeißen lassen.» Zutiefst erbittert über seine Entlassung, war er freilich nicht damit zufrieden, dem Spektakel auf der Bühne zuzusehen. Er habe schließlich für sein Billet bezahlt, sagte er, und so das Recht zu kritisieren.[2] Die spontanen Ovationen der Bevölkerung während seiner letzten Tage in Berlin hatten ihm gezeigt, auf welche Ressourcen er noch zurückgreifen konnte, um seinen verletzten Narzißmus zu kurieren, seine Demütigung zu rächen und letztlich den «neuen Kurs» der Regierung anzugreifen. Was für Bismarck die Befriedigung einer psychologischen Notwendigkeit war, schien vielen ein klägliches und beschämendes Schauspiel zu sein. Er weigerte sich, die würdige Rolle des *elder statesman* zu spielen, und wurde ein offener und oft unerbittlicher Kritiker der Regierungspolitik.[3]

Suche nach einem Forum

Während der auf seine Entlassung folgenden Monate scheint sich Bismarcks Gesundheit ständig verbessert zu haben. Obwohl ihn manchmal Neuralgien plagten, die er durch gelegentliche kulinarische Exzesse in Schweningers Abwesenheit selbst beförderte, fanden seine Gäste in Friedrichsruh und Kissingen während dieses Sommers, daß er gut aussah. Der amerikanische Eisenbahnkönig Henry Villard hörte ihn sagen, daß er ernstlich erwäge, eine von der *Hamburg-Amerika-Linie* angebotene Seereise in die Vereinigten Staaten zu unternehmen. Spaziergänge und Ausritte waren jetzt wieder sein liebster Zeitvertreib. Gern zerstreute er sich auch bei Gesprächen mit Journalisten und prominenten Besuchern, die ihm die Möglichkeit boten, seine Ansichten, Erinnerungen und Ressentiments unter die Leute zu bringen. Aber dennoch langweilte er sich. Er gab ganz offen zu, daß die Landwirtschaft ihn nicht genügend beschäftigte und auch nicht genügend interessierte. «Eine Leidenschaft frißt immer die andere auf; die Politik ist meine letzte gewesen, sie hat die anderen absorbiert».[4] Doch auf welchem Forum konnte er seiner letzten Leidenschaft in Zukunft noch frönen? Er hatte immer die Meinung vertreten, daß die wertvollste Funktion des Parlaments in dessen Kritik schlechter Regierungspolitik liege (seine eigene ausgenommen), und manchmal hatte er es auch gebrauchen können, um sich lästiger Kollegen zu entledigen.[5]

Bismarck hatte einen Sitz im preußischen Herrenhaus, doch auf den gab er nichts. Was konnte einer im Herrenhaus schon ausrichten? Zwei Tage nach seiner Rückkehr nach Friedrichsruh sprach er privat schon davon, für den Reichstag zu kandidieren, und am 2. Mai gab er öffentlich zu verstehen, daß er für eine Ersatzwahl zur Verfügung stünde. «Ich habe Papa flehentlich gebeten», schrieb Herbert an seinen Schwager Rantzau, «er sollte nicht in den Reichstag gehen, es würde bei seinem Alter, bei seinen Feinden und der allgemeinen Schufterei ein ganz schauderhafter Zustand für ihn und uns alle werden.» Erst im Februar 1891 nahm dann der Fürst ein Angebot (des nationalliberalen Ausschusses eines hannoverschen Wahlkreises) an, und auch das nur unter der Bedingung, daß er nicht im Reichstag zu erscheinen brauche. In der Nachwahl, die am 15. April 1891 stattfand, erhielt Bismarck nur 43 Prozent der abgegebenen Stimmen bei einer niedrigen Wahlbeteiligung von 55 Prozent der Stimmberechtigten. Mit Hilfe der Welfenpartei, deren Kandidat zurücktrat, gewann er dann die nachfolgende Stichwahl mit 10549 Stimmen gegen die 5504 seines sozialdemokratischen Opponenten.[6] Die Möglichkeit, daß er zu irgendeiner entscheidenden Frage im Reichstag das Wort ergreifen könnte, ließ seinen Feinden in der Berliner Regierung kalte Schauer den Rücken herunterlaufen. Er hat es niemals getan. Obwohl er versucht war, an der Reichstagsdebatte über den deutsch-österreichischen Handelsvertrag teilzunehmen, ergab er sich den flehentlichen Bitten Johannas, Herberts und Schweningers, diese «verfluchte» Körperschaft nicht mit seiner Gegenwart zu beehren. Er selbst meinte: «Ich würde erscheinen wie Banquos Geist

Bismarck kehrt in den Sachsenwald zurück. (*Figaro,* Wien, April 1890)

an Macbeths Tisch, und mancher alte Freund hat ohnehin schon ein böses Gewissen mir gegenüber.»[7]

Bismarck war unschlüssig, ob er in der neuen Rolle eines Abgeordneten der Opposition in das Parlament zurückkehren sollte. Noch immer trieb ihn das zwanghafte Bedürfnis, den politischen Prozeß seinem Willen zu unterwerfen, die Vertreter gegnerischer Positionen aufs Haupt zu schlagen und wie Spreu im Winde zu zerstreuen. Zugleich gestand er sich jedoch auch resigniert ein, daß er als Abgeordneter nie die Macht über das Haus gewinnen konnte, die ihm als Kanzler zur Verfügung gestanden hatte. Die einzige Chance bestand vielleicht darin, als Führer einer neuen Partei in den Reichstag einzuziehen. Die Gelegenheit dazu schien sich zu ergeben, als 1892 siebenundsiebzig prominente Persönlichkeiten – darunter Bankiers, Industrielle, Professoren, Journalisten und Literaten – das Gründungsmanifest einer «Nationalpartei» unterzeichneten. Im Dezember 1892 sandten sie eine Abordnung nach Friedrichsruh, die dort aber ziemlich kalt empfangen wurde. Herbert fand den Plan «utopisch» und die Zeit für dergleichen noch nicht reif. «Erst muß es den erbärmlichen Deutschen noch viel schlechter gehen, ehe sie sich von ihrem Sicherheitsbedürfnis emanzipieren», sagte er. Bismarck teilte zunächst diese Meinung, doch ließ er sich im Januar 1893 umstimmen und sogar dazu überreden, die Redaktion des Gründungsaufrufs, einer dezidierten Kampfansage an den «neuen Kurs», zu übernehmen. Eine notwendige Voraussetzung für den Erfolg der neuen Partei sah Bismarck im Besitz einer Berliner Tageszeitung, die als deren Sprachrohr verwendet werden könnte. Doch entsprechende Verhandlungen scheiterten zunächst, und als im Februar 1893 der *Bund der Landwirte* gegründet wurde, der die potentielle Wählerschaft der geplanten Nationalpartei an sich zog, schwand die Begeisterung für das Projekt, und im Sommer wurde es zu den Akten gelegt.[8]

Ein zur Verteidigung seiner persönlichen Interessen und zur Verbreitung seiner politischen Meinungen dienlicheres Forum als das Parlament fand Bismarck in der Presse. Auf diesem Feld war er ja nicht unerfahren. Schon Wochen nach seiner Entlassung begann er Interviews zu geben, vor allem ausländischen Journalisten. Ein Vertreter des *New York Herald* machte den Anfang.[9] Zu seinem unverhohlenen Ärger brachen deutsche Zeitungen, die einst seinem Einfluß zugänglich gewesen waren, vor allem die *Norddeutsche Allgemeine Zeitung*, unter amtlichem Druck schnell die Beziehungen zu ihm ab. Doch fand er bald ein neues Sprachrohr in den *Hamburger Nachrichten*. Der politische Redakteur des Blatts, Hermann Hofmann, machte regelmäßig Besuche in Friedrichsruh, von wo er dann Notizen, Entwürfe und Hintergrundinformationen davontrug, aus denen er Artikel verfaßte, die große Beachtung fanden und überall in Deutschland, ja in ganz Europa nachgedruckt wurden.[10] Was immer ihre eigenen Überzeugungen gewesen sein mögen, Hofmann und sein Verleger waren gedungene Trommler, die ihren Lohn in steigenden Auflagen und vermehrtem Ansehen erwarben. Überdies erhielt Hofmann, der über seine Verhältnisse lebte, von Bismarck Darlehen, die er nie zurückzahlen konnte. Das war nicht der einzige Fall, in dem Bismarck für

Korpsstudenten erweisen Bismarck in Bad Kissingen ihre Reverenz, 10. August 1891.

Zwecke, zu deren Finanzierung ihm einst der Welfenfonds zur Verfügung gestanden hatte, nun in die eigene Tasche greifen mußte. Einen journalistischen Verbündeten anderen Kalibers fand Bismarck in Maximilian Harden. Der Gründer und Herausgeber der *Zukunft* war ein glänzender, wenngleich manierierter Schriftsteller, ein unabhängiger Geist von furchtloser Integrität und ein Stachel im Fleische des Kaisers und seiner Regierung. Während der Jahre 1892 bis 1894 besuchte er Friedrichsruh häufig und fand in Bismarck einen wertvollen Verbündeten, ohne sich ihm jedoch zu unterwerfen.[11]

Einen weiteren journalistischen Verbündeten gewann Bismarck in Hugo Jacobi, dem Chefredakteur der *Münchener Allgemeinen Zeitung*, die dem berühmten Verlag *J. G. Cotta* gehörte, mit dessen Chef, Adolf Kröner, Bismarck bald über die Veröffentlichung seiner Memoiren handelseinig werden sollte. Doch Kröner war weniger entschieden als Jacobi bereit, als Angehöriger der «Bismarck-Presse» den Kaiser und dessen Anhänger zu bekämpfen. Jacobi legte die Redaktion nieder und wurde der Berliner Korrespondent der *Münchener Allgemeinen Zeitung*. In Berlin bemühte er sich, Bismarck und wohlhabende Angehörige der «Bismarck-Fronde» (Guido Graf Henckel von Donnersmarck, den Herzog von Ujest, den Fürsten zu Fürstenberg, Adolf von Hansemann und andere) zum Ankauf der verlustbringenden Zeitung zu bewegen, um sie künftig in Berlin herauszugeben, wo es an einem Sprachrohr für den Ex-Kanzler fehlte. Die *Münchener*

Allgemeine hätte so das Organ der geplanten Nationalpartei werden können. Doch das Projekt scheiterte, als das Auswärtige Amt Wind davon bekam und ein Gegenangebot machte, dessen Finanzierung Caprivi allerdings verweigerte. Friedrich Alfred Krupp, den das Konsortium als Partner zu gewinnen gehofft hatte, verriet dessen Mitglieder dem Kaiser, der sein nicht geringes Mißvergnügen kundtat. Kröner nahm daraufhin die Zeitung vom Markt, was ihm vielleicht eine finanzielle Unterstützung Gerson Bleichröders erleichterte.[12]

Schließlich gelang es dem von Henckel angeführten Konsortium, die *Berliner Neuesten Nachrichten* zu kaufen und Jacobi als deren Chefredakteur zu installieren. Ujest und Fürstenberg, die sich nicht dem Unmut des Kaisers aussetzen wollten, verließen allerdings die Partnerschaft, noch ehe im Dezember 1893 der Ankauf getätigt wurde. Selbst Henckel, der größte und hartnäckigste Investor, begann während der Monate März und April 1894 den Angriffen Holsteins zu weichen, die fast in einem Duell geendet hätten. Am Ende mußte Jacobi überdies entdecken, daß ihn die Bismarck geleisteten Dienste nicht vor scharfem Tadel aus Friedrichsruh schützten – schwarz auf weiß zu lesen in den *Hamburger Nachrichten*, als ihm 1894 Bismarcks Gesinnungswandel gegenüber Wilhelm II. entgangen war und er infolgedessen versäumt hatte, sich unverzüglich darauf einzustellen.[13]

Hofmann, Harden und Jacobi waren die wichtigsten Kanäle, durch die Bismarck seine Anschauungen und Interessen an die Öffentlichkeit brachte. Daneben bediente er sich auf einer weniger regelmäßigen Grundlage noch vieler anderer Journalisten, Pamphletisten, Historiker und Literaten zum gleichen Zweck. Nach Friedrichsruh zu einem Interview eingeladen zu werden, war für jeden Reporter eine große Ehre, und die Presse war ebenso begierig auf eine Beziehung wie Bismarck selbst. Moritz Busch, Bismarcks alter Leibjournalist, protokollierte wörtlich die Äußerungen seines einstigen Chefs (bei einer Gelegenheit kopierte er sogar unerlaubt Dokumente, die ihm nur zur Lektüre überlassen worden waren). Andere verdienten sich Einladungen nach Friedrichsruh mit Artikeln, Broschüren oder Büchern, die den ehemaligen Kanzler rühmten und so darstellten, wie er selber gesehen werden wollte.

In Friedrichsruh firmierten diese Schriftsteller und Journalisten als die «Diaspora-Presse», und sie wurden bei jeder Gelegenheit herangezogen, um den Kanzler zu feiern, seine Feinde und Kritiker zu diskreditieren und seine Meinungen über vergangene und aktuelle politische Fragen zu verbreiten. Vater und Sohn waren bemüht, diese mitunter unerquicklichen Schreiberlinge unter Kontrolle zu halten, indem sie Indiskretionen mit öffentlichen Dementis und Unbotmäßigkeiten mit der Androhung der Exkommunikation bestraften. Doch selbst wenn sie treu und gehorsam die Anweisungen des entlassenen Kanzlers ausführten, wurden sie manchmal desavouiert, wenn man sich in Friedrichsruh verrechnet hatte und die Reaktion der Öffentlichkeit auf ihre Publikationen ablehnend war.[14]

Das Schicksal der Caprivi-Regierung

Anfänglich betrachtete Bismarck die Ernennung Caprivis als das einzige positive Ergebnis der Entlassungskrise. Am Morgen nach seinem Rücktritt empfing er Caprivi zum Frühstück und einem langen Gespräch. Offenbar beschränkte sich Caprivi aufs Zuhören, und Bismarck äußerte danach zu anderen die Überzeugung, daß der General keinen bedeutenden Richtungswechsel in der Politik vorhabe.[15] Doch es blieb bei dieser einzigen Konsultation, und noch ehe der abgesetzte Kanzler Berlin verlassen hatte, war bereits ein bedeutender Richtungswechsel in der Außenpolitik im Gange. Am 23. März 1890 beriet sich Caprivi mit Holstein und anderen über den Rückversicherungsvertrag, den Giers und Schuwalow gern verlängert hätten. Caprivi ließ sich überzeugen, daß der Vertrag mit Deutschlands Verpflichtungen gegenüber Österreich unvereinbar sei und nur von Rußland veröffentlicht zu werden brauche, um Deutschland in größte Verlegenheit zu bringen. Caprivi willigte also ein, den Vertrag auslaufen zu lassen, und der Kaiser, der dem russischen Botschafter bereits angekündigt hatte, daß der Vertrag erneuert werden würde, widerrief seine Zusage. Er könne nicht wie Bismarck mit fünf Kugeln gleichzeitig jonglieren, sagte Caprivi, bestenfalls mit zweien. Er strebte in Deutschlands auswärtigen Beziehungen größere Einfachheit und Klarheit an, und das gelang ihm auch. In Berlin abgewiesen, einigte sich die Petersburger Regierung 1894 widerwillig mit dem republikanischen Frankreich.[16] Deutschland war nicht mehr einer von dreien im System der fünf Großmächte.

Caprivis außenpolitisches Interesse galt in erster Linie Handelsabkommen mit benachbarten Staaten, zumal mit Österreich. Man könne mit dem Verbündeten Österreich keinen Zollkrieg führen, meinte er, es gelte vielmehr, Mitteleuropa wirtschaftspolitisch zusammenzufassen, um einen Absatzmarkt für deutsche Industrieprodukte zu schaffen und sich gegen die «brutale Zollabsperrung» Rußlands und Nordamerikas zu behaupten. Angesichts des Konjunkturrückgangs, schlechter Ernten und steigender Getreidepreise handelte er eine Reihe von Handelsabkommen mit Österreich, Belgien, Italien und der Schweiz aus, bei denen für die Partner die Einfuhrzölle auf Weizen und Roggen von 5 Mark auf 3,50 Mark pro Tonne Getreide ermäßigt wurden, während diese ihrerseits die Zölle auf deutsche Industrieprodukte ermäßigten. Um das tägliche Brot der kleinen Leute erschwinglicher zu machen und sich den Beifall der Industriellen zu verdienen, schädigte Caprivi die agrarischen Interessen, die auch diejenigen Bismarcks waren. Das war es mehr als irgend etwas sonst, was eine neue Opposition gegen die Regierung auf die Beine brachte. Doch obwohl sie nun einen gemeinsamen Feind hatten, waren die ostelbischen Gutsbesitzer, die den neuen *Bund der Landwirte* beherrschten, wenig geneigt, sich mit Bismarck zu verbünden, der sie drängte, der traditionellen konservativen Politik zu entsagen und den Kontakt mit den Landwirten im westlichen und südlichen Deutschland zu suchen, um ihre politische Basis zu erweitern.[17]

Das Gutshaus in Friedrichsruh

Als Caprivi sein Amt übernahm, war er entschlossen, explosive politische Fragen zu entschärfen und in der deutschen Innenpolitik Stabilität und Ruhe wiederherzustellen. Zu diesem Zweck sollten das Sozialistengesetz am 30. September 1890 in aller Stille auslaufen, die Militärausgaben nur minimal angehoben, das kaiserliche Arbeiterschutzprogramm durchgeführt und die noch gültigen Kulturkampfgesetze aufgehoben werden. Während des Frühjahrs nahm der Bundesrat einen vom Reichstag gestellten Antrag auf Beendigung der Verbannung von Priestern an. Ein dem preußischen Abgeordnetenhaus vorgelegter Gesetzesentwurf sollte der katholischen Kirche das Einkommen aus beschlagnahmtem Kirchenvermögen wieder zubilligen, aber die Vorlage scheiterte, weil das Zentrum die Erstattung der beschlagnahmten Fonds selbst verlangte. Nach langem Ringen erzielte Caprivi die kaiserliche Billigung einer «kleinen Armeevorlage», die Kompromisse enthielt, welche sie der Reichstagsmehrheit schmackhaft machen sollten. Das Gesetz wurde am 28. Juni 1890 angenommen. Im gleichen Monat wurde auch eine Gesetzesvorlage verabschiedet, die industrielle Schiedsgerichte einführte; im Januar 1891 trat ein Arbeiterschutzgesetz in Kraft, mit dem die Sonntagsarbeit größtenteils verboten wurde. Der Arbeitstag von Kindern unter vierzehn Jahren wurde auf sechs Stunden (und auf schulfreie Zeiten), der von Kindern zwischen vierzehn und sechzehn Jahren auf zehn Stunden, der von Frauen auf elf Stunden beschränkt. Eine Reorganisation und Erweiterung des Fabrikinspektionssystems gelang 1892.

Bismarck in Friedrichsruh, 7. Juli 1890

Und doch waren die deutschen Arbeiter enttäuscht, weil gesetzliche Beschränkungen für die Arbeitszeit von Männern (eine Hauptforderung von 1889) weder von der Regierung unterstützt, noch vom Reichstag verabschiedet wurden und auch ein Gesetz ausblieb, das die Vertretung der Arbeiter durch Arbeiterausschüsse bei Verhandlungen mit den Arbeitgebern und Behörden autorisierte. In seiner Botschaft vom 4. Februar hatte sich der Kaiser für beide Reformen eingesetzt; die Arbeitgeber leisteten jedoch heftigen Widerstand, einschließlich des mächtigen *Centralverbands deutscher Industrieller.* Überdies drohten die im preußischen Abgeordnetenhaus von Caprivi und Berlepsch eingebrachten Arbeitsgesetze den Arbeitern auch Strafen für Kontraktbrüchigkeit, die Einschüchterung von Arbeitswilligen und Anstiftung zum Streik an, was von der Mehrheit des Hauses abgelehnt wurde.[18]

Boetticher, Herrfurth, Berlepsch, Lohmann, Miquel und Goßler hatten unter Caprivi die Gelegenheit, sich für Reformen einzusetzen, die Bismarck blockiert hatte oder – wären sie zu seiner Zeit vorgeschlagen worden – blockiert hätte. Im November 1890 legte Caprivi dem preußischen Abgeordnetenhaus fünf bedeutende Anträge vor: die Umwandlung der Klassen- und der klassifizierten Einkommenssteuer in eine einzige progressive Einkommenssteuer, die auf Selbstveranlagung basieren sollte; die Reform der Erbschaftssteuer durch die Steuerbefreiung kleiner Nachlässe im Wert von weniger als 1000 Mark; die Aufhebung der

Steuervergünstigung für große Nachlässe und Erhebung einer neuen Steuer auf investiertes Kapital; die Übertragung des Einkommens aus der Grund- und Gebäudesteuer vom preußischen Staat auf die Gemeinden (zur Deckung der steigenden Kosten des Bildungswesens), wobei das vom Staat abgetretene Einkommen durch neue Reichszölle ersetzt werden sollte, an welchen die Bundesstaaten beteiligt werden sollten; ein einheitliches Gesetz (im Gegensatz zu den üblichen Ad-hoc-Regelungen), das die Befugnisse des Staates bei der Aufsicht über die öffentlichen Schulen und die Rolle der Kirche bei der Gestaltung des Religionsunterrichts bestimmte; und eine Erweiterung der 1872 von Friedrich zu Eulenburg in den sieben östlichen Provinzen Preußens durchgeführten Kreisreform. Für Caprivi waren diese Vorlagen – die alle schon während der letzten Jahre von Bismarcks Kanzlerschaft diskutiert und von denen einige sogar von ihm gebilligt worden waren – ein einziges Paket. Er wollte mit diesen Gesetzen nicht nur das Steuerwesen und die Haushaltsstruktur der Regierung vernünftiger ordnen, sondern auch die Steuerlasten gerechter verteilen, die Organisation und Finanzierung des staatlichen Schulwesens verbessern und ein einheitliches System lokaler Selbstverwaltung in der gesamten preußischen Monarchie einführen.[19]

Caprivis erklärtes Ziel (das seinerzeit mit den Absichten Steins und Hardenbergs verglichen wurde) war die Versöhnung der unteren Klassen mit dem Staat, die Erweckung einer «Liebe zum Staat» auch bei den Arbeitern, die sie taub machen würde für die Einflüsterungen sozialistischer Agitation. Die Regierung könne unterwerfen und unterdrücken, sagte er, doch dürfe es damit nicht sein Bewenden haben. Die Verletzungen, die vor Augen lägen, könnten nur von innen geheilt werden. Der General redete die Sprache der Liebe und des Friedens, aber auch die der Gewalt. Die Nation sei erneut im Kriege, erklärte er, diesmal nicht gegen einen äußeren Feind, sondern gegen einen inneren, der nicht weniger gefährlich sei als diejenigen, denen sie auf den Schlachtfeldern vergangener Kriege gegenübergestanden hatte. Die Existenz von «Staat und Kultur» stehe auf dem Spiel. Parteien und Fraktionen müßten deshalb ihre Gegensätze vergessen und gemeinsam das bedrohte Vaterland retten. Um die Ordnung aufrechtzuerhalten und das Eigentum zu schützen, brauche der Staat nicht größere Macht, so Caprivi, sondern die einmütige Unterstützung durch das Volk.[20]

Auch Caprivi strebte ähnlich wie in früheren Jahren Bismarck nach einem nationalen Konsens hinter der bestehenden sozialen und politischen Ordnung oder, um es anders auszudrücken, nach einer Erweiterung des preußisch-deutschen Establishments durch die Einbeziehung aller größeren Interessengruppen. Caprivi und seine Kollegen hofften, dieses Ende 1889 von Bismarck aufgegebene Ziel nicht durch repressive Maßnahmen zu erreichen, sondern durch Reformen und Zugeständnisse, die der Fürst für nicht akzeptabel, ja sogar gefährlich hielt.

Ein weiterer Kurswechsel der neuen Regierung, den man in Friedrichsruh mit Verachtung zur Kenntnis nahm, war die allgemeine Lockerung der exekutiven Kontrolle über die Reichs- und preußische Verwaltung. General Caprivi wollte seinen Kollegen und Untergebenen durch den Abbau der «Kanzlerdiktatur» Gelegenheit zu eigenen Initiativen geben. Die Folgen waren allerdings so, wie Bismarck sie vorausgesehen hatte: Bruderkriege zwischen und in den Ministerialbürokratien, schließlich auch Intrigen gegen den Kanzler selbst. Die Angelegenheit, die diese Tendenzen unübersehbar ans Licht brachte, war erstaunlicherweise ein Schulreformvorlage, die den Reichstag 1891–1892 beschäftigte. Unter Führung des Zentrums hatten sich die Katholiken im November 1890 der damaligen Schulvorlage widersetzt, weil diese ihres Erachtens nicht genügend Vorsorge für die Wiederherstellung der klerikalen Kontrolle des Religionsunterrichts traf. Kultusminister Goßler nahm seinen Abschied, und an seine Stelle trat Robert Graf von Zedlitz und Trützschler, ein Konservativer, der zu weit in die entgegengesetzte Richtung ging. Zedlitz war schon als Oberpräsident der Provinz Posen mit Bismarcks Polenpolitik nicht einverstanden gewesen, nun, als Minister, ließ er in Posen und Westpreußen wieder Polnisch als Sprache des Religionsunterrichts zu. Die während des Kulturkampfes beschlagnahmten Kapitalfonds wurden der katholischen Kirche erstattet, und zum Erzbischof von Posen und Gnesen wurde mit seiner Einwilligung ein Pole ernannt. Zedlitz entwarf auch ein neues Schulreformgesetz, das den Wünschen der Geistlichkeit so weit entgegenkam, daß die Vorlage im Parlament vom Zentrum und den Konservativen leidenschaftlich verteidigt und von den Freikonservativen, Nationalliberalen und Linksliberalen ebenso leidenschaftlich bekämpft wurde – womit die Fronten des Kulturkampfes noch einmal wiederauflebten.[21]

Im preußischen Staatsministerium sah sich Caprivi, der die Unterstützung des Zentrums brauchte, um die neue Militärvorlage durchzubringen, mit dem Widerstand seines Finanzministers Johannes von Miquel gegen die Schulvorlage konfrontiert, der die Stimmen der Liberalen für den Abschluß seiner Einkommenssteuerreform benötigte. Miquel unterschrieb schließlich die Schulvorlage auf die Gefahr hin, dadurch den Respekt seiner früheren Gefährten an der Spitze der Nationalliberalen Partei zu verlieren. Während der Diskussion im Staatsministerium bot er seinen Rücktritt an (den der Kaiser verweigerte) und setzte dann die Presse darüber in Kenntnis, um seine liberale Glaubwürdigkeit zu bewahren. Auch dem Kaiser war Caprivis Absicht, mit einer Koalition aus Konservativen und Zentrum zu regieren, unbehaglich. Am 23. Januar 1892 (einem signifikanten Jahrestag) erklärte er im Hause Zedlitz' den Führern der Kartellparteien beim Bier, daß er eine nur mit den Stimmen der Konservativen und des Zentrums angenommene Schulreformgesetzgebung nie akzeptieren würde. Es folgten erhitzte Debatten im Abgeordnetenhaus, die an die Tage des Kulturkampfes erinnerten.[22]

Waldersees Tagebuch verrät die Stimmung innerhalb der Regierung: «Es besteht ein klägliches Intrigenspiel, indem Caprivi, Boetticher, Miquel, Zedlitz, Lucanus ihre eigenen Wege zu gehen versuchen, keiner dem anderen traut, keiner genau weiß, was der Kaiser will, namentlich wie weit er gehen will, und alle noch Einflüsse ahnen, die sie nicht recht kennen.» Bei einem Kronrat am 17. März 1892 forderte der Kaiser die Änderung der Vorlage, um sie für die Kartellparteien annehmbar zu machen. Anschließend trat Zedlitz zurück und dann Miquel. Am 18. März (ebenfalls ein bedeutsamer Jahrestag) bat der über die wiederholten Interventionen des Kaisers erzürnte Caprivi ebenfalls um seine Entlassung. Wilhelm II. suchte Zuflucht in seiner Jagdhütte Hubertusstock.[23]

Während der folgenden Tage beschäftigten Spekulationen über den Ausgang der Krise Regierung, Presse und Öffentlichkeit. Gerüchteweise verlautete sogar, daß Bismarck zurückgerufen werden sollte. Am Ende behielt Caprivi das Reichskanzleramt, trat das des preußischen Ministerpräsidenten aber an Botho Graf zu Eulenburg ab, der die Schulvorlage zurückzog. Zedlitz wurde ersetzt, der listige Miquel aber, auf den man für einen erfolgreichen Abschluß der Steuerreform nicht verzichten zu können glaubte, ließ sich überreden, in die Regierung zurückzukehren. Das Resultat dieser Ereignisse war die Trennung der Reichsregierung von der Regierung Preußens. Caprivi behielt das Amt des preußischen Ministers des Auswärtigen, wohnte den Sitzungen des Staatsministeriums aber nur bei, wenn Reichsangelegenheiten zur Diskussion standen. 1894 hob er Bismarcks 1885 getroffene Anordnung auf, derzufolge der gesamte amtliche Verkehr zwischen den preußischen Ministerien und den Reichsbehörden über ein kleines Büro im Auswärtigen Amt, wo auch das preußische Außenministerium untergebracht war, zu laufen hatte. Die Befugnis des preußischen Außenministers, das preußische Votum im Bundesrat vorzugeben – auf welche Bismarcks «Diktatur» sich entscheidend gestützt hatte –, wurde fallengelassen.[24]

Wie Bismarck es vorausgesehen hatte, sollte dieser Verzicht schwerwiegende Konsequenzen haben. Das preußische Staatsministerium und die preußischen Minister konnten nun preußische Interessen verfolgen, ohne diejenigen des Reichs groß berücksichtigen zu müssen. Der Kanzler und die Reichsbehörden konnten nicht länger auf die Unterstützung der Bevollmächtigten Preußens im Bundesrat rechnen. Da schon bald andere Staaten dem Beispiel Preußens folgten, begannen sich die föderativen Bande zu lockern. Innerhalb der preußischen Regierung waren die Minister nicht länger an die Verordnung von 1852 gebunden, wonach sie das Einverständnis des Ministerpräsidenten benötigten, wenn sie sich an die Krone wenden wollten. Ebenso verhielt es sich in der Reichsregierung, wo Caprivis Autorität ständig bedroht war durch die direkten und oft willkürlichen Anweisungen des Kaisers an die Untergebenen des Kanzlers sowie durch die Intrigen dieser Untergebenen, zu denen die Interventionen des Kaisers unvermeidlich einluden. Das Regierungssystem verlor an Kohärenz und Koordiniertheit; es wurde ein Opfer von Konflikten, Intrigen, persönlichen Ambitionen und bürokratischem Partikularismus.[25]

Das war eine ideale Situation für die Restauration monarchischer Herrschaft, doch ironischerweise hatte die Schulvorlagenkrise auch ans Licht gebracht, daß der Mann, der die Rolle des Alleinherrschers spielen wollte, derselben nicht gewachsen war. Während der Jahre 1890–1892 stellte Wilhelm sich selbst in rhetorischen Ergüssen, die von der Presse unnachsichtig verbreitet wurden, als Herrscher von Gottes Gnaden dar, dem die uneingeschränkte Macht gegeben sei, den

«Der Bismarck kommt!» Caprivi (Mitte) flieht, Richter (rechts) rüstet zum Kampf.
(*Der Floh,* Wien, Mai 1891)

Gang der Regierung zu lenken – selbst wenn es hieß, seinen Soldaten zu befehlen, auf ihre Väter zu schießen. Die Möglichkeit, daß Bismarck nach seiner Wahl im April 1891 an der Spitze einer Oppositionspartei in den Reichstag einziehen könnte, steigerte den Zorn und die Bramarbasiersucht des Kaisers zu neuen Höhen. «Einer nur ist Herr im Reiche, und das bin Ich, keinen anderen dulde

Ich», erklärte er, rheinischen Industriellen zuprostend. Im Juni 1891 ließ der Kaiser seine kommandierenden Generäle wissen, daß seine Geduld mit Fürst Bismarck bald zu Ende sei; wenn der Ex-Kanzler so weitermache, werde er nicht davor zurückschrecken, ihn «einfach nach Spandau zu schicken». Wilhelm II. hatte begonnen, wie ein absoluter Herrscher nach dem Muster Friedrichs des Großen zu denken und zu reden, doch sein unschlüssiges Zögern und sein Veto in der Schulreformangelegenheit hatten bewiesen, daß er das Staatsschiff nicht auf Kurs halten konnte und den Winden gegensätzlicher Einflüsse einigermaßen hilflos ausgeliefert war. Er sei, schrieb seine Mutter, nur «ein großes Baby».[26]

Rückblickend findet man es nicht mehr leicht verständlich, weshalb in Caprivi anfangs so große Erwartungen gesetzt worden waren. Sein Ruf eines tüchtigen Generals und Militärverwaltungsmannes war wohlverdient, doch hatte ihn keine frühere Erfahrung auf die politische Rolle vorbereitet, die zu spielen ihm, zu seiner Überraschung und zu seinem Kummer, als Reichskanzler zugemutet wurde. Seine Überzeugung, daß ihm Ehrenmänner von gutem Willen im Staatsministerium und im Parlament den Beistand leisten würden, dessen er zur Durchführung von politischen Maßnahmen im Dienste des Gemeinwohls bedurfte, verriet den Geist eines Militärs, der es gewohnt war, auf solche Eigenschaften bei seinen Offizierskollegen zu vertrauen. Aber diese «Schlachtfeldtheorie», wie Bismarck es hämisch nannte,[27] verkannte die interessengebundenen Realitäten eines ausgereiften parlamentarischen Systems. Seine in mancher Hinsicht lobenswerte Praxis, Autorität an untergeordnete Minister und Beamte zu delegieren, ließ sich nicht mit der von Bismarck eingerichteten komplizierten konstitutionellen Struktur harmonisieren. Das Ergebnis war ein Mangel an Koordination und Führung.

Was die Regierung trotzdem zusammenhielt, war die Furcht, daß bei ihrem Zusammenbruch dem Kaiser nichts anderes übrigbleiben könnte, als die Bismarcks, einen oder beide, in die Wilhelmstraße zurückzurufen. Daran würden viele Karrieren scheitern. Nach Holsteins Meinung drohten sogar dem Kaiser für diesen Fall «constitutionelle Daumenschrauben nach belgischer Art».[28] Da aber weder Wilhelm II. noch seine Minister eine Restauration der Ära Bismarck ertragen hätten, galt es, die in Friedrichsruh tickende Zeitbombe zu entschärfen. Eine Versöhnung mit dem «Alten im Sachsenwald» würde wenigstens verhüten, daß sich die unterschiedlichen Kräfte der Opposition um ihn scharten. Anfang Mai 1892 machte der Kaiser dazu erste Anstalten, indem er Herbert zu seiner bevorstehenden Verehelichung mit der ungarischen Gräfin Marguerite Hoyos gratulierte. Doch die Versöhnungsbereitschaft Wilhelms wurde bald gedämpft, als in Berlin bekannt wurde, daß die Hochzeit nicht in Fiume, der Heimatstadt der Gräfin, gefeiert werden sollte, sondern in Wien, und daß der ehemalige Reichskanzler auf der Reise zur Hochzeit die Hauptstädte Sachsens und Bayerns besuchen werde.[29]

Bismarckverherrlichung

Der Verfolgungswahn in Berlin war schon so weit gediehen, daß man dort die in Wirklichkeit von den Eltern der Braut getroffene Entscheidung, die Hochzeit in Wien zu feiern, ohne weiteres dem Ex-Kanzler zuschrieb. Der Fürst, glaubte man, plane die Hochzeit seines Sohnes in der Hauptstadt des engsten Verbündeten des Deutschen Reichs als politische Demonstration. Tatsächlich fürchtete Bismarck im Gegenteil, Kaiser Franz Joseph in Verlegenheit zu bringen, wenn etwa seine Anwesenheit in Wien Anlaß zu Demonstrationen deutschnationaler Kreise gegen die kaiserliche Regierung des Grafen Eduard von Taaffe geben sollte. Dennoch fiel der auf den 21. Juni 1892 angesetzte Tag der Hochzeit unglücklicherweise in die vierzehn Tage der Anwesenheit Franz Josephs in Schönbrunn vom 11. bis zum 25. Juni. Die Etikette ließ Bismarck deshalb keine andere Wahl, als den Kaiser durch den Botschafter seines Landes in Wien, Prinz Reuß, um die Gelegenheit zu einem Höflichkeitsbesuch zu bitten. Herbert sondierte von Fiume aus in Wien und berichtete dem Vater, daß Franz Joseph der Bitte gern entsprechen werde.[30]

Am 9. Juni versuchten Wilhelm II. und Caprivi mit vereinten Kräften, die Audienz zu verhindern. Der Kanzler verständigte den Prinzen Reuß darüber, daß eine Versöhnung nicht bevorstehe. Wenn Bismarck oder dessen Angehörige sich an ihn wandten, sollte der Botschafter nur der Form genügen und der zu erwartenden Einladung zu der Hochzeit aus dem Wege gehen; gleiches galt für das Botschaftspersonal. Kálnoky und Franz Joseph sollten über diese Anordnung informiert und zugleich in Kenntnis gesetzt werden, daß Bismarck nie wieder Einfluß auf die deutsche Politik nehmen werde. Abschriften dieses «Uriasbriefes» wurden an die wichtigsten deutschen Fürstenhöfe gesandt, offenbar um auch die deutschen Fürsten von einer Teilnahme an der Hochzeit abzuhalten.[31] Noch weit heftiger und feindseliger äußerte sich Wilhelm II. am 14. Juni in einem persönlichen Brief an Franz Joseph, in welchem er seinen «wahren Freund» beschwor, ihm und seiner Regierung keine Schwierigkeiten zu machen und das «ungehorsame Subjekt» nicht etwa zu empfangen, «bevor es zu mir kommt und peccavi sagt». Um ganz sicher zu gehen, übermittelte er die gleiche Botschaft in noch stärkeren Wendungen auch dem österreichischen Militärattaché in Berlin. Bismarck sei immer ein Russe gewesen, werde immer ein Russe sein und sei im Herzen ein entschiedener Feind Österreichs. So bedrängt, entschloß Franz Joseph sich zögernd, den aus Berlin erhaltenen Empfehlungen zu folgen.[32]

Aus den Quellen geht hervor, daß die Intervention Caprivis und des Kaisers von Holstein, der «grauen Eminenz» des Auswärtigen Amts, organisiert wurde (unter Mitwirkung Philipp zu Eulenburgs und des Geheimrats Alfred von Kiderlen-Wächter), deren gemeinsame Besorgnis, daß die Bismarcks an die Macht zurückkehren oder zumindest wieder an Einfluß gewinnen könnten, durch die Gerüchte über eine Versöhnung aufs Höchste gesteigert worden war. Sie phantasierten sogar, daß Bismarck den Kaiser von Österreich und den König von Sachsen ersuchen werde, zwischen ihm und Wilhelm II. zu vermitteln. Bismarck trat am 18. Juni seine Reise nach Wien mit einigem Unbehagen an, denn Herbert hatte ihn bereits davon unterrichtet, daß man ihm bei Hof wohl die kalte Schulter zeigen werde. In Dresden, wo er übernachtete, erhielt er von Herbert die Bestätigung, daß Franz Joseph sich in der Tat widerstrebend der Notwendigkeit ergeben habe, dem aufsässigen Vasallen des Hauses Hohenzollern den Empfang zu verweigern.[33]

Wenn Bismarck 1892 an den Höfen Deutschlands und Österreichs wie ein Paria behandelt wurde, so war er für die Öffentlichkeit ein Held, einer der größten Helden der deutschen Geschichte. Seine Reise von Friedrichsruh nach Berlin und weiter über Dresden nach Wien, wo er bis zum 22. Juni verweilte, um sich dann über München nach Bad Kissingen zu begeben, kann nur als ein beispielloser Triumphzug beschrieben werden. Da ihn nun keinerlei Rücksichten mehr zur Zurückhaltung nötigten, genoß er den Beifall der Menge in vollen Zügen auf jeder Station seiner Reise in Deutschland und sogar in Österreich. Die Menge durchbrach die polizeilichen Absperrungen und umbrandete jubelnd seinen Waggon, jeder suchte ihm die Hand zu drücken oder zu küssen, man überschüttete ihn und Johanna mit Blumen. Wo immer der Eiserne Kanzler sich in Wien zeigte – sei es bei Höflichkeitsbesuchen in den Häusern von Freunden oder diplomatischen Vertretungen oder an so öffentlichen Orten wie dem Rathaus, dem Prater, bei einer Theateraufführung, einem Schrammelmusikvortrag und im Pavillon des Münchener «Bürgerbräus» –, überall jubelten ihm begeisterte Menschenmengen zu. Die Boykottversuche der Berliner Regierung, von denen die Öffentlichkeit erst am 21. Juni aus der *Allgemeinen Zeitung* erfuhr, blieben darauf ohne Einfluß. Diese Zeitung konnte den Text von Caprivis Erlaß vom 9. des Monats bekanntgeben, weil die Prinzessin Reuß, die Gattin des deutschen Botschafters in Wien, ihr ohne Wissen ihres Gemahls eine Kopie des Dokuments zugespielt hatte, ein Fall weiblichen Intrigenspiels, über den sich Bismarck ausnahmsweise einmal nicht zu beklagen brauchte.[34]

Während seines Aufenthalts in Wien suchte Bismarck jeden Anschein zu vermeiden, als unterstütze er die Sache der deutschnationalen, antisemitischen Extremisten, doch diese fuhren in einer Prozession von sechzig Kutschen bei ihm vor, randalierten gegen Polizeiabsperrungen in den Straßen und versammelten sich am Tag seiner Abreise an den Gleisen, um «Die Wacht am Rhein» zu singen und den «Begründer des Deutschen Reichs» hochleben zu lassen. (Bismarck: «Sagen Sie: Begründer des Bündnisses zwischen Österreich und Deutschland.») Bei jeder Gelegenheit bekannte Bismarck seine Freundschaft zu Österreich und seine Treue zu der «unauflösbaren» deutsch-österreichischen Allianz. Das war auch das Grundthema eines Interviews, das er dem Herausgeber und Verleger der Wiener *Neuen Freien Presse* gab, worin er seine Erbitterung über die ihm in Berlin zuteil gewordene Behandlung zur Sprache brachte. Deutschland, erklärte er, sei eine saturierte Macht und habe durch Krieg nichts zu gewinnen. Seine Bemühungen, gute Beziehungen zu Rußland zu unterhalten, von denen sein Nachfolger nun abgegangen sei, seien auch im Interesse Österreichs gewesen. «Allerdings», erklärte er, «habe ich gar keine persönlichen Verpflichtungen mehr gegen die jetzigen Persönlichkeiten und gegen meinen Nachfolger. Alle Brücken sind abgebrochen.»[35]

In München, wo Bismarck sich vom 24. bis zum 26. Juni aufhielt, war der öffentliche Empfang, der bei seiner Ankunft in den ersten Morgenstunden am Bahnhof begann, nicht weniger ohrenbetäubend als in Wien. Der bayerische Prinzregent hatte sich in sein Bergschloß zurückgezogen, doch die Stadtverwaltung trotzte dem amtlichen Boykott. Bismarck wurde festlich im Rathaus empfangen und trug sich in das Goldene Buch der Stadt ein, in welches zehn Monate zuvor Wilhelm II. *«Suprema lex regis voluntas»* geschrieben hatte. Wo immer Bismarck sich während jener beiden Tage zeigte – im Rathaus, im Hofbräuhaus, beim Empfang im vornehmen Club «Allotria» oder im Glaspalast, wo er vor Theodor Rocholls Gemälde «König Wilhelms Ritt um Sedan» am längsten verharrte –, umsorgte ihn die gleiche Begeisterung. An beiden Abenden huldigten ihm Bürger, Studenten und Vereine mit Fackelzügen und Kundgebungen auf dem Platz vor Lenbachs Haus, wo er Quartier genommen hatte. Sechzehnhundert Korpsstudenten in voller Montur paradierten mit Fackeln, es gab Musikkapellen, Reden, Ständchen, und natürlich wurde auch wieder «Die Wacht am Rhein» gesungen. In der Nacht des 25. blieb die Menge noch lange, nachdem die letzten Hurra-Rufe verklungen waren, in den Straßen, bis der Oberbürgermeister ihr mitteilte, daß der Fürst sich zur Nachtruhe zurückgezogen habe.

Seine Abreise am Mittag des 26. Juni war Anlaß zu einer weiteren Massendemonstration. «Die Lokomotive seines von der bayerischen Regierung gestellten Extrazugs war mit Kränzen geschmückt, und der Salonwagen glich einem Blumengarten. In Augsburg wurde Bismarck im Triumphzug zum Rathaus geleitet, wo ein Chor von 700 Sängern ihn erwartete. In Würzburg gaben ihm Rektor und Senat der Universität, umgeben von einer achttausendköpfigen Menge die Ehre; in Garnisonstädten fand jeweils das ganze Offizierskorps sich am Bahnhof ein, und selbst auf offener Strecke säumten hin und wieder jubelnde Menschen den Bahndamm. Mit schmerzenden Händen doch lebhaft geröteten Wangen, blitzenden Augen traf Bismarck gegen acht Uhr abends in Kissingen ein, wiederum empfangen mit einer Ovation und einem Blumenbombardement», bei dem der Umjubelte durch ein geworfenes Bukett leicht am Auge verletzt wurde.[36] In Kissingen, wo er bis zum 30. Juli blieb, gab es Ovationen, wo immer er sich in der Öffentlichkeit zeigte und wann immer die Erfordernisse seiner Kur ihm gestatteten, die Delegationen zu empfangen, die aus den Städten und Dörfern der Umgebung nach Kissingen pilgerten, um ihm zu huldigen.[37]

Und so ging es fort, während dieses Sommers und Herbsts, wo immer er hinkam. Aus Kissingen über Jena, Halle, Magdeburg nach Schönhausen (wo er sechs Tage verbrachte), durch Berlin (wo Tausende an den Bahnhöfen warteten, obwohl weder die genaue Station noch die Ankunftszeit seines Zuges bekanntgegeben worden waren). Nichts schien die Mengen davon abhalten zu können, sich zu versammeln – strömender Regen nicht, polizeiliche Absperrungen nicht, nicht der offizielle Boykott, nicht die Tages- oder Nachtzeit –, um dem großen Mann ihre Zuneigung und Verehrung zu bekunden. Nachdem der «Uriasbrief» und seine Wirkung in Wien öffentlich bekannt geworden waren, schienen die Mengen erst recht entschlossen, sich von der amtlichen Mißbilligung nicht abschrecken zu lassen. Bismarcks Reise durch Brandenburg und Pommern hielt auf jeder Bahnstation Ovationen für ihn bereit, bis er am 8. August in Varzin eintraf, wo er dann mehrere Monate blieb, um der in Hamburg wütenden Cholera auszuweichen und sich von einer Reise zu erholen, die ihn trotz ihrer Strapazen sichtlich verjüngt hatte. Am 3. Dezember reiste er auf dem Weg nach Friedrichsruh noch einmal durch Berlin, wo ihm an den abgesperrten Bahnhöfen abermals Tausende zujubelten, bis schließlich ein Triumphzug an sein Ende gelangte, der den anspruchsvollsten römischen Kaiser befriedigt hätte. Unterwegs hatte er gegenüber Journalisten und dem Publikum aus seinen Meinungsverschiedenheiten mit der Caprivi-Regierung, seinem Wunsch nach einer starken Opposition im Reichstag und seiner Verachtung derjenigen, die ihn unter die «Persönlichkeiten, die man nicht empfangen kann», zählten, keinen Hehl gemacht.[38]

Versöhnung

Ohne sich darum zu bemühen, war Bismarck zum deutschen Nationalhelden geworden, zum Symbol der Einheit und Größe des Deutschen Reichs, ja darüber hinaus sogar der nationalen Identität aller Völker deutscher Sprache, einer Identität, die sich über alle noch trennenden politischen Grenzen hinwegsetzte. Was die Massen sahen und bejubelten, war nicht seine Politik – die in den auswärtigen Angelegenheiten unverändert auf die Bewahrung dieser Grenzen und in der Innenpolitik auf die Erhaltung des elitären preußisch-deutschen Establishments gerichtet war –, sondern der symbolische Mann, der in seiner Person alle deutschen Tugenden zu verkörpern schien. Wenn er auch nicht um sie warb, so genoß er doch die fast kultische Verehrung, die ihm im März 1890 bei seiner Abreise aus Berlin, im Sommer 1892 während seiner «großdeutschen Rundfahrt» und später an seinen Geburtstagen und bei anderen Gelegenheiten entgegengebracht wurde.

Bismarck scheint gewußt zu haben, daß diese Art der Popularität nicht in eine politische Kraft überführt werden konnte, die stark genug gewesen wäre, Regierungen zu erschüttern und Politik zu verändern. Während seiner langen Amtszeit hatte ihm sein persönliches Charisma (und seine politische Taktik) nicht ermöglicht, den politischen Willensbildungsprozeß bei den Wahlen und im Parlament dauerhaft zu dominieren. Auch bei der Reichstagsnachwahl des Jahres 1891 hatte er ja keinen überwältigenden Sieg errungen. Deshalb ergriff er im Dezember 1892 nach der Rückkehr von seinem Triumphzug nicht die Gelegenheit, sich zu der eben in Gründung befindlichen Nationalpartei zu bekennen. Trotz seines Zorns auf Wilhelm II. und die Hofclique scheint er letztlich doch einen offenen Kon-

Bismarck spricht auf dem Jenaer Marktplatz, Sommer 1892.

flikt mit dem Kaiser und König, ja selbst die andauernde Entfremdung von ihm gescheut zu haben. Wenn er auch hin und wieder sogar den Kaiser zum Ziel seiner vergifteten Pfeile machte, so galten seine Angriffe doch selbst nach 1892 vor allem Caprivi und den anderen Ministern. Bismarck war Monarchist, und seine Treue zur Krone wog stärker, wenn auch vielleicht nur wenig, als seine Enttäuschung über deren Träger.[39]

Schließlich erwiesen sich die Wiener Affäre und deren Begleiterscheinungen als bloß vorübergehende Störungen im Prozeß der Versöhnung, an der sowohl Bismarck als auch dem Kaiser gelegen war. Der Hader zwischen beiden war ein öffentlicher Skandal geworden, der das Prestige des preußisch-deutschen Establishments bedrohte und Leute in herausragenden Stellen nötigte, Partei zu ergreifen. Denn wer versuchte, neutral zu bleiben, lief Gefahr, zwischen den Mühlsteinen von Berlin und Friedrichsruh zermahlen zu werden.[40]

Die Angehörigen der Bismarck-Fronde schwankten, denn sie mußten sich fragen, ob sie bessere Aussichten hätten, den «neuen Kurs» zu beeinflussen, wenn sie der Regierung opponierten oder zu einem Einvernehmen mit ihr fanden. Letzteres war nur denkbar, wenn zwischen dem Palast und Friedrichsruh Frieden geschlossen wurde. Zudem gab es in der Umgebung des Kaisers nicht wenige, die spürten, daß der Kaiser schon dabei war, den Wettstreit um die Wertschätzung der Öffentlichkeit zu verlieren. Das prahlerische Herausstreichen seines persönlichen Regiments, das er bei jedem seiner gedankenlosen rhetorischen Exzesse wiederholte, und der unsichere Gang der Regierung unter der Leitung Caprivis kamen seiner Beliebtheit beim Volke teuer zu stehen. Daß er die deutschen und österreichischen Höfe und Regierungen erfolgreich genötigt hatte, dem Mann die kalte Schulter zu zeigen, der in drei siegreichen Kriegen Deutschland geeinigt und fast drei Jahrzehnte lang die europäische Außenpolitik beherrscht hatte, wurde allgemein als Zeugnis unwürdiger Kleinmütigkeit angesehen. So verschleuderte Wilhelm II. in Windeseile die Sympathien, die er sich zu Beginn seiner Herrschaft mit seinen Bemühungen um soziale Gerechtigkeit und inneren Frieden erworben hatte, während die erstaunlichen Sympathiekundgebungen für den ehemaligen Kanzler zeigten, wie rasch die Öffentlichkeit die weniger erfreulichen Seiten seiner Machtausübung vergessen hatte. Während das Ansehen des Kanzlers stieg, sank das des Kaisers.[41]

Noch ehe das letzte Arbeiterschutzgesetz verabschiedet war, hatte Wilhelm II. den Geschmack an sozialen Reformen schon verloren. Seine Proklamation vom 4. Februar 1890, von der er sich so viel versprochen hatte, schien den Ausgang der später im selben Monat abgehaltenen Reichstagswahl in keiner Weise zu seinen Gunsten beeinflußt zu haben, denn bei dieser Wahl verstärkte sich die Wählerschaft der Sozialdemokraten um 87 Prozent. Der unbefriedigende Ausgang der Streiks von 1889 öffnete den Sozialdemokraten den Weg zu den Kohlenrevieren und zur Organisation der Bergarbeiter. Ihre weitreichenden Forderungen (unter anderem fünfzigprozentige Lohnerhöhungen und Verstaatlichung des Bergbaus) alarmierten die Grubenbesitzer und dämpften den Reformeifer in Berlin.[42] Die Streiks von 1890 in der deutschen Industrie waren zwar weniger großdimensioniert als die des Vorjahres, doch dafür zahlreicher. Bei einem Streik in Gelsenkirchen im März 1890 sah sich der Kaiser veranlaßt, seinen Generälen zu befehlen, «bei der ersten Gelegenheit die Repetiergewehre spielen zu lassen». Im August kam es bei einer sozialdemokratischen Versammlung in Berlin zu Aufruhr, was den Kaiser so besorgte, daß er ein Armeemanöver unterbrach, um eine Brigade zur Unterstützung der Berliner Polizei in Marsch zu setzen. Während des Winters 1892/1893 streikten im Kohlenrevier an der Saar mehrere tausend Arbeiter, ein weiteres Zeichen für die anhaltende Unruhe der Arbeiterschaft.[43] Für Wilhelm II., der schnelle Lösungen liebte, bewies all das nur, daß die undankbaren Proletarier seine Aufmerksamkeit nicht mehr verdienten.

Unterdessen ärgerten ihn die Schwierigkeiten, denen Caprivi bei der Durchsetzung der neuen Militärvorlage begegnete, welche eine wesentlich größere Truppenstärke und höhere Militärausgaben verlangte. Um sich die Stimmen der Liberalen im Reichstag zu sichern, war der General zu einer Verkürzung der Militärdienstpflicht von drei auf zwei Jahre und der Laufzeit des eisernen Etats von sieben auf fünf Jahre bereit – Konzessionen, in die der Kaiser nur sehr widerstrebend und mit wiederholten Mißfallensbekundungen einwilligte. Dennoch fand sich erst nach Auflösung des Reichstags und Neuwahlen im Jahre 1893 eine geringe Mehrheit für die Vorlage. Obwohl die sozialistischen Abgeordneten durch die Bank gegen die Vorlage votierten, erlitt die in dieser Frage gespaltene Freisinnige Partei bei den Wählern die schwersten Verluste.

Während des Jahres 1894 wurden die Regierungen Europas durch eine Welle des anarchistischen Terrorismus erschüttert, der auch der Präsident der Französischen Republik, Sadi Carnot, bei einem Attentat zum Opfer fiel. Deutsche Postbehörden entdeckten Bomben in Paketen, die an den Kaiser und den Reichskanzler adressiert waren. Wilhelm II. forderte ein Gesetz zum Schutz von Religion, Anstand und Ordnung, das die Parteien des Umsturzes mit sehr strengen Strafen bedrohen sollte. Doch Caprivi fand dafür im Parlament keine Mehrheit, woraufhin der Kaiser und seine Entourage einen Staatsstreich in Erwägung zogen, der die Verfassung mit Hilfe der verbündeten Fürstenhäuser und Regierungen revidieren sollte. Wilhelm hatte eine innenpolitische Kehrtwendung vollzogen und marschierte nun ungefähr in die Richtung, die Bismarck 1890 eingeschlagen hatte.[44]

Obwohl beide Parteien gute Gründe hatten, ihren Streit so bald wie möglich zu beenden, waren doch weder der Kaiser noch sein ehemaliger Kanzler bereit, den ersten Schritt zu tun. Beide fürchteten ihr Gesicht zu verlieren. Aber die Zeit arbeitete für Bismarck. Er konnte ruhig in Friedrichsruh sitzen bleiben und die Zugeständnisse der Caprivi-Regierung kritisieren, die – wirtschaftlich, im Bildungswesen, in religiösen, ethnischen, sozialen, militärischen, finanziellen, administrativen und außenpolitischen Angelegenheiten – gegen die Politik verstießen, die er während seiner nahezu dreißigjährigen Amtszeit verfolgt hatte, während Wilhelm sich von Tag zu Tag mehr von der Sorge plagen lassen mußte, daß der «böse alte Mann» unversöhnt sterben könnte. Ende August 1893 erkrankte Bismarck in Kissingen an Ischias und Gürtelrose, zu denen sich noch eine linksseitige Lungenentzündung gesellte. Im September besserte sich sein Befinden zwar zunächst, doch dann rief ein Insektenstich hartnäckige Entzündungen hervor, die ihn zur Ruhe zwangen und seine Abreise aus Kissingen bis zum 7. Oktober verzögerten.

Die Unpäßlichkeit des Fürsten wurde eine Zeitlang geheimgehalten. Wilhelm, der Schweninger befohlen hatte, ihn von jeder Verschlechterung der gesundheitlichen Verfassung seines Patienten sofort in Kenntnis zu setzen, witterte eine Verschwörung, daß man ihm wohl «mit dem toten Bismarck hätte entgegentreten wollen». Nichtsdestoweniger brachte er es nicht über sich, eine teilnehmende Anfrage oder Genesungswünsche an den Kranken selbst zu richten. Bismarcks letzte Reden, in denen der Fürst «die Einzelstaaten hofiert und mit

Schärfe vor dem Berliner Zentralismus gewarnt hatte», wirkten noch bei Wilhelm nach. Am 18. September 1893 erörterten Caprivi, Rottenburg, Boetticher, Botho zu Eulenburg und August zu Eulenburg, ob es zweckmäßig sei, die Wohnräume Bismarcks in Friedrichsruh in der Zeit zwischen seinem Tod und seiner Beerdigung durchsuchen zu lassen, um Staats- und Privatpapiere zu beschlagnahmen, deren Veröffentlichung dem Kaiser und seiner Regierung schaden könnte.[45]

Endlich überredete Caprivi den Kaiser, aus Güns in Ungarn, wo er als Gast Kaiser Franz Josephs bei einem Manöver weilte, Bismarck telegraphisch der Sorge um seine Gesundheit zu versichern und für seine Rekonvaleszenz eines seiner Schlösser in Mitteldeutschland anzubieten. Bismarck lehnte das Angebot dankend ab, weil eine Wiederherstellung am sichersten «in der altgewohnten Häuslichkeit» zu erwarten sei. Als dieser Telegrammwechsel veröffentlicht wurde, schloß Wilhelm aus der abschätzigen Reaktion in der «Bismarck-Presse», daß sein Angebot den Fürsten nicht versöhnlich gestimmt habe. Tatsächlich fanden Johanna, Herbert und Bill die «Günser Depesche» indiskutabel.[46]

Bismarck im Kreise von Familie und Vertrauten, Friedrichsruh 1893. Sitzend von links: Schwiegersohn Kuno Graf zu Rantzau, Herbert von Bismarck und seine Frau Marguerite, Tochter Marie Gräfin zu Rantzau, Johanna, Bismarck.
Stehend von links: Hausarzt und Privatsekretär Rudolf Chrysander, die Kinder der Rantzaus mit ihrem Lehrer, Wilhelm von Bismarck, Schweninger, Frau von Lenbach, Franz von Lenbach

Ende 1893 war die Stimmung in Friedrichsruh und Berlin noch unverändert. Wilhelm erwartete, daß Bismarck seine Sünden bekannte und um Absolution bat; die Bismarcks erwarteten von Wilhelm ein Eingeständnis seines Irrtums und die Bitte um Vergebung. Der Kaiser, verärgert durch Berichte, wonach Herbert und Bill die Günser Depesche als Komödie abgetan hatten, wies die Anregung zurück, den Fürsten in Kissingen oder Friedrichsruh zu besuchen. Und doch beunruhigte ihn die Vorstellung, daß ihn plötzlich der Tod Bismarcks überraschen könnte. So kam es, daß Herbert, zu seiner nicht geringen Überraschung, zu dem alljährlichen Ordensfest am 21. Januar 1894 nach Berlin eingeladen wurde. Als ehemaliger Minister, Reichstagsabgeordneter und Träger der Kette zum Stern des Hausordens der Hohenzollern hatte er Anspruch auf diese Einladung, die jedoch in den vergangenen Jahren nie ergangen war. Aller Wahrscheinlichkeit nach war die treibende Kraft hinter dieser Entscheidung Philipp zu Eulenburg in Absprache mit August Graf zu Eulenburg, dem Oberhofmarschall, und dem Flügeladjutanten des Kaisers, Cuno Graf von Moltke. Philipp hatte erkannt, daß der Streit mit Bismarck seinen Freund, den Kaiser, teuer zu stehen kam.

Bei dem Fest sprachen Kaiserin Victoria und andere Angehörige der königlichen Familie mit Herbert, doch der Kaiser nahm keine Notiz von ihm. Von August zu Eulenburg und Cuno von Moltke deswegen zur Rede gestellt, schrieb Wilhelm noch am selben Tag einen Brief an Bismarck, in dem er dem Fürsten baldige Genesung von der ihn plagenden Grippe wünschte und zu deren Beförderung den Genuß des edlen Rheinweins aus dem Keller des königlichen Schlosses empfahl, den er zugleich mit dem Brief durch Moltke persönlich überbringen ließ. Bismarck las den Brief, ohne eine Miene zu verziehen, bat Moltke, dem Kaiser seinen Dank zu sagen, und fügte noch hinzu, daß er bedaure, das nicht persönlich tun zu können. Moltke nahm das als Andeutung und drängte den Fürsten, Berlin mit einem Besuch zu beehren. Nach einigem Zögern willigte Bismarck ein. Johanna, die nie vergeben und vergessen konnte, war entsetzt. Sie telegraphierte an Herbert, er möge helfen, diese Versöhnung zu verhüten, doch dessen Bemühungen kamen zu spät. Am Morgen des 23. Januar brachte Moltke Bismarcks Antwort nach Berlin: Geburtstagsglückwünsche! In seiner telegraphischen Antwort brachte der Kaiser seine «große Überraschung und Freude» über den angekündigten Besuch zum Ausdruck. Technisch hatte keine der beiden Parteien den Anstoß zu diesem Besuch gegeben, doch die Öffentlichkeit zweifelte nicht daran, daß der Kaiser dem Fürsten entgegengekommen sei. Sie rechnete das dem Monarchen so hoch an, daß man im Schloß keine Veranlassung zu einem Dementi sah.[47]

Am 26. Januar 1894 bestieg Bismarck, der seine Generalsuniform angelegt hatte, den Zug nach Berlin. Die Reise schien in vieler Hinsicht diejenige vom 29. März 1890 in umgekehrter Richtung zu wiederholen. Sechs weißgekleidete, blumenstreuende Mädchen gingen ihm zum Bahnhof voran, wo sich aus dem Dorf, der Umgebung und selbst aus Hamburg Hunderte versammelt hatten, um ihn zu verabschieden. Wo immer der Zug auf der Fahrt nach Berlin anhielt, applaudierten ihm Menschenmengen. Am Lehrter Bahnhof in Berlin erwarteten

Bismarck mit Prinz Heinrich vor dem Berliner Schloß, 26. Januar 1894

Tausende seine Ankunft. Auf dem Bahnsteig wurde er von einer Delegation von Offizieren aus dem kaiserlichen Hauptquartier unter Leitung Prinz Heinrichs, des Bruders des Kaisers, willkommen geheißen. Dann wurde der Gast im geschlossenen Wagen zum Stadtschloß gefahren, sehr zur Enttäuschung der Schaulustigen, welche die mit Flaggen und Bannern geschmückten Straßen säumten. Der Wagen wurde eskortiert von einer Schwadron Gardekürassiere, die Befehl hatte, jeden Versuch der Menge zu verhindern, die Pferde auszuspannen und den Wagen zu ziehen.

Nach dem Vorbeizug des Fürsten und seiner Eskorte folgte die Menge und drängte zum Schloß, wo Bismarck eine Ehrenwache abschritt (die nicht in voller Paradeuniform angetreten war), während Jubel und Marschmusik die Luft erfüllten. Danach stieg er langsam die Treppe hinauf, Prinz Heinrich an seiner Seite, und betrat das Schloß. Dort begrüßte er die versammelten Offiziere des Armeekommandos und betrat den Audienzsaal, wo ihm der sichtlich nervöse Kaiser die Hand schüttelte und ihn auf beide Wangen küßte. Die Flügeltüren wurden geschlossen. Was die beiden Männer während der folgenden zehn Minuten einander sagten, ist nie bekannt geworden.

Der militärisch-zeremonielle Charakter des Besuchs wurde während des ganzen Tags gewahrt, den abends ein Bankett beschloß, nach welchem der Fürst, abermals vom donnernden Applaus der Menge begleitet, zum Bahnhof zurückfuhr, um dort für die Rückreise nach Friedrichsruh seinen Salonwagen zu besteigen. Diesmal fuhr der Kaiser mit ihm (wieder im geschlossenen Wagen), half ihm am Lehrter Bahnhof beim Aussteigen, schritt ehrerbietig zu seiner Linken, küßte ihn wiederum auf beide Wangen und winkte dann dem in die Dunkelheit entschwindenden Zug nach. Der Kaiser empfing ihn an diesem Tage wie einen ausländischen Potentaten, die Menge wie einen siegreich heimkehrenden Helden. Doch zu politischen Fragen sagte der Kaiser kein Wort. Bismarck hatte auch keines erwartet.[48]

Inmitten der allgemeinen Euphorie waren in beiden Lagern einzelne von der «Versöhnung» enttäuscht und besorgt über die möglichen Folgen. In Regierungskreisen lebte die Furcht wieder auf (bei Holstein und Marschall), daß die Bismarcks an die Macht zurückkehren oder wenigstens wieder zu Einfluß kommen könnten. Regimegegner wie Harden fürchteten, Bismarcks Beistand zu verlieren. Doch weder der Kaiser noch Bismarck verstanden das Ereignis als Wendepunkt in ihren Beziehungen. Bei seinem «Gegenbesuch» in Friedrichsruh am 19. Februar behandelte Wilhelm den Ex-Kanzler, der im aktiven Dienst nie über den Leutnantsrang hinausgekommen war, wie einen pensionierten General. Sein Gastgeschenk, das vorausgeschickt worden war, erwies sich als ein kostbarer Militärmantel (geschnitten und genäht nach Maßen, die man bei dem Aufenthalt in Berlin verstohlen genommen hatte), und während seines Besuchs in Friedrichsruh sprach er nicht von Politik, sondern von den Vorzügen einer neuen Felduniform und eines neuen Tornisters bei der Armee. Ein Augenzeuge der Begegnung beobachtete eine unverminderte, knisternde Spannung: «Mühsam bändigten sie ihren hitzigen Wunsch, einander die Wahrheit zu sagen. Noch eine Minute, und sie wären explodiert.» So blieb die Beziehung der beiden bis zu Bismarcks Tod.

An Geburtstagen und anderen bedeutenden Jahrestagen sandte der Kaiser Glückwünsche und Geschenke, und der Fürst antwortete in gleicher Weise. In der Öffentlichkeit tat der Kaiser seine Verehrung kund, indem er die Schirmherrschaft bei der Errichtung von Bismarck-Denkmälern übernahm, Mittel zu deren Finanzierung beisteuerte und mitunter in seinen Reden auf die heroische Größe des Fürsten zu sprechen kam. Im Palais galt die theatralische «Versöhnung» als gelungener Public-Relations-Coup. Auf den Straßen und in der Presse gab es lauten Beifall für den Kaiser, der, wie man glaubte, die Initiative zur Beendigung des Streits ergriffen hatte. Dem Kaiser war jedoch wohl bewußt, daß der «alte Wallenstein im Sachsenwald ... seine Waffen noch nicht niedergelegt» hatte. Das hatte er in der Tat nicht. Am 14. Februar trank Bismarck mit Maximilian Harden die Flasche Wein (*Lacrimae Caprivi* taufte ein Witzbold den Tropfen), die ihm Cuno von Moltke im Januar überbracht hatte.[49]

II

Legende zu Lebzeiten

Ausbildung der Legende

Der Pressekrieg, den Bismarck 1890 nach seiner Abreise aus Berlin eröffnete, war nicht nur ein Angriff auf die Politik seiner Nachfolger, sondern auch eine Verteidigung seiner eigenen Leistungen und Errungenschaften. Während der verbleibenden Jahre seines Lebens kamen in der Presse und im Parlament immer wieder Geschichten auf, die seinem Ansehen zu schaden drohten. Durch Hardens *Zukunft* und Hofmanns *Hamburger Nachrichten* ließ Bismarck (oder an dessen Stelle Herbert) seine eigene Sicht der Ereignisse verlautbaren, wenn es ihm nicht geraten schien, dieselben einfach ganz zu leugnen.

Gerüchte, wonach es zu ernsten Konflikten zwischen Bismarck und Helmuth von Moltke gekommen sei, wurden glatt dementiert. Die Meinungsverschiedenheiten zwischen dem Reichskanzler und dem ehemaligen Chef des Generalstabs seien immer einvernehmlich beigelegt worden. Bismarck habe nie Moltke gegen sich gehabt, sondern nur «die sogenannten Halbgötter» im Generalstab, «von denen nur sehr wenige die Anlage zum vollen Gott besaßen». Es erschienen auch Berichte, denen zufolge sich Bismarck beim Gebrauch des Welfenfonds schwerwiegende Unregelmäßigkeiten hatte zuschulden kommen lassen. Er begegnete diesen Vorwürfen mit der Erklärung, daß er sich der Mittel aus diesem Fonds stets nur gegen auswärtige Feinde Deutschlands bedient habe, nie gegen innenpolitische Gegner. Wenn alle den Fonds betreffenden Dokumente veröffentlicht werden würden, wäre das peinlich für seine Gegner, nicht für ihn. Die Geschichte jedoch, die andeutete, daß er die Emser Depesche bei der Redaktion verfälscht habe, hatte er selbst in Umlauf gebracht. Doch Caprivi, der Deutschland gegen den Vorwurf der Kriegstreiberei verteidigen wollte, verlas im Reichstag den Originaltext und die redigierte Depesche, um zu zeigen, daß keine Verfälschung stattgefunden habe. Herbert ärgerte sich über Caprivis gönnerhaftes Auftreten, und sein Vater, dem die Legende lieber war als die Wahrheit, hielt die Implikation der Fälschung aufrecht, indem er noch in seinen Memoiren seine Version der Geschichte wiederholte.[1]

Die Affäre Harry von Arnim kam wieder ins Gespräch, als Hans Blum in seinem Buch *Das deutsche Reich zur Zeit Bismarcks,* einer mit Bismarcks Segen geschriebenen Hagiographie, den Vorwurf erhob, Arnim habe absichtlich eine frühe Anzahlung auf die französische Kriegsentschädigung zurückgehalten, um Nutzen aus einer Börsenspekulation zu ziehen. Obwohl Bismarck Arnims Beteiligung an

Bismarck in Friedrichsruh, 1895

einer solchen Spekulation bloß vermutet hatte, ohne sie jemals belegen zu können, ließ er zu, daß Blum davon sprach wie von einer erwiesenen Tatsache. Arnims Sohn verlangte den Widerruf der Behauptung und drohte andernfalls mit einer nicht näher bestimmten Vergeltung. Bismarck erwiderte darauf nur indirekt durch ungezeichnete Artikel in den *Hamburger Nachrichten* und in der *Zukunft*, in denen er die Schuld an der unnachgiebigen gerichtlichen Verfolgung Arnims seinen Untergebenen im Auswärtigen Amt, Holstein und Bülow, zuschob. Daß die Verfolgung der katholischen Kirche im Kulturkampf so scharf gewesen sei, lastete er seinem Kultusminister Adalbert Falk an. Den Maigesetzen habe er nur «aus Kameradschaft» zugestimmt. Auch für Falks Rücktritt könne man ihn nicht verantwortlich machen, dazu hätten vielmehr die häßlichen Angriffe der «alten Fregatte», Kaiserin Augustas, geführt. Der Fürst nahm für sich nicht nur in Anspruch, den Kulturkampf beendet zu haben, als die liberale Unterstützung zusammengebrochen sei, sondern schrieb sich auch die Bewahrung seiner wichtigsten Ergebnisse zu. Ähnlich war seine Haltung zu den Sozialversicherungsgesetzen. Er räumte ein, diese Gesetzgebung angeregt zu haben, wies aber jede Verantwortung für die dann von Bürokraten, Staatsregierungen und dem Reichstag hervorgebrachten «Flickwerk»-Gesetze weit von sich. Boetticher, behauptete er, habe das Endergebnis stärker beeinflußt als der Kanzler selbst.[2]

Während seiner Jahre an der Macht hielt Bismarck öffentliche Reden nur im Landtag und im Reichstag. Die Öffentlichkeit versuchte er durch die Presse und das Parlament zu beeinflussen. Anders als seine englischen, französischen und italienischen Amtskollegen war er nicht das Haupt einer politischen Partei, die während des Wahlkampfes persönlichen Einsatz von ihm hätte fordern können. Als Grandseigneur und Inhaber hoher Staatsämter wäre es ihm nie eingefallen, bei Massenkundgebungen und öffentlichen Versammlungen zu sprechen. Doch das änderte sich nach seiner Entlassung schnell, sehr zum Erstaunen und sogar Schrecken des Hofs und der Regierung in Berlin. Friedrichsruh wurde bald zum Wallfahrtsort für Abordnungen nicht nur aus Hamburg und der unmittelbaren Umgebung, sondern auch aus ferner gelegenen Städten und Gegenden. Schließlich kamen sogar Vertreter der deutschstämmigen Bevölkerung fremder Staaten, zumal Österreichs, doch auch Rußlands und der Vereinigten Staaten von Amerika. Viele brachten Gaben – Ehrenbürgerschaften von Städten, Ehrendoktorwürden von Universitäten, Prunkpokale, prächtig verzierte Gedenktafeln –, andere defilierten in Fackelzügen oder ließen Chöre und Musikkapellen aufmarschieren.

Vom März 1890 bis Ende des Jahres 1895 empfing und begrüßte Bismarck etwa 150 derartiger Abordnungen, die manchmal nach Dutzenden, manchmal nach Tausenden zählten. Reden richtete er an solche Abordnungen vor allem in Friedrichsruh, mitunter auch in Bad Kissingen. Nicht weniger als fünfundzwanzig Ansprachen hielt er auf Bahnhöfen, in Rathäusern und auf öffentlichen Plätzen während seiner «großdeutschen Rundfahrt» 1892. In Friedrichsruh sprach er gewöhnlich von einem niedrigen Balkon, begleitet von Angehörigen seines Haushalts und zu Besuch weilenden Würdenträgern. Bei diesen Gelegenheiten stattete er den Pilgern, die seinen Wohnsitz aufgesucht hatten, oft nur seinen Dank ab, manchmal hielt er jedoch auch politische Ansprachen, in denen er seine Ansichten über innen- und außenpolitische Fragen sowie die geeigneten Maßnahmen verkündete. Mitunter schlug er dabei patriotische Töne an und erging sich in stilisierten Erinnerungen an seine Laufbahn (insbesondere seinen lebenslangen deutschen Patriotismus). Manchmal ließ er sich auch zu philosophischen Betrachtungen über das Wesen der Politik und der Staatskunst herbei. Im Laufe der Jahre lernten so Tausende den großen Mann kennen und hörten seine Botschaft.[3] Durch die Zeitungen erreichten seine Reden ein noch viel breiteres Publikum, das nach Millionen zählte. Für die richtige Übertragung der Botschaft sorgte Bismarcks Hofstaat, der die anwesenden Journalisten überprüfte und deren Stenogramme und Protokolle redigierte, ehe sie zur Veröffentlichung freigegeben wurden.[4]

Bismarcks achtzigster Geburtstag im Jahre 1895 gab zu Feiern von beispiellosen Ausmaßen Anlaß. Von März bis Juni war Friedrichsruh das Ziel von nicht weniger als fünfunddreißig Sonderzügen, die über fünfzig Delegationen transportierten. Eine umfaßte über vierhundert Abgeordnete des preußischen Landtags und des Reichstags, eine andere viertausend uniformierte Korpsstudenten aus allen Teilen Deutschlands. Zu Bismarcks Einsiedelei pilgerten in Barett und Talar die Rektoren aller deutschen Universitäten und der meisten technischen Hochschulen. Delegationen von Städten kamen, die ihm weitere Ehrenbürgerschaften verliehen. Die Bürger Hamburgs boten ihm einen traditionellen Fackelzug. Vertreter der deutschen Landesfürsten und ausländischen Regierungen sowie

Bismarck und Wilhelm II. in Friedrichsruh, 26. März 1895

Der 80. Geburtstag. Deutsche Korpsstudenten in Friedrichsruh, 1. April 1895

der deutsche Reichskanzler in Person fanden sich ein. Der bemerkenswerteste Besucher war jedoch der Kaiser, der am 26. März seine Aufwartung machte. Begleitet vom Kronprinzen, dem Kriegsminister und dem Kommandanten des kaiserlichen Hauptquartiers mit Flügeladjutanten, saß Wilhelm mit Pickelhaube und glänzendem Brustpanzer zu Pferde. Es folgte ihm ein kleines Aufgebot von Infanterie, Artillerie, Husaren und, natürlich, Halberstädter Kürassieren (Bismarcks Regiment). Fahnen flatterten und Kapellen schmetterten, als Bismarck in seiner Generalsuniform in einem leichten, offenen Wagen die auf freiem Feld aufgestellten Truppen inspizierte. Kanonendonner erscholl aus dem Park, während Wilhelm an Bismarcks Tafel speiste, wo auch diesmal nicht von Politik, sondern von Militärangelegenheiten die Rede war. Es gefiel dem Kaiser, den erfahrensten Staatsmann Deutschlands wie einen Zinnsoldaten zu behandeln, zumal er wußte, daß die ahnungslose Öffentlichkeit seinen Großmut und Respekt preisen würde. Bismarck ertrug diese Charade innerlich verärgert, doch äußerlich ergeben.

Ende Juni hatte Bismarck zu über fünfunddreißig Gratulantenabordnungen gesprochen und für jede, neben seiner politischen oder patriotischen Botschaft, einige besonders an sie gerichtete Worte gefunden. Vor der hohen Ziegelmauer, die Haus und Park gegen die Außenwelt abschirmten, drängten sich die Massen der Besucher, die auch das Dorf bevölkerten und fliegenden Souvenirhändlern gute Einkünfte verschafften. Am 1. April wurden sie in den Park gelassen, wo ihnen sechs Militärkapellen aufspielten. Weit über tausend Geschenke wurden

Der 80. Geburtstag. Bismarck vor einer Abordnung aus der Steiermark, 15. April 1895

von Bismarcks Bedienten in Empfang genommen. Innerhalb weniger Tage wurden Post- und Telegraphenämter mit mehreren tausend Päckchen, annähernd 10 000 Telegrammen und 450 000 Postkarten, Briefen und Drucksachen überschwemmt.

Bismarcks achtzigster Geburtstag wurde aber nicht nur in Friedrichsruh gefeiert, sondern auch in den geflaggten und geschmückten Straßen Hamburgs, Berlins und anderer Städte. In Berlin begingen Reichs-, preußische und städtische Behörden den Tag als Feiertag, und der Kaiser lud hohe Beamte, Minister und Angehörige des Bundesrats, Reichstags und Landtags zu einem Bankett ins Schloß. In den meisten deutschen Städten wehten Fahnen, öffentliche Gebäude wurden dekoriert, es gab schulfrei und zahlreiche Feierlichkeiten. Nach einer Zählung wurde der Ehrentag des Reichsgründers in vierundsechzig deutschen und fünfzehn österreichischen Städten sowie in vielen deutschen Gemeinden im Ausland auf diese oder jene Weise festlich begangen, nicht zu reden von den Kleinstädten und Dörfern in Deutschland und den Hunderten von deutschen Vereinen überall in der Welt (achtzig allein in den Vereinigten Staaten von Amerika). Der sagenumwobene Kyffhäuser wurde besucht und das große Niederwalddenkmal am Rhein. Bismarck war in allen Zeitungen das große Thema. Sein achtzigster Geburtstag wurde wahrlich als Nationalfeiertag begangen, so wie bisher nur der Sedantag und die Geburtstage der regierenden Monarchen.[5]

Bis 1895 war der aus seinen Ämtern entlassene Bismarck im deutschen öffentlichen Leben kaum weniger präsent, als er es während seiner Kanzlerschaft gewesen war. Seine Äußerungen in der Presse, bei Reden und öffentlichen Auftritten gaben in Berlin häufig Anlaß zur Verärgerung. Doch seine Nachfolger (und der Kaiser) konnten dagegen wenig unternehmen, ohne sich zuvor zu fragen, ob ihre Anstrengungen dem Giganten im Sachsenwald nicht Gelegenheit böten, noch größeren Schaden anzurichten. Ohne die Verantwortung für die Regierung zu haben, besaß er doch die Möglichkeit, denen, die sie hatten, das Regieren schwer zu machen.

Für Bismarcks alte Gegner in Reichstag und Landtag – das Zentrum, die Linksliberalen und die Sozialisten – war der Zwist zwischen Berlin und Friedrichsruh oft Anlaß zu Unbehagen. Das Zentrum hatte zwar mit Caprivi bald Frieden geschlossen und war eine staatstragende Partei geworden, die sich für die Erhaltung der Monarchie und der bestehenden Ordnung einsetzte, doch die Sozialisten und Radikalliberalen mochten weder für den Kaiser noch für den Fürsten Partei nehmen. Zwar waren sie gegen das gegenwärtige Regime, doch sie hatten seinerzeit zuviel von Bismarck erdulden müssen, als daß sie jetzt gewillt gewesen wären, sich mit ihm gegen den gemeinsamen Feind zu verbünden. Die Versöhnung von 1894 ließ dann die fortdauernden Spannungen unter der scheinbar glatten Oberfläche des herrschenden Establishments verschwinden, eine große Erleichterung für alle, denen die Gebote des Patriotismus wichtiger waren als diejenigen der Prinzipientreue und des Eigeninteresses. Für jene, die außerhalb des Establishments standen, muß der blühende Bismarckkult allerdings eine schwere Prüfung gewesen sein. Während der Reise von 1892 gingen ihre Pfiffe im Jubel der Massen unter. Man darf aber wohl annehmen, daß die wachsende Schar der sozialistischen Arbeiter wie ihre Führer den Festlichkeiten fernblieb. Ihre Zeitungen jedenfalls (vor allem der *Vorwärts*) stimmten nicht in die allgemeine Begeisterung ein.

Die Haltung der Linksliberalen ist am Verhalten der Berliner Stadtverordnetenversammlung abzulesen, die schon lange zu ihren politischen Hochburgen gehörte. Am 4. März votierte dieses Gremium in geheimer Abstimmung mit 56 gegen 34 Stimmen gegen den Antrag, sich dem Stadtrat zu einer gemeinsamen Grußbotschaft anläßlich von Bismarcks Geburtstag anzuschließen. Am 23. März ersuchte Albert von Levetzow, der Präsident des Reichstags, die Kammer, eine solche Grußbotschaft zu beschließen, obwohl Sondierungen bereits ergeben hatten, daß die Mehrheit des Hauses dagegen stimmen würde. So war das Ergebnis eine kurze, aber geräuschvolle Debatte, bei welcher Zentrum, Linksliberale und Sozialisten ihrem Groll gegen den Jubilar Luft machten. Im Verein mit den Polen, Welfen und Elsässern wiesen sie den Antrag mit einer Mehrheit von 163 gegen 146 Stimmen ab. Die Debatte setzte sich während der folgenden Tage in der Presse fort. Wilhelm II., der sich von einem solchen Skandal politischen Profit erhoffte, verlangte die Auflösung der Kammer, doch das preußische Staatsministerium verspürte wenig Lust, sich an die Wähler mit einer Abstimmung zu wenden, die auf ein Plebiszit über die Beliebtheit Bismarcks hinausgelaufen wäre. Wie würde der Kaiser dastehen und wie sie selbst, wenn Bismarck aus dieser Wahl als Sieger hervorging? Bismarck selbst kümmerten diese Mißklänge nicht weiter. Er hatte von seinen Gegnern nichts anderes erwartet.[6]

Gedanken und Erinnerungen

Während derselben Jahre arbeitete Bismarck sporadisch an dem Werk, das mehr als alles andere seine Legende inszenieren sollte, seinen Memoiren. Mit dem Gedanken an ein solches Buch hatte er bereits in den siebziger Jahren gespielt, doch mit ernsthaften Vorbereitungen begann er erst 1888, als er Moritz Busch beauftragte, die in Friedrichsruh und Varzin aufbewahrten Dokumente zu sichten und zu ordnen.[7] Doch es war erst wenig getan, als im März 1890 plötzlich der Zugang zu den Quellen ein akutes Problem wurde. Am 16. März fand Busch den Kanzler in seinem Büro in der Reichskanzlei inmitten von Kartons voller Papiere neben einem halb geleerten Aktenschrank, besorgt, daß die Papiere beschlagnahmt werden könnten, ehe er Gelegenheit hätte, sie in Sicherheit zu bringen. Holstein zufolge ließ sich Herbert, der als Staatssekretär des Äußeren im Amt blieb, bis am 26. März sein Entlassungsgesuch angenommen wurde, Stapel von Dokumenten in seine Räume bringen, bis Caprivi das untersagte.[8]

Was Vater und Sohn an Dokumenten aus der Reichskanzlei in den zahlreichen Speditionskisten mitnahmen, die aus der Wilhelmstraße nach Friedrichsruh transportiert wurden, ist unklar. Doch das Material war offenbar unzureichend, auch nur die wichtigen Episoden seiner Laufbahn zu dokumentieren, auf die der Fürst eingehen wollte. Bismarck zog es allerdings ohnedies vor, sich auf sein Gedächtnis zu verlassen, das freilich sehr selektiv war. Als Mitarbeiter bei seinem literarischen Unternehmen wählte er schließlich nicht den Journalisten Busch, sondern Lothar Bucher, seinen langjährigen Sekretär und Gehilfen, der bis 1886 im Auswärtigen Amt tätig gewesen war. Im Juli 1890 unterzeichnete Bismarck einen Vertrag mit dem Verlagshaus *Cotta* in Stuttgart über ein sechsbändiges Werk. Jeder Band sollte mit 100 000 Mark honoriert werden. Das vereinbarte Honorar war vergleichsweise bescheiden, aber das waren auch die Aussichten des Verlegers, denn der Vertrag entband für den Fall, daß das Werk nie geschrieben würde, den Fürsten von jeder Verantwortung.[9]

Bucher hatte bald Gründe, daran zu zweifeln, daß die Memoiren des Fürsten je vollendet werden würden. Inzwischen dreiundsiebzig Jahre alt, war der ehemalige Achtundvierziger von Gicht geplagt und von jahrelangem Dienst für seinen Herrn gebeugt und erschöpft. Er war hochintelligent und hochgebildet, ein unabhängiger Kopf, dem ein ganz anderes Buch vorschwebte als die Memoiren, die Bismarck selbst zu veröffentlichen gedachte. Bucher stellte sich ein objektives, ausgewogenes historisches Werk vor, das nicht allein auf Bismarcks Erinnerung, sondern auch auf den zugänglichen Dokumenten beruhen sollte. Bismarck hingegen betrachtete die Memoiren nur als eine weitere Gelegenheit, das Bild seiner selbst und seiner Leistungen so zu gestalten, wie er es in der Öffentlichkeit bewahrt wissen wollte. Es war nur ein weiterer Schlag im Kampf gegen zeitgenössische Kritiker, Bilderstürmer und natürlich gegen den «neuen Kurs» der Regierung. Buchers Bemühungen, den Verfasser auf dem Pfad der historischen Wahrhaftigkeit zu halten, schlugen fehl, selbst in Fällen, wo, wie etwa bei der Hohenzollernkandidatur für den spanischen Thron, der Sekretär mit den Tatsachen aus eigener Erfahrung vertraut war. «Nicht nur, daß sein Gedächtnis mangelhaft und sein Interesse für das, was wir fertig haben, gering ist», entrüstete sich Bucher, «sondern er fängt an, auch absichtlich zu entstellen, und zwar selbst bei klaren, ausgemachten Tatsachen und Vorgängen. Bei nichts, was mißlungen ist, will er beteiligt gewesen sein.»[10]

Den geduldigen, aber leidenden Gehilfen bekümmerte auch die Langsamkeit, mit der das Werk fortschritt. Oft, so berichtet Schweninger, sah die Zusammenarbeit der beiden so aus: «Bucher, stumm, verstimmt ..., mit leerem Blatt, gespitzten Ohren und gespitztem Bleistift am Tische, der Fürst nach ärztlicher Anordnung auf der Chaiselongue liegend und in die Zeitung vertieft. Tiefe Stille; man hätte ein Mäuschen laufen hören können. Der Fürst sprach kein Wort, Bucher noch weniger, – und die Blätter blieben leer.» Bismarcks Diktate folgten keiner chronologischen Ordnung, sondern schweiften von Gegenstand zu Gegenstand. Nachher hatte Bucher die Aufgabe, den Text zu zerlegen und neu zusammenzusetzen, wobei er die Absichten des Verfassers erraten und seine Ausführungen berichtigen und ergänzen mußte.[11] Dieser Aufgabe widmete er sich murrend, aber mit bewunderungswürdigem Geschick und Erfolg. Im Mai 1892 war die erste Fassung des Werks vollendet, das zunächst den Titel *Erinnerung und Gedanke* trug (später umbenannt in *Gedanken und Erinnerungen*). Aber schon machte der Fürst sich Sorgen wegen der Freimütigkeit, mit welcher er seine Beziehungen zu noch lebenden Personen beschrieben und seine Meinung über diese geäußert hatte. Schließlich habe er drei Könige «nackt» gesehen. Sie der Welt zu schildern, wie sie in diesem Zustand tatsächlich aussahen («nicht gerade sehr gut»), sei «gegen das Prinzip», meinte er. «Aber es verschweigen, wenn ich einmal darauf käme, oder gar das Gegenteil – das dürfte ich ebensowenig – und geschieht es (die Veröffentlichung) nach meinem Tode, da heißt es: Da habt ihr's, noch aus dem Grabe heraus – welch ein abscheulicher alter Kerl!»[12]

Im Mai nahm der von einem schmerzhaften Blasenleiden geplagte Bucher Urlaub, um Heilung zu suchen. Im Oktober starb er allein in einem Hotelzimmer am Genfer See. Sein Tod wurde in Friedrichsruh aufrichtig betrauert. An weitere Bände *Gedanken und Erinnerungen* war ohne seine Hilfe nicht zu denken. Zum Verdruß Adolf Kröners schien sich überdies Bismarck nicht einmal sonderlich zu bemühen, das bereits vorliegende Manuskript der ersten Bände für die Veröffentlichung vorzubereiten. Die Sorgen des Verlegers wurden noch vermehrt und die Dringlichkeit seiner Bitten nahm zu, als der ehemalige Reichskanzler im August und September 1893 in Kissingen erkrankte. Schließlich gestattete ihm der Fürst, den ersten Band des Werks in Satz zu geben, jedoch nur diesen. Anfang Oktober trafen die Druckfahnen in Friedrichsruh ein. Bismarck nahm die Gelegenheit zu vielen Veränderungen seines Texts wahr, brachte stilistische Verbesserungen an, strich manche Zeilen, setzte andere hinzu, ganz abgesehen davon, daß er orthographische und typographische Korrekturen ausführte.[13] 1894 brachte ihn die oberflächliche «Versöhnung» mit Wilhelm II. zeitweilig aus dem Rhythmus.

Es schien nun nicht mehr politisch opportun, einen offenen Angriff auf den Kaiser und dessen neue Minister drucken zu lassen.

Während dieser Jahre rangen verschiedene Identitäten Bismarcks miteinander. Bismarck, der Realist, war darauf bedacht, die Unfähigkeit seiner Nachfolger bloßzustellen. Bismarck, den Narzißten, gelüstete es, aller Welt zu offenbaren, wie schäbig man mit ihm verfahren war. Bismarck, der Pädagoge, wollte die nächste Generation in den Prinzipien unterweisen, auf denen jede deutsche Außenpolitik gründen müsse. Bismarck, der Monarchist, zögerte, das Ansehen der Dynastie zu beschädigen. Dieser letzte Bismarck scheint die Vorherrschaft gehabt zu haben, doch nur um Haaresbreite und nie so weit, daß er in Erwägung gezogen hätte, das Memoirenprojekt ganz aufzugeben. Seine anhaltende Ambivalenz erhellt auch aus der Tatsache, daß er sich nicht entschließen konnte, einen Termin für die Veröffentlichung festzusetzen. Zu Buchers Lebzeiten scheint er vorgehabt zu haben, den zweiten Band «posthum» erscheinen zu lassen, später wollte er die Publikation des ersten Bandes bis nach seinem Tode aufgeschoben wissen, die des zweiten bis nach dem Tode Wilhelms II. Und so lagen die Fahnenkorrekturen des ersten und die Handschrift des zweiten Bandes noch in Friedrichsruh, als er am 30. Juli 1898 starb.[14]

Drei Tage nach Bismarcks Tod kündigte Adolf Kröner in Friedrichsruh den Umbruch des ersten Bandes an. Als die Druckbögen eintrafen, fand Herbert, daß die Fahnenkorrekturen des Verfassers nicht berücksichtigt worden waren, was freilich auch nicht weiter verwunderlich war, da Bismarck diese seinem Verleger ja nie zugesandt hatte. Überdies hatte Bismarck häufig über die Lücken in der von ihm und Bucher zu Papier gebrachten Erzählung geklagt. So rief Herbert Horst Kohl zu Hilfe, einen Chemnitzer Gymnasialprofessor, der seit November 1891 im Hause Bismarck als «literarischer Adlatus» verkehrte. Kohl hatte schon verschiedene Schriften Bismarcks herausgegeben. Jetzt bearbeitete er mit Herberts Unterstützung den ersten Band der Memoiren für die Veröffentlichung, schrieb eine Einleitung, fügte eine Reihe von Briefen aus dem Friedrichsruher Familienarchiv in den Text ein und erweiterte das Ganze um zahlreiche Fußnoten. Doch er nahm auch stilistische und sachliche «Verbesserungen» vor. Einige dieser Eingriffe waren geboten, viele andere aber nicht. Durch die Ergänzungen Kohls erreichte der Text einen Umfang, der eine Unterteilung in zwei Bände ratsam erscheinen ließ. Durch diese Teilung des ersten Bands wurden Bismarcks *Gedanken und Erinnerungen* ein dreibändiges Werk.[15] Die ersten beiden Bände erschienen bei *Cotta* in Stuttgart bereits am 30. November 1898. Der dritte Band, der Kohl nicht anvertraut wurde, erschien erst nach dem Sturz der Monarchie im Jahre 1921.[16]

Daß Bismarck nach seiner Entlassung an seinen Memoiren arbeitete, blieb natürlich nicht lange verborgen. Mindestens dreiundvierzig Verlagshäuser (unter diesen etliche amerikanische) äußerten in Friedrichsruh Interesse an dem Vorhaben. Als 1895 Gerüchte durch die Presse gingen, das Werk sei vollendet, versuchte der neue Reichskanzler, Fürst Chlodwig zu Hohenlohe-Schillingsfürst, mit Drohungen und einem Angebot von 500 000 Mark den Verlag *Cotta* zum Verkauf der

Rechte an ein von der Regierung gesteuertes Konsortium zu bewegen. Das Werk sollte dann «korrigiert» und für die Veröffentlichung in der *Allgemeinen Zeitung* entschärft werden. Aber Kröner war nicht so dumm, sich auf ein Geschäft einzulassen, das ihn mit Bismarck in rechtliche Schwierigkeiten gebracht hätte; er war auch ein viel zu guter Kaufmann, ein Buch preiszugeben, an dem sein Verlag Millionen verdienen würde.[17]

Tatsächlich erwiesen sich Bismarcks *Gedanken und Erinnerungen* nach ihrer Veröffentlichung im November 1898 als eines der erfolgreichsten Verlagsprojekte in der Geschichte des deutschen Buchhandels. Die erste Auflage von 100 000 Exemplaren war trotz ihres hohen Preises (20 Mark für die in Leinen, 30 Mark für die in Leder gebundene Ausgabe) schnell vergriffen, die zweite Auflage von 200 000 verkaufte sich ebenfalls in Windeseile. Bald folgten in mehreren Ländern Übersetzungen. 1905 veröffentlichte Cotta eine von Kohl herausgegebene «Volksausgabe» und 1913 eine «neue Ausgabe».[18] Die Veröffentlichung des dritten Bandes 1921 erneuerte das Interesse an dem gesamten Werk, das während der folgenden fünfzig Jahre in mehreren vollständigen und gekürzten Ausgaben neu aufgelegt wurde.[19]

Natürlich schlugen Bismarcks *Gedanken und Erinnerungen* Wellen. Diejenigen, deren Reputation in Mitleidenschaft gezogen wurde, und ihre Verteidiger waren entrüstet und zögerten nicht, den Wahrheitsgehalt des Werkes in Frage zu stellen. Auf der Grundlage anderer Quellen und archivalischer Forschungen haben auch die Historiker zahlreiche Bedenken angemeldet. Einen großen Teil des Inhalts hatte der Fürst überdies bereits in Reden vor dem Parlament, in privaten Unterhaltungen und in nach seinen Anweisungen verfaßten Zeitungsartikeln bekanntgemacht. Doch trotz des nachweislichen Mangels an Objektivität und der zusammengeflickten Komposition, die auch der veröffentlichten Fassung noch anzumerken ist, war die Wirkung der Bände erheblich. Sie boten einen einzigartigen Einblick in den Charakter und die Gedankenwelt einer der bedeutendsten Gestalten der neueren Geschichte. Ludwig Bamberger, Journalist, Bankier und einer der linksliberalen Gegner des Reichsgründers, lobt die *Gedanken und Erinnerungen* als ein «höchst inhaltsreiches, historisches, politisches und psychologisches Denkmal menschlicher Geisteskraft und Charakterstärke», als einen Beitrag zur Weltliteratur, dessen Gewicht freilich noch größer wäre, «wenn die objektive Wahrheit überall in ihm zu ihrem Rechte käme».[20] Und Nietzsche, einer der strengsten Kritiker des deutschen Reichskanzlers, bekannte, daß er auf die Frage «Gibt es gute deutsche Bücher?» errötend zu antworten pflege: «Ja, Bismarck.»[21] Unzweifelhaft verstanden Tausende von denen, die diese «deutsche Bibel» erwarben, nicht wirklich, worum es Bismarck darin ging. Vielleicht hatten sie nicht einmal vor, es zu lesen; es war ein Buch, das man besitzen und im Regal haben mußte wie Goethes *Faust* und *Dichtung und Wahrheit.*

Die mannigfaltigen Verzögerungen bei der Abfassung und Veröffentlichung des Werks durchkreuzten seine ursprüngliche Absicht – dem Bismarck-Lager eine wirkungsvolle Waffe im öffentlichen Kampf gegen die Außen- und Innenpolitik von Caprivis «neuem Kurs» in die Hand zu geben. Als die ersten beiden Bände erschienen, war Caprivi schon seit über vier Jahren nicht mehr im Amt, Wilhelm II. hatte seinen Enthusiasmus für Sozialreformen längst verloren, der Rückversicherungsvertrag mit Rußland war unwiderruflich abgelaufen (Rußland war inzwischen mit Frankreich verbündet), Caprivis Versuch, den Protektionismus auf dem Agrarsektor einzuschränken, war an der entschiedenen Opposition und dem politischen Einfluß der Gutsbesitzer gescheitert, und schon waren die ersten Schritte zum Bau einer Hochseeflotte und zur Inauguration deutscher «Weltpolitik» getan. Die Enthüllungen, welche die Unfähigkeit Wilhelms II. bloßstellen sollten, standen im dritten Band der Memoiren, der erst nach dem Sturz der Monarchie erschien, als sich der letzte Deutsche Kaiser bereits im Exil befand – zu spät mithin, um noch irgendwelche politische Wirkung zu zeitigen. Doch was Bismarcks *Gedanken und Erinnerungen* auch unter so radikal veränderten Umständen noch bewerkstelligen konnten, war Bismarck und seinem Sohn Herbert zweifellos nicht weniger wichtig: Sie prägten Bismarcks Bild im öffentlichen Bewußtsein, ja in der Geschichte.

Denn was man in ihnen hat, ist das Selbstbildnis eines großen Staatsmanns, eines deutsche Patrioten, der seine Talente an die Aufgabe gewandt hatte, die Nation zu vereinen und diese Vereinigung gegen große Widerstände zu konsolidieren und zu befestigen, den Unverstand und die böswillige Opposition von Ministern, Parteiführern (konservativen ebenso wie liberalen), Subversiven und Dissidenten (ultramontanen und sozialistischen), Königen und Kaisern, deren Gattinnen und Höfe eingeschlossen. Dieser Staatsmann war in einer gefahrvollen Zeit ohne Erklärung ungnädig entlassen worden, das Opfer einer Verschwörung hochgestellter Männer, die ihm seine Macht neideten und die eigenen Karrieren befördern wollten. Zwischen diesen Anklagen standen allgemeine Beobachtungen über die Natur des politischen Lebens, die Regeln außenpolitischen Handelns im europäischen Gleichgewichtssystem und den Wert einer konstitutionellen Monarchie (im Gegensatz zu Wilhelms II. «persönlichem Regiment») als einer Barriere gegen Revolution und Massendiktatur. Die Gedanken stehen in Bismarcks Denkwürdigkeiten den Erinnerungen voran.[22]

Gedanken und Erinnerungen schuf die Bismarcklegende freilich nicht allein. Schon lange vor der Entlassung des Fürsten hatten Hagiographen begonnen, seine Person und sein Wirken zu preisen, etliche von ihnen konnten ihren Helden sogar zur Mitwirkung dabei gewinnen. Auch Historiker und Herausgeber von Dokumenten taten das Ihre. Heinrich Ritter von Poschinger, Vortragender Rat im Innenministerium, veröffentlichte während der Jahre 1882–1911 nicht weniger als sechsundneunzig Bände in siebzig Publikationen. Unter diesen waren vielbändige Sammlungen von Dokumenten, Interviews und gesprächsweisen Äußerungen Bismarcks über diplomatische, wirtschaftliche und politische Fragen, die trotz der vielen «Berichtigungen», denen das Material in Friedrichsruh unterworfen wurde, für den Historiker noch heute unentbehrlich sind. Nicht weniger fleißig und zuverlässiger als Poschinger arbeitete Horst Kohl, der vierzehn

Bände mit Bismarcks Parlamentsreden herausgab (1892–1905), eine Tageschronik seines Lebens bis zum Jahre 1890, ein Bismarck-Jahrbuch, in dem Dokumente, Artikel und Gedichte über Bismarck erschienen, eine zweibändige Ausgabe des Briefwechsels zwischen Bismarck und Wilhelm I. sowie einigen anderen Korrespondenten, einen Band mit Briefen Bismarcks an Johanna aus der Brautzeit und den Ehejahren sowie verschiedene andere Werke.

Keiner dieser unermüdlichen Arbeiter entging gelegentlichem Tadel aus Friedrichsruh, wenn er seine Grenzen verkannte oder seine Arbeiten allzu eng mit den Bismarcks in Verbindung zu bringen suchte. Unmut blieb auch Moritz Busch nicht erspart, der seine ein gutes Vierteljahrhundert bestehende privilegierte Beziehung zu Bismarck ausbeutete, indem er das Tagebuch seiner Gespräche mit dem großen Mann veröffentlichte, zuerst in England, dann in Deutschland.[23] Auch Hermann Hofmann schlug Kapital aus seiner Bekanntschaft mit dem Heros; er brachte einen Bericht über seine Beziehungen zu Bismarck und einen unautorisierten Nachdruck der Artikel, die Bismarck angeblich für die *Hamburger Nachrichten* geschrieben hatte oder hatte schreiben lassen, auf den Markt. Viele andere Persönlichkeiten von höherem Rang, die Bismarck unter verschiedenen Umständen gekannt hatten – ehemalige Minister, Diplomaten und Beamte (oder deren Erben) –, veröffentlichten ebenfalls Erinnerungen an ihn. Unter diesen waren Lucius, Tiedemann, Scholz, Brauer, Roon, Waldersee, Schweinitz und Hohenlohe. Oft bedienten sie sich schon im Titel ihrer Bücher seines Namens, aber selbst wenn sie das nicht taten, waren doch seine Worte und Werke in ihren Texten allgegenwärtig.

Bismarcks Versuch, selbst das Bild von sich zu gestalten, das vor dem deutschen Volk und der Welt Bestand haben sollte, kann als ein Akt des Größenwahns, als Wunsch, den eigenen Platz in der Geschichte festzuschreiben, gedeutet werden. Zum Teil erklärt sich dieser Versuch gewiß aus seinem verletzten Narzißmus, aus seinem Groll über die Umstände seiner Entlassung aus dem Amt, über die «Undankbarkeit» Wilhelms II. und die Illoyalität der Minister und Beamten, die dem Kanzler im kritischen Moment die Unterstützung versagt hatten. Und doch täte man Bismarck unrecht, wenn man ihm unterstellte, daß er nur einer manischen Ruhmsucht gehorcht hätte und allein vom Streben nach historischer Unsterblichkeit beherrscht gewesen sei. Er war kein Demagoge, der Massendemonstrationen inszeniert, begünstigt oder auch nur ermuntert hätte, um seiner persönlichen Eitelkeit zu schmeicheln. Er hatte bescheidenere Ziele. Er wollte sich im politischen Prozeß behaupten, er gehorchte dem Drang nach Herrschaft und Kontrolle, der sein ganzes Leben bestimmt hatte. Und dieser Drang hatte einen rationalen Zweck: die Konsolidierung, Befestigung und Zukunftssicherung der sozialen und politischen Ordnung, der er gedient hatte. Es spricht sogar viel dafür, daß er über die geistige Unreife, ja vielleicht sogar über die psychische Stabilität des jungen Mannes auf dem Kaiserthron ernsthaft besorgt war.[24] Der Kommandogewalt über den politischen Apparat beraubt, setzte Bismarck seinen Kampf gegen eine Innen- und Außenpolitik, die er mißbilligte, mit den ihm nun

Dichtung und Wahrheit – Bismarck in Photographie und Malerei. Das Photo wurde am 2. Februar 1896 in Friedrichsruh aufgenommen, das unvollendete Gemälde von der Hand Franz von Lenbachs stammt aus demselben Jahr. Ersteres zeigt einen leidenden alten Mann mit gebrochenem Blick, letzteres einen Staatsmann, dessen erhobene Augen ahnungsvoll in die Zukunft sehen.

allein noch zur Verfügung stehenden Mitteln in Zeitungsartikeln, öffentlichen Reden und seinen Memoiren fort.

Der bedeutsamste Aspekt des in den neunziger Jahren entstehenden Bismarckkults ist jedoch nicht Bismarcks eigene Motivation, sondern die der Massen, die sich an dieser Vergötterung beteiligten. Das Bild des «Eisernen Kanzlers», das sie bewegte, war letztlich nicht Bismarcks eigene Schöpfung. Die Massen trieb das romantische Bedürfnis nach einem Nationalhelden, einem befreienden Mythos nach dem Muster Friedrich Barbarossas und Friedrichs des Großen, fähig, sie über die prosaische Routine ihres Alltags zu erheben und die Unsicherheiten einer sich rapide verändernden Wirtschaft und Gesellschaft mit einem Schlag aufzulösen. In Bismarck fanden sie den lebendigen Beweis dafür, daß der «deutsche Geist» sich immer noch zu wahrer Größe zu erheben vermochte. So brauchten sie nicht länger in der mythischen Vergangenheit zu suchen, ja nicht einmal bis ins 12. oder 18. Jahrhundert zurückzugehen, um ihren Helden zu finden. Der mächtige Kanzler, der Deutschland in drei überwältigend erfolgreichen Kriegen (bei denen die Errungenschaften der Diplomatie die Leistungen der Waffen noch überstrahlt hatten) geeinigt und danach fast zwei Jahrzehnte lang die deutsche und europäische Politik beherrscht hatte, war noch unter den Lebenden, ein Mann von Fleisch und Blut, den man noch sehen und dem man noch zujubeln konnte, ein Mann, dessen Meinungen zu aktuellen Fragen man noch in der Zeitung lesen konnte.

Das Bedürfnis, der Legende zu glauben und die mythische Gestalt zu verehren, wuchs um so mehr, als die Zeitungsleser ihre Illusionen über den regierenden Monarchen bald verlieren sollten, denn dessen Posen und prahlerische Reden konnten auf die Dauer nicht darüber hinwegtäuschen, daß er neben dem Giganten, den er aus dem Amt gejagt hatte, als ein Pygmäe dastand, als ein Mann leerer Worte neben einem Mann großer Taten, als ein Mann, der mit den Ansprüchen, die er für seinen Großvater («Wilhelm den Großen», wie er ihn genannt wissen wollte) und sich selbst (in der Rolle Friedrichs des Großen) reklamierte, nur verriet, daß er von der Rolle der Monarchie im modernen Zeitalter keinen Begriff hatte.[25] Je mehr Wilhelm II. sich abmühte, sein eigenes Ansehen und das seiner Dynastie ins Monumentale zu steigern, desto größer wurde Bismarck. Was Bismarck in den neunziger Jahren zu politischen Zwecken förderte, ging weit über seine Absichten hinaus. Es fand ein Echo bei Millionen und hallte noch nach, als er längst tot und begraben war.

Die Uhr läuft ab

Die Feier seines achtzigsten Geburtstages war der letzte Höhepunkt im Leben Bismarcks. Schon an diesem Tag war in seinem Hause offenbar, daß die ihm noch verbleibende Zeit bald abgelaufen sein würde. Im Frühjahr 1894 begann Johanna zu kränkeln. Konsequent bis zuletzt, wollte sie mit der «Versöhnung», zu der es in diesem Jahr kam, nichts zu tun haben. Ihr Zorn auf den Kaiser, Boetticher und alle anderen, die ihr Mann und ihr ältester Sohn für schuldig an der Entlassung hielten, dauerte unvermindert an. Das Wohlergehen «Papachens», Herberts, Bills und Maries blieb ihre einzige Sorge, während sie ihre eigenen Schmerzen und Leiden zu verbergen trachtete. Im Juli begab sich der Haushalt auf die jährliche Reise von Friedrichsruh nach Schönhausen und Varzin. Eine halbe Stunde vor der Ankunft der Bismarcks auf dem pommerschen Gut stürzte in dessen Park eine alte Kastanie um. Nachdem der Fürst den Baum besichtigt hatte, sagte er: «Das ist ein böses Omen; wir werden wohl nicht alle, die wir gestern herkamen, Varzin lebendig wieder verlassen.»

Anfang Oktober starb Johannas Gesellschaftsdame und enge Freundin, «Tantchen» Reckow, und Johanna sollte ihr bald folgen. Schweninger hatte Wassersucht diagnostiziert, und die Krankheit ließ sie immer schwächer werden. Am frühen Morgen des 27. November 1894 gab sie die täglichen Anweisungen zur Besorgung des Haushalts, dann dämmerte sie in den Armen ihrer Tochter aus dem Leben. Auf Schweningers Anordnung wurde Bismarck nicht geweckt. Gegen neun Uhr vormittags schlurfte er in Schlafanzug und Pantoffeln in ihr Schlafzimmer und fand sie tot. Der eiserne Kanzler weinte untröstlich. Die Zukunft sei nun leer für ihn, schrieb er wenig später. «Das Leben ist ein dauernder Verbrennungsprozeß, und mein Material zur Unterhaltung der Flamme ist bald aufgebraucht.»[26]

Er hätte es vorgezogen, den Rest seiner Tage in Varzin zu verbringen, sagte er, wo Johannas Zinksarg, von Kränzen umgeben, in einem kleinen Gartenhaus darauf wartete, daß er folgte. Doch Schweninger überredete ihn, den harten pommerschen Winter zu meiden. Henckel von Donnersmarck bot dem Fürsten sein Berliner Stadtpalais als Unterkunft an, was in der Wilhelmstraße neue Besorgnis verursachte. Doch der Kaiser wußte dem vorzubeugen, indem er gegenüber Bill darauf bestand, daß Bismarck, wenn er nach Berlin käme, Gast im königlichen Schloß sein müsse. Bismarck verstand das wohl richtig nicht als Einladung, sondern als Einschüchterungsversuch. Er wollte nicht als «Gefangener» von jedem Lakaien bespitzelt werden. Und so verbrachte Bismarck die Monate, während derer die Nation seinen achtzigsten Geburtstag feierte, in Friedrichsruh.[27]

Wilhelms Verhältnis zu dem «Alten» im Sachsenwald war noch immer beunruhigend ambivalent. Er hatte inzwischen gelernt, daß er ihn nicht ungestraft mißachten durfte und daß es sich auszahlte, Freundschaft und Verehrung für ihn zu bekunden. Und dennoch quälte den Kaiser und dessen Anhang die Vorstellung, daß Friedrichsruh in Deutschland und der Welt als eine zweite Hauptstadt des Deutschen Reichs gelten würde, solange Bismarck lebte. Was von dort an Informationen für die «Bismarck-Presse», an Reden vor Besuchern, an Interviews mit Journalisten verlautete, interessierte die Welt kaum weniger als die offiziellen Bekanntmachungen aus dem Schloß und von der Regierung in Berlin.

Im Juni 1894 beschloß Wilhelm II., verärgert über Bismarcks Angriffe auf Boetticher und seine Behauptung, an der Planung des Kieler Kanals beteiligt gewesen zu sein, dem Fürsten eine Warnung zukommen zu lassen. Als seinen Boten wählte er niemand anderen als Bill, den er erst kürzlich zum Oberpräsidenten der Provinz Ostpreußen befördert hatte. Der vom amtierenden Reichskanzler Hohenlohe instruierte Bill traf in Friedrichsruh mit dem Rat ein, Bismarck möge doch von neuen Angriffen gegen die Regierung absehen, um weitere Friktionen mit dem Kaiser zu vermeiden. Der Fürst war über diese «unkeusche» Zumutung «erst erstaunt, dann amüsiert» und erklärte: «Die Leute kennen mich doch schlecht: auf solche Ansinnen würde ich immer nur antworten wie Götz von Berlichingen.» Der Kaiser rächte sich, indem er bei den Feierlichkeiten zur Eröffnung des Nordostseekanals im Juni jede Erwähnung Bismarcks vermied. Im allgemeinen verfolgte er jedoch die Taktik, den Anschein vollkommener Harmonie zu wahren, indem er einen unversieglichen Strom von Grußbotschaften zu besonderen Gelegenheiten (Geburtstage, Weihnachten, Neujahr, Sedantag), anteilnehmenden Telegrammen, Geschenken und Ordensverleihungen (Pour le Mérite und neuer Wilhelms-Orden) nach Friedrichsruh fließen ließ und ihn zu festlichen Anlässen einlud, an denen freilich der Geladene schon aus Gesundheitsrücksichten nie teilnehmen konnte (so war es bei der Eröffnung des Nordostseekanals, der Grundsteinlegung des Berliner Nationaldenkmals für Wilhelm I., den Feiern des Sieges bei Sedan und des Frankfurter Friedens, den Herbstmanövern und dem Stapellauf des Schlachtschiffs *Bismarck*). Unter den Geschenken, die Wilhelm II. dem Fürsten sandte, waren auch Bilder der neuen Schiffe der deutschen Kriegsmarine, an die vierzig insgesamt.

Auf einer Rückreise von Kiel nach Berlin entschloß sich der Kaiser überraschend zu einem kurzen Besuch in Friedrichsruh am 16. Dezember 1895, bei welchem er dem Fürsten ein weiteres Marinebilderbuch überreichte. Wie bei früheren Gelegenheiten vermied er politische Themen, doch Bismarck versäumte nicht, ihm einen politischen Rat zu geben. Nach dem Diner im Rauchsalon reminiszierte er über Napoleon III., der ihn im Jahre 1856 einmal gefragt habe, «ob er absolut oder konstitutionell regieren solle». Er habe ihm gesagt, das Experiment, absolut zu herrschen, könne er sich wohl erlauben, solange er seine fünfzigtausend Mann Garde habe. «Aber es wäre doch gut, wenn er einen Wall von Ministern um sich hätte, um den ersten Stoß aufzufangen. Sonst würde das Volk ihn für jedes schlechte Wetter verantwortlich machen, *c'est l'art de règner*.»[28]

Der Kaiser war nicht nur in Friedrichsruh, um dem Fürsten Flottenillustrationen zu übergeben. In den letzten Monaten des Jahres 1895 hatte Wilhelms Verhältnis zum preußischen Staatsministerium einen neuen Siedepunkt erreicht. Erst vor einem Jahr hatte Hohenlohe Caprivi als Reichskanzler und Botho zu Eulenburg als preußischen Ministerpräsidenten abgelöst. Unter Hohenlohes schwacher Führung trug die neuerliche Personalunion der Ämter wenig zur Beendigung der anarchischen Zustände in der Regierung bei. Überdies machte der Kaiser, seiner selbstherrlichen Ambitionen ungeachtet, keineswegs einen kontrollierenden Einfluß geltend. Sein zögerndes Schwanken, seine durchgehende Taktlosigkeit und seine autokratischen Interventionen sowohl in innen- als auch in außenpolitischen Angelegenheiten ließen vielmehr viele (darunter Holstein) an der geistigen Gesundheit des Monarchen zweifeln. Im Herbst 1895 forderte das gesamte Staatsministerium geschlossen den Rücktritt des Innenministers Ernst von Köller, der durch Indiskretionen über die Ministerialsitzungen ihr Vertrauen verloren hatte. Der Kaiser, der Köller schätzte, war entrüstet über diesen Eingriff des Staatsministeriums in die königliche Prärogative, Minister zu ernennen und zu entlassen. Mit dem Besuch in Friedrichsruh, über den er Hohenlohe vorher nicht unterrichtet hatte, und der Absicht, unter Umständen Bill zu Köllers Nachfolger zu ernennen, machte der Kaiser seinem Ärger Luft.[29]

Denn eine Methode, das Staatsministerium zu disziplinieren, hatte er ironischerweise mit der Androhung einer Restauration der Bismarcks. Zu diesem Zweck war er freilich genötigt, wieder und wieder zu demonstrieren, daß er sich mit dem Manne, der zuerst versucht hatte, seine Autorität über preußische Minister und Reichsbeamte einzuschränken, inzwischen ausgezeichnet vertrug. Also flossen weiterhin Gaben und Anerkennungsbeweise aller Art aus dem Berliner Schloß nach Friedrichsruh. Im Sommer 1896 erbot er sich, die Patenschaft für Bills Sohn Nikolaus zu übernehmen, Bismarcks ersten Enkel in der männlichen Linie, und als er kurz darauf erfuhr, daß Bismarck ernstlich erkrankt sei, ließ er Bill kommen, um ihn seiner Anteilnahme zu versichern. Bismarck erwiderte auf alle diese Gnadenerweise in der blumigen Sprache, die das Protokoll dem mit seinem Souverän verkehrenden Untertanen vorschrieb.[30] Doch Wilhelm II. sollte erfahren, daß er diese Ergebenheitsbezeugungen nicht für bare Münze nehmen durfte, als am 24. Oktober 1896 die *Hamburger Nachrichten* die Vereinbarungen des Rückversicherungsvertrages veröffentlichten und ihre Leser wissen ließen, daß Caprivi 1890 dem Wunsch der russischen Regierung nach dessen Verlängerung nicht entsprochen hatte.

In der Wilhelmstraße verursachte diese unerklärliche Enthüllung zunächst Ratlosigkeit. Man fand keinen unmittelbaren Anlaß, und Bismarck scheint durch das Aufsehen, das sie in der Presse erregte, selbst überrascht worden zu sein. Das Auswärtige Amt schritt zur Schadensbegrenzung in Wien und St. Petersburg. Wilhelm verlangte wütend, man solle gegen die *Hamburger Nachrichten* «mit allen gesetzlichen Mitteln» einschreiten. Doch kühlere Köpfe setzten sich durch, und die Regierung beschränkte sich darauf, Presse und Reichstag zu mobilisieren. So mußte sich Herbert im Reichstag Debatten anhören, bei denen das Zentrum und die Linksliberalen das Vorgehen seines Vaters verurteilten, während die Kartellparteien und die Antisemiten es verteidigten, hauptsächlich mit der Begründung, daß ein Bismarck nichts Unrechtes getan haben könne. Hohenlohe und Holstein nahmen mit Besorgnis zur Kenntnis, daß der Bismarckkult inzwischen solche Ausmaße angenommen hatte, daß die Regierung bei solchen Verbündeten Unterstützung suchen mußte. Im November wurde der Bienenstock abermals aufgestört, als eine Zeitung meldete, daß der Zar während seines Besuchs in Deutschland im September auch Friedrichsruh habe besuchen wollen, was jedoch von hoher Stelle vereitelt worden sei.[31]

Um Bismarcks Einfluß zu schwächen, galt es, dessen Errungenschaften zu verkleinern und diejenigen Wilhelms zu vergrößern. Im Entwurf der in den Sockel des Berliner Nationaldenkmals einzulegenden Urkunde strich Wilhelm II. eine Erwähnung des «großen Kanzlers» und ersetzte dessen «unvergleichliche Tatkraft» durch «tatkräftige Unterstützung».[32] Im Februar 1897 wählte Wilhelm II. ein weiteres Mal den brandenburgischen Provinziallandtag zur Szene einer seiner programmatischen Reden. Der erste große Kaiser des neuen deutschen Reichs wäre im Mittelalter heiliggesprochen worden, verkündete Wilhelm, und «Pilgerzüge aus allen Ländern wären hingezogen, um an seinen Gebeinen Gebete zu verrichten». Der bevorstehende Kampf gegen die Partei des Umsturzes, die es wage, die Grundlagen des Staates anzugreifen, sei nur siegreich zu bestehen, «wenn wir uns immerdar des Mannes erinnern, dem wir unser Vaterland, das Deutsche Reich, verdanken», und «in dessen Nähe durch Gottes Fügung so mancher brave, tüchtige Ratgeber war, der die Ehre hatte, Seine Gedanken ausführen zu dürfen». Letzlich seien diese aber bloße «Handlanger und Pygmäen» gewesen (In der Druckfassung sprach er taktvollerweise von «Werkzeugen seines erhabenen Willens»). Die öffentliche Reaktion auf diesen Versuch, die jüngste Geschichte umzuschreiben, war so gewaltig, daß Bismarck die *Hamburger Nachrichten* anweisen konnte, sich einen Kommentar dazu zu sparen.

Wilhelm II. konnte nicht verstehen, daß das deutsche Volk lieber von einem Minister regiert werden wollte als von einem geborenen und zu seiner Herrschaft «durch Gottes Gnaden» berufenen Herrscher.[33] Aber unverkennbar hatte der Bismarckkult im Volke mehr Anhänger als der des Hauses Hohenzollern. Während der Feierlichkeiten vom 21. bis 23. März 1897 anläßlich des 100. Geburtstages Wilhelms I. vermied Wilhelm II. jede Erwähnung Bismarcks. Als das Kaiser Wilhelm-Nationaldenkmal vor dem Berliner Schloß enthüllt wurde, sah das Publikum ein Reiterstandbild, eingerahmt nicht von Ministern und Generälen, sondern von Engeln, Löwen, Flaggen, Kanonen und dergleichen. Am 1. April versäumte der Kaiser es, in Friedrichsruh zum Geburtstag zu gratulieren. Doch es trafen Tausende von Telegrammen und Briefen und viele Geschenke dort ein. Unter den vielen Gästen, die in jenen Tagen dort vorsprachen, waren der Vizekönig von China, der König von Siam, zwei deutsche Großherzöge, die Söhne des Prinzen Albrecht von Hohenzollern und viele ehemalige Minister, Generäle und hohe Beamte.[34]

Die Uhr bleibt stehen

Trotz solcher belebenden Episoden hatten Bismarcks Gesundheit und Kampflust seit dem Tode Johannas im November 1894 sichtlich abgenommen. Der Sturz von Caprivi, Boetticher und Marschall hatte ihn seiner bevorzugten Zielscheibe beraubt. Der neue Kanzler, Hohenlohe, war schließlich ein alter Gefährte, der überdies zweimal nach Friedrichsruh pilgerte, um seinen alten Chef zu besuchen.[35] Schweninger berichtet, daß sein Patient nun laufend Schmerzen hatte und gewöhnlich auf einen Rollstuhl angewiesen war. Der Strom der Besucher und Delegationen mußte eingedämmt werden. Im Dezember 1897 nutzte Prinz Heinrich die wenigen Tage, die ihm bis zur Abfahrt des Ostasiengeschwaders nach Kiautschou noch verblieben, zu einem Besuch in Friedrichsruh und meldete seinem Bruder, «daß es dort zu Ende gehe». Das bewog den Kaiser, der Öffentlichkeit abermals zu demonstrieren, welche Verehrung er für den Mann empfand, den er inzwischen in Wirklichkeit haßte. Seiner näheren Umgebung erklärte er, daß er persönlich nachsehen wolle, «wie weit der Altersbrand beim Fürsten fortgeschritten und wann dessen Tod zu erwarten ist». Auch diesmal willigte Bismarck ein, den Kaiser zu empfangen, sehr zu Herberts Verärgerung. Am 15. Dezember verbrachten der Kaiser und sein Gefolge ein und eine Viertelstunde in Friedrichsruh, gerade Zeit genug für ein Diner. Bei Tisch suchte Bismarck die politische Unterhaltung, doch der Kaiser wich stets aus «und fing keinen der Bälle auf, die ihm der greise Fürst in fast graziöser Weise hinwarf». Statt dessen erzählte er Anekdötchen und alte Kasernenhofwitze. Im März, am sechzigsten Jahrestag von Bismarcks Offizierspatent, erbot er sich, die militärische Charade von 1895 zu wiederholen und die Wiese in Friedrichsruh erneut mit Offizieren und Garderegimentern zu füllen, doch ließ man ihn wissen, daß Bismarcks Gesundheit der Anstrengung nicht gewachsen sein würde. Im Gespräch mit seinen Vertrauten bezeichnete Bismarck den Kaiser als «dummen Jungen».[36]

Seit Johannas Tod war dem Bismarckschen Hause der ruhende Pol verloren gegangen. Dienstboten, Haushälterinnen, Familienangehörige stritten miteinander, und es herrschte Unordnung. Bismarck litt unter diesem Chaos, doch wußte er auch Nutzen daraus zu ziehen. Ende 1896 diagnostizierte Schweninger Brand im linken Fuß, doch gelang es ihm, die Ausbreitung der Erkrankung zu verhindern. Obwohl er deswegen fast ständig Schmerzen litt, die oft mit Morphium betäubt werden mußten, weigerte sich Bismarck, seinen Zustand ernstzunehmen. Seine Dienstboten verschafften ihm die Speisen und Getränke, nach denen es ihn gelüstete, und er weigerte sich, die verschriebenen Massagen und Fußbäder zu nehmen. Die Anordnung des Arztes, trotz der Schmerzen aufzustehen und zu gehen, befolgte er nicht. Nur Schweninger persönlich konnte die Ausführung seiner Anordnungen bei ihm durchsetzen, und der Arzt konnte nicht ständig um ihn sein. Zorn und Aufsässigkeit wechselten mit Resignation und Niedergeschlagenheit. Bismarck war ein von Schmerzen gequälter einsamer Mann, müde vom Leben, mehr den Ereignissen seiner Jugend nachsinnend als an aktuellen Ereignissen interessiert. Dennoch verfolgte er die Nachrichten über die Dreyfusaffäre in Frankreich. Emile Zolas *J'accuse* lenkte seine Aufmerksamkeit auf dessen Romane, deren Beschreibungen er zu umständlich und weitschweifig fand.

Im Frühjahr 1898 gelangen ihm einige Ausfahrten zur Betrachtung seiner geliebten Bäume und zur Inspektion der Roggenfelder. Doch schon zu Beginn des Sommers mußte er sich mit Aufenthalten im Rollstuhl im Park begnügen. Endlich, im Juli, konnte er das Haus und sein Schlafzimmer nicht mehr verlassen, vom Fieber geplagt, an Atemnot leidend und oft in todähnlichen Schlaf versinkend. Grausame Schmerzen entrangen ihm Schreie und Tränen, er bat um einen Revolver. Am 28. Juli schaffte es Schweninger, ihn auf die Füße und, durch ein Glas Champagner gestärkt, an den Eßtisch zu bringen, wo seine Familie zum letzten Mal einen Abend wie in der guten alten Zeit genoß, denn Bismarcks Konversation versprühte fast soviel Geist und Witz wie früher. Nach dem Essen begab er sich auf seinen Stammplatz, las die Zeitungen, rauchte drei Pfeifen und beteiligte sich weiterhin lebhaft an der Unterhaltung.

Während der nächsten achtundvierzig Stunden verschlechterte sich sein Zustand rapide. Ein Lungenödem ließ ihn nach Atem ringen. Er begann zu fiebern, verlor zeitweilig das Bewußtsein und war oft auch im wachen Zustand augenscheinlich nicht ganz bei sich. Am 30. Juli legte ihm Rudolf Chrysander, sein Hausarzt und Sekretär, heiße Schwämme auf den Oberkörper und injizierte Morphium gegen die Schmerzen. Schweninger, der am 28. zuversichtlich nach Berlin abgereist war, wurde zurückgerufen und fand, daß er nichts tun konnte, als dem Patienten seine Lage erträglicher zu machen. Kurz vor Mitternacht an diesem 30. Juli tat Bismarck, im vierundachtzigsten Jahr seines Lebens, den letzten Atemzug.[37]

Zwei Jahre vor seinem Tod hatte Bismarck seine Vorbereitungen getroffen. Vor allem wollte er den Kaiser und jeden anderen daran hindern, sein Begräbnis als Spektakel zu inszenieren. Sein Mißtrauen war nicht unbegründet. Während seiner sommerlichen Kreuzfahrt in norwegischen Gewässern hatte Wilhelm II., der Herbert und Schweninger verdächtigte, ihm den Ernst der Lage in Friedrichsruh zu verschleiern, schon angefangen, sich Gedanken über die Trauerfeierlichkeiten zu machen. Als ihn am 31. Juli in Bergen eine Depesche von Bismarcks Tod unterrichtete, ließ er sofort alle Flaggen auf Halbmast setzen, nahm Kurs nach Süden und richtete ein Beileidstelegramm an Herbert, in dem er ankündigte, daß er «Deutschlands großem Sohne ... in Berlin im Dom an der Seite Meiner Vorfahren die letzte Stätte bereiten» werde. Die größten Kunstkoryphäen Berlins sollten den Sarkophag gestalten, und das Begräbnis solle ein denkwürdiges Ereignis werden.

Als er am 2. August in Friedrichsruh eintraf, umarmte Wilhelm II. Herbert, küßte ihn auf beide Wangen und schilderte dann mit «hastigen, sich überstürzenden Worten» seine Pläne und Absichten. Herbert jedoch verwies kühl auf das Testament des Verstorbenen: kein Postmortem, keine Totenmaske, keine Zeichnungen, keine Fotografien, Beisetzung an einer Stelle, die er an dem Hügel über dem Gutshaus selbst bestimmt hatte. Der massive dunkle Eichensarg war für den Trauergottesdienst bereits geschlossen, der nur wenige Minuten dauerte. Eine halbe Stunde später war der Kaiser schon wieder in seinem Sonderzug auf der Rückfahrt nach Berlin. Einige Tage später fand in der Kaiser-Wilhelm-Gedächtniskirche im Beisein des Kaisers, der Kaiserin und zahlreicher Würdenträger die offizielle Trauerfeier statt. Wilhelm II. hatte die kaiserliche Loge für die Familie Bismarck reserviert. Sie blieb leer.

Der Leichenzug Johanna und Otto von Bismarcks in Friedrichsruh, 16. März 1899.
Wilhelm II. (mit Uniformmantel und Helm) geht unmittelbar hinter dem zweiten Sarg.

Die Beisetzung des Sargs an der von Bismarck bezeichneten Stelle in Friedrichsruh fand erst am 16. März 1899, nur zwei Tage vor dem neunten Jahrestag der Entlassung Bismarcks, statt. An jenem Tage folgte der Kaiser den Särgen Ottos und Johannas von Bismarck in einer kurzen Prozession, die vom Gutshaus durch das Tor in der roten Ziegelmauer über die Eisenbahngeleise hügelan zu einer neu im romanischen Stil errichteten kleinen Grabkapelle führte. Auf dem einfachen Sarkophag des Fürsten war die von ihm selbst bestimmte Grabschrift eingemeißelt: «Ein treuer deutscher Diener des Kaisers Wilhelm I.»[38] Aus dem Grabe hatte in seinem Streit mit Wilhelm II. Bismarck das letzte Wort.

Schlußbetrachtung

> Persönliche Macht, auch die bestinspirierte, ist eine unberechenbare Größe. Jede Wohltat, die von ihr ausgeht, ist eine Medaille, die auf der Rückseite die Möglichkeit des Gegenteils trägt.
>
> *Ludwig Bamberger, 1891*[1]

Der größte Teil des von Bismarck Geschaffenen verschwand innerhalb von fünfzig Jahren nach seinem Tod. Das von ihm geeinigte Land wurde 1945 geteilt, diesmal in zwei Staaten, die beide ihre eigene Version einer Staatsnation zu bilden suchten. Preußens östliche Provinzen, deren möglicher Verlust Bismarck mit so tiefer Besorgnis erfüllte, gehören jetzt zu Polen und Rußland, Preußen selbst ist wie Karthago von den Landkarten verschwunden. Das Habsburgerreich, dessen Bewahrung ihm für die Sicherheit Deutschlands eine wesentliche Voraussetzung zu sein schien, ist nicht mehr, und auch das russische Zarenreich gehört längst der Vergangenheit an. Die von Bismarck für das vereinigte Deutschland entworfene Verfassung zerfiel unter den Schlägen des Ersten Weltkriegs – sie wich 1917 der Hindenburg-Ludendorff-Diktatur, wurde dann 1918 hastig für eine parlamentarische Demokratie zurechtgestutzt und endlich 1919 durch die Weimarer Verfassung ersetzt. Die monarchische Staatsordnung, die ihm zur Erhaltung der inneren Stabilität der drei großen Reiche Mittel- und Osteuropas unabdingbar zu sein schien, ist ebenso abgeschafft wie adeliger Großgrundbesitz, der das ökonomische und soziale Rückgrat dieser Ordnung bildete. Manche Angehörigen des alten Adels (unter diesen auch Bismarcks Urenkel in Friedrichsruh) haben in der Bundesrepublik Landbesitz und sozialen Status bewahrt, und viele andere nehmen in den akademischen Berufen und im Wirtschaftsleben Stellungen ein, die ihnen den Verbleib in der Oberschicht der Gesellschaft sichern. Doch die Traditionen, die ihnen kraft ihres Standes privilegierte Positionen in der Staatsverwaltung und bei den Streitkräften sicherten, sind wie die Gesellschaft, die sie schuf und bewahrte, nur mehr Gegenstand historischen Interesses. Bismarck würde im heutigen Deutschland nicht mehr viel Vertrautes finden – mit einer Ausnahme: Das Sozialversicherungssystem, dessen Ausbildung er anregte, ist, wenn auch stark modifiziert, noch heute in Funktion und in der westlichen Welt weithin nachgeahmt worden. Er selbst allerdings scheint ironischerweise gerade auf diese Errungenschaft, die den ihr zugedachten unmittelbaren Zweck verfehlte, nicht viel gegeben zu haben. In seinen Memoiren erwähnt er sie mit keiner Zeile.

Hat Bismarck selbst zur Zerstörung dessen, was er schuf, die Vorarbeit geleistet? Das ist die kritische und unausweichliche Frage, der sich jeder Historiker des modernen Deutschland stellen muß.

Ein «weißer Revolutionär»?

Es sollte inzwischen offenkundig sein, daß es – fundamental – der sich beschleunigende Prozeß wirtschaftlichen und sozialen Wandels in der modernen Welt gewesen ist, der Bismarcks System zum Untergang verurteilte. Im Rückblick ist es unvorstellbar, daß die in Deutschland am Ende des 19. Jahrhunderts bestehende soziale und politische Ordnung sich im 20. Jahrhundert noch lange hätte halten können, selbst wenn es nicht zu den Katastrophen der beiden Weltkriege gekommen wäre. Denn wie sehr sie auch den Prozeß des Wandels beschleunigt haben, die Kriege haben ihn nicht hervorgebracht. Keinem seiner Zeitgenossen waren die Kräfte, die seine Welt zu verwandeln begannen, bewußter als Bismarck, und niemand sah deutlicher als er die möglichen Konsequenzen für die Gesellschaft, in die er hineingeboren war, voraus. Wie Franklin Delano Roosevelt, der amerikanische Präsident, mit dem er am ehesten vergleichbar ist, suchte er das System zu modifizieren, um es zu retten.

Die deutsche Geschichte des 19. Jahrhunderts ist oft als die Geschichte der enttäuschten Freiheit geschrieben worden. Wiederholt – 1819, 1848, 1866 – gelangte sie an Wendepunkte, ohne die Wende zu vollbringen. Der autoritäre Staat überlebte, wo er sein Leben aushauchen sollte. Das Interesse der Historiker an den sozialen, politischen und ideologischen Schwächen des deutschen Liberalismus hat eine andere Geschichte von gleicher, ja vielleicht größerer Wichtigkeit überlagert – die Geschichte des in seiner Ideologie und in seinen Institutionen sehr vitalen deutschen Konservatismus. Der Kern des preußischen Establishments wußte seinen Fortbestand lange über die Zeit hinaus zu sichern, da es nach allen Gesetzen des dialektischen Materialismus hätte zugrunde gehen müssen.

Diesen Fortbestand eines eigentlich zum Untergang verurteilten Systems hat man gern der Bismarckschen «weißen Revolution» oder «Revolution von oben» zugeschrieben.[2] Der Begriff impliziert die Einzigartigkeit der Bismarckschen Revolution. Aber war sie wirklich einzigartig? Um Bismarck und seine Bedeutung zu verstehen, muß man sein Wirken in historischer Perspektive würdigen und weit hinter seine Zeit zurückblicken. Seit dem 17. Jahrhundert war in Preußen das wichtigste Instrument gesellschaftlichen Wandels die Hohenzollernmonarchie. Im Laufe von zwei Jahrhunderten hatte sie eine, selbst für die Begriffe der damaligen Zeit, rückständige soziale und politische Ordnung durch die Unterdrückung der feudalen Gewalten und adeligen Freiheiten in den zentralen Regierungsangelegenheiten von Grund auf verwandelt. Die Überwindung des Überholten erforderte die Schaffung des Zukünftigen. Neue militärische und administrative Institutionen wurden gebraucht, um die Zentralgewalt zu artikulieren, deren Ausbildung die Unterdrückung der Adelsherrlichkeit ermöglichte. Auf der Suche nach Einkünften zum Unterhalt der Armee entwarf die Bürokratie nicht nur neue Formen der Besteuerung, sondern übernahm auch die Leitung der Wirtschaft und damit die Verantwortung für die ökonomische Entwicklung.

Diese Revolution von oben während des Jahrhunderts von 1640 bis 1740 war im Europa des Absolutismus nicht die einzige, doch wohl die erfolgreichste, gemessen an ihrer Effizienz und Professionalität (Fälle von Korruption kamen vergleichsweise selten vor). Unter Friedrich dem Großen wurde die Revolution in den Kriegen gegen Österreich auf das Feld der Außenpolitik getragen, an ihrem Ende war Preußen zum ersten Mal eine europäische Großmacht. Schon wenige Jahrzehnte später erwies sich die soziale und politische Ordnung, auf der diese Großmachtstellung ruhte, als zu schwach, um das von Friedrich dem Großen Errungene zu bewahren. Von Napoleon geschlagen, sah sich Preußen auf den Status eines Kleinstaates reduziert und mußte 1812 den Angriff seines Eroberers auf Rußland unterstützen. Unter diesen Umständen ging die Führung aus dem Hause Hohenzollern auf die staatliche Bürokratie über; bürokratischer Absolutismus trat an die Stelle des monarchischen. Die Stein-Hardenbergschen Reformen sind als eine weitere Revolution von oben zu werten, die das preußische Establishment für einige Jahrzehnte stabilisierte. Die Aufhebung der Leibeigenschaft und die Freiheit, Rittergüter zu veräußern, die städtische und provinziale Selbstverwaltung, die Ministerialregierung und die Gewerbefreiheit sowie die Modernisierung der Armee waren die bedeutendsten Veränderungen, die von der Monarchie in dieser kritischen Zeit eingeführt wurden.

Und doch zeigte die Revolution von 1848, daß die herrschende Ordnung sich der neuen Gesellschaft gefährlich entfremdet hatte, die unter dem Einfluß des kommerziellen und industriellen Wandels entstanden war. Ein Bruch im System trat zutage, den die gegenrevolutionäre Regierung nicht ignorieren konnte. So setzte das Manteuffel-Regime eine erneute Revolution von oben in Gang, die mit einem wahrhaft kühnen Zug begann, der Einführung des Konstitutionalismus. Wie man diese Regierung beurteilt, hängt davon ab, welche Seite der Medaille gerade oben liegt: Die eine Seite zeigt sie als Unterdrückerin der Revolution von unten, und dann erscheint die Einführung des Konstitutionalismus nur als ein reaktionäres Ablenkungsmanöver in konservativer Absicht. Die andere Seite präsentiert die Einführung der Verfassung gemischter Gewalten als großen Schritt zur Modernisierung Preußens, einen Schritt, der die Berliner Regierung auf ihre künftige Führungsrolle in Deutschland vorbereitete. In vieler Hinsicht waren die Reformen der Jahre 1850–1865 – der weitere Fortschritt der Aufhebung ständischer Beschränkungen und der Erbuntertänigkeit, die Förderung freien Unternehmertums (durch Aufhebung der staatlichen Oberaufsicht über die Schwerindustrie), die wiederholten Erneuerungen des Zollvereins (ohne Österreich) und schließlich die Einführung des Freihandels im Zollverein – nur logische Folgerungen aus der Revolution von oben in den Jahren 1807–1817 und 1848–1850.

In diesem Lichte betrachtet war Bismarcks Einigung Deutschlands nur die letzte einer langen Reihe revolutionärer Maßnahmen der Hohenzollernmonarchie, ihrer Minister und Beamten, deren Anfänge damals schon mehr als zwei Jahrhunderte zurücklagen. Das preußisch-deutsche Establishment bewies in den

Stromschnellen des wirtschaftlichen, sozialen, politischen und geistigen Wandels, in die es Mitte des 19. Jahrhunderts geriet, eine bei Anlegung jedes beliebigen Vergleichsmaßstabs sehr bemerkenswerte Wendigkeit. Bismarck war nur der letzte in einer Abfolge von Herrschern und Staatsmännern, der mit Geschick und Gespür die Klippen der Intransigenz und Stagnation umschiffte, an denen der ihm anvertraute Staat hätte zerschellen können. Von Stein bis Bismarck hatten sie sich stets der Wünsche zu bedienen gewußt, die anderswo den Liberalismus an die Macht brachten. Das war der Sinn der oft zitierten Bemerkung Bismarcks zu Napoleon III.: «Revolution machen in Preußen nur die Könige.»[3]

Bismarcks Beitrag zu diesem Unternehmen war der letzte, und das aus einem sehr guten Grunde. Seine Revolution erschöpfte die Möglichkeiten des Kompromisses. Jede weitere Demokratisierung der sozialen und politischen Ordnung hätte die Macht des erweiterten preußisch-deutschen Establishments gebrochen, die noch bestehenden feudalen Institutionen und Traditionen liquidiert und möglicherweise sogar das kapitalistische System gefährdet, mit dem der Feudalismus sich in dem ernsten Spiel des Überlebens zusammengetan hatte. Das Establishment hatte keine Optionen mehr.

Die stabilisierende Wirkung dieser sukzessiven Revolutionen von oben in der preußischen Geschichte verlor mit jeder Revolution an Dauerhaftigkeit. Die von Kurfürst Friedrich Wilhelm I. (1640–1688) eingerichtete militärische, administrative und fiskalische Ordnung dauerte ein ganzes Jahrhundert über seinen Tod hinaus. Die wichtigen Veränderungen, die König Friedrich Wilhelm I. (1713–1740) an diesem System vornahm, setzten lediglich das Werk seines Großvaters fort und entsprangen mehr den Launen und Neigungen eines Herrschers als einer bedrohlichen gesellschaftlichen Krise. Die zweite Revolution unter Friedrich dem Großen (1740–1786) hatte sechzig Jahre lang Bestand, vom Dresdener Vertrag (1745) bis zu den Schlachten von Jena und Auerstedt (1806). Die Stein-Hardenbergsche Revolution (1807–1823) hielt fünfundzwanzig Jahre (bis zur Revolution von 1848) vor, die «reaktionäre» Revolution von 1848–1850 nur noch fünfzehn Jahre (bis 1866). Obwohl Bismarcks «weiße Revolution» (1866–1879) fast vier Jahrzehnte überdauerte (bis 1917), erwies sich ihre Krisenanfälligkeit doch schon nach einem Jahrzehnt.

1889–1890 war die Zeit reif für eine weitere weiße Revolution, für eine kühne, neue Initiative und Konzessionen, die das System vielleicht ein weiteres Vierteljahrhundert lang hätten stabilisieren können, vielleicht länger, eine Initiative mit dem Ziel, dem System die Fähigkeit zur evolutionären Reform ohne Revolution – ob weiß oder rot – zu geben. Bismarck sah diese Krise schon seit Beginn der achtziger Jahre kommen, am klarsten während der letzten Monate seiner Amtszeit. Aber er wußte keine Lösung außer der Gegenrevolution, dem Versuch, durch die Abschaffung des allgemeinen, gleichen und geheimen (männlichen) Wahlrechts und die Ersetzung des Reichstags durch eine korporative Volksvertretung die Uhr zurückzudrehen. Selbst seine fortschrittlichste staatsmännische Tat, die Sozialversicherungsgesetzgebung der achtziger Jahre, sollte der Vorbereitung dieses Rückzugs dienen. Von 1806 bis 1871 waren Bismarcks Vorgänger und er selbst solchen Krisen begegnet, indem sie den Gegner ausmanövriert und höheres Terrain besetzt hatten, das die Beherrschung des vorausliegenden Geländes gewährte. Doch diese Strategie war nicht länger brauchbar, weil sie nun Opfer erforderte, die weder er selbst noch seine Nachfolger bringen wollten. Bismarck blieb nichts anderes übrig, als sich hinter die Wälle des Privilegiums zurückzuziehen und sich für eine lange Belagerung zu rüsten. Diese Möglichkeit aber auch nur in Betracht zu ziehen, kam schon einem Eingeständnis der Niederlage gleich. Er hatte keine Kompromisse mehr anzubieten, das Establishment jedoch ebensowenig. Die Staatsmänner, die ihm nachfolgten, hatten keine anderen Lösungen. Tatsächlich gab es keine, die mit den Werten, Traditionen und Interessen des Establishments vereinbar gewesen wären. Der soziale und politische Selbstmord war keine Option.

Konsequenzen in der internationalen Politik

Jede Erörterung der Einwirkung Bismarcks auf die deutsche und europäische historische Entwicklung muß im Jahre 1866 ansetzen, denn die Entscheidung, einen Krieg mit Österreich herauszufordern, war zweifellos die seinige und ergab sich nicht zwingend aus irgendeiner Notwendigkeit der preußischen oder deutschen Politik. Der Kampf mit Österreich über die wirtschaftliche Vorherrschaft in Deutschland war schon 1865 entschieden, als die süddeutschen Staaten den preußischen Freihandelsvertrag mit Frankreich akzeptierten und der kleindeutsche Zollverein ohne Einschluß des Habsburgerreichs erneuert wurde. Die verschiedentlich vorgetragene Meinung, daß Bismarck eines außenpolitischen Ablenkungsmanövers bedurfte, um den preußischen Verfassungskonflikt beenden zu können, ist nicht zureichend zu begründen. Der Angriff auf Österreich war im Geiste dessen, der ihn führte, einzig aus machtpolitischen Erwägungen zu rechtfertigen. Er war überzeugt, daß Preußen im eigenen Interesse sein Gewicht im europäischen Gleichgewicht der Mächte vermehren müsse, daß es berufen sei, das nördliche und vielleicht auch das südliche Deutschland zu beherrschen, und daß die politische Lage in Europa, zumal seit dem Ende des Krimkriegs, die Verwirklichung des ersten Stadiums der ihm vorschwebenden zukünftigen Ordnung gestatte und begünstige. Die Kriege von 1866 und 1870–1871 gingen aus Bismarcks persönlicher Einschätzung der geopolitischen Stellung Preußens hervor. In den Begriffen der von Morton White beschriebenen *covering laws* war Bismarck der «abnorme Faktor», dessen Vorhandensein den Ausschlag über Krieg und Frieden gab.[4] Wäre er nicht am Ruder gewesen, hätten die Kriege gegen Österreich und Frankreich nicht zu der Zeit und auf die Weise stattgefunden, in der sie sich ereigneten. Vielleicht wäre es überhaupt nicht zu ihnen gekommen.

Das führt zu einer weiteren Frage. Was waren die Konsequenzen dieser Kriege? Die bedeutendste Folge auf dem Gebiet der internationalen Politik war zweifel-

Bismarck im Jenseits – eine deutsche Sicht: Ein germanischer Held geht in Walhall ein, wo ihn Wilhelm I. (als Wotan) und Friedrich III. (als Thor) erwarten. (*Kladderadatsch,* August 1898)

los die endgültige Zerstörung der 1815 auf dem Wiener Kongreß geschaffenen territorialen und politischen Ordnung Europas. Der Deutsche Bund wurde aufgelöst. An seine Stelle trat ein souveräner Staat, zunächst der Norddeutsche Bund, schließlich das Deutsche Reich. Österreich wurde aus Deutschland ausgestoßen, das Habsburgerreich wurde die Doppelmonarchie, die Einigung Italiens wurde weitgehend vollendet. Der Krieg von 1870–1871 brachte für Italien und für Deutschland nur zum Abschluß, was schon vier Jahre zuvor begonnen hatte. Mit dem Erwerb Venetiens und Roms durch Italien und Elsaß-Lothringens durch Deutschland trug das Prinzip der nationalen Selbstbestimmung als organisierendes Prinzip der internationalen Politik über das Prinzip des Machtgleichgewichts einen glänzenden Sieg davon. Nach 1871 gewannen die nationalen Einheits- und Unabhängigkeitsbewegungen ständig an Bedeutung. Diese Bewegungen führten schließlich zur Zerstückelung der Habsburgischen und Osmanischen Reiche.

Es muß allerdings eingeräumt werden, daß Bismarck das weder beabsichtigte, noch betrieb. Zum ethnischen oder kulturellen Nationalismus hat er sich nie bekehren lassen. Eine Nation war in seiner Vorstellung ein Staatsvolk, eine von einem Staat geformte Einheit. Dennoch bediente er sich des völkischen Nationalismus als einer moralischen Kraft zur Legitimierung und Konsolidierung des Deutschen Reichs von 1871. Wenn das Kriegsglück ihn dazu genötigt hätte, hätte er wohl auch die nationalen Bestrebungen der Slawen und Magyaren im Habs-

Bismarck im Jenseits – eine französische Sicht: Die Menschlichkeit läßt seinen Schädel in die «Ecke der Ungeheuer» werfen, wo schon die Überreste Caesars, Napoleons, Alexanders, Ignatius von Loyolas und anderer liegen. (*Le Grelot,* Paris, 7. August 1898)

burgerreich 1866 für sich eingespannt, wie er es mit jenen der Italiener tat. Doch trug er auch zum Wachstum des kulturellen Nationalismus innerhalb des Deutschen Reichs durch seine Politik gegenüber den ethnischen Minderheiten auf dessen Boden bei; seine Germanisierungspolitik gegenüber Polen, Dänen und Franzosen, die das Reich konsolidieren und dessen Grenzen gegen fremde Interventionen festigen sollte, hatte den fatalen Nebeneffekt, die Intoleranz der Deutschen gegen andere Nationen zu verstärken. Die natürliche Folge war die Ausbreitung der populären Überzeugung von der Überlegenheit der deutschen Kultur und ihrem größeren Recht, auf Kosten anderer zu existieren. Bismarck selbst hätte diese Entwicklung beklagenswert gefunden.

War die Errichtung eines geschlossenen Nationalstaates in Mitteleuropa eine Notwendigkeit für die Deutschen? Als autonomer Bewegung fehlte es dem deutschen Nationalismus vor 1870 entschieden an Vitalität. Schon seit sechzig Jahren hatten deutsche Nationalisten die erhebende Aufgabe im Blick, ein geteiltes Volk zusammenzuführen, doch nur einmal, 1848, fand das Ideal der nationalen Einheit eine hinreichend breite Unterstützung für den Versuch, es zu verwirklichen. Doch die nationale Begeisterung verflog binnen weniger Wochen. Im Mai 1849 waren nur noch wenige bereit, dafür Opfer zu bringen. Zu anderen Zeiten (1813–1815, 1840, 1859, 1867 und 1870–1871) stimulierte der externe Konflikt mit Frankreich die Lebenskraft der nationalen Bewegung. Doch nur bei der ersten und der letzten dieser Gelegenheiten kam es zu greifbaren Ergebnissen, und auch dies nur, weil der preußische Staat die Führung übernahm, dessen Minister das deutsche Nationalgefühl zu ihren eigenen politischen Zielen zu lenken wußten. Die Errungenschaften von 1864 und 1866 wurden vom preußischen Staat gegen den erbitterten Widerstand der deutschen Nationalbewegung erfochten. Die Anstrengungen des Nationalvereins, durch populäre Agitation die Ansprüche des Prinzen von Augustenburg auf Schleswig-Holstein durchzusetzen, scheiterten 1864 jämmerlich, und 1866 konnten deutsche Patrioten einen deutsch-deutschen Krieg über Fragen, von denen man anfänglich glaubte, daß sie das nationale Anliegen nicht im mindesten beträfen, nicht verhindern.

Die weitverbreitete Vorstellung des deutschen Nationalismus als eines unaufhaltsamen Stroms, der sich die Jahrzehnte hinab endlich 1871 in das ihm bestimmte Meer des Deutschen Reichs ergossen hätte, ist tatsächlich eine Fiktion nationalistischer Geschichtsschreiber, in der sich die Hoffnungen und Träume jener Advokaten der kleindeutschen Lösung spiegeln, die wie Heinrich von Sybel und Heinrich von Treitschke ihre intellektuellen Vorläufer waren. Erst als Bismarck ihn zu seinen eigenen politischen Zielen mobilisierte, entfaltete der deutsche Nationalismus die Kraft, die vielen Hindernisse zu überwinden, die ihm entgegenstanden: Tradition, dynastischer Egoismus, Staatspartikularismus, Animositäten und Vorurteile zwischen den deutschen «Stämmen», konfessionelle Gegensätze und die nicht zu unterschätzende Macht der Trägheit. Die Behauptung, daß die deutsche Einheit so oder so zu einem späteren Zeitpunkt unter anderen Bedingungen und Auspizien zustande gekommen wäre, sieht von den Tatsachen ab und ist unbeweisbar.

Es ist freilich denkbar, daß die auf den Krach von 1873 folgende Depression einen größeren Druck zur wirtschaftlichen und politischen Konsolidierung ausgeübt hätte, als der Deutsche Bund hätte bewältigen können. Ob das Ergebnis solchen Drucks ein engeres Zusammenwirken Preußens und Österreichs gewesen wäre oder Friktionen und Zerwürfnisse, wie man sie 1866 erlebte, läßt sich nicht sagen. Wir wissen auch nicht, ob solche Ergebnisse für die Stabilität des europäischen Gleichgewichts mehr oder weniger vorteilhaft gewesen wären. Alles, was man sagen kann, ist, daß Bismarcks außen- und innenpolitische Erfolge während der Jahre 1866–1871 Türen schlossen, die offen geblieben wären, wenn er nie an die Macht gekommen wäre. Ja man kann wohl sogar sagen, daß sich einige dieser Optionen, wenn er 1875 zurückgetreten wäre und (so schwer das auch vorstellbar ist) der Politik fortan entsagt hätte, von neuem angeboten hätten und vielleicht wahrgenommen worden wären. Politiker werden nur durch die Ausübung politischer Macht zu Staatsmännern. Ob die liberalen Parteiführer der späten siebziger Jahre das Zeug dazu hatten, werden wir nie erfahren, denn sie erhielten keine Gelegenheit, sich als Staatsmänner zu erweisen.

Bedacht werden sollte jedoch, daß geteilte oder unterworfene Völker selten zu nationaler Selbstbestimmung finden, ohne dafür Krieg zu führen. Großbritannien im 17. Jahrhundert, die Niederlande 1568–1648, die Vereinigten Staaten von Amerika 1775–1783 und 1861–1865, Frankreich 1792–1815, Italien 1859–1866 führten Bürgerkriege und auswärtige Kriege, die der nationalen Einigung dienten. Aus dem Ersten und dem Zweiten Weltkrieg gingen überall auf der Erde Dutzende von neuen Nationalstaaten hervor. Im Vergleich zu den meisten dieser Konflikte wurden die deutschen Kriege der Jahre 1864–1871 mit einem relativ geringen Aufwand an Gewalt und Zerstörung geführt. Was immer seine (sozialen und politischen) Motive gewesen sein mögen, war doch Bismarcks Diplomatie wohl ausschlaggebend für die Erhaltung des Friedens unter den europäischen Großmächten während der darauf folgenden zwanzig Jahre. Er überzeugte ein skeptisches Europa davon, daß er und Deutschland saturiert seien und keine weiteren expansionistischen Ziele hätten. Indem er den Ausbruch eines großen europäischen Krieges wegen der Balkanfrage bei mehreren Gelegenheiten (1875–1878, 1885–1888) verhinderte, zügelte er für einige Zeit die zerstörerischen Kräfte, die er früher freigesetzt hatte.

Innenpolitische Konsequenzen

Das wiederauflebende Interesse an der Sozialgeschichte hat in den vergangenen Jahren die Aufmerksamkeit der Forschung auf die Koalition wirtschaftlicher und sozialer Eliten gelenkt, die durch das Zolltarifgesetz von 1879 gestiftet worden sein soll. Durch die Vereinigung der Eliten des Großgrundbesitzes und des Großkapitals habe Bismarck eine «Allianz» von Interessengruppen geschmiedet, welche die Entwicklung politischer Demokratie in Deutschland nicht nur bis 1918, sondern auch darüber hinaus in der Weimarer Republik verhinderte. Auf eine solche Behauptung hat Bismarck selbst geantwortet mit seiner Metapher vom «Strom der Zeit», der außerhalb der Kontrolle des Staatsmanns liegt. Der Steuermann kann nicht mehr erhoffen, als hin und wieder für befristete Zeit einen sicheren Hafen anzulaufen. Was Bismarck 1879 tatsächlich bewirkte, war eine Beschleunigung des Rapprochements zwischen den Eliten, das seit langem im Gange war. Dennoch war ihm bewußt, daß die Basis dieses Bündnisses zu schmal und seine Kohäsion zu unzuverlässig war, als daß er sie zur Grundlage seiner Regierung hätte machen können. Er bemühte sich vergeblich um die Bildung einer größeren Kombination von Interessengruppen einschließlich der Katholiken und Arbeiter, die dem Regime einen breiten Konsens verschafft hätte. Seine diesbezüglichen Bemühungen scheiterten letztlich an seinem eigenen Temperament und an seiner taktischen Begabung, die ihn mehr zur Spaltung als zur Versöhnung befähigte. Er widersprach der Weisheit seiner eigenen Metapher, indem er wiederholt – im Kampf der siebziger Jahre gegen die Katholiken und im Kampf der achtziger Jahre gegen die Sozialdemokraten – versuchte, den Strom der Zeit umzulenken. Aber der Strom nahm seinen Lauf.

Es wird Bismarck oft vorgeworfen, das Deutsche Reich mit einem Regierungssystem ausgestattet zu haben, das ihm selbst auf den Leib geschneidert war, und so eine Verfassungsstruktur hinterlassen zu haben, die kein «gewöhnlicher Mann» (mit Caprivis Worten) kontrollieren konnte. Man hat in dem konstitutionellen Machtgleichgewicht, das er Ende des Jahres 1866 erdachte, auch einen weiteren Beweis seines genialen politischen Realismus gesehen. Tatsächlich stellten die allgemeinen Züge jener Struktur die in der deutschen Gesellschaft bestehenden Kräfte in Rechnung, auf die Rücksicht zu nehmen war, wenn die deutsche Einigung gelingen sollte. Das waren: die Regierungen der nach den Annexionen von 1866 (innerhalb und außerhalb des Norddeutschen Bundes) noch bestehenden deutschen Staaten; Preußen, dessen Armee den Krieg gegen Österreich gewonnen hatte und dessen hegemoniale Größe und Macht es zur Führung des Bundes bestimmte; die deutsche Nation, in deren Namen und zu deren Einigung der Krieg angeblich geführt worden war; und, nicht zuletzt, Bismarck selbst. Alle diese Faktoren im Rahmen eines praktikablen Regierungssystems miteinander ins Gleichgewicht zu bringen, war die Aufgabe, deren Lösung mit der Verfassung von 1867 unternommen wurde. Es wäre gewiß unklug gewesen, die Wünsche der Fürsten oder die Erwartungen der Zeitungsleser außer Betracht zu lassen. Und konnte irgend jemand ernsthaft von Bismarck erwarten, daß er die Interessen des Mannes am Ruder vernachlässigen würde? Selbstverleugnung lag ihm nicht.

Die Berechnung aller dieser Faktoren in der konstitutionellen Gleichung war eine politische Leistung, die zweifellos Anerkennung verdient. Daß Bismarcks Nachfolger sich des von ihm geschaffenen Systems nicht zu bedienen wußten, beweist nicht im Gegensatz zu seinem Genie deren Mittelmäßigkeit. Keineswegs, denn Bismarck selbst kam mit der von ihm geschaffenen Maschinerie ja nie zu Rande. Während seiner ganzen Kanzlerschaft reparierte er an ihr herum, mal wollte er die Macht der Reichskanzlei auf Kosten des preußischen Staatsministeriums erhöhen, mal umgekehrt die Reichskanzlei zugunsten des preußischen Staatsministeriums herabstufen, mal die Macht des Reichstags auf Kosten des Bundesrats vermehren, dann wieder auf Kosten des Reichstags die des Bundesrats. Einen ähnlichen Zickzackkurs beschreibt die Folge seiner Entscheidungen, seine Stellung im preußischen Staatsministerium abzugeben, zu behalten, zu verstärken. Diese Meinungsänderungen, die bis an das Ende seiner Kanzlerschaft andauerten, entsprangen zum Teil seiner üblichen politischen Taktik, stets Alternativen und ausgewogene Optionen bereitzuhalten, und der bewußt labil ausgelegten konstitutionellen Struktur, die er dafür benötigte. Sie zeugen jedoch auch von einer gewissen Unentschlossenheit, welchen Weg er bei der Koordinierung der dualistischen Struktur einschlagen sollte, die sich aus Preußens hegemonialer Stellung unter den Bundesstaaten des Reichs ergab.

Bismarck hat dieses Problem nur wenig erfolgreicher bewältigt als seine Nachfolger. Unter Caprivi und Hohenlohe – der erste begabt, aber unerfahren, der zweite erfahren, aber unbegabt – wurde offenbar, daß die ordnungsgemäße Abwicklung der Regierungsgeschäfte in einer sich rasch verändernden Wirtschaft und Gesellschaft durch diese Struktur weniger gefördert als behindert wurde. Es fehlte dieser Struktur an Einfachheit und Symmetrie, an klaren Bahnen von Macht und Verantwortung, weshalb sie angesichts der Herausforderung des Ersten Weltkriegs denn auch versagte. Das nie gelöste Problem des Verhältnisses zwischen dem Reich und seinem hegemonialen Staat bestand über den Sturz der Monarchie in Deutschland hinaus fort bis zum Untergang der Weimarer Republik. Eben diese Hartnäckigkeit des Problems zeigt aber auch, daß es sich mehr aus den objektiven Bedingungen der Einigung Deutschlands unter preußischer Führung ergab als aus willkürlich von Bismarck getroffenen Entscheidungen. Er setzte sich mit den tatsächlich gegebenen Kräften auseinander, zwang jede zu den erforderlichen Kompromissen und nahm dabei auch die Sonderinteressen des Kanzlers wahr.

Überall in Europa unterlag das konstitutionelle System gemischter Gewalten im Laufe des 19. Jahrhunderts Veränderungen, die an seiner Belastbarkeit als Regierungsform zweifeln lassen. Entweder drang die Gewalt der Legislative in die Exekutive vor und schuf eine parlamentarische Regierung, oder es fand der umgekehrte Prozeß statt, der dann auf eine Entmachtung des Parlaments hinauslief. England, Frankreich, Italien, die Niederlande und die skandinavischen Staaten schlugen den Weg zum Parlamentarismus ein. In Preußen ergab sich die Möglichkeit dazu während des Verfassungskonflikts Anfang der sechziger Jahre, doch sie wurde nicht wahrgenommen, und die Entwicklung ging in die entgegengesetzte Richtung. Durch die Siege von 1866 und 1870 wurden die wesentlichen Züge des preußischen Systems – mit Einschränkungen der Befugnisse des Parlaments – auf ganz Deutschland ausgedehnt. Eine weitere wichtige Konsequenz war die Desorganisation der großen politischen Parteien. Bismarcks Manipulationen fragmentierten die Parteistrukturen und reduzierten die Möglichkeit stabiler Mehrheiten. Sein blanker Realismus verringerte die Anziehungskraft politischer Ideale und überhöhte im politischen Bewußtsein der Deutschen das Prestige der Macht auf Kosten des Prinzips.

«Es ist ausschließlich Bismarcks Einfluß zu danken», meinte Bertrand Russell, «daß der deutsche Patriotismus sich Achtung errang und konservativ wurde, mit dem Erfolg, daß viele Leute, die liberal gewesen waren, weil sie patriotisch dachten, nun aus dem gleichen Grund konservativ wurden.»[5] Vor 1866 waren Liberalismus und Nationalismus parallele Bewegungen wie Konservatismus und Legitimismus. Als Bismarck 1866 das deutsche Nationalgefühl instrumentalisierte, um die preußische Expansionspolitik zu rechtfertigen, setzte er eine Neuordnung dieser Beziehungen in Gang. Die Gründung der Deutschkonservativen Partei 1875 und die Bewegung nach rechts in der Nationalliberalen Partei Ende der siebziger Jahre kündeten von der Entstehung einer neuen Variante in der politischen Vorstellungswelt der Deutschen: dem konservativen Nationalismus. In dieser Gestalt ging dem deutschen Nationalismus verloren, was ihm von seinen Ursprüngen bei Herder und aus dem Zeitalter der Aufklärung und der Romantik noch an humanitärer und kosmopolitischer Prägung geblieben war.[6] Die Ausbeutung des deutschen Nationalismus zu imperialistischen und autoritären Zwecken charakterisiert Bismarck – wie Napoleon III. – als Gestalt des Übergangs zwischen der Politik des 18. und der des 20. Jahrhunderts, zwischen den Zeitaltern des aristokratischen Absolutismus und des autoritären Nationalismus.

Die Wirkung dieser ideologischen Neuformation ist am deutlichsten ablesbar an der Konversion der Gebildeten, der Elite der Universitäten und der akademischen Berufe, von der liberal begründeten Gegnerschaft zur Regierung zu deren national begründeter Unterstützung. Einer im Geiste Hegels (und sei es nur neuhegelianisch) gebildeten Generation schien das neue Deutsche Reich, mit dem preußischen Machtstaat als Kern, die moralische und physische Verkörperung des deutschen Volksgeistes zu sein. Dieses Reich war keine willkürliche, zufällige Schöpfung, sondern die reife Frucht eines historischen Prozesses und mithin nach dem Willen und Plan Gottes zustande gekommen. Diese Konversion war Bismarcks dauerhafteste Errungenschaft bei seinem Streben nach einem nationalen Konsens, denn die Einstellung zum Staat, die mit ihr einherging, blieb bei den Akademikern (besonders den Historikern) die Jahre der Weimarer Republik hindurch und bis in die frühen Jahre der Bundesrepublik Deutschland hinein vorherrschend.

Sein Bemühen um Konsens scheiterte aber größtenteils bei dem Versuch, die städtische Arbeiterklasse zu integrieren. Repressive Maßnahmen konnten die sozialistische Bewegung nicht unterdrücken, und die Sozialreformen gewannen die Arbeiter nicht für die bestehende Ordnung. Und doch hatte der Kulturkampf keine vergleichbaren Konsequenzen bei den Katholiken. Zwar zwangen repressive Maßnahmen auch die Zentrumspartei und deren ultramontane Führung nicht in die Knie, doch entfremdeten sie die Katholiken nicht auf Dauer dem Reich. Das lag vielleicht daran, daß die Zentrumspartei zu einer unübersehbaren Macht im parlamentarischen Leben wurde, mit der auch Bismarck rechnen mußte. Gleichwohl ist auch wahr, daß Bismarcks Leistungen eine Überzeugungskraft hatten und das von ihm geschaffene Reich eine Majestät, die ihren Eindruck auf die Katholiken – und letztlich sogar auch auf die Sozialisten – nicht verfehlten. So kam es zu dem «Burgfrieden» bei Kriegsausbruch 1914.

Kein Gegenstand der Geschichte der Nach-Bismarck-Ära hat die Historiker mehr beschäftigt als die Frage, ob – und wenn nicht, warum nicht – die Verfassungsordnung sich unter Bismarcks Nachfolgern auf das parlamentarische System zubewegte.[7] Um 1900 war aufmerksamen Beobachtern klar, daß Änderungen dringend not taten. Die monarchische Autorität, ein Erbe Preußens aus der

Ära des Absolutismus, das zu beschützen und in seiner postabsolutistischen Form zu bewahren Bismarck so viel getan hatte, lag in den Händen eines Herrschers von zweifelhafter Urteilskraft und psychischer Stabilität. In diesen fahrigen Händen lag die Macht, Krieg zu erklären und Frieden zu schließen, preußische Minister, den Reichskanzler und alle hohen Beamten der preußischen sowie der Reichsregierung zu ernennen und zu entlassen. Er führte den Oberbefehl über die mächtigste Kriegsmaschine der Welt, hinter welcher eine der führenden Industriemächte der Erde stand. Unter seiner beunruhigenden Führung schien Deutschland abermals die europäische Stabilität zu bedrohen, so wie dies auswärtige Staatsmänner in den frühen siebziger Jahren schon einmal befürchtet hatten. Unter solchen Umständen drängte selbst Bismarck den Reichstag, aktiver an den Regierungsgeschäften mitzuwirken.

Obwohl Bismarck das nicht mehr erlebte, wurde der deutsche Reichstag nach 1900 wirklich aktiver. Und doch ging er nie wesentlich über die Grenzen hinaus, die Bismarck seinem Wirken im konstitutionellen Gleichgewicht von 1867 gesetzt hatte. Einer Umwandlung zu einem parlamentarischen System standen gewaltige Hindernisse entgegen. Um sie zu vollbringen, hätte man die Hochburg des preußisch-deutschen Establishments erstürmen müssen (das preußische Herrenhaus), ganz zu schweigen von den sie rings umgebenden Befestigungswerken (Bundesrat, Abgeordnetenhaus, preußisches Staatsministerium und König). Das springt ins Auge, wenn man die Befestigungen eine nach der anderen, von den äußeren Gräben bis zum Turm im Zentrum, durchmustert.

Theoretisch verlieh die Kompetenz-Kompetenz dem Deutschen Reich die legislative Befugnis, sich von Fall zu Fall über die Befugnisse und Funktionen der föderierten Regierungen, einschließlich der preußischen, hinwegzusetzen. Doch diese Befugnis konnte nicht ohne die Einwilligung des Bundesrats wahgenommen werden, der in der Theorie die Reichsexekutive verkörperte und gegenüber Entschließungen des Reichstags das Vetorecht hatte. Im Bundesrat hatte Preußen die Vorherrschaft, das zwar theoretisch von den Regierungen der anderen Staaten überstimmt werden konnte, wegen seines überlegenen Gewichts faktisch jedoch nicht. Das preußische Votum wurde verfassungsgemäß vom preußischen Außenminister vorgegeben, praktisch konnte er diese Macht jedoch nur ausüben, wenn er zugleich Reichskanzler, preußischer Ministerpräsident und ein Bismarck war. Andernfalls lag sie in den Händen des kollegial handelnden preußischen Staatsministeriums. Um zur Kontrolle des Bundesrats durchzudringen, mußten die Liberalen zuerst das preußische Staatsministerium kontrollieren, und dazu bedurfte es einer Demokratisierung der preußischen Verfassungsordnung, genauer gesagt der parlamentarischen Kontrolle des preußischen Staatsministeriums. Ehe das preußische Abgeordnetenhaus einen solchen Schritt auch nur in Erwägung ziehen würde, mußte das Dreiklassenwahlrecht, nach dem es gewählt wurde, durch das allgemeine, gleiche und geheime Wahlrecht ersetzt werden, darüber hinaus hätten die Wahlkreise neu eingeteilt werden müssen, so daß die Kammer nicht länger von Konservativen beherrscht wäre, welche die Interessen der ostpreußischen Gutsbesitzer vertraten. Doch eine solche Reform des Wahlrechts konnte nicht ohne Billigung des Herrenhauses durchgesetzt werden, in welchem eben diese Gutsbesitzer und Angehörigen des Hochadels saßen. Um deren Widerstand zu brechen, hätte der König eine ausreichende Zahl neuer Mitglieder des Herrenhauses ernennen müssen, die bereit gewesen wären, diesen Junkerblock zu überstimmen – dazu aber würde sich Wilhelm II. nur in einer verzweifelten Zwangslage verstanden haben. Die Hochburg und ihre äußeren Befestigungswerke schienen also uneinnehmbar.

Und doch hätte ein entschlossener Reichstag mit Unterstützung einer starken – und lautstarken – öffentlichen Meinung in einer bedrohlichen, fast revolutionären Situation eine Bresche in die Mauern schlagen können. Eine innere Krise dieses Ausmaßes konnte jedoch in Deutschland vor 1914 von keiner möglichen Kombination von Kräften und Parteien gezielt herbeigeführt werden. Die Sozialdemokraten hatten sich im Laufe der neunziger Jahre von der Verpflichtung auf revolutionäres Handeln entbunden und 1912 vermutlich ihre größte Anziehungskraft bei den Wählern erreicht. Die Linksliberalen hatten in jedem Fall zu wenig Massenbasis und politische Durchsetzungskraft, um auf der nationalen Ebene mit den Sozialisten zusammenzuarbeiten. Und weder das Zentrum noch die Nationalliberalen wären für die Mitwirkung bei einem solchen Abenteuer zu haben gewesen. Die Gelegenheiten (wenn sie es denn wirklich waren), nach dem *Daily Telegraph*-Interview 1908 die Abdankung Kaiser Wilhelms II. zu erzwingen und nach dem Zwischenfall in Zabern 1913 das preußische Militär an die Kandare zu nehmen, gingen ungenutzt vorüber. Erst ein Weltkrieg und die sich abzeichnende Niederlage Deutschlands erzeugten die Krise, die für einen erfolgreichen Angriff auf Bismarcks Festung notwendig war. Und selbst dann kam der Entschluß zum Handeln von oben, nicht von unten, aus dem Establishment, nicht aus dem Reichstag.

«Was war infolgedessen», fragte 1918 Max Weber, «Bismarcks *politisches Erbe?* Er hinterließ eine Nation *ohne alle und jede politische Erziehung,* tief unter dem Niveau, welches sie in dieser Hinsicht zwanzig Jahre vorher bereits erreicht hatte. Und vor allem eine Nation *ohne allen und jeden politischen Willen,* gewohnt, daß der große Staatsmann an ihrer Spitze für sie die Politik schon besorgen werde. Und ferner, als Folge der mißbräuchlichen Benutzung des monarchischen Gefühls als Deckschild eigener Machtinteressen im politischen Parteikampf, eine Nation, daran gewöhnt, unter der Firma der ‹monarchischen Regierung› fatalistisch *über sich ergehen zu lassen,* was man über sie beschloß, ohne Kritik an der politischen Qualifikation derjenigen, welche sich nunmehr auf Bismarcks leergelassenen Sessel niederließen und mit erstaunlicher Unbefangenheit die Zügel der Regierung in die Hand nahmen. An diesem Punkt lag der bei weitem schwerste Schaden. Eine politische Tradition dagegen hinterließ der große Staatsmann *überhaupt nicht.*»[8]

Einige Spekulationen

In seinen Vorlesungen über Politik schrieb Heinrich von Treitschke: «Der König kann sehr viel genauer beurtheilen wie es in der Welt draußen wirklich steht, als der einzelne Unterthan oder auch eine republikanische Parteiregierung. Eine weit in die Zukunft rechnende Politik wird nur dem möglich sein, der wirklich im Centrum steht... Man muß hier die Bekenntnisse großer Republikaner lesen. Wiederholt sagt Washington – und wie oft hat er es schmerzlich an seinem Leib erfahren –: ein souveränes Volk muß immer erst fühlen, ehe es sich entschließt, zu sehen. Das hat ja auch wieder der große Bürgerkrieg gezeigt. Wenn das amerikanische Volk rechtzeitig gesehen hätte, so hätte es diesen unvermeidlichen Krieg schon ein Menschenalter früher gehabt; aber die Noth mußte ihnen erst an den Hals steigen. Dagegen kann eine Monarchie sehr weit in die Zukunft hinaus sehen, und es giebt große Crisen in der Geschichte, von denen man sagen muß: diese entscheidende That konnte nur von einem Monarchen ausgehen. Die preußische Politik vor 1866 konnte nur von einem großen Monarchen und einem großen Minister durchgeführt werden, nicht von einer republikanischen Staatsregierung.»[9] Für Deutsche, welche die Epoche zwischen 1848 und 1871 erlebt hatten, war das ein naheliegender, fast zwingender Schluß. Und doch war die Verbindung eines «großen Königs» mit einem «großen Minister» ein in der Politik des monarchischen Absolutismus seltenes Vorkommnis. Wenn die Deutschen der Generation 1862–1890 das Gefühl hatten, sich einer solchen Führung zu erfreuen, so haben es doch die Generationen, die ihr vorausgingen und folgten, erkennbar schlechter getroffen. In der ersten Hälfte des 20. Jahrhunderts führte die Ergebung der Deutschen in eine autoritäre Führung ihr Land, Europa und die Welt von einem Desaster in das andere, in Katastrophen, die Bismarck, Wilhelm I. und vielleicht sogar Treitschke entsetzt hätten.

Ob wir heute auf eine bessere Geschichte zurückblicken könnten, wenn politisch verantwortliche Staatsmänner regiert hätten, wissen wir nicht. Solche kontrafaktischen Spekulationen sind, wie gesagt, ihrer Natur nach nicht durch Beweise zu erhärten. Und doch widersetzt sich modernes wissenschaftliches Denken der Annahme, die der hegelianischen Tradition so akzeptabel ist, daß das, was geschieht, nicht anders hätte geschehen können, weil der Mensch geistigen (und materiellen) Kräften unterworfen ist, die sich seiner Kontrolle entziehen. Da aber der Strom der Zeit nachweislich auch Gegenströmungen enthält, steht es uns frei, darüber zu spekulieren, wie die deutsche Zukunft sich gestaltet hätte, wenn Bismarck wirklich nur ein Steuermann gewesen wäre und keine Dämme gebaut und Kanäle gegraben hätte, um dem Strom eine andere Richtung zu geben.

Für die fast drei Jahrzehnte insgesamt glänzender Führung seiner Außenpolitik zahlte Deutschland innenpolitisch einen hohen Preis. Dieser Preis war das Opfer einer über halbhundertjährigen Erfahrung in der Selbstregierung, die einer liberalen und demokratischen politischen Tradition erlaubt hätte, so feste Wurzeln zu fassen, daß der Sturm des Totalitarismus sie nicht hätte hinwegfegen können. Daß nach der Reichsgründung die meisten Liberalen noch nicht bereit waren, die Verantwortung für eine parlamentarische Regierung zu übernehmen, ist wahr. Aber wäre ihnen die Verantwortung auferlegt worden, etwa durch die Abdankung Wilhelms I. 1862 oder durch Bismarcks Rücktritt 1875 (und eine frühere Thronbesteigung Friedrichs III.), hätte die deutsche und europäische Geschichte wohl einen anderen Lauf nehmen können. Tatsächlich erhielten die Liberalen und die Sozialisten dann die Regierungsverantwortung erst 1918–1919 nach einem verlorenen Krieg und einem Diktatfrieden. Die politischen Parteien, in der Vergangenheit größtenteils auf die ihnen von Bismarck vorgeschriebene negative Rolle festgelegt, mußten nun plötzlich unter den ungünstigsten Bedingungen die Regierung übernehmen.

In einem prophetischen Kapitel seiner Memoiren hat Bismarck seine allgemeinen Anschauungen zur Außenpolitik erläutert. Am Ende dieses Kapitels heißt es: «Die internationale Politik ist ein flüssiges Element, das unter Umständen zeitweilig fest wird, aber bei Veränderungen der Atmosphäre in seinen ursprünglichen Aggregatzustand zurückfällt. Die *clausula rebus sic stantibus* wird bei Staatsverträgen, welche Leistungen bedingen, stillschweigend angenommen. Der Dreibund ist eine strategische Stellung, welche angesichts der bei seinem Abschluß drohenden Gefahren rathsam und unter den obwaltenden Verhältnissen zu erreichen war. Er ist von Zeit zu Zeit verlängert worden, und es mag gelingen, ihn weiter zu verlängern: aber ewige Dauer ist keinem Vertrage zwischen Großmächten gesichert, und es wäre unweise, ihn als sichere Grundlage für alle Möglichkeiten betrachten zu wollen, durch welche in Zukunft die Verhältnisse, Bedürfnisse und Stimmungen verändert werden können, unter welchen er zu Stande gebracht wurde. Er hat die Bedeutung einer strategischen Stellungnahme in der europäischen Politik nach Maßgabe der Lage derselben zur Zeit des Abschlusses; aber ein für jeden Wechsel haltbares ewiges Fundament bildet er für alle Zukunft ebenso wenig, wie viele frühere Tripel- und Quadrupel-Allianzen der letzten Jahrhunderte und insbesondere die heilige Allianz und der deutsche Bund. Er dispensirt nicht von dem *toujours en vedette.*»[10] Das war Bismarcks abschließendes Urteil über die Allianzen mit Österreich und Italien.

Als 1890 der Rückversicherungsvertrag nicht erneuert wurde, begann der Zweibund zwischen Deutschland und Österreich seinen Charakter zu ändern. Während unter Bismarck Deutschland in einem System von fünf Großmächten immer eine von dreien gewesen war, stand es unter seinen Nachfolgern als eine von zweien den drei anderen gegenüber. In dieser Lage hatte sich Bismarck immer nach England gewandt, und diese Option bestand auch in den neunziger Jahren noch. Doch Deutschland verspielte die Möglichkeit eines Einvernehmens mit England durch den Bau von Tirpitz' «Risikoflotte», die auftrumpfenden drohenden Verlautbarungen Wilhelms II. während des Burenkriegs und der beiden Marokkokrisen, überhaupt durch die «weltpolitische» Prahlerei in den Jahren nach 1900. In Berlin galt jetzt der Zweibund mit Österreich als die Sicherheitsgarantie gegen alle künftigen Unwägbarkeiten, die in Bismarcks Augen «unweise» war. Die Abhängigkeit Deutschlands von Österreich-Ungarn als seinem einzigen Verbündeten und die Besorgnis über die innere Stabilität des Habsburgerreiches veranlaßten 1914 Kaiser, Reichskanzler und Stabschef, die Wiener Regierung zu dem verhängnisvollen Ultimatum an Serbien zu drängen. So wurde Deutschland an der Leine, die Bismarck dem Verbündeten angelegt hatte, um ihn auf dem Balkan zu zügeln, selbst in den Abgrund gerissen.

Das europäische Gleichgewicht sei schon durch die bloße Gründung des Deutschen Reichs 1871 destabilisiert worden, hat man behauptet, doch das entspricht nicht den Tatsachen. Solange die deutsche Außenpolitik defensiv blieb, hatte das Reich einen stabilisierenden Einfluß auf die internationale europäische Politik. Deutschland wurde erst zu einer Gefahr für die europäische Stabilität, als seine Außenpolitik unter Wilhelm II. eine offensive Spitze bekam. Der Übergang aus der Defensive in die Offensive vollzog sich aber graduell und erreichte erst im August 1914 mit Österreichs Ultimatum an Serbien seinen Höhepunkt. Dieses Ultimatum setzte die traditionell restaurative Funktion des europäischen Mächtegleichgewichts in Gang, nämlich den Aggressor in seine Schranken zu weisen und das Gleichgewicht wiederherzustellen. Die wichtigste Konsequenz der beiden großen Kriege, die folgten, war die Transformation des europäischen Mächtegleichgewichts in ein globales Mächtegleichgewicht. Mehr als irgend etwas sonst offenbart dieser neue Rahmen der internationalen Beziehungen die Vergänglichkeit von Bismarcks außenpolitischen Errungenschaften.

Außenpolitik verlangt unter ständig wechselnden Umständen fast täglich neue Entscheidungen. Staatsmänner sind stets bemüht, Konflikte zu lösen, doch die Lösungen, zu denen sie dabei gelangen, sind nie von Dauer und meist der Anfang neuer Verwicklungen. Bismarcks Behauptung, daß von Bündnissen kein Fortbestand über ihre Zwecke hinaus erwartet werden dürfe, war keine zynische Bemerkung, sondern ein realistisches Urteil. Dauerhafte Strukturen, die den Entscheidungsprozeß effektiv lenken können, kennt die internationale Politik nicht. Versuche, die internationale Politik zu institutionalisieren, haben – ohne die Bedeutung des Völkerbunds, des Internationalen Gerichtshofs und der Vereinten Nationen für periphere Aufgaben schmälern zu wollen – die fundamentale Natur der Beziehungen zwischen Staaten nicht verändert. Doch Innenpolitik hat eine andere Qualität. Im Laufe vieler Jahre tragen dort individuelle und kollektive Handlungen zur Ausbildung von Strukturen bei, die dann auf lange Zeit bestimmen, wie und von wem ein Land regiert wird. Darüber hinaus geht von solchen Handlungen auch ein mächtiger Einfluß auf die allgemeine politische Kultur einer Nation aus.

Die Macht der Persönlichkeit

Eine der großen Ironien der Laufbahn Bismarcks liegt darin, daß der Mann, der persönliche Popularität nie suchte, jedenfalls nicht, solange er im Amt war, und der 1889 den Glauben an die instinktive Königstreue der Massen verloren hatte, einer der populärsten deutschen Staatsmänner aller Zeiten werden sollte. Das ließ schon die jubelnde Verehrung der Massen bei seiner Abreise aus Berlin 1890 und während seiner «großdeutschen Rundfahrt» 1892 erkennen. Was sich hier zeigte, war das Bedürfnis nach einer zusätzlichen psychologischen Bindung, die das Solidaritätsgefühl der jungen und ihres inneren Zusammenhalts wie ihrer äußeren Macht noch nicht gewissen Staatsnation stärken konnte. Daß auch die Deutschösterreicher ein solches Bedürfnis hatten, läßt erkennen, wie bedroht diese sich vom Fortschritt der Selbstentwicklung und Selbstbehauptung ihrer ethnischen Rivalen im Habsburgerreich fühlten. Bismarck wurde das universale Symbol des Deutschtums.

Im Reich drang diese allgemeine Zustimmung wahrscheinlich auch bis in die Reihen derjenigen vor, die für die Opposition gestimmt hatten, solange er an der Macht war – zum Beispiel die Katholiken und die Sozialisten, die unter den Kulturkampfgesetzen und unter dem «Sozialistengesetz» sein hartes Regiment am eigenen Leib verspürt hatten. Aber die Massen jubelten der sich ausbildenden Legende zu, nicht der historischen Wirklichkeit. Das menschliche Gedächtnis ist oft selektiv, fähig, das Unangenehme zu verdrängen oder zu vergessen, um das Angenehme zu bewahren. So verschmolzen der Mann und der Mythos zu einer einzigen Gestalt, deren Züge schließlich vom historischen Bismarck nicht mehr viel erkennen ließen. Der fortdauernde Einfluß des mythischen Bismarck läßt sich aus vielen Quellen dokumentieren, weit über die noch zu zeigenden Beispiele hinaus. Nicht ermessen, sondern nur vermuten läßt sich hingegen seine konkrete Auswirkung auf den Gang der deutschen Geschichte.

Die wilhelminische Ära war nach 1893 von schnell wachsender Prosperität und einem grassierenden Kulturpessimismus gekennzeichnet. Schriftsteller und Künstler beklagten den Materialismus und das Philistertum der Oberschicht. Kritische Journalisten und Publizisten wurden nicht müde, die Unfähigkeit der politischen Führung im Parlament und in der Regierung anzuprangern. Mit der Selbstzufriedenheit des an Zahl und Reichtum schnell wachsenden Bürgertums ging quälende Angst vor dem entfremdeten Proletariat einher, das sich scheinbar unaufhaltsam der Sozialdemokratischen Partei anzuschließen schien. Hatte Marx recht mit seiner Überzeugung, daß der Kapitalismus sich selbst zerstören würde? Stand die Erhebung der Massen, die den Zusammenbruch der bürgerlichen Welt beschleunigen sollte, unmittelbar bevor? Je bedrängender diese Ängste wurden, desto offenbarer schien Bismarcks Genie, desto tragischer seine Entlassung, desto gähnender die Leere, die er hinterlassen hatte. In dieser Atmosphäre blühte der Bismarckkult. Maximilian Harden wurde sein erster Hohepriester. Er beklagte den Verlust des «Deichhauptmanns», der allein, wie nun auch «der Dümmste» einsehen müsse, imstande gewesen wäre, der kommenden Flut vorzubauen. Auf den Seiten der *Zukunft* polierten Harden und andere unermüdlich das Bild des großen Nationalhelden. In Anlehnung an den «ästhetischen Bonapartismus Nietzsches und Langbehns» stilisierte Harden den gestürzten Reichskanzler zur «größten und reizvollsten Erscheinung der germanischen Welt» und zur «Vollendung germanischen Geistes». Wann würde jemals Deutschland seinesgleichen wiedererleben?[11]

Harry Graf Kessler, ein sensibler Beobachter, hatte während der neunziger Jahre Gelegenheit, Bismarck aus der Nähe zu studieren. Auch er konnte sich dem Charisma des Fürsten nicht entziehen. Und dennoch spricht er in seinen 1935 veröffentlichten Erinnerungen hauptsächlich von dessen negativen Auswirkungen. «Jeder, der nicht auf seiner Seite stand, mußte anrüchig, ein Verbrecher und Verräter sein, um seinen Haß zu rechtfertigen», schreibt er über Bismarck. «Das Gefährlichste war, daß infolge der Suggestionskraft seiner Person Hunderttausende von kleinen Bismarcks herumliefen, die bemüht waren, zu hassen wie er, und jeden politisch beschnüffelten, ob er sich als Objekt für diese ihre Leidenschaft eigne. So entstand eine allgegenwärtige Inquisition und schuf über Deutschland ein für selbständige politische Charaktere tödliches Klima, für das Bismarck selbst bemüht gewesen ist, ein schlüssiges Zeugnis beizubringen. Denn im dritten Band seiner *Gedanken und Erinnerungen* legt er dar, daß er nach achtundzwanzigjähriger Tätigkeit an der Spitze des Staates in seiner Umgebung nur Kreaturen hatte, die ihn verrieten, sobald sie seinen Sturz vorausahnten. Aus den Männern, die jahrzehntelang seiner unmittelbaren Einwirkung ausgesetzt gewesen waren, hatten sich lauter Judasse entwickelt!» Kessler beklagte den Niedergang der «freien und aufrechten» Persönlichkeiten, eines Charaktertypus, der einst von der neohumanistischen Kultur der Goethezeit gefördert worden sei und in den preußischen Reformern der Ära Stein-Hardenberg wie auch in der Nationalbewegung der Jahrhundertmitte seinen greifbaren Ausdruck gefunden habe. «Was oder wer hatte diesen Prozeß des Wachstums eines freien Deutschen unterbrochen und zum großen Teil wieder rückgängig gemacht?» fragte sich Kessler. «Ich fand keine andere Antwort als: Bismarck.»[12]

Und doch darf nicht vergessen werden, daß Wilhelm II. diesem Bild noch eine weitere Farbe gab. Bismarck verlangte zwar Gehorsam und Loyalität, doch er brauchte keine Schmeichler und Speichellecker zur Hebung seines Selbstwertgefühls. Er verwechselte Beflissenheit nicht mit Kompetenz, obwohl er die strikte Befolgung seiner Anordnungen oft wichtiger fand als eine eigene Meinung. «Es war der Kaiser, nicht Bismarck», schreibt Norman Rich, «der die deutschen Beamten zu kriecherischer Unterwürfigkeit anhielt und in seiner unmittelbaren Umgebung nur Schmeichler und Mittelmäßigkeiten duldete und solchen die höchsten Stellungen in der deutschen Regierung – einschließlich der deutschen Armee – verschaffte.»[13]

Heinrich Manns Roman *Der Untertan* ist eine vernichtende Kritik der wilhelminischen Gesellschaft und ihrer Werte. Der Protagonist des Romans, Diederich Heßling, verkörpert in reinster Ausprägung den Typus des «Radfahrers» (nach unten treten, nach oben buckeln). Er äfft den gewachsten Schnurrbart, das arrogante Auftreten und das autokratische Gebaren des Kaisers nach, dessen Verlautbarungen über «glaubenslose Arbeiter», glorreiche «Weltpolitik» und deutsche

Größe er ständig als Inbegriff politischer Weisheit nachbetet. Wenn der Kaiser durch die Straßen fährt, jubelt Heßling ihm aus Leibeskräften zu und beschimpft Umstehende, wenn sie seine ekstatische Begeisterung nicht teilen. Er unterbricht seine Flitterwochen in der Schweiz, um dem Kaiser bei einem Staatsbesuch nach Rom zu folgen, wo er hinter dessen Wagen durch die Straßen läuft und ihm lauthals seine Treue und Ergebenheit versichert. Den Ausländern, meint er, muß gezeigt werden, welche Treue der Kaiser seinem Volke einflößt. Ein Doktortitel (in Chemie), den er sich mit minimaler Leistung an der Universität erworben hat, ersetzt ihm im Rahmen seiner bürgerlichen Möglichkeiten den Adelstitel. Macht erwächst ihm dann aus der Erbschaft einer kleinen Papierfabrik, deren Betriebsleiter und Arbeiter er schikaniert, um ihnen «deutsche Zucht und Sitte» beizubringen, und deren Expansion er plant, um auch sich einen «Platz an der Sonne» zu sichern. Heßling hat alle Vorurteile, die ihm in seiner gesellschaftlichen Stellung angemessen erscheinen: Juden sind unzuverlässig, nordische Menschen sind überlegen, Sozialisten «der Feind», die Armen unwürdig, die Arbeitslosen faul, Liberale Verlierer, der Rang muß geachtet werden.[14]

Daß Bismarck und Wilhelm, so unähnlich sie einander in fast jeder Hinsicht waren, das persönliche Verhalten einer bedeutenden Anzahl von Deutschen so stark geprägt haben, ist natürlich unbeweisbar. Und doch muß das Urteil sensibler Beobachter, wie es Kessler und Mann waren, in Rechnung gestellt werden. Sie und viele andere beklagten einen geistigen Qualitätsverlust des öffentlichen Lebens in der wilhelminischen Ära, einen moralischen Niedergang, der ihnen widerwärtig war und bedrohlich zu sein schien. Das aber wiederum läßt darauf schließen, daß das Problem größer war als Bismarck und Wilhelm II. Wenn sich tatsächlich ein bedeutender Teil der deutschen Gesellschaft so tief von diesen beiden Persönlichkeiten beeinflussen ließ, liegt die Annahme nahe, daß Kanzler und Kaiser nur einer Disposition entgegenkamen, die in den Betroffenen schon immanent – also kulturell – angelegt war.

Mensch und Übermensch

Der konservative bayerische Historiker Karl Alexander von Müller hat in seiner Autobiographie Zeugnis für die Leistung Bismarcks abgelegt, die Fragmente der deutschen Nation nicht nur politisch, sondern auch geistig miteinander verbunden zu haben. «Niemand kann den Geist und die Größe des deutschen Heeres im ersten und zum Teil auch im zweiten Weltkrieg verstehen, der nicht jenen alten preußischen Geist und seine ursprüngliche Stärke einmal verspürt hat. Ich war als Süddeutscher geboren und meiner innersten Art nach unpreußisch. Aber durch Bismarck und sein Reich waren auch wir tief in diesen Bannkreis beschworen worden und sahen in ihm, nicht ohne Vorbehalte, nicht ohne Sorgen, nicht ohne Wünsche zukünftiger Wandlung, die einzige Möglichkeit deutscher staatlicher Einheit und nationaler Zusammenfassung.»[15] Süddeutsche Patrioten errichteten

Bismarck mehr Denkmäler als Wilhelm I. Während die Kaiserdenkmäler meist von den Staatsregierungen finanziert wurden, kamen die Gelder für die Bismarckdenkmäler meist von Bürgerinitiativen, können also als ein spontanerer Ausdruck der Beliebtheit des großen Mannes gelten.

Der grandioseste Plan zu einem Bismarck-Nationaldenkmal wurde schon wenige Monate nach seinem Tod verkündet. Am 3. Dezember 1898 wandte sich eine Gruppe von Studenten mit einem Aufruf an das deutsche Volk. «Wie vor Zeiten die alten Sachsen und Normannen über den Leibern ihrer gefallenen Recken schmucklose Felsensäulen auftürmten, deren Spitzen Feuerfanale trugen, so wollen wir unserm Bismarck zu Ehren auf allen Höhen unserer Heimat, von wo der Blick über die herrlichen deutschen Lande schweift, gewaltige granitene Feuerträger errichten», so hieß es da. Die Feuer sollten alljährlich am 1. April und «nach altgermanischem Brauch» auch am 21. Juni entzündet werden und weithin, durch das ganze Land leuchtend, den toten Helden ehren. Bismarck sollte gefeiert werden «wie niemals ein Deutscher vor ihm» als beständiger Zeuge der nationalen Tugenden – «heiße innige Vaterlandsliebe, deutsche Treue, bis zum Tode». 1899 planten über 470 Gemeinden, solche Türme zu errichten, gebaut wurde vermutlich jedoch weniger als die Hälfte.

Auf dem Berliner Königsplatz vor dem neuen Reichstag errichtete ihm 1901 die Reichsregierung ein kolossales Bronzestandbild, das den Reichsgründer im Militärmantel mit Helm und Säbel zeigt. Doch dieses «Nationaldenkmal» sollte bald von der in St. Pauli an der Elbe errichteten Granitstatue überragt werden, deren Ausführung 1901 in Angriff genommen und 1906 vollendet wurde. Hier ist Bismarck als Roland in mittelalterlicher Rüstung dargestellt, die Hände auf ein gewaltiges zweischneidiges Schwert gelegt. Die Baukommission und die Architekten wollten mit diesem gigantischen Standbild «die sich im Volksbewußtsein allmählich vollziehende Steigerung der Person Bismarcks ins Heldenhafte» festhalten und unterstreichen. Das Denkmal konkurriert durch seine in die Ferne wirkende Silhouette mit den Kirchtürmen Hamburgs, schaut aber nicht auf die Stadt, sondern zur See hin, «ein riesenhaftes Symbol des neuen deutschen Geistes, der seine mächtigen Fittiche ausspannt über die Meere, der sich zur Welt-Macht und zur Welt-Kultur berufen glaubt».[16]

Das größte aller Bismarckdenkmäler hätte als deutsches Nationaldenkmal auf der Elisenhöhe über dem Rhein bei Bingen rechtzeitig zur Feier von Bismarcks 100. Geburtstag am 1. April 1915 vollendet sein sollen. Ein Ausschuß von Bürgern stiftete 1909 einen Preis von 20 000 Mark für den besten Entwurf, der zu Kosten von nicht mehr als 1 800 000 Mark die Sehnsucht des Volkes nach einem monumentalen Wahrzeichen der Dankbarkeit und der Verehrung befriedigen sollte. Nicht weniger als 370 Entwürfe wurden eingereicht. Im Laufe des Jahres 1911 wurden diese von einer Jury von Bildhauern, Architekten und Laien begutachtet. Anfänglich war die Jury übereinstimmend der Meinung, daß keiner der eingereichten Entwürfe herausragend sei, doch beim Fortgang der Beratungen schwand die Einmütigkeit. Die Jury spaltete sich in eine Mehrheit, die einem

Das Nationaldenkmal von Reinhold Begas im Berliner Tiergarten.
Bismarck (15 Meter groß) blickt auf die Siegessäule, den Reichstag im Rücken – ein Zufall? Die allegorischen Figuren stellen die Germania, den sein Schwert schmiedenden Siegfried und eine die Weisheit des Staates verkörpernde Sibylle dar (von links).
Photographie von E. Gnilka um 1935

mehr «lyrischen» als «monumentalen» Entwurf zuneigte, und eine Minderheit, die den grandiosen Plan begünstigte, den Wilhelm Kreis, der Architekt, der bereits für seinen Entwurf des Völkerschlachtdenkmals in Leipzig einen Preis gewonnen hatte, und Hugo Lederer, der Bildhauer des Bismarck in St. Pauli, gemeinsam eingereicht hatten. Die Kommission entschied sich schließlich für das Grandiose. «Der Bismarck-Gedanke hat etwas Gewaltiges, Heroisches, er erinnert an Eisenfestes, Unbeugsames.» Lyrischer Klassizismus und poetischer Symbolismus seien diesem Gedanken unangemessen, meinten die Stifter, so elegant und schön die dergestalt konzipierten Entwürfe auch sein mochten.

Das Ergebnis dieser Entscheidung war ein erbitterter Glaubenskrieg, der, begleitet von persönlichen Angriffen und gehässigen Unterstellungen auf beiden

Bismarck als Roland. Die Statue ist 15 Meter hoch (das ganze Denkmal über 22 Meter), wirkt aber durch Lage und Proportionen weit größer. Die Photographie zeigt zu Füßen des Hügels eine Hamburger Wahlkampfveranstaltung von Karl Jarres, der sich 1925 als Kandidat der Deutschen Volkspartei um das Amt des Reichspräsidenten bewarb und eine Rückkehr zu Bismarck forderte.

Seiten, auch die Presse beschäftigte. Überall in Deutschland und Österreich ergriffen Vereinigungen von Künstlern und Baumeistern Partei, ja «sogar Frauenvereine» bezogen Stellung im Ringen um das rechte Bismarck-Nationaldenkmal. Die Nation wohnte einem «beschämenden Schauspiel» bei. Ein Unternehmen zum Gedenken an den Einiger Deutschlands war zu einem Tohuwabohu streitender Grüppchen von Planern, Bildhauern, Architekten und Journalisten geworden. Einer der Organisatoren des Wettbewerbs, Hermann Muthesius, bedauerte, daß der Wettbewerb unglücklicherweise zu einer Zeit ausgeschrieben worden sei, da «eine Ermüdung gegenüber dem Kraftvollen, dem Kühnen, dem bewußt Selbständigen» eingetreten sei. Ein «liebenswürdiges» Bismarckdenkmal sei seinem Gegenstand vollkommen unangemessen. Er sei der Überzeugung, daß «dem Andenken an den größten deutschen Heroen nur eine große heroische Kunst gerecht werden kann».[17] Doch am 1. April 1915 waren auf der Elisenhöhe über Bingen keine schmetternden Trompeten und Festreden zu hören. Statt dessen donnerten bei St. Mihiel an der Westfront die Kanonen. Das Denkmal wurde nie errichtet.

Wie die Sedanfeier, die alljährlich im September der Kapitulation Napoleons im Jahre 1870 gedachte, wurde auch Bismarcks Geburtstag, der 1. April, zum Anlaß für öffentliche Feiern und patriotische Reden. 1913 richtete der Berliner Bismarck-Ausschuß einen Aufruf an die Öffentlichkeit, in dem es hieß: «In jedem Jahre versammeln sich Tausende deutscher Männer, um den Glauben an die Zukunft des Vaterlandes zu stärken, indem sie Bismarcks gedenken. Das Deutsche Reich steht vor großen Aufgaben. Von Feinden umdroht, gilt es den Platz zu behaupten, den Bismarck uns erkämpft hat. In solcher Zeit soll Bismarck im Mittelpunkt unserer Gedanken stehen! Im Aufblick auf seine gewaltigen Taten, in unwandelbarer Liebe und Treue seiner gedenkend, wollen wir miteinander den Tag feiern, an dem Bismarck dem deutschen Volke geboren wurde.» Dieser fast religiöse Appell rief genügend Gläubige herbei, den größten Konzertsaal der Stadt zu füllen. Die Festansprache hielt Ludwig Bernhard, Professor der Staatswissenschaften an der Universität Berlin, über «Die politische Kultur der Deutschen». «Wenn wir uns heute versammeln, um Bismarck zu feiern, so tun wir das in dem dunklen Bewußtsein, daß wir vom toten Bismarck noch viel zu erwarten haben», deklamierte Bernhard. «Wir stehen erst am Anfange der Zeit, die zeigen soll, wie Bismarck in der Weltgeschichte wirken wird. Große Männer leben zwei Mal! Zuerst im Schaffen ihrer Erdentage, dann aber nach ihrem Tode. Und Bismarck, der tote Bismarck, hat eine große Aufgabe noch zu erfüllen.»[18]

Während der Anfangsphase des Ersten Weltkriegs wurden die Deutschen oft ermahnt, das Erbe Bismarcks tapfer zu verteidigen. Historiker, Journalisten und Literaten wetteiferten miteinander in dem Bemühen, die Erinnerung an den großen Mann, den die jungen Leute an der Front nur als Helden der Vorzeit kannten, wachzurufen und zu aktivieren. «Wer war Bismarck?» fragte Friedrich Naumann 1915. «Ein Mensch und ein Übermensch, eine Zeiterscheinung und ein Überzeitlicher, ein Handhaber der kleinen Mittel und ein Erdendenker der großen Ziele. Schon ging er hinüber in die Ahnengalerie der Größten, ward zur Legende und zum Denkmal, da erheben sich fünf Millionen Soldaten, um das mit ihrem Blute zu verteidigen, was unter seinen Händen entstand. Wir Älteren, die wir ihn, als wir jung waren, in Kraft und Ruhm vor uns sahen, lassen heute sein Bild in uns neu lebendig werden, und die jüngere Generation, die nur seine Ausklänge und Nachklänge miterlebte, merkt jetzt mitten im Krieg auf, um vom Staatsmann der Deutschen zu hören, vom stärksten politischen Menschen unseres Volkes. Alle Parteien, die er der Reihe nach überwältigte, halten jetzt im blutigen Krieg einen Burgfrieden, um sein Reich zu schützen, denn sein Reich ist unser aller Reich geworden. Was er vor einem halben Jahrhundert den Deutschen aufzwang, gerade das ist uns allen ohne Unterschied jetzt hunderttausend Leben wert.» (Das war eine traurige Untertreibung.) «Er ist für uns kein Umstrittener mehr, sondern ein Nationalbesitz. Er ist keine Partei, sondern der erste aller Deutschen.»[19]

«Ja, ist denn Bismarcks Erbe in diesen Zeiten erst einer Frage unterworfen?» 1916 beantwortete der Historiker Erich Marcks in einer «Kriegsrede» diese rhetorische Frage in der für ihn charakteristischen schwülstigen Prosa mit der Erklärung: «Von Kriegsbeginn an ist es unser Gefühl gewesen, das unwillkürlichste und allgemeinste: sein Erbe ist überall. Dieser Krieg geht um sein Reich; er hat ihn als drohende Möglichkeit vorausgesagt, ähnlich wie Moltke; es ist der Angriff auf das Werk von 1866 und 1871. Und die Vertheidigung führen wir durch seine Mittel. Sie haben sich alle bewährt: sein Reich mit dem Wunderwerke seiner Verfassung, die Einheit und Vielheit, alle lebendigen Kräfte Deutschlands so fest wie elastisch in sich schließt, Stämme, Staaten, Dynastien, alle Mannigfaltigkeit unseres Daseins, in stählernem Zusammenhalte, in unablässigem, innerlichem Wachstum; das Heer, das er von 1862 bis 1888 in hundert inneren Schlachten erstritten und entwickelt hat; der Geist, für den er mit hundert Wunden gekämpft hat, mit Beschwörung und Mahnung, im Ringen der Parteien und der Vergangenheiten – der Geist der Einheit, der Treue, der Hingabe, der Glut.»[20]

Weimar und danach

Die deutsche Niederlage im Ersten Weltkrieg, der Zusammenbruch der Monarchie und die Gründung der Weimarer Republik veranlaßten die wenigsten deutschen Akademiker dazu, Bismarcks Erbe zu überdenken. Im Gegenteil. Die Legende, daß Deutschland einem «Dolchstoß» in den Rücken, den subversive Kräfte in der Heimat geführt hätten, die Niederlage zu danken habe, die allgemeine Zurückweisung irgendeiner deutschen «Kriegsschuld» und die Ablehnung des Versailler Friedensvertrags, die Auffassung, daß die Republik ein den Deutschen gewaltsam übergestülptes fremdes Gebilde ohne Verwurzelung in der deutschen politischen Tradition sei, die Kontinuität der monarchischen Tradition (wegen Bismarck und trotz Wilhelm II.) – all diese Faktoren hielten das Bismarcksche Erbe zusammen, um so mehr, als es auch von den meisten deutschen Historikern gepflegt wurde.

1924 schalt der liberale Historiker Walther Goetz seine Disziplin wegen ihrer mangelnden Bereitschaft, die Fehler des alten Regimes zur Kenntnis zu nehmen. «Die Aufgabe des Historikers ist nicht Pflege der Pietät gegenüber einer mißverstandenen Vergangenheit, sondern die erbarmungslose Ergründung der Wahrheit... Die deutsche Geschichtsschreibung ist seit der Zeit der Freiheitsbewegung so eng mit der Monarchie und mit dem Kultus des Hohenzollernschen Hauses verbunden, daß ihr die sachliche und persönliche Loslösung von diesen festgewurzelten Gedankengängen schwerfällt.» Auch die Historiker seien schließlich «in das Strebertum und Lakaientum, das die Zeit Wilhelms II. immer mehr vergiftete», so sehr hineingezogen worden, daß sie sich trotz der Kassandrarufe von Bismarck und anderen hochgestellten Persönlichkeiten («Wir gehen dem Abgrund entgegen!») gescheut hätten, die «Legende» der Monarchie in Frage zu stellen. «Am Werke Bismarcks Kritik zu üben, galt selbst in Historikerkreisen für einen Mangel an nationalem Empfinden», fuhr Goetz fort. «Die Zeit ist gekommen, in vollster Freiheit und mit unerbittlicher Kritik die Jahrzehnte seit der Reichsgründung zu prüfen und nirgends aus falscher Pietät halt zu machen. Denn uns rettet nur die Wahrheit und die Wiedergewinnung eines aufrechten Persönlichkeitsideals. Es gibt manche, die die Monarchie Wilhelms II. in Grund und Boden verurteilen und dennoch schweigen, um der Monarchie an sich nicht wehe zu tun... Aber aus der vollen Hingabe an Bismarck und an das Haus Hohenzollern ist auch jene tiefe Abneigung gegen die Demokratie entstanden, die für die deutschen Gebildeten der Zeit von 1871–1914 überhaupt kennzeichnend ist.» «Wir sind von den großen Demokratien der Welt geschlagen worden», erinnerte Goetz und forderte: «Die deutsche Geschichtsschreibung öffne ihre Augen und betrachte die Welt, wie sie wirklich ist.» Die Idee und die Institutionen der politischen Demokratie seien der Weg der Zukunft in Europa und der Welt. Die Historiker müßten endlich begreifen, daß der Staat Bismarcks und Wilhelms II. ebensowenig wieder zum Leben erweckt werden könne wie derjenige Friedrichs des Großen. «Erzieher der Nation!» rief er aus. «Glaubt man wirklich eine Erziehungsaufgabe zu erfüllen, wenn man der Geschichte auferlegen will, in ihrem Laufe einzuhalten und zu einem alten Zustand zurückzukehren».[21]

Doch die Erzieher der Nation bekehrten sich nicht. Sieben Jahre später, als schon der Untergang der Weimarer Republik bevorstand, äußerte in der angesehensten historischen Zeitschrift Deutschlands ein mutiger junger Historiker, Hajo Holborn, ähnliche Kritik. «Die tiefen Wandlungen, die im Gefolge des Weltkrieges alle Gebiete des geistigen, politischen und sozialen Lebens erfahren, haben bisher den Betrieb der wissenschaftlichen Geschichtsstudien in ihrem Kern fast gar nicht ergriffen. Das Schwergewicht alter akademischer Traditionen und Institutionen hat sich dahin ausgewirkt, daß eine Kritik an der gewohnten Methodik, Richtung und Zielsetzung der historischen Forschung und Darstellung bislang sehr selten laut geworden ist, vielleicht häufiger sogar ein gewisser Stolz darüber hervortrat, wie wenig man es nötig habe, überlieferte Ideale zu opfern. Gegen den Strom der Zeit zu schwimmen konnte schon an sich für Heroismus gehalten werden. Soweit solche Neigungen zu einer Art wissenschaftlicher ‹Nibelungentreue›, die im Grunde nur Selbstzufriedenheit ist, vorhanden waren, können sie als ein Symptom für den Mangel an wissenschaftlicher Selbstbesinnung und für die methodische Gedankenlosigkeit gelten, die unserer Wissenschaft gefährlich zu werden droht.»[22] Noch in den letzten Monaten der Republik warnte Holborn die akademischen Zünfte, daß freie Wissenschaft nur in einem freien Staat überleben könne. «Gemeinsam sind sie heute der größten Gefahr ausgesetzt.»[23]

In dem geistigen Milieu, das Goetz und Holborn vergeblich kritisierten, konnte der Bismarckmythos auch weiterhin gedeihen. Mitten in dem Chaos, das nach 1918 über Deutschland hereinbrach – Niederlage und Meuterei, Revolutionen und Gegenrevolutionen, Coups und Gegencoups – tröstete sich der Herausgeber der *Süddeutschen Monatshefte*, Paul Cossmann, mit dem Gedanken an die Wiederholbarkeit der Geschichte. «Wenn die Urkraft seiner Veranlagung den Landjunker Bismarck zum größten Staatsmanne seines Jahrhunderts gemacht hat, so dürfen wir ja hoffen, daß sich, sobald die Zeit erfüllt ist, auch von neuem Männer finden werden, die Einsicht, Mut und Kraft genug besitzen, um unserem Jammer ein Ende zu machen. Denn das soll unser Trost sein: Bismarck war ein Deutscher! In seiner Persönlichkeit begegnen uns eine Reihe jener Wesenszüge, die wir mit Recht als die Wurzeln deutscher Größe betrachten. Noch lebt das Volk, dem er entstammte. Warum sollte es nicht ein zweites Mal in seiner Not einen Mann erzeugen können, der unserem Sehnen Erfüllung bringt?»[24] Und am Ende eines Buchs über Bismarck nahm Karl Groos 1920 «Abschied von dem Manne, dessen großes Bild zürnend und traurig über den Trümmern seines Werkes emporsteigt. Eine Wiederkehr des Gleichen gibt es nicht; aber wer möchte ohne die Hoffnung leben, daß die deutsche Erde noch immer die Kräfte birgt, um wieder einen Führer erstehen zu lassen, der seinem Volke zurufen darf: Vor mir der Tag und hinter mir die Nacht!»[25]

1930 schrieb der Volkswirtschaftler Edgar Salin, ein Jünger Stefan Georges und seiner hyperbolischen Diktion: «Die Stärke des Reiches in den zwei ersten Jahrzehnten seines Bestehens leitete sich weniger vom Buchstaben der geschriebenen Verfassung her als von der ehrfurchtgebietenden, schlichten Person des alten Kaisers und von der überragenden, schicksalhaften Reckengestalt des eisernen Kanzlers. Als Wilhelm I. gestorben, Bismarck in brüsker Form entlassen war, mit der Wirkung, daß... die edelsten deutschen Bindungen und Kräfte, Führertreue und Gefolgstreue, Herrscherdank und Mannesmut verletzt, geleugnet, aus der Politik vertrieben waren, da gewannen die mittelflüchtigen Strömungen an Macht.» Der bolschewistischen Flut könne nur ein Volk «widerstehen, das aus der aufgeklärten Entgötterung der Welt heimfand zu den verschütteten Quellen seines Wesens und in dem rettenden Neubegründer des Staates den Setzer neuen Rechtes und neuen Maßes verehrt, der die Herrschaft heiligt, den Dienst adelt und ein lebendiges Reich dem Ansturm der ungestalten Massen entgegenstellt.»[26]

Was Cossmann, Groos und Salin noch ersehnten, wurde für den Generalleutnant a.D. Richard Kaden Wirklichkeit. Kaden, der in der Schlacht von Verdun eine Brigade kommandiert hatte, schloß seine Lebenserinnerungen 1933 mit einem Jubelschrei: «Wie deutlich bestätigt uns wieder die Schicksalswende unseres Volkes vom 30. Januar den alten Erfahrungssatz, daß nie die Masse, nur der Führer, die einzelne Persönlichkeit die Befreiung bringen kann. Und der Deutsche will trotz allem, trotz seiner Stammesverschiedenheiten, trotz seiner Eigenbrötelei, trotz seiner kritischen und mäkelnden Art, geführt werden. Der richtige Mann, die Persönlichkeit setzte sich noch immer durch. Das sahen wir an Bismarck, das sehen wir jetzt wieder an Hitler, der mit seinem flammenden Kampfrufe die Massen aufrüttelte und sie in der Verbindung von nationalem Empfinden und sozialem Verständnis einte».[27]

Auch Hitler dozierte oft über das Fehlen einer «wirklich genialen überragenden politischen Persönlichkeit» von Bismarckscher Statur unter den Regierenden der Weimarer Republik. Vor und nach seiner Machtübernahme fand er es nützlich, die Nähe des ersten deutschen Reichskanzlers zu suchen. 1925 posierte er für ein Foto mit einem Bismarck-Portrait im Hintergrund, im Braunen Haus in München stand vor einer Phalanx von Flaggen eine Statue Bismarcks, ein Schwert in der Hand. Und in Hitlers Büro in der Reichskanzlei hing ein von Lenbach gemaltes Bildnis des Fürsten über dem Kamin. In seiner Heimatstadt Linz feierte Hitler 1938 Bismarcks Geburtstag und gedachte bei dieser Gelegenheit seiner Jugend. «Sein Name war für uns deutsche Jungens in meiner Jugend ein heiliger Begriff.» Im Februar 1939 besuchte er in Friedrichsruh die Familie Bismarck und legte einen Kranz am Grabe des Reichsgründers nieder, bevor er nach Hamburg weiterfuhr, um dort das größte Schlachtschiff der neuen deutschen Flotte auf Bismarcks Namen zu taufen.

Hitler hatte während seiner Haft in Landsberg 1924–1925 Bismarcks Memoiren gelesen und eine höhere Meinung von ihm als die meisten Nazipublizisten und Propagandisten. Man könne ihm keinen Vorwurf machen, «daß er damals nicht das Großdeutsche Reich gegründet hat», bemerkte er 1943. Die Zeit sei noch nicht reif gewesen. Versagt habe Bismarck nur, insofern es ihm nicht gelungen sei, Deutschland nicht nur politisch, sondern auch sozial zu einigen. Der Reichsgründer, «einer der größten Staatsmänner nicht nur unseres Volkes, sondern aller Zeiten», habe es nicht verstanden, den auf die politische Einigung folgenden Bruch zwischen Bürgertum und Proletariat zu verhüten oder zu heilen. Ihm habe die «echte geistige Grundlage» für einen solchen Kampf gefehlt, nämlich der Begriff des wahrhaft nationalen oder «völkischen» Staates. Kein Adeliger, sondern nur ein Mann der Massen konnte das begreifen. «Der gute Bismarck hatte ja nicht die geringste Ahnung von dem jüdischen Problem.» Indem er einerseits Bismarcks Leistungen rühmte, andererseits aber auf dessen Grenzen hinwies, suchte Hitler sich als dessen würdiger Nachfolger darzustellen. Auf Bismarcks Schultern stehend, sah er weiter als dieser und verstand er besser, was Deutschland brauchte. Was Bismarck begonnen hatte, gedachte Hitler zu einem triumphalen Abschluß zu bringen. Er bildete sich ein, «daß sich in ein Genie wohl nur ein Genie ganz hineinverstehen könne».[28]

Nun, da der Kalte Krieg der Vergangenheit angehört, gibt es Anzeichen für ein Wiederaufleben des deutschen Nationalgefühls. Es wäre nicht überraschend, wenn damit auch der mythische Bismarck zu neuem Leben erwachte (diesmal allerdings ohne Beistand der meisten Historiker). Am 17. Juni 1982 feierte ein «Bismarck-Bund» den «Tag der deutschen Einheit» im Mausoleum in Friedrichsruh. Der Festredner Hugo Wellems schloß seine Ansprache mit den Worten: «Ein neues Jahrtausend fordert bald eine neue Bewährung: Ohne die Ordnung der

Völker wird nichts gehen, die Menschheit allein ist keine Grundlage staatlichen Aufbaus und die Geschichte ist keine Rechtfertigung der Vergangenheit und nicht nur ein Friedhof der Eliten. Sie ist vielmehr in erster Linie eine Bewährung für Eliten und eine Herausforderung an das jeweilige Geschlecht. Es ist eine perfide Lüge, die Jugend eines Volkes könne ohne Vorbilder leben. Eines der großen Vorbilder unseres deutschen Volkes ist der Reichskanzler Otto v. Bismarck, dessen wir an diesem Tage der deutschen Einheit hier gedenken – gedenken in der Hoffnung, daß uns eine politische Führung gegeben sein wird, die aus den Irrungen und Fehlern der Vergangenheit lernt, die ideologischen Gegensätze von rechts und links zu überwinden und sich wieder zusammenzufinden in jenem uneigennützigen Einsatz, den Otto von Bismarck uns vorgelebt hat.»[29]

Möglicherweise ist Bismarcks dauerhaftestes Vermächtnis sein Mythos: der Mann von Blut und Eisen, der eiserne Kanzler, mächtige Krieger, deutsche Patriot, die überragende Gestalt, die in Zeiten großer Gefahr und unter schwierigsten Bedingungen die Nation vor inneren und äußeren Feinden rettete und damit ein für alle Mal die Notwendigkeit autoritärer Herrschaft in Deutschland unter Beweis stellte. Diesen Mythos hat nicht eigentlich Bismarck selbst geschaffen, sondern vielmehr seine von germanischer Mythologie berauschten spätromantischen Verehrer. Die von den Hohepriestern des Bismarckkults verwendeten Begriffe und Bilder – «Wunder», «Ergebenheit», «Glaube», «Opfer», «Erlöser», sogar «Auferstehung» – weisen auf den religiösen Charakter ihrer Verehrung hin. Der «tote Bismarck» wird angerufen wie ein Schutzheiliger, dessen geistige Macht die Nation vor dem Bösen bewahren soll. Und der «lebende Bismarck» wird als Messias dargestellt – von Ungläubigen verstoßen, von Wilhelm II. gekreuzigt, dann allgemein als Erlöser anerkannt. Und seine Auferstehung? Die hier beigebrachten, keineswegs umfassenden Zeugnisse[30] legen die Vermutung nahe, daß viele Deutsche zu der Überzeugung neigten, daß in Zeiten der inneren Krise der Nation von neuem ein Retter erscheinen werde, ein Held von enormem narzißtischen Selbstvertrauen, von autokratischem und sogar diktatorischem Temperament, ein Mann von Genie, der die Zerrissenheit der Nation heilen und sie zu neuen Höhen innerer Einheit und äußerer Macht führen würde. Wenn es sich so verhält, trug der Mythos zu historischen Ereignissen bei, die Bismarck in pessimistischen Augenblicken vorausahnte und deren Eintreffen ihn ohne Zweifel entsetzt hätte.

«Die Männer der Praxis kennen als solche nicht nur (obwohl sie sich dessen rühmen) die Menschen und die Welt nicht», sagt Benedetto Croce, «sie kennen nicht einmal die Realität ihres eigenen Werks, das die Geschichte erforscht und an seinen Platz stellt und von dem sie zwar Bewußtsein, aber kein Selbstbewußtsein haben.» Könnten «die Genies der reinen Politik, die *fatalia monstra*, deren die Geschichte gedenkt», unter die Menschen zurückkehren, dann würden sie «staunend erfahren, was sie taten, ohne es zu wissen, und in den Werken ihrer Vergangenheit lesen, wie in einem Hieroglyphenbuch, zu dem man ihnen endlich einen Schlüssel gegeben hätte.»[31]

ANHANG

Anmerkungen

(Die Anmerkungen wurden von Johannes Schwab übersetzt)

In den Anmerkungen verwendete Abkürzungen

AWB	Heinrich von Poschinger (Hg.), *Aktenstücke zur Wirtschaftspolitik des Fürsten Bismarck* (2 Bde., Berlin, 1890).
BA	Bundesarchiv der Bundesrepublik Deutschland (Koblenz).
BFA	Bismarck-Familienarchiv (Friedrichsruh).
BP	Heinrich von Poschinger (Hg.), *Fürst Bismarck und die Parlamentarier* (2. Aufl., 3 Bde., Breslau, 1894–1896).
BR	Horst Kohl (Hg.), *Die politischen Reden des Fürsten Bismarck* (14 Bde., Stuttgart, 1892–1905).
DDF	Ministère des Affaires Étrangères, *Documents diplomatiques français*, 1871–1914, Ire Série (1871–1900, 16 Bde., Paris, 1929–1959).
DZA	Das Zentralarchiv der Deutschen Demokratischen Republik (Potsdam und Merseburg).
GP	Johannes Lepsius, Albrecht Mendelssohn-Bartholdy, Friedrich Thimme (Hgg.), *Die große Politik der europäischen Kabinette 1871–1914* (39 Bde., Berlin, 1922–1927).
GSA	Geheimes Staatsarchiv der Stiftung Preußischer Kulturbesitz (Berlin-Dahlem).
GSP	*Gesetzsammlung für die königlich preußischen Staaten* (Berlin, 1851 ff.).
GW	Herman von Petersdorff u. a. (Hgg.), *Bismarck: Die gesammelten Werke* (15 Bde., Berlin, 1923–1933).
HW	Julius Heyderhoff und Paul Wentzcke (Hgg.), *Deutscher Liberalismus im Zeitalter Bismarcks: Eine politische Briefsammlung* (2 Bde., Bonn, 1925–1927).
RGB	*Reichsgesetzblatt* (1871 ff.).
SBHA	*Stenographische Berichte über die Verhandlungen des Landtages: Haus der Abgeordneten.*
SBHH	*Stenographische Berichte über die Verhandlungen des Landtages: Herrenhaus.*
SBR	*Stenographische Berichte über die Verhandlungen des Reichstages.*
SEG	Heinrich Schulthess (Hg.), *Europäischer Geschichtskalender* (81 Bde., Nördlingen und München, 1860–1940).

Anmerkungen

ERSTES BUCH
Beginn des Frontwechsels 1875–1878

I. Ökonomische Katastrophe und soziale Unruhe

1 Helmut Böhme, *Deutschlands Weg zur Großmacht: Studien zum Verhältnis von Wirtschaft und Staat während der Reichsgründungszeit 1848–1881* (Köln, 1966), 419. Vgl. auch Ivo N. Lambi, «The Agrarian-Industrial Front in Bismarckian Politics, 1873–1879«, *Journal of Central European Affairs*, 20 (1961), 390; Fritz Stern, *Gold und Eisen. Bismarck und sein Bankier Bleichröder* (Frankfurt a. M., 1978), 455, sowie James J. Sheehan, *Der deutsche Liberalismus. Von den Anfängen im 18. Jahrhundert bis zum Ersten Weltkrieg, 1770–1914* (München, 1983), 213–214.

2 Arthur von Brauer, *Im Dienste Bismarcks* (Berlin, 1936), 39–40. Zu einer Beschreibung Berlins zur Zeit des wirtschaftlichen Aufschwungs und der Krise vgl. Gerhard Masur, *Das kaiserliche Berlin* (München, 1971), 58 ff., und Maximilian Müller-Jabusch, *So waren die Gründerjahre* (Düsseldorf, 1957).

3 Alfred Jacobs und Hans Richter, *Die Großhandelspreise in Deutschland von 1792 bis 1934* (Berlin, 1935), 44–45.

4 Friedrich Thorwart (Hg.), *Hermann Schulze-Delitzschs Schriften und Reden* (Berlin, 1909), I, 641.

5 Karl W. Hardach, *Die Bedeutung wirtschaftlicher Faktoren bei der Wiedereinführung der Eisen- und Getreidezölle in Deutschland 1879* (Berlin, 1967), 73–77; ebenso Theodor Freiherr von der Goltz, *Geschichte der deutschen Landwirtschaft* (Stuttgart, 1903), II, 390 ff., und Wilhelm Abel, *Agrarkrisen und Agrarkonjunktur* (2. Aufl., Hamburg, 1966), 257–261.

6 Hardach, *Bedeutung wirtschaftlicher Faktoren*, 83–84; zu Getreidepreisen vgl. Max Sering, *Internationale Preisbewegung und Lage der Landwirtschaft in den außertropischen Ländern* (Berlin, 1929), 170, 172, sowie *Die landwirtschaftliche Konkurrenz Nordamerikas in Gegenwart und Zukunft* (Leipzig, 1887), 532, 545, 546 und 739; Walther G. Hoffmann, *Das Wachstum der deutschen Wirtschaft seit der Mitte des 19. Jahrhunderts* (Berlin, 1965), 522, und Ashok V. Desai, *Real Wages in Germany, 1871–1913* (Oxford, 1968), 118.

7 Walther G. Hoffmann, «Wachstumsschwankungen in der deutschen Wirtschaft 1850–1967«, in: (Hg.), *Untersuchungen zum Wachstum der deutschen Wirtschaft* (Tübingen, 1971), 80, 90.

8 Hoffmann, *Das Wachstum der deutschen Wirtschaft*, 563. Zu weiteren Zahlen, die anhand des Verkaufs preußischer Staatswälder ermittelt wurden, vgl. Sering, *Internationale Preisbewegung*, 173.

9 Hardach, *Bedeutung wirtschaftlicher Faktoren*, 85.

10 Abel, *Agrarkrisen und Agrarkonjunktur*, 253–257; Goltz, *Landwirtschaft*, II, 347, 354–356, 383–394, 402–403; Arthur Spiethoff, *Die wirtschaftlichen Wechsellagen* (Tübingen, 1955), II, Tab. 27.

11 Vgl. besonders Hans Rosenberg, *Große Depression und Bismarckzeit* (Berlin, 1967), 88–117, und Max Nitzsche, *Die handelspolitische Reaktion in Deutschland* (Stuttgart, 1905), 97–98.

12 Friedrich von Spielhagen, *Sturmflut* (Leipzig, 1877).

13 Zit. in: Heinrich von Poschinger (Hg.), *Fürst Bismarck als Volkswirth* (Berlin, 1889–1890), I, 69.

14 Hedwig Wachenheim, *Die deutsche Arbeiterbewegung, 1844 bis 1914* (Köln, 1967), 136–149; SEG (1872), 159, 167; Klaus Tenfelde, *Sozialgeschichte der Bergarbeiterschaft an der Ruhr im 19. Jahrhundert* (Bonn-Bad Godesberg, 1977), 436–486. Die Akten des preußischen Handelsministeriums zeigen, wie breit in den späten 1860er Jahren das Spektrum der Unzufriedenheit in der Arbei-

terschaft wurde. Es gab Berichte über Streiks von Bauarbeitern, Möbelschreinern, Schiffsbauern, Holzarbeitern, Bergleuten, Schneidern, Schuhmachern, Bäckern und Beschäftigten vieler anderer Branchen. DZA Merseburg, Rep. 120, BB, VII, 1, Nr. 1, 2, 3.

15 Paul Kampffmeyer und Bruno Altmann, *Vor dem Sozialistengesetz: Krisenjahre des Obrigkeitsstaates* (Berlin, 1928), 98–103; Nicholas Bullock und James Read, *The Movement for Housing Reform in Germany and France, 1840–1914* (Cambridge, 1985), 19, 53–55.

16 Hans Rothfels, *Theodor Lohmann und die Kampfjahre der staatlichen Sozialpolitik, 1871–1905* (Berlin, 1927).

17 Zur sozialpolitischen Einstellung Friedrich Wilhelms und der Historiker Alfred Dove und Jacob Burckhardt in dieser kritischen Phase vgl. James J. Sheehan, *The Career of Lujo Brentano: A Study of Liberalism and Social Reform in Imperial Germany* (Chicago, 1966), 47–48. Im Februar 1872 schrieb Ernst von Eynern, ein Kaufmann aus Barmen an der Ruhr, an Heinrich von Sybel: «In unseren Fabrikanten- wie in unseren Bürgerkreisen schenkt man notgedrungen der sozialen Frage die größte Aufmerksamkeit. Gar zu erklärlich ist es aber, daß dieselbe vielfach in ihrer Beurteilung den Interessen der einzelnen oder den einseitigen Urteilen der zu gleichen Erwerbsbedingungen vereinigten Gesamtinteressenten unterworfen ist.» Er forderte «eine wissenschaftliche Behandlung der Frage» im Namen derer, «welche die Unmöglichkeit der jetzigen Lage erkennen». HW, II, 43. Ende 1873 war der ständige Ausschuß des Deutschen Handelstages so beunruhigt, daß er in Absprache mit dem Reichskanzleramt und den Regierungen der Länder eine umfangreiche Studie über «die Arbeiteragitation» in Auftrag gab, um «insbesondere zu prüfen, welche Gefahren aus derselben der deutschen Industrie erwachsen sind oder noch zu erwachsen drohen». Das Resultat dieses Rundschreibens war eine im Dezember abgeschlossene Enquete *Die Verhältnisse der ländlichen Arbeiter,* die in 60 Exemplaren, innerhalb der Regierung verteilt wurde. Auch Bismarck erhielt ein Exemplar: DZA Potsdam, Reichskanzleramt, 452, 2–63. Achenbach an Bismarck, 16. Dezember 1873. *Ebd.*, 60. Die wachsende Besorgnis insbesondere unter Fabrikanten, aber auch unter Landbesitzern, läßt sich an den Mitteilungen an das Reichskanzleramt ablesen. DZA Potsdam, Reichskanzleramt, 1294, Bd. 1 (1869–1878).

18 Vgl. besonders Sheehan, *Lujo Brentano,* 48 ff.; auch Gerhard Wittrock, *Die Kathedersozialisten bis zur Eisenacher Versammlung 1872* (Berlin, 1939), 19–120.

19 H. B. Oppenheim, *Der Kathedersozialismus* (2. Aufl., Berlin, 1873), 2; N. Schüren, *Die Kathedersozialisten und die Manchesteregoisten* (Leipzig, 1873), 24; Sheehan, *Lujo Brentano,* 59–66; Wittrock, *Kathedersozialisten,* 121 ff.

20 Sheehan, *Lujo Brentano,* 67 ff.

21 SEG (1872), 205.

22 Sheehan, *Lujo Brentano,* 72 ff. HW, II, 137–139, 143–144. 1872 erkannte Heinrich von Treitschke, die «Gefahr» sei «sehr groß», und begann mit der Untersuchung der sozialen Frage: «... die Noth der arbeitenden Klassen ist gar nicht abzuleugnen», schrieb er, «auch nicht die Pflicht des Staates da einzugreifen, wo die Selbstsucht der Besitzenden keine Belehrung annimmt.» Treitschke an Heinrich von Sybel, 15. Mai 1872. Max Cornicelius (Hg.), *Heinrich von Treitschkes Briefe* (Leipzig, 1920), II, 349. Dennoch verurteilte er die Ansichten der Kathedersozialisten in seinem gehässigen Aufsatz *Der Socialismus und seine Gönner,* in dem er das Bürgertum als eine neue Aristokratie würdigte, und drückte gleichzeitig in seiner Korrespondenz seine Furcht vor «einer bestialischen Pöbelbewegung» aus, welche «die idealen Güter unserer Cultur» bedrohe. *Ebd.*, III, 370–371, 393–400, 410–413. Heinrich von Treitschke, *Zehn Jahre deutscher Kämpfe: Schriften zur Tagespolitik* (3. Aufl., Berlin, 1897), II, 112–222.

23 Hans-Ulrich Wehler, *Bismarck und der Imperialismus* (Köln, 1969), 78–79.

24 Heino Kaack, *Geschichte und Struktur des deutschen Parteiensystems* (Opladen, 1971), 46.

25 Georg Eckert (Hg.), *Wilhelm Liebknecht: Briefwechsel mit Karl Marx und Friedrich Engels* (Den Haag, 1963), 184.

26 August Bebel, *Aus meinem Leben* (Stuttgart, 1911), II, 330 ff.; Willy Albrecht, *Fachverein-Berufsgewerkschaft-Zentralverband: Organisationsprobleme der deutschen Gewerkschaften 1870–1890* (Bonn, 1982), 195–242.

27 Karl Marx, *Kritik des Gothaer Programms* (erweiterte Neuausgabe, Berlin, 1946).
28 Vgl. den ersten Band dieser Biographie, 543–544.
29 Wachenheim, *Arbeiterbewegung*, 190.
30 Wilhelm Mommsen, *Deutsche Parteiprogramme* (München, 1951), 27–28.
31 Walter Frank, *Hofprediger Adolf Stoecker und die christlich-soziale Bewegung* (Berlin, 1928), 54–61.
32 Bebel, *Aus meinem Leben*, II, 398–399.
33 SBR (1871), II, 920–921.
34 Karl Marx, *Der Bürgerkrieg in Frankreich* (Leipzig, 1871).
35 Gerhard Schümer, *Die Entstehungsgeschichte des Sozialistengesetzes* (Göttingen, 1929), 4–12; Kampffmeyer und Altmann, *Vor dem Sozialistengesetz*, 72 ff.
36 AWB, I, 161.
37 Bebel, *Aus meinem Leben*, II, 186–189; Hans-Ulrich Wehler, *Sozialdemokratie und Nationalstaat* (Würzburg, 1962), 45–51; Kampffeyer und Altmann, *Vor dem Sozialistengesetz*, 54–68.
38 GW, VIb, 522–524, 561–573; Schümer, *Entstehungsgeschichte*, 16–18.
39 SBR (1870), 2. außerordentliche Sitzung, I, 9–23.
40 Bebel, *Aus meinem Leben*, II, 245–258, 267; Kampffmeyer und Altmann, *Vor dem Sozialistengesetz*, 74–76, 81. Die Verurteilten veröffentlichten die Prozeßakten. *Der Hochverraths-Prozeß wider Liebknecht, Bebel, Hepner* (2. Aufl., Berlin, 1894).
41 Bebel, *Aus meinem Leben*, II, 291–292, auch 261, 295–296.
42 Bismarck an Schweinitz, 27. Januar 1873. GW, VIc, 31–33.
43 Ministerialsitzung vom 3. April 1873. DZA Merseburg, Rep. 90a, B, III, 2b, Nr. 6, Bd. 85. Vgl. auch AWB, I, 185–186, sowie Poschinger (Hg.), *Bismarck als Volkswirth*, I, 68–69.
44 Werner Pöls, *Sozialistenfrage und Revolutionsfurcht in ihrem Zusammenhang mit den angeblichen Staatsstreichplänen Bismarcks* (Lübeck, 1960), 30–32; Kampffmeyer und Altmann, *Vor dem Sozialistengesetz*, 76 ff.
45 SEG (1872), 183.
46 Bismarck an den Kaiser, 4. April 1872. Hans Rothfels (Hg.), *Bismarck und der Staat* (2. Aufl., Darmstadt, 1953), 331–332.
47 Ministerialsitzung vom 16. September 1872. DZA Merseburg, Rep. 90a, B, III, 2b, Nr. 6, Bd. 84; DZA Potsdam, Reichskanzleramt, 1452, 214–214v.
48 Ministerialsitzung vom 3. April 1873. DZA Merseburg, Rep. 90a, B, III, 2b, Nr. 6, Bd. 85. Der Antrag wurde 1874 als Ergänzung zur Gewerbeordnung in den Reichstag eingebracht, scheiterte jedoch im Ausschuß und wurde nicht noch einmal vorgelegt. SBR (1874), III (Anlagen), Nr. 21. Von Fabrikanten und Handwerkerinnungen wurde er stark unterstützt, von einigen Arbeiterausschüssen jedoch abgelehnt. SBR (1874), III (Anlagen), Nr. 90, und SBR (1874–1875), IV (Anlagen), Nr. 190.
49 SBR (1874), 148–161, 374–537, 1083–1145; Gesetz vom 7. Mai 1874, RGB (1874), 65–72. Vgl. auch Pöls, *Sozialistenfrage und Revolutionsfurcht*, 34. Zur Entwicklung des Gesetzes innerhalb der Regierung vgl. DZA Potsdam, Reichskanzleramt, 1302 und 1303.
50 Preußisches Gesetz vom 11. März 1850. GSP (1850), 277–283; «Erkenntnis der ersten Abtheilung des Senates für Strafsachen, vom 26. November 1875«, *Entscheidungen des königlichen Ober-Tribunals* (Berlin, 1876), Bd. 76, 394–398.
51 Kampffmeyer und Altmann, *Vor dem Sozialistengesetz*, 108–111. Eulenburg an Bismarck, 2. Januar 1877. DZA Potsdam, Reichskanzlei, 1292/2, 150–151.
52 Wachenheim, *Arbeiterbewegung*, 161. 1877 kamen die Sozialisten in Berlin auf 39,2 Prozent. *Ebd.*, 188.
53 «Tages-Chronik», *Spenersche Zeitung*, Nr. 24, Abendausgabe (15. Januar 1874), 1; Eduard Bernstein, *Die Geschichte der Berliner Arbeiter-Bewegung* (Berlin, 1907), I, 290–292.
54 Bebel, *Aus meinem Leben*, II, 310–311. Zur Ära Tessendorff in Berlin vgl. Albrecht, *Fachverein-Berufsgewerkschaft-Zentralverband*, 197–201; Bernstein, *Berliner Arbeiter-Bewegung*, I, 292 ff.; Franz Mehring, *Geschichte der deutschen Sozialdemokratie* (2. Aufl., Stuttgart, 1904), IV, 71–84. Zu den Aktivitäten der Berliner politischen Polizei, die durch Zuwendungen aus dem Welfenfonds unterstützt wurde, vgl. Dieter Fricke, *Bismarcks Prätorianer* (Berlin, 1962), 29 ff.
55 Wachenheim, *Arbeiterbewegung*, 183; Schümer, *Entstehungsgeschichte*, 26. Der Auf-

schwung der sozialistischen Presse wurde durch die Abschaffung der Stempelsteuer auf Zeitungen beschleunigt – was Bismarck vorausgesehen hatte, als er die Abschaffung 1871 ablehnte. AWB, I, 162–163.

56 Albrecht, *Fachverein-Berufsgewerkschaft-Zentralverband*, 197–202; Wachenheim, *Arbeiterbewegung*, 162–164, 186.

57 Bebel, *Aus meinem Leben*, II, 311; Albrecht, *Fachverein-Berufsgewerkschaft-Zentralverband*, 202–206.

58 Wachenheim, *Arbeiterbewegung*, 193; Albrecht, *Fachverein-Berufsgewerkschaft-Zentralverband*, 209 ff.

59 Bebel, *Aus meinem Leben*, II, 308 ff. Zu Beginn seiner Karriere in Berlin wurde Tessendorff von Polizeichef Madai vor dieser Konsequenz gewarnt. Kampffmeyer und Altmann, *Vor dem Sozialistengesetz*, 132–152.

60 SBR (1875–1876), III (Anlagen), Nr. 54 (Absatz 130). Bismarck, der den Justizminister bereits 1871 zu einer solchen Maßnahme gedrängt hatte, war aktiv an der Formulierung des Gesetzentwurfs von 1875 beteiligt. Bismarck an den Kaiser, 4. April 1872. Rothfels, *Bismarck und der Staat*, 331–332; Ministerialsitzung vom 21. Juni und 7. November 1875. DZA Merseburg, Rep. 90a, B, III, 2b, Nr. 6, Bd. 87.

61 DZA Potsdam, Reichskanzleramt, 720/1 (gesamter Band). Zum Vorgehen gegen Sozialisten in Sachsen vgl. den Briefwechsel zwischen Bismarck und Kameke vom 27. Februar und 3. März 1874, zwischen Philipsborn und Delbrück vom 22. und 25. Juni 1875 sowie zwischen Philipsborn und Hofmann vom 23. Juli und 5. August 1876. DZA Potsdam, Reichskanzleramt, 1292/2, 110–122.

62 Ministerialsitzungen vom 22. und 31. Oktober sowie vom 29. November 1875. DZA Merseburg, Rep. 90a, B, III, 2b, Nr. 6, Bd. 87; Eulenburg an Bismarck, 4. Oktober 1876 (bzgl. Bismarcks Demarche von 1874). DZA Potsdam, Reichskanzleramt, 1292/2, 132.

63 Briefwechsel zwischen Bülow, Hofmann, Versen und Krüger, 17. und 21. September sowie 9. Dezember 1876; Bismarck und Eulenburg, 18. Dezember 1876 sowie 1. und 2. Januar 1877; Bismarck an den Hamburger Senat, Januar 1877. DZA Potsdam, Reichskanzleramt, 1292/2, 123–125v, 134–141v, 147–157.

64 Bismarck an Eulenburg, 27. September 1876, sowie Eulenburg an Bismarck, 4. Oktober 1876. DZA Potsdam, Reichskanzleramt, 1292/2, 130–133. Bismarcks Brief vom 5. August 1876 befindet sich nicht in der Akte.

65 Bismarck an Eulenburg, 30. Mai 1877, DZA Potsdam, Reichskanzleramt, 1292/2. Zwei (auf Januar und Februar datierte) Denkschriften lagen bei. Sie kamen von Daniel Krüger, der sie vermutlich selbst verfaßt hatte. DZA Potsdam, Reichskanzleramt 1292/2, 152–157v, 159–165v.

66 Rothfels, *Bismarck und der Staat*, 331–332.

67 Bismarck an Itzenplitz, 21. Oktober 1871. AWB, I, 160–161; Poschinger (Hg.), *Bismarck als Volkswirth*, I, 65.

68 Walter Vogel, *Bismarcks Arbeiterversicherung: Ihre Entstehung im Kräftespiel der Zeit* (Braunschweig, 1951), 20 ff. Itzenplitz formulierte und unterstützte das Haftpflichtgesetz von 1871 nur höchst widerwillig und unter großem Druck von seiten Bismarcks und des Bundesrats. DZA Merseburg, Rep. 120, BB, VII, 1, Nr. 16, Bd. 1, 11–68.

69 Friedrich Syrup, *Hundert Jahre staatlicher Sozialpolitik*, 1839–1939 (Stuttgart, 1957), 58–73.

70 Bismarck an Itzenplitz, 17. November 1871. AWB, I, 164–165.

71 Der Ausschuß setzte sich aus drei Industriellen (Liebermann, Stumm, Hammacher), einem Arzt und Politiker mit engen Verbindungen zur Industrie (Löwe), zwei städtischen Beamten, einem Besitzer eines Adelsguts, einem Professor (Wagner) und mehreren hohen Beamten aus dem Handelsministerium (darunter der spätere Minister Achenbach) zusammen. AWB, I, 167–168.

72 Vogel, *Arbeiterversicherung*, 26–27; Rothfels, *Theodor Lohmann*, 27–30.

73 Wolfgang Saile, *Hermann Wagener und sein Verhältnis zu Bismarck: Ein Beitrag zur Geschichte des konservativen Sozialismus* (Tübingen, 1958), 106–111; Herman von Petersdorff, *Kleist-Retzow: Ein Lebensbild* (Stuttgart, 1907), 461–462.

74 Horst Kohl (Hg.), *Bismarck-Jahrbuch* (Berlin, 1899), VI, 209–214.

75 Vogel, *Arbeiterversicherung*, 27–28. Wageners detaillierte Sitzungsberichte der Konferenz befinden sich im DZA Potsdam, Reichskanzlei, 1292/2, 3–55.

76 Vogel, *Arbeiterversicherung*, 118; Saile, *Hermann Wagener*, 118.

77 GW, VIII, 660.

78 Der verarmte Wagener stellte auch finanzielle Forderungen und scheint sogar mit für Bismarck peinlichen Enthüllungen gedroht zu haben. Saile, *Wagener*, 119 ff.

79 Kohl (Hg.), *Bismarck-Jahrbuch*, VI, 214–226.

80 Arnold Oskar Meyer, *Bismarck: Der Mensch und der Staatsmann* (Stuttgart, 1949), 532; Vogel, *Arbeiterversicherung*, 157.

81 Itzenplitz, 3. November 1872. DZA Merseburg, Rep. 120, BB, VII, 1, Nr. 2, Bd. 3, 24–25.

82 Itzenplitz an das Staatsministerium, 12. März 1873. DZA Merseburg, Rep. 120, BB, VII, 4, Nr. 1, Bd. 1. Zu weiteren Vorbereitungen der Reform vgl. Itzenplitz an Eulenburg und Falk, 7. Mai 1873, *ebd.*, und Ministerialsitzung vom 25. Mai 1873. DZA Merseburg, Rep. 90a, B, III, 2b, Nr. 6, Bd. 85.

83 DZA Merseburg, Rep. 120, BB, VII, 3, Nr. 2, Bd. 2; SBR (1873), 395–405, Anlagen, Nr. 60.

84 *Protokolle über die Verhandlungen des Bundesraths des deutschen Reiches* (1873), Drucksachen, Nr. 147; (1874), Protokoll vom 31. Januar 1874, 34–35; (1876), Protokoll vom 17. November 1876, 231; (1876), Drucksachen, Nr. 83. Die Ergebnisse der Untersuchung befinden sich ebenfalls im DZA Potsdam, Reichskanzleramt, 443, 444, 446.

85 DZA Merseburg, Rep. 120, BB, I, 1, Nr. 12, Bd. 8; DZA Potsdam, Reichskanzleramt, 435/1, 2–2v und 440/1, 2–2v und 440/1. In Zusammenarbeit mit Behörden ließ der *Deutsche Handelstag* 1873 durch lokale Handelskammern eine Untersuchung über Streiks (einschließlich statistischer Erhebungen) und Arbeiteragitation durchführen, um festzustellen, «welche Gefahren aus derselben der deutschen Industrie zu erwachsen drohen». DZA Potsdam, Reichskanzleramt, 452, 2–62.

86 Ministerialsitzung vom 25. Mai 1873. DZA Merseburg, Rep. 90a, B, III, 2b, Nr. 6, Bd. 85. Poschinger (Hg.), *Bismarck als Volkswirth*, I, 69; AWB, I, 187–189, 201–202, 227–229; BP, I, 180–181.

87 DZA Merseburg, Rep. 120, BB, VII, 5, Nr. 3, 7–190.

88 Bismarck (als Kanzler) an Bismarck (als Ministerpräsident), 14. Mai 1875. DZA Merseburg, Rep. 120, BB, VII, 5, Nr. 3, 191–193, auch 220–261; DZA Potsdam, Reichskanzleramt, 1294, Bd. 1, 70–71v, 102–108v, 125–125v.

89 Rudolph Meyer, *Politische Gründer und die Corruption in Deutschland* (Leipzig, 1877), 69–74, 188–189.

90 Zu den Arbeitsbedingungen in der Landwirtschaft in den 1870er Jahren vgl. Goltz, *Landwirtschaft*, I, 364–369.

91 RGB (1876), 125–136. Zum Ursprung dieser Gesetzgebung vgl. Rothfels, *Theodor Lohmann*, 41–43.

92 Vogel, *Arbeiterversicherung*, 21–24.

93 Bismarck, Votum an das Staatsministerium, 30. September 1876. AWB, I, 233–237.

94 SBR (1877), 286–320, 1031–1200, 1383–1492; Anlagen, Nr. 20, 23, 74, 77, 92, 107.

95 Zu Hofmanns Bericht über den Ursprung der drei Gesetzentwürfe vgl. Hofmann an das Staatsministerium 20. Oktober 1877. DZA Potsdam, Reichskanzlei, 436, 196–200v. Der Entwurf des vorgeschlagenen Fabrikgesetzes (Entwurf B) befindet sich *ebd.*, 119–127.

96 Telegramm Kurowskys an Hofmann, 27. Juli 1877. DZA Potsdam, Reichskanzlei, 436, 135. Vgl. auch Telegramm Bismarcks an Hofmann, 3. August 1877, *ebd.*, 141.

97 Kurowsky an Hofmann, 1. August 1877, und Hofmann an Kurowsky, 3. August 1877. *Ebd.*, 136–140.

98 Bismarck an Hofmann, 11. August 1877. *Ebd.*, 143–144v; Bismarck an Achenbach, 10. August 1877. AWB, I, 258–265. Offensichtlich verunsichert wegen Bismarcks plötzlicher Abneigung gegen Fabrikinspektionen, scheint Achenbach einen Untergebenen angewiesen zu haben, die Archive nach Bismarcks früherer Haltung zu durchforschen. Er fand heraus, daß Bismarck und die ihm Verantwortlichen (Wagener in der österreichisch-deutschen Konferenz vom November 1872) die Ausweitung des Systems der Fabrikinspektionen, das im Gesetz vom 16. Mai 1853 erstmals für preußische Industriegebiete eingeführt wurde, seit 1868 wiederholt unterstützt hatten. Die auf den 9. Oktober 1877 datierte Denkschrift hat das Ministerium nie verlassen. Sofern Achenbach sie Bismarck zugedacht hatte, überlegte er es sich noch einmal. DZA Merseburg, Rep. 120, III, BB, VII, 4, Nr. 1, Bd. 2, 89–115.

99 Hertel an Georg und Moritz Behrend, 24. Juli 1877. DZA Merseburg, Rep. 120, III, BB, VII, 4, Nr. 1, Bd. 2, 84–85. Moritz Behrend an Hertel (ohne Datum) und Hertel an Moritz Behrend, 31. Juli 1877. *Ebd.*, 86–87.

Bismarck an Achenbach, 10. August 1877. *Ebd.*, 88–89.

100 AWB, I, 258–265; DZA Potsdam, Reichskanzleramt, 436, 151–160. Vgl. auch Hofmanns Aufzeichnungen über sein Gespräch mit Bismarck, 24. September 1877. DZA Potsdam, Reichskanzleramt, 436, 163–163v.

101 Hofmann an das Staatsministerium, 20. Oktober 1877. DZA Potsdam, Reichskanzleramt, 436, 196–200v. Tiedemann an Hofmann, 20. November 1877. DZA Potsdam, Reichskanzleramt, 437, 41–42v.

102 SBR (1878), III, 500; IV, 1185–1187; RGB (1878), 199–212. In derselben Sitzung machten Zusatzanträge zu einem weiteren Gesetzentwurf der Regierung, der die Schaffung von Schiedsgerichten im Rahmen der Gewerbeordnung von 1869 vorsah, den Entwurf für die Regierungen inakzeptabel; er scheiterte im Bundesrat. SBR (1878), Anlagen, Bd. III, Nr. 110.

103 Hofmann an Maybach, 31. Mai 1878, und Maybach an Hofmann, 4. Juni 1878. DZA Potsdam, Reichskanzleramt, 438, 217–220v; auch DZA Merseburg, Rep. 120, BB, I, 1, Nr. 12, Bd. 11. Hofmann an Tiedemann, DZA Potsdam, Reichskanzleramt, 438, 225–225v.

104 Hofmann an Tiedemann, 28. Juni 1878, und Tiedemann an Hofmann, 30. Juni 1878. DZA Potsdam, Reichskanzleramt, 438, 228–229. Bismarck begnügte sich mit einer Resolution des Bundesrats, die im Sinne von Maybachs Vorschlägen «einheitliche Normen» für Fabrikinspektoren im gesamten Reich festsetzte. *Ebd.*, 227–227v und 230. Bismarck an den König, 9. Juli 1878. *Ebd.*, 231–239.

105 Zur Frühphase des Konflikts zwischen Handel und Landwirtschaft über die Zollfrage vgl. Ivo N. Lambi, *Free Trade and Protection in Germany 1868–1879* (Wiesbaden, 1963), 1–54; Walther Lotz, *Die Ideen der deutschen Handelspolitik von 1860 bis 1891* (Leipzig, 1892), 28–145; Nitzsche, *Handelspolitische Reaktion*, 1–114.

106 Carl Adler (Hg.), *Die Grundlagen der Sozialwissenschaft von H. C. Carey* (3 Bde., München, 1863).

107 Vgl. DZA Potsdam, Reichskanzleramt, 1603.

108 BGB (1870), 123–142.

109 SBR (1873), III, Nr. 88; IV, Nr. 192. Lambi, *Free Trade and Protection*, 55–72.

110 Bleichröder an Bismarck, 15. Mai 1873. DZA Potsdam, Reichskanzleramt, 1604, 96–99. Vgl. auch Louis Baare an Bismarck, 10. Juni 1873, *ebd.*, 101–105v, sowie die frühere Bittschrift des *Zollvereinsländischen Eisenhüttenvereins* an Bismarck vom 27. Januar 1868, die von Haniel, Mulvany, Hammacher und vielen anderen unterzeichnet war. *Ebd.*, 1603, 159–165.

111 Typische Bittschriften dieser Art sind jene vom 15. und 16. September 1869 sowie vom 14. Januar 1870 aus Köln, Hagen und Deutz. *Ebd.*, 1603, 159–165.

112 SBR (1873), 1266–1305, 1385–1421; RGB (1863), 241–293.

113 Nitzsche, *Handelspolitische Reaktion*, 30–40.

114 *Ebd.*, 3–17.

115 Lambi, *Free Trade and Protection*, 73 ff.; Nitzsche, *Handelspolitische Reaktion*, 117 ff.; Böhme, *Deutschlands Weg*, 359–409.

116 DZA Potsdam, Reichskanzleramt, 1604–1608. Die Befürworter des Freihandels besaßen die aktive Unterstützung des preußischen Staatsministeriums, das beschlossen hatte, seinen festen Willen zur Abschaffung des Eisenzolls zu bekräftigen und diese Position in der Presse publik zu machen. Ministerialsitzung vom 22. September 1875. DZA Merseburg, Rep. 90a, B, III, 2b, Nr. 6, Bd. 87.

117 DZA Potsdam, Reichskanzleramt, 1609–1617.

118 Max Nitzsche hat darauf hingewiesen, daß der Freihandel weder in Deutschland noch in anderen Ländern von Anfang an mit dem Liberalismus verknüpft war. 1845 schrieb der renommierte Wirtschaftsautor H. Brüggemann: «Liberal gesinnt und für Schutzzölle sein, gilt für die Menge als eins.» Bismarck verurteilte die Protektionisten in seinen ersten Jahren im Parlament als Männer von liberaler und «revolutionärer» Gesinnung. Nitzsche, *Handelspolitische Reaktion*, 70.

119 Otto Glagau, *Der Börsen- und Gründungs-Schwindel in Berlin: Gesammelte und stark vermehrte Artikel der «Gartenlaube»* (Leipzig, 1876), und *Der Börsen- und Gründungs-Schwindel in Deutschland* (Leipzig, 1877).

120 Glagau, *Schwindel in Deutschland*, xvii-xviii.

121 Glagau, *Schwindel in Deutschland*, 441 ff., und *Schwindel in Berlin*, x-xi, xxv, xxx, 240 ff. Eine auf Statistiken gestützte Darstellung der Rolle der Juden im deutschen Wirt-

schaftsleben und in den einzelnen Berufsständen bis zu den 1870er Jahren bietet Peter G. J. Pulzer, *Die Entstehung des politischen Antisemitismus in Deutschland und Österreich 1867 bis 1914* (Gütersloh, 1966), 13ff.

122 Otto Glagau, *Des Reiches Noth und der neue Culturkampf* (Osnabrück, 1879), 265ff.

123 Meyer, *Politische Gründer*, 146–171.

124 L. Feldmüller-Perrot (Hg.), *Franz Perrot: Bismarck und die Juden. «Papierpest» und «Aera-Artikel von 1875»* (Berlin, 1931), 119–120.

125 *Neue Preußische [Kreuz-] Zeitung*, 29. Juni 1875. Wiederveröffentlicht mit kleineren editorischen Veränderungen – und einem wohlgesinnten Kommentar – von Feldmüller-Perrot, *Bismarck und die Juden*, 271–280.

126 Meyer, *Politische Gründer*. Zu Meyer vgl. William O. Shanahan, *German Protestants Face the Social Question: The Conservative Phase, 1815–1871* (Notre Dame, 1954), 375–379.

127 Wilhelm Wehrenpfennig, «Politische Korrespondenz», *Preußische Jahrbücher*, 37 (1876), 97–98.

II. Wandel der Innenpolitik 1875–1876

1 Horst Kohl (Hg.), *Anhang zu den Gedanken und Erinnerungen von Otto Fürst von Bismarck* (Stuttgart, 1901), I, 260; GW, VIII, 150–151; Freiherr Lucius von Ballhausen, *Bismarck-Erinnerungen* (Stuttgart, 1920), 75–76.

2 GW, VIc, 60–63.

3 BP, I, 86–88. Poschinger nennt keine Quelle und kein genaues Datum für diese Bemerkungen. Sie kennzeichnen jedoch die Stimmung, in der Bismarck Ende 1875 aus Varzin zurückkam. Am 21. April 1873 erklärte er gegenüber Lucius: «Alles sei jetzt träge und interesselos, es werde aber schon noch einmal eine nationale Glühhitze eintreten, welche die spröden Metalle zum Schmelzen bringe.» Lucius, *Bismarck-Erinnerungen*, 29.

4 Vgl. den ersten Band dieser Biographie, 420–425.

5 Waldemar von Roon, *Denkwürdigkeiten aus dem Leben des General-Feldmarschalls Kriegsministers Grafen von Roon* (4. Aufl., Breslau, 1897), III, 423–425.

6 17. Dezember 1875. Lucius, *Bismarck-Erinnerungen*, 80.

7 Christoph von Tiedemann, *Sechs Jahre Chef der Reichskanzlei unter dem Fürsten Bismarck* (2. Aufl., Leipzig, 1910), 9–10, 27, 32–33; BP, II, 233–234; Lucius, *Bismarck-Erinnerungen*, 69, 72, 76, 78.

8 GW, VIII, 146.

9 20., 21. und 22. August 1875. GW, VIII, 149. Vgl. auch Bismarcks Bemerkungen gegenüber Lucius am 31. Oktober 1875 sowie gegenüber Abgeordneten bei einer parlamentarischen Soiree am 4. Dezember 1875. Lucius, *Bismarck-Erinnerungen*, 76, 78; BP, I, 90–92.

10 SBR (1875–1876), I, 28, 115–116.

11 Felix Rachfahl, «Eugen Richter und der Linksliberalismus im neuen Reiche», *Zeitschrift für Politik*, 5 (1912), 288.

12 BR, VI, 292–308; SBR (1875–1876), I, 248ff. Bismarcks Bevorzugung von indirekten gegenüber direkten Steuern war keine spontane Idee aus den späten 1870er Jahren, im Gegenteil: In der Seminararbeit, die er als Student zur Vorbereitung auf das Staatsexamen schrieb, und dann wieder 1851 in einer Rede vor dem preußischen Abgeordnetenhaus betonte er die Vorteile indirekter Besteuerung. Horst Kohl (Hg.), *Bismarck-Jahrbuch*, II (1895), II, 21–47, und BR, I, 207. Diese Einstellung entsprang seinem Studium der französischen Steuertheorie, vor allem der Thesen von J. B. Say. Georg Brodnitz, *Bismarck's nationalökonomische Anschauungen* (Jena, 1902), 78ff.

13 Eugen Richter, *Im alten Reichstag: Erinnerungen* (Berlin, 1894), I, 124; Rachfahl, «Richter», 288; auch Geffcken an Roggenbach, 27. November 1875, in: Julius Heyderhoff (Hg.), *Im Ring der Gegner Bismarcks* (Leipzig, 1943), 169–170.

14 Wie beim Schutzzoll von 1876 machte der Kaiser Bismarck von sich aus darauf aufmerksam. Die Verstaatlichung der norditalienischen Eisenbahnen brachte Wilhelm darauf, daß die deutsche Regierung von der Heydts Vorschlag einer Verstaatlichung des Eisenbahnnetzes erneut aufgreifen könnte. Vgl. seinen Brief an Bismarck, 8. Dezember 1875, in: Friedrich Jungnickel, *Staatsminister Albert von Maybach* (Stuttgart, 1910), 30–31.

15 BP, I, 94–96. Bismarck hatte bereits damit begonnen, Delbrück das Leben schwer zu machen, wie ein auf «Ende November» datierter Eintrag im Tagebuch Bambergers

zeigt: «Das Merkwürdigste erzählt mir eben Bennigsen, dem er im Reichstag, dicht neben Delbrück stehend, geklagt, daß Delbrück ihm überall durch seine Herrschsucht Opposition mache, daß er, Bismarck, gern das Reich mit großen selbständigen Ämtern organisieren möchte, wie wir es wollen, aber Delbrück wolle nichts loslassen, und dabei bediente er sich solch heftiger Äußerungen über Delbrück, daß Bennigsen sie gar nicht wiedererzählen wollte – von allen verdachtsvollen Phantasmagorien Bismarcks die stärkste!» Ernst Feder (Hg.), *Bismarcks großes Spiel: Die geheimen Tagebücher Ludwig Bambergers* (Frankfurt, 1932), 314.

16 Heinrich von Poschinger (Hg.), *Erinnerungen aus dem Leben von Hans Viktor von Unruh* (Stuttgart, 1895), 353–355.

17 HW, II, 145–148, 152–153; Karl Schiller (Hg.), *Heinrich von Treitschke: Aufsätze, Reden und Briefe* (Meersburg, 1929), III, 363 ff.

18 Vgl. einen Bericht über die Soiree am 27. November 1875 in: BP, I, 89–90.

19 Hermann Oncken, *Rudolf von Bennigsen* (Stuttgart, 1910), II, 286–287.

20 BP, I, 101–102.

21 Bamberger, *Bismarcks großes Spiel*, 315.

22 HW, II, 137.

23 Richard W. Dill, *Der Parlamentarier Eduard Lasker und die parlamentarische Stilentwicklung der Jahre 1867–1884* (Erlangen, 1956), 130–131; Lasker an Forckenbeck, 16. Mai 1875 und 3. Juli 1875, DZA Merseburg, Rep. 92 (Nachlaß Forckenbeck, B, 38–41).

24 Lasker an Hermann Baerwald, 1. November – 27. Dezember 1875. HW, II, 140.

25 Bamberger, *Bismarcks großes Spiel*, 314–315.

26 Heinrich Oppenheim an Lasker, 10. November 1875. HW, II, 137.

27 Bamberger an Wehrenpfennig, Ende Dezember 1875. Bamberger, *Bismarcks großes Spiel*, 315.

28 SBR (1875–1876), I, 223.

29 BR, VI, 307. Heinrich Geffcken schrieb am 29. November 1875 an Freiherr von Roggenbach: «Camphausens und Bismarcks Reden haben den Liberalen die erste Konfliktangst genommen; ob letzterer von den konstitutionellen Ansichten des ersten erbaut war, erscheint mir fraglich.» Heyderhoff (Hg.), *Im Ring der Gegner*, 169.

30 SBR (1875–1876), I, 694 ff., 725–726.

31 SBR (1875–1876), I, 386–399.

32 SBR (1875–1876), I, 408–410; Richter, *Im alten Reichstag*, I, 129; BP, II, 224–225.

33 BR, VI, 309–325.

34 BP, II, 225; HW, II, 145; BR, VI, 318–323.

35 AWB, I, 126, 131–134, 152–154, 157–160, 170–171, 193–199; GW, VIb, 222, 412–413; Tiedemann, *Sechs Jahre*, 45–50; Heinrich von Poschinger (Hg.), *Neues Bismarck-Jahrbuch* (Wien, 1911), I, 60 ff.; Alfred von der Leyen, *Die Eisenbahnpolitik des Fürsten Bismarck* (Berlin, 1914), 147 ff.

36 AWB, I, 172–182.

37 AWB, I, 181; BR, VI, 47–55. Im Gegensatz zu Bismarcks Beteuerungen gegenüber Lucius am 12. April 1873 (*Bismarck-Erinnerungen*, 29) haben sich weder Itzenplitz noch Camphausen gegen die Schaffung eines Reichseisenbahnamts ausgesprochen. Leyen, *Eisenbahnpolitik*, 57–64, 169–176.

38 AWB, I, 146–148, 150–151; auch Leyen, *Eisenbahnpolitik*, 158–160.

39 BR, VI, 424, 429–434; auch GW, VIc, 57, und VIII, 149; AWB, I, 200, 216–222. Bismarck erwähnte den Gedanken erstmals am 20.–22. August 1875 gegenüber Hermann Freiherr von Mittnacht, und am 11. September 1875 legte er den Vorschlag Maybach dar. Leyen, *Eisenbahnpolitik*, 95–96.

40 Konservative hatten bereits damit begonnen, die Idee der Verstaatlichung öffentlich zu propagieren – Graf Udo zu Stolberg am 19. März 1875 im preußischen Herrenhaus und Karl Stumm und Wilhelm von Kardorff am 24. November 1875 im Reichstag. SBHH (1875), I, 200; SBR (1875–1876), I, 308–311, 316; Richter, *Im alten Reichstag*, I, 130–131. Albert Maybach, ein ehemaliger preußischer Beamter, der zum Präsidenten des Reichseisenbahnamtes ernannt wurde, schlug Bismarck am 4. Oktober 1875 eine Verstaatlichung vor. Am 23. Oktober 1875 berichtete er Bismarck, der Vorschlag sei finanziell «nicht unausführbar». Jährliche Überschüsse und «Ersparnisse» der deutschen Eisenbahnen, insgesamt etwa 206 480 000 Mark, würden genügen, um zur Finanzierung des Kaufs Anleihen zu 5,81 Prozent im Wert von 3 530 000 000 Mark in Umlauf zu bringen. Jungnickel, *Maybach*, 30–31, 50–52.

41 Jungnickel, *Maybach*, 53–54; Leyen, *Eisenbahnpolitik*, 100–103, 196–201.

42 SBHA (1876), II, 1134–1162.
43 HW, II, 145–149.
44 GW, VIc, 68–70; Leyen, *Eisenbahnpolitik*, 108 ff.
45 AWB, I, 230–232, 252–253, 281–282; Leyen, *Eisenbahnpolitik*, 115–118.
46 BR, VII, 214–215.
47 Bismarck an Poschinger, 6. Mai 1889. GW, VIII, 659.
48 BR, VI, 387–388.
49 Vgl. den ersten Band dieser Biographie, 681–682, 720–725.
50 Herman von Petersdorff, *Kleist-Retzow: Ein Lebensbild* (Stuttgart, 1907), 461–462.
51 GW, VIc, 61–62; XV, 350.
52 BR, VI, 351–352.
53 Hermann Witte (Hg.), «Bismarck und die Konservativen: Briefe aus Trieglaff», *Deutsche Rundschau*, 149 (1911), 386–387. 1863 hatte Thadden über Bismarck geäußert: «Er ist ein Held vom Kopf bis zur Zehe!» Auf Bismarcks Anweisung hin wurde die gesamte Liste der Deklaranten im offiziellen Staatsanzeiger veröffentlicht, um zu demonstrieren, daß er mit den Unterzeichnern tatsächlich gebrochen («das Tischtuch zerschnitten») hatte. Zur Identität der Deklaranten vgl. BP, II, 201–202.
54 Vgl. 44–49.
55 Otto von Diest-Daber, *Der sittliche Boden im Staatsleben: Auseinandersetzung mit dem Abgeordneten Lasker* (Berlin, 1876), 49–56, und *Entgegnungen auf die Angriffe des Herren Lasker, von Bennigsen u. A. nebst Aufklärung über die Privilegien der Central-Boden-Credit-Gesellschaft* (Berlin, 1876), 30–34, 44–63, und *Zur Klarstellung des anonymen Schriftstückes und der Angriffe des Abgeordneten Lasker: Einige Worte der vorläufigen Abwehr* (Diest-Daber, Selbstverlag des Verfassers, 1878). Wie die Titel andeuten, zielte Diest-Dabers Attacke vor allem auf Lasker, dem er vorwarf, er habe es versäumt, Nationalliberale (insbesondere Bennigsen) und Freikonservative als Schuldige in den Skandal hineinzuziehen. Zur Affäre um Diest-Daber vgl. Siegfried von Kardorff, *Wilhelm von Kardorff: Ein nationaler Parlamentarier im Zeitalter Bismarcks und Wilhelms II., 1828–1907* (Berlin, 1936), 97–110. Zu Diest-Dabers eigener Version der Ereignisse, die zu seiner Verhaftung und Entlassung aus dem Offizierskorps führten, vgl. dessen *Bismarck und Bleichröder: Deutsches Rechtsbewußtsein und die Gleichheit vor dem Gesetze. Lebenserfahrungen aus Acten, Tagebüchern und Briefen* (München, 1897).
56 Rudolph Meyer, *Politische Gründer und die Corruption in Deutschland* (Leipzig, 1877), 154.
57 Kardorff, *Kardorff*, 106. Bismarck erschien nicht persönlich, um im Prozeß auszusagen, wurde aber durch eine vom Staatsanwalt verlesene, nicht unterschriebene und anonyme Aussage vertreten, in der Diest-Dabers Vorwürfe zurückgewiesen wurden. Das Gericht erlaubte die Verlesung der Aussage nach Abschluß des Verfahrens, aber vor der Urteilsverkündung, da der Staatsanwalt versicherte, «daß er von hoher Stelle dazu autorisirt sei und für die Glaubwürdigkeit des Inhalts sich verbürge.» Diest-Daber, *Bismarck und Bleichröder*, 50.
58 GW, XV, 346–353.
59 Vgl. Hans Booms, *Die deutschkonservative Partei* (Düsseldorf, 1954), 9–10, und Robert Berdahl, «Conservative Politics and Aristocratic Landholders in Bismarckian Germany», *Journal of Modern History*, 44 (1972), 1–3.
60 Felix Salomon, *Die deutschen Parteiprogramme* (Leipzig, 1907), II, 1–7. Das Wahlprogramm der Neuen Konservativen Partei im Abgeordnetenhaus ist in dieser Quelle falsch datiert (1873, nicht 1872).
61 Booms, *Deutschkonservative Partei*, 6–8.
62 Salomon, *Parteiprogramme*, II, 7–9.
63 Petersdorff, *Kleist-Retzow*, 464.
64 Salomon, *Parteiprogramme*, II, 8–9.
65 Walter Vogel, *Bismarcks Arbeiterversicherung: Ihre Entstehung im Kräftespiel der Zeit* (Braunschweig, 1951), 87–92.
66 Salomon, *Parteiprogramme*, II, 1–11.
67 Petersdorff, *Kleist-Retzow*, 461.
68 *Ebd.*, 463–464.
69 SEG (1876), 165, 167; Ludolf Parisius, *Deutschlands politische Parteien und das Ministerium Bismarck* (Berlin, 1878), 218. Obwohl Kleist-Retzow bereitwillig unterschrieb, verweigerten sich einige der von ihm angesprochenen Ultras, darunter auch Graf Lippe, für den eine «deutsche» konservative Partei keinen Sinn machte. Petersdorff, *Kleist-Retzow*, 464.
70 Hans Rothfels (Hg.), *Bismarck-Briefe* (Göttingen, 1955), 391–392.
71 SEG (1876), 167; BP, I, 101.
72 SEG (1876), 171; BP, I, 92–93, 100; Tiede-

mann, *Sechs Jahre*, 35; BR, VI, 336–352; Moritz Busch, *Tagebuchblätter* (Leipzig, 1899), II, 423.

73 Tiedemann, *Sechs Jahre*, 116–118. Es gibt keine Belege für die Behauptung von Hans Booms, Bismarck habe «sicherlich» an der Gründung der Deutschkonservativen Partei mitgewirkt. Booms, *Deutschkonservative Partei*, 15–19.

74 Petersdorff, *Kleist-Retzow*, 406.

75 Vgl. den Briefwechsel in: Hans Leuss, *Wilhelm von Hammerstein* (Berlin, 1905), 25–34. Daß für die Konservativen eine Ära zu Ende ging, schien Mitte Februar 1877 der Tod Ludwig von Gerlachs zu symbolisieren. Der entschiedenste und unversöhnlichste Gegner von Bismarcks Einigungspolitik und Zusammenarbeit mit den Liberalen wurde von einem Wagen der Reichspost überfahren, als er den Potsdamer Platz in Berlin überqueren wollte. Lucius, *Bismarck-Erinnerungen*, 102.

76 Vgl. den ersten Band dieser Biographie, 670–673.

77 SEG (1876), 154, 157.

78 SEG (1876), 171–172.

79 SEG (1876), 183; HW, II, 152.

80 Bernhard Vogel, Dieter Nohlen und Rainer-Olaf Schultze, *Wahlen in Deutschland: Theorie-Geschichte-Dokumente, 1848–1970* (Berlin, 1971), 287.

81 Forckenbeck und Stauffenberg (beides Nationalliberale) wurden als Präsident und erster Vizepräsident des Reichstags wiedergewählt. Die Nationalliberalen weigerten sich jedoch, die Wiederwahl von Hänel (Fortschrittspartei) zum zweiten Vizepräsidenten zu unterstützen, und stimmten statt dessen für Wilhelm Löwe, der aus der Fortschrittspartei ausgetreten war. Löwe nahm die Wahl jedoch nicht an, und die Nationalliberalen akzeptierten schließlich Hänel. Dieser Vorfall hinterließ in der Fortschrittspartei Ressentiments, deren politische Folgen sich bald an anderer Stelle zeigten. SEG (1876), 94; Dill, *Lasker*, 151 ff.

82 BR, VI, 475–476, auch IV, 151, 301; GW, VIb, 184; VIII, 76; Hans Goldschmidt, *Das Reich und Preußen im Kampf um die Führung von Bismarck bis 1918* (Berlin, 1931), 169–170, 177–179, 181–183.

83 SBR (1869), III, 175; (1871), II, 71; (1872), III, 260; (1873), III, 138.

84 Zum Hintergrund der rechtlichen und richterlichen Bestimmungen, die 1877 Gesetz wurden, vgl. Ernst Rudolf Huber, *Deutsche Verfassungsgeschichte* (Stuttgart, 1963), III, 974–979. Bayern forderte einen Preis für das Nachgeben – die Unabhängigkeit bayerischer Gerichte von der Rechtsprechung des Reichsgerichts. Die Klein- und Mittelstaaten rächten sich am 28. Februar 1877, als sie Preußen – und Bismarck – erstmals mit 30 zu 28 überstimmten, um das Reichsgericht nicht in Berlin, sondern in Leipzig anzusiedeln.

85 SBR (1876–1877), III, Nr. 5–10.

86 GW, VIc, 60–61; Tiedemann, *Sechs Jahre*, 91–92, 95.

87 Tiedemann, *Sechs Jahre*, 93–95.

88 SBR (1876–1877), I, 135–569.

89 BP, I, 120–121; Lucius, *Bismarck-Erinnerungen*, 95; Oncken, *Bennigsen*, II, 290–296; Dill, *Lasker*, 130–133; Hans Herzfeld, *Johannes von Miquel* (Detmold, 1938), II, 300–303. Zu den strittigen Punkten und den Details des Kompromisses vgl. SEG (1876), 214–215, 219–220.

90 SBR (1876–1877), II, 849–1005.

91 SBR (1876–1877), II, 864–871; Dill, *Lasker*, 130–133.

92 Herzfeld, *Miquel*, 299.

93 SEG (1876), 194.

94 SEG (1876), 222–231.

95 Vogel u. a., *Wahlen in Deutschland*, 291.

96 BR, VII, 47.

97 Lucius, *Bismarck-Erinnerungen*, 90; Kohl (Hg.), *Anhang*, II, 486.

98 Lucius, *Bismarck-Erinnerungen*, 91.

99 GW, XIV, 879–880.

100 GW, VIII, 174–175.

101 Lucius, *Bismarck-Erinnerungen*, 94.

102 BP, II, 211–214. In der Privatheit des fürstlichen Haushalts war Lasker häufig Zielscheibe abfälliger Witze. Vgl. etwa Tiedemann, *Sechs Jahre*, 123. Nach einer oft erzählten und vielleicht unwahren Geschichte soll Bismarck einmal im Spaß zu Lasker gesagt haben, die beiden könnten eines Tages zusammen im preußischen Staatsministerium sitzen. «Diese Ansicht», erwiderte Lasker, «sei ihm schon einige Tage nach seiner Geburt abgeschnitten worden». Robert von Mohl, *Lebens-Erinnerungen*, 1799–1875 (Stuttgart, 1902), II, 176.

103 Lucius, *Bismarck-Erinnerungen*, 100.

104 SEG (1877), 53.

105 *Ebd.*, 55.

106 Martin Philippson, *Max von Forckenbeck: Ein Lebensbild* (Leipzig, 1898), 282–283.

III. Die «Kanzlerkrise» von 1877

1 GW, VIII, 176–177; auch Christoph von Tiedemann, *Sechs Jahre Chef der Reichskanzlei unter dem Fürsten Bismarck* (2. Aufl., Leipzig, 1910), 38.

2 GW, XIV, 878–879.

3 GW, VIII, 186–187.

4 Tiedemann, *Sechs Jahre*, 116; BP, I, 127; Freiherr Lucius von Ballhausen, *Bismarck-Erinnerungen* (Stuttgart, 1920), 100; BR, VII, 27.

5 Karl Heinz Börner, *Wilhelm I., Deutscher Kaiser und König von Preußen, 1797 bis 1888: Eine Biographie* (Berlin und Köln, 1984), 272; GW, XV, 428.

6 Lucius, *Bismarck-Erinnerungen*, 70; auch 28, 31, 91.

7 GW, XV, 89–90, 360–362; VIII, 197–198. Zu Gontaut-Birons Sicht dieser Beziehungen vgl. André Dreux, *Dernières années de l'ambassade en Allemagne de M. de Gontaut-Biron, 1874–1877* (Paris, 1907), 291–316. Augustas Vorliebe für Franzosen und Katholiken wird bestätigt in: Jules Laforgue, *Berlin, la cour et la ville* (Paris, 1922), 39–51, und Graf Paul Vasili, *La société à Berlin* (Paris, 1883), 54–65, 73–74. Vasili war ein Pseudonym; die Autorschaft wurde sowohl Catherine Radziwill als auch Juliette Adam zugeschrieben.

8 GW, XV, 432–435. Zu den Gründen für Augustas Abneigung gegenüber Bismarck während der Revolution von 1848 vgl. den ersten Band dieser Biographie, 800 Anm. 71, 180.

9 GW, XV, 434.

10 GW, VIII, 186.

11 Lucius, *Bismarck-Erinnerungen*, 97–98.

12 BR, VII, 18–19, 35, 55. Bismarcks Wutausbruch vom 10. März richtete sich vor allem gegen Camphausen, mit dem er sich am Vortag in einer Ministerialsitzung über die Ziele und Strategien der Finanzreform gestritten hatte. Anstatt die von Bismarck geforderte umfassende Steuerreform zu konzipieren, schlug Camphausen vor, nach und nach Steuergesetze mit dem erklärten Ziel vorzulegen, den preußischen Haushalt durch eine Reduzierung der jährlichen Zahlungen an das Reich, der Matrikularbeiträge, zu konsolidieren. Ministerialsitzung vom 9. März 1877. DZA Merseburg, Rep. 90a, B, III, 2b, Nr. 6, Bd. 89.

13 BR, VII, 21; ebenso Tiedemann, *Sechs Jahre*, 44.

14 Zu Stosch und seinem Verhältnis zu Bismarck vgl. Frederick B. M. Hollyday, *Bismarck's Rival: A Political Biography of General and Admiral Albrecht von Stosch* (Durham, 1960), 99–215.

15 Lucius, *Bismarck-Erinnerungen*, 105; Tiedemann, *Sechs Jahre*, 130.

16 GW, XV, 338, 373, 379.

17 Hollyday, *Bismarck's Rival*, 161.

18 Hollyday, *Bismarck's Rival*, 164–167.

19 Tiedemann, *Sechs Jahre*, 135–137. Tiedemann war beeindruckt von der Übersicht und dem Geschick, mit dem der Kaiser am 3. Dezember 1876 eine Sitzung des Kronrats leitete. *Ebd.*, 99–108.

20 GW, XV, 379–380, 438. Die Herausgeber von Bismarcks gesammelten Werken konnten dieses Dokument nicht in den Archiven finden und schlossen daraus, daß es womöglich nie existiert habe – vielleicht eine übertriebene Hommage an die Gründlichkeit und Effizienz deutscher Archivare. GW, VIc, 79. Nur schwer läßt sich Erich Eycks Einschätzung teilen, Bismarck habe die Anfrage nicht zu Papier gebracht, weil er fürchtete, daß sie bei förmlicher Vorlage angenommen werde. Erich Eyck, *Bismarck: Leben und Werk* (Zürich, 1944–1947), III, 199. Nach einem Besuch bei Johanna am 4. April 1877 vertraute die Baronin von Spitzemberg ihrem Tagebuch an: «Das schriftliche Entlassungsgesuch liegt jetzt dem Kaiser vor.» Rudolf Vierhaus (Hg.), *Das Tagebuch der Baronin Spitzemberg* (Göttingen, 1961), 165.

21 Diese Stimmung läßt sich aus einigen Quellen ablesen: Lucius, *Bismarck-Erinnerungen*, 106; GW, VIII, 187; Spitzemberg, *Tagebuch*, 164, 166.

22 SEG (1877), 84.

23 Lucius, *Bismarck-Erinnerungen*, 106; Tiedemann, *Sechs Jahre*, 129–131.

24 Lasker an Bennigsen, 7. April 1877. Hermann Oncken, *Rudolf von Bennigsen* (Stuttgart, 1910), II, 303.

25 GW, VIII, 187. Dieser Bericht an den französischen Botschafter verfolgte natürlich

einen politischen Zweck. Paris mußte erfahren, daß Bismarck noch fest im Sattel saß.

26 GW, XV, 438; Spitzemberg, *Tagebuch*, 166; Lucius, *Bismarck-Erinnerungen*, 108.

27 Laut einem offensichtlich gut informierten Artikel in der *Kölnischen Zeitung* vom 7. April 1877. SEG (1877), 85. Dies scheint dadurch bestätigt, daß für Februar bis April 1877 keinerlei Klagen über den schlechten Gesundheitszustand oder die Nervenzerrüttung überliefert sind.

28 Moritz Busch, *Tagebuchblätter* (Leipzig, 1899), II, 423.

29 Lucius, *Bismarck-Erinnerungen*, 104–107.

30 BP, I, 128–129.

31 Lucius, *Bismarck-Erinnerungen*, 99.

32 *Die Post*, 7. April 1877, XII, Nr. 82, S. 1. BP, I, 122–123. Zu einer etwas anderen Version der Jagdgeschichte vgl. Tiedemann, *Sechs Jahre*, 132–133.

33 Busch, *Tagebuchblätter*, II, 413–447; *Grenzbote*, 7., 19. und 26. April; 6. und 14. Mai; 9. und 27. Juni 1877.

34 Lucius, *Bismarck-Erinnerungen*, 107–108, 120; Tiedemann, *Sechs Jahre*, 134, 138.

35 Horst Kohl (Hg.), *Fürst Bismarck: Regesten zu einer wissenschaftlichen Biographie des ersten Reichskanzlers* (Leipzig, 1892), II, 142–150.

36 Tiedemann, *Sechs Jahre*, 154.

37 *Encyclopaedia Britannica* (Ausgabe von 1911), Bd. 15, 837; Bd. 11, 504.

38 Tiedemann, *Sechs Jahre*, 194.

39 *Ebd.*, 199–206.

40 *Ebd.*, 147, 180; Lucius, *Bismarck-Erinnerungen*, 111.

41 Horst Kohl (Hg.), *Anhang zu den Gedanken und Erinnerungen von Otto Fürst von Bismarck* (Stuttgart, 1901), I, 272–276.

42 Lucius, *Bismarck-Erinnerungen*, 114.

43 Tiedemann, *Sechs Jahre*, 210–213. Eine Obduktion durch einen Tierarzt ergab, daß Sultan «einen schweren Schlag oder Fußtritt oder Stoß bekommen haben könnte, weil eine Ader gesprungen und die ganze Bauchhöhle von Blut erfüllt war». Marie von Bismarck an Heinrich von Kusserow, 26. Oktober 1877. Heinrich von Poschinger, «Aus den Denkwürdigkeiten von Heinrich von Kusserow», *Deutsche Revue*, 33,1 (1908), 190. Hunde sind jedoch ersetzbar, und binnen weniger Tage schickte der bayerische Hofbeamte Graf Holnstein, der bereits Sultan beschafft hatte, mit Tyras einen würdigen Ersatz.

44 Ernst Westphal, *Bismarck als Gutsherr: Erinnerungen seines Varziner Oberförsters* (Leipzig, 1922), 96–100; Tiedemann, *Sechs Jahre*, 216–220. Die Unterschlagung erfolgte zu einem Zeitpunkt, da Bismarck über den finanziellen Ertrag seiner Investitionen in Varzin sehr enttäuscht war. In diesem Herbst beschloß er, künftige Sommer in Friedrichsruh zu verbringen, das klimatisch günstiger, einträglicher und leichter erreichbar war. Busch, *Tagebuchblätter*, II, 479–480.

45 Lucius, *Bismarck-Erinnerungen*, 114–115.

46 Tiedemann, *Sechs Jahre*, 220–222; auch Lucius, *Bismarck-Erinnerungen*, 111; GW, VIII, 205–206.

47 Hans Goldschmidt, *Das Reich und Preußen im Kampf um die Führung von Bismarck bis 1918* (Berlin, 1931), 197.

48 Eugen Richter an Paul Richter, 5. April 1877. BA Koblenz, Nachlaß Eugen Richter. Ich danke James Tent, der mich auf dieses Dokument aufmerksam gemacht hat.

49 SBR (1877), I, 44–90, 122–136, 417–425; BR, VII, 31–59.

50 Kohl (Hg.), *Anhang*, I, 275–276.

51 DZA Merseburg, Rep. 90a, B, III, 2b, Nr. 6, Bd. 89; Goldschmidt, *Reich und Preußen*, 29–31, 177–179, 181–188.

52 Lucius, *Bismarck-Erinnerungen*, 112, 120; Rudolf Morsey, *Die oberste Reichsverwaltung unter Bismarck, 1867–1890* (Münster, 1957), 92–94.

53 Vgl. 35–36, 78–80.

54 Lucius, *Bismarck-Erinnerungen*, 116.

55 GW, VIc, 84–85, 88–89, 99–100; Goldschmidt, *Reich und Preußen*, 188–191.

56 GW, VIII, 199.

57 Goldschmidt, *Reich und Preußen*, 209–213.

58 Tiedemann, *Sechs Jahre*, 126. «Er brauche nur mit dem Kopfe zu nicken oder zu schütteln, und das ganze Ministerkollegium mit Ausnahme seiner (Camphausens) tue, was er wolle.» Als Vizepräsident des Staatsministeriums mußte Camphausen «alle unbequemen Sachen» erledigen, während Bismarck sich das Recht vorbehielt, jeden Augenblick einzuschreiten und ihn «überflüssig» zu machen.

59 Goldschmidt, *Reich und Preußen*, 217–218.

60 Lucius, *Bismarck-Erinnerungen*, 117, 120; Goldschmidt, *Reich und Preußen*, 188–189.

61 Offenbar wurde die Schaffung eines eigenen preußischen Ministeriums für Eisenbahnfragen erwogen. Goldschmidt, *Reich und Preußen*, 191.

62 Goldschmidt, *Reich und Preußen*, 191–197.

63 Lucius, *Bismarck-Erinnerungen*, 91.

64 Goldschmidt, *Reich und Preußen*, 198.

65 BP, I, 127.

66 Goldschmidt, *Reich und Preußen*, 215.

67 An den Kaiser, 22. Januar 1878. Goldschmidt, *Reich und Preußen*, 222–230. Vgl. auch den Entwurf des Immediatberichts vom 18. Dezember 1877, der von Staatssekretär Friedberg verfaßt und von Bismarck gründlich überarbeitet, aber nie abgeschickt wurde. *Ebd.*, 199–209.

68 Goldschmidt, *Reich und Preußen*, 201–203; BR, VII, 151–153.

69 Tiedemann, *Sechs Jahre*, 134.

70 Lucius, *Bismarck-Erinnerungen*, 110–111.

71 Vgl. besonders Oncken, *Bennigsen*; Goldschmidt, *Reich und Preußen*, 32–50, 188–232; Morsey, *Reichsverwaltung*, 91–100; Dietrich Sandberger, *Die Ministerkandidatur Bennigsens* (Berlin, 1929).

72 Oncken, *Bennigsen*, II, 320–321, 327–337; Lucius, *Bismarck-Erinnerungen*, 121; Goldschmidt, *Reich und Preußen*, 28–29.

73 Karl Zuchardt, *Die Finanzpolitik Bismarcks und die Parteien im Norddeutschen Bunde* (Leipzig, 1910), 79.

74 *Norddeutsche Allgemeine Zeitung*, 29. Dezember 1877, XVI, Nr. 306; Kohl (Hg.), *Anhang*, I, 276–277.

75 Kohl (Hg.), *Anhang*, I, 277–279.

76 Tiedemann, *Sechs Jahre*, 225; GW, XIV, 892; Gerhard Ebel (Hg.), *Botschafter Paul Graf von Hatzfeldt: Nachgelassene Papiere, 1838–1901* (Boppard am Rhein, 1976), I, 314.

77 Kohl (Hg.), *Anhang*, I, 277; Oncken, *Bennigsen*, II, 338, 342.

78 Lucius, *Bismarck-Erinnerungen*, 124.

79 Vgl. besonders Oncken, *Bennigsen*, II, 334 ff.; Sandberger, *Ministerkandidatur Bennigsens*, 178–182.

80 GW, XV, 369; Kohl (Hg.), *Anhang*, I, 277; Tiedemann, *Sechs Jahre*, 225.

81 Lucius, *Bismarck-Erinnerungen*, 125–127.

82 Dieter Langewiesche (Hg.), *Das Tagebuch Julius Hölders, 1877–1880* (Stuttgart, 1977), 78–79. Der anscheinend wohlüberlegten Formulierung in Hölders Tagebuch (datiert auf den 20. Februar) nach zu schließen, hatten die Teilnehmer an der Sitzung ein parlamentarisches Regierungssystem im Sinn, obgleich dies nie offiziell als Ziel der Verhandlungen genannt wurde. In der Versammlung vom 20. Februar machte Hölder sein eigenes Ziel deutlich: «Für parlamentarische Regierung, da die Notwendigkeit der Dinge darauf hindränge.» *Ebd.*, 81. Die Überzeugung, Deutschland stehe vor dem Übergang von einem gemischten zu einem parlamentarischen Regierungssystem, existierte 1877/78 in allen Strömungen der liberalen Bewegung, von der nationalliberalen Rechten bis zur fortschrittlichen Linken. Vgl. S. E. Köbner, «Die Kanzlerkrise», *Deutsche Rundschau*, 14 (1878), 302–318, und Ludolf Parisius, *Deutschlands politische Parteien und das Ministerium Bismarcks* (Berlin, 1978), xxxvi-xxxvii. Bismarck selbst spürte die Radikalisierung der liberalen Erwartungen. Vgl. sein Diktat vom 29. Mai 1878, das in der *Norddeutschen Allgemeinen Zeitung* anonym veröffentlicht wurde (GW, VIc, 113–114), sowie seine Bemerkungen bei der Soiree vom 23. März, in dem er das englische System als sein «Ideal» beschrieb, aber erklärte, es sei nur in einem Zweiparteiensystem durchführbar. BP, I, 139.

83 Lucius, *Bismarck-Erinnerungen*, 127–128.

84 *Ebd.*, 125–126; auch Oncken, *Bennigsen*, II, 353.

85 GW, XV, 369–371.

86 Tiedemann, *Sechs Jahre*, 225.

87 GW, XV, 369; Tiedemann, *Sechs Jahre*, 234.

88 Oncken, *Bennigsen*, II, 334.

89 *Ebd.*, II, 342–343.

90 Tiedemann, *Sechs Jahre*, 226–232.

91 SBR (1878), I, 321–348, 373–420, 431–441; RGB (1878), 7–8. Zum Entwurf des Gesetzes vgl. Goldschmidt, *Reich und Preußen*, 230–232, 235–238.

92 Bismarck an Bülow, 15. Dezember 1877. Goldschmidt, *Reich und Preußen*, 196–197.

93 Bülow an Bismarck, 26. Dezember 1877. GSA Berlin-Dahlem, Rep. 94, Nr. 1162. Goldschmidt, *Reich und Preußen*, 190–191, 209–213; Lucius, *Bismarck-Erinnerungen*, 120; Morsey, *Reichsverwaltung*, 96.

94 Camphausen an Bismarck, 29. Dezember 1877. DZA Potsdam, Reichskanzlei, 2080, 42–46; zum folgenden Briefwechsel vgl. *ebd.*, 50–57, und Goldschmidt, *Reich und*

Preußen, 216–218. SBR (1878), I, 118–120; III, Nr. 20 und 22.

95 SBR (1878), I, 120–144, 156.

96 SBR (1878), I, 147–164; Lucius, *Bismarck-Erinnerungen*, 130.

97 Lucius, *Bismarck-Erinnerungen*, 130; Friedrich Böttcher, *Eduard Stephani* (Leipzig, 1887), 198–199.

98 Oncken, *Bennigsen*, II, 352–353.

99 BR, VII, 213–215.

100 Lucius, *Bismarck-Erinnerungen*, 117.

101 BP, I, 141.

102 Tiedemann, *Sechs Jahre*, 235 ff.; Lucius, *Bismarck-Erinnerungen*, 130–135.

103 Zit. in: Oncken, *Bennigsen*, II, 336.

104 SBHA (1877–1878), II, 336.

105 Lucius, *Bismarck-Erinnerungen*, 134.

106 *Ebd.*, 141–146. Bevor Stolberg seine Ernennung annahm, wollte er Bismarck dazu bewegen, seine Aufgaben und Verantwortlichkeiten zu definieren. Bismarck fand dieses Ansinnen ärgerlich. Er stellte ein preußisches Ministerium mit Geschäftsbereich in Aussicht, aber dazu kam es nicht. Goldschmidt, *Reich und Preußen*, 239–240; Lucius, *Bismarck-Erinnerungen*, 133–136.

107 Tiedemann, *Sechs Jahre*, 233–234; Lucius, *Bismarck-Erinnerungen*, 131–132; GW, VIII, 249.

108 Bennigsen an seine Frau, 22. März 1878. Oncken, *Bennigsen*, II, 360.

109 Böttcher, *Stephani*, 200.

110 BP, II, 272.

111 Martin Philippson, *Max von Forckenbeck: Ein Lebensbild* (Leipzig, 1898), 295; BP, II, 273.

112 GW, VIII, 254. Gespräch mit Kardorff, 31. März 1878.

113 GW, VIII, 250.

114 BP, II, 272.

115 Morsey, *Reichsverwaltung*, 224 ff.

116 SBHA (1877–1878), II, 1956–2030; *Anlagen*, II, Nr. 299; SBHA (1878–1879), I, 142–162, 433–455, 479–480; *Anlagen*, I, Nr. 30 und 56.

117 Goldschmidt, *Reich und Preußen*, 42–43, 213–216, 218–222, 232–238.

118 *Ebd.*, 245–246, 250–258.

119 *Ebd.*, 262–265. Maybach wurde jedoch zum Direktor des Reichsamts ernannt, das die staatlichen Eisenbahnen von Elsaß-Lothringen verwaltete. F. Jungnickel, *Staatsminister Albert von Maybach* (Stuttgart, 1910), 64 ff.

IV. Das Sozialistengesetz

1 BP, I, 141.

2 BP, I, 139.

3 Augustin Cabanès, «La Médecine Anecdotique: Bismarckiana», *La Chronique Medicale*, 5 (1898), 534. Im Alter von 32 Jahren hatte Bismarck 91 Kilogramm gewogen. Georg Schmidt, *Schönhausen und die Familie von Bismarck* (2. Aufl., Berlin, 1898), 5. Vgl. auch Ernst Schweninger, *Dem Andenken Bismarcks* (Leipzig, 1899), 25.

4 BR, VII, 81, 207, 211, 242.

5 Freiherr Lucius von Ballhausen, *Bismarck-Erinnerungen* (Stuttgart, 1920), 128, 130.

6 BR, VII, 229–230.

7 Moritz Busch, *Tagebuchblätter* (Leipzig, 1899), II, 210–211.

8 Lucius, *Bismarck-Erinnerungen*, 129, 134.

9 GW, XIV, 893; Horst Kohl (Hg.), *Fürst Bismarck: Regesten zu einer wissenschaftlichen Biographie des ersten Reichskanzlers* (Leipzig, 1891), II, 161.

10 GW, VIII, 259–260.

11 Christoph von Tiedemann, *Sechs Jahre Chef der Reichskanzlei unter dem Fürsten Bismarck* (2. Aufl., Leipzig, 1910), 267.

12 Paul Kampffmeyer und Bruno Altmann, *Vor dem Sozialistengesetz: Krisenjahre des Obrigkeitsstaates* (Berlin, 1928), 157–176. Es handelt sich um eine parteiische Darstellung zweier Sozialisten, die Zugang zu den Dokumenten der offiziellen Untersuchung hatten. Nüchterne Darstellungen findet man bei Gerhard G. Schümer, *Entstehungsgeschichte des Sozialistengesetzes* (Göttingen, 1929), und Wolfgang Pack, *Das parlamentarische Ringen um das Sozialistengesetz Bismarcks 1878–1890* (Düsseldorf, 1961).

13 Kampffmeyer und Altmann, *Vor dem Sozialistengesetz*, 176–177.

14 Tiedemann, *Sechs Jahre*, 260–262.

15 GW, VIc, 108–109. Auch Tiedemann an Hofmann, 19. Mai 1878. DZA Potsdam, 1291/1, 78–79.

16 Tiedemann, *Sechs Jahre*, 263–264. Ministerialsitzung vom 14. Mai 1878. DZA Merseburg, Rep. 90a, B, III, 2b, Nr. 6, Bd. 90.

17 Eulenburgs Entwurf sah ein Verbot des Kanzlers vor, aber da Bismarck nun den Föderalismus betonte, bestand er darauf, dieses Recht dem Bundesrat zu gewähren. Ministe-

rialsitzung vom 16. Mai 1878. DZA Merseburg, Rep. 90a, B, III, 2b, Nr. 6, Bd. 90.

18 Andere Regierungen hatten Zweifel an dem Gesetzentwurf, stimmten aber dafür. Schümer, *Entstehungsgeschichte*, 33–34. Zum Gesetzentwurf vgl. SBR (1878), IV, Nr. 274. Bismarck wies Hofmann an, dem Reichstag mitzuteilen, das Thema sozialistischer Unterwanderung sei nicht neu. Hödels Tat habe lediglich die Notwendigkeit unterstrichen, daß der Gesetzgeber Maßnahmen zur Stärkung der Staatsmacht ergreife. Das neue Gesetz sei nur eine weitere Bemühung in diese Richtung wie die Strafgesetznovelle von 1875, deren «Kautschuk-Paragraphen» Lasker und die Linksliberalen heftig angegriffen hatten. Tiedemann an Hofmann, 19. Mai 1878. DZA Potsdam, Reichskanzleramt, 1292/1, 78–79. Vgl. auch 60–61.

19 Otto Bähr an Friedrich Oetker, 15. Juni 1878, HW, II, 197–198; weniger aufschlußreich ist das Tagebuch Julius Hölders, BP, II, 280–281, und Dieter Langewiesche (Hg.), *Das Tagebuch Julius Hölders, 1877–1880* (Stuttgart, 1977), 107–108.

20 SBR (1878), II, 1495–1554; Hermann Oncken, *Rudolf von Bennigsen* (Stuttgart, 1910), II, 362–369.

21 Tiedemann, *Sechs Jahre*, 265–266.

22 *Ebd.*, 266–270. Am 17. Mai 1878 teilte Tiedemann Bleichröder mit, der Gesundheitszustand des Fürsten bessere sich «von Tag zu Tag. Nur sind leider noch immer nachts die neuralgischen Schmerzen und in Folge dessen die Schlaflosigkeit (nicht) beseitigt.» *Bleichröder Archive*, Kress Library of Business and Economics, Harvard, Box I, Folder 14.

23 Kampffmeyer und Altmann, *Vor dem Sozialistengesetz*, 176.

24 Erich Eyck, *Bismarck, Leben und Werk* (Zürich, 1944), III, 228–229; Walter Bußmann, *Das Zeitalter Bismarcks*, in: Leo Just (Hg.), *Handbuch der deutschen Geschichte* (3. Aufl., Konstanz, 1956), Bd. 3/II, 181.

25 Erinnerungen von Gustav von Wilmowski. DZA Merseburg, Hausarchiv, Nachlaß Kaiser Wilhelms I., Rep. 51, F, III, 10, 49; Rudolf Vierhaus (Hg.), *Das Tagebuch der Baronin Spitzemberg* (Göttingen, 1961), 171. Vgl. auch Hajo Holborn (Hg.), *Aufzeichnungen und Erinnerungen aus dem Leben des Botschafters Joseph Maria von Radowitz* (Berlin, 1925), II, 16.

26 Vgl. oben, 22–38.

27 Für dieses oft angeführte Zitat gibt es keine Quelle aus erster Hand. Vgl. aber Oncken, *Bennigsen*, II, 370. Wie auch viele andere nicht belegte Zitate berühmter Personen ist der Ausspruch zumindest passend. Monatelang hatte Bismarck auf eine Gelegenheit gewartet, den Reichstag aufzulösen. GW, VIII, 254.

28 Ministerialsitzungen vom 4. und 5. Juni 1878. DZA Merseburg, Rep. 90a, B, III, 2b, Nr. 6, Bd. 90.

29 GW, VIII, 281.

30 Kronrat vom 5. Juni 1878. DZA Merseburg, Rep. 90a, B, III, 2c, Nr. 3, Bd. IV. Das Quellenmaterial stützt nicht die Annahme (Eyck, *Bismarck*, III, 229), der Kronprinz sei verärgert gewesen, weil Bismarck ihn um die Regentschaft gebracht habe. Es lag auf der Hand, daß Wilhelms Verletzung keine Regentschaft rechtfertigte. Zur Auseinandersetzung vgl. Erich Förster, *Adalbert Falk: Sein Leben und Wirken als preußischer Kultusminister* (Gotha, 1927), 494; Spitzemberg, *Tagebuch*, 171.

31 Bülow an Werthern, 7. Juni 1878. DZA Potsdam, Reichskanzleramt, 412, 6–14. Bülow an Flemming, 15. Juni 1878. *Ebd.*, 15–19. GW, VIc, 114–115; Heinrich von Poschinger (Hg.), *Fürst Bismarck und der Bundesrat, 1867–1890* (Stuttgart, 1897–1901), III, 438–443.

32 Spitzemberg, *Tagebuch*, 172–173. Zu Differenzen unter den Ministern über Inhalt und Formulierung des Sozialistengesetzes vgl. Eulenburg an Hofmann, 11. Juli 1878. DZA Potsdam, Reichskanzleramt, 1292/1, 91–132.

33 GW, XV, 372–373, 378–379. Als es Beamten in dieser Zeit nicht gelang, offizielle Dokumente von Bismarck unterschreiben zu lassen – im Hinblick auf seine langen Phasen der Abwesenheit nicht überraschend –, sah er darin ein «Symbol» des Schicksals, das sie ihm zudachten. Ein weiteres Signal glaubte er in einem vorwurfsvollen Brief zu erkennen, den er Mitte August von Botho zu Eulenburg erhielt, der mit Rücktritt drohte, weil Bismarck mit Tiedemann einen «Untergebenen» geschickt habe, um ihm einen Verfahrensfehler vorzuwerfen: die Veröffentlichung des neuen Sozialistengesetzes, bevor sich der Bundesrat damit befaßt hatte. GW, XV, 374–376, 378.

34 Oncken, *Bennigsen*, II, 387.
35 GW, VIII, 263.
36 Horst Kohl (Hg.), *Bismarck-Jahrbuch* (Leipzig, 1894), I, 97–121; SEG (1878), 103. Bismarcks systematische Angriffe auf Lasker begannen in Wirklichkeit bereits im März in den Debatten über das Stellvertretungsgesetz. Lasker, behauptete er, habe ihm bei der Wahrnehmung seiner Aufgaben größere Schwierigkeiten bereitet als jedes andere Mitglied des Reichstags. GW, XI, 576. Über die Spaltung innerhalb der nationalliberalen Fraktion in der Diskussion vom 21. Mai über die Lex Hödel war der Kanzler genauestens informiert. Schümer, *Entstehungsgeschichte*, 38. Seine Absicht, die Kluft zu vertiefen, läßt sich in der anonymen Pressemitteilung vom 29. Mai 1878 in der *Norddeutschen Allgemeinen Zeitung* erkennen. GW, VIc, 113–114.
37 Die Verwendung des Plurals war Ausdruck von Bismarcks neuem Bestreben, nach einem Jahrzehnt der Betonung der Einheit den föderalen Aspekt der Verfassung zu unterstreichen.
38 *Norddeutsche Allgemeine Zeitung*, Nr. 135, 20. Juni 1878; *Kreuzzeitung*, Nr. 176, 1. August 1878. Vgl. die Zusammenfassungen der Pressestimmen in Schümer, *Entstehungsgeschichte*, 59–62, sowie in Pack, *Ringen*, 57–73.
39 Vgl. Tiedemanns Bemerkungen zu diesem Punkt gegenüber Wehrenpfennig. Tiedemann, *Sechs Jahre*, 274–275.
40 Oncken, *Bennigsen*, II, 369.
41 Oncken, *Bennigsen*, II, 374–380; Pack, *Ringen*, 68–69.
42 Bernhard Vogel, Dieter Nohlen und Rainer-Olaf Schultze, *Wahlen in Deutschland: Theorie-Geschichte-Dokumente, 1848–1970* (Berlin, 1971), 290–291.
43 Zit. in: Richard W. Dill, *Der Parlamentarier Eduard Lasker und die parlamentarische Stilentwicklung der Jahre 1867–1884* (Erlangen, 1956), 166.
44 Bismarck äußerte sein Mißfallen gegenüber dem Herzog von Sachsen-Meiningen und behauptete, der dortige Landrat sei mit Lasker befreundet und habe diesen unterstützt. GW, VIc, 117–119. In der Stichwahl bemühte sich Herbert um einen Sitz im lauenburgischen Ratzeburg, wo auch Friedrichsruh liegt. Bismarcks Nachbarn stimmten jedoch mit knapper Mehrheit für den nationalliberalen Industriellen Friedrich Hammacher. Bernstorff an Bismarck, 1. und 3. August 1878. DZA Potsdam, Reichskanzlei, 1825, 1–2. Wiederum griff Bismarck ein und schob das Ergebnis auf die lustlose Unterstützung durch den Landrat und die unfaire Taktik der Nationalliberalen. Sein offizieller Protest wurde von der Wahlprüfungs-Kommission des Reichstags schließlich zurückgewiesen. Bismarck an Boetticher, 11. August 1878. *Ebd.*, 3–4, und Bericht der Wahlprüfungs-Kommission, 27. März 1879. *Ebd.*, 26–27. Nicht weniger war Bismarck an der Wahl seines anderen Sohnes Wilhelm interessiert, der im ersten Wahlgang ebenfalls unterlag. Mit Lucius' Hilfe verschaffte Tiedemann ihm eine Kandidatur bei der Stichwahl in Langensalza, nachdem er für den Verzicht des freikonservativen Kandidaten gesorgt hatte. Briefwechsel zwischen Tiedemann und Wilhelm von Bismarck, 13., 20. und 21. August 1878. *Ebd.*, 5–14. Diesmal gab Bismarck selbst die Anweisung, man solle dafür sorgen, daß die Landräte ihrer Pflicht nachkämen. Bismarck an Lucius, 23. August 1878, sowie an Stolberg, 1. September 1878. *Ebd.*, 17–18.
45 Oncken, *Bennigsen*, II, 380–389.
46 Vgl. besonders die verzwickte Lage Julius Hölders, die in dessen Tagebuch deutlich wird. Hölder, *Tagebuch*, 109–116.
47 GW, VIII, 265.
48 Herzog von Argyll, *Passages from the Past* (London, 1907), I, 251–252.
49 Vgl. Falks Verhältnis zu Bennigsen in: Oncken, *Bennigsen*, II, 382, 387–388; Förster, *Falk*, 490–492.
50 BR, II, 166–167.
51 Busch, *Tagebuchblätter*, II, 535.
52 Horst Kohl (Hg.), *Anhang zu den Gedanken und Erinnerungen von Otto Fürst von Bismarck* (Stuttgart, 1901), I, 281–282.
53 Oncken, *Bennigsen*, II, 389.
54 Vgl. seine Bemerkungen gegenüber Heinrich von Sybel und Edwin von Manteuffel, zit. in: Erich Schmidt-Volkmar, *Der Kulturkampf in Deutschland, 1871–1890* (Göttingen, 1962), 202–203. Vgl. auch Bismarck an Goßler, 22. Juli 1881. GW, VIc, 218–219.
55 Tiedemann, *Sechs Jahre*, 231.
56 Lucius, *Bismarck-Erinnerungen*, 128.
57 Förster, *Falk*, 529 ff.; Schmidt-Volkmar,

Kulturkampf, 226–227; GW, VIc, 115. Die Annäherung begann auf beiden Seiten zögerlich. Bismarck verweigerte die Annahme der ersten päpstlichen Botschaft an den Kaiser, weil sie auf falschem Wege überbracht wurde – durch den päpstlichen Nuntius in München, nicht durch die bayerische Regierung. Der Papst wiederum nahm Anstoß an dem Verzug der kaiserlichen Antwort und ihrer Sprache – Deutsch.

58 Schmidt-Volkmar, *Kulturkampf*, 235.

59 An Falk, 8. August 1878. Förster, *Falk*, 535–536.

60 Bismarck an Falk, 8. August 1878, und Gespräch mit Falk am 29./30. August 1878 in Bad Gastein. Förster, *Falk*, 533–536, 538–541. Vgl. auch GW, VIII, 268.

61 Oncken, *Bennigsen*, II, 383 (Anm.); *Kreuzzeitung*, Nr. 182, 7. August 1878.

62 Robert von Benda an Bennigsen, Mitte August 1878. Oncken, *Bennigsen*, II, 382–383, auch GW, VIII, 269.

63 Da Bismarck die Unterstützung der Konservativen brauchte, riet er ihnen, für die Wiederwahl Forckenbecks zum Präsidenten zu stimmen. Überraschender war die Wahl Stauffenbergs zum ersten Vizepräsidenten, aber sie erklärte sich durch die taktische Situation. Im ersten Wahlgang kam es zu einer Aufteilung des Votums zwischen Stauffenberg, einem Konservativen und einem Mann des Zentrums. Der Konservative zog die Kandidatur zurück, worauf Stauffenberg die Stimmen der Liberalen und der Freikonservativen erhielt, letztere als Gegenleistung für die Wiederwahl Hohenlohe-Langenburgs zum zweiten Vizepräsidenten. Die Konservativen enthielten sich entweder oder stimmten für den Zentrumspolitiker – eine verhängnisvolle Entwicklung. Oncken, *Bennigsen*, II, 390.

64 Oncken, *Bennigsen*, II, 387–393; Dill, *Lasker*, 167–168.

65 SBR (1878), I, 387–389; RGB (1878), 351–358.

66 GW, VIc, 116–120; GW, VIII, 268. Vgl. auch Ministerialsitzung vom 24. April 1879, DZA Merseburg, Rep. 90a, B, III, 2b, Nr. 6, Bd. 91.

67 BR, VII, 261.

68 Lucius, *Bismarck-Erinnerungen*, 143; Förster, *Falk*, 489–490. Laut einem bayerischen Vertreter im Bundesrat räumte Hofmann ein (7. Juni 1878), daß man «weitere Maßnahmen» gegen Sozialdemokraten erwäge, darunter auch eine «Reform» des Wahlgesetzes. Zunächst sei es jedoch nicht ratsam, «die Frage in den Vordergrund zu stellen». Ivo Lambi, *Free Trade and Protection in Germany 1868–1879* (Wiesbaden, 1963), 173–174.

V. Die Balkankrise und der Berliner Kongreß

1 Freiherr Lucius von Ballhausen, *Bismarck-Erinnerungen* (Stuttgart, 1920), 113.

2 Zu den Ursprüngen der Balkankrise der späten 1870er Jahre und den Reaktionen der europäischen Mächte vgl. Richard Millman, *Britain and the Eastern Question, 1875–1878* (Oxford, 1979); David MacKenzie, *The Serbs and Russian Pan-Slavism, 1875–1878* (Ithaca, 1967); Mihailo D. Stojanovic, *The Great Powers and the Balkans, 1875–1878* (New York, 1939); B. H. Sumner, *Russia and the Balkans, 1870–1880* (Oxford, 1937); George H. Rupp, *A Wavering Friendship: Russia and Austria, 1876–1878* (Cambridge, Mass., 1941); David Harris, *A Diplomatic History of the Balkan Crisis of 1875–1878: The First Year* (Stanford, 1936); R. W. Seton-Watson, *Disraeli, Gladstone and the Eastern Question: A Study in Diplomacy and Party Politics* (London, 1935); Nicholas Der Bagdasarian, *The Austro-German Rapprochement, 1870–1879* (Cranbury, N. J., 1976).

3 Rupp, *Wavering Friendship*, 39; Bagdasarian, *Austro-German Rapprochement*, 183ff.

4 Eduard von Wertheimer, *Graf Julius Andrássy: Sein Leben und Seine Zeit* (Wien, 1910–1913), II, 252–277; Theodor von Sosnosky, *Die Balkanpolitik Österreich-Ungarns seit 1866* (Stuttgart, 1913–1914), I, 127–149; Harris, *Balkan Crisis*, 132–287.

5 Dietrich Geyer, *Der russische Imperialismus: Studien über den Zusammenhang von innerer und auswärtiger Politik 1860–1914* (Göttingen, 1977), 56–66; MacKenzie, *Serbs and Pan-Slavism*, 27–29; Sumner, *Russia and the Balkans*, 18–35, 56–80.

6 Zu Derby vgl. besonders Millman, *Britain and the Eastern Question*, 1–12, sowie Robert Blake, *Disraeli* (London, 1966), 581–587.

7 Bismarck an Wilhelm I., 13. August 1875. Horst Kohl (Hg.), *Anhang zu den Gedanken*

und Erinnerungen von Otto Fürst von Bismarck (Stuttgart, 1901), I, 260.

8 GW, VIII, 182–183.

9 Harris, *Balkan Crisis*, 140–153; MacKenzie, *Serbs and Pan-Slavism*, 69–73; GP, I, 207–208.

10 GP, II, 153–154.

11 Winifried Taffs, *Ambassador to Bismarck* (London, 1938), 116–122; Millman, *Britain and the Eastern Question*, 60–73; Serge Goriainov, *Le Bosphore et les Dardanelles* (Paris, 1910), 314–315, sowie *La question d'orient à la veille du traité de Berlin, 1870–1876* (Paris, 1948), 65–66.

12 Taffs, *Ambassador to Bismarck*, 130–131; Goriainov, *La question*, 66.

13 Harris, *Balkan Crisis*, 276–376, 447–456; Millman, *Britain and the Eastern Question*, 87–101; W. F. Monypenny and G. E. Buckle, *The Life of Benjamin Disraeli* (London, 1910–1920), IV, 897, 904; Sumner, *Russia and the Balkans*, 164–165.

14 GP, II, 64.

15 George H. Rupp, «The Reichstadt Agreement», *American Historical Review*, 30 (1925), 503–510, sowie *Wavering Friendship*, 111–151. Zu österreichischen und russischen Deutungen des «Abkommens» vgl. Sumner, *Russia and the Balkans*, 583–588.

16 Millman, *Britain and the Eastern Question*, 27–30, 101–191; David Harris, *Britain and the Bulgarian Horrors of 1876* (Chicago, 1939); R. T. Shannon, *Gladstone and the Bulgarian Agitation, 1876* (London, 1963).

17 William F. Langer, *European Alliances and Alignments, 1871–1890* (2. Aufl., New York, 1956), 95–96; MacKenzie, *Serbs and Pan-Slavism*, 112–152; Rupp, *Wavering Friendship*, 152 ff.

18 GP, II, 45–47.

19 GP, II, 34–38.

20 GP, II, 38–45.

21 GP, II, 44, 47–48.

22 GP, II, 48–52.

23 GP, II, 52–54.

24 Rupp, *Wavering Friendship*, 168–184; R. W. Seton-Watson, «Russo-British Relations during the Eastern Crisis», *Slavonic Review*, 4 (1925–1926), 187–191.

25 GW, VIb, 534; VIII, 147, 155, 182–183.

26 GP, II, 54–57.

27 GP, II, 61–64.

28 GP, II, 76; Wilhelm von Schweinitz (Hg.), *Denkwürdigkeiten des Generals von Schweinitz* (Berlin, 1927), I, 347–360.

29 GW, XV, 388–390.

30 Vgl. die amerikanische Ausgabe, Bd. 1, XXVII–XXX, 80–84.

31 Am 3./4. Oktober 1876 erhielt Bismarck geheimen Besuch von Joachim von Münch, der von Andrássy geschickt wurde, um Bismarcks Haltung auszuloten, falls Österreich das von Sumarokow-Elston überbrachte Angebot zurückweisen und dadurch einen Bruch zwischen Rußland und Österreich provozieren sollte. Die Antwort des Kanzlers ähnelte derjenigen, die er Gortschakow durch Schweinitz mitteilen ließ. Rupp, *Wavering Friendship*, 194–197. Seine Antwort an Österreich wiederholte er am 2. Dezember 1876 auf einer parlamentarischen Soiree (BP, I, 118–119) und am 5. Dezember vor dem Reichstag (BR, VI, 446).

32 GP, II, 36. Als Schweinitz Varzin besuchte (10.–12. Oktober 1876), um seine Anweisungen für Livadia entgegenzunehmen, fragte er Bismarck, was «wir denn als Gegenleistung Rußlands anstreben konnten, wenn wir ihm unsere Unterstützung liehen». Bismarck erwiderte, «daß uns eine Garantie Elsaß-Lothringens erwünscht sein würde». In den schriftlichen Direktiven des Kanzlers (23. Oktober) las Schweinitz jedoch, Deutschland könne keine «vertragsmäßigen Zusicherungen» geben, «welche uns dauernd binden würden». Somit lotete er bei Gortschakow nur die Möglichkeit einer russischen Garantie für Elsaß-Lothringen aus. Gortschakow antwortete, solche Verpflichtungen hätten «einen sehr geringen Wert». Schweinitz (Hg.), *Denkwürdigkeiten*, I, 355, 359–362. Drei Jahre später behauptete Bismarck, Gortschakow habe im Oktober 1876 sein Angebot zurückgewiesen, als Gegenleistung für die geforderte Garantie mit Rußland «durch dick und dünn» zu gehen. *Ebd.*, II, 86–90, 224; Wilhelm von Schweinitz (Hg.), *Briefwechsel des Botschafters General von Schweinitz* (Berlin, 1928), 141; J. Y. Simpson (Hg.), *The Saburov Memoirs or Bismarck and Russia* (New York, 1929), 55. Historiker haben viel Papier und Tinte verschrieben, um die Ernsthaftigkeit von Bismarcks «Bündnisangebot» vom Oktober 1876 zu

erörtern. Vgl. die Zusammenfassung in Rupp, *Wavering Friendship*, 202–209. Es gehörte zu Bismarcks Praxis, vor jedem ernsthaften Engagement (etwa 1866 vor dem Krieg gegen Österreich oder 1878 vor dem Bruch mit den Liberalen) Verhandlungen mit dem Gegner anzubieten, selbst wenn er sich nur vergewissern wollte, daß kein anderer Weg gangbar war. Solche Manöver dienten auch dazu, den Gegner zu verwirren und sich für später den folgenden Gegenvorwurf zu sichern: «Du beschwerst dich über *mein* Verhalten, aber überlege einmal, um wieviel besser du jetzt dastehen würdest, wenn *du* mein Angebot damals angenommen hättest!»

33 GP, II, 80–83; Schweinitz (Hg.), *Denkwürdigkeiten*, I, 361.

34 GP, II, 87.

35 GP, II, 88.

36 GP, II, 90.

37 Rupp, *Wavering Friendship*, 312–318, 328–331, 348–349.

38 GP, II, 78–79.

39 Langer, *Alliances and Alignments*, 98–99; Wertheimer, *Andrássy*, II, 338–342.

40 Taffs, *Ambassador to Bismarck*, 158; Millman, *Britain and the Eastern Question*, 193.

41 GP, II, 69–72.

42 Taffs, *Ambassador to Bismarck*, 159–161.

43 Millman, *Britain and the Eastern Question*, 208–231; R. W. Seton-Watson, «Russo-British Relations during the Eastern Crisis», *Slavonic Review*, 4 (1925–1926), 432–462; Lady Gwendolyn Cecil, *Life of Robert Marquis of Salisbury* (London, 1921–1932), II, 89–125.

44 Roderic H. Davidson, *Reform in the Ottoman Empire, 1856–1876* (Princeton, 1963), 358–395.

45 GP, II, 125–131; GW, XIV, 881–885; Schweinitz (Hg.), *Denkwürdigkeiten*, I, 378 ff.

46 Langer, *Alliances and Alignments*, 109–110; Rupp, *Wavering Friendship*, 320–321.

47 GP, II, 72.

48 GP, II, 128–130; auch GP, I, 317.

49 Ferdinand von Schmerfeld, *Die deutschen Aufmarschpläne 1871–1890* (Berlin, 1929), 65; Gerhard Ritter, *Staatskunst und Kriegshandwerk: Das Problem des «Militarismus» in Deutschland* (München, 1954–1968), I, 292–293; Wolfgang Windelband, *Bismarck und die europäischen Großmächte, 1879–1885* (2. Aufl., Essen, 1942), 45–47.

50 Friedrich Curtius (Hg.), *Denkwürdigkeiten des Fürsten Chlodwig zu Hohenlohe-Schillingsfürst* (Stuttgart, 1906), II, 211.

51 Kohl (Hg.), *Anhang*, II, 497. Vgl. auch *ebd.*, I, 258–261, und GW, VIc, 62–63.

52 GP, I, 312, 310–328; Taffs, *Ambassador to Bismarck*, 177–187.

53 Kohl (Hg.), *Anhang*, II, 494–505; André Dreux, *Dernières années de l'ambassade en Allemagne de M. de Gontaut-Biron, 1874–1877* (Paris, 1907), 264–289.

54 A. F. Pribram, *The Secret Treaties of Austria-Hungary, 1879–1914* (Cambridge, Mass., 1920–1921), II, 190–203; Rupp, *Wavering Friendship*, 326–351.

55 Wertheimer, *Andrássy*, II, 390–395; Rupp, *Wavering Friendship*, 326–351.

56 Wertheimer, *Andrássy*, II, 367; Lucius, *Bismarck-Erinnerungen*, 94; Goriainov, *Bosphore et Dardanelles*, 321–322. Zur russischen Entscheidung für den Krieg vgl. MacKenzie, *Serbs and Pan-Slavism*, 187–193, und Geyer, *Der russische Imperialismus*, 64–66.

57 Vgl. etwa GP, II, 137–138, 146–147.

58 Schweinitz (Hg.), *Denkwürdigkeiten*, I, 424–428; Langer, *Alliances and Alignments*, 123; Rupp, *Wavering Friendship*, 375.

59 GP, II, 149–150, 153–154; Taffs, *Ambassador to Bismarck*, 190–197.

60 Taffs, *Ambassador to Bismarck*, 197–198; Millman, *Britain and the Eastern Question*, 251.

61 Wertheimer, *Andrássy*, III, 48–50.

62 GP, II, 154. Zum allgemeinen Kontext des Zitats vgl. den ersten Band dieser Biographie, 765–767.

63 Wertheimer, *Andrássy*, III, 40–41, 44–45; Millman, *Britain and the Eastern Question*, 274–316.

64 GP, II, 160–163.

65 Wertheimer, *Andrássy*, III, 55–59; Rupp, *Wavering Friendship*, 399 ff.

66 Blake, *Disraeli*, 634.

67 Millman, *Britain and the Eastern Question*, 335–402; Monypenny und Buckle, *Disraeli*, IV, 1090 ff.; Blake, *Disraeli*, 623–628, 632–641; Geyer, *Der russische Imperialismus*, 66–67, 70–71.

68 Wertheimer, *Andrássy*, III, 69–87; GP, II, 207–209; Rupp, *Wavering Friendship*, 427 ff. Zum Vertrag von San Stefano vgl. Imanuel

Geiss (Hg.), *Der Berliner Kongreß 1878: Protokolle und Materialien* (Boppard am Rhein, 1978), 15–21.

69 Langer, *Alliances and Alignments*, 140–142.

70 Geiss (Hg.), *Kongreß*, xii; Wertheimer, *Andrássy*, III, 86–87.

71 BR, VII, 92.

72 GP, II, 252–257, 259–262, 273–275, 294–303; Wertheimer, *Andrássy*, III, 90–100; Rupp, *Wavering Friendship*, 478–496.

73 Millman, *Britain and the Eastern Question*, 403–416.

74 Harold Temperley und Lilian M. Penson, *Foundations of British Foreign Policy from Pitt (1792) to Salisbury (1902)* (London, 1966), 363–380.

75 Millman, *Britain and the Eastern Question*, 417–451; Cecil, *Salisbury*, II, 258 ff.; Monypenny und Buckle, *Disraeli*, IV, 1164–1173; Wertheimer, *Andrássy*, III, 98–107; GP, II, 277–279, 289–294, 312–321, 324–329. Bismarck war besorgt, England und Rußland könnten sich gegen Österreich zusammenschließen – eine Entwicklung, die den deutschen Interessen entgegenstünde. Walter Bußmann (Hg.), *Staatssekretär Graf Herbert von Bismarck: Aus seiner politischen Privatkorrespondenz* (Göttingen, 1964), 88.

76 Zum Kongreß vgl. Geiss (Hg.), *Kongreß*, besonders ix-xxxv; Alexander Novotny (Hg.), *Quellen und Studien zur Geschichte des Berliner Kongresses 1878* (Graz-Köln, 1957), und W. N. Medlicott, *The Congress of Berlin and After* (2. Aufl., London, 1963). Die besten Portraits der Teilnehmer finden sich in: Seton-Watson, *Disraeli, Gladstone*, 431–446.

77 GW, VIII, 285, auch 265–266.

78 Temperley und Penson, *Foundations of British Foreign Policy*, 389. Disraeli war selbst bei äußerst schlechter Gesundheit und hielt kaum bis zum Ende des Kongresses durch. Blake, *Disraeli*, 649.

79 Geiss (Hg.), *Kongreß*, xx-xxi; Medlicott, *Congress of Berlin*, 36–136.

80 Cecil, *Salisbury*, II, 281; Langer, *Alliances and Alignments*, 152.

81 Geiss (Hg.), *Kongreß*, xiv, xxiii-xxiv, 207–211.

82 Zur deutschen und französischen Fassung des Berliner Vertrags vgl. Sumner, *Russia and the Balkans*, 544 ff.

83 Für die russische Reaktion auf den Vertrag vgl. Sumner, *Russia and the Balkans*, 544 ff.

ZWEITES BUCH
Vollendung des Frontwechsels 1879–1880

I. Die Erneuerung des Interventionsstaates

1 Vgl. oben 50–59.

2 Karl W. Hardach, *Die Bedeutung wirtschaftlicher Faktoren bei der Wiedereinführung der Eisen- und Getreidezölle in Deutschland 1879* (Berlin, 1967), 182–183; Wilhelm Gerloff, *Die Finanz- und Zollpolitik des deutschen Reiches nebst ihren Beziehungen zu Landes- und Gemeindefinanzen von der Gründung des Norddeutschen Bundes bis zur Gegenwart* (Jena, 1913), 61, 521–522; Max Nitzsche, *Die handelspolitische Reaktion in Deutschland* (Stuttgart, 1905), 141–143.

3 *Statistisches Handbuch für das Deutsche Reich* (Berlin, 1907), I, 552–558, 576; Hans Günter Caasen, *Die Steuer- und Zolleinnahmen des deutschen Reiches, 1872–1944* (Diss. Bonn, 1953), statistischer Anhang; Richard Müller, *Die Einnahmequellen des deutschen Reiches und ihre Entwicklung in den Jahren 1872 bis 1907* (M.-Gladbach, 1907), 4–5; Hans Blömer, *Die Anleihen des deutschen Reiches von 1871 bis zur Stabilisierung der Mark 1924* (Bonn, 1947), 24–25, 90–91; Camphausen an Bismarck, 19. September 1876. DZA Potsdam, Reichskanzleramt, 1617, 17. Votum von Hofmann, Maybach und Hobrecht, 15. Juni 1878. DZA Potsdam, Reichskanzlei, 2081, 127–131.

4 Hardach, *Bedeutung wirtschaftlicher Faktoren*, 183–184; Gerloff, *Finanz- und Zollpolitik*, 521–524.

5 DZA Potsdam, Reichskanzlei, 2080, 1–4.

6 Zum Umfang der Steuerzuschläge vgl. GW, VIc, 110–111; BR, VIII, 227–285; SBHA (1883–1884), I, 685.

7 SBHA (1883–1884), I, 679.

8 SBHA (1879–1880), Anlagen, Dokument Nr. 18.

9 «Einkommensteuer», in: *Handwörterbuch der Staatswissenschaften* (2. Aufl., Jena, 1900), III, 39.

10 SBHA (1879–1880), Anlagen, Nr. 18.

11 Christoph von Tiedemann, *Sechs Jahre Chef der Reichskanzlei unter dem Fürsten Bismarck* (2. Aufl., Leipzig, 1910), 123; Freiherr Lucius von Ballhausen, *Bismarck-Erinnerungen* (Stuttgart, 1920), 106.

12 Vgl. Bismarck an Hobrecht, 25. Mai 1878. GW, VIc, 110–112.

13 Bismarck an Staatssekretär Karl Herzog, 1. November 1877. DZA Potsdam, Reichskanzlei, 193, 40–93. Da Bismarck mit seinen Steuervorschlägen in Preußen aufgrund von Camphausens Widerstand nicht vorankam, brachte er seinen Plan für eine Kapitalertragssteuer im Reichsland auf den Weg, wo er der einzige Minister war. Hier griff er auf eine Idee zurück, die er bereits 1850 als Abgeordneter im preußischen Abgeordnetenhaus verteidigt hatte. Georg Brodnitz, *Bismarcks nationalökonomische Anschauungen* (Jena, 1902), 106–107.

14 Vgl. unten, 3. Buch, Kapitel II, 4. Buch, Kapitel I und II, 5. Buch, Kapitel II.

15 Die einzigen weiteren Steuern, die seit 1871 vom Reich neu erhoben wurden, waren die Brausteuer von 1872 und die Branntweinsteuer für Elsaß-Lothringen von 1873. Hardach, *Bedeutung wirtschaftlicher Faktoren*, 284.

16 Vgl. besonders die Bemerkungen von Lasker und Rickert in der Reichstagsdebatte vom 10. und 12. März 1877. SBR (1877), I, 50–51, 88–89.

17 DZA Potsdam, Reichskanzleramt, 1603–1613.

18 DZA Potsdam, Reichskanzleramt, 1616, 18, 213, 223–229, 231–243. Ministerialsitzung vom 22. September 1875. DZA Merseburg, Rep. 90a, B, III, 2b, Nr. 6, Bd. 87.

19 Wilhelm I. an unbekannten Adressaten, 10. Oktober 1875. DZA Potsdam, Reichskanzleramt, 1616, 230. Oppenheim hatte den Kaiser ersucht, die Abschaffung des Eisenzolls bis zu einer Untersuchung über die Lage der Eisenindustrie zu verschieben. Wilmowski an Bismarck, 6. August 1875. *Ebd.*, 214–222.

20 Kronrat vom 24. Oktober 1876. DZA Merseburg, Rep. 90a, B, III, 2c, Nr. 3, Bd. 4. Am Ende des Protokolls befindet sich ein von Kronprinz Friedrich Wilhelm unterzeichneter Zusatz: «Ich hatte keine Mittheilung von der stattzufindenden Sitzung erhalten und wohnte daher derselben nicht bei! 13.11.76« Die Abschrift des Protokolls in der Reichskanzlei enthält Bismarcks Randbemerkungen. DZA Potsdam, Reichskanzlei, 1617, 70 ff.

21 Bismarck an Friedberg, 18. Juli 1878. GW, VIc, 61–62.

22 Vgl. seine Bemerkungen an Kardorff, 31. März 1878. GW, VIII, 254–255.

23 Diese Interpretation, weshalb Bismarck die Zollfrage nach 1875 wieder auf die Tagesordnung setzte, geht zurück auf Hardach, *Bedeutung wirtschaftlicher Faktoren*, 53–60. Sie wurde aber auch vertreten von Nitzsche, *Handelspolitische Reaktion*, 90, 145–147, und sogar von Oswald Schneider, «Bismarck und die preußisch-deutsche Freihandelspolitik (1862–1876)», *Schmollers Jahrbuch für Gesetzgebung, Verwaltung und Volkswirtschaft im deutschen Reich*, 34 (1910), 193–196. Die französischen Schwerindustrieexporte nach Deutschland waren in den 1870er Jahren relativ unbedeutend. So belief sich der Import von Eisenwaren aus Frankreich auf weniger als 1 Prozent der deutschen Produktion, von Haushaltswaren aus Eisen und Stahl auf knapp über 1 Prozent und von Roheisen auf 2,5 bis 5 Prozent. Bismarcks Widerstand war eher politisch als wirtschaftlich motiviert. Er betrachtete französische Exportsubventionen als ungerecht und für Deutschland demütigend.

24 AWB, I, 202–204, 247–252; Heinrich von Poschinger (Hg.), *Bismarck als Volkswirth* (Berlin, 1889–1890), I, 77–78; DZA Potsdam, 1616, 258–298; 1617, 13–38.

25 AWB, I, 237–243, 245–247; Poschinger (Hg.), *Volkswirth*, I, 94–95, 110–111; Tiedemann, *Sechs Jahre*, 105–106; Ivo Lambi, *Free Trade and Protection in Germany 1868–1879* (Wiesbaden, 1963), 152–153.

26 Lambi, *Free Trade and Protection*, 157; SBR (1877), II, 655–841; III, Nr. 76 und 123.

27 AWB, I, 257–258, 266, 272; Hardach, *Bedeutung wirtschaftlicher Faktoren*, 60–63; Lambi, *Free Trade and Protection*, 161.

28 Heinrich von Poschinger (Hg.), *Fürst Bismarck und der Bundesrat, 1867–1890* (Stuttgart, 1897–1901), III, 449–455.

29 GW, VIII, 253–256. Vgl. auch AWB, I, 249–250, 310–311.

30 Ministerialsitzung vom 5. April 1878. DZA Merseburg, Rep. 90a, B, III, 2b, Nr. 6, Bd. 90.

31 Poschinger (Hg.), *Volkswirth*, I, 143.

32 Ludwig Maenner, «Deutschlands Wirtschaft und Liberalismus in der Krise von 1879«, *Archiv für Politik und Geschichte*, 9 (1927), 347–382, 456–488; Georg Freye, *Motive und Taktik der Zollpolitik Bismarcks* (Diss. Hamburg, 1926).

33 Hans Rosenberg, *Große Depression und Bismarckzeit* (Berlin, 1967), 187–191; Helmut Böhme, *Deutschlands Weg zur Großmacht: Studien zum Verhältnis von Wirtschaft und Staat während der Reichsgründungszeit 1848–1881* (Köln, 1966), 419–420, 530–586; Hans-Ulrich Wehler, *Bismarck und der Imperialismus* (Köln, 1969), 105–106, und aus dem ostdeutschen Blickwinkel Lothar Rathmann, «Bismarck und der Übergang Deutschlands zur Schutzzollpolitik (1873/75–1879)», *Zeitschrift für Geschichtswissenschaft*, 4 (1956), 899–949.

34 Hardach, *Bedeutung wirtschaftlicher Faktoren*, 195, und Gerloff, *Finanz- und Zollpolitik*, 148–149.

35 Moritz Busch, *Tagebuchblätter* (Leipzig, 1899), II, 457. Die Enttäuschung über seine Einnahmen aus Varzin war einer der Faktoren, der Bismarck 1877 dazu bewog, Friedrichsruh zum Hauptwohnsitz zu machen. *Ebd.*, II, 480, 486. Der Verfall der Holzpreise hielt ihn aber davon ab, alle Bäume schlagen zu lassen, die in Friedrichsruh jedes Jahr nachwuchsen. *Ebd.*, II, 524. Serings Index für Bauholzpreise (der auf dem durchschnittlichen Ertrag für Bauholz basierte, das zwischen 1851 und 1875 im preußischen Staatsforst geschlagen wurde) sank vom Spitzenwert 133 im Jahre 1875 auf 108 im Jahre 1879. Max Sering, *Internationale Preisbewegung und Lage der Landwirtschaft in den außertropischen Ländern* (Berlin, 1929), 173. Vgl. auch Heinrich Rubner, *Forstgeschichte im Zeitalter der industriellen Revolution* (Berlin, 1967), 151–152.

36 Busch, *Tagebuchblätter*, II, 535–536.

37 Vgl. sein Wahlmanifest vom Juli 1878. Horst Kohl (Hg.), *Bismarck-Jahrbuch* (1894), I, 120–121.

38 Hardach, *Bedeutung wirtschaftlicher Faktoren*, 128.

39 BR, VII, 237–242; AWB, I, 273–274.

40 Tiedemann an Hofmann, 17. Dezember 1878. AWB, I, 298.

41 GW, VIII, 289.

42 GW, 294–295. Vgl. auch seine Bemerkungen während der parlamentarischen Soiree am 17. Mai 1879. BP, I, 175.

43 BP, I, 153–156. Vgl. auch Poschinger (Hg.), *Volkswirth*, I, 202. Gestaffelte Frachtsätze, die Importe begünstigten, wurden von den deutschen Bauern immer wieder beklagt. Vgl. Hardach, *Bedeutung wirtschaftlicher Faktoren*, 102–103, 107–108, 117–118. Im Februar 1879 sprach sich der protektionistische Congreß deutscher Landwirte dafür aus, noch höhere Zölle zu fordern, sofern die Staffelung nicht abgeschafft werde. *Ebd.*, 163. Das Thema wurde auch in der Zolldebatte vom Mai/Juni 1879 häufig angesprochen.

44 GW, XIV, 900–901.

45 Vgl. 56–64, 97–103; auch Tiedemann, *Sechs Jahre*, 132, und Hans Goldschmidt, *Das Reich und Preußen im Kampf um die Führung von Bismarck bis 1918* (Berlin, 1931), 190 ff.

46 15. Februar 1878. GW, VIII, 245.

47 Goldschmidt, *Reich und Preußen*, 191 (Anm.).

48 Vgl. Friedrich Jungnickel, *Staatsminister Albert von Maybach* (Stuttgart, 1910), 28 ff.

49 AWB, I, 216–222, 232, 281–282; GW, XIV, 897; VII, 319; Alfred von der Leyen, *Die Eisenbahnpolitik des Fürsten Bismarck* (Berlin, 1914), 224–231. Die Auseinandersetzungen zwischen dem Handels- und dem Finanzministerium dauerten an, aber Hobrecht war eine schwächere Persönlichkeit als Camphausen und Maybach engagierter als Achenbach. Vgl. Tiedemann, *Sechs Jahre*, 352–354.

50 Bismarck an den bayerischen Außenminister von Pfretzschner, 2. Januar 1879. Poschinger (Hg.), *Volkswirth*, I, 178–179; GW, XIV, 898. Bismarck an Hofmann, Friedenthal und Maybach, 3. Januar 1879. AWB, I, 299–301. Votum Bismarcks an das Staatsministerium, 7. Februar 1879. AWB, I, 303–306. Zur öffentlichen Diskussion über

die Verstaatlichung aller Eisenbahnen vgl. M. Alberty, *Der Übergang zum Staatsbahnsystem in Preußen* (Jena, 1911), 11 ff., 91–109, 142–237.

51 Bismarck an den Bundesrat, 7. Februar 1879. Poschinger (Hg.), *Volkswirth*, I, 185–201.

52 Bismarck an den Freiherrn von Thüringen, 16. April 1879. Poschinger (Hg.), *Volkswirth*, I, 215.

53 Poschinger (Hg.), *Bismarck und der Bundesrat*, IV, 92–108. Ein zweiter Gesetzentwurf, der weitreichende Befugnisse für das Reichseisenbahnamt vorsah, scheiterte auf ähnliche Weise. *Ebd.*, IV, 108–111. Vgl. auch Leyen, *Eisenbahnpolitik*, 80–94.

54 AWB, I, 232, 311, 314–315.

55 SBHA (1879–1880), I, 109; Anlagen, I, Nr. 5 und 60. Vgl. auch Jungnickel, *Maybach*, 74–85.

56 Bismarck an Tiedemann, 22. November 1879. GW, VIc, 164–165.

57 SBHA (1879–1880), I, 95–171, 497–600; HW, II, 277.

58 AWB, I, 322–323. Vgl. auch Alberty, *Staatsbahnsystem*, Tab. 2.

59 AWB, II, 59–60.

60 Otto Becker, «Bismarcks Kampf für den Nordostseekanal», *Historische Zeitschrift*, 167 (1943), 83–97.

61 Am 1. Januar 1881 gratulierte Bismarck (was selten vorkam) dem Minister in einem Brief zur erfolgreichen Überwindung aller Schwierigkeiten, die ihm von Camphausen dem Finanzministerium entgegengestellt worden seien. GW, XIV, 923; vgl. auch 921, 936, 945, 949, und Tiedemann, *Sechs Jahre*, 385.

62 Bismarck an Poschinger, 6. Mai 1889. GW, VIII, 658.

63 1897 waren bei den preußischen Eisenbahnen 402119 Beamte und 65634 Mann an technischem Personal beschäftigt. Walther Lotz, *Die Verkehrsentwicklung in Deutschland, 1800–1900* (Leipzig, 1920), 33, Anm. 2. Zu vergleichenden Statistiken über die Größe der staatlichen und privaten Eisenbahnen vgl. *Statistisches Handbuch für das Deutsche Reich*, I, 291–299.

64 Alberty, *Staatsbahnsystem*, 281–344; Lotz, *Verkehrsentwicklung*, 44–45, 56–57, 67. Zur Definition von Staffel-, Spezial- und Normaltarifen vgl. 53, 64. Bismarck verfolgte die Entwicklung der Frachtsätze weiterhin mit großem Interesse, insbesondere im Bereich des Holz- und Getreidetransports. AWB, I, 338–340; II, 33–39; GW, VIc, 242–243. Ein interessantes Beispiel war sein Brief an Maybach vom 19. April 1881, in dem er darlegte, ermäßigte Frachtsätze hätten zwar den Absatz von Kohle erhöht, zugleich aber den Verkauf von Brennholz zurückgehen lassen, was den Interessen der Staatswälder und der privaten Waldbesitzer geschadet habe. GW, VIc, 211–212.

65 GW, IX, 50.

66 Tiedemann, *Sechs Jahre*, 254–255.

67 DZA Merseburg, Rep. 90a, B, III, 2b, Nr. 6, Bd. 90.

68 An Hobrecht, 25. Mai 1878. GW, VIc, 110–112.

69 DZA Potsdam, Reichskanzlei, 2081, 3–96, 103–160, 167.

70 DZA Merseburg, Rep. 90a, B, III, 2b, Nr. 6, Bd. 90.

71 Hofmann an Tiedemann, 3. Juli 1878. *Ebd.*, 197–200.

72 Hofmann an Bismarck, 15. August 1878. *Ebd.*, 219–248. AWB, I, 280–281; GW, VIc, 115–116.

73 Hofmann an Bismarck, 9. Juni 1878. DZA Potsdam, Reichskanzlei, 1614, 35–38. Auch Hofmann an Maybach, 17. Juni 1878. *Ebd.*, 39.

74 Christoph von Tiedemann, *Persönliche Erinnerungen an den Fürsten Bismarck* (Leipzig, 1898), 37–38.

75 DZA Potsdam, Reichskanzlei, 2080, 70–100, 109–152.

76 Henckel von Donnersmarck an Bismarck, 29. März 1878. DZA Potsdam, Reichskanzlei, 2080, 52–69. Henckel von Donnersmarck an Bismarck, 16. Juni 1878. DZA Potsdam, Reichskanzlei, 2081, 161–166.

77 Tiedemann, «Einleitung», undatiert. DZA Potsdam, Reichskanzlei, 2080, 101–108; Tiedemann, *Sechs Jahre*, 68–69.

78 Tiedemann, *Persönliche Erinnerungen*, 37–38.

79 SEG (1878), 167–168; Lambi, *Free Trade and Protection*, 207–208.

80 GW, XIV, 896.

81 AWB, I, 287–290.

82 AWB, I, 290–294, und Poschinger (Hg.), *Volkswirth*, I, 168–170.

83 Poschinger (Hg.), *Volkswirth*, I, 107–177; Lambi, *Free Trade and Protection*, 178.

84 Poschinger (Hg.), *Volkswirth*, I, 171.

85 AWB, I, 288–290.

86 Poschinger (Hg.), *Volkswirth*, I, 176. In einem Brief an Maybach vom 21. November 1878 wiederholte Bismarck seine Ansicht, daß die Abschaffung von «Einfuhr-Prämien» in Form gestaffelter Frachtsätze «einen weit größeren Erfolg» beim Schutz der heimischen Industrie verspreche als die neuen Wertzölle auf alle eingeführten Waren, die er selbst, Hobrecht, Stolberg und Friedenthal als «Finanzzoll» betrachteten. GW, VIc, 126.

II. Triumph des Protektionismus

1 Horst Kohl (Hg.), *Fürst Bismarck: Regesten zu einer wissenschaftlichen Biographie des ersten Reichskanzlers* (Leipzig, 1891), II, 170–171, und *Anhang zu den Gedanken und Erinnerungen von Otto Fürst von Bismarck* (Stuttgart, 1901), I, 280–284.

2 GW, VIc, 128.

3 Freiherr Lucius von Ballhausen, *Bismarck-Erinnerungen* (Stuttgart, 1920), 149–150.

4 Christoph von Tiedemann, *Sechs Jahre Chef der Reichskanzlei unter dem Fürsten Bismarck* (2. Aufl., Leipzig, 1910), 360–361. Wie ernst es ihm mit der erneuten Auflösung des Parlaments war, läßt sich ersehen aus Lucius, *Bismarck-Erinnerungen*, 149, 152.

5 Am 15. Januar schrieb Bismarck dem Kaiser, seiner Gesundheit gehe es «langsam besser». Kohl (Hg.), *Anhang*, I, 286–287.

6 Lucius, *Bismarck-Erinnerungen*, 150–152; BP, I, 157.

7 BP, I, 153.

8 Rudolf von Bennigsen an seine Frau, 2. Mai 1879. Hermann Oncken, *Rudolf von Bennigsen* (Stuttgart, 1910), II, 402.

9 Ivo Lambi, *Free Trade and Protection in Germany 1868–1879* (Wiesbaden, 1963), 181–184.

10 Zu den sozialen und ökonomischen Kräften, die am Kampf um Protektionismus und Freihandel beteiligt waren, vgl. Lambi, *Free Trade and Protection*; Karl W. Hardach, *Die Bedeutung wirtschaftlicher Faktoren bei der Wiedereinführung der Eisen- und Getreidezölle in Deutschland 1879* (Berlin, 1967); Max Nitzsche, *Die handelspolitische Reaktion in Deutschland* (Stuttgart, 1905); Helmut Böhme, *Deutschlands Weg zur Großmacht: Studien zum Verhältnis von Wirtschaft und Staat während der Reichsgründungszeit* (Köln, 1966), 421 ff.

11 Bei einem Parlamentsessen am 15. Februar 1879. BP, I, 149–150.

12 Als Beispiele für diese Briefe vgl. GW, XIV, 899–903, und Heinrich Poschinger (Hg.), *Bismarck als Volkswirth* (Berlin, 1889–1890), I, 181–184, 207–208, 211; Georg Freye, *Motive und Taktik der Zollpolitik Bismarcks* (Diss. Hamburg, 1926), 176 ff. In den Archiven lassen sich noch viele weitere Beispiele finden. GW, VIc, 129–130.

13 Tiedemann, *Sechs Jahre*, 361, 363–364; Lucius, *Bismarck-Erinnerungen*, 151–152.

14 Bismarck an Hofmann, 7. März 1879. DZA Potsdam, Reichskanzlei, 2081a, 136–137. GW, VIc, 129–133, 216–227. Gegenüber Wilhelm klagte er, seine Ministerkollegen seien bei der Abfassung des Gesetzentwurfs wenig hilfreich. Kohl (Hg.), *Anhang*, I, 287.

15 DZA Potsdam, Reichskanzleramt, 1614, 1615, 1618.

16 Lambi, *Free Trade and Protection*, 180–188. Zu Varnbülers Schwierigkeiten mit Bismarck wegen der Agrarzölle vgl. Rudolf Vierhaus (Hg.), *Das Tagebuch der Baronin Spitzemberg* (Göttingen, 1961), 177.

17 Lambi, *Free Trade and Protection*, 180.

18 Lambi, *Free Trade and Protection*, 189; Heinrich von Poschinger (Hg.), *Fürst Bismarck und der Bundesrat, 1867–1890* (Stuttgart, 1897–1901), IV, 55–57.

19 Bismarck mag an dieser Entscheidung mitgewirkt haben. BP, I, 156.

20 Die Haltung des Rats war für die deutsche Landwirtschaft vielleicht nicht mehr repräsentativ. Vgl. Lambi, *Free Trade and Protection*, 148; Hardach, *Bedeutung wirtschaftlicher Faktoren*, 125–126.

21 Lambi, *Free Trade and Protection*, 137–149; Hardach, *Bedeutung wirtschaftlicher Faktoren*, 81–138, 158–164. Hardach korrigiert die traditionelle Sicht, daß die ostdeutschen Grundbesitzer (durch die spürbare Konkurrenz aus Amerika und Osteuropa) zwischen 1877 und 1879 geschlossen zu Protektionisten geworden seien; er zeigt auf, daß die Interessen der meisten nach wie vor exportorientiert waren, was sich auch in ihrer Haltung widergespiegelt habe. Dennoch ist seine Argumentation wohl zu pointiert. Es läßt sich

kaum nachvollziehen, wie er ohne statistische Belege behaupten kann, die «Mehrheit» der deutschen Bauern habe «ein sehr geringes Interesse an einem Getreidezoll» (125) gehabt. Hardachs zentrale These – daß Bismarck sowohl aus fiskalischen als auch aus politischen Gründen entscheidend an der Mobilisierung der protektionistischen Bewegung mitgewirkt habe – unterscheidet sich nicht sehr von Lambi. Vgl. Lambi, *Free Trade and Protection*, 169 ff.

22 HW, II, 227.

23 HW, II, 232–233.

24 Forckenbeck an Stauffenberg, 19. Januar 1879. HW, II, 230.

25 Oncken, *Bennigsen*, II, 401. Das Amt des zweiten Vizepräsidenten fiel nach der Ablehnung Hohenlohe-Langenburgs an den Freikonservativen Robert Lucius.

26 SBR (1879), I, 17, 23–39, 248–318.

27 Lucius, *Bismarck-Erinnerungen*, 153–154; BR, VIII, 400–404.

28 Dieter Langewiesche (Hg.), *Das Tagebuch Julius Hölders, 1877–1880* (Stuttgart, 1977), 169.

29 Oncken, *Bennigsen*, II, 404–405; SBR (1879), II, 1026–1037.

30 HW, II, 230–231. Auch wenn man von Lasker im allgemeinen erwartete, daß er im Reichstag den Freihandel verteidigte, entschied man, er solle bei der öffentlichen Agitation «aus dem Spiele bleiben».

31 Vgl. 58–59.

32 HW, II, 231.

33 Martin Philippson, *Max von Forckenbeck: Ein Lebensbild* (Leipzig, 1898), 313–321; SEG (1879), 164–168; BP, I, 177. Ende Dezember 1879 teilte Kronprinz Friedrich Wilhelm Forckenbeck mit, er habe seiner Rede über die Aussicht auf eine große, vereinigte liberale Partei, die das gesamte deutsche Bürgertum repräsentiere, «zugejubelt». Doch Forckenbeck konnte ihm nicht viel «Tröstliches» mitteilen. Ernst Feder (Hg.), *Bismarcks großes Spiel: Die geheimen Tagebücher Ludwig Bambergers* (Frankfurt, 1933), 331–332.

34 Erich Förster, *Adalbert Falk: Sein Leben und Wirken als preußischer Kultusminister* (Gotha, 1927), 541, 543–544, 604; GW, VIc, 120–121. Franckenstein stritt ab, daß es einen Vertrag gegeben habe. Tiedemann, *Sechs Jahre*, 334.

35 Förster, *Falk*, 547–592, 594.

36 Kohl (Hg.), *Anhang*, II, 513–518; GW, VIc, 126–129.

37 Zum Hintergrund und Verlauf dieser Krise vgl. Förster, *Falk*, 352–502.

38 Erich Schmidt-Volkmar, *Der Kulturkampf in Deutschland, 1871–1890* (Göttingen, 1962), 241; GW, VIc, 109–110, 115; VIII, 268.

39 GW, VIc, 133–134; Förster, *Falk*, 543–545.

40 Schmidt-Volkmar, *Kulturkampf*, 236–248.

41 GW, VIc, 115, 133–134, 144–146; VIII, 268–269; XIV, 894. Als Kardinal Franchi, der in Bismarcks Augen eine versöhnliche Haltung gegenüber Deutschland einnahm, am 1. August plötzlich starb, glaubte Bismarck der Nachricht von seiner Vergiftung. Der Papst, nahm er an, würde nun vom Frieden reden, aber Zugeständnisse auf dem Weg dorthin verweigern, weil er entweder das gleiche Schicksal fürchte oder der Einfluß von Franchis Gegenspielern im Vatikan gewachsen sei. Bismarck an Wilhelm I., 15. Januar 1879. GW, VIc, 134–135; BP, I, 52.

42 Bismarck an Falk, 8. August 1878. Förster, *Falk*, 533.

43 GW, VIc, 146. Förster, *Falk*, 604–605.

44 Lucius, *Bismarck-Erinnerungen*, 150–151.

45 GW, VIII, 295–298; BP, II, 314 ff.

46 BP, I, 172; II, 327; Margaret Lavinia Anderson, *Windthorst: Zentrumspolitiker und Gegenspieler Bismarcks* (Düsseldorf, 1988), 223–225. Die Bitte um dieses Gespräch kam von Windthorst. Windthorst an Bismarck, 31. März 1879. DZA Potsdam, Reichskanzlei, 1400, 113.

47 SEG (1879), 112–113, 131–132. Vgl. auch Windthorsts Rede am 8. Mai 1879. SBR (1879), II, 1069.

48 BP, I, 170–171. Am selben Abend waren die Abgeordneten bereits vom ersten Auftritt elsässischer «Protest-Abgeordneter» überrascht worden. Neben anderen Vertretern der Zentrumspartei war auch Schröder-Lippstadt anwesend, über dessen Radikalismus sich Bismarck in früheren Jahren so bitter beklagt hatte.

49 Das Zitat wird dem württembergischen Liberalen Julius Hölder zugeschrieben und mag tatsächlich stimmen, ist aber nicht belegbar. Heinrich von Poschinger nannte als Quelle Hölders Tagebuch und datierte es auf den 15. März 1879. BP, II, 338. Der Eintrag läßt sich im Manuskript des Tagebuchs jedoch

nicht nachweisen. Vielleicht handelte es sich bei der Quelle um einen mittlerweile verlorenen Brief. Vgl. die editorischen Anmerkungen von Dieter Langewiesche (Hg.), in: *Tagebuch Hölders*, 38–39. Hölders Tagebuch legt beredtes Zeugnis darüber ab, mit welchem Respekt und welcher Furcht deutsche Politiker Bismarck in den entscheidenden Wochen der Zolldebatte gegenüberstanden. *Ebd.*, 178, 180.

50 BR, VIII, 3–11; SBR (1879), II, 927 ff. Vgl. auch GW, VIc, 136–137, und BP, I, 164. Zu Bismarcks Interesse am Holzzoll vgl. *ebd.*, I, 75.

51 Oncken, *Bennigsen*, II, 402.

52 SEG (1879), 120–121; *Norddeutsche Allgemeine Zeitung*, 13. April 1879, Bd. 18, Nr. 134.

53 Als Beispiel für diese Haltung vgl. die Rede des Freiherrn von Varnbüler, 6. Mai 1879. SBR (1879), II, 1021. Zu einer Erörterung der Gründe für die Verbreitung des Zollprotektionismus über ganz Europa vgl. Nitzsche, *Handelspolitische Reaktion*, 3 ff. Nitzsche argumentierte, die Verbreitung des Protektionismus sei die natürliche Folge der Kriege von 1854–1871, der europaweiten Depression der 1870er Jahre und des gewachsenen nationalen Chauvinismus gewesen.

54 Zu Kurzbiographien wichtiger Befürworter des Protektionismus in der Zolldebatte vgl. Böhme, *Deutschlands Weg*, 313–320, 364. Zu Mosles Wandlung vgl. SBR (1897), II, 1071–1072; BP, II, 330 ff., 344–345; Langewiesche (Hg.), *Tagebuch Hölders*, 178; Poschinger (Hg.), *Bismarck als Volkswirth*, I, 212, 216–217.

55 Zu Kurzbiographien wichtiger Befürworter des Freihandels vgl. HW, II, 457 ff.

56 Vgl. Bambergers Eingeständnis der Niederlage in der Debatte vom 3. Mai 1879. SBR (1879), II, 951.

57 SBR (1879), II, 1114, 1203.

58 SBR (1879), II, 1269–1274; SEG (1879), 164.

59 SBR (1879), II, 932 ff.

60 SBR (1879), II, 982, 986–987.

61 8. Mai 1879. SBR (1879), II, 1050–1064, 1070–1071; Eugen Richter, *Im alten Reichstag: Erinnerungen* (Berlin, 1894), II, 118–119; Richard W. Dill, *Der Parlamentarier Eduard Lasker und die parlamentarische Stilentwicklung der Jahre 1867–1884* (Erlangen, 1956), 175–178.

62 Lucius, *Bismarck-Erinnerungen*, 158–159.

63 SBR (1879), III, 2280–2304. Lambi, *Free Trade and Protection*, 220–221. Zu Bismarcks Briefwechsel mit Thüngen vgl. BR, VIII, 52–55; GW, XIV, 902.

64 Bismarcks Drängen auf ein staatliches Tabakmonopol – einer der Punkte, an denen die Kandidatur Bennigsens formal scheiterte – hatte im Juni 1879 zur Einrichtung einer Untersuchungskommission geführt, die Statistiken zur Herstellung von und zum Handel mit Tabak zusammenstellte. GW, VIc, 102; AWB, I, 275–277. Ein Jahr später ignorierte Bismarck die Ergebnisse dieser Kommission, die seinen Zielen entgegenstanden; er setzte eine höhere Tabaksteuer durch und kam damit seinem Fernziel – einem Monopol – einen Schritt näher. Bismarck an Hofmann, 1. Januar 1879. GW, VIc, 130–131.

65 SBR (1879), II, 1036–1037.

66 SBR (1879), II, 1066–1070.

67 An Lucius, Ende Juni 1879. Lucius, *Bismarck-Erinnerungen*, 163–164.

68 Moritz Busch, *Tagebuchblätter* (Leipzig, 1899), II, 557.

69 Lambi, *Free Trade and Protection*, 223; Lucius, *Bismarck-Erinnerungen*, 167.

70 Oncken, *Bennigsen*, II, 410–412; Lucius, *Bismarck-Erinnerungen*, 162–164; GW, VIII, 313.

71 Die «Krücken»-Metapher stammte von einer Zeitung im Umfeld der Fortschrittspartei. BP, I, 179–180.

72 BR, VIII, 137–155.

73 Lucius, *Bismarck-Erinnerungen*, 164; BP, II, 352–353.

74 SEG (1879), 191–192. Zu Hobrechts Motiven für den Rücktritt vgl. Tiedemann, *Sechs Jahre*, 244, 248.

75 SBR (1879), III, 2215, 2364; RGB (1879), 207–258.

76 Hermann Block, *Die parlamentarische Krise der nationalliberalen Partei, 1879–1880* (Münster, 1930), 52.

77 SEG (1879), 211.

78 5. Mai 1879. SBR (1879), II, 981.

III. Die Aushandlung des Zweibunds

1 Moritz Busch, *Tagebuchblätter* (Leipzig, 1899), III, 88.

2 Auf diese Probleme beziehen sich folgende Veröffentlichungen: Andreas Hillgruber, *Bismarcks Außenpolitik* (Freiburg, 1972); Horst Müller-Link, *Industrialisierung und Außenpo-*

litik: Preußen-Deutschland und das Zarenreich von 1860 bis 1890 (Göttingen, 1977); Dietrich Geyer, *Der russische Imperialismus: Studien über den Zusammenhang von innerer und auswärtiger Politik 1860 bis 1890* (Göttingen, 1977); George F. Kennan, *Bismarcks europäisches System in der Auflösung: Die französisch-russische Annäherung 1875 bis 1890* (Frankfurt a. M., 1981); Paul Kennedy, *The Rise of the Anglo-German Antagonism, 1860–1914* (London, 1980); Thomas A. Kohut, «Kaiser Wilhelm II and his Parents: An Inquiry into the Psychological Roots of German Policy towards England before the First World War», in: John C. G. Röhl und Nicolaus Sombart (Hgg.), *Kaiser Wilhelm II: New Interpretations* (Cambridge, 1982), 63–90; Judith M. Hughes, *Emotion and High Politics: Personal Relations at the Summit in Late Nineteenth-Century Britain and Germany* (Berkeley, 1983).

3 Vgl. den ersten Band dieser Biographie, 775–790, und oben, 161. George Kennan glaubt dagegen, das Ausschlachten dieser Episode in der französischen und russischen Presse habe in diesen Ländern eine zunehmend feindselige Haltung gegenüber Deutschland bewirkt, die im russisch-französischen Zweibund von 1894 gipfelte. Kennan, *Bismarcks europäisches System*, 23–37.

4 An Karl Braun, September 1875. GW, VIII, 55–56.

5 Nicholas Der Bagdasarian, *The Austro-German Rapprochement, 1870–1879* (Cranbury, N. J., 1976), 180–183; Eduard von Wertheimer, *Graf Julius Andrássy: Sein Leben und Seine Zeit* (Wien, 1910–1913), II, 243.

6 Vgl. oben, 150–152.

7 GP, II, 88–89.

8 Bagdasarian, *Rapprochement*, 217–218.

9 *Ebd.*, 220–224.

10 Joachim von Münch an Andrássy, 8. Oktober 1876. Zit. in: Bagdasarian, *Rapprochement*, 200.

11 11. April 1877. GW, VIII, 206.

12 GW, VIII, 237–239; auch BP, II, 251. Braun war gerade von einer Reise durch die Donaumonarchie zurückgekommen, wo er die Stimmung im Volk gegenüber Deutschland erkundet hatte. Als Befürworter des Freihandels wollte Braun Bismarck über die Unterschiede in Wirtschaft und Handel berichten, die einer Zollunion zwischen Deutschland und Österreich entgegenstanden. Bismarck nutzte die Gelegenheit, um seine eigenen neuen Gedanken zum wirtschaftlichen und politischen Verhältnis der beiden Länder vorzutragen. Das Gespräch fand 1877 statt; in welchem Monat, ist nicht bekannt. Bismarck dachte jedoch sicher nicht erst seit 1879 über eine «organische Verbindung» mit Österreich nach, wie mitunter vertreten wurde. Vgl. etwa William L. Langer, *European Alliances and Alignments* (2. Aufl., New York, 1956), 174. Der Gedanke reicht weiter zurück.

13 Vgl. seine Bemerkungen gegenüber dem österreichisch-ungarischen Botschafter Graf Emmerich Széchényi vom 26.–29. Januar 1879 in Friedrichsruh. GW, VIII, 293–295. Im Februar 1879 erklärte Bismarck dem bayerischen Reichstagsabgeordneten Georg Freiherrn von und zu Franckenstein: «Selbst ein Verfassungsverhältnis zwischen Österreich und Deutschland sei denkbar, wohl aber nicht gemeinschaftliche Zölle.» BP, II, 317. Die Annahme Helmut Böhmes, Bismarck habe den Plan zu einer europäischen Zollunion, wie er im September 1878 von dem französischen Nationalökonomen und Publizisten G. de Molinari vorgeschlagen wurde, ernst genommen und sich im Sommer 1879 ernsthaft mit einer mitteleuropäischen Variante der Idee auseinandergesetzt, scheint aus der Luft gegriffen. Vgl. sein *Deutschlands Weg zur Großmacht: Studien zum Verhältnis von Wirtschaft und Staat während der Reichsgründungszeit, 1848–1881* (Köln, 1966), 525–529, 587–601, sowie die Kritik von Bruce Waller, *Bismarck at the Crossroads: The Reorientation of German Foreign Policy after the Congress of Berlin, 1878–1880* (London, 1974), 196–197. Die Unterzeichnung des Zweibunds führte nicht zur Verbesserung der Wirtschaftsbeziehungen zwischen Deutschland und Österreich. Der Vertrag von 1868, der die österreichischen Zölle im Vergleich zu den deutschen auf einem hohen Stand beließ, lief Ende 1877 aus. Trotz intensiver Verhandlungen zu einem neuen Vertrag im Jahre 1877 konnte keine Einigung erreicht werden. Als Notbehelf verlängerten die beiden Mächte den Vertrag von 1868 (mit einigen Änderungen) jährlich bis 1881, als er endgültig auslief. Während der Verhandlungen zum Zwei-

bund stellte Bismarck massive Zollerleichterungen in Aussicht, die später aber nicht umgesetzt wurden. Im Verhältnis zwischen Österreich und Deutschland gewann die Politik eindeutig die Oberhand über die Wirtschaft. Waller, *Bismarck at the Crossroads*, 197–198, und A. von Matlekovits, *Die Zollpolitik der österreichisch-ungarischen Monarchie und des deutschen Reiches seit 1868* (Leipzig, 1891), 30–60, 70–104, 830–833.

14 Vgl. Bismarcks Aussage gegenüber einem ungarischen Korrespondenten, 5. März 1880. GW, XIV, 914. 1863 erklärte Bismarck in Wien, die beiden Mächte sollten nicht zulassen, daß widerstreitende Handels- und Wirtschaftsinteressen ihren gemeinsamen Bemühungen «auf dem rein politischen Gebiet» im Wege stünden. Bismarck an Werther, 9. April 1863. Helmut Böhme (Hg.), *Die Reichsgründung* (München, 1967), 132–133. Zu ähnlichen Äußerungen vgl. den ersten Band dieser Biographie, 759, 890 Anm. 2.

15 Zit. in: Wolfgang Windelband, *Bismarck und die europäischen Großmächte 1879–1885* (2. Aufl., Essen, 1942), 45.

16 Die Motive der russischen Außenpolitik in der Balkankrise lassen sich kaum anhand von ausschließlich deutschem Archivmaterial und aus der Sekundärliteratur bestimmen, wie es Müller-Link, *Industrialisierung und Außenpolitik*, 19–102, 122 versucht. Zu einer Bewertung auf breiterer Quellenbasis vgl. Geyer, *Der russische Imperialismus*, 55–76. 1876 fürchteten viele Russen in Führungspositionen, darunter der Zar und Finanzminister Michael Reutern, gerade deshalb einen Krieg gegen die Türkei, weil er die Wirtschaft des Landes, die Staatsfinanzen und die jüngsten Reformen gefährdet hätte. Vgl. Wilhelm von Schweinitz (Hg.), *Denkwürdigkeiten des Botschafters General von Schweinitz* (Berlin, 1927), I, 317–318, und Sergé Goriainov, *Le Bosphore et les Dardanelles* (Paris, 1910), 321–322.

17 Sigrid Kumpf-Korfes, *Bismarcks «Draht nach Rußland»: Zum Problem der sozial-ökonomischen Hintergründe der russisch-deutschen Entfremdung im Zeitraum von 1878 bis 1891* (Ost-Berlin, 1968), 8–15.

18 Bei der Behauptung des Gegenteils zitiert Müller-Link nicht Bismarck, sondern frühere Passagen aus seinem eigenen Text. *Industrialisierung und Außenpolitik*, 122 (Anm. 11 und 12).

19 Manfred Müller, *Die Bedeutung des Berliner Kongresses für die deutsch-russischen Beziehungen* (Leipzig, 1927), 87.

20 GP, II, 307–310; GW, VIII, 212, und Müller, *Bedeutung des Berliner Kongresses*, 9–92.

21 Bagdasarian, *Rapprochement*, 254–255; W. N. Medlicott, *The Congress of Berlin and After* (2. Aufl., London, 1963), 154–155; GP, III, 3–6; Bernhard von Bülow, *Denkwürdigkeiten* (Berlin, 1930), IV, 450–452. Zum Meinungsstreit in Rußland und dessen Folgen für die Politik vgl. Kennan, *Bismarcks europäisches System*, 39 ff., und Geyer, *Der russische Imperialismus*, 68. Anton von Werners offizielles, erst 1881 fertiggestelltes Portrait des Kongresses bestätigte auf unheimliche Weise Gortschakows Version der Ereignisse. Es zeigt Schuwalow (vorne in der Mitte) beim energischen Händeschütteln mit Bismarck, während Andrássy zusieht und Gortschakow meterweit entfernt am Ende des Konferenztisches schwer in seinem Stuhl sitzt. Vgl. 167.

22 Müller, *Bedeutung des Berliner Kongresses*, 61–63, 74–81.

23 Waller, *Bismarck at the Crossroads*, 83.

24 Bülow an Hatzfeldt, 12. und 14. Oktober 1878. Müller, *Bedeutung des Berliner Kongresses*, 79–81.

25 *Ebd.*, 82–83; zum Kissinger Diktat vgl. 158–159.

26 Waller, *Bismarck at the Crossroads*, 76–84.

27 Windelband, *Bismarck und die europäischen Großmächte*, 53–54.

28 Waller, *Bismarck at the Crossroads*, 50, 82.

29 Irene Grüning, *Die russische öffentliche Meinung und ihre Stellung zu den Großmächten, 1878–1894* (Berlin, 1929), 52–68. Vgl. Windelbands Modifikation der These Grünings in: *Bismarck und die europäischen Großmächte*, 51–54, und Anm. 42.

30 Schweinitz (Hg.), *Denkwürdigkeiten*, II, 38; B. H. Sumner, *Russia and the Balkans, 1870–1880* (Oxford, 1937), 556–557; Busch, *Tagebuchblätter*, II, 551–555.

31 DDF, II, 437–439. Ein Geheimvertrag, der Artikel 5 des Prager Vertrags aufhob, war am 13. April 1878 unterzeichnet worden, wurde aber später auf den 11. Oktober 1878 datiert, um sich nicht den böswilligen Vorwurf einzuhandeln, Österreich habe sich die deutsche Unterstützung gegen Rußland «erkauft». Der Vertrag vom 13. April war des-

halb zustande gekommen, weil Österreich daran interessiert war, sich einer Verpflichtung zu entledigen, an der es kein Interesse mehr hatte, während Bismarck einen neuralgischen Punkt in der deutschen Außenpolitik beseitigen wollte. Von einer Veröffentlichung versprach sich Bismarck die Untergrabung der Agitation der Welfen für eine Durchführung des Volksentscheids, die durch die Verlobung Prinzessin Thyras von Dänemark mit dem Herzog von Cumberland aktuell geworden war. (Der Herzog war seit dem 12. Juni 1878, dem Todestag seines Vaters, des exilierten Königs Georg V., Thronprätendent des Hauses Hannover.) Bismarck hatte angeboten, den Anspruch des Herzogs auf das Herzogtum Braunschweig zu unterstützen und den Welfenfonds zurückzugeben, wenn der Herzog auf die Hannoveraner Krone verzichte, das Deutsche Reich anerkenne und durch einen Besuch in Berlin seine Unterwerfung signalisiere. Der Herzog lehnte ab. Vgl. besonders Bagdasarian, *Rapprochement*, 267–270.

32 Schweinitz (Hg.), *Denkwürdigkeiten*, II, 40 ff., 70.

33 Waller, *Bismarck at the Crossroads*, 246–248.

34 Schweinitz (Hg.), *Denkwürdigkeiten*, II, 60.

35 André Dreux, *Dernières années de l'ambassade en Allemagne de M. de Gontaut-Biron, 1874–1877* (Paris, 1907), 203 ff.

36 DDF, II, 432 ff. Vgl. auch Pearl B. Mitchell, *The Bismarckian Policy of Conciliation with France, 1875–1885* (Philadelphia, 1935), 60 ff.

37 GP, III, 7–9, auch 12–14.

38 Grüning, *Öffentliche Meinung*, 66–68.

39 GP, III, 9–12; Schweinitz (Hg.), *Denkwürdigkeiten*, II, 64–67.

40 GP, III, 14–22.

41 Bagdasarian, *Rapprochement*, 286–288, 296–297; GP, III, 39–40; Wertheimer, *Andrássy*, III, 203–224, und F. R. Bridge, *From Sadowa to Sarajevo: The Foreign Policy of Austria-Hungary, 1866–1914* (London, 1972), 98–101.

42 GP, III, 23 (Anm.), 31, 108.

43 GP, III, 23, 36; Horst Kohl (Hg.), *Anhang zu den Gedanken und Erinnerungen von Otto Fürst von Bismarck* (Stuttgart, 1901), II, 522–527; Wertheimer, *Andrássy*, III, 225–310. Weitere Dokumente zum Konflikt zwischen dem Kaiser und dem Kanzler wurden veröffentlicht von Windelband, *Bismarck und die europäischen Großmächte*, 66–85.

44 GP, III, 26–36, auch 39–47, 52–59.

45 GP, III, 24–25, 36.

46 GP, III, 36–39, 47–51, 62–67; Hans Rothfels (Hg.), *Bismarck-Briefe* (Göttingen, 1955), 397–398; Kohl (Hg.), *Anhang*, II, 528–529.

47 GW, XV, 402–408.

48 Wertheimer, *Andrássy*, III, 284; GP, III, 68–104.

49 Kohl (Hg.), *Anhang*, II, 524–527.

50 Langer, *Alliances and Alignments*, 180.

51 GP, III, 36–38, 47–51, 62–67, 73–74.

52 GP, III, 46, 84, 91–92, 105–117; Heinrich von Poschinger (Hg.), *Bismarck-Portefeuille* (Stuttgart, 1899), II, 194; GW, XIV, 905–908; GW, VIII, 323–334; Freiherr Lucius von Ballhausen, *Bismarck-Erinnerungen* (Stuttgart, 1920), 173–177; Busch, *Tagebuchblätter*, II, 561–563; Hajo Holborn (Hg.), *Aufzeichnungen und Erinnerungen aus dem Leben des Botschafters Joseph Maria von Radowitz* (Stuttgart, 1925), II, 99–105. Zu Hohenlohe vgl. Helmuth Rogge, *Holstein und Hohenlohe* (Stuttgart, 1957), 98–101.

53 GP, III, 117; Schweinitz (Hg.), *Denkwürdigkeiten*, II, 79.

54 Historiker haben diese Frage unterschiedlich beantwortet. Vgl. beispielsweise Waller, *Bismarck at the Crossroads*, 199; A. J. P. Taylor, *The Struggle for Mastery in Europe, 1848–1918* (Oxford, 1954), 264–265; Windelband, *Bismarck und die europäischen Großmächte*, 87; Eduard Heller, *Das deutsch-österreichisch-ungarische Bündnis in Bismarcks Außenpolitik* (Berlin, 1925), 1–2, 55–58.

55 GP, III, 26–36, 39–42, 52–59, 78–83, 91–99.

56 GP, IV, 3–6.

57 Die Berichte Münsters und Disraelis über dieses Gespräch weichen deutlich voneinander ab. Münsters Bericht ist abgedruckt in GP, IV, 7–10, der von Disraeli in W. F. Monypenny und G. E. Buckle, *The Life of Benjamin Disraeli* (London, 1968), IV, 1358–1361. Zu unterschiedlichen Sichtweisen dieser Episode in den deutsch-britischen Beziehungen vgl. Langer, *Alliances and Alignments*, 185–191; Hans Rothfels, *Bismarcks englische Bündnispolitik* (Berlin, 1924), 44–52; Arnold Oskar Meyer, *Bismarcks Friedenspolitik* (München, 1930), 23–29. Die kurze Analyse in GP, IV, 7 (Anm.) erscheint noch immer am wahrscheinlichsten.

58 GP, IV, 10–14.

59 Radowitz, *Aufzeichnungen und Erinnerungen*, II, 198–202.

60 DDF, II, 574–592; Windelband, *Bismarck und die europäischen Großmächte*, 93 ff.

61 Langer, *Alliances and Alignments*, 195–196. Zu einer gegenteiligen Bewertung von Bismarcks politischer Taktik in dieser Phase vgl. Waller, *Bismarck at the Crossroads*, 249–256, sowie W. N. Medlicott, *Bismarck, Gladstone, and the Concert of Europe* (London, 1956), 319–337, und *Bismarck and Modern Germany* (Mystic, Conn., 1965), 119–146.

IV. Das Ende der liberalen Ära

1 BR, VIII, 145 ff.

2 Christoph von Tiedemann, *Sechs Jahre Chef der Reichskanzlei unter dem Fürsten Bismarck* (2. Aufl., Leipzig, 1910), 242–249; Freiherr Lucius von Ballhausen, *Bismarck-Erinnerungen* (Stuttgart, 1920), 164–169. Der Rücktritt der liberalen Minister wurde vielleicht durch die kaiserliche Anordnung vom 16. März 1879 beschleunigt, in der alle preußischen und Reichsbeamten, die mit dem Reichstag zu tun hatten, aufgefordert wurden, unmittelbar und nachdrücklich jeden Versuch zurückzuweisen, die Kompetenzen dieses Organs auszudehnen. Die Mehrheit im Reichstag, erklärte der Kaiser, habe durch ihre jüngsten Aktionen ihren Ehrgeiz demonstriert, für ein parlamentarisches Regierungssystem zu kämpfen. DZA Potsdam, Reichskanzlei, 656, 1–1a.

3 Vgl. 100–103, 115–117.

4 Rudolf Morsey, *Die oberste Reichsverwaltung unter Bismarck, 1867–1890* (Münster, 1957), 84–104, 219–224.

5 Hans Goldschmidt, *Das Reich und Preußen im Kampf um die Führung von Bismarck bis 1918* (Berlin, 1931), 250–258; Morsey, *Reichsverwaltung*, 102.

6 Ministerialsitzung vom 28. August 1880. DZA Merseburg, Rep. 90a, B, III, 2b, Nr. 6, Bd. 92.

7 Gute Beispiele sind die Protokolle vom 4. April 1879 und 28. August 1880. *Ebd.*, Bd. 91 und 92.

8 Morsey, *Reichsverwaltung*, 197–203.

9 Lucius, *Bismarck-Erinnerungen*, 168.

10 Bismarck an den Kaiser, 3. und 5. Juli 1879. GW, VIc, 152–157.

11 GW, XIV, 903–904.

12 Herbert von Bismarck an Tiedemann, 9. September 1879. DZA Potsdam, Reichskanzlei, 2082, 31; GW, VIII, 331, 351; Moritz Busch, *Tagebuchblätter* (Leipzig, 1899), II, 560.

13 Wolfgang Windelband, *Bismarck und die europäischen Großmächte, 1879–1885* (2. Aufl., Essen, 1942), 73.

14 GP, III, 61.

15 GP, III, 74, 77, 83, 120–121; Hajo Holborn (Hg.), *Aufzeichnungen und Erinnerungen aus dem Leben des Botschafters Joseph Maria von Radowitz* (Stuttgart, 1925), II, 106–107.

16 GW, XIV, 912.

17 Lucius, *Bismarck-Erinnerungen*, 179, 181; Norman Rich, M. H. Fisher, Werner Frauendienst (Hgg.), *Die geheimen Papiere Friedrich von Holsteins* (4 Bde., Göttingen, 1956–1963), III, 40; Helmuth Rogge (Hg.), *Holstein und Hohenlohe: Neue Beiträge zu Friedrich von Holsteins Tätigkeit als Mitarbeiter Bismarcks und als Ratgeber Hohenlohes* (Stuttgart, 1957), 102–104.

18 Tiedemann, *Sechs Jahre*, 384–385, 389, 391–392.

19 Lucius, *Bismarck-Erinnerungen*, 182–183; Rich, Fisher, Frauendienst, *Papiere Holsteins*, III, 40; Busch, *Tagebuchblätter*, II, 564–565; GW, VIII, 351; Rudolf Vierhaus (Hg.), *Das Tagebuch der Baronin Spitzemberg* (Göttingen, 1960), 182.

20 GW, VIII, 357–358; Tiedemann, *Sechs Jahre*, 393–394. Jahre später erinnerte sich Leyden an eine etwas andere Diagnose. Der Kanzler, sagte er, habe eine «starke Magenüberladung» gehabt. Wilhelm Treue, *Mit den Augen ihrer Leibärzte* (Düsseldorf, 1955), 297, 393–394. Schanzenbach, der Bismarck zuvor schon in Bad Gastein behandelt hatte, mußte extra aus München gerufen werden. Radowitz, *Aufzeichnungen*, II, 122–123.

21 Herbert von Bismarck an Lucius, 31. Juli 1879. Lucius, *Bismarck-Erinnerungen*, 541–542. Herbert von Bismarck an Rantzau, 27. Juli 1879. Walter Bußmann (Hg.), *Staatssekretär Graf Herbert von Bismarck* (Göttingen, 1964), 89–91. Der Kanzler drängte sogar auf ein Verbot des berühmten Witzblatts *Kladderadatsch*, das angeblich den Klassenhaß geschürt hatte.

22 Felix Rachfahl, «Eugen Richter und der Linksliberalismus im neuen Reiche», *Zeitschrift für Politik*, 5 (1912), 305.
23 Die Niederlage der Liberalen kam nicht unerwartet. HW, II, 275–276.
24 SBHA (1879–1880), I, 920.
25 Hans Herzfeld, *Johannes von Miquel* (Detmold, 1938), I, 450; Eugen Richter, *Im alten Reichstag: Erinnerungen* (Berlin, 1894–1896), II, 143.
26 Herbert von Bismarck an Lucius, 26. Oktober und 10. November 1879; Bismarck an Lucius, 5. November 1879. Lucius, *Bismarck-Erinnerungen*, 542–544; Tiedemann, *Sechs Jahre*, 364.
27 Herbert von Bismarck an Lucius, 26. Oktober 1879. Lucius, *Bismarck-Erinnerungen*, 545; Tiedemann, *Sechs Jahre*, 364; Hermann Oncken, *Rudolf von Bennigsen* (Stuttgart, 1910), II, 421–424; HW, II, 276–277.
28 Herbert von Bismarck an Lucius, 26. Oktober 1879. Lucius, *Bismarck-Erinnerungen*, 542–543.
29 Ludwig von Cuny an Johannes Miquel, 9. Oktober 1879; auch Miquel an Robert von Benda, 16. Oktober 1879. HW, II, 276–279; Oncken, *Bennigsen*, II, 421–425.
30 Vgl. 187–188.
31 SBHA (1879–1880), III, 2003–2005, 2033–2035, 2153–2156.
32 Friedrich Curtius (Hg.), *Denkwürdigkeiten des Fürsten Chlodwig zu Hohenlohe-Schillingsfürst* (Stuttgart, 1906), II, 290.
33 SBR (1880), I, 170–219, 579–637; II, 687–739; RGB (1880), 103–107; Oncken, *Bennigsen*, II, 427–428.
34 SBR (1880), I, 289–311; II, 755–819, 1146–1176; RGB (1880), 117; Wolfgang Pack, *Das parlamentarische Ringen um das Sozialistengesetz Bismarcks, 1878–1890* (Düsseldorf, 1961), 119–129.
35 Ministerialsitzung vom 4. April 1879. DZA Merseburg, Rep. 90a, B, III, 2b, Nr. 6, Bd. 91. Justizminister Friedenthal schlug einen Abstand von acht Jahren zwischen den Wahlen vor, worauf Bismarck erwiderte, er habe «sachlich» zwar nichts gegen diese Idee, es erscheine ihm aber «zweckmäßiger», die Ausdehnung der Legislaturperiode als eine logische «Konsequenz» der Ausdehnung der Haushaltsperiode erscheinen zu lassen.
36 Richter, *Im alten Reichstag*, II, 147–148.
37 Bismarck an Scholz, 1. Januar 1880. Heinrich von Poschinger (Hg.), *Fürst Bismarck als Volkswirth* (Berlin, 1890), I, 269–272. Zum Problem von *Godeffroy* und der Samoa-Frage allgemein vgl. Hans-Ulrich Wehler, *Bismarck und der Imperialismus* (Köln, 1969), 215–223, und Paul M. Kennedy, *The Samoan Tangle: A Study in Anglo-German-American Relations, 1878–1900* (New York, 1974), 1–25.
38 SBR (1880), II, 857–897, 945–962.
39 Vgl. 190–191.
40 SBHA (1879–1880), I, 1868–1870; *Anlagen*, I, Nr. 17, 18, 19; IV, Nr. 279; GSP (1880), 287–289.
41 Bitter an Bismarck, 27. März 1880, und Votum Bismarcks vom 15. Juni 1880. DZA Potsdam, Reichskanzlei, 2082, 137–141, 155–156. In der Regierung wurden auch andere Steuern erwogen, darunter eine Steuer auf Zeitungsanzeigen, was Bismarck ablehnte, weil dadurch ein Sturm in der Presse entfacht würde. Er sprach dabei von dem «Unwesen der Inserate, von dem eine große Zahl verbreiteter Blätter leben und sich nachteilig beeinflussen lassen gegen das wahre Gemeinwohl». GW, VIII, 343. Vgl. auch AWB, I, 324–325.
42 SBR (1880), I, 349–364; II, 962–972, 1005–1024, 1444 ff.; SEG (1880), 113–115, 117–119.
43 SBR (1880), II, 973–997; SEG (1880), 125. Die Gerüchte waren nicht ohne Grundlage. GW, VIII, 343.
44 Bismarck an Bitter, 4. Mai 1880. DZA Potsdam, Reichskanzlei, 2082, 98–104. Vgl. auch Wilhelm Gerloff, *Die Finanz- und Zollpolitik des deutschen Reiches* (Jena, 1913), 172 ff.
45 Goldschmidt, *Reich und Preußen*, 271–273.
46 Spitzemberg an Mittnacht, 15. März 1880. Goldschmidt, *Reich und Preußen*, 274–275. Vgl. auch GW, VIII, 352–353, und Heinrich von Poschinger (Hg.), *Fürst Bismarck und der Bundesrat*, 1867–1890 (Stuttgart, 1896–1901), IV, 161–162.
47 Poschinger (Hg.), *Bismarck und der Bundesrat*, IV, 130–135, 262–265.
48 Tiedemann, *Sechs Jahre*, 394–396; Rogge, *Holstein und Hohenlohe*, 142. Die «Affäre Fischer» führte zwischen Bismarck, Hofmann, Bitter, Scholz und Stephan zu einem Briefwechsel, der wiederum zeigt, wie schlecht die Zusammenarbeit in dem von Bismarck konzipierten Regierungssystem geregelt war. Preußische

und Reichsbeamte hatten nur als preußische Delegierte oder als deren Stellvertreter das gesetzlich verbriefte Recht, an den Beratungen des Bundesrats teilzunehmen, wobei in beiden Fällen eine Ernennung durch den König erforderlich war. Diese Regelung wurde in der täglichen Parlamentspraxis jedoch lax gehandhabt. Fischers Fehler bestand nicht darin, im Bundesrat ohne eine solche Ernennung ausgesagt zu haben, sondern er hatte sich nur falsch geäußert. Als preußischer Finanzminister hatte Bitter nach eigenen Aussagen versucht, Fischer zu überreden, sich nicht gegen die vorgeschlagene Steuer auszusprechen. Stephan verteidigte seinen Untergebenen mit dem Hinweis darauf, daß das Reichspostamt nicht vorab vom Gesetzentwurf zur Stempelsteuer informiert wurde, obwohl die Interessen des Amtes davon berührt waren. Dennoch mißbilligte er Fischers Handeln als nicht autorisiert (Bismarck: «Zuchtlos!»). Ein Disziplinarverfahren brachte Fischer eine förmliche Rüge ein. Bismarck benutzte die Gelegenheit, um seine Beamten, die Regierungen und die Öffentlichkeit über das Verhältnis zwischen den Verfassungsorganen aufzuklären. Dabei war Hofmann, der als Vorsitzender Fischer das Rederecht im Bundesrat gegeben hatte, das Hauptopfer. Die Episode verstärkte noch Bismarcks Entschlossenheit, sich von ihm zu trennen. DZA Potsdam, Reichskanzlei, 1967 (*Die Vorgänge in der Bundesrathssitzung vom 3ten April 1880*), 5–139.

49 Briefwechsel zwischen Bismarck und Wilhelm, 6./7. April 1880. GW, VIc, 175–176; Horst Kohl (Hg.), *Anhang zu den Gedanken und Erinnerungen von Otto Fürst von Bismarck* (Stuttgart, 1901), I, 298; DZA Potsdam, Reichskanzlei, 1967, 32–33.

50 Tiedemann, *Sechs Jahre*, 401; Busch, *Tagebuchblätter*, II, 581 ff.

51 Goldschmidt, *Reich und Preußen*, 73–76, 276–277; Poschinger (Hg.), *Bismarck und der Bundesrat*, IV, 229–231; GW, VIc, 175; Hermann Freiherr von Mittnacht, *Erinnerungen an Bismarck* (Stuttgart, 1904–1905), I, 71. Baronin Spitzemberg, die Frau des württembergischen Vertreters im Bundesrat und eine gute Freundin Bismarcks, war entsetzt über die «höchst merkwürdige Terrorisierung des Bundesrates» gegen die Proteste ihres Mannnes. Sie glaubte, durch seine «Unnahbarkeit und zunehmende Gewalttätigkeit» habe Bismarck viel an Popularität eingebüßt. Spitzemberg, *Tagebuch*, 183–184.

52 Tiedemann, *Sechs Jahre*, 403–407.

53 Poschinger (Hg.), *Bismarck und der Bundesrat*, IV, 266.

54 *Ebd.*, IV, 267. Nach Meinung des mecklenburgischen Vertreters Karl Oldenburg hatte das neue Verfahren den Bundesrat auf eine reine «Stimmaschine» reduziert. Goldschmidt, *Reich und Preußen*, 72 (Anm.).

55 Bismarck an Stichling, im April 1880. Poschinger (Hg.), *Bismarck und der Bundesrat*, IV, 165. Auch an König Ludwig von Bayern, 1. Juni 1880. DZA Potsdam, Reichskanzlei, 656, 2–6.

56 Lucius, *Bismarck-Erinnerungen*, 183–184.

57 Ernst Rudolf Huber (Hg.), *Dokumente zur deutschen Verfassungsgeschichte*, II (3. Aufl., Suttgart, 1986), Nr. 261. Als 1867 der Norddeutsche Bund gegründet wurde, standen Lauenburg, die beiden mecklenburgischen Herzogtümer sowie die Hansestädte Lübeck, Bremen und Hamburg noch außerhalb der Zollunion. Bis 1871 waren bis auf die beiden letztgenannten alle beigetreten, wenngleich Lübeck einige Privilegien als Stapelplatz behielt. W. O. Henderson, *The Zollverein* (London, 1968), 301, 310–312, 330.

58 Henderson, *Zollverein*, 332.

59 Poschinger (Hg.), *Volkswirth*, I, 26–280; Poschinger (Hg.), *Bismarck und der Bundesrat*, IV, 215 ff.; AWB, I, 328–332.

60 Poschinger (Hg.), *Bismarck und der Bundesrat*, III, 404–409; IV, 226; BP, I, 186 ff.

61 Poschinger (Hg.), *Bismarck und der Bundesrat*, IV, 226–229. Im Gegensatz zu Rudhart, dem es durch Bismarcks Angriff beinahe die Sprache verschlug, setzten sich die Vertreter Versmann (Hamburg), Schmidtkonz und Hermann (Bayern) in dieser Sitzung gegen Bismarcks Einschüchterungen zur Wehr – vor allem Hermann, der am Ende mit einem Handschlag des Kanzlers belohnt wurde.

62 SEG (1880), 179–180, 207–208. Auch wenn die Bremer Industrie für einen Beitritt zum Zollverein war, votierten die in der Stadt dominierenden Vertreter der Handelsinteressen dagegen. *Ebd.*, 243–244. Zur geteilten Meinung in Hamburg vgl. *ebd.*, 260–262.

63 Henderson, *Zollverein*, 333.

64 Poschinger (Hg.), *Bismarck und der Bundes-*

rat, IV, 215. Zu anderen Belegen für Bismarcks nationale Motive vgl. GW, VIII, 370–371, und VIc, 189–190.

65 Poschinger (Hg.), *Bismarck und der Bundesrat,* IV, 229–231; GW, VIc, 179–182; Goldschmidt, *Reich und Preußen,* 276–277.

66 SBR (1880), 1071–1086; Richter, *Im alten Reichstag,* II, 158–160.

67 AWB, I, 325–328; Poschinger (Hg.), *Volkswirth,* I, 287. Der Diebstahl und die anschließende Veröffentlichung eines Regierungsdokuments, wie hier die eines Briefes des Kanzlers an den preußischen Finanzminister, war zu Zeiten Bismarcks ein nicht eben gewöhnliches Vorkommnis. Bismarcks private Reaktion ist nicht überliefert; öffentlich reagierte er kühl. In der *Norddeutschen Allgemeinen Zeitung* erklärte er, seine Position zum Zollverein sei wohlbekannt. «Ein Reichskanzler, der auf diesem Gebiete nicht die Verwirklichung der nationalen Einheit mit allen verfassungsmäßigen Mitteln erstrebe, sei nicht zu brauchen, sondern zu entlassen». Wenn er gewußt hätte, daß die Opposition so großen Wert auf die Gewißheit lege, daß er seine Pflicht tue, hätte er ihnen gern zehn solcher Briefe geschrieben. SEG (1880), 205; *Norddeutsche Allgemeine Zeitung,* Bd. 19, Nr. 243, 25. Juli 1880.

68 SBR (1880), II, 1139–1141, 1264 ff.

69 BR, VIII, 170–192. Vgl. auch GW, VIc, 189–190.

70 Wie Bismarck versprochen hatte, behielt Hamburg einen etwa 10 Quadratkilometer großen Freihafen. Für das 1888 fertiggestellte Projekt trug das Reich die Hälfte der Baukosten. Bremen erhielt ein ähnliches Privileg. Henderson, *Zollverein,* 334–335.

71 BR, VIII, 190.

72 Erich Schmidt-Volkmar, *Der Kulturkampf in Deutschland 1871–1890* (Göttingen, 1962), 224–259; Christoph Weber, *Kirchliche Politik zwischen Rom, Berlin und Trier 1876–1888: Die Beilegung des preußischen Kulturkampfes* (Mainz, 1970), 27–31; GW, VIc, 162–164, 171–173; XV, 335; Tiedemann, *Sechs Jahre,* 387–388. Wenn Bismarck katholische Forderungen mäßigen und zugleich den Kulturkampf einstellen wollte, mußte er sich zumindest die Fähigkeit erhalten, ihn wieder aufzunehmen. Deshalb versuchte er, Falk im Amt zu belassen, bedauerte die starke Schwächung der Nationalliberalen Partei und bemühte sich darum, daß Bennigsen politisch aktiv blieb. Seine begeisterten Kampfgefährten sollten ihm dabei helfen, den Konflikt zu günstigen Bedingungen zu beenden. Oncken, *Bennigsen,* II, 430. Als Falk aber nicht mehr zur Verfügung stand, nutzte Bismarck den Konservatismus von dessen Nachfolger, um seine positive Haltung gegenüber Verhandlungen mit dem Papst zu signalisieren. Das erste Indiz für Puttkamers neuen Kurs war die Entscheidung, die evangelische Schule in Elbing nicht streng nach Zeitplan in eine konfessionsneutrale Schule umzuwandeln. Dieser Schritt alarmierte Liberale, nicht aber Bismarck. Lucius, *Bismarck-Erinnerungen,* 180–181.

73 Leo XIII. an Erzbischof Melchers von Köln, 24. Februar 1880. Rudolf Lill (Hg.), *Vatikanische Akten zur Geschichte des deutschen Kulturkampfes* (Tübingen, 1970), I, 353–355; SEG (1880), 73–74.

74 Lill (Hg.), *Vatikanische Akten,* I, 375–376.

75 Ministerialsitzung vom 17. März 1880. DZA Merseburg, Rep. 90a, B, III, 2b, Nr. 6, Bd. 92; Lucius, *Bismarck-Erinnerungen,* 183; Lill (Hg.), *Vatikanische Akten,* I, 372.

76 GW, VIc, 173–174.

77 Johannes Heckel, «Die Beilegung des Kulturkampfes in Preußen», *Zeitschrift der Savigny-Stiftung für Rechtsgeschichte,* Kanon. Abt. 19 (1930), 215–353.

78 Schmidt-Volkmar, *Kulturkampf,* 260. Entschlossen, der Politik den Rücken zu kehren, brach Windthorst in seine Heimatstadt Hannover auf, wurde aber zur Rückkehr bewogen.

79 GW, VIc, 176–179, 185–187; Busch, *Tagebuchblätter,* II, 576 ff., 587 ff.; BR, VIII, 183–191. Schließlich ging Bismarck so weit, daß er Depeschen mit den Einzelheiten der Wiener Verhandlungen veröffentlichte. *Das Staatsarchiv,* Bd. 38 (1881), 287 ff.; SEG (1880), 164–175.

80 Schmidt-Volkmar, *Kulturkampf,* 263–264; Karl Bachem, *Vorgeschichte, Geschichte und Politik der deutschen Zentrumspartei* (9 Bde., Köln, 1928), IV, 20–21; Rudolf Lill, *Die Wende im Kulturkampf: Leo XIII., Bismarck und die Zentrumspartei, 1878–1880* (Tübingen, 1973), 254–282. Windthorst hatte sich

nie um eine persönliche Begegnung mit dem Papst bemüht und war irritiert, als er hörte, daß Majunke nach Rom geladen wurde. Schmidt-Volkmar findet dies «politisch und psychologisch» schwierig zu erklären. *Kulturkampf*, 264. Offensichtlich wollte Windthorst zwischen der Partei und dem Vatikan eine gewisse Distanz wahren, damit der Papst nicht in das politische Handeln eingriff. Zu seinen Kontakten mit dem Vatikan in dieser Zeit vgl. Lill (Hg.), *Vatikanische Akten*, 352–353, 368–370, 373, 405–408, 411–412, 418 ff.

81 Oncken, *Bennigsen*, II, 430–431; Tiedemann, *Sechs Jahre*, 409; GW, VIII, 369–370. Auch Falk war gegen den Gesetzentwurf, was Bismarck dazu veranlaßte, einen Brief von ihm zu veröffentlichen, aus dem hervorging, daß sein Rücktritt 1879 nicht durch einen Streit mit dem Kanzler über die Kirchenpolitik veranlaßt war. GW, XIV, 916–917.

82 Lill (Hg.), *Vatikanische Akten*, I, 426–427; Bachem, *Zentrumspartei*, IV, 27.

83 SBHA (1879–1880), 2043 ff., 2163 ff., 2377–2450; GSP (1880), 285–286.

84 Lucius, *Bismarck-Erinnerungen*, 185–187; Oncken, *Bennigsen*, II, 432–434; GW, VIII, 369–370. Am 6. Juni veröffentlichte die *Kölnische Zeitung* ein angebliches Gespräch zwischen dem Kanzler und einem «hochgestellten Diplomaten», in dem Bismarck wiederum mit Rücktritt, Auflösung des Landtags und, in verklausulierter Form, Veränderungen bei den parlamentarischen Gepflogenheiten drohte; er beklagte den «byzantinischen Servilismus» politischer Führer gegenüber dem Willen der Massen. SEG (1880), 181–182.

85 Lucius, *Bismarck-Erinnerungen*, 186, 191. Nach Tiedemann köderte Bismarck Bennigsen noch einmal mit der Aussicht auf Eintritt in das preußische Staatsministerium. Tiedemann, *Sechs Jahre*, 408.

86 Zu einer Beschreibung der Gruppierungen, aus denen sich die Nationalliberale Partei zusammensetzte, vgl. Hermann Block, *Die parlamentarische Krisis der Nationalliberalen Partei, 1879–1880* (Münster, 1930), 28 ff.

87 Da Bennigsen beim Gesetz zum Kauf der Eisenbahnen keine Parteisolidarität forderte, vermied er es, das Thema hochzuspielen, und erlaubte es so Rickert und seinen Freunden auf dem linken Flügel, gegen den Gesetzentwurf zu stimmen. Vgl. Rickert an Stauffenberg, 4. Januar 1880. HW, II, 286. Zwanzig Nationalliberale stimmten gegen das Gesetz, darunter zehn der dreizehn späteren Sezessionisten. Block, *Parlamentarische Krisis*, 64–65.

88 Block, *Parlamentarische Krisis*, 61–73.

89 Briefwechsel zwischen Lasker, Miquel, Robert von Benda und Stauffenberg, Oktober – Dezember 1879. HW, II, 280–291. Lasker an seinen Wahlkreis, März 1880. HW, II, 309. Vgl. auch Rickerts Rede in Danzig, 19. August 1880. SEG (1880), 210–211.

90 Block, *Parlamentarische Krisis*, 73–92; Stanley Zucker, *Ludwig Bamberger: German Liberal Politician and Social Critic, 1823–1899* (Pittsburgh, 1975), 157–159. Vgl. den Briefwechsel zwischen Forckenbeck, Lasker, Bamberger und Stauffenberg. HW, II, 295, 299–312.

91 Block, *Parlamentarische Krisis*, 93–99; Thomas Nipperdey, *Die Organisation der deutschen Parteien vor 1918* (Düsseldorf, 1961), 182–183; HW, II, 318–351. Zum Programm der Liberalen Union vgl. Felix Salomon, *Die deutschen Parteiprogramme* (Leipzig, 1907), II, 29–30, und HW, II, 355–357.

DRITTES BUCH
Die Zeit des Konservatismus 1880–1884

I. Das Reich von Roggen, Eisen und Tinte

1 Zum Problem der «Großen Depression» vgl. Karl Erich Born, *Wirtschafts- und Sozialgeschichte des deutschen Kaiserreiches (1867/71–1914)* (Stuttgart, 1985), 107–119; Knut Borchardt, «Wirtschaftliches Wachstum und Wechsellagen, 1800–1914«, in: Hermann Aubin und Wolfgang Zorn (Hgg.), *Handbuch der deutschen Wirtschafts- und So-*

zialgeschichte (Stuttgart, 1976), II; Hans Rosenberg, *Große Depression und Bismarckzeit* (Berlin, 1967); Hans-Ulrich Wehler, *Bismarck und der Imperialismus* (Köln, 1969); U. Weinstock, *Das Problem der Kondratieff-Zyklen* (Berlin, 1964); J. G. Adelman, «Long Cycles – Fact or Artifact?», *American Economic Review*, 60 (1965); S. B. Paul, *The Myth of the Great Depression, 1873–1896* (London, 1969); T. Spree, *Wachstumstrends und Konjunkturzyklen in der deutschen Wirtschaft von 1820 bis 1913* (Göttingen, 1978).

2 Arthur Spiethoff, *Die wirtschaftlichen Wechsellagen: Aufschwung, Krise, Stockung* (Tübingen, 1955), I, 146–147, und II, Tab. 1.

3 Spiethoff, *Die wirtschaftlichen Wechsellagen*, I, 124–127; Max Wirth, *Geschichte der Handelskrisen* (4. Aufl., Frankfurt a.M., 1890), 653–654; Rosenberg, *Große Depression*, 51–52. Zur Einstellung von Geschäftsleuten vgl. Wolfram Fischer, *Herz des Reviers* (Essen, 1965), 193–230, und «Konjunkturen und Krisen im Ruhrgebiet seit 1840 und die wirtschaftspolitische Willensbildung der Unternehmer», *Westfälische Forschungen*, 21 (1968), 44–51.

4 Spiethoff, *Die wirtschaftlichen Wechsellagen*, II, Tab. 20 und 25. Die bei Spiethoff aufgeführten Preise beziehen sich auf Hamburg. Auf Grund der Transportkosten unterscheiden sie sich natürlich von den Preisen in anderen Zentren. Vgl. etwa die für Breslau erhobenen Statistiken von Max Sering, *Internationale Preisbewegung und Lage der Landwirtschaft in den außertropischen Ländern* (Berlin, 1929), 173, die Indizes von Walther G. Hoffmann, *Das Wachstum der deutschen Wirtschaft seit der Mitte des 19. Jahrhunderts* (Berlin, 1965), 546, und die Statistiken des Kaiserlichen Statistischen Amts, *Statistisches Handbuch für das deutsche Reich* (Berlin, 1907), I, 259. Zur Handelsbilanz zwischen Deutschland und anderen Ländern vgl. *Statistisches Handbuch*, II, 8ff., ebenso die Export-Import-Vergleichszahlen von Hoffmann, *Wachstum der deutschen Wirtschaft*, 533–538, und Spiethoff, *Die wirtschaftlichen Wechsellagen*, II, Tab. 14.

5 F. C. Huber, *Fünfzig Jahre des deutschen Wirtschaftslebens* (Stuttgart, 1906), 43–44. Vgl. die jährlichen Statistiken zu den Nettogewinnen der großen deutschen Eisen- und Stahlproduzenten nach 1878 in: Wilfried Feldenkirchen, *Die Eisen- und Stahlindustrie des Ruhrgebiets*, 1879–1914 (Wiesbaden, 1982), 277ff. und Anhang, Tab. 113. Carl-Ludwig Holtfrerich zeigte in seiner Rezension dieses Buches auf, daß die Ablehnung der These von der «Großen Depression» statistisch nicht haltbar ist. *Historische Zeitschrift*, 238 (1984), 191–193. Die Statistiken erklären vielmehr die gedrückte Stimmung innerhalb der Unternehmerschaft; Geschäftsleute nahmen die Phase als wirtschaftliche Depression wahr, weil ihre Gewinnspannen viel geringer und Verbesserungen nur kurzlebig waren.

6 Ovid, *Metamorphosen*, Buch 4, Vers 461 (in der Übersetzung von Reinhart Suchier). Nach der griechischen Mythologie wurde der Frevler Ixion von Zeus auf ein sich ewig drehendes Rad gebunden.

7 Wirth, *Geschichte der Handelskrisen*, 654–655.

8 Manfred Pohl, *Konzentration im deutschen Bankwesen, 1848–1980* (Frankfurt a.M., 1982), 119ff.; Rolf Sonnemann, *Die Auswirkungen des Schutzzolls auf die Monopolisierung der deutschen Eisen- und Stahlindustrie, 1879–1892* (Berlin, 1960), 96–99; *Statistisches Handbuch*, I, 258–267.

9 Sonnemann, *Die Auswirkungen des Schutzzolls*, 48–49, 55ff.

10 Walther G. Hoffmann, «The Take-Off in Germany», in: W. W. Rostow (Hg.), *The Economics of Take-Off into Sustained Growth* (London, 1964), 106–112.

11 Karl Helfferich, *Georg von Siemens: Ein Lebensbild aus Deutschlands großer Zeit* (2. Aufl., Berlin, 1923), 1, 46–47. Siemens argumentierte, wenn Preußen gegenüber England, Frankreich und Belgien konkurrenzfähig bleiben wolle, müsse es Schleswig-Holstein und Hamburg besitzen; sonst würde seine Industrie «ruiniert». «Freiheit ist nur in Industrie- (nicht Handels-)Staaten möglich.»

12 Vgl. den ersten Band dieser Biographie, 523–524, und oben, 11–13.

13 Max Sering, *Die landwirtschaftliche Konkurrenz Nordamerikas in Gegenwart und Zukunft* (Leipzig, 1887), 545.

14 Wilhelm Abel, *Agrarkrisen und Agrarkonjunktur* (2. Aufl., Hamburg, 1966), 259.

15 Theodor Freiherr von der Goltz, *Agrarwesen und Agrarpolitik* (Jena, 1904), 269; Spiethoff, *Die wirtschaftlichen Wechsellagen,* II, Tab. 27. Vgl. auch Hoffmann, *Wachstum der deutschen Wirtschaft,* 522–554. Die zitierten Angaben stammen wiederum von Spiethoff und geben den Durchschnittspreis für Importgetreide in Hamburg an. Die Zahlen Hoffmanns liegen etwas höher; er schätzte den von deutschen Produzenten erzielten Durchschnittspreis. Auf Grund von Bismarcks Interessen ist der Holzpreis bedeutsam. Nach einem Spitzenwert von 13,18 Mark pro Ster im Jahre 1875 sank der Preis für Nutzholz 1877/78 auf 10,08 Mark, erholte sich 1879 leicht auf 10,24 Mark, um anschließend trotz des Schutzzolls wieder zu fallen. Zunächst schwankte er zwischen 7,91 Mark (1882) und 8,44 Mark (1883/84), bis 1886 ein Aufstieg begann, der 1889 mit 11,79 Mark einen Spitzenwert erreichte. Entsprechend dem Wirtschaftszyklus fiel er anschließend auf 9,15 Mark im Jahre 1894, worauf er bis zum Ersten Weltkrieg den Aufwärtstrend mitmachte. *Ebd.*, 563–674.

16 Hans Wolfram Graf Finck von Finckenstein, *Die Entwicklung der Landwirtschaft in Preußen und Deutschland, 1800–1930* (Würzburg, 1960), 98–108.

17 Sering, *Konkurrenz Nordamerikas,* 715–716.

18 Theodor Freiherr von der Goltz, *Geschichte der deutschen Landwirtschaft* (Stuttgart, 1903), II, 402–404, und *Agrarwesen und Außenpolitik,* 124–140.

19 Engels, «Vorwort», in: Karl Marx, *Das Kapital,* II (Berlin, 1963), 25.

20 Abel, *Agrarkrisen und Agrarkonjunktur,* 260.

21 Alexander Gerschenkron, *Bread and Democracy in Germany* (Berkeley, 1943), 44 ff. Nach 1887 verkehrte sich die positive Handelsbilanz, die Deutschland 1880 erreicht hatte, in ihr Gegenteil. *Statistisches Handbuch,* II, 8–9.

22 Hoffmann, *Wachstum der deutschen Wirtschaft,* 33, 35, 44.

23 Vgl. den ersten Band dieser Biographie, 113–134.

24 John R. Gillis, *The Prussian Bureaucracy in Crisis, 1840–1860* (Stanford, 1971), 200 ff.; Nikolaus von Preradovich, *Die Führungsschichten in Österreich und Preußen, 1804–1918* (Wiesbaden, 1955), 107–108, 160 ff.

25 Gillis, *Prussian Bureaucracy,* 207.

26 Gillis, *Prussian Bureaucracy,* 221–214.

27 Rudolph Gneist, *Berliner Zustände: Politische Skizzen aus der Zeit vom 18. März 1848 bis 18. März 1849* (Berlin, 1849), 87–88.

28 Hans Rosenberg, «Die Pseudodemokratisierung der Rittergutsbesitzerklasse», in: Hans-Ulrich Wehler (Hg.), *Moderne deutsche Sozialgeschichte* (Köln, 1966), 298.

29 Ernest K. Bramsted, *Aristocracy and the Middle Classes in Germany* (überarb. Ausg., Chicago, 1964), 228 ff.

30 Bramsted, *Aristocracy,* 230.

31 Fritz Stern, «Money, Morals, and the Pillars of Bismarck's Society», *Central European History,* 3 (1970), 55–58.

32 Fritz Stern, *Gold und Eisen: Bismarck und sein Bankier Bleichröder* (Frankfurt a. M., 1978), 217 ff., 431 ff., und Gordon R. Mork, «The Prussian Railway Scandal of 1873: Economics and Politics in the German Empire», *European Studies Review,* 1 (1971), 35–48.

33 Lamar Cecil, «The Creation of Nobles in Prussia, 1871–1918«, *American Historical Review,* 75 (1970), 757–795; Werner Sombart, *Die deutsche Volkswirtschaft im neunzehnten Jahrhundert* (2. Aufl., Berlin, 1909), 508.

34 Zit. in: Sombart, *Deutsche Volkswirtschaft,* 509.

35 Freiherr Lucius von Ballhausen, *Bismarck-Erinnerungen* (Stuttgart, 1920), 448, 450.

36 Cecil, «Creation of Nobles», 791–793.

37 Eckart Kehr, «Zur Genesis des königlich preußischen Reserveoffiziers», in: Hans-Ulrich Wehler (Hg.), *Der Primat der Innenpolitik* (3. Aufl., Berlin, 1976), 57–63.

38 Max Weber, «Wahlrecht und Demokratie in Deutschland», in: *Gesammelte politische Schriften* (2. Aufl., Tübingen, 1958), 265–267. Anlaß zu diesem politischen Traktat gab ein Vorschlag zur Erhöhung der Zahl von Adeligen durch die Schaffung neuer Erbgüter. Vgl. *ebd.*, 178 ff.

39 Reichstagsrede vom 9. Mai 1884. BR, X, 129 ff. Dieses Gesellschaftskonzept wird auch in vielen anderen Quellen deutlich; vgl. etwa seine Reichstagsrede vom 6. Februar 1885. BR, XI, 25.

40 Reichstagsrede vom 10. Februar 1885. BR, X, 473.

41 Bismarck an den *Evangelischen Arbeiterverein* in Herne, 4. November 1884. GW, XIV, 955–956.

42 Otto an Ferdinand von Bismarck, 28. Juli 1842. GW, XIV, 18–19. Telegramme: Krupp an Bismarck, Bismarck an den König, 26. Oktober 1864. BFA, Bestand B, Mappe 65/1.

43 BR, XII, 244.

44 Reichstagsreden vom 14.–16. Februar 1885. BR, XI, 16–25.

45 Bismarck machte die Politik Falks dafür verantwortlich, daß der Kulturkampf ein Angriff auf den Katholizismus insgesamt zu werden drohte.

46 Bismarck an den Kaiser, 2. April 1881. GW, XIV, 925.

47 An das preußische Staatsministerium, 7. Februar 1882. Lucius, *Bismarck-Erinnerungen*, 224.

48 Bismarck an Kronprinz Friedrich Wilhelm, 19. Dezember 1882. GW, VIc, 267. Hervorhebung im Original. Vgl. auch BR, XII, 300.

49 Bismarck an Goßler, 31. Mai 1885. GW, VIc, 314–315. Bismarck an Puttkamer, 9. Juni 1885, *ebd.*, 315–316.

50 Reichstagsrede vom 9. Mai 1884. BR, X, 103–105; auch GW, VIc, 406–408.

51 Reichstagsrede vom 14. März 1885. BR, XI, 113–114. Die Passage in Klammern bezieht sich auf eine Veröffentlichung Heinrich von Poschingers (Hg.), *Preußen im Bundestag, 1851–1859* (4 Bde., Leipzig, 1882–1884); sie enthält diplomatische Akten aus dem Preußischen Staatsarchiv, die mit den Problemen des Deutschen Bundes während Bismarcks Frankfurter Zeit zu tun haben.

52 GW, XIV, 957.

53 Vgl. Wilhelm Lütgert, *Die Religion des deutschen Idealismus und ihr Ende* (3 Bde., Gütersloh, 1923–1926); Frederic Lilge, *The Abuse of Learning: The Failure of the German University* (New York, 1948); William J. Brazill, *The Young Hegelians* (New Haven, 1970); Walter Struve, *Elites against Democracy: Leadership Ideals in Bourgeois Political Thought in Germany, 1890–1933* (Princeton, 1973).

54 GW, XII, 286, 326, 612; Alfred Heuss, *Theodor Mommsen und das 19. Jahrhundert* (Kiel, 1956), 129–137, 194–220, und Albert Wucher, *Theodor Mommsen: Geschichtsschreibung und Politik* (Göttingen, 1956), 151–175, 218–219.

55 Theodor von Laue, *Leopold Ranke: The Formative Years* (Princeton, 1950); Ernst Simon, *Ranke und Hegel* (Berlin, 1928); Leonard Krieger, *Ranke: The Meaning of History* (Chicago, 1977).

56 Günther Birtsch, *Die Nation als sittliche Idee: Der Nationalstaatsbegriff in Geschichtsschreibung und politischer Gedankenwelt Johann Gustav Droysens* (Köln, 1964), 197 ff.; Hermann Heller, *Hegel und der nationale Machtstaatsgedanke in Deutschland* (Leipzig, 1921); Georg G. Iggers, *Deutsche Geschichtswissenschaft: Eine Kritik der traditionellen Geschichtsauffassung von Herder bis zur Gegenwart* (München, 1971). Zum fortgesetzten Einfluß dieser akademischen Tradition vgl. Bernd Faulenbach, *Ideologie des deutschen Weges: Die deutsche Geschichte in der Historiographie zwischen Kaiserreich und Nationalsozialismus* (München, 1980).

57 Friedrich Meinecke, *Weltbürgertum und Nationalstaat* (München, 1908).

58 Ranke, *Politisches Gespräch* (Leipzig, 1941), 43–44.

59 Otto Hintze, «Das monarchische Prinzip und die konstitutionelle Verfassung», nachgedruckt in: Fritz Hartung (Hg.), *Otto Hintze: Staat und Verfassung, Gesammelte Abhandlungen zur allgemeinen Verfassungsgeschichte*, Bd. 1 (Leipzig, 1941), 349–379. Vgl. auch Ernst Rudolf Huber, *Deutsche Verfassungsgeschichte seit 1789*, Bd. 3 (Stuttgart, 1988), 3–26, und Ernst-Wolfgang Böckenförde, «Der Verfassungstyp der deutschen konstitutionellen Monarchie im 19. Jahrhundert», in: Wolfgang Böckenförde (Hg.), *Moderne deutsche Verfassungsgeschichte (1815–1914)* (2. Aufl., Königstein, 1981), 146–170.

II. Höhepunkt und Peripetie der «Diktatur» Bismarcks

1 Hermann Oncken, *Rudolf von Bennigsen* (Stuttgart, 1910), II, 447–448.

2 *Ebd.*, 451 ff.

3 BP, I, 197–198; BR, VIII, 249, 325–329; GW, VIII, 394. Vgl. auch seine angeblichen Bemerkungen gegenüber einem anonymen Diplomaten, berichtet in der *Kölnischen Zeitung* vom 6. Juni 1880. SEG (1880), 180–182.

4 Vgl. besonders seine Reichstagsreden vom 24. Februar und 3. März 1881. BR, VIII, 329, 345–346.

5 Freiherr Lucius von Ballhausen, *Bismarck-*

Erinnerungen (Stuttgart, 1920), 209; BR, VIII, 249.

6 Bismarck an den Kaiser, 13. Mai 1880. GW, VIc, 182–183. Bismarck an König Ludwig von Bayern, 1. Juni 1880. DZA Potsdam, Reichskanzlei, 656, 3.

7 Rudolf Vierhaus (Hg.), *Das Tagebuch der Baronin Spitzemberg* (Göttingen, 1960), 184–185; Lucius, *Bismarck-Erinnerungen*, 184, 189.

8 Moritz Busch, *Tagebuchblätter* (Leipzig, 1899), II, 592–593; GW, XIV, 920; GW, VIII, 370; Lucius, *Bismarck-Erinnerungen*, 190; Christoph von Tiedemann, *Sechs Jahre Chef der Reichskanzlei unter dem Fürsten Bismarck* (2. Aufl., Leipzig, 1910), 411–412, 415–418.

9 GW, VIII, 375, 381, 384, 386, 389. Spitzemberg, *Tagebuch*, 185–186.

10 Hans Goldschmidt, *Das Reich und Preußen im Kampf um die Führung* (Berlin, 1931), 71, 277–279; GW, VIc, 190–191. Bereits im März war Hofmann in diesem Punkt gewarnt worden. Goldschmidt, *Reich und Preußen*, 271–273. Am 24. Februar 1881 erklärte Richter mit einem gewissen Recht im Reichstag, daß der Kanzler ein von der Verfassung nicht vorgesehenes Vetorecht ausgeübt habe, als er einen vom Bundesrat gebilligten Gesetzentwurf nicht in den Reichstag einbrachte. SBR (1881), I, 19–29.

11 Lucius, *Bismarck-Erinnerungen*, 189–190. Vgl. auch Bismarck an Hofmann, 31. Juli 1880. GW, VIc, 192–194. Wilhelm an Bismarck, 23. August 1880. Horst Kohl (Hg.), *Anhang zu den Gedanken und Erinnerungen von Otto Fürst von Bismarck* (Stuttgart, 1901), I, 301.

12 Rudolf Morsey, *Die oberste Reichsverwaltung unter Bismarck, 1867–1890* (Münster, 1956), 210–212; AWB, II, 1–6; Goldschmidt, *Reich und Preußen*, 279–281; GW, VIc, 196; Kohl (Hg.), *Anhang*, I, 301–302.

13 Vgl. besonders Bismarcks Erklärung seiner am 28. August 1880 im preußischen Staatsministerium getroffenen Entscheidungen. DZA Merseburg, Rep. 90a, B, III, 2b, Nr. 6, Bd. 92. Vgl. auch Goldschmidt, *Reich und Preußen*, 280–288; Morsey, *Reichsverwaltung*, 212–213; Walter Vogel, *Bismarcks Arbeiterversicherung: Ihre Entstehung im Kräftespiel der Zeit* (Braunschweig, 1951), 111–113.

14 GW, VIII, 377.

15 Handelsminister Bismarck an Ministerpräsident Bismarck, 30. November 1881. Heinrich von Poschinger (Hg.), *Fürst Bismarck als Volkswirth* (Berlin, 1889–1890), II, 92–94, auch 83–88, 97–99, 145–146; AWB, II, 69–70, 102–103; besonders SEG (1881), 206–207, 254–256, 304–306, 315–318; SEG (1882), 20, 84, 145–146; SEG (1883), 77.

16 Tiedemann, *Sechs Jahre*, 442–453, 459; Lucius, *Bismarck-Erinnerungen*, 196–203, 558–560; GW, VIc, 206–208, 229–230; BR, VIII, 286 ff. Nach Eulenburgs Rücktritt spielte Bismarck Busch Material für eine heftige Attacke auf ihn im *Grenzboten* zu. Busch, *Tagebuchblätter*, III, 31–34.

17 Lucius, *Bismarck-Erinnerungen*, 135–136, 146, 207–208; GW, VIc, 215–216, 229–230; VIII, 338–339; XIV, 920–921; Horst Kohl (Hg.), *Bismarck-Jahrbuch*, IV (1897), 231–236.

18 Morsey, *Reichsverwaltung*, 118–121. Hohenlohe behauptete, sein Einkommen sei der Position nicht angemessen, die seiner Schätzung nach mehr Aufwand verlange als die Stellung des Botschafters in Paris. Friedrich Curtius (Hg.), *Denkwürdigkeiten des Fürsten Chlodwig von Hohenlohe-Schillingsfürst* (Stuttgart, 1906), II, 278–279.

19 Lucius, *Bismarck-Erinnerungen*, 194; Tiedemann, *Sechs Jahre*, 459.

20 Ministerialsitzung vom 4. Januar 1882. DZA Potsdam, Reichskanzlei, 223, 27–31. Vgl. auch *ebd.*, 222, 128–132, 160–163; 223, 68–110; 2082, 98–100; 2083, 14 ff., 81 ff.

21 Lucius, *Bismarck-Erinnerungen*, 233–234; GW, VIc, 257–258.

22 Octavio Freiherr von Zedlitz und Neukirch, freikonservativer Abgeordneter und Vortragender Rat im Ministerium für öffentliche Arbeiten, zit. in: Wilhelm Gerloff, *Die Finanz- und Zollpolitik des Deutschen Reiches* (Jena, 1913), 182.

23 Bismarck an Scholz, 31. August 1884. GW, XIV, 954.

24 Zit. in: Gordon A. Craig, *Die preußisch-deutsche Armee 1640–1945: Staat im Staate* (Düsseldorf, 1969), 251.

25 GW, VIc, 273–274.

26 Craig, *Preußisch-deutsche Armee*, 253–254.

27 Vgl. den ersten Band dieser Biographie, 650–651, und oben, 87–91. Als Beispiel für Bismarcks Empfindlichkeit gegenüber Stosch vgl. GW, VIc, 261–262.

28 Frederick B. M. Hollyday, *Bismarck's Rival: A Political Biography of General and Admiral*

Albrecht von Stosch (Durham, 1960), 176–215. Im Juli 1884 behauptete der bayerische Anwalt und Nationalliberale Friedrich von Schauß, der 1881 seinen Reichstagssitz verloren hatte und sich um eine Wiederwahl bemühte, Rickert und andere Sezessionisten hätten 1879 geplant, nach der Entlassung Bismarcks Stosch zum Kanzler zu ernennen. Unterstützt worden sei die «Intrigue» von Anhängern des Freihandels in baltischen Häfen, die die Folgen protektionistischer Getreidezölle für die Ausfuhr von gemischtem russischem und deutschem Getreide fürchteten. Rickert stritt den Vorwurf ab, der einiges Aufsehen erregte. SEG (1884), 80–81.

29 GW, VIII, 493.

30 SEG (1884), 63.

31 GW, VIc, 240 (Anm. 1); XII, 324. In Bismarcks Augen ging selbst der konservative und autokratische Puttkamer nach dieser Warnung nicht hart genug vor. Vgl. Lucius, *Bismarck-Erinnerungen*, 255 ff.; GW, VIII, 500–501.

32 Morsey, *Reichsverwaltung*, 262 ff. Vgl. besonders Eckart Kehr, «Das soziale System der Reaktion in Preußen unter dem Ministerium Puttkamer», in: Hans-Ulrich Wehler (Hg.), *Der Primat der Innenpolitik* (Berlin, 1965), 64–86.

33 15. Oktober 1880. AWB, II, 10–18. Am 17. September 1880 hatte der Kanzler in der Antwort auf eine Anfrage der Handelskammer Plauen seine Absicht erklärt, einen solchen Rat einzurichten. Vgl. Poschinger (Hg.), *Volkswirth*, II, 4–5; BR, VIII, 195 ff. Das diesem Dokument (GW, XIV, 915) zugeschriebene Datum ist unrichtig. Vgl. auch Julius Curtius, *Bismarcks Plan eines deutschen Volkswirtschaftsrats* (Heidelberg, 1919), 11 ff.; Heinrich Herrfahrdt, *Das Problem der berufständischen Vertretung von der französischen Revolution bis zur Gegenwart* (Stuttgart, 1921), 58–83.

34 Ministerialsitzung vom 13. November 1880. DZA Merseburg, Rep. 90a, B, III, 2b, Nr. 6, Bd. 92.

35 GW, VIc, 199–203; AWB, II, 22–25, 39–40; BR, VIII, 211–216, und IX, 176–181; BP, I, 196–198.

36 SBR (1881), II, 1268–1290, 1589–1611, und (1881–1882), I, 130–146; Curtius, *Bismarcks Plan*, 24–50; Herrfahrdt, *Berufständische Vertretung*, 72–81.

37 Curtius, *Bismarcks Plan*, 21–22; Herrfahrdt, *Berufständische Vertretung*, 65 ff.

38 Lucius, *Bismarck-Erinnerungen*, 196.

39 BP, I, 199.

40 Bismarck an Boetticher, 13. Januar 1884. Goldschmidt, *Reich und Preußen*, 298–300, auch 80–82; SEG (1884), 13.

41 In seinen Erinnerungen schrieb Bismarck: «Mir hat immer als Ideal eine monarchische Gewalt vorgeschwebt, welche durch eine unabhängige, nach meiner Meinung ständische oder berufsgenossenschaftliche Landesvertretung soweit controllirt wäre, daß Monarch oder Parlament den bestehenden gesetzlichen Rechtszustand nicht einseitig, sondern nur communi consensu ändern können, bei Öffentlichkeit und öffentlichen Kritik aller staatlichen Vorgänge durch Presse und Landtag.» GW, XV, 15. Vgl. die anderen Belege aus den 1890er Jahren bei Herrfahrdt, *Berufständische Vertretung*, 64–67.

42 Alfred Jacobs und Hans Richter, *Die Großhandelspreise in Deutschland von 1792 bis 1934* (Berlin, 1935), 53, 107.

43 Gerloff, *Finanz- und Zollpolitik*, 168.

44 Eugen Richter, *Im alten Reichstag: Erinnerungen* (Berlin, 1914), II, 168–172.

45 Bismarck an Lucius, 20. August und 26. September 1880. Lucius, *Bismarck-Erinnerungen*, 191, 555; GW, XIV, 919. Bismarck an das preußische Staatsministerium, 28. August 1880. DZA Merseburg, Rep. 90a, B, III, 2b, Nr. 6, Bd. 92. Später sagte er zu Busch: «Die Meinung, daß niedrige Getreidepreise Glück und Wohlstand und Zufriedenheit bedeuten, ist Aberglaube.» Busch, *Tagebuchblätter*, III, 90.

46 Bismarck an Burchard, den Direktor des Reichsschatzamtes, 11. August 1880. AWB, I, 342–344. Bismarck an Scholz, 17. Januar 1881. AWB, II, 37.

47 Bismarck an Bitter, 29. September 1880, und Bismarck an Scholz, 10. Oktober 1880. GW, VIc, 197–198.

48 SBHA (1880–1881), Anlagen, I, Nr. 29. Vgl. auch den Bericht von Finanzminister Bitter an das preußische Staatsministerium zum Stand der preußischen Finanzen, 18. September 1880. DZA Merseburg, Rep. 90a, B,

III, 2b, Nr. 6, Bd. 92. Zur Franckensteinschen Klausel vgl. 213–215, 243–244.

49 SBHA (1880–1881), Anlagen, II, Nr. 98. Die Einschätzungen der Betroffenen finden sich in *Motive*, 8–9. Zum Nutzen für Landbesitzer vgl. Bitter an Bismarck, 28. Oktober 1880, mit zahlreichen Randbemerkungen Bismarcks. DZA Potsdam, Reichskanzlei, 2083, 101–104. Von Graf Helldorff und anderen führenden Konservativen wurde Bismarck gewarnt, Wähler auf dem Land würden sich bei der nächsten Reichstagswahl von den Konservativen und der Regierung abwenden, falls die versprochenen Steuersenkungen unterblieben. Helldorff an Bismarck, 11. August 1880. DZA Potsdam, Reichskanzlei, 2082, 186–187. Bismarck an Bitter, 29. August 1880. *Ebd.*, 210–211. Bismarck an das preußische Staatsministerium, 28. August 1880. DZA Merseburg, B, III, 2b, Nr. 6, Bd. 92. Zum ersten Verwendungsgesetz vgl. oben 247–248.

50 SBHA (1880–1881), I, 16–22, 126–202, 203 ff., 1347 ff., 1409 ff.; Anlagen, II, Nr. 154, 185; Richter, *Im alten Reichstag*, II, 184–187. Auch Scholz an Bismarck, 4. Dezember 1880. DZA Potsdam, Reichskanzlei, 2084, 28–34. Lucius, *Bismarck-Erinnerungen*, 191–192.

51 Bismarck an das Auswärtige Amt und Tiedemann, 11. November 1880. DZA Potsdam, Reichskanzlei, 2083, 138, 141–145. Ministerialsitzung vom 24. Januar 1881. DZA Merseburg, Rep. 90a, B, III, 2b, Nr. 6, Bd. 93; Lucius, *Bismarck-Erinnerungen*, 193–194. Bitter an Bismarck, 20. Februar 1881. DZA Potsdam, Reichskanzlei, 2084, 219–221. Tatsächlich schloß Preußen das Haushaltsjahr 1881–1882 mit einem Überschuß von 2 850 000 Mark ab, trotz der Steuersenkung und einer höheren Abgabe an das Reich. Ein Überschuß von 14 357 000 Mark von der staatlichen Eisenbahn war dabei der größte Faktor. Bitter an Bismarck, 16. Juni 1882. DZA Potsdam, Reichskanzlei, 223, 133–134.

52 SBHA (1880–1881), II, 1385–1388, 1511–1564. Gesetz vom 10. März 1881. GSP (1881), 126–127. Scholz hielt das Tabakmonopol für den einzigen Weg, um die zur Deckung der Gesamtkosten der preußischen Steuerreform erforderlichen Einnahmen zu erzielen. Scholz an Bismarck, 28. August 1880. DZA Potsdam, Reichskanzlei, 2082, 219–220. Auch Bismarck an Tiedemann, 11. November 1880. *Ebd.*, 2083, 145.

53 BR, VIII, 227–285. Vgl. auch «Zur Geschichte der Steuerreform im Reiche und in Preußen», in: BR, VIII, 297–310. Preußische Grundbesitzer hatten seit langem erklärt, die 1861 eingeführte Grund- und Gebäudesteuer sei ungerecht, da mit Hypotheken belasteter Grundbesitz faktisch gar nicht dem Eigentümer gehöre. Die Grundsteuer solle nur für den geschätzten Wert des Eigentums gelten, der nicht hypothekarisch belastet sei. Die Besteuerung von belastetem Eigentum treffe den Eigentümer doppelt – durch die Hypothekenzinsen und die Grundsteuer. Der Autor dankt Thomas Kohut für diese Information.

54 SBR (1881), 180–232, 953–999, 1028–1045.

55 SBR (1881), 551 ff., 1057, 1340 ff., 1677 ff., 1696 ff., 1719 ff. BR, VIII, 316 ff., 332 ff., 398 ff. Bismarcks bevorzugte Steuern waren die berüchtigten Mahl- und Schlachtsteuern, die bis zu ihrer Abschaffung im Jahre 1873 von preußischen Städten anstelle der Klassensteuer erhoben wurden.

56 SBR (1881), 1589–1611, 1746–1783.

57 SBR (1881), 159–176, 889–931, 999–1005; RGB (1881), 99; BR, VIII, 353 ff., IX, 44–60; Richter, *Im alten Reichstag*, II, 198–207; Busch, *Tagebuchblätter*, III, 32–37. Bismarck bezeichnete «die sozialen und politischen Republikaner von Berlin» als «den gefährlichsten Feind der Monarchie». An den Kaiser, 22. Juni 1881. GSA, Hausarchiv, Rep. 51, Nr. 10.

58 AWB, II, 57–58; Lucius, *Bismarck-Erinnerungen*, 191; SEG (1881), 166–167.

59 Oncken, *Bennigsen*, II, 451 ff.

60 Zur Frühgeschichte der Bewegung Stoeckers vgl. oben 20–21.

61 Peter G. J. Pulzer, *Die Entstehung des politischen Antisemitismus in Deutschland und Österreich* (Gütersloh, 1966), 79–83.

62 Vgl. unten, 447–452.

63 SEG (1881), 148.

64 Fritz Stern, *Gold und Eisen. Bismarck und sein Bankier Bleichröder* (Frankfurt a. M., 1978), 622–627.

65 Vgl. oben 13, 44–49.

66 Bismarck an Puttkamer, 16. Oktober 1880. GW, VIc, 198–199.

67 SBHA (1880–1881), I, 226–299.

68 Vgl. besonders Stern, *Gold und Eisen*, 627–636. «Ja, ich mache aber bei den Juden einen Unterschied», erklärte Bismarck gegenüber Busch (21. Januar 1881). «Die Reichgewordnen sind nicht gefährlich. Die gehen nicht auf die Barrikade und zahlen pünktlich ihre Steuern. Die Strebsamen sinds, die noch nichts haben, besonders die von der Presse. Doch sind auch hier wohl die Christen die Schlimmsten und nicht die Juden.» Busch, *Tagebuchblätter*, III, 13. Nachdem die Wahl schlecht ausgegangen war, bedauerte Bismarck die «Inopportunität» der antisemitischen Bewegung; sie hätte von den Zielen des Wahlkampfs abgelenkt. «Er sei gegen die fortschrittlichen, nicht gegen konservative Juden und deren Presse.» An das Staatsministerium, 14. November 1881. Lucius, *Bismarck-Erinnerungen*, 216.

69 BR, IX, 14–15.

70 Richter, *Im alten Reichstag*, II, 176–183.

71 SEG (1881), 155, 230, 240. Man hatte Juden angeklagt, ihre eigene Synagoge in Brand gesteckt zu haben, um die Versicherungssumme zu kassieren. Ihre Verurteilung wurde von einem Berufungsgericht aufgehoben. SEG (1883), 143; (1884), 31.

72 Vgl. unten, 450f.

73 Bismarck an Wilhelm von Bismarck, 14. Oktober 1881. GW, XIV, 932. Auch Busch, *Tagebuchblätter*, III, 55.

74 Walter Bußmann (Hg.), *Staatssekretär Graf Herbert von Bismarck: Aus seiner politischen Privatkorrespondenz* (Göttingen, 1964), 98–109; BP, I, 193–194; SEG (1881), 238–239. Auf Bismarcks Drängen wurden die Zeitungskioske in den Bahnhöfen verpflichtet, eine anonyme (von Lothar Bucher verfaßte) Kampfschrift gegen das Manchestertum zu verteilen. GW, XIV, 926–927; Busch, *Tagebuchblätter*, III, 47. Bismarck steuerte selbst die Kampagne gegen zwei Kandidaten der Sezessionisten in Lauenburg, indem er drohte, den Sachsenwald zu verkaufen und fortzuziehen, falls seine lauenburgischen Nachbarn so «starrsinnig» sein sollten, sezessionistische Abgeordnete zu wählen. BP, I, 101. Als die Wähler in Lauenburg sich widersetzten, wählte er eine mildere Form der Bestrafung – er setzte seinen Herbstbesuch in Friedrichsruh aus. Spitzemberg, *Tagebuch*, 193–194.

75 SBR (1881–1882), I, 359–377, 383–411; Anlagen, II, Nr. 38. Vgl. auch Bismarck an Bennigsen, 17. Dezember 1881. GW, VIII, 440–441.

76 Herbert Bismarck an Rantzau, 12. und 15. September 1881. Bußmann, *Herbert von Bismarck*, 102–103.

77 Oncken, *Bennigsen*, II, 438–474; Felix Rachfahl, «Eugen Richter und der Linksliberalismus im neuen Reiche», *Zeitschrift für Politik*, 5 (1912), 317. Zur Sezession vgl. oben 259–261.

78 Herbert von Bismarck an Graf Rantzau, 29. Oktober 1881. Bußmann, *Herbert von Bismarck*, 108–109; Lucius, *Bismarck-Erinnerungen*, 216.

79 Bernhard Vogel, Dieter Nohlen und Rainer-Olaf Schultze, *Wahlen in Deutschland: Theorie-Geschichte-Dokumente, 1848–1970* (Berlin, 1971), 291.

80 Im Wahlkampf schlossen sich die Antisemiten mit den Konservativen zu einer Koalition (dem Konservativen Zentralkomitee) zusammen, die 46000 Stimmen erhielt. Im Vergleich dazu kamen die Fortschrittspartei auf 89000 und die durch das Sozialistengesetz behinderten Sozialdemokraten auf 30000 Stimmen. Stoecker wurde im westfälischen Siegen gewählt, wo er als Konservativer antrat. Pulzer, *Entstehung des Antisemitismus*, 87.

81 Vgl. die Wahlanalyse in der *Augsburger Allgemeinen Zeitung*, Nr. 306, 2. November 1881; SEG (1881), 271–272.

82 SBR (1881), II, 1706; James J. Sheehan, *Der deutsche Liberalismus. Von den Anfängen im 18. Jahrhundert bis zum Ersten Weltkrieg, 1770–1914* (München, 1983), 245–248.

83 Erich Eyck, *Bismarck: Leben und Werk* (3 Bde., Zürich, 1941–1944), III, 389–392; Philipp zu Eulenburg-Hertefeld, *Aus 50 Jahren* (Berlin, 1923), 81–107; Louis L. Snyder, «Political Implications of Herbert von Bismarck's Marital Affairs, 1881, 1892», *Journal of Modern History*, 36 (1964), 155–169.

84 Bismarck an Johanna von Bismarck, 14. Mai 1851. GW, XIV, 211–212. Vgl. den ersten Band dieser Biographie, 572–573.

85 Bismarck an den Kaiser, 13. März 1881. GSA, Hausarchiv, Rep. 51, Nr. 10; Busch, *Tagebuchblätter*, III, 13–14; Lucius, *Bismarck-Erinnerungen*, 208–210, 214; Tiedemann, *Sechs Jahre*, 458.

86 Busch, *Tagebuchblätter*, III, 40, 54, 55, 91; Spitzemberg, *Tagebuch*, 192. Tiedemann beschrieb die Symptome als «Schlaflosigkeit, Appetitlosigkeit, allgemeine Mattigkeit». An Bleichröder, 15. Juni 1881. *Bleichröder Archive*, Kress Library of Business and Economics, Harvard, Box 1, Folder 14.

87 Bismarck an den Kaiser, 22. Juni 1881. GSA, Rep. 51, Nr. 10.

88 Norman Rich, M. H. Fisher, Werner Frauendienst (Hgg.), *Die geheimen Papiere Friedrich von Holsteins* (4 Bde., Göttingen, 1956–1963), II, 119. Bismarck war empört, daß dieser Mann, den er «erfunden und gemacht habe», ihm den Stuhl vor die Tür setzte. Lucius folgerte: «Dr. Struck hat etwas von Bismarcks Stil profitiert!» Lucius, *Bismarck-Erinnerungen*, 213.

89 GW, VIc, 215. Tiedemann an Bleichröder, 15. und 26. Juni sowie 1. Juli 1881. *Bleichröder Archive*, Kress Library of Business and Economics, Harvard, Box 1, Folder 14.

90 GW, XIV, 926, 931; Lucius, *Bismarck-Erinnerungen*, 213–214; Bußmann, *Herbert von Bismarck*, 104–105. Wilhelm war verständlicherweise empört, als er erfuhr, daß Bismarck ohne sein Wissen durch den preußischen Diplomaten Kurd von Schlözer mit dem Vatikan verhandelt hatte. Er vermutete aber auch – auf Grundlage eines ihm anonym zugesandten Zeitungsausschnitts –, der Kanzler habe der Ernennung eines päpstlichen Nuntius in Berlin zugestimmt. GW, VIc, 224–229.

91 Rich, Fisher, Frauendienst (Hgg.), *Papiere Holsteins*, III, 42–44.

92 Busch, *Tagebuchblätter*, III, 44; GW, VIII, 422–423. Vgl. auch seine Denkschrift an Goßler, 22. Juli 1881. GW, IVc, 218–219.

93 Horst Kohl (Hg.), *Fürst Bismarck: Regesten zu einer wissenschaftlichen Biographie des ersten Reichskanzlers* (Leipzig, 1891), II, 246; SEG (1881), 273.

94 BP, I, 231–238; SEG (1881), 275–276, 278. Zu Bismarcks Drohung, seine außenpolitischen Aktivitäten einzuschränken, vgl. auch den Bericht eines «hochgestellten Diplomaten» über dessen Gespräch mit Bismarck, veröffentlicht in der *Kölnischen Zeitung* vom 6. Juni 1880. SEG (1880), 180–182. Auch Hohenlohe, *Denkwürdigkeiten*, II, 320.

95 Moritz Busch, *Bismarck: Some Secret Pages of His History* (New York, 1898), II, 292–295. Der gesamte Eintrag vom 9. November 1881, der die zitierte Passage enthält, wurde aus der deutschen Version von Buschs Tagebuch gestrichen. Busch, *Tagebuchblätter*, III, 55. Lucius, *Bismarck-Erinnerungen*, 215–217; Spitzemberg, *Tagebuch*, 193.

96 Lucius, *Bismarck-Erinnerungen*, 216–217.

97 GW, VIc, 220, 222; AWB, II, 61–63; DZA Potsdam, Reichskanzlei, 2085, 66–77. Die Verstaatlichung der Tabakindustrie war keine neue Idee der Regierung Bismarck. Bereits 1872 hatte sich die Regierung bemüht, durch die Einführung einer Tabaksteuer als ersten Schritt einem Tabakmonopol «sehr leise» den Weg zu bereiten. 1877 griff Bismarck den Gedanken erneut auf, aber ohne Erfolg. Ministerialsitzung vom 9. März 1877. DZA Merseburg, Rep. 90a, III, B, 2b, Nr. 6, Bd. 89.

98 SEG (1881), 228–229, 258. In einer Ministerialsitzung vom 22. Dezember lehnte Bismarck die Verantwortung für Wagners Initiative ab, aber die Minister waren nicht überzeugt. Lucius, *Bismarck-Erinnerungen*, 219–220. Sie hatten recht. Vgl. Herbert Bismarck an Adolph Wagner, Ende Juli 1881. Poschinger (Hg.), *Volkswirth*, II, 78–80, und Heinrich Rubner (Hg.), *Adolph Wagner: Briefe, Dokumente, Augenzeugenberichte, 1851–1917* (Berlin, 1978), 203.

99 SBR (1882–1883), Drucksachen, Nr. 7; GW, VIc, 247; AWB, II, 90–94, 104–105; Poschinger (Hg.), *Volkswirth*, II, 101–102.

100 SBHA (1882), Anlagen, II, Nr. 135.

101 SBHA (1882), II, 1705–1737, 1749–1769. Vgl. besonders die Reden Robert von Bendas und Eugen Richters. *Ebd.*, 1708, 1730.

102 Bismarck an Puttkamer, 25. und 26. April sowie 6. Mai 1882. GW, XIV, 935–936; VIc, 253–255. Auch Lucius, *Bismarck-Erinnerungen*, 229–230, und GW, VIII, 447.

103 SEG (1882), 58.

104 Heinrich von Poschinger (Hg.), *Fürst Bismarck und der Bundesrat, 1867–1890* (Stuttgart, 1901), V, 94–102.

105 Lucius, *Bismarck-Erinnerungen*, 226; AWB, II, 107.

106 GW, VIII, 445–446.

107 Erich Schmidt-Volkmar, *Der Kulturkampf in Deutschland, 1871–1890* (Göttingen, 1962), 168, 187.

108 Schmidt-Volkmar, *Kulturkampf*, 267 ff., 285 ff.

109 SBHA (1882), Anlagen, Nr. 7, 149, 18, 258; I, 138 ff.; II, 1307 ff., 1739 ff.; GW, VIc, 244–251; Rich, Fisher, Frauendienst (Hgg.), *Papiere Holsteins*, II, 7. Zum ersten Milderungsgesetz vgl. 256–261.

110 SBR (1882–1883), I, 104–197, 353–470.

111 SEG (1882), 165–166, 173, 176.

112 SEG (1882), 176–179.

113 Vogel u. a., *Wahlen in Deutschland*, 287; SEG (1882), 186–190.

114 SEG (1882), 197.

115 SBHA (1882–1883), Anlagen, I, Nr. 25. Zu Bismarcks Rolle bei der Formulierung des Gesetzentwurfs vgl. DZA Potsdam, Reichskanzlei, 2086, 55 ff.

116 An Busch, 20. Dezember 1882. Busch, *Tagebuchblätter*, III, 135.

117 GSP (1883), 37–38; SBHA (1882–1883), I, 327 ff.; II, 771 ff., 1123 ff.; Anlagen, I, Nr. 91, 103, 108.

118 Lucius, *Bismarck-Erinnerungen*, 227–228; GW, VIc, 253 (Anm.), 254–255.

119 SBR (1882–1883), 659 ff., 1391–1392; Drucksachen, Nr. 92.

120 SBR (1882–1883), 2323–2385; Drucksachen, Nr. 249, 291.

121 Oncken, *Bennigsen*, II, 495 ff.

122 SBR (1882–1883), 2834–3022; RGB (1883), 127–146.

123 Gerloff, *Finanz- und Zollpolitik*, 198 ff.

124 Bismarck an Lucius, 29. Dezember 1881. AWB, II, 88–90. Lucius' Tagebuch, 6. April 1882 und 13. April 1883. *Bismarck-Erinnerungen*, 226, 262, 264. Vgl. auch AWB, II, 115–116 und 123–125.

125 SBR (1882–1883), 1603–1647, 2388–2419, Anlagen, Nr. 194.

126 SBHA (1882–1883), 771–787, Anlagen, Nr. 25 und 91.

127 Scholz an Puttkamer und Bismarck, 23. November 1883. DZA Potsdam, Reichskanzlei, 2087, 26–27.

128 Scholz an Bismarck, 26. November 1883. DZA Potsdam, Reichskanzlei, 2087, 24–25. Bismarck an Scholz, 28. November 1883. *Ebd.*, 82–85. Ministerialsitzung vom 29. November 1883. *Ebd.*, 86–91. Scholz an Bismarck, 8. Dezember 1883. *Ebd.*, 93–96. Bismarck hatte den Gedanken einer progressiven Einkommensteuer im Dezember 1882 als «ungerecht» zurückgewiesen. Busch, *Tagebuchblätter*, III, 135.

129 Scholz an Bismarck, 26. November 1883. DZA Potsdam, Reichskanzlei, 2087, 25. Stern, *Gold und Eisen*, 279.

130 SBHA (1883–1884), 675–781, Anlagen, Nr. 42 und 290.

131 Henry Axel Bueck, «Die bevorstehende Änderung der Gesetzgebung bezüglich der Einkommensbesteuerung», *Veröffentlichung Nr. 20 des Vereins zur Wahrung der wirtschaftlichen Interessen von Handel und Gewerbe* (Berlin, 1889), 47.

132 SEG (1884), 60, 63.

133 Stern, *Gold und Eisen*, 279–280.

134 SBR (1884–1885), Anlagen, Nr. 25, 122, 286, 376.

135 SBR (1884–1885), 763–791, 2517–2586, 2631–2655; RGB (1885), 171–194.

III. Innenpolitisches Scheitern und außenpolitischer Erfolg

1 Freiherr Lucius von Ballhausen, *Bismarck-Erinnerungen* (Stuttgart, 1920), 227–228.

2 George W. F. Hallgarten, *Imperialismus vor 1914: Die soziologischen Grundlagen der Außenpolitik europäischer Großmächte vor dem Ersten Weltkrieg* (2 Bde., 2. Aufl., München 1963), I, 227–235.

3 Das Kaiserliche Statistische Amt, *Statistisches Handbuch für das Deutsche Reich* (Berlin, 1907), I, 87, 93.

4 15. November 1881. Moritz Busch, *Tagebuchblätter* (Leipzig, 1899), III, 55–56. Baronin Spitzemberg hörte, wie Bismarck sich selbst mit einem großen Hund verglich, «der würdevoll zusieht, wie kleinere Köter sich balgen und beißen. Allmählich aber wird er auch gereizt und benimmt sich dann ebenso unvernünftig wie sie». Er war von seinem eigenen Verhalten enttäuscht. Spitzemberg-Tagebuch, 20. November 1881. Rudolf Vierhaus (Hg.), *Das Tagebuch der Baronin Spitzemberg* (Göttingen, 1960), 194.

5 BR, IX, 105–437, bes. 425. Am 17. Dezember 1881 traf Bennigsen ihn «in einer pessimistischen und fast weichen Stimmung. Er sprach von Berichten der Gesandten über die Aufmerksamkeit des Auslandes auf unsre inneren Vorgänge und klagte, alles

gehe noch einmal auseinander». Hermann Oncken, *Rudolf von Bennigsen* (Stuttgart, 1910), II, 483.

6 GW, VIc, 254–255.

7 Lucius, *Bismarck-Erinnerungen*, 225. Vgl. auch GW, VIII, 442–444, und Horst Kohl (Hg.), *Anhang zu den Gedanken und Erinnerungen von Otto Fürst von Bismarck* (Stuttgart, 1901), I, 309.

8 Lucius, *Bismarck-Erinnerungen*, 229; Kohl (Hg.), *Anhang*, I, 311–313.

9 GW, VIII, 446–447, auch 449.

10 GW, VIII, 448.

11 Lucius, *Bismarck-Erinnerungen*, 232; GW, VIc, 258.

12 Bismarck an Scholz, 30. September 1882. DZA Potsdam, Reichskanzlei, 2086, 102.

13 Christoph von Tiedemann, *Sechs Jahre Chef der Reichskanzlei unter dem Fürsten Bismarck* (2. Aufl., Leipzig, 1910), 412, 484; GW, VIII, 442; BP, I, 253.

14 An Philipp zu Eulenburg, 2. Dezember 1882. Philipp zu Eulenburg, *Aus 50 Jahren* (Berlin, 1923), 76–77; Norman Rich, M. H. Fisher, Werner Frauendienst (Hgg.), *Die geheimen Papiere Friedrich von Holsteins* (4 Bde., Göttingen, 1956–1963), II, 20. Obgleich Bismarck sich auf das Urteil des Zahnarzts verließ, waren Bismarcks Familie und die Ärzte Cohen, Frerichs und Schweninger nicht überzeugt. Marie vermutete, daß Bismarck nur Angst vor dem Eingriff hatte, und ließ sich von Schweninger bei einer Sitzung selbst vier Zähne ziehen. Bismarck meinte dazu: «Einen Zahn würde ich schon dem Familienfrieden zum Opfer bringen; denn alle, die mich am meisten lieben, wollen mich auch einmal am Zahnausziehen leiden sehen!» GW, XIV, 937–939; Busch, *Tagebuchblätter*, III, 93–94, 137; GW, VIII, 499; Spitzemberg, *Tagebuch*, 200. Frerichs äußerte, sein Leiden «läge entweder in einem Zahn oder sei Folge seniler Rückbildung. Dasselbe rufe Zustände hervor, welche der Hysterie der Frauen identisch seien.» Rich, Fischer, Frauendienst (Hgg.), *Papiere Holsteins*, II, 24. Dieses eine Mal hatte sein medizinischer Instinkt recht. Bei einer Trigeminusneuralgie werden häufig unnötig Zähne gezogen. Vgl. Henry B. Clark, Jr., *Practical Oral Surgery* (Philadelphia, 1955), 46–48.

15 BP, I, 255; Busch, *Tagebuchblätter*, III, 89, 164–165.

16 Wolfgang Windelband, *Bismarck und die europäischen Großmächte, 1879–1885* (Essen, 1942), 174.

17 An Adolf Scholz, 18. August 1882. GW, XIV, 937–938. Vgl. auch seinen Brief an Scholz, 30. September 1882. *Ebd.*, 939.

18 Busch, *Tagebuchblätter*, II, 89; Rich, Fisher, Frauendienst (Hgg.), *Papiere Holsteins*, II, 21.

19 Lucius, *Bismarck-Erinnerungen*, 239–240.

20 BP, I, 255; 15. Mai 1883. Busch, *Tagebuchblätter*, III, 147.

21 Lucius, *Bismarck-Erinnerungen*, 249, 265. Vgl. Spitzemberg, *Tagebuch*, 195; Walter Bußmann (Hg.), *Staatssekretär Graf Herbert von Bismarck: Aus seiner politischen Privatkorrespondenz* (Göttingen, 1964), 152–153; Rich, Fisher, Frauendienst (Hgg.), *Papiere Holsteins*, II, 24, 37.

22 BR, IX, 236.

23 BR, IX, 84–88 (17. November 1881), 219–222 (24. Januar 1882), 442–444 (14. April 1883).

24 Friedrich Curtius (Hg.), *Denkwürdigkeiten des Fürsten Chlodwig zu Hohenlohe-Schillingsfürst* (Stuttgart, 1906), II, 320.

25 Busch, *Tagebuchblätter*, III, 57–58 (vgl. auch 73, 151).

26 GW, VIII, 433–434. Vgl. auch die Bemerkungen gegenüber Cohen, 4. Juni 1882. *Ebd.*, 449.

27 BR, IX, 366–368.

28 Vgl. oben 251.

29 BR, IX, 368.

30 Vgl. oben 227–236. Was Bismarck im privaten Kreis gesagt hatte, trompetete er auf den Seiten der *Kölnischen Zeitung* vom 7. Oktober 1879 auch in die Welt hinaus. Der Artikel besaß ganz offensichtlich offiziellen Charakter und war vom Pressebüro des Auswärtigen Amts geschrieben, aber von Bismarck in Auftrag gegeben und durchgesehen. Windelband, *Großmächte*, 3–95, auch 111ff.

31 Vgl. oben 225–226.

32 J. Y. Simpson, *The Saburov Memoirs or Bismarck and Russia* (New York, 1929), 50–64, auch 81–82 (mit dem falschen Datum 1877); GP, III, 139–140. Diese bemerkenswerte Behauptung, die sich in den Akten des russischen Außenministeriums nicht bestätigen

ließ, überraschte Giers und Alexander, der später Schweinitz danach fragte. Wilhelm von Schweinitz (Hg.), *Denkwürdigkeiten des Botschafters General von Schweinitz* (Berlin, 1927), II, 87–90, 224. Die Russen standen mit ihrer Verwirrung über das «Bündnisangebot» von 1876 nicht alleine. Wilhelm von Bismarck, der im August 1879 mit seinem Vater in Kissingen weilte, glaubte sich an Dokumente aus dieser Zeit zu erinnern, in denen die Verhandlungen zwischen Staatssekretär Bernhard von Bülow und dem russischen Botschafter Paul d'Oubril festgehalten waren. Diese Ahnung veranlaßte Bismarck, sowohl persönliche Erinnerungen als auch Akten durchforschen zu lassen. Bußmann (Hg.), *Herbert von Bismarck*, 91–94. Zu einer Erklärung des «Bündnisangebots von 1876« vgl. oben 150–153.

33 Saburov, *Memoirs*, 65–88; Hajo Holborn (Hg.), *Aufzeichnungen und Erinnerungen aus dem Leben des Botschafters Joseph Maria von Radowitz* (Stuttgart, 1925), II, 97–102; Bruce Waller, *Bismarck at the Crossroads: The Reorientation of German Foreign Policy after the Congress of Berlin, 1878–1880* (London, 1974), 219–221.

34 GP, III, 99–100, 124–127.

35 GP, III, 132–134; IV, 14.

36 Alfred Lyall, *The Life of the Marquis of Dufferin and Ava* (London, 1905), I, 305. Zu anderen Versionen dieser Metapher vgl. Hohenlohe, *Denkwürdigkeiten*, II, 280; Schweinitz, *Denkwürdigkeiten*, II, 80; GW, VIII, 339.

37 Windelband, *Großmächte*, 60–61, 108–110; GP, III, 127–136; DDF, II, 450 ff. Deutschland könne Frankreich besiegen, erklärte er Hohenlohe, selbst wenn dieses sich mit England verbünde. Hohenlohe, *Denkwürdigkeiten*, II, 319.

38 Windelband, *Großmächte*, 127–130, 133–136.

39 Vgl. besonders Fritz Stern, *Gold und Eisen. Bismarck und sein Bankier Bleichröder* (Frankfurt a. M., 1978), 431–481.

40 Saburov, *Memoirs*, 85, 88–92.

41 Saburov, *Memoirs*, 97–106; Windelband, *Großmächte*, 116–122; Waller, *Crossroads*, 224 ff.; Schweinitz, *Denkwürdigkeiten*, II, 107–110. Miljutin war nicht die finstere Gestalt, wie sie Bismarcks Pressepropaganda dargestellt hatte. Er war realistisch im Hinblick auf Rußlands innere Schwierigkeiten (seine Wirtschaft und Staatsfinanzen) und gegen außenpolitische Abenteuer (vor allem im Westen). Die Truppenbewegungen nach Polen «waren nicht Ausdruck russischer Kriegsbereitschaft, sondern defensive Aushilfen einer bewegungsschwachen Militärorganisation». Dietrich Geyer, *Der russische Imperialismus: Studien über den Zusammenhang von innerer und auswärtiger Politik 1860–1914* (Göttingen 1977), 85.

42 Schweinitz, *Denkwürdigkeiten*, II, 68, 75–77, 92–93, 97–98; Saburov, *Memoirs*, 106–109; GP, III, 141–142; Waller, *Crossroads*, 239–242.

43 Waller, *Crossroads*, 223–224.

44 Die Berichte Bismarcks und Saburows über diese Verhandlungen unterscheiden sich im Detail. Saburov, *Memoirs*, 110–126; GP, III, 141–147.

45 Saburov, *Memoirs*, 123–126.

46 *Ebd.*, 119.

47 Charles Jelavich, *Tsarist Russia and Balkan Nationalism: Russian Influence in the Internal Affairs of Bulgaria and Serbia, 1879–1886* (Berkeley, 1958), 16–27.

48 Saburov, *Memoirs*, 123, 127.

49 Helmut Krausnick, *Neue Bismarck-Gespräche* (Hamburg, 1940), 24–25; William L. Langer, «The European Powers and the French Occupation of Tunis», *American Historical Review*, 31 (1925–1926), 68–71, und *European Alliances and Alignments, 1871–1890* (New York, 1956), 200–201.

50 Alfred Franzis Pribram (Hg.), *Die Politischen Geheimverträge Österreich-Ungarns, 1879–1914* (Wien und Leipzig, 1920), II, 131; GW, VIII, 215–220; Langer, *Alliances and Alignments*, 201; Waller, *Crossroads*, 228–229.

51 GW, VIII, 344–345.

52 W. N. Medlicott, *Bismarck, Gladstone, and the Concert of Europe* (London, 1956), 29–33; Harold Temperley und Lillian M. Penson, *Foundations of British Foreign Policy from Pitt (1792) to Salisbury (1902)* (London, 1966), 391–394.

53 Windelband, *Großmächte*, 181; GW, VIII, 379, 381–382, 387. Zu Bismarcks Kritik an Gladstone und seiner Politik vgl. GP, IV, 25 ff., und Bußmann (Hg.), *Herbert von Bismarck*, 110 ff. Historiker unterscheiden sich in ihrem Urteil über Bismarcks und Gladstones Konzept der Außenpolitik nicht weniger deutlich als die

Staatsmänner selbst. Der deutsche Historiker Windelband, der im Schatten des Nazi-Regimes schrieb, lobte Bismarcks Position; der englische Historiker Medlicott, der in der Zeit des gemeinsamen europäischen Marktes und der europäischen Einigungsbewegung schreibt, bevorzugt die Position Gladstones. Windelband, *Großmächte*, 186; Medlicott, *Bismarck, Gladstone*, 10–34, 341–343.

54 Saburov, *Memoirs*, 129, 132; Waller, *Crossroads*, 243–245; John Morley, *The Life of William Ewart Gladstone* (New York, 1903), III, 8; Medlicott, *Bismarck, Gladstone*, 53–54.

55 Lord Edmond Fitzmaurice, *The Life of Lord Granville* (London, 1905), II, 208–212; GP, IV, 14–15.

56 Windelband, *Großmächte*, 150–158, 176–191; Langer, *Alliances and Alignments*, 203–204; GP, IV, 15 ff.; Temperley und Penson, *Foundations*, 394–412.

57 GP, III, 151–153, 159; Saburov, *Memoirs*, 74.

58 GP, IV, 19.

59 Windelband, *Großmächte*, 165 ff.; GP, III, 147 ff., Saburov, *Memoirs*, 142 ff.; F. R. Bridge, *From Sadowa to Sarajevo: The Foreign Policy of Austria-Hungary, 1866–1914* (London, 1972), 114–119.

60 Windelband, *Großmächte*, 173–176, 192–196; Bridge, *Sadowa to Sarajevo*, 108; Saburov, *Memoirs*, 172–173.

61 Saburov, *Memoirs*, 171–197; GP, III, 156–165.

62 Saburov, *Memoirs*, 198–215; GP, III, 148.

63 GP, IV, 17–22.

64 GP, IV, 22–24; Gerhard Ebel (Hg.), *Botschafter Paul Graf von Hatzfeldt: Nachgelassene Papiere, 1838–1901* (Boppard am Rhein, 1976), I, 364–388; Windelband, *Großmächte*, 207–219.

65 Saburov, *Memoirs*, 219–222; GP, III, 167–172; Windelband, *Großmächte*, 221; Radowitz, *Aufzeichnungen und Erinnerungen*, II, 159–183.

66 Saburov, *Memoirs*, 233–255; GP, III, 173–176.

67 Saburov, *Memoirs*, 296–299; GP, III, 176–179. Zur inneren Schwäche (Wirtschaft und Staatsfinanzen), die die russische Autokratie dazu bewog, sich wieder mit Deutschland und Österreich zu verständigen, vgl. besonders Geyer, *Russischer Imperialismus*, 83–87.

68 Saburov, *Memoirs*, 220, 232.

69 Vgl. besonders GP, III, 153; Kohl (Hg.), *Anhang*, I, 260.

70 Windelband, *Großmächte*, 220 ff., 256–264.

71 Schweinitz, *Denkwürdigkeiten*, II, 168–169. Zu Bismarcks abschätzigem Urteil über Alexander III. sowie dessen Minister und Berater vgl. Helmut Rogge, *Holstein und Hohenlohe* (Stuttgart, 1957), 174–176.

72 Zum Kampf um Macht und Einfluß am russischen Hof vgl. besonders George F. Kennan, *Bismarcks europäisches System in der Auflösung: Die französisch-russische Annäherung 1875 bis 1890* (Frankfurt a. M., 1981), 77–86. Schweinitz schrieb im Juni 1881 über Gortschakow: «Der Fürst behält seine 40 000 Rubel und 100 Zimmer, reist ins Ausland und liest Romane, und Giers fährt fort zu arbeiten ohne Rang, Gehaltszulage und passendes Quartier.» Schweinitz, *Denkwürdigkeiten*, II, 166, auch 103, 115–116, 175, 194.

73 Langer, «European Powers and Tunis», 55–78, 251–265.

74 Windelband, *Großmächte*, 277–285, 303–315; Hans Rogger, «The Skobelev Phenomenon: The Hero and His Worship», *Oxford Slavonic Papers*, New Series, I (1976), 46–78.

75 Schweinitz, *Denkwürdigkeiten*, II, 173–174.

76 Hohenlohe, *Denkwürdigkeiten*, II, 318–319; Rogge, *Holstein und Hohenlohe*, 90–91, 164–166.

77 Die Skobelew-Episode endete, als Alexander III., in Sorge wegen deutscher und österreichischer Proteste sowie mißtrauisch wegen der Popularität und des politischen Ehrgeizes des Generals, ihn aus Frankreich zurückrief. Alexander bestrafte Skobelew zwar nicht, stellte ihn aber kalt. Im Juni 1882 starb der russische Boulanger in einem Bordell an einer Herzattacke. Rogger, «Skobelev Phenomenon», 64–66. Vgl. auch Hans Herzfeld, «Bismarck und die Skobelew-Episode», *Historische Zeitschrift*, 142 (1930), 279–302.

78 Schweinitz, *Denkwürdigkeiten*, II, 185–186, 194, 198–199.

79 Windelband, *Großmächte*, 272–276; Langer, *Alliances and Alignments*, 220–230; C. J. Lowe, *Italian Foreign Policy*, 1870–1940 (London, 1975), 18–27.

80 Langer, *Alliances and Alignments*, 231–234; BR, IX, 153 ff.

81 GP, III, 183–189.

82 GP, III, 194.

83 GP, III, 195–199.

84 GP, III, 205–210, 238–243, 247; Pribram, *Secret Treaties*, II, 3–43; Bridge, *Sadowa to Sarajevo*, 128–133.

85 GP, III, 245–247.

86 GP, III, 222–225, 237; Langer, *Alliances and Alignments*, 244–245.

IV. Verbindungen und Trennungen

1 Walter Bußmann (Hg.), *Staatssekretär Graf Herbert von Bismarck: Aus seiner politischen Privatkorrespondenz* (Göttingen, 1964), 190.

2 GW, VIII, 390.

3 Rudolf Vierhaus (Hg.), *Das Tagebuch der Baronin Spitzemberg* (Göttingen, 1960), 195. In einem Brief an Herbert, undatiert, aber offensichtlich im Januar 1883 verfaßt, schrieb Johanna, Bismarck nehme Arsen, um seine Neuralgie abzutöten, und diese Behandlung habe in Friedrichsruh bereits eine gewisse Wirkung gezeigt. BFA, Bestand C, Box 8.

4 Freiherr Lucius von Ballhausen, *Bismarck-Erinnerungen* (Stuttgart, 1920), 244; BP, I, 253; Moritz Busch, *Tagebuchblätter* (Leipzig, 1899), III, 141, 144; Wilhelm Treue, *Doctor at Court* (London, 1958), 181–182.

5 Johanna an Herbert von Bismarck, 1., 5., 13., 19. und 24. Februar 1883. BFA, Bestand C, Box 8.

6 Johanna an Herbert von Bismarck, 13., 24. und 28. März 1883. BFA, Bestand C, Box 8; Norman Rich, M. H. Fisher, Werner Frauendienst (Hgg.), *Die geheimen Papiere Friedrich von Holsteins* (4 Bde., Göttingen, 1956–1963), II, 41–42, 44.

7 Johanna an Herbert von Bismarck, 26. April, 7., 13., 18. und 26. Mai 1883. BFA, Bestand C, Box 8. Zur Götterdämmerungsstimmung, die von Mai bis Juni im Hause Bismarck herrschte, trug noch die Krankheit und der Tod von Flörchen bei, einem weiteren Hund der Familie. Der Kadaver wurde nach Varzin verschickt, um ihn neben Sultan beerdigen zu lassen. Johanna an Herbert, 26. Mai und 3. Juni 1883. *Ebd.* Bei einem seiner seltenen Auftritte in einer Ministerialsitzung (31. Mai 1883) erzählte Bismarck seinen Kollegen, er habe auf Anraten Frerichs sechs Monate lang Opium genommen. Lucius, *Bismarck-Erinnerungen*, 265.

8 Lucius, *Bismarck-Erinnerungen*, 264.

9 Um die Aufteilung seines Nachlasses zwischen den Erben zu erleichtern, erhöhte Bismarck sein Barvermögen, indem er auf seinen Besitz Kredit aufnahm (Pfandbriefe und Amortisationshypotheken) und dieses Geld in zinsbringenden Wertpapieren anlegte. Bismarck an Scholz, 28. November 1883. DZA Potsdam, Reichskanzlei, 2087, 84.

10 Ernst Schweninger, *Dem Andenken Bismarcks* (Leipzig, 1899), 34–35.

11 Lucius, *Bismarck-Erinnerungen*, 239–240; Spitzemberg, *Tagebuch*, 194, 196. Zu Bismarcks Gewicht vgl. Otto Pflanze, «Toward a Psychoanalytic Interpretation of Bismarck», *American Historical Review*, 77 (April 1972), 435, Anm. 49, und Augustin Cabanès, «La Médecine Anecdotique: Bismarckiana», *La Chronique Medicale*, 5 (1898), 354. Leider nennt Cabanès für diese Zahlen keine Quelle. Schweninger behauptete, er habe Bismarck erstmals mit 123,5 Kilogramm gewogen, aber es sieht so aus, als wolle er sich selbst zuschreiben, was zum Teil bereits Cohen erreicht hatte. Schweninger, *Dem Andenken*, 35.

12 Vgl. Alfred von Kiderlen-Wächters humorvolle Beschreibung eines Essens im Kanzleramt Anfang Dezember 1881. GW, VIII, 439–440.

13 Johanna an Herbert von Bismarck, 10. Oktober 1882. BFA, Bestand C, Box 8. Dieser nur wenige Tage nach Schweningers Besuch geschriebene Brief ist kein Beleg für Schweningers eigenen, Jahre später verfaßten Bericht, laut dem er bei dieser Gelegenheit die dringende Warnung ausgesprochen habe, daß sich der Gesundheitszustand des Kanzlers rapide verschlechtere. Nach dem Charakter ihrer Korrespondenz zu urteilen, hätte Johanna dies sicherlich ihrem Sohn anvertraut, wie sie es ja auch tat, als Schweninger die Prognose acht Monate später tatsächlich stellte. Schweninger, *Dem Andenken*, 36–37. Georg Schwarz, *Ernst Schweninger: Bismarcks Leibarzt* (Leipzig, 1941) gibt keine Quelle an und übernimmt Schweningers eigene Aussagen im allgemeinen unkritisch.

14 Vgl. den ersten Band dieser Biographie, 567–568.

15 Johanna an Herbert von Bismarck, 8. und 28. Juni 1883. BFA, Bestand C, Box 8. Wie-

derum unterscheidet sich Johannas Bericht etwas von Schweningers Erinnerung in *Dem Andenken*, 36–37.

16 Johanna an Herbert von Bismarck, 8. und 22. Juni 1883; BFA, Bestand C, Box 8. Spitzemberg, *Tagebuch*, 199–200; Lucius, *Bismarck-Erinnerungen*, 267–268.

17 Schweninger, *Dem Andenken*, 37–38. Philipp zu Eulenburg, der am 20. August mit den Bismarcks in Bad Kissingen beim Essen war, hielt den Speiseplan fest: keine Suppe und kein Getränk während der Mahlzeit, eine Forelle sowie kalter Hasen- und Rebhuhnbraten. GW, VIII, 478–479.

18 GW, VIII, 484, 496, 499, 512; Lucius, *Bismarck-Erinnerungen*, 273; Moritz Busch, *Tagebuchblätter* (Leipzig, 1899), III, 160.

19 Cabanès, «Bismarckiana», 354. Danach stieg sein Gewicht auf 103 kg im Jahre 1886 und blieb bis 1890 auf diesem Stand.

20 Horst Kohl (Hg.), *Anhang zu den Gedanken und Erinnerungen von Otto Fürst von Bismarck* (Stuttgart, 1901), I, 320.

21 Lucius, *Bismarck-Erinnerungen*, 284.

22 Spitzemberg, *Tagebuch*, 207–208.

23 GW, VIII, 494–495.

24 Bismarck an Hermann von Schelling, den Staatssekretär des Reichsjustizamts, 21. Dezember 1883. Hans Goldschmidt, *Das Reich und Preußen im Kampf um die Führung* (Berlin, 1931), 295–297. «Die Gefahr, der direkten Regierung durch wechselnde Parlamentsmajoritäten zu verfallen, beruht auf der Einmischung der legislativen Körperschaften in die Aufgaben der Exekutive und ihrer Verwaltung», schrieb er am 13. Januar 1884 an Boetticher. «Das Gewicht dieser Einmischung ist erfahrungsmäßig ein wachsendes und basiert auf der unmittelbaren Beteiligung der verwaltenden Minister an den öffentlichen Verhandlungen der gesetzgebenden Körperschaften.» *Ebd.*, 298–300.

25 Nostitz-Wallwitz an den sächsischen Außenminister General von Fabrice, 14. März 1884. Goldschmidt, *Reich und Preußen*, 300–303. Wie vom Kanzler gefordert, gingen die Regierungen von Sachsen, Württemberg und Bayern im Bundesrat mit ihrer öffentlichen Absichtserklärung voran, sich der Schaffung verantwortlicher Ministerien zu widersetzen und auf diese Weise die Bundesverträge einzuhalten. Heinrich von Poschinger (Hg.), *Fürst Bismarck und der Bundesrat, 1867–1890* (Stuttgart, 1896–1909), V, 149–152.

26 Ministerialsitzung vom 16. März 1884. DZA Merseburg, Rep. 90a, B, III, 2b, Nr. 6, Bd. 96. Goldschmidt, *Reich und Preußen*, 303–306; auch Lucius, *Bismarck-Erinnerungen*, 284–286.

27 Rich, Fisher, Frauendienst (Hgg.), *Papiere Holsteins*, II, 80, 107–109. Der Plan mußte aufgegeben werden, weil der unverzichtbare Maybach zurückgetreten wäre – aus Protest, für das höhere Amt übergangen zu werden.

28 Daß Bismarck dieses Amt immer noch für wichtig hielt, zeigt sich in seiner Direktive an das preußische Staatsministerium vom 28. Juni 1884, in der er seine Kollegen nochmals über das richtige Verfahren bei der Vorlage preußischer Gesetzentwürfe an den Bundesrat aufklärte. Er bestand darauf, daß nur der preußische Außenminister solche Gesetze unterzeichnen solle, nicht das gesamte Staatsministerium. GW, VIc, 302–303.

29 Goldschmidt, *Reich und Preußen*, 299.

30 *Ebd.*, 305.

31 Lucius, *Bismarck-Erinnerungen*, 280, 288; SEG (1884), 49.

32 BR, X, 225–226; Rich, Fisher, Frauendienst (Hgg.), *Papiere Holsteins,*, II, 113, 121, 128–131, 134.

33 Holstein-Tagebuch, 14. April 1884. Rich, Fisher, Frauendienst (Hgg.), *Papiere Holsteins*, II, 121–122.

34 Holstein-Tagebuch, 21. April 1884. *Ebd.*, II, 133. Ein anderes Motiv für die Annäherung bestand vielleicht darin, Kronprinzessin Victoria entgegenzuarbeiten, die eine ihrer Töchter mit Prinz Alexander von Battenberg, dem regierenden Fürsten von Bulgarien, verheiraten wollte. Auf Grund von Alexanders Streit mit Rußland war Bismarck gegen die Verbindung.

35 An Mittnacht, 28. März 1884. GW, VIII, 506. Bismarck an Kaiser Wilhelm I., 24. Juni 1884. GW, VIc, 301–302. Rich, Fisher, Frauendienst (Hgg.), *Papiere Holsteins*, II, 130–131. Bismarcks Plan zur Reorganisation der beiden Regierungen und ihres Verhältnisses zueinander entsprang keiner vorübergehenden Laune, sondern beschäftigte ihn bereits länger. Im Februar 1889, als wieder Gerüchte über seinen Rücktritt durch die Zeitungen gingen, skizzierte er dem preußi-

schen Staatsministerium «theoretisch» einen ähnlichen Plan, auf den man zurückgreifen sollte, «wenn mich der Schlag rührt». Lucius, *Bismarck-Erinnerungen*, 490.

36 Holstein-Tagebuch, 4. Mai 1884. Rich, Fisher, Frauendienst (Hgg.), *Papiere Holsteins*, II, 145–146.

37 20. März 1884. Lucius, *Bismarck-Erinnerungen*, 288.

38 Wilhelm I. an Bismarck, 13. und 17. April 1884. Goldschmidt, *Reich und Preußen*, 306–308.

39 Bismarck an Boetticher, 9. Oktober 1884. GW, VIc, 307. In der Ministerialsitzung vom 23. Oktober sprach Bismarck vom Staatsrat, «als sei ihm die Sache schon unbequem». Lucius, *Bismarck-Erinnerungen*, 302.

40 Lucius, *Bismarck-Erinnerungen*, 303. Rich, Fisher, Frauendienst (Hgg.), *Papiere Holsteins*, II, 179.

41 Lucius, *Bismarck-Erinnerungen*, 298, 302. Zu den Vorbereitungen auf die Ratssitzung vgl. GW, VIc, 304–306; XIV, 952–953.

42 Holstein-Tagebuch, 17. November 1884. Rich, Fisher, Frauendienst (Hgg.), *Papiere Holsteins*, II, 180.

43 Felix Rachfahl, «Eugen Richter und der Linksliberalismus im neuen Reiche», *Zeitschrift für Politik*, 5 (1912), 311–312; SEG (1882), 178–179, 212.

44 Rachfahl, «Eugen Richter», 321–324.

45 Felix Salomon, *Die deutschen Parteiprogramme* (Leipzig, 1907), 33–37. Zur Formulierung des neuen Parteiprogramms vgl. James J. Sheehan, *Der deutsche Liberalismus: Von den Anfängen im 18. Jahrhundert bis zum Ersten Weltkrieg, 1770–1914* (München, 1983), 235–238, 248–251.

46 Rachfahl, «Eugen Richter», 332.

47 Rich, Fisher, Frauendienst (Hgg.), *Papiere Holsteins*, II, 111. Die Information kam von Schweninger, 14. März 1884.

48 SBR (1884), I, 7–11, 28–34. Vgl. auch Richard W. Dill, *Der Parlamentarier Eduard Lasker und die parlamentarische Stilentwicklung der Jahre 1867–1884* (Erlangen, 1956), 200–204, und besonders Louis L. Snyder, «Bismarck and the Lasker Resolution, 1884«, *The Review of Politics*, 29 (1976), 41–64.

49 Rich, Fisher, Frauendienst (Hgg.), *Papiere Holsteins*, II, 72–73. Laut Holstein bestand ein weiteres Ziel darin, der Regierung der Vereinigten Staaten, deren Ton, «von jeher unverbindlich, ... in den letzten Jahren noch gröber» geworden sei, eine Lektion zu erteilen. In einem Artikel für die *Norddeutsche Allgemeine Zeitung*, den die Herausgeber nicht abdruckten, erklärte der deutsche Kanzler unter anderem, daß vor allem «die Freunde des amerikanischen Schweins und der amerikanischen Trichine» Lasker nachtrauerten. *Ebd.*, 78, 92–93. Die Beziehungen zu den Vereinigten Staaten verschlechterten sich durch das 1880 und 1883 ausgesprochene Einfuhrverbot für amerikanisches Schweinefleisch, das man für einen Verzehr in Deutschland, wo Schweinefleisch kaum gekocht wurde, für ungeeignet hielt. Der amerikanische Gesandte in Berlin Aaron Sargent verschärfte den Streit, als er mit Gegenmaßnahmen drohte und darauf beharrte, das Verbot entspringe Bismarcks Wunsch, deutsche Schweinezüchter zu schützen und nicht deutsche Verbraucher. Suellen Hoy und Walter Nugent, «Public Health or Protectionism? The German-American Pork War, 1880–1891«, *Bulletin of the History of Medicine*, 63 (1989), 198–224.

50 Bußmann (Hg.), *Herbert von Bismarck*, 225.

V. Überseeische Expansion

1 Friedrich List, *Das nationale System der politischen Ökonomie*, in: Artur Sommer (Hg.), *Friedrich List: Schriften, Reden, Briefe* (Berlin, 1930), VI, 289.

2 *Norddeutsche Allgemeine Zeitung*, 16.–22. Februar 1867. Zur Kolonialpolitik bis 1882 vgl. Mary E. Townsend, *Macht und Ende des deutschen Kolonialreiches* (Leipzig, o. J.), 1–45; Alfred Zimmermann, *Geschichte der deutschen Kolonialpolitik* (Berlin, 1914), 1–44; Maximilian von Hagen, *Bismarcks Kolonialpolitik* (Berlin, 1923), 1–41; Woodruff Smith, *The German Colonial Empire* (Chapel Hill, 1978), 3–27. Zu den Investitionen und Handelsaktivitäten der Hansestädte vgl. Helmut Washausen, *Hamburg und die Kolonialpolitik des deutschen Reiches 1880 bis 1890* (Hamburg, 1968), 12 ff.

3 Delbrück an Roon, 9. Januar 1868. DZA Potsdam, Reichskolonialamt, 7155, 11–12. Ohne Grund haben sich Historiker über das Datum und die Autorschaft dieses Doku-

ments verunsichern lassen. Im Gegensatz zur Meinung Hans-Ulrich Wehlers, *Bismarck und der Imperialismus* (Köln, 1969), 191, ist das Datum nicht der 6., sondern der 9. Januar. Wehler und andere haben den Brief Bismarck zugeschrieben, doch der Autor ist eindeutig Delbrück («Konzept Delbrück»). Auf Bismarcks Bitte hin schickte Delbrück ihm eine Abschrift und bezeichnete sie als «mein untern. 9.d.M. an den Herrn Marineminister gerichteten Schreibens, betr. Gründung überseeischer Flottenstationen resp. Niederlassungen». Delbrück an Bismarck, 11. Januar 1868. DZA Potsdam, Reichskolonialamt, 7155, 10. Auch wenn der Rand des Dokuments mit Fragezeichen in Bismarcks Handschrift versehen ist, gibt es keinen Grund zu der Annahme, der Kanzler wäre mit Delbrücks Linie nicht einverstanden gewesen.

4 Tagebucheintrag, 9. Februar 1871. Moritz Busch, *Tagebuchblätter* (Leipzig, 1899), II, 157.

5 Odo Russell an Lord Granville, 11. Februar 1873. Lord Edmond Fitzmaurice, *The Life of Granville* (2. Aufl., London, 1905), II, 337.

6 Tagebuch, 22. Februar 1880. Friedrich Curtius (Hg.), *Denkwürdigkeiten des Fürsten Chlodwig zu Hohenlohe-Schillingsfürst* (Stuttgart, 1906), II, 291. Die Vermutung einiger Historiker, Bismarcks «Bekehrung» zum Kolonialismus lasse sich auf das Jahr 1876 zurückführen, basiert auf einem Gespräch, das im Juni dieses Jahres zwischen Bismarck und zwei Verfechtern des Kolonialismus stattgefunden haben soll, von denen einer Ernst von Weber war. Dieses Dokument tauchte erstmals in der *Kolonialpolitischen Korrespondenz* vom 7. Januar 1885 auf, einer Veröffentlichung des *Deutschen Kolonialvereins*, und zitiert Bismarck mit den Worten, «daß eine so große Nation wie die deutsche auf die Länge der Kolonien nicht entbehren könne». Heinrich von Poschinger (Hg.), *Fürst Bismarck als Volkswirth* (Berlin, 1889), I, 117–118. Jede andere Quelle aus dieser Zeit zitiert Bismarck als klaren Gegner des Erwerbs von Kolonien. In *Vier Jahre in Afrika, 1871–1875* (Leipzig, 1878), II, 329, 339 ff., 543–545, schrieb Weber, er habe dem Kaiser und dem Kanzler ein Memorandum unterbreitet, das den Erwerb der Delagoa-Bai, zum Zwecke der «Germanisierung» von Transvaal, des Oranje-Freistaats und «des größten Theiles von Südafrika» nahelegte. Er druckte Bismarcks Brief vom 13. Juni 1876 ab, in dem der Vorschlag zurückgewiesen wird. An dieser Stelle wird kein Gespräch erwähnt. Maximilian von Hagen, *Bismarcks Kolonialpolitik*, 52, Anm. 2, spekulierte, der andere Gesprächsteilnehmer sei Adolf Lüderitz gewesen, und viele Historiker sind ihm darin gefolgt. Doch Lüderitz' bester Biograph Wilhelm Schüßler wußte nichts von einer solchen Beziehung zwischen Weber und Lüderitz und datierte das erste Gespräch des Kaufmanns mit Bismarck auf den 19. April 1884. *Adolf Lüderitz* (Bremen, 1936), 36–37, 91, 144–146.

7 Baare an Bismarck, 29. November 1882, und Eck an Bismarck, 10. Februar 1883 (wo das vorstehende Dokument wiedergegeben wird). DZA Potsdam, Reichskolonialamt, 7159, 150–155.

8 Ernst von Weber, *Die Erweiterung des deutschen Wirtschaftsgebiets und die Grundlegung zu überseeischen deutschen Staaten* (Leipzig, 1879), 7, 60, und *Vier Jahre*, II, 535 ff.

9 Wilhelm Hübbe-Schleiden, «Weltwirtschaft und die sie treibende Kraft: Vortrag gehalten in der General-Versammlung des Westdeutschen Vereins für Colonisation und Export zu Köln, 4. März 1882» (undatierte Flugschrift), 3. Vgl. auch sein *Ethiopien: Studien über Westafrika* (Hamburg, 1879) und *Deutsche Kolonisation* (Hamburg, 1881).

10 Weber, *Erweiterung*, iii, und *Vier Jahre*, II, 574. Zu einer allgemeinen Schilderung der verstärkten Propaganda in den späten 1870er und frühen 1880er Jahren vgl. Hans-Ulrich Wehler, *Imperialismus*, 142–157. Da Wehlers Modell den Absatz der überschüssigen Industrieproduktion als Motiv für den Imperialismus betont, vernachlässigt es andere Beweggründe weitgehend. Zu einer Kritik an Wehlers Modell des Sozialimperialismus vgl. Otto Pflanze, «Bismarcks Herrschaftstechnik als Problem der gegenwärtigen Historiographie», *Historische Zeitschrift*, 234 (1982), 561–599. Fabris Argument für Kolonien war eher das der Überbevölkerung als der Überproduktion. Die Überbevölkerung, so schrieb er, sei der «Kernpunkt unserer wirtschaftlichen Nöthe». Friedrich Fabri, *Bedarf Deutschland der Colonien? Eine politisch-öko-*

nomische Betrachtung (3. Aufl., Gotha, 1884), 22. In einem dreiseitigen Exkurs bestätigte Wehler, daß dieses Argument in der Literatur immer wieder angeführt wurde, folgerte aber schwach: «Als direktes Motiv für die deutsche Kolonialpolitik ist die Auswanderung oft sehr überschätzt worden.» Wehler, *Imperialismus*, 155–157. In Wehlers Zusammenfassung wird nicht deutlich, daß Fabri sein Plädoyer für den Kolonialismus auf den letzten Seiten mit den Erfordernissen des deutschen Kultur- und Machtstaats begründete. Im letzten Satz schrieb Fabri: «Will das neue Deutsche Reich seine wieder gewonnene Machtstellung auf längere Zeiten begründen und bewahren, so wird es dieselbe als eine Cultur-Mission zu erfassen und dann nicht länger zu zögern haben, auch seinen *colonisatorischen* Beruf aufs Neue zu bethätigen.» Fabri, *Bedarf Deutschland der Kolonien?*, 112. Die Arbeiten von Wilhelm Hübbe-Schleiden betonen die nationale, kulturelle und geistige (im Hegelschen Sinne) Motivation mindestens so stark wie die wirtschaftliche und soziale. Zu einer – im Vergleich zu Wehlers Arbeit – ausgewogeneren Analyse der Motive, die von den Verfechtern der Kolonisierung geltend gemacht wurden, vgl. Klaus J. Bade, *Friedrich Fabri und der Imperialismus in der Bismarckzeit* (Freiburg im Breisgau, 1975), bes. 21–24, und «Imperial Germany and West Africa: Colonial Movement, Business Interest, and Bismarck's ‹Colonial Policies›», in: Stig Förster, Wolfgang J. Mommsen und Ronald Robinson, *Bismarck, Europe, and Africa: The Berlin Africa Conference 1884–1885 and the Onset of Partition* (Oxford, 1988), 121–147.

11 Wehler, *Imperialismus*, 158–168; Bade, *Fabri*, 102–105, 136–189; Fritz R. Müller, *Deutschland-Zanzibar-Ostafrika* (Berlin, 1959), 51 ff.

12 Wehler, *Imperialismus*, 147–148, 153; Bade, *Fabri*, 109–120.

13 Es herrscht eine große Vielfalt an Meinungen darüber, warum sich Bismarck 1883/84 zum Erwerb von Kolonien entschloß. Mary E. Townsend folgerte in *Origins of Modern German Colonialism, 1871–1885* (New York, 1921) und *Macht und Ende*, der Kanzler habe seit 1876 Kolonien kaufen wollen, seine Absicht aber arglistig verborgen, bis sich die Gelegenheit dazu bot. Die Mängel dieser Interpretation, die auch von früheren deutschen Historikern vertreten wurde, werden aufgezeigt in William O. Aydelotte, «Wollte Bismarck Kolonien?», in: Werner Conze (Hg.), *Deutschland und Europa: Festschrift für Hans Rothfels* (Düsseldorf, 1951). Diejenigen, die von einem Sinneswandel in den Jahren 1883/84 ausgehen, differieren noch einmal in der Frage, ob der Entschluß der Dynamik der Innen- oder der Außenpolitik entsprang. Die Protagonisten der ersten Gruppe sind wiederum in der Frage gespalten, welches innenpolitische Thema entscheidend war. Für marxistisch-leninistische Historiker ist der «Imperialismus» (ein Wort, das propagandistisch so mißbraucht wurde, daß es praktisch bedeutungslos geworden ist) die natürliche Funktion des Finanzkapitalismus in seiner monopolistischen Spätphase. Ein gutes Beispiel ist Müller, *Deutschland-Zanzibar-Ostafrika.* In dieselbe Richtung weist George W. F. Hallgarten, *Imperialismus vor 1914: Die soziologischen Grundlagen der Außenpolitik europäischer Großmächte vor dem Ersten Weltkrieg* (2 Bde., 2. Aufl., München, 1963). Wehler, *Imperialismus*, und Hans Rosenberg, *Große Depression und Bismarckzeit* (Berlin, 1967), vertreten die Ansicht, daß die Depression (mit den damit zusammenhängenden Problemen der Überproduktion, der sozialen Not und der Revolutionsfurcht) sowohl im Land als auch im Kanzleramt zu dieser Entscheidung führte. Aydelotte dagegen glaubt, daß Bismarck seine Kolonialpolitik begründet habe «in der Hoffnung, die öffentliche Meinung in Deutschland zu befriedigen, das Nationalgefühl zu befördern und auf diese Weise eine arbeitsfähige Mehrheit im aufsässigen Reichstag zu bekommen». William O. Aydelotte, *Bismarck and British Colonial Policy* (Philadelphia, 1937), 18. Die extremste Interpretation der zweiten Schule (Dynamik der Außenpolitik) stammt von A. J. P. Taylor, der behauptete, Bismarck habe einen Konflikt mit England gebraucht, um engere Beziehungen mit Frankreich zu pflegen, und zu diesem Zweck einen «provozierenden Anspruch auf herrenlose Länder» erhoben, «an denen die deutsche Regierung bis dahin kein Interesse gezeigt hatte». Vgl. sein *Germany's First Bid for Colonies, 1884–1885* (London,

1938), 1–15. Diese These wird überzeugend kritisiert von Henry Ashby Turner, Jr., «Bismarck's Imperialist Venture: Anti-British in Origin?», in: Prosser Gifford und William Louis (Hgg.), *Britain and Germany in Africa* (New Haven, 1967), 47–82.

14 Von 1879 bis 1882 ignorierte Bismarck das zunehmende Drängen auf Kolonien in der Presse und wies Forderungen nach einem Eingreifen des Militärs und der Marine in Afrika und anderen Teilen der Welt entschieden zurück. Bade, *Fabri*, 121–133.

15 Marxistisch orientierte Historiker haben diese persönlichen Verbindungen betont. Wenngleich Hallgarten einen breit angelegten «soziologischen» Ansatz bieten wollte, konzentrierte er sich auf Kusserow als den Mann, der «die ganze deutsche Kolonialpolitik kreiert» habe. Kusserows Mutter war eine gebürtige Oppenheim; eine Schwester war die Frau des Bankiers Adolf von Hansemann, eine andere mit dem Eisengroßhändler Louis Ravené verheiratet. *Imperialismus*, I, 169, 211. Vgl. auch Hans-Peter Jaeck, «Die deutsche Annexion», in: Helmuth Stoecker (Hg.), *Kamerun unter deutscher Kolonialherrschaft* (Berlin, 1960), I, 52–61, und Müller, *Deutschland-Zanzibar-Ostafrika*, 135 ff. Turner hat diese These überzeugend entkräftet in: «Bismarck's Imperialist Venture», 67–68. Vgl. auch Wehler, *Imperialismus*, 418–419, dessen Kritik an Hallgarten letzteren zu einer Replik herausforderte: «Wehler, der Imperialismus und ich: Eine geharnischte Antwort», *Geschichte in Wissenschaft und Unterricht*, 197 (1972), 295–303.

16 Krauel an Herbert von Bismarck, 20. März 1885. Zit. in: Wehler, *Imperialismus*, 438, 444–445.

17 Ronald Robinson und John Gallagher, «The Imperialism of Free Trade», *The Economic History Review*, 6 (1953), 1–15, und *Africa and the Victorians: The Official Mind of Imperialism* (London, 1961).

18 Wehler, *Imperialismus*, 194 ff.

19 Als Bismarck der Öffentlichkeit die «Genesis» seiner neuen Politik erklärte, betonte er die Notwendigkeit der «Gewinnung neuer Absatzmärkte für unsere Industrie ..., auch selbst für die kleinsten Industrien ..., die eine ganze Menge Deutsche ernähren und mit lohnender Arbeit versehen». Reichstagsrede vom 10. Januar 1885. BR, X, 395. Er erwartete, daß Schutzgebiete an der Küste Zugangswege nach Zentralafrika bieten würden, wo «Hunderte von Millionen» Eingeborene lebten, die sich allmählich an einen größeren Verbrauch europäischer Waren gewöhnten. Reichstagsrede vom 13. März 1885. BR, XI, 72 ff. (besonders 78). In seinen Reden werden jedoch auch andere Motive deutlich. «Die Regierung ... hat den Augenblick wahrgenommen, um dort ein Thor für deutsche Arbeit, deutsche Civilisation und deutsche Capitalanlage offen zu halten. Wenn Das, was hinter diesem Thore liegt, sich nicht so bewährt, so ist das Aufgeben dessen ja immerhin möglich... Wenn die deutsche Nation einen Überschuß von Kraftgefühl, Unternehmungsgeist und Entdeckungsgeist in sich verspürt, so öffnen Sie ihr doch wenigstens ein Thor, durch welches sie das verwirklichen kann». Reichstagsrede vom 16. März 1885. BR, XI, 141–142. Die von Bismarck geäußerten Motive folgten denen der Propagandisten – mit einer wichtigen Ausnahme. Er glaubte nicht, daß die Regierung und Privatunternehmen durch eine Steuerung der Auswanderung in die Kolonien des Reiches oder in Gebiete wie Südafrika, Paraguay oder Südbrasilien zur «Germanisierung» von Regionen auf anderen Kontinenten beitragen und dadurch den Einflußbereich der «deutschen Kultur» erweitern könnten. Er verachtete deutsche Auswanderer dafür, daß sie sich so rasch an andere Kulturen anpaßten. Vgl. besonders Bade, *Fabri*, 191–20, 234, 354–360. Belege für diese Haltung finden sich im DZA Potsdam, Auswärtiges Amt, 29768, 42–45, 57–59, 140–144, 150–160, 165.

20 GP, IV, 25–50.

21 Washausen, *Hamburg und die Kolonialpolitik*, 141–154. Washausen hat gezeigt, daß hanseatische Kaufleute – trotz dieses vor allem von Woermann beeinflußten Aufrufs – im Hinblick auf den unmittelbaren wirtschaftlichen Nutzen der Kolonisation alles andere als optimistisch waren.

22 Der Historiker, der die Unstimmigkeit in Kusserows Analyse des Vertragstexts entdeckte, hielt sie für beabsichtigt. Hans-Peter Jaeck, «Die deutsche Annexion», in: Stoecker, *Kamerun*, I, 53 ff. Wahrscheinli-

cher handelt es sich um einen Fehler, der Kusserows Begeisterung für die koloniale Sache entsprang. Vgl. Turner, «Bismarck's Imperialist Venture», 53–54. Der Text ist abgedruckt in G. Martens (Hg.), *Nouveau Recueil General de Traités*, 2. Folge, Bd. 18 (1893), 613–617.

23 Turner, «Bismarck's Imperialist Venture», 56–57; GP, IV, 48 ff.

24 Adolf Lüderitz an das Auswärtige Amt, 23. November 1882. C. A. Lüderitz (Hg.), *Die Erschließung von Deutsch-Südwest-Afrika durch Adolf Lüderitz* (Oldenburg, 1945), 14–15. 1878 hatte sich Lüderitz, dessen Tabakhandel durch Bismarcks Plan eines staatlichen Monopols gefährdet war, entschlossen als weiteres Standbein eine Handelsstation in Lagos zu errichten. *Ebd.*, 12–13.

25 Zit. in: Taylor, *First Bid*, 24. Zu Bismarcks Instruktion vom 4. Februar 1883, die die Grundlage für Herbert von Bismarcks Gespräch mit Pauncefote bildete, vgl. Aydelotte, *Bismarck and British Colonial Policy*, 38.

26 Aydelotte, *Bismarck and British Colonial Policy*, 32–34, 38–39. Lüderitz' erstes Geschäft in Angra Pequena war kein Handel mit Tabak, sondern mit Waffen – zwei Schiffsladungen Gewehre und Revolver für den Stamm der Nama in ihrem Krieg gegen die Herero. Bade, *Fabri*, 203.

27 Aydelotte, *Bismarck and British Colonial Policy*, 35–37. Turner äußerte Zweifel an Aydelottes These, im September 1883 sei es Bismarcks Ziel gewesen, Angra Pequena in Besitz zu nehmen. Vielmehr habe er gehofft, durch eine britische Verzichtserklärung Lüderitz oder einem eingeborenen Häuptling die Ausübung der Herrschaft unter deutschem Schutz offenzuhalten. Dies scheint sich mit seiner späteren Politik zu decken. Turner, «Bismarck's Imperialist Venture», 60–61.

28 Aydelotte, *Bismarck and British Colonial Policy*, 24, 40 ff.

29 Alfred Zimmermann, *Geschichte der deutschen Kolonialpolitik* (Berlin, 1914), 60–61.

30 DZA Potsdam, Reichskolonialamt, 1995, 155–169; auch *Deutsches Kolonialblatt*, Bd. 9 (1. September 1898), Beilage, 1–4.

31 Bismarck an Wilhelm Probst und andere, 18. Januar 1890. E. W. Pavenstedt, «A Conversation with Bismarck», *Journal of Modern History*, 6 (1934), 38. Kusserow hatte die Stellung eines Vortragenden Rats in der Abteilung II (rechtliche und wirtschaftliche Angelegenheiten) des Auswärtigen Amts inne. 1882–1883 gab Bismarck ihm eine Chance in der angeseheneren Abteilung I (politische Angelegenheiten). Holstein, der ihn nicht mochte, nutzte die Gelegenheit, um Kusserow seine unangenehmste Aufgabe aufzubürden – die Balkanfrage. Bismarck kam bald zu dem Schluß, der Rat «eigne sich nicht für die politische Arbeit», und versetzte ihn wieder in die Abteilung II zurück, «den sichersten Ort für einen taktlosen Menschen». Zu Holsteins Bestürzung brachte dies Kusserow unerwartet in eine Schlüsselposition, da er 1883/84 eng mit dem Kanzler in den rasch dringlich werdenden überseeischen Angelegenheiten zusammenarbeitete. Im Sommer 1884 stritt sich Kusserow mit Caprivi, auf dessen Beschwerde hin Bismarck Hatzfeldt anwies, Kusserow streng unter Kontrolle zu halten und dessen direkte Kontakte zu Lüderitz zu unterbinden. «Ein fleißiger Mensch und der was weiß», soll Bismarck laut Holstein geurteilt haben. «Aber nicht eine Nacht schliefe ich ruhig, wenn er Gesandter, selbst nur in Lissabon wäre.» 1885 wurde Kusserow der Posten des preußischen Gesandten in Hamburg übertragen. Norman Rich, M. H. Fischer, Werner Frauendienst (Hgg.), *Die geheimen Papiere Friedrich von Holsteins* (4 Bde., Göttingen, 1956–1963), II, 14–15, 29–31, 34, 171–172. Bismarck benutzte Kusserow und kannte seine Grenzen. Das Verhältnis umzukehren, hieße, es zu verzerren. Außerdem zeigen bereits 1908 veröffentlichte Briefe eindeutig, daß Bismarck Kusserow im allgemeinen auf Distanz hielt, sehr zum Leidwesen des letzteren. Heinrich von Poschinger, «Aus den Denkwürdigkeiten von Heinrich von Kusserow», *Deutsche Revue*, 33,1 (1908), 63–72, 186–197, 267–274.

32 Lüderitz an das Auswärtige Amt, 15. und 21. März sowie 8. April 1884. DZA Potsdam, Reichskolonialamt, 1995, 90–92, 98–126.

33 Lüderitz an das Auswärtige Amt, 22. April und 1. Mai 1884, mit Anmerkungen Bismarcks. Lüderitz, *Die Erschließung*, 65–72. Vgl. auch Turner, «Bismarck's Imperialist Venture», 70; Schüßler, *Lüderitz*, 91–97.

34 DZA Potsdam, Reichskolonialamt, 1995, 153–154. Lüderitz, *Erschließung*, 72–73; Friedrich Prüser, «Carl Alexander von Weimar und Adolf Lüderitz», *Tradition*, 4 (1959), 181.

35 Hans Delbrück (Hg.), *Das Staatsarchiv: Sammlungen der officiellen Actenstücke zur Geschichte der Gegenwart*, Bd. 43 (1885) (Leipzig, 1885), 246–353.

36 Lüderitz, *Erschließung*, 81 ff.; Harry R. Rudin, *Germans in the Cameroons, 1884–1914* (New Haven, 1938), 17 ff. Bismarck war von Nachtigals Berichten nicht gerade angetan. Bei einem schrieb er an den Rand: «Das ist Feuilleton, aber nicht amtlicher Bericht ... Viel Worte, wenig geschäftlicher Inhalt! Kein Antrag, kein Vorschlag, nur Tagebuch eines Reisenden!» DZA Potsdam, Reichskolonialamt, 2035, 27.

37 Heinrich von Treitschke, *Deutsche Kämpfe: Neue Folge* (Leipzig, 1896), 335.

38 GP, IV, 64–93; Walter Bußmann (Hg.), *Staatssekretär Graf Herbert von Bismarck: Aus seiner politischen Privatkorrespondenz* (Göttingen, 1964), 239–247; Aydelotte, *Bismarck and British Colonial Policy*, 59 ff.

39 Zu einer Beschreibung der Art und Weise, wie englische Außenpolitik unter dem Kabinett Gladstone formuliert wurde, vgl. Aydelotte, *Bismarck and British Colonial Policy*, 2 ff.

40 Schüßler, *Lüderitz*, 141 ff.

41 Wehler, *Imperialismus*, 292–298, 328–333, 367–372.

42 H. P. Merritt, «Bismarck and the German Interest in East Africa, 1884–1885», *The Historical Journal*, 21 (1978), 97–116; Wehler, *Imperialismus*, 333–342; Müller, *Deutschland-Zanzibar-Ostafrika*, 97 ff.

43 Wehler, *Imperialismus*, 223, 291–397.

44 *Staatsarchiv*, Bd. 44 (1885), 205–216, 219–224.

45 Zit. in: Taylor, *First Bid*, 71.

46 Bismarck an Münster, 1. Juni 1884. GP, IV, 59–62. Vgl. auch die vorläufigen Berichte vom 5., 8., 24. und 25. Mai. *Ebd.*, 50–59.

47 DDF, Serie 1, Bd. V, 424; vgl. auch 264 ff.

48 Pearl Boring Mitchell, *The Bismarckian Policy of Reconciliation with France, 1875*–1885 (Philadelphia, 1935), 154, 152.

49 GP, IV, 93–99.

50 GP, III, 420–426; Mitchell, *Policy of Reconciliation*, 157 ff., 180 ff.

51 *Staatsarchiv*, Bd. 45 (1886), 47–242.

52 GP, IV, 100–107. Taylor, *First Bid*, 78–79; Mitchell, *Policy of Reconciliation*, 191–192.

53 *Staatsarchiv*, Bd. 46 (1886), 243–245; Mitchell, *Policy of Reconciliation*, 162–167.

54 Reichstagsreden vom 26. Juni 1884 und 16. März 1885. BR, X, 193 ff., und XI, 137 ff.

55 Reichstagsrede vom 28. November 1885. BR, XI, 282 ff. Vgl. auch BP, I, 231, und seine Anweisung an Nachtigal in: Kurt Herrfurth, *Fürst Bismarck und die Kolonialpolitik* (Berlin, 1917), 122–123.

56 Schüßler, *Lüderitz*, 212–221; Lüderitz, *Erschließung*, 102 ff.; L. Sander, *Geschichte der deutschen Kolonial-Gesellschaft für Südwest-Afrika* (Berlin, 1912), I, 12 ff.

57 «Deutsche Untersuchungen in Südwest-Afrika», *Kölnische Zeitung*, 9., 10., 11. und 12. September 1883; Schüßler, *Lüderitz*, 62–64. Fabri war entsetzt und wütend über den Erfolg des Waffenschmugglers Lüderitz in Kanzleramt und Auswärtigem Amt, wo man sich Fabris eigenem Drängen verschlossen hatte. Er fürchtete die Desillusionierung bei dem Versuch, deutsche Siedler und Händler in eine unfruchtbare Region zu locken, wo man sich nur vom Bergbau etwas versprechen konnte, und auch das nur in der Walfischbai und nicht in Angra Pequena. Bade, *Fabri*, 204–207.

58 Max Buchner, *Aurora Colonialis: Bruchstücke eines Tagebuchs aus dem ersten Beginn unserer Kolonialpolitik 1884–1885* (München, 1914), 206. Da Angra Pequena kein Wasser hatte, mußte es auf einer dreiwöchigen Reise zu Schiff aus Kapstadt beschafft werden. DZA Potsdam, Reichskolonialamt, 1995, 135–136.

59 DZA Potsdam, Reichskolonialamt, 2007, 5–8; 2035, 2–27, 48–71.

60 Sander, *Kolonial-Gesellschaft*, 17 ff. Ein Sitzungsprotokoll machte aus den Aussichten keinen Hehl: «Auf eine Verzinsung der selben (der Geldmittel) oder überhaupt auf Gewinn für die aufgewendeten Kapitalien ist in absehbarer Zeit nicht zu rechnen. Die Beiträge müßten in patriotischer Pflichterfüllung, in gewissem Sinne als Opfer dargebracht werden.» *Ebd.*, 20.

61 Wehler, *Imperialismus*, 282–292; Bade, *Fabri*, 321–333.

62 Wehler, *Imperialismus*, 320–328.

63 Buchner an Bismarck, 17. April 1885. Buchner, *Aurora Colonialis*, 190 ff.

64 Rudin, *Germans in the Cameroons*, 120 ff.,

178 ff.; Washausen, *Hamburg und die Kolonialpolitik*, 121–127.

65 GP, IV, 143–173; SEG (1886), 155 ff.; Wehler, *Imperialismus*, 343–358.

66 Herbert an Wilhelm von Bismarck, 12. Juni 1885. Bußmann (Hg.), *Herbert von Bismarck*, 283.

67 Zu den Finanzmanipulationen von Peters, Behr und Partnern, darunter der betrügerische Landverkauf an deutsche Bauern, vgl. Müller, *Deutschland-Zanzibar-Ostafrika*, 134 ff.

68 Wehler, *Imperialismus*, 350–352, 359–367; Müller, *Deutschland-Zanzibar-Ostafrika*, 357 ff. Vgl. seine Verteidigung der Ostafrikapolitik der Regierung in der Reichstagsdebatte vom 15. Januar 1889. BR, XII, 531 ff.

69 Bade, *Fabri*, 326–328, 336–338.

70 Wehler, *Imperialismus*, 396–398.

71 Paul M. Kennedy, *The Samoan Tangle: A Study in Anglo-German-American Relations, 1878–1900* (New York, 1974), 1–38.

72 *Ebd.*, 87–239.

73 Washausen, *Hamburg und die Kolonialpolitik*, 181–184.

74 *Ebd.*, 183–184.

75 Zit. in: Wehler, *Imperialismus*, 327.

76 Bade, *Fabri*, 274–275. Zu Bismarck und der Branntweinindustrie vgl. unten, 458–462, 487–488.

77 Arthur von Brauer, *Im Dienste Bismarcks* (Berlin, 1936), 289–290; Freiherr Lucius von Ballhausen, *Bismarck-Erinnerungen* (Stuttgart, 1920), 500–501.

78 GP, IV, 408–417. Anstatt in England durch überstürztes Handeln den Eindruck zu erwecken, Deutschland wolle unbedingt eine Vereinbarung abschließen, wies Bismarck das Auswärtige Amt in Berlin an, auf einen konkreten Vorschlag aus London zu warten. GP, IV, 408–417. Es besteht jedoch kein Zweifel, daß der Kanzler tatsächlich stark an einem Tausch interessiert war. Herbert von Bismarck, mittlerweile Staatssekretär im Auswärtigen Amt, drückte die Meinung seines Vaters aus, als er schrieb: «Auf Südwestafrika lege ich bei dem Mangel an deutschem Unternehmungsgeist für transozeanische Kapitalanlagen kein großes Gewicht. Unsere Landsleute kaufen lieber unsichere fremde Staatspapiere, als daß sie dem Beispiel der Engländer folgten». *Ebd.*, 416.

79 Washausen, *Hamburg und die Kolonialpolitik*, 127–134; Brauer, *Im Dienste Bismarcks*, 289–290; H. Nirrnheim, «Hamburg als Träger der deutschen Kolonialverwaltung. Ein Plan des Fürsten Bismarck», *Zeitschrift des Vereins für Hamburgische Geschichte*, 34 (1934), 184–195. 1891 hatten die Schutzgebiete ein Steueraufkommen von 123 605 Mark erwirtschaftet, aber Ausgaben in Höhe von 13 518 717 Mark erforderlich gemacht. 1907 verschlang die Verwaltung und Verteidigung der von Bismarck erworbenen Schutzgebiete 99 Millionen Mark, von denen 84 700 000 von deutschen Steuerzahlern aufgebracht wurden. Herrfurth, *Kolonialpolitik*, 190 ff., 299 ff.

80 Washausen, *Hamburg und die Kolonialpolitik*, 180.

81 Bismarck im Gespräch mit Eugen Wolf, 5. Dezember 1888. GW, VIII, 646.

VIERTES BUCH
Die Jahre des Übergangs
1884–1887

I. Staatssozialismus

1 Tagebuch Eduard Cohens, 14. Dezember 1883. GW, VIII, 497. Tagebuch Lucius', 15. Dezember 1884. Freiherr Lucius von Ballhausen, *Bismarck-Erinnerungen* (Stuttgart, 1920), 307.

2 Die Reichsregierung stellte sich darauf ein, das Gesetz durch umfangreiche Nachforschungen bei sozialistischen Vereinen, Zeitungen und Propagandisten zu erfüllen. Stolberg (für Bismarck) an Staatsregierungen, 6. August 1878. DZA Potsdam, Reichskanzleramt, 1293, 6–15. Zur Durchführung des Gesetzes vgl. auch *ebd.*, 1292/3.

3 Zu Durchführung und Folgen des Sozialistengesetzes vgl. Vernon Lidtke, *The Outlawed Party: Social Democracy in Germany,*

1878–1890 (Princeton, 1966), 70–105. Vgl. auch Ernst Engelberg, *Revolutionäre Politik und rote Feldpost, 1878–1890* (Berlin, 1959); Dieter Fricke, *Bismarcks Praetorianer: Die Berliner politische Polizei im Kampf gegen die deutsche Arbeiterbewegung (1871–1898)* (Berlin, 1962); Alexander Hellfaier, *Die deutsche Sozialdemokratie während des Sozialistengesetzes, 1878–1890* (Berlin, 1958).

4 Lidtke, *Outlawed Party*, 80–81.

5 Lidtke, *Outlawed Party*, 89–105.

6 Vgl. 141.

7 Lidtke, *Outlawed Party*, 85–86; SBR (1879), I, 23–38, 536; IV, Anlagen, Nr. 19, 22.

8 SBR (1879), I, 248–318; IV, Anlagen, Nr. 15.

9 SBR (1879), III, 2361–2362; vgl. auch SBR (1884), I, 440–441.

10 An Eduard Cohen, 14. Dezember 1883. GW, VIII, 497.

11 10. Januar 1884. Lucius, *Bismarck-Erinnerungen*, 280.

12 SBR (1884), I, 143–195, 441–532; RGB (1884), 53. Das Thema wurde als so gefährlich für die Fortschrittspartei erachtet, daß deren Führung Gegnern des Gesetzes riet, der entscheidenden Abstimmung nach Ende der zweiten Lesung des Gesetzes fernzubleiben. SEG (1885), 31.

13 Horst Kohl (Hg.), *Anhang zu den Gedanken und Erinnerungen von Otto Fürst von Bismarck* (Stuttgart, 1901), I, 327. Am 1. September, dem Jahrestag des Sieges von Sedan, demonstrierte Wilhelm erneut seine Dankbarkeit, indem er Bismarck, als «Soldaten», den höchsten militärischen Orden verlieh, den er vergeben konnte: *Pour le Mérite* – mit Eichenlaub als Ausgleich dafür, daß er ihn nicht früher verliehen hatte. Kohl (Hg.), *Anhang*, I, 327–329.

14 GW, VIII, 508–509; BP, I, 256 ff.

15 Heinrich Rubner (Hg.), *Adolph Wagner: Briefe, Dokumente, Augenzeugenberichte, 1851–1917* (Berlin, 1978), 225. Offenkundig war die Quelle von Bismarcks Eingebung ein Buch von Emil Witte, *Die soziale Krankheit und ihre naturgemäße Behandlung durch wirtschaftliche Maßregeln* (Leipzig, 1883). In einem «Das Recht auf Arbeit» überschriebenen Kapitel meinte Witte, auch wenn ein System der Kranken-, Invaliden- und Altersversicherung unter den momentanen Umständen nur eine Frage der Gerechtigkeit sei, seien solche Einrichtungen, wenn durchführbar, von untergeordneter Bedeutung, da arbeitslose Arbeiter nicht zum System beitragen könnten. Stelle man aber Arbeit zur Verfügung, so übertreffe die Nachfrage nach Arbeit das Angebot, die Löhne stiegen, und Arbeiter könnten ihre Sozialversicherung ohne die Hilfe des Staates bezahlen. Witte schlug Beihilfen durch die Reichsregierung, in manchen Fällen auch durch Länder und Gemeinden vor, um Produktionsanlagen wie den Nord-Ostsee-Kanal zu bauen, die schließlich zu unabhängigen Einrichtungen würden und in der Lage seien, Arbeitsplätze zu schaffen und das Vagabundieren zu beenden. Zu Bismarcks begeisterter Reaktion auf dieses Buch vgl. Heinrich von Poschinger (Hg.), *Stunden bei Bismarck* (Wien, 1910), 75–79.

16 Der Gedanke des «Rechts auf Arbeit» wurde Ende April in Moritz Buschs *Grenzboten* diskutiert, wo es die Aufmerksamkeit der *Vossischen Zeitung* auf sich zog, da man von Buschs gutem Verhältnis zum Kanzler wußte. *Vossische Zeitung*, Nr. 201, 30. April 1884; Nr. 218, 10. Mai 1884.

17 *Der Berliner-Börsen-Courier*, Nr. 243, 14. Mai 1884; auch Nr. 249, 17. Mai 1884.

18 DZA Merseburg, Rep. 120, BB, VII, 1, 1, Bd. 3, 134 ff.

19 Zu einer Diskussion der Anwendbarkeit des Modells der «Sammlungspolitik» auf die Politik der Regierung Bismarck in diesen Jahren vgl. Otto Pflanze, «‹Sammlungspolitik› 1875–1886: Kritische Bemerkungen zu einem Modell», in: Otto Pflanze (Hg.), *Innenpolitische Probleme des Bismarck-Reiches* (München, 1983), 155–193, und «Bismarcks Herrschaftstechnik als Problem der gegenwärtigen Historiographie», *Historische Zeitschrift*, 234 (1982), 561–599.

20 Zu Bismarcks Ansichten über die soziale Frage vgl. den ersten Band dieser Biographie, 226–237, und oben, 29–38.

21 GW, VIII, 377.

22 Walter Vogel, *Bismarcks Arbeiterversicherung: Ihre Entstehung im Kräftespiel der Zeit* (Braunschweig, 1951), 34 ff.

23 «Bericht des Geschäftsführers über die Verbandsangelegenheiten», in: *Verhandlungen, Mittheilungen und Berichte des Centralverbandes deutscher Industrieller*, Nr. 17 (Berlin,

1882), 22–23. DZA Merseburg, Rep. 120, BB, VIa, 1, Bd. 1.

24 Zit. in: Vogel, *Bismarcks Arbeiterversicherung*, 41.

25 SBR (1879), IV, Nr. 16, 28; VI, Nr. 314.

26 Bismarck an das Staatsministerium, 5. August 1879. DZA Merseburg, Rep. 120, BB, VIII, 4, 1, 140–141. Auf Bismarcks Beharren hin konsultierte Hofmann die Bundesregierungen. Hofmann an die Regierungen der Bundesstaaten, 19. September 1879. *Ebd.*, 142–159.

27 Zum Problem der Statistik vgl. Becker (Direktor des Kaiserlichen Statistischen Amts) an Boetticher, 11. November 1880. *Ebd.*, 309–310.

28 Denkschrift Louis Baares, 30. April 1880. *Ebd.*, 77–82. Rat wurde auch eingeholt bei Freiherr von Varnbüler, Württembergs Hauptvertreter beim Bundesrat, der am Zustandekommen des Zollgesetzes von 1879 großen Anteil gehabt hatte. *Ebd.*, 183–224.

29 Vogel, *Bismarcks Arbeiterversicherung*, 38–44. Hans-Peter Ullmann hat die vielfältigen Motive untersucht, die für die Haltung der Industrie zur Sozialversicherung bestimmend waren. Vgl. sein «Industrielle Interessen und die Entstehung der deutschen Sozialversicherung 1880–1889», *Historische Zeitschrift*, 229 (1979), 588–607.

30 Hans Rothfels, *Theodor Lohmann und die Kampfjahre der staatlichen Sozialpolitik, 1871–1905* (Berlin, 1927), 43 ff. Eine neue bedeutende Untersuchung zu Lohmann enthält Lothar Machtan (Hg.), *Mut zur Moral: Aus der privaten Korrespondenz des Gesellschaftsreformers Theodor Lohmann*, Bd. 1: 1850–1883 (Bremen, 1995).

31 Vgl. oben, 295f. Der Gesetzentwurf war die Frucht jahrelangen Drängens auf eine Reform des Haftpflichtgesetzes von 1871, das 1878 zu einer Entschließung des Reichstags führte. SBR (1878), 2. Sitzungsperiode, *Drucksache* 28. Das Gesetz von 1871 hatte dem Arbeiter die Beweislast für die Haftpflicht des Arbeitgebers aufgebürdet. Die Reform hätte vom Arbeitgeber verlangt, Betriebsunfälle mit Verletzungsfolge anzuzeigen und die Schuld des Arbeiters nachzuweisen. Ein solches Gesetz hätte den Arbeitgeber zur Einrichtung von Versicherungskassen verpflichtet, deren Beiträge zu gleichen Teilen von Arbeitgebern, Arbeitnehmern und Armenverbänden entrichtet worden wären. Vielleicht zu Lohmanns Glück glaubte Bismarck, der Vorschlag stamme von einem «Kreuzzeitungsmann», Unterstaatssekretär Jacobi, den er der Feindschaft gegenüber der Großindustrie als Produkt des Liberalismus bezichtigte. Als Grund- und Fabrikbesitzer, erklärte der Kanzler, wisse er, daß «ein solches Prinzip einfach ruinös für die Industrie und ganz ohne Nutzen für Belebung des Kleinhandwerks sei». Lucius, *Bismarck-Erinnerungen*, 189–190. Vgl. auch Bismarck an Hofmann, 12. Juli 1880, in: Hans Goldschmidt, *Das Reich und Preußen im Kampf um die Führung* (Berlin, 1931), 278 (Anm.); Bismarck an das Staatsministerium, 28. August 1880, AWB, II, 4–5, auch 6–8; auch Ministerialsitzung vom 28. August 1880. DZA Merseburg, Rep. 90 a, B, III, 2 b, Nr. 6, Bd. 92.

32 Vogel, *Bismarcks Arbeiterversicherung*, 74–79, 92–117. Zur Dokumentation von Baares Beitrag vgl. AWB, II, 4–5; GW, VIc, 200–202; zu Karl Heyms Beitrag vgl. DZA Merseburg, Rep. 120, BB, VIII, 4, 1, Bd. 1, 86, 101; zu Wagners begrenztem Beitrag vgl. dessen *Briefe, Dokumente, Augenzeugenberichte*, 194, 196, 201, 203–205, 425–426, und Heinrich von Poschinger (Hg.), *Fürst Bismarck als Volkswirth* (Berlin, 1889–1890), II, 78–80; zu Schäffles Beitrag vgl. Albert Schäffle, *Aus meinem Leben* (Berlin, 1905), II, 174 ff., und AWB, II, 66–68; GW, VIc, 230–231; GW, VIII, 433. Zu Bismarcks erstem Kontakt mit Gamp vgl. AWB, II, 98 (Anm.).

33 Zu Bismarcks eigener Rolle bei der Gestaltung der Sozialversicherungsgesetze vgl. GW, VIc, 200–202, 204–206, 251; Heinrich von Poschinger (Hg.), *Bismarck-Portefeuille* (Stuttgart, 1898), I, 27–28; AWB, II, 68–79, 106, 146–147. Mit Bismarcks Atem im Nacken schrieben Lohmann und Jacobi am 23. September 1880 die erste Fassung von Gesetzentwürfen, die eine Unfallversicherung einschließlich Invaliden-, Witwen- und Waisenkassen vorsahen. DZA Merseburg, Rep. 120, BB, VIII, 4, 1, Bd. 1, 1–76, 106–138.

34 SBR (1881), I, 673–756; II, 1441–1556, 1619–1665, 1746–1783; III, Anlagen, Nr. 41. Zu den Ursprüngen des Gesetzes vgl. Roth-

fels, *Lohmann*, 52–54; Bismarck an Tiedemann, 16. November 1880, GW, VIc, 200–201, sowie Bismarcks Notiz von Mitte Dezember 1880 zur Beitragsfinanzierung durch das Reich («ein staatssozialistischer Gedanke!»). GW, VIc, 230.

35 BR, IX, 84–88. Zu einem anderen Bericht über die Ursprünge des Gesetzentwurfs vom 8. März 1881 und zur Neufassung vom 17. November 1881 (einschließlich eines Faksimiles dieses Dokuments als Entwurf und Endfassung) vgl. Florian Tennstedt, «Vorgeschichte und Entstehung der kaiserlichen Botschaft vom 17. November 1881», in: *100 Jahre kaiserliche Botschaft. Zeitschrift für Sozialreform*, Bd. 27 (1981), 663–774.

36 SBR (1882–1883), I, 199–249, 1966–2236, 2466–2696; RGB (1883), 73–104; Rothfels, *Lohmann*, 53–55. Vgl. auch Bismarcks Bemerkungen gegenüber Busch am 8. Juni 1882. Moritz Busch, *Tagebuchblätter* (Leipzig, 1899), III, 89.

37 RGB (1884), 69–112; SBR (1882–1883), I, 199–251; III, 2257–2272; SBR (1884), I, 35–98; II, 750–953, 1103–1129; Vogel, *Bismarcks Arbeiterversicherung*, 109–111.

38 Rothfels, *Lohmann*, 63–64. Der korporative Aspekt des Gesetzes entsprang den Anregungen Albert Schäffles. Bismarck an Schäffle, 16. Oktober 1881. GW, VIc, 230–231.

39 Bismarck an das preußische Staatministerium, 28. August 1880. AWB, II, 3–4. Zum umfangreichen Hintergrund dieser Gesetzgebung vgl. DZA Merseburg, Rep. 120, BB, VIa, 1, Bde. 1–3; Rep. 120, BB, I, 1, 1, Nr. 12, Bd. 11; DZA Potsdam, Reichskanzleramt, 454.

40 Vgl. den ersten Band dieser Biographie, 597–601.

41 Wilhelm von Bismarck an Ministerialrat von Moeller, 4. Mai 1882. DZA Merseburg, Rep. 120, BB, VIa, 1, Bd. 1, 94. Moellers Denkschrift vom 27. April 1882 zur Einrichtung von Gewerbekammern wurde, mit Ergänzungen Bismarcks, auf Geheiß des Kanzlers in der *Augsburger Allgemeinen Zeitung* veröffentlicht. Nach Moellers Zählung hatte Preußen 72 Handelskammern mit 1087 Mitgliedern, von denen 498 Kaufleute und 589 Industrielle waren. Kaufleute dominierten in 27 Kammern, Industrielle in 39; gleich stark waren sie in 6 Kammern. DZA Merseburg, Rep. 120, BB, VIa, 1, Bd. 1, 95–136. In einem Brief an die Handelskammer Osnabrück skizzierte Bismarck seine Pläne, die Kammern zu erweitern und Vertreter aller «Zweige der wirtschaftlichen Thätigkeit» (auch Handwerker und Bauern) aufzunehmen. 18. Dezember 1882. *Ebd.*, 257–258.

42 Ministerialsitzung vom 27. Dezember 1883. DZA Merseburg, Rep. 90a, B, III, 2b, Nr. 6, Bd. 95.

43 Rantzau an Rottenburg, 22. Oktober 1883. DZA Merseburg, Rep. 120, BB, VIa, 1, Bd. 2, 2–3; Innenministerium an Bezirksregierungen, 24. Juli 1884. DZA Merseburg, Rep. 120, BB, VIa, 13, 1, Bd. 1, 1–11. Der folgende Briefwechsel mit den Bezirksregierungen dokumentiert die Schwierigkeiten, auf die man bei dem Bemühen um eine Zusammenarbeit mit den Geschäftsleuten vor Ort stieß. *Ebd.*, 12ff. Der Regierungspräsident von Düsseldorf beantragte und erhielt Bismarcks Zustimmung zur Hinzuziehung von fünf Arbeitern zu gelegentlichen wirtschaftlichen Konferenzen, die sich normalerweise aus Beamten und Geschäftsleuten zusammensetzten, wenn die Diskussionen die Interessen der Arbeiter berührten. Dies scheint die Ausnahme gewesen zu sein. Magdeburg an Bismarck, 14. April 1887. *Ebd.*, 207–211, auch 214–216.

44 DZA Merseburg, Rep. 120, BB, VIa, 13, 1, Bd. 2, 102.

45 An Busch, 18. Januar 1881. Busch, *Tagebuchblätter*, III, 10–11.

46 BP, I, 168–177.

47 SBR (1881), III, Anlagen, Nr. 228. Zu Bismarcks Rolle beim Entwurf der *Motive* vgl. GW, VIc, 204–206. Vgl. auch Bismarcks Reden zur Verteidigung des Gesetzentwurfs. BR, IX, 9–43; X, 40–66.

48 «Bericht über die Delegierten-Versammlung zu Nürnberg am 18. September 1882», *Verhandlungen, Mittheilungen und Berichte des Centralverbandes deutscher Industrieller*, Nr. 17 (Berlin, 1882), 18, 30; «Stenographischer Bericht über die am 14. Mai 1884 in Berlin abgehaltene Generalversammlung», *ebd.*, Nr. 19 (Berlin, 1884). Handelskammer Bochum an Bismarck, 31. März 1884 (gez. Baare), DZA Merseburg, Rep. 120, BB, VIII, 4, Nr. 1, Bd. 5, 65–68, auch 100–151. Zu anderen Reaktionen vgl. die zahlreichen Aus-

schnitte aus der Tagespresse in DZA Merseburg, Rep. 120, A, XII, 1, Nr. 11, Bd. 3. Vgl. auch Ullmann, «Industrielle Interessen», 601–610.

49 Vogel, *Bismarcks Arbeiterversicherung*, 45–50. Zehn Jahre später war Baare schockiert über das Ausmaß des staatlichen Sozialversicherungssystems, das er mit auf den Weg gebracht hatte. *Ebd.*, 41–42.

50 SBR (1881), I, 673–756; II, 1441–1556, 1619–1665, 1746–1783.

51 SBR (1. Sitzungsperiode, 1878), I, 205–206. Vorsitzender des Parlamentsausschusses, der 1881 wichtige Ergänzungen zum Unfallversicherungsgesetz vorschlug, war Freiherr von Franckenstein; Schriftführer war Georg Graf von Hertling. SBR (1881), I, 684–691; II, 1441–1443, 1468, 1488; IV, Anlagen, Nr. 159. Vgl. auch Karl Bachem, *Vorgeschichte, Geschichte und Politik der deutschen Zentrumspartei* (9 Bde., Köln, 1927–1933), IV, 81–101; Eduard Hüsgen, *Ludwig Windthorst* (Köln, 1928), 315–333.

52 Felix Salomon, *Die deutschen Parteiprogramme* (Leipzig, 1907), II, 33–36.

53 BR, IX, 13 ff.

54 Bernhard Vogel, Dieter Nohlen und Rainer-Olaf Schultze, *Wahlen in Deutschland: Theorie-Geschichte-Dokumente, 1848–1970* (Berlin, 1971), 290–291.

55 DZA Merseburg, Rep. 120, A, XII, 1, Nr. 11, Bd. 1, 1 ff.

56 Hofmann und Friedberg an Bismarck, 26. Juni 1879. DZA Potsdam, Reichskanzlei, 2309, 14–16. Entschließung vom 28. Januar 1878: SBHA (1877–1878), II, 1412; Anlagen, II, Nr. 158. Entschließung vom 14. Mai 1879: SBR (1879), II, 1193; V, Nr. 150.

57 Puttkamer an Bismarck, 31. Januar 1883. DZA Potsdam, Reichskanzlei, 17 438, 66–67.

58 Hofmann (für Bismarck) an die Regierungen der Bundesstaaten, 4. August 1879. DZA Potsdam, Reichskanzlei, 2309, 16–21.

59 Adolph Wagner, «Der Staat und das Versicherungswesen», *Zeitschrift für die gesamte Staatswissenschaft*, 37 (1881), 102–103.

60 Bismarck an Hofmann, 11. Oktober 1879, und Hofmann an Bismarck, 13. Oktober 1879. DZA Potsdam, Reichskanzlei, 2309, 8–13.

61 Jacobi an Bismarck (mit Randbemerkungen Bismarcks), 21. und 25. September 1880. DZA Merseburg, Rep. 120, A, XII, 1, Nr. 21, Bd. 1.

62 Poschinger (Hg.), *Bismarck-Portefeuille*, I, 25–26.

63 Bismarck an das Staatsministerium, 16. Oktober 1880. DZA Potsdam, Reichskanzlei, 2309, 69.

64 Boetticher (für Bismarck) an die Regierungen der Bundesstaaten, 17. November 1881. DZA Merseburg, Rep. 120, A, XII, 1, Nr. 11, Bd. 2. In dem Bericht hieß es, die Reichsregierung habe in Anbetracht der auf ihre Anfrage vom 4. August 1879 eingegangenen Antworten beschlossen, einen Gesetzentwurf vorzulegen, der allen Versicherungsaktiengesellschaften vorschreibe, ihre Zulassung beim Reichsversicherungsamt zu beantragen, das die Aufsicht über dieses Gewerbe führen würde. Zu den Arbeitspapieren zum Ausführungsgesetz vgl. DZA Potsdam, Reichsamt des Inneren, 17 223–17 225.

65 *Verzeichnis der Feuerversicherungs-Policen der Fürstlich von Bismarck'schen Fideikommißherrschaft Schwarzenbeck. Bleichröder Archive*, Kress Library of Business and Economics, Harvard, Box IV.

66 Ebel und Schultze (für die *Vaterländische Feuer- und Hagel-Versicherungs-Aktiengesellschaft in Elberfeld)* an Förster Lange, 24. November 1882, *Bleichröder Archive*, Box IV. Durch die Erweiterung des Bismarckschen Wohnsitzes im Winter 1882/83 hätte sich in jedem Fall Bismarcks Versicherungsprämie erhöht. Nach Langes Schätzung sollte der Wert des Gebäudes von 100 800 auf 132 000 Mark und der des Inventars von 51 555 auf 60 000 Mark steigen. Lange an Bleichröder, 25. Dezember 1882. *Ebd.*, Box IV.

67 *Börsen-Beilage zum deutschen Reichs-Anzeiger und preußischen Staats-Anzeiger*, Nr. 299 (20. Dezember 1882). DZA Potsdam, Reichskanzlei, 17 438, 15.

68 AWB, Bd. 2, 119–122; DZA Potsdam, Reichskanzlei, 17 348, 9–14.

69 *Ebd.*, 1–20, 25.

70 Bismarck an Lucius und Puttkamer, 8. Januar 1883, und Bismarck an die Regierungen der Bundesstaaten, 28. Februar 1883. DZA Potsdam, Reichskanzlei, 17 438, 22–25, 45–47. Wie wichtig der Anstieg des Prämiensatzes für Bismarck war, läßt sich an seiner Ergänzung zum Entwurf dieses Berichts

ablesen. *Ebd.*, 39. Zu Boettichers Rolle bei der Formulierung des Berichts vgl. Boetticher an Bismarck, 13. Februar 1883. *Ebd.*, 26–32.

71 Lucius an Bismarck, 12. März 1883. DZA Potsdam, Reichskanzlei, 17438, 50–57. Einige Monate später erkannte Lucius, daß es nicht klug war, sich gegen den Kanzler zu stellen, und brachte einen Plan zur Umwandlung eines Versicherungsvereins auf Gegenseitigkeit in eine konkurrierende staatliche Institution zur Hagelversicherung vor. *Ebd.*, 2309, 144–145.

72 Puttkamer an Bismarck, 31. Januar und 11. März 1883 (mit Denkschrift). DZA Potsdam, Reichskanzlei, 17438, 86, 162–163.

73 DZA Potsdam, Reichskanzlei, 17438, 86, 162–163.

74 Zur Reaktion der Versicherer vgl. die *Eingabe des Ausschusses des Verbandes deutscher Privat-Feuerversicherungs-Gesellschaften an den Herren Oberpräsidenten des preußischen Staates*, 4. Juni 1883. DZA Potsdam, Reichskanzlei, 2309, 104–105, und Petition des Assekuranz-Clubs zu Leipzig, Juli 1883, *ebd.*, 17438, 158ff. Auch *Die Sparcasse*, Nr. 29, 19. Mai 1883. *Ebd.*, 17438, 85.

75 *Nationalzeitung*, 8. September 1883. DZA Potsdam, Reichskanzlei, 17438, 163.

76 Hugo Schramm-MacDonald, *Das Feuerversicherungswesen mit Bezug auf den Erlaß des preußischen Handelsministers Fürsten von Bismarck vom 19. März 1883* (Dresden, 1883), 39. Die Flugschrift befindet sich im DZA Potsdam, Reichskanzlei, 17438, 165–186. Der Justizminister erhielt ebenfalls eine Abschrift und gab sie prompt an die Bibliothek des Ministeriums weiter. GSA, Rep. 84a, 11183, 142.

77 *Polizeiverordnung, betreffend des Feuerversicherungswesens*, 12. Juli 1883. GSA, Rep. 84a, 11183, 145–145v. Am 15. August legte der *Verband Deutscher Privatfeuerversicherungsgesellschaften* gegen die Verordnung Beschwerde ein, da die Provinzregierung ihre Befugnisse überschritten habe – die Angelegenheit sei nicht geeignet, durch eine Polizeiverordnung geregelt zu werden. Am 11. Januar 1884 zog das Innenministerium die Verordnung zurück. SBHA (2. Sitzungsperiode, 1883–1884), Anlagen, Nr. 217 (Zehnter Bericht der Kommission für Petitionen).

78 Wilhelm von Bismarck an Rottenburg, 31. Dezember 1883. DZA Potsdam, Reichskanzlei, 2309, 169; Handelsminister Bismarck (Entwurf von Boetticher) an das preußische Staatsministerium, 4. Februar 1884, *ebd.*, 170–174. Zu Scholz' Vorschlag vgl. sein Votum an das preußische Staatsministerium, 18. April 1883. DZA Potsdam, Reichskanzlei, 17438, 80–82. Auf Bismarcks Initiative vom 19. März reagierten sechzehn Direktoren öffentlicher Gesellschaften auf Gegenseitigkeit, die Vorschläge zur Stärkung ihrer Wettbewerbsfähigkeit machten; diese Antworten trugen ebenfalls zu der Entscheidung bei, Scholz' Vorschlag zu folgen. Rommel an Bismarck, 7. Oktober 1883. DZA Potsdam, Reichskanzlei, 2309, 107–113.

79 Puttkamer an das Staatsministerium, 4. März 1884. DZA Potsdam, Reichskanzlei, 2310, 91–94.

80 Gamp an Bismarck, 31. Juli 1885. DZA Potsdam, Reichskanzlei, 2310, 39–62. Jacobi an Rottenburg, 9. Juli 1886. *Ebd.*, 63–65.

81 Schlepegrell an Bismarck, 25. November 1884. GSA, Rep. 84a, 11183, 148–151v.

82 Friedberg an Bismarck, 23. Juni 1885. GSA, Rep. 84a, 11183, 180–196.

83 Moritz Behrend an Bleichröder, 27. Juli 1887. *Bleichröder Archive*, Box IV.

84 Westphal an Bismarck (mit Bismarcks Randbemerkungen), 9. Dezember 1887. DZA Potsdam, Reichskanzlei, 2310, 112–113.

85 Friedberg an Bismarck, 14. Dezember 1887. *Ebd.*, 114. Ich habe in den Akten des Justizministeriums keine Dokumente zu diesem Fall gefunden.

86 Daniel P. Moynihan, *The Politics of a Guaranteed Income: The Nixon Administration and the Family Assistance Plan* (New York, 1973), 4–5.

87 Vgl. seine negative Reaktion auf die Versuche des Zentrumsabgeordneten Graf von Hertling, die Regierung zu einer Verschärfung der Fabrikgesetze und der Fabrikinspektionen zu bewegen. BR, IX, 199–218, und X, 430–439. Auch Bismarck an Maybach, AWB, II, 95–96, und Bismarck an Boetticher, 12. April 1888. Goldschmidt, *Reich und Preußen*, 314–315.

88 Boetticher und Caprivi hörten ihn sagen: «Die ganze Kolonialgeschichte ist ja Schwindel, aber wir brauchen sie für die Wahlen».

Tagebuch Friedrich von Holsteins, 19. und 23. September 1884. Norman Rich, M. H. Fisher, Werner Frauendienst (Hgg.), *Die geheimen Papiere Friedrich von Holsteins* (4 Bde., Göttingen, 1956–1963), II, 174, 176.

89 SBR (1884), II, 719–747; BR, X, 149 ff., 166 ff., 180 ff. In der Anhörung des Ausschusses äußerten Bamberger und Richter den Vorwurf, das Gesetz diene nur dazu, die Transportkosten der *Neuguinea-Kompanie und der Deutschen Handels- und Plantagen-Gesellschaft der Südsee* in Samoa (d. h. von Bleichröder, Hansemann und anderen Großinvestoren) auf die Öffentlichkeit abzuwälzen. BR, X, 177–183.

90 Der Autor profitierte von der unveröffentlichten Seminararbeit Winfried Seeligs, die die Themen und die Haltung der Parteien bei der Reichstagswahl 1884 analysierte. Zu einer Beschreibung des Kolonialthemas im Wahlkampf vgl. Klaus J. Bade, *Friedrich Fabri und der Imperialismus in der Bismarckzeit* (Freiburg, 1975), 237–243.

91 Lucius-Tagebuch, 22. Juli 1884. *Bismarck-Erinnerungen*, 297–298. Auch an Eduard Cohen, 3. Mai 1884. GW, VIII, 303. Seit Ende März hatte Bismarck Bennigsen und Miquel Angebote gemacht. Rich, Fisher, Frauendienst (Hgg.), *Papiere Holsteins*, II, 125–127.

92 SEG (1884), 101.

93 Lucius-Tagebuch, 27. Oktober 1884. *Bismarck-Erinnerungen*, 304.

94 Vogel u. a., *Wahlen in Deutschland*, 290–291. In der Stichwahl schlossen sich Zentrumsvertreter, Linksliberale und Sozialdemokraten zusammen, um sich gegen Kandidaten der Nationalliberalen durchzusetzen. BR, X, 233–236.

95 Vgl. Bismarcks Analyse der parlamentarischen Situation. BR, X, 289 ff.

96 Lucius, *Bismarck-Erinnerungen*, 352; Otto Voßler, «Bismarcks Sozialpolitik», *Historische Zeitschrift*, 167 (1943), 344.

97 Kaiserliches Reskript vom 14. April 1883. SEG (1883), 59–60. Von Boetticher vorgetragene Thronrede, 6. März 1884. SEG (1884), 29–30.

98 Tagebuch Julius von Eckardts, 31. März 1884. GW, VIII, 503.

99 Horst Kohl (Hg.), *Fürst Bismarck: Regesten zu einer wissenschaftlichen Biographie des ersten Reichskanzlers* (Stuttgart, 1891–1892), II, 318–324.

100 Vgl. Goßlers Rechtfertigung der Ernennung in den Debatten des Abgeordnetenhauses. SBHA (1885), I, 590 ff.

101 Arthur von Brauer, *Im Dienste Bismarcks* (Berlin, 1936), 145–146; Ludwig Hahn und Carl Wippermann, *Fürst Bismarck: Sein Leben und Wirken* (Berlin, 1891), V, 460–462.

102 Bismarck an den Kaiser, 29. September 1884. GW, VIc, 304; VIII, 512; Busch, *Tagebuchblätter*, III, 172, 184. Lucius, *Bismarck-Erinnerungen*, 302; BR, X, 419; Rich, Fisher, Frauendienst (Hgg.), *Papiere Holsteins*, II, 188.

103 SBR (1884–1885), I, 17–43, 434–435; BR, X, 239 ff. Der Gesetzentwurf wurde erneut vom Reichstag verabschiedet (180 zu 99 Stimmen) und vom Bundesrat abgelehnt.

104 SBR (1884–1885), Anlagen, I, Nr. 8, 9, 10, 16, 155.

105 SBR (1884–1885), 49–116, 197–920, 1039–1511, 1539–1665; BR, X, 377 ff., 394 ff.; XI, 53 ff.

106 BR, X, 312–342.

107 SEG (1884), 136; (1885), 1, 19, 51; GW, VIc, 311; XIV, 956–957.

108 Vgl. die Anfrage des Haushaltsausschusses des Reichstags zur Verfassungsmäßigkeit, 4. Februar 1885, und Kusserows Antwort vom 11. Februar 1885. SEG (1884), 464–466.

109 BR, XI, 92–93; vgl. auch X, 273 ff. und XI, 65 ff., 87 ff., 118 ff.

110 Vgl. oben, 10–13, 271–274.

111 Zu Beispielen für seine Unterstützung des Protests auf dem Lande durch die Schaffung von Bauernvereinen, die Gesuche bei der Regierung einreichten, vgl. AWB, II, 115, 119, 123, 127, 138–139, 151, 156; GW, XIV, 948, 951. Vgl. auch den Artikel in der *Provinzial-Korrespondenz*, zit. in: AWB, II, 69.

112 Wilhelm Gerloff, *Die Finanz- und Zollpolitik des Deutschen Reiches* (Jena, 1913), 200–201; SBR (1884), Anlagen, IV, Nr. 130. Zu Bismarcks Rolle bei der Formulierung des Gesetzentwurfs vgl. AWB, II, 138–139.

113 Poschinger (Hg.), *Bismarck als Volkswirth*, II, 1–2, 165–166, 192; SBR (1884–1885), Anlagen, II, Nr. 156.

114 BR, X, 279–280, 342 ff., 433, 473, 479.

115 BR, X, 129–130, 461–562.

116 BR, X, 440 ff., 474 ff.; XI, 3 ff., 20 ff.

117 BR, X, 342–376, 462 ff., 496, 502; XI, 16, 20.
118 SEG (1884), 134; zur Vorgängerorganisation mit gleichem Namen vgl. oben 194, 204.
119 SBR (1884–1885), 1167–1255, 1285–2506, 2695–2831; RGB (1885), 93–156. Zu den Argumenten für und gegen Agrarzölle vgl. SBR (1884–1885), Anlagen, II, Nr. 162, 3–7. Zu einer Analyse der Widersprüche in den Argumenten für das Gesetz vgl. Gerloff, *Finanz- und Zollpolitik*, 200–204.
120 Gerloff, *Finanz- und Zollpolitik*, 526.
121 SBHA (1885), 519–539, 1603–1721; Anlagen, Nr. 59, 202; GSP (1885), 127–130.
122 SEG (1885), 40–41 (8. Februar), 66 (23. März), 70–71 (4. April), 81–82 (30. April – 4. Mai); Gerloff, *Finanz- und Zollpolitik*, 254–255, 258–261.
123 Gerloff, *Finanz- und Zollpolitik*, 259–261.
124 *Ebd.*, 255, 288 ff.

II. Politische Stagnation und seelische Depression

1 Horst Kohl (Hg.), *Fürst Bismarck: Regesten zu einer wissenschaftlichen Biographie des ersten Reichskanzlers* (Stuttgart, 1891–1892), II, 361–366; SEG (1885), 18–19, 66–67, 69–70, 119–120. Zum Bismarck-Fonds und seiner Verwendung vgl. den ersten Band dieser Biographie, 584–585 mit Anm. 16.
2 GW, VIII, 526; Freiherr Lucius von Ballhausen, *Bismarck-Erinnerungen* (Stuttgart, 1920), 317–318.
3 GW, XIV, 963–965; Horst Kohl (Hg.), *Anhang zu den Gedanken und Erinnerungen von Otto Fürst von Bismarck* (Stuttgart, 1901), I, 335–336.
4 GW, VIII, 533, 535, 537; BP, I, 280–281; Moritz Busch, *Tagebuchblätter* (Leipzig, 1899), III, 199; Rudolf Vierhaus (Hg.), *Das Tagebuch der Baronin Spitzemberg* (Göttingen, 1961), 220; Lucius, *Bismarck-Erinnerungen*, 352.
5 Norman Rich, M. H. Fisher, Werner Frauendienst (Hgg.), *Die geheimen Papiere Friedrich von* Holsteins (4 Bde., Göttingen, 1956–1963), II, 282 ff., 300 ff.; GW, VIII, 546–547; Spitzemberg, *Tagebuch*, 224–225; Walter Bußmann (Hg.), *Staatssekretär Graf Herbert von Bismarck: Aus seiner politischen Privatkorrespondenz* (Göttingen, 1964), 360, 366–367. Lucius hatte einen ähnlichen Eindruck wie Holstein, drückte ihn aber nicht so drastisch aus: «Es kommt jetzt oft vor, daß bei Bismarck die Anschauungen sich ändern, ohne daß man in jeder Äußerung tief angelegte und weittragende Pläne suchen dürfte. In der Kirchenpolitik erscheint das am augenfälligsten.» Tagebucheintrag vom 22. April 1886. Lucius, *Bismarck-Erinnerungen*, 347.
6 Heinrich von Poschinger (Hg.), *Fürst Bismarck und der Bundesrat, 1867–1890* (Stuttgart, 1897–1901), IV, 167; vgl. auch Andreas Dorpalen, *Heinrich von Treitschke* (New Haven, 1957), 253.
7 Friedrich Curtius (Hg.), *Denkwürdigkeiten des Fürsten Chlodwig zu Hohenlohe-Schillingsfürst* (Stuttgart, 1906), II, 541.
8 Lucius, *Bismarck-Erinnerungen*, 279, 354–355; SEG (1882), 193.
9 Leider fehlt eine adäquate Biographie Wilhelms I. Frühe Versuche, ihn als «Wilhelm den Großen» und als «Heldenkaiser» darzustellen und so Bismarcks Rolle bei der deutschen Einigung abzuwerten, hörten während der Weimarer Republik auf. Die populärste Biographie (acht Auflagen zwischen 1897 und 1918) versuchte den Anteil der beiden ausgewogen darzustellen. Vgl. Erich Marcks, *Kaiser Wilhelm I.* (9. Aufl., Berlin, 1943). Die beiden jüngsten Biographien können nicht überzeugen: weder Franz Herres blumiger und «allgemeinverständlicher» *Kaiser Wilhelm I.* (Köln, 1980) noch Karl Heinz Börners vergleichsweise kurzer und marxistisch orientierter *Wilhelm I.: Deutscher Kaiser und König von Preußen, 1797 bis 1888. Eine Biographie* (Berlin und Köln, 1984). Trotz aller ideologischen Unterschiede zeichnen der wilhelminische Marcks, der westdeutsche Herre und der ostdeutsche Börner im Grunde das gleiche Bild von der Persönlichkeit, dem Charakter und schließlich der hier dargestellten Beliebtheit in ganz Deutschland.
10 SEG (1880), 223–225. Vgl. auch Wilhelms Bericht über seine «Triumph-Züge» durch Hannover, Itzehoe, Hamburg, Kiel und Stuttgart im September 1881. GW, VIc, 228. Sein Empfang war um so bemerkenswerter, wenn man den ungünstigen Wahlausgang Ende Oktober desselben Jahres bedenkt.
11 Adalbert Wahl, *Deutsche Geschichte, 1871–1914* (Stuttgart, 1929), II, 167–169; SEG

(1883), 136; (1884), 53, 70. Zuvor hatten Sprengstoffattentäter vergeblich versucht, die Polizeiwache in Frankfurt am Main in die Luft zu jagen. SEG (1883), 146.

12 SEG (1884), 88, 92–93; Helmuth Rogge, *Holstein und Hohenlohe* (Stuttgart, 1957), 221–227; Jules Laforgue, *Berlin, la cour et la ville* (Paris, 1922), Kap. 4.

13 Albedyll an Bismarck, 7. Juli 1885. Kohl (Hg.), *Anhang*, II, 540–542. Bismarck an Albedyll, 16. Juli 1885. GW, XIV, 963. Bismarck an den Kaiser, 8. Juli 1885. Kohl (Hg.), *Anhang*, I, 334–335. Holstein an Hohenlohe, 14. August 1885. Rogge, *Holstein und Hohenlohe*, 243.

14 Ernst Berner (Hg.), *Kaiser Wilhelms des Großen Briefe, Reden und Schriften* (Berlin, 1906), II, 407–408; Tagebucheintrag vom 23. September 1885, Spitzemberg, *Tagebuch*, 220.

15 Lucius-Tagebuch, 6. Dezember 1885. *Bismarck-Erinnerungen*, 324. Herbert an Wilhelm von Bismarck, 14. April 1886. Bußmann (Hg.), *Herbert von Bismarck*, 359–360. Julius Heyderhoff (Hg.), *Im Ring der Gegner Bismarcks* (Leipzig, 1943), 228–231.

16 Plessen an Bismarck, 15. Mai 1886. Kohl (Hg.), *Anhang*, II, 544.

17 Kronprinzessin Viktoria an Königin Victoria, 30. August 1887. Frederick Ponsonby (Hg.), *Briefe der Kaiserin Friedrich* (Berlin, o.J.), 274, auch 251, 279, 282.

18 Lucius, *Bismarck-Erinnerungen*, 352, 354–355.

19 Spitzemberg, *Tagebuch*, 229–230.

20 Zit. in: Herre, *Kaiser Wilhelm I.*, 489.

21 Bernhard Vogel, Dieter Nohlen und Rainer-Olaf Schultze, *Wahlen in Deutschland: Theorie-Geschichte-Dokumente, 1848–1970* (Berlin, 1971), 287.

22 Zu den Milderungsgesetzen von 1880 und 1882 vgl. oben, 256–261, 295, 321f., 330. Die dritte Verordnung wurde am 11. Juli 1883 Gesetz. GSP (1883), 109–110.

23 SBHA (1882–1883), 2043–2080, 2103–2142, 2150–2181.

24 Erich Schmidt-Volkmar, *Der Kulturkampf in Deutschland, 1871–1890* (Göttingen, 1962), 267ff.; BR, XII, 48–65, 126–129.

25 GW, VIc, 324, 325, 327.

26 Karl Bachem, *Vorgeschichte, Geschichte und Politik der deutschen Zentrumspartei* (9 Bde., Köln, 1927–1933), IV, 136–138; GW, XIV, 966.

27 Christoph Weber, *Kirchliche Politik zwischen Rom, Berlin und Trier 1876–1888: Die Beilegung des preußischen Kulturkampfes* (Mainz, 1970), 123–125.

28 Ministerialsitzungen vom 10. Januar und 14. Februar 1886. Lucius, *Bismarck-Erinnerungen*, 329, 332; DZA Merseburg, Rep. 90a, B, III, 2b, Nr. 6, Bd. 98; GW, VIc, 327, 330–331; Weber, *Kirchliche Politik*, 125–126.

29 Weber, *Kirchliche Politik*, 127–128; SBHH (1886), Anlagen, Nr. 24, 46, 64, 71.

30 Ministerialsitzung vom 7. März 1886. Lucius, *Bismarck-Erinnerungen*, 336–337; Schmidt-Volkmar, *Kulturkampf*, 298ff.; Weber, *Kirchliche Politik*, 125; Anton Kaas, «Zur Geschichte des Kulturkampfes in Preußen: Das Zustandekommen des 1. Friedensgesetzes vom 2. Mai 1886, dargestellt auf Grund der Briefe Moslers an Reuß», *Saarbrücker Hefte*, 31 (1970), 5–43.

31 Vgl. oben, 206, 256–257.

32 An Schlözer, 2. Februar 1886. GW, VIc, 330–331. Zur Regierungsvorlage und Kopps Ergänzungsantrag vgl. SBHH (1886), II, 329–332, 347.

33 Schmidt-Volkmar, *Kulturkampf*, 307–308.

34 GW, VIc, 332–335; Lucius, *Bismarck-Erinnerungen*, 343–344.

35 GW, VIc, 333; Siegfried von Kardorff, *Bismarck im Kampf um sein Werk* (Berlin, 1930), 53.

36 Schmidt-Volkmar, *Kulturkampf*, 308–311; BR, XII, 74, 96–97.

37 SBHH (1886), I, 174–219; BR, XII, 75–98.

38 Margaret Lavinia Anderson, *Windthorst: Zentrumspolitiker und Gegenspieler Bismarcks* (Düsseldorf, 1988), 343–344; SBHA (1866), 1886–2017; BR, XII, 106–116.

39 GW, VIc, 337–340; Weber, *Kirchliche Politik*, 139–144; Anderson, *Windthorst*, 344–345.

40 GW, VIc, 353–358; VIII, 562–563; Lucius, *Bismarck-Erinnerungen*, 362–364, 367, 370, 375, 384; SBHH (1887), 105–164, Anlagen, Nr. 34, 65; SBHA (1887), 785–843, 879–929, Anlagen, Nr. 118, 127; BR, XII, 330–405; Heinrich Heffter, *Die Kreuzzeitungspartei und Bismarcks Kartellpolitik* (Leipzig, 1927), 93–94; GSP (1887), 127–130.

41 Schmidt-Volkmar, *Kulturkampf*, 356–358.

42 GW, VIc, 361–362, 366; Weber, *Kirchliche Politik*, 158–173.

43 Rottenburg war angewiesen, Innenminister

Puttkamer Bismarcks Bedenken mitzuteilen. Wilhelm von Bismarck an Franz von Rottenburg, 28. April 1882. DZA Potsdam, Reichskanzlei, 659, 148. Frühere Dokumente in derselben Akte belegen Bismarcks wachsende Besorgnis. *Ebd.*, 3–4, 25–34, 86, 89. Ob und in welchem Maße die polnische Bevölkerung tatsächlich auf Kosten der deutschen zugenommen hat, ist schwer zu berechnen. Die letzte Volkszählung auf Grundlage der Sprache wurde 1861 in Posen und 1867 in Westpreußen und Oberschlesien durchgeführt. Die späteren Berechnungen mußten nach Religionszugehörigkeit durchgeführt und um die geschätzte Zahl polnischer Protestanten und deutscher Katholiken korrigiert werden. Die berichtigten Zahlen zeigten offenbar, daß die polnische Bevölkerung in den betroffenen Regierungsbezirken zwischen 1861 und 1885 um 607 560 (26 Prozent) und die deutsche Bevölkerung um 216 142 Personen (14 Prozent) zugenommen hatte. DZA Merseburg, Rep. 89H, I, Preußen 20, Bd. III, 24–31.

44 Bismarck an Goßler, 5. November 1881. GW, VIc, 234–235. Vgl. auch 223, 236–240; BR, X, 294 ff.

45 Am 25. Mai 1884 schrieb Bismarck an Kurd von Schlözer, den deutschen Gesandten im Vatikan: «Die polnische Frage hat für uns überhaupt nur dann ein Interesse, wenn unsere Beziehungen zu Rußland unsicher werden; diese aber nehmen gerade gegenwärtig eine Gestaltung an, aus der wir auf die Wiederherstellung des alten guten Verhältnisses für lange Zeit schließen dürfen.» GW, VIc, 299. Unter den Arbeiten, die den außenpolitischen Aspekt von Bismarcks Innenpolitik gegenüber den Polen überbetonen, ist am bedeutendsten Josef Feldman, *Bismarck a Polska* (Czerwiec, 1947), Kap. 7 und 8 (englische Zusammenfassung, 420–430); vgl. auch sein «Bismarck et la question Polonaise», *Revue Historique*, 173 (1934).

46 Zum wirtschaftlichen Motiv für die zwischenstaatliche Wanderung im 19. Jahrhundert sowie zur öffentlichen und offiziellen Reaktion darauf vgl. die Arbeiten von Klaus J. Bade, «‹Kulturkampf› auf dem Arbeitsmarkt: Bismarcks ‹Polenpolitik› 1885–1890», in: Otto Pflanze (Hg.), *Innenpolitische Probleme des Bismarck-Reiches* (München, 1983), 121–125; «Massenwanderung und Arbeitsmarkt im deutschen Nordosten von 1880 bis zum ersten Weltkrieg: Überseeische Auswanderung, interne Abwanderung und kontinentale Zuwanderung», *Archiv für Sozialgeschichte*, 20 (1980), 165–323; «Politik und Ökonomie der Ausländerbeschäftigung im preußischen Osten 1885–1914», in: Hans-Jürgen Puhle und Hans-Ulrich Wehler (Hgg.), *Preußen im Rückblick*, in: *Geschichte und Gesellschaft*, Sonderheft 6 (Göttingen, 1980), 273–299; «‹Preußengänger› und ‹Abwehrpolitik›: Ausländerbeschäftigung, Ausländerpolitik und Ausländerkontrolle auf dem Arbeitsmarkt in Preußen vor dem Ersten Weltkrieg», *Archiv für Sozialgeschichte*, 24 (1984), 91–283.

47 Helmut Neubach, *Die Ausweisungen von Polen und Juden aus Preußen, 1885–1886* (Wiesbaden, 1967), 3–4. Bismarck an Eulenburg, 7. und 12. Februar 1872. GW, XIV, 827, und Adelheid Constabel (Hg.), *Die Vorgeschichte des Kulturkampfes* (Berlin, 1956), 171.

48 Neubach, *Ausweisungen*, 4.

49 *Ebd.*, 4–7.

50 «Unsere Aussichten», *Preußische Jahrbücher*, 44 (1879), 559–576, wiederveröffentlicht in: *Deutsche Kämpfe: Neue Folge* (Leipzig, 1896), 1–28.

51 Theodor Mommsen, *Auch ein Wort über unser Judenthum* (5. Aufl., Berlin 1881).

52 «Herr Graetz und sein Judenthum», *Preußische Jahrbücher*, 44 (1879), 660–670. «Noch einige Bemerkungen zur Judenfrage» und «Zur Judenfrage», *ebd.*, 45 (1880), 85–95, 224–225. «Die jüdische Einwanderung in Deutschland», *ebd.*, 47 (1881), 109–110. Treitschke veröffentlichte diese Aufsätze in einer Streitschrift, die vier Auflagen erreichte. *Ein Wort über unser Judentum* (4. Aufl., 1881). Die gesamte Debatte zwischen Treitschke und seinen Kritikern wurde neu herausgegeben von: Walter Boehlich (Hg.), *Der Berliner Antisemitismusstreit* (Frankfurt a. M., 1965). Vgl. auch Neubach, *Ausweisungen*, 8–10.

53 [Moritz Busch], *Israel und die Gojim: Beiträge zur Beurteilung der Judenfrage* (Leipzig, 1880), 2, 304; vgl. auch *Tagebuchblätter*, II, 593.

54 Helmut Neubach, «Eduard von Hartmanns Bedeutung für die Entwicklung des deutsch-polnischen Verhältnisses», *Zeitschrift für Ost-*

forschung, 13 (1964), 106–159, und *Ausweisungen*, 9, 23–25.

55 Neubach, *Ausweisungen*, 10.

56 Ministerialsitzung vom 22. Mai 1881. DZA Merseburg, Rep. 90a, B, III, 2b, Nr. 6, Bd. 93.

57 DZA Merseburg, Rep. 77, Tit. 1176, Nr. 2a, Bd. 4, 90. Neubach, *Ausweisungen*, 13. Von 1881 bis 1885 erhielt Bismarck von Christoph von Tiedemann, der zuvor als Chef der Reichskanzlei sein wichtigster Berater gewesen und nun Regierungspräsident in Bromberg war, persönliche Berichte über die Fortschritte im Kampf gegen den Polonismus. GSA, Rep. 30, Nr. 693. «Acta betr[effend] der erneuerten Bestrebungen für die polnische Nationalität», Polizei Sachen, August 1860 – Oktober 1885. Man darf vermuten, daß Bismarcks wachsende Sorge über ethnische Probleme an der Ostgrenze in dieser Phase wesentlich von Tiedemann geprägt wurde. 1894 war Tiedemann einer der drei Gründer des *Vereins zur Förderung des Deutschtums in den Ostmarken* (allgemein bekannt als Hakatisten), die das Bewußtsein der «polnischen Frage» im wilhelminischen Deutschland wachhielten.

58 Botho zu Eulenburg an Bismarck, 26. Februar 1885. DZA Merseburg, Rep. 77, Tit. 1176, Nr. 2a, Bd. 5, 25–42; Neubach, *Ausweisungen*, 31.

59 Bismarck an Puttkamer, 14. März 1885. DZA Merseburg, Rep. 77, Tit. 1176, Nr. 2a, Bd. 5, 100–101. Er hatte die enthusiastische Unterstützung von Kultusminister Goßler, der davon überzeugt war, daß die Ostgebiete polonisiert und nicht germanisiert würden. Goßler an Bismarck, 12. Februar, 11. März und 2. Mai 1885. *Ebd.*, 25–32, 88–89, 168–169.

60 Neubach, *Ausweisungen*, 21, 31–32.

61 Puttkamer an die Oberpräsidenten, 26. März 1885. DZA Merseburg, Rep. 77, Tit. 1176, Nr. 2a, Bd. 5, 90–93v. Am 26. Juli 1885 wies Puttkamer die Oberpräsidenten an, die in Preußen geborenen Frauen von Grenzgängern einzubeziehen, nicht jedoch Berg- und Gießereiarbeiter, die jeden Tag über die Grenze pendelten, sowie Landarbeiter, die während der Saat- und Erntezeit gebraucht wurden. *Ebd.*, 400–401. Auf Puttkamers Frage, ob die Ausweisung galizischer Juden sich auch auf jene erstrecken sollte, die der Sprache nach eher deutscher als polnischer Nationalität waren, ist Bismarcks Antwort überliefert, die Unterscheidung zwischen diesen beiden Kategorien würde die Sache unnötig komplizieren. «Für uns seien die Galizier der einen wie der anderen Kategorie Polen. So abhold er den antisemitischen Bestrebungen sei, sehe er doch die große Zahl armer und *undeutsch gebildeter* Juden, welche von Osten her nach Preußen einwanderten, sich hier zu bereichern, als einen Übelstand.» Sitzungsprotokolle des Staatsministeriums, 24. September 1885. DZA Merseburg, Rep. 90a, B, III, 2b, Nr. 6, Bd. 97. Die kursiv gedruckten Wörter wurden von Bismarck in das Protokoll eingefügt.

62 Randbemerkung Bismarcks auf dem Dokument, Goßler an Bismarck und Puttkamer, 12. Februar 1885. DZA Merseburg, Rep. 77, Tit. 1176, Nr. 2a, Bd. 5, 27.

63 Neubach, *Ausweisungen*, 76–81, 123. DZA Merseburg, Rep. 77, Tit. 250, Nr. 1, Bd. 11, 89ff.

64 Neubach, *Ausweisungen*, 124, 128; Joachim Mai, *Die preußisch-deutsche Polenpolitik, 1885–1887* (Berlin, 1962), 98, 205.

65 SBR (1885–1886), I, 130–145.

66 SBR (1885–1886), I, 525–597.

67 Bismarck an Camphausen, 27. Februar 1875. GW, IVc, 56; AWB, I, 200. Offensichtlich kam die Initiative aus Posen. Im November 1873 berichtete die Provinzregierung in Posen vom Konkurs einer Firma, die 1862 mit dem Ziel gegründet wurde, die Zahlungsfähigkeit polnischer Grundbesitzer zu sichern und deren Güter nicht in deutsche Hände fallen zu lassen. Die Deutschen dort hofften, daß die preußische Regierung, deutsche Herrscher und deutsche Kapitalisten die Gelegenheit ergreifen würden, Güter zu kaufen und sie mit deutschen Bauern zu besetzen. DZA Merseburg, Rep. 2.2.1., Nr. 16148, 101, auch 143–144.

68 Wilhelm von Bismarck an Franz von Rottenburg, 28. April 1882. DZA Potsdam, Reichskanzlei, 659, 148.

69 Ministerialsitzung vom 24. September 1885. DZA Merseburg, Rep. 90a, B, III, 2b, Nr. 6, Bd. 97. Angestoßen wurde die Diskussion durch einen Bericht von Kultusmi-

nister Goßler, nach dem zahlreiche Güter in polnischem Besitz zum Verkauf stünden und sein Ministerium bereits aus eigenen Mitteln Käufe getätigt habe. Vgl. auch die Ministerialsitzung vom 16. Dezember 1884. *Ebd.*, Bd. 96.

70 Ministerialsitzung vom 10. Januar 1886. DZA Merseburg, Rep. 90a, B, III, 2b, Nr. 6, Bd. 98. Zur Denkschrift Tiedemanns, einschließlich der Korrekturen Bismarcks, vgl. DZA Potsdam, Reichskanzlei, 661, 68–104.

71 BR, XI, 407ff.

72 Neubach, *Ausweisungen*, 112.

73 Bismarck antwortete auf diese Mitteilungen mit einer kurzen Bemerkung in der *Norddeutschen Allgemeinen Zeitung*, 3. Februar 1886: «Alle Diejenigen, welche mich durch den Ausdruck ihres Einverständnisses mit den nationalen Zielen unserer Politik erfreut haben, bitte ich, meinen verbindlichsten Dank auf diesem Wege entgegennehmen zu wollen». DZA Potsdam, Reichskanzlei, 661/1, 84.

74 SBHA (1886), II, 683–746; III, 1583–1640, 1707–1742. Bismarcks Ungeduld zeigt sich in seiner Randbemerkung auf einem wichtigen Dokument: «Wir brauchen fertige Entwürfe und schnell, sonst wechselt die Situation ehe wir verhandeln.» DZA Potsdam, Reichskanzlei, 661, 200.

75 GSP (1886), 131–134, 159–162. Ministerialsitzung vom 24. Januar 1886. DZA Potsdam, Reichskanzlei, 661, 212–219.

76 Ministerialsitzungen vom 10. Januar und 7. Februar 1886. DZA Merseburg, Rep. 90a, B, III, 2b, Nr. 6, Bd. 98; Lucius, *Bismarck-Erinnerungen*, 331.

77 BR, XI, 443.

78 Staatsministerium Immediatbericht an König und Kaiser, 27. Januar 1886. DZA Merseburg, Rep. 2.2.1., Nr. 15007, Bd. 3, 1–7v.

79 Bismarck an das Abgeordnetenhaus, 28. Januar 1886. BR, XI, 444–445.

80 Kultusminister von Goßler, «Übersicht der Maßregeln, welche auf dem Gebiete der Unterrichtsverwaltung im Jahre 1886 getroffen worden sind, um den Bestand und die Entwickelung der deutschen Bevölkerung in den Provinzen Westpreußen und Posen, sowie in dem Regierungsbezirk Oppeln sicherzustellen.» Es handelt sich um ein auf den 28. Februar 1887 datiertes Dokument, das Goßler am 8. März 1887 Bismarck vorlegte. DZA Potsdam, Reichskanzlei, 664, 86ff.

81 Gesetze vom 4. und 6. Mai sowie vom 15. Juli 1886. GSP (1886), 143–145, 185–186. Staatsministerium an den König, 19. Februar 1886. DZA Merseburg, Rep. 2.2.1, Nr. 1507, Bd. III, 6–8.

82 DZA Potsdam, Reichskanzlei, 661/1, 43. Ministerialsitzung vom 7. Februar 1886. DZA Merseburg, Rep. 90a, B, III, 2b, Nr. 6, Bd. 98.

83 GSP (1887), 197–207; DZA Potsdam, Reichskanzlei, 661, 114–114v; 661/1, 173–175v; 664, 1–36. Der Vorschlag, die Provinz Posen aufzuteilen und deren Verwaltungsbezirke Westpreußen und Schlesien anzugliedern, wurde zwar ernsthaft diskutiert, aber niemals in Angriff genommen. Puttkamer an Bismarck, 20. Februar 1886. DZA Potsdam, Reichskanzlei, 661/2, 93–99v; Ministerialsitzung vom 8. Mai 1886. DZA Potsdam, Reichskanzlei, 662, 64; Tiedemann an Bismarck, 5. November 1886. DZA Potsdam, Reichskanzlei, 661/2, 93–99v.

84 Staatsministerium an den König, 8. Oktober 1886. DZA Merseburg, Rep. 2.2.1., Nr. 15007, Bd. III, 12–18.

85 Die Anordnungen des Staatsministeriums finden sich in SBHA (1888), Anlagen, II, 1073–1074. Die Maßnahme wurde von Goßler vorgeschlagen, einem begeisterten Befürworter der Germanisierung. Goßler an den König, 17. Juli 1887. DZA Potsdam, Rep. 2.2.1., Nr. 15007, Bd. III, 40, 51.

86 Bismarck an das Staatsministerium, 20. Juni 1886. DZA Potsdam, Reichskanzlei, 664, 127–127v; vgl. auch die Randbemerkung zu Goßler an Bismarck, 9. Juni 1886. *Ebd.*, 113–113v. Bismarck schien hier zum ersten Mal zu erkennen, daß der Klerus und der Adel nicht die einzigen Träger des polnischen Widerstands waren.

87 Vgl. den ersten Band dieser Biographie, 198. Ende September 1876 speiste Lucius mit der Familie Bismarck in Varzin und hielt Bismarcks Betrachtungen über die Unsicherheit der russischen Ziele in der Balkankrise fest. «Die Russen wissen selbst nicht, was sie wollen, einen Tag Krieg, den anderen Frieden ... Warschau oder gar Krakau wollen wir gar nicht, obschon es uns bei verschiedenen Ge-

legenheiten geboten worden ist. Dagegen würde ich eine Grenzregulierung, welche Schlesien vor russischer Invasion sicherer stellte, nicht ablehnen. Das Gebiet müßte dann natürlich nicht inkorporiert, sondern für sich verwaltet und absolut regiert werden. Germanisiert *par force.*» Lucius, *Bismarck-Erinnerungen*, 90–91.

88 Obwohl Wilhelm mit seiner Unterschrift die vom Staatsministerium am 27. Juni 1886 vorgeschlagenen «weiteren Repressiv-Maßregeln» annahm, schrieb er am Schluß des Dokuments: «Es scheint mir sehr wichtig in der Diskussion bei diesen Germanisierungsplänen, ab und zu zu betonen, daß man deshalb auf *Ausrottung* der polnischen Sprache nicht abziele.» DZA Merseburg, Rep. 2.2.1., Nr. 15007, Bd. III, I 4. Dieses Addendum fehlt in GW, Vlc, 328.

89 An das preußische Staatsministerium, 10. Januar 1886. DZA Merseburg, Rep. 90a, B, III, 2b, Nr. 6, Bd. 98.

90 BR, XII, 103–104.

91 BR, XI, 250–251.

92 BR, XI, 298ff.; GW, VIII, 535–537; Lucius, *Bismarck-Erinnerungen*, 323.

93 Zit. in: Neubach, *Ausweisungen*, 89.

94 Vgl. oben, 452.

95 Lucius, *Bismarck-Erinnerungen*, 323.

96 GW, VIII, 535.

97 RGB (1885), 159–164, 271–272; (1886), 77, 132–178, 233.

98 Hans Blömer, *Die Anleihen des Deutschen Reiches von 1871 bis zur Stabilisierung der Mark 1924* (Diss., Bonn, 1946), 25–26, 90–91.

99 Wilhelm Gerloff, *Die Finanz- und Zollpolitik des Deutschen Reiches* (Jena, 1913), 193, 522.

100 Lucius, *Bismarck-Erinnerungen*, 309–314.

101 BR (1885–1886), Anlagen, Nr. 165 und 208; BR, XI, 314–331.

102 Gerloff, *Finanz- und Zollpolitik*, 182–183, 193–195.

103 SEG (1886), 55; Johannes Ziekursch, *Politische Geschichte des neuen deutschen Kaiserreiches* (Frankfurt a.M., 1927), II, 372. Zu Preisschwankungen vgl. Walther Hoffmann, *Das Wachstum der deutschen Wirtschaft seit der Mitte des 19. Jahrhunderts* (Berlin, 1965), 589.

104 SBR (1885–1886), 1295–1374, 1609–1704; Gerloff, *Finanz- und Zollpolitik*, 194.

105 GW, VIII, 534–535; Lucius, *Bismarck-Erinnerungen*, 325, 328–329, 331.

106 Lucius, *Bismarck-Erinnerungen*, 335–336. Das Protokoll der Ministerialsitzung vom 7. März bestätigt die generelle Genauigkeit von Lucius' Bericht. DZA Merseburg, Rep. 90a, B, III, 2b, Nr. 6, Bd. 98.

107 BR, XI, 336–384. Zu Bismarcks Gedanken in dieser Zeit über die mögliche Notwendigkeit eines Staatsstreichs und von Veränderungen im Wahlgesetz vgl. Lucius, *Bismarck-Erinnerungen*, 352, und Wilhelm von Schweinitz, *Denkwürdigkeiten des Botschafters General von Schweinitz* (Berlin, 1927), II, 317–318.

108 Ministerialsitzung vom 14. März 1886. DZA Merseburg, Rep. 90a, B, III, 2b, Nr. 6, Bd. 98.

109 SBR (1885–1886), III, 2121–2173, 2193–2203, VI, Nr. 294, 311. Gerloff, *Finanz- und Zollpolitik*, 195–196.

III. Äußere Krise und innere Eroberung

1 Horst Kohl (Hg.), *Fürst Bismarck: Regesten zu einer wissenschaftlichen Biographie des ersten Reichskanzlers* (Stuttgart, 1891–1892), II, 406–412.

2 Rudolf Vierhaus (Hg.), *Das Tagebuch der Baronin Spitzemberg* (Göttingen, 1961), 225; vgl. auch die Einträge vom 28. August und 13. September 1886. *Ebd.*, 226. Am 8., 12. und 27. Juli 1886 teilte Rottenburg Bleichröder von Kissingen aus mit, Bismarcks Kur verlaufe ausgezeichnet; am 14. August berichtete er aus Gastein, Bismarck habe die große Belastung des Treffens mit Wilhelm, Franz Joseph und Kálnoky gut überstanden. *Bleichröder Archive*, Kress Library of Business and Economics, Harvard, Box III.

3 Herbert an Wilhelm von Bismarck, 11. August und 24. November 1886. Walter Bußmann (Hg.), *Staatssekretär Graf Herbert von Bismarck: Aus seiner politischen Privatkorrespondenz* (Göttingen, 1964), 370, 373, 407; vgl. auch 414, 416.

4 BR, X, 413.

5 Kuno zu Rantzau an Herbert von Bismarck, 10. September und 21. Oktober 1885. Bußmann (Hg.), *Herbert von Bismarck*, 315–323.

6 Herbert an Wilhelm von Bismarck, 1. September 1884. *Ebd.*, 259.

7 Hajo Holborn (Hg.), *Aufzeichnungen und Erinnerungen aus dem Leben des Botschafters Joseph Maria von Radowitz* (Berlin, 1925), II, 244–247.

8 GP, IV, 131–134; Bußmann (Hg.), *Herbert von Bismarck*, 245, 261–263.

9 Bußmann (Hg.), *Herbert von Bismarck*, 215–216.

10 William L. Langer, *European Alliances and Alignments* (2. Aufl., New York, 1956), 335 ff.

11 Egon C. Corti, *Alexander von Battenberg: Sein Kampf mit den Zaren und Bismarck* (Wien, 1920), 50 ff.; George F. Kennan, *Bismarcks europäisches System in der Auflösung: Die französisch-russische Annäherung 1875 bis 1890 (Frankfurt a.M., 1981),* 123 ff. «Verkehrte Welt!» schrieb Saburow. «Nachdem England unsere Unterschrift unter dem Berliner Vertrag hat, um den Zusammenbruch des Osmanischen Reiches aufzuhalten, nimmt es eben jenen Vertrag als Ausgangspunkt, um das von uns begonnene Zerstörungswerk fortzusetzen!» J. Y. Simpson, *The Saburov Memoirs or Bismarck and Russia* (New York, 1929), 155.

12 Corti, *Kampf mit den Zaren und Bismarck*, 199–257.

13 Bismarck an den Kaiser, 3. und 10. November 1885. Gerhard Ebel (Hg.), *Botschafter Paul Graf von Hatzfeldt: Nachgelassene Papiere, 1838–1901* (Boppard am Rhein, 1976), I, 458–459. Vgl. auch GP, III, 342–369; GW, VIII, 509–511; Bußmann (Hg.), *Herbert von Bismarck*, 237–239, 271–275, 332. Zum Projekt der Battenberg-Hochzeit vgl. Egon C. Corti, *Alexander von Battenberg* (London, 1954), 116 ff.

14 Bußmann (Hg.), *Herbert von Bismarck*, 329–336, 339, 343–348.

15 GP, V, 24–38; GW, VIII, 529 ff.

16 Corti, *Kampf mit den Zaren und Bismarck*, 244–246.

17 GP, V, 123 ff.

18 Bußmann (Hg.), *Herbert von Bismarck*, 349–356, 359; Hatzfeldt, *Nachgelassene Papiere*, I, 482–484.

19 Langer, *Alliances and Alignments*, 359–361; Kennan, *Bismarcks europäisches System*, 227–231; Hatzfeldt, *Nachgelassene Papiere*, I, 507–508.

20 Zu den Wechselfällen sowie schließlich zum Scheitern der russischen Politik in Bulgarien vgl. Charles Jelavich, *Tsarist Russia and Balkan Nationalism: Russian Influence in the Internal Affairs of Bulgaria and Serbia, 1879–1886* (Berkeley, 1958).

21 GP, V, 68–73.

22 Dietrich Geyer, *Der russische Imperialismus: Studien über den Zusammenhang von innerer und auswärtiger Politik 1860–1914* (Göttingen, 1977), 90–98.

23 Früher hatte Bismarck geurteilt, Geldmangel würde die Russen nicht friedliebender machen. Sie würden «für Eisenbahnen und Krieg gerade das Geld ausgeben ..., was dazu notwendig ist, ob sie es haben oder nicht; bei einem so großen Reiche, wie das russische, würde es lange dauern, bis ein wirklicher Geldmangel einträte, und die Russen würden sich nicht genieren, mit Papiergeld zu operieren, wie sie es früher getan hätten.» Rantzau an Herbert von Bismarck, 14. März 1884. Bußmann (Hg.), *Herbert von Bismarck*, 220.

24 GP, IV, 265–294, auch 138–142; Wilhelm von Schweinitz, *Denkwürdigkeiten des Botschafters General von Schweinitz* (Berlin, 1927), II, 319.

25 GP, V, 70, 146; Schweinitz, *Denkwürdigkeiten*, II, 327–328; Freiherr Lucius von Ballhausen, *Bismarck-Erinnerungen* (Stuttgart, 1920), 359. Einige Monate drängte Bismarck nicht mehr auf eine Aufteilung der Einflußsphären auf dem Balkan, da weder Österreich noch Rußland an einem solchen Arrangement interessiert schienen. GP, V, 75.

26 GP, V, 78 (Anm.), 96, 123–153. Vgl. auch den bemerkenswerten Austausch von Denkschriften zwischen Bismarck und seinem Sohn Herbert über die Bedeutung Österreichs für die deutsche Außenpolitik, 8. und 10. Oktober 1886. Bußmann (Hg.), *Herbert von Bismarck*, 392–394.

27 Langer, *Alliances and Alignments*, 371 ff.; Frederic H. Seager, *The Boulanger Affair: Political Crossroad of France, 1886–1889* (Ithaca, 1969), 25–48.

28 Zit. in: Kennan, *Bismarcks europäisches System*, 203.

29 GP, V, 45–50.

30 Kennan, *Bismarcks europäisches System*, 183–209, 232–249. Nach Kennans Urteil war die Kontaktaufnahme Alexanders III. mit Paris eine entscheidende Wende in den russisch-französischen Beziehungen, die schließlich zur Allianz von 1894 führte. *Ebd.*, 232–233.

31 GP, VI, 96–98, 156–168; Lucius, *Bismarck-Erinnerungen*, 366.
32 GP, VI, 170–175; Lucius, *Bismarck-Erinnerungen*, 357; GW, VIII, 550; Helmuth Rogge, *Holstein und Hohenlohe* (Stuttgart, 1957), 264–265.
33 A. J. P. Taylor, *The Struggle for Mastery in Europe, 1848–1918* (Oxford, 1954), 308–309; Seager, *Boulanger Affair*, 48–51.
34 SBR (1886–1887), Anlagen, Nr. 11, 46.
35 Heinrich Heffter, *Die Kreuzzeitungspartei und die Kartellpolitik Bismarcks* (Leipzig, 1927), 82.
36 Lucius, *Bismarck-Erinnerungen*, 367.
37 Heffter, *Kartellpolitik*, 82–83; Hans Herzfeld, *Johannes von Miquel* (Detmold, 1938), II, 94–95; Bußmann (Hg.), *Herbert von Bismarck*, 409–412.
38 Ministerialsitzung vom 9. Januar 1887. Lucius, *Bismarck-Erinnerungen*, 363–365. Das offizielle Protokoll dieser Sitzung ist viel länger als Lucius' Bericht, aber auch weniger aufschlußreich. DZA Merseburg, Rep. 90a, B, III, 2b, Nr. 6, Bd. 99.
39 Bismarck an Schlözer, 2. und 10. Januar 1887. GW, VIc, 351–352; Bußmann (Hg.), *Herbert von Bismarck*, 401–402.
40 GW, VIII, 549.
41 BR, XII, 155–278; SBR (1886–1887), 69–115, 327–433.
42 BR, XII, 278; SEG (1887), 7.
43 Heffter, *Kartellpolitik*, 68 ff.
44 SEG (1887), 60.
45 SEG (1887), 1–2, 63–64.
46 Walter Bußmann, *Das Zeitalter Bismarcks*, in: Leo Just (Hg.), *Handbuch der deutschen Geschichte* (3. Aufl., Konstanz, 1956), III (3), 233.
47 BR, XII, 279 ff. Vgl. auch Bismarck an Schlözer, 15. und 17. Januar 1887. GW, VIc, 352–355.
48 SEG (1887), 67–68, 80–81, 83; GW, VIII, 550.
49 Heffter, *Kartellpolitik*, 85; SEG (1887), 78–79.
50 Bernhard Vogel, Dieter Nohlen und Rainer-Olaf Schultze, *Wahlen in Deutschland: Theorie-Geschichte-Dokumente, 1848–1970* (Berlin, 1971), 290; Heffter, *Kartellpolitik*, 85–86.
51 An Franz von Stauffenberg, 25. Februar 1887. HW, II, 429; vgl. auch 431–432.
52 An Lucius, 23. Februar 1887. Lucius, *Bismarck-Erinnerungen*, 371–372.
53 Berichte des Regierungspräsidenten von Schleswig. DZA Merseburg, Rep. 2.2.1., Bde. 16588, 16589; ebenso verstreute Korrespondenz. DZA Potsdam, Reichskanzlei, 1409, 1–18v. Oswald Hauser, *Preußische Staatsräson und nationaler Gedanke* (Neumünster, 1960), 47–61.
54 Berichte des Regierungspräsidenten von Schleswig. DZA Merseburg, Rep. 2.2.1., Bde. 16588, 16589. Vgl. auch Otto Brandt, *Geschichte Schleswig-Holsteins* (4. Aufl., Kiel, 1949), 195, 202.
55 Brandt, *Geschichte Schleswig-Holsteins*, 202–205; Troels Fink, *Geschichte des schleswigschen Grenzlandes* (Kopenhagen, 1958), 167–196; Hauser, *Preußische Staatsräson*, 81 ff., 211–212. Der schleswigsche Schulinspektor, der nicht gefragt wurde, betrachtete die Verordnung als verheerend für die deutsche Sache. Theodor Kaftan, *Erlebnisse und Beobachtungen* (Kiel, 1924), 207–235. Die im Berliner Kultusministerium erstellte Verordnung wurde zu einem Zeitpunkt erlassen, da Bismarck sehr an einem besseren Verhältnis zu Dänemark interessiert war. Aus diesem Grund lockerte er die Beschränkungen für dänische Emigranten bei der Rückkehr nach Nordschleswig und verwarf unvermittelt Pläne zu einer deutschen Feier des Jahrestags des Siegs bei Düppel. Vgl. den Briefwechsel zwischen Berchem, Herrfurth und Bismarck, 27. und 30. August sowie 4. September 1888. DZA Merseburg, Rep. 77, Abt. 50, Nr. 84, Bd. 3. Daß diese Politik kein Nachlassen im Kampf gegen dänischen Widerstand bedeutete, läßt sich an Bismarcks Ratschlag an Herrfurth vom 11. Oktober 1889 ablesen. Er schrieb, dänische Bürger, die sich bei den Reichstagswahlen für Kandidaten des Widerstands einsetzten, sollten «schonungslos ausgewiesen» werden. DZA Potsdam, Reichskanzlei, Nr. 1409, 41–52. Dies war Bismarcks letztes Wort als Kanzler zum Thema der dänischen Minderheit.
56 GW, VIc, 218–321; VIII, 527–529; Karl Stählin, *Geschichte Elsaß-Lothringens* (München, 1920), 239 ff. In seiner Rolle als «verantwortlicher Minister» widersetzte sich Hohenlohe dem Druck von seiten Holsteins, örtlicher Militärbefehlshaber und anderer, härtere Maßnahmen gegen profranzösische Dissidenten zu ergreifen. Rogge, *Holstein und Hohenlohe*, 249–263.

57 So Hohenlohes Analyse der Motive der Wähler. DZA Potsdam, Reichskanzlei, 182, 82–82v. Hohenlohes Berichte strotzten 1886 vor Zuversicht über den Fortschritt der «deutschen Sache» im Reichsland. *Ebd.*, 3–17v, 30–41.

58 Lucius, *Bismarck-Erinnerungen*, 373, 375–376, 379–380; GW, VIII, 560.

59 Lucius, *Bismarck-Erinnerungen*, 379. Ministerialsitzung vom 27. März 1887. DZA Merseburg, Rep. 90a, B, III, 2b, Nr. 6, Bd. 99; DZA Potsdam, Reichskanzlei, 182/1, 1–4, 14–15, 63–73. Vgl. auch Rogge, *Holstein und Hohenlohe*, 282–287.

60 Bismarck an Oberbürgermeister Johannes Miquel von Frankfurt a. M., 14. Juli 1888. GW, VIc, 391–392. Vgl. Ministerialsitzung vom 12. April und 13. Mai 1888. DZA Merseburg, Rep. 90a, B, III, 2b, Nr. 6, Bd. 100. Rogge, *Holstein und Hohenlohe*, 292–297, 315–325.

61 DZA Potsdam, Reichskanzlei, 193, 200–205v (Scholz an Bismarck, 25. Mai 1887); 194, 10–11 (Scholz an Bismarck, 4. Juli 1887), 51–53 (Rottenburg an Hohenlohe, 3. September 1887), 139–140v (Schwarzkoppen an Boetticher, 12. August 1888). Unten wird gezeigt, daß dieses Programm, das hier die Assimilation des Reichslands beschleunigen sollte, auf einer Linie mit Bismarcks allgemeinen Plänen zur Steuerreform für Gesamtdeutschland nach 1875 lag.

62 DZA Potsdam, Reichskanzlei, 183, 43, 50–53v (Bismarck an Hohenlohe, 12. Januar 1889); auch GW, IVc, 405–406. Diese Episode illustriert einige der Enttäuschungen, die Bismarcks Untergebene bei ihrem Bemühen erfuhren, seine Wünsche auszuführen und seinen Zorn zu vermeiden. Bismarck hatte Hohenlohe Zeitungsausschnitte geschickt, in denen ein Privatmann sich für ein solches Projekt einsetzte. In der Annahme, Bismarck sei ernsthaft interessiert, setzte Hohenlohe seine Beamten sofort darauf an. Zwei Monate später hatten sie einen detaillierten Plan erarbeitet, den der Kanzler nach flüchtiger Lektüre unvermittelt zu den Akten legte. DZA Potsdam, Reichskanzlei, 183, 25–33 (Bismarck an Hohenlohe, 25. Oktober 1888), 42–49 (Hohenlohe an Bismarck, 28. Dezember 1888).

63 DZA Potsdam, Reichskanzlei, 190, 61–66 (Hohenlohe an Bismarck, mit Randbemerkung Bismarcks, März 1887).

64 DZA Potsdam, Reichskanzlei, 190, 31–100 (Briefwechsel zwischen Bismarck, Schelling, Hohenlohe, Moltke und Schellendorff, 11. Februar bis 13. April 1887); GW, VIc, 360, 391–392, 401–402, 420–421; VIII, 677; Dan P. Silverman, *Reluctant Union: Alsace Lorraine and Imperial Germany, 1871–1918* (University Park, 1972), 51–60.

65 DZA Potsdam, Reichskanzlei, 196, 7–9 (Rottenburg an Hohenlohe, 18. Mai 1887).

66 DZA Potsdam, Reichskanzlei, 196, 13–14 (Hohenlohe an Bismarck, 22. Dezember 1888), 27–30v (Bismarck an Hohenlohe, 29. Dezember 1888); 183, 12–12v (Verwaltungsbericht, 25. Mai 1888), 71–72v (Verwaltungsbericht, 12. Februar 1888) und 114 (Verwaltungsbericht, 28. Januar 1890). Vgl. auch Silverman, *Reluctant Union*, 76–77.

67 Der Vorschlag steht in einem bislang unbekannten Bericht an Hohenlohe, der auf Anweisung des Kanzlers von Franz von Rottenburg verfaßt und unterzeichnet wurde. Ein am 10. September 1886 in der Pariser Zeitung *Le Correspondent* veröffentlichter Artikel hatte Bismarck darauf aufmerksam gemacht, daß politische Kreise in Frankreich die französische Sprache als wirksamstes Bollwerk gegen die «Entwicklung des Deutschthums» sahen. «Die Lektüre des Aufsatzes hat bei dem Herrn Reichskanzler den Gedanken angeregt, ob es nicht zweckmäßig sein würde, in Elsaß-Lothringen mit allen zu Gebote stehenden Mitteln auf die möglichste Verdrängung der französischen Sprache aus Schule, Kirche und dem bürgerlichen Leben überhaupt hinzuwirken. Bezüglich der polnischen Sprache ist in unseren östlichen Grenzbezirken in dieser Richtung bereits vorgegangen.» DZA Potsdam, Reichskanzlei, 196, 10–11 (Rottenburg an Hohenlohe, 20. Februar 1888), 11–11v (Rottenburg an Goßler, 20. Februar 1888). Hohenlohe antwortete zustimmend. DZA Potsdam, Reichskanzlei, 182/1, 94–95v (Hohenlohe an Rottenburg, 28. Februar 1888). Gleichzeitig machte Bismarck denselben Vorschlag gegenüber Kultusminister Goßler im Hinblick auf die wallonische Bevölkerung an der Grenze zu Belgien. DZA Potsdam, Reichskanzlei, 196, 11–11v (Rottenburg an Goßler, 20. Februar 1888). Goßlers Antwort war nicht aufzufinden. Entwürfe der

Berichte Rottenburgs befinden sich im DZA Potsdam, Reichskanzlei, 182/1, 91–93v.

68 DDF, I, 64ff.

69 Heinrich E. Brockhaus, *Stunden mit Bismarck, 1871–1878* (Leipzig, 1929), 80–81.

70 Moritz Busch, *Tagebuchblätter* (Leipzig, 1899), III, 219.

71 Hans Rothfels, *Bismarck, der Osten und das Reich* (Stuttgart, 1960), 94–95, und *Bismarck und der Staat* (2. Aufl., Darmstadt 1953), xli-xliii.

72 An das Abgeordnetenhaus, 24. Januar 1887. BR, XII, 300. Vgl. auch Busch, *Tagebuchblätter*, III, 211–213.

73 Vgl. Lucius, *Bismarck-Erinnerungen*, 352, 366; GW, VIII, 549; Bußmann (Hg.), *Herbert von Bismarck*, 418.

74 SBR (1887), 16–22, 38–48, 72–93. Das Zentrum hatte Kandidaten der Fortschrittspartei in jenen Stichwahlen unterstützt, in denen es selbst keine Chance hatte. Lucius, *Bismarck-Erinnerungen*, 371; HW, II, 429–430.

75 Wilhelm Gerloff, *Die Finanz- und Zollpolitik des Deutschen Reiches* (Jena, 1913), 191, 521–522; RGB (1887), 308–328.

76 Hermann Oncken, *Rudolf von Bennigsen* (Stuttgart, 1910), II, 533.

77 Ministerialsitzung vom 1. März 1887. DZA Merseburg, Rep. 90a, B, III, 2b, Nr. 6, Bd. 99. Andere Quellen zeigen, wie hartnäckig Bismarck an seinen Finanzplänen festhielt (einschließlich der Monopole). BR, XII, 140–141, 282–283; GW, VIII, 568–569.

78 Hans Blömer, *Die Anleihen des Deutschen Reiches von 1871 bis zur Stabilisierung der Mark 1924* (Diss., Bonn, 1946), 90–91.

79 Richard Müller, *Die Einnahmequellen des Deutschen Reiches und ihre Entwicklung in den Jahren 1872 bis 1907* (M.-Gladbach, 1907), 16–17; Gerloff, *Finanz- und Zollpolitik*, 191–192; RGB (1887), 253–272.

80 Vom Wert 100 im Jahre 1913 ausgehend, sind die Agrarpreise von 1881 bis 1887 wie folgt gefallen: 91, 83, 81, 78, 76, 71 und 70. Alfred Jacobs und Hans Richter, *Die Großhandelspreise in Deutschland von 1792 bis 1934* (Berlin, 1935), 83.

81 Anonymus (Ein Landwirth), «Nothschrei der Landwirtschaft über ungerechte Steuern!» (gedruckt in Bromberg, o.J.). DZA Potsdam, Reichskanzlei, 2088, 130.

82 SEG (1887), 109–110; SBHA (1887), II, 1047–1078; Anlagen, Bd. III, Nr. 165 und 176.

83 SEG (1887), 87–88.

84 Im März 1887 berichtete Wilhelm von Kardorff: «Bismarck setzt in diesem Jahr auf seinen Gütern große Summen zu». Kardorff, ein führender Freikonservativer im Reichstag, diskutierte mit dem Kanzler häufig über politische und wirtschaftliche Dinge. Der schlesische Gutsbesitzer und Industrielle Kardorff glaubte, daß für eine Erholung der Landwirtschaft die Doppelwährung (Gold und Silber) ebenso wichtig sei wie der Protektionismus, konnte Bismarck aber nicht von der Notwendigkeit überzeugen, Silber zum gesetzlichen Zahlungsmittel zu machen. Selbst vom Bankrott bedroht, empfand er Schadenfreude über Bismarcks finanzielle Schwierigkeiten. Siegfried von Kardorff, *Wilhelm von Kardorff: Ein nationaler Parlamentarier im Zeitalter Bismarcks und Wilhelms II., 1828–1907* (Berlin, 1936), 196. Bleichröders Korrespondenz enthüllt, daß Bismarck auf Varzin und Schönhausen hohe Hypotheken aufgenommen hatte (425 850 bzw. 259 400 Mark). Rantzau an Bleichröder, 11. Oktober und 25. November 1886. *Bleichröder Archive*, Box 4. Die durch Feuer zerstörte Papiermühle in Varzin war nicht voll versichert, und ihr Wiederaufbau kostete 57 471 Mark, was seine Finanzen zusätzlich belastete. Moritz Behrend an Bleichröder, 27. Juli 1887. *Ebd.*, Box 4. Im April 1887 mußte Bismarck überstürzt nach Friedrichsruh aufbrechen, weil sein dortiger Verwalter, Oberförster Peter Lange, englischen Kunden übermäßigen Kredit gewährt hatte (40 000 Mark), dessen Eintreibung teuer geworden wäre. Lucius, *Bismarck-Erinnerungen*, 382.

85 SBR (1887), IV, Aktenstück Nr. 90.

86 Ministerialsitzung vom 9. April 1887. Lucius, *Bismarck-Erinnerungen*, 382.

87 SBR (1887), I, 491–548; II, 878–1002, 1089–1116.

88 Kardorff, *Kardorff*, 192–193, 199.

89 Ministerialsitzung vom 4. Mai 1887. Lucius, *Bismarck-Erinnerungen*, 386. Vgl. auch seine Diskussion mit Rottenburg, 10. Oktober 1887. *Ebd.*, 398. Bismarck sprach sich im Reichstag für den Gesetzentwurf aus (BR, XII, 427ff.) und gratulierte Lucius zu dessen geschickter Verteidigung (GW, VIc, 373–374).

90 SBR (1887–1888), III, Aktenstück Nr. 22.

91 SBR (1887–1888), 47–107, 173–278, 309–340; RGB (1887), 533–534.

92 Lucius, *Bismarck-Erinnerungen*, 400; *Neue Preußische Zeitung*, Nr. 250, 26. Oktober 1887.

93 Bußmann (Hg.), *Herbert von Bismarck*, 395–396, 406–407; GP, VI, 98–103.

94 GP, V, 84–120 (besonders 108, 117), 160–166, 212–215.

95 Bußmann (Hg.), *Herbert von Bismarck*, 429; GP, V, 118–120, 218–220.

96 GP, IV, 181–209.

97 GP, IV, 210–237; VI, 170–172.

98 GP, IV, 240–251, 257–260; Alfred Pribram, *The Secret Treaties of Austria-Hungary, 1879–1914* (Cambridge, Mass., 1920), I, 104–115.

99 GP, IV, 118–120, 263–294, 300–311, 323–324.

100 GP, IV, 311–313; Pribram, *Secret Treaties*, I, 124–133; Hans Rothfels, *Bismarcks englische Bündnispolitik* (Berlin, 1924), 101–115.

101 GP, IV, 315–331; Pribram, *Secret Treaties*, I, 116–123.

102 Kennan, *Bismarcks europäisches System*, 298–321.

103 GP, VI, 182–192, 204.

104 Seager, *Boulanger Affair*, 57–69.

105 GP, IV, 321–323.

106 Kennan, *Bismarcks europäisches System*, 331 ff.; GP, V, 215 ff.; VI, 177–178.

107 GP, V, 167–176, 220–229, 256; Hans Hallmann (Hg.), *Zur Geschichte und Problematik des deutsch-russischen Rückversicherungsvertrages von 1887* (Darmstadt, 1968), 74–94.

108 GP, V, 229–232, 239–255; S. Goriainov, «The End of the Alliance of the Emperors», *American Historical Review*, 23 (1917–1918), 333–339; Bußmann (Hg.), *Herbert von Bismarck*, 457–458.

109 Zu einer Auswahl gegensätzlicher Meinungen zu diesem Thema vgl. Hallmann (Hg.), *Rückversicherungsvertrag*, 257–258.

110 GP, V, 221, 233–243, 251; Hallmann (Hg.), *Rückversicherungsvertrag*, 79–81.

111 GP, V, 265–268.

112 Vgl. etwa Sigrid Kumpf-Korfes, *Bismarcks Draht nach Rußland: Zum Problem der sozial-ökonomischen Hintergründe der russisch-deutschen Entfremdung im Zeitraum von 1878 bis 1891* (Berlin, 1968); Horst Müller-Link, *Industrialisierung und Außenpolitik: Preußen-Deutschland und das Zarenreich von 1860 bis 1890* (Göttingen, 1977); Hans-Ulrich Wehler, «Bismarcks späte Rußlandpolitik», in: ders., *Krisenherde des Kaiserreichs 1871 bis 1918: Studien zur deutschen Sozial- und Verfassungsgeschichte* (2. Aufl., Göttingen, 1979), 166–183; Helmut Böhme, «Die deutsch-russischen Wirtschaftsbeziehungen unter dem Gesichtspunkt der deutschen Handelspolitik (1874–1894)», in: Karl Otmar Freiherr von Aretin und Werner Conze (Hgg.), *Deutschland und Rußland im Zeitalter des Kapitalismus, 1861–1914* (Wiesbaden, 1977), 173–206.

113 Kumpf-Korfes, *Draht nach Rußland*, 7–9; Jürgen Kuczynski und Grete Wittkowski, *Die deutsch-russischen Handelsbeziehungen in den letzten 150 Jahren* (Berlin, 1947), 26.

114 Kumpf-Korfes, *Draht nach Rußland*, 13, 16–17, 50–51.

115 Das Kaiserliche Statistische Amt, *Statistisches Handbuch für das Deutsche Reich* (Berlin, 1907), Teil II, 152–159, 516–523, 528–531.

116 Joachim Mai, *Das Deutsche Kapital in Rußland 1850–1894* (Berlin, 1970), 109–110, 222–224; Valentin S. Djakin, «Aus der Geschichte der russisch-deutschen Wirtschaftsbeziehungen», in: Aretin und Conze (Hgg.), *Deutschland und Rußland*, 164–166.

117 Kennan, *Bismarcks europäisches System*, 253–257.

118 Kennan, *ebd.*, 258–259; Kumpf-Korfes, *Draht nach Rußland*, 51–61; Müller-Link, *Industrialisierung und Außenpolitik*, 286–302.

119 Das für den Kaiser erstellte Exposé ist auf den 10. November 1887 datiert – den Tag des (unten noch zu behandelnden) Lombardverbots! GP, V, 320; vgl. auch 307–308, 312–314 und besonders GP, VI, 324.

FÜNFTES BUCH
Niedergang und Sturz
1888–1890

I. Das Dreikaiserjahr

1 Moritz Busch, *Tagebuchblätter* (Leipzig, 1899), III, 211.
2 GW, VIII, 557.
3 Busch, *Tagebuchblätter*, III, 218.
4 GW, VIc, 361; Freiherr Lucius von Ballhausen, *Bismarck-Erinnerungen* (Stuttgart, 1920), 392, 394, 395, 406.
5 Horst Kohl (Hg.), *Fürst Bismarck: Regesten zu einer wissenschaftlichen Biographie des ersten Reichskanzlers* (Leipzig, 1892), II, 439 ff.
6 Walter Bußmann (Hg.), *Staatssekretär Graf Herbert von Bismarck: Aus seiner politischen Privatkorrespondenz* (Göttingen, 1964), 482.
7 GW, VIII, 587, 592, 620; XIV, 985. Hans Rothfels (Hg.), *Bismarck-Briefe* (Göttingen, 1955), 413–414.
8 GW, VIII, 643, 648–649. Selbst wenn Schweninger anwesend war, nutzte Bismarck gelegentlich die Kurzsichtigkeit des Arztes aus und nahm sich heimlich eine Extraportion. GW, VIII, 582–583.
9 GW, VIII, 646, 671–672.
10 Bußmann (Hg.), *Herbert von Bismarck*, 456; GW, XIV, 982; VIc, 382.
11 GW, VIII, 587.
12 GW, XIV, 982.
13 GP, V, 295–312, 315–318; VI, 110 ff.
14 GP, V, 160–206; Zitat auf S. 195.
15 William L. Langer, *European Alliances and Alignments* (2. Aufl., New York, 1950), 428–429; Hajo Holborn (Hg.) *Aufzeichnungen und Erinnerungen aus dem Leben des Botschafters Joseph Maria von Radowitz* (Stuttgart, 1925), II, 265–269. Auf Grund des französischen und russischen Widerstands blieb die von Sir Henry Drummond Wolff ausgehandelte Konvention Makulatur – mit der Folge, daß die Besetzung Ägyptens durch die Engländer bestehen blieb.
16 GP, IV, 335–337, 339, 342–343; V, 186.
17 GP, IV, 337–349.
18 Langer, *Alliances and Alignments*, 432–433, 445–446; GP, VI, 24–28; W. N. Medlicott, «The Mediterranean Agreements», *Slavonic Review*, 5 (1926), 66–68, und «Austria-Hungary and the War Danger of 1887», *Slavonic Review*, 6 (1927), 437–441.
19 GW, VIII, 571–577; GP, IV, 351–352; VI, 228–229; T. Palamenghi-Crispi (Hg.), *Die Memoiren Francesco Crispi's: Erinnerungen und Dokumente* (Berlin, 1912), 221–232.
20 GP, IV, 353–356; 367–373.
21 GP, IV, 376–380.
22 GP, IV, 381–394; Alfred Pribram, *The Secret Treaties of Austria-Hungary, 1879–1914* (Cambridge, Mass., 1920), I, 124–133; Medlicott, «Austria-Hungary», 84–86.
23 Langer, *Alliances and Alignments*, 441.
24 Bußmann (Hg.), *Herbert von Bismarck*, 472–475; GP, V, 293–296.
25 GP, V, 327, 330–337; VI, 3 ff.; Bußmann (Hg.), *Herbert von Bismarck*, 456; SEG (1887), 157; George F. Kennan, *Bismarcks europäisches System in der Auflösung: Die französisch-russische Annäherung 1875 bis 1890* (Frankfurt a. M., 1981), 376–380; Ludwig Raschdau, *Unter Bismarck und Caprivi* (Berlin, 1939), 18–19.
26 GP, V, 313, 320–324, 338–350; Lucius, *Bismarck-Erinnerungen*, 404–405; Bußmann (Hg.), *Herbert von Bismarck*, 482.
27 SEG (1887), 180–184.
28 GP, VI, 21, 24–29, 302, 309; Ferdinand von Schmerfeld, *Graf Moltke: Die deutschen Aufmarschpläne 1871–1890.* (Berlin, 1929), 137–146; Heinrich Otto Meisner (Hg.), *Denkwürdigkeiten des General-Feldmarschalls Alfred Grafen von Waldersee* (3 Bde., Stuttgart, 1922–1923), I, 333–339, 421–423; Radowitz, *Aufzeichnungen und Erinnerungen*, II, 277; Wilhelm von Schweinitz (Hg.), *Denkwürdigkeiten des Botschafters General von Schweinitz* (2 Bde., Berlin, 1927), II, 350–351, 353, 355; Norman Rich, M. H. Fisher, Werner Frauendienst (Hgg.), *Die geheimen Papiere Friedrich von* Holsteins (4 Bde., Göttingen, 1956–1963), III, 210–231; Bußmann (Hg.), *Herbert von Bismarck*, 488–496. Ca-

nis' These – Bismarck habe gehofft, daß Österreich Rußland den Krieg erkläre, ohne auf deutsche Unterstützung zu bauen, und dieser Konflikt den Weg für einen deutschen Präventivangriff gegen Frankreich bereite – ist interessant, aber nicht wahrscheinlich. Bismarck war sich der Unwägbarkeiten bei der Mobilisierung großer Armeen zu sehr bewußt, um gleichzeitig zwei Kriege dieser Größenordnung auf dem europäischen Festland zu entfesseln und darauf zu hoffen, daß sie isoliert blieben. Seine Vision von Deutschlands Sicherheit konzentrierte sich auf den Erhalt des Machtgleichgewichts, das durch den Sieg einer der beiden östlichen Mächte über die andere empfindlich gestört worden wäre. Vgl. Konrad Canis, *Bismarck und Waldersee* (Ost-Berlin, 1980), 207–240.

29 GP, V, 282–290; VI, 23, 55–87, 229–261. GP, VI, 65–69; Rich, Fisher, Frauendienst (Hgg.), *Papiere Holsteins,* III, 210–219; Waldersee, *Denkwürdigkeiten,* I, 340–341; John Alden Nichols, *The Year of the Three Kaisers: Bismarck and the German Succession, 1887–88* (Urbana, 1987), 70–77.

30 BR, XII, 440–477; SEG (1888), 43; Bußmann (Hg.), *Herbert von Bismarck,* 504–505.

31 GP, V, 324–328; VI, 34–35, 45–51; Schweinitz, *Denkwürdigkeiten,* II, 359–360; Bußmann (Hg.), *Herbert von Bismarck,* 498–499.

32 Waldersee, *Denkwürdigkeiten,* I, 334–335. Wie weit Bismarck in kritischen Momenten auf seiner Suche nach Verbündeten zu gehen bereit war, läßt sich an seinen Überlegungen zu einem deutsch-türkischen Bündnis in den Jahren 1883 und 1887 ablesen. GP, III, 263; V, 251. Von 1878 an förderte er das Verhältnis zum Osmanischen Reich unter anderem durch die Entsendung deutscher Offiziere und Beamter als Berater für die Pforte (nach 1882) sowie durch eine gewisse Ermutigung deutscher Bankiers, die nach 1888 stark an Investitionen in die Bagdadbahn interessiert waren. Vgl. Hajo Holborn, *Deutschland und die Türkei, 1878–1890* (Berlin, 1926).

33 Bußmann (Hg.), *Herbert von Bismarck,* 506–508; GP, V, 278–279; Schweinitz, *Denkwürdigkeiten,* II, 360–361.

34 Karl Heinz Börner, *Wilhelm I.: Eine Biographie, 1797–1888* (Köln, 1984), 272–273; SEG (1888), 54–55; Horst Kohl (Hg.), *Anhang zu den Gedanken und Erinnerungen von Otto Fürst von Bismarck* (Stuttgart, 1901), II, 544 ff.; Bußmann (Hg.), *Herbert von Bismarck,* 508–509.

35 GW, XV, 446. Es gibt Hinweise darauf, daß Bismarck – wie üblich Chirurgen gegenüber skeptisch – die Operation selbst verhindern wollte, da es besser sei, «in die Hände Gottes als in die der Menschen zu fallen». H. J. Wolf, *Die Krankheit Friedrichs III. und ihre Wirkung auf die deutsche und englische Öffentlichkeit* (Berlin, 1958), 10–12, 99–101. Wenn dies zutraf, war seine Skepsis durchaus berechtigt. Bergmann hatte die empfohlene Operation siebenmal durchgeführt. Von fünf Patienten, denen er den Kehlkopf vollständig entfernt hatte, starben zwei innerhalb von zwei Wochen und drei nach sechs bis achtzehn Monaten. Von den beiden Patienten, denen nur ein Teil entfernt wurde, starb einer nach drei Monaten, während der andere überlebte. Bergmanns Behandlungserfolge sollen damals überdurchschnittlich gut gewesen sein. *Ebd.,* 85.

36 Wolf, *Krankheit Friedrichs III.,* 117 ff. Die Krankheit sowie die damit verknüpften medizinischen und politischen Kontroversen sind Gegenstand umfangreicher und häufig leidenschaftlicher Literatur. Vgl. Frederick Ponsonby (Hg.), *Briefe der Kaiserin Friedrich* (Berlin, o.J.), 256 ff.; Egon C. Corti, *The English Empress: A Study in the Relations between Queen Victoria and her Eldest Daughter, Empress Frederick of Germany* (London, 1957), 235 ff.; Michael Freund, *Das Drama der 99 Tage: Krankheit und Tod Friedrichs III.* (Berlin, 1966); Erich Eyck, «The Empress Frederick», *The Quarterly Review,* 289 (1951), 355–366. Es scheint jedoch, daß Kronprinzessin Victoria, «die englische Kaiserin», wie ihre Kritiker sie nannten, fälschlich zur Schurkin des Dramas gemacht wurde. Nicht sie entschied sich für Mackenzie, sondern die deutschen Ärzte des Kronprinzen. Daß sie es vorzog, seinen Versicherungen zu glauben, die Krankheit sei nicht bösartig und heilbar, ist verständlich. Wolf, *Krankheit Friedrichs III.,* 43 ff., 90 ff.; Nichols, *Year of Three Kaisers,* 19 ff.

37 Wolf, *Krankheit Friedrichs III.,* 25, 56, 90; HW, II, 272; Ernst Feder (Hg.), *Bismarcks großes Spiel: Die geheimen Tagebücher Ludwig Bambergers* (Frankfurt a. M., 1933), 478.

38 Vgl. den ersten Band dieser Biographie, 178–181, 215–219.

39 Die Nachwirkung seiner Sichtweise wird deutlich in Felix von Eckardt, *Ein unordentliches Leben: Lebenserinnerungen* (Düsseldorf, 1967), 13.

40 Zu Darstellungen der Entwicklung, Prägung und Haltung Friedrich Wilhelms vgl. Andreas Dorpalen, «Emperor Frederick III and the German Liberal Movement», *American Historical Review*, 54 (1948–1949), 1–31; Nichols, *Year of Three Kaisers*, 7 ff.

41 Vgl. den ersten Band dieser Biographie, 499, 502; Dorpalen, «Emperor Frederick III», 19–21. In Erwartung seiner künftigen Herrschaft äußerte der Kronprinz Bismarck gegenüber die Absicht, den Titel Friedrich IV. anzunehmen und dadurch das zweite mit dem ersten (mittelalterlichen) Reich gleichzusetzen. Bismarck erwiderte jedoch nachdrücklich, daß es zwischen den beiden Reichen keinen Zusammenhang gebe, und riet zur Ordnungszahl III., die Friedrich als König von Preußen tragen würde. Lucius, *Bismarck-Erinnerungen*, 423.

42 Christoph von Tiedemann, *Sechs Jahre Chef der Reichskanzlei unter dem Fürsten Bismarck* (Leipzig, 1910), 215.

43 Hans Delbrück, *Erinnerungen, Aufsätze und Reden* (Berlin, 1902), 74–76.

44 Dorpalen, «Emperor Frederick III», 23; Bamberger, *Bismarcks großes Spiel*, 331–332; Hermann Oncken, *Rudolf von Bennigsen* (Stuttgart, 1910), II, 425.

45 Bismarck an Wilhelm I., 13. Juli 1879. GW, VIc, 159–160.

46 Busch, *Tagebuchblätter*, II, 577; III, 88, 94–95, 139, 164–165, 192, 202, 216; GW, VIII, 535.

47 Lucius, *Bismarck-Erinnerungen*, 324, 338, 396; GW, XV, 445.

48 An Stauffenberg, 21. August 1884. HW, II, 417–418.

49 Busch, *Tagebuchblätter*, II, 577; III, 88, 164–165, 192; GW, VIII, 410, 441; Lucius, *Bismarck-Erinnerungen*, 359–360.

50 GW, XIV, 963–964; Moritz Busch, *Tagebuchblätter*, III, 216. Was unbewußt auch dahinterstecken mochte, das Gefühl war vermutlich ein ehrlicher Ausdruck von Bismarcks Königstreue. Trotz allem, was sie trennte, war er von der Nachricht, daß Friedrich Wilhelms Krankheit unheilbar war, zu Tränen gerührt. Philipp zu Eulenburg-Hertefeld, *Aus 50 Jahren* (Berlin, 1923), 139–140.

51 Martin Philippson, *Das Leben Kaiser Friedrichs III.* (Wiesbaden, 1908), 412; Bußmann (Hg.), *Herbert von Bismarck*, 510.

52 SEG (1888), 59–62.

53 Lucius, *Bismarck-Erinnerungen*, 433. Die offiziellen Sitzungsprotokolle enthalten diese Bemerkungen nicht.

54 Zu Bismarcks Bericht an das preußische Staatsministerium über die Ereignisse vom 21. März vgl. Lucius, *Bismarck-Erinnerungen*, 437–439; DZA Merseburg, Rep. 90 a, B, III, 2 b, Nr. 6, Bd. 100.

55 Lucius, *Bismarck-Erinnerungen*, 437, 445; Busch, *Tagebuchblätter*, III, 226.

56 Rantzau an Herbert von Bismarck, 3. November 1885. Bußmann (Hg.), *Herbert von Bismarck*, 332–333. Zur Affäre um die Battenberg-Hochzeit vgl. oben, 468.

57 GP, VI, 281–298; Schweinitz, *Denkwürdigkeiten*, II, 363–365.

58 Lucius, *Bismarck-Erinnerungen*, 445–448. Zu Auszügen aus der Behandlung in der Presse vgl. SEG (1888), 73–81.

59 Busch, *Tagebuchblätter*, III, 226–235; Busch, *Bismarck: Some Secret Pages of His History* (New York, 1898) II, 412–420. Hier müssen beide Ausgaben dieses Werks herangezogen werden, da die deutschen Herausgeber Textstellen gestrichen haben, die sie offenbar als beleidigend gegenüber Kaiserin Victoria empfunden haben.

60 Bußmann (Hg.), *Herbert von Bismarck*, 310–312, 340–341, 377–389, 415–418. Vgl. auch Philippson, *Leben Kaiser Friedrichs*, 425–426; Lucius, *Bismarck-Erinnerungen*, 447; Ponsonby (Hg.), *Briefe der Kaiserin Friedrich*, 314–319, 335–337; SEG (1889), 30. Durch seine Hochzeit wollte Alexander alle Spekulationen über seine Rückkehr nach Sofia beenden. Er gab den Namen Battenberg auf, nahm den Titel Graf von Hartenau an und ersuchte Kaiser Franz Joseph um eine Stellung in der österreichisch-ungarischen Armee. Schließlich kehrte er aber doch nach Sofia zurück – nach seinem Tod im Jahre 1893, als er in Sofia mit Pomp und großem Zeremoniell als «Fürst von Bulgarien» beigesetzt wurde. Egon C. Corti, *Alexander von Battenberg: Sein Kampf mit den Zaren und Bismarck* (Wien, 1920), 335–340.

61 Lucius, *Bismarck-Erinnerungen,* 448–450, 453–454; GW, VIc, 389–390; Philippson, *Leben Kaiser Friedrichs,* 421.
62 Ministerialsitzung vom 22. März 1888. DZA Merseburg, Rep. 90a, B, III, 2b, Nr. 6, Bd. 100. Sitzung des Kronrats vom 23. März 1888. DZA Merseburg, Rep. 90a, B, III, 2c, Nr. 3, Bd. IV. Lucius, *Bismarck-Erinnerungen,* 439, 443–445; Philippson, *Leben Kaiser Friedrichs,* 421–422.
63 Lucius, *Bismarck-Erinnerungen,* 454–455, 458–460; SBHA (1888), 1651–1677.
64 Lucius, *Bismarck-Erinnerungen,* 456; DZA Merseburg, Rep. 90a, B, III, 2b, Nr. 6, Bd. 100.
65 Lucius, *Bismarck-Erinnerungen,* 457–462. Das von Friedrich genannte Motiv für die Entlassung Puttkamers war Unzufriedenheit damit, wie der Minister den Einsatz von Regierungsmacht zur Einflußnahme auf die Wahl Puttkamer-Plauths verteidigte.
66 Lucius, *Bismarck-Erinnerungen,* 455.
67 Erinnerung von Graf August zu Eulenburg, 20. April 1875. Lucius, *Bismarck-Erinnerungen,* 74.
68 An Königin Victoria, 19. und 26. Juni 1866. Ponsonby (Hg.), *Briefe der Kaiserin Friedrich,* 83–85.
69 Michael Balfour, *Der Kaiser: Wilhelm II. und seine Zeit* (Berlin, 1967), 78.
70 An Königin Victoria, 28. Mai 1870. Ponsonby (Hg.), *Briefe der Kaiserin Friedrich,* 93.
71 An Königin Victoria, 28. Januar 1871. Ponsonby (Hg.), *Briefe der Kaiserin Friedrich,* 147–148.
72 Zit. in: Ponsonby (Hg.), *Briefe der Kaiserin Friedrich,* 146.
73 An Königin Victoria, 23. April 1887. Ponsonby (Hg.), *Briefe der Kaiserin Friedrich,* 247.
74 Thomas Dealtry an Kronprinzessin Viktoria, 30. April 1870. Ponsonby (Hg.), *Briefe der Kaiserin Friedrich,* 92.
75 Balfour, *Der Kaiser,* 78–81, 84.
76 An Königin Victoria, 1. September 1874. Ponsonby (Hg.), *Briefe der Kaiserin Friedrich,* 164.
77 Ponsonby (Hg.), *ebd.,* 146; Egon C. Corti, *English Empress,* 194.
78 Balfour, *Der Kaiser,* 82–84; Corti, *English Empress,* 213.
79 An Königin Victoria, 26. März 1880. Ponsonby (Hg.), *Briefe der Kaiserin Friedrich,* 212.
80 Arthur von Brauer, *Im Dienste Bismarcks* (Berlin, 1936), 284.
81 Ponsonby (Hg.), *Briefe der Kaiserin Friedrich,* 246ff.
82 Balfour, *Der Kaiser,* 84–88.
83 GW, XV, 545.
84 John C. G. Röhl, «The Emperor's New Clothes: A Character Sketch of Kaiser Wilhelm II», in: John C. G. Röhl und Nicolaus Sombart, *Kaiser Wilhelm II: New Interpretations* (Cambridge, 1982), 26, 44–46.
85 GW, XV, 455. Adolf von Scholz, *Erlebnisse und Gespräche mit Bismarck* (Stuttgart, 1922), 80–81; Lucius, *Bismarck-Erinnerungen,* 411.
86 GW, XV, 455–456; GW, VIc, 347–348; GP, V, 55–61, 63–65; Balfour, *Der Kaiser,* 103–104; Bußmann (Hg.), *Herbert von Bismarck,* 370–371, 384, 388–389, 391–392; Nichols, *Year of Three Kaisers,* 27–30.
87 An Königin Victoria, 11. August 1886. Ponsonby (Hg.), *Briefe der Kaiserin Friedrich,* 240. Vgl. auch Kronprinz Friedrich Wilhelm an Bismarck, 28. September 1886. GW, XV, 456. Als Kaiser Wilhelm I. erfuhr, daß Prinz Wilhelm in den Augen Friedrich Wilhelms für die Übernahme politischer Verantwortung «noch nicht genug gereift» sei, erwiderte er: «Mein Enkel ist zu meiner Freude ungewöhnlich reif ... Mein Sohn ist nie so reif gewesen». Bußmann, *Herbert von Bismarck,* 403, 415–416.
88 SEG (1888), 58. Das Dokument wurde nicht von Bismarck, sondern von General Emil von Albedyll, dem Chef des Militärkabinetts, angeregt. Er warnte den Kanzler, der Kaiser könne «an jedem Morgen tot im Bett» gefunden werden. Herbert von Bismarck an seinen Vater, 14. November 1887. Bußmann (Hg.), *Herbert von Bismarck,* 480–481.
89 Ponsonby (Hg.), *Briefe der Kaiserin Friedrich,* 290–291.
90 Lucius, *Bismarck-Erinnerungen,* 437–439.
91 *Ebd.,* 464–465.
92 Corti, *English Empress,* 302–303; Balfour, *Der Kaiser,* 124–125. Laut Herbert von Bismarck zeigte sich Victoria nach dem Tod ihres Gatten kooperativ und forderte Kisten mit Dokumenten an, die zur Durchsicht zurückgegeben wurden – Friedrich hatte sie

1887 als «Eigentum meiner Frau» nach England geschickt. Bußmann (Hg.), *Herbert von Bismarck*, 519.

93 Wolf, *Krankheit Friedrichs III.*, 124 ff.

94 C. L. Schleich, *Besonnte Vergangenheit* (Berlin, 1921), 219 ff. Vgl. aber auch Wolf, *Krankheit Friedrichs III.*, 78 ff., der die Genauigkeit von Schleichs Erinnerungen anzweifelt.

95 Corti, *English Empress*, 306–308.

96 Vgl. oben, 300–301.

97 Waldersee, *Denkwürdigkeiten*, I, 340–341. Vgl. auch Gordon A. Craig, *Die preußisch-deutsche Armee 1640–1945: Staat im Staate* (Düsseldorf, 1960), 293–297; Nichols, *Year of Three Kaisers*, 67–75. Bismarcks Versuch, Waldersee als Generalquartiermeister abzusetzen, wurde von Moltke unterbunden, der ihn für unersetzlich erklärte. «Er wisse keinen fähigeren!» Bußmann (Hg.), *Herbert von Bismarck*, 506.

98 Heinrich Heffter, *Die Kreuzzeitungspartei und Bismarcks Kartellpolitik* (Leipzig, 1927), 103–104.

99 Scholz, *Erlebnisse und Gespräche*, 82–83; Nichols, *Year of Three Kaisers*, 67–72.

100 Rich, Fisher, Frauendienst (Hgg.), *Papiere Holsteins*, II, 301 ff.; Eulenburg-Hertefeld, *Aus 50 Jahren*, 134 ff., 146–147.

101 John C. G. Röhl, «The Disintegration of the *Kartell* and the Politics of Bismarck's Fall from Power, 1887–1890», *The Historical Journal*, 9 (1966), 60–89.

102 Herbert an Wilhelm von Bismarck, 4. März 1887. Bußmann (Hg.), *Herbert von Bismarck*, 430; Heffter, *Kreuzzeitungspartei*, 82 ff.

103 Heffter, *Kreuzzeitungspartei*, 90–99, 102–103; BR, XII, 390 ff.; GW, VIII, 563; Hans Leuss, *Wilhelm Freiherr von Hammerstein* (Berlin, 1905), 50–54.

104 Heffter, *Kreuzzeitungspartei*, 104–105; SEG (1887), 190.

105 GW, XV, 459.

106 Zur Diskussion in der Öffentlichkeit vgl. Nichols, *Year of Three Kaisers*, 32–43, und «Bismarck and the Accession of Frederick III», *Studies in Modern European History and Culture*, I, 112–118; SEG (1887), 199–201.

107 Lucius, *Bismarck-Erinnerungen*, 409.

108 SEG (1887), 199–201; Heffter, *Kreuzzeitungspartei*, 106–108.

109 Lucius, *Bismarck-Erinnerungen*, 410–411.

110 Waldersee, *Denkwürdigkeiten*, I, 346–354.

111 GW, XV, 460–470. Als Bismarck am 6. Januar schrieb, hatte er noch einen weiteren Brief von Prinz Wilhelm erhalten (datiert auf den 29. November), dem ein Entwurf der Proklamation beigefügt war, die Wilhelm an preußische Gesandtschaften in den Hauptstädten der kleineren Staaten des Reiches schicken wollte, wo sie bei seiner Thronbesteigung zur Übergabe an die Monarchen bereitliegen sollte. Seine «Onkel» sollten keine Zeit bekommen, sich über die Verleihung der Kaiserwürde an einen so jungen Prinzen Gedanken machen zu können; der Akt sollte ihnen als fait accompli präsentiert werden. Bismarck erkannte rasch, daß die Proklamation des Prinzen nicht ein Problem lösen, sondern eines schaffen würde. Er riet dem Prinzen, den Entwurf unverzüglich zu verbrennen, damit er nicht zu früh bekannt und bei Herrschern Anstoß erregen würde, die seine Thronfolge gar nicht verhindern wollten. Damit war die Sache erledigt. *Ebd.*; auch Nichols, *Year of Three Kaisers*, 58–66.

112 Holstein-Tagebuch, 4. Februar 1888. Rich, Fisher, Frauendienst, *Papiere Holsteins*, II, 408–410.

113 Philipp zu Eulenburg nahm für sich in Anspruch, er habe im Dezember 1887 das Verhältnis zwischen Prinz Wilhelm und Herbert ins Lot gebracht. Eulenburg, *Aus 50 Jahren*, 156–158.

114 SEG (1888), 72.

11. Wachsende Spannungen

1 Moritz Busch, *Bismarck: Some Secret Pages of His History* (New York, 1898), II, 325. In der deutschen Ausgabe wurde im selben Absatz eine Passage gestrichen, in der Friedrich III. kritisiert wurde. Vgl. Moritz Busch, *Tagebuchblätter* (Leipzig, 1899), III, 88–89.

2 Rudolf Vierhaus (Hg.), *Das Tagebuch der Baronin Spitzemberg* (Göttingen, 1960), 264.

3 Horst Kohl (Hg.), *Fürst Bismarck: Regesten zu einer wissenschaftlichen Biographie des ersten Reichskanzlers* (Leipzig, 1892), II, 462–495.

4 Wilhelm von Schweinitz, *Denkwürdigkeiten des Botschafters General von Schweinitz* (Berlin, 1927), II, 373; GW, VIc, 418; VIII, 643,

646–649, 656, 661, 709; XIV, 985, 992; Busch, *Secret Pages*, II, 432, 455, 506.

5 Norman Rich, M. H. Fisher, Werner Frauendienst (Hgg.), *Die geheimen Papiere Friedrich von Holsteins* (4 Bde., Göttingen, 1956–1963), II, 408; GW, VIII, 709; Karl Alexander von Müller, *Mars und Venus: Erinnerungen, 1914–1919* (Stuttgart, 1954), 80–81. Am 4. Januar 1890 bat der Kaiser Boetticher, sich auf seiner nächsten Reise nach Friedrichsruh zu vergewissern, ob das Gerücht von Bismarcks Abhängigkeit wahr sei. Am 7. Januar stellte Boetticher diese Frage Schweninger, der offenbar nicht wahrheitsgemäß antwortete, «daß schon seit Jahren jede Anwendung von Morphium beim Fürsten unterlassen sei, und daß er ihm, wenn er nicht schlafen könne, ein unschuldiges, die Nerven nicht angreifendes Mittel ‹Parahelit› (Paraldehyd) gebe». Georg Freiherr von Eppstein (Hg.), *Fürst Bismarcks Entlassung* (Berlin, 1920), 77–78.

6 BR, XII, 425 ff.

7 Freiherr Lucius von Ballhausen, *Bismarck-Erinnerungen* (Stuttgart, 1920), 505.

8 GW, VIc, 395; XIV, 988; Busch, *Tagebuchblätter*, III, 240–243.

9 SEG (1888), 133–142.

10 SEG (1889), 4–5, 9.

11 Friedrich Curtius (Hg.), *Denkwürdigkeiten des Fürsten Chlodwig zu Hohenlohe-Schillingsfürst* (Stuttgart, 1906), II, 450.

12 SEG (1888), 198.

13 SEG (1889), 2–4. Zu Herberts Abneigung gegen Morier vgl. Walter Bußmann (Hg.), *Staatssekretär Graf Herbert von Bismarck: Aus seiner politischen Privatkorrespondenz* (Göttingen, 1964), 252–253.

14 Schweinitz, *Denkwürdigkeiten*, II, 374, 378–381.

15 Felix von Eckardt, *Ein unordentliches Leben: Lebenserinnerungen* (Düsseldorf, 1967), 11–13.

16 Der verhängnisvolle Satz wurde in der Originalfassung von Bismarck eingefügt, vielleicht als Seitenhieb gegen den Prinzen von Wales, der den Anspruch des Herzogs von Cumberland auf das deutsche Fürstentum Braunschweig unterstützte. Otto Gradenwitz, *Bismarcks letzter Kampf, 1888–1898: Skizzen nach Akten* (Berlin, 1924), 21–34.

17 SEG (1889), 10–13. Hans Leuss, *Wilhelm Freiherr von Hammerstein* (Berlin, 1905), 64. Prinz Wilhelm selbst hatte 1887 seiner Mutter vorgeworfen, sie habe der englischen Regierung Informationen aus Berichten zugespielt, die Friedrich III. in San Remo erhalten habe. Bußmann (Hg.), *Herbert von Bismarck*, 485.

18 GW, VIII, 622; Busch, *Tagebuchblätter*, III, 274.

19 Bußmann (Hg.), *Herbert von Bismarck*, 518, 529, 539–540. Bismarck warnte einen Untergebenen, Wilhelm II. neige dazu, alle Berichte, die er für zu lang halte, ungelesen beiseite zu legen. Schwarzkoppen an unbekannten Vortragenden Rat in der Reichskanzlei, 21. Januar 1890. DZA Potsdam, Reichskanzlei, 446, 134–134v.

20 Frederic H. Seager, *The Boulanger Affair: Political Crossroad of France, 1886–1889* (Ithaca, 1969), 167–261; Theodore Zeldin, *France, 1848–1945: Politics and Anger* (Oxford, 1979), 277–281.

21 William L. Langer, *European Alliances and Alignments* (2. Aufl., New York, 1956), 472, 479–480; George F. Kennan, *Bismarcks europäisches System in der Auflösung: Die französisch-russische Annäherung 1875 bis* 1890 (Frankfurt a.M., 1981), 415–427; GP, VI, 206–215.

22 GP, VI, 215–218, 302–309; Bußmann (Hg.), *Herbert von Bismarck*, 504; Hohenlohe, *Denkwürdigkeiten*, II, 432–438.

23 Lucius, *Bismarck-Erinnerungen*, 452.

24 Heinrich O. Meisner (Hg.), *Denkwürdigkeiten des General-Feldmarschalls Alfred Grafen von Waldersee* (Stuttgart, 1923), I, 399–401.

25 GP, VI, 311–314.

26 GP, VI, 320–337, auch V, 320.

27 GP, IV, 399–404.

28 GP, IV, 404–410; Langer, *Alliances and Alignments*, 493–494.

29 Schweinitz, *Denkwürdigkeiten*, II, 374–375, 392, 396 ff.

30 Waldersee, *Denkwürdigkeiten*, II, 42, 48; Hajo Holborn (Hg.), *Aufzeichnungen und Erinnerungen aus dem Leben des Botschafters Joseph Maria von Radowitz* (Stuttgart, 1925), II, 296–297; Norman Rich, *Friedrich von Holstein: Politics and Diplomacy in the Era of Bismarck and Wilhelm II* (Cambridge, 1965), I, 249–250.

31 Bußmann (Hg.), *Herbert von Bismarck*, 535, 538–542; Waldersee, *Denkwürdigkeiten*, II, 54–59.

32 Bismarck an Boetticher, 26. Juni 1889. GW, VIc, 414–415.

33 Hansjörg Renk, *Bismarcks Konflikt mit der Schweiz* (Basel, 1972), 128 ff., 331 ff.

34 Walther Peter Fuchs (Hg.), *Großherzog Friedrich I. von Baden und die Reichspolitik 1871–1907* (Stuttgart, 1975), II, 628–670; Hohenlohe, *Denkwürdigkeiten*, II, 456–457; Renk, *Bismarcks Konflikt mit der Schweiz*, 335–357.

35 Bußmann (Hg.), *Herbert von Bismarck*, 538–544.

36 *Ebd.*, 540–541, 544–545, 547.

37 *Ebd.*, 547–549; GP, VI, 359–362; GW, XV, 559–560; Waldersee, *Denkwürdigkeiten*, II, 70–73; Hans Übersberger, «Abschluß und Ende des Rückversicherungsvertrages», in: Hans Hallmann (Hg.), *Zur Geschichte und Problematik des deutsch-russischen Rückversicherungsvertrages von 1887* (Darmstadt, 1968), 313–317.

38 Langer, *Alliances and Alignments*, 496–498; Wilhelm von Schweinitz (Hg.), *Briefwechsel des Botschafters General von Schweinitz* (Berlin, 1928), 264–265.

39 GW, VIII, 672–673; Helmut Krausnick, *Neue Bismarck-Gespräche* (Hamburg, 1940), 60–62; Philipp zu Eulenburg-Hertefeld, *Aus 50 Jahren* (Berlin, 1923), 222–224. 1888 zeigte Bismarck ein gewisses Bewußtsein für dieses Problem, als er Finanzminister Scholz riet, Wilhelm II. keinen Kabinettsbericht über die Frage zuzusenden, welche Maßnahmen der Gegenzeichnung eines Ministers bedürften und welche nicht: «Die Form einer ministeriellen staatsrechtlichen Belehrung würde bei dem Character Seiner Majestät die richtige Wirkung vielleicht nicht thun. In den Eigenheiten dieses Characters werden vielleicht manche Unbequemlichkeiten für uns und spätere Minister liegen, aber auch so große Vortheile für das Land und für die Monarchie, daß ich es nicht für unsere Aufgabe ansehe, ihnen von Haus aus in einer Personalfrage mit polemischer Schärfe entgegenzutreten.» 2. August 1888. GW, XIV, 986–987.

40 Gegen Ende seines Briefes vom 21. Dezember 1887 an Bismarck schrieb Prinz Wilhelm: «Falls das Letztere sich ereignen sollte (d. h., falls Krieg ausbrechen sollte), mögen Sie nicht vergessen, daß hier eine Hand und ein Schwert bereit sind von einem Manne, der sich wohl bewußt ist, daß Friedrich der Große sein Ahnherr ist und drei mal soviel allein bekämpfte, als wir jetzt gegen uns haben; und der seine 10 Jahre militärischer Ausbildung nicht umsonst hart gearbeitet hat!» GW, XV, 464.

41 Zit. in: John C. G. Röhl, «Disintegration of the *Kartell* and the Politics of Bismarck's Fall from Power», *Historical Journal*, 9 (1966), 68–69.

42 Lucius, *Bismarck-Erinnerungen*, 465.

43 Zit. in: Heinrich Heffter, *Die Kreuzzeitungspartei und Bismarcks Kartellpolitik* (Leipzig, 1927), 137.

44 Lucius, *Bismarck-Erinnerungen*, 464–465, 471; Heffter, *Kreuzzeitungspartei*, 120–121.

45 Lucius, *Bismarck-Erinnerungen*, 477; GW, VIII, 615–616.

46 Heffter, *Kreuzzeitungspartei*, 140–143; SEG (1888), 121; Röhl, «Disintegration of the *Kartell*», 72.

47 Heffter, *Kreuzzeitungspartei*, 165–167. Kronratsprotokolle. DZA Merseburg, Rep. 90 a, B, III, 2 c, Nr. 3, Bd. 4, 172–173.

48 Heffter, Kreuzzeitungspartei, 167, 175–178; Leuss, *Wilhelm Freiherr von Hammerstein*, 61–70; Lucius, *Bismarck-Erinnerungen*, 502–503.

49 Gradenwitz, *Letzter Kampf*, 76–77; SEG (1888), 97, 101; (1889), 107, 125–126.

50 22. Juni und 10. Juli 1888. Waldersee, *Denkwürdigkeiten*, I, 405–406, 412.

51 *Ebd.*, I, 413 ff.; II, 33–36.

52 *Ebd.*, I, 352–354, 377 ff., 413; II, 3 ff., 38 ff., 43 ff.; Heinrich Otto Meisner (Hg.), *Aus dem Briefwechsel des Generalfeldmarschalls Alfred Grafen von Waldersee* (Berlin, 1928), I, 301–303, 310–315. Heffter, *Kreuzzeitungspartei*, 168, 180–181.

53 Bußmann (Hg.), *Herbert von Bismarck*, 548–549, 554–555.

54 Vgl. oben, 424 f.

55 Herbert an Otto von Bismarck, 5. Oktober 1889. Bußmann (Hg.), *Herbert von Bismarck*, 549.

56 1. September 1888. Hermann Oncken, *Rudolf von Bennigsen* (Stuttgart, 1910), II, 547.

57 Hans Herzfeld, *Johannes von Miquel* (Detmold, 1938), II, 133 ff.; Waldersee, *Briefwechsel*, 303, 310–317.

58 SEG (1889), 140.

59 Herzfeld, *Miquel*, II, 156–160. Bei einem informellen Treffen nationalliberaler Abgeordneter in einem Wirtshaus soll Miquel seine Kollegen, vor allem Bennigsen, überrascht

und gegen sich aufgebracht haben, als er lauthals verkündete, die Nationalliberale Partei habe den Fehler gemacht, sich zu stark selbst zu verleugnen. Die Zeit sei gekommen, sowohl in Personal- als auch in Sachfragen für die Unterstützung Zugeständnisse zu verlangen. Wilhelm Mommsen, *Bismarcks Sturz und die Parteien* (Berlin, 1924), 22.

60 SBR (1889–1890), I, 52–58. Zu Bismarcks Reaktion auf diese Forderung vgl. Gradenwitz, *Letzter Kampf*, 82–83.

61 Herzfeld, *Miquel*, II, 161. Miquel soll Patzigs Rundbrief inspiriert haben. Mommsen, *Bismarcks Sturz*, 23.

62 GW, XV, 385–386.

63 Richard Müller, *Die Einnahmequellen des Deutschen Reiches und ihre Entwicklung in den Jahren 1872 bis 1907* (M.-Gladbach, 1907), 62–63.

64 Debatte vom 12. Mai 1887. SHBA (1887), 1205–1234; Anlagen, Nr. 126, 201; Henry Axel Bueck, «Bericht über die Sitzung des Ausschusses am 20. Februar 1889», in: *Veröffentlichung Nr. 20, Verein zur Wahrung der wirtschaftlichen Interessen von Handel und Gewerbe* (Berlin, 1889), 47.

65 Scholz an Bismarck, 4. Januar 1889. DZA Potsdam, Reichskanzlei, 2089, 1–4, 36–38. Auf Grund seiner Länge und seiner Komplexität kann dieses Dokument hier nicht in voller Länge zitiert werden. Ich habe die hervorstechenden Punkte und die sie kommentierenden Marginalien ausgewählt, um Scholz' Absichten und Bismarcks Reaktion darauf zu illustrieren.

66 *Ebd.*, 37, 52–55.

67 *Ebd.*, 38, 44.

68 *Ebd.*, 1, 38–39.

69 «Bemerkungen Seiner Durchlaucht zu dem neuen Einkommensteuer-Entwurf», 18. Januar 1889. DZA Potsdam, Reichskanzlei, 2089, 111–115.

70 Bismarck-Votum an das Preußische Staatsministerium, 22. Januar 1889. GW, VIc, 406–408.

71 Ministerialsitzungen vom 18. März und 7. April 1889. DZA Potsdam, Reichskanzlei, 2090, 70–83.

72 SEG (1889), 6.

73 Huene an Bismarck, 2. März und 4. Mai 1889. DZA Potsdam, Reichskanzlei, 2090, 6–11, 26–27.

74 Ministerialsitzung vom 7. April 1889. *Ebd.*, 79–83. Scholz an Bismarck, 13. April 1889. *Ebd.*, 65–70.

75 Ministerialsitzung vom 20. April 1889. *Ebd.*, 84–85.

76 SEG (1889), 61–63.

77 Bismarck an Scholz, 26. Dezember 1889. GW, VIc, 423–425. Scholz an das Staatsministerium, Dezember 1889. DZA Potsdam, Reichskanzlei, 2090, 95–106. Vgl. auch BP, I, 310.

III. Streit über die Sozialpolitik

1 Karl Oldenberg, «Arbeitseinstellungen in Deutschland», *Handwörterbuch der Staatswissenschaften* (2. Aufl., Jena, 1898), 749, 761, und «Studien über die rheinisch-westfälische Bergarbeiterbewegung», in: Gustav Schmoller (Hg.), *Jahrbuch für Gesetzgebung, Verwaltung und Volkswirtschaft im Deutschen Reiche*, Neue Folge, XIV (1890), 925–928. Die genauen Zahlen sind nicht bekannt, da vor 1890 keine systematischen Statistiken über Arbeitsniederlegungen erhoben wurden. Vgl. Klaus Tenfelde und Heinrich Volkmann (Hgg.), *Streik: Zur Geschichte des Arbeitskampfes in Deutschland während der Industrialisierung* (München, 1981), 260–261, 287–294. Die hier angeführten Statistiken basieren auf Zahlen von Detlev Puls.

2 Information von Detlev Puls.

3 Oldenberg, «Arbeitseinstellungen», 761.

4 Max Jürgen Koch, *Die Bergarbeiterbewegung im Ruhrgebiet zur Zeit Wilhelm II. (1889–1914)* (Düsseldorf, 1954), 139–140.

5 *Ebd.*, 17–19; Hans Georg Kirchhoff, *Die staatliche Sozialpolitik im Ruhrbergbau 1871–1914* (Köln, 1958), 82–84.

6 Koch, *Bergarbeiterbewegung*, 34–35; Kirchhoff, *Staatliche Sozialpolitik*, 48 ff.; Oldenberg, «Studien über die rheinisch-westfälische Bergarbeiterbewegung», 189–191; Otto Hue, *Die Bergarbeiter* (Stuttgart, 1913), II, 354 ff.

7 Erklärung des *Bergbaulichen Vereins* in Dortmund am 11. Mai 1889. Koch, *Bergarbeiterbewegung*, 54–55. Ebenso ein unbekannter Geschäftsmann an Rottenburg, 10. Mai 1889; F. A. Krupp an Rottenburg, 11. Mai 1889; Herrfurth an Bismarck (zur Dortmunder Konferenz), 11. Mai 1889. DZA Potsdam, Reichskanzlei, 444, 24–26v, 62– 63v, 70–95v.

8 Kirchhoff, *Staatliche Sozialpolitik*, 53–54; Wolfgang Köllmann und Albin Gladen (Hgg.), *Der Bergarbeiterstreik von 1889 und die Gründung des «Alten Verbandes» in ausgewählten Dokumenten der Zeit* (Bochum, 1969), 13.

9 Wilhelm II. an Hagemeister, 11. Mai 1889. DZA Potsdam, Reichskanzlei, 444, 111.

10 DZA Potsdam, Reichskanzlei, 444, 19–21v, 1889. Auszüge aus dem Protokoll der Sitzung des Staatsministeriums wurden veröffentlicht von Paul Grebe, «Bismarcks Sturz und der Bergarbeiterstreik vom Mai 1889», *Historische Zeitschrift*, 157 (1938), 89–90, und Michael Stürmer (Hg.), *Bismarck und die preußisch-deutsche Politik (1871–1890)* (München, 1973), 273–275.

11 DZA Merseburg, Rep. 120, BB, VII, 1, 3, Bd. 5; Grebe, «Bismarcks Sturz», 90–92; Stürmer, *Preußisch-deutsche Politik*, 275–277. Die von Bismarck in den Ministerialsitzungen vom 9. und 12. Mai dargelegten Einzelheiten und Meinungen spiegelten die unterschiedlichen Berichte wider, die er durch Innenminister Herrfurth und den Minister für öffentliche Arbeiten Maybach von Beamten aus dem Ruhrgebiet erhielt. Obgleich das Bergamt behauptete, der Streik sei organisiert und nicht zu rechtfertigen, berichteten der Oberpräsident von Westfalen (Hagemeister) und der Landrat von Gelsenkirchen, die Streikbewegung sei nicht die Folge sozialdemokratischer Agitation und «mit Rücksicht auf die wirtschaftliche Lage an sich vielleicht nicht ganz unberechtigt». DZA Potsdam, Reichskanzlei, 444, 4–26v.

12 Freiherr Lucius von Ballhausen, *Bismarck-Erinnerungen* (Stuttgart, 1920), 496–497.

13 Staatsministerium an den Kaiser, 13. Mai 1889. DZA Merseburg, Rep. 120, BB, VII, 1, Nr. 3, Bd. 5; DZA Potsdam, Reichskanzlei, 444, 110–122v; Grebe, «Bismarcks Sturz», 92–95.

14 Kirchhoff, *Staatliche Sozialpolitik*, 59.

15 Herrfurth an Bismarck, 13. Juni 1889; Berlepsch an Herrfurth, 17. Juli 1889; Bismarck an Herrfurth, 19. Juli 1889. Bundesarchiv Dahlem, Reichskanzlei, 445, 23–26v, 83, 86–87.

16 GW, VIc, 412; SEG (1889), 64–65. Vor der Veröffentlichung wurden die Bemerkungen des Kaisers an die Delegation der Arbeiter zensiert und mit Bismarcks Wünschen abgestimmt. Herrfurth an Bismarck, 14. Mai 1889. Die tatsächlichen Bemerkungen des Kaisers enthielten vielleicht einige positive Aussagen über die Gerechtigkeit der Sache der Arbeiter. Die Endfassung wurde zwar Bismarck, aber anscheinend nicht Wilhelm überstellt; ein Protest Wilhelms II. ist gleichwohl nicht überliefert. DZA Potsdam, Reichskanzlei, 444, 128–133. Mit ihrer Petition an den König folgten die Ruhrarbeiter einer alten Gepflogenheit in der preußischen Tradition des Ständestaats. Klaus Tenfelde, *Sozialgeschichte der Bergarbeiterschaft an der Ruhr im 19. Jahrhundert* (2. Aufl., Bonn, 1981), 593–597.

17 SEG (1889), 65–66; Oldenberg, «Studien über die rheinisch-westfälische Bergarbeiterbewegung», 202–203.

18 SEG (1889), 70–71.

19 Koch, *Bergarbeiterbewegung*, 38–39. Ihre Anhänger in Dortmund waren von diesem Zugeständnis jedoch sehr enttäuscht. Köllmann und Gladen (Hgg.), *Bergarbeiterstreik*, 176–230.

20 DZA Potsdam, Reichskanzlei, 444, 198–199v, 228–229, 241–245, 249–251v; GW, VIc, 413 (Anm.).

21 Ministerialsitzungen vom 25. und 27. Mai 1889. DZA Potsdam, Reichskanzlei, 444, 236–240v, 294–302; Lucius, *Bismarck-Erinnerungen*, 498–499; SEG (1889), 74–75, 145 ff.

22 Herrfurth an Rottenburg, 26. Mai 1889. DZA Potsdam, Reichskanzlei, 444, 241–242v. Berlepsch hatte bereits am 14. Mai auf eine solche Untersuchung gedrängt, aber Bismarck sprach sich dagegen aus, da die Streikenden erst das Ergebnis abwarten würden, bevor sie in die Gruben zurückkehrten. Der Streik würde verlängert. *Ebd.*, 164–167v.

23 *Denkschrift über die Untersuchung der Arbeiter- und Betriebsverhältnisse in den Steinkohlenbezirken*, veröffentlicht als Sonderbeilage zum *Reichs- und Staatsanzeiger*, 20. Januar 1890, und nochmals in der *Zeitschrift des Oberschlesischen Berg- und Hüttenmännischen Vereins*, 29 (Februar 1890), 57 ff. Eine vollständige Abschrift (mit Anhängen) findet sich in GSA, Rep. 84a, 11400, 239 ff. (113 Seiten). Zu gegensätzlichen Urteilen über die Unabhängigkeit der Untersuchung vgl. Koch, *Bergarbeiterbewegung*, 43–44;

Kirchhoff, *Staatliche Sozialpolitik*, 75–85; Max Quarck, «Die preußische Bergarbeiterenquête vom Jahre 1889», *Archiv für soziale Gesetzgebung und Statistik*, 3 (1890), 162–179.

24 Gamp war Autor des Buches *Die wirtschaftlich-sozialen Aufgaben unserer Zeit auf industriellem und landwirtschaftlichem Gebiete* (Berlin, 1880), das für die Dezentralisierung der Industrieproduktion und ihre Verlagerung von den Großstädten auf das Land plädierte, wo die Besitzer billigeren Grund und die Arbeiter eine gesündere Umwelt und niedrigere Lebenshaltungskosten hätten. Das Buch empfahl auch eine Sozialversicherungspflicht für Arbeiter unter dem paternalistischen Schutz des Staates. Als Bismarck von dem Buch und dessen Thesen erfuhr, erwirkte er 1882 Gamps Versetzung von der preußischen Eisenbahnverwaltung in das Handelsministerium und 1883 zusätzlich in das Reichsamt des Innern, wo er als einer von drei hochrangigen Beamten mit dem Entwurf von Sozialversicherungsgesetzen betraut war. Walter Vogel, *Bismarcks Arbeiterversicherung: Ihre Entstehung im Kräftespiel der Zeit* (Braunschweig, 1951), 102–108.

25 Gamp an Bismarck, 27. Mai 1889. DZA Potsdam, Reichskanzlei, 444, 264–293v.

26 Vgl. Tenfelde, *Bergarbeiterschaft an der Ruhr*, 573–597.

27 Bericht der Handelskammer Dortmund vom 13. Juni 1889 mit Anmerkungen Bismarcks. DZA Merseburg, Rep. 120, BB, VII, Fach 1, zu Nr. 3, Bd. 1, 8–12v. Zur «Proletarisierung» der Bergarbeiter vgl. Hue, *Bergarbeiter*, 1–258.

28 Bismarck an Studt und Berlepsch, 7. Juni 1889; Bismarck an Seydewitz, 25. Juni 1889; Rottenburg an Gamp, 25. Juni 1889. DZA Potsdam, Reichskanzlei, 445, 12–12v, 65–66.

29 Gamp an Bismarck, 7. Juli 1889; Rottenburg an Gamp, 26. Juli 1889; Rottenburg an Magdeburg, 5. September 1889. DZA Potsdam, Reichskanzlei, 445, 74, 91, 138.

30 *Ebd.*, 145.

31 «Denkschrift betreffend die Ausstandsbewegung der Grubenarbeiter (und die Maßregeln zu ihrer Bekämpfung)». DZA Merseburg, Rep. 120, BB, VII, 1, Nr. 3, Bd. 8, 14–15, 19–59.

32 Rottenburg an Bismarck, 15. November 1889. DZA Potsdam, Reichskanzlei, 445, 268–268v.

33 Magdeburg an Bismarck, 25. November 1889; Rottenburg an Magdeburg, 26. November 1889. DZA Potsdam, Reichskanzlei, 445, 270–272; Magdeburg an Maybach und Herrfurth, 2. Dezember 1889. DZA Merseburg, Rep. 120, BB, VII, 1, Nr. 3, Bd. 1, 38. Maybach an Bismarck, 7. Dezember 1889. *Ebd.*, Bd. 8, 141–142.

34 Herrfurth an Bismarck, 12. Dezember 1889, und an Schelling, 18. Dezember 1889. DZA Merseburg, Rep. 120, BB, VII, 1, Nr. 3, Bd. 8, 189–190.

35 Zu Bismarcks Geschäftsbeziehungen mit Vohwinkel vgl. Fritz Stern, *Gold und Eisen. Bismarck und sein Bankier Bleichröder* (Frankfurt a. M., 1978), 368–370. Während des Streiks war Friedrich Krupp bei Bismarck der Mittelsmann für die Beschwerden der Industriellen aus dem Ruhrgebiet; er war unglücklich über Hagemeisters Versuch, zwischen den Besitzern und den Streikenden zu vermitteln. Die Industriellen wünschten die Ernennung eines Sonderkommissars mit Befugnis über das gesamte Kohlerevier und größerer Sympathie für ihre Belange. Krupp an Rottenburg («Mein hochverehrter Freund»), 11. Mai 1889. DZA Potsdam, Reichskanzlei, 444, 62–63v. Krupp klagte auch über die «Schwerfälligkeit» der Verwaltung der preußischen Staatsbahnen, sich auf die Bedürfnisse der Industriellen bei der Suche nach Kohlevorkommen einzustellen. Krupp an Rottenburg, 12. Mai 1889. *Ebd.*, 134–135v.

36 Vohwinkel an Bismarck, 21. Juni 1889; Rottenburg an Herrfurth, 2. Juli 1889. DZA Potsdam, Reichskanzlei, 445, 31–32v, 69–69v.

37 Schelling an Bismarck, 16. Juli 1889; Herrfurth an Schwarzkoppen, 30. August 1889; Rottenburg an Herrfurth, 5. September 1889. DZA Potsdam, Reichskanzlei, 445, 124–128, 137–137b, 138a.

38 Vohwinkel an Bismarck, 10. August 1889; Bismarck für die Ministerialsitzung vom 17. August. DZA Potsdam, Reichskanzlei, 445, 93–110, 129.

39 Rottenburg an Magdeburg, 27. August und 11. September 1889; Magdeburg an Bismarck, 11. Oktober 1889. DZA Potsdam, Reichskanzlei, 445, 139–139a, 162–176.

40 Bueck an Rottenburg, 28. Oktober 1889. DZA Potsdam, Reichskanzlei, 445, 177–217; 446, 35–70.

41 Herrfurth an Bismarck, 11. Mai 1889. DZA Merseburg, Rep. 120, BB, VII, 1, Nr. 3, Bd. 5, 54 ff.; Bismarck an Maybach und Herrfurth, 24. Mai 1889. GW, VIc, 412–413; Vohwinkel an Bismarck, 21. Juni 1889. DZA Potsdam, Reichskanzlei, 445, 31–32v.

42 Bismarck an Maybach und Herrfurth, 24. Mai 1889. GW, VIc, 412–413. Zuvor hatte er die Ausweisung von ausländischen Arbeitern angeordnet, die sich an der Streikbewegung beteiligt hatten. DZA Potsdam, Reichskanzlei, 444, 126–126v.

43 Die Statistik zeigte, daß von 207700 untersuchten Arbeitern 40796 minderjährig waren, daß 35600 Minderjährige (144000 Erwachsene) ihren Wohnsitz im Umkreis von 5 Kilometern um die Zeche hatten und vermutlich im Elternhaus wohnten, daß 3602 Minderjährige (15147 Erwachsene) außerhalb dieses Umkreises, aber noch innerhalb der Provinz lebten, in der sich auch die Zeche befand, daß 717 Minderjährige (1955 Erwachsene) offiziell in einer anderen preußischen Provinz wohnten, daß 385 Minderjährige (2746 Erwachsene) aus anderen Bundesstaaten als Preußen und 227 Minderjährige (2332 Erwachsene) aus anderen Ländern kamen. Ministerium für öffentliche Arbeiten an Bismarck, 23. August 1889. DZA Potsdam, 445, 130–133.

44 Rottenburg an Kayser und Kayser an Magdeburg, 2. September 1889. DZA Potsdam, Reichskanzlei, 445, 135–136.

45 DZA Merseburg, Rep. 120, BB, VII, 1, Nr. 3, Bd. 8, 144–183, 192–194.

46 Rottenburg an Magdeburg, 17. Dezember 1889. DZA Merseburg, Rep. 120, BB, VII, 1, Nr. 3, Bd. 8, 191–192.

47 Hagemeister an Herrfurth, 7. Mai 1889. DZA Potsdam, Reichskanzlei, 444, 13–14.

48 Herrfurth an Bismarck, 11. Mai 1889. DZA Merseburg, Rep. 120, BB, VII, 1, Nr. 3, Bd. 5, 54 ff. Herrfurth an Bismarck, 1. und 7. Juni 1889. DZA Potsdam, Reichskanzlei, 445, 1–2, 13–14.

49 Verdy an Albedyll, 11. Mai 1889; Albedyll an Kriegsministerium, 11. Juli 1889. DZA Potsdam, Reichskanzlei, 444, 56–57; 445, 112–123. Albedyll an Wilhelm II., 1. Juni 1889. DZA Merseburg, Rep. 120, BB, VII, Fach 1, zu Nr. 3, Bd. 1, 4–6.

50 Vgl. 761, Anm. 43.

51 Berlepsch an Bismarck, Herrfurth, Scholz, Maybach und Lucius, 22. Mai 1889. DZA Merseburg, Rep. 120, BB, VIa, 13, I, Bd. 2, 83–84; Magdeburg an Bismarck, 16. Juni 1889, *ebd.*, 97–98. An den Wirtschaftskonferenzen in Düsseldorf nahmen Vertreter aus Landwirtschaft (8), Handwerk (8), Industrie und Bergbau (10), Handel (6) sowie «individuell geeignete Persönlichkeiten» (5) teil. Als erste Frage wurde diskutiert, ob die Lebensbedingungen der Arbeiter im Revier durch staatliche Verordnungen verbessert werden könnten. Berlepsch an Puttkamer, 7. Juni 1887. DZA Merseburg, Rep. 120, BB, VIa, 13, 1, Bd. 1, 303–320v.

52 Rantzau an Magdeburg, 19. Juni 1889; Magdeburg an Berlepsch, 25. Juni 1889. DZA Merseburg, Rep. 120, BB, VIa, 13, 1, Bd. 2, 100–101.

53 Berlepsch an Bismarck, 5. August 1889. DZA Merseburg, Rep. 120, BB, VIa, 13, I, Bd. 2, 92–95.

54 Maybach, Lucius und Scholz an Bismarck, 22. Juli 1889. *Ebd.*, 91–92.

55 Herrfurth und Maybach an Bismarck, 18. Juni 1889. DZA Merseburg, Rep. 120, BB, VII, Fach 1, zu Nr. 3, Bd. 1, 1–3. Zur Unterscheidung zwischen Einigungsämtern und Schiedsgerichten vgl. Kirchhoff, *Staatliche Sozialpolitik*, 86–87.

56 DZA Potsdam, Reichskanzlei, 444, 265–266.

57 Bismarck an Maybach und Herrfurth, 10. Juli 1889. DZA Merseburg, Rep. 120, ad BB, VII, 1, Nr. 3, Bd. 1, 27–31v. Die Information, die diesem Dokument zugrunde lag, findet sich in Magdeburg an Bismarck, 26. Juni 1889. *Ebd.*, 17–24.

58 Maybach und Herrfurth an Bismarck, 13. August und 20. November 1889. DZA Merseburg, Rep. 120, ad BB, VII, 1, Nr. 3, Bd. 1, 33–37v.

59 Herrfurth an Bismarck, 18. Juli 1889; Bismarck an Herrfurth, 19. Juli 1889. Bundesarchiv Dahlem, Reichskanzlei, 445, 83–87.

60 Hue de Grais an Herrfurth, 5. Dezember 1889; Bismarck an Herrfurth, 13. Dezember 1889. DZA Merseburg, Rep. 120, BB, VII, 1, Nr. 3, Bd. 8, 129–130, 134–138.

61 SEG (1889), 145–147; Kirchhoff, *Staatliche Sozialpolitik*, 91–122.

62 Herrfurth an Bismarck, 7. Dezember 1889; Studt an Herrfurth, 4. Dezember 1889; Maybach an Bismarck, 7. Dezember 1889. Eilert an Maybach, 5. Dezember 1889. DZA Merseburg, Rep. 120, BB, VII, 1, Nr. 3, Bd. 8, 97–105, 109–119, 141–142.

63 Rottenburg an Magdeburg, 10. Dezember 1889; Bismarck an Maybach, 13. Dezember 1889; Rottenburg an Magdeburg, 9. Dezember 1889; Bismarck an Herrfurth, 13. Dezember 1889. DZA Merseburg, Rep. 120, BB, VII, 1, Nr. 3, Bd. 8, 120–126, 130–132, 134–138. Bismarck an Herrfurth, 15. Dezember 1889; Rottenburg an Boetticher, 19. Dezember 1889. GW, VIc, 422–423.

64 Herrfurth an Bismarck, 17. Dezember 1889. DZA Potsdam, Reichskanzlei, 446,5–13.

65 Der Verdacht kam auf, als Wilhelm II. seine frühere Entscheidung widerrief, Puttkamer erneut zum Innenminister zu ernennen, nachdem Friedrich III. ihn von diesem Amt abgesetzt hatte. Bismarck vermutete, Herrfurth habe seine Position dadurch gefestigt, daß er gegen Bismarcks heftigen Widerstand, aber in Übereinstimmung mit Wilhelm eine Reform der Kommunalverwaltung auf dem Lande vorantrieb. Anhand eines offiziellen, vom Innenministerium verteilten Fragebogens, auf den Bismarck durch eine Abordnung von Schönhausener Bauern aufmerksam wurde, schloß der Kanzler, daß Herrfurth die Reform tatsächlich ohne Zustimmung des Staatsministeriums vorbereite – ein weiterer Hinweis auf Wilhelms Bereitschaft, nicht nur auf dem Boden der Verfassung zu arbeiten. GW, XV, 485–486.

66 Rottenburg an Boetticher, 19. Dezember 1889. DZA Potsdam, Reichskanzlei, 446, 20–23v. Der Inhalt dieses Dokuments wurde von den Herausgebern von Bismarcks gesammelten Werken zusammengefaßt, die den Ausdruck «harte und vielleicht blutige Maßregeln» lieber wegließen. GW, VIc, 423. Weder der Verfasser des vorliegenden Werkes noch, anscheinend, die Herausgeber der Gesammelten Werke haben die endgültige Fassung des Immediatberichts in den Akten finden können; vielleicht wurde er zurückgezogen.

67 Kirchoff, *Staatliche Sozialpolitik*, 95.

68 Lucius, *Bismarck-Erinnerungen*, 505.

IV. Kaiser oder Kanzler?

1 Bismarck an Wilhelm II., 29. Dezember 1889. GW, XIV, 996. Sechs Monate zuvor (8. Juli 1889) hatte er geschrieben: «Ich halte auf die Dauer die Kriege mit dem Auslande für kaum so gefährlich als die innere Vergiftung der urteilslosen Massen im Lande auf dem Wege der Sozialdemokratie.» Zit. in: Hansjörg Renk, *Bismarcks Konflikt mit der Schweiz* (Basel, 1972), 347.

2 SBR (1889–1890), 117–190, 1152–1199, 1225–1255, Anlagen, Nr. 37, 104; Hans Herzfeld, *Johannes von Miquel* (Detmold, 1938), II, 162 ff. Zu Bismarcks Rolle beim Entwurf der Vorlage vgl. Freiherr Lucius von Ballhausen, *Bismarck-Erinnerungen* (Stuttgart, 1920), 491; GW, VIc, 409–410; Otto Gradenwitz, *Bismarcks Letzter Kampf, 1888–1898* (Berlin, 1924), 78–79.

3 Bismarck an das Staatsministerium, 6. August 1888. GW, VIc, 392–393.

4 Die Stimmung, mit der Bismarck die Februarwahl erwartete, läßt sich an Bemerkungen ablesen, die Baronin Spitzemberg am 7. Dezember 1889 festhielt: «Mit der Eventualität einer feindseligen Majorität muß man ja immer rechnen; man kann drei-, viermal auflösen, zuletzt muß man doch die Töpfe zerschlagen. Diese Fragen, wie die der Sozialdemokratie, wie die des Verhältnisses zwischen Parlamenten und Einzelstaaten werden nicht gelöst ohne Bluttaufe, wie die deutsche Einheit auch. Und da dem jungen Herrn Gewaltmaßregeln lose im Nacken sitzen ...» Der Fürst sprach den inhaltsschweren Satz nicht zu Ende. Rudolf Vierhaus (Hg.), *Das Tagebuch der Baronin Spitzemberg* (Göttingen, 1960), 266; GW, VIII, 673–674.

5 Herzfeld, *Miquel*, II, 165–166; Georg Freiherr von Eppstein (Hg.), *Fürst Bismarcks Entlassung* (Berlin, 1920), 123–131.

6 Gradenwitz, *Letzter Kampf*, 79–80; Wilhelm von Schweinitz, *Denkwürdigkeiten des Botschafters General von Schweinitz* (Berlin, 1927), II, 391–392.

7 Bismarck an das Staatsministerium, 10. Januar 1890; Bismarck an Herbert von Bismarck, 23. Januar 1890. GW, VIc, 426–427.

8 Die Gesamtzahl der Arbeitsniederlegungen wurde für 1889 auf 280 und für 1890 auf 390

angesetzt. Klaus Tenfelde und Heinrich Volkmann (Hgg.), *Streik: Zur Geschichte des Arbeitskampfes in Deutschland während der Industrialisierung* (München, 1981), 294.

9 DZA Merseburg, Rep. 120, BB, VII, 1, Nr. 3, Bd. 8, 120–122, 129–130, 191–192, 210, 219, 234, 248, 281, 284, 287; DZA Potsdam, Reichskanzlei, 446, 134–134v.

10 Rottenburg an Magdeburg, 10. Dezember 1889. DZA Merseburg, Rep. 120, BB, VII, 1, Nr. 3, Bd. 8, 120–122. Diese von Bismarck an Rottenburg diktierte Passage taucht nicht in den Endfassungen seiner Antworten an Herrfurth und Maybach auf, für die sie ursprünglich gedacht war.

11 Hermann Bollnow, «Wilhelms II. Initiative zur Arbeiterschutzgesetzgebung und die Entlassung Bismarcks», in: Hermann Bollnow u. a., *Aspekte sozialer Wirklichkeit* (Berlin, 1958), 100–101.

12 Norman Rich, *Friedrich von Holstein: Politics and Diplomacy in the Era of Bismarck and Wilhelm II* (Cambridge, 1965), I, 263–265.

13 GW, XV, 482–484; Johannes Penzler (Hg.), *Fürst Bismarck nach seiner Entlassung* (Leipzig, 1897–1898), VI, 358–359.

14 Ernst Gagliardi, *Bismarcks Entlassung* (Tübingen, 1927), I, 25–26.

15 John C. G. Röhl, *Deutschland ohne Bismarck: Die Regierungskrise im zweiten Kaiserreich 1890-1900* (Tübingen, 1969), 30–36; Isabel V. Hull, *The Entourage of Kaiser Wilhelm II, 1888–1918* (Cambridge, 1982), 80–84.

16 Rich, *Holstein*, I, 264–266; Heinrich O. Meisner (Hg.), *Denkwürdigkeiten des General-Feldmarschalls Alfred Grafen von Waldersee* (Stuttgart, 1923), II, 76–77, 85–87.

17 Walter Bußmann (Hg.), *Staatssekretär Graf Herbert von Bismarck: Aus seiner politischen Privatkorrespondenz* (Göttingen, 1964), 554, 559–560. Vgl. auch Eppstein (Hg.), *Bismarcks Entlassung*, 87–88, 122–124. Aus der Analyse der am 23. Januar zwischen Berlin und Friedrichsruh hin und her gegangenen Telegramme schloß Gradenwitz, daß der Kaiser Bismarck in dieser Phase bis zur letzten Minute von der Hauptstadt fernhalten wollte. *Letzter Kampf*, 91–102; GW, VIc, 427–428. Es gibt aber auch Hinweise darauf, daß Bismarck sich den Winter über von Berlin fernhielt, um einer Auseinandersetzung mit dem Kaiser über die Arbeiterfrage aus dem Weg zu gehen. Gagliardi, *Entlassung*, I, 50–52; Freiherr von Maltzahn-Gültz, «Bismarck: Persönliche Erinnerungen an ihn», in: Arthur von Brauer, Erich Marcks und Karl Alexander von Müller (Hgg.), *Erinnerungen an Bismarck* (Stuttgart, 1915), 117.

18 Lucius, *Bismarck-Erinnerungen*, 505–507; GW, XV, 491; Gagliardi, *Entlassung*, I, 33–35; Hans Rothfels, «Zur Bismarck-Krise von 1890», *Historische Zeitschrift*, 123 (1920), 267–296.

19 Es gibt verschiedene Quellen für die Verhandlungen im Kronrat. Selbstverständlich schweigt das offizielle Protokoll über den dramatischen Augenblick – Bismarcks Rücktrittsdrohung. Vgl. Eppstein (Hg.), *Bismarcks Entlassung*, 157–165. Das beste Zeugnis ist das von Lucius (Hg.), *Bismarck-Erinnerungen*, 507–509, vgl. aber auch die Erinnerungen Bismarcks in *Gedanken und Erinnerungen* (GW, XV, 491–495), Herberts (*ebd.*, 592–595) und Boettichers (Eppstein [Hg.], *Bismarcks Entlassung*, 42–47). Zu den Denkschriften, die der Kaiser mitbrachte und verlesen ließ, vgl. Eppstein (Hg.), *Bismarcks Entlassung*, 146–155. Eine gute Zusammenfassung des gesamten Ablaufs bietet Gagliardi, *Entlassung*, I, 35–42.

20 Aus dem offiziellen Protokoll. Eppstein (Hg.), *Bismarcks Entlassung*, 163.

21 Lucius, *Bismarck-Erinnerungen*, 509.

22 Denkschrift vom 21. Januar 1890. Eppstein (Hg.), *Bismarcks Entlassung*, 152–153.

23 Lucius, *Bismarck-Erinnerungen*, 509, 511; Philipp zu Eulenburg-Hertefeld, *Aus 50 Jahren* (Berlin, 1923), 227; Gagliardi, *Entlassung*, I, 53–56.

24 Lucius, *Bismarck-Erinnerungen*, 510.

25 SBR (1889–1890), 1253–1255.

26 Lucius, *Bismarck-Erinnerungen*, 511.

27 *Ebd.*, 511–513; Eppstein (Hg.), *Bismarcks Entlassung*, 48–49.

28 Eppstein (Hg.), *Bismarcks Entlassung*, 152–155.

29 GW, XV, 498–503; VIII, 686; SEG (1890), 19–21; Eppstein (Hg.), *Bismarcks Entlassung*, 166–172. Zum Ursprung der Reskripte vgl. Bollnow, «Wilhelms II. Initiative», 107–113.

30 BP, I, 308–312; III, 221 ff.

31 GW, VIII, 679–683; VIc, 429–430; Eppstein (Hg.), *Bismarcks Entlassung*, 50–52; Gagli-

ardi, *Entlassung*, I, 56ff. Nachdem Wilhelm in einer Audienz mit Dresdens Vertreter in Berlin, Graf Hohenthal, vergeblich versucht hatte, die sächsische Regierung zum Handeln zu bewegen, bestellte er Leo von Caprivi nach Berlin, wo der Monarch dem überraschten General auftrug, er solle sich auf die Möglichkeit einstellen, daß er Kanzler werde. Das Amt des Kanzlers werde jedoch an Bedeutung verlieren, da Wilhelm nach Bismarcks Ausscheiden das Land selbst regieren werde. *Ebd.*, 85–86.

32 Gagliardi, *Entlassung*, I, 321–370; Gradenwitz, *Letzter Kampf*, 136–139. Eulenburg, *Aus 50 Jahren*, 231–233. Zu anderen Verzögerungstaktiken Bismarcks vgl. seinen Bericht an den Kaiser vom 26. Februar 1890. GW, VIc, 432–433.

33 Lucius, *Bismarck-Erinnerungen*, 509–510.

34 In seinen Erinnerungen datierte Bismarck seinen Rücktritt auf den 8. Februar, aber zeitgenössische Quellen legen als korrektes Datum den 3. Februar nahe. Er informierte das Staatsministerium erst am 9. Februar. GW, XIV, 997; XV, 596; VIII, 693–694; Lucius, *Bismarck-Erinnerungen*, 515–516.

35 GW, VIII, 684; XV, 505.

36 GW, XV, 505–507; VIc, 430. Zum Militärgesetz vgl. Johannes Ziekursch, *Politische Geschichte des neuen deutschen Kaiserreiches* (Frankfurt a.M., 1925–1930), II, 439–441.

37 GW, VIII, 684–687.

38 Bußmann (Hg.), *Herbert von Bismarck*, 562.

39 Bernhard Vogel, Dieter Nohlen und Rainer-Olaf Schultze, *Wahlen in Deutschland: Theorie-Geschichte-Dokumente, 1848–1970* (Berlin, 1971), 290–291.

40 Hans W. Graf von Finckenstein, *Die Getreidewirtschaft Preußens von 1800 bis 1930* (Berlin, 1934), 56; Alfred Jacobs und Hans Richter, *Die Großhandelspreise in Deutschland von 1792 bis 1934* (Berlin, 1935), 83.

41 Wilhelm Mommsen, *Bismarcks Sturz und die Parteien* (Berlin, 1924), 14ff., 61–65, 78ff. Bismarck machte die beiden Erklärungen des Kaisers vom 4. Februar für die Niederlage des Kartells verantwortlich. Moritz Busch, *Tagebuchblätter* (Leipzig, 1899), III, 274–275.

42 Vgl. etwa den pessimistischen Brief Wilhelm von Rauchhaupts an Hammerstein, 20. Februar 1890. Ohne den Wahlausgang zu kennen, befand der Führer der konservativen Fraktion im preußischen Abgeordnetenhaus, der Wahlkampf zeige bereits, daß «ungeheure Massen der Bevölkerung *bewußt* von der Monarchie abgefallen sind». Hans Leuss, *Wilhelm Freiherr von Hammerstein* (Berlin, 1905), 83–84.

43 GW, XV, 504ff.; Bußmann (Hg.), *Herbert von Bismarck*, 542.

44 Was in der Audienz vom 25. Februar geschah, muß aus mehreren Berichten zusammengesetzt werden, die teils von Bismarck und teils von Wilhelm II. stammen; GW, XV, 508; Eppstein (Hg.), *Bismarcks Entlassung*, 84; Gradenwitz, *Letzter Kampf*, 140–141; Eulenburg, *Aus 50 Jahren*, 293–294; Waldersee, *Denkwürdigkeiten*, II, 106–107. Vgl. auch die Zusammenfassung in Egmont Zechlin, *Staatsstreichpläne Bismarcks und Wilhelms II., 1890–1894* (Stuttgart, 1929), 32–35.

45 Waldersee, *Denkwürdigkeiten*, II, 105–106; Zechlin, *Staatsstreichpläne*, 32.

46 SEG (1890), 33–34.

47 Waldersee, *Denkwürdigkeiten*, II, 103–104; Gagliardi, *Entlassung*, I, 153–154.

48 Penzler (Hg.), *Bismarck nach seiner Entlassung*, VI, 341; GW, VIc, 432; Eppstein (Hg.), *Bismarcks Entlassung*, 58–60.

49 Gagliardi, *Entlassung*, I, 167–171.

50 Zechlin, *Staatsstreichpläne*, 38–41, 177–178; GW, VIc, 433–434.

51 Zum Protokoll dieser Ministerialsitzung vgl. Zechlin, *Staatsstreichpläne*, 178–184.

52 Dieser Satz wurde von Bismarck aus dem Protokoll gestrichen. *Ebd.*, 43, 184.

53 Zu Bemerkungen, die nicht im Protokoll enthalten sind, vgl. GW, XV, 509; Lucius, *Bismarck-Erinnerungen*, 519. Zur Kabinettsordre von 1852 vgl. Gradenwitz, *Letzter Kampf*, 111–119; SEG (1890), 47. Eine Woche zuvor hatte er den neuen Handelsminister bereits über die Existenz der Ordre informiert. Nur das Auswärtige Amt, erklärte er, könne Einladungen zu einer internationalen Konferenz über Arbeiterschutz aussprechen. Bismarck an Berlepsch, 24. Februar 1890. GW, VIc, 431–432. Am 18. Februar hatte er gegenüber den Leitern der Reichsämter betont, nur der Kanzler habe das Recht auf direkten Zugang zum Kaiser. GW, VIc, 430.

54 Lucius, *Bismarck-Erinnerungen*, 496–514. Seit seiner Thronbesteigung hatte Wilhelm II. eine Reihe von Mitgliedern des Staatsministeriums durch Personen ersetzt, die seinem Programm positiver gegenüberstanden. Im Januar 1889 entließ er unvermittelt Justizminister Heinrich Friedberg und ersetzte ihn durch Hermann von Schelling, Staatssekretär im Reichsjustizamt. Nach mehreren Konflikten mit Bonsart ersetzte er ihn als Kriegsminister durch Verdy du Vernois, der als Waldersees Kandidat galt. Auch wenn Berlepsch von Bismarck zum Handelsminister vorgeschlagen wurde, war er eigentlich die Wahl Wilhelms II. Ende Februar gab der Kaiser ohne vorherige Absprache seine Absicht bekannt, Berlepsch als Oberpräsidenten des Rheinlands durch Johannes von Miquel zu ersetzen, der ablehnte. Lucius, *Bismarck-Erinnerungen*, 482, 488–489, 492–494, 516.

55 Eulenburg, *Aus 50 Jahren*, 227 ff. Der Kaiser sagte über das ihm hinterlassene Ministerium: «Die Minister sind ja nicht meine Minister, sie sind Minister des Fürsten Bismarck.» Eppstein (Hg.), *Bismarcks Entlassung*, 47.

56 Lucius, *Bismarck-Erinnerungen*, 518–519; Gagliardi, *Entlassung*, I, 167–168, 195–203, 209, 219; Eppstein (Hg.), *Bismarcks Entlassung*, 64–65, 177–178; GW, XV, 509.

57 John C. G. Röhl, «Staatsstreichplan oder Staatsstreichbereitschaft? Bismarcks Politik in der Entlassungskrise», *Historische Zeitschrift*, 203 (1966), 617; Gagliardi, *Entlassung*, I, 204.

58 John C. G. Röhl (Hg.), *Philipp Eulenburgs politische Privatkorrespondenz* (Boppard am Rhein, 1976), I, 477, 493–496.

59 Röhl, «Staatsstreichplan oder Staatsstreichbereitschaft», 623–624.

60 Marschall an Eulenburg, 12. März 1890. Eulenburg, *Privatkorrespondenz*, I, 495. Röhl glaubte den Motiven, die Bismarck von der Kamarilla um Holstein, Eulenburg, Marschall und den Großherzog von Baden zugeschrieben wurden, das heißt: Zerschlagung des Kartells, Schaffung einer konservativ-klerikalen Mehrheit, Festigung seiner persönlichen Autorität und Verhinderung der persönlichen Herrschaft Wilhelms II. Diese Einschätzung der Motive Bismarcks war aber nicht unbedingt korrekt. Ebensowenig läßt sich annehmen, der Sturz der antiklerikalen Regierung Lutz in Bayern sei von Bismarck beabsichtigt gewesen oder hätte den Domino-Effekt gehabt, den die Kamarilla des jungen Kaisers vorhersah: ein ultramontanes Kabinett in München, die Lockerung der Bindungen innerhalb des Reichs, die Auflösung des Bündnisses mit Italien, die Entfremdung Österreichs, etc. Vgl. John C. G. Röhl, «The Disintegration of the *Kartell* and the Politics of Bismarck's Fall from Power, 1887–1889», *The Historical Journal*, 9 (1966), 60–89, und «Staatsstreichplan oder Staatsstreichbereitschaft?», 610–624.

61 Mommsen, *Bismarcks Sturz*, 112 ff., 123 ff.

62 SEG (1890), 29, 36 ff.; Wilhelm Schüßler, *Bismarcks Sturz* (Leipzig, 1922), 156–164; Margaret Lavinia Anderson, *Windthorst: Zentrumspolitiker und Gegenspieler Bismarcks* (Düsseldorf, 1988), 399–406; Eduard E. Hüsgen, *Ludwig Windthorst* (Köln, 1907), 335–345.

63 Zu Bismarcks Version seiner Audienz bei Wilhelm II. vgl. seine Erinnerungen. GW, XV, 512–515. Zum Bericht Wilhelms II. vgl. Eulenburg, *Aus 50 Jahren*, 235, 243–244, und besonders Waldersee, *Denkwürdigkeiten*, II, 114–116.

64 GW, XV, 517–519; GP, VI, 362–366. Die Berichte waren am 15. März im Auswärtigen Amt eingegangen. Bismarck hatte fünf Berichte militärischen Inhalts ausgewählt, um sie dem Kaiser zu schicken. Die übrigen fünfzehn waren politisch und militärisch unwichtig. GP, VI, 362–363 (Anm.).

65 GW, XV, 516–522, 570–574; GP, VI, 364–366; Eppstein, *Bismarcks Entlassung*, 67–95, 179–188.

66 GW, XV, 521–522; VIc, 435–438; Busch, *Tagebuchblätter*, III, 275 ff.

67 SEG (1890), 44–45; Mommsen, *Bismarcks Sturz*, 140 ff; Eppstein (Hg.), *Bismarcks Entlassung*, 189–194, 199–202. In einem Bericht heißt es, Lucanus habe Bismarck, als er von dessen Absicht hörte, das Rücktrittsschreiben publik zu machen, daran erinnert, daß der «Arnim-Paragraph» ein solches Vorgehen verbiete. Dieser Zusatz zum Strafgesetz, für den Bismarck selbst verantwortlich war, sah die Strafverfolgung und Verhaftung von Beamten vor, die Regierungsdokumente mißbrauchten. Aus den Quellen geht nicht hervor, ob sich Bismarck tatsächlich auf Grund dieser Warnung gegen die Veröffent-

lichung des Rücktrittsschreibens entschied. Manfred Hank, *Kanzler ohne Amt: Fürst Bismarck nach seiner Entlassung, 1890–1898* (München, 1977), 190.

68 Gagliardi, *Entlassung*, II, 153, 170–171. Eppstein, *Bismarcks Entlassung*, 199–200.

69 Rottenburg an Boetticher, 19. Dezember 1889. DZA Potsdam, Reichskanzlei, 446, 23. Am 16. April 1890 empfing Bismarck die Direktoren des *Centralverbands deutscher Industrieller* in Friedrichsruh. Wie Theodor Haßler berichtete, erklärte ihnen Bismarck, er erkenne das Streben der Arbeiterschaft nach einem schönen und besseren Leben als berechtigt an. Aber jetzt wollten die von «Neid» (eine Schwäche im deutschen Charakter) erfüllten Arbeiter das «Millenium». Indem sie Forderungen erhöben, welche die Industrie nur um den Preis der Selbstzerstörung erfüllen könne, seien sie «für die Sicherheit, ja für das Bestehen der Staaten geradezu eine Gefahr» geworden. «Aufzeichnungen über Bismarck und den Centralverband deutscher Industrieller», *Tradition*, 7 (1962), 227–228.

70 Lucius, *Bismarck-Erinnerungen*, 517; GW, VIII, 688; Mommsen, *Bismarcks Sturz*, 66 ff.

71 Mommsen, *Bismarcks Sturz*, 44 ff., 66 ff., 125 ff.; Gagliardi, *Entlassung*, II, 325–389. Vgl. auch Karl Lange, *Bismarcks Sturz und die öffentliche Meinung in Deutschland und im Auslande* (Berlin, 1927), 17 ff.

72 Hank, *Kanzler ohne Amt*, 190–207.

73 Spitzemberg, *Tagebuch*, 275–276; Hank, *Kanzler ohne Amt*, 22–29.

SECHSTES BUCH
Nach dem Sturz
1880–1898

I. Führer der Opposition

1 SEG (1890), 44–45; Georg Freiherr von Eppstein (Hg.), *Fürst Bismarcks Entlassung* (Berlin, 1920), 189–194, 199–202.

2 GW, IX, 167, 347; XIII, 412, 428, 532; Heinrich O. Meisner, *Denkwürdigkeiten des General-Feldmarschalls Alfred Grafen von Waldersee* (Stuttgart, 1923), II, 202, 224–226; Arthur von Brauer, *Im Dienste Bismarcks* (Berlin, 1936), 358.

3 Bismarcks letzte Jahre wurden am besten beschrieben von Manfred Hank, *Kanzler ohne Amt: Fürst Bismarck nach seiner Entlassung, 1890–1898* (München, 1977). Das Buch wurde zuerst als maschinengeschriebener und vollständig mit Anmerkungen versehener Text und dann unter demselben Titel in einer Ausgabe ohne Anmerkungen veröffentlicht (München, 1980, begrenzte Auflage). Alle Quellenangaben hier beziehen sich auf die erste Ausgabe. Hanks Monographie wird von anderen Historikern nicht leicht zu übertreffen sein. Das auf gründlicher und neuer Forschung – vor allem im Bismarck-Familienarchiv – basierende Werk ist glänzend geschrieben und enthält viele kluge Urteile.

4 Waldersee, *Denkwürdigkeiten*, II, 202; GW, IX, 3, 11–13, 31–32, 36, 67, 72.

5 Vgl. den ersten Band dieser Biographie, 666–667. Bei seiner Amtseinführung 1862, erklärte er, sei es seine Aufgabe gewesen, die Krone zu stärken; nun sei die Zeit gekommen, das Parlament zu unterstützen. GW, IX, 32, 118–119, 347–348; XIII, 431.

6 Hank, *Kanzler ohne Amt*, 258–270; Wolfgang Stribrny, *Bismarck und die deutsche Politik nach seiner Entlassung, 1890–1898* (Paderborn, 1977), 73–100.

7 GW, IX, 118–119, 178–179, 347; XIII, 428–430; Wolfgang Windelband (Hg.), *Johanna von Bismarck: Briefe an ihren Sohn Wilhelm und ihre Schwägerin Malwine von Arnim-Kröchlendorff geb. von Bismarck* (Berlin, 1924), 87–88; Sidney Whitman, *Fürst von Bismarck: Persönliche Erinnerungen an ihn aus seinen letzten Lebensjahren* (Stuttgart, o.J.), 21–22.

8 Hank, *Kanzler ohne Amt*, 150–156, 282–285, 669–672; Stribrny, *Bismarck und die deutsche Politik*, 169–174.

9 Heinrich von Poschinger (Hg.), *Fürst Bismarck: Neue Tischgespräche und Interviews* (2 Bde., Stuttgart, 1895–1899), I, 272–276.

10 Es gibt zwei Sammlungen der Zeitungsarti-

kel, die Bismarck in diesen Jahren geschrieben oder angeregt haben soll: Hermann Hofmann (Hg.), *Fürst Bismarck, 1890–1898* (2 Bde., Stuttgart, 1913), und Johannes Penzler (Hg.), *Fürst Bismarck nach seiner Entlassung* (7 Bde., Leipzig, 1897–1898). Nach einem kritischen Vergleich dieser Werke kam Hank zu dem Schluß, daß Penzlers Sammlung die zuverlässigere sei. Hank, *Kanzler ohne Amt*, 176–180, auch 719–773.

11 Hank, *Kanzler ohne Amt*, 122–147. Zu Harden und seinem Verhältnis zu Bismarck vgl. Harry F. Young, *Maximilian Harden, Censor Germaniae: Ein Publizist im Widerstreit von 1892 bis 1927* (Münster, 1971), 41 ff.

12 Walther Peter Fuchs (Hg.), *Großherzog Friedrich I. von Baden und die Reichspolitik 1871–1907* (Stuttgart, 1980), III, 366–368; Fritz Stern, *Gold und Eisen. Bismarck und sein Bankier Bleichröder* (Frankfurt a. M., 1978), 345.

13 Hank, *Kanzler ohne Amt*, 149–159, 666–668; Waldersee, *Denkwürdigkeiten*, II, 312, 315; Norman Rich, *Friedrich von Holstein: Politics and Diplomacy in the Era of Bismarck and Wilhelm II* (Cambridge, 1965), I, 410–415; Norman Rich, M. H. Fisher, Werner Frauendienst (Hgg.), *Die geheimen Papiere Friedrich von Holsteins* (4 Bde., Göttingen, 1956–1963), III, 416–422.

14 Hank, *Kanzler ohne Amt*, 89–114.

15 Horst Kohl (Hg.), *Fürst Bismarck: Regesten zu einer wissenschaftlichen Biographie des ersten Reichskanzlers* (Leipzig, 1892), II, 499; GW, IX, 33, 58, 89, 179; XIII, 411, 416; Ernst Gagliardi, *Bismarcks Sturz* (Tübingen, 1927), II, 420–421. Später beklagte sich Bismarck bei Waldersee und Brauer, daß Caprivi seinen Vorgänger in keiner einzigen Frage um Auskunft gebeten habe. «Wenn ich einen Bauernhof kaufe, so halte ich es doch für zweckmäßig, mit dem Vorgänger etwas zu sprechen.» Waldersee, *Denkwürdigkeiten*, II, 202; Brauer, *Im Dienste Bismarcks*, 364.

16 Wilhelm von Schweinitz (Hg.), *Denkwürdigkeiten des Botschafters General von Schweinitz* (Berlin, 1927), II, 396–407; Sergei Goriainov, «End of Alliance of the Emperors», *American Historical Review*, 23 (1917–1918), 340–345; Rich, *Holstein*, I, 308–319; Rich, Fisher, Frauendienst (Hgg.), *Papiere Holsteins*, I, 127–130; GP, VII, 4–11, 30–37, 47–49. George F. Kennan bezweifelt, daß das gute Verhältnis zu Petersburg, das durch die zunehmend feindliche Haltung in der Öffentlichkeit ernsthaft bedroht war, lange aufrechtzuerhalten gewesen wäre. Aber die freiwillige Aufkündigung durch Deutschland, den größten Nutznießer, war sicherlich eine Dummheit. George F. Kennan, *Bismarcks europäisches System in der Auflösung: Die französisch-russische Annäherung 1875 bis 1890* (Frankfurt a. M., 1981), 435–462.

17 J. Alden Nichols, *Germany after Bismarck: The Caprivi Era, 1890–1894* (Cambridge, Mass., 1958), 139–153; Penzler (Hg.), *Bismarck nach seiner Entlassung*, V, 3–4, 16–17, 54–56.

18 Nichols, *Germany after Bismarck*, 70–84.

19 SBHA (1890–1891), Anlagen, Nr. 5, 6, 7, 8, 10.

20 SBHA (1890–1891), 12–15.

21 Zu einer Zusammenfassung der Kontroverse über das Schulgesetz vgl. Nichols, *Germany after Bismarck*, 158–191.

22 Nichols, *Germany after Bismarck*, 163–167; John C. G. Röhl, *Deutschland ohne Bismarck: Die Regierungskrise im zweiten Kaiserreich 1890-1900* (Tübingen, 1969), 76–82; SBHA (1892), 17–19, 89–241, 1162, Anlage Nr. 9 mit Ergänzungen.

23 Waldersee, *Denkwürdigkeiten*, II, 232–233.

24 Hans Goldschmidt, *Das Reich und Preußen im Kampf um die Führung* (Berlin, 1931), 90–91, 311–312, 324–327.

25 Nichols, *Germany after Bismarck*, 85–191; Röhl, *Deutschland ohne Bismarck*, 83 ff.

26 SEG (1891), 80–82; Fuchs (Hg.), *Großherzog Friedrich I. von Baden* III, 73; Frederick Ponsonby (Hg.), *Briefe der Kaiserin Friedrich* (Berlin, o.J.), 452.

27 Hank, *Kanzler ohne Amt*, 295.

28 Röhl, *Deutschland ohne Bismarck*, 81.

29 Hank, *Kanzler ohne Amt*, 327, 372–382.

30 Hank, *Kanzler ohne Amt*, 327–345.

31 Otto Gradenwitz, *Akten über Bismarcks großdeutsche Rundfahrt vom Jahre 1892* (Heidelberg, 1922), 4 ff.

32 Hans Schlitter (Hg.), «Briefe Franz Josefs I. und Kaiser Wilhelms II. über Bismarcks Rücktritt», *Österreichische Rundschau*, 58 (1919), 98–108; Eduard von Wertheimer,

«Ein k.u.k. Militärattaché über das politische Leben in Berlin», *Preußische Jahrbücher*, 201 (1925), 269–272.

33 Hank, *Kanzler ohne Amt*, 335–346. Anhand von Quellen aus dem Familienarchiv in Friedrichsruh widerlegte Hank die Vermutung, Bismarck habe die Reise 1892 bewußt als politischen Seitenhieb gegen den Kaiser und seine Regierung geplant. *Ebd.*, 368–369.

34 Hank, *Kanzler ohne Amt*, 347–363; Penzler (Hg.), *Bismarck nach seiner Entlassung*, III, 293–328.

35 GW, IX, 214–219; XIII, 442–445; Penzler (Hg.), *Bismarck nach seiner Entlassung*, III, 312, 321.

36 Hank, *Kanzler ohne Amt*, 353–364; GW, XIII, 446–451; Johanna von Bismarck, *Briefe*, 89–90; Penzler (Hg.), *Bismarck nach seiner Entlassung*, III, 328–345.

37 In seinen Erinnerungen beschrieb Harry Kessler mit einer Mischung aus Abscheu und Bewunderung das Verhalten der Menge in Kissingen und ihre Manipulation durch Bismarck. Bei einem Empfang für Führer einer großen Abordnung von Universitätsstudenten war seine Konversation «blendend, von einer Farbigkeit und Plastik, wie ich sie auch später selten erlebt habe. Leider kann eine Niederschrift keinen Begriff von ihrem seltsamen Zauber geben, denn er bestand aus einer Verbindung von meisterhafter Bildhaftigkeit der Sprache mit einer teils bewußten, teils unbewußten Schauspielkunst, die so vollendet war, daß sie wie knorrige norddeutsche Natur wirkte.» Harry Graf Kessler, *Gesichter und Zeiten: Erinnerungen* (2. Aufl., Berlin, 1962), 250–266.

38 Hofmann, *Fürst Bismarck*, II, 90; Hank, *Kanzler ohne Amt*, 364–371; GW, IX, 221–243; XIII, 451–480; Penzler (Hg.), *Bismarck nach seiner Entlassung*, IV, 32–264.

39 Bismarcks zwiespältige Haltung gegenüber Wilhelm II. kommt deutlich in einem bemerkenswerten Gespräch mit Hans Kleser, einem Redakteur der *Westdeutschen Zeitung*, zum Ausdruck, das am 31. Mai 1892, kurz vor seiner Reise nach Wien, stattfand. GW, IX, 203–209.

40 Die Quelle, in der die Verlegenheit, die durch den Streit hervorgerufen wurde, am deutlichsten zum Ausdruck kommt, ist das bemerkenswerte Tagebuch der Baronin Hildegard von Spitzemberg. «Higachen» (wie die Bismarcks sie liebevoll nannten) verkehrte weiterhin in beiden Lagern, bedauerte die Entfremdung und tat ihr Bestes, um eine Versöhnung zu bewirken, während sie ihrem Tagebuch ihre Verärgerung über beide Parteien anvertraute. Rudolf Vierhaus (Hg.), *Das Tagebuch der Baronin Spitzemberg* (Göttingen, 1960), 279 ff. Arthur von Brauer versuchte, die Verbindung zu Bismarck nicht abreißen zu lassen, hatte in Berlin aber die Konsequenzen zu tragen. *Im Dienste Bismarcks*, 356–365.

41 Ponsonby (Hg.), *Briefe der Kaiserin Friedrich*, 444–452; Waldersee, *Denkwürdigkeiten*, II, 242–247; Siegfried von Kardorff, *Wilhelm von Kardorff: Ein nationaler Parlamentarier im Zeitalter Bismarcks und Wilhelms II.*, 1828–1907 (Berlin, 1936), 239, 259–270; Graf Bogdan Hutten-Czapski, *Sechzig Jahre Politik und Gesellschaft* (Berlin, 1936), I, 159–160; Johannes Haller, *Aus dem Leben des Fürsten Philipp zu Eulenburg-Hertefeld* (Berlin, 1924), 97–104; Fritz Hellwig, *Carl Ferdinand Freiherr von Stumm-Halberg, 1836–1901* (Berlin, 1936), 432–437; Rich, *Holstein*, I, 386–388; Brauer, *Im Dienste Bismarcks*, 374–375; Hank, *Kanzler ohne Amt*, 372 ff.

42 Hans Georg Kirchhoff, *Die staatliche Sozialpolitik im Ruhrbergbau 1871–1914* (Köln, 1958), 96 ff.

43 Klaus Tenfelde und Heinrich Volkmann (Hgg.), *Streik: Zur Geschichte des Arbeitskampfes in Deutschland während der Industrialisierung* (München, 1981), 294; Graf Erhard von Wedel (Hg.), *Zwischen Kaiser und Kanzler: Aufzeichnungen des Generaladjutanten Grafen Carl von Wedel aus den Jahren 1890–1894* (Leipzig, 1943), 63–64. Wedel fragte sich: «Das hochtönende Wort, ‹daß er die ersten Jahre seiner Regierung nicht mit dem Blut seiner Untertanen beflecken wolle›, wo ist es nun geblieben?»

44 Röhl, *Deutschland ohne Bismarck*, 83–111; Nichols, *Germany after Bismarck*, 192–340.

45 Ernst Schweninger, *Dem Andenken Bismarcks* (Leipzig, 1899), 15–16; GW, XIII, 512–517; Penzler (Hg.), *Bismarck nach seiner Entlassung*, V, 116–131; Hank, *Kanzler ohne Amt*, 389–391.

46 Hank, *Kanzler ohne Amt*, 392–395; SEG (1893), 128; Eduard von Wertheimer, «Neues zur Geschichte der letzten Jahre Bismarcks», *Historische Zeitschrift*, 133 (1925), 235–245; Penzler (Hg.), *Bismarck nach seiner Entlassung*, V, 133–141.

47 Hank, *Kanzler ohne Amt*, 396–404; Ludwig Raschdau, *Unter Bismarck und Caprivi: Erinnerungen eines deutschen Diplomaten aus den Jahren 1885–1894* (Berlin, 1939), 329–331; SEG (1894), 30; Penzler (Hg.), *Bismarck nach seiner Entlassung*, V, 182–183; Waldersee, *Denkwürdigkeiten*, II, 304–305.

48 Hank, *Kanzler ohne Amt*, 404–408; Helmuth von Moltke, *Erinnerungen, Briefe, Dokumente, 1877–1916* (Stuttgart, 1922), 165–176; Spitzemberg, *Tagebuch*, 320–321; Raschdau, *Unter Bismarck und Caprivi*, 331–332; Alexander von Hohenlohe, *Aus meinem Leben* (Frankfurt a. M., 1925), 262–264; Brauer, *Im Dienste Bismarcks*, 392–393; Penzler (Hg.), *Bismarck nach seiner Entlassung*, V, 204, 212–215.

49 Hank, *Kanzler ohne Amt*, 410–414; Fürstin Marie Radziwill, *Briefe vom deutschen Kaiserhof, 1889–1915* (Berlin, 1936), 84–85; Young, *Harden*, 52. Der Wein war ein Steinberg Kabinett, Trockenbeerenauslese, Jahrgang 1862. Lamar Cecil, *Wilhelm II. Prince and Emperor, 1859–1900* (Chapel Hill, 1989), 222.

II. Legende zu Lebzeiten

1 Manfred Hank, *Kanzler ohne Amt: Fürst Bismarck nach seiner Entlassung, 1890–1898* (München, 1977), 208 ff.; Johannes Penzler (Hg.), *Fürst Bismarck nach seiner Entlassung* (7 Bde., Leipzig, 1897–1898): (Emser Depesche) IV, 187, 221–222, 228–231, 244–248, 286–288, 293–334; (Moltke) IV, 21–22, 326–328, 349–358; (Welfenfonds) III, 112, 130–132, 243, 288–289, und IV, 324–326. Zum Welfenfonds, der Emser Depesche und Bismarcks Konflikten mit Moltke und dessen Generälen vgl. den ersten Band dieser Biographie, 613–614; 465–472; 367–368, 477–483.

2 Hank, *Kanzler ohne Amt*, 134–149, 208 ff.; Penzler (Hg.), *Bismarck nach seiner Entlassung*: (Arnim) V, 167–176, und VII, 224, 234; (Kulturkampf) II, 61–62, IV, 124–125, und VI, 3–7; (Sozialversicherung), VI, 148–149, 160–165, 371–372. Zum Konflikt mit Arnim und den Ursprüngen des Kulturkampfs vgl. den ersten Band dieser Biographie, 691–725; 741–746. Zu den Ursprüngen des Sozialversicherungssystems vgl. oben, 403–410.

3 GW, XIII, 405–620; Hank, *Kanzler ohne Amt*, 687–696.

4 Hank, *Kanzler ohne Amt*, 115–116.

5 Hank, *Kanzler ohne Amt*, 574–591, 698–708; Penzler (Hg.), *Bismarck nach seiner Entlassung*, VI, 2–181; Werner Pöls, «Bismarckverehrung und Bismarcklegende als innenpolitisches Problem der Wilhelminischen Zeit», *Jahrbuch für die Geschichte Mittel- und Ostdeutschlands*, 20 (1971), 183–201.

6 Hank, *Kanzler ohne Amt*, 578–581; SBR (1894–1895), 1671–1676; Penzler (Hg.), *Bismarck nach seiner Entlassung*, VI, 70–83.

7 Moritz Busch, *Tagebuchblätter* (Leipzig, 1899), II, 487 (Anm.), III, 94, 253–267, 314–315. Busch wurde am 29. Oktober kurzfristig nach Hamburg geschickt, da man den Kaiser erwartete. «Sonst fragt er», erklärte Bismarck, «wer der ist, und was er hier macht. Da muß ichs ihm sagen, und da ist er neugierig und zuletzt legt er Beschlag auf die ganze Geschichte, was mir doch gar nicht passen würde.» *Ebd.*, III, 261.

8 Busch, *Tagebuchblätter*, III, 275–281; Norman Rich, M. H. Fisher, Werner Frauendienst (Hgg.), *Die geheimen Papiere Friedrich von* Holsteins (4 Bde., Göttingen, 1956–1963), I, 147.

9 Gerhard Ritter, «Zur Entstehungsgeschichte des Werkes», GW, XV, iv-viii; Hank, *Kanzler ohne Amt*, 231–235.

10 Hank, *Kanzler ohne Amt*, 235–237; Busch, *Tagebuchblätter*, III, 303–307, 310–311, 321–324, 330–332.

11 Ritter, «Entstehungsgeschichte des Werkes», GW, XV, x-xi.

12 GW, IX, 111; Busch, *Tagebuchblätter*, III, 314–315; Hank, *Kanzler ohne Amt*, 238, Anm. 1.

13 Hank, *Kanzler ohne Amt*, 237–240.

14 GW, XV, xxiii, 449, 455.

15 GW, XV, xxiii-xxvi.

16 GW, XV, xxvi.

17 Hank, *Kanzler ohne Amt*, 233–234; Alexander von Müller (Hg.), *Fürst Chlodwig zu Hohenlohe-Schillingsfürst: Denkwürdigkeiten der*

Reichskanzlerzeit (Stuttgart, 1931), 74, 83–85, 113–114.

18 Hank, *Kanzler ohne Amt*, 243–245; GW, XV, xxxvi, Anm. 89.

19 Zur Veröffentlichung des dritten Bandes vgl. Hank, *Kanzler ohne Amt*, 246–257.

20 Hank, *Kanzler ohne Amt*, 168, 256–257; Ludwig Bamberger, «Bismarck Posthumus», *Die Nation*, 16 (Berlin, 1898–1899), 145.

21 Zit. in: Harry Graf Kessler, *Gesichter und Zeiten: Erinnerungen* (2. Aufl., Berlin, 1962), 250.

22 Zu einer kritischen Analyse der Erinnerungen vgl. Otto Pflanze, «Bismarck's *Gedanken und Erinnerungen*», in: George Egerton (Hg.), *Political Memoir: Essays on the Politics of Memory* (London, 1994), 28–61.

23 Hank, *Kanzler ohne Amt*, 95–114.

24 Damit stand Bismarck keineswegs alleine: «Die allen Parteien des Reichstages geläufige Phrase: ‹daß das Gebaren des Kaisers nur noch pathologisch zu erklären ist›, wirkt still verheerend wie ein Miasma. Zum öffentlichen Ausdruck kommt diese Stimmung vorläufig deshalb nicht, weil die jetzige Regierung, d. h. Hohenlohe und Marschall, sich eine Stellung gemacht haben, man hat Zutrauen zu ihnen und betrachtet sie als eine Sicherheit gegen die kaiserliche Nervosität. Verschwindet aber die jetzige Regierung, so wird man etwas erleben.» Holstein an Philipp zu Eulenburg, 24. November 1896. Rich, Fisher, Frauendienst (Hgg.), *Papiere Holsteins*, III, 586.

25 Niemand wußte dies besser als die Mutter des Kaisers, deren Briefe an Königin Victoria voller Klagen über das Unverständnis ihres Sohnes sind. «Er hat keine Vorstellung davon, was eine Verfassung ist.» Frederick Ponsonby (Hg.), *Briefe der Kaiserin Friedrich* (Berlin, o.J.), 445–454.

26 Hank, *Kanzler ohne Amt*, 575–576; Ernst Westphal, *Bismarck als Gutsherr: Erinnerungen seines Varziner Försters* (Leipzig, 1922), 133–135; Arthur von Brauer, *Im Dienste Bismarcks* (Berlin, 1936), 394–395; Penzler (Hg.), *Bismarck nach seiner Entlassung*, V, 284, 345–351; GW, IX, 394; XIV, 1017.

27 Hank, *Kanzler ohne Amt*, 576–577.

28 Hank, *Kanzler ohne Amt*, 592–596; Helmuth von Moltke, *Erinnerungen, Briefe, Dokumente, 1877–1916* (Stuttgart, 1922), 203–210.

29 John C. G. Röhl, *Deutschland ohne Bismarck: Die Regierungskrise im zweiten Kaiserreich 1890-1900* (Tübingen, 1969), 112–158; Norman Rich, *Friedrich von Holstein: Politics and Diplomacy in the Era of Bismarck and Wilhelm II* (Cambridge, 1965), II, 484–543; Hohenlohe, *Denkwürdigkeiten der Reichskanzlerzeit*, 123–124.

30 Hank, *Kanzler ohne Amt*, 595 ff.

31 Walther Peter Fuchs (Hg.), *Großherzog Friedrich I. von Baden und die Reichspolitik 1871–1907* (Stuttgart, 1980), III, 561–563; Penzler (Hg.), *Bismarck nach seiner Entlassung*, VII, 106–107; Graf Bogdan Hutten-Czapski, *Sechzig Jahre Politik und Gesellschaft* (Berlin, 1936), I, 301–307; Rich, Fisher, Frauendienst (Hgg.), *Papiere Holsteins*, III, 585–587; Hohenlohe, *Denkwürdigkeiten der Reichskanzlerzeit*, 270–278.

32 Hank, *Kanzler ohne Amt*, 594–595.

33 Hank, *Kanzler ohne Amt*, 612–617.

34 Hank, *Kanzler ohne Amt*, 617–618.

35 GW, IX, 405–408, 416–417.

36 Hank, *Kanzler ohne Amt*, 621–623; GW, XIII, 488–489.

37 Hank, *Kanzler ohne Amt*, 624–632; Hermann Hofmann (Hg.), *Fürst Bismarck, 1890–1898* (2 Bde., Stuttgart, 1913), I, 203–204, 241–246; Ernst Schweninger, *Dem Andenken Bismarcks* (Leipzig, 1899), 15–16; Sidney Whitman, *Fürst von Bismarck: Persönliche Erinnerungen an ihn aus seinen letzten Lebensjahren* (Stuttgart, o.J.), 204–216.

38 Hank, *Kanzler ohne Amt*, 634–635.

Schlußbetrachtung

1 Ludwig Bamberger, «Zum Jahrestag der Entlassung Bismarcks», *Gesammelte Schriften* (Berlin, 1897), V, 335. Zuerst veröffentlicht in: *Die Nation*, 1891.

2 Henry A. Kissinger, «The White Revolutionary: Reflections on Bismarck», *Daedalus*, 97 (1968), 888–924; Lothar Gall, *Bismarck: Der weiße Revolutionär* (Frankfurt a. M., 1980); Wolfgang Sauer, «Probleme des deutschen Nationalstaates», in: Helmut Boehme (Hg.), *Probleme der Reichsgründungszeit 1848–1873* (Köln, 1968), 448–479; Hans-Ulrich Wehler, *Das deutsche Kaiserreich 1871–1918* (Göttingen, 1973); Ernst Engelberg, *Bismarck:*

Urpreuße und Reichsgründer (Berlin, 1985); *Bismarck: Das Reich in der Mitte Europas* (Berlin, 1990).

3 GW, VIII, 459.

4 Morton White, *Foundations of Historical Knowledge* (New York, 1965), 126.

5 Bertrand Russell, *Freiheit und Organisation, 1814–1914* (Berlin, 1948), 419, 427; Herbert Michaelis, «Königgrätz: Eine geschichtliche Wende», *Die Welt als Geschichte*, 12 (1952), 190 ff.

6 Vgl. Manfred Rauh, *Föderalismus und Parlamentarismus im Wilhelminischen Reich* (Düsseldorf, 1973) und *Die Parlamentarisierung des deutschen Reiches* (Düsseldorf, 1977); Bernhard Mann, «Zwischen Hegemonie und Partikularismus: Bemerkungen zum Verhältnis von Regierung, Bürokratie und Parlament in Preußen 1867–1918», und Konrad von Zwehl, «Zum Verhältnis von Regierung und Reichstag im Kaiserreich (1871–1918)», in: Gerhard A. Ritter (Hg.), *Regierung, Bürokratie und Parlament in Preußen und Deutschland von 1848 bis zur Gegenwart* (Düsseldorf, 1983), 76–116; Volker R. Berghahn, «Das Kaiserreich in der Sackgasse» und «Politik und Gesellschaft im Wilhelminischen Deutschland», *Neue politische Literatur*, 16 (1971), 494–506, bzw. 24 (1979), 164–195.

7 Vgl. Bernhard Mann, «Das Herrenhaus in der Verfassung des preußisch-deutschen Kaiserreichs: Überlegungen zum Problem Parlament, Gesellschaft und Regierung in Preußen, 1867–1918», in: Gerhard A. Ritter (Hg.), *Gesellschaft, Parlament und Regierung: Zur Geschichte des Parlamentarismus in Deutschland* (Düsseldorf, 1974), 279–298.

8 Max Weber, «Parlament und Regierung im neugeordneten Deutschland: Zur politischen Kritik des Beamtentums und Parteiwesens», *Gesammelte politische Schriften* (2. Aufl., Tübingen, 1958), 307. Die Hervorhebungen stammen von Weber.

9 Heinrich von Treitschke, *Politik* (2 Bde., Leipzig, 1897–1898), II, 55–56.

10 GW, XV, 416.

11 Hans Dieter Hellige, «Einleitende Studie», in: *Walther Rathenau, Maximilian Harden, Briefwechsel, 1897–1920* (München, 1983), 123. Harden stand damit kaum allein. Nach einer zufälligen Begegnung im Grunewald berichtete Gerhart Hauptmann: «Der Eindruck des Recken auf mich war ungeheuer.» *Ebd.*, 124.

12 Harry Graf Kessler, *Gesichter und Zeiten: Erinnerungen* (2. Aufl., Berlin, 1962), 178–187. Unmittelbar nach Kriegsende hieß es in einem Pamphlet: «Bismarck drückte dem deutschen Volke für ein halbes Jahrhundert den *Stempel seines Geistes* auf... Unwillkürlich ahmt das ganze Volk seinen großen Männern nach. So ist der ungeheure und im Ganzen sehr unerfreuliche Wandel zu erklären, der mit den Deutschen seit dem Jahre 1871 vor sich ging. Nicht bloß der deutsche Politiker, auch der deutsche Industrielle, der deutsche Kaufmann, der Handlungsreisende, der Professor, sie alle wurden kleine Bismärcker.» Professor Dr. Eugen Ehrlich, *Bismarck und der Weltkrieg* (Zürich, 1920), 30–31.

13 Norman Rich, *Friedrich von Holstein: Politics and Diplomacy in the Era of Bismarck and Wilhelm II* (2 Bde., Cambridge, 1965), II, 847; auch John C. G. Röhl, «Kaiser Wilhelm II., Großherzog Friedrich I. und der ‹Königsmechanismus› im Kaiserreich», *Historische Zeitschrift*, 236 (1983), 546–547.

14 Heinrich Mann, *Der Untertan*. Der Roman wurde 1907 begonnen, konnte aber erst 1918 veröffentlicht werden.

15 Karl Alexander von Müller, *Aus Gärten der Vergangenheit: Erinnerungen, 1882–1914* (Stuttgart, 1952), 468.

16 Thomas Nipperdey, «Nationalidee und Nationaldenkmal in Deutschland im 19. Jahrhundert», *Historische Zeitschrift*, 206 (1968), 577–585; Hans-Günter Zmarzlik, *Das Bismarckbild der Deutschen – Gestern und Heute* (Freiburg, 1965), 14–15. Manfred Hank verzeichnet 109 Statuen, 80 Säulen, 40 Türme, 9 Medaillons, 7 Brunnen und 2 Eichen, erhebt jedoch keinen Anspruch auf Vollständigkeit. *Kanzler ohne Amt: Fürst Bismarck nach seiner Entlassung, 1890–1898* (München, 1977), 709–718. Hans Walter Hedinger, «Bismarck-Denkmäler und Bismarck-Verehrung», in: Ekkehard Mai und Stephan Waetzoldt (Hgg.), *Kunstverwaltung, Bau- und Denkmalpolitik im Kaiserreich* (Bd. 1, Berlin, 1981), 277–314.

17 Max Dessoir und Hermann Muthesius, *Das Bismarck-Nationaldenkmal: Eine Erörterung*

des Wettbewerbes (Jena, 1912), iii, 1–29; Alfred Lichtwark und Walther Rathenau, *Der rheinische Bismarck* (Berlin, 1912).

18 Ludwig Bernhard, *Die politische Kultur der Deutschen: Festrede gehalten auf dem Bismarck-Kommers zu Berlin am 29. März 1913* (Berlin, 1913), 6.

19 Friedrich Naumann, «Wer war Bismarck?» *Hilfe*, 21 (1915), wiederveröffentlicht in *Werke*, V, 533–542. Ein anderer Publizist, der sich 1915 bemühte, die deutsche Kriegsanstrengung mit einer historischen Botschaft zu unterstützen, war Paul Rohrbach. Zweimal im Lauf der Geschichte, schrieb er, habe das deutsche Volk «die gewaltigste und fruchtbarste Personifizierung» des Fortschrittsgedankens, das heißt den konservativen Revolutionär, hervorgebracht – einen im Reiche des Geistes, den anderen im Reiche der Macht. Der erste war Luther, der zweite Bismarck. *Bismarck und Wir* (München, 1915), 7.

20 Erich Marcks, *Vom Erbe Bismarcks: Eine Kriegsrede* (Leipzig, 1916), 10–11.

21 «Die deutsche Geschichtsschreibung der Gegenwart», *Die deutsche Nation*, 1. November 1924, auch in Walther Goetz, *Historiker in meiner Zeit: Gesammelte Aufsätze* (Köln, 1957), 415–424.

22 Hajo Holborn, «Protestantismus und politische Ideengeschichte: Kritische Bemerkungen aus Anlaß des Buches von O. Westphal ‹Feinde Bismarcks›», *Historische Zeitschrift*, 144 (1931), 15–30.

23 Hajo Holborn, *Weimarer Reichsverfassung und Freiheit der Wissenschaft*, in der Serie *Neues Deutschland* (Leipzig, 1933), 32 Seiten. Vgl. auch sein «Historische Voraussetzungen der Weimarer Verfassung und ihrer Reform», *Reichsverwaltungsblatt und Preußisches Verwaltungsblatt*, 53 (1932), 921–924, und «Die geschichtlichen Grundlagen der deutschen Verfassungspolitik und Reichsreform», *Deutsche Juristenzeitung*, Bd. 38, Nr. 1 (1. Januar 1933), 3–8.

24 Paul N. Cossmann (Hg.), *Süddeutsche Monatshefte*, 19 (1921–1922), 122.

25 Karl Groos, *Bismarck im eigenen Urteil* (Stuttgart, 1920), 247.

26 Edgar Salin, *Die deutschen Tribute: Zwölf Reden* (Berlin, 1930), 10–11, 50–51.

27 Generalleutnant Richard Kaden, *In der alten Armee: Lebenserinnerungen aus Frieden und Krieg* (Groitzsch, 1933), 311.

28 Herbert D. Andrews, «Hitler, Bismarck, and History», *German Studies Review*, XIV (1991), 511–532. Als jüngere Veröffentlichung zu diesem Thema vgl. Lothar Machtan (Hg.), *Bismarck und der deutsche National-Mythos* (Bremen, 1994).

29 Hugo Wellems, *Bismarck und unsere Zeit, 17. Juni 1982 in Friedrichsruh* (Hamburg, 1982), 14. Wellems war bis zu seinem Tod 1995 Chefredakteur des wöchentlich erscheinenden *Ostpreußenblatts* und Vorsitzender der *Staats- und Wirtschaftspolitischen Gesellschaft e. V.*

30 Eine systematischere Untersuchung als die hier vorgenommene würde höchstwahrscheinlich viele ähnliche Äußerungen aus den verschiedensten Quellen zu Tage fördern – aus Briefen, Leitartikeln, Erinnerungen, Autobiographien, Parlamentsdebatten, patriotischen Reden, Romanen, Gedichten und Liedern, Zeitschriften- und Zeitungsartikeln sowie politischen Kommentaren jeglicher Art. Zu weiteren Beispielen vgl. Zmarzlik, *Bismarckbild der Deutschen.* Zu diesem Thema vgl. auch Machtan (Hg.), *Bismarck und der deutsche National-Mythos*.

31 Benedetto Croce, *Die Geschichte als Gedanke und als Tat* (Bern, 1944), 270.

Abbildungsnachweis

Archiv für Kunst und Geschichte, Berlin: (232), (290 rechts), (472), (529 unten rechts).

Bildarchiv Preußischer Kulturbesitz: (84), (85), (107 rechts), (108), (127 oben, 127 unten), (207), (284), (285), (290 links), (316), (334), (369), (438 links, 438 rechts), (439), (465), (529 oben), (537), (555), (594), (627), (646), (651), (692).

Funke, Alfred: Das Bismarck-Buch des Deutschen Volkes. 2 Bde., W. Bobach & Co. Leipzig 1921: (167 oben).

Inter-Nationes, Bonn: (2).

Landesbildstelle, Berlin: (521).

Oncken, Hermann: Rudolf von Bennigsen. Deutsche Verlagsanstalt. Stuttgart und Leipzig 1910. Band II, S. 240: (107 links).

Rehbein, Arthur: Bismarck im Sachsenwald. Buchverlag der Gesellschaft zur Verbreitung Klassischer Kunst G.m.b.H. Berlin 1925, S. 69: (359).

Schäfer, Dietrich: Bismarck: Ein Bild seines Lebens und Wirkens. Verlag von Reimar Hobbing. Berlin 1917: (231).

Städtische Galerie im Lenbachhaus, München: (437), (644), (661).

Süddeutscher Verlag: (529 unten links).

Ullstein Bilderdienst: (167 oben).

Personenregister

(Kursivierte Zahlen verweisen auf Abbildungen)